시험 시작 10분 전

시험장 입실

10분 전까지 들어가 있어야 합니다.

수험자 인적사항 확인

여러분의 인적사항이 자동으로 표시됩니다. 수험표에 표시된 자신의 인적사항과 비교하여 이상이 없으면 〈다음〉을 클릭하세요.

부정 행

부정 행위
니다. 마침
므로 잘 ⃝
세요.

시험 시작

내용 입력

내용을 입력할 때는 글상자, 들여쓰기, 정렬 등의 편집 작업은 제외하고 내용만 가능한 빠르고 정확하게 입력하세요.

워드프로세서 프로

워드프로세서 프로그램이
는 임의로 행동하지 말고

들여쓰기, 정렬하기

입력을 모두 마쳤으면 입력한 내용을 점검하면서 들여쓰기, 문단 정렬 등의 작업을 수행합니다. 입력과 동시에 들여쓰기, 문단 정렬 등의 작업을 수행하면 같은 작업을 몇 번 더 반복하거나 작업 요소를 누락하는 일이 발생합니다.

편집 지시사항 수행

완성할 문서에 표시된 지시사항을 문제 2쪽의 세부 지시사항을 체크하면서 꼼꼼히 수행하세요. 지시사항의 처리는 세부 지시사항에 표시된 순서보다 완성된 문서에 표시된 순서대로 수행하는 것이 작업 속도나 정확성 면에서 효율적입니다.

차트 작성

차트는 모든 작업을 마친 다음 작업한 내용을 저장하고 나서 마지막으로 작성하는 것이 좋습니다. 한글 2020에서 가장 오류가 많이 발생하고 원하는 대로 조정이 안되는 부분이 차트이기 때문입니다. 문제 입력이나 편집 도중 차트에 오류가 발생하면 합격에 치명적인 영향을 미칠 수 있습니다.

※ 시험볼 때 위와 같이 답안 문서를 작성하는 순서가 정해진 것은 아닙니다. 하지만 위의 네 가지 단계를 거쳐서 답안 문서를 작성하는 것이 속도나 정확성 면에서 훨씬 효율적입니다.

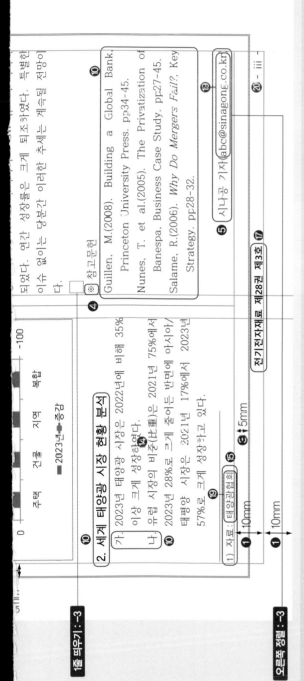

되었다. 연간 성장률은 크게 퇴조하였다. 특별한 이슈 없이는 당분간 이러한 감소 추세는 계속될 전망이다.

2. 세계 태양광 시장 현황 분석

가. 2023년 태양광 시장은 2022년에 비해 35% 이상 크게 성장하였다.

나. 유럽 시장의 비중(比重)은 2021년 75%에서 2023년 28%로 크게 줄어드는 반면에 아시아/태평양 시장은 2021년 17%에서 2023년 57%로 크게 성장하고 있다.

자료 : 태양광협회

※ 참고문헌

Guillen, M.(2008). Building a Global Bank. Princeton University Press. pp34-45.
Nunes, T. et al.(2005). The Privatization of Banespa. Business Case Study. pp27-45.
Salame, R.(2006). Why Do Mergers Fail?. Key Strategy. pp28-32.

시나공 기자(abc@sinagong.co.kr)

전기전자재료 제28권 제3호

실기 문제 기능 분석표

위쪽의 문제는 상공회의소에서 출제기준으로 공지한 A, B, C형을 완벽하게 분석하여 A, B, C형에 사용된 기능이 모두 포함되도록 만든 문제이고, 옆의 표도 위 문제에 사용된 워드프로세서 기능에 대한 분석입니다. 워드프로세서 실기 시험의 특성상 이 문제에서 실기 기능들이 반복 출제될 것으로 예상되므로 여기에서 소개하는 기능만 숙달하면 워드프로세서 실기시험에 충분히 합격할 수 있습니다. 물론 전각 기호의 함격을 수 있습니다. 스타일 종류에 따라 '글자' 가 추가되는 등의 소소한 변화는 있을 수 있지만 그 기능을 포함한 옆의 기능들만 숙달하면 쉽게 해결할 수 있습니다.

※ 상공회의소에서 공지한 A, B, C형이 문제는 출제 유형이 아니라 기능 기준표입니다. 그러니까 A, B, C형 중에서 하나가 좀 제별로 수도 있고, A, B, C형에 포함된 기능들을 조합하여 새로운 형태의 문제가 출제될 수도 있습니다.

※ 분석표의 감점 내역은 실제 시험과 차이가 있을 수 있습니다.

번호	작업명	페이지	작업내용		감점
❶	용지 설정	38	• 용지 종류 : A4 • 여백 : 오른쪽, 위, 아래, 머리말, 꼬리말, 여백 지정하기		• 5점
❷	다단 설정	42	• 단 개수, 단 간격, 단 구분선 단 적용 범위 지정하기		• 항목당 5점
❸	쪽 테두리	48	• 선 종류 및 굵기 지정하기 • 위치 지정하기		• 항목당 3점
❹	기본 입력	50	• 한글 : 약 666자, 영문 : 약 230자 • 숫자 : 약 112자, 공백 : 약 205자	• 전각 기호 • 특수 문자	• 한글, 영문 : 단어당 3점 • 숫자, 띄어쓰기 : 개당 3점
❺	정렬(Align)	59	• 양쪽 · 가운데 · 오른쪽 정렬		• 개당 3점
❻	글자색	68	• 글상자 만들기 • 면색 지정하기 • 여백 지정하기	• 크기 지정하기 • 위치 지정하기 • 내용 정렬하기 • 선 종류 및 굵기 지정하기	• 크기 : 5점 · 위치 : 5점 • 정렬 : 3점 · 여백 : 3점 • 면색 : 3점 • 선 종류 및 굵기 : 3점
❼	누름틀	73	• 누름틀 만들기	• 누름틀에 내용 입력하기	• 만들기 : 5점 • 내용 입력 : 3점
❽	글자 모양 변경	62	• 글꼴, 크기, 장평, 자간, 속성, 글자색 변경하기		• 항목당 3점
❾	문단 첫 글자 장식	82	• 모양, 글꼴, 면색, 글자색 지정하기 • 본문과의 간격 지정하기		• 항목당 3점
❿	스타일	93	• 스타일 이름 및 종류 지정하기 • 글꼴, 크기, 속성 지정하기	• 여백 지정하기 • 배수(사이) 지정하기	• 항목당 3점
⓫	쪽매김	89	• 쪽매김 지정하기		• 3점

번호	작업명	페이지	작업내용		감점
⓬	기본 입력(들여쓰기)	50	• 들여쓰기		• 개당 3점
⓭	그림	149	• 문자 포함하기 • 위치 지정하기	• 가로, 세로 크기 지정하기 • 회전 지정하기	• 항목당 3점
⓮	한자 변환	86	• 한자 변환하기		• 단어당 3점
⓯	각주	167	• 글꼴 및 크기 지정하기	• 선후 모양 지정하기	• 항목당 3점
⓰	표 작업	113	• 표 만들기 • 위치 지정하기 • 셀 서식 지정하기 • 셀 높이 같게 지정하기 • 캡션 지정하기	• 7. 가로 세로 크기 지정하기 • 표 전체 정렬하기 • 선 종류 및 굵기 지정하기 • 블록 계산식 • 모든 셀의 가 여백 지정하기	• 크기 : 5점 • 위치 : 5점 • 셀 서식 : 3점 • 셀 높이 : 3점 • 선 종류 및 굵기 : 3점 • 블록 계산 : 5점
⓱	머리말/꼬리말	159	• 글꼴, 크기, 속성 금지서 정렬하기		• 항목당 3점
⓲	차트	134	• 차트 만들기 • 차트 종류 변경하기 • 범례 지정하기 • 여백 지정하기	• 보조 축 지정하기 • 크기 및 위치 지정하기 • 글꼴 크기 지정하기	• 보조 축 : 5점 • 차트 종류 : 5점 • 크기 및 위치 : 각 5점 • 범례 : 5점 • 글꼴 및 크기 : 각 5점 • 여백 : 5점
⓳	하이퍼링크	88/167	• 하이퍼링크 만들기	• 하이퍼링크 지우기	• 5점
⓴	쪽 번호 매기기	174	• 쪽번호 지정하기	• 시작 번호 지정하기 • 위치 및 모양 지정하기	• 항목당 3점

똑 띄우기 : -3

오른쪽 정렬 : -3

10mm 10mm 5mm

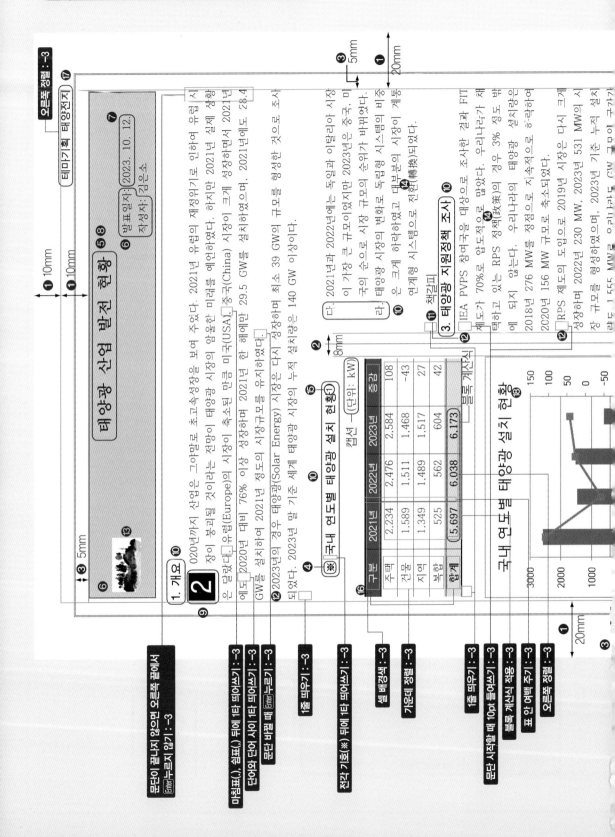

⑰ 오른쪽 정렬: -3

테마기획 태양전지

① 20mm ③ 5mm ② 8mm

태양광 산업 발전 현황 ⑤⑧

발표일자: 2023. 10. 12.
작성자: 김은소 ⑥

1. 개요 ⑩

020년까지 산업은 그야말로 초고속성장을 보여 주었다. 2021년 유럽의 재정위기로 인하여 유럽의 성장이 둔화될 것이라는 전망이 태양광 시장의 암울한 미래를 예언하였었다. 하지만 2021년 실제 상황은 달랐다. 유럽(Europe)의 시장이 축소된 만큼 미국(USA), 중국(China) 시장이 크게 성장하면서 2021년예도 2020년 대비 76% 이상 성장하며 29.5 GW를 설치하였으며. 2021년 한 해에만 28.4 GW를 설치하여 2021년 정도이 시장규모를 유지하였다. 2023년의 경우 태양광(Solar Energy) 시장은 다시 성장하여 최소 39 GW의 규모를 형성한 것으로 조사되었다. 2023년 말 기준 세계 태양광 시장의 누적 설치량은 140 GW 이상이다.

다. 2021년과 2022년에는 독일과 이탈리아 시장이 가장 큰 규모이었지만 2023년은 중국, 미국이 순으로 시장 규모의 순위가 바뀌었다. 태양광 시장의 변화로 독립형 시스템의 비중은 크게 하락하였고 대부분의 시장이 계통 연계형 시스템으로 전환(轉換)되었다.

책갈피

다.

※ 국내 연도별 태양광 설치 현황 ⑮

캡션 —(단위: kW)

구분	2021년	2022년	2023년	증감
주택	2,234	2,476	2,584	108
건물	1,589	1,511	1,468	-43
지역	1,349	1,489	1,517	27
복합	525	562	604	42
합계	5,697	6,038	6,173	

블록 계산식

3. 태양광 지원정책 조사 ⑩

IEA PVPS 참여국들을 대상으로 조사한 결과 FIT 제도가 70%로 압도적으로 많았다. 우리나라가 채택하고 있는 RPS 정책(政策)의 경우 3% 정도 밖에 되지 않는다. 우리나라의 태양광 설치량은 2018년 276 MW를 정점으로 지속적으로 축소하여 2020년 156 MW 규모로 축소되었다. RPS 제도이 도입으로 2019년 시장은 다시 크게 성장하며 2022년 230 MW, 2023년 531 MW의 시장 규모를 형성하였으며, 2023년 기준 누적 설치량은 1,555 MW...

국내 연도별 태양광 설치 현황 ⑱

3000 2000 1000 150 100 50 0 -50

채점 기준 라벨:
- 문단이 끝나지 않으면 오른쪽 끝에서 Enter 누르지 않기: -3
- 마침표(.), 쉼표(,) 뒤에 1타 띄어쓰기: -3
- 단어와 단어 사이 1타 띄어쓰기: -3
- 문단 바뀔 때 Enter 누르기: -3
- 1줄 띄우기: -3
- 전각 기호(※) 뒤에 1타 띄어쓰기: -3
- 셀배경색: -3
- 가운데 정렬: -3
- 1줄 띄우기: -3
- 문단 시작할 때 10pt 들여쓰기: -3
- 블록 계산식 적용: -3
- 표 안 여백 주기: -3
- 오른쪽 정렬: -3

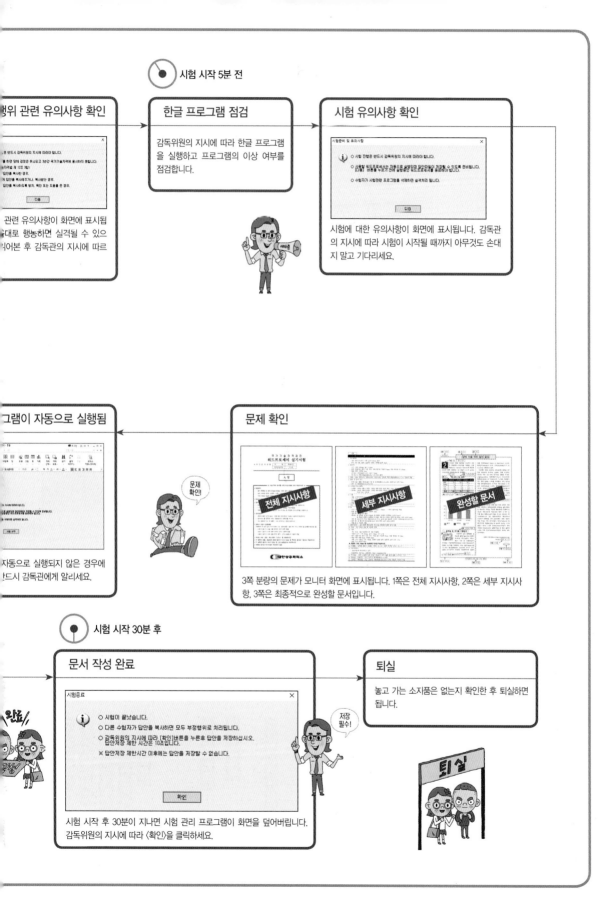

시험 시작 5분 전

위 관련 유의사항 확인

관련 유의사항이 화면에 표시됨
대로 행동하면 실격될 수 있으
어본 후 감독관의 지시에 따르

한글 프로그램 점검

감독위원의 지시에 따라 한글 프로그램
을 실행하고 프로그램의 이상 여부를
점검합니다.

시험 유의사항 확인

시험에 대한 유의사항이 화면에 표시됩니다. 감독관
의 지시에 따라 시험이 시작될 때까지 아무것도 손대
지 말고 기다리세요.

그램이 자동으로 실행됨

자동으로 실행되지 않은 경우에
드시 감독관에게 알리세요.

문제 확인

문제
확인!

3쪽 분량의 문제가 모니터 화면에 표시됩니다. 1쪽은 전체 지시사항, 2쪽은 세부 지시사
항, 3쪽은 최종적으로 완성할 문서입니다.

시험 시작 30분 후

문서 작성 완료

저장
필수!

시험 시작 후 30분이 지나면 시험 관리 프로그램이 화면을 덮어버립니다.
감독위원의 지시에 따라 〈확인〉을 클릭하세요.

퇴실

놓고 가는 소지품은 없는지 확인한 후 퇴실하면
됩니다.

퇴실

워드프로세서

실기

2025
시나공

길벗알앤디 지음

길벗

지은이 **길벗알앤디**

강윤석, 김용갑, 김우경, 김종일

IT 서적을 기획하고 집필하는 출판 기획 전문 집단으로, 2003년부터 길벗출판사의 IT 수험서인 〈시험에 나오는 것만 공부한다〉 시리즈를 기획부터 집필 및 편집까지 총괄하고 있다.

30여 년간 자격증 취득에 관한 교육, 연구, 집필에 몰두해 온 강윤석 실장을 중심으로 IT 자격증 시험의 분야별 전문가들이 모여 국내 IT 수험서의 수준을 한 단계 높이기 위한 다양한 연구와 집필 활동에 전념하고 있다.

워드프로세서 실기 – 시나공 시리즈 ⑧

The Practical Examination for Word Processor

초판 발행 · 2024년 8월 26일

발행인 · 이종원
발행처 · (주)도서출판 길벗
출판사 등록일 · 1990년 12월 24일
주소 · 서울시 마포구 월드컵로 10길 56(서교동)
주문 전화 · 02)332-0931 팩스 · 02)323-0586
홈페이지 · www.gilbut.co.kr 이메일 · gilbut@gilbut.co.kr

기획 및 책임 편집 · 강윤석(kys@gilbut.co.kr), 김미정(kongkong@gilbut.co.kr), 임은정(eunjeong@gilbut.co.kr), 정혜린(sunriin@gilbut.co.kr)
디자인 · 강은경, 윤석남 제작 · 이준호, 손일순, 이진혁 마케팅 · 조승모, 유영은
영업관리 · 김명자 독자지원 · 윤정아

편집진행 및 교정 · 길벗알앤디(강윤석 · 김용갑 · 김우경 · 김종일) 일러스트 · 윤석남
전산편집 · 예다움 CTP 출력 및 인쇄 · 금강인쇄 제본 · 금강제본

ISBN 979-11-407-1066-9 13000
(길벗 도서번호 030935)

가격 19,000원

독자의 1초까지 아껴주는 길벗출판사

(주)도서출판 길벗 | IT교육서, IT단행본, 경제경영서, 어학&실용서, 인문교양서, 자녀교육서 www.gilbut.co.kr
길벗스쿨 | 국어학습, 수학학습, 어린이교양, 주니어 어학학습, 학습단행본 www.gilbutschool.co.kr

인스타그램 • @study_with_sinagong

짜잔~ '시나공' 시리즈를 소개합니다~

자격증 취득, 가장 효율적으로 공부하고 싶으시죠?
보통 사람들의 공부 패턴과 자격증 시험을 분석하여 최적의 내용을 담았습니다.

 최대한 단시간에 취득할 수 있도록 노력하였습니다.

흔글 같은 워드프로세서를 잘 사용하는 사람들은 워드프로세서 실기 시험을 쉽게 생각합니다. 네, 워드프로세서 실기 시험은 시험 형태가 정해져 있어서 쉽습니다. 하지만 시험에서 사용하는 기능에 충분히 숙달되어 있지 않으면 30분에 모든 작업을 완벽히 마치기는 매우 어렵습니다. 이 책은 흔글 2022 프로그램의 다양한 기능 중에서 워드 실기 시험에 출제되는 기능만을 선별하여 시험 문제의 지시사항을 최대한 빨리 끝낼 수 있는 방법으로 반복 숙달할 수 있도록 구성했습니다.

 공부하면서 답답해하지 않도록 노력했습니다.

컴퓨터 프로그램을 사용해 본 사람이라면 누구나 경험해 봤겠지만 모르는 기능을 배울 때 주어진 기능을 설명대로 따라 하다 중간에서 막히면 대책이 없습니다. 이 책에서는 따라하면 누구나 결과가 나오도록 한 단계도 빼놓지 않고 설명했습니다. 특히 책 출간 전에 초보자 여러 명이 직접 따라해 보면서 수정에 수정을 거듭했기 때문에 안심하고 따라하셔도 됩니다.

 학습 방향을 제시하기 위해 노력했습니다.

이 시험을 준비하는 수험생이 대부분 비전공자이다보니 학습 방향에 어둡기 쉽습니다. 학습 방향을 파악하지 못한 채 교재에 수록된 내용에 대해 무작정 따라하는 것은 비효율적입니다. '전문가의 조언', '시나공 Q&A 베스트', '잠깐만요' 등의 코너를 두어 "지금 이것을 왜 하는지?", "왜 안 되는지?", "더 효율적인 방법은 없는지?" 등 옆에서 선생님이 지도하는 것처럼 친절한 가이드라인을 제공했습니다.

 한 번에 합격할 수 있도록 전략을 세웠습니다.

워드프로세서 실기 시험은 타자만 빨리 치면 쉽게 합격할 수 있다고 생각하는 사람이 많습니다. 물론 타자 속도도 중요하지만 타자 속도는 분당 약 200타 이상이면 충분합니다. 그보다 시험에서 요구하는 편집 기능을 숙달하여 편집 지시사항을 빠르게 처리하는 것과 감점요인을 정확히 아는 것이 더 중요합니다. 워드프로세서 실기 시험에 한 번에 합격할 수 있도록 문제별로 전략을 세웠습니다. 이 책에서 제시한 합격 전략대로 공부하세요. 반드시 합격할 것입니다.

끝으로 이 책으로 공부하는 모든 사람들이 한 번에 합격할 수 있기를 기원합니다.

2024년 여름날에
강윤석

Special thanks to …

이 책이 나오기까지 '감 놔라, 배 놔라' 미주알 고주알 참견해(?) 주시고 설문조사에 응해 주신 300여 명의 수험생, 길벗출판사 독자, 고등학교 선생님, 학원 선생님들께 깊이 감사드립니다.

채점 프로그램을 사용하려면?   12

실습용 데이터 파일을 사용하려면?   14

00 준비운동

1. 워드프로세서 시험, 이것이 궁금하다. – 시나공 Q&A 베스트   16

2. 시험 접수부터 자격증을 받기까지 한눈에 살펴볼까요?   24

3. 한눈에 보는 워드프로세서 실기 시험 절차   26

4. 워드프로세서 실기 시험, 이렇게 준비하세요! – 전문가의 조언   28

1부 기본 편

01 자가진단 및 대책

Section00 한눈에 보는 워드프로세서 실기   36

Section01 용지 설정   38

Section02 다단 설정   42

Section03 쪽 테두리 설정   48

Section04 기본 입력   50

Section05 정렬   59

Section06 글자 모양 변경   62

Section07 글상자 / 누름틀   68

Section08 문단 첫 글자 장식   82

Section09 한자 변환   86

Section10 책갈피 / 하이퍼링크   89

Section11 스타일   93

Section12 표 작업   113

Section13 차트   134

Section14 그림 삽입   149

Section15 머리말 / 꼬리말   159

Section16 각주 / 하이퍼링크   167

Section17 쪽 번호   174

02 실제 시험장을 옮겨 놓았다!

Section18 실제 시험장을 옮겨 놓았다!   178

    1. 입실(시험 시작 10분 전)   178

    2. 환경 설정(입실 후)   178

    3. 시험 준비 및 유의사항 확인   185

    4. 시험 시작(문제 확인)   187

    5. 워드프로세서 실기 시험 작업 순서   190

    6. 문서 작성 시작   194

    7. 확인 및 저장   263

    8. 퇴실(시험 종료)   265

동영상 강의

교재에 수록된 모든 내용이 동영상 강의로 제공됩니다.

*동영상 강의는 [시나공 홈페이지] → [워드프로세서] → [실기] → [동영상 강좌] → [토막강의]에서 무료로 시청하면 됩니다.

2부

실전 편

01 실전 모의고사

실전 모의고사 01회	267
실전 모의고사 02회	273
실전 모의고사 03회	277
실전 모의고사 04회	281
실전 모의고사 05회	285
실전 모의고사 06회	291
실전 모의고사 07회	295
실전 모의고사 08회	299
실전 모의고사 09회	303
실전 모의고사 10회	307
실전 모의고사 11회	311
실전 모의고사 12회	315
실전 모의고사 13회	319
실전 모의고사 14회	323
실전 모의고사 15회	327
실전 모의고사 16회	331
실전 모의고사 17회	335
실전 모의고사 18회	339
실전 모의고사 19회	343
실전 모의고사 20회	347

3부

최신기출문제

최신기출문제 1회	353
최신기출문제 2회	357
최신기출문제 3회	361
최신기출문제 4회	365
최신기출문제 5회	369

1등만이 드릴 수 있는 1등 혜택!!
수험생을 위한 아주 특별한 서비스

서비스 하나

시나공 홈페이지
시험 정보 제공!

IT 자격증 시험, 혼자 공부하기 막막하나요? 시나공 홈페이지에서 대한민국 최대, 50만 회원들과 함께 공부하세요.

지금 sinagong.co.kr에 접속하세요!

시나공 홈페이지에서는 최신기출문제와 해설, 선배들의 합격 수기와 합격 전략, 책 내용에 대한 문의 및 관련 자료 등 IT 자격증 시험을 위한 모든 정보를 제공합니다.

서비스 둘

수험생 지원센터
무엇이든 물어보세요!

공부하다 답답하거나 궁금한 내용이 있으면, 시나공 홈페이지 도서별 '책 내용 질문하기' 게시판에 질문을 올리세요. 길벗알앤디의 전문가들이 빠짐없이 답변해 드립니다.

서비스 셋

시나공 만의
동영상 강좌

독학이 가능한 친절한 교재가 있어도 준비할 시간이 부족하다면?

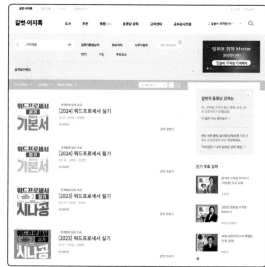

길벗출판사의 '동영상 강좌(유료)' 이용 안내

1. 길벗출판사 홈페이지(gilbut.co.kr)에 접속하여 로그인하세요.
2. 상단 메뉴 중 [동영상 강좌]를 클릭하세요.
3. 'IT자격증' 카테고리에서 원하는 강좌를 선택하고 [수강 신청하기]를 클릭하세요.
4. 우측 상단의 [마이길벗] → [나의 동영상 강좌]로 이동하여 강좌를 수강하세요.

※ 기타 동영상 이용 문의 : 독자지원(02-332-0931)

시나공 시리즈는 단순한 책 한 권이 아닙니다. 여러분이 시나공 시리즈 책 한 권을 구입한 순간, Q&A 서비스에서 최신기출문제 등 각종 학습 자료까지 IT 자격증 최고 전문가들이 제공하는 온라인&오프라인 합격 보장 교육 프로그램이 함께합니다.

서비스 넷 | 편집 연습을 위한 입력 파일 제공

타자 속도는 짧은 시간에 높일 수 없지만, 편집 속도는 짧은 시간에 확 끌어 올릴 수 있습니다. 실습용 데이터 파일이 저장된 폴더에서 입력이 완료된 문서를 불러와 책의 모의고사 중 문제지 2면에 있는 세부 지시 사항대로 편집 연습만 집중적으로 하는 거죠. 8분 안에 끝낼 수 있을 때까지 계속 연습하세요.

※ 실습용 데이터 파일이 저장된 폴더 파일의 설치 및 사용 방법은 교재 14쪽을 참고하세요.

시나공 홈페이지 회원 가입 방법

1. 시나공 홈페이지(sinagong.co.kr)에 접속하여 우측 상단의 〈회원가입〉을 클릭하고 〈이메일 주소로 회원가입〉을 클릭합니다.

   ※ 회원가입은 소셜 계정으로도 가입할 수 있습니다.

2. 가입 약관 동의를 선택한 후 〈동의〉를 클릭합니다.

3. 회원 정보를 입력한 후 〈이메일 인증〉을 클릭합니다.

4. 회원 가입 시 입력한 이메일 계정으로 인증 메일이 발송됩니다. 수신한 인증 메일을 열어 이메일 계정을 인증하면 회원가입이 완료됩니다.

한눈에 살펴보는 시나공의 구성

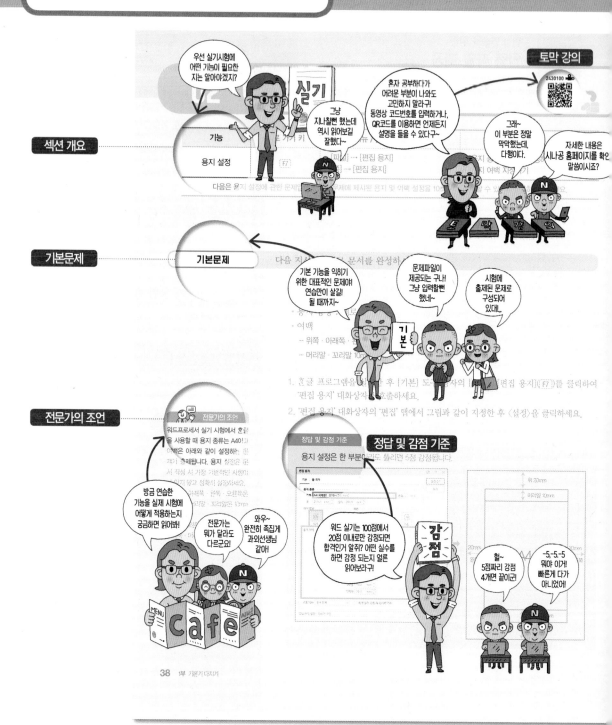

섹션 개요

기본문제

전문가의 조언

정답 및 감점 기준

시험에 나오는 것만 골라 볼 수 있다!! — '섹션별 구성'

워드프로세서 시험은 한글문서 이용이나 타자 실력이 좋다고 합격할 수 있는 단순한 시험이 아닙니다. 문제분석, 자가평가,
전문가의 조언, 기본문제, 연습문제 등 완벽한 시스템이 최단기간 내에 합격은 물론, 워드프로세서 전문가로 만들어드립니다.

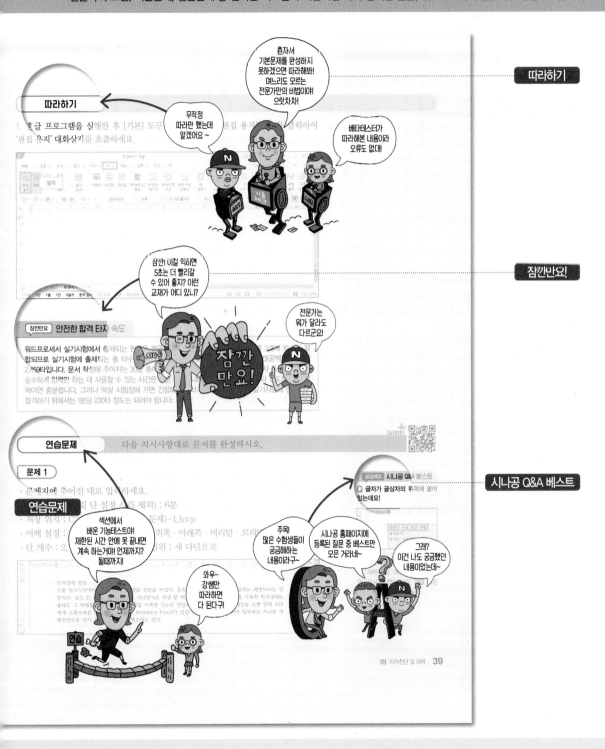

한눈에 살펴보는 시나공의 구성

IT 자격증 전문가의 합격요령

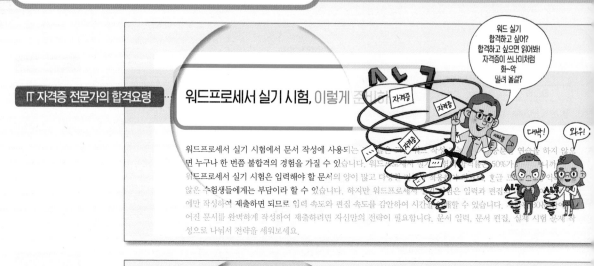

워드프로세서 실기 시험, 이렇게 준비하세요

워드프로세서 실기 시험에서 문서 작성에 사용되는 면 누구나 한 번쯤 불합격의 경험을 가질 수 있습니다. 워드프로세서 실기 시험은 입력해야 할 문서의 양이 많고 다 않은 수험생들에게는 부담이라 할 수 있습니다. 하지만 워드프로세서 에만 작성하여 제출하면 되므로 입력 속도와 편집 속도를 감안하여 시간 어진 문서를 완벽하게 작성하여 제출하려면 자신만의 전략이 필요합니다. 문서 입력, 문서 편집, 실제 시험 문서 작성으로 나눠서 전략을 세워보세요.

실제 시험장을 옮겨 놓았다!

SECTION 18

실제 시험장을

1 **입실**(시험 시작 10분 전)

워드프로세서 실기 시험은 30분 동 컴퓨터를 접점하고 수험생 인적사 있는 신분증을 반드시 지참해야 합니다. 주민등록증, 운전면허증 등이 없는 학생은 학생 중, 청소년증, 자격검정용 신분확인 증명서 를 지참하면 됩니다.

실전 모의고사

EXAMINATION 01 회

실전 모의고사

〈다음 쪽의 문서를

■ 작성된 답안의 파일은 지정된 경로 및 실격 처리됩니다.

수험서의 핵심은 문제 풀이, '실전 모의고사 & 최신기출문제'

다양한 문제를 풀어 보면서 섹션에서 배운 내용을 한 번 더 확인하고 변형 문제에 대처할 수 있는 능력을 키울 수 있습니다.

채점 프로그램을 사용하려면?

① 채점하기

1. 시나공 홈페이지(sinagong.co.kr)에 접속하여 오른쪽 상단의 〈로그인〉을 클릭한 후 아이디와 패스워드를 넣고 로그인하세요.

> ※ '이메일 주소(아이디)'가 없는 경우에는 〈회원가입〉을 클릭하여 회원으로 가입한 후 구입한 도서를 등록하세요. '회원가입'에 대한 내용은 7쪽을 참고하세요.

2. 위쪽의 메인 메뉴에서 [워드프로세서] → [실기] → [온라인채점] → [채점하기]를 클릭하세요.

3. '온라인채점'에서 채점할 도서로 '2025 시나공 워드프로세서 실기 기본서'를 클릭하세요.

4. '시험 유형 선택'에서 채점할 파일의 '과목', '시험 유형', '시험 회차'를 차례로 선택하세요. 아래쪽에 '채점할 파일 등록' 창이 나타납니다.

5. 채점할 파일을 '채점할 파일 등록' 창으로 드래그하거나 〈파일 업로드〉를 클릭한 후 '열기' 대화상자에서 채점할 파일을 선택하고 〈열기〉를 클릭하세요.

6. 파일이 업로드 된 후 〈채점하기〉를 클릭하면 채점이 수행됩니다.

7. 채점이 완료되면 '채점결과'가 표시됩니다.

② 틀린 부분 확인하기

'채점결과'는 시험 유형, 점수, 합격 여부 그리고 감점 내역이 표시되며, 감점 내역 중 하나를 클릭하면 감점된 세무 항복들을 확인할 수 있습니다. 올바르게 작성했는데도 틀리다고 표시된 경우에는 시나공 홈페이지 위쪽의 메인 메뉴에서 [커뮤니티]를 클릭하여 해당 문제에 대해 궁금한 점을 문의할 수 있습니다.

실습용 데이터 파일을 사용하려면?

1. 시나공 홈페이지에 접속하여 오른쪽 상단의 〈로그인〉을 클릭한 후 아이디와 패스워드를 넣고 로그인하세요.

2. 위쪽의 메뉴에서 [워드프로세서] → [실기] → [도서자료실]을 클릭하세요.

3. 자료실 도서목록에서 [2025 시나공 워드프로세서 실기 기본서]를 클릭한 후 [실습예제]를 클릭합니다.

4. 내 컴퓨터의 '다운로드' 폴더에서 실습 예제 파일의 압축을 해제합니다.

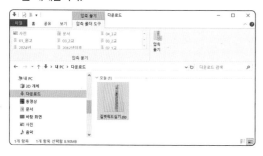

5. 압축을 해제하면 실행 파일과 압축 파일이 있습니다. 이 중 '길벗워드실기.exe' 파일을 더블클릭하여 실행하세요. '로컬 디스크 C:\길벗워드실기' 폴더에 문제 및 정답 파일이 자동으로 설치됩니다.

※ 실행 파일이 실행되지 않는 경우 압축 파일을 해제하여 사용하면 됩니다.

6. 정상적인 복사가 수행되었는지 '로컬 디스크 C:\길벗워드실기' 폴더를 확인하세요. 이 폴더에 저장된 파일은 책에 수록된 문제를 풀 때 사용됩니다.

폴더 및 파일의 용도
- **그림** : 실전 모의고사 및 최신기출문제에서 사용되는 그림 파일
- **기출** : 최신기출문제 편집 연습을 위한 입력 완성 파일과 정답 파일
- **모의** : 실전 모의고사 편집 연습을 위한 입력 완성 파일과 정답 파일
- **섹션** : 섹션 편집 연습을 위한 입력 완성 파일
- **실제시험장** : 실제시험장 편집 연습을 위한 입력 완성 파일과 정답 파일

준비운동

1 워드프로세서 시험, 이것이 궁금하다.
  – 시나공 Q&A 베스트

2 시험 접수부터 자격증을 받기까지 한눈에 살펴볼까요?

3 한눈에 보는 워드프로세서 실기 시험 절차

4 전문가의 조언 – 워드프로세서 실기 시험, 이렇게 준비하
  세요!

워드프로세서 시험, 이것이 궁금하다!

Q 워드프로세서 필기 응시 수수료와 실기 응시 수수료는 얼마인가요?

A 필기는 19,000원 이고, 실기는 22,000원 입니다.

Q 워드프로세서 실기 시험에서 사용하는 프로그램과 버전을 알고 싶어요.

A MS 워드 2021, 한글 2022 중 선택하여 접수할 수 있습니다.

Q 워드프로세서 실기 시험 합격 점수는 몇 점인가요?

A 80점 이상입니다.

Q 필기 시험에 합격하고 2년동안 필기 시험이 면제된다고 하던데, 필기 시험에 언제 합격했는지 기억이 나지 않을 경우, 실기 시험 유효 기간이 지났는지 어떻게 확인해야 하나요?

A 대한상공회의소 자격평가사업단 홈페이지(license.korcham.net)에 로그인한 후 [마이페이지] 코너에서 확인할 수 있습니다.

Q 필기 시험에 합격한 지역이 아닌 다른 곳에서 실기 시험을 응시할 수 있나요?

A 네, 필기 시험 합격 지역과 관계없이 실기 시험에 응시할 수 있습니다.

Q 필기 시험에 합격한 후 바로 상시 시험에 접수할 수 있나요?

A 네, 가능합니다. license.korcham.net에서 접수하면 됩니다.

Q 실기 시험을 본 후 합격자 발표 이전에 다시 상시 시험에 응시할 수 있나요?

A 네, 할 수 있습니다. 상시 시험은 같은 날 같은 급수만 아니라면, 합격 발표 전까지 계속하여 접수 및 응시가 가능합니다. 이미 실기 시험에서 합격하였다면 그 뒤에 치른 시험 결과는 무효 처리됩니다.

Q 시험 접수를 취소하고 환불 받을 수 있나요? 받을 수 있다면 환불 방법을 알려주세요.

A 네, 가능합니다. 대한상공회의소 자격평가사업단 홈페이지의 위쪽 메뉴에서 [개별접수] → [환불신청]을 클릭하여 신청하면 됩니다. 하지만 환불 신청 기간 및 사유에 따라 환불 비율에 차이가 있습니다.

환불 기준일	환불 비율
접수일 ~ 시험일 4일 전	100% 반환
시험일 3일 전 ~ 시험일	반환 불가

※ 100% 반환 시 인터넷 접수 수수료는 제외하고 반환됩니다.

시간이 부족한 수험생들의 궁금증 완전해결! — '시나공 Q&A 베스트'

시나공 홈페이지(sinagong.co.kr)에 10년간 쌓인 50만 회원들의 Q&A 데이터를 철저하게 분석하여
1분 1초가 아쉬운 수험생들의 궁금증을 100% 반영했습니다.

Q 실기 시험 볼 때 가져갈 준비물로는 어떤 것들이 있나요?

A 수검표, 신분증(주민등록증, 운전면허증 등)을 지참해야 합니다.

※ 신분증을 지참하지 않으면 시험에 응시할 수 없으니 반드시 신분증을 지참하세요.

Q 신분증을 분실하였을 경우에는 어떻게 해야 하나요?

A 신분증을 분실했을 경우 주민센터에서 주민등록증 발급 신청 확인서를 발부해 오면 됩니다. 그 외에 운전면허증, 학생증 및 청소년증 (초 · 중 · 고등학생 한정), 유효기간 내의 여권, 국가기술 자격증이 있어도 됩니다.

Q 실기 시험 합격 후에는 자격증이 집으로 배달되나요?

A 아닙니다. 최종적으로 실기 시험에 합격해도 자격증 발급을 신청하지 않으면 자격증을 받을 수 없습니다.

Q 자격증 발급을 신청한 후 몇 일만에 자격증을 받을 수 있나요?

A 자격증은 신청 후 15일 이후에 받을 수 있습니다.

Q 자격증 분실 시 재발급 받으려면 어떻게 해야 하나요?

A 처음 자격증 신청할 때와 동일하게 인터넷으로 신청하면 됩니다.

⑯⑰⑱

상공은행, 현지은행 인수해 추격 채비

금융연구

인도네시아 자카르타(Indonesia Jakarta) 위스마 물리아타워에 위치한 인도네시아 상공은행 홍길동 부행장은 요즘 눈코 뜰 새 없이 바쁜 나날을 보내고 있다. 인도네시아에서 올해 새로 내야 할 지점이 6곳이나 되기 때문이다. 상공은행은 이곳에서 작년에만 10개 지점(Branch Office)을 늘렸지만 다른 외국계 은행들과 경쟁(Competition)하기엔 여전히 부족(不足)하다. ▢❶

▢❷

1. 현지 은행 인수하여 급성장

⑧
⑲

⑮인도네시아는 상공은행과 대한은행 등이 시장을 확대(Expansion)하기 위해 노력하고 있는 곳이다. 410여 명을 고용(Employment)하고 있는 인도네시아 상공은행은 현지 은행을 사들여 철저한 현지화에 나서고 있다. 상공은행은 2007년 빈탕마눙갈 은행을 인수(Take Over)하였고, 세계은행 산하의 국제금융공사(IFC : International Finance Corporation)와 공동 투자(投資)에 나서 사업 리스크(Risk)를 줄였다.

▢❷

※ 인도네시아 은행 지점 수1)

⑥⑦   ⑨(단위: 백 개)

⑭	2010년	2011년	2012년	비고
⑫ 외국계	68	74	78	⑬
⑩ 국영	41	44	53	
지방	14	14	17	
외국환	11	12	14	
평균	33.50	36.00	40.50	

▢❷

홍 부행장은 "당시 현지 은행(Bank)을 사들이지 못했다면 인도네시아 진출(進出)은 거의 불가능(Impossibility)했을 것"이라고 말했다. 그는 "대출 자산 기준으로 70%가 인도네시아 기업과 현지인 대출"이라고 말했다. 300만 달러를 처음 투자하고 지속적으로 투자(Investment)를 늘렸다. 인수 첫해❹

---
1) 자료: 인도네시아은행협회

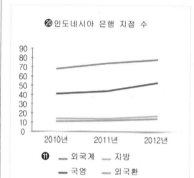

⑳인도네시아 은행 지점 수

⑪ ─ 외국계   ─ 지방   ─ 국영   ─ 외국환

인 2008년 말 총자산은 1조 루피아였으나 지난해 말에는 ▢5조 2280억 루피아로 급성장(Rapid Growth)했다. 작년 한 해에만 총자산이 42%나 늘었다. 대출(Loan)과 예수금(Deposit Received)은 지난 1년간 각각 66%, 52% 늘었다.

▢❷

2. 대한은행도 경쟁력 갖춰

대한은행은 지난해 6월 사우다라(Saudara)은행 지분 33%를 인수하기로 계약(Contract)을 맺었다. 인도네시아 중앙은행의 승인(Recognition)을 기다리고 있는 상황으로, 승인이 나면 공격적인(Offensive) 영업(營業) 전개를 위한 기반을 마련하게 된다. 사우다라은행은 100여 지점에 1,600명을 고용하고 있는 중형 은행이다. 인도네시아 대한은행장은 "현지 대형 은행과 경쟁(競爭)하려면 철저한 현지화가 필수이기 때문에 사우다라은행 인수에 나섰다"고 말했다.

▢❷

오승하 기자(korcham@sanggong.com)

▢❺

시간이 부족한 수험생들의 궁금증 완전해결! — '시나공 Q&A 베스트'

시나공 홈페이지(sinagong.co.kr)에 10년간 쌓인 50만 회원들의 Q&A 데이터를 철저하게 분석하여
1분 1초가 아쉬운 수험생들의 궁금증을 100% 반영했습니다.

❶ Ⓠ 문단의 끝을 나타내는 마침표(.) 뒤에 불필요한 공백이 삽입되면 감점되나요?

Ⓐ 감점되지 않습니다. 하지만 공백이 너무 많아 한 줄이 넘어가는 경우 감점됩니다.

❷ Ⓠ 문단 사이의 빈 줄처럼 입력된 내용이 없는 영역은 어떤 정렬 방식을 적용해야 하나요?

Ⓐ 문단 사이의 빈 줄, 도표와 문단 사이의 빈 줄 등 입력된 내용이 없는 곳은 정렬 방식을 채점하지 않습니다.

❸ Ⓠ 단어와 단어 사이가 한 칸 보다 넓어 보이는 경우 몇 칸을 띄어야 하나요?

Ⓐ 단어와 단어 사이가 넓어 보이는 이유는 워드 랩과 영문 균등 때문입니다. 단어 사이가 넓어 보여도 한 칸만 띄어야 합니다.

❹ Ⓠ 이려이 왼쪽 단에서 오른쪽 단으로 이어시는 경우 Enter를 눌러야 하나요?

Ⓐ 왼쪽 단에서 Enter를 누르지 않고 계속 입력하면 자동으로 오른쪽 단으로 이어집니다. 이때 █▒ ▒ ▒ ▒제 █▒▒▒ ▒ ▒▒▒ ▒ ▒▒▒ 감점됩니다.

❺ Ⓠ 문서의 마지막 줄 다음에 불필요한 줄이 삽입되면 감점되나요?

Ⓐ 감점되지 않습니다. 하지만 삽입된 빈 줄이 많아 다음 페이지로 넘어가면 감점됩니다.

❻ Ⓠ 표 안의 정렬을 어떻게 해야 하는지 잘 모르겠어요. 정확히 알려주세요.

Ⓐ 표 안의 데이터 정렬 기준은 다음과 같습니다.

❶ 구분	친절도	교통	길안내	비고
❷ 서울	17.8	15.2	24.1	
전주	9.7	30.9	46.2	
서귀포	13.7	21.7	31.8	
대전	8.4	24.7	11.4	
❶ 합계	49.6	92.5	113.5	
	❸	❸	❸	❹

❶ 제목행과 "합계" 셀 : 항상 '가운데 정렬'입니다.

❷ 1열 2행~5행 : 각 셀에 입력된 문자열의 길이가 서로 다른 경우 '왼쪽 정렬', 같은 경우 '가운데 정렬'입니다.

> ※ 셀 안의 내용은 기본적으로 '양쪽 정렬'인데 문단의 길이가 짧아 '왼쪽 정렬'처럼 보입니다. 그러므로 셀에 입력된 문자열의 길이가
> 서로 다른 경우 꼭 '왼쪽 정렬'을 지정해야 합니다.

❸ 2열, 3열, 4열 2행~6행 : 셀에 입력된 숫자의 길이가 서로 다른 경우 '오른쪽 정렬', 같은 경우 '가운데 정렬'입니다.

❹ 5열 2행~6행 : 빈 영역이므로 어떤 정렬을 지정해도 관계가 없습니다.

❼ Q 표에서 셀에 입력된 내용이 길어서 두 줄로 되는 경우 그냥 둬도 되나요? 아니면 한 줄로 만들어야 하나요?

A 셀에 입력된 내용이 길이 두 줄이 되었을 때 그냥 두면 감점됩니다. 문제지의 그림을 참고하여 반드시 한 줄이 되도록 각 셀의 너비를 조절해야 합니다. 자세한 내용은 교재 130쪽, 288쪽을 참고하세요.

---

❽ Q 그림을 삽입하고 세부 지시사항을 적용했더니 문제지와 그림 위치가 다르네요. 그림에 대한 세부 지시사항만 올바르게 지정했다면 그냥 둬도 되나요?

A 아닙니다. 그림의 위치는 문제지의 그림 위치와 반드시 같아야 합니다. 그림을 삽입하고 세부 지시사항을 적용했을 때 문제지의 그림 위치와 달라진 경우 다음 방법을 이용해 보세요.

[문제지(정답)]

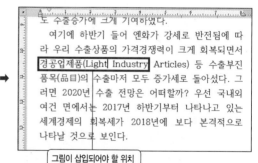

[수험자]

위의 왼쪽은 문제지(정답)이고 오른쪽은 수험자가 그림을 잘못 삽입한 경우입니다. 이런 경우 그림을 선택하고 Ctrl+X를 눌러 잘라낸 후 그림이 삽입되어야 할 위치를 클릭하고 Ctrl+V를 눌러 붙여넣기 합니다.

'그림이 삽입되어야 할 위치'는 문제지(정답)에 표시된 그림 옆의 첫 번째 줄입니다. 위의 '문제지(정답)'에서 그림 옆(오른쪽)의 첫 번째 줄은 "경공업제품(Light Industry)"입니다. 이 줄에서 아무데나 커서를 놓고 붙여 넣으면 됩니다. 그림이 단의 오른쪽에 삽입되었다면 그림의 왼쪽 첫 번째 줄이 그림이 삽입되어야 할 위치가 됩니다.

시간이 부족한 수험생들의 궁금증 완전해결! — '시나공 Q&A 베스트'

시나공 홈페이지(sinagong.co.kr)에 10년간 쌓인 50만 회원들의 Q&A 데이터를 철저하게 분석하여
1분 1초가 아쉬운 수험생들의 궁금증을 100% 반영했습니다.

⑨ Q 표 아래에 내용을 입력하는데 자꾸 표와 표 아래 입력된 내용이 오른쪽 단으로 넘어가요. 왜 이러죠?

A 캡션을 입력한 후 캡션 밖으로 나오지 않고 캡션 영역에서 Enter를 누르고 본문 내용을 계속 입력했기 때문입니다. 이런 경우 표 아래 내용을 모두 블록으로 지정하고 잘라낸 후 Shift+Esc를 눌러 캡션에서 빠져나와 표 아래에 커서를 놓고 붙여넣기 하면 됩니다. 자세한 내용은 교재 201쪽을 참고하세요.

⑩ Q 표 자체에 대한 '가운데 정렬'은 어떻게 하는 건가요?

A 표 자체를 가운데로 정렬하려면 우선 커서가 표의 왼쪽 밖에 놓여 있어야 합니다. 표 안의 임의의 셀에 커서를 놓고 Shift+Esc를 누르면 아래 그림과 같이 커서가 표의 왼쪽 밖에 놓이게 되는데 이 상태에서 Ctrl+Shift+C를 눌러 가운데로 정렬하면 됩니다.

※ 인도네시아 은행 지점 수1)

커서의 위치

(단위 : 백 개)

구분	2010년	2011년	2012년	비고
외국계	68	74	78	
국영	41	44	53	
지방	14	14	17	
외국환	11	12	14	
평균	33.50	36.00	40.50	

※ Shift+Esc는 글상자, 표, 문단 첫 글자 장식, 각주, 캡션, 머리말/꼬리말에서 빠져나올 때 사용하는 바로 가기 키입니다.

⑪ Q 차트를 만들었는데 항목 축과 범례의 내용이 바뀌었어요. 왜 이런 건가요?

A 차트를 만들면 표의 첫 칸(열)은 항목 축, 첫 줄(행)은 범례로 표시됩니다. 문제의 차트 그림을 확인하여 첫 칸(열)은 범례, 첫 줄(행)은 항목 축으로 표시되어 있다면 차트를 선택한 후 [ ](차트 디자인) → [줄/칸 전환]을 클릭하세요. 자세한 내용은 교재 146쪽을 참고하세요.

⑫ Q '셀 테두리/배경' 대화상자를 이용하여 표 바깥의 왼쪽과 오른쪽을 '선 없음'으로 지정하고 바로 표 바깥의 위쪽과 아래쪽을 '굵은 실선'으로 변경했는데 표 바깥의 왼쪽과 오른쪽도 '굵은 실선'으로 지정되었어요. 분명 '선 없음'으로 지정했는데 왜 이런 거죠?

A '셀 테두리/배경' 대화상자의 '테두리' 탭에서 '선 모양 바로 적용'이 체크되어 있는 상태에서 선을 적용했기 때문입니다. '선 모양 바로 적용'이 선택되어 있으면 테두리 종류를 선택할 때마다 테두리 단추가 눌러진 곳은 자동으로 선 모양이 적용됩니다. 그러므로 원하는 곳에만 선 모양을 적용하려면 '선 모양 바로 적용'을 해제하고 작업해야 합니다. '셀 테두리/배경' 대화상자에서 '선 모양 바로 적용'의 체크를 해제한 후 다시 작업해 보세요.

⑬ Q 표의 합계(평균)를 구할 때 마지막 열인 비고란 아래에도 합계(평균)를 구했는데 그냥 삭제해도 되나요?

A 네, 비고란 아래에 합계(평균)를 구했다면 해당 영역(5열 2행~6행)을 블록을 지정한 후 Ctrl+E를 눌러 삭제하세요.

워드프로세서 시험, 이것이 궁금하다!

⑭ Q 표의 1행 1열에 대각선이 있는데 이것은 어떻게 지정해야 하나요?

A 1행 1열을 블록으로 지정한 후 L을 눌러 나타나는 '셀 테두리/배경' 대화상자의 '대각선' 탭에서 종류 '실선', 굵기 '0.12mm'를 선택하고, 표의 대각선 방향과 같은 대각선 모양을 선택한 다음 〈설정〉을 클릭하세요.

⑮ Q '문단 모양' 대화상자 대신 Spacebar 나 바로 가기 키로 문단의 들여쓰기를 지정하면 안 되나요?

A 전체 지시사항에 '문장의 들여쓰기(10pt), 정렬 방식, 여백 등은 문단 모양 기능을 이용하여 작성하시오'라고 되어 있으므로 Spacebar 를 사용하면 안 됩니다. 그리고 들여쓰기의 바로 가기 키인 Ctrl + F6 은 사용해도 되지만 Ctrl + F6 을 10번 눌러야하기 때문에 '문단 모양' 대화상자(Alt + T → Alt + A → Enter)에 비해 효율적이라 할 수 없습니다. 시간도 오래 걸릴뿐더러 정확하게 10번을 못 누르는 경우가 많기 때문이죠.

⑯ Q 문서를 모두 작성하고 나니 글상자가 다음 페이지 위쪽에 있어요. 제가 무엇을 잘못한 거죠?

A 글상자의 실제 위치가 문서의 끝 부분에 위치해서 그렇습니다. 글상자를 선택하고 Ctrl + X 를 눌러 잘라낸 다음 Ctrl + PgUp 을 눌러 첫 페이지 첫 문단으로 커서를 이동시킨 후 Ctrl + V 를 눌러 붙여넣으면 됩니다.

⑰ Q 글상자를 만들었는데 선 종류는 '이중 실선', 두께는 '1.0mm'이고, 채우기 색은 '회색', 선 색은 '빨강'이에요. 한글 프로그램을 종료했다가 다시 실행하고 만들어도 똑같아요. 어떡하죠?

A 글상자의 새 그리기 속성이 변경되었네요. 새 그리기 속성을 다시 지정하면 됩니다. 글상자의 기본 속성, 즉 선 종류는 '실선', 두께는 '0.12mm', 채우기 색은 '채우기 없음', 선 색은 '검정'입니다. 글상자를 만들고 기본 속성을 지정한 후 글상자 테두리를 마우스 오른쪽 버튼으로 클릭하여 나타나는 바로 가기 메뉴에서 [새 그리기 속성으로]를 선택하세요.

⑱ Q 글상자를 만들었더니 아래쪽에 수황색으로 '[사각형]'이라고 표시되기에 이것을 삭제했더니 글상자도 없어졌어요. 왜 그런거죠?

A 글상자, 표, 차트, 책갈피, 머리말/꼬리말, 각주 등의 개체를 만들면 '조판 부호'가 함께 만들어 지는데 조판 부호는 사용자가 내리는 명령을 기록하고 있습니다. 조판 부호는 어떤 경우에도 인쇄되지 않으며, [기본] 도구 상자에서 [보기] → [조판 부호]를 체크 표시해야만 볼 수 있으므로 문서 작성 시 조판 부호가 불편하다면 [조판 부호]의 체크 표시를 해제하세요.

⑲ Q '그림 넣기' 대화상자에서 삽입할 그림을 선택하고 〈열기〉를 클릭했더니 그림이 바로 삽입되지 않고, + 모양으로 변경된 마우스 포인터를 드래그 해야 그림이 삽입되던데, 이거 어떻게 해결해요?

A '그림 넣기' 대화상자의 왼쪽 아래에 있는 '마우스로 크기 지정'을 해제해야 그림이 바로 삽입됩니다.

⑳ Q 차트 내부 속성을 지정할 때 제목, 항목 축, 값 축, 범례에 대한 속성을 한꺼번에 지정할 수는 없나요?

A 안타깝게도 한꺼번에 차트 내부 속성을 지정할 수는 없습니다. 불편하더라도 하나하나 선택하여 속성을 지정해야 합니다.

㉑ Q 워드 실기 작업 시 꼭 바로 가기 키를 사용해야 하나요? 마우스를 사용하면 안 되나요?

A 마우스를 사용해도 관계없습니다. 다만 워드프로세서 실기 시험은 제한된 30분 내에 입력과 편집을 모두 마쳐야 하기 때문에 1분 1초가 소중합니다. 최대한 시간을 절약하기 위해서는 마우스로 메뉴를 선택하기보다 바로 가기 키를 사용하는 것이 효율적입니다.

시간이 부족한 수험생들의 궁금증 완전해결! — '시나공 Q&A 베스트'

시나공 홈페이지(sinagong.co.kr)에 10년간 쌓인 50만 회원들의 Q&A 데이터를 철저하게 분석하여
1분 1초가 아쉬운 수험생들의 궁금증을 100% 반영했습니다.

ⓠ 'edi' 같은 영어를 쓰고 Spacebar 나 한/영 을 누르면 자꾸 한글로 변환돼서 불편한데 뭐 좋은 방법이 없을까요?

ⓐ 호글 2022는 기본으로 '한영 자동 전환 동작'이 선택되어 있어 한글 입력 상태에서 영어 단어를 입력하면 영어로 입력되고, 반대로 영문 입력 상태에서 한글 단어를 입력하면 한글로 입력됩니다. 이 기능은 한/영 을 누를 필요가 없어 편리하지만 문의하신 것처럼 불편함을 초래하는 경우도 있습니다. 이런 경우에는 [기본] 도구 상자의 [도구] → [글자판] → [글자판 자동 변경]을 선택하여 기능을 해제한 후 작업하세요.

ⓠ 대한상공회의소에서 발표한 예시문제에는 'A형', 'B형', 'C형'이라고 문제 형별이 표시되어 있던데, 이 3가지 유형으로 문제가 고정된 건가요?

ⓐ 아닙니다. 상공회의소에서 예시한 A, B, C형은 출제 기능과 그 기능을 사용하여 출제 가능한 문제에 대한 예시입니다. 그러니까 A, B, C형 중에서 하나가 출제될 수도 있고, A, B, C형에 사용된 기능들을 조합하여 새로운 형태의 문제가 출제될 수도 있습니다.

시험 접수부터 자격증을 받기까지 한눈에 살펴볼까요?

① 응시자격조건

워드프로세서 시험은 남녀노소 누구나 응시할 수 있습니다!

함께 준비했어요~

오~케

나만 빼고 언제...

② 필기원서접수

◎ 상시 시험 : 매주 시행
◎ 인터넷 원서 접수 사이트 : license.korchan.net
◎ 접수 수수료 : 19,000원
◎ 인터넷 접수 대행 수수료 : 1,200원

필기 시험은 인터넷 접수만 가능합니다.

③ 필기시험

여러분~ 부정 행위는, 꿈도 꾸지마시고~ 시험 시~작!

필기 시험은 과목당 40점이상, 전 과목 평균 60점 이상의 점수를 얻어야 합격합니다!

집중

★ 자격증 신청 및 수령 ★

신청방법
⇩
인터넷 신청만 가능!

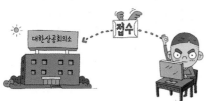

수령방법
⇩
등기 우편으로만 수령 가능!

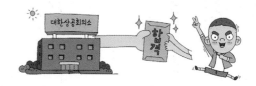

※ 신청할 때 준비할 것은~

▶ 인터넷 신청 : 접수 수수료 3,100원, 등기 우편 수수료 3,000원

→ **4** 합격여부 확인 ⟶ **실기 시험** **1** 실기원서접수

◎ 상시 시험 : 매주 시행
◎ 인터넷 원서 접수 사이트 :
license.korcham.net
◎ 프로그램 : 한글2022
◎ 접수 수수료 : 22,000원
◎ 인터넷 접수 대행 수수료 : 1,200원

설마 필기시험에
떨어진건
아니겠지~?

실기 시험은
인터넷 접수만
가능합니다!

싱시 시험은
매수 있어요!

최종 합격 **3** 합격여부 확인 ← **2** 실기시험

실기 시험은
80점 이상의 점수를
얻어야 합니다!

합격여부는
license.korcham.net에서
확인하면 됩니다.

필기는 합격
하셨군요~ 실기도
편안한 마음으로
시작하세요~고고!

집중

한눈에 보는 워드프로세서 실기 시험 절차

 시험 시작 10분 전

시험장 입실

10분 전까지 들어가 있어야 합니다.

수험자 인적사항 확인

여러분의 인적사항이 자동으로 표시됩니다. 수험표에 표시된 자신의 인적사항과 비교하여 이상이 없으면 〈다음〉을 클릭하세요.

 시험 시작

내용 입력

내용을 입력할 때는 글상자, 들여쓰기, 정렬 등의 편집 작업은 제외하고 내용만 가능한 빠르고 정확하게 입력하세요.

저장 필수!

시험 시작!

워드프로세서 프로그램이 자동으로 실행됨

워드프로세서 프로그램이 자동으로 실행되지 않은 경우에는 임의로 행동하지 말고 반드시 감독관에게 알리세요.

들여쓰기, 정렬하기

입력을 모두 마쳤으면 입력한 내용을 점검하면서 들여쓰기, 문단 정렬 등의 작업을 수행합니다. 입력과 동시에 들여쓰기, 문단 정렬 등의 작업을 수행하면 같은 작업을 몇 번 더 반복하거나 작업 요소를 누락하는 일이 발생합니다.

편집 지시사항 수행

완성할 문서에 표시된 지시사항을 문제 2쪽의 세부 지시사항에 체크하면서 꼼꼼히 수행하세요. 지시사항의 처리는 세부 지시사항에 표시된 순서보다 완성된 문서에 표시된 순서대로 수행하는 것이 작업속도나 정확성 면에서 효율적입니다.

차트 작성

차트는 모든 작업을 마친 다음 작업한 내용을 저장하고 나서 마지막으로 작성하는 것이 좋습니다. 흔글 2022에서 가장 오류가 많이 발생하고 원하는 대로 조정이 안 되는 부분이 차트이기 때문입니다. 문제 입력이나 편집 도중 차트에 오류가 발생하면 합격에 치명적인 영향을 미칠 수 있습니다.

※ 시험볼 때 위와 같이 답안 문서를 작성하는 순서가 정해진 것은 아닙니다. 하지만 위의 네 가지 단계를 거쳐서 답안 문서를 작성하는 것이 속도나 정확성 면에서 훨씬 효율적입니다.

시험 시작 5분 전

부정 행위 관련 유의사항 확인

부정 행위 관련 유의사항이 화면에 표시됩니다. 마음대로 행동하면 실격될 수 있으므로 잘 읽어본 후 감독관의 지시에 따르세요.

한글 프로그램 점검

감독위원의 지시에 따라 한글 프로그램을 실행하고 프로그램의 이상 여부를 점검합니다.

시험 유의사항 확인

시험에 대한 유의사항이 화면에 표시됩니다. 감독관의 지시에 따라 문제지를 받을 때까지 아무것도 손대지 말고 기다리세요.

문제 확인

문제 확인!

3쪽 분량의 문제가 모니터 화면에 표시됩니다. 1쪽은 전체 지시사항, 2쪽은 세부 지시사항, 3쪽은 최종적으로 완성할 문서입니다.

시험 시작 30분 후

문서 작성 완료

시험 시작 후 30분이 지나면 시험 관리 프로그램이 화면을 덮어버립니다. 감독위원의 지시에 따라 〈확인〉을 클릭하세요.

퇴실

놓고 가는 소지품은 없는지 확인한 후 퇴실하면 됩니다.

저장 필수!

워드프로세서 실기 시험, 이렇게 준비하세요.

워드프로세서 실기 시험에서 문서 작성에 사용되는 기능들은 고급 워드 작성 기능으로서, 충분한 연습을 하지 않으면 누구나 한 번쯤 불합격의 경험을 가질 수 있습니다. 워드프로세서 실기 시험의 합격률은 50%가 채 안되니까요. 워드프로세서 실기 시험은 입력해야 할 문서의 양이 많고 다양한 기능을 적용해야 하므로, 흔글 프로그램에 익숙하지 않은 수험생들에게는 부담이라 할 수 있습니다. 하지만 워드프로세서 실기 시험은 입력과 편집의 구분 없이 30분 안에만 작성하여 제출하면 되므로 입력 속도와 편집 속도를 감안하여 시간을 안배할 수 있습니다. 제한된 30분 안에 주어진 문서를 완벽하게 작성하여 제출하려면 자신만의 전략이 필요합니다. 문서 입력, 문서 편집, 실제 시험 문제 작성으로 나눠서 전략을 세워보세요.

1. 문서 입력

1분당 211타 정도면 입력 문제 해결!

1분당 126타! 아래 표를 보면 분당 126타 정도면 가능할 것 같다고 생각하시는 분들이 많을 것 같네요. 하지만 워드프로세서 실기 시험은 입력 속도만 빠르다고 되는 단순한 시험은 아닙니다. 예컨대 입력 시간에는 표 작성 시간, 문단 정렬 시간, 특수문자(& @ # $: ; -) 입력 시간까지 고려해야겠죠? 거기다 긴장한 나머지 오타를 낼 수도 있으므로 입력 시간은 이보다 훨씬 많이 걸립니다.

입력의 종류	타자 수
한글(한글 1자는 3타로 계산)	671 × 3 = 2,013
영문	222타
숫자	73타
공백	225타
합계	2,533타

· 2,533÷20분 = 1분당 126타
· 2,533÷12분 = 1분당 211타

※ 최근 실기 시험 5회 분의 평균을 계산 했으며, 문서 작성 시간 30분 중 20분을 입력 작업에 사용한다고 가정했습니다.

그러나 너무 겁먹지는 마세요. 눈치가 빠르신 분들은 벌써 '1분당 211타'가 무엇을 의미하는지 아실 겁니다. 이것저것 벌어지는 돌발 상황을 고려하여 여유 있게 8분으로 잡을 경우, 분당 211타 정도면 입력 문제는 모두 해결됩니다. 1분당 211타는 보통 사람이 규칙적으로 매일 1시간씩 연습할 때 15일이면 도달하는 수치입니다. 결국 타자 속도는 별로 중요하지 않습니다.

2. 문서 편집

합격의 갈림길은 편집 속도!

그럼 중요한 것은 무엇일까요? 천천히 입력하더라도 오타 없이 정확하게 입력하는 것과 빠른 편집 속도입니다. 어떻게 하면 편집 속도를 높일 수 있을까? 실기 시험에 나오는 기능들은 이미 정해져 있습니다. 따라서 여러분이 할 일은 한 가지 전형적인 패턴(방법)을 정해 놓고 반복 훈련하여 완전히 몸에 익히는 것입니다. 예를 들어보겠습니다. F7 → Alt+T → 20 → Tab → 10 → Tab → 20 → Tab → Tab → 20 → Tab → 10 → Tab → 20 → Enter 이것들은 과연 무엇일까요? 용지의 왼쪽/오른쪽/위쪽/아래쪽에 20mm, 머리말/꼬리말에 10mm 여백을 지정하는 동작입니다. 그런데 이 많은 동작을 어떻게 다 외우냐고요? 그렇다면 과연 이렇게 외워야 할 것이 몇 개나 있을까요? 실망스럽게도(?) 이와 같은 동작은 전 과정을 통해 10개도 채 안 됩니다. 이와 같이 워드프로세서 실기 시험 준비는 하나의 시나리오를 짜듯이 효율적인 한 가지 방법을 정해 놓고 반복 연습하면 거짓말같이 1주일 안에 편집 속도를 5분 이상 줄일 수 있습니다.

3. 워드프로세서 실기 시험 작업 순서

문서 작성에도 전략이 있다!

워드프로세서 실기 시험은 시험 시간에 비해 처리할 지시사항이 많습니다. 제한된 시험 시간 30분 안에 지시사항을 하나도 빼놓지 않고 오타없이 완벽하게 작성하려면 효율적인 작업순서를 정해야 합니다.

1. 기본 작업

용지, 다단, 기본 글꼴 모양 및 크기 등 문서 작성을 위한 기본적인 작업을 수행합니다. 매번 거의 같은 작업을 하므로 한 두 번만 실습해보면 어렵지 않게 수행할 수 있습니다.

자세한 내용은 194쪽을 참고하세요.

2. 내용 입력

내용을 입력할 때는 글상자, 들여쓰기, 정렬 등의 편집 작업은 제외하고 문제의 내용만 가능한 빠르고 정확하게 입력하세요. 표도 마찬가지로 표를 만든 후 내용과 캡션만 입력합니다.

자세한 설명은 195쪽을 참고하세요.

3. 들여쓰기, 정렬 지정

입력을 모두 마쳤으면 입력한 내용을 확인하면서 들여쓰기, 문단 정렬 등의 작업을 수행합니다. 입력과 동시에 들여쓰기, 문단 정렬 등의 작업을 수행하면 같은 작업을 몇 번 더 반복하거나 작업 요소를 누락하는 일이 발생합니다. 제한된 시간 30분안에 지시사항대로 입력과 편집을 완료하려면 1분 1초가 소중합니다. 최대한 시간을 절약할 수 있는 방법으로 작업해야 합니다.

자세한 내용은 204쪽을 참고하세요.

4. 편집 지시사항 수행

편집과 관련된 지시사항은 세부 지시사항의 순서보다 완성된 문서에 표시된 지시사항의 순서대로 수행하는 것이 작업 속도나 정확성 면에서 효율적입니다. 완성할 문서에 표시된 지시사항을 문제 2면의 세부 지시사항에 체크 표시하면서 꼼꼼히 수행하세요.

자세한 내용은 208쪽을 참고하세요.

5. 차트 작성

차트는 모든 작업을 마친 다음 작업한 내용을 저장하고 나서 마지막으로 작성하는 것이 바람직합니다. 흔글 2022에서 가장 오류가 많이 나고 원하는 대로 수정이 안 되는 부분이 차트이기 때문입니다. 내용 입력이나 편집 도중 차트에 오류가 발생하면 시험에 치명적인 영향을 미칠 수 있습니다.

자세한 내용은 253쪽을 참고하세요.

● 입력 작업에서 사용하는 바로 가기 키

기능	편집 용지	저장하기	한자 변환	문자표	표 만들기	캡션 달기
바로 가기 키	F7	Alt + S	F9 , 한자	Ctrl + F10	Ctrl + N , T	Ctrl + N , C

● 편집 작업에서 사용하는 바로 가기 키

기능	바로 가기 키	기능	최소 목표 점수
문서 처음/마지막으로 이동	Ctrl + PgUp / PgDn	진하게	Ctrl + B , Alt + Shift + B
문단 단위로 위/아래로 이동	Ctrl + ↑ / ↓	밑줄	Ctrl + U , Alt + Shift + U
가운데 정렬	Ctrl + Shift + C	기울임	Ctrl + I , Alt + Shift + I
오른쪽 정렬	Ctrl + Shift + R	복사하기	Ctrl + C
왼쪽 정렬	Ctrl + Shift + L	잘라내기	Ctrl + X
셀 블록	F5	붙이기	Ctrl + V
셀 크기 변경(블록 지정 후)	Alt + → , ← / Ctrl + → , ←	누름틀(필드 입력)	Ctrl + K , E
셀 테두리 변경(블록 지정 후)	L	스타일	F6
셀 배경 변경(블록 지정 후)	C	각주 넣기	Ctrl + N , N
표, 글상자, 캡션 등에서 나오기	Shift + Esc	책갈피	Ctrl + K , B
개체 고치기	Ctrl + N , K	하이퍼링크	Ctrl + K , H
조판 부호 보이기	Ctrl + G , C	그림 삽입	Ctrl + N , I
글상자 만들기	Ctrl + N , B → Ctrl + Z	머리말/꼬리말 넣기	Ctrl + N , H
문단 모양	Alt + T	쪽 번호 매기기	Ctrl + N , P
글자 모양	Alt + L	미리 보기에서 여백 보기	>

● 합격을 보장하는 8가지 시나리오

시나리오 1. 왼쪽/오른쪽/위쪽/아래쪽에 20mm, 머리말/꼬리말에 10mm 여백을 지정하기

F7 → Alt + T → 20 → Tab → 10 → Tab → 20 → Tab → Tab →
20 → Tab → 10 → Tab → 20 → Enter

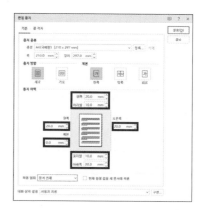

시나리오 2. 단 개수 2, 단 구분선 실선 0.12mm, 단 간격 8mm로 다단 실정하기

[쪽] → 圖(단) → Alt + W → Alt + F → Enter

시나리오 3. 단 개수 2, 단 간격 8mm, 적용 범위를 '새 다단으로'하여 다단 설정하기

[쪽] → [구역] → 圖(단) → Alt + W → Alt + Y → End → Enter → Enter

시나리오 4. 6행 5열 짜리 표 만들기(글자처럼 취급)

Ctrl + N, T → 6 → Tab → 5 → Alt + T → Enter

시나리오 5. 글상자 만들어 내용을 입력한 다음 입력한 내용을 가운데 성렬하기

Ctrl + N, B → Ctrl + Z → 내용 입력 → Ctrl + Shift + C

시나리오 6. 글상자에 입력된 내용을 14pt, 궁서체, 장평 (110%), 자간(10%), 진하게, 파랑색으로 지정하기

Ctrl + A → Alt + L → 궁서체 입력 → Enter → Alt + Z → 14 → Alt + W → 110 → Alt + P → 10 → Alt + B → Alt + C → '파랑' 선택 → Enter → Alt + D

시나리오 7. 각주 작성하고 굴림, 9pt 지정하기

Ctrl + N, N(각주 편집 화면 호출) → 내용 입력 → Shift + Home → Alt + L → 굴림 입력 → Enter → Alt + Z → 9 → Enter(굴림, 9pt 지정) → Shift + Esc(각주 편집 화면에서 빠져 나오기)

시나리오 8. 머리말 작성하고 서식(견명조, 12pt, 진하게, 빨강) 지정한 다음 오른쪽 정렬하기

Ctrl + N, H(머리말 편집 화면 호출) → Enter → 내용 입력 → Shift + Home → Alt + L → 견명조 입력 → Enter → Alt + Z → 12 → Alt + B → Alt + C → '빨강' 선택 → Enter → Alt + D(서식 지정) → Ctrl + Shift + R → Shift + Esc(머리말 편집 화면에서 빠져나오기)

워드프로세서 실기 시험, 이렇게 준비하세요.

워드프로세서 실기 시험의 만점은 100점이며, 지시사항을 위반할 때마다 감점하는 방식으로 채점합니다. 결과에 따라서 감점이 100점을 초과하는 경우도 발생할 수 있습니다.

입력	• 오자, 탈자, 띄어쓰기, 중복 입력 → 단어당 3점 • 여러 가지 글꼴을 혼용한 경우(지시사항 제외) → 사용 글꼴 단위로 3점 • 영문자의 대/소문자를 틀리게 입력했을 경우 → 단어당 3점 • 한자 변환을 못한 경우 → 단어당 3점
문단 모양	문단 시작할 때 들여쓰기(2타) 오류 → 3점, 반복 오류 시 최대 5점
편집	• 하이퍼링크를 만들지 않은 경우 → 5점 • 쪽 번호의 시작 번호를 잘못 지정한 경우 → 3점 • 책갈피를 지정하지 않은 경우 → 3점 • 그림 삽입 위치가 잘못된 경우 → 3점 • 누름틀을 만들지 않은 경우 → 5점 • 부분 다단 설정 시 새 다단으로 시작하는 위치가 잘못된 경우 → 5점
표	• 표의 가로 길이가 주어진 범위를 벗어난 경우 → 5점 • 표 자체의 정렬 오류 → 5점 • 표 내용의 정렬 오류 → 셀 단위 3점, 동일 오류 시 최대 5점 • 표의 셀 높이 같게를 수행하지 않은 경우 → 3점 • 표의 선 모양이 틀린 경우 → 3점 • 표 다음 한 줄 띄우기 → 3점 • 표 안 여백 미지정 → 3점
차트	• 차트의 가로 길이가 주어진 길이를 벗어난 경우 → 5점 • 차트의 종류가 다른 경우 → 5점 • 보조 축을 지정하지 않은 경우 → 5점 • 차트의 구성 요소가 다른 경우 → 5점 • 차트의 글꼴을 변경하지 않은 경우 → 5점
기타 체제 위반	• 문서의 여백이 틀린 경우 → 5점 • 문서의 내용이 한 페이지를 초과한 경우 → 단어당 3점 • 문서의 내용은 한 페이지를 넘지 않았지만 인쇄가 2페이지로 출력된 경우 → 5점 　　 **잠깐** 주로 문서의 끝에서 Enter를 입력한 경우에 해당됨 • 문서의 아래 여백이 많이 남아 균등 배열에 어긋난 경우 → 5점

감점이 아닌 경우

• 특별한 지시사항이 없는데 임의로 편집한 경우
• 글꼴 크기의 차이로 인해 줄 간격이 다르게 보이는 경우

당연히 합격인 줄 알았는데….

시험 결과 발표 후에 이런 의문을 갖는 수험생이 많지요. 왜 그럴까요? 입력 및 편집 작업은 실수 없이 완료했다고 하더라도 아래와 같이 의외로 단순한 작업에서 실수를 하는 경우가 많습니다. 다음 8가지 항목은 수험자들이 자칫 실수할 수 있는 숨어 있는 감점 요인을 정리한 내용입니다. 시험 보기 직전 다시 한번 꼭 확인하세요.

1. 세부 지시사항을 모두 적용했나요?

세부 지시사항에는 보통 16~17개 정도의 작업 지시사항이 있습니다. 대부분의 수험자가 완벽하게 모두 수정했다고 생각하지만, 의외로 빼뜨리는 경우가 많습니다. 반드시 빼뜨리는 것이 없도록 꼼꼼하게 체크하세요.

2. 글꼴을 혼용해서 사용하면 감점됩니다.

예를 들면 본문에 함초롬바탕 하나만 사용하도록 되어 있으므로 한 가지만 선택해서 사용해야 합니다. 문서를 시작할 때 글꼴을 설정했으면 입력을 마칠 때까지 글꼴을 변경하지 마세요.

3. 용지 설정은 꼭 해야 합니다.

급한 마음에 문제지를 받고 용지 설정을 하지 않은 채 바로 입력을 시작하는 경우가 많습니다. 시험 진행 프로그램이 실행된 후 반드시 용지 설정을 해야 합니다.

4. '돋움체'로 할 것을 '돋움'으로 한 거 아니예요?

'돋움체'와 '돋움'은 글꼴이 다릅니다. '궁서'와 '궁서체', '바탕'과 '바탕체'도 마찬가지입니다.

5. 특수문자를 전각 기호로 입력하지는 않았나요?

키보드의 $, 문자표의 ＄는 다른 문자입니다. 전각 기호라는 지시가 없는 분자는 키보드의 문자를 이용하여 입력하세요.

6. 속성을 지정할 때 공백까지 지정하지는 않나요?

마우스로 더블클릭하여 단어를 블록으로 지정하여 속성을 설정하면 단어 뒤의 공백까지 속성이 설정됩니다.

7. 두 페이지로 출력되지는 않았나요?

최종 저장 전에 반드시 미리 보기를 통해 페이지를 확인하세요. 문서의 맨 끝에 내용 없이 Enter 만 입력되어 두 페이지가 되는 경우가 많습니다.

8. 하이퍼링크 지우기 부분을 한 번 더 확인했나요?

이메일 주소나 홈 페이지 주소 등 URL에 자동으로 생성된 하이퍼링크는 정상적으로 제거해도 URL 오른쪽에서 Spacebar 나 Enter 를 누르면 하이퍼링크가 다시 생성됩니다. 다시 생겼다면 꼭 지우세요.

1부 기본기 다지기

1장 자가진단 및 대책

2장 실제 시험장을 옮겨 놓았다!

1장

자가진단 및 대책

Section 01 한눈에 보는 워드프로세서 실기
Section 02 용지 설정
Section 03 다단 설정
Section 04 쪽 테두리 설정
Section 05 기본 입력
Section 06 정렬
Section 07 글자 모양 변경
Section 08 글상자 / 누름틀
Section 09 분난 첫 글자 장식
Section 10 한자 변환
Section 11 책갈피 / 하이퍼링크
Section 12 스타일
Section 13 표 작업
Section 14 차트
Section 15 그림 삽입
Section 16 머리말 / 꼬리말
Section 17 각주 / 하이퍼링크
Section 18 쪽 번호

다음 문제는 대한상공회의소에서 새로운 시험 방식에 맞게 공지한 문제 유형들을 모두 분석하여 모든 기능을 포함하도록 재구성한 것입니다. 아래 표시된 20가지 흔글 2022 기능에 자신 있는 수험생은 178쪽 '2장 실제 시험장을 옮겨 놓았다!'로 이동하기 바랍니다.

1. 워드프로세서 실기 완성 문서

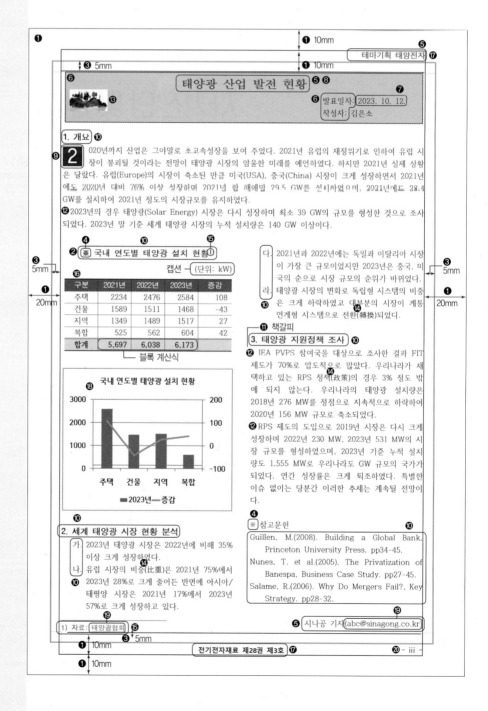

2. 워드프로세서 실기 문서 기능 분석표

다음은 새로운 시험방식에 맞게 공지한 샘플 문제들에 사용된 기능들을 분석한 표입니다. 워드프로세서 실기 시험의 특성상 여기에 제시된 기능들이 반복되어 출제될 것으로 예상되므로 이 기능들만 숙달하면 아무리 어렵게 나와도 워드프로세서 실기 시험에 거뜬히 합격할 수 있습니다.

번호	관련 섹션명	페이지	작업내용	감점
❶	용지 설정	38	• 용지 종류 : A4 • 왼쪽 · 오른쪽 · 위 · 아래 · 머리말 · 꼬리말 여백 지정하기	• 5점
❷	다단 설정	42	• 단 개수, 단 간격, 단 구분선, 단 적용 범위 지정하기	• 항목당 5점
❸	쪽 테두리	48	• 선 종류 및 굵기 지정하기 • 위치 지정하기	• 항목당 3점
❹	기본 입력	50	• 한글 : 약 667자, 영문 : 약 230자 • 전각 기호 • 숫자 : 약 112자, 공백 : 약 205자 • 특수 문자	• 한글, 영문 : 단어당 3점 • 숫자, 띄어쓰기 : 개당 3점
❺	정렬(Align)	59	• 양쪽 · 가운데 · 오른쪽 정렬	• 개당 3점
❻	글상자	68	• 글상자 만들기 • 크기 지정하기 • 내용 정렬하기 • 여백 지정하기 • 위치 지정하기 • 선 종류 및 굵기 지정하기 • 면색 지정하기	• 크기 : 5점 • 위치 : 5점 • 정렬 : 3점 • 여백 : 3점 • 면색 : 3점 • 선 종류 및 굵기 : 3점
❼	누름틀	73	• 누름틀 만들기 • 누름틀에 내용 입력하기	• 만들기 : 5점 • 내용 입력 : 3점
❽	글자 모양 변경	62	• 글꼴, 크기, 장평, 자간, 속성, 글자색 변경하기	• 항목당 3점
❾	문단 첫 글자 장식	82	• 모양, 글꼴, 면색, 글자색 지정하기 • 본문과의 간격 지정하기	• 항목당 3점
❿	스타일	93	• 스타일 이름 및 종류 지정하기 • 여백 지정하기 • 내어쓰기 지정하기 • 글꼴, 크기, 속성 지정하기	• 항목당 3점
⓫	책갈피	89	• 책갈피 지정하기	• 3점
⓬	기본 입력(들여쓰기)	50	• 들여쓰기	• 개당 3점
⓭	그림	149	• 문서 포함하기 • 가로, 세로 크기 지정하기 • 위치 지정하기 • 회전 지정하기	• 항목당 3점
⓮	한자 변환	86	• 한자 변환하기	• 단어당 3점
⓯	각주	167	• 글꼴 및 크기 지정하기 • 번호 모양 지정하기	• 항목당 3점
⓰	표 작업	113	• 표 만들기 • 가로, 세로 크기 지정하기 • 위치 지정하기 • 표 전체 정렬하기 • 셀 서식 지정하기 • 선 종류 및 굵기 지정하기 • 셀 높이 같게 지정하기 • 블록 계산하기 • 캡션 지정하기 • 모든 셀의 안 여백 지정하기	• 크기 : 5점 • 정렬 : 5점 • 위치 : 5점 • 안 여백 : 3점 • 셀 서식 : 3점 • 캡션 : 5점 • 셀 높이 : 3점 • 선 종류 및 굵기 : 3점 • 블록 계산 : 5점
⓱	머리말/꼬리말	159	• 글꼴, 크기, 속성, 글자색 지정하기 • 정렬하기	• 항목당 3점
⓲	차트	134	• 차트 만들기 • 보조 축 지정하기 • 범례 지정하기 • 차트 종류 변경하기 • 여백 지정하기 • 크기 및 위치 지정하기 • 글꼴 및 크기 지정하기	• 보조 축 : 5점 • 차트 종류 : 5점 • 범례 : 5점 • 크기 및 위치 : 각 5점 • 여백 : 5점
⓳	하이퍼링크	89/167	• 하이퍼링크 만들기 • 하이퍼링크 지우기	• 5점
⓴	쪽 번호 매기기	174	• 줄표 지정하기 • 시작 번호 지정하기 • 위치 및 모양 지정하기	• 항목당 3점

※ 분석표의 감점 내역은 실제 시험과 차이가 있을 수 있습니다.

용지 설정

2430100

기능	바로 가기 키	메뉴 / [기본] 도구 상자	작업 내용
용지 설정	F7	•[파일] → [편집 용지] •[쪽] → [편집 용지]	•용지 종류 및 방향 지정하기 •용지 여백 지정하기

다음은 용지 설정에 관한 문제입니다. 기본문제에 제시된 용지 및 여백 설정을 10초 내에 완료할 수 있도록 충분히 연습하세요.

기본문제

다음 지시사항대로 문서를 완성하시오.

• 제한시간 : 10초
• 용지 종류 : A4
• 용지 방향 : 세로
• 여백
    – 위쪽 · 아래쪽 · 왼쪽 · 오른쪽 20mm
    – 머리말 · 꼬리말 10mm

전문가의 조언

워드프로세서 실기 시험에서 흔글을 사용할 때 용지 종류는 A4이고 여백은 아래와 같이 설정하는 문제가 출제됩니다. 용지 설정은 문서 작성 시 가장 기본적인 사항이니 잊지 말고 정확히 설정하세요.
• 위쪽 · 아래쪽 · 왼쪽 · 오른쪽은 20mm, 머리말 · 꼬리말은 10mm로 설정
• 왼쪽 · 오른쪽은 20mm, 위쪽 · 아래쪽 · 머리말 · 꼬리말은 10mm로 설정

정답 및 감점 기준

용지 설정은 한 부분이라도 틀리면 5점 감점됩니다.

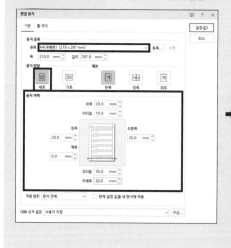

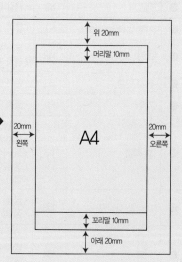

1. 흔글 프로그램을 실행한 후 [기본] 도구 상자의 [쪽] → [편집 용지]($F7$)를 클릭하여 '편집 용지' 대화상자를 호출하세요.

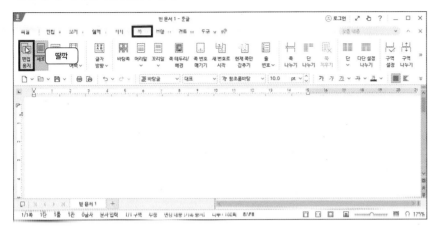

2. '편집 용지' 대화상자의 '편집' 탭에서 그림과 같이 지정한 후 〈설정〉을 클릭하세요.

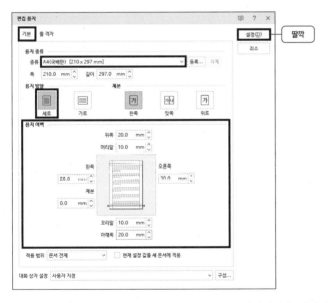

3. 지시사항에는 없는 내용이지만 워드프로세서 실기시험을 완벽히 수행하려면 편집 화면을 쪽 윤곽 상태로 놓고 작업을 해야 합니다. 쪽 윤곽 상태에서만 쪽 테두리, 글상자, 머리말, 꼬리말, 쪽 번호, 각주 등이 제대로 보이기 때문입니다. 쪽 윤곽을 지정하려면 편집 화면 오른쪽 하단의 '▣(보기 선택 아이콘)'을 클릭한 후 '▢(쪽 윤곽)'을 클릭하세요.

전문가의 조언

'쪽 윤곽'은 [기본] 도구 상자의 [보기] → [쪽 윤곽]을 클릭하여 지정할 수 있습니다.

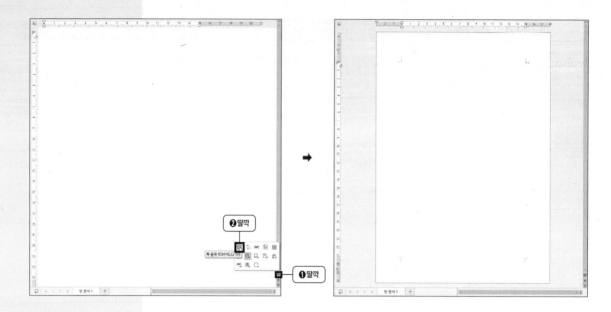

❷딸깍

흑 음곽 (Ctrl+G,L) [V]

❶딸깍

잠깐만요 **키보드로 용지 설정하기**

편집 용지를 설정할 때 마우스보다 키보드의 `Tab`을 눌러 각 항목으로 이동하면서 숫자를 입력하는 것이 더 빠릅니다. 키보드를 이용할 때는 키보드로만, 마우스를 이용할 때는 마우스로만 작업해야 오류를 줄이고 속도도 높일 수 있습니다.

키보드로 용지를 설정하려면 `F7` → `Alt`+`T` → 20 → `Tab` → 10 → `Tab` → 20 → `Tab` → `Tab` → 20 → `Tab` → 10 → `Tab` → 20 → `Enter`를 누르세요. 복잡해 보이지만 직접 해보면 쉽고 빠르다는 걸 알 수 있습니다.

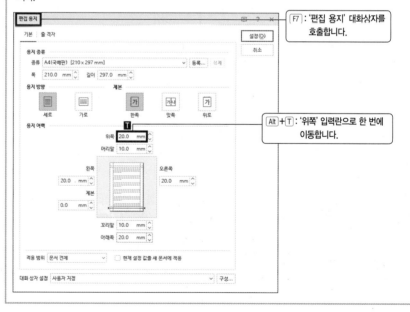

`F7` : '편집 용지' 대화상자를 호출합니다.

`Alt`+`T` : '위쪽' 입력란으로 한 번에 이동합니다.

전문가의 조언

• 입력 포커스를 대화상자의 특정 항목으로 한 번에 이동하려면 `Alt`를 누른 상태에서 항목의 위쪽에 표시되는 영문자를 누르면 됩니다. 영문자는 `Alt`를 누른 상태에서만 표시됩니다.

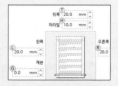

• '편집 용지' 대화상자에서 입력 포커스를 '위쪽' 입력란으로 이동할 때는 `Alt`+`T`를 누르세요. 가까운 항목간의 이동은 `Tab`을 사용하세요.

연습문제

- 제한시간 : 10초
- 용지 종류 : A4
- 용지 방향 ; 세로
- 여백
  - 왼쪽 · 오른쪽 20mm
  - 위쪽 · 아래쪽 · 머리말 · 꼬리말 10mm

2430101

키보드로 용지 설정하기

F7 → Alt + T → 10 → Tab →
10 → Tab → 20 → Tab → Tab
→ 20 → Tab → 10 → Tab → 10
→ Enter

다단 설정

2430200

기능	메뉴 / [기본] 도구 상자	작업 내용
나단 설정	• [쪽]이 ⌄ → [단] → [다단 설정] • [쪽] → [▤▤▤](단)	• 단 개수 지정하기 • 단 구분선의 종류 및 굵기 지정하기 • 단 간격 지정하기 • 적용 범위 지정하기

다음은 다단 설정에 관한 문제입니다. 기본문제에 제시된 단 설정을 10초 내에 완료할 수 있도록 충분히 연습하세요.

기본문제

다음 지시사항대로 문서를 완성하시오.

전문가의 조언

다단 설정에서는 단 개수는 변경될 가능성이 적지만 다단의 적용 범위, 단 구분선의 표시 여부 등은 변경되어 출제되니 지시사항을 자세히 읽어보고 문서 작성을 시작하세요.

• 문제에 주어진 대로 입력하시오.
• 제한시간(내용 입력 시간 제외) : 10초
• 용지 종류 : A4
• 여백
  – 왼쪽 · 오른쪽은 20mm
  – 위쪽 · 아래쪽 · 머리말 · 꼬리말은 10mm
• 다단
  – 2단, 단 간격 : 8mm
  – 적용 범위 : 새 다단으로

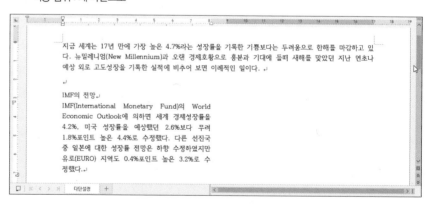

지금 세계는 17년 만에 가장 높은 4.7라는 성장률을 기록한 기쁨보다는 두려움으로 한해를 마감하고 있다. 뉴밀레니엄(New Millennium)과 오랜 경제호황으로 흥분과 기대에 들떠 새해를 맞았던 지난 연초나 예상 외로 고도성장을 기록한 실적에 비추어 보면 이례적인 일이다.

IMF의 전망.
IMF(International Monetary Fund)의 World Economic Outlook에 의하면 세계 경제성장률을 4.2%, 미국 성장률을 예상했던 2.6%보다 무려 1.8%포인트 높은 4.4%로 수정했다. 다른 선진국 중 일본에 대한 성장률 전망은 하향 수정하였지만 유로(EURO) 지역도 0.4%포인트 높은 3.2%로 수정했다.

• 작성 : 5점   • 지시사항당 : 5점

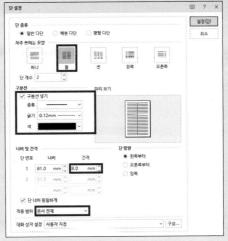

따라하기

1. [F7]을 눌러 용지 종류 및 여백을 설정한 후 다음과 같이 내용을 입력하세요.

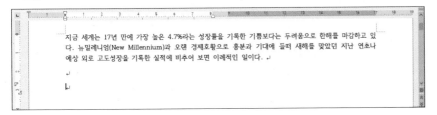

2. 다단 시작 부분에 커서를 놓고, [기본] 도구 상자의 [쪽] → [▦(단)]을 클릭하여 '단 설정' 대화상자를 호출하세요(바로 가기 키 : [Alt] → [W] → [U] → [E]).

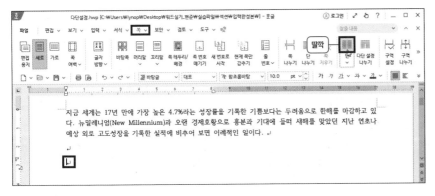

🧑‍🏫 전문가의 조언

데이터를 입력하지 않고 기능만 연습하려면 'C:\길벗워드실기\섹션\입력완성본\다단설정.hwp' 파일을 불러와서 용지 설정과 단 설정 작업만 수행하세요.
※ 실습용 데이터 파일의 설치 방법에 대한 자세한 내용은 교재 14쪽을 참고하세요.

🧑‍🏫 전문가의 조언

본문 중간부터 다단을 나누는 경우에는 반드시 다단 시작 부분에 커서를 놓고 다단 설정을 해야 합니다.

궁금해요 시나공 Q&A 베스트

Q 바로 가기 키를 눌러도 대화상자가 호출이 안돼요!

A [Alt]를 누른 상태에서 [W], [U], [E]를 누르는 것이 아니라 차례대로 [Alt] → [W] → [U] → [E]를 눌러야 합니다.

3. '단 설정' 대화상자에서 그림과 같이 지정한 후 〈설정〉을 클릭하세요.

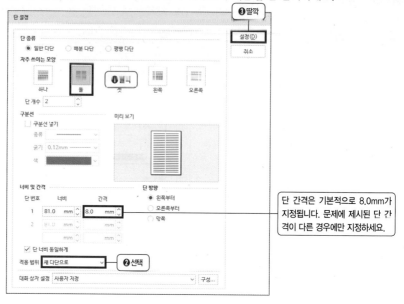

단 간격은 기본적으로 8.0mm가 지정됩니다. 문제에 제시된 단 간격이 다른 경우에만 지정하세요.

잠깐만요 **키보드로 다단 설정하기**

'단 설정' 대화상자를 호출한 상태에서 Alt+W → Alt+Y → End → Enter → Enter 를 차례로 누르세요.

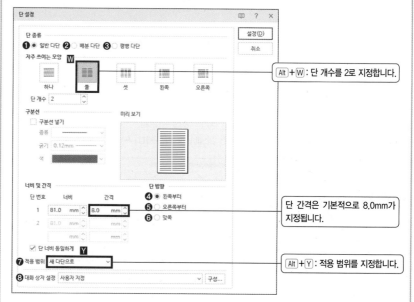

Alt+W : 단 개수를 2로 지정합니다.

단 간격은 기본적으로 8.0mm가 지정됩니다.

Alt+Y : 적용 범위를 지정합니다.

- **단 종류** : 각 단에 내용이 채워지는 모양에 따라 다음 중 하나를 선택할 수 있습니다. 본문에서 단 이동 시에는 [Ctrl] + [Alt] + [→], [←]를 이용합니다.

❶ 일반 다단	가장 기본적인 형태로, 한 단에 내용이 모두 채워진 다음에 다음 단이 채워집니다.
❷ 배분 다단	각 단의 높이가 가능한 같아지도록 단에 채워지는 내용이 자동으로 조절됩니다.
❸ 평행 다단	한 쪽 단에는 용어나 제목 등을 적고, 다른 쪽 단에는 그에 대한 설명을 적는 형식의 문서를 편집할 때 사용합니다.

- **단 방향** : 내용을 어느 쪽 단에 먼저 입력할지를 지정합니다.

❹ 왼쪽부터	내용이 왼쪽 단부터 채워집니다.
❺ 오른쪽부터	내용이 오른쪽 단부터 채워집니다.
❻ 낱쪽	내용이 홀수 쪽에서는 왼쪽 단부터 짝수 쪽에서는 오른쪽 단부터 채워집니다.

❼ **단 너비 동일하게** : 각 단의 너비를 동일하게 설정합니다.
❽ **적용 범위** : 단의 적용 범위를 지정합니다.

문서 전체	문서 전체에 동일한 다단을 적용합니다.
새 쪽으로	• 쪽 단위로 다단을 적용합니다. • 커서 위치에서 쪽을 나누어 새로운 다단을 설정합니다.
새 다단으로	• 한 쪽 안에 서로 다른 다단을 적용합니다. • 커서 위치에서 새로운 다단을 설정합니다.

4. 다단을 설정해도 화면 상에는 아무런 변화가 없습니다. 그 상태에서 [Enter]를 누르지 말고 나머지 내용을 입력하면 2단으로 나눠진 왼쪽 단에 내용이 입력됩니다.

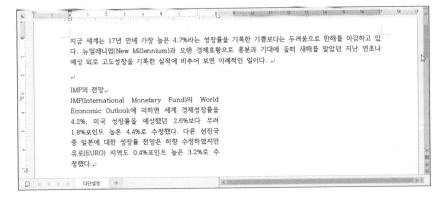

2430201

- 문세에 수어진 대로 입력하시오.
- 제한시간(내용 입력 시간 제외) : 10초
- 용지 종류 : A4
- 용지 방향 : 세로
- 여백
  - 왼쪽 · 오른쪽은 20mm
  - 위쪽 · 아래쪽 · 머리말 · 꼬리말은 10mm
- 다단
  - 단 개수 : 2
  - 단 간격 : 8mm
  - 단 구분선 : 실선(0.12mm)

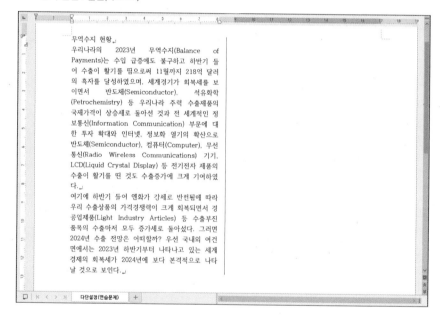

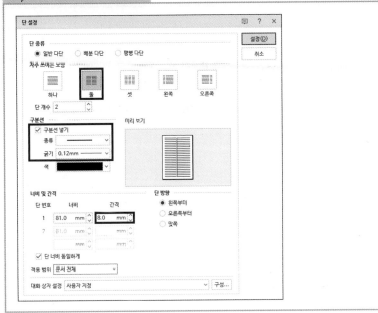

쪽 테두리 설정

2430300

기능	메뉴 / [기본] 도구 상자	작업 내용
쪽 테두리	• [쪽]의 ⌄ → [쪽 테두리/배경] • [쪽] → [쪽 테두리/배경]	• 쪽 테두리 선의 종류 및 굵기 지정하기 • 쪽 테두리 위치 지정하기

다음은 쪽 테두리 설전에 관한 문제입니다. 기본문세에 제시된 쪽 테두리 설정을 10초 내에 완료할 수 있도록 충분히 연습하세요.

기본문제

다음 지시사항대로 용지 및 여백과 쪽 테두리를 설정하시오.

• 제한시간 : 10초
• 용지 종류 : A4
• 여백
  – 위쪽 · 아래쪽 · 왼쪽 · 오른쪽은 20mm
  – 머리말 · 꼬리말은 10mm
• 쪽 테두리
  – 선의 종류 및 굵기 : 이중 실선 0.5mm
  – 위치 : 쪽 기준, 왼쪽 · 오른쪽 · 위 · 아래 모두 5.0mm

정답 및 감점 기준

• 항목당 3점

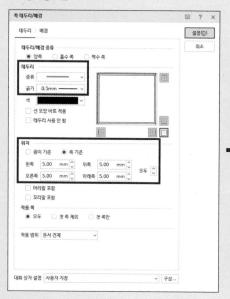

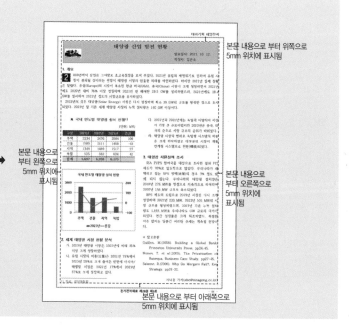

본문 내용으로 부터 위쪽으로 5mm 위치에 표시됨

본문 내용으로 부터 왼쪽으로 5mm 위치에 표시됨

본문 내용으로 부터 오른쪽으로 5mm 위치에 표시됨

본문 내용으로 부터 아래쪽으로 5mm 위치에 표시됨

1. 용지 여백에 따라 쪽 테두리의 위치가 다르게 표시됩니다. 먼저 F7 을 눌러 용지 종류 및 여백을 설정하세요.

2. [기본] 도구 상자의 [쪽] → [쪽 테두리/배경]을 클릭하여 '쪽 테두리/배경' 대화상자를 호출하세요(바로 가기 키 : Alt → W → B).

3. '쪽 테두리/배경' 대화상자의 '테두리' 탭에서 테두리의 종류와 굵기를 다음과 같이 지정한 후 테두리를 표시하기 위해 '▣(모두)'를 클릭합니다. 아직 〈설정〉을 클릭하면 안됩니다.

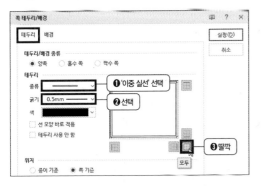

4. 이어서 테두리 위치를 다음과 같이 지정한 후 〈설정〉을 클릭하세요.

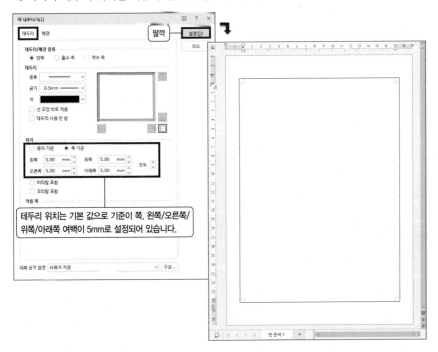

테두리 위치는 기본 값으로 기준이 쪽, 왼쪽/오른쪽/위쪽/아래쪽 여백이 5mm로 설정되어 있습니다.

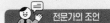

전문가의 조언

용지 여백을 설정하는 방법을 잊었다면 Section 01을 다시 한 번 공부하세요.

궁금해요 시나공 Q&A 베스트

Q1 테두리가 표시되지 않아요!

A1 테두리의 종류와 굵기만 지정하고 〈설정〉을 클릭하면 테두리가 표시되지 않습니다. 반드시 미리 보기 창에서 테두리가 표시될 위치를 지정해야 표시됩니다.

Q2 그래도 테두리가 안 보여요!

A2 쪽 윤곽이 꺼져 있어서 쪽 테두리가 화면에 표시되지 않는 것입니다. 편집 화면 오른쪽 하단의 '▣(보기 선택 아이콘)'을 클릭한 후 '▢(쪽 윤곽)'을 클릭하세요.

2430400

기능	제한시간(실제시험)	출제 글꼴	작업 내용
기본 입력	12분(표 · 차트 제외)	함초롬바탕	• 한글 입력 : 약 667자 • 영문 입력 : 약 230자 • 숫자 입력 : 약 112자 • 공백(띄어쓰기) : 약 205자

다음 문서는 출제 기준에 적합한 문제의 일부를 발췌한 것입니다. 다음 문서를 7분 내에 완료했다면 다음 섹션으로 넘어가고, 그렇지 않으면 연습문제를 통해 7분 내에 완성하도록 연습하세요.

기본문제 · 다음 지시사항대로 문서를 완성하시오.

 전문가의 조언

• 입력은 빠르게 하는 것보다 정확하게 하는 것이 중요하다는 것을 명심하세요.
• C 드라이브에 WP 폴더를 만든 후 앞으로 작성하는 내용을 이곳에 모두 저장하세요.

• 문제지에 주어진 대로 입력하시오.
• 제한시간(용지 및 단 설정 제외) : 7분
• 저장위치 : C:\WP\기본입력.hwp
• 용지 설정
  – 위쪽 · 아래쪽 · 왼쪽 · 오른쪽은 20mm
  – 머리말 · 꼬리말은 10mm
• 단 개수 : 2, 단 간격 : 8mm, 단 구분선 : 실선(0.12mm)

중산층 이상 연금 줄어
　국민연금 보험료를 내지 못한 저소득층(Lower Brackets of Income)도 월 7-10만 원의 기초연금을 받는다. 반면 중산층(Middle Class) 이상(상위 40%)은 연금 수령액이 줄어든다.

재정 고갈(Running Low) 해결 안 돼
　집권 여당과 정부(Government)가 추진하는 안은 연금 개혁의 핵심(Kernel)이 빠진 것이라는 지적이 나온다. 김용태 순천향대 교수(Professor)는 "여당의 시행안은 재정(Public Finance) 고갈 시점(Time)을 불과 5년 늦추는 것"이라며 "연금 재정 문제를 외면한 채 기초노령연금을 도입하는 것은 문제(Problem)"라고 말했다. 전문가들은 국민연금 재정이 앞으로 고갈되지 않고 유지되려면 보험료율을 현재 9%에서 20%로 올려야 할 것으로 진단하고 있다.

50쪽 문제는 출제 기준에 적합한 문제의 일부분입니다. 이와 같이 작성하지 않았을 경우 감점이 적용됩니다. 감점 항목이 없는 부분은 감점이 체크된 동일한 부분을 참조하여 채점해 보세요.

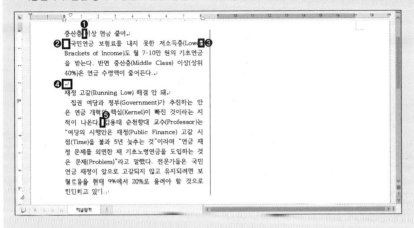

- 여백 설정과 단 설정에 대해서는 Section 01, 02를 참고하세요.
- 다음 사항을 위반하여 각 항목별 감점을 합한 점수가 20점이 초과되는 경우에는 아예 채점 대상에서 제외됩니다. 즉 불합격이라는 얘기죠!

기능	감점	감점 사유	비고
기본입력	단어당 3점	한글/영어 틀린 글자 입력	
❶	3	띄어쓰기 1칸 위반	
❷	3	들여쓰기 위반	반드시 들여쓰기 기능을 이용해서 10pt를 들여써야 함
❸	3	행의 오른쪽 끝에서 Enter 누름	내용이 오른쪽 끝까지 입력되면 자동으로 다음 줄로 내려감
❹	3	1줄 띄우기 위반	
❺	3	마침표(.)나 쉼표(,) 뒤에 띄어쓰기 1칸 위반	

잠깐만요 **안전한 합격 타자 속도**

워드프로세서 실기시험에서 출제되는 한글은 평균 651자 정도입니다. 한글 1자는 보통 3개의 자소가 결합되므로 실기시험에 출제되는 총 타수는 651(한글) × 3 + 212(영문) + 7l(숫자) + 223(공백)이므로 약 2,459타입니다. 문서 작성에 주어지는 30분 중에서 표 만들기, 문단 모양 설정, 오자 검사 등을 제외하면 순수하게 입력만 하는 데 사용할 수 있는 시간은 12분 정도입니다. 그러므로 1분에 205타 정도의 타자 실력이면 충분합니다. 그러나 막상 시험장에 가면 긴장되어 오타가 많이 발생하므로 실기시험에 안전하게 합격하기 위해서는 1분당 230타 정도는 되어야 합니다.

1. 용지 설정과 다단 설정은 Section 01, 02를 참고하세요.

2. 들여쓰기, 정렬 등에 신경 쓰지 말고 번호 순서대로 표시된 도움말을 참조하여 내용을 입력하세요.

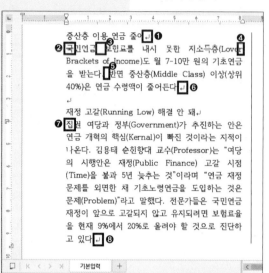

❶ 문단이 바뀔때는 Enter를 누르세요.

❷, ❼ 들여쓰기는 모든 내용을 입력한 후 Alt + T → Alt + A → Enter를 차례로 누르세요.

❸ 단어 사이의 간격이 넓어 보여도 한 칸만 띄우세요.

❹ 문장을 계속 입력하여 내용이 문단의 오른쪽 끝까지 꽉 차면 자동으로 다음 줄에 입력되므로 Enter를 누르지 말고 계속 입력하세요.

❺ 마침표(.) 뒤에는 Spacebar를 한 번 눌러 한 칸을 띄우세요.

❻ Enter를 두 번 눌러 다음 문단과의 사이를 한 줄 띄우세요. 띄우지 않거나 두 줄 이상 띄우면 감점됩니다.

❽ 마지막까지 입력한 후 Enter나 Spacebar를 누르지 마세요.

3. 입력을 마치고 나면 커서는 문서의 맨 아래쪽에 있습니다. Ctrl + PgUp을 눌러 커서를 문서의 처음으로 이동한 다음 Ctrl + ↓를 눌러 "국민연금~" 부분으로 커서를 이동하세요.

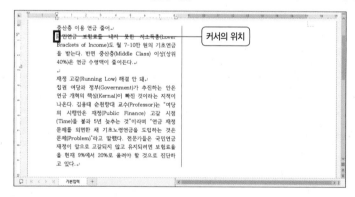

커서의 위치

4. 들여쓰기를 하기 위해 Alt + T 를 누르세요([기본] 도구 상자 : [서식] → [문단 모양]).

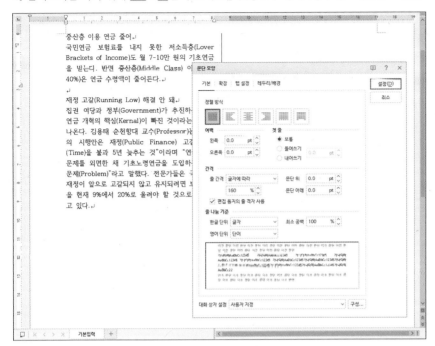

5. '문단 모양' 대화상자의 '기본' 탭에서 항목 값을 지정할 때는 마우스를 이용하지 말고 키보드로 직접 입력하세요. Alt + A 를 눌러 들여쓰기를 지정한 후 Enter 를 누르세요.

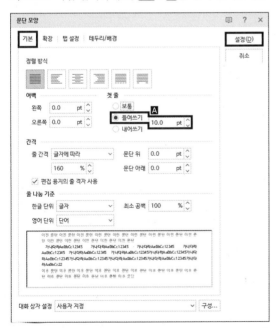

 전문가의 조언

• 워드프로세서에서 한 문단이란
⏎와 ⏎ 사이에 있는 문장들을
의미합니다. Enter를 누르면 문단
이 바뀝니다. 다음 그림은 두 개
의 문단입니다.

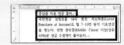

• 정렬, 들여쓰기 등은 문단 단위
로 작업을 수행하므로 해당 문
단에서는 커서의 위치에 관계없
이 기능이 동작합니다.

• 들여쓰기의 지정 여부는 문제지
를 보고 판단하세요. 문단 첫 글
자 장식이나 스타일을 적용하
는 문단에는 들여쓰기를 지정하
지 않습니다. 문제 유형에 따라
들여쓰기를 전혀 사용하지 않는
문세도 있습니다.

 **전문가의 조언**

'문단 모양' 대화상자에서 Alt + A
를 눌러 들여쓰기를 지정하면 기
본적으로 10pt로 지정됩니다.

6. `Ctrl`+`I`를 세 번 눌러 "집권 여당과~" 부분으로 커서를 이동한 다음 `Alt`+`T` → `Alt`+`A` → `Enter`를 차례로 누르세요.

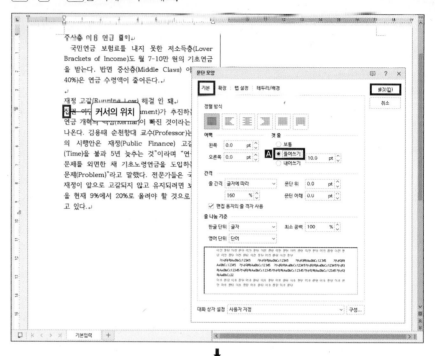

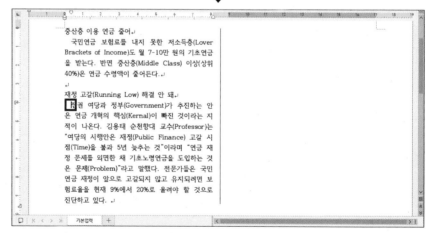

연습문제

문제 1

- 문제지에 주어진 대로 입력하세요.
- 제한시간(용지 및 단 설정 시간 제외) : 6분
- 저장 위치 : C:\WP\기본입력(연습문제)-1.hwp
- 여백 설정 : 왼쪽·오른쪽은 20mm, 위쪽·아래쪽·머리말·꼬리말은 10mm
- 단 개수 : 2, 단 간격 : 8mm, 적용 범위 : 새 다단으로

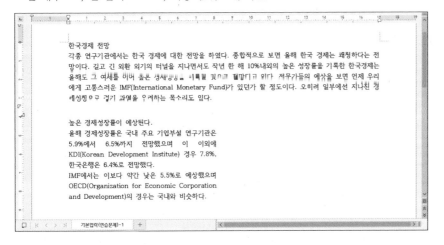

> **전문가의 조언**
>
> - 들여쓰기의 지정 여부는 문제지를 보고 판단하세요. 문단 첫 글자 장식이나 스타일을 적용하는 문단에는 들여쓰기를 지정하지 않습니다. 문제 유형에 따라 들여쓰기를 전혀 사용하지 않는 문제도 있습니다.
> - 본문 중간부터 다단을 나누는 경우에는 반드시 다단 시작 부분에 커서를 놓고 다단을 설정해야 합니다.

문제 2

- 문제지에 주어진 대로 입력하세요.
- 제한시간(용지 및 단 설정 시간 제외) : 6분
- 저장 위치 : C:\WP\기본입력(연습문제)-2.hwp
- 여백 설정 : 위쪽·아래쪽·왼쪽·오른쪽은 20mm, 머리말·꼬리말은 10mm
- 단 개수 : 2, 단 간격 : 8mm, 단 구분선 : 실선(0.12mm)

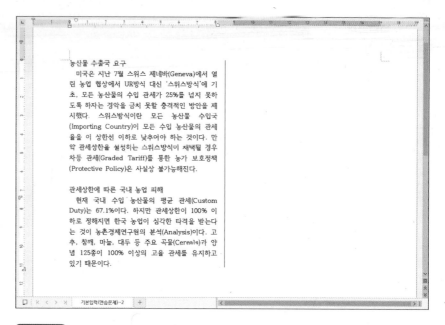

농산물 수출국 요구

미국은 지난 7월 스위스 제네바(Geneva)에서 열린 농업 협상에서 UR방식 대신 '스위스방식'에 기초, 모든 농산물의 수입 관세가 25%를 넘지 못하도록 하자는 경악을 금치 못할 충격적인 방안을 제시했다. 스위스방식이란 모든 농산물 수입국(Importing Country)이 모든 수입 농산물의 관세율을 이 상한선 이하로 낮추어야 하는 것이다. 만약 관세상한을 설정하는 스위스방식이 채택될 경우 차등 관세(Graded Tariff)를 통한 농가 보호정책(Protective Policy)은 사실상 불가능해진다.

관세상한에 따른 국내 농업 피해

현재 국내 수입 농산물의 평균 관세(Custom Duty)는 67.1%이다. 하지만 관세상한이 100% 이하로 정해지면 한국 농업이 심각한 타격을 받는다는 것이 농촌경제연구원의 분석(Analysis)이다. 고추, 참깨, 마늘, 대두 등 주요 곡물(Cereals)과 양념 125종이 100% 이상의 고율 관세를 유지하고 있기 때문이다.

기본입력(연습문제)-2

문제 3

- 문제지에 주어진 대로 입력하세요.
- 제한시간(용지 및 단 설정 시간 제외) : 6분
- 저장 위치 : C:\WP\기본입력(연습문제)-3.hwp
- 여백 설정 : 왼쪽 · 오른쪽은 20mm, 위쪽 · 아래쪽 · 머리말 · 꼬리말은 10mm
- 단 개수 : 2, 단 간격 : 8mm, 적용 범위 : 새 다단으로

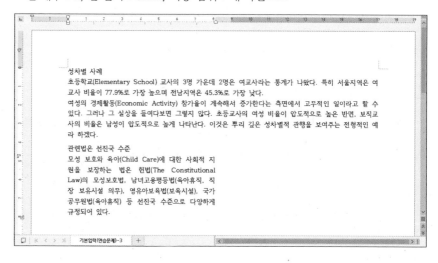

성차별 사례

초등학교(Elementary School) 교사의 3명 가운데 2명은 여교사라는 통계가 나왔다. 특히 서울지역은 여교사 비율이 77.9%로 가장 높으며 전남지역은 45.3%로 가장 낮다.

여성의 경제활동(Economic Activity) 참가율이 계속해서 증가한다는 측면에서 고무적인 일이라고 할 수 있다. 그러나 그 실상을 들여다보면 그렇지 않다. 초등교사의 여성 비율이 압도적으로 높은 반면, 보직교사의 비율은 남성이 압도적으로 높게 나타난다. 이것은 뿌리 깊은 성차별적 관행을 보여주는 전형적인 예라 하겠다.

관련법은 선진국 수준

모성 보호와 육아(Child Care)에 대한 사회적 지원을 보장하는 법은 헌법(The Constitutional Law)의 모성보호법, 남녀고용평등법(육아휴직, 직장 보육시설 의무), 영유아보육법(보육시설), 국가공무원법(육아휴직) 등 선진국 수준으로 다양하게 규정되어 있다.

기본입력(연습문제)-3

문제 4

- 문제지에 주어진 대로 입력하세요.
- 제한시간(용지 및 단 설정 시간 제외) : 6분
- 저장 위치 : C:\WP\기본입력(연습문제)-4.hwp
- 여백 설정 : 왼쪽 · 오른쪽은 20mm, 위쪽 · 아래쪽 · 머리말 · 꼬리말은 10mm
- 단 개수 : 2, 단 간격 : 8mm, 단 구분선 : 실선(0.12mm)

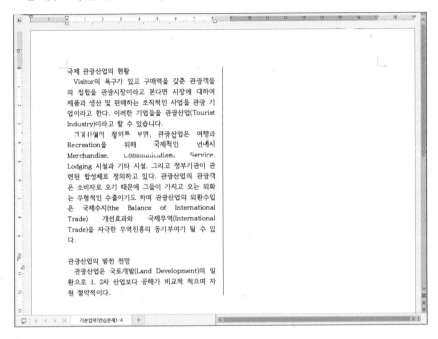

국제 관광산업의 현황

Visitor의 욕구가 있고 구매력을 갖춘 관광객들의 집합을 관광시장이라고 본다면 시장에 대하여 제품과 생산 및 판매하는 조직적인 사업을 관광 기업이라고 한다. 이러한 기업들을 관광산업(Tourist Industry)이라고 할 수 있습니다.

객관 산업이 정의를 보면, 관광산업은 여행과 Recreation을 위해 국제적인 낸셔시 Merchandise, Communication, Service, Lodging 시설과 기타 시설, 그리고 정부기관이 관련된 합성체로 정의하고 있다. 관광산업의 관광객은 소비자로 오기 때문에 그들이 가지고 오는 외화는 무형적인 수출이기도 하며 관광산업의 외환수입은 국제수지(the Balance of International Trade) 개선효과와 국제무역(International Trade)을 자극한 무역진흥의 동기부여가 될 수 있다.

관광산업의 발전 전망

관광산업은 국토개발(Land Development)의 일환으로 1. 2차 산업보다 공해가 비교적 적으며 자원 절약적이다.

문제 5

- 문제지에 주어진 대로 입력하세요.
- 제한시간(용지 및 단 설정 시간 제외) : 6분
- 저장 위치 : C:\WP\기본입력(연습문제)-5.hwp
- 여백 설정 : 왼쪽·오른쪽은 20mm, 위쪽·아래쪽·머리말·꼬리말은 10mm
- 단 개수 : 2, 단 간격 : 8mm, 적용 범위 : 새 다단으로

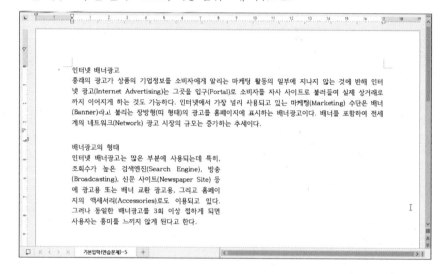

인터넷 배너광고
종래의 광고가 상품의 기업정보를 소비자에게 알리는 마케팅 활동의 일부에 지나지 않는 것에 반해 인터넷 광고(Internet Advertising)는 그곳을 입구(Portal)로 소비자를 자사 사이트로 불러들여 실제 상거래로까지 이어지게 하는 것도 가능하다. 인터넷에서 가장 널리 사용되고 있는 마케팅(Marketing) 수단은 배너(Banner)라고 불리는 장방형(띠 형태)의 광고를 홈페이지에 표시하는 배너광고이다. 배너를 포함하여 전세계의 네트워크(Network) 광고 시장의 규모는 증가하는 추세이다.

배너광고의 형태
인터넷 배너광고는 많은 부분에 사용되는데 특히,
조회수가 높은 검색엔진(Search Engine), 방송
(Broadcasting), 신문 사이트(Newspaper Site) 등
에 광고용 또는 배너 교환 광고용. 그리고 홈페이
지의 액세서리(Accessories)로도 이용되고 있다.
그러나 동일한 배너광고를 3회 이상 접하게 되면
사용자는 흥미를 느끼지 않게 된다고 한다.

2430500

기능	바로 가기 키	메뉴 / [기본] 도구 상자	작업 내용
정렬	Alt + T	• [서식]의 ⌄ → [문단 모양] • [서식] → [문단 모양]	양쪽, 왼쪽, 가운데, 오른쪽 정렬하기

다음은 정렬에 관한 문제입니다. 다음 정렬 문제를 30초 이내에 완료했다면 다음 섹션으로 넘어가고, 그렇지 않으면 '따라하기'의 방법을 기초로 하여 연습문제를 30초 안에 완성하도록 연습하세요.

기본문제

다음 지시사항대로 문서를 완성하시오.

• 한 줄을 입력하여 9번 복사한 후 문제지에 주어진 대로 정렬하세요.
• 제한시간(입력시간 제외) : 30초
• 저장위치 : C:\WP\정렬.hwp
• 여백 설정 : 왼쪽 · 오른쪽은 20mm, 위쪽 · 아래쪽 · 머리말 · 꼬리말은 10mm
• 단 개수 : 2, 단 간격 : 8mm

가나다라마바사아자차카타파하	**가운데 정렬**
가나다라마바사아자차카타파하	**오른쪽 정렬**
가나다라마바사아자차카타파하	**가운데 정렬**
가나다라마바사아자차카타파하	**가운데 정렬**
가나다라마바사아자차카타파하	**오른쪽 정렬**
가나다라마바사아자차카타파하	**왼쪽 정렬**
가나다라마바사아자차카타파하	**왼쪽 정렬**
가나다라마바사아자차카타파하	**가운데 정렬**
가나다라마바사아자차카타파하	**가운데 정렬**
가나다라마바사아자차카타파하	**왼쪽 정렬**

전문가의 조언

문단 정렬은 반드시 입력을 모두 마치고 수행하세요. 그렇지 않으면 같은 작업을 반복하게 됩니다. 예를 들어, 제목을 '가운데 정렬'을 지정하고 Enter를 누르면 다음 문장은 자동으로 가운데로 정렬되므로 본문을 입력하기 위해서는 '양쪽 정렬'을 지정해야 합니다.

문단 정렬은 틀리면 지시사항에 의해 감점된다.

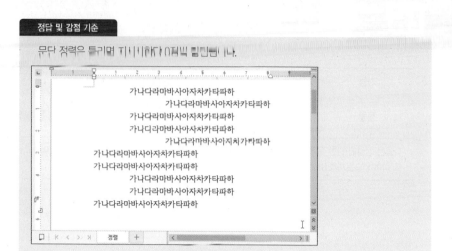

따라하기

1. 첫째 문장 '가운데 정렬' 지정하기

첫째 문장의 한 곳을 클릭한 후 [서식] 도구 상자의 '▤(가운데 정렬)'을 클릭하세요.

2. 둘째 문장 '오른쪽 정렬' 지정하기

둘째 문장의 한 곳을 클릭한 후 [서식] 도구 상자의 '▤(오른쪽 정렬)'을 클릭하세요.

3. 셋째 문장과 넷째 문장 '가운데 정렬' 지정하기

화살표 방향으로 드래그하여 정렬할 문장들을 블록으로 지정한 후 [서식] 도구 상자의 '▤(가운데 정렬)'을 클릭하세요. 여러 문단을 정렬할 때는 정렬할 대상 문단의 일부만 블록으로 설정해도 됩니다.

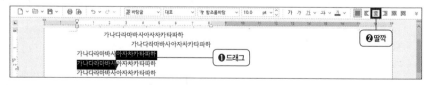

4. 기타

나머지도 위의 방법을 참조하여 변경하세요.

잠깐만요 '문단 모양' 대화상자와 바로 가기 키를 이용한 정렬

'문단 모양' 대화상자에서 정렬하기

정렬뿐만 아니라 여백, 들여쓰기, 내어쓰기 등을 함께 수행하려면 '문단 모양' 대화상 자를 호출(Alt+T)하여 수행하는 것이 효율적입니다. [기본] 도구 상자의 [서식] → [문단 모양]이나 Alt+T를 누른 후 해당 사항을 설정하면 됩니다.

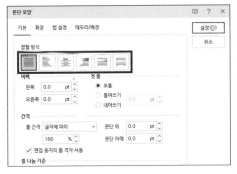

바로 가기 키를 이용하여 정렬하기

단순히 정렬만 수행할 때는 바로 가기 키를 이용하는 것이 효율적입니다.

바로 가기 키	정렬 방식
Ctrl+Shift+M	양쪽 정렬
Ctrl+Shift+L	왼쪽 정렬
Ctrl+Shift+C	가운데 정렬
Ctrl+Shift+R	오른쪽 정렬

2430501

연습문제   다음 지시사항대로 문서를 완성하시오.

문제 1

- 한 줄을 입력하여 9번 복사한 후 문제지에 주어진 대로 정렬하시오.
- 제한시간(입력 시간 제외) : 30초
- 저장위치 : C:\WP\정렬(연습문제).hwp
- 여백 설정 : 왼쪽·오른쪽은 20mm, 위쪽·아래쪽·머리말·꼬리말은 10mm
- 단 개수 : 2, 단 간격 : 8mm

가운데정렬	시험에 나오는 것만 공부한다.
가운데정렬	시험에 나오는 것만 공부한다.
오른쪽정렬	시험에 나오는 것만 공부한다.
오른쪽정렬	시험에 나오는 것만 공부한다.
왼쪽정렬	시험에 나오는 것만 공부한다.
왼쪽정렬	시험에 나오는 것만 공부한다.
오른쪽정렬	시험에 나오는 것만 공부한다.
가운데정렬	시험에 나오는 것만 공부한다.
왼쪽정렬	시험에 나오는 것만 공부한다.
오른쪽정렬	시험에 나오는 것만 공부한다.

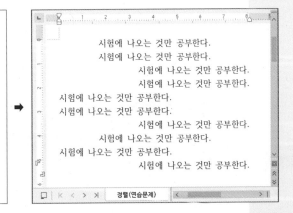

글자 모양 변경

4430600

기능	바로 가기 키	메뉴 / [기본] 도구 상자	작업 내용
글자 모양 변경	Alt + L	• [서식]의 ▾ → [글자 모양] • [서식] → [글자 모양]	• 글자 모양 변경하기(굴림체, 돋움체, 돋움, 궁서체, 견고딕 등) • 글자 크기 변경하기(임의 크기) • 글자 속성 변경하기(진하게, 장평, 사간, 글자색, 그림자, 양각)

다음은 글자 모양 변경에 관한 문제입니다. 다음 문제를 입력한 후 1분 내에 지시사항을 완료했으면 다음 섹션으로 넘어가고, 그렇지 않으면 '따라하기'의 방법을 기초로 하여 연습문제를 1분 내에 완성할 수 있도록 연습하세요.

 **기본문제**   다음 지시사항대로 문서를 완성하시오.

- 1번 문장을 글자 크기 10, 글꼴 '함초롬바탕'으로 입력하고, 3번 복사한 후 사용하시오.
- 제한시간(입력시간 제외) : 1분
- 저장위치 : C:\WP\글자모양.hwp
- 색상은 '기본'과 '오피스' 테마가 포함된 색상 팔레트를 사용하시오.
- 아래의 지시사항에 맞게 글자 모양을 변경하시오.

  1. 궁서체, 14pt, 장평(110%), 자간(10%), 진하게, 그림자, 남색(RGB : 51,51,153)
  2. 굴림체, 11pt, 장평(105%), 자간(5%), 진하게, 양각
  3. 한컴산뜻돋움, 10pt, 진하게
  4. 한컴 윤고딕 740, 8pt, 진하게, 주황(RGB : 255,132,58)

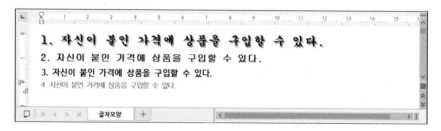

정답 및 감점 기준

글자 모양 변경은 틀리면 지시사항당 3점씩 감점됩니다.

1. 1번 문장에 14pt, 궁서체, 장평(110%), 자간(10%), 진하게, 그림자, 남색(RGB : 51,51,153) 속성 지정하기

❶ 1번 문장을 블록으로 지정한 후 Alt+L을 누르세요([기본] 도구 상자 : [서식] → [글자 모양]).

❷ '글자 모양' 대화상자에서 항목 값을 지정할 때는 마우스를 이용하지 말고 키보드로 직접 입력하세요. '글꼴'에 **궁서체**를 입력하고 Enter를 누른 후 Alt+Z를 눌러 '기준 크기' 항목으로 이동한 다음 14를 입력합니다. 이어서 Alt+W를 눌러 '장평'에 110을 입력하고, Alt+P를 눌러 '자간'에 10을 입력하는 것이 속도가 더 빠릅니다.

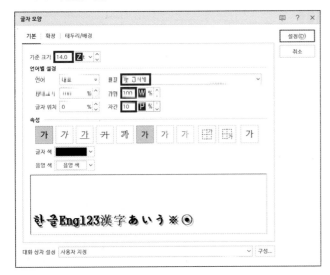

❸ 계속해서 Alt+B를 눌러 '진하게'를, Alt+S를 눌러 '그림자' 속성을 설정하고, 마우스를 이용해 글자색을 '남색'으로 지정한 후 〈설정〉을 클릭하세요.

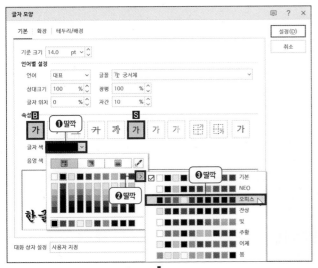

전문가의 조언

• '글자 모양' 대화상자를 호출하면 '글꼴' 입력 상자가 반전되어 있어 바로 입력할 수 있습니다. 기본 설정 사항을 지울 필요 없이 바로 입력하면 됩니다.

• '글자 모양' 대화상자의 글꼴에 **궁서체**를 입력해도 아무런 변화가 없으면 마우스를 이용하여 글꼴을 선택하세요.

• '기준 크기' 항목으로 포커스를 이동하기 위해 Alt+Z 대신 Shift+Tab을 두 번 눌러도 됩니다. Tab은 대화상자의 항목을 차례로 이동하는 키이고, Shift+Tab은 대화상자의 항목을 반대 방향으로 이동하는 키입니다.

• '글자 모양' 대화상자에서 각 항목을 지정할 때는 Alt를 누른 상태에서 해당 항목의 위쪽에 표시되는 영문자를 누르면 됩니다.

궁금해요 시나공 Q&A 베스트

Q '글자 모양' 대화상자에서 글꼴을 입력한 후 Alt+Z를 눌러도 글꼴 목록이 계속 표시되어 있어요!

A 글꼴을 입력한 후 Enter를 눌러야 합니다.

예 궁서체 입력 → Enter → Alt+Z → 14

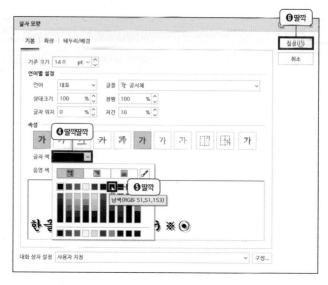

2. 나머지도 위의 방법을 참조하여 글자 모양을 변경하세요.

잠깐만요 · **RGB로 색 지정하기**

색상표의 색상 테마에서 색상을 고를 수 있지만 RGB를 직접 입력하여 색을 지정할 수도 있습니다. 다음
과 같은 순서로 작업하세요.

❶ 색을 지정할 영역을 범위로 지정한 다음 Alt + L 을 눌러 '글자 모양' 대화상자를 호출합니다.

❷ '글자 모양' 대화상자의 '기본' 탭에서 '글자 색' 목록 단추를 클릭한 다음 '스페트럼( )'을 클릭합
니다.

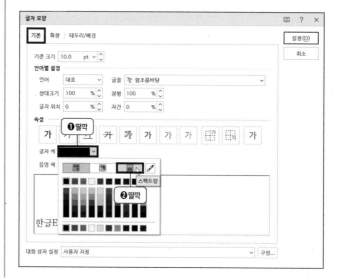

❸ R, G, B에 RGB 값 255, 132, 58을 각각 입력하고 〈적용〉을 클릭한 후 〈설정〉을 클릭하세요.

글자 모양

기본 확장 테두리/배경   설정(D) ─── ❸딸깍
                                                           취소

기준 크기 10.0 pt ⌃⌄

언어별 설정
  언어   대표 ⌄   글꼴 Ｔ 함초롬바탕   ⌄
  상대크기 100 %⌃⌄   장평 100 %⌃⌄
  글자 위치 0 %⌃⌄   자간 0 %⌃⌄

속성
  가 가 가 카 까 가 가 가 가 까 가

  글자 색   ⌄
  음영 색   ▦ ▦ ▣ ✎
           ▣ FFB43A   ✓ 적용 ─── ❷딸깍
           ━━━━━━○━━

  한글E

  대화 상자 설정   ⌄ 구성...

           RGB ⌄
           R ━━━━○━━ 255 ⌃⌄ ─── ❶입력
           G ━━○━━━━ 132 ⌃⌄
           B ━○━━━━━ 58 ⌃⌄

           사용자 정의 색   ＋ ✕
           ☐☐☐☐☐☐☐☐

                                                    📹
                                                    4430601

연습문제

문제 1 1번 문장을 기본 글꼴로 입력하고 2번 복사한 후 아래의 지시사항에 맞게 글자 모양을 변경하시오.

• 제한시간(입력시간 제외) : 40초
• 저장위치 : C:\WP\글자모양(연습문제)-1.hwp
• 색상은 '기본' 테마가 포함된 색상 팔레트를 사용하시오.
• 지시사항
  1. 한양해서, 13pt, 장평(105%), 자간(5%), 진하게, 양각, 보라(RGB : 157,92,187)
  2. 굴림체, 11pt, 진하게, 그림자
  3. 궁서체, 9pt, 진하게, 남색(RGB : 58,60,132) 60% 밝게

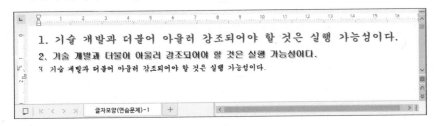

남색(RGB : 58,60,132) 60% 밝게

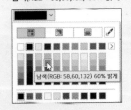

1번 문장을 기본 글꼴로 입력하고 2번 복사한 후 아래의 지시사항에 맞게 글자 모양을 변경하시오.

- 제한시간(입력시간 제외) : 40초
- 저장위치 : C:\WP\글자모양(연습문제)-2.hwp
- 색상은 '기본'과 '오피스' 테마가 포함된 색상 팔레트를 사용하시오.
- 지시사항
  1. HY견고딕, 14pt, 장평(95%), 자간(10%), 진하게, 주황(RGB : 255,132,58)
  2. 돋움체, 12pt, 진하게, 그림자
  3. 굴림체, 9pt, 진하게, 양각, 빨강(RGB : 255,0,0) 80% 밝게

빨강(RGB : 255,0,0) 80% 밝게

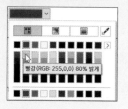

※ '오피스' 테마에서 지정함

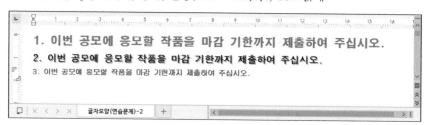

1번 문장을 기본 글꼴로 입력하고 2번 복사한 후 아래의 지시사항에 맞게 글자 모양을 변경하시오.

- 제한시간(입력시간 제외) : 40초
- 저장위치 : C:\WP\글자모양(연습문제)-3.hwp
- 색상은 '기본' 테마가 포함된 색상 팔레트를 사용하시오.
- 지시사항
  1. 맑은 고딕, 15pt, 장평(115%), 자간(15%), 진하게, 그림자, 초록(RGB : 40,155,110)
  2. 궁서체, 11pt, 진하게, 양각
  3. 돋움체, 11pt, 진하게, 하늘색(RGB : 97,130,214) 25% 어둡게

하늘색(RGB : 97,130,214) 25% 어둡게

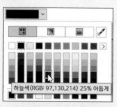

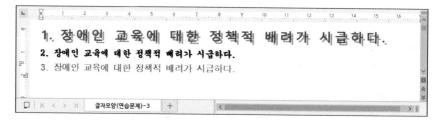

1번 문장을 기본 글꼴로 입력하고 2번 복사한 후 아래의 지시사항에 맞게 글자 모양을 변경하시오.

- 제한시간(입력시간 제외) : 40초
- 저장위치 : C:\WP\글자모양(연습문제)-4.hwp
- 색상은 '기본'과 '오피스' 테마가 포함된 색상 팔레트를 사용하시오.
- 지시사항
  1. 휴먼옛체, 13pt, 장평(90%), 자간(5%), 진하게, 파랑(RGB : 0,0,255)
  2. HY견고딕, 12pt, 진하게, 양각
  3. 한컴바탕, 9pt, 진하게, 그림자, 남색(RGB : 51,51,153) 80% 밝게

빨강(RGB : 255,0,0) 80% 밝게

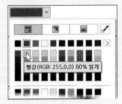

※ '오피스' 테마에서 지정함

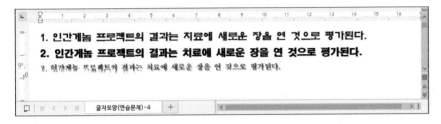

1번 문장을 기본 글꼴로 입력하고 2번 복사한 후 아래의 지시사항에 맞게 글자 모양을 변경하시오.

- 제한시간(입력시간 제외) : 40초
- 저장위치 : C:\WP\글자모양(연습문제)-5.hwp
- 색상은 '기본' 테마가 포함된 색상 팔레트를 사용하시오.
- 지시사항
  1. 견고딕, 12pt, 장평(105%), 자간(10%), 진하게, 양각, 노랑(RGB : 255,215,0)
  2. 한컴돋움, 11pt, 진하게, 그림자
  3. 휴먼고딕, 10pt, 진하게, 보라(RGB : 157,92,187) 50% 어둡게

보라(RGB : 157,92,187) 50% 어둡게

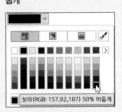

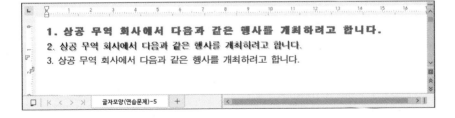

기능	제한시간(실제시험)	바로 가기 키	메뉴 / [기본] 도구 상자	작업 내용
글상자	50초	Ctrl + N, B	• [입력]의 ⌄ → [글상자] • [입력] → [□(가로 글상자)]	• 글상자 만들기 • 크기 지정하기 • 위치 지징하기 • 선 종류 및 굵기 지정하기 • 면 색 지정하기 • 내용 정렬하기 • 여백 지정하기
누름틀	10초	Ctrl + K, E	• [입력]의 ⌄ → [개체] → [필드 입력]	• 누름틀 만들기 • 누름틀에 날짜 입력하기 • 누름틀에 이름이나 직책 입력하기

다음 지시사항대로 글상자와 누름틀을 1분 내에 완성했다면 다음 섹션으로 넘어가고, 그렇지 않으면 '따라하기'를 기초로 하여 연습문제를 1분 안에 완성하도록 연습하세요.

기본문제 다음 지시사항대로 문서를 완성하시오.

전문가의 조언

글상자는 글상자의 크기, 위치, 면 색, 선 종류 및 굵기 등이 변경될 수 있으니 글상자와 관련된 세부 지시사항을 반드시 확인한 후 작성하세요.

• 문제지에 주어진 대로 입력하시오.
• 제한시간(용지 설정 시간 제외) : 1분
• 저장위치 : C:\WP\글상자−누름틀.hwp
• 용지 종류 : A4
• 여백 설정 : 왼쪽 · 오른쪽은 20mm, 위쪽 · 아래쪽 · 머리말 · 꼬리말은 10mm
• 색상은 '오피스' 테마가 포함된 색상 팔레트를 사용하시오.
• 글상자 규격
  – 크기 : 너비 168mm, 높이 23mm, 크기 고정
  – 위치 : 본문과의 배치 – 자리 차지, 가로 – 종이의 가운데 0mm, 세로 – 종이의 위 20mm
  – 바깥 여백 : 아래쪽 5mm
  – 선 속성 : 검정(RGB : 0,0,0), 실선 0.2mm
  – 색 채우기 : 초록(RGB : 0,128,0) 80% 밝게
• 글상자 내용
  – 제목(1) : 가운데 정렬
  – 제목(2) : 여백 – 왼쪽(340pt)
• 누름틀
  – 입력할 내용의 안내문 : '0000. 00. 00.', 입력 데이터 : '2024. 01. 25.'

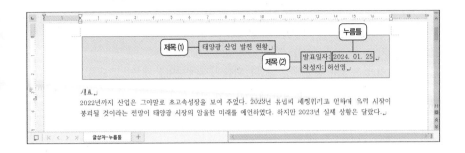

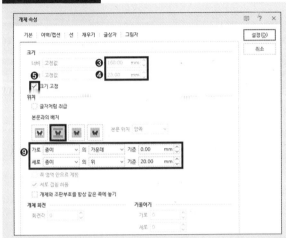

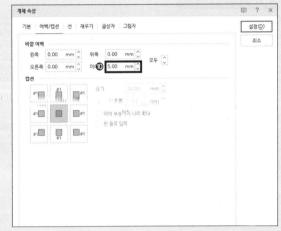

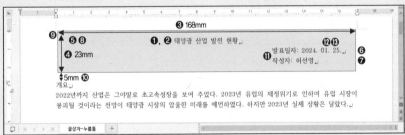

위치	감점	감점 사유
❶	3	글상자 안의 내용이 수평으로 가운데 정렬되지 않음
❷	3	글상자 안의 내용이 수직으로 가운데 정렬되지 않음
❸	5	글상자의 너비가 168mm가 아님
❹	5	글상자의 높이가 23mm가 아님
❺	3	'크기 고정'을 지정하지 않음
❻	3	글상자의 외곽선 선 색이 검정(RGB : 0,0,0)이 아님
❼	3	글상자의 외곽선이 실선 0.2mm가 아님

위치	감점	감점 사유
❽	5	글상자의 면 색이 초록(RGB : 0,128,0) 80% 밝게가 아님
❾	5	글상자의 위치가 본문과의 배치(자리 차지), 가로(종이의 가운데 0mm), 세로(종이의 위 20mm))가 아님
❿	3	글상자의 아래쪽 바깥 여백이 5mm가 아님
⓫	3	글상자 안의 내용에 대한 왼쪽 여백이 340pt가 아님
⓬	5	누름틀이 삽입되지 않음
⓭	3	누름틀에 날짜가 입력되지 않음

전문가의 조언

데이터를 입력하지 않고 기능만 연습하려면 'C:\길벗워드실기\섹션\입력완성본\글상자-누름틀.hwp' 파일을 불러와서 글상자와 누름틀 삽입만 수행하세요.

전문가의 조언

바로 가기 키 누르는 방법

- Ctrl+Z와 같이 더하기(+)로 연결된 경우 앞의 키를 누르고 있는 상태에서 뒤의 키를 누르면 됩니다.
- Ctrl+N, B와 같이 콤마(,)로 연결된 경우 앞의 키를 누른 후 손가락을 떼고 다시 뒤의 키를 누르면 됩니다. 즉 Ctrl을 누르고 있는 상태에서 N을 누른 다음, 손을 떼고 다시 B를 눌러야 한다는 뜻이지요.
- 글상자의 제목(2)에 지정할 왼쪽 여백 340pt는 글상자의 가로 길이를 변경한 상태에서만 지정할 수 있으니 글상자의 가로, 세로 길이를 변경한 후 작업하세요.

전문가의 조언

누름틀의 삽입 위치를 위해 "발표일자: " 입력 시 콜론(:) 뒤에 공백을 한 칸 입력하세요.

글상자 만들기

1. F7을 눌러 용지 종류 및 여백을 설정한 다음 문제에 주어진 내용을 그대로 입력합니다.

2. Ctrl+PgUp을 눌러 커서를 문서의 맨 처음으로 이동시킵니다.

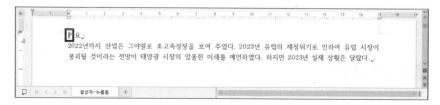

3. 글상자를 만드는 바로 가기 키 Ctrl+N, B를 누르세요(글상자 만들기 [기본] 도구 상자 : [입력] → [□](가로 글상자)]).

4. 마우스 포인터가 십자가(+) 모양으로 변경되었을 때 Ctrl+Z를 누르세요. 글상자가 만들어지고 위치가 '자리 차지', '종이'로 설정됩니다.

5. 다음과 같이 글상자 안에 내용을 입력하세요.

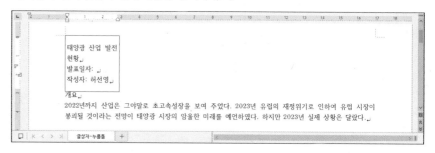

> **잠깐만요** **글상자를 만들면 글상자의 선 색이 빨강, 면 색이 파랑으로 표시돼요!**

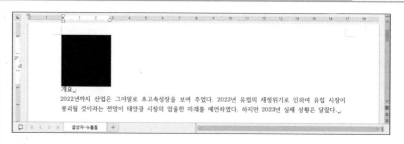

이전에 작업하던 흔적이 남아서 그렇습니다. 선 색과 면 색에 대한 지시사항이 제시되므로 이후 작업 과정에서 지시사항대로 선 색과 면 색을 바꾸어 주면 됩니다.

6. Ctrl+N, K를 눌러 '개체 속성' 대화상자를 호출하세요(글상자의 [바로 가기 메뉴] → [개체 속성]).

7. '개체 속성' 대화상자의 '기본' 탭에서 다음과 같이 지정하세요.

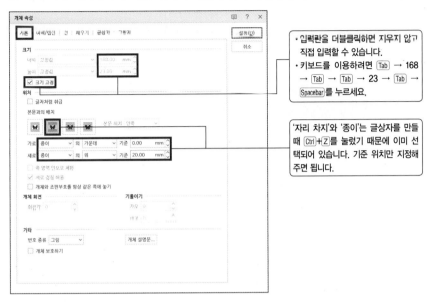

• 입력란을 더블클릭하면 지우지 않고 직접 입력할 수 있습니다.
• 키보드를 이용하려면 Tab → 168 → Tab → Tab → 23 → Tab → Spacebar 를 누르세요.

'자리 차지'와 '종이'는 글상자를 만들 때 Ctrl+Z를 눌렀기 때문에 이미 선택되어 있습니다. 기준 위치만 지정해 주면 됩니다.

8. 여백을 지정할 차례입니다. '여백/캡션' 탭에서 바깥 아래쪽 여백에 **5**를 입력하세요.

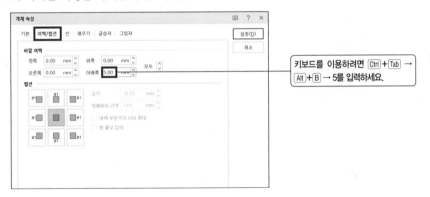

키보드를 이용하려면 Ctrl+Tab → Alt+B → 5를 입력하세요.

9. 이어서 '선' 탭에서 선 색을 '검정', 종류를 '실선', 굵기를 **0.2**로 지정하세요.

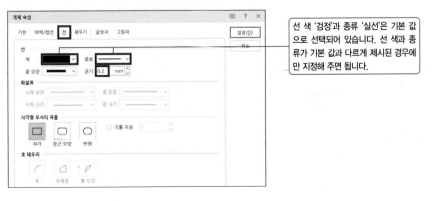

선 색 '검정'과 종류 '실선'은 기본 값으로 선택되어 있습니다. 선 색과 종류가 기본 값과 다르게 제시된 경우에만 지정해 주면 됩니다.

전문가의 조언

Ctrl+N, K를 눌러야 하는데 실수로 Alt+N, K를 누르는 경우가 있습니다. Alt+N, K를 누르면 새글(Alt+N)이 열리는데, 이때는 당황하지 말고 열린 새 글(문서)을 닫으면 됩니다.

전문가의 조언

대화상자에서 탭 사이를 이동할 때는 Ctrl+Tab을 누르세요.

전문가의 조언

시험에 출제되는 기본 색상(검정, 빨강, 주황, 노랑, 초록, 파랑, 보라)은 색상 테마 중 '오피스'에 포함되어 있습니다. 해당 대화상자에서 한 번 선택된 테마는 다른 테마를 선택하기 전까지 계속 유지됩니다.

10. 마지막으로 '채우기' 탭에서 면 색을 '초록(RGB : 0,128,0) 80% 밝게'로 선택한 후 〈설정〉을 클릭하세요.

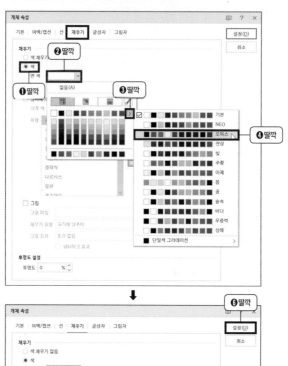

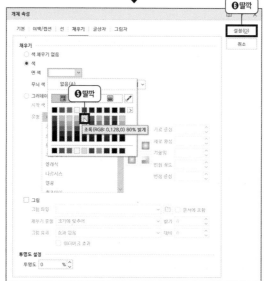

11. 제목(1) 부분에 커서를 넣고 Ctrl + Shift + C 를 눌러 문자열을 가운데로 정렬하세요.

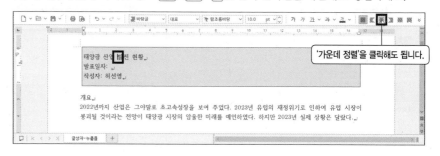

'가운데 정렬'을 클릭해도 됩니다.

궁금해요 **시나공 Q&A 베스트**

Q 글자가 글상자의 위쪽에 붙어 있는데요!

A 글상자에서 Ctrl + N , K 를 눌러 '개체 속성' 대화상자가 나타나면 '글상자' 탭의 세로 정렬 기준을 '가운데'로 설정하세요.

12. 제목(2) 부분을 블록으로 지정한 후 Alt + T 를 눌러 '문단 모양' 대화상자를 호출하세요.

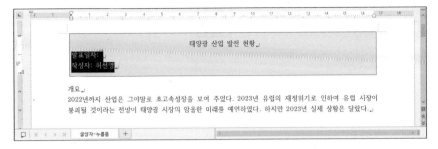

13. '문단 모양' 대화상자의 '기본' 탭에서 왼쪽 여백에 340을 입력한 후 〈설정〉을 클릭하세요.

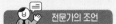
누름틀 삽입하기

1. 누름틀을 삽입할 위치에 커서를 놓고 필드 입력 바로 가기 키 Ctrl + K , E 를 누르세요([입력]의 ⌄ → [개체] → [필드 입력]).

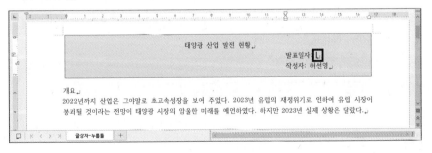

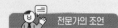
2. '필드 입력' 대화상자의 '누름틀' 탭에서 '입력할 내용의 안내문'에 0000. 00. 00.을 입력한 후 〈넣기〉를 클릭하세요.

3. 화면에 표시된 누름틀을 마우스로 클릭한 후 2024. 01. 25.를 입력하세요.

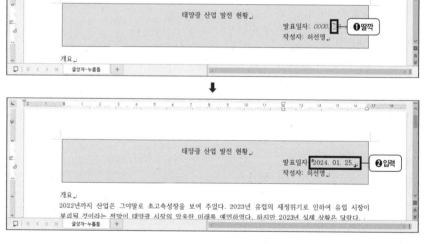

4. 누름틀 편집 상태에서 빠져나오기 위해 Shift+Esc를 누르거나 누름틀 외의 빈 공간을 한 번 클릭합니다. 글상자의 위치와 선 모양 및 굵기, 내용의 정렬 상태와 누름틀의 삽입 상태를 확인하세요.

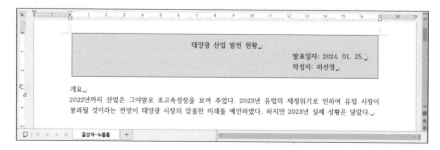

글상자와 관련된 바로 가기 키

- Ctrl + N , B : 글상자 만들기
- Ctrl + N , K : '개체 속성' 대화상자 호출
- Ctrl + Shift + C : 글상자 안에서 문단 가운데 정렬
- Shift + Esc : 글상자 빠져나오기
- Ctrl + N , B 를 누른 후 사용되는 바로 가기 키를 사용하여 특정 위치를 설정할 수 있습니다.

바로 가기 키	글상자 위치(본문과의 위치, 너비, 높이)	비고
Enter	글 앞으로, 종이의 왼쪽, 종이의 위	
Ctrl + Z	자리 차지, 종이의 왼쪽, 종이의 위	
Ctrl + D	글자처럼 취급	
Ctrl + S	어울림, 문단의 왼쪽, 문단의 위	Ctrl 대신 Alt 사용 가능
Ctrl + A	어울림, 쪽의 왼쪽, 쪽의 위	
Ctrl + V	어울림, 쪽의 왼쪽, 종이의 위	
Ctrl + C	자리 차지, 문단의 왼쪽, 문단의 위	
Ctrl + X	자리 차지, 쪽의 왼쪽, 쪽의 위	

전문가의 조언

한글프로그램에서 실기 시험에서 글상자는 자리를 차지하고 종이 전체를 기준으로 위치를 지정해야 하기 때문에 '자리 차지', '종이'의 옵션을 갖는 Ctrl + Z 를 사용합니다. Ctrl + Z 를 사용하여 글상자를 만든 후에는 종이의 가운데와 위에 대한 상대적인 위치만 지정해 주면 됩니다.

연습문제
다음 지시사항대로 문서를 완성하시오.

문제 1 다음 규격에 맞게 글상자를 작성하시오.

- 문제지에 주어진 대로 입력하시오.
- 제한시간(용지 설정 시간 제외) : 1분
- 저장위치 : C:\WP\글상자-누름틀(연습문제)-1.hwp
- 용지 종류 : A4
- 여백 설정 : 왼쪽 · 오른쪽은 20mm, 위쪽 · 아래쪽 · 머리말 · 꼬리말은 10mm
- 색상은 '기본' 테마가 포함된 색상 팔레트를 사용하시오.
- 글상자 규격
  - 크기 : 너비 168mm, 높이 23mm, 크기 고정
  - 위치 : 본문과의 배치 – 자리 차지, 가로 – 종이의 가운데 0mm, 세로 – 종이의 위 20mm
  - 바깥 여백 : 아래쪽 5mm
  - 선 속성 : 검정(RGB : 0,0,0), 이중 실선 1mm
  - 색 채우기 : 노랑(RGB : 255,215,0) 60% 밝게
- 글상자 내용
  - 제목(1) : 가운데 정렬
  - 제목(2) : 여백-왼쪽(340pt)

 전문가의 조언

데이터를 입력하지 않고 기능만 연습하려면 'C:\길벗워드실기\섹션\입력완성본\글상자-누름틀(연습문제)-1.hwp' 파일을 불러와서 글상자와 누름틀 삽입만 수행하세요.

- 누름틀
  - 입력할 내용의 안내문 : 'OOOO. O. O.', 입력 데이터 : '2024. 2. 10.'

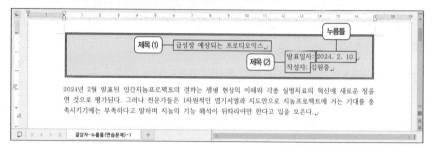

외곽선을 이중 실선으로 바꾸기

'개체 속성' 대화상자의 '선' 탭에서 종류와 굵기를 다음과 같이 변경하세요.

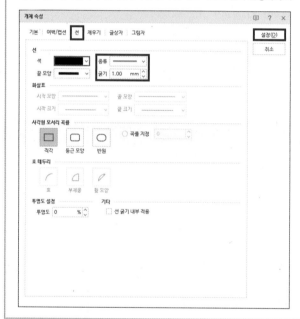

문제 2 다음 규격에 맞게 글상자를 작성하시오.

- 문제지에 주어진 대로 입력하시오.
- 제한시간(용지 설정 시간 제외) : 1분
- 저장위치 : C:\WP\글상자-누름틀(연습문제)-2.hwp
- 용지 종류 : A4
- 여백 설정 : 위쪽 · 아래쪽 · 왼쪽 · 오른쪽은 20mm, 머리말 · 꼬리말은 10mm
- 색상은 '오피스' 테마가 포함된 색상 팔레트를 사용하시오.

전문가의 조언

데이터를 입력하지 않고 기능만
연습하려면 'C:\길벗워드실기\섹
션\입력완성본\글상자-누름틀(연
습문제)-2.hwp' 파일을 불러와서 글
상자와 누름틀 삽입만 수행하세요.

- 글상자 규격
  - 크기 : 너비 120mm, 높이 12mm, 크기 고정
  - 위치 : 본문과의 배치 – 자리 차지, 가로 – 종이의 가운데 0mm, 세로 – 종이의 위 19mm
  - 바깥 여백 : 아래쪽 8mm
  - 선 속성 : 검정(RGB : 0,0,0), 실선 0.2mm
  - 색 채우기 : 노랑(RGB : 255,255,0)
- 글상자 내용 : 가운데 정렬
- 누름틀
  - 입력할 내용의 안내문 : '이름(영문) 직위', 입력 데이터 : '홍길동(Hong Gildong) 대리'
  - 오른쪽 정렬

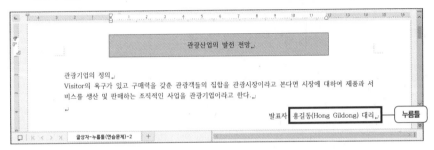

잠깐만요 **면 색 지정 방법**

색상표에서 지시사항으로 제시된 색을 찾는데 있어 혼동되는 경우에는 '스펙트럼(▣)'을 클릭한 후 RGB 값을 직접 입력해도 됩니다.

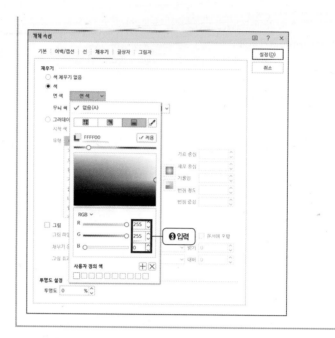

궁금해요 시나공 Q&A 베스트

Q 글상자가 보이지 않아요! 왜 그런거죠?

A 쪽 윤곽이 꺼져 있어서 그렇습니다. 편집 화면 오른쪽 하단의 '回(보기 선택 아이콘)'을 클릭한 후 '回(쪽 윤곽)'을 선택하세요.

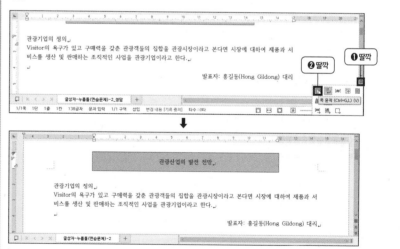

문제 3 다음 규격에 맞게 글상자를 작성하시오.

- 문제지에 주어진 대로 입력하시오.
- 제한시간(용지 설정 시간 제외) : 1분
- 저장위치 : C:\WP\글상자-누름틀(연습문제)-3.hwp
- 용지 종류 : A4
- 여백 설정 : 왼쪽·오른쪽은 20mm, 위쪽·아래쪽·머리말·꼬리말은 10mm
- 색상은 '기본' 테마가 포함된 색상 팔레트를 사용하시오.
- 글상자 규격
  - 크기 : 너비 170mm, 높이 24mm, 크기 고정
  - 위치 : 본문과의 배치 – 자리 차지, 가로 – 종이의 가운데 0mm, 세로 – 종이의 위 20mm
  - 바깥 여백 : 아래쪽 8mm
  - 선 속성 : 검정(RGB : 0,0,0), 실선 0.5mm
  - 색 채우기 : 주황(RGB : 255,132,58) 80% 밝게
- 글상자 내용
  - 제목(1) : 가운데 정렬
  - 제목(2) : 여백–왼쪽(340pt)
- 누름틀
  - 입력할 내용의 안내문 : '직책 이름', 입력 데이터 : '팀장 김예소'

전문가의 조언

데이터를 입력하지 않고 기능만 연습하려면 'C:\길벗워드실기\섹션\입력완성본\글상자-누름틀(연습문제)-3.hwp' 파일을 불러와서 글상자와 누름틀 삽입만 수행하세요.

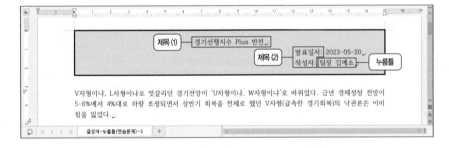

문제 4 다음 규격에 맞게 **글상자**를 지정하시오.

- 문제지에 주어진 대로 입력하시오.
- 제한시간(용지 설정 시간 제외) : 1분
- 저장위치 : C:\WP\글상자-누름틀(연습문제)-4.hwp
- 용지 종류 : A4
- 여백 설정 : 위쪽 · 아래쪽 · 왼쪽 · 오른쪽은 20mm, 머리말 · 꼬리말은 10mm
- 색상은 '오피스' 테마가 포함된 색상 팔레트를 사용하시오.
- 글상자 규격
  - 크기 : 너비 60mm, 높이 13mm, 크기 고정
  - 위치 : 본문과의 배치 – 자리 차지, 가로 – 종이의 가운데 0mm, 세로 – 종이의 위 19mm
  - 바깥 여백 : 아래쪽 5mm
  - 선 속성 : 검정(RGB : 0,0,0), 점선 0.5mm
  - 색 채우기 : 주황(RGB : 255,102,0) 80% 밝게
- 글상자 내용 : 가운데 정렬
- 누름틀
  - 입력할 내용의 안내문 : '성명(영문) 직책', 입력 데이터 : '김우민(Kim Woomin) 과장'
  - 오른쪽 정렬

잠깐만요 외곽선을 점선으로 바꾸기

'개체 속성' 대화상자의 '선' 탭에서 종류와 굵기를 다음과 같이 변경하세요.

문제 5 다음 규격에 맞게 글상자를 작성하시오.

- 문제지에 주어진 대로 입력하시오.
- 제한시간(용지 설정 시간 제외) : 1분
- 저장위치 . C:\WT\글상자-누름틀(연습문제)-5.hwp
- 용지 종류 : A4
- 여백 설정 : 왼쪽 · 오른쪽은 20mm, 위쪽 · 아래쪽 · 머리말 · 꼬리말은 10mm
- 색상은 '기본' 테마가 포함된 색상 테마를 사용하시오.
- 글상자 규격
  - 크기 : 너비 168mm, 높이 23mm, 크기 고정
  - 위치 : 본문과의 배치 – 자리 차지, 가로 – 종이의 가운데 0mm, 세로 – 종이의 위 20mm
  - 바깥 여백 : 아래쪽 8mm
  - 선 속성 : 검정(RGB : 0,0,0), 실선 0.2mm
  - 새 채우기 ; 남색(RGB : 58,60,132) 80% 밝게
- 글상자 내용
  - 제목(1) : 가운데 정렬
  - 제목(2) : 여백–왼쪽(340pt)
- 누름틀
  - 입력할 내용의 안내문 : '0000. 00. 00.', 입력 데이터 : '2024. 10. 12.'

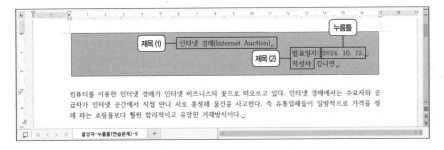

문단 첫 글자 장식

2430800

기능	메뉴 / [기본] 도구 상자	작업 내용
용지 설정	• [서식]의 ✓ → [문단 첫 글자 장식] • [서식] → [📋](문단 첫 글자 장식)	• 모양 지정하기 • 글꼴 지정하기 • 면색 지정하기 • 본문과의 간격 지정하기 • 글자색 지정하기

다음은 문단의 첫 글자 장식에 관한 문제입니다. 다음 지시사항대로 15초 내에 문단의 첫 글자를 장식했다면 다음 섹션으로 넘어가고, 그렇지 않으면 '따라하기'의 방법을 기초로하여 연습문제를 15초 안에 완성하도록 연습하세요.

 **기본문제** 다음 지시사항대로 문서를 완성하시오.

전문가의 조언

문단 첫 글자 장식에서는 모양, 글꼴, 면 색, 본문과의 간격, 글자색이 변경되어 출제되고 있습니다. 문단 첫 글자 장식과 관련된 세부 지시사항을 정확히 확인한 다음 작성하세요.

- 문제지에 주어진 대로 입력하시오.
- 제한시간(입력시간 제외) : 15초
- 저장위치 : C:\WP\문단첫글자장식.hwp
- 색상은 '기본'과 '오피스' 테마가 포함된 색상 팔레트를 사용하시오.
- 문단 첫 글자 장식
  - 모양 : 2줄
  - 글꼴 : 휴먼고딕
  - 면색 : 검은 군청(RGB : 27,23,96)
  - 본문과의 간격 : 3mm
  - 글자색 : 하양(RGB : 255,255,255)

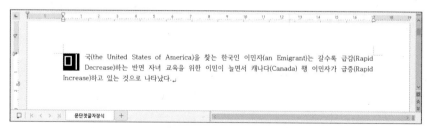

미국(the United States of America)을 찾는 한국인 이민자(an Emigrant)는 갈수록 급감(Rapid Decrease)하는 반면 자녀 교육을 위한 이민이 늘면서 캐나다(Canada) 행 이민자가 급증(Rapid Increase)하고 있는 것으로 나타났다.

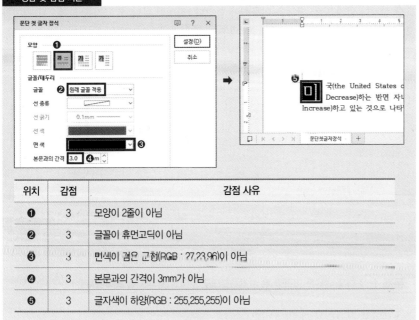

위치	감점	감점 사유
❶	3	모양이 2줄이 아님
❷	3	글꼴이 휴먼고딕이 아님
❸	3	면색이 검은 군청(RGB : 27,23,96)이 아님
❹	3	본문과의 간격이 3mm가 아님
❺	3	글자색이 하양(RGB : 255,255,255)이 아님

따라하기

1. 용지 및 여백을 설정하고, 문제에 주어진 대로 내용을 입력합니다.

2. 문단 첫 글자 장식을 적용할 문단에 커서를 놓고, [기본] 도구 상자의 [서식] → [갤](문단 첫 글자 장식)]을 클릭하세요(바로 가기 키 : Alt → J → A → 3).

3. '문단 첫 글자 장식' 대화상자에서 모양, 글꼴, 면 색, 본문과의 간격을 다음과 같이 지정한 후 〈설정〉을 클릭하세요.

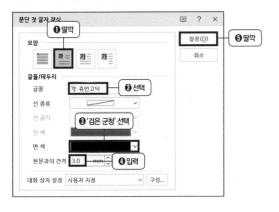

전문가의 조언

데이터를 입력하지 않고 기능만 연습하려면 'C:\길벗워드실기\섹션\입력완성본\문단첫글자장식.hwp' 파일을 불러와서 문단 첫 글자 장식 작업만 수행하세요.

전문가의 조언

• 문단 첫 글자 장식 기능은 해당 문단의 아무 곳에나 커서를 놓고 수행하면 됩니다. 문제에 제시된 내용은 한 개의 문단이므로 입력한 내용 중 아무 곳에나 커서를 놓고 [문단 첫 글자 장식]을 실행하면 됩니다. 워드프로세서에서는 Enter와 Enter 사이를 한 문단으로 간주합니다.

• '문단 첫 글자 장식' 대화상자의 '글꼴'에서는 글꼴을 직접 입력할 수는 없고 목록에서 선택만 가능합니다.

4. 문단 첫 글자 장식 기능을 이용해서는 글자색을 변경할 수 없습니다. 글자색은 [서식] 도구 상자나 글자 모양 기능을 이용해야 합니다. 작성된 문단 첫 글자를 블록으로 지정하고 [서식] 도구 상자의 '가 (글자 색)'의 ∨ → (팔레트) → '하양'을 선택하세요.

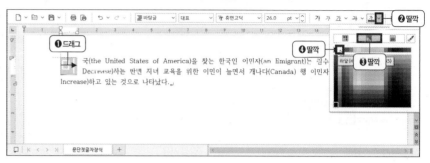

연습문제

문제 1 다음 내용을 입력한 후 지시사항대로 문단의 첫 글자를 장식하시오.

- 제한시간(입력시간 제외) : 15초
- 저장위치 : C:\WP\문단첫글자장식(연습문제)-1.hwp
- 색상은 '기본' 테마가 포함된 색상 팔레트를 사용하시오.
- 모양 : 2줄
- 글꼴 : HY궁서
- 면색 : 초록(RGB : 40,155,110)
- 본문과의 간격 : 4mm
- 글자색 : 연한 노랑(RGB : 250,243,219) 10% 어둡게

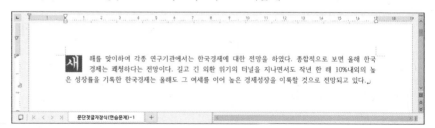

문제 2 다음 내용을 입력한 후 지시사항대로 문단의 첫 글자를 장식하시오.

- 제한시간(입력시간 제외) : 15초
- 저장위치 : C:\WP\문단첫글자장식(연습문제)-2.hwp
- 색상은 '기본' 테마가 포함된 색상 팔레트를 사용하시오.
- 모양 : 3줄
- 글꼴 : 한컴돋움
- 면색 : 노랑(RGB : 255,215,0)
- 본문과의 간격 : 5mm
- 글자색 : 주황(RGB : 255,132,58) 25% 어둡게

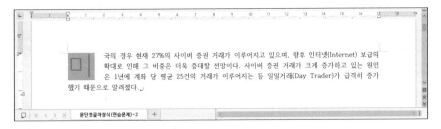

문제 3 다음 내용을 입력한 후 지시사항대로 문단의 첫 글자를 장식하시오.

- 제한시간(입력시간 제외) : 15초
- 저장위치 : C:\WP\문단첫글자장식(연습문제)-3.hwp
- 색상은 '기본'과 '오피스' 테마가 포함된 색상 팔레트를 사용하시오.
- 모양 : 2줄
- 글꼴 : 바탕체
- 면색 : 파랑(RGB : 0,0,255)
- 본문과의 간격 : 3mm
- 글자색 : 하양(RGB : 255,255,255)

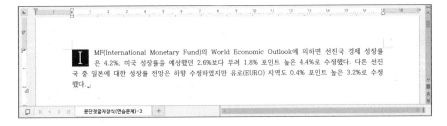

기능	바로 가기 키	입력 형식	출제 범위	작업 내용
한자 변환	F9 , 한자	한글(漢字)	교육부 지정 상용 한자 1,800자	한자 변환

한자 변환은 보통 3~5단어, 6~10글자가 출제되며, 틀리면 한 단어당 3점씩 감점됩니다. 다음 문서는 기출문제에서 한자가 포함된 문장을 발췌한 내용입니다. '따라하기'의 방법을 기초로 1분 안에 한자로 모두 변환할 수 있도록 연습하세요.

기본문제

다음 지시사항대로 문서를 완성하시오.

전문가의 조언

한자는 3~5단어가 출제되며, 한 단어당 감점되는 점수가 3점이므로 9~15점은 80점 이상을 맞아야 하는 워드프로세서 실기 시험에서 매우 큰 점수입니다. 문제지에 한글과 한자를 같이 제공하므로 실수만 하지 않으면 어렵지 않게 점수를 얻을 수 있습니다. 비슷한 한자를 혼동하지 않고 정확하게 지정하는 연습을 평소에 충분히 하세요.

- 문제지에 주어진 대로 입력하시오.
- 제한시간(입력시간 제외) : 1분
- 저장위치 : C:\WP\한자변환.hwp

1. 소비자 자신이 붙인 가격(價格)에 상품을 구입할 수 있다.
2. 기술 개발(開發)과 더불어 아울러 강조되어야 할 것은 실행 가능성이다.
3. 상공 무역 회사에서 다음과 같은 행사를 개최(開催)하려 한다.
4. 인간게놈프로젝트의 결과(結果)는 생명 현상과 치료에 새로운 장을 연 것으로 평가된다.
5. 산업경제(經濟) 연구소 수석 연구원 김건수
6. 이번 공모(公募)에 응모할 작품을 마감 기한까지 제출하여 주십시오.
7. 장애인 교육(敎育)에 대한 정책적 배려가 시급하다.
8. 네트워크 광고시장의 규모(規模)는 점점 더 증가하는 추세이다.
9. 기업들은 XML/EDI 기술(技術)을 이용한 새로운 전자상거래 시대를 대비해야 한다.
10. 법무부의 통계(統計)에 따르면 지난해 이혼 소송률이 3배나 증가했다.

정답 및 감점 기준

한자는 틀리면 단어당 3점씩 감점됩니다.

따라하기

1. 한자로 변환할 글자 뒤, 여기서는 '가격'의 '격'자 뒤에 커서를 놓고 [F9] 나 [한자]를 누르세요([기본] 도구 상자 : [입력] → [한자 입력]).

소비자 자신이 붙인 가격|

2. '한자로 바꾸기' 대화상자에서 문제에 맞는 한자를 선택하고, 입력 형식에서 '한글(漢字)'를 선택한 후 〈바꾸기〉를 클릭하세요.

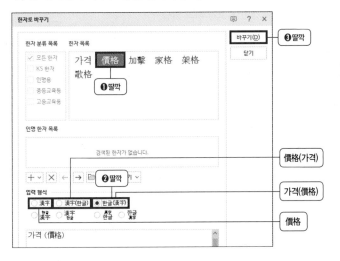

3. 나머지 한자도 동일한 방법으로 변경하세요.

2430901

연습문제   다음 지시사항대로 문서를 완성하시오.

문제 1

• 제한시간(입력시간 제외) : 1분
• 저장위치 : C:\WP\한자변환(연습문제)-1.hwp

1. 동일한 배너광고에 사용자는 흥미(興味)를 느끼지 않게 된다.
2. 인류(人類)를 위한 삶의 터전을 창조하는 환경 친화 디자인입니다.
3. 사업가 정신을 갖춘 기업(企業)을 말합니다.
4. 오늘도 끊임없이 노력(勞力)하고 있는 중입니다.
5. 오늘날 경영환경은 많은 변화와 도전을 요구(要求)하고 있습니다.
6. 상반기 인기상품을 선정하여 발표하오니 참고(參考)하시기 바랍니다.
7. 원대한 꿈과 희망(希望)을 키우고 있습니다.
8. 참고 자료로 활용(活用)하시기 바랍니다.
9. 웅장한 민속음악 연주(演奏)를 감상하실 수 있습니다.
10. 상공문화재단에서는 한국의 교통문화지수를 발표(發表)하였다.

문제 2

- 제한시간(입력시간 제외) : 1분
- 저장위치 : C:\WP\한자변환(연습문제)-2.hwp

1. 새로운 발전방향이 제시(提示)될 이번 세미나에 여러분을 초대합니다.
2. 행사 담낭자에게 문의(問議)하시기 바랍니다.
3. 유익한 성보(情報)를 제공하려 합니다.
4. 신뢰(信賴)할 수 있는 기관의 정보 교육 과정에 동참하세요.
5. 조직(組織)의 생존과 번영의 필수적인 요소가 되고 있습니다.
6. 전략 등에 관한 내용(內容)을 담고 있습니다.
7. 도전과 개척(開拓)을 통하여 모범적인 회사로 성장하고 있습니다.
8. 다음과 같은 프로그램으로 극기 훈련(訓練)을 수행합니다.
9. 21세기의 핵심산업(産業)은 정보기술 산업입니다.
10. 정보기술뿐만 아니라 정보윤리의식의 학습(學習)도 필요하다.

문제 3

- 제한시간(입력시간 제외) : 1분
- 저장위치 : C:\WP\한자변환(연습문제)-3.hwp

1. 리눅스 연구회와 인터넷 카페가 운영(運營)됩니다.
2. 협조에 깊이 감사(感謝)드립니다.
3. 정보 전반에 걸친 이해(理解)가 필요합니다.
4. 개인용으로도 많이 사용(使用)되고 있다.
5. 경험자의 강의(講義)와 토론 형식으로 진행된다.
6. 평가(評價)를 받은 바 있습니다.
7. 모든 문제는 과학(科學) 기술에 의해 해결할 수 있다.
8. 새로운 기술이나 경영(經營) 노하우를 가져야 한다.
9. 건전한 사회(社會)를 방송 지표로 삼고 있습니다.
10. 경쟁력 있는 정보인프라 구축을 목표(目標)로 한다.

책갈피 / 하이퍼링크

2431000

기능	바로 가기 키	메뉴 / [기본] 도구 상자	작업 내용
책갈피	[Ctrl]+[K], [B]	• [입력]의 ⌄ → [책갈피] • [입력] → [책갈피]	지정된 이름으로 책갈피 지정
하이퍼링크	[Ctrl]+[K], [H]	• [입력]의 ⌄ → [하이퍼링크] • [입력] → [하이퍼링크]	지정된 책갈피로 연결 설정

다음 지시사항대로 책갈피와 하이퍼링크를 15초 내에 작성했다면 다음 섹션으로 넘어가고, 그렇지 않으면 '따라하기' 방법을 기초로하여 15초 안에 완성할 수 있도록 연습하세요.

기본문제 ▷ 다음 지시사항대로 책갈피와 하이퍼링크를 작성하시오.

• 문제지에 주어진대로 입력하시오.
• 제한시간(입력시간 제외) : 15초
• 저장위치 : C:\WP\책갈피-하이퍼링크.hwp
• 책갈피 : "법무부" 앞에 "참조"란 이름으로 책갈피 지정
• 하이퍼링크
  – "급증"에 하이퍼링크 설정
  – 연결 대상 : "흔글 문서", 책갈피이 "참조"루 지정

전문가의 조언

• 워드프로세서 실기 시험에서 하이퍼링크는 책갈피를 만든 후 만들어진 책갈피로 연결하는 문제나 URL 주소를 직접 입력하는 문제가 출제됩니다. URL 주소를 직접 입력하여 하이퍼링크를 연결하는 문제는 Section 16 '믹주/하이퍼링그'에서 학습합니 다.
• 두꺼운 책을 읽을 때 책의 중간 중간에 책갈피를 꽂아두고 필요할 때마다 들쳐보면 편리하듯이, 책갈피 기능은 문서의 특정 위치를 표시해 두는 기능입니다. 하이퍼링크 기능은 현재 커서의 위치에 상관없이 특정 위치로 커서를 한번에 이동시키는 기능입니다. 책갈피 기능으로 특정 위치를 표시한 다음 하이퍼링크 기능을 이용하여 그 위치를 찾아갑니다.

책갈피   하이퍼링크 지우기

법무부(http://www.moj.go.kr)의 해외이민 통계에 따르면 91년 1만 4,957명에 달하던 미국 이민자는 지난해 6,101명으로 10년 만에 절반가량으로 줄었으나 같은 기간 캐나다 이민자는 1,648명에서 5,118명으로 3배 이상 급증했다. 캐나다 이민자는 01년 이후 05년(2,726명)까지는 소폭 증가세를 보이다가, 06년(3,440명)부터 급격히 늘어나는 추세다.

하이퍼링크

정답 및 감점 기준

• 책갈피 작성 : 3점   • 하이퍼링크 지우기 : 3점
• 하이퍼링크 작성 : 5점

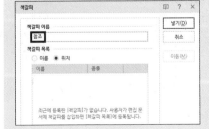

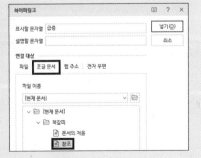

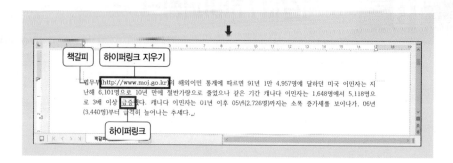

책갈피 만들기

1. 문제지에 주어진 내용을 그대로 입력하세요. 이메일 주소나 홈 페이지 주소 등의 URL을 입력하면 자동으로 하이퍼링크가 설정됩니다. 입력을 모두 마친 후에 제거할 것이니 입력할 때는 신경쓰지 말고 끝까지 입력하세요.

전문가의 조언

데이터를 입력하지 않고 기능만 연습하려면 'C:\길벗워드실기\섹션\입력완성본\책갈피-하이퍼링크.hwp' 파일을 불러와서 책갈피와 하이퍼링크 작업만 수행하세요.

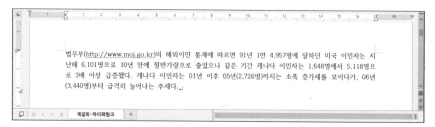

2. Ctrl + PgUp을 눌러 입력된 문단의 맨 앞(법무부)에 커서를 놓은 다음 책갈피를 만드는 바로 가기 키 Ctrl + K, B를 누르세요(책갈피 만들기 [기본] 도구 상자 : [입력] → [책갈피]).

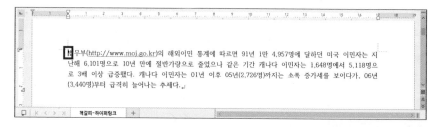

3. '책갈피' 대화상자에서 책갈피 이름에 **참조**를 입력한 후 Enter를 누르세요. 눈에 보이지는 않지만 커서가 있던 위치에 '참조'라는 이름으로 책갈피가 만들어진 것입니다.

전문가의 조언

책갈피 확인하기

[기본] 도구 상자에서 [보기] → [조판 부호]를 선택합니다. 책갈피가 삽입된 위치에 주황색으로 '[책갈피]' 표시가 나타나며 커서를 '[책갈피]' 앞에 위치시키면 '책갈피'가 상황선에 표시됩니다.

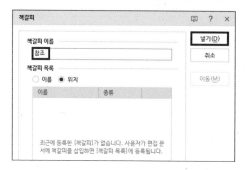

하이퍼링크 만들기

1. 3번에서 지정한 책갈피로 이동할 하이퍼링크를 지정할 차례입니다. 하이퍼링크를 설정할 단어 "급증"을 블록으로 지정하고 하이퍼링크 만들기 바로 가기 키 Ctrl + K, H를 누르세요(하이퍼링크 만들기 [기본] 도구 상자 : [입력] → [하이퍼링크]).

2. '하이퍼링크' 대화상자에서 연결 대상에 앞에서 만들어 놓은 책갈피 '참조'를 선택한 후 〈넣기〉를 클릭하세요.

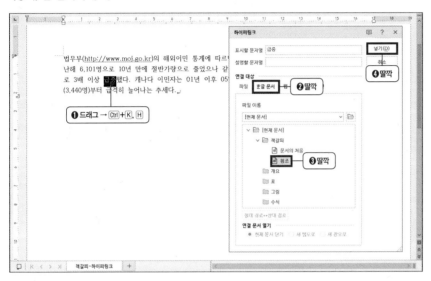

3. 하이퍼링크가 설정된 부분은 기본적으로 글자색이 파랑색으로 변하고 밑줄이 표시됩니다. 하이퍼링크가 설정된 "급증"을 클릭하여 커서가 "법무부" 앞으로 이동하는지 확인해 보세요.

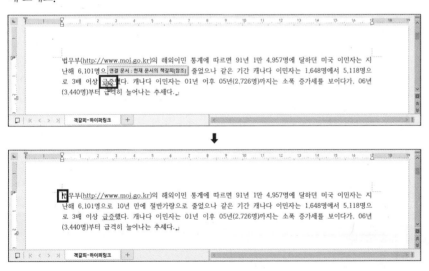

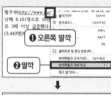

하이퍼링크 제거하기

1. 자동으로 생성된 하이퍼링크를 제거해야 합니다. 법무부의 홈페이지 주소 위에서 마우스 오른쪽 버튼을 클릭한 후 바로 가기 메뉴에서 [하이퍼링크 지우기]를 선택하세요.

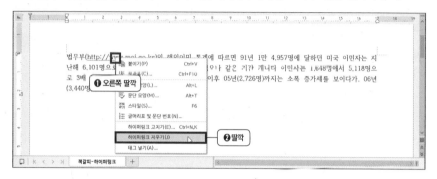

2. 법무부의 홈페이지에 마우스 포인터를 옮겨 놓아도 포인터가 손 모양으로 변경되지 않습니다.

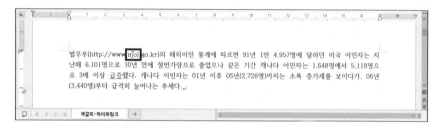

> **잠깐만요** **하이퍼링크의 서식 변경하기**

[기본] 도구 상자의 [도구] → [환경 설정]을 클릭한 후 '환경 설정' 대화상자의 '편집' 탭에서 하이퍼링크 관련 서식을 변경할 수 있습니다.

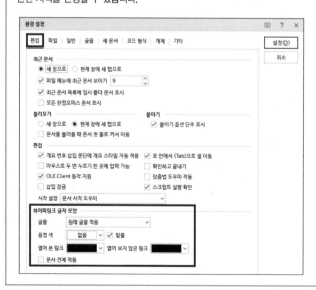

SECTION 11 · 스타일

4431100

기능	스타일 종류	바로 가기 키	메뉴 / [기본] 도구 상자	작업 내용
스타일	글자, 문단	F6	[서식]의 → [스타일]	• 스타일 작성하기 • 스타일 수정하기 • 스타일 서식 지정하기

다음 지시사항대로 1분 내에 스타일 작성 및 적용을 완료했다면 다음 섹션으로 넘어가고, 그렇지 않으면 '따라하기'의 방법을 기초로하여 연습 문제를 1분 내에 완성할 수 있도록 연습하세요.

기본문제 다음 지시사항대로 문서를 완성하시오.

• 글자 크기 10으로 문장을 입력한 후 스타일을 적용하세요.
• 제한시간(용지 설정, 단 설정, 입력 시간 제외) : 1분
• 저장위치 : C:\WP\스타일.hwp
• 용지 종류 : A4
• 여백 설정 : 왼쪽 · 오른쪽은 20mm, 위쪽 · 아래쪽 · 머리말 · 꼬리말은 10mm
• 단 개수 : 2, 단 간격 : 8mm, 단 구분선 : 실선(0.12mm)
• 스타일(2개소 수정, 4개소 등록)
  – 개요 1(수정) : 여백 – 왼쪽(0pt), 휴먼고딕, 12pt, 진하게
  – 개요 2(수정) : 여백 – 왼쪽(15pt)
  – 소제목(등록) : 스타일 이름 – 소제목, 스타일 종류 – 문단, 번호 문단, 여백 – 왼쪽(10pt), 굴림체, 11pt, 진하게, 양각
  – 표제목(등록) : 스타일 이름 – 표제목, 스타일 종류 – 문단, 가운데 정렬, 돋움체, 11pt, 장평(110%), 자간(10%), 진하게
  – 참고문헌 1(등록) : 스타일 이름 – 참고문헌 1, 스타일 종류 – 문단, 내어쓰기(10pt)
  – 참고문헌 2(등록) : 스타일 이름 – 참고문헌 2, 스타일 종류 – 글자, 기울임

전문가의 조언

스타일은 자주 사용하는 글자 모양이나 문단 모양을 미리 정해 놓고 쓰는 것으로, 스타일을 만들어 놓으면 필요할 때 그 스타일을 선택하는 것만으로 해당 문단의 글자 모양과 문단 모양을 한꺼번에 바꿀 수 있습니다. 워드프로세서 실기 시험에서는 2개의 스타일을 만들어 적용하는 문제나 2개의 스타일은 수정하고 2개의 스타일은 만들어 적용하는 문제가 출제됩니다.

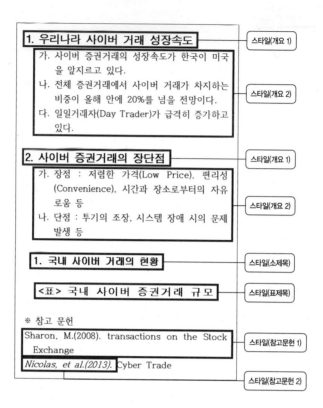

1. 우리나라 사이버 거래 성장속도	스타일(개요 1)
가. 사이버 증권거래의 성장속도가 한국이 미국을 앞지르고 있다.	
나. 전체 증권거래에서 사이버 거래가 차지하는 비중이 올해 안에 20%를 넘을 전망이다.	스타일(개요 2)
다. 일일거래자(Day Trader)가 급격히 증가하고 있다.	
2. 사이버 증권거래의 장단점	스타일(개요 1)
가. 장점 : 저렴한 가격(Low Price), 편리성(Convenience), 시간과 장소로부터의 자유로움 등	스타일(개요 2)
나. 단점 : 투기의 조장, 시스템 장애 시의 문제 발생 등	
1. 국내 사이버 거래의 현황	스타일(소제목)
<표> 국내 사이버 증권거래 규모	스타일(표제목)
※ 참고 문헌	
Sharon, M.(2008). transactions on the Stock Exchange	스타일(참고문헌 1)
Nicolas, et al.(2013). Cyber Trade	스타일(참고문헌 2)

정답 및 감점 기준

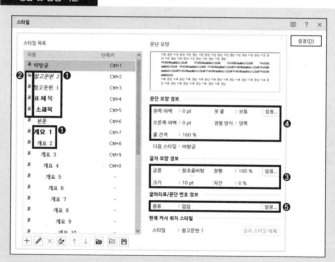

기능	감점	감점 사유	비고
❶	3	스타일 이름이 다름	
❷	3	스타일 종류가 다름	문단, 글자
❸	3	글자 모양이 틀리면 지시사항 당 감점	
❹	3	문단 모양이 틀리면 지시사항 당 감점	
❺	3	문단 번호 지정하지 않음	

'개요 1' 스타일 수정하기

1. F7 을 눌러 용지 종류 및 여백을 설정한 후 단 설정을 수행하세요.

2. 문제에 제시된 내용에서 문단 번호를 제외하고 그대로 입력합니다.

3. '개요 1' 스타일을 적용할 문장에 커서를 놓고 '스타일' 대화상자를 실행하는 바로 가기 키 F6 을 누르세요([기본] 도구 상자 : [서식]의 ∨ → [스타일]).

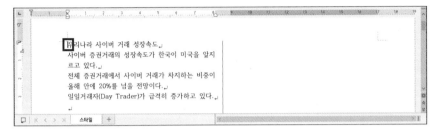

4. '스타일' 대화상자의 '스타일 목록'에서 '개요 1'을 클릭한 후 Alt + E 를 누르세요. '스타일 편집하기' 대화상자가 나타납니다.

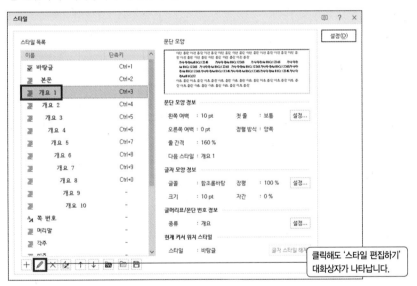

클릭해도 '스타일 편집하기' 대화상자가 나타납니다.

5. '스타일 편집하기' 대화상자에서 Alt + T 를 누르세요. '문단 모양' 대화상자가 나타납니다.

클릭해도 '문단 모양' 대화상자가 나타납니다.

전문가의 조언

데이터를 입력하지 않고 기능만 연습하려면 'C:\길벗워드실기\섹션\입력완성본\스타일.hwp' 파일을 불러와서 스타일 작업만 수행하세요.

전문가의 조언

스타일을 적용할 내용이 하나의 문단인 경우에는 블록으로 지정하지 않고 해당 문단 내에 커서를 위치한 후 스타일을 적용해도 됩니다.

6. '문단 모양' 대화상자의 '기본' 탭에서 Alt + F → 0 → Enter를 차례로 눌러 왼쪽 여백을 지정하세요. '스타일 편집하기' 대화상자로 돌아옵니다.

7. '스타일 편집하기' 대화상자에서 Alt + L을 누르세요. '글자 모양' 대화상자가 나타납니다.

클릭해도 '글자 모양' 대화상자가 나타납니다.

8. '글자 모양' 대화상자의 '기본' 탭에서 다음과 같이 글꼴의 모양과 크기, 속성을 지정한 후 〈설정〉을 클릭하세요. '스타일 편집하기' 대화상자로 돌아옵니다.

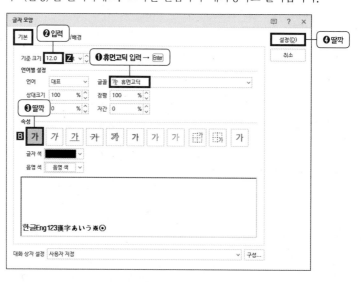

전문가의 조언

바로 가기 키로 '글자 모양' 대화
상자 설정하기
휴먼고딕 입력 → Enter → Alt + Z
→ 12 → Alt + B → Enter

9. '스타일 편집하기' 대화상자에서 〈설정〉을 클릭한 후 '스타일' 대화상자에서도 〈설정〉을 클릭하세요. '개요 1' 스타일이 커서가 있는 문단 전체에 적용됩니다.

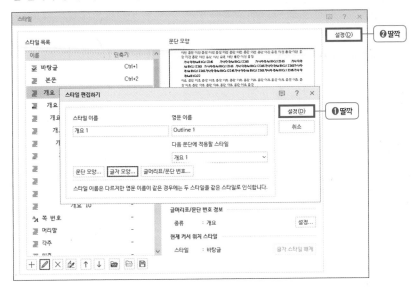

10. 적용된 스타일을 확인하고, 다음 문단에 스타일을 적용하기 위해 Ctrl+↓를 한 번 누르세요. 커서가 "사이버 증권거래~" 부분의 "사"자 앞으로 이동합니다.

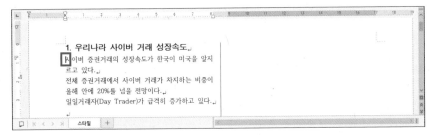

'개요 2' 스타일 수정하기

1. Ctrl+Shift+↓를 세 번 눌러 '개요 2' 스타일을 적용할 문장을 블록으로 지정한 후 '스타일' 대화상자를 실행하는 바로 가기 키 F6을 누르세요([기본] 도구 상자 : [서식]의 ∨ → [스타일]).

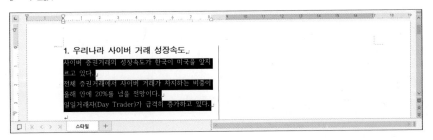

2 '스타일' 대화상자의 '스타일 목록'에서 '개요 2'를 클릭한 후 Alt + E 를 누르세요. '스타일 편집하기' 대화상자가 나타납니다.

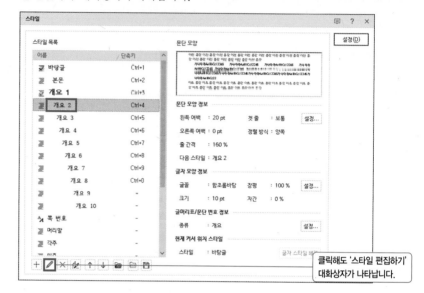

클릭해도 '스타일 편집하기' 대화상자가 나타납니다.

3. '스타일 편집하기' 대화상자에서 Alt + T 를 누르세요. '문단 모양' 대화상자가 나타납니다.

클릭해도 '문단 모양' 대화상자가 나타납니다.

4. '문단 모양' 대화상자의 '기본' 탭에서 Alt + F → 15 → Enter 를 차례로 눌러 왼쪽 여백을 지정하세요. '스타일 편집하기' 대화상자로 돌아옵니다.

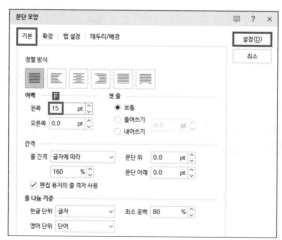

5. '스타일 편집하기' 대화상자에서 〈설정〉을 클릭한 후 '스타일' 대화상자에서도 〈설정〉을 클릭하세요. '개요 2' 스타일이 범위로 지정된 곳에 적용됩니다.

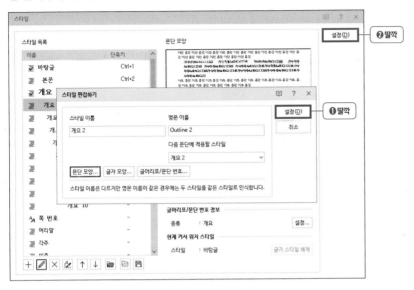

전문가의 조언

'스타일 편집하기' 대화상자에서 〈설정〉을 클릭하지 않고 Enter 를 누르면 '문단 모양' 대화상자가 나타나는 이유는 '스타일 편집하기' 대화상자에서 현재 포커스가 〈문단 모양〉 단추에 맞춰져 있기 때문입니다.

단추에 점선이 표시된 것을 보고 포커스가 위치하고 있음을 알 수 있습니다.

6. 적용된 스타일을 확인하고, 다음 문단에 스타일을 적용하기 위해 Ctrl + ↓ 를 한 번 누르세요. 커서가 "사이버 증권거래의~" 부분의 "사" 자 앞으로 이동합니다.

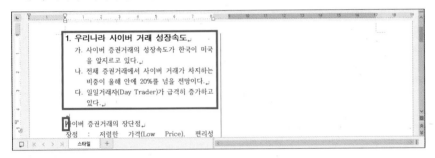

'개요 1', '개요 2' 스타일 적용하기

1. '개요 1' 스타일을 적용하기 위해 [기본] 도구 상자의 [서식]에서 '개요 1'을 클릭합니다.

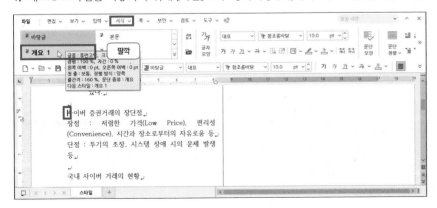

전문가의 조언

스타일을 적용할 내용이 하나의 문단인 경우에는 블록으로 지정하지 않고 해당 문단 내에 커서를 위치한 후 적용할 스타일을 클릭해도 됩니다.

2. 동일한 방법으로 '개요 2' 스타일도 적용하세요.

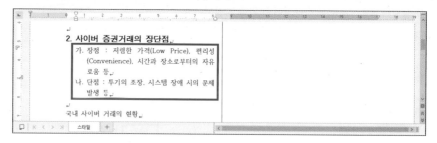

'소제목' 스타일 만들기

1. Ctrl + ↓ 를 한 번 눌러 '소제목' 스타일을 적용할 문단으로 커서를 이동한 후 스타일을 만드는 바로 가기 키 F6 을 누르세요([기본] 도구 상자 : [서식]의 ☑ → [스타일]).

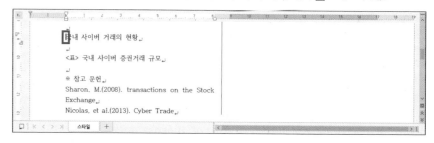

2. '스타일' 대화상자에서 Insert 를 누르면 '스타일 추가하기' 대화상자가 나타납니다. '스타일 추가하기' 대화상자의 스타일 이름에 **소제목**을 입력한 후 Enter 를 누르세요. '소제목'이란 이름으로 스타일이 추가됩니다.

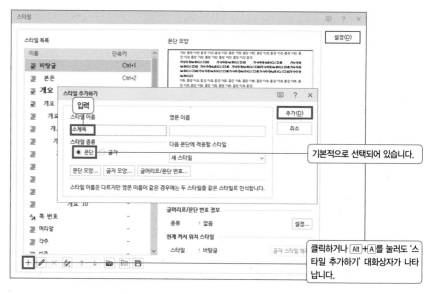

'소제목' 스타일 편집 및 적용하기

3. 이제 '소제목' 스타일을 지시사항대로 편집해야 합니다. '스타일' 대화상자에는 '소제목' 스타일이 선택되어 있으므로 스타일 편집 바로 가기 키 Alt+E를 누르세요. '소제목' 스타일을 편집할 수 있는 '스타일 편집하기' 대화상자가 나타납니다.

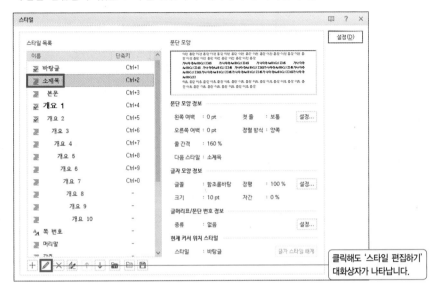

4. '스타일 편집하기' 대화상자에서 Alt+B를 누르세요. '글머리표 및 문단 번호' 대화상자가 나타납니다.

5. '글머리표 및 문단 번호' 대화상자의 '문단 번호' 탭에서 다음과 같이 문단 번호 모양을 지정하고 〈설정〉을 클릭하세요. '스타일 편집하기' 대화상자로 돌아옵니다.

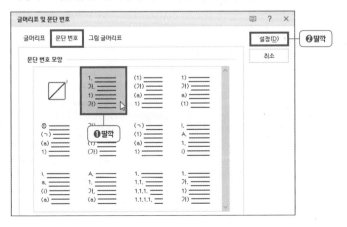

전문가의 조언

문단 번호 모양은 문제지에 제시된 모양과 동일하게 선택해야 합니다. 94쪽 문제를 보면 문단 번호 모양이 1. 2.로 제시되었으므로 '글머리표 및 문단 번호' 대화상자에서 왼쪽의 그림과 같이 선택한 것입니다.

6. '스타일 편집하기' 대화상자에서 [Alt]+[T]를 누르세요. '문난 모양' 대화상자가 나타납니다.

클릭해도 '문단 모양' 대화상자가 나타납니다.

7. '문단 모양' 대화상자의 '기본' 탭에서 [Alt]+[F] → 10 → [Enter]를 차례로 눌러 왼쪽 여백을 지정하세요. '스타일 편집하기' 대화상자로 돌아옵니다.

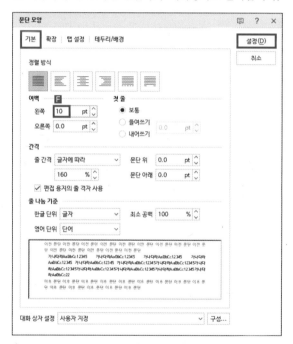

8. '스타일 편집하기' 대화상자에서 [Alt]+[L]을 누르세요. '글자 모양' 대화상자가 나타납니다.

클릭해도 '글자 모양' 대화상자가 나타납니다.

9. '글자 모양' 대화상자의 '기본' 탭에서 다음과 같이 글꼴의 모양과 크기, 속성을 지정한 후 〈설정〉을 클릭하세요. '스타일 편집하기' 대화상자로 돌아옵니다.

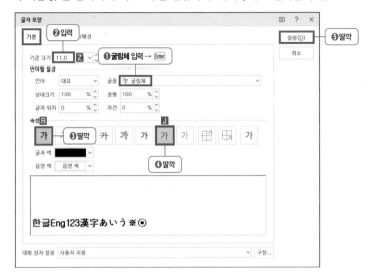

전문가의 조언

바로 가기 키로 '글자 모양' 대화
상자 설정하기
굴림체 입력 → Enter → Alt + Z
→ 11 → Alt + B → Alt + J →
Enter

10. '스타일 편집하기' 대화상자에서 〈설정〉을 클릭한 후 이어서 '스타일' 대화상자에서도 〈설정〉을 클릭하세요. '소제목' 스타일이 커서가 있는 문장에 적용됩니다.

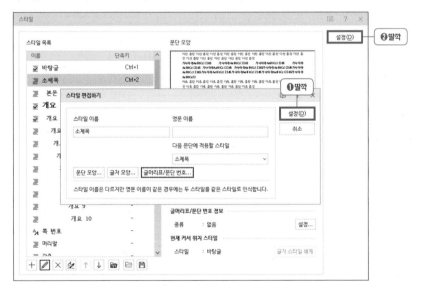

전문가의 조언

'스타일 편집하기' 대화상자에서
〈설정〉을 클릭하지 않고 Enter를 누
르면 '글자 모양' 대화상자가 나타
나는 이유는 '스타일 편집하기' 대
화상자에서 현재 포커스가 〈글자
모양〉 단추에 맞춰져 있기 때문입
니다.

단추에 점선이 표시된 것을 보고
포커스가 위치하고 있음을 알 수
있습니다.

11. 적용된 스타일을 확인하고 다음 문단에 스타일을 적용하기 위해 Ctrl + ↓ 를 두 번 누르세요. 커서가 "〈표〉 국내~" 부분의 "〈"자 앞으로 이동합니다.

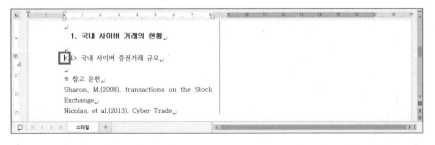

'표제목' 스타일 만들기

1. '표제목' 스타일을 적용하기 위해 스타일을 만드는 바로 가기 키 F6 을 누르세요([기본] 도구 상자 : [서식]의 ⌄ → [스타일]).

2. '스타일' 대화상자에서 Insert 를 누르면 '스타일 추가하기' 대화상자가 나타납니다. '스타일 추가하기' 대화상자에서 **표제목**을 입력한 후 Enter 를 누르면 '표제목'이란 이름으로 스타일이 추가됩니다.

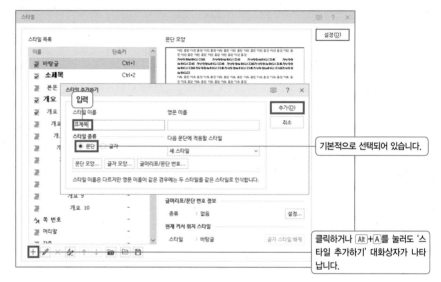

기본적으로 선택되어 있습니다.

클릭하거나 Alt + A 를 눌러도 '스타일 추가하기' 대화상자가 나타납니다.

'표제목' 스타일 편집 및 적용하기

3. 이제 '표제목' 스타일을 지시사항대로 편집해야 합니다. '스타일' 대화상자에는 '표제목' 스타일이 선택되어 있으므로 스타일 편집 바로 가기 키 Alt + E 를 누르세요. '표제목' 스타일을 편집할 수 있는 '스타일 편집하기' 대화상자가 나타납니다.

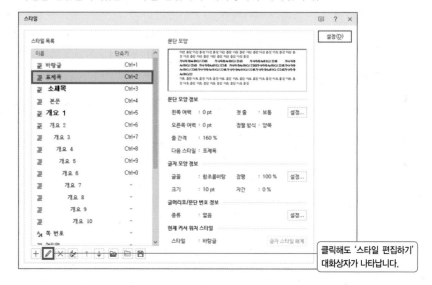

클릭해도 '스타일 편집하기' 대화상자가 나타납니다.

4. '스타일 편집하기' 대화상자에서 Alt + T를 누르세요. '문단 모양' 대화상자가 나타납니다.

5. '문단 모양' 대화상자의 '기본' 탭에서 Alt + C → Enter를 차례로 눌러 문단 모양을 설정하세요. '스타일 편집하기' 대화상자로 돌아옵니다.

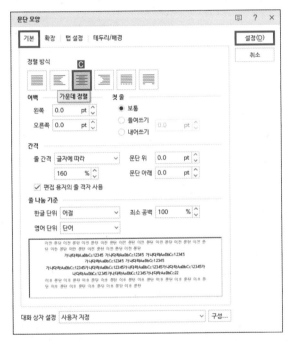

6. 글자 모양에 대한 스타일을 설정해야 합니다. '스타일 편집하기' 대화상자에서 Alt + L을 누르세요. '글자 모양' 대화상자가 나타납니다.

7. '글자 모양' 대화상자의 '기본' 탭에서 글꼴의 모양과 크기, 속성을 다음과 같이 지정한 후 〈설정〉을 클릭하세요. '스타일 편집하기' 대화상자로 돌아옵니다.

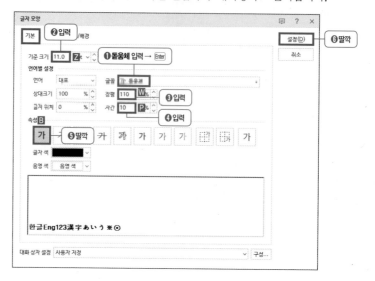

8. '스타일 편집하기' 대화상자에서 〈설정〉을 클릭한 후 '스타일' 대화상자에서도 〈설정〉 을 클릭하세요. '표제목' 스타일이 커서가 있는 문장에 적용됩니다.

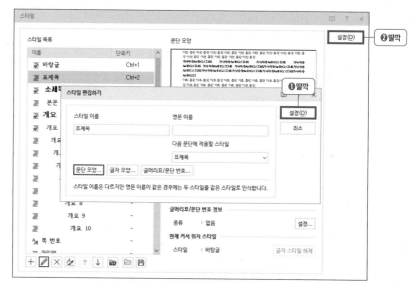

9. 적용된 스타일을 확인하고, "참고문헌 1" 스타일을 만들어 적용하기 위해 Ctrl + ↓를 세 번 누르세요. 커서가 "Sharon, ~" 부분의 "S" 자 앞으로 이동합니다.

'참고문헌 1' 스타일 만들기

1. Ctrl+Shift+I를 한 번 눌러 '참고문헌 1' 스타일을 적용할 문장을 블록으로 지정한 후 스타일을 만드는 바로 가기 키 F6을 누르세요([기본] 도구 상자 : [서식]의 ⌄ → [스타일]).

2. '스타일' 대화상자에서 Insert를 누르면 '스타일 추가하기' 대화상자가 나타납니다. '스타일 추가하기' 대화상자에서 **참고문헌 1**을 입력한 후 Enter를 누르세요. '참고문헌 1'이란 이름으로 스타일이 추가됩니다.

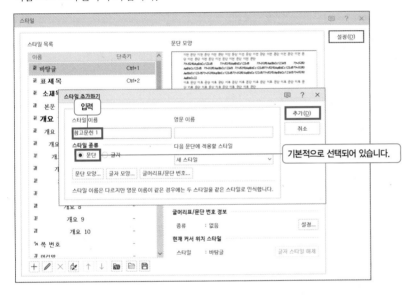

'참고문헌 1' 스타일 편집 및 적용하기

3. 이제 '참고문헌 1' 스타일을 지시사항대로 편집해야 합니다. '스타일' 대화상자에는 '참고문헌 1' 스타일이 선택되어 있으므로 스타일 편집 바로 가기 키 Alt+E를 누르세요. '참고문헌 1' 스타일을 편집할 수 있는 '스타일 편집하기' 대화상자가 나타납니다.

4. '스타일 편집하기' 대화상자에서 Alt+T를 누르세요. '문단 모양' 대화상자가 나타납니다.

5. '문단 모양' 대화상자의 '기본' 냅에서 [Alt]+[B] → [Enter]를 차례로 눌러 내어쓰기를 지정
하세요. '스타일 편집하기' 대화상자로 돌아옵니다.

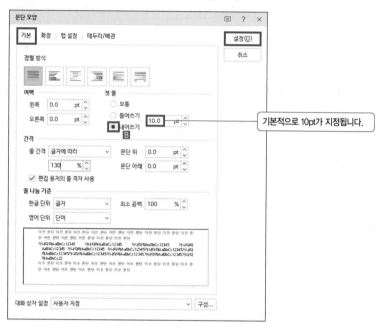

6. '스타일 편집하기' 대화상자에서 〈설정〉을 클릭한 후 '스타일' 대화상자에서도 〈설정〉
을 클릭하세요. '참고문헌 1' 스타일이 범위로 지정된 곳에 적용됩니다.

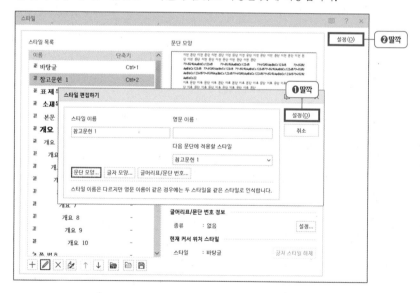

7. 적용된 스타일을 확인하고, '참고문헌 2' 스타일을 만들어 적용하기 위해 ↓를 한 번 누르세요. 커서가 "Nicolas, ~" 부분의 "N" 자 앞으로 이동합니다.

'참고문헌 2' 스타일 만들기

1. Ctrl+Shift+→를 세 번 누른 후 Shift+←를 눌러 '참고문헌 2' 스타일을 적용할 단어들만 블록으로 지정한 다음 스타일을 만드는 바로 가기 키 F6을 누르세요([기본] 도구 상자 : [서식]의 ☑ → [스타일]).

2. '스타일' 대화상자에서 Insert를 누르면 '스타일 추가하기' 대화상자가 나타납니다. '스타일 추가하기' 대화상자에서 **참고문헌 2**를 입력하고, '스타일 종류'로 '글자'를 선택한 후 Enter를 누르세요. '참고문헌 2'란 이름으로 스타일이 추가됩니다.

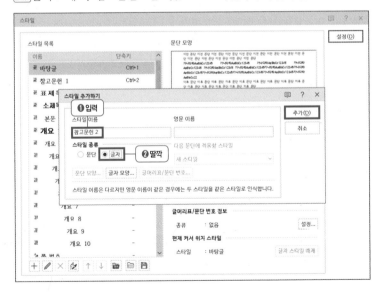

'참고문헌 2' 스타일 편집 및 적용하기

3. 이제 '참고문헌 2' 스타일을 지시사항대로 편집해야 합니다. '스타일' 대화상자에는 '참고문헌 2' 스타일이 선택되어 있으므로 스타일 편집 바로 가기 키 Alt+E를 누르세요. '참고문헌 2' 스타일을 편집할 수 있는 '스타일 편집하기' 대화상자가 나타납니다.

4. '스타일 편집하기' 대화상자에서 Alt+L을 누르세요. '글자 모양' 대화상자가 나타납니다.

5. '글자 모양' 대화상자의 '기본' 탭에서 Alt+I → Enter를 차례로 눌러 '기울임'을 지정하세요. '스타일 편집하기' 대화상자로 돌아옵니다.

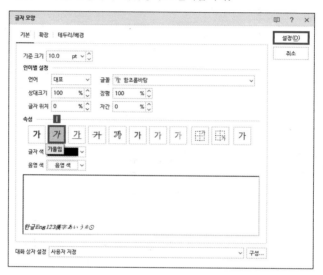

6. '스타일 편집하기' 대화상자에서 〈설정〉을 클릭한 후 '스타일' 대화상자에서도 〈설정〉을 클릭하세요. '참고문헌 2' 스타일이 범위로 지정된 곳에 적용됩니다.

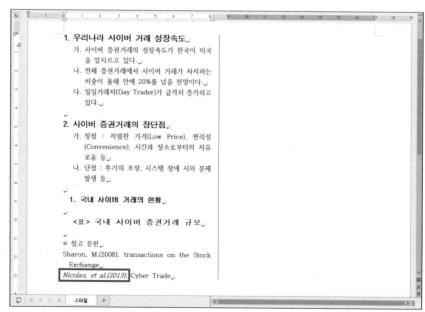

연습문제 · 다음 지시사항대로 문서를 완성하시오.

문제 1

- 글자 크기 10으로 문장을 입력한 후 스타일을 적용하세요.
- 제한시간(용지 설정, 단 설정, 입력 시간 제외) : 1분
- 저장위치 : C:\WP\스타일(연습문제)-1.hwp
- 용지 종류 : A4
- 여백 설정 : 왼쪽 · 오른쪽은 20mm, 위쪽 · 아래쪽 · 머리말 · 꼬리말은 10mm
- 단 개수 : 2, 단 간격 : 8mm, 단 구분선 : 실선(0.12mm)
- 스타일(2개소 수정, 3개소 등록)
  - 개요 1(수정) : 여백 – 왼쪽(0pt), 돋움체, 12pt, 진하게
  - 개요 2(수정) : 여백 – 왼쪽(15pt)
  - 표제목(등록) : 스타일 이름 – 표제목, 스타일 종류 – 문단, 가운데 정렬, 중고딕, 11pt, 장평(105%), 자간(5%), 진하게
  - 참고문헌 1(등록) : 스타일 이름 – 참고문헌 1, 스타일 종류 – 문단, 내어쓰기(12pt)
  - 참고문헌 2(등록) : 스타일 이름 – 참고문헌 2, 스타일 종류 – 글자, 기울임

> **전문가의 조언**
>
> 데이터를 입력하지 않고 기능만 연습하려면 'C:\길벗워드실기\섹션\입력완성본\스타일(연습문제)-1.hwp' 파일을 불러와서 스타일만 작업하세요.

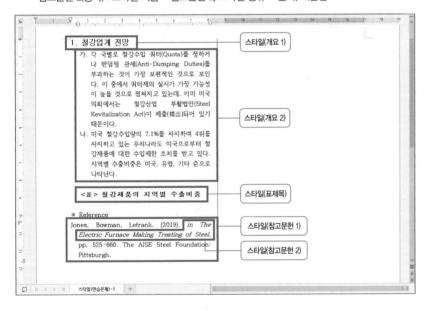

문제 2

- 글자 크기 10으로 문장을 입력한 후 스타일을 적용하세요.
- 제한시간(용지 설정, 입력 시간 제외) : 1분
- 저장위치 : C:\WP\스타일(연습문제)-2.hwp
- 용지 종류 : A4
- 여백 설정 : 위쪽 · 아래쪽 · 왼쪽 · 오른쪽은 20mm, 머리말 · 꼬리말은 10mm
- 스타일(2개소 등록)
  - 소제목 : 스타일 이름 – 소제목, 스타일 종류 – 문단, 번호 문단, 여백 – 왼쪽(10pt), 궁서체, 12pt, 진하게, 그림자
  - 표제목 : 스타일 이름 – 표제목, 스타일 종류 – 문단, 가운데 정렬, 굴림체, 12pt, 양각

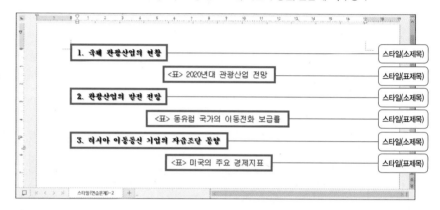

표 작업

4431200

기능	제한시간(실제시험)	바로 가기 키	메뉴 / [기본] 도구 상자	작업 내용
표	3분	Ctrl+N, T	• [입력]의 ⌄ → [표] → [표 만들기] • [입력] → [⊞(표)]	• 표 만들기 • 표 위치 지정하기 • 셀 서식 지정하기 • 글자 모양 지정하기 • 셀 높이를 같게 지정하기 • 선 모양 지정하기 • 블록 계산식 수행하기 • 캡션 달기 • 내용 입력하기 • 정렬하기

기본문제에 주어진 표 작업을 3분 내에 완료했다면 다음 섹션으로 넘어가고, 그렇지 않으면 '따라하기'의 방법을 기초로 하여 연습문제를 3분 안에 작성할 수 있도록 연습하세요. 표 작성 방법을 완전히 숙달할 때까지 절대 다음 섹션으로 넘어가지 마세요.

기본문제   다음 지시사항대로 문서를 완성하시오.

• 문제지에 주어진 대로 입력하시오.
• 제한시간 : 3분
• 저장위치 : C:\WP\표작성.hwp
• 여백 설정 : 위쪽 · 아래쪽 · 왼쪽 · 오른쪽은 20mm, 머리말 · 꼬리말은 10mm
• 단 개수 : 2, 단 간격 : 8mm, 단 구분선 : 실선 0.12mm
• 색상은 '기본'과 '오피스' 테마가 포함된 색상 팔레트를 사용하시오.
• 표 작성
  – 크기 : 너비 78 ~ 80mm, 높이 : 33 ~ 34mm
  – 위치 : 글자처럼 취급
  – 모든 셀의 안 여백 : 왼쪽 · 오른쪽 2mm
  – 전체 행 : 셀 높이를 같게
  – 테두리 : 표 안쪽은 실선(0.12mm), 표 바깥의 위쪽과 아래쪽은 실선(0.4mm), 표 바깥의 왼쪽과 오른쪽은 선 없음, 제목 행 아래쪽과 합계 행 위쪽은 이중 실선(0.5mm)
  – 제목 행 : 셀 배경색 – 초록(RGB : 0,128,0), 글자 모양 – 휴먼고딕, 진하게, 하양(RGB : 255,255,255)
  – 합계 행 : 셀 배경색 – 주황(RGB : 255,132, 58) 80% 밝게, 글자 모양 – 진하게
  – 문단의 정렬 방식 : 가운데 정렬
• 블록 계산식 : 표의 합계 행에 블록 계산식을 이용하여 블록 합계 산출
• 캡션 : 표 위에 삽입 후 오른쪽 정렬

(단위: 개) ─ 캡션

구분	2020년	2021년	2022년	증감
반포	1,569	1,634	1,762	128
남가좌	738	708	638	-70
성수	567	567	607	50
구로	68	67	68	1
합계	2,942	2,976	3,075	

블록 계산식

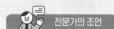
전문가의 조언

용지, 여백, 단 설정만 정확히 해주면 한 문단의 길이가 80mm 정도에 맞춰집니다. 표는 문단의 길이에 맞춰 작성되므로 표의 가로 길이(78~80mm)는 신경 쓰지 않아도 됩니다.

정답 및 감점 기준

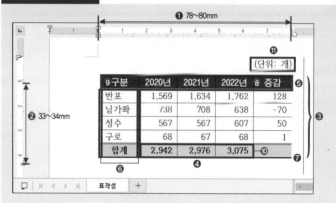

위치	감점	감점 사유	비고
❶	5	표의 가로 길이가 78~80mm를 벗어남	용지와 다단을 정확히 설정하면 표 너비는 벗어나지 않음
❷	5	표의 세로 높이가 33~34mm를 벗어남	Ctrl+↓를 한 번 누름
❸	5	셀 높이를 같게 하지 않음	F5, 바로 가기 메뉴에서 [셀 높이 같게]
❹	5	표 전체가 단의 가운데로 정렬되지 않음	표를 '글자처럼 취급' 후 가운데 정렬
❺	3	셀 안에 있는 데이터가 가운데로 정렬되지 않음	셀당 3점, 최대 5점
❻	3	표 안 여백을 주지 않음	
❼	3	주어진 대로 선 모양을 작성하지 않음	F5 → L, 실선 0.12mm, 실선 0.4mm, 이중 실선 0.5mm
❽	5	셀에 배경색을 지정하지 않음	F5 → C
❾	3	글자 모양을 지정하지 않음	F5 → Alt+L
❿	5	블록 계산식(블록 합계)을 적용하지 않음	Ctrl+Shift+S(블록 합계)
⑪	5	캡션의 내용 및 위치를 정확하게 지정하지 않음	Ctrl+N, C
기타	3	내용을 본문과 동일하게 입력하지 않음	

따라하기

전문가의 조언

Ctrl+N, T → 6 → Tab → 5 →
Alt+T → Enter
'표 만들기' 대화상자를 호출(Ctrl+N, T)한 후 줄 수 6, 칸 수 5를 지정하고, '글자처럼 취급'을 선택(Alt+T)한 후 '표 만들기' 대화상자를 종료합니다(Enter).

1. 용지 설정과 다단 설정은 Section 01, 02를 참고하세요.

표 만들기

2. 표를 작성하기 위해서 바로 가기 키 Ctrl+N, T → 6 → Tab → 5 → Alt+T → Enter 를 차례대로 누르세요(표 만들기 [기본] 도구 상자 : [입력] → [⊞(표)]). 표가 만들어지면 커서는 1행 1열로 이동됩니다.

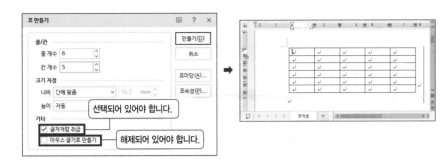

잠깐만요 **기타 표 관련 기능**

메뉴나 [기본] 도구 상자를 이용하여 표 만들기

❶ [입력] 메뉴나 [기본] 도구 상자를 사용해도 쉽게 표를 작성할 수 있습니다. [입력]의 ☑ → [표] → [표 만들기]를 선택하거나 [입력] → [▦(표)]를 클릭하면 '표 만들기' 대화상자가 나옵니다.

❷ 원하는 줄(행)과 칸(열)을 지정합니다. 〈만들기〉를 클릭하기 전에 '글자처럼 취급'을 선택하고, '마우스 끌기로 만들기'는 반드시 해제해야 합니다.

> **전문가의 조언**
>
> '글자처럼 취급'을 선택하여 표를 만들면 다음에 '표 만들기' 대화상자를 호출할 때마다 '글자처럼 취급'이 선택되어 있습니다.

표 지우기

표의 줄과 칸을 잘못 지정하였을 경우 줄과 칸을 수정하는 것보다 표를 삭제하고 새로 작성하는 것이 빠르고 쉽습니다. 표를 삭제하려면 표 밖에서 수행해야 합니다. Shift+Esc를 눌러 표에서 빠져나간 후 커서가 표 앞에 있을 땐 Delete를, 커서가 표 뒤에 있을 땐 Backspace를 눌러 삭제하세요.

키보드로 셀 블록 지정하기

- [F5] **한 번 누르기** : 현재 커서가 있는 위치의 셀을 블록으로 지정합니다.
- [F5] **두 번 누른 후 방향키 누르기** : 현재 위치의 셀을 포함하여 화살표 방향에 위치한 셀을 블록으로 지정합니다.
- [F5] **한 번 누르고** [F7] **누르기** : 열(칸) 단위로 블록을 지정합니다.
- [F5] **한 번 누르고** [F8] **누르기** : 행(줄) 단위로 블록을 지정합니다.

셀과 셀 사이의 이동

- [Tab] : 오른쪽으로 이동, [Shift]+[Tab] : 왼쪽으로 이동
- [↑] : 위로 이동, [↓] : 아래로 이동

표에 내용 입력하기

3. 화살표 방향으로 내용을 입력하는 것이 빠릅니다. 내용을 입력할 때는 정렬에 관계없이 모두 왼쪽에 붙여 입력하세요.

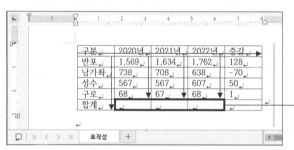

> 합계는 직접 입력하면 안됩니다. 반드시 블록 계산식 기능을 이용하여 자동으로 결과가 입력되게 해야 합니다.

잠깐만요 **표와 관련된 바로 가기 키**

- [Ctrl]+[N], [T] : 표 만들기
- [Ctrl]+[N], [K] : 표/셀 속성
- [Ctrl]+[N], [C] : 캡션 달기
- [Alt]+[L] : 글자 모양
- [Shift]+[Esc] : 표에서 빠져나오기
- [F5] : 셀 블록 설정하기
- [Ctrl]+[Shift]+[S] : 블록 합계
- [Ctrl]+[Shift]+[A] : 블록 평균
- [Ctrl]+[Shift]+[P] : 블록 곱

- [F5]를 눌러 블록 지정 후 작업하기

바로 가기 키	기능
[L]	테두리 변경하기
[C]	배경 변경하기
[M]	셀 합치기
[F5]	셀 블록 지정하기

표에 캡션 입력하기

4. 표의 캡션을 입력할 차례입니다. 캡션 입력 바로 가기 키 Ctrl+N, C를 누르세요. 자동으로 캡션 입력란에 "표 1"이 입력되어 표시됩니다. ([기본] 도구 상자 : [▦(표 레이아웃)] → [⬚(캡션)]).

5. "표 1"이 입력되어 있는 상태 그대로 Shift+Home을 눌러 블록을 지정한 후 **(단위: 개)**를 입력하세요.

표의 안 여백을 지정하고 내용 정렬하기

6. 표의 안 여백을 지정해야 합니다. 표 안 쪽의 임의의 셀을 클릭한 다음 Ctrl+N, K를 누르세요(표의 [바로 가기 메뉴] → [표/셀 속성]). '표/셀 속성' 대화상자가 표시됩니다.

궁금해요 시나공 Q&A 베스트

Q '▦(표 레이아웃)' 메뉴가 없어요!

A 표를 선택하거나 커서를 표 안으로 이동해 보세요. '▦' 메뉴가 표시됩니다.

전문가의 조언

Ctrl+A를 눌러 블록을 지정해도 됩니다.

전문가의 조언

캡션 삭제하기
표를 마우스 오른쪽 버튼으로 클릭한 후 바로 가기 메뉴에서 [캡션 없음]을 선택하면 됩니다.

7. '표/셀 속성' 대화상자의 '표' 탭에서 다음과 같이 지정한 후 〈설정〉을 클릭하세요.

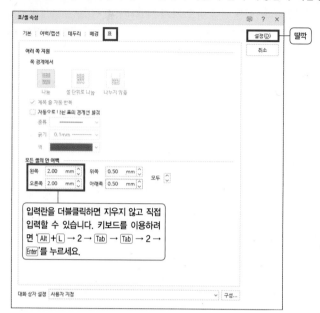

8. 표의 행 제목과 6행 1열은 가운데로 정렬합니다. Ctrl과 마우스를 이용하여 그림과 같이 블록을 지정한 후 [서식] 도구 상자에서 '畺(가운데 정렬)'을 클릭하세요(바로 가기 키 : Ctrl+Shift+C).

전문가의 조언

[서식] → [문단 정렬] → '畺(가운데 정렬)'을 클릭해도 됩니다.

궁금해요 **시나공 Q&A 베스트**

Q '畺(가운데 정렬)'을 클릭해도 가운데로 정렬이 되지 않아요!

A 바로 전에 가운데 정렬을 하여 '畺(가운데 정렬)'이 눌러져 있기 때문에 발생하는 현상입니다. 바로 옆의 '畺(왼쪽 정렬)'을 클릭한 후 '畺(가운데 정렬)'을 다시 클릭해 보세요.

9. 화살표 방향으로 1열 2, 3, 4, 5행을 블록으로 지정한 후 [서식] 도구 상자에서 '畺(왼쪽 정렬)'을 클릭하세요(바로 가기 키 : Ctrl+Shift+L).

전문가의 조언

셀 안의 데이터는 기본적으로 양쪽 정렬인데 문단의 길이가 짧아 왼쪽 정렬처럼 보입니다. 표에 입력된 데이터 내용의 길이가 서로 다른 문자일 경우 왼쪽으로 정렬해야 하므로 왼쪽 정렬된 것처럼 보여도 왼쪽 정렬을 수행해야 합니다.

10. 동일한 방법으로 2열 2행부터 5열 6행까지 블록으로 지정한 후 [서식] 도구 상자에서 '(오른쪽 정렬)'을 클릭하세요(바로 가기 키 : Ctrl+Shift+R).

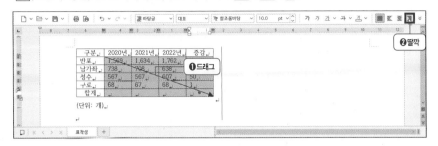

잠깐만요 **표 안의 데이터 정렬 기준**

❶ 구분	2000년	2020년	평가	비고
유럽 ❷	❸ 283	372 ❹	우수 ❺	
미주	94	147	우수	
동아시아	53	101	저조	
남아시아	223	100	저조	
❻ 합계	653	720		

❶ 제목 행 : 가운데 정렬
❷ 내용의 길이가 서로 다른 문자의 경우 : 왼쪽 정렬
❸ 내용의 길이가 서로 다른 숫자의 경우 : 오른쪽 정렬
❹, ❺ 내용의 길이가 서로 같은 경우 : 문자, 숫자 상관없이 가운데 정렬
❻ 합계(평균) 셀 : 가운데 정렬

 **전문가의 조언**

표 안의 내용에 대한 정렬은 문제지 첫 번째 장에 언급된 정렬 기준에 따라 작성하되, 언급되지 않은 합계(평균) 셀은 문제지에 제시된 모양을 보고 동일한 정렬 방식을 적용하면 됩니다.

표의 캡션 정렬하기

11. 이제 표의 캡션을 오른쪽으로 정렬할 차례입니다. "(단위: 개)" 부분을 클릭한 후 [서식] 도구 상자에서 '(오른쪽 정렬)'을 클릭하세요(바로 가기 키 : Ctrl+Shift+R).

표의 이중 실선 변경하기

12. 화살표 방향으로 드래그하여 블록을 지정한 후 테두리 모양을 변경하는 바로 가기 키 L을 누르세요.

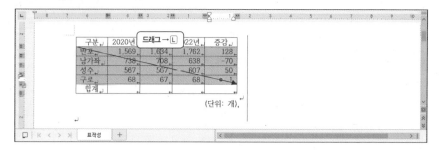

13. '셀 테두리/배경' 대화상자의 '테두리' 탭에서 다음과 같은 순서로 작업하여 제목 행 아래쪽과 합계 행 위쪽 선을 '이중 실선(0.5mm)'으로 지정한 후 〈설정〉을 클릭하세요.

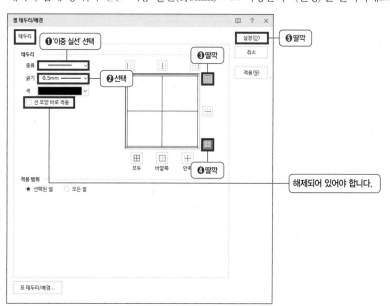

14. 1열 2행부터 5열 5행이 블록으로 지정된 상태에서 F5를 눌러 표 전체를 블록으로 지정한 후 테두리 모양을 변경하는 바로 가기 키 L을 누르세요.

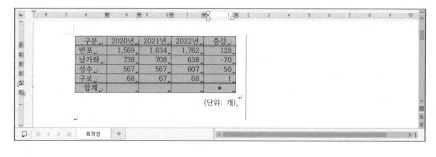

15. '셀 테두리/배경' 대화상자의 '테두리' 탭에서 다음과 같은 순서로 작업하여 표 바깥의 왼쪽과 오른쪽 선을 지우세요. 표의 맨 위와 아래에 두꺼운 선을 지정해야 하니 아직 〈설정〉을 클릭하지 마세요.

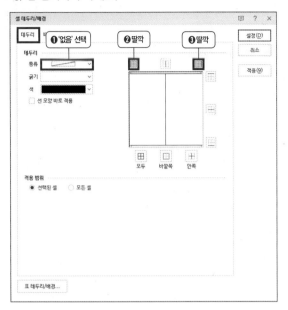

16. 이어서 다음과 같은 순서로 작업하여 표 바깥의 위쪽과 아래쪽을 '실선(0.4mm)'으로 지정한 후 〈설정〉을 클릭하세요.

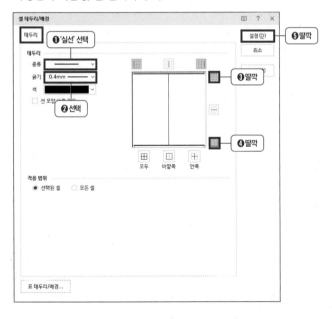

17. 표 전체가 블록으로 지정된 상태에서 Ctrl+↓를 눌러 표의 높이를 전체적으로 한 비늘리세요. 셀 포인터는 6행 5열에 그대로 있습니다.

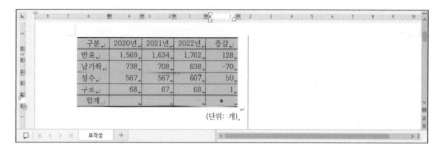

표의 제목 행에 서식 지정하기

18. PgUp을 눌러 첫 번째 행만 블록으로 지정한 후 셀 배경을 변경하는 바로 가기 키 C를 누르세요.

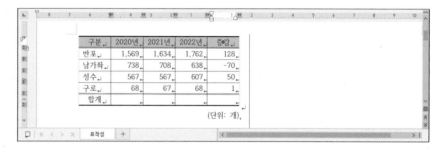

19. '셀 테두리/배경' 대화상자의 '배경' 탭에서 면 색의 색상 테마를 '오피스'로 변경하고, 색을 '초록(RGB : 0,128,0)'으로 지정한 후 〈설정〉을 클릭하세요.

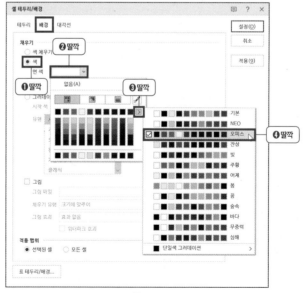

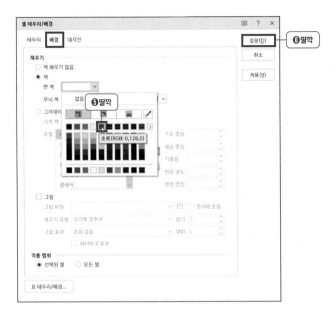

20. 첫 번째 행이 블록으로 지정된 상태에서 Alt + L 을 누르세요.

21. '글자 모양' 대화상자의 '기본' 탭에서 글꼴의 모양과 속성, 글자 색을 다음과 같이 지정한 후 〈설정〉을 클릭하세요.

전문가의 조언

글자 색 '하양'은 테마 색이 아니라 팔레트에서 선택하세요.

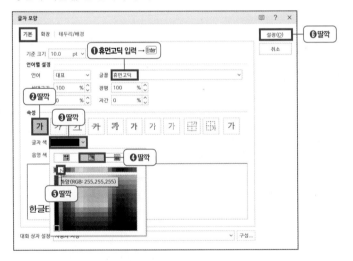

표의 합계 행에 서식 지정하기

22. 마지막 행(6행)만 블록으로 지정한 후 셀 배경을 변경하는 바로 가기 키 C 를 누르세요.

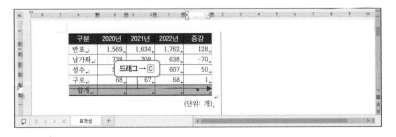

23. '셀 배경/테두리' 대화상자의 '배경' 탭에서 면 색의 색상 테마를 '기본'으로 변경하고, 면 색을 '주황(RGB: 255,132,58) 80% 밝게'로 선택한 후 〈설정〉을 클릭하세요.

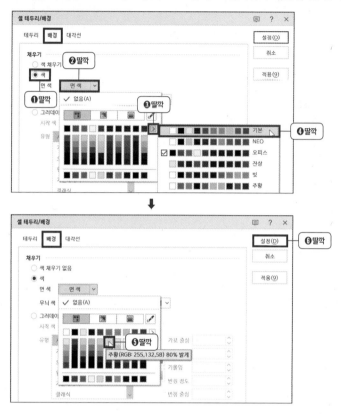

24. 마지막 행이 블록으로 지정된 상태에서 Alt + L 을 누르세요.

25. '글자 모양' 대화상자의 '기본' 탭에서 Alt + B → Enter 를 눌러 '진하게'를 지정하세요.

표에 블록 합계 계산하기

26. 블록 합계를 구할 범위와 표시될 위치를 블록으로 지정한 후 `Ctrl`+`Shift`+`S`를 누르세요(블록 합계 메뉴 : [바로 가기 메뉴] → [블록 계산식] → [블록 합계]).

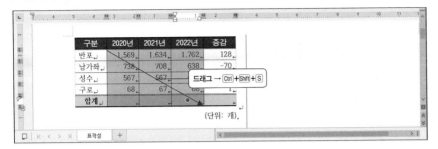

27. 6행의 2, 3, 4열에 합계가 표시됩니다.

구분	2020년	2021년	2022년	증감
반포	1,569	1,634	1,762	128
남가좌	738	708	638	-70
성수	567	567	607	50
구로	68	67	68	1
합계	2,942	2,976	3,075	

(단위: 개)

표 전체 행의 셀 높이 같게 하기

28. 표 전체 행의 셀 높이를 같게 하기 위해 표 전체를 블록으로 지정한 후 바로 가기 메뉴에서 [셀 높이를 같게]를 선택합니다([기본] 도구 상자 : [⊞(표 레이아웃)] → [⊞(셀 높이를 같게)]).

전문가의 조언

표 전체 행의 높이를 같게하라는 지시사항은 "전체 행 : 셀 높이를 같게" 또는 "모든 셀의 높이 : 같게"와 같이 두 가지로 제시될 수 있습니다. 지시 문구만 다를 뿐 작업 방법은 동일합니다.

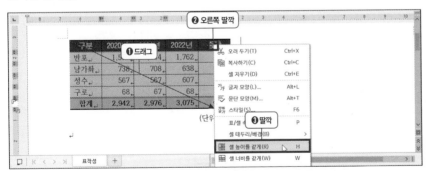

잠깐만요 **셀 높이를 같게**

'셀 높이를 같게' 기능은 범위로 지정된 셀의 높이가 동일하게 되도록 셀들의 높이를 조절합니다.

구분	2020년	2021년	2022년	증감
반포	1,569	1,634	1,762	128
남가좌	738	708	638	-70
성수	567	567	607	50
구로	68	67	68	1
합계	2,942	2,976	3,075	

➡

구분	2020년	2021년	2022년	증감
반포	1,569	1,634	1,762	128
남가좌	738	708	638	-70
성수	567	567	607	50
구로	68	67	68	1
합계	2,942	2,976	3,075	

표의 캡션 위치 조정하기

29. '개체 속성' 대화상자는 셀 블록의 지정 여부와 관계없이 호출할 수 있습니다. 28번 작업에 이어 바로 Ctrl+N, K를 눌러 '표/셀 속성' 대화상자를 호출하세요.

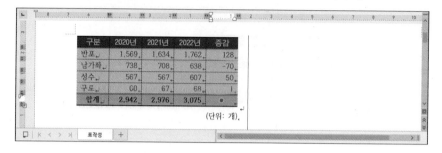

30. '표/셀 속성' 대화상자의 '여백/캡션' 탭에서 Alt+U → Enter를 눌러 캡션 위치를 '위' 로 지정하세요.

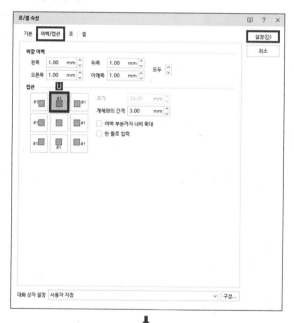

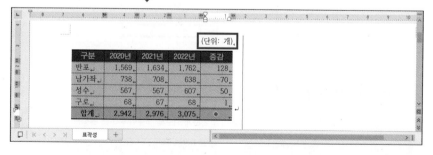

표의 위치 정렬하기

31. 표의 내용이 아닌 표 자체를 가운데로 정렬해야 합니다. Shift + Esc를 눌러 커서를 표의 왼쪽 밖에 위치시킨 후 Ctrl + Shift + C를 눌러 표 자체를 가운데로 정렬하세요.

전문가의 조언

표 자체를 가운데로 정렬하지 않았을 경우 5점이나 감점되므로 가운데 정렬이 정확히 수행되었는지 확인해야 합니다. 하지만 표가 단의 크기에 맞게 작성되므로 표 자체가 가운데로 정렬되었는지 확인하기 어렵습니다. 이럴 때는 [서식] 도구 상자의 정렬 아이콘 중 가운데 정렬이 선택되었는지를 보고 확인하면 됩니다.

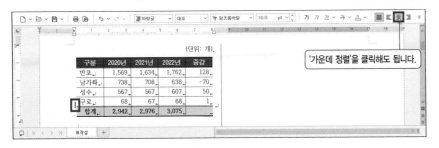

'가운데 정렬'을 클릭해도 됩니다.

잠깐만요 **커서 위치가 다른 곳에 있어요!**

Shift + Esc를 눌렀을 때 커서가 표의 왼쪽 위에 표시됩니다.

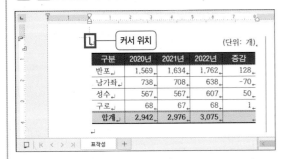

커서 위치

표가 글자처럼 취급되지 않았기 때문입니다. Ctrl + N, K를 눌러 나타나는 '표/셀 속성' 대화상자의 '기본' 탭에서 '글자처럼 취급'을 선택하세요.

- 문제지에 주어진 대로 입력하시오.
- 제한시간 : 3분
- 저장위치 : C:\WP\표작성(연습문제)+문제번호.hwp

  예 연습문제1 : 표작성(연습문제)-1.hwp

      연습문제2 : 표작성(연습문제)-2.hwp
- 여백 설정 : 위쪽·아래쪽·왼쪽·오른쪽은 20mm, 머리말·꼬리말은 10mm
- 단 개수 : 2, 단 간격 : 8mm, 단 구분선 : 실선 0.12mm
- 표에서 내용의 정렬 방법

  (제목 행과 '합계(평균)' 셀은 가운데 정렬, 나머지는 열 단위를 기준으로 아래와 같이 정렬)

     – 내용의 길이가 서로 나른 문자의 경우 왼쪽 정렬

     – 내용의 길이가 서로 다른 숫자의 경우 오른쪽 정렬

     – 내용의 길이가 서로 같을 경우 문자, 숫자 상관없이 가운데 정렬
- 색상은 '기본'과 '오피스' 테마가 포함된 색상 팔레트를 사용하시오.

문제 1

전문가의 조언

표 높이를 38.65mm로 작성하려면 표를 초기 작성 상태에서 전체를 블록으로 지정한 후 아래쪽으로 한 번([Ctrl]+[↓])만 늘려주면 됩니다.

- 표의 크기 : 너비 78 ~ 80mm, 높이 : 38.65mm
- 위치 : 글자처럼 취급
- 모든 셀의 안 여백 : 왼쪽·오른쪽 2mm
- 전체 행 : 셀 높이를 같게
- 테두리 : 표 안쪽은 실선(0.12mm), 표 바깥의 위쪽과 아래쪽은 이중 실선(0.5mm), 표 바깥의 왼쪽과 오른쪽은 선 없음, 합계 행 위쪽은 실선(0.4mm)
- 제목 행 : 셀 배경색 – 탁한 황갈(RGB : 131,77,0), 글자 모양 – 한컴산뜻돋움, 진하게, 하양(RGB : 255,255,255)
- 합계 행 : 셀 배경색 – 빨강(RGB : 255,0,0) 80% 밝게, 글자 모양 – 진하게
- 문단의 정렬 방식 : 가운데 정렬
- 블록 계산식 : 표의 합계 행에 블록 계산식을 이용하여 블록 합계 산출
- 캡션 : 표 위에 삽입 후 오른쪽 정렬

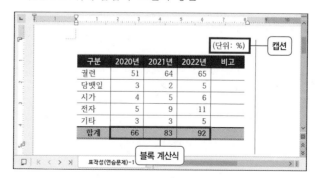

- 표의 크기 : 너비 78 ~ 80mm, 높이 : 33~34mm
- 위치 : 글자처럼 취급
- 모든 셀의 안 여백 : 왼쪽 · 오른쪽 1.5mm
- 전체 행 : 셀 높이를 같게
- 테두리 : 표 안쪽은 실선(0.12mm), 표 바깥의 위쪽과 아래쪽은 실선(0.4mm), 표 바깥의 왼쪽과 오른쪽은 선 없음, 제목 행 아래쪽은 이중 실선 (0.5mm)
- 제목 행 : 셀 배경색 – 남색(RGB : 58,60,132), 글자 모양 – HY궁서, 진하게, 하양(RGB : 255,255,255)
- 평균 행 : 셀 배경색 – 주황(RGB : 255,132,58) 80% 밝게, 글자 모양 – 진하게
- 문단의 정렬 방식 : 가운데 정렬
- 블록 계산식 : 표의 평균 행에 블록 계산식을 이용하여 블록 평균 산출
- 캡션 : 표 위에 삽입

Q1 표 안의 내용이 두 줄로 표시돼요!

A1 표의 지시사항을 모두 지정한 후 다음과 같이 너비와 높이를 조절하세요.

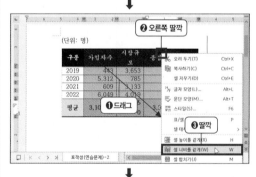

Q2 셀의 너비를 조절할 때 주의할 점이 있으면 알려주세요.

A2 • 셀의 너비를 조절할 때 표 전체 너비가 변경되면 안 되기 때문에 표의 바깥쪽, 즉 가장 왼쪽과 오른쪽 외곽선은 이용하지 않는 것이 좋습니다. 왜냐하면 표의 가로 너비는 78~80mm이어야 하며, 이 길이는 '표 만들기' 대화상자로 표를 만들 때 '너비'를 '단에 맞춤'으로 지정하면 79mm로 표의 너비가, 기준에 정확하게 맞게 만들어지기 때문입니다. 이렇게 정확하게 만들어진 표의 바깥쪽 외곽선을 조절할 경우 기준범위인 78~80mm를 벗어나게 될 수 있는 거죠. 실수로 표의 전체 너비를 변경하였을 경우에는 커서를 표 왼쪽 바깥에 놓은 상태에서 위쪽 눈금자로 표 전체의 너비를 확인하면서 잘 맞추세요.

• 표의 셀 너비를 조절하여 두 줄을 한 줄로 만들었는데도 표의 높이가 줄어들지 않았다면 표 전체를 블록으로 지정하고 [Ctrl]+[↑]를 6~7번 눌러 표의 높이를 최대한 줄인 다음 [Ctrl]+[↓]를 한 번 눌러주세요. 표의 높이에 대해서는 특별한 지시사항이 없지만 실제 출제되는 문제들을 분석해 보면 표 높이가 초기 작성 상태에서 아래쪽으로 [Ctrl]+[↓]을 한 번 눌러 늘린 높이와 같기 때문입니다.

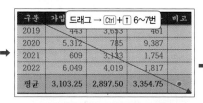

문제 3

- 표의 크기 : 너비 78 ~ 80mm, 높이 : 33~34mm
- 위치 : 글자처럼 취급
- 모든 셀의 안 여백 : 왼쪽 · 오른쪽 1.5mm
- 전체 행 : 셀 높이를 같게
- 테두리 : 표 안쪽은 실선(0.12mm), 표 바깥의 왼쪽과 오른쪽은 선 없음, 제목 행 아래쪽과 합계 행 위쪽은 이중 실선(0.5mm)
- 제목 행 : 셀 배경색 – 노랑(RGB : 255,255,0), 글자 모양 – 돋움체, 진하게, 보라 (RGB : 128,0,128)
- 합계 행 : 셀 배경색 – 파랑(RGB : 0,0,255) 50% 밝게, 글자 모양 – 진하게
- 문단의 정렬 방식 : 가운데 정렬
- 블록 계산식 : 표의 합계 행에 블록 계산식을 이용하여 블록 합계 산출
- 캡션 : 표 위에 삽입 후 오른쪽 정렬

분세 4

- 표의 크기 : 너비 78 ~ 80mm, 높이 : 27.60mm
- 위치 : 글자처럼 취급
- 모든 셀의 안 여백 : 왼쪽 · 오른쪽 2mm
- 전체 행 : 셀 높이를 같게
- 테두리 : 표 안쪽은 실선(0.12mm), 1행 1열에 대각선 실선(0.12mm), 표 바깥의 왼쪽과 오른쪽은 선 없음, 제목 행 아래쪽과 평균 행 위쪽은 이중 실선(0.5mm)
- 제목 행 : 셀 배경색 − 남색(RGB : 58,60,132) 80% 밝게, 글자 모양 − 휴먼명조, 진하게, 하양(RGB : 255,255,255)
- 평균 행 : 셀 배경색 − 노랑(RGB : 255,215,0), 글자 모양 − 진하게
- 문단의 정렬 방식 : 가운데 정렬
- 블록 계산식 : 표의 평균 행에 블록 계산식을 이용하여 블록 평균 산출
- 캡션 : 표 위에 삽입

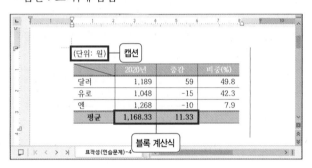

잠깐만요 **1행 1열에 대각선 지정하기**

F5를 눌러 1행 1열을 블록으로 지정한 다음 L을 누르고 '셀 테두리/배경' 대화상자의 '대각선' 탭에서 다음과 같이 지정한 후 〈설정〉을 클릭하세요.

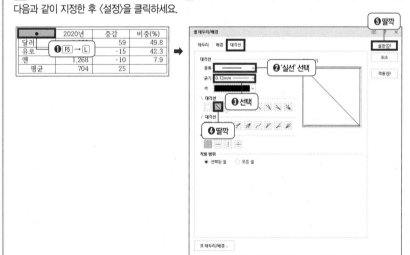

- 표의 크기 : 너비 78 ~ 80mm, 높이 : 33~34mm
- 위치 : 글자처럼 취급
- 모든 셀의 안 여백 : 왼쪽 · 오른쪽 2mm
- 전체 행 : 셀 높이를 같게
- 테두리 : 표 안쪽은 실선(0.12mm), 표 바깥의 위쪽과 아래쪽은 실선(0.4mm), 표 바깥의 왼쪽과 오른쪽은 선 없음, 합계 행 위쪽은 이중 실선(0.5mm)
- 제목 행 : 셀 배경색 – 파랑(RGB : 0,0,255), 글자 모양 – 맑은 고딕, 진하게, 하양(RGB : 255,255,255)
- 합계 행 : 셀 배경색 – 노랑(RGB : 255,255,0) 10% 어둡게, 글자 모양 – 진하게
- 문단의 정렬 방식 : 가운데 정렬
- 블록 계산식 : 표의 합계 행에 블록 계산식을 이용하여 블록 합계 산출
- 캡션 : 표 위에 삽입 후 오른쪽 정렬

기능	제한시간(실제시험)	메뉴 / [기본] 도구 상자	작업 내용
차트	1분 30초	• [입력]의 ⌄ → [차트] • [입력] → [차트] • [📝 (표 디자인)] → [차트 만들기]	• 차트 만들기 • 글꼴, 속성, 크기 지정하기 • 차트 크기 지정하기 • 차트 위치 지정하기 • 차트의 바깥 여백 지정하기

기본문제에 주어진 차트 작업을 1분 30초 내에 완료했다면 다음 섹션으로 넘어가고, 그렇지 않으면 '따라하기'의 방법을 참고하여 연습문제를 1분 30초 안에 완성할 수 있도록 연습하세요. 차트 작성 방법을 완전히 숙달할 때까지 절대 다음 섹션으로 넘어가지 마세요.

기본문제 다음 지시사항대로 문서를 완성하시오.

전문가의 조언

한글 2022에서 가장 오류가 많이 나고 원하는 대로 조정이 안 되는 부분이 차트입니다. 문제 입력이나 편집 도중 차트에 오류가 발생하면 시험에 치명적인 영향을 미칠 수 있으므로 차트를 제외한 모든 작업을 마친 다음 저장하고 나서 차트를 작성하는 것이 바람직합니다.

• 문제지에 주어진 대로 입력하시오.
• 제한시간(표 작성시간 제외) : 1분 30초
• 저장위치 : C:\WP\차트.hwp
• 여백 설정
  – 위쪽 · 아래쪽 · 왼쪽 · 오른쪽 : 20mm
  – 머리말 · 꼬리말 : 10mm
• 다단 설정
  – 단 개수 : 2, 단 간격 : 8mm, 단 구분선 : 실선(0.12mm)
• 차트의 모양 : 이중 축 혼합형(묶은 세로 막대형, 표식이 있는 꺾은선형)
• 차트의 크기 : 너비 80mm, 높이 70mm, 크기 고정
• 위치 : 본문과의 배치 – 자리 차지, 가로 – 단의 가운데 0mm, 세로 – 문단의 위 0mm
• 바깥 여백 : 위쪽 5mm, 아래쪽 7mm
• 제목, 항목 축, 값 축, 보조 값 축, 범례의 글꼴 설정 : 진하게, 9pt
• 표의 아래 단락에 배치
※ 차트 종류 변경과 계열 속성 설정으로 혼합형 차트를 구성하시오.

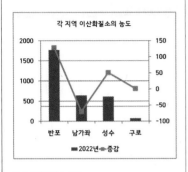

구분	2020년	2021년	2022년	증감
반포	1,569	1,634	1,762	128
남가좌	738	708	638	-70
성수	567	567	607	50
구로	68	67	68	1
합계	2,942	2,976	3,075	

(단위: 개)

각 지역 이산화질소의 농도

2022년 증감

국내 이산화탄소 현황

　최근 이산화탄소의 급증이 심각한 사회 문제로 제시되고 있다.

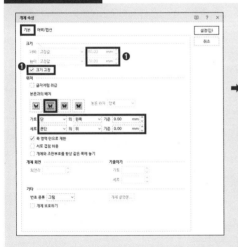

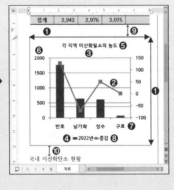

국내 이산화탄소 현황

위치	감점	감점 사유	비고
❶	5	• 차트의 가로 길이가 80mm, 세로 길이가 70mm가 아님 • '크기 고정'을 지정하지 않음	
❷	5	차트의 종류가 다름	
❸	5	차트의 구성 요소가 없음	제목, 범례, 보조축
❹	5	범례의 위치가 다름	
❺, ❻, ❼, ❽	5	글꼴 속성이 진하게, 글꼴 크기가 9pt가 아님	
❾, ❿	5	위쪽(5mm), 아래쪽(7mm)에 지정된 여백이 다름	

차트 만들기

1. 차트의 데이터로 사용될 표를 작성하세요.

2. 1열의 1~5행을 드래그한 후 Ctrl을 누른 채 4열의 1행부터 5열의 5행까지 드래그하여 차트에 사용할 데이터를 블록으로 지정합니다. 이어서 [■(표 디자인)] → [차트 만들기] 를 클릭하세요.

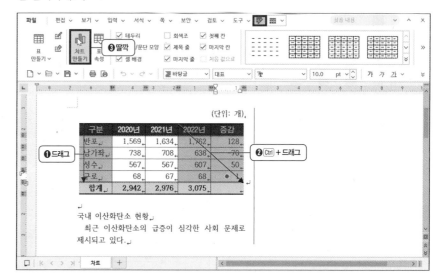

3. 표 아래쪽에 차트가 만들어지면서 '차트 데이터 편집' 창이 표시됩니다. 이미 입력된 데이터를 이용해서 차트를 만들었기 때문에 '차트 데이터 편집' 창에서 수행할 작업은 없습니다. '차트 데이터 편집' 창의 닫기(×) 단추를 클릭하세요.

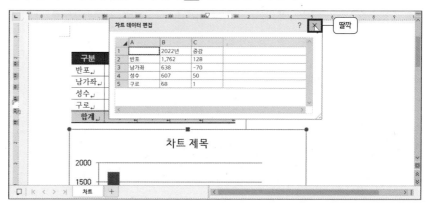

차트 종류를 변경하고 보조 축 지정하기

4. 차트를 작성하면, 기본적으로 세로 막대형 차트로 만들어 집니다. 문제에 제시된 차트와 같이 '증감' 계열을 '표식이 있는 꺾은선형' 차트로 변경하고 보조 축을 지정해야 합니다. 먼저 차트 종류를 변경하기 위해 '증감' 계열을 클릭하여 선택하세요.

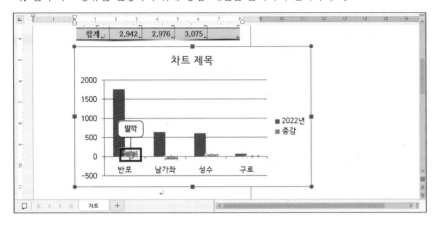

전문가의 조언

'증감' 계열과 같이 막대 높이가 낮아 마우스로 선택하기 어려운 경우에는 차트가 선택된 상태에서 (차트 서식) 메뉴를 클릭한 후 '차트 요소' 항목의 목록 단추를 클릭하여 작업할 요소를 선택하면 됩니다.

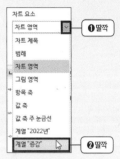

잠깐만요 | **차트 종류 변경과 보조 축을 지정할 계열 찾기**

문제지의 지시사항에는 차트의 종류와 보조 축에 대한 세부 지시사항이 없으므로 수험자가 문제지의 그림을 보고 사용할 계열을 판단해야 합니다.

[표]

(단위: 개)

구분	2020년	2021년	2022년	증감
반포	1,569	1,634	1762	128
남가좌	738	708	638	-70
성수	567	567	607	50
구로	68	67	68	1
합계	2,942	2,976	3,075	

[차트 구성 요소]

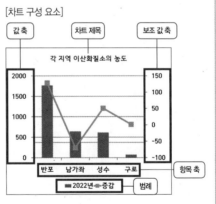

- **차트의 종류** : 차트의 범례 중 '증감' 계열의 범례 표지가 '2022년' 계열에 비해 얇게 표시된 것으로 보아 '증감' 계열의 차트가 '표식이 있는 꺾은선형'임을 알 수 있습니다.
- **보조 축** : 보조 값 축의 범위 -100~150이 속해 있는 계열을 표에서 찾으면 됩니다. -70~128 사이의 데이터가 입력되어 있는 '증감' 필드가 보조 축으로 지정되어 있음을 알 수 있습니다.

5. [📊(차트 디자인)] → [차트 종류 변경] → [꺾은선/영역형] → [표식이 있는 꺾은선형]을 선택하세요.

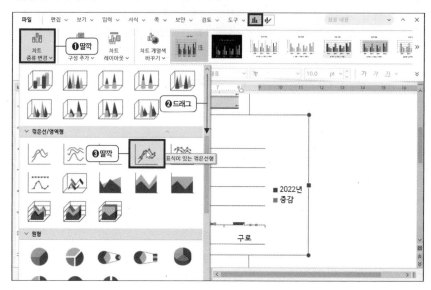

6. '증감' 계열의 차트 종류가 '표식이 있는 꺾은선형'으로 변경됩니다. '증감' 계열을 '보조축'으로 지정하기 위해 '증감' 계열을 더블클릭합니다. 작업 화면의 오른쪽에 '개체 속성' 창이 표시됩니다.

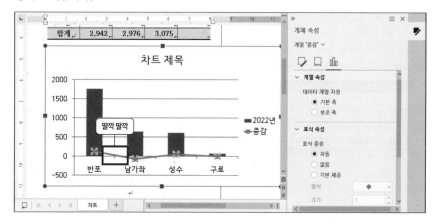

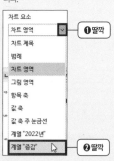

7. '개체 속성' 창에서 [(계열 속성)] → [계열 속성] → [보조 축]을 선택한 후 '닫기(✕)' 단추를 클릭하세요.

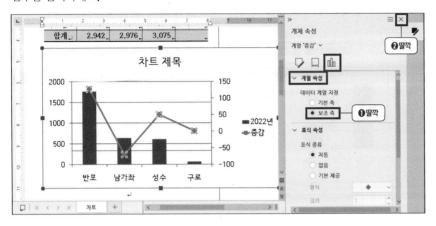

전문가의 조언

'개체 속성' 창이 표시된 상태에서 차트의 요소를 선택하면 해당 요소에서 설정 가능한 항목으로 기능들이 변경됩니다. 작업 화면에 여유가 있으면 차트 작업을 마칠 때 까지 '개체 속성' 창을 열어 놓고 작업하는 것이 편리합니다.

범례 위치 변경하기

8. 범례를 아래쪽에 배치해야 합니다. 차트를 선택한 후 [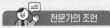(차트 디자인)] → [차트 구성 추가] → [범례] → [아래쪽]을 선택하세요.

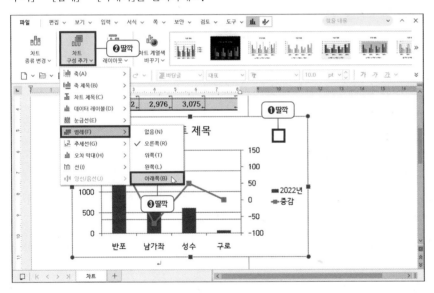

전문가의 조언

범례 위치를 변경하는 다른 방법
범례를 더블클릭한 후 '개체 속성' 창에서 [(범례 속성)] → [범례 속성] → [아래쪽]을 선택하세요.

차트 제목, 값 축, 항목 축, 보조 값 축, 범례 서식 지정하기

9. 차트 제목을 변경하고 글꼴을 지정해야 합니다. '차트 제목'을 클릭한 후 바로 가기 메뉴에서 [제목 편집]을 선택하세요.

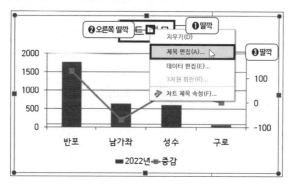

10. '제목 편집' 대화상자에서 '글자 내용'에 **각 지역 이산화질소의 농도**를 입력하세요.

11. 이어서 '속성'에서 '진하게(**가**)'를 클릭하고, '크기'에 **9**를 입력한 후 〈설정〉을 클릭하세요.

12. 값 축, 항목 축, 보조 값 축, 범례의 글꼴도 모두 변경해야 합니다. 값 축을 클릭한 후 바로 가기 메뉴에서 [글자 모양 편집]을 선택하세요.

13. '차트 글자 모양' 대화상자에서 '속성'을 '진하게(**가**)', '크기'를 **9**로 지정한 후 〈설정〉을 클릭하세요.

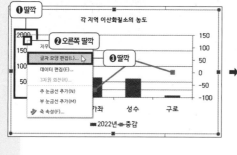

14. 항목 축을 클릭한 후 바로 가기 메뉴에서 [글자 모양 편집]을 선택하세요.

15. '차트 글자 모양' 대화상자에서 '속성'을 '진하게(<u>가</u>)', '크기'를 9로 지정한 후 〈설정〉을 클릭하세요.

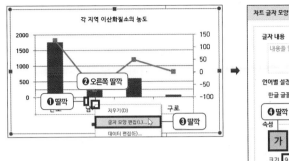

16. 보조 값 축을 클릭한 후 바로 가기 메뉴에서 [글자 모양 편집]을 선택하세요.

17. '차트 글자 모양' 대화상자에서 '속성'을 '진하게', '크기'를 9로 지정한 후 〈설정〉을 클릭하세요.

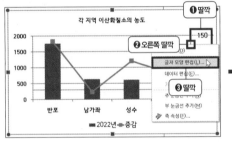

18. 범례를 클릭한 후 바로 가기 메뉴에서 [글자 모양 편집]을 선택하세요.

19. '차트 글자 모양' 대화상자에서 '속성'을 '진하게(<u>가</u>)', '크기'를 9로 지정한 후 〈설정〉을 클릭하세요.

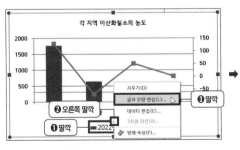

차트의 위치 및 속성 지정하기

20. 이제 차트 자체에 대한 속성을 설정할 차례입니다. 차트 영역을 선택하고 차트를 마우스 오른쪽 버튼으로 클릭한 후 바로 가기 메뉴에서 [개체 속성]을 선택하세요.

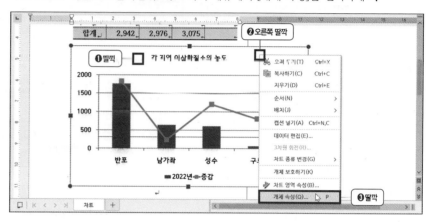

21. '개체 속성' 대화상자의 '기본' 탭에서 차트의 크기(너비 80, 높이 70)와 위치를 다음과 같이 지정하세요.

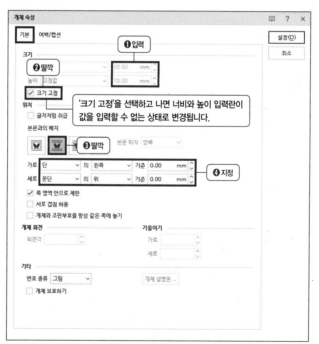

22. 이어서 '여백/캡션' 탭에서 그림과 같이 위쪽(5mm), 아래쪽(7mm) 여백을 지정한 후
〈설정〉을 클릭하세요.

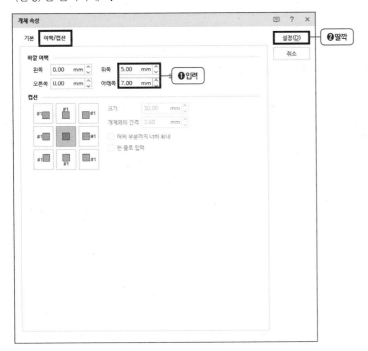

23. 마지막으로 차트를 표의 아래 단락에 위치시켜야 합니다. 앞선 작업으로 인해 차트가
선택된 상태에서 Ctrl+X를 눌러 잘라내기 합니다.

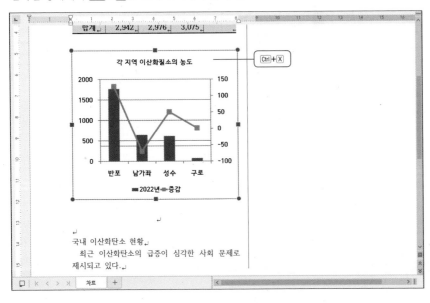

전문가의 조언

표에서 데이터를 블록으로 지정한
후 차트를 삽입하면 차트는 표와
같은 단락에 삽입됩니다. 차트를
표 아래 단락으로 이동하려면 차
트를 잘라내기 한 다음 표 아래 단
락을 클릭한 후 붙여넣기하면 됩
니다.

24. 표 아래의 빈 행을 클릭한 후 Ctrl + V 를 눌러 붙여넣기 합니다.

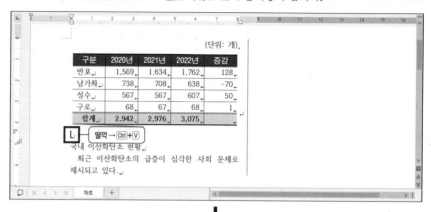

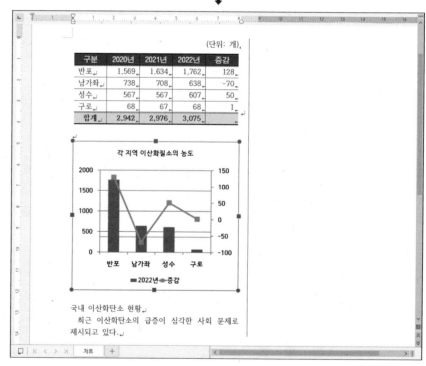

4431301

다음 지시사항대로 문서를 완성하시오.

문제 1

- 문제지에 주어진 대로 입력하시오.
- 제한시간(용지 설정, 단 설정, 표 작성 시간 제외) : 1분 30초
- 저장위치 : C:\WP\차트(연습문제)-1.hwp
- 용지 종류 : A4
- 여백 설정 : 왼쪽·오른쪽은 20mm, 위쪽·아래쪽은·머리말·꼬리말은 10mm
- 단 개수 : 2, 단 간격 : 8mm
- 차트의 모양 : 누적 세로 막대형
- 차트의 크기 : 너비 80mm, 높이 60mm, 크기 고정
- 위치 : 본문과의 배치 – 자리 차지, 가로 – 단의 가운데 0mm, 세로 – 문단의 위 0mm
- 바깥 여백 : 위쪽 5mm, 아래쪽 8mm
- 항목 축, 값 축, 범례의 글꼴 설정 : 9pt
- 표의 아래 단락에 배치

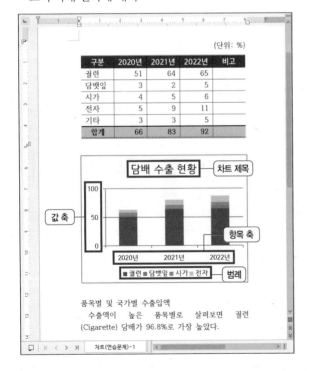

전문가의 조언

표를 작성하지 않고 차트 작성만 연습하려면 'C:\길벗워드실기\섹션\입력완성본\차트(연습문제)-1.hwp' 파일을 불러와서 차트만 작성하세요.

전문가의 조언

범례에 표시된 계열이 '2020년', '2021년', '2022년'이고, 항목 축이 '궐련', '담뱃잎', '시가', '전자'만 표시되었으므로 표의 1열 1행 ~ 4열 5행까지를 범위로 지정한 후 차트를 만들면 됩니다.

누적 세로 막대형 차트 만들기

차트가 선택된 상태에서 [▥(차트 디자인)] → [차트 종류 변경] → [누적 세로 막대형]을 선택하세요.

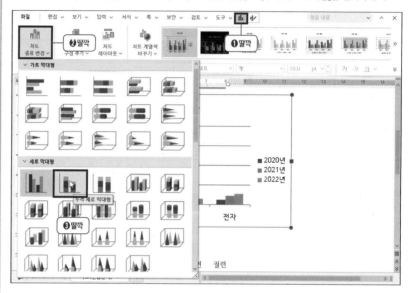

줄/칸 전환

문제에 제시된 차트와 같이 범례에 '궐련', '담뱃잎', '시가', '전자' 계열이 표시되고, 항목 축에 '2020년', '2021년', '2022년'이 표시되도록 하려면 '줄/칸' 전환을 수행하면 됩니다. 차트가 선택된 상태에서 ▥(차트 디자인)] → [줄/칸 전환]을 클릭하세요.

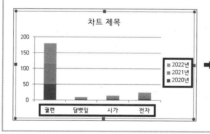 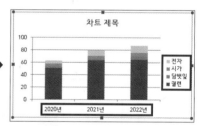

- 문제지에 주어진 대로 입력하시오.
- 제한시간(용지 설정, 단 설정, 표 작성 시간 제외) : 1분 30초
- 저장위치 : C:\WP\차트(연습문제)-2.hwp
- 용지 종류 : A4
- 여백 설정 : 위쪽 · 아래쪽 · 왼쪽 · 오른쪽은 20mm, 머리말 · 꼬리말은 10mm
- 단 개수 : 2, 단 간격 : 8mm, 단 구분선 : 실선(0.12mm)
- 차트의 모양 : 묶은 가로 막대형
- 차트의 크기 : 너비 80mm, 높이 80mm, 크기 고정
- 위치 : 본문과의 배치 – 자리 차지, 가로 – 단의 가운데 0mm, 세로 – 문단의 위 0mm
- 바깥 여백 : 아래쪽 8mm
- 제목, 항목 축, 값 축, 범례의 글꼴 설정 : 진하게, 11pt
- 표의 아래 단락에 배치

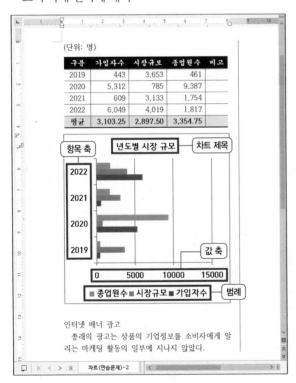

(단위: 명)

구분	가입자수	시장규모	종업원수	비고
2019	443	3,653	461	
2020	5,312	785	9,387	
2021	609	3,133	1,754	
2022	6,049	4,019	1,817	
평균	3,103.25	2,897.50	3,354.75	

인터넷 배너 광고
　종래의 광고는 상품의 기업정보를 소비자에게 알리는 마케팅 활동의 일부에 지나지 않았다.

문제 3

- 문제지에 주어진 대로 입력하시오.
- 제한시간(용지 설정, 단 설정, 표 작성 시간 제외) : 1분 30초
- 저장위치 : C:\WP\차트(연습문제)-3.hwp
- 용지 종류 : A4
- 여백 설정 : 왼쪽 · 오른쪽은 20mm, 위쪽 · 아래쪽은 · 머리말 · 꼬리말은 10mm
- 단 개수 : 2, 단 간격 : 8mm, 단 구분선 : 실선(0.12mm)
- 차트의 모양 : 이중 축 혼합형(묶은 세로 막대형, 표식이 있는 꺾은선형)
- 차트의 크기 : 너비 80mm, 높이 70mm, 크기 고정
- 위치 : 본문과의 배치 – 자리 차지, 가로 – 단의 가운데 0mm, 세로 – 문단의 위 0mm
- 바깥 여백 : 위쪽 5mm, 아래쪽 8mm
- 항목 축, 값 축, 보조 값 축, 범례의 글꼴 설정 : 9pt
- 표의 아래 단락에 배치

※ 차트 종류 변경과 계열 속성 설정으로 혼합형 차트를 구성하시오.

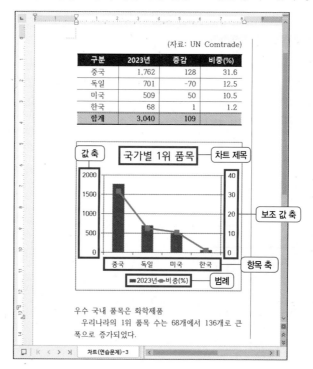

그림 삽입

2431400

기능	제한시간(실제시험)	바로 가기 키	메뉴 / [기본] 도구 상자	작업 내용
그림 삽입	30초	Ctrl+N, I	• [입력]의 ⌄ → [그림] → [그림] • [입력] → [(그림)]	• 그림 삽입하기 • 그림 크기 지정하기 • 그림 위치 지정하기 • 그림의 바깥 여백 지정하기

기본문제에 주어진 그림 삽입 작업을 30초 내에 완료했다면 다음 섹션으로 넘어가고, 그렇지 않으면 '따라하기'의 방법을 기초로 하여 연습문제를 30초 안에 작성할 수 있도록 연습하세요.

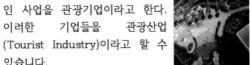 다음 지시사항대로 문서를 완성하시오.

- 문제지에 주어진 대로 입력하시오.
- 제한시간(본문 입력시간 제외) : 30초
- 저장 위치 : C:\WP\그림 삽입.hwp
- 여백 설정
  - 위쪽 · 아래쪽 · 왼쪽 · 오른쪽 : 20mm
  - 머리말 · 꼬리말 : 10mm
- 다단 설정
  - 단 개수 : 2, 단 간격 : 8mm, 단 구분선 : 실선(0.12mm)
- 경로 : C:\길벗워드실기\그림\관광.jpg, 문서에 포함
- 크기 : 너비 25mm, 높이 25mm
- 위치 : 본문과의 배치 – 어울림, 가로 – 단의 오른쪽 0mm, 세로 – 문단의 위 0mm
- 바깥 여백 : 왼쪽 · 위쪽 2mm

국제 관광산업의 현황

　Visitor의 욕구가 있고 구매력을 갖춘 관광객들의 집합을 관광시장이라고 본다면 시장에 대하여 제품과 생산 및 판매하는 조직적인 사업을 관광기업이라고 한다. 이러한 기업들을 관광산업(Tourist Industry)이라고 할 수 있습니다.

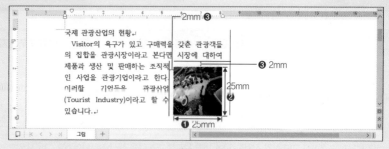

위치	감점	감점 사유
❶	3	너비가 25mm가 아님
❷	3	높이가 25mm가 아님
❸	3	왼쪽·위쪽의 바깥 여백이 2mm가 아님
기타	3	본문과의 배치(어울림), 가로(단의 오른쪽 0mm), 세로(문단의 위 0mm) 위치가 다름
	3	문서에 포함되지 않고 연결 되었음

따라하기

전문가의 조언

- 데이터를 입력하지 않고 기능만 연습하려면 'C:\길벗워드실기\섹션\입력완성본\그림.hwp' 파일을 불러와서 그림 삽입만 수행하세요.

- **그림 불러올 때 커서의 위치**
  그림의 가로 위치는 단을 기준으로 지정하기 때문에 커서가 해당 줄의 어느 부분에 있는지는 중요하지 않습니다. 하지만 줄의 처음이나 끝 글자에 커서를 놓고 그림을 불러오면 기준 줄이 윗 줄이나 아랫 줄로 변경될 수 있으므로 그림을 단의 왼쪽에 삽입할 때는 커서를 그림이 삽입될 바로 왼쪽에 놓고, 단의 오른쪽에 삽입할 때는 커서를 그림이 삽입될 오른쪽 글자 다음에 놓고 그림을 불러오세요. 여기서는 "조직적인" 부분의 '적'과 '인' 사이가 되겠죠?

용지 설정 및 다단 설정

1. 용지와 다단을 설정한 다음 문제에 주어진 내용을 그대로 입력합니다.

그림 불러오기

2. 그림은 기본적으로 커서가 있는 곳을 기준으로 오른쪽 아래로 삽입됩니다. "조직적인" 부분의 '적'과 '인' 사이에 커서를 놓고 그림 삽입하기 바로 가기 키 Ctrl+N, I를 눌러 '그림 넣기' 대화상자를 호출하세요(그림 삽입 [기본] 도구 상자 : [입력] → [🖼(그림)]).

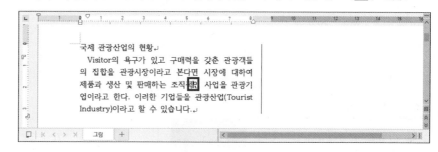

3. '그림 넣기' 대화상자에서 찾는 위치를 C 드라이브의 WP 폴더로 지정하면 문서에 넣을 수 있는 그림 목록이 표시됩니다. '문서에 포함'을 체크 표시한 다음 삽입할 그림을 선택하고 〈열기〉를 클릭하세요.

궁금해요 시나공 Q&A 베스트

Q 그림이 없어요!

A 찾는 위치를 'C:\길벗워드실기\그림'으로 지정하세요.

전문가의 조언

문서에 포함

'그림 넣기' 대화상자에서 '문서에 포함'을 선택해야 그림이 문서에 포함됩니다. '문서에 포함'을 선택하지 않으면 그림이 연결된 형태로 삽입되며, 원본 그림이 없을 경우 연결로 삽입된 그림은 화면에 표시되지 않습니다.

그림 위치 및 크기 조정하기

4. 문서에 그림이 삽입되었습니다. 이제 삽입된 그림의 크기와 위치를 지정해야 합니다. Ctrl+N, K를 눌러 '개체 속성' 대화상자를 호출하세요.

전문가의 조언

그림을 더블클릭해도 '개체 속성' 대화상자가 나타납니다.

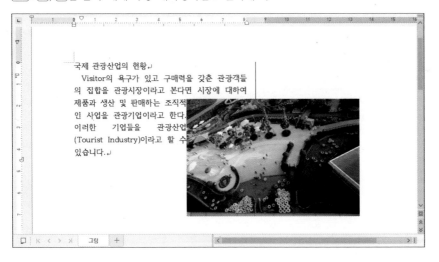

5. '개체 속성' 대화상자의 '기본' 탭에서 크기와 위치를 다음과 같이 지정하세요.

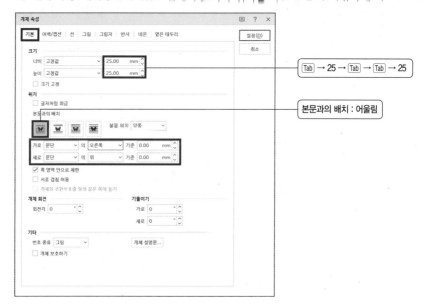

Tab → 25 → Tab → Tab → 25

본문과의 배치 : 어울림

6. 이어서 '여백/캡션' 탭에서 바깥 여백을 다음과 같이 지정한 후 〈설정〉을 클릭하세요.

딸깍

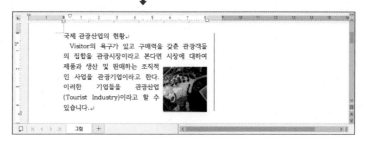

그림은 기본적으로 커서가 있는 곳을 기준으로 오른쪽 아래로 삽입됩니다. 다음 그림은 커서를 "조직적인 사업을" 부분의 '인'과 빈칸 사이에 놓고 그림을 삽입한 경우입니다.

바깥 여백 기준

바깥 여백은 그림의 바깥쪽과 내용 사이의 여백을 밀합니다.

- **크기** : 너비 25mm, 높이 25mm
- **바깥 여백** : 왼쪽, 오른쪽, 위쪽, 아래쪽 모두 0mm
- **위치**
  - 본문과의 배치 : 어울림
  - 가로 : 단의 오른쪽 0mm
  - 세로 : 문단의 위 0mm

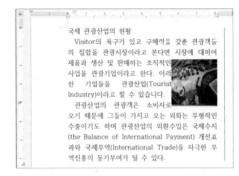

- **크기** : 너비 25mm, 높이 25mm
- **바깥 여백** : 왼쪽, 위쪽, 아래쪽 각각 5mm
- **위치**
  - 본문과의 배치 : 어울림
  - 가로 : 단의 오른쪽 0mm
  - 세로 : 문단의 위 0mm

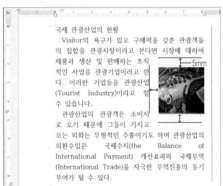

위치 : 가로, 세로 기준

세로 기준으로 문단 위쪽과의 거리는 커서가 있던 줄과의 거리를 말하고, 가로 기준으로 단의 오른쪽과의 거리는 단의 오른쪽 끝 글자를 기준으로 떨어진 거리를 말합니다.

- **크기** : 너비 25mm, 높이 25mm
- **바깥 여백** : 왼쪽, 오른쪽, 위쪽, 아래쪽 모두 0mm
- **위치**
  - 본문과의 배치 : 어울림
  - 가로 : 단의 오른쪽 0mm
  - 세로 : 문단의 위 0mm

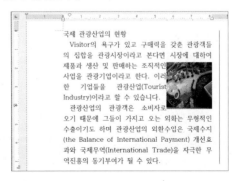

- **크기** : 너비 25mm, 높이 25mm
- **바깥 여백** : 왼쪽, 오른쪽, 위쪽, 아래쪽 모두 0mm
- **위치**
  - 본문과의 배치 : 어울림
  - 가로 : 단의 오른쪽 10mm
  - 세로 : 문단의 위 10mm

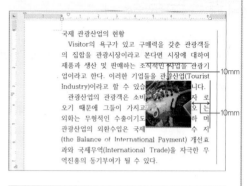

- **크기** : 너비 25mm, 높이 25mm
- **바깥 여백** : 왼쪽, 오른쪽, 위쪽, 아래쪽 모두 0mm
- **위치**
  - 본문과의 배치 : 어울림
  - 가로 : 단의 왼쪽 0mm
  - 세로 : 문단의 위 0mm

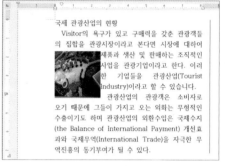

위치 : 본문과의 배치

본문과의 배치는 문서에 입력된 내용과 그림과의 배치 방법을 말합니다.

- **크기** : 너비 25mm, 높이 25mm
- **바깥 여백** : 왼쪽, 오른쪽, 위쪽, 아래쪽 모두 0mm
- **위치**
  - 본문과의 배치 : 어울림
  - 가로 : 단의 오른쪽 0mm
  - 세로 : 문단의 위 0mm

- **크기** : 너비 25mm, 높이 25mm
- **바깥 여백** : 왼쪽, 오른쪽, 위쪽, 아래쪽 모두 0mm
- **위치**
  - 본문과의 배치 : 자리 차지
  - 가로 : 단의 오른쪽 0mm
  - 세로 : 문단의 위 0mm

- **크기** : 너비 25mm, 높이 25mm
- **바깥 여백** : 왼쪽, 오른쪽, 위쪽, 아래쪽 모두 0mm
- **위치**
  - 본문과의 배치 : 글 앞으로
  - 가로 : 단의 오른쪽 0.0mm
  - 세로 : 문단의 위 0.0mm

- **크기** : 너비 25mm, 높이 25mm
- **바깥 여백** : 왼쪽, 오른쪽, 위쪽, 아래쪽 모두 0mm
- **위치**
  - 본문과의 배치 : 글 뒤로
  - 가로 : 단의 오른쪽 0.0mm
  - 세로 : 문단의 위 0.0mm

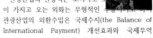

궁금해요 **시나공 Q&A 베스트**

Q 그림을 삽입하고 세부 지시사항을 모두 맞게 지정했는데도 그림의 위치가 문제지의 위치보다 한 줄 위쪽이나 아래쪽에 위치합니다. 어떻게 해야하죠?

A 그림을 삽입하고 세부 지시사항을 모두 맞게 지정했는데도 그림의 위치가 문제지의 위치보다 한 줄 위쪽이나 아래쪽에 위치한다면, 그림을 클릭하고 Ctrl + X 를 눌러 잘라내기 한 후 문제지의 그림 옆(왼쪽)의 첫 번째 줄 내용 중 임의의 위치를 클릭한 다음 Ctrl + V 를 눌러 붙여넣기 하세요.

문제지의 그림 옆(왼쪽)의 첫 번째 줄

[문제지의 그림 위치]

국제 관광산업의 현황
　Visitor의 욕구가 있고 구매력을 갖춘 관광객들의 집합을 관광시장이라고 본다면 시장에 대하여 제품과 생산 및 판매하는 조직적인 사업을 관광기업이라고 한다. 이러한 기업들을 관광산업(Tourist Industry)이라고 할 수 있습니다.

문제지의 그림 옆(왼쪽)의 첫 번째 줄에 커서를 놓고 Ctrl + V 를 눌러 붙여넣기 합니다.

[붙여넣을 위치]

연습문제 | 다음 지시사항대로 문서를 완성하시오.

문제 1

- 문제지에 주어진 대로 입력하시오.
- 제한시간(용지 설정, 단 설정, 내용 입력 시간 제외) : 1분 30초
- 저장위치 : C:\WP\그림(연습문제)-1.hwp
- 용시 종류 : A4
- 여백 설정 : 위쪽·아래쪽·왼쪽·오른쪽은 20mm, 머리말·꼬리말은 10mm
- 단 개수 : 2, 단 간격 : 8mm, 단 구분선 : 실선(0.12mm)
- 경로 : C:\길벗워드실기\그림\통신기기.jpg, 문서에 포함
- 크기 : 너비 35mm, 높이 20mm
- 위치 : 본문과의 배치 – 어울림, 가로 – 단의 오른쪽 0mm, 세로 – 문단의 위 0mm
- 바깥 여백 : 왼쪽·위쪽·아래쪽 3mm
- 회전 : 좌우 대칭

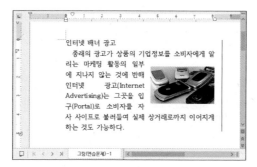

잠깐만요 그림에 좌우 대칭 적용하기

그림을 선택한 후 [▣(그림)] → [회전] → [좌우 대칭]을 선택합니다.

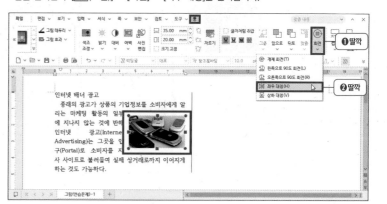

문제 2

- 문제지에 주어진 대로 입력하시오.
- 제한시간(용지 설정, 단 설정, 내용 입력 시간 제외) : 1분 30초
- 저장위치 : C:\WP\그림(연습문제)-2.hwp
- 용지 종류 : A4
- 여백 실정 : 위쪽 · 아래쪽 · 왼쪽 · 오른쪽은 20mm, 머리말 · 꼬리말은 10mm
- 단 개수 : 2, 단 간격 : 8mm, 단 구분선 : 실선(0.12mm)
- 경로 : C:\길벗워드실기\그림\경제.jpg, 문서에 포함
- 크기 : 너비 35mm, 높이 25mm
- 위치 : 본문과의 배치 – 어울림, 가로 – 단의 왼쪽 0mm, 세로 – 문단의 위 0mm
- 바깥 여백 : 오른쪽 · 위쪽 · 아래쪽 5mm

전문가의 조언

데이터를 입력하지 않고 기능만
연습하려면 'C:\길벗워드실기\섹
션\입력완성본\그림(연습문제)-2.
hwp' 파일을 불러와서 그림 삽입
만 수행하세요.

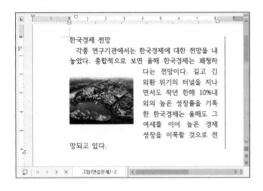

잠깐만요 줄의 처음에 그림 삽입하기

- 그림이 삽입될 바로 오른쪽 글자가 한글일 때는 커서를 그림이 삽입될 바로 오른쪽 글자 다음에 놓고 그림을 삽입하면 됩니다. 여기서는 "쾌청하다는" 부분의 '다'와 '는' 사이에 놓고 삽입하면 됩니다.

- 그림이 삽입될 바로 오른쪽 글자가 영문이나 숫자일 경우에는 커서를 그림이 삽입될 바로 오른쪽 두 글자 다음에 놓고 그림을 삽입하면 됩니다.

문제 3

- 문제지에 주어진 대로 입력하시오.
- 제한시간(용지 설정, 내용 입력 시간 제외) : 20초
- 저장위치 : C:\WP\그림(연습문제)-3.hwp
- 용지 종류 : A4
- 여백 설정 : 왼쪽 · 오른쪽은 20mm, 위쪽 · 아래쪽 · 머리말 · 꼬리말은 10mm
- 경로 : C:\길벗워드실기\그림\돛단배.bmp, 문서에 포함
- 크기 : 너비 18mm, 높이 10mm
- 위치 : 본문과의 배치 – 글 앞으로, 가로 – 종이의 왼쪽 23mm, 세로 – 종이의 위 30mm

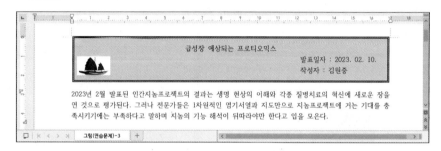

잠깐만요 **본문과의 배치**

'개체 속성' 대화상자의 '기본' 탭에서 '위치'를 다음과 같이 지정하고 〈설정〉을 클릭합니다.

머리말 / 꼬리말

4431500

기능	바로 가기 키	메뉴 / [기본] 도구 상자	작업 내용
머리말 / 꼬리말	Ctrl+N, H	• [쪽]의 ⌄ → [머리말/꼬리말] • [쪽] → [머리말] → [위쪽] → [모양 없음] • [쪽] → [꼬리말] → [모양 없음]	• 머리말/꼬리말 만들기 • 글꼴 모양 지정하기 • 글꼴 속성 지정하기 • 정렬하기

기본문제에 주어진 머리말/꼬리말 작성 작업을 40초 내에 완료했다면 다음 섹션으로 넘어가고, 그렇지 않으면 '따라하기'의 방법을 기초로 하여 연습문제를 40초 안에 완성할 수 있도록 연습하세요.

기본문제 · 다음 지시사항대로 문서를 완성하시오.

• 문제지에 주어진 대로 입력하시오.
• 제한시간(본문 입력시간 제외) : 40초
• 저장 위치 : C:\WP\머리말−꼬리말.hwp
• 여백 설정
  – 위쪽 · 아래쪽 · 왼쪽 · 오른쪽 : 20mm
  – 머리말 · 꼬리말 : 10mm
• 다단 설정
  – 단 개수 : 2
  – 단 간격 : 8mm
• 색상은 '기본'과 '오피스' 테마가 포함된 색상 팔레트를 사용하시오.
• 머리말 : 한컴돋움, 10pt, 진하게, 남색(RGB : 51,51,153), 오른쪽 정렬
• 꼬리말 : 휴먼명조, 10pt, 진하게, 주황(RGB : 255,132,58) 50% 어둡게, 가운데 정렬

> 전문가의 조언
>
> 머리말/꼬리말은 글꼴의 종류, 크기, 속성, 정렬 기준 등이 출제되고 있습니다. 머리말/꼬리말과 관련된 세부 지시사항을 정확히 읽어 보고 작업을 수행하세요.

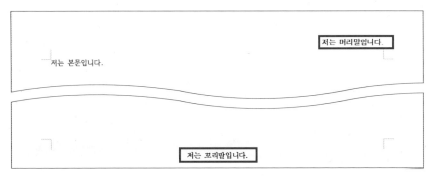

머리말/꼬리말의 지시사항을 수행하지 않았을 경우 항목당 3점씩 감점됩니다.

따라하기

용지 설정 및 다단 설정

1. 용지 설정과 다단 설정은 Section 01, 02를 참고하여 지정하세요.

2. 문제와 동일하게 **저는 본문입니다.**를 입력하세요.

머리말 만들기

3. 머리말을 만들기 위해 바로 가기 키 Ctrl+N, H를 누르세요(머리말 작성 [기본] 도구 상자 : [쪽] → [머리말] → [위쪽] → [모양 없음]).

4. '머리말/꼬리말' 대화상자에 '머리말'과 '양 쪽'이 기본값으로 설정되어 있습니다. 〈만들기〉를 클릭하세요.

전문가의 조언

• 현재 화면이 쪽 윤곽 상태가 아니라도 Ctrl+N, H를 눌러 '머리말 편집 화면'을 나타내면 자동으로 쪽 윤곽 상태로 변경됩니다.

• '머리말 편집 화면'으로 변경되면 [머리말/꼬리말] 탭이 자동으로 표시됩니다.

5. 머리말 편집 화면에서 **저는 머리말입니다.**를 입력하세요.

머리말에 서식 지정하기

6. 5번 작업에서 커서를 이동시키지 말고, Shift+Home을 눌러 블록으로 지정한 후 Alt+L을 눌러 '글자 모양' 대화상자를 호출하세요.

전문가의 조언

Ctrl+A를 눌러 블록을 지정해도 됩니다.

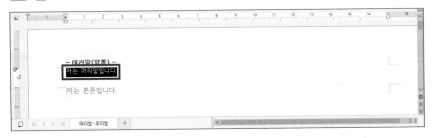

7. '글자 모양' 대화상자의 '기본' 탭에서 글꼴의 모양과 크기 및 속성, 색 등을 다음과 같이 지정한 후 〈설정〉을 클릭하세요. 머리말 편집 화면으로 돌아옵니다.

전문가의 조언

• 글자 색의 색상 테마가 '기본'으로 되어 있는 경우에는 '오피스'로 변경한 후 글자 색을 지정하세요.

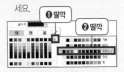

• 바로 가기 키로 '글자 모양' 대화상자 설정하기

한컴돋움 입력 → Enter → Alt+Z → 10 → Alt+B → Alt+C → '남색' 선택 → Enter → Alt+D

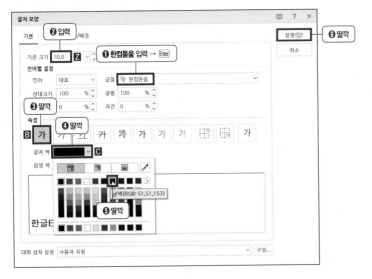

8. [서식] 도구 상자의 '▣(오른쪽 정렬)'을 클릭하여 머리말을 오른쪽으로 정렬하세요(바로 가기 키 : Ctrl+Shift+R).

9. 3번째 [Esc]를 누르거니 [머리말/꼬리말] → [닫기]를 클릭하여 머리말 편집 화면에서 빠져 나온 후 머리말을 확인하세요.

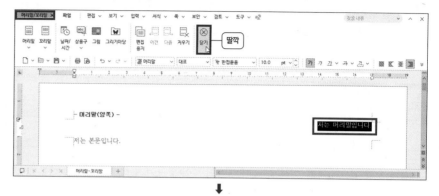

꼬리말 만들기

10. 꼬리말을 만들기 위해 바로 가기 키 [Ctrl]+[N], [H]를 누르세요(꼬리말 작성 [기본] 도구 상자 : [쪽] → [꼬리말] → [모양 없음]).

11. '머리말/꼬리말' 대화상자에서 '꼬리말'과 '양 쪽'을 지정한 후 〈만들기〉를 클릭하세요.

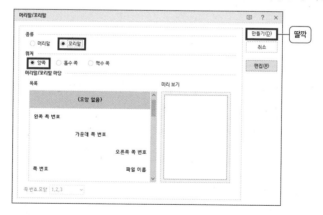

12. 꼬리말 편집 화면에서 **저는 꼬리말입니다.**를 입력하세요.

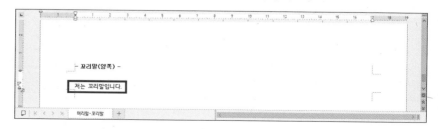

꼬리말에 서식 지정하기

13. 12번 작업에서 커서를 이동시키지 말고, Shift + Home 을 눌러 블록으로 지정한 후 Alt + L 을 눌러 '글자 모양' 대화상자를 호출하세요.

전문가의 조언

Ctrl + A 를 눌러 블록을 지정해도 됩니다.

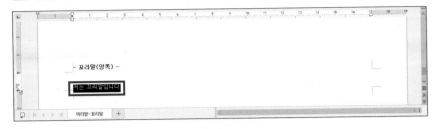

14. '글자 모양' 대화상자의 '기본' 탭에서 글꼴의 모양과 크기 및 속성, 색을 다음과 같이 지정한 후 〈설정〉을 클릭하세요. 꼬리말 편집 화면으로 돌아옵니다.

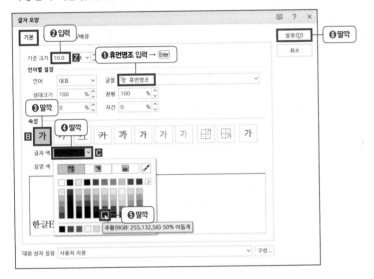

전문가의 조언

• 글자 색은 색상 테마를 '기본'으로 변경한 후 지정하세요

• 바로 가기 키로 '글자 모양' 대화상자 설정하기

휴먼명조 입력 → Enter →
Alt + Z → 10 → Alt + B →
Alt + C → '주황 50% 어둡게'
선택 → Enter → Alt + D

15. [서식] 도구 상자의 '臺(가운데 정렬)'을 클릭하여 꼬리말을 가운데 정렬하세요(바로 가기 키 : Ctrl + Shift + C).

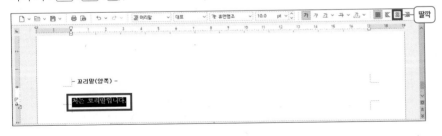

10. [머리말/꼬리말]을 누르거나 [머리말/서리말] → [닫기]를 클릭하여 꼬리말 편집 화면에서 빠져 나온 후 꼬리말을 확인하세요.

잠깐만요 머리말 / 꼬리말 수정 및 삭제

머리말/꼬리말 수정

입력된 머리말/꼬리말 부분을 더블클릭하면 '머리말/꼬리말 편집 화면'으로 변경됩니다. '머리말/꼬리말 편집 화면'에서 머리말/꼬리말을 수정하면 됩니다.

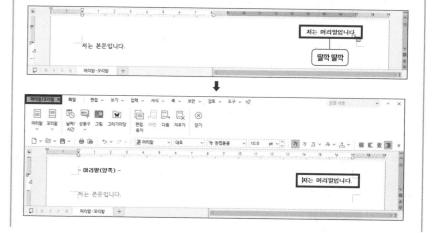

머리말/꼬리말 삭제

입력된 머리말/꼬리말 부분을 더블클릭한 후 [머리말/꼬리말] 탭에서 [지우기]를 클릭합니다.

연습문제　　　다음 지시사항대로 문서를 완성하시오.

문제 1

- 문제지에 주어진 대로 입력하시오.
- 제한시간(용지 설정, 단 설정, 내용 입력 시간 제외) : 40초
- 저장위치 : C:\WP\머리말−꼬리말(연습문제)−1.hwp
- 용지 종류 : A4
- 여백 설정 : 위쪽 · 아래쪽 · 왼쪽 · 오른쪽은 20mm, 머리말 · 꼬리말은 10mm
- 단 개수 : 2, 단 간격 : 8mm, 단 구분선 : 실선(0.12mm)
- 색상은 '기본' 테마가 포함된 색상 팔레트를 사용하시오.
- 머리말 : 맑은 고딕, 10pt, 진하게, 초록(RGB : 40,155,110)
- 꼬리말 : 함초롬돋움, 진하게, 남색(RGB : 58,60,132) 25% 어둡게, 가운데 정렬

> **전문가의 조언**
>
> 머리말의 정렬 기준이나 꼬리말의 글꼴 크기는 문제에 제시되지 않았습니다. 이와 같이 문제에 제시되지 않은 경우에는 기본값을 그대로 유지하면 됩니다.

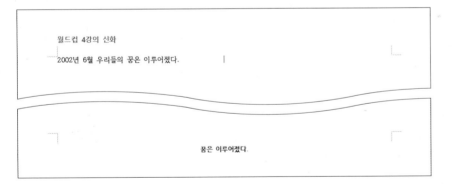

문제 2

- 문제지에 주어진 대로 입력하시오.
- 제한시간(용지 설정, 단 설정, 내용 입력, 그림 삽입 시간 제외) : 40초
- 저장위치 : C:\WP\머리말−꼬리말(연습문제)−2.hwp
- 용지 종류 : A4
- 여백 설정 : 왼쪽 · 오른쪽은 20mm, 위쪽 · 아래쪽 · 머리말 · 꼬리말은 10mm
- 단 개수 : 2, 단 간격 : 8mm
- 색상은 '기본'과 '오피스' 테마가 포함된 색상 팔레트를 사용하시오.
- 머리말 : HY견명조, 12pt, 진하게, 보라(RGB : 157,92,187)
- 꼬리말 : 중고딕, 11pt, 진하게, 파랑(RGB : 0,0,255), 가운데 정렬

국민연금소식

국민연금. 수혈이냐 수술이냐

국민연금월간보 제10호 (2023년 10월)

각주 / 하이퍼링크

2431600

기능	바로 가기 키	메뉴 / [기본] 도구 상자	작업 내용
각주	Ctrl+N, N	• [입력]의 ∨ → [주석] → [각주] • [입력] → [각주]	• 각주 만들기 • 글꼴 종류 지정하기 • 글꼴 크기 지정하기 • 번호 모양 지정하기
하이퍼링크	Ctrl+K, H	• [입력]의 ∨ → [하이퍼링크] • [입력] → [하이퍼링크]	지정된 웹 주소로 연결 설정

기본문제에 제시된 각주와 하이퍼링크를 30초 내에 완료했다면 다음 섹션으로 넘어가고, 그렇지 않으면 '따라하기'의 방법을 참고하여 30초 안에 완성할 수 있도록 연습하세요.

기본문제   다음 지시사항대로 문서를 완성하시오.

• 문제지에 주어진 대로 입력하시오.
• 제한시간(용지 설정, 단 설정, 내용 입력 시간 제외) : 30초
• 저장위치 : C:\WP\각주-하이퍼링크.hwp
• 용지 종류 : A4
• 여백 설정 : 왼쪽 · 오른쪽은 20mm, 위쪽 · 아래쪽 · 머리말 · 꼬리말은 10mm
• 단 개수 : 2, 단 간격 : 8mm, 단 구분선 : 실선(0.12mm)
• 각주 – 글자 모양 : 돋움, 번호 모양 : 아라비아 숫자
• 하이퍼링크
  – "도서출판 길벗"에 하이퍼링크 설정
  – 연결 대상 : '웹 주소', 'http://www.gilbut.co.kr'

 전문가의 조언

• 각주는 글꼴의 종류 및 크기, 번호 모양이 변경되어 출제되고 있습니다. 각주와 관련된 세부 지시사항을 정확히 읽어보고 작업을 수행하세요.
• 책갈피를 이용해 하이퍼링크를 설정하는 내용은 Section 10 '책갈피/하이퍼링크'를 참조하세요.

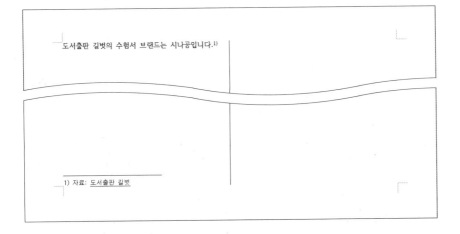

도서출판 길벗의 수험서 브랜드는 시나공입니다.[1]

_____
1) 자료: 도서출판 길벗

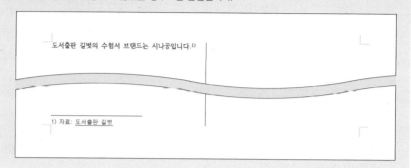

따라하기

1. F7 을 눌러 용지 종류 및 여백을 설정한 후 단 설정을 수행하세요.

2. 문제와 같이 **도서출판 길벗의 수험서 브랜드는 시나공입니다.**를 입력하세요.

각주 만들기

3. 입력된 내용의 맨 뒤에 커서를 놓고, 각주를 만드는 바로 가기 키 Ctrl + N, N 을 누르세요(각주 만들기 [기본] 도구 상자 : [입력] → [각주]).

4. 페이지 하단에 각주 편집 화면이 나타납니다. **자료: 도서출판 길벗**을 입력하세요.

전문가의 조언

각주 번호 모양은 아라비아 숫자가 기본값입니다. 각주 번호 모양에 대한 조건이 없거나 각주 번호가 아라비아 숫자인 경우에는 그대로 두고 다른 모양일 경우에만 변경하면 됩니다. 각주 번호 모양 변경 방법은 172쪽을 참고하세요.

전문가의 조언

워드프로세서 실기 시험은 2단으로 작업하는 것, 아시죠? 각주의 내용은 각주를 지정한 내용이 위치하는 단의 아래쪽에 표시됩니다.

각주에 서식 지정하기

5. 4번 작업에서 커서를 이동시키지 말고 Shift+Home 을 눌러 블록으로 지정한 후 Alt+L 을 눌러 '글자 모양' 대화상자를 호출하세요.

전문가의 조언

Ctrl+A 를 눌러 블록을 지정해도 됩니다.

6. '글자 모양' 대화상자의 '기본' 탭에서 글꼴의 모양과 크기를 다음과 같이 지정한 후 〈설정〉을 클릭하세요. 각주 편집 화면으로 돌아옵니다.

전문가의 조언

바로 가기 키로 '글자 모양' 대화 상자 설정하기
돋움 입력 → Enter → Alt+Z → 9 → Enter

하이퍼링크 만들기

7. 하이퍼링크를 설정할 단어 "도서출판 길벗"을 블록으로 지정한 후 하이퍼링크 만들기 바로 가기 키 Ctrl+K, H를 누르세요(하이퍼링크 만들기 [기본] 도구 상자 : [입력] → [하이퍼링크]).

8. '하이퍼링크' 대화상자에서 '연결 대상'을 '웹 주소'로 선택하고, '웹 주소' 난에 **http://www.gilbut.co.kr**를 입력한 후 〈넣기〉를 클릭하세요.

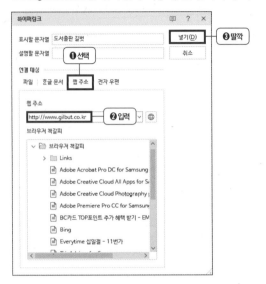

9. 하이퍼링크가 설정된 부분은 기본적으로 글자색이 파랑색으로 변하고 밑줄이 표시됩니다. 하이퍼링크가 설정된 "도서출판 길벗"을 클릭한 후 실행 여부를 묻는 대화상자에서 〈한 번 허용〉을 클릭하면 설정된 URL로 이동합니다.

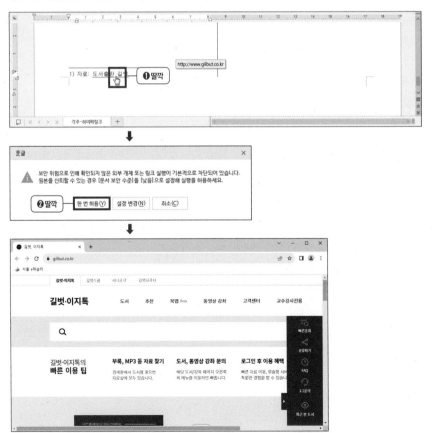

10. Shift+Esc를 누르거나 [주석] → [닫기]를 클릭하여 각주 편집 화면에서 빠져나온 후 세로 스크롤바를 아래로 드래그하여 각주를 확인하세요.

잠깐만요 **각주의 수정 / 삭제**

각주 수정

각주가 지정된 위치에는 각주 번호가 표시됩니다. 각주 번호를 더블클릭하거나 각주 내용을 클릭한 후 각주 편집 화면에서 각주의 내용을 수정하면 됩니다.

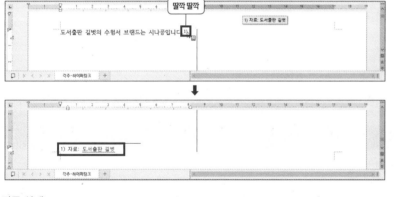

각주 삭제

각주를 삭제하는 방법도 수정하는 방법과 동일합니다. 각주 번호를 더블클릭하거나 각주 내용을 클릭한 후 [주석] → [주석 지우기]를 클릭합니다.

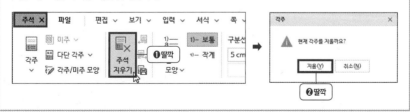

각주가 지정된 위치에는 각주 번호가 표시됩니다. 각주 번호 모양을 변경하려면 [기본] 도구 상자에서 [주석] → [번호 모양]을 클릭한 후 변경하려는 번호 모양을 선택하면 됩니다.

다음 지시사항대로 문서를 완성하시오.

문제 1

- 문제지에 주어진 대로 입력하시오.
- 제한시간(용지 설정, 단 설정, 내용 입력 시간 제외) : 20초
- 저장위치 : C:\WP\각주–하이퍼링크(연습문제)–1.hwp
- 용지 종류 : A4
- 여백 설정 : 위쪽 · 아래쪽 · 왼쪽 · 오른쪽은 20mm, 머리말 · 꼬리말은 10mm
- 단 개수 : 2, 단 간격 : 8mm, 단 구분선 : 실선(0.12mm)
- 각주 – 글자 모양 : 신명조, 8pt, 번호 모양 : 아라비아 숫자

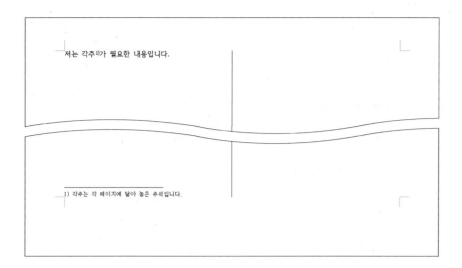

저는 각주1)가 필요한 내용입니다.

1) 각주는 각 페이지에 달아 놓은 주석입니다.

문제 2

- 문제지에 주어진 대로 입력하시오.
- 제한시간(용지 설정, 단 설정, 내용 입력 시간 제외) : 30초
- 저장위치 : C:\WP\각주-하이퍼링크(연습문제)-2.hwp
- 용지 종류 : A4
- 여백 설정 : 왼쪽 · 오른쪽은 20mm, 위쪽 · 아래쪽 · 머리말 · 꼬리말은 10mm
- 단 개수 : 2, 단 간격 : 8mm
- 각주 – 글자 모양 : 맑은 고딕, 번호 모양 : 원문자
- 하이퍼링크
  - "국토교통부"에 하이퍼링크 설정
  - 연결 대상 : '웹 주소', 'http://www.molit.go.kr/'

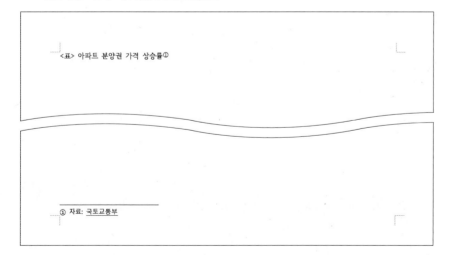

<표> 아파트 분양권 가격 상승률①

① 자료: 국토교통부

기능	바로 가기 키	메뉴 / [기본] 도구 상자	작업 내용
쪽 번초 매기기	Ctrl + N, P	• 쪽 번호 만들기 – [쪽]의 ⌄ → [쪽 번호 매기기] – [쪽] → [쪽 번호 매기기] • 새 번호 지정 – [쪽]의 ⌄ → [새 번호로 시작] – [쪽] → [새 번호로 시작]	• 쪽 번호 만들기 • 쪽 번호 위치 지정하기 • 쪽 번호 모양 지정하기 • 쪽 번호에 줄표 넣기 • 시작 번호 지정하기

기본문제에 제시된 쪽 번호 추가 작업을 15초 내에 완료했다면 다음 섹션으로 넘어가고, 그렇지 않으면 '따라하기'의 방법을 참고하여 연습문제를 15초 안에 작성할 수 있도록 연습하세요.

기본문제

다음 지시사항대로 문서를 완성하시오.

전문가의 조언

쪽 번호는 위치, 모양, 시작 번호 등이 변경되어 출제되고 있습니다. 쪽 번호와 관련된 세부 지시사항을 정확히 읽어보고 작업을 수행하세요.

- 제한시간 : 15초
- 저장위치 : C:\WP\쪽번호.hwp
- 위치 : 오른쪽 아래
- 모양 : 로마자 대문자, 줄표 넣기 선택
- 시작 번호 지정

- Ⅱ -

정답 및 감점 기준

쪽 번호의 지시사항을 수행하지 않았을 경우 항목당 3점씩 감점됩니다.

따라하기

1. 쪽 번호 넣기 바로 가기 키 Ctrl+N, P를 누르세요(쪽 번호 추가 [기본] 도구 상자 : [쪽] → [쪽 번호 매기기]).

2. '쪽 번호 매기기' 대화상자에서 다음과 같이 번호 위치와 모양, 줄표 넣기를 선택하고 시작 번호를 지정한 후 〈넣기〉를 클릭하세요.

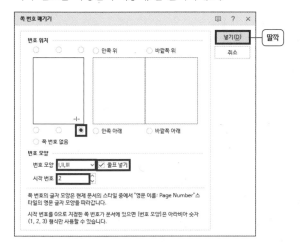

3. [보기] → [쪽 윤곽(Ctrl+G, L)]을 클릭하여 쪽 윤곽 보기 상태에서 쪽 번호를 확인하세요.

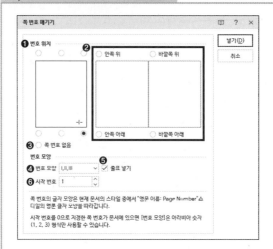

❶ **번호 위치** : 쪽 번호가 추가될 위치를 지정합니다.

❷ 짝수/홀수 쪽을 기준으로 쪽의 안쪽과 바깥쪽에 쪽 번호를 지정합니다.

❸ **쪽 번호 없음** : 쪽 번호 지정을 해제합니다.

❹ **번호 모양** : 지정할 쪽 번호의 모양을 아라비아 숫자(1, 2, 3), 로마자 대문자(I, II, III), 로마자 소문자(i, ii, iii), 원문자(①, ②, ③) 등에서 선택합니다.

❺ **줄표 넣기** : 쪽 번호 좌우에 '−'을 넣습니다.

　예 − 1 −

❻ **시작 번호** : 시작 번호를 지정합니다.

2 장

실제 시험장을 옮겨 놓았다!

Section 18   실제 시험장을 옮겨 놓았다!

1 입실(시험 시작 10분 전)

2 환경 설정(입실 후)

3 시험 준비 및 유의사항 확인

4 시험 시작(문제 확인)

5 워드프로세서 실기 시험 작업 순서

6 문서 작성 시작

7 확인 및 저장

8 퇴실(시험 종료)

실제 시험장을 옮겨 놓았다!

4431801

1 **입실**(시험 시작 10분 전)

전문가의 조언

'자격검정용 신분확인 증명서'는
대한상공회의소 자격평가사업단
홈페이지(license.korcham.net)의
[고객센터] → [자료실]에서 다운
로드 받을 수 있습니다.

워드프로세서 실기 시험은 30분 동안 치러지는데, 보통 10분 전에는 시험장에 입실하여
컴퓨터를 점검하고 수험생 인적사항을 확인받아야 합니다. 수험표와 자신을 증명할 수
있는 신분증을 반드시 지참해야 합니다. 주민등록증, 운전면허증 등이 없는 학생은 학생
증, 청소년증, 자격검정용 신분확인 증명서*를 지참하면 됩니다.

2 **환경설정**(입실 후)

시험장에 입실하여 자리를 배정받은 후에는 시험장의 컴퓨터를 평소에 자신이 사용하던
환경과 최대한 비슷하게 맞출 필요가 있습니다. 특별한 경우가 아니라면 워드프로세서 실
기 시험의 원활한 작업을 위해 다음과 같이 환경을 설정하세요.

[도구] 탭

[기본] 도구 상자의 [도구] → [환경 설정]을 클릭한 후 다음 그림과 같이 설정합니다.

'편집' 탭

전문가의 조언

'편집' 탭의 항목 중 번호 표시가
없는 부분은 워드프로세서 실기
시험과는 무관한 내용이니 기본
값 그대로 두세요.

'편집' 탭의 항목을 다음 그림과 같이 지정하세요.

❶ 확인하고 끝내기 : '확인하고 끝내기'를 해제하지 않으면 흔글 2022를 끝낼 때 '흔글을 끝낼까요?'라는 메시지가 화면에 출력됩니다. 그런데 시험이 종료되면 시험관리 프로그램이 전체 화면으로 표시되어 이 메시지를 가리기 때문에 흔글 2022 프로그램을 종료할 수 없게 됩니다. 반드시 해제해야 합니다.

❷ 맞춤법 도우미 작동 : '맞춤법 도우미 작동'을 체크하면 흔글 2022 맞춤법 사전과 비교하여 틀린 글자에 빨간색 밑줄을 그어 표시해 주므로 잘못된 글자를 쉽게 정정할 수 있습니다. 하지만 100% 완벽한 것은 아니므로 정정할 때는 반드시 문제지와 동일한가를 확인해야 합니다.

'파일' 탭

'파일' 탭의 항목을 다음 그림과 같이 지정한 후 〈설정〉을 클릭하세요.

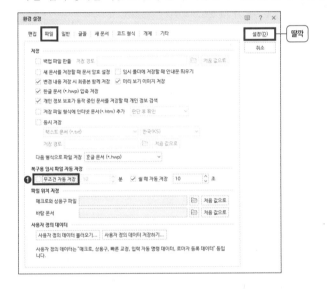

❶ 무조건 자동 저장 : '무조건 자동 저장'을 체크하면 수험생이 저장하지 않아도 지정된 시간이 지나면 자동으로 저장됩니다. 시험을 보느라 긴장된 상태에서 당황하게 되면, 자동 저장 때문에 리듬이 끊어질 수 있습니다. '무조건 자동 저장'에 의존하기보다는 사용자가 중간중간 수시로 저장(Alt+S)하는 것이 바람직합니다.

[보기] 탭

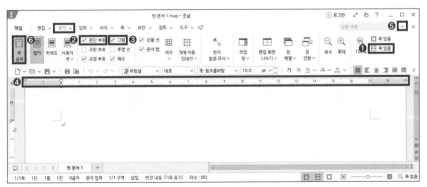

❶ 폭 맞춤 : 워드프로세서 실기 시험에서는 화면에 한 행의 내용이 모두 표시되게 설정해야 작업하기 편리합니다. [기본] 도구 상자의 [보기] → [폭 맞춤]을 클릭하세요.

❷ 문단 부호 : [기본] 도구 상자의 [보기] → [문단 부호]를 선택하여 화면에 문단 부호(↵)를 표시합니다.

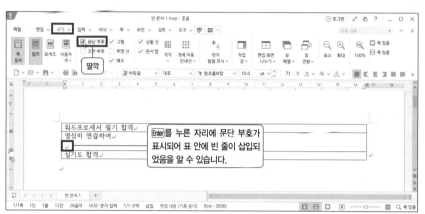

❸ 그림 : [기본] 도구 상자의 [보기] → [그림]을 선택해야 화면에서 그림을 확인할 수 있습니다.

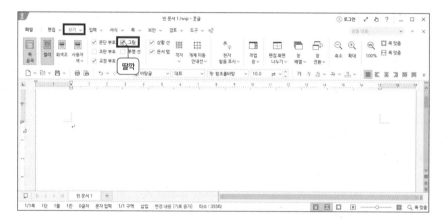

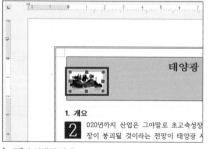

[그림]이 선택된 상태

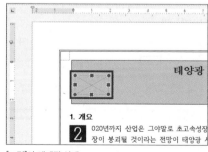

[그림]이 해제된 상태

❹ **가로 눈금자** : 표나 그래프의 가로 길이를 측정할 때 눈금자가 필요합니다. [기본] 도구 상자에서 [보기]의 ⌄ → [문서 창] → [가로 눈금자]를 선택하여 설정하세요.

전문가의 조언

지금 설정하고 있는 항목들은 대부분 흔글 2022의 기본값입니다. 하지만 시험장의 컴퓨터는 여러 사람이 사용하기 때문에 프로그램의 기본값이 변경되어 있을 수 있습니다. 반드시 확인하세요!

❺ **도구 상자** : 워드프로세서 실기 시험에서는 제한된 시간 30분 안에 지시사항대로 입력과 편집을 완성하려면 1분 1초가 소중합니다. 최대한 시간을 절약하기 위해서는 메뉴보다는 바로 가기 키 또는 도구 상자를 이용하는 것이 좋습니다. 도구 상자가 표시되어 있지 않다면 메뉴 모음의 오른쪽 빈 공간을 마우스 오른쪽 버튼으로 클릭한 후 바로 가기 메뉴에서 [기본]과 [서식]을 선택하여 도구 상자를 표시합니다.

전문가의 조언

'기본' 도구 상자를 표시하는 다른 방법

메뉴 모음 오른쪽 끝의 '⌃(기본 도구 상자 접기/펴기)'를 클릭하거나 Ctrl + F1 을 누르면 됩니다.

[기본] 도구 상자

[서식] 도구 상자

❻ 쪽 윤곽 : '쪽 윤곽' 보기를 선택해야 글상자나 머리말, 쪽 번호 등의 설정 여부를 확인할 수 있습니다. [기본] 도구 상자의 [보기] → [쪽 윤곽]을 클릭하여 '쪽 윤곽'을 선택된 상태로 만듭니다.

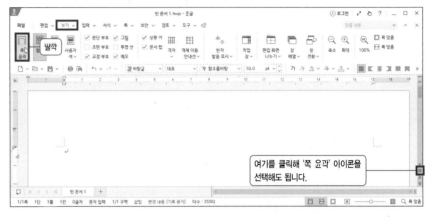

[쪽 윤곽]이 설정된 상태

[쪽 윤곽]이 해제된 상태

자판 설정

흔글에서 [한/영]이나 왼쪽 [Shift]+[Spacebar]를 눌러 글자판을 전환할 때 전환되는 자판을 설정하는 것입니다. 글자판이 다르게 설정되어 있으면 원하지 않는 엉뚱한 문자가 입력됩니다. [기본] 도구 상자의 [도구] → [글자판] → [글자판 바꾸기]를 선택하여 '한국어', '두벌식 표준'과 '영어', '쿼티'로 설정되어 있는지 확인하세요. 맞게 설정되어 있지 않다면 '한국어', '두벌식 표준'과 '영어', '쿼티'로 변경합니다.

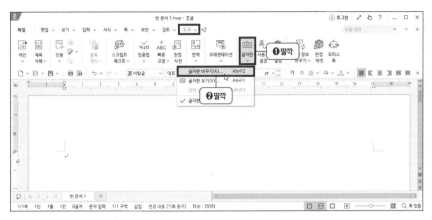

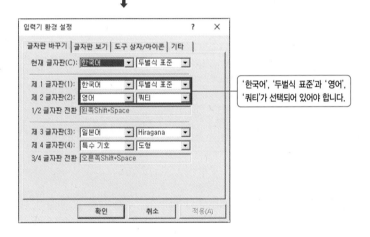

'한국어', '두벌식 표준'과 '영어', '쿼티'가 선택되어 있어야 합니다.

한글 두벌식 표시하기

❶ 한글 두벌식이 없을 경우 제 1글자판의 첫 번째 목록 단추에서 '한국어'를 선택하세요.

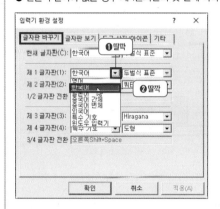

❷ 제 1글자판의 두 번째 목록 단추에서 '두벌식 표준'을 선택한 후 〈확인〉을 클릭하세요.

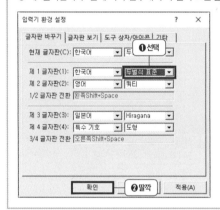

전문가의 조언
표 만들기에 관한 내용은 113쪽을 참조하세요.

표 만들기

[기본] 도구 상자의 [입력] → [▦(표)]를 클릭하거나 Ctrl+N, T를 눌러 '표 만들기' 대화상자를 호출합니다. '표 만들기' 대화상자에서 '글자처럼 취급'을 체크하고, '마우스 끌기로 만들기'를 해제한 다음 〈만들기〉를 클릭하세요. '마우스 끌기로 만들기'를 해제해야 표를 만들 때 표의 가로 길이가 용지의 폭에(2단 문서이므로 단의 크기에) 맞게 만들어집니다. 지금 만들어진 표는 삭제하세요.

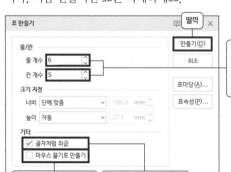

'줄'에 6, '칸'에 5를 입력하고 '글자처럼 취급'을 선택하여 표를 만들었으면 다음에 표를 만들 때 '줄'에 6, '칸'에 5, '글자처럼 취급'이 기본값으로 선택되어 표시됩니다.

해제되어 있어야 합니다.   선택되어 있어야 합니다.

❶ 환경 설정을 위해 실행시켰던 흔글 2022 프로그램을 종료하고 기다리면, 화면에 '시
험준비 및 유의사항' 대화상자가 표시됩니다. 대화상자의 내용을 꼼꼼히 읽으면서 감
독위원의 설명을 살 들으세요.

185~186쪽의 과정은 실제 시험장
에서 감독위원의 지시하에 자동으
로 이루어지는 과정입니다.

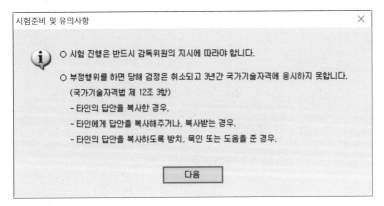

❷ 감독위원의 설명이 끝나면 인적사항 및 응시 프로그램 확인 대화상자가 표시됩니다.
이상 여부를 확인한 후 이상이 없으면 〈다음〉을 클릭하세요.

실제 시험장에서는 인적사항이 자
동으로 입력된 화면이 표시되지만
이 부분을 연습할 때는 수험생 여
러분이 인적사항을 직접 입력해야
합니다.

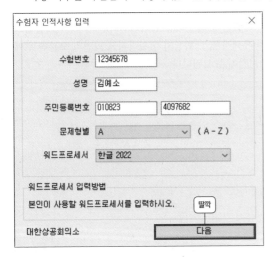

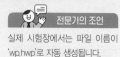

❸ 화면에 '시험준비 및 유의사항' 대화상자가 표시됩니다. '시험준비 및 유의사항' 대화상
자의 내용을 확인하는 동안 흔글 2022 프로그램이 자동으로 실행되면서 '수험번호(8
자리).hwp' 파일이 생성됩니다. 제목 표시줄에 표시된 파일 이름이 정확한지 확인하
세요.

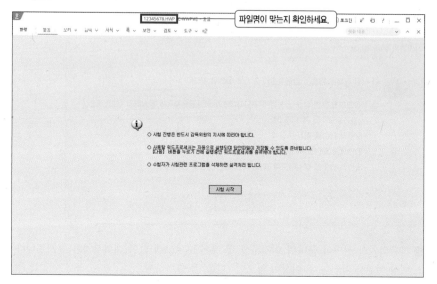

❹ 흔글 프로그램이 정상적으로 실행되었는지 확인되면 감독위원이 시험 시작을 알립니
다. 그러면 화면에서 '시험준비 및 유의사항' 대화상자가 사라지고 화면의 오른쪽 위에
현재 수험자의 정보와 함께 남은 시간이 표시됩니다.

4 시험 시작(문제 확인)

지급 받은 문제는 문제의 전체 지시사항 1쪽, 문서 작성 세부 지시사항 1쪽, 완성할 문서 1쪽 이렇게 총 3쪽으로 구성되어 있습니다. 다음 문제는 대한상공회의소에서 새롭게 공지한 문제 유형들을 모두 분석하여 가능한 많은 기능을 포함하도록 재구성한 문제입니다. 하나하나 따라하면서 문제 작성 방법을 숙지하기 바랍니다. 책갈피, 글상자, 하이퍼링크 등이 문제에 포함되지 않았거나 상황에 따라 작성법을 달리 해야 하는 기능들은 별도로 연습할 수 있도록 섹션과 모의고사에 다양하게 수록했으니 참고하시면 됩니다. 입력과 편집 작업을 충분히 숙달한 수험생은 267쪽으로 이동하여 모의고사를 풀면서 실전 시험을 준비하세요.

문제 1쪽 : 표지 및 전체 지시사항

문제 1쪽에는 워드프로세서 실기 시험 전반에 관한 지시사항이 들어있습니다. 자세하게 읽어 평소 연습하던 내용과 다른 부분이 있는지 확인하세요.

국 가 기 술 자 격 검 정
워드프로세서 모의 문제

※ 무 단 전 재 금 함
(한글 2022)

과 목	제한시간
문서편집기능	30분

예시

─── 〈 다음 쪽의 문서를 아래 지시사항에 따라 작성하시오 〉 ───

- 작성된 답안의 파일은 지정된 경로 및 파일명을 변경하지 마시고 저장해야 합니다. 이를 준수하지 않으면 실격 처리됩니다.
- 편집 용지
  - 용지 종류는 A4 용지(210mm×297mm) 1매에 용지 방향을 세로로 설정하여 문서를 작성하시오.
  - 용지 여백은 왼쪽·오른쪽은 20mm, 위쪽·아래쪽은 10mm, 머리말·꼬리말은 10mm, 기타 여백은 0mm로 지정하시오.
- 문서의 본문은 1단에서 2단으로 변하는 모양으로 편집하되, 단 간격은 8mm, 구분선은 실선 0.12mm로 설정하시오.
- 글자 모양
  - 글꼴은 별도의 지시가 없는 한 한글 2022의 기본값으로 작성하시오.
  - 영문, 숫자, 기호 등은 별도의 지시가 없는 한 자판에 있는 문자를 사용하시오.
- 문단 모양
  - 문장의 들여 쓰기(10pt), 정렬 방식, 여백 등은 문단 모양 기능을 이용하여 작성하시오.
  - 문단 모양은 별도의 지시가 없는 한 한글 2022의 기본값으로 작성하시오.
  - 사이 줄 띄우기는 각 1줄만, 사이 띄우기는 1칸만 띄우시오.
- 표에서 내용의 정렬 방법
  (제목 행과 '합계(평균)' 셀은 가운데 정렬, 나머지는 열 단위를 기준으로 아래와 같이 정렬)
  - 내용의 길이가 서로 다른 문자의 경우 왼쪽 정렬
  - 내용의 길이가 서로 다른 숫자의 경우 오른쪽 정렬
  - 내용의 길이가 서로 같을 경우 문자, 숫자 상관없이 가운데 정렬
- 색상은 '기본'과 '오피스' 테마가 포함된 색상 팔레트를 사용하시오.
- 각 항목은 별도의 지시가 없는 한 주어진 문서에 기준하여 작성하시오.
- 각 항목은 별도의 지시가 없는 한 기본 설정값으로 처리하시오.
- 문제에 제시된 지시사항은 작성하지 않음

 대 한 상 공 회 의 소

[왼쪽 메모 상자들]

- 내용이 한 페이지를 넘기면 감점됩니다. 문서의 끝에 문단 부호가 있는지 확인하세요.

- 이 글을 읽는 순간 F7 을 눌러 용지 설정부터 하세요.

- '전각 기호'로 지시된 문자를 제외하고는 모두 키보드에 있는 문자를 입력하세요.

- 들여쓰기는 반드시 들여쓰기 기능(Alt + T → Alt + A → Enter)을 이용하세요. Spacebar 를 이용할 경우 감점됩니다.

문제 2쪽 : 문서 작성 세부 지시사항

문제 2쪽에는 문서 작성에 적용할 세부 지시사항이 표시되어 있습니다. 하나도 빼놓지 말고 정확하게 수행하세요.

다음 쪽의 문서를 아래의 〈세부 지시사항〉에 따라 작성하시오.

1. 나난 실성
   - 모양 : 둘, 구분선 : 구분선 넣기, 적용 범위 : 새 다단으로

2. 쪽 테두리
   - 선의 종류 및 굵기 : 이중 실선 0.5mm, 모두
   - 위치 : 쪽 기준, 왼쪽·오른쪽·위쪽·아래쪽 모두 5mm

3. 글상자
   - 크기 : 너비 168mm, 높이 23mm, 크기 고정
   - 위치 : 본문과의 배치 – 자리 차지, 가로 – 종이의 가운데 0mm, 세로 – 종이의 위 20mm
   - 바깥 여백 : 아래쪽 5mm
   - 선 속성 : 검정(RGB : 0,0,0), 실선 0.2mm
   - 색 채우기 : 빨강(RGB : 255,0,0) 80% 밝게

4. 제목(1) – 휴먼명조, 15pt, 장평(110%), 자간(-4%), 진하게, 하늘색(RBG : 97,130,214) 50% 어둡게, 가운데 정렬
   제목(2) – 여백 : 왼쪽(340pt)

5. 누름틀 – 입력할 내용의 안내문 : '0000. 00. 00.', 입력 데이터 : '2023. 10. 12.'

6. 그림
   - 경로 : C:\WP\풍경.bmp, 문서에 포함
   - 크기 : 너비 18mm, 높이 10mm
   - 위치 : 본문과의 배치 – 글 앞으로, 가로 – 종이의 왼쪽 23mm, 세로 – 종이의 위 28mm

7. 스타일(2개소 수정, 3개소 등록)
   - 개요 1(수정) : 여백 – 왼쪽(0pt), 11pt, 휴먼고딕, 진하게
   - 개요 2(수정) : 여백 – 왼쪽(15pt)
   - 표제목(등록) : 스타일 이름 – 표제목, 스타일 종류 – 문단, 가운데 정렬, 11pt, 돋움체, 진하게
   - 참고문헌 1(등록) : 스타일 이름 – 참고문헌 1, 스타일 종류 – 문단, 내어쓰기(20pt)
   - 참고문헌 2(등록) : 스타일 이름 – 참고문헌 2, 스타일 종류 – 글자, 기울임

8. 문단 첫 글자 장식
   - 모양 : 2줄, 글꼴 : 휴먼고딕, 면 색 : 남색(RGB : 51,51,153), 본문과의 간격 : 3mm
   - 글자색 : 하양(RGB : 255,255,255)

9. 각주 – 글자 모양 : 돋움체, 9pt, 번호 모양 : 아라비아 숫자

10. 하이퍼링크
    - '태양광협회'에 하이퍼링크 설정
    - 연결 대상 : '웹 주소', 'http://www.kopia.asia'

11. 표
    - 크기 : 너비 78mm ~ 80mm, 높이 33mm ~ 34mm   - 위치 : 글자처럼 취급
    - 전체 행 : 셀 높이를 같게   - 모든 셀의 안 여백 : 왼쪽·오른쪽 2mm
    - 테두리 : 표 안쪽은 실선(0.12mm), 표 바깥의 위쪽과 아래쪽은 실선(0.4mm),
              표 바깥의 왼쪽과 오른쪽은 선 없음, 제목 행 아래쪽과 합계 행 위쪽은 이중 실선(0.5mm)
    - 제목 행 : 셀 배경색 – 초록(RGB : 0,128,0), 글자 모양 – 굴림체, 진하게, 하양(RGB : 255,255,255)
    - 합계 행 : 셀 배경색 – 탁한 황갈(RGB : 131,77,0) 80% 밝게, 글자 모양 – 진하게
    - 문단의 정렬 방식 : 가운데 정렬

12. 블록 계산식 – 표의 합계 행에 블록 계산식을 이용하여 블록 합계 산출

13. 캡션 – 표 위에 삽입 후 오른쪽 정렬

14. 차트
    - 차트의 모양 : 이중 축 혼합형(묶은 세로 막대형, 표식이 있는 꺾은선형)
    - 차트의 크기 : 너비 80mm, 높이 65mm, 크기 고정
    - 위치 : 본문과의 배치 – 자리 차지, 가로 – 단의 가운데 0mm, 세로 – 문단의 위 0mm
    - 바깥 여백 : 위쪽 5mm, 아래쪽 8mm
    - 항목 축, 값 축, 보조 값 축, 범례 등의 글자 모양 : 9pt
    - 표의 아래 단락에 배치
    ※ 차트 종류 변경과 계열 속성 설정으로 혼합형 차트를 구성하시오.

15. 쪽 번호 – 번호 위치 : 오른쪽 아래, 번호 모양 : 로마자 소문자, 줄표 넣기 선택, 시작 번호 지정

16. 머리말 – 휴먼고딕, 10pt, 진하게, 초록(RBG : 40,155,110) 50% 어둡게, 오른쪽 정렬

17. 꼬리말 – 맑은 고딕, 진하게, 남색(RBG : 58,60,132) 25% 어둡게, 가운데 정렬

문제 3쪽 : 완성할 문서

문제 3쪽은 완성해야 할 문서로서 지시사항을 적용할 번호가 표시되어 있습니다.
문제 2쪽의 세부 지시사항을 해당 번호에 맞게 적용하여 편집하면 됩니다.

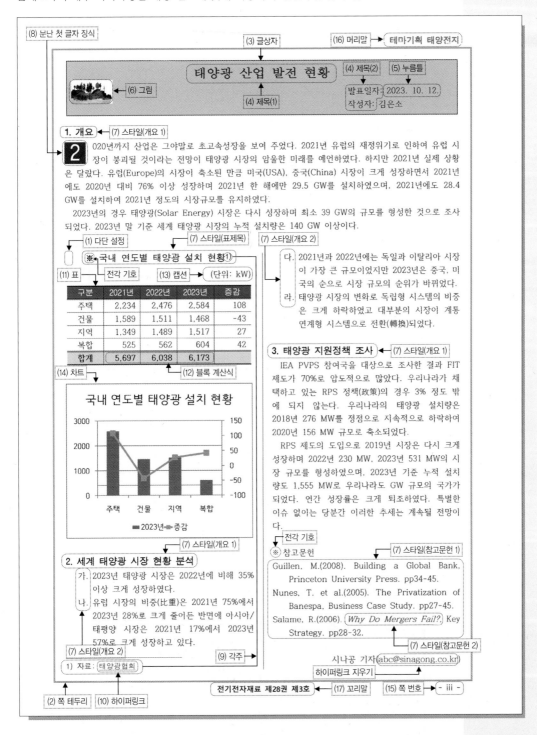

워드프로세서 실기 시험은 시험 시간에 비해 작업할 분량이 많습니다. 제한된 시험 시간 30분안에 지시사항을 하나도 빼놓지 않고 오타없이 완벽하게 작성하려면 효율적인 작업 순서를 정해야 합니다.

1. 기본 작업
용지, 글꼴 모양 및 크기 등 기본적인 작업을 수행합니다. 매번 거의 같은 작업을 하므로 한 두 번만 실습해보면 금방 익숙해 집니다.

2. 내용 입력
내용을 입력할 때는 글상자, 들여쓰기, 문단 정렬 등이 편집 작업은 제외하고 문제의 내용만 가능한 빠르고 정확하게 입력하세요. 표도 마찬가지로 표를 만든 후 내용과 캡션만 입력합니다. 내용 입력 및 다단 설정에 대한 설명은 지면 관계상 다음과 같이 세 부분으로 나눠서 설명하겠습니다.

전문가의 조언

다단 설정은 세부 지시사항에 포함되어 있기 때문에 내용을 모두 입력하고 표를 만든 후 세부 지시사항 편집 작업 시 설정해도 되지만 다단을 설정한 후 표를 만들면 표의 너비가 세부 지시사항에 제시된 78mm~80mm 사이로 만들어지므로 내용 입력 시 설정하는 것이 좋습니다.

개요

2020년까지 산업은 그야말로 초고속성장을 보여 주었다. 2021년 유럽의 재정위기로 인하여 유럽 시장이 붕괴될 것이라는 전망이 태양광 시장의 암울한 미래를 예언하였다. 하지만 2021년 실제 상황은 달랐다. 유럽(Europe)의 정책이 축소된 만큼 미국(USA), 중국(China) 시장이 크게 성장하면서 2021년에도 2020년 대비 76% 이상 성장하여 2021년 한 해에만 29.5 GW를 설치하였으며, 2021년에도 28.4 GW를 설치하여 2021년 정도의 시장규모를 유지하였다.

2023년의 경우 태양광(Solar Energy) 시장은 다시 성장하며 최소 39 GW의 규모를 형성한 것으로 조사되었다. 2023년 말 기준 세계 태양광 시장의 누적 설치량은 140 GW 이상이다.

A 부분 : 본문 1
글상자, 스타일, 들여쓰기을 수행하지 않습니다.

B 부분 : 다단, 표
다단을 설정하고, 표를 만든 후 내용과 캡션만 정확하게 입력합니다. 정렬이나 블록 계산식은 나중에 작업합니다.

※ 국내 연도별 태양광 설치 현황

구분	2021년	2022년	2023년	증감
주택	2,234	2,476	2,584	108
건물	1,589	1,511	1,468	-43
지역	1,349	1,489	1,517	27
복합	525	562	604	42
합계				

(단위: kW)

다.

※ 참고문헌
Guillen, M.(2008). Building a Global Bank. Princeton University Press. pp34-45.
Nunes, T. et al.(2005). The Privatization of Banespa, Business Case Study. pp27-45.
Salame, R.(2006). Why Do Mergers Fail?, Key Strategy. pp28-32.

시나공 기자(abc@sinagong.co.kr)

C 부분 : 본문 2-3
스타일, 정렬 등을 수행하지 않습니다.

C 부분 : 본문 2-1
스타일을 수행하지 않습니다.

세계 태양광 시장 현황 분석

2023년 태양광 시장은 2022년에 비해 35% 이상 크게 성장하였다.

유럽 시장의 비중(比重)은 2021년 75%에서 2023년 28%로 크게 줄어든 반면에 아시아/태평양 시장은 2021년 17%에서 2023년 57%로 크게 성장하고 있다.

2021년과 2022년에는 독일과 이탈리아 시장이 가장 큰 규모이었지만 2023년은 중국, 미국의 순으로 시장 규모의 순위가 바뀌었다.

태양광 시장의 변화로 독립형 시스템의 비중은 크게 하락하였고 대부분의 시장이 계통 연계형 시스템으로 전환(轉換)되었다.

태양광 지원정책 조사

IEA PVPS 참여국을 대상으로 조사한 결과 FIT 제도가 70%로 압도적으로 많았다. 우리나라가 채택하고 있는 RPS 정책(政策)의 경우 3% 정도 밖에 되지 않는다. 우리나라의 태양광 설치량은 2018년 276 MW를 정점으로 지속적으로 하락하여 2020년 156 MW 규모로 축소되었다.

RPS 제도의 도입으로 2019년 시장은 다시 크게 성장하며 2022년 230 MW, 2023년 531 MW의 시장 규모를 형성하였으며, 2023년 기준 누적 설치량도 1,555 MW로 우리나라도 GW 규모의 국가가 되었다. 연간 성장률은 크게 퇴조하였다. 특별한 이슈 없이는 당분간 이러한 추세는 계속될 전망이

C 부분 : 본문 2-2
스타일, 들여쓰기 등을 수행하지 않습니다.

3. 들여쓰기, 정렬하기

입력을 모두 마쳤으면 입력한 내용을 확인하면서 들여쓰기, 문단 정렬 등의 작업을 수행합니다. 입력과 동시에 들여쓰기, 문단 정렬 등의 작업을 수행하면 같은 작업을 몇 번 더 반복하거나 작업 요소를 누락하는 일이 발생합니다. 제한된 시간 30분안에 지시사항대로 입력과 편집을 완료하려면 1분 1초가 소중합니다. 최대한 시간을 절약할 수 있는 방법으로 작업해야 합니다.

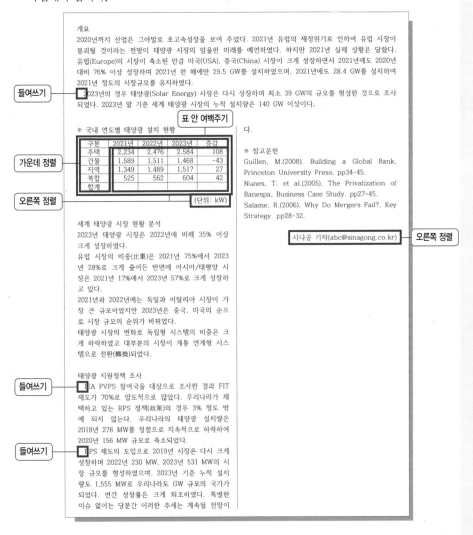

개요

2020년까지 산업은 그야말로 초고속성장을 보여 주었다. 2021년 유럽의 재정위기로 인하여 유럽 시장이 붕괴될 것이라는 전망이 태양광 시장의 암울한 미래를 예언하였다. 하지만 2021년 실제 상황은 달랐다. 유럽(Europe)의 시장이 축소된 만큼 미국(USA), 중국(China) 시장이 크게 성장하면서 2021년에도 2020년 대비 76% 이상 성장하며 2021년 한 해에만 29.5 GW를 설치하였으며, 2021년에도 28.4 GW를 설치하여 2021년 정도의 시장규모를 유지하였다.

들여쓰기 → 2023년의 경우 태양광(Solar Energy) 시장은 다시 성장하며 최소 39 GW의 규모를 형성한 것으로 조사되었다. 2023년 말 기준 세계 태양광 시장의 누적 설치량은 140 GW 이상이다.

※ 국내 연도별 태양광 설치 현황 [표 안 여백주기]

구분	2021년	2022년	2023년	증감
주택	2,234	2,476	2,584	108
건물	1,589	1,511	1,468	-43
지역	1,349	1,489	1,517	27
복합	525	562	604	42
합계				

(단위: kW)

가운데 정렬 / 오른쪽 정렬

다.

※ 참고문헌
Guillen, M.(2008). Building a Global Bank. Princeton University Press. pp34-45.
Nunes, T. et al.(2005). The Privatization of Banespa, Business Case Study. pp27-45.
Salame, R.(2006). Why Do Mergers Fail?, Key Strategy. pp28-32.

시나공 기자(abc@sinagong.co.kr) [오른쪽 정렬]

세계 태양광 시장 현황 분석
2023년 태양광 시장은 2022년에 비해 35% 이상 크게 성장하였다.
유럽 시장의 비중(比重)은 2021년 75%에서 2023년 28%로 크게 줄어든 반면에 아시아/태평양 시장은 2021년 17%에서 2023년 57%로 크게 성장하고 있다.
2021년과 2022년에는 독일과 이탈리아 시장이 가장 큰 규모이었지만 2023년은 중국, 미국의 순으로 시장 규모의 순위가 바뀌었다.
태양광 시장의 변화로 독립형 시스템의 비중은 크게 하락하였고 대부분의 시장이 계통 연계형 시스템으로 전환(轉換)되었다.

태양광 지원정책 조사
들여쓰기 → IEA PVPS 참여국을 대상으로 조사한 결과 FIT 제도가 70%로 압도적으로 많았다. 우리나라가 채택하고 있는 RPS 정책(政策)의 경우 3% 정도 밖에 되지 않는다. 우리나라의 태양광 설치량은 2018년 276 MW를 정점으로 지속적으로 하락하여 2020년 156 MW 규모로 축소되었다.
들여쓰기 → RPS 제도의 도입으로 2019년 시장은 다시 크게 성장하며 2022년 230 MW, 2023년 531 MW의 시장 규모를 형성하였으며, 2023년 기준 누적 설치량도 1,555 MW로 우리나라도 GW 규모의 국가가 되었다. 연간 성장률은 크게 퇴조하였다. 특별한 이슈 없이는 당분간 이러한 추세는 계속될 전망이

4. 편집 지시사항 수행

편집과 관련된 지시사항은 세부 지시사항의 순서보다 완성된 문서에 표시된 지시사항 순서대로 수행하는 것이 작업 속도나 정확성 면에서 효율적입니다. 완성할 문서에 표시된 지시사항을 문제 2쪽에 표시된 세부 지시사항에 체크하면서 꼼꼼히 수행하세요.

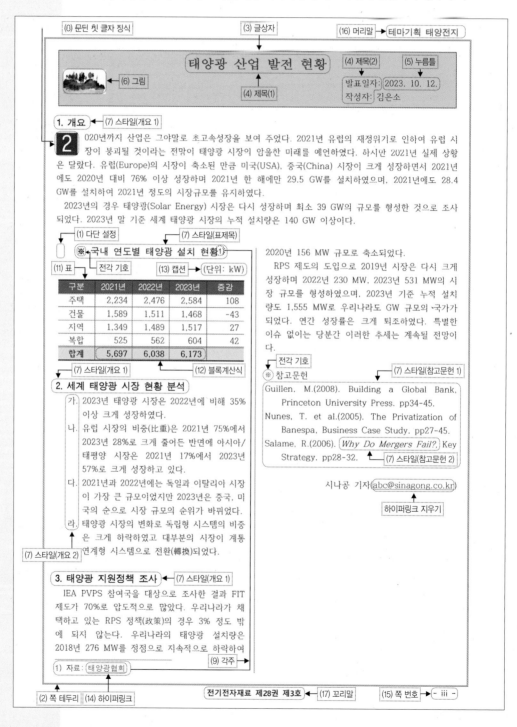

5. 차트 작성

차트는 모든 작업을 마친 다음 작업한 내용을 저장하고 나서 마지막으로 작성하는 것이 바람직합니다. 흔글 2022에서 가장 오류가 많이 나고 원하는 대로 조정이 안 되는 부분이 차트이기 때문입니다. 문제 입력이나 편집 도중 차트에 오류가 발생하면 시험에 치명적인 영향을 미칠 수 있습니다.

태양광 산업 발전 현황

발표일자: 2023. 10. 12.
작성자: 김은소

1. 개요

2020년까지 산업은 그야말로 초고속성장을 보여 주었다. 2021년 유럽의 재정위기로 인하여 유럽 시장이 붕괴될 것이라는 전망이 태양광 시장의 암울한 미래를 예언하였다. 하지만 2021년 실제 상황은 달랐다. 유럽(Europe)의 시장이 축소된 만큼 미국(USA), 중국(China) 시장이 크게 성장하면서 2021년에도 2020년 대비 76% 이상 성장하며 2021년 한 해에만 29.5 GW를 설치하였으며, 2021년에도 28.4 GW를 설치하여 2021년 정도의 시장규모를 유지하였다.

2023년의 경우 태양광(Solar Energy) 시장은 다시 성장하며 최소 39 GW의 규모를 형성한 것으로 조사되었다. 2023년 말 기준 세계 태양광 시장의 누적 설치량은 140 GW 이상이다.

※ 국내 연도별 태양광 설치 현황[1]

(단위: kW)

구분	2021년	2022년	2023년	증감
주택	2,234	2,476	2,584	108
건물	1,589	1,511	1,468	-43
지역	1,349	1,489	1,517	27
복합	525	562	604	42
합계	5,697	6,038	6,173	

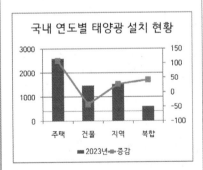

2. 세계 태양광 시장 현황 분석

가. 2023년 태양광 시장은 2022년에 비해 35% 이상 크게 성장하였다.

나. 유럽 시장의 비중(比重)은 2021년 75%에서 2023년 28%로 크게 줄어든 반면에 아시아/태평양 시장은 2021년 17%에서 2023년 57%로 크게 성장하고 있다.

다. 2021년과 2022년에는 독일과 이탈리아 시장이 가장 큰 규모이었지만 2023은 중국, 미국의 순으로 시장 규모의 순위가 바뀌었다.

라. 태양광 시장의 변화로 독립형 시스템의 비중은 크게 하락하였고 대부분의 시장이 계통연계형 시스템으로 전환(轉換)되었다.

3. 태양광 지원정책 조사

IEA PVPS 참여국을 대상으로 조사한 결과 FIT 제도가 70%로 압도적으로 많았다. 우리나라가 채택하고 있는 RPS 정책(政策)의 경우 3% 정도 밖에 되지 않는다. 우리나라의 태양광 설치량은 2018년 276 MW를 정점으로 지속적으로 하락하여 2020년 156 MW 규모로 축소되었다.

RPS 제도의 도입으로 2019년 시장은 다시 크게 성장하며 2022년 230 MW, 2023년 531 MW의 시장 규모를 형성하였으며, 2023년 기준 누적 설치량도 1,555 MW로 우리나라도 GW 규모의 국가가 되었다. 연간 성장률은 크게 퇴조하였다. 특별한 이슈 없이는 당분간 이러한 추세는 계속될 전망이다.

※ 참고문헌

Guillen. M.(2008). Building a Global Bank, Princeton University Press. pp34-45.
Nunes. T. et al.(2005). The Privatization of Banespa, Business Case Study. pp27-45.
Salame. R.(2006). *Why Do Mergers Fail?*, Key Strategy. pp28-32.

시나공 기자(abc@sinagong.co.kr)

1) 자료: 태양광협회

기본 작업

용지 설정

[기본] 도구 상자의 [쪽] → [편집 용지]를 클릭한 후 '편집 용지' 대화상자에서 문제지의 지시사항대로 용지의 종류와 여백을 다음 그림과 같이 지정한 후 〈설정〉을 클릭하세요 (바로 가기 키 : F7).

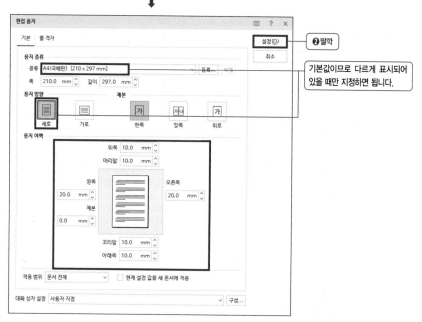

글자 모양/크기 설정

흔글 2022의 기본 글자 모양은 함초롬바탕, 크기는 10, 행간은 160%입니다. 다른 경우에만 기본값으로 수정하세요.

A 부분 : 본문 1 입력

문제지에 표시한 A 부분을 다음 그림과 같은 모양이 되도록 입력하세요.

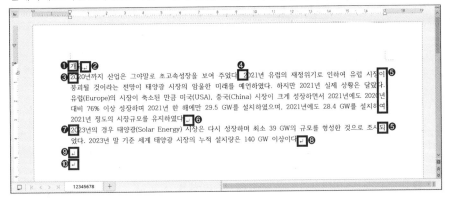

전문가의 조언

문제가 다음 그림과 같이 전체 2단으로 구성된 문서는 지시사항대로 먼저 다단을 설정하고 내용을 입력해야 합니다. 이 경우 다단 설정에 대한 지시사항은 보통 문제 1쪽의 전체 지시사항에 있습니다. 다단 설정에 관한 내용은 Section 02 다단 설정을 참조하세요.

❶ 스타일을 지정하지 말고, 내용을 입력하세요.

❷ 제목을 입력하고 Enter를 한 번 눌러 다음 줄에서 새롭게 입력하세요.

❸ 문단 첫 글자 장식을 지정하지 말고, 내용을 입력하세요.

❹ 마침표(.)나 쉼표(,) 뒤에는 Spacebar를 한 번 눌러 한 칸을 띄우세요. 문제지의 내용이 두 칸 이상 띄어진 것처럼 보여도 한 칸만 띄어야 합니다.

❺ 문장을 계속 입력하여 내용이 문단의 오른쪽 끝까지 꽉 차면 자동으로 다음 줄에 입력되므로 Enter를 누르지 말고 계속 입력하세요.

❻ 문장을 입력하고 Enter를 한 번 눌러 다음 줄에서 새롭게 입력하세요.

❼ 처음 위치에서 들여쓰기를 하지 말고, 내용을 입력하세요. 들여쓰기는 모든 내용을 입력한 후 Alt + T → Alt + A → Enter를 눌러 수행하세요.

❽ Enter를 두 번 눌러 다음 문단과의 사이를 한 줄 띄우세요.

❾ 띄우지 않거나 두 줄 이상 띄우면 감점됩니다.

❿의 위치에서부터 다음 내용(B 부분)을 입력합니다.

B 부분 : 다단 설정 및 표 작성

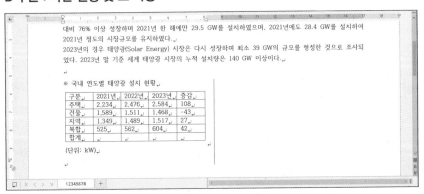

1. 다단 설정
[세부 지시사항]

> 1. 다단 설정
>   – 모양 : 둘, 구분선 : 구분선 넣기, 적용 범위 : 새 다단으로

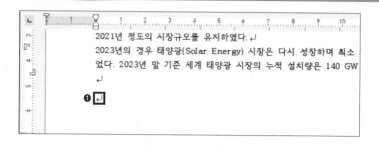

❶ [기본] 도구 상자의 [쪽] → [▦(단)]을 클릭하세요.

❷ '단 설정' 대화상자에서 문제지에 주어진 지시사항대로 단 개수, 구분선, 너비 및 간격, 적용 범위를 다음 그림과 같이 지정한 후 〈설정〉을 클릭하세요.

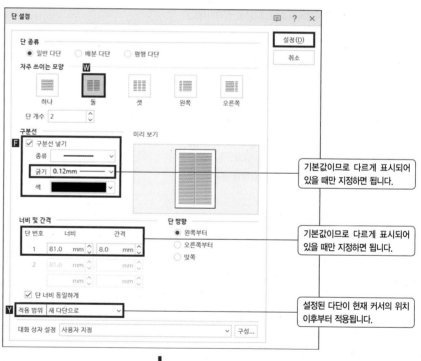

키보드로 다단 설정하기
Alt → W → U → E → Alt + W
→ Alt + F → Alt + Y → End →
Enter → Enter 를 누릅니다.

다단 설정 적용 범위
· 문서 전체 : 문서 전체에 동일한 다단을 적용함
· 새 쪽으로 : 커서 위치에서 쪽을 나누어 새 페이지에 새로운 다단을 설정함
· 새 다단으로 : 커서 위치 이후부터 새로운 다단을 설정함

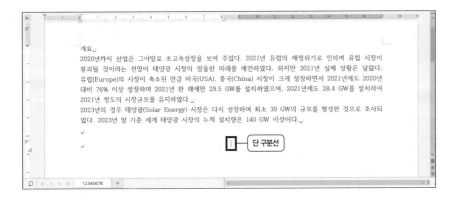

2. 제목 입력

❶ 전각 기호는 키보드로 입력하면 안 됩니다. `Ctrl`+`F10`을 누른 다음 '문자표' 대화상자에서 선택하세요.

❷ 입력한 후 `Enter`를 한 번 누르세요.

❸번 위치에서 다음 작업을 수행하세요.

3. 표 만들기

6행 5열의 표를 만들기 위해 `Ctrl` + `N`, `T` → 6 → `Tab` → 5 → `Alt` + `T` → `Enter`를 차례로 누르세요([기본] 도구 상자 : [입력] → [▦(표)]).

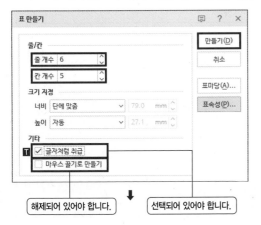

전각 기호(※) 입력 방법

전문가의 조언

`Ctrl`+`N`, `T` → 6 → `Tab` → 5 → `Alt`+`T` → `Enter`

'표 만들기' 대화상자를 호출(`Ctrl`+`N`, `T`)한 다음 줄 수를 6, 칸 수를 5로 지정한 후 '글자처럼 취급'을 선택(`Alt`+`T`)하고, '표 만들기' 대화상자를 종료(`Enter`)합니다. '글자처럼 취급'을 선택하여 표를 만들면 이후에는 '표 만들기' 대화상자를 호출할 때마다 '글자처럼 취급'이 선택되어 있습니다.

※ 바로 가기 키가 숙달되면 마우스를 이용하는 것보다 훨씬 빠르게 작업할 수 있습니다.

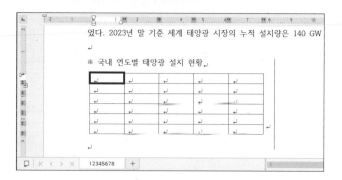

였다. 2023년 말 기준 세계 태양광 시장의 누적 설치량은 140 GW

4. 표에 내용 입력하기

화살표 방향으로 내용을 입력하는 것이 빠릅니다. 내용을 입력할 때는 정렬에 관계없이 모두 왼쪽에 붙어 입력하세요.

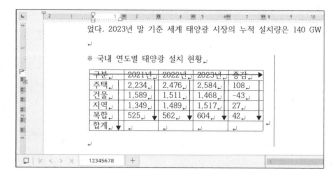

5. 표에 캡션 입력하기

❶ 표에 캡션을 입력할 차례입니다. 표 안에 커서가 있는 상태에서 캡션 입력 바로 가기 키 (Ctrl)+(N), (C)를 누르세요. 자동으로 캡션 입력란에 **표 1**이 입력되어 표시됩니다([기본] 도구 상자 : [⊞∨(표 레이아웃)] → [▦(캡션)]).

전문가의 조언

'⊞∨(표 레이아웃)'은 표가 선택된 상태에서만 표시됩니다.

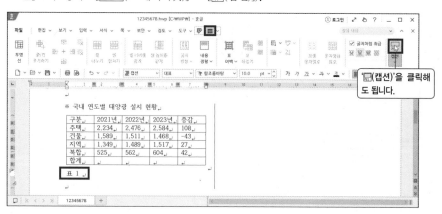

❷ **표 1**이 입력되어 있는 상태에서 Shift+Home을 눌러 블록을 지정한 후 **(단위: kW)**를 입력하세요.

Ctrl+A를 눌러 블록을 지정해도 됩니다.

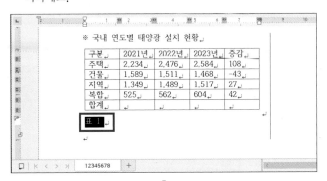

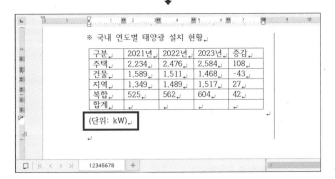

표 내용의 정렬, 서식 지정, 블록 계산식 등은 입력을 모두 마친 후에 수행하는 것이 빠릅니다.

❸ 캡션까지 입력했으면 ↓*를 한 번 눌러 캡션에서 빠져나와 표 아래 줄로 이동한 후 Enter를 한 번 눌러 다음 내용을 입력할 위치로 커서를 이동시킵니다. ❺의 위치에서부터 다음 내용(C 부분)을 입력하세요.

↓ 대신 Shift+Esc를 눌러도 캡션 영역에서 빠져나와도 됩니다. Shift+Esc를 누르면 커서가 표의 왼쪽 밖으로 이동하니 ↓를 한 번 눌러 표 아래 줄로 이동하세요.

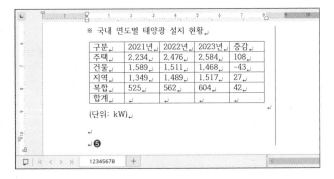

C 부분 : 본문 2-1 입력

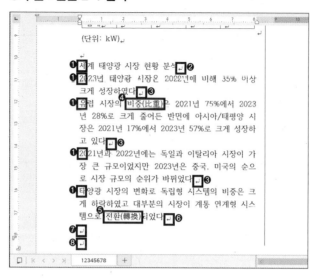

❶ 스타일을 지정하지 말고, 내용을 입력하세요.

❷ 제목을 입력하고 Enter를 한 번 눌러 다음 줄에서 새롭게 입력하세요.

❸ 문장을 입력하고 Enter를 한 번 눌러 다음 줄에서 새롭게 입력하세요.

❹ **비중**을 입력하고 F9나 한자를 눌러 한자 변환을 수행하세요.

❺ **전환**을 입력하고 F9나 한자를 눌러 한자 변환을 수행하세요.

❻ Enter를 두 번 눌러 다음 문단과의 사이를 한 줄 띄우세요.

❼ 띄우지 않거나 두 줄 이상 띄우면 감점됩니다.

❽의 위치에서부터 다음 내용(본문 2-2)을 입력합니다.

잠깐만요 ┃ **비중(比重) 입력**

❶ 비중을 입력한 후 한자 입력을 위한 바로 가기 키 F9 또는 한자를 누르세요.

❷ '한자로 바꾸기' 대화상자에서 변환할 한자와 입력 형식을 다음 그림과 같이 지정한 후 〈바꾸기〉를 클릭하세요.

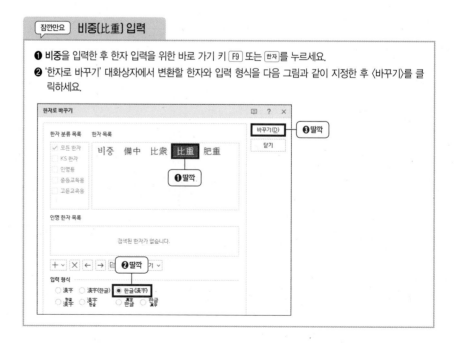

Q 표와 표 아래 문단이 다음 페이지로 넘어가요.

A 캡션을 입력한 후 캡션 밖으로 나오지 않고 캡션 영역에서 Enter를 누르고 본문을 입력했기 때문에 발생하는 현상입니다. 이때는 다음과 같이 수정하면 됩니다.

❶ "(단위: kW)"의 ')' 뒤에 커서를 놓고 Ctrl+Shift+PgDn을 눌러 다음 페이지로 밀려난 내용 끝까지 블록을 설정한 후 잘라내기(Ctrl+X)를 수행합니다.

❷ Shift+Esc를 눌러 캡션에서 빠져나옵니다. 커서는 표의 왼쪽 밖에 위치합니다.

❸ End를 눌러 커서를 표의 오른쪽 뒤로 이농한 후 Enter를 두 빈 누근 후 붙어넣기(Ctrl+V)를 수행합니다

C 부분 : 본문 2-2 입력

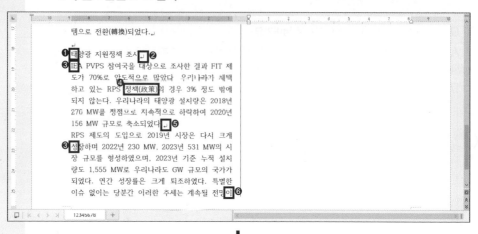

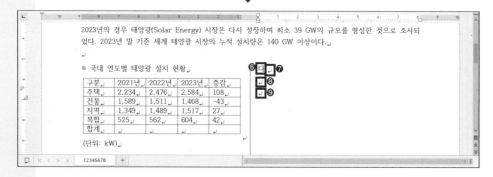

❶ 스타일을 지정하지 말고, 내용을 입력하세요.

❷ 제목을 입력하고 [Enter]를 한 번 눌러 다음 줄에서 새롭게 입력하세요.

❸ 처음 위치에서 들여쓰기를 하지 말고, 그대로 내용을 입력하세요. 들여쓰기는 모든 내용을 입력한 후 [Alt]+[T] → [Alt]+[A] → [Enter]를 눌러 수행하세요.

❹ **정책***을 입력하고 [F9]나 [한자]를 눌러 한자 변환을 수행하세요.

❺ 문장을 입력하고 [Enter]를 한 번 눌러 다음 줄에서 새롭게 입력하세요.

❻ 입력한 내용이 왼쪽 단에 꽉 차면, 자동으로 커서가 오른쪽 단의 처음으로 이동하므로 [Enter]를 누르지 말고 그냥 내용을 입력하세요.

❼ [Enter]를 두 번 눌러 다음 문단과의 사이를 한 줄 띄우세요.

❽ 띄우지 않거나 두 줄 이상 띄우면 감점됩니다.

❾의 위치에서부터 다음 내용(본문 2-3)을 입력합니다.

정책(政策) 입력 방법

정책을 입력한 후 [F9] 또는 [한자]를 눌러 나타나는 '한자로 바꾸기' 대화상자에서 변환할 한자와 입력 형식을 지정한 후 〈바꾸기〉를 클릭하세요.

C 부분 : 본문 2-3 입력

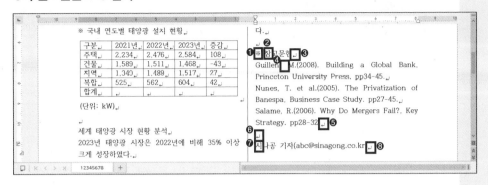

❶ 전각 기호는 키보드로 입력하면 안 됩니다. Ctrl + F10을 누른 다음 '문자표 입력' 대화상자에서 선택하세요.

❷ 전각 기호(※) 다음에 한 칸을 띄우세요.

❸ 제목을 입력하고 Enter를 한 번 눌러 다음 줄에서 새롭게 입력하세요.

❹ 단어와 단어 사이의 간격이 넓어 보여도 한 칸만 띄어야 합니다.

❺ Enter를 두 번 눌러 다음 문단과의 사이를 한 줄 띄우세요.

❻ 띄우지 않거나 두 줄 이상 띄우면 감점됩니다.

❼ 오른쪽 정렬을 지정하지 말고, 내용을 입력하세요.

❽ 마지막까지 입력한 후 Enter나 Spacebar를 누르지 마세요.

잠깐만요 │ 하이퍼링크 지우기

이메일 주소나 웹 주소 등에는 자동으로 하이퍼링크가 설정됩니다. 이처럼 자동으로 설정되는 하이퍼링크를 방지하려면 이메일 주소나 웹 주소를 입력한 다음 Spacebar나 Enter를 누르지 않으면 됩니다. 만약 실수로 이메일 주소나 웹 주소에 하이퍼링크가 설정되었다면 다음과 같은 방법으로 제거해야 합니다.

방법 : 하이퍼링크가 설정된 내용 위에서 마우스 오른쪽 버튼을 클릭하여 나타나는 바로 가기 메뉴에서 **[하이퍼링크 지우기]**를 선택하세요.

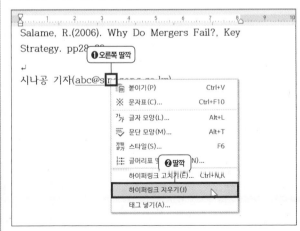

들여쓰기, 정렬하기

4431804

이제 기본적인 입력 작업이 끝났습니다. 입력된 문서의 맨 처음으로 이동하여 입력된 내용을 확인하면서 문단 들여쓰기, 문단 정렬하기 등의 작업을 수행하여 다음과 같이 완성하세요.

개요

2020년까지 산업은 그야말로 초고속성장을 보여 주었다. 2021년 유럽의 재정위기로 인하여 유럽 시장이 붕괴될 것이라는 전망이 태양광 시장의 암울한 미래를 예언하였다. 하지만 2021년 실제 상황은 달랐다. 유럽(Europe)의 시장이 축소된 만큼 미국(USA), 중국(China) 시장이 크게 성장하면서 2021년에도 2020년 대비 76% 이상 성장하며 2021년 한 해만에 29.5 GW를 설치하였으며, 2021년에도 28.4 GW를 설치하여 2021년 정도의 시장규모를 유지하였다.

[들여쓰기] 2023년의 경우 태양광(Solar Energy) 시장은 다시 성장하며 최소 39 GW의 규모를 형성한 것으로 조사되었다. 2023년 말 기준 세계 태양광 시장의 누적 설치량은 140 GW 이상이다.

[표 안 여백주기]

※ 국내 연도별 태양광 설치 현황

구분	2021년	2022년	2023년	증감
주택	2,234	2,476	2,584	108
건물	1,589	1,511	1,468	-43
지역	1,349	1,489	1,517	27
복합	525	562	604	42
합계				

[가운데 정렬] **[오른쪽 정렬]** (단위: kW)

다.

※ 참고문헌
Guillen, M.(2008). Building a Global Bank. Princeton University Press. pp34-45.
Nunes, T. et al.(2005). The Privatization of Banespa, Business Case Study. pp27-45.
Salame, R.(2006). Why Do Mergers Fail?, Key Strategy. pp28-32.

시나공 기자(abc@sinagong.co.kr)

[오른쪽 정렬]

세계 태양광 시장 현황 분석
2023년 태양광 시장은 2022년에 비해 35% 이상 크게 성장하였다.
유럽 시장의 비중(比重)은 2021년 75%에서 2023년 28%로 크게 줄어든 반면에 아시아/태평양 시장은 2021년 17%에서 2023년 57%로 크게 성장하고 있다.
2021년과 2022년에는 독일과 이탈리아 시장이 가장 큰 규모이었지만 2023년은 중국, 미국의 순으로 시장 규모의 순위가 바뀌었다.
태양광 시장의 변화로 독립형 시스템의 비중은 크게 하락하였고 대부분의 시장이 계통 연계형 시스템으로 전환(轉換)되었다.

태양광 지원정책 조사
[들여쓰기] IEA PVPS 참여국을 대상으로 조사한 결과 FIT 제도가 70%로 압도적으로 많았다. 우리나라가 채택하고 있는 RPS 정책(政策)의 경우 3% 정도 밖에 되지 않는다. 우리나라의 태양광 설치량은 2018년 276 MW를 정점으로 지속적으로 하락하여 2020년 156 MW 규모로 축소되었다.
[들여쓰기] RPS 제도의 도입으로 2019년 시장은 다시 크게 성장하며 2022년 230 MW, 2023년 531 MW의 시장 규모를 형성하였으며, 2023년 기준 누적 설치량도 1,555 MW로 우리나라도 GW 규모의 국가가 되었다. 연간 성장률은 크게 퇴조하였다. 특별한 이슈 없는 당분간 이러한 추세는 계속될 전망이

잠깐만요 **들여쓰기, 문단 정렬 등은 입력을 모두 마친 후에 ...**

- 들여쓰기, 문단 정렬 등은 입력을 모두 마친 후에 입력한 내용을 점검하면서 수행하는 것이 원칙입니다. 입력과 동시에 들여쓰기, 문단 정렬 등의 작업을 수행하면 같은 작업을 몇 번 더 반복하는 일이 발생하거든요. 주어진 시간내에 입력을 마치고 틀린 글자를 찾아 고친 후 지시사항대로 문서를 편집하려면 1분 1초가 소중합니다. 최대한 시간을 절약할 수 있는 방법으로 작업해야 합니다.

- **작업이 반복되는 예** : '본문 1'의 마지막 문단(2023년의~)에 들여쓰기를 지정하고 Enter를 누르면 다음 줄에도 아래 그림과 같이 자동으로 들여쓰기가 지정됩니다. 표 제목과 표에는 들여쓰기를 지정하면 않되므로 들여쓰기를 해제해야 하겠죠.

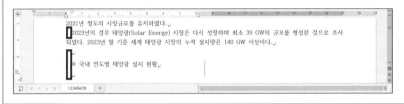

"2023년의 경우~" 부분 들여쓰기

❶ Ctrl+PgUp을 눌러 문서의 처음으로 커서를 옮기세요. Ctrl+↓를 두 번 누르면 커서가 "2023년의 경우"의 숫자 2 앞으로 이동합니다.

❷ Alt+T → Alt+A → Enter를 눌러 들여쓰기를 10pt로 지정하세요.

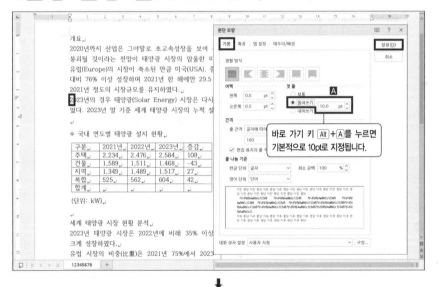

바로 가기 키 Alt+A를 누르면 기본적으로 10pt로 지정됩니다.

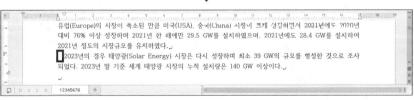

전문가의 조언

- Ctrl+↓를 누르면 커서가 문단 단위로 이동하고, Ctrl+→를 누르면 커서가 단어 단위로 이동합니다.

- 들여쓰기, 문단 정렬 등은 키보드와 마우스를 적절하게 사용하면 효율적으로 작업할 수 있습니다. 키보드를 사용할 때는 바로 가기 키를 이용하고, 마우스를 사용해야할 때는 도구 상자를 이용하여 작업을 수행하세요.

- '문단 모양' 대화상자를 호출(Alt+T)한 후 들여쓰기 10pt를 지정(Alt+A)하고 〈설정〉을 클릭(Enter)합니다.

표 안의 셀에 여백 지정하기
[세부 지시사항]

> 11. 표
>   – 모든 셀의 안 여백 : 왼쪽 · 오른쪽 2mm

❶ 표 안의 모든 셀의 왼쪽과 오른쪽에 여백을 지정해야 합니다. 표에 있는 임의의 셀을 클릭한 다음 [Ctrl]+[N], [K]를 누르세요(표의 [바로 가기 메뉴] → [표/셀 속성]).

❷ '표/셀 속성' 대화상자의 '표' 탭에서 다음 그림과 같이 지정한 후 〈설정〉을 클릭하세요.

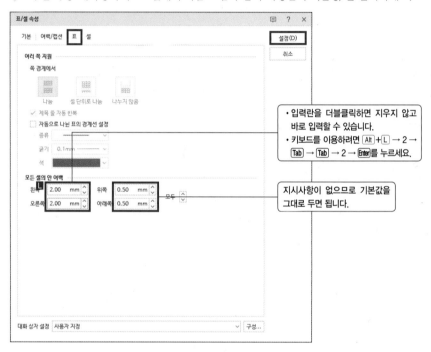

- 입력란을 더블클릭하면 지우지 않고 바로 입력할 수 있습니다.
- 키보드를 이용하려면 [Alt]+[L] → 2 → [Tab] → [Tab] → 2 → [Enter]를 누르세요.

지시사항이 없으므로 기본값을 그대로 두면 됩니다.

표의 내용 정렬하기

❶ 표의 열 제목(1행 전체)과 6행 1열은 항상 가운데로 정렬해야 하며, 2~5행 1열의 경우 문자의 길이가 같은 경우 가운데로 정렬, 문자의 길이가 다른 경우 왼쪽으로 정렬해야 합니다. [Ctrl]과 마우스를 이용하여 다음 그림과 같이 블록을 지정한 후 [서식] 도구 상자에서 '(가운데 정렬)'을 클릭하세요(바로 가기 키 : [Ctrl]+[Shift]+[C]).

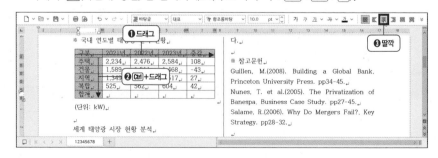

궁금해요 시나공 Q&A 베스트

Q '(가운데 정렬)'을 클릭해도 가운데로 정렬이 되지 않아요!

A 바로 전에 '가운데 정렬'을 지정하여 '(가운데 정렬)'이 눌러져 있기 때문에 발생하는 현상입니다. 바로 옆의 '(왼쪽 정렬)'을 클릭한 후 '(가운데 정렬)'을 다시 클릭해 보세요.

❷ 숫자는 오른쪽에 맞게 정렬해야 합니다. 그림과 같이 화살표 방향으로 드래그하여 2행 2열부터 6행 5열까지 블록을 지정한 후 [서식] 도구 상자에서 '▣(오른쪽 정렬)'을 클릭하세요(바로 가기 키 : Ctrl + Shift + R).

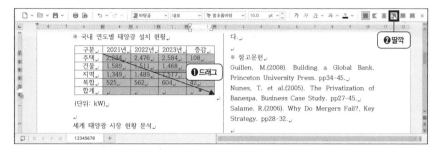

표의 캡션 정렬하기

이제 표의 캡션을 오른쪽으로 정렬할 차례입니다. "(단위: kW)" 부분을 클릭한 후 [서식] 도구 상자에서 '▣(오른쪽 정렬)'을 클릭하세요(바로 가기 키 : Ctrl + Shift + R).

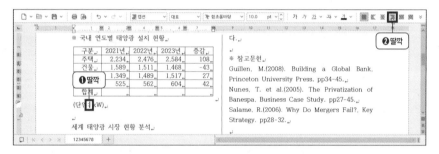

"IEA PVPS~" 부분과 "RPS 제도의~" 부분 들여쓰기

❶ 캡션을 오른쪽으로 정렬한 상태에서 ↓를 한 번 눌러 캡션에서 빠져나오세요.

❷ 이어서 Ctrl + ↓를 8번 눌러 "IEA PVPS~" 부분이 있는 문단의 처음으로 이동한 후 Alt + T → Alt + A → Enter를 눌러 10pt 들여쓰기를 수행하세요.

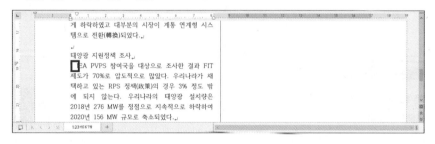

전문가의 조언

• 캡션에서는 Ctrl + ↓를 누르면 캡션을 빠져나가지 못합니다. Ctrl을 누르지 않고 그냥 ↓만 한 번 누르거나 Shift + Esc를 눌러야 캡션을 빠져나옵니다.

• '문단 모양' 대화상자를 호출 (Alt + T)한 후 들여쓰기를 지정(Alt + A)하고 〈설정〉을 클릭(Enter)합니다.

❸ Ctrl+↓을 한 번 눌러 "RPS 제도의~" 부분이 있는 문단의 처음으로 이동한 후 Alt+T → Alt+A → Enter를 눌러 10pt 들여쓰기를 수행하세요.

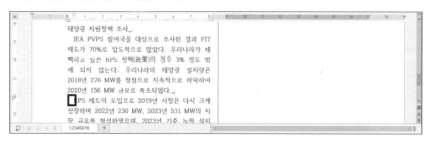

"시나공 기자~" 부분 오른쪽 정렬하기

Ctrl+PgDn을 누르면 커서가 문서의 마지막 문단인 "시나공 기자~"의 끝으로 이동한 후 Ctrl+Shift+R을 눌러 오른쪽으로 정렬하세요.

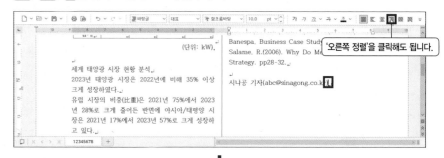

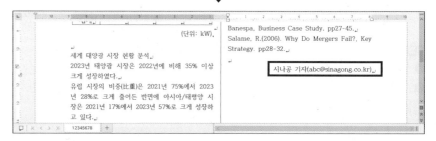

편집 지시사항 수행하기

쪽 테두리 지정하기
[세부 지시사항]

4431805

> 2. 쪽 테두리
>   – 선의 종류 및 굵기 : 이중 실선 0.5mm, 모두
>   – 위치 : 쪽 기준, 왼쪽 · 오른쪽 · 위쪽 · 아래쪽 모두 5mm

❶ [기본] 도구 상자의 [쪽] → [쪽 테두리/배경]을 클릭하세요.

❷ '쪽 테두리/배경' 대화상자의 '테두리' 탭에서 주어진 세부 지시사항대로 선의 종류 및 굵기, 위치를 다음과 같이 지정한 후 〈설정〉을 클릭하세요.

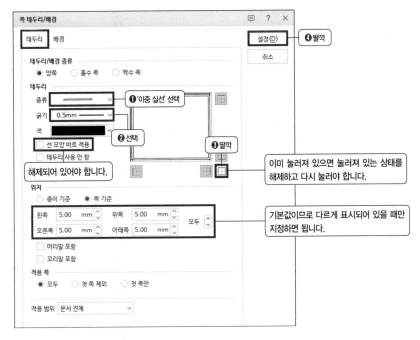

❸ 쪽 테두리가 제대로 만들어졌는지 확인하세요.

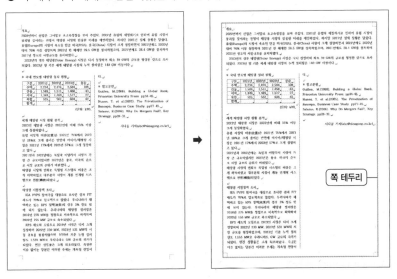

궁금해요 시나공 Q&A 베스트

Q 쪽 테두리가 안 보여요!

A 보기가 [쪽 윤곽 보기] 상태가 아니라서 그렇습니다. Ctrl+G, L 을 눌러 [쪽 윤곽 보기] 상태로 변경하세요([기본] 도구 상자 : [보기] → [쪽 윤곽]).

글상자 작성하기
[세부 지시사항]

> 3. 글상자
> - 크기 : 너비 168mm, 높이 23mm, 크기 고정
> - 위치 : 본문과의 배치 – 자리 차지, 가로 – 종이의 가운데 0mm, 세로 – 종이의 위 20mm
> - 바깥 여백 : 아래쪽 5mm
> - 선 속성 : 검정(RGB : 0,0,0), 실선 0.2mm
> - 색 채우기 : 빨강(RGB : 255,0,0) 80% 밝게

1. 글상자 만들고 내용 입력하기

❶ Ctrl + PgUp 을 눌러 커서를 문서의 맨 처음으로 이동시킵니다.

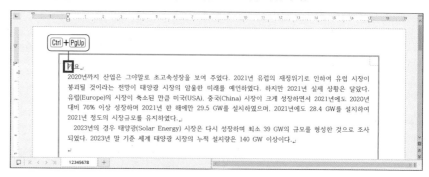

전문가의 조언

지금 진행하는 작업은 시간을 단축시키기 위해 키보드를 이용하는 방법이므로 그대로 따라해야 합니다. 지시가 없는데 마우스를 클릭하거나 키보드를 누르면 안 됩니다.

❷ 글상자를 만들기 위해 Ctrl + N , B 를 누른 후 Ctrl + Z 를 누릅니다([기본] 도구 상자 : [입력] → [▦(가로 글상자)]).

❸ 빈 글상자가 만들어지면 다음 그림과 같이 내용을 입력하세요.

전문가의 조언

누름틀의 삽입 위치를 위해 "발표일자: " 입력 시 콜론(:) 뒤에 공백을 한 칸 입력하세요.

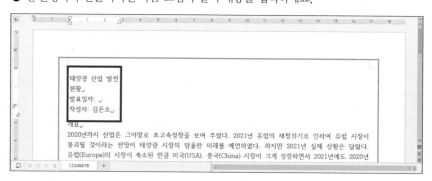

궁금해요 **시나공 Q&A 베스트**

Q 글상자를 만들면 글상자의 선 색이 빨강, 면 색이 파랑으로 표시돼요!

A 이전에 작업하던 흔적이 남아서 그렇습니다. 선 색과 면 색에 대한 지시사항이 제시되므로 이후 작업 과정에서 지시사항대로 선 색과 면 색을 바꾸어 주면 됩니다.

2. 글상자의 크기, 위치 및 서식 지정하기

❶ [Ctrl]+[N], [K]를 눌러 '개체 속성' 대화상자를 호출한 후 '기본' 탭에서 다음 그림과 같이 지정하세요.

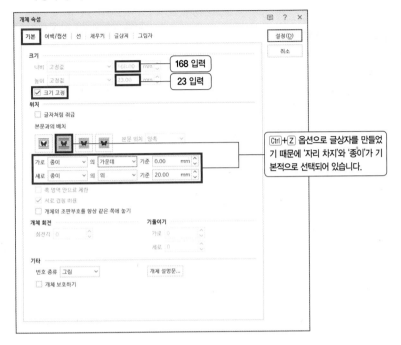

❷ 여백을 지정할 차례입니다. '여백/캡션' 탭으로 이동한 후 바깥 여백의 아래쪽에 5를 입력하세요.

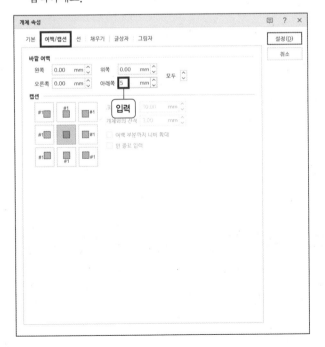

궁금해요 시나공 Q&A 베스트

Q 글자가 글상자의 위쪽에 붙어 있습니다. 어떻게 하죠?

A [Ctrl]+[N], [K]를 누른 후 '글상자' 탭에서 '세로 정렬'을 ▤(가운데)로 지정합니다. 자세한 내용은 72쪽을 참조하세요.

전문가의 조언

'개체 속성' 대화상자는 [Ctrl]+[N], [K]를 눌러 호출해야 하는데 실수로 [Alt]+[N], [K]를 누르는 경우가 있습니다. [Alt]+[N], [K]를 누르면 새글([Alt]+[N])이 열리는데, 이때는 당황하지 말고 열린 새 글(문서)을 닫으면 됩니다.

전문가의 조언

• 대화상자에서 [Ctrl]+[Tab]을 눌러 탭 사이를 이동할 수도 있습니다.
• ❶번에서 [Enter]를 눌렀다면 다시 [Ctrl]+[N], [K]를 누르세요.

❸ 이어서 '선' 탭으로 이동한 후 선의 종류와 굵기를 다음 그림과 같이 지정하세요.

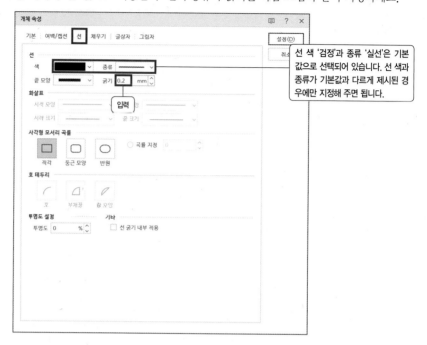

선 색 '검정'과 종류 '실선'은 기본 값으로 선택되어 있습니다. 선 색과 종류가 기본값과 다르게 제시된 경우에만 지정해 주면 됩니다.

❹ 마지막으로 '채우기' 탭에서 면 색을 '빨강 80% 밝게'로 지정한 후 〈설정〉을 클릭하세요.

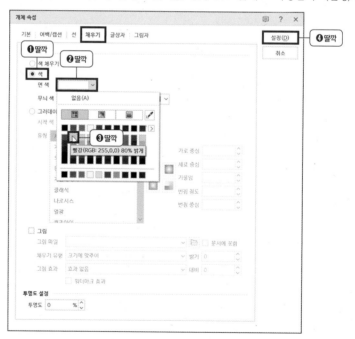

전문가의 조언

색상 확인

색상이 혼동될 때 정확한 색상명을 확인하려면 '개체 속성' 대화상자에서 '면 색' 목록 상자를 클릭한 후 색상표의 특정 색상에 마우스 포인터를 놓으세요. 마우스 포인터를 놓고 잠시 기다리면 색상명이 표시됩니다.

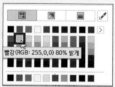

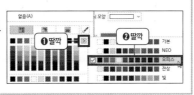

3. 제목에 서식 지정하기

4. 제목(1) – 휴먼명조, 15pt, 장평(110%), 자간(-4%), 진하게, 하늘색(RGB : 97,130,214) 50% 어둡게,
   가운데 정렬

   제목(2) – 여백 : 왼쪽(340pt)

❶ '제목(1)' 지시사항을 먼저 적용하도록 하겠습니다. 현재 커서는 "김은소"의 "소"자 뒤
에 있습니다. Ctrl+Home, Home을 눌러 첫 번째 줄의 첫 글자 앞으로 커서를 이동시킨
후 Ctrl+Shift+C를 눌러 문자열을 가운데로 정렬하세요.

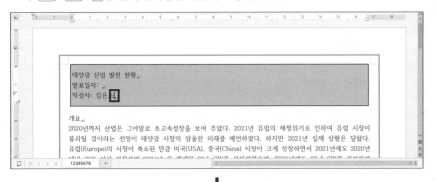

'가운데 정렬'을 클릭해도 됩니다.

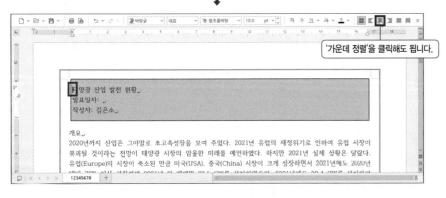

❷ "태"자 앞에 커서가 놓인 상태에서 [Shift]+[End]를 눌러 첫 번째 줄 모든 내용을 블록으로 지정한 후 [Alt]+[L]을 눌러 '글자 모양' 대화상자를 호출하세요.

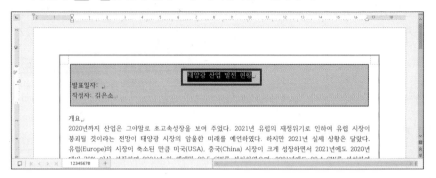

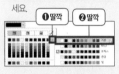
❸ '글자 모양' 대화상자의 '기본' 탭에서 제목의 글자 모양과 크기, 속성을 다음 그림과 같이 지정한 후 〈설정〉을 클릭하세요.

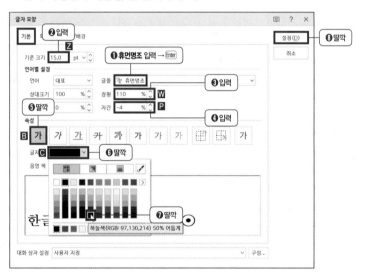

❹ '제목(2)' 지시사항을 적용하도록 하겠습니다. 제목의 첫 번째 줄 전체가 블록으로 지정된 상태에서 [↓]을 눌러 커서를 두 번째 줄로 이동하세요.

❺ [Shift]+[↓]을 눌러 2, 3번째 줄을 블록으로 지정한 후 [Alt]+[T]를 눌러 '문단 모양' 대화 상자를 호출하세요.

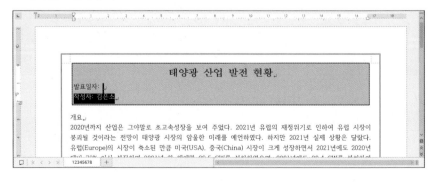

❻ '문단 모양' 대화상자의 '기본' 탭에서 Alt + F → 340 → Enter 를 차례로 눌러 왼쪽 여백을 지정하세요.

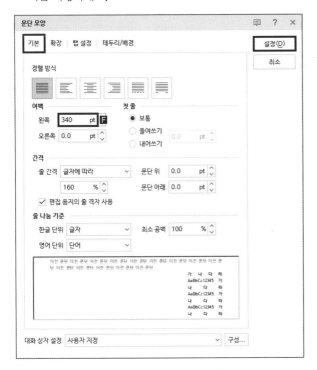

누름틀 작성하기
[세부 지시사항]

5. 누름틀 – 입력할 내용의 안내문 : '0000. 00. 00.', 입력 데이터 : '2023. 10. 12.'

❶ 앞선 **❻**번에서의 작업으로 인해 제목의 2, 3번째 문장이 블록으로 지정된 상태입니다. Esc 를 눌러 블록을 해제하고 ↑ 을 눌러 2번째 줄의 끝으로 커서를 이동한 후 필드 입력 바로 가기 키 Ctrl + K, E 를 누르세요([입력]의 ⌄ → [개체] → [필드 입력]).

전문가의 조언

"**발표일자: "**의 콜론(:) 뒤에 공백이 한 칸 입력되어 있지 않을 경우 Spacebar 를 누른 후 필드 입력 바로 가기 키 Ctrl + K, E 를 누르세요.

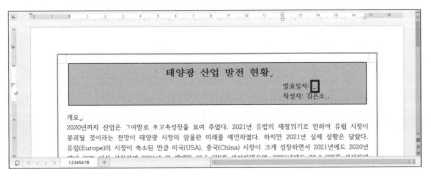

❷ '필드 입력' 대화상자의 '누름틀' 탭에서 '입력할 내용의 안내문'에 0000. 00. 00.을 입력한 후 〈넣기〉를 클릭하세요.

❸ 화면에 표시된 누름틀을 마우스로 클릭한 후 2023. 10. 12.를 입력하세요.

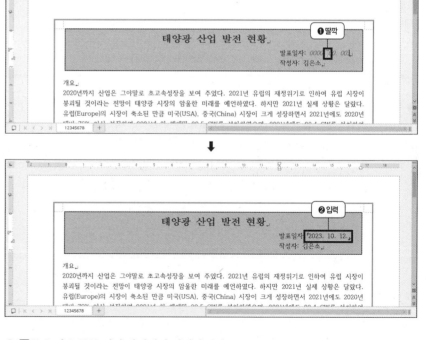

❹ ↓를 눌러 누름틀 편집 상태에서 빠져나오세요.

그림 삽입하기
[세부 지시사항]

> 6. 그림
> - 경로 : C:\WP\풍경.bmp, 문서에 포함
> - 크기 : 너비 18mm, 높이 10mm
> - 위치 : 본문과의 배치 – 글 앞으로, 가로 – 종이의 왼쪽 23mm, 세로 – 종이의 위 28mm

❶ 앞선 ❹번에서의 작업으로 인해 커서는 "김은소"의 "소" 자 뒤에 있습니다. 그 상태에서 그림을 삽입하는 바로 가기 키 Ctrl+N, I를 눌러 '그림 넣기' 대화상자를 호출하세요([기본] 도구 상자 : [입력] → [█(그림)].

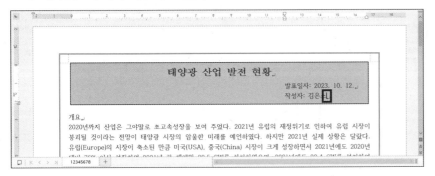

❷ '그림 넣기' 대화상자에서 찾는 위치를 C 드라이브의 'WP 폴더'로 지정하면 문서에 넣을 수 있는 그림 목록이 표시됩니다. '문서에 포함'만 체크 표시하고 문제에 제시된 그림(풍경.bmp)을 선택한 후 〈열기〉를 클릭하세요.

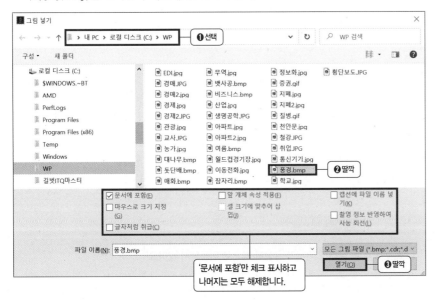

궁금해요 시나공 Q&A 베스트

Q 그림이 없어요.

A 그림 찾는 위치를 'C:\길벗워드실기\그림'으로 지정하세요. 실습파일을 설치하는 방법은 14쪽을 참고하세요.

❸ 글상자 안에 그림이 삽입되있습니다. 삽입된 그림의 크기 및 위치를 지정하기 위해 Ctrl+N, K를 눌러 '개체 속성' 대화상자를 호출합니다.

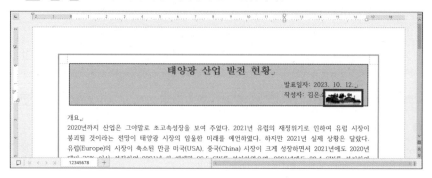

❹ '개체 속성' 대화상자의 '기본' 탭에서 다음 그림과 같이 지정한 후 〈설정〉을 클릭하세요.

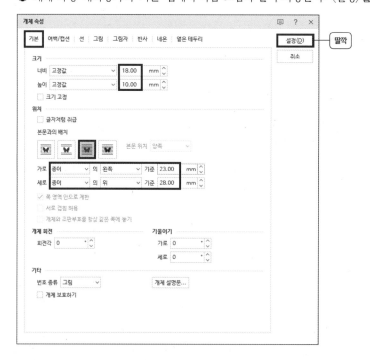

❺ 문제지대로 완성된 글상자와 누름틀, 그림을 확인할 수 있습니다. Shift+Esc를 눌러 글상자를 빠져나오세요. 커서가 "개요"의 "개"자 앞으로 이동합니다.

궁금해요 **시나공 Q&A 베스트**

Q Shift+Esc를 눌러도 커서가 글상자 밖으로 이동되지 않아요!

A Shift+Esc를 눌렀을 때 커서가 글상자 밖으로 이동되지 않을 때는 ↓를 누르세요. 그러면 커서가 글상자 밖으로 빠져나가 "개요"의 '요'자 뒤로 갑니다. 이때 Home을 눌러 "개요"의 '개'자 앞으로 커서를 이동하세요.

"개요"에 '개요 1' 스타일을 수정한 후 적용하기
[세부 지시사항]

> 7. 스타일(2개소 수정, 3개소 등록)
> – 개요 1(수정) : 여백 – 왼쪽(0pt), 11pt, 휴먼고딕, 진하게

❶ 앞선 ❺번에서의 작업으로 인해 커서가 "개요"의 "개"자 앞에 있습니다. '개요 1' 스타일을 수정한 후 적용하기 위해 스타일 바로 가기 키 [F6]을 누릅니다([기본] 도구 상자 : [서식] → [스타일]의 ⊻(자세히) → [스타일]). '스타일' 대화상자가 나타납니다.

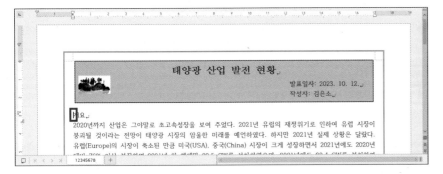

❷ '스타일' 대화상자에서 [↓]을 두 번 눌러 '개요 1'을 선택한 후 [Alt]+[E]를 누르세요. '개요 1' 스타일을 수정할 수 있는 '스타일 편집하기' 대화상자가 나타납니다.

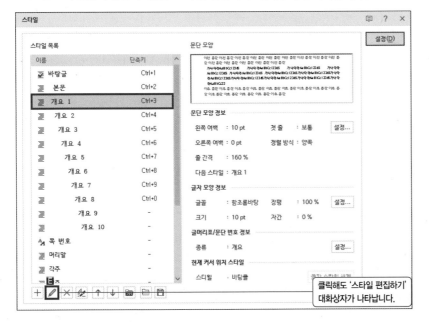

> 클릭해도 '스타일 편집하기' 대화상자가 나타납니다.

❸ '스타일 편집하기' 대화상자에서 Alt + T를 누르세요. '문단 모양' 대화상자가 나타납니다.

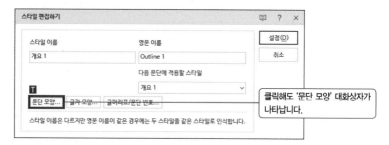

❹ '문단 모양' 대화상자의 '기본' 탭에서 Alt + F → 0 → Enter를 차례로 눌러 왼쪽 여백을 지정하세요. '스타일 편집하기' 대화상자로 돌아옵니다.

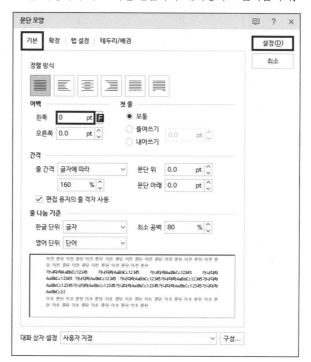

❺ 글꼴 속성에 대한 스타일을 지정해야 합니다. '스타일 편집하기' 대화상자에서 Alt + L을 누르세요. '글자 모양' 대화상자가 나타납니다.

❻ '글자 모양' 대화상자의 '기본' 탭에서 글꼴과 크기, 속성을 다음 그림과 같이 지정한 후 〈설정〉을 클릭하세요. '스타일 편집하기' 대화상자로 돌아옵니다.

전문가의 조언

바로 가기 키로 '글자 모양' 대화 상자 설정하기
휴먼고딕 입력 → Enter → Alt+Z → 11 → Alt+B → Enter

❼ '스타일 편집하기' 대화상자에서 〈설정〉을 클릭한 후 '스타일' 대화상자에서도 〈설정〉을 클릭하세요. 수정된 '개요 1' 스타일이 "개요"에 적용됩니다.

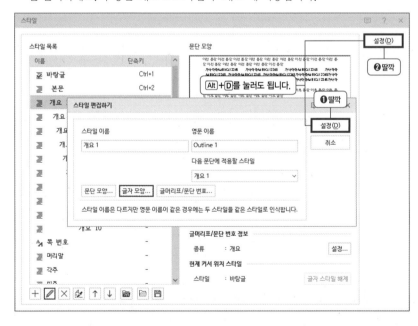

❽ 적용된 스타일을 확인하고 다음 작업을 위해 Ctrl+↓을 누르세요. 커서가 다음 문단의 처음으로 이동합니다.

궁금해요 시나공 Q&A 베스트

Q '스타일 편집하기' 대화상자에서 Enter를 눌렀더니 '글자 모양' 대화상자가 나타나요. 왜 그 런거죠?

A '스타일 편집하기' 대화상자에서 현재 포커스가 〈글자 모양〉에 위치하고 있기 때문입니다. 아래 그림에 서 〈글자 모양〉에 점선이 표시된 것을 보고 포커스가 위치하고 있음을 알 수 있습니다. 그러므로 〈설정〉을 클릭하거나 Alt + D를 눌러야 합니다.

문단 첫 글자 장식하기
[세부 지시사항]

8. 문단 첫 글자 장식
   – 모양 : 2줄, 글꼴 : 휴먼고딕, 면 색 : 남색(RGB : 51,51,153), 본문과의 간격 : 3mm
   – 글자색 : 하양(RGB : 255,255,255)

❶ 앞선 ❽번에서의 작업으로 인해 커서는 문단의 첫 글자를 장식할 첫 번째 문단에 놓여 있습니다. [기본] 도구 상자의 [서식] → [⫴](문단 첫 글자 장식)]을 클릭하세요. '문단 첫 글자 장식' 대화상자가 나타납니다.

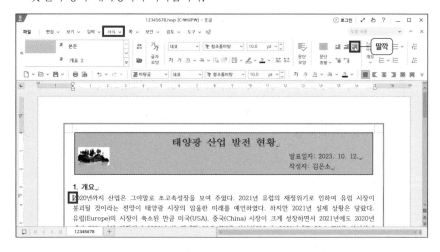

❷ '문단 첫 글자 장식' 대화상자에서 글자의 모양, 글꼴, 면 색, 본문과의 간격을 다음 그림과 같이 지정한 후 〈설정〉을 클릭하세요.

전문가의 조언

바로 가기 키로 '문단 첫 글자 장식' 대화상자 설정하기
Alt+2 → Alt+F → **휴먼고딕** 선택 → Alt+G → '남색' 선택 → Enter → Alt+R → 3 → Enter

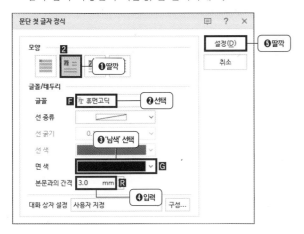

❸ 문단 첫 글자의 글자색을 하양으로 변경해야 합니다. 작성된 문단 첫 글자를 블록으로 지정한 후 [서식] 도구 상자에서 [글자 색(가 ∨)]의 ∨ → [■(팔레트)] → [하양]을 선택하세요.

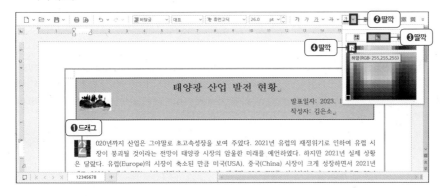

> **잠깐만요** **'하양' 색을 지정하는 다른 방법**
>
> 글자 색의 색상 테마를 '기본'으로 변경한 후 '하양'을 선택하면 됩니다.
>
>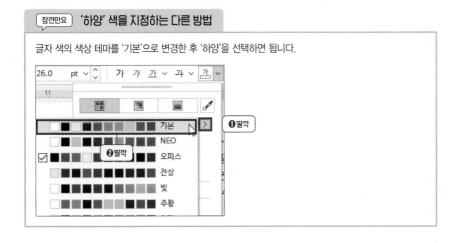

❹ Esc를 눌러 블록을 해제한 후 완성된 문단 첫 글자의 장식을 확인하세요.

❺ 다음 작업을 위해 ↓를 한 번 눌러 '문단 첫 글자 장식'에서 빠져 나온 후 Ctrl+↓을 세 번 눌러 스타일을 적용할 문단으로 이동하세요.

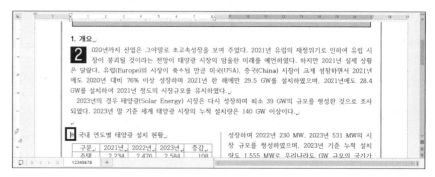

'표제목' 스타일 적용하기
[세부 지시사항]

4431808

> 7. 스타일(2개소 수정, 3개소 등록)
>   – 표제목(등록) : 스타일 이름 – 표제목, 스타일 종류 – 문단, 가운데 정렬, 11pt, 돋움체, 진하게

1. '표제목' 스타일 만들기

❶ 앞선 ❹번 작업으로 인해 커서가 "※ 국내 연도별~"의 "※" 앞에 있습니다. '표제목' 스타일을 만든 후 적용하기 위해 스타일을 만드는 바로 가기 키 F6을 누르세요([기본] 도구 상자 : [서식] → [스타일]의 ⬇(자세히) → [스타일]). '스타일' 대화상자가 나타납니다.

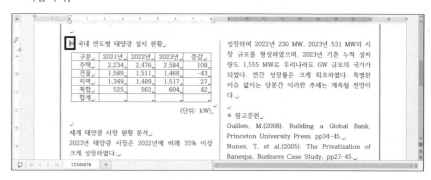

❷ '스타일' 대화상자에서 [Insert]를 누르면 '스타일 추가하기' 대화상자가 나타납니다.
❸ '스타일 추가하기' 대화상자에서 스타일 이름에 **표제목**을 입력한 후 [Enter]를 누르세요.
　'표제목'이란 이름으로 스타일이 추가됩니다.

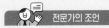 전문가의 조언

'스타일' 대화상자에서 [Alt]+[A]를 눌러도 '스타일 추가하기' 대화상자가 나타납니다.

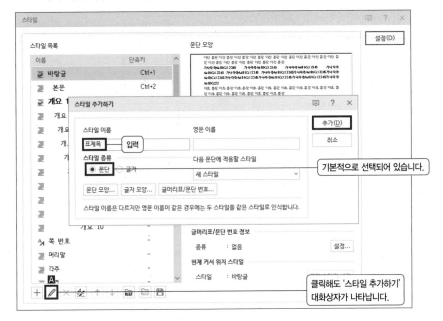

2. '표제목' 스타일 편집 및 적용하기

❶ 이제 '표제목' 스타일을 문제의 지시사항대로 편집해야 합니다. '스타일' 대화상자에는
　'표제목' 스타일이 선택되어 있으므로 스타일 편집 바로 가기 키 [Alt]+[E]를 누르세요.
　'표제목' 스타일을 편집할 수 있는 '스타일 편집하기' 대화상자가 나타납니다.

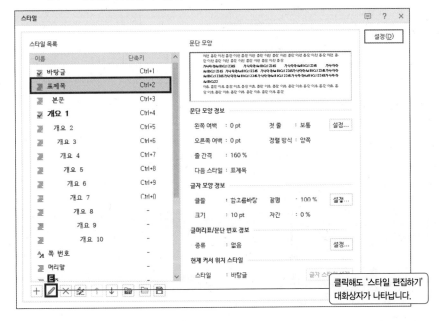

❷ '스타일 편집하기' 대화상자에서 Alt + T 를 누르세요. '문단 모양' 대화상자가 나타납니다.

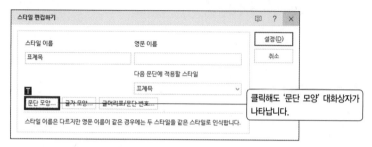

❸ '문단 모양' 대화상자의 '기본' 탭에서 Alt + C → Enter 를 차례로 눌러 문단 모양을 지정하세요. '스타일 편집하기' 대화상자로 돌아옵니다.

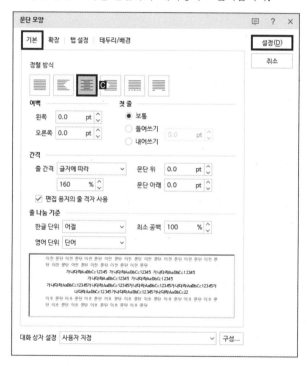

❹ 글자에 대한 스타일을 지정해야 합니다. '스타일 편집하기' 대화상자에서 Alt + L 을 누르세요. '글자 모양' 대화상자가 나타납니다.

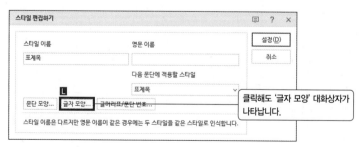

❺ '글자 모양' 대화상자의 '기본' 탭에서 글꼴의 모양과 크기, 속성을 다음 그림과 같이 지정한 후 〈설정〉을 클릭하세요. '스타일 편집하기' 대화상자로 돌아옵니다.

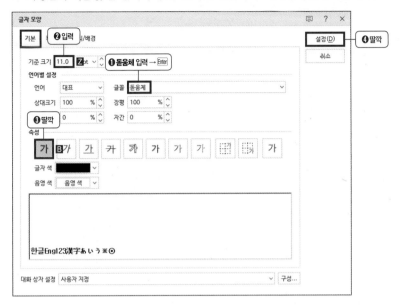

전문가의 조언

바로 가기 키로 '글자 모양' 대화
상자 설정하기
돋움체 입력 → Enter → Alt + Z
→ 11 → Alt + B → Enter

❻ '스타일 편집하기' 대화상자에서 〈설정〉을 클릭한 후 '스타일' 대화상자에서도 〈설정〉을 클릭하세요. '표제목' 스타일이 적용됩니다.

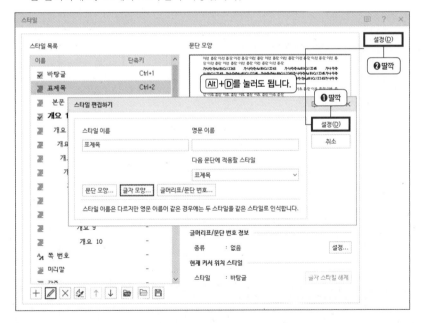

"※ 국내 연도별 태양광 설치 현황" 뒤에 각주 추가하기
[세부 지시사항]

> 9. 각주 – 글자 모양 : 돋움체, 9pt, 번호 모양 : 아라비아 숫자

1. 각주 만들기

❶ 표 세목의 가장 앞에 커서를 놓고 스타일을 지정했기 때문에 커서의 위치는 그대로입니다. 그 상태에서 `End`를 눌러 표 제목의 가장 뒤로 커서를 이동시킨 후 각주를 만드는 바로 가기 키 `Ctrl`+`N`, `N`을 누르세요([기본] 도구 상자 : [입력] → [각주]).

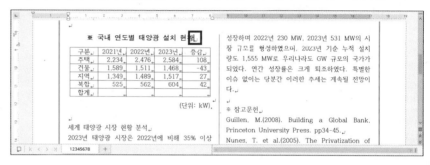

❷ 왼쪽 단 하단에 각주 편집 화면이 나타납니다. **자료: 태양광협회**를 입력하세요.

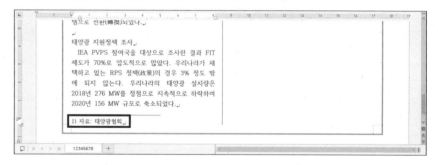

2. 각주에 서식 및 번호 모양 지정하기

❶ 앞선 ❷번 작업에서 커서를 이동시키지 말고 `Shift`+`Home`을 눌러 각주의 모든 내용을 블록으로 지정한 후 `Alt`+`L`을 눌러 '글자 모양' 대화상자를 호출하세요.

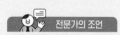

전문가의 조언

`Ctrl`+`A`를 눌러 블록을 지정해도 됩니다.

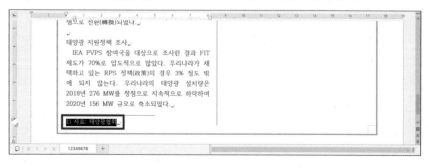

❷ '글자 모양' 대화상자의 '기본' 탭에서 글꼴의 모양과 크기를 다음 그림과 같이 지정한 후 〈설정〉을 클릭하세요. 각주 편집 화면으로 돌아옵니다.

전문가의 조언

바로 가기 키로 '글자 모양' 대화 상자 설정하기
돋움체 입력 → Enter → Alt + Z → 9 → Enter

❸ 각주의 번호 모양은 기본값이 아라비아 숫자이므로 그냥 두면 됩니다. 다음 작업을 위해 Esc 를 눌러 블록을 해제하세요.

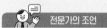
전문가의 조언

각주 번호 모양 변경하기
각주 번호 모양을 변경하려면 [기본] 도구 상자에서 [주석] → [번호 모양]을 클릭한 후 변경하려는 번호 모양을 선택하면 됩니다.

하이퍼링크 지정하기
[세부 지시사항]

4431810

10. 하이퍼링크
 – '태양광협회'에 하이퍼링크 설정
 – 연결 대상 : '웹 주소', 'http://www.kopia.asia'

❶ 앞선 ❸번 작업에서 각주에 글자 속성을 지정한 후 Esc 를 눌렀기 때문에 커서는 숫자 "1" 앞에 놓여 있습니다. 그 상태에서 End → Ctrl + Shift + ← 을 차례로 눌러 하이퍼링크를 설정할 단어인 "태양광협회"를 블록으로 지정한 후 하이퍼링크를 만드는 바로 가기 키 Ctrl + K , H 를 누르세요.

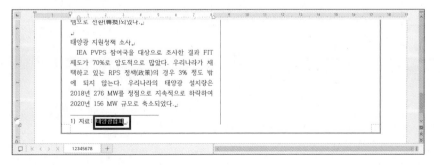

❷ '하이퍼링크' 대화상자의 '연결 대상'에서 '웹 주소'를 선택하고, '웹 주소' 난에 **http://www.kopia.asia**를 입력한 후 〈넣기〉를 클릭하세요.

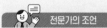
❸ 다음 작업을 위해 Shift + Esc 를 누르거나 [주석] → [닫기]를 클릭하여 각주 편집 화면에서 빠져나오세요.

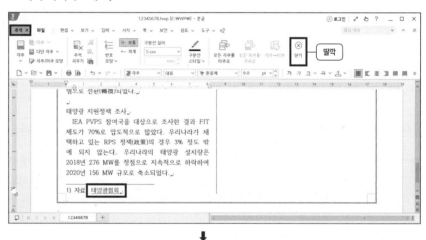

↓

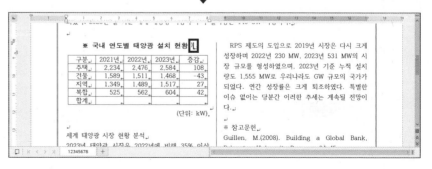

표 편집하기
[세부 지시사항]

> 11. 표
> – 크기 : 너비 78mm ~ 80mm, 높이 33mm ~ 34mm   – 위치 : 글자처럼 취급
> – 전체 행 : 셀 높이를 같게
> – 테두리 : 표 안쪽은 실선(0.12mm), 표 바깥의 위쪽과 아래쪽은 실선(0.4mm),
>   표 바깥의 왼쪽과 오른쪽은 선 없음, 제목 행 아래쪽과 합계 행 위쪽은 이중 실선(0.5mm)
> – 제목 행 : 셀 배경색 – 초록(RGB : 0,128,0), 글자 모양 – 굴림체, 진하게, 하양(RGB : 255,255,255)
> – 합계 행 : 셀 배경색 – 탁한 황갈(RGB : 131,77,0) 80% 밝게, 글자 모양 – 진하게
> – 문단의 정렬 방식 : 가운데 정렬

1. 표의 괘선 변경하기

❶ 다음 그림과 같이 화살표 방향으로 드래그하여 블록으로 지정한 후 테두리 모양을 변경하는 바로 가기 키 ⌐L⌐을 누르세요. '셀 테두리/배경' 대화상자가 나타납니다.

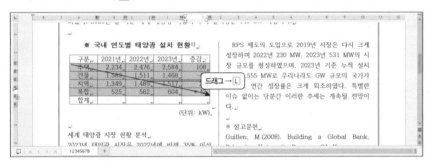

❷ '셀 테두리/배경' 대화상자의 '테두리' 탭에서 다음 그림과 같은 순서로 작업하여 제목 행 아래쪽과 합계 행 위쪽 선을 '이중 실선(0.5mm)'으로 지정한 후 〈설정〉을 클릭하세요.

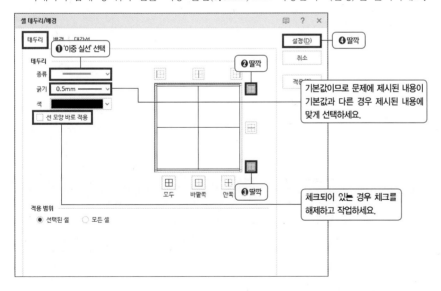

❸ ❷번 작업을 마친 상태에서 그대로 F5 를 눌러 표 전체를 블록으로 지정한 후 테두리 모양을 변경하는 바로 가기 키 L 을 누르세요.

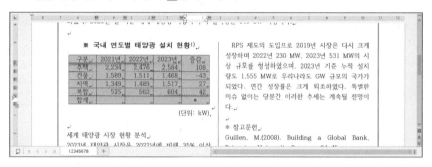

❹ '셀 테두리/배경' 대화상자의 '테두리' 탭에서 다음 그림과 같은 순서로 작업하여 표 바깥의 왼쪽과 오른쪽 선을 지우세요. 이어서 표의 맨 위쪽과 아래쪽에 두꺼운 선을 지정해야 하니 아직 〈설정〉을 클릭하지 마세요.

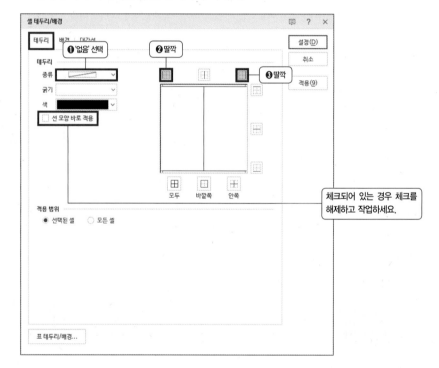

❺ 다음 그림과 같은 순서로 작업하여 표 바깥의 위쪽과 아래쪽 선을 '실선(0.4mm)'으로 지정한 후 〈설정〉을 클릭하세요.

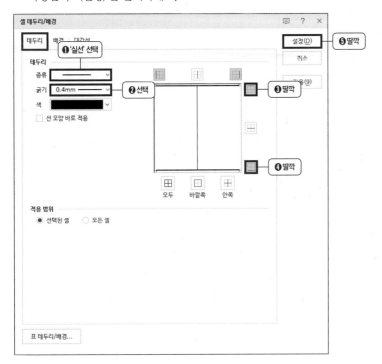

2. 표의 제목 행에 서식 지정하기

❶ 표 전체가 블록으로 지정된 상태에서 PgUp 을 눌러 첫 번째 행만 블록으로 지정한 후 셀 배경색을 변경하는 바로 가기 키 C 를 누르세요.

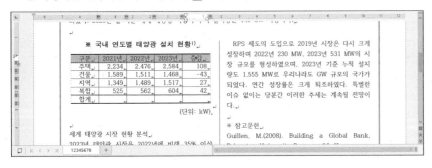

❷ '셀 테두리/배경' 대화상자의 '배경' 탭에서 면 색을 '초록'으로 지정한 후 〈설정〉을 클릭하세요.

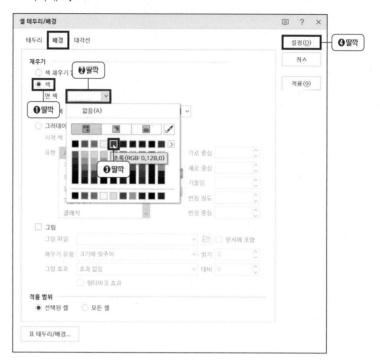

❸ 첫 번째 행이 블록으로 지정된 상태에서 글자 모양을 변경하는 바로 가기 키 [Alt]+[L]을 누르세요.

❹ '글자 모양' 대화상자의 '기본' 탭에서 글꼴의 모양과 속성, 글자 색을 다음 그림과 같이 지정한 후 〈설정〉을 클릭하세요.

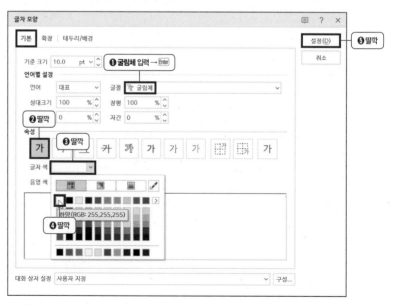

3. 표의 합계 행에 서식 지정하기

❶ 다음 그림과 같이 마우스로 드래그하여 마지막 행(6행)만 블록으로 지정한 후 셀 배경 색을 변경하는 바로 가기 키 ⓒ를 누르세요.

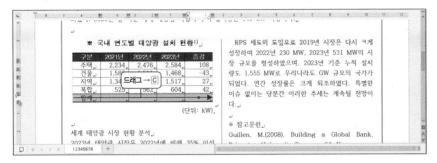

❷ '셀 테두리/배경' 대화상자의 '배경' 탭에서 면 색을 '탁한 황갈 80% 밝게'로 지정한 후 〈설정〉을 클릭하세요.

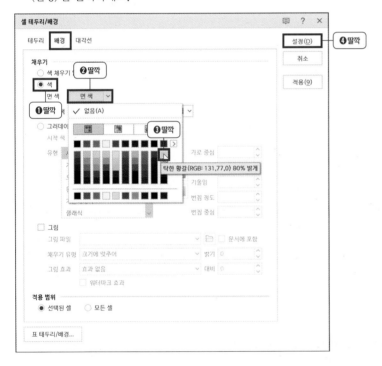

❸ 마지막 행이 블록으로 지정된 상태에서 글자 모양을 변경하는 바로 가기 키 [Alt]+[L]을 누르세요.

❹ '글자 모양' 대화상자의 '기본' 탭에서 [Alt]+[B] → [Enter]를 차례로 눌러 '진하게([가])'를 지정하세요.

4. 표에 블록 합계 계산하기

[세부 지시사항]

12. 블록 계산식 – 표의 합계 행에 블록 계산식을 이용하여 블록 합계 산출

블록 합계를 구할 범위와 표시될 위치를 다음 그림과 같이 마우스로 드래그하여 블록으로 지정한 후 [Ctrl]+[Shift]+[S]를 누르세요(표의 [바로 가기 메뉴] → [블록 계산식] → [블록 합계]).

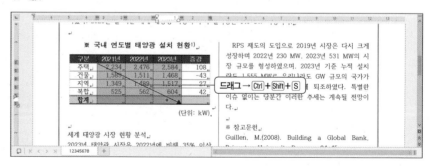

5. 표의 높이 조절하기

표의 높이를 33mm~34mm로 조절해야 합니다. 다음 그림과 같이 마우스로 드래그하여 표 전체를 블록으로 지정한 후 Ctrl+↓을 한 번 누르세요.

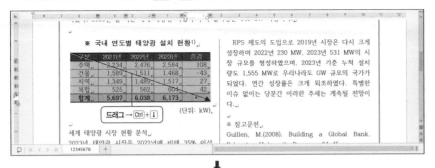

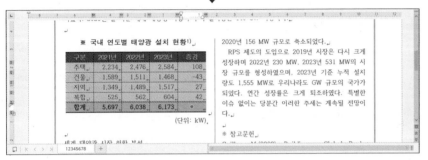

6. 표의 캡션 위치 조정하기

[세부 지시사항]

13. 캡션 – 표 위에 삽입 후 오른쪽 정렬

캡션의 위치를 위쪽으로 이동시켜야 합니다. 표 전체가 블록으로 지정된 상태에서 [⊞ ▾ (표 레이아웃)] → [캡션] → [위]를 선택하세요.

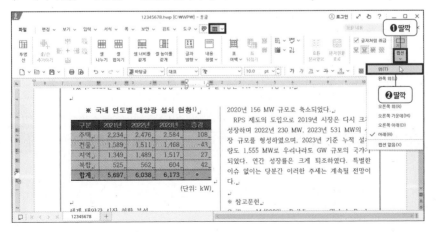

 전문가의 조언

표 셀의 내용이 모두 한 줄로 표시되면 모든 셀의 높이는 같으므로 따로 셀의 높이를 같도록 조절하지 않아도 됩니다.

전문가의 조언

표의 정렬을 수행할 때 캡션도 오른쪽으로 정렬했으므로 캡션을 표의 위쪽으로 배치하기만 하면 됩니다.

캡션 위치를 지정하는 다른 방법
표 안에 커서를 놓고 Ctrl+N, K 를 눌러 나타나는 '표/셀 속성' 대화상자의 '여백/캡션' 탭에서 '캡션' 위치를 '위'로 지정하면 됩니다.

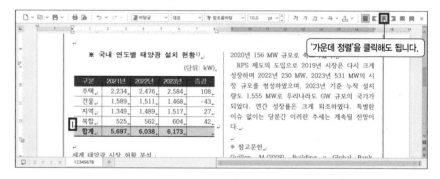

7. 표의 위치 정렬하기

표의 내용이 아닌 표 자체를 가운데 정렬해야 합니다. Shift + Esc 를 눌러 커서를 표의 왼쪽 밖에 위치시킨 후 Ctrl + Shift + C 를 눌러 표 자체를 가운데로 정렬하세요.

> '가운데 정렬'을 클릭해도 됩니다.

궁금해요 시나공 Q&A 베스트

Q '가운데 정렬'이 수행되지 않아요!

A Shift + Esc 를 눌렀을 때 커서가 표의 왼쪽 위에 표시되면, Ctrl + Shift + C 를 눌러도 표가 가운데로 정렬되지 않습니다.

이것은 표가 '글자처럼 취급'이 되지 않았기 때문입니다. Ctrl + N, K 를 눌러 '표/셀 속성' 대화상자의 '기본' 탭에서 '글자처럼 취급'을 선택한 후 다시 작업해 보세요.

"세계 태양광~"에 '개요 1' 스타일 적용하기
[세부 지시사항]

> 7. 스타일(2개소 수정, 3개소 등록)
>   – 개요 1(수정) : 여백 인쪽(0pt), 11pt, 휴먼고딕, 진하게

❶ 앞선 7번 작업을 마친 후 `Ctrl`+`↓`를 두 번 누르세요. 커서가 '개요 1' 스타일을 적용할 "세계 태양광~"의 "세"자 앞으로 이동합니다.

❷ [기본] 도구 상자의 [서식] → [개요 1]을 클릭하여 '개요 1' 스타일을 지정하세요.

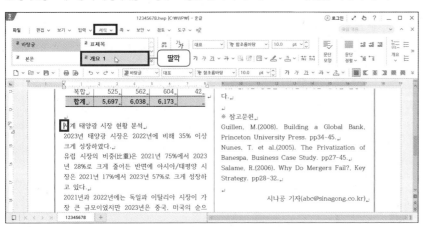

❸ 적용된 스타일을 확인한 후 다음 작업을 위해 `Ctrl`+`↓`을 한 번 누르세요. 커서가 다음 문단의 처음으로 이동합니다.

"2023년 태양광~"에 '개요 2' 스타일 수정한 후 적용하기
[세부 지시사항]

> 7. 스타일(2개소 수정, 3개소 등록)
>   – 개요 2(수정) : 여백 – 왼쪽(15pt)

❶ 앞선 ❸번에서의 작업으로 인해 커서가 "2023년"의 숫자 2 앞에 있습니다. '개요 2' 스타일을 수정한 후 적용하기 위해 `Ctrl`+`Shift`+`↓`을 네 번 눌러 '개요 2' 스타일을 적용할 문단을 블록으로 지정한 후 스타일 바로 가기 키 `F6`을 누릅니다([기본] 도구 상자 : [서식] → [스타일]의 (자세히) → [스타일]). '스타일' 대화상자가 나타납니다.

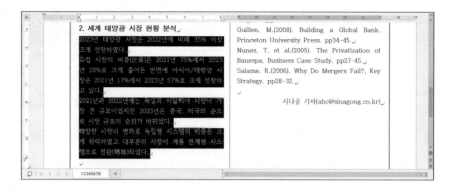

❷ '스타일' 대화상자에서 Ⅰ을 네 번 눌러 '개요 2'를 선택한 후 Alt+E를 누르세요. '개요 2' 스타일을 수정할 수 있는 '스타일 편집하기' 대화상자가 나타납니다.

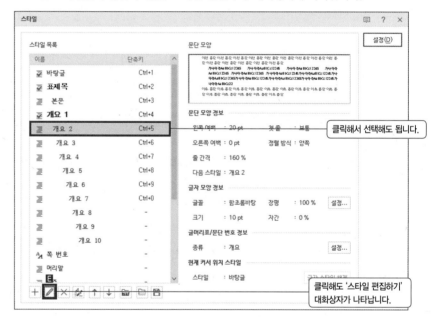

❸ '스타일 편집하기' 대화상자에서 Alt+T를 누르세요. '문단 모양' 대화상자가 나타납니다.

❹ '문단 모양' 대화상자의 '기본' 탭에서 [Alt]+[F] → 15 → [Enter]를 차례로 눌러 왼쪽 여백을 지정하세요. '스타일 편집하기' 대화상자로 돌아옵니다.

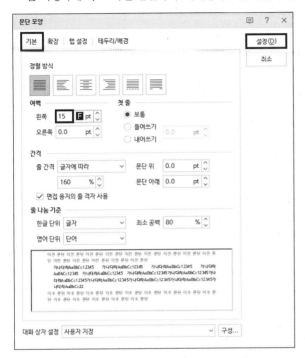

❺ '스타일 편집하기' 대화상자에서 〈설정〉을 클릭한 후 '스타일' 대화상자에서도 〈설정〉을 클릭하세요. 수정된 '개요 2' 스타일이 적용됩니다.

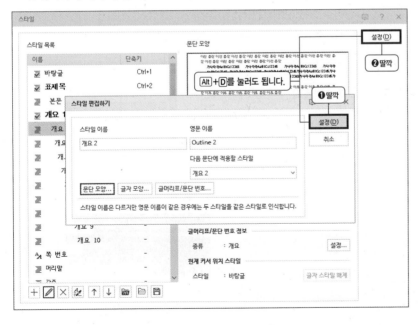

❻ 적용된 스타일을 확인한 후 다음 작업을 위해 [Ctrl]+[↓]을 누르세요. 커서가 다음 문단의 처음으로 이동합니다.

"태양광~"에 '개요 1' 스타일 적용하기
[세부 지시사항]

> 7. 스타일(2개소 수정, 3개소 등록)
> – 개요 1(수정) : 여백 – 왼쪽(0pt), 11pt, 휴먼고딕, 진하게

❶ 앞선 ❻번에서의 작업으로 인해 커서가 "태양광"의 "태"자 앞에 있습니다. [기본] 도구 상자의 [서식] → [개요 1]을 클릭하여 '개요 1' 스타일을 지정하세요.

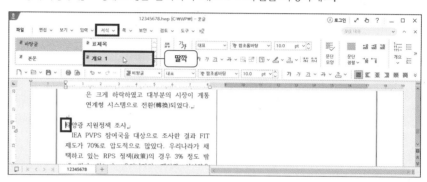

❷ 적용된 스타일을 확인하고 다음 작업을 위해 Ctrl+↓을 5번 누르세요. 커서가 '참고문헌' 스타일을 적용할 문단의 처음으로 이동합니다.

'참고문헌 1' 스타일 적용하기
[세부 지시사항]

4431813

> 7. 스타일(2개소 수정, 3개소 등록)
> – 참고문헌 1(등록) : 스타일 이름 – 참고문헌 1, 스타일 종류 – 문단, 내어쓰기(20pt)

1. '참고문헌 1' 스타일 만들기

❶ 앞선 ❷번 작업으로 인해 커서가 "Guillen"의 "G"자 앞에 있습니다. Ctrl+Shift+↓를 세 번 눌러 '참고문헌 1' 스타일을 적용할 문장을 블록으로 지정한 후 스타일 바로 가기 키 F6을 누르세요([기본] 도구 상자 : [서식] → [스타일]의 ⌄(자세히) → [스타일]). '스타일' 대화상자가 나타납니다.

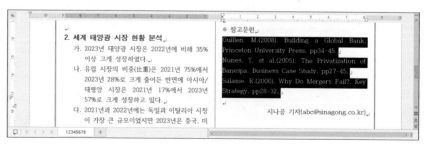

❷ '스타일' 대화상자에서 Insert를 누르면 '스타일 추가하기' 대화상자가 나타납니다. '스타일 추가하기' 대화상자에서 스타일 이름에 **참고문헌 1**을 입력한 후 Enter를 누르면 '참고문헌 1'이란 이름으로 스타일이 추가됩니다.

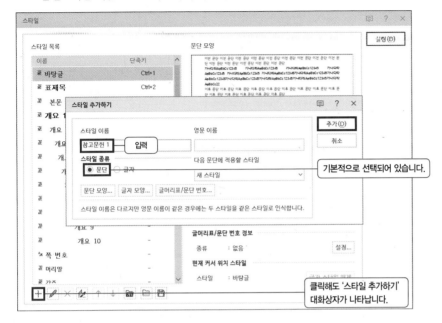

2. '참고문헌 1' 스타일 편집 및 적용하기

❶ 이제 '참고문헌 1' 스타일을 문제의 지시사항대로 편집해야 합니다. '스타일' 대화상자에는 '참고문헌 1' 스타일이 선택되어 있으므로 스타일 편집 바로 가기 키 Alt + E를 누르세요. '참고문헌 1' 스타일을 편집할 수 있는 '스타일 편집하기' 대화상자가 나타납니다.

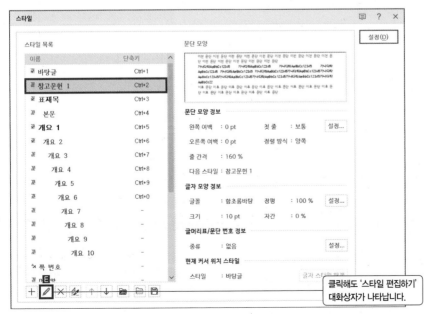

❷ '스타일 편집하기' 대화상자에서 Alt + T 를 누르세요. '문단 모양' 대화상자가 나타납니다.

클릭해도 '문단 모양' 대화상자가 나타납니다.

전문가의 조언

바로 가기 키로 '문단 모양' 대화
상자 설정하기
Alt + B → Tab → 20 → Enter

❸ '문단 모양' 대화상자의 '기본' 탭에서 내어쓰기를 20pt로 지정한 후 〈설정〉을 클릭하세요. '스타일 편집하기' 대화상자로 돌아옵니다.

❹ '스타일 편집하기' 대화상자에서 〈설정〉을 클릭한 후 '스타일' 대화상자에서도 〈설정〉을 클릭하세요. '참고문헌 1' 스타일이 범위로 지정된 곳에 적용됩니다.

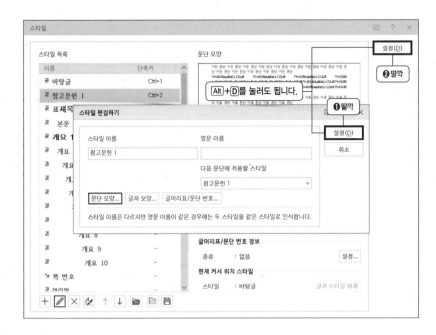

❺ 적용된 스타일을 확인한 후 다음 작업을 위해 Esc를 눌러 블록을 해제하세요.

'참고문헌 2' 스타일 지정하기
[세부 지시사항]

> 7. 스타일(2개소 수정, 3개소 등록)
> – 참고문헌 2(등록) : 스타일 이름 – 참고문헌 2, 스타일 종류 – 글자, 기울임

1. '참고문헌 2' 스타일 만들기

❶ '참고문헌 2' 스타일을 적용할 문장을 마우스로 드래그하여 블록으로 지정한 후 스타일 바로 가기 키 F6을 누르세요([기본] 도구 상자 : [서식] → [스타일]의 (자세히) → [스타일]). '스타일' 대화상자가 나타납니다.

❷ '스타일' 대화상자에서 [Insert]를 누르면 '스타일 추가하기' 대화상자가 나타납니다. '스타일 추가하기' 대화상자에서 스타일 이름에 **참고문헌 2**을 입력하고 스타일 종류를 '글자'로 선택한 후 [Enter]를 누르세요. '참고문헌 2'란 이름으로 스타일이 추가됩니다.

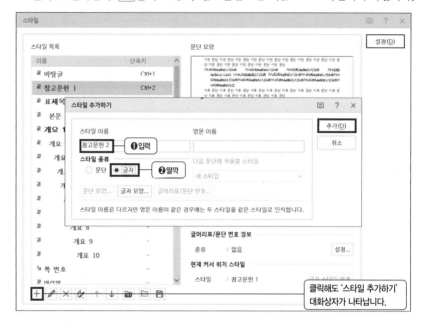

2. '참고문헌 2' 스타일 편집 및 적용하기

❶ 이제 '참고문헌 2' 스타일을 문제의 지시사항대로 편집해야 합니다. '스타일' 대화상자에는 '참고문헌 2' 스타일이 선택되어 있으므로 스타일 편집 바로 가기 키 [Alt]+[E]를 누르세요. '참고문헌 2' 스타일을 편집할 수 있는 '스타일 편집하기' 대화상자가 나타납니다.

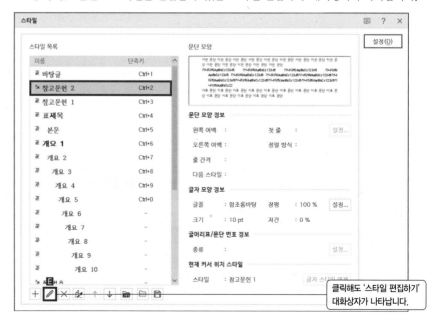

❷ '스타일 편집하기' 대화상자에서 Alt + L 를 누르세요. '글자 모양' 대화상자가 나타납니다.

❸ '문글자 모양' 대화상자의 '기본' 탭에서 Alt + I → Enter 를 차례로 눌러 '기울임(⟨가⟩)'을 지정하세요. '스타일 편집하기' 대화상자로 돌아옵니다.

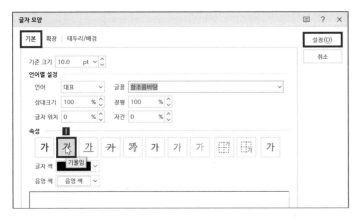

❹ '스타일 편집하기' 대화상자에서 〈설정〉을 클릭한 후 이어서 '스타일' 대화상자에서도 〈설정〉을 클릭하세요. '참고문헌 2' 스타일이 범위로 지정된 곳에 적용됩니다.

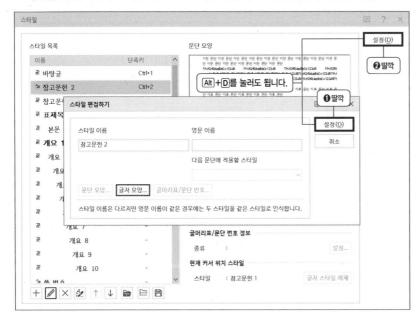

❺ 적용된 스타일을 확인하고 다음 작업을 위해 Esc를 눌러 블록을 해제하세요.

머리말 추가하기
[세부 지시사항]

4431814

16. 머리말 – 휴먼고딕, 10pt, 진하게, 초록(RBG : 40,155,110) 50% 어둡게, 오른쪽 정렬

1. 머리말 만들기

❶ 머리말은 커서가 놓여있는 위치와 관계없이 항상 지정한 곳에 만들어 집니다. '참고문헌' 스타일 설정 작업을 마친 후 커서를 옮기지 말고 머리말을 추가하는 바로 가기 키 Ctrl+N, H를 누르세요([기본] 도구 상자 : [쪽] → [머리말] → [위쪽] → [모양 없음]).

❷ '머리말/꼬리말' 대화상자에서 기본값이 '머리말'이므로 그냥 Enter를 누르세요. '머리말 편집 화면'이 나타납니다.

❸ '머리말 편집 화면'에서 **테마기획 태양전지**를 입력하세요.

2. 머리말에 서식 및 정렬 지정하기

❶ 앞선 ❸번 작업에서 커서를 이동시키지 말고 Shift+Home을 눌러 모든 내용을 블록으로 지정한 후 Alt+L을 눌러 '글자 모양' 대화상자를 호출하세요.

Ctrl+A를 눌러 블록을 지정해도 됩니다.

❷ '글자 모양' 대화상자의 '기본' 탭에서 글꼴의 모양과 크기, 속성을 다음 그림과 같이 지정한 후 〈설정〉을 클릭하세요. 머리말 편집 화면으로 돌아옵니다.

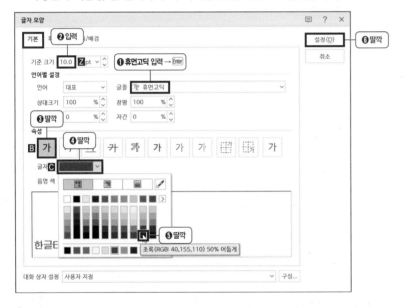

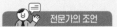

바로 가기 키로 '글자 모양' 대화 상자 설정하기
휴먼고딕 입력 → Enter → Alt+Z → 10 → Alt+B → Alt+C → '초록 50% 어둡게' 선택 → Enter → Alt+D

❸ 이어서 Ctrl+Shift+R을 눌러 머리말을 오른쪽으로 정렬하고, Shift+Esc를 눌러 '머리말 편집 화면'에서 빠져나오세요. 문서의 위쪽에 표시된 머리말을 확인할 수 있습니다.

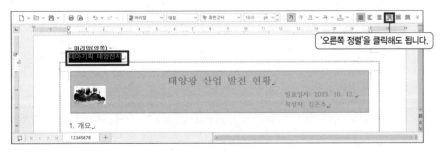

꼬리말 추가하기
[세부 지시사항]

> 17. 꼬리말 – 맑은 고딕, 진하게, 남색(RBG : 58,60,132) 25% 어둡게, 가운데 정렬

1. 꼬리말 만들기

❶ 꼬리말도 머리말과 같이 커서가 놓여있는 위치와 관계없이 항상 지정한 곳에 만들어지므로, 머리말 작업을 마친 상태에서 그대로 꼬리말을 추가하는 바로 가기 키 [Ctrl]+[N], [H]를 누르세요([기본] 도구 상자 : [쪽] → [꼬리말] → [모양 없음]).

❷ '머리말/꼬리말' 대화상자에서 '꼬리말'을 선택한 후 〈만들기〉를 클릭하세요.

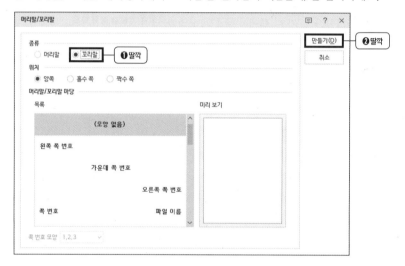

❸ '꼬리말 편집 화면'에서 **전기전자재료 제28권 제3호**를 입력하세요.

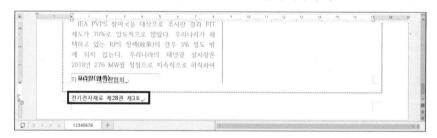

궁금해요 시나공 Q&A 베스트

Q 꼬리말 바로 가기 키를 눌러도 아무런 변화가 없어요!

A 아무 곳이라도 블록이 지정되어 있는 경우 꼬리말을 지정할 수 없습니다. [Esc]를 눌러 설정되어 있는 블록을 해제한 후 수행해 보세요.

2. 꼬리말에 서식 및 정렬 지정하기

❶ 앞선 ❸번 작업에서 커서를 이동시키지 말고 Shift+Home을 눌러 모든 내용을 블록으로 지정한 후 Alt+L을 눌러 '글자 모양' 대화상자를 호출하세요.

전문가의 조언

Ctrl+A를 눌러 블록을 지정해도 됩니다.

❷ '글자 모양' 대화상자의 '기본' 탭에서 글꼴의 모양과 속성을 다음 그림과 같이 지정한 후 〈설정〉을 클릭하세요. 꼬리말 편집 화면으로 돌아옵니다.

전문가의 조언

바로 가기 키로 '글자 모양' 대화 상자 설정하기

맑은 고딕 입력 → Enter → Alt+B → Alt+C → '남색 25% 어둡게' 선택 → Enter → Alt+D

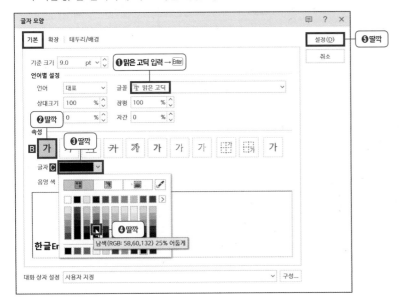

❸ 이어서 Ctrl+Shift+C를 눌러 꼬리말을 가운데로 정렬하고, Shift+Esc를 눌러 '꼬리말 편집 화면'에서 빠져나오세요. 문서의 아래쪽에 표시된 꼬리말을 확인할 수 있습니다.

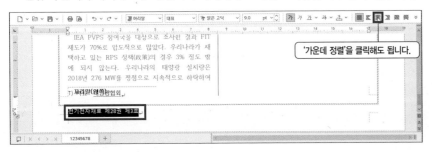

> 15. 쪽 번호 – 번호 위치 : 오른쪽 아래, 번호 모양 : 로마자 소문자, 줄표 넣기 선택, 시작 번호 지정

❶ 쪽 번호 매기기도 커서가 놓여있는 위치와 관계없이 항상 지정된 곳에 만들어집니다. 앞선 꼬리말 작업을 마친 후 커서를 옮기지 말고 쪽 번호를 추가하는 바로 가기 키 Ctrl+N, P를 누르세요([기본] 도구 상자 : [쪽] → [쪽 번호 매기기]).

❷ '쪽 번호 매기기' 대화상자에서 지시사항에 맞게 '번호 위치', '번호 모양', '줄표 넣기', '시작 번호'를 다음 그림과 같이 지정한 후 〈넣기〉를 클릭하세요.

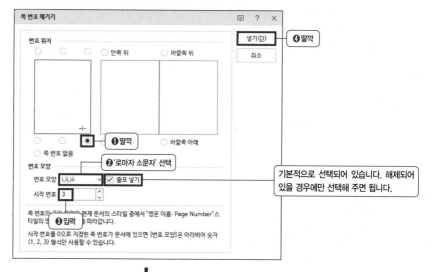

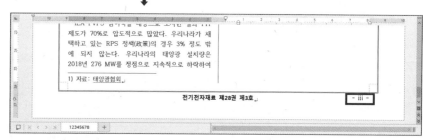

4431817

14. 차트
  – 차트의 모양 : 이중 축 혼합형(묶은 세로 막대형, 표식이 있는 꺾은선형)
  ※ 차트 종류 변경과 계열 속성 설정으로 혼합형 차트를 구성하시오.

---

1. 개요

020년까지 산업은 그야말로 초고속성장을 보여 주었다. 2021년 유럽의 재정위기로 인하여 유럽 시장이 붕괴될 것이라는 전망이 태양광 시장의 암울한 미래를 예언하였다. 하지만 2021년 실제 상황은 달랐다. 유럽(Europe)의 시장이 축소된 만큼 미국(USA), 중국(China) 시장이 크게 성장하면서 2021년에도 2020년 대비 76% 이상 성장하며 2021년 한 해에만 29.5 GW를 설치하였으며, 2021년에도 28.4 GW를 설치하여 2021년 정도의 시장규모를 유지하였다.

2023년의 경우 태양광(Solar Energy) 시장은 다시 성장하며 최소 39 GW의 규모를 형성한 것으로 조사되었다. 2023년 말 기준 세계 태양광 시장의 누적 설치량은 140 GW 이상이다.

※ 국내 연도별 태양광 설치 현황[1]

(단위 : kW)

구분	2021년	2022년	2023년	증감
주택	2,234	2,476	2,584	108
건물	1,589	1,511	1,468	-43
지역	1,349	1,489	1,517	27
복합	525	562	604	42
합계	5,697	6,038	6,173	

국내 연도별 태양광 설치 현황

（차트: 주택·건물·지역·복합 / ■2023년 ■증감）

2. 세계 태양광 시장 현황 분석

가. 2023년 태양광 시장은 2022년에 비해 35% 이상 크게 성장하였다.
나. 유럽 시장의 비중(比重)은 2021년 75%에서 2023년 28%로 크게 줄어든 반면에 아시아/태평양 시장은 2021년 17%에서 2023년 57%로 크게 성장하고 있다.

1) 자료 : 태양광협회

다. 2021년과 2022년에는 독일과 이탈리아 시장이 가장 큰 규모이었지만 2023년은 중국, 미국의 순으로 시장 규모의 순위가 바뀌었다.
라. 태양광 시장의 변화로 독립형 시스템의 비중은 크게 하락하였고 대부분의 시장이 계통 연계형 시스템으로 전환(轉換)되었다.

3. 태양광 지원정책 조사

IEA PVPS 참여국을 대상으로 조사한 결과 FIT 제도가 70%로 압도적으로 많았다. 우리나라가 채택하고 있는 RPS 정책(政策)의 경우 3% 정도 밖에 되지 않는다. 우리나라의 태양광 설치량은 2018년 276 MW를 정점으로 지속적으로 하락하여 2020년 156 MW 규모로 축소되었다.

RPS 제도의 도입으로 2019년 시장은 다시 크게 성장하여 2022년 230 MW, 2023년 531 MW의 시장 규모를 형성하였으며, 2023년 기준 누적 설치량도 1,555 MW로 우리나라도 GW 규모의 국가가 되었다. 연간 성장률은 크게 퇴조하였다. 특별한 이슈 없이는 당분간 이러한 추세는 계속될 전망이다.

※ 참고문헌
Guillen, M.(2008). Building a Global Bank, Princeton University Press. pp34-45.
Nunes, T. et al.(2005). The Privatization of Banespa, Business Case Study. pp27-45.
Salame, R.(2006). *Why Do Mergers Fail?*, Key Strategy. pp28-32.

시나공 기자(abc@sinagong.co.kr)

12345678 +

❶ 1열 1~5행을 마우스로 드래그한 후 [Ctrl]을 누른 채 4열 1행부터 5열 5행까지 드래그하여 차트에 사용할 데이터를 블록으로 지정합니다. 이어서 [☑(표 디자인)] → [차트 만들기]를 클릭하세요.

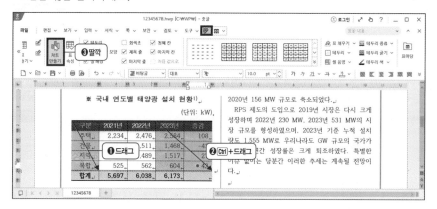

❷ 표 아래쪽에 차트가 만들어지면서 '차트 데이터 편집' 창이 표시됩니다. 입력된 데이터를 이용해서 차트를 만들었기 때문에 '차트 데이터 편집' 창에서 할 작업은 없습니다. '차트 데이터 편집' 창의 '☒(닫기)' 단추를 클릭하세요.

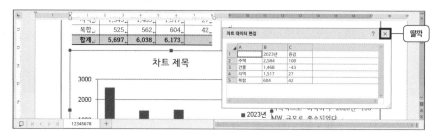

❸ 차트를 작성하면, 기본적으로 '세로 막대형' 차트가 만들어집니다. '증감' 계열을 '꺾은 선형' 차트로 변경하고 '보조 축'으로 지정해야 합니다. 먼저 차트 종류를 변경하기 위해 '증감' 계열의 임의의 요소를 클릭하여 선택합니다.

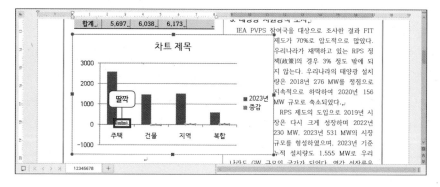

❹ [📊(차트 디자인)] → [차트 종류 변경] → [꺾은선/영역형] → [표식이 있는 꺾은선형]을 선택하세요.

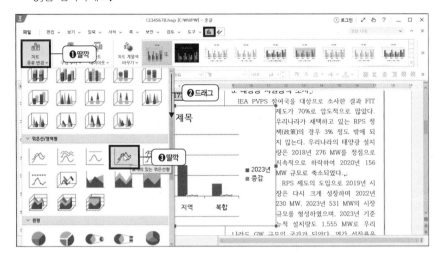

❺ '증감' 계열의 차트 종류가 '꺾은선형'으로 변경됩니다. 이어서 '증감' 계열을 '보조 축'으로 지정하기 위해 '증감' 계열을 더블클릭합니다. 작업 화면의 오른쪽에 '개체 속성' 창이 표시됩니다.

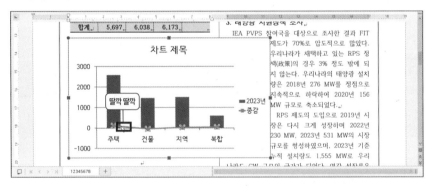

❻ '개체 속성' 창에서 [📊(계열 속성)] → [계열 속성] → [보조 축]을 선택한 후 '닫기(✖)' 단추를 클릭하세요.

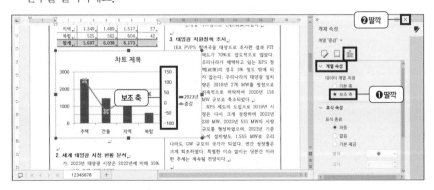

'개체 속성' 창을 호출하는 다른 방법

'증감' 계열을 선택한 후 바로 가기 메뉴에서 [데이터 계열 속성]을 선택합니다.

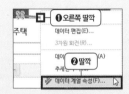

전문가의 조언

'개체 속성' 창이 표시된 상태에서 차트의 요소를 선택하면 해당 요소에서 설정 가능한 항목으로 기능들이 변경됩니다. 작업 화면에 여유가 있으면 차트 작업을 마칠 때 까지 '개체 속성' 창을 열어 놓고 작업하는 것이 편리합니다.

❼ 범례를 아래쪽에 배치해야 합니다. 차트를 선택한 후 [(차트 디자인)] → [차트 구성
추가] → [범례] → [아래쪽]을 선택하세요.

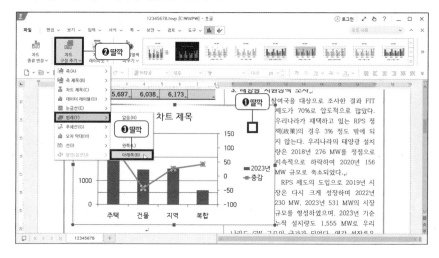

❽ 이중 축 혼합형 차트가 만들어집니다. 차트의 형태가 올바른지 확인하세요.

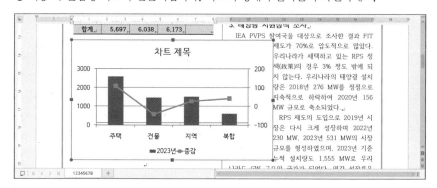

궁금해요 **시나공 Q&A 베스트**

Q 차트가 다르게 만들어 졌어요.

A 차트에 합계가 추가되고 값 축과 보조 값 축 눈금이 다르게 표시된 것은 데이터 범위를 지정할 때 합계
를 포함시켰기 때문입니다. 차트를 지우고 합계가 포함되지 않게 범위를 정확히 지정한 다음 다시 차트를
만들어 보세요.

차트 편집하기

[세부 지시사항]

14. 차트
  - 차트의 크기 : 너비 80mm, 높이 65mm, 크기 고정
  - 위치 : 본문과의 배치 – 자리 차지, 가로 – 단의 가운데 0mm, 세로 – 문단의 위 0mm
  - 바깥 여백 : 위쪽 5mm, 아래쪽 8mm
  - 항목 축, 값 축, 보조 값 축, 범례 등의 글자 모양 : 9pt
  - 표의 아래 단락에 배치

1. 차트 제목, 항목 축, 값 축, 보조 값 축, 범례 서식 지정하기

❶ 먼저 차트 제목을 변경해야 합니다. ❽번에서의 작업으로 인해 현재 차트가 선택된 상태입니다. 차트 제목을 선택한 후 바로 가기 메뉴에서 **[제목 편집]**을 선택하세요.

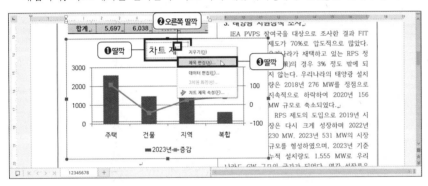

❷ '제목 편집' 대화상자에서 '글자 내용'에 **국내 연도별 태양광 설치 현황**을 입력한 후 〈설정〉을 클릭하세요.

❸ 값 축, 보조 값 축, 항목 축, 범례의 글꼴 속성도 변경해야 합니다. 값 축을 선택한 후 바로 가기 메뉴에서 [글자 모양 편집]을 선택하세요.

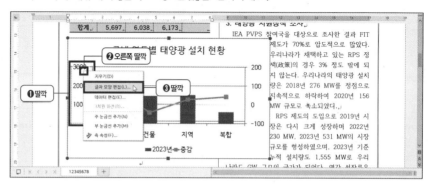

❹ '차트 글자 모양' 대화상자에서 '크기'를 9로 지정한 후 〈설정〉을 클릭하세요.

바로 가기 키로 '차트 글자 모양' 대화상자 설정하기

[Alt]+[H] → 9 → [Enter]

❺ ❹번과 동일한 방법으로 보조 값 축, 항목 축, 범례의 글꼴 '크기'를 9로 지정하세요.

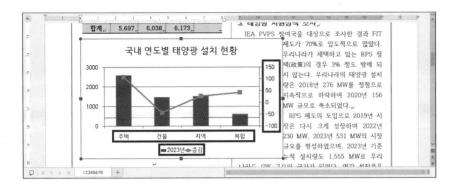

2. 차트의 속성 및 위치 지정하기

❶ ❺번에서의 작업으로 인해 현재 차트 요소가 선택된 상태이므로 차트를 클릭하고 차트의 바로 가기 메뉴에서 [개체 속성]을 선택합니다.

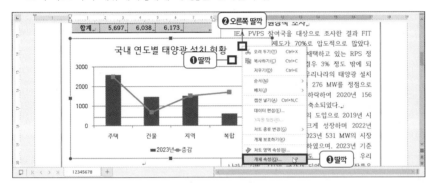

❷ '개체 속성' 대화상자의 '기본' 탭에서 차트의 크기와 위치를 다음 그림과 같이 지정하세요. 바깥 여백을 지정해야 하니 아직 〈설정〉을 클릭하지 마세요.

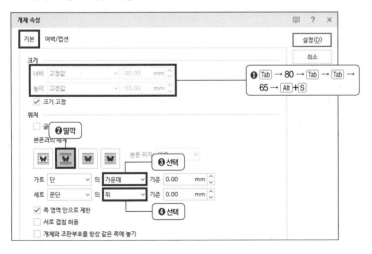

전문가의 조언

'개체 속성' 대화상자에서 '기본' 탭을 설정한 후 Enter를 누르는 실수를 많이 합니다. '개체 속성' 대화상자를 반복해서 실행하지 않으려면 '여백/캡션' 탭에서 지정할 내용을 모두 수행한 후 Enter를 누르세요.

❸ '개체 속성' 대화상자의 '여백/캡션' 탭에서 차트의 바깥 여백을 다음 그림과 같이 지정한 후 〈설정〉을 클릭하세요.

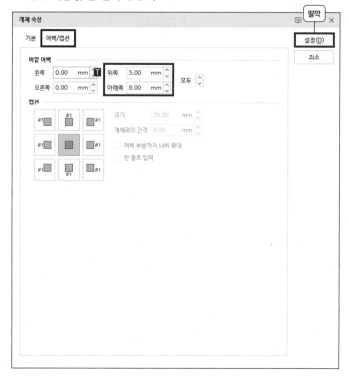

❹ 마지막으로 차트를 표의 아래 단락에 놓아야 합니다. 앞선 작업으로 인해 현재 차트가 선택된 상태이므로 바로 [Ctrl]+[X]를 눌러 차트를 잘라냅니다.

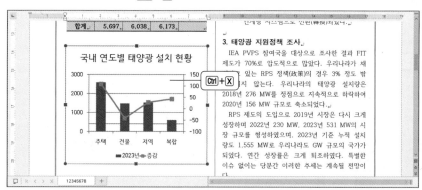

❺ 표 아래의 빈 행을 클릭한 후 `Ctrl`+`V`를 눌러 붙여넣기 합니다.

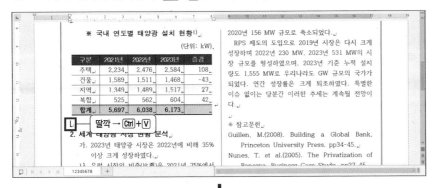

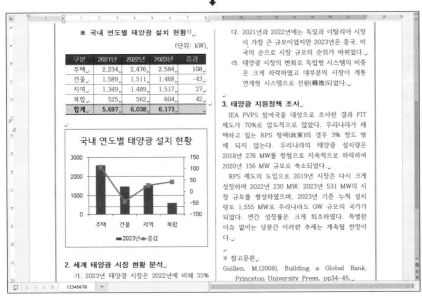

잠깐만요 **차트를 만든 후 차트나 표가 다른 곳에 위치한 경우**

차트를 만들었을 때 차트가 오른쪽 단 또는 표 위쪽에 위치할 경우에는 다음과 같은 방법을 수행하면 됩니다.

❶ 작성된 차트를 클릭한 후 Ctrl+X를 눌러 잘라냅니다.

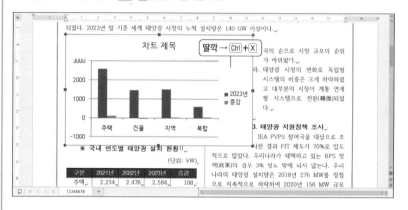

❷ 표 아래의 빈 행을 클릭한 후 Ctrl+V를 눌러 붙여넣습니다.

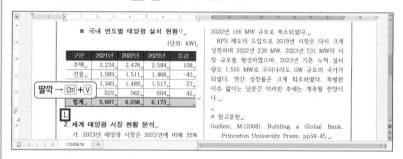

❸ 문제지에 있는 차트에 대한 〈세부 지시사항〉을 수행합니다.

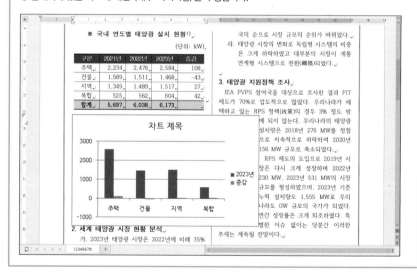

모든 작업이 끝났습니다. 완성된 문서를 확인하고 Ctrl+S를 누르거나 [서식] 도구 상자에서 '🖫(저장하기)'를 클릭하세요.

태마기획 태양전지

태양광 산업 발전 현황

발표일자: 2023. 10. 12.
작성자: 김은소

1. 개요

2020년까지 산업은 그야말로 초고속성장을 보여 주었다. 2021년 유럽의 재정위기로 인하여 유럽 시장이 붕괴될 것이라는 전망이 태양광 시장의 암울한 미래를 예언하였다. 하지만 2021년 실제 상황은 달랐다. 유럽(Europe)의 시장이 축소된 만큼 미국(USA), 중국(China) 시장이 크게 성장하면서 2021년에도 2020년 대비 76% 이상 성장하며 2021년 한 해에만 29.5 GW를 설치하였으며, 2021년에도 28.4 GW를 설치하여 2021년 정도의 시장규모를 유지하였다.

2023년의 경우 태양광(Solar Energy) 시장은 다시 성장하며 최소 39 GW의 규모를 형성한 것으로 조사되었다. 2023년 말 기준 세계 태양광 시장의 누적 설치량은 140 GW 이상이다.

※ 국내 연도별 태양광 설치 현황[1]

(단위: kW)

구분	2021년	2022년	2023년	증감
주택	2,234	2,476	2,584	108
건물	1,589	1,511	1,468	-43
지역	1,349	1,489	1,517	27
복합	525	562	604	42
합계	5,697	6,038	6,173	

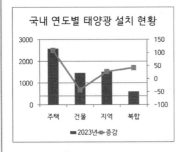

국내 연도별 태양광 설치 현황
■ 2023년 ◆ 증감

2. 세계 태양광 시장 현황 분석

가. 2023년 태양광 시장은 2022년에 비해 35% 이상 크게 성장하였다.
나. 유럽 시장의 비중(比重)은 2021년 75%에서 2023년 28%로 크게 줄어든 반면에 아시아/태평양 시장은 2021년 17%에서 2023년 57%로 크게 성장하고 있다.

---

1) 자료: 태양광협회

다. 2021년과 2022년에는 독일과 이탈리아 시장이 가장 큰 규모이었지만 2023년은 중국, 미국의 순으로 시장 규모의 순위가 바뀌었다.
라. 태양광 시장의 변화로 독립형 시스템의 비중은 크게 하락하였고 대부분의 시장이 계통 연계형 시스템으로 전환(轉換)되었다.

3. 태양광 지원정책 조사

IEA PVPS 참여국을 대상으로 조사한 결과 FIT 제도가 70%로 압도적으로 많았다. 우리나라가 채택하고 있는 RPS 정책(政策)의 경우 3% 정도 밖에 되지 않는다. 우리나라의 태양광 설치량은 2018년 276 MW를 정점으로 지속적으로 하락하여 2020년 156 MW 규모로 축소되었다.

RPS 제도의 도입으로 2019년 시장은 다시 크게 성장하며 2022년 230 MW, 2023년 531 MW의 시장 규모를 형성하였으며, 2023년 기준 누적 설치량도 1,555 MW로 우리나라도 GW 규모의 국가가 되었다. 연간 성장률은 크게 퇴조하였다. 특별한 이슈 없이는 당분간 이러한 추세는 계속될 전망이다.

※ 참고문헌

Guillen, M.(2008). Building a Global Bank. Princeton University Press. pp34-45.
Nunes, T. et al.(2005). The Privatization of Banespa, Business Case Study. pp27-45.
Salame, R.(2006). *Why Do Mergers Fail?*. Key Strategy. pp28-32.

시나공 기자(abc@sinagong.co.kr)

잠깐만요 **채점 프로그램**

채점 프로그램을 이용하여 여러분이 완성한 답안 파일을 채점해 보세요. 채점 프로그램의 사용법에 대한 내용은 12쪽을 참고하세요.

1. 문서 작성 완료

문서 작성을 완료하였으면 시험이 끝났음을 알리는 화면이 표시될 때까지 세부 지시사항과 완성할 문서 그리고 작업한 문서를 꼼꼼히 비교하여 다르게 작성된 부분을 수정하세요. 시험 시간 30분이 지나면 시험이 끝났음을 알리는 '시험종료' 대화상자가 표시되면서 화면이 차단됩니다. 감독위원의 지시에 따라 〈확인〉을 클릭하세요.

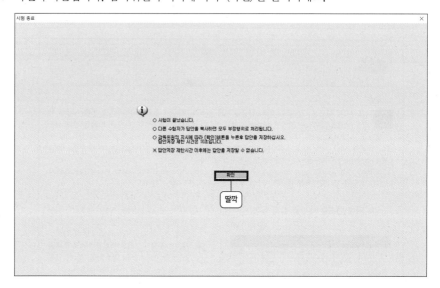

2. 프로그램 종료

워드프로세서의 〈닫기〉 버튼을 클릭한 후 '시험종료' 대화상자에서 〈확인〉을 클릭하세요.

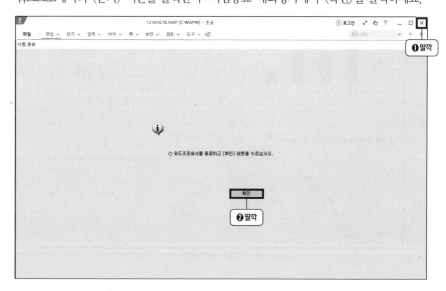

8 퇴실(시험 종료)

놓고 가는 소지품은 없는지 확인한 후 퇴실하면 됩니다. 시험 결과는 시험일을 포함한 주를 제외하고 2주 뒤 금요일, https://license.korcham.net/에서 확인할 수 있습니다.

2 부 실전처럼 연습하기

실전 모의고사 01회

실전 모의고사 02회

실전 모의고사 03회

실전 모의고사 04회

실전 모의고사 05회

실전 모의고사 06회

실전 모의고사 07회

실전 모의고사 08회

실전 모의고사 09회

실전 모의고사 10회

실전 모의고사 11회

실전 모의고사 12회

실전 모의고사 13회

실전 모의고사 14회

실전 모의고사 15회

실전 모의고사 16회

실전 모의고사 17회

실전 모의고사 18회

실전 모의고사 19회

실전 모의고사 20회

실전 모의고사

4432001

과목	제한시간
문서편집기능	30분

〈다음 쪽의 문서를 아래 지시사항에 따라 작성하시오〉

■ 작성된 답안의 파일은 지정된 경로 및 파일명을 변경하지 마시고 저장해야 합니다. 이를 준수하지 않으면 실격 처리됩니다.

■ **편집 용지**
– 용지 종류는 A4 용지(210mm×297mm) 1매에 용지 방향을 세로로 설정하여 문서를 작성하시오.
– 용지 여백은 왼쪽 · 오른쪽 · 위쪽 · 아래쪽은 20mm, 머리말 · 꼬리말은 10mm,
  기타 여백은 0mm로 지정하시오.

■ 문서의 본문은 2단으로 편집하되, 단 간격은 8mm, 구분선은 실선 0.12mm로 설정하시오.

■ **글자 모양**
– 글꼴은 별도의 지시가 없는 한 한글 2022의 기본값으로 작성하시오.
– 영문, 숫자, 기호 등은 별도의 지시가 없는 한 자판에 있는 문자를 사용하시오.

■ **문단 모양**
– 문장의 들여 쓰기(10pt), 정렬 방식, 여백 등은 문단 모양 기능을 이용하여 작성하시오.
– 문단 모양은 별도의 지시가 없는 한 한글 2022의 기본값으로 작성하시오.
– 사이 줄 띄우기는 각 1줄만, 사이 띄우기는 1칸만 띄우시오.

■ **표에서 내용의 정렬 방법**
(제목 행과 '합계(평균)' 셀은 가운데 정렬, 나머지는 열 단위를 기준으로 아래와 같이 정렬)
– 내용의 길이가 서로 다른 문자의 경우 왼쪽 정렬
– 내용의 길이가 서로 다른 숫자의 경우 오른쪽 정렬
– 내용의 길이가 서로 같을 경우 문자, 숫자 상관없이 가운데 정렬

■ 색상은 '기본' 테마가 포함된 색상 팔레트를 사용하시오.

■ 각 항목은 별도의 지시가 없는 한 주어진 문서에 기준하여 작성하시오.

■ 각 항목은 별도의 지시가 없는 한 기본 설정값으로 처리하시오.

■ 문제에 제시된 지시사항은 작성하지 않음

대 한 상 공 회 의 소

다음 쪽의 문서를 아래의 〈세부 지시사항〉에 따라 작성하시오.

(1) 쪽 테두리	• **선의 종류 및 굵기** : 실선 0.5mm, 모두 　　　 • **위치** : 쪽 기준, 왼쪽 · 오른쪽 · 위쪽 · 아래쪽 모두 5mm
(2) 글상자	• **크기** : 너비 110mm, 높이 12mm, 크기 고정 　　　 • **바깥 여백** : 아래쪽 5mm • **위치** : 본문과의 배치 – 자리 차지, 가로 – 종이의 가운데 0mm, 세로 – 종이의 위 19mm • **선 속성** : 검정(RGB : 0,0,0), 이중 실선 0.5mm 　　　 • **색 채우기** : 초록(RGB : 40,155,110) 80% 밝게
(3) 제목	• 맑은 고딕, 14pt, 장평(120%), 자간(10%), 양각, 하늘색(RGB : 97,130,214), 가운데 정렬
(4) 문단 첫 글자 　　 장식	• **모양** : 2줄, **글꼴** : 휴먼옛체, **면색** : 남색(RGB : 58,60,132) 50% 어둡게, **본문과의 간격** : 3mm • **글자색** : 노랑(RGB : 255,215,0)
(5) 스타일 　　 (2개소 등록)	• **소제목** : 스타일 이름 – 소제목, 스타일 종류 – 문단, 번호 문단, 여백 – 왼쪽(10pt), 돋움체, 12pt, 진하게, 그림자 • **표제목** : 스타일 이름 – 표제목, 스타일 종류 – 문단, 가운데 정렬, 굴림체, 11pt, 장평(90%), 자간(10%), 진하게
(6) 책갈피	• '여기에' 앞에 '참조'란 이름으로 책갈피 지정
(7) 그림	• **경로** : C:\WP\무역.jpg, 문서에 포함 • **크기** : 너비 30mm, 높이 20mm • **위치** : 본문과의 배치 – 어울림, 가로 – 단의 오른쪽 0mm, 세로 – 문단의 위 0mm • **바깥 여백** : 왼쪽 · 아래쪽 2mm
(8) 각주	• **글자 모양** : 굴림, **번호 모양** : 아라비아 숫자
(9) 표	• **크기** : 너비 78mm ～ 80mm, 높이 33mm ～ 34mm • **위치** : 글자처럼 취급 • **모든 셀의 안 여백** : 왼쪽 · 오른쪽 2mm • **전체 행** : 셀 높이를 같게 • **테두리** : 표 안쪽은 실선(0.12mm), 표 바깥의 위쪽과 아래쪽은 실선(0.4mm), 　　　　　　 표 바깥의 왼쪽과 오른쪽은 선 없음, 제목 행 아래쪽과 평균 행 위쪽은 이중 실선(0.5mm) • **제목 행** : 셀 배경색 – 노랑(RGB : 255,215,0), 글자 모양 – 돋움체, 진하게, 보라(RGB : 157,92,187) • **평균 행** : 셀 배경색 – 남색(RGB : 58,60,132) 80% 밝게, 글자 모양 – 진하게 • **문단의 정렬 방식** : 가운데 정렬
(10) 블록 계산식	• 표의 평균 행에 블록 계산식을 이용하여 블록 평균 산출
(11) 캡션	• 표 위에 삽입 후 오른쪽 정렬
(12) 차트	• **차트의 모양** : 세로 막대형(묶은 세로 막대형) • **차트의 크기** : 너비 80mm, 높이 80mm, 크기 고정 • **위치** : 본문과의 배치 – 자리 차지, 가로 – 단의 가운데 0mm, 세로 – 문단의 위 0mm • **바깥 여백** : 아래쪽 8mm • **제목, 항목 축, 값 축, 범례의 글꼴 설정** : 진하게, 9pt • 표의 아래 단락에 배치
(13) 하이퍼링크	• '직결'에 하이퍼링크 설정 • **연결 종류** : '흔글 문서', 책갈피의 '참조'로 지정
(14) 쪽 번호	• **번호 위치** : 가운데 아래, **번호 모양** : 아라비아 숫자, 줄표 넣기 선택 안함, 시작 번호 지정
(15) 머리말	• HY견명조, 10pt, 진하게, 주황(RGB : 255,132,58) 50% 어둡게
(16) 꼬리말	• 한컴바탕, 11pt, 진하게, 보라(RGB : 157,92,187) 25% 어둡게

(15) 머리말
(2) 글상자
(3) 제목

주간상의 10월

2025년 무역지수 전망

(4) 문단 첫 글자 장식

(12) 차트

1. 무역수지 현황 → (5) 스타일(소제목)

우리나라의 2020년 무역(貿易)수지(Balance of Payments)는 수입 급증에도 불구하고 하반기 들어 수출이 활기를 띰으로써 9월까지 218억 달러의 흑자를 달성하였으며, 세계경기가 회복세를 보이면서 반도체(Semiconductor), 석유화학(Petrochemistry) 등 우리나라 주력 수출제품의 국제가격이 상승세로 돌아선 것과 전 세계적인 정보통신(Information Communication) 부문에 대한 투자 확대와 인터넷, 정보화 열기의 확산(擴散)으로 반도체①(Semiconductor), 컴퓨터(Computer), 무선통신(Radio Wireless Communications) 기기, LCD(Liquid Crystal Display) 등 전기전자 제품의 수출이 활기를 띤 것도 수출증가에 크게 기여하였다.

(6) 책갈피 (7) 그림

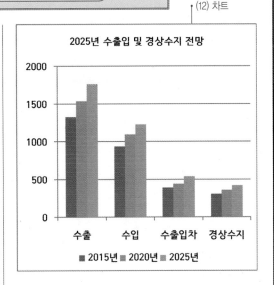

여기에 하반기 들어 엔화가 강세로 반전됨에 따라 우리 수출상품의 가격경쟁력이 크게 회복되면서 경공업제품(Light Industry Articles) 등 수출부진 품목(品目)의 수출마저 모두 증가세로 돌아섰다. 그러면 2025년 수출 전망은 어떠할까? 우선 국내외 여건 면에서는 2020년 하반기부터 나타나고 있는 세계경제의 회복세가 2015년에 보다 본격적으로 나타날 것으로 보인다.

전각 기호 (5) 스타일(표제목)

※ 2025년 수출입 및 경상수지 전망

(9) 표 (11) 캡션 → (단위: 억 달러)

	2015년	2020년	2025년	비고
수출	1,323	1,534	1,763	
수입	933	1,094	1,224	
수출입차	390	440	539	
경상수지	306	357	416	
평균	738.00	856.25	985.50	

(10) 블록 계산식

2. 국내 경제성장 전망 → (5) 스타일(소제목)

첫째, 2020년 우리나라 경제는 7% 내외의 성장률을 달성, 우리 경제가 본격적인 성장국면에 접어

(8) 각주 →

1) 절연체보다는 비교적 전하를 잘 이동시키는 물질

2025년 수출입 및 경상수지 전망

(세로축: 0, 500, 1000, 1500, 2000)
(가로축: 수출, 수입, 수출입차, 경상수지)
■ 2015년 ■ 2020년 ■ 2025년

들 것이라는 점이다. 기업 구조조정(Structural Reform)이 어느 정도 진전됨에 따라 2025년에는 기업들이 설비투자를 본격 확대할 것으로 예상되며, 기업실적 호조에 따른 임금(賃金) 상승 등으로 민간부문의 소비여력은 더욱 늘어날 것이다.

둘째, 2025년에도 경상수지(Balance of Current Account) 흑자가 지속되고 외국인 투자 유치 및 증시활황 등으로 외국인 자금이 계속 유입될 것으로 보여 최근의 달러인상 추세는 이어질 전망(展望)이다.

셋째, 세계경제(World Economy)가 본격적으로 회복국면에 접어들면서 원자재 가격이 상승할 것으로 예상되는데, 국제원자재 가격의 상승은 바로 수입금액의 증가로 직결될 것이라는 점이다.

(13) 하이퍼링크

산업경제연구원 수석 연구원 신현수

sinhs@industrial.re.kr

하이퍼링크 지우기

무역지수 → (16) 꼬리말

[잠깐만요] 채점 프로그램

채점 프로그램을 이용하여 여러분이 완성한 답안 파일을 채점해 보세요. 채점 프로그램의 사용법에 대한 내용은 12쪽을 참고하세요.

[잠깐만요] 책갈피 만들기 / 하이퍼링크 설정하기 / 차트 작성 시 표 아래 밀려난 공간 제거하기

책갈피 만들기

1. 책갈피를 지정할 "여기에 하반기~ "의 "여"자 앞에 커서를 두고 책갈피를 만드는 바로 가기 키 Ctrl + K, B를 누르세요([기본] 도구 상자 : [입력] → [책갈피(📖)]).

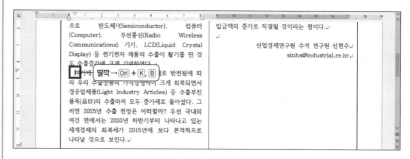

2. '책갈피' 대화상자에서 책갈피 이름에 **참조**를 입력한 후 Enter를 누르세요.

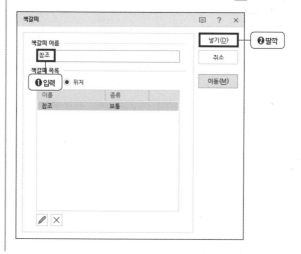

하이퍼링크 설정하기

1. 하이퍼링크를 설정할 단어 "직결"을 블록으로 지정한 후 하이퍼링크를 만드는 바로 가기 키 Ctrl + K, H를 누릅니다.

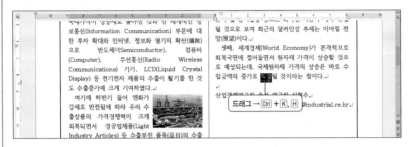

2. '하이퍼링크' 대화상자의 연결 대상에서 앞에서 설정한 책갈피 '참조'를 선택한 후 〈넣기〉를 클릭하세요.

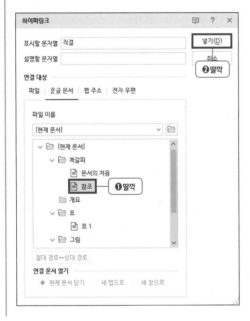

차트 작성 시 표 아래 밀려난 공간 제거하기

1. 차트를 만든 후 차트 밖의 빈 공간을 클릭하고 차트의 형태를 확인하세요.

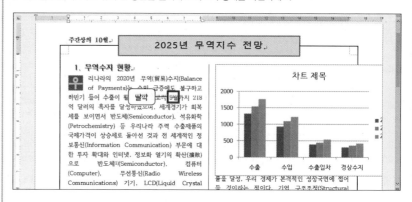

2. 차트를 확인했으면 차트 작성으로 인해 표 아래로 밀려난 문단 기호(↵)를 표 오른쪽으로 이동해야 합니다. 차트를 클릭한 후 Ctrl + X를 눌러 잘라내기 하세요.

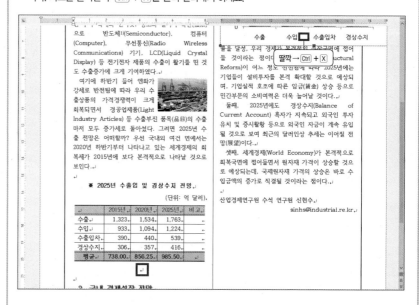

3. 표의 아래 빈 행을 클릭한 후 Ctrl + V를 눌러 붙여넣기 하세요. 이렇게 차트를 표의 아래 단락에 삽입하면 표 아래 밀려난 공간이 제거됩니다.

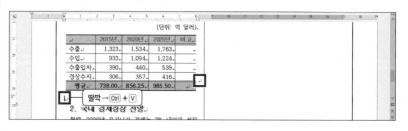

4. 계속해서 〈세부 지시사항〉에 제시된 차트 관련 지시사항에 맞게 차트를 편집하세요.

실전 모의고사

4432002

과목	제한시간
문서편집기능	30분

〈다음 쪽의 문서를 아래 지시사항에 따라 작성하시오〉

- 작성된 답안의 파일은 지정된 경로 및 파일명을 변경하지 마시고 저장해야 합니다. 이를 준수하지 않으면 실격 처리됩니다.

- **편집 용지**
  - 용지 종류는 A4 용지(210mm×297mm) 1매에 용지 방향을 세로로 설정하여 문서를 작성하시오.
  - 용지 여백은 왼쪽·오른쪽은 20mm, 위쪽·아래쪽은 10mm, 머리말·꼬리말은 10mm, 기타 여백은 0mm로 지정하시오.

- **문서의 본문은 2단으로 편집하되, 단 간격은 8mm, 구분선은 실선 0.12mm로 설정하시오.**

- **글자 모양**
  - 글꼴은 별도의 지시가 없는 한 한글 2022의 기본값으로 작성하시오.
  - 영문, 숫자, 기호 등은 별도의 지시가 없는 한 자판에 있는 문자를 사용하시오.

- **문단 모양**
  - 정렬 방식, 여백 등은 문단 모양 기능을 이용하여 작성하시오.
  - 문단 모양은 별도의 지시가 없는 한 한글 2022의 기본값으로 작성하시오.
  - 사이 줄 띄우기는 각 1줄만, 사이 띄우기는 1칸만 띄우시오.

- **표에서 내용의 정렬 방법**
  (제목 행과 '합계(평균)' 셀은 가운데 정렬, 나머지는 열 단위를 기준으로 아래와 같이 정렬)
  - 내용의 길이가 서로 다른 문자의 경우 왼쪽 정렬
  - 내용의 길이가 서로 다른 숫자의 경우 오른쪽 정렬
  - 내용의 길이가 서로 같을 경우 문자, 숫자 상관없이 가운데 정렬

- 색상은 '기본' 테마가 포함된 색상 팔레트를 사용하시오.

- 각 항목은 별도의 지시가 없는 한 주어진 문서에 기준하여 작성하시오.

- 각 항목은 별도의 지시가 없는 한 기본 설정값으로 처리하시오.

- 문제에 제시된 지시사항은 작성하지 않음

대 한 상 공 회 의 소

다음 쪽의 문서를 아래의 〈세부 지시사항〉에 따라 작성하시오.

(1) 쪽 테두리	• 선의 종류 및 굵기 : 이중 실선 0.5mm, 모두 • 위치 : 쪽 기준, 왼쪽 · 오른쪽 · 위쪽 · 아래쪽 모두 5mm
(2) 글상자	• 크기 : 너비 168mm, 높이 23mm, 크기 고정 • 위치 : 본문과의 배치 – 자리 차지, 가로 – 종이의 가운데 0mm, 세로 – 종이의 위 20mm • 바깥 여백 : 아래쪽 8mm • 선 속성 : 검정(RGB : 0,0,0), 실선 0.2mm　　　• 색 채우기 : 하늘색(RGB : 97,130,214)
(3) 제목	• 제목(1) : 휴먼명조, 15pt, 장평(110%), 자간(–4%), 진하게, 주황(RGB : 255,132,58) 80% 밝게, 가운데 정렬 • 제목(2) : 여백 – 왼쪽(340pt)
(4) 누름틀	• 입력할 내용의 안내문 : '0000. 00. 00.', 입력 데이터 : '2023. 08. 10.'
(5) 그림	• 경로 : C:\WP\돗단배.bmp, 문서에 포함　　　• 크기 : 너비 30mm, 높이 15mm • 위치 : 본문과의 배치 – 글 앞으로, 가로 – 종이의 왼쪽 24mm, 세로 – 종이의 위 24mm • 회전 : 좌우 대칭
(6) 스타일 (2개소 수정, 3개소 등록)	• 개요 1(수정) : 여백 – 왼쪽(0pt), 휴먼고딕, 12pt, 진하게 • 개요 2(수정) : 여백 – 왼쪽(15pt) • 표제목(등록) : 스타일 이름 – 표제목, 스타일 종류 – 문단, 가운데 정렬, 돋움체, 장평(98%), 자간(–2%), 진하게 • 참고문헌 1(등록) : 스타일 이름 – 참고문헌 1, 스타일 종류 – 문단, 내어쓰기 – 20pt • 참고문헌 2(등록) : 스타일 이름 – 참고문헌 2, 스타일 종류 – 글자, 기울임
(7) 문단 첫 글자 장식	• 모양 : 2줄, 글꼴 : 휴먼고딕, 면색 : 남색(RGB : 58,60,132) 25% 어둡게, 본문과의 간격 : 3mm • 글자색 : 하양(RGB : 255,255,255)
(8) 각주	• 글자 모양 : 돋움, 번호 모양 : 아라비아 숫자
(9) 하이퍼링크	• '대한의사협회'에 하이퍼링크 설정 • 연결 대상 : '웹 주소', 'https://www.kma.org'
(10) 표	• 크기 : 너비 78mm ~ 80mm, 높이 33mm ~ 34mm　　　• 위치 : 글자처럼 취급 • 모든 셀의 안 여백 : 왼쪽 · 오른쪽 2.5mm　　　• 전체 행 : 셀 높이를 같게 • 테두리 : 표 안쪽은 실선(0.12mm), 표 바깥의 위쪽과 아래쪽은 실선(0.4mm), 　　　　　표 바깥의 왼쪽과 오른쪽은 선 없음, 제목 행 아래쪽은 이중 실선(0.5mm) • 제목 행 : 셀 배경색 – 초록(RGB : 40,155,110), 글자 모양 – 굴림체, 진하게, 하양(RGB : 255,255,255) • 평균 행 : 셀 배경색 – 검정(RGB : 0,0,0) 50% 밝게, 글자 모양 – 돋움체, 진하게, 하양(RGB : 255,255,255) • 문단의 정렬 방식 : 가운데 정렬
(11) 블록 계산식	• 표의 평균 행에 블록 계산식을 이용하여 블록 평균 산출
(12) 캡션	• 표 아래에 삽입 후 오른쪽 정렬
(13) 차트	• 차트의 모양 : 세로 막대형(누적 세로 막대형)　　　• 차트의 크기 : 너비 80mm, 높이 65mm, 크기 고정 • 위치 : 본문과의 배치 – 자리 차지, 가로 – 단의 가운데 0mm, 세로 – 문단의 위 0mm • 바깥 여백 : 위쪽 5mm, 아래쪽 7mm • 항목 축, 값 축, 범례의 글꼴 설정 : 9pt • 표의 아래 단락에 배치
(14) 쪽 번호	• 번호 위치 : 오른쪽 아래, 번호 모양 : 아라비아 숫자, 줄표 넣기 선택, 시작 번호 지정
(15) 머리말	• 휴먼고딕, 10pt, 진하게, 초록(RGB : 40,155,110) 50% 어둡게, 오른쪽 정렬
(16) 꼬리말	• 맑은 고딕, 10pt, 진하게, 남색(RGB : 58,60,132) 50% 어둡게, 가운데 정렬

(5) 그림

(2) 글상자 **한국인의 질병(Disease)**

(3) 제목(1) (3) 제목(2)

(4) 누름틀

발표일자: 2023. 08. 10.
작성자: 김예소

(7) 문단 첫 글자 장식

1. 개요 ━ (6) 스타일(개요 1)

활 습관의 변화 등으로 최근 30년간 한국인의 질병(疾病) 양상(Aspect)이 크게 바뀐 것으로 조사됐다. 국민건강 보험공단 (www.nhic.or.kr)에 따르면 지난해 입원환자(a Patient)의 진료(診療) 건수[1]가 가장 많은 질병은 치질, 백내장, 폐렴, 맹장염, 정신분열증 순으로 집계되었는데 이는 2015년 조사 자료(Data)의 경우 맹장염, 위장염, 정신분열증, 폐렴 순이었던 것과는 상당히 달라졌음을 알 수 있다.

하이퍼링크 지우기   (6) 스타일(표제목)

입원환자 질병 비율 추이

구분	2015년	2020년	2025년	비고
맹장염	25.3	23	18.4	
위장염	19	16	13.2	
치질	11.4	21.6	27	
디스크	10	11.4	12.1	
평균	16.43	18.00	17.68	

(10) 표   (11) 블록 계산식   (12) 캡션 ━ (단위: %)

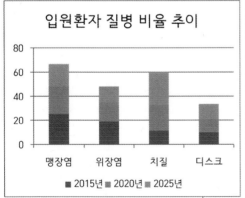

입원환자 질병 비율 추이

(13) 차트

2. 한국인의 질병 양상 변화 ━ (6) 스타일(개요 1)

가. 2015년의 경우 16위였던 치질(Hemorrhoids)이 지난해 1위로 부상한 것은 식생활이 서구화된 것에 가장 큰 원인이 있는 것으로 보고 있다.

1) 자료: 대한의사협회   (8) 각주

(9) 하이퍼링크

나. 과거에는 수술비(Operation Charges)가 비싸 수술을 받지 못한 환자들이 경제적으로 여유가 생기면서 병원을 많이 찾게 된 것에서도 그 원인(原因)을 찾을 수 있을 것이다.

다. 한 가지 뚜렷하게 늘어나고 있는 질병은 암(Cancer)으로 유방암은 10년 사이 4.4배, 폐암은 3.2배, 간암은 3.1배, 위암은 1.8배 등의 변화를 보이고 있다.

(6) 스타일(개요 2)

3. 질병 예방 대책 ━ (6) 스타일(개요 1)

가. 한국인의 질병 예방에서 무엇보다 중요한 것은 정기적인 건강검진(a Health Examination)과 식생활(Eating Habits) 개선, 적당한 운동(運動) 등 생활 패턴(Pattern)을 바꾸는 일이라고 할 수 있다.

나. 고열량, 고지방 음식을 자제하고 정기 검진으로 암 등을 조기에 발견하는 것이 매우 중요하다.

다. 소아비만이 성인병을 불러오고 잘못된 식생활이 평생의 건강을 좌우한다는 점을 감안, 초등학교(Elementary School) 어린이들에게도 조기에 건강의 중요성(Importance)을 심어주는 등 건강 관련 교육이 절실히 필요하다.

전각 기호

◎ 참고문헌   (6) 스타일(참고문헌 1)

Guillen, M.(2008). Building a Global Bank, Princeton University Press. pp34-45.
Nunes, T. et al.(2005). The Privatization of Banespa, *Business Case Study*. pp27-45.
Salame, R.(2006). Why Do Mergers Fail?, Key Strategy. pp28-32.

(6) 스타일(참고문헌 2)

(1) 쪽 테두리   (14) 쪽 번호

(5) 그림([Ctrl]+[N], [I])

한국인의 질병(Disease)

(2) 글상자([Ctrl]+[N], [B] → [Ctrl]+[Z])

(4) 누름틀([Ctrl]+[K], [E])

발표일자: 2023. 08. 10.
작성자: 김예소

(7) 문단 첫 글자 장식([서식] → [쪫](문단 첫 글자 장식))

1. 개요 ◀ (6) 스타일(개요 1)([F6])

생활 습관의 변화 등으로 최근 30년간 한국인의 질병(疾病) 양상(Aspect)이 크게 바뀐 것으로 조사됐다. 국민건강 보험공단(www.nhic.or.kr)에 따르면 지난해 입원환자(a Patient)의 진료(診療) 건수[1]가 가장 많은 질병은 치질, 백내장, 폐렴, 맹장염, 정신분열증 순으로 집계되었는데 이는 2015년 조사 자료(Data)의 경우 맹장염, 위장염, 정신분열증, 폐렴 순이었던 것과는 상당히 달라졌음을 알 수 있다.

(10) 표([Ctrl]+[N], [T])   (6) 스타일(표제목)([F6])

입원환자 질병 비율 추이

구분	2015년	2020년	2025년	비고
맹장염	25.3	23	18.4	
위장염	19	16	13.2	
치질	11.4	21.6	27	
디스크	10	11.4	12.1	
평균	16.43	18.00	17.68	

(11) 블록 계산식(평균 : [Ctrl]+[Shift]+[A])

(단위: %)

(12) 캡션([Ctrl]+[N], [C])

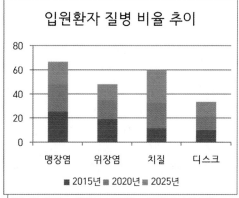

입원환자 질병 비율 추이

■ 2015년 ■ 2020년 ■ 2025년

(13) 차트([표] → [쪫](표 디자인) → [쪫](차트 만들기))

2. 한국인의 질병 양상 변화 ◀ (6) 스타일(개요 1)([F6])

가. 2015년의 경우 16위였던 치질(Hemorrhoids)이 지난해 1위로 부상한 것은 식생활이 서구화된 것에 가장 큰 원인이 있는 것으로 보고 있다.

(8) 각주([Ctrl]+[N], [N])

1) 자료: 대한의사협회

(9) 하이퍼링크([Ctrl]+[K], [H])

나. 과거에는 수술비(Operation Charges)가 비싸 수술을 받지 못한 환자들이 경제적으로 여유가 생기면서 병원을 많이 찾게 된 것에서도 그 원인(原因)을 찾을 수 있을 것이다.

다. 한 가지 뚜렷하게 늘어나고 있는 질병은 암(Cancer)으로 유방암은 10년 사이 4.4배, 폐암은 3.2배, 간암은 3.1배, 위암은 1.8배 등의 변화를 보이고 있다.

(6) 스타일(개요 2)([F6])

3. 질병 예방 대책 ◀ (6) 스타일(개요 1)([F6])

가. 한국인의 질병 예방에서 무엇보다 중요한 것은 정기적인 건강검진(a Health Examination)과 식생활(Eating Habits) 개선, 적당한 운동(運動) 등 생활 패턴(Pattern)을 바꾸는 일이라고 할 수 있다.

나. 고열량, 고지방 음식을 자제하고 정기 검진으로 암 등을 조기에 발견하는 것이 매우 중요하다.

다. 소아비만이 성인병을 불러오고 잘못된 식생활이 평생의 건강을 좌우한다는 점을 감안, 초등학교(Elementary School) 어린이들에게도 조기에 건강의 중요성(Importance)을 심어주는 등 건강 관련 교육이 절실히 필요하다.

◎ 참고문헌   (6) 스타일(참고문헌 1)([F6])

Guillen, M.(2008). Building a Global Bank, Princeton University Press. pp34-45.

Nunes, T. et al.(2005). The Privatization of Banespa, *Business Case Study*, pp27-45.

Salame, R.(2006). Why Do Mergers Fail?, Key Strategy. pp28-32.

(6) 스타일(참고문헌 2)([F6])

(1) 쪽 테두리([쪽] → [쪽 테두리/배경])

과목	제한시간
문서편집기능	30분

〈다음 쪽의 문서를 아래 지시사항에 따라 작성하시오〉

■ 작성된 답안의 파일은 지정된 경로 및 파일명을 변경하지 마시고 저장해야 합니다. 이를 준수하지 않으면 실격 처리됩니다.

■ 편집 용지
  – 용지 종류는 A4 용지(210mm×297mm) 1매에 용지 방향을 세로로 설정하여 문서를 작성하시오.
  – 용지 여백은 왼쪽 · 오른쪽은 20mm, 위쪽 · 아래쪽은 10mm, 머리말 · 꼬리말은 10mm,
    기타 여백은 0mm로 지정하시오.

■ 문서의 본문은 1단에서 2단으로 변하는 모양으로 편집하되, 단 간격은 8mm, 구분선은 실선 0.12mm로 설정하시오.

■ 글자 모양
  – 글꼴은 별도의 지시가 없는 한 한글 2022의 기본값으로 작성하시오.
  – 영문, 숫자, 기호 등은 별도의 지시가 없는 한 자판에 있는 문자를 사용하시오.

■ 문단 모양
  – 정렬 방식, 여백 등은 문단 모양 기능을 이용하여 작성하시오.
  – 문단 모양은 별도의 지시가 없는 한 한글 2022의 기본값으로 작성하시오.
  – 사이 줄 띄우기는 각 1줄만, 사이 띄우기는 1칸만 띄우시오.

■ 표에서 내용의 정렬 방법
  (제목 행과 '합계(평균)' 셀은 가운데 정렬, 나머지는 열 단위를 기준으로 아래와 같이 정렬)
  – 내용의 길이가 서로 다른 문자의 경우 왼쪽 정렬
  – 내용의 길이가 서로 다른 숫자의 경우 오른쪽 정렬
  – 내용의 길이가 서로 같을 경우 문자, 숫자 상관없이 가운데 정렬

■ 색상은 '기본'과 '오피스' 테마가 포함된 색상 팔레트를 사용하시오.

■ 각 항목은 별도의 지시가 없는 한 주어진 문서에 기준하여 작성하시오.

■ 각 항목은 별도의 지시가 없는 한 기본 설정값으로 처리하시오.

■ 문제에 제시된 지시사항은 작성하지 않음

대 한 상 공 회 의 소

다음 쪽의 문서를 아래의 〈세부 지시사항〉에 따라 작성하시오.

(1) 다단 설정	• **모양** : 둘, **구분선** : 구분선 넣기, **적용 범위** : 새 다단으로
(2) 쪽 테두리	• **선의 종류 및 굵기** : 실선 0.12mm, 모두 • **위치** : 쪽 기준, 왼쪽 · 오른쪽 · 위쪽 · 아래쪽 모두 5mm
(3) 글상자	• **크기** : 너비 170mm, 높이 24mm, 크기 고정 • **위치** : 본문과의 배치 – 자리 차지, 가로 – 종이의 가운데 0mm, 세로 – 종이의 위 20mm • **바깥 여백** : 아래쪽 5mm • **선 속성** : 검정(RGB : 0,0,0), 실선 0.2mm　　• **색 채우기** : 보라(RGB : 157,92,187) 40% 밝게
(4) 제목	• **제목(1)** : 궁서체, 15pt, 장평(105%), 자간(5%), 진하게, 검은 군청(RGB : 27,23,96), 가운데 정렬 • **제목(2)** : 여백 – 왼쪽(280pt)
(5) 누름틀	• **입력할 내용의 안내문** : '이름(영문) 직위', **입력 데이터** : '김상욱(Kim Sangwook) 과장'
(6) 그림	• **경로** : C:\WP\뱃사공.bmp, 문서에 포함　　• **크기** : 너비 18mm, 높이 10mm • **위치** : 본문과의 배치 – 글 앞으로, 가로 – 종이의 왼쪽 25mm, 세로 – 종이의 위 25mm
(7) 스타일 (2개소 수정, 2개소 등록)	• **개요 1(수정)** : 여백 – 왼쪽(0pt), 맑은 고딕, 12pt, 진하게 • **개요 2(수정)** : 여백 – 왼쪽(15pt) • **표제목(등록)** : 스타일 이름 – 표제목, 스타일 종류 – 문단, 가운데 정렬, 굴림체, 11pt, 장평(95%), 자간(–4%), 진하게 • **참고문헌(등록)** : 스타일 이름 – 참고문헌, 스타일 종류 – 문단, 내어쓰기 – 20pt, 줄 간격(140%), 9pt, 바탕체
(8) 문단 첫 글자 장식	• **모양** : 2줄, **글꼴** : 돋움체, **면색** : 초록(RGB : 0,128,0), **본문과의 간격** : 3mm • **글자색** : 하양(255,255,255)
(9) 각주	• **글자 모양** : 돋움체, **번호 모양** : 원문자
(10) 하이퍼링크	• '한국관광공사'에 하이퍼링크 설정　　• **연결 대상** : '웹 주소', 'http://www.visitkorea.or.kr'
(11) 표	• **크기** : 너비 78mm ~ 80mm, 높이 27.60mm　　• **위치** : 글자처럼 취급 • **모든 셀의 안 여백** : 왼쪽 · 오른쪽 2mm　　• **전체 행** : 셀 높이를 같게 • **테두리** : 표 안쪽은 실선(0.12mm), 표 바깥의 위쪽과 아래쪽은 실선(0.4mm), 　　　　　표 바깥의 왼쪽과 오른쪽은 선 없음, 제목 행 아래쪽과 합계 행 위쪽은 이중 실선(0.5mm) • **제목 행** : 셀 배경색 – 초록(RGB : 40,155,110), 글자 모양 – 돋움체, 진하게, 하양(255,255,255) • **합계 행** : 셀 배경색 – 하양(RGB : 255,255,255) 15% 어둡게, 글자 모양 – 진하게 • **문단의 정렬 방식** : 가운데 정렬
(12) 블록 계산식	• 표의 합계 행에 블록 계산식을 이용하여 블록 합계 산출
(13) 캡션	• 표 아래에 삽입 후 오른쪽 정렬
(14) 차트	• **차트의 모양** : 이중 축 혼합형(묶은 세로 막대형, 표식이 있는 꺾은선형) • **차트의 크기** : 너비 80mm, 높이 65mm, 크기 고정 • **위치** : 본문과의 배치 – 자리 차지, 가로 – 단의 가운데 0mm, 세로 – 문단의 위 0mm • **바깥 여백** : 위쪽 5mm, 아래쪽 8mm　　• **항목 축, 값 축, 보조 값 축, 범례의 글꼴 설정** : 9pt • 표의 아래 단락에 배치 ※ 차트 종류 변경과 계열 속성 설정으로 혼합형 차트를 구성하시오.
(15) 쪽 번호	• **번호 위치** : 왼쪽 아래, **번호 모양** : 로마자 대문자, 줄표 넣기 선택, 시작 번호 지정
(16) 머리말	• 한컴 고딕, 11pt, 진하게, 파랑(RGB : 0,0,255)
(17) 꼬리말	• 한컴돋움, 10pt, 진하게, 초록(RGB : 0,128,0) 25% 어둡게, 가운데 정렬

↑(6) 그림
(3) 글상자

관광산업의 발전 전망

(4) 제목(1)　(4) 제목(2)

발표일자:	2023. 01. 08.	(5) 누름틀
작성자:	김상욱(Kim Sangwook) 과장	

(8) 문단 첫 글자 장식

1. 개요 ——→(7) 스타일(개요 1)

V isitor의 욕구가 있고 구매력을 갖춘 관광객들의 집합을 관광시장이라고 본다면 시장에 대하여 제품과 서비스를 생산 및 판매하는 조직적인 사업을 관광기업이라고 한다. 이러한 기업들을 관광산업(Tourist Industry)이라고 할 수 있다. 관광산업의 정의를 보면, 관광산업은 여행과 Recreation을 위해 전체적인 면에서 Merchandise, Communication, Service 시설과 기타 시설, 그리고 정부기관이 상호 관련된 합성체로 정의하고 있다. 관광산업의 관광객은 소비자로 오기 때문에 그들이 가지고 오는 외화는 무형적인 수출이기도 하며 관광산업의 외환수입은 국제수지(the Balance of International Payment) 개선효과와 국제무역(International Trade)을 자극한 무역진흥의 동기부여가 될 수 있다. 관광산업은 국토개발(Land Development)의 일환으로 1, 2차 산업보다 비교적 공해가 적으며 자원 절약적이다.

(1) 다단 설정　　　(7) 스타일(표제목)

2025년대 관광산업 전망①

구분	2025년 전망	예상 증감	비중(%)
유럽	486	168	23
미주	224	91	19
아시아	99	27	31
합계	809	286	

(11) 표　　(12) 블록 계산식　(단위: 백만 명)
(13) 캡션

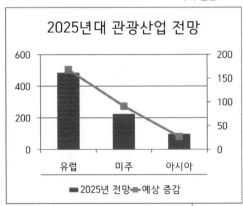

2025년대 관광산업 전망

(14) 차트

■ 2025년 전망 ━ 예상 증감

경제발전으로 관광여건이 개선되는 가운데 성장을 지속하여 관광객 수가 2025년에는 2020년에 비해 2억800만 명으로 2배 이상 성장할 것으로 보인다.

다. 관광산업의 시장점유율은 20%로 급상승할 것이며 특히 수송(輸送)수단이 획기적으로 개선될 것으로 기대되는 2025년 이후에는 10%대 이상의 고도성장을 지속함으로써 21세기 세계 관광시장을 주도할 것으로 예상된다.

(7) 스타일(개요 2)

3. 제안 ——→(7) 스타일(개요 1)

가. 우리나라도 21세기에는 China, Russia로 가는 경유지로서의 역할(役割)이 부각되고 관광 형태도 유적지나 휴양지를 방문하던 단순한 패턴에서 일정기간 각종 Tourist Event에 참가하는 참여관광 형태로 바뀌면서 관광입지가 크게 호전될 것으로 보인다.

나. 국제경기를 가능한 많이 유치하는 것은 관광산업 발전을 위한 기회라 할 수 있다.

전각 기호

※ References　　　　(7) 스타일(참고문헌)

R. K. Dragon(2006). A Civil Organic Modern Chemistry, Gilbut. pp34-56.

Wiliam. K. Narayan(2010). The Autobiography Urinalysis of the way to Samurai, Easy Press. pp56-89.

Jerry Vanzant(2012). The Emergence of Puddiing Away, ABC Press. pp13-25.

2. 관광산업 전망 ——→(7) 스타일(개요 1)

가. 관광산업은 앞으로 10년간 연평균 5% 성장하여 정보통신 산업과 더불어 21세기 성장을 주도하는 산업으로 각광받을 것으로 예측(豫測)되고 있다.

나. 동아태지역은 다양한 관광자원과 전반적인

(9) 각주

① 자료: 한국관광공사

(10) 하이퍼링크　　　　　　　(2) 쪽 테두리

상공관광협회 조사 →(16) 머리말(Ctrl+N, H)

(6) 그림(Ctrl+N, I)

(3) 글상자(Ctrl+N, B → Ctrl+Z)

관광산업의 발전 전망

(5) 누름틀(Ctrl+K, E)

발표일자: 2023. 01. 08.
작성자: 김상욱(Kim Sangwook) 과장

(8) 문단 첫 글자 장식([서식] → [갤(문단 첫 글자 장식)])

1. 개요 →(7) 스타일(개요 1)(F6)

Visitor의 욕구가 있고 구매력을 갖춘 관광객들의 집합을 관광시장이라고 본다면 시장에 대하여 제품과 서비스를 생산 및 판매하는 조직적인 사업을 관광기업이라고 한다. 이러한 기업들을 관광산업(Tourist Industry)이라고 할 수 있다. 관광산업의 정의를 보면, 관광산업은 여행과 Recreation을 위해 전체적인 면에서 Merchandise, Communication, Service 시설과 기타 시설, 그리고 정부기관이 상호 관련된 합성체로 정의하고 있다. 관광산업의 관광객은 소비자로 오기 때문에 그들이 가지고 오는 외화는 무형적인 수출이기도 하며 관광산업의 외환수입은 국제수지(the Balance of International Payment) 개선 효과와 국제무역(International Trade)을 자극한 무역진흥의 동기부여가 될 수 있다. 관광산업은 국토개발(Land Development)의 일환으로 1, 2차 산업보다 비교적 공해가 적으며 자원 절약적이다.

(11) 표(Ctrl+N, T)   (7) 스타일(표제목)(F6)

2025년대 관광산업 전망①

구분	2025년 전망	예상 증감	비중(%)
유럽	486	168	23
미주	224	91	19
아시아	99	27	31
합계	809	286	

(12) 블록 계산식(합계 : Ctrl+Shift+S)

(단위: 백만 명)

(13) 캡션(Ctrl+N, C)

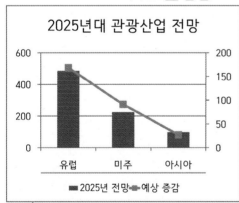

(14) 차트([표] → [표 디자인] → [차트 만들기])

경제발전으로 관광여건이 개선되는 가운데 성장을 지속하여 관광객 수가 2025년에는 2020년에 비해 2억800만 명으로 2배 이상 성장할 것으로 보인다.

다. 관광산업의 시장점유율은 20%로 급상승할 것이며 특히 수송(輸送)수단이 획기적으로 개선될 것으로 기대되는 2025년 이후에는 10%대 이상의 고도성장을 지속함으로써 21세기 세계 관광시장을 주도할 것으로 예상된다.

→(7) 스타일(개요 2)(F6)

3. 제안 →(7) 스타일(개요 1)(F6)

가. 우리나라도 21세기에는 China, Russia로 가는 경유지로서의 역할(役割)이 부각되고 관광 형태도 유적지나 휴양지를 방문하던 단순한 패턴에서 일정기간 각종 Tourist Event에 참가하는 참여관광 형태로 바뀌면서 관광입지가 크게 호전될 것으로 보인다.

나. 국제경기를 가능한 많이 유치하는 것은 관광산업 발전을 위한 기회라 할 수 있다.

2. 관광산업 전망 →(7) 스타일(개요 1)(F6)

가. 관광산업은 앞으로 10년간 연평균 5% 성장하여 정보통신 산업과 더불어 21세기 성장을 주도하는 산업으로 각광받을 것으로 예측(豫測)되고 있다.

나. 동아태지역은 다양한 관광자원과 전반적인

※ References   (7) 스타일(참고문헌)(F6)

R. K. Dragon(2006). A Civil Organic Modern Chemistry, Gilbut. pp34-56.

Wiliam. K. Narayan(2010). The Autobiography Urinalysis of the way to Samurai, Easy Press. pp56-89.

Jerry Vanzant(2012). The Emergence of Puddiing Away, ABC Press. pp13-25.

(10) 하이퍼링크(Ctrl+K, H)

① 자료: 한국관광공사

(9) 각주(Ctrl+N, N)

(2) 쪽 테두리([쪽] → [쪽 테두리/배경])

실전 모의고사

4432004

실전

과목	제한시간
문서편집기능	30분

───── 〈다음 쪽의 문서를 아래 지시사항에 따라 작성하시오〉 ─────

■ 작성된 답안의 파일은 지정된 경로 및 파일명을 변경하지 마시고 저장해야 합니다. 이를 준수하지 않으면 실격 처리됩니다.

■ 편집 용지
  – 용지 종류는 A4 용지(210mm×297mm) 1매에 용지 방향을 세로로 설정하여 문서를 작성하시오.
  – 용지 여백은 왼쪽 · 오른쪽 · 위쪽 · 아래쪽은 20mm, 머리말 · 꼬리말은 10mm,
    기타 여백은 0mm로 지정하시오.

■ 문서의 본문은 2단으로 편집하되, 단 간격은 8mm, 구분선은 실선 0.12mm로 설정하시오.

■ 글자 모양
  – 글꼴은 별도의 지시가 없는 한 한글 2022의 기본값으로 작성하시오.
  – 영문, 숫자, 기호 등은 별도의 지시가 없는 한 자판에 있는 문자를 사용하시오.

■ 문단 모양
  – 문장의 들여 쓰기(10pt), 정렬 방식, 여백 등은 문단 모양 기능을 이용하여 작성하시오.
  – 문단 모양은 별도의 지시가 없는 한 한글 2022의 기본값으로 작성하시오.
  – 사이 줄 띄우기는 각 1줄만, 사이 띄우기는 1칸만 띄우시오.

■ 표에서 내용의 정렬 방법
  (제목 행과 '합계(평균)' 셀은 가운데 정렬, 나머지는 열 단위를 기준으로 아래와 같이 정렬)
  – 내용의 길이가 서로 다른 문자의 경우 왼쪽 정렬
  – 내용의 길이가 서로 다른 숫자의 경우 오른쪽 정렬
  – 내용의 길이가 서로 같을 경우 문자, 숫자 상관없이 가운데 정렬

■ 색상은 '기본' 테마가 포함된 색상 팔레트를 사용하시오.

■ 각 항목은 별도의 지시가 없는 한 주어진 문서에 기준하여 작성하시오.

■ 각 항목은 별도의 지시가 없는 한 기본 설정값으로 처리하시오.

■ 문제에 제시된 지시사항은 작성하지 않음

대 한 상 공 회 의 소

다음 쪽의 문서를 아래의 〈세부 지시사항〉에 따라 작성하시오.

(1) 쪽 테두리	• 선의 종류 및 굵기 : 이중 실선 0.5mm, 모두 • 위치 : 쪽 기준, 왼쪽 · 오른쪽 · 위쪽 · 아래쪽 모두 4mm
(2) 글상자	• 크기 : 너비 100mm, 높이 12mm, 크기 고정 • 위치 : 본문과의 배치 – 자리 차지, 가로 – 종이의 가운데 0mm, 세로 – 종이의 위 19mm • 바깥 여백 : 아래쪽 5mm • 선 속성 : 검정(RGB : 0,0,0), 이중 실선 1mm　　• 색 채우기 : 하늘색(RGB : 97,130,214) 40% 밝게
(3) 제목	• 궁서체, 14pt, 장평(105%), 자간(5%), 진하게, 양각, 주황(RGB : 255,132,58), 가운데 정렬
(4) 문단 첫 글자 　　장식	• 모양 : 3줄, 글꼴 : 굴림체, 면색 : 보라(RGB : 157,92,187) 25% 어둡게, **본문과의 간격** : 3mm • 글자색 : 시멘트(RGB : 178,178,178) 80% 밝게
(5) 스타일 　　(2개소 등록)	• 소제목 : 스타일 이름 – 소주제, 스타일 종류 – 문단, 번호 문단, 여백 – 왼쪽(15pt), 굴림체, 진하게, 그림자 • 표제목 : 스타일 이름 – 표주제, 스타일 종류 – 문단, 가운데 정렬, 굴림체, 장평(90%), 자간(10%), 진하게
(6) 그림	• 경로 : C:\WP\경세.jpg, 문서에 포함 • 크기 : 너비 25mm, 높이 25mm • 위치 : 본문과의 배치 – 어울림, 가로 – 단의 오른쪽 0mm, 세로 – 문단의 위 0mm • 바깥 여백 : 왼쪽 · 아래쪽 3mm
(7) 각주	• 글자 모양 : 궁서체, 번호 모양 : 아라비아 숫자
(8) 표	• 크기 : 너비 78mm ~ 80mm, 높이 33mm ~ 34mm • 위치 : 글자처럼 취급 • 모든 셀의 안 여백 : 왼쪽 · 오른쪽 2mm • 전체 행 : 셀 높이를 같게 • 테두리 : 표 안쪽은 실선(0.12mm), 표 바깥의 위쪽과 아래쪽은 실선(0.5mm), 　　　　　 표 바깥의 왼쪽과 오른쪽은 선 없음, 합계 행 위쪽은 이중 실선(0.4mm) • 제목 행 : 셀 배경색 – 보라(RGB : 157,92,187), 글자 모양 – 굴림체, 진하게, 노랑(RGB : 255,215,0) • 합계 행 : 셀 배경색 – 주황(RGB : 255,132,58) 80% 밝게, 글자 모양 – 진하게 • 문단의 정렬 방식 : 가운데 정렬
(9) 블록 계산식	• 표의 합계 행에 블록 계산식을 이용하여 블록 합계 산출
(10) 캡션	• 표 위에 삽입
(11) 차트	• 차트의 모양 : 꺾은선/영역형(꺾은선형) • 차트의 크기 : 너비 80mm, 높이 70mm, 크기 고정 • 위치 : 본문과의 배치 – 자리 차지, 가로 – 단의 가운데 0mm, 세로 – 문단의 위 0mm • 바깥 여백 : 아래쪽 8mm • 항목 축, 값 축, 범례의 글꼴 설정 : 진하게, 11pt • 표의 아래 단락에 배치
(12) 누름틀	• **입력할 내용의 안내문** : '이름(영문) 직책', **입력 데이터** : '김우경(Kim Woogyung) 파트장'
(13) 하이퍼링크	• '원문으로'에 하이퍼링크 설정 • **연결 대상** : '웹 주소', 'http://www.getnews.co.kr'
(14) 쪽 번호	• **번호 위치** : 오른쪽 아래, **번호 모양** : 로마자 대문자, 줄표 넣기 선택 안함, 시작 번호 지정
(15) 머리말	• 궁서체, 10pt, 진하게, 하늘색(RGB : 97,130,214) 25% 어둡게, 오른쪽 정렬
(16) 꼬리말	• 견고딕, 10pt, 초록(RGB : 40,155,110) 50% 어둡게

(2) 글상자 (3) 제목 (15) 머리말

세계경제

2023년 세계경제 결산

(4) 문단 첫 글자 장식

(11) 차트

지금 세계는 23년 만에 가장 높은 4.7%라는 성장률을 기록한 기쁨보다는 두려움으로 한해를 마감하고 있다. 뉴밀레니엄(New Millennium)과 오랜 경제호황으로 흥분과 기대에 들떠 새해를 맞았던 지난 연초나 예상 외로 고도성장을 기록한 실적(實績)에 비추어 보면 이례적인 일이다. 이러한 성장의 실체를 국제통화기금(IMF)의 지난 전망과 함께 알아보자.

1. IMF의 전망 → (5) 스타일(소제목)

IMF(International Monetary Fund)의 World Economic Outlook에 의하면 세계 경제성장률을 4.2%, 미국 성장률을 예상했던 2.6%보다 무려 1.8%포인트 높은 4.4%로 수정(修正)했다. 다른 선진국 중 일본에 대한 성장률 전망은 하향 수정하였지만 유로(EURO) 지역도 0.4%포인트 높은 3.5%로 수정했다. 아시아 신흥공업국(Newly Industrializing Countries)의 성장률도 2021년 10월에 5.2%로 전망했으나 작년 10월에는 전망치를 6.6%로 상향 조정했다(표 참조). (6) 그림

그러나 이것도 지나치게 보수적인 전망이었음이 곧 드러났다. 금년 10월의 전망에서 IMF는 세계 경제성장률을 4.7%, 미국의 성장률을 5.2%, 그리고 유로 지역과 일본의 성장률을 각각 3.5%와 1.4%로 수정한 것이다. 경제전망 능력에서 국제통화기금(IMF)의 무능을 탓하기 앞서 2023년 세계경제의 성장이 놀랄 만했음을 먼저 인정하지 않을 수 없는 것이다.

전각 기호 (5) 스타일(표제목)

◎ IMF의 시점별 2024년 경제전망

(단위: %) → (10) 캡션 (8) 표

구분	2021.10	2022.10	2023.10	비고
미국	2.6	4.4	5.2	
일본	1.5	1.9	1.4	
유로	2.8	3.2	3.5	
아시아	5.2	6.6	7.8	
합계	12.1	16.1	17.9	

↓ (9) 블록 계산식

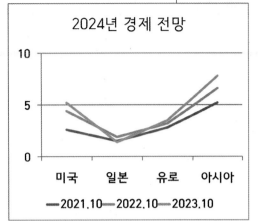

2024년 경제 전망

미국 일본 유로 아시아

— 2021.10 — 2022.10 — 2023.10

2. 미국의 호황 → (5) 스타일(소제목)

2023년 세계경제의 고도성장은 경제하강이 예상되었던 미국경제가 호황을 지속하여 세계의 수요를 진작시켰기 때문이다. 특히 연방준비제도이사회(FRB : Federal Reserve Board) 의장인 앨런 그린스펀①(Allen Greenspan)이 큰 역할(役割)을 담당했다. 1월 14일 뉴욕의 다우지수(Dow-Jones Stock Price Average)는 사상 최고치인 11,723포인트를 기록(記錄)했으며 3월 10일 나스닥(NASDAQ)지수 역시 사상 최고치인 5,049포인트를 기록했다.

미국의 성장은 낙관적인 시장 전망에 기반을 두고 있었다. 고성장, 낮은 인플레이션의 경제현상이 새로운 경제(經濟) 패러다임(Paradigm)이라고 생각되었던 것이다. 실제로 지난 10여 년간의 정보기술에 대한 투자 결과, 생산성이 급격히 상승했다는 연구결과들이 쏟아져 나왔다.

(12) 누름틀

작성자: 김우경(Kim Woogyung) 파트장
작성일: 2023. 10. 30.

원문으로

(13) 하이퍼링크

(7) 각주

---

1) The Greenspan Effect의 주인공

(15) 머리말(Ctrl+N)

세계경제

2023년 세계경제 결산

(2) 글상자(Ctrl+N, B → Ctrl+Z)

(4) 문단 첫 글자 장식([서식] → [▦문단 첫 글자 장식])

지금 세계는 23년 만에 가장 높은 4.7%라는 성장률을 기록한 기쁨보다는 두려움으로 한해를 마감하고 있다. 뉴밀레니엄(New Millennium)과 오랜 경제호황으로 흥분과 기대에 들떠 새해를 맞았던 지난 연초나 예상 외로 고도성장을 기록한 실적(實績)에 비추어 보면 이례적인 일이다. 이러한 성장의 실체를 국제통화기금(IMF)의 지난 전망과 함께 알아보자.

1. IMF의 전망 → (5) 스타일(소제목)(F6)

IMF(International Monetary Fund)의 World Economic Outlook에 의하면 세계 경제성장률을 4.2%, 미국 성장률을 예상했던 2.6%보다 무려 1.8%포인트 높은 4.4%로 수정(修正)했다. 다른 선진국 중 일본에 대한 성장률 전망은 하향 수정하였지만 유로(EURO) 지역도 0.4%포인트 높은 3.5%로 수정했다. 아시아 신흥공업국(Newly Industrializing Countries)의 성장률도 2021년 10월에 5.2%로 전망했으나 작년 10월에는 전망치를 6.6%로 상향 조정했다(표 참조).

(6) 그림(Ctrl+N, I)

그러나 이것도 지나치게 보수적인 전망이었음이 곧 드러났다. 금년 10월의 전망에서 IMF는 세계 경제성장률을 4.7%, 미국의 성장률을 5.2%, 그리고 유로 지역과 일본의 성장률을 각각 3.5%와 1.4%로 수정한 것이다. 경제전망 능력에서 국제통화기금(IMF)의 무능을 탓하기 앞서 2023년 세계경제의 성장이 놀랄 만했음을 먼저 인정하지 않을 수 없는 것이다.

(5) 스타일(표제목)(F6)

◎ IMF의 시점별 2024년 경제전망

(단위: %) → (10) 캡션(Ctrl+N, C) (8) 표(Ctrl+N, T)

구분	2021.10	2022.10	2023.10	비고
미국	2.6	4.4	5.2	
일본	1.5	1.9	1.4	
유로	2.8	3.2	3.5	
아시아	5.2	6.6	7.8	
합계	12.1	16.1	17.9	

(9) 블록 계산식(합계 : Ctrl+Shift+S)

2024년 경제 전망

10

5

0

미국   일본   유로   아시아

━2021.10 ━2022.10 ━2023.10

(11) 차트([표] → [표 디자인] → [차트 만들기])

2. 미국의 호황 → (5) 스타일(소제목)(F6)

2023년 세계경제의 고도성장은 경제하강이 예상되었던 미국경제가 호황을 지속하여 세계의 수요를 진작시켰기 때문이다. 특히 연방준비제도이사회(FRB : Federal Reserve Board) 의장인 앨런 그린스펀[1](Allen Greenspan)이 큰 역할(役割)을 담당했다. 1월 14일 뉴욕의 다우지수(Dow-Jones Stock Price Average)는 사상 최고치인 11,723포인트를 기록(記錄)했으며 3월 10일 나스닥(NASDAQ)지수 역시 사상 최고치인 5,049포인트를 기록했다.

미국의 성장은 낙관적인 시장 전망에 기반을 두고 있었다. 고성장, 낮은 인플레이션의 경제현상이 새로운 경제(經濟) 패러다임(Paradigm)이라고 생각되었던 것이다. 실제로 지난 10여 년간의 정보기술에 대한 투자 결과, 생산성이 급격히 상승했다는 연구결과들이 쏟아져 나왔다.

(12) 누름틀(Ctrl+K, E)

작성자: 김우경(Kim Woogyung) 파트장

작성일: 2023. 10. 30.

원문으로

(13) 하이퍼링크(Ctrl+K, H)

(7) 각주(Ctrl+N, N)

1) The Greenspan Effect의 주인공

실전 모의고사

5432005

실전

과목	제한시간
문서편집기능	30분

〈다음 쪽의 문서를 아래 지시사항에 따라 작성하시오〉

- 작성된 답안의 파일은 지정된 경로 및 파일명을 변경하지 마시고 저장해야 합니다. 이를 준수하지 않으면 실격 처리됩니다.

- **편집 용지**
  - 용지 종류는 A4 용지(210mm×297mm) 1매에 용지 방향을 세로로 설정하여 문서를 작성하시오.
  - 용지 여백은 왼쪽 · 오른쪽은 20mm, 위쪽 · 아래쪽은 10mm, 머리말 · 꼬리말은 10mm, 기타 여백은 0mm로 지정하시오.

- 문서의 본문은 2단으로 편집하되, 단 간격은 8mm, 구분선은 실선 0.12mm로 설정하시오.

- **글자 모양**
  - 글꼴은 별도의 지시가 없는 한 한글 2022의 기본값으로 작성하시오.
  - 영문, 숫자, 기호 등은 별도의 지시가 없는 한 자판에 있는 문자를 사용하시오.

- **문단 모양**
  - 정렬 방식, 여백 등은 문단 모양 기능을 이용하여 작성하시오.
  - 문단 모양은 별도의 지시가 없는 한 한글 2022의 기본값으로 작성하시오.
  - 사이 줄 띄우기는 각 1줄만, 사이 띄우기는 1칸만 띄우시오.

- **표에서 내용의 정렬 방법**
  (제목 행과 '합계(평균)' 셀은 가운데 정렬, 나머지는 열 단위를 기준으로 아래와 같이 정렬)
  - 내용의 길이가 서로 다른 문자의 경우 왼쪽 정렬
  - 내용의 길이가 서로 다른 숫자의 경우 오른쪽 정렬
  - 내용의 길이가 서로 같을 경우 문자, 숫자 상관없이 가운데 정렬

- 색상은 '기본' 테마가 포함된 색상 팔레트를 사용하시오.

- 각 항목은 별도의 지시가 없는 한 주어진 문서에 기준하여 작성하시오.

- 각 항목은 별도의 지시가 없는 한 기본 설정값으로 처리하시오.

- 문제에 제시된 지시사항은 작성하지 않음

대한상공회의소

다음 쪽의 문서를 아래의 〈세부 지시사항〉에 따라 작성하시오.

(1) 쪽 테두리	• **선의 종류 및 굵기** : 실선 0.12mm, 모두 • **위치** : 쪽 기준, 왼쪽 · 오른쪽 · 위쪽 · 아래쪽 모두 5mm
(2) 글상자	• **크기** : 너비 170mm, 높이 24mm, 크기 고정 • **위치** : 본문과의 배치 – 자리 차지, 가로 – 종이의 가운데 0mm, 세로 – 종이의 위 20mm • **바깥 여백** : 아래쪽 8mm • **선 속성** : 검정(RGB : 0,0,0), 실선 : 0.2mm　　　• **색 채우기** : 주황(RGB : 255,132,58) 60% 밝게
(3) 제목	• **제목(1)** : 돋움체, 14pt, 장평(105%), 자간(–2%), 진하게, 초록(RGB : 40,155,110) 50% 어둡게, 가운데 정렬 • **제목(2)** : 여백 – 왼쪽(340pt)
(4) 누름틀	• **입력할 내용의 안내문** : '0000–00–00', **입력 데이터** : '2023–07–30'
(5) 그림	• **경로** : C:\WP\잠자리.bmp, 문서에 포함　　　• **크기** : 너비 35mm, 높이 18mm • **위치** : 본문과의 배치 – 글 앞으로, 가로 – 종이의 왼쪽 23mm, 세로 – 종이의 위 23mm
(6) 스타일 (2개소 수정, 3개소 등록)	• **개요 1(수정)** : 여백 – 왼쪽(0pt), 굴림체, 12pt, 진하게 • **개요 2(수정)** : 여백 – 왼쪽(15pt) • **표제목(등록)** : 스타일 이름 – 표제목, 스타일 종류 – 문단, 가운데 정렬, 돋움체, 장평(95%), 자간(5%), 진하게 • **참고문헌 1(등록)** : 스타일 이름 – 참고문헌 1, 스타일 종류 – 문단, 내어쓰기 – 20pt • **참고문헌 2(등록)** : 스타일 이름 – 참고문헌 2, 스타일 종류 – 글자, 기울임
(7) 문단 첫 글자 장식	• **모양** : 3줄, 글꼴 : 궁서체, **면색** : 노랑(RGB : 255,215,0), **본문과의 간격** : 4mm • **글자색** : 주황(RGB : 255,132,58)
(8) 각주	• **글자 모양** : 굴림체, 10pt, **번호 모양** : 로마자 소문자
(9) 하이퍼링크	• '한국거래소'에 하이퍼링크 설정 • **연결 대상** : '웹 주소', 'http://www.krx.co.kr'
(10) 표	• **크기** : 너비 78mm ~ 80mm, 높이 38.65mm　　　• **위치** : 글자처럼 취급 • **모든 셀의 안 여백** : 왼쪽 · 오른쪽 2mm　　　• **전체 행** : 셀 높이를 같게 • **테두리** : 표 안쪽은 실선(0.12mm), 표 바깥의 위쪽과 아래쪽은 실선(0.4mm), 　　　　　　표 바깥의 왼쪽과 오른쪽은 선 없음, 제목 행 아래쪽은 이중 실선(0.5mm) • **제목 행** : 셀 배경색 – 노랑(RGB : 255,215,0), 글자 모양 – 돋움체, 진하게, 남색(RGB : 58,60,132) • **합계 행** : 셀 배경색 – 하늘색(RGB : 97,130,214) 50% 어둡게, 글자 모양 – 진하게, 하양(255,255,255) • **문단의 정렬 방식** : 가운데 정렬
(11) 블록 계산식	• 표의 합계 행에 블록 계산식을 이용하여 블록 합계 산출
(12) 캡션	• 표 위에 삽입 후 오른쪽 정렬
(13) 차트	• **차트의 모양** : 원형(2차원 원형) • **차트의 크기** : 너비 80mm, 높이 65mm, 크기 고정 • **위치** : 본문과의 배치 – 자리 차지, 가로 – 단의 가운데 0mm, 세로 – 문단의 위 0mm • **바깥 여백** : 위쪽 5mm, 아래쪽 8mm　　　• **차트 계열색** : 색3 • **데이터 레이블** : 값, 백분율　　　• **데이터 레이블의 글자색** : 밝은 색 • 표의 아래 단락에 배치
(14) 쪽 번호	• **번호 위치** : 가운데 아래, **번호 모양** : 아라비아 숫자, 줄표 넣기 선택, 시작 번호 지정
(15) 머리말	• 굴림체, 11pt, 진하게, 보라(RGB : 157,92,187)
(16) 꼬리말	• 바탕체, 진하게, 남색(RGB : 58,60,132) 50% 어둡게, 오른쪽 정렬

── (5) 그림

── (2) 글상자

┌ 사이버 증권거래의 현황과 문제점 ┐ ──•(4) 누름틀

── (3) 제목(1)   ── (3) 제목(2)

발표일자: 2023-07-30
작성자: 임선호

── (7) 문단 첫 글자 장식

1. 개요 ──→ (6) 스타일(개요 1)

리나라 사이버 거래(Cyber Trading) 규모는 세계 1위의 미국보다 규모(規模) 면에서는 뒤지나, 성장속도 면에서는 훨씬 빠르다. 23년 4월부터는 본격화된 사이버 증권거래가 성장속도 면에서는 한국이 미국을 앞지르고 있으며, 23년 7월 말 현재 전체 증권거래에서 사이버 거래가 차지하는 비중은 16.8%이지만, 급속한 증가율을 감안할 때 올해 안에 20%를 넘을 전망(展望)이다. 미국의 경우 23년 7월 말 현재 27%의 사이버 증권거래가 이루어지고 있으며, 앞으로 인터넷(Internet) 보급의 확대로 인해 그 비중은 더욱 확대될 전망이다.

── (6) 스타일(표제목)

국내 사이버 증권거래 규모

── (10) 표   (12) 캡션 ──[(단위: 십억 원)]

구분	사이버	전체	비율(%)	비고
3월	4,734	75,198	6.3	
4월	11,294	150,472	7.5	
5월	14,806	118,817	12.5	
6월	24,843	148,252	16.8	
7월	26,127	153,045	17.1	
합계	81,804	645,784	60.2	

── (11) 블록 계산식   (13) 차트

국내 사이버 증권거래 규모

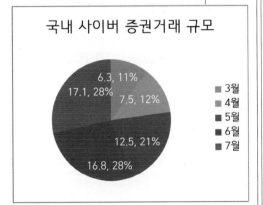

- 6.3, 11%
- 17.1, 28%
- 7.5, 12%
- 12.5, 21%
- 16.8, 28%

■ 3월
■ 4월
■ 5월
■ 6월
■ 7월

── (9) 하이퍼링크   ──•(8) 각주

ⓘ 자료: [한국거래소]

2. 사이버 거래 증가 현황 ──•(6) 스타일(개요 1)

가. 사이버 증권거래가 이처럼 크게 증가하고 있는 원인은 1년에 계좌당 평균 25건의 거래가 이루어지는 등 일일거래자(Day Trader)가 급격히 증가했기 때문인 것으로 알려졌다.

나. 25%~30%에 달하는 사이버 고객(顧客)이 일일거래의 75%~80%에 해당하는 거래를 행하는 것으로 추정되는 일일 거래자가 총 거래의 증가뿐만 아니라 사이버 거래 증가에 커다란 역할을 하는 것을 알 수 있다.

다. 미국 사이버증권 산업분석가인 CSFB증권에 따르면, 2024년에는 주식 주문 2건당 1건이 사이버 거래(去來)를 통해 이루어질 것으로 예측된다고 한다.

──• (6) 스타일(개요 2)

3. 사이버 증권거래의 장단점 ──→ (6) 스타일(개요 1)

가. 사이버 증권거래의 장점으로는 저렴한 가격(Low Price), 편리성(Convenience), 시간과 장소로부터의 자유로움(Overcome the limits to place and time), 일반 투자자들에 대한 풍부한 정보 제공(provides retail investors with the rich information on securities) 등이 있다.

나. 이러한 이점으로 인해 투자 활성화, 증권 시장의 유동성 증가, 거래의 활성화 등을 통해 기업의 자금(資金) 조달이 용이하게 된다.

다. 사이버 증권거래의 단점으로는 투기의 조장, 시스템 장애 시의 문제 발생, 전문적 지식을 가진 브로커로부터의 격리 등을 들 수 있다.

── 전각 기호

※ 참고문헌   ── (6) 스타일(참고문헌 1)

Whoopi Leibovitz(2011). The Power of Pilgrimage, GilbutSchool. pp25-29.

A. S. Madison(2011). *Learning to Dear Straw,* Kindle Press. pp28-32.

Loyd Gray(2008). Globe Merriam of Frogs Collection, Academy Press. pp32-45.

──• (6) 스타일(참고문헌 2)

──•(16) 꼬리말   (1) 쪽 테두리

표 너비 및 높이 변경하기

❶ 표를 만들고 내용을 입력한 후 지시사항을 지정하고, 블록 계산식을 계산합니다.

국내 사이버 증권거래 규모

(단위: 십억 원)

구분	사이버	전체	비율(%)	비고
3월	4,734	75,198	6.3	
4월	11,294	150,472	7.5	
5월	14,806	118,817	12.5	
6월	24,843	148,252	16.8	
7월	26,127	153,045	17.1	
합계	81,804	645,784	60.2	

❷ 다음과 같이 너비와 높이를 조절하세요.

※ 표 높이를 38.65mm로 맞추기 위해 표 전체를 블록으로 지정한 후 아래쪽으로 한 번(Ctrl+↓) 늘려준 것입니다.

차트 데이터 범위 지정하기

데이터 레이블의 '값'에 6.3, 7.5, 12.5, 16.8, 17.1이 입력된 것으로 보아 '비율(%)' 열이 사용된 것을 알 수 있습니다. 그러므로 '구분'과 '비율(%)' 열을 블록으로 지정한 후 차트를 만들면 됩니다.

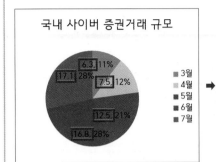

국내 사이버 증권거래 규모

(단위: 십억 원)

구분	사이버	전체	비율(%)	비고
3월	4,734	75,198	6.3	
4월	11,294	150,472	7.5	
5월	14,806	118,817	12.5	
6월	24,843	148,252	16.8	
7월	26,127	153,045	17.1	
합계	81,804	645,784	60.2	

차트 계열 색 변경하기

차트를 선택한 후 [🔲(차트 디자인)] → [차트 계열색 바꾸기] → [색3]을 선택합니다.

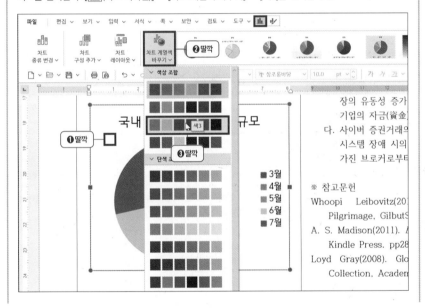

데이터 레이블 지정하기

❶ 그림 영역에서 임의의 요소를 선택한 후 바로 가기 메뉴에서 [데이터 레이블 추가]를 선택하세요.

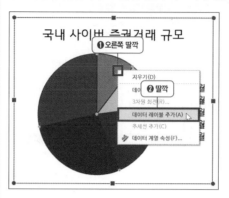

❷ 추가된 데이터 레이블의 바로 가기 메뉴에서 [데이터 레이블 속성]을 선택하세요.

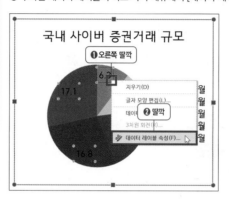

❸ '개체 속성' 창의 '데이터 레이블 속성(📊)' 탭에서 '값'과 '백분율'을 선택하고, '글자 속성(🅰)' 탭에서 '밝은 색'*을 선택한 후 닫기(✕) 단추를 클릭하세요.

'밝은 색'을 지정하는 다른 방법
데이터 레이블의 바로 가기 메뉴에서 [글자 모양 편집]을 선택한 후 '차트 글자 모양' 대화상자의 '글자 색'에서 '하양(RGB: 255,255, 255)'을 선택하면 됩니다.

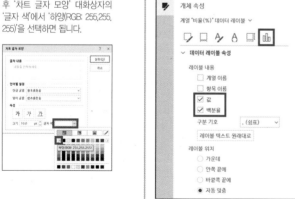

과목	제한시간
문서편집기능	30분

─── **〈다음 쪽의 문서를 아래 지시사항에 따라 작성하시오〉** ───

■ 작성된 답안의 파일은 지정된 경로 및 파일명을 변경하지 마시고 저장해야 합니다. 이를 준수하지 않으면 실격 처리됩니다.

■ **편집 용지**
  – 용지 종류는 A4 용지(210mm×297mm) 1매에 용지 방향을 세로로 설정하여 문서를 작성하시오.
  – 용지 여백은 왼쪽 · 오른쪽은 20mm, 위쪽 · 아래쪽은 10mm, 머리말 · 꼬리말은 10mm,
    기타 여백은 0mm로 지정하시오.

■ 문서의 본문은 1단에서 2단으로 변하는 모양으로 편집하되, 단 간격은 8mm로 설정하시오.

■ **글자 모양**
  – 글꼴은 별도의 지시가 없는 한 한글 2022의 기본값으로 작성하시오.
  – 영문, 숫자, 기호 등은 별도의 지시가 없는 한 자판에 있는 문자를 사용하시오.

■ **문단 모양**
  – 정렬 방식, 여백 등은 문단 모양 기능을 이용하여 작성하시오.
  – 문단 모양은 별도의 지시가 없는 한 한글 2022의 기본값으로 작성하시오.
  – 사이 줄 띄우기는 각 1줄만, 사이 띄우기는 1칸만 띄우시오.

■ **표에서 내용의 정렬 방법**
  (제목 행과 '합계(평균)' 셀은 가운데 정렬, 나머지는 열 단위를 기준으로 아래와 같이 정렬)
  – 내용의 길이가 서로 다른 문자의 경우 왼쪽 정렬
  – 내용의 길이가 서로 다른 숫자의 경우 오른쪽 정렬
  – 내용의 길이가 서로 같을 경우 문자, 숫자 상관없이 가운데 정렬

■ 색상은 '기본' 테마가 포함된 색상 팔레트를 사용하시오.

■ 각 항목은 별도의 지시가 없는 한 주어진 문서에 기준하여 작성하시오.

■ 각 항목은 별도의 지시가 없는 한 기본 설정값으로 처리하시오.

■ 문제에 제시된 지시사항은 작성하지 않음

대 한 상 공 회 의 소

다음 쪽의 문서를 아래의 〈세부 지시사항〉에 따라 작성하시오.

(1) 다단 설정	• 모양 : 둘, 적용 범위 : 새 다단으로
(2) 쪽 테두리	• 선의 종류 및 굵기 : 이중 실선 0.5mm, 모두 • 위치 : 쪽 기준, 왼쪽 · 오른쪽 · 위쪽 · 아래쪽 모두 5mm
(3) 글상자	• 크기 : 너비 168mm, 높이 23mm, 크기 고정 • 위치 : 본문과의 배치 – 자리 차지, 가로 – 종이의 가운데 0mm, 세로 – 종이의 위 20mm • 바깥 여백 : 아래쪽 5mm • 선 속성 : 검정(RGB : 0,0,0), 실선 0.2mm　　　• 색 채우기 : 초록(RGB : 40,155,110) 80% 밝게
(4) 제목	• 제목(1) : 한컴산뜻돋움, 15pt, 장평(115%), 자간(-5%), 진하게, 남색(RGB : 58,60,132) 50% 어둡게, 가운데 정렬 • 제목(2) : 여백 – 왼쪽(340pt)
(5) 누름틀	• 입력할 내용의 안내문 : '0000. 0. 0.', 입력 데이터 : '2023. 6. 30.'
(6) 그림	• 경로 : C:\WP\여름.bmp, 문서에 포함　　　• 크기 : 너비 20mm, 높이 13mm • 위치 : 본문과의 배치 – 글 앞으로, 가로 – 종이의 왼쪽 25mm, 세로 – 종이의 위 25mm
(7) 스타일 (2개소 수정, 3개소 등록)	• 개요 1(수정) : 여백 – 왼쪽(0pt), 궁서체, 11pt, 진하게 • 개요 2(수정) : 여백 – 왼쪽(15pt) • 표제목(등록) : 스타일 이름 – 표제목, 스타일 종류 – 문단, 가운데 정렬, 맑은 고딕, 12pt, 장평(102%), 자간(-4%), 진하게 • 참고문헌 1(등록) : 스타일 이름 – 참고문헌 1, 스타일 종류 – 문단, 내어쓰기 – 20pt • 참고문헌 2(등록) : 스타일 이름 – 참고문헌 2, 스타일 종류 – 글자, 기울임
(8) 문단 첫 글자 장식	• 모양 : 2줄, 글꼴 : 돋움체, 면색 : 초록(RGB : 40,155,110), 본문과의 간격 : 3mm • 글자색 : 하양(RGB : 255,255,255)
(9) 각주	• 글자 모양 : 돋움체, 번호 모양 : 아라비아 숫자
(10) 하이퍼링크	• '부동산114'에 하이퍼링크 설정 • 연결 대상 : '웹 주소', 'http://www.r114.com'
(11) 표	• 크기 : 너비 78mm ~ 80mm, 높이 27.60 mm　　　• 위치 : 글자처럼 취급 • 모든 셀의 안 여백 : 왼쪽 · 오른쪽 2mm　　　• 전체 행 : 셀 높이를 같게 • 테두리 : 표 안쪽은 실선(0.12mm), 표 바깥의 위쪽과 아래쪽은 실선(0.4mm), 　　　　　표 바깥의 왼쪽과 오른쪽은 선 없음, 제목 행 아래쪽과 평균 행 위쪽은 이중 실선(0.5mm) • 제목 행 : 셀 배경색 – 보라(RGB : 157,92,187) 25% 어둡게, 글자 모양 – 굴림체, 진하게, 노랑(RGB : 255,215,0) • 평균 행 : 셀 배경색 – 주황(RGB : 255,132,58) 80% 밝게, 글자 모양 – 진하게 • 문단의 정렬 방식 : 가운데 정렬
(12) 블록 계산식	• 표의 평균 행에 블록 계산식을 이용하여 블록 평균 산출
(13) 캡션	• 표 아래에 삽입 후 오른쪽 정렬
(14) 차트	• 차트의 모양 : 세로 막대형(누적 세로 막대형)　　　• 차트의 크기 : 너비 80mm, 높이 65mm, 크기 고정 • 위치 : 본문과의 배치 – 자리 차지, 가로 – 단의 가운데 0mm, 세로 – 단의 위 0mm • 바깥 여백 : 위쪽 4mm, 아래쪽 5mm • 항목 축, 값 축, 범례의 글꼴 설정 : 11pt • 표의 아래 단락에 배치
(15) 쪽 번호	• 번호 위치 : 오른쪽 아래, 번호 모양 : 원문자, 줄표 넣기 선택 안함, 시작 번호 지정
(16) 머리말	• 한컴돋움, 10pt, 진하게, 남색(RGB :58,60,132)
(17) 꼬리말	• 맑은 고딕, 10pt, 진하게, 초록(RGB : 40,155,110) 50% 어둡게, 가운데 정렬

Apartment Market Price in Seoul ←(16) 머리말

(6) 그림

서울 아파트 매매가 가파른 상승

(4) 제목(1)

(4) 제목(2)

(5) 누름틀

발표일자: 2023. 6. 30.
작성자: 고인숙

(3) 글상자

(8) 문단 첫 글자 장식

1. 개요 ←(7) 스타일(개요 1)

강 남/강동권 아파트값(the Price of Apartment)이 상승세(Ascending Current)를 보이고 있다. 주간 변동폭을 보면 강남은 평균 0.2%-0.3%, 강동은 0.3%-0.4% 대의 변동률을 보였다. 서울시 평균 가격변동률보다 배 이상 높은 수치다. 재건축(Rebuilding) 시공사(the Company of Construction) 선정이 잇따르면서 가격이 치솟고 있는 두 지역은 지난주에도 강남 0.39%, 강동 0.51%의 가격상승률을 기록했다. 이에 따라 강남은 3월초 대비 6월 현재 제곱미터당 평균값 기준(基準)으로 32만 4,200원, 강동은 23만 3,700원 정도 올랐다.

(1) 다단 설정

(7) 스타일(표제목)

(11) 표

아파트값 상승률[1]

구분	강동구	강남구	서울 평균	비고
2023.3	0.23	0.19	0.16	
2023.4	0.42	0.32	0.16	
2023.5	0.51	0.39	0.20	
평균	0.39	0.30	0.17	

(12) 블록 계산식

(단위: %) ←(13) 캡션

(14) 차트

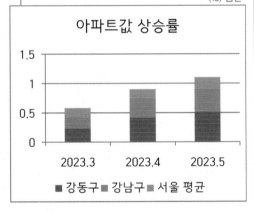

아파트값 상승률

■ 강동구 ■ 강남구 ■ 서울 평균

2. 수도권 현황 ←(7) 스타일(개요 1)

가. 수도권(the National Capital Region)에서도 재건축 바람이 불고 있는 경기도 지역의 가격상승세(the Current of Price Advance)가 두드러졌다.

나. 신도시를 비롯한 변두리 지역(地域)은 0.1% 대의 적은 가격 변동률(the Range of Fluctuation in Price)을 기록했다.

다. 강남, 강동, 서초권은 재건축 단지를 중심으

로 투자수요가 집중되고 전세부족으로 인한 소형 매매 실수요가 늘어 강세가 이어지고 있다.

라. 82.6(제곱미터) 이하 소형아파트는 0.48%의 상승률을 기록했고 181.8(제곱미터) 이상 대형은 Minus 0.27%로 하락세를 보였다.

마. 전체적으로 강남(0.39%), 강동(0.51%), 강북(0.35%), 관악(0.25%), 서초(0.31%), 송파(0.18%) 등이 높은 상승세를 나타냈다.

(7) 스타일(개요 2)

3. 상승률 분석 ←(7) 스타일(개요 1)

가. 오름세를 보인 아파트로는 양천구 목동 황제 56.2(제곱미터)가 재건축 사업승인과 함께 문의가 늘며 4월 마지막주 대비 1,000만원 오른 1억 850만원에 시세가 형성됐다.

나. 저밀도 지구에 속하는 역삼동 개나리 1차 21, 85.9(제곱미터)도 1,500만-2,000만원 올랐다. 4월 마지막 주말 DL건설로 시공사를 확정한 삼성동 홍실도 102.5(제곱미터)가 2억 9,000만원으로 지난주 대비 1,000만원 올랐다.

다. 강동구에서도 등촌동 청우, 둔촌동 주공 등 재건축이 거론(擧論)되고 있는 노후 단지들이 올해 들어 꾸준히 강세를 보이고 있다.

전각 기호

※ References ←(7) 스타일(참고문헌 1)

R. K. Dragon(2006). A Civil Organic Modern Chemistry, Gilbut. pp34-56.

Nunes, T. et al.(2005). The Privatization of Banespa, Business Case Study. pp27-45.

Whoopi Leibovitz(2011). The Power of Pilgrimage, GilbutSchool. pp25-29.

(9) 각주

(7) 스타일(참고문헌 2)

(2) 쪽 테두리

1) 자료: 부동산114

(10) 하이퍼링크

부동산정보지 제11권 제8호 (2023년 9월) ←(17) 꼬리말

(15) 쪽 번호 ← ③

단 구분선 없이 다단만 설정하기

단 개수만 2로 지정하면 됩니다. '단 설정' 대화상자를 호출한 상태에서 [Tab] → [Enter]를 누르세요.

전각 기호 입력하기

문제지에 '전각 기호'라고 지시된 문자는 키보드가 아닌 문자표 기능을 이용하여 입력해야 합니다.

❶ [Ctrl]+[F10]을 눌러 '문자표 입력' 대화상자를 호출하세요([기본] 도구 상자 : [입력] → [문자표] → [문자표]).

❷ '문자표' 대화상자의 '흔글(HNC) 문자표' 탭에서 '전각 기호(일반)'을 선택하고 문제에 제시된 전각 기호(※)를 선택한 다음 〈넣기〉를 클릭하세요.

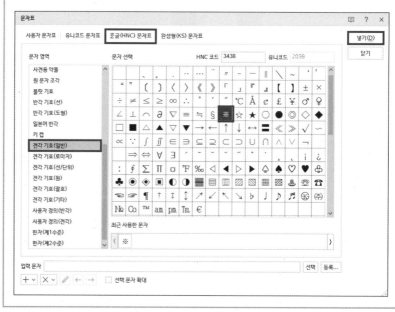

실전 모의고사

4432007

실전

과목	제한시간
문서편집기능	30분

〈다음 쪽의 문서를 아래 지시사항에 따라 작성하시오〉

- 작성된 답안의 파일은 지정된 경로 및 파일명을 변경하지 마시고 저장해야 합니다. 이를 준수하지 않으면 실격 처리됩니다.

- **편집 용지**
  - 용지 종류는 A4 용지(210mm×297mm) 1매에 용지 방향을 세로로 설정하여 문서를 작성하시오.
  - 용지 여백은 왼쪽·오른쪽·위쪽·아래쪽은 20mm, 머리말·꼬리말은 10mm, 기타 여백은 0mm로 지정하시오.

- **문서의 본문은 2단으로 편집하되, 단 간격은 8mm, 구분선은 실선 0.12mm로 설정하시오.**

- **글자 모양**
  - 글꼴은 별도의 지시가 없는 한 한글 2022의 기본값으로 작성하시오.
  - 영문, 숫자, 기호 등은 별도의 지시가 없는 한 자판에 있는 문자를 사용하시오.

- **문단 모양**
  - 문장의 들여 쓰기(10pt), 정렬 방식, 여백 등은 문단 모양 기능을 이용하여 작성하시오.
  - 문단 모양은 별도의 지시가 없는 한 한글 2022의 기본값으로 작성하시오.
  - 사이 줄 띄우기는 각 1줄만, 사이 띄우기는 1칸만 띄우시오.

- **표에서 내용의 정렬 방법**
  (제목 행과 '합계(평균)' 셀은 가운데 정렬, 나머지는 열 단위를 기준으로 아래와 같이 정렬)
  - 내용의 길이가 서로 다른 문자의 경우 왼쪽 정렬
  - 내용의 길이가 서로 다른 숫자의 경우 오른쪽 정렬
  - 내용의 길이가 서로 같을 경우 문자, 숫자 상관없이 가운데 정렬

- 색상은 '기본'과 '오피스' 테마가 포함된 색상 팔레트를 사용하시오.

- 각 항목은 별도의 지시가 없는 한 주어진 문서에 기준하여 작성하시오.

- 각 항목은 별도의 지시가 없는 한 기본 설정값으로 처리하시오.

- 문제에 제시된 지시사항은 작성하지 않음

대 한 상 공 회 의 소

다음 쪽의 문서를 아래의 〈세부 지시사항〉에 따라 작성하시오.

(1) 쪽 테두리	• **선의 종류 및 굵기** : 실선 0.4mm, 모두 • **위치** : 쪽 기준, 왼쪽 · 오른쪽 · 위쪽 · 아래쪽 모두 6mm
(2) 글상자	• **크기** : 너비 80mm, 높이 12mm, 크기 고정 • **위치** : 본문과의 배치 – 자리 차지, 가로 – 종이의 가운데 0mm, 세로 – 종이의 위 19mm • **바깥 여백** : 아래쪽 5mm • **선 속성** : 검정(RGB : 0,0,0), 이중 실선 1mm　　　　• **색 채우기** : 주황(RGB : 255,132,58) 80% 밝게
(3) 제목	• 굴림체, 15pt, 장평(115%), 자간(15%), 진하게, 빨강(RGB : 255,0,0), 가운데 정렬
(4) 문단 첫 글자 장식	• **모양** : 2줄, **글꼴** : HY견명조, **면색** : 노랑(RGB : 255,255,0), **본문과의 간격** : 4mm • **글자색** : 파랑(RGB : 0,0,255)
(5) 스타일 (2개소 등록)	• **소제목** : 스타일 이름 – 소제목, 스타일 종류 – 문단, 번호 문단, 여백 – 왼쪽(15pt), 궁서체, 11pt, 진하게 • **표제목** : 스타일 이름 – 표제목, 스타일 종류 – 문단, 가운데 정렬, 돋움체, 11pt, 장평(115%), 자간(5%)
(6) 그림	• **경로** : C:\WP\정보화.jpg, 문서에 포함　　　• **크기** : 너비 35mm, 높이 25mm • **위치** : 본문과의 배치 – 어울림, 가로 – 단의 오른쪽 0mm, 세로 – 문단의 위 0mm • **바깥 여백** : 왼쪽 · 위쪽 · 아래쪽 2mm　　　• **회전** : 좌우 대칭
(7) 각주	• **글자 모양** : 궁서체, **번호 모양** : 아라비아 숫자
(8) 표	• **크기** : 너비 78mm ~ 80mm, 높이 33mm ~ 34mm • **위치** : 글자처럼 취급　　　　　• **모든 셀의 안 여백** : 왼쪽 · 오른쪽 1.5mm • **전체 행** : 셀 높이를 같게 • **테두리** : 표 안쪽은 실선(0.12mm), 표 바깥의 위쪽과 아래쪽은 실선(0.4mm), 　　　　　표 바깥의 왼쪽과 오른쪽은 선 없음, 합계 행 위쪽은 이중 실선(0.5mm) • **제목 행** : 셀 배경색 – 검은 군청(RGB : 27,23,96), 글자 모양 – 돋움체, 진하게, 하양(RGB : 255,255,255) • **합계 행** : 셀 배경색 – 초록(RGB : 0,128,0) 80% 밝게, 글자 모양 – 한컴 고딕, 진하게, 보라(RGB : 128,0,128) • **문단의 정렬 방식** : 가운데 정렬
(9) 블록 계산식	• 표의 합계 행에 블록 계산식을 이용하여 블록 합계 산출
(10) 캡션	• 표 아래에 삽입
(11) 차트	• **차트의 모양** : 이중 축 혼합형(묶은 세로 막대형, 표식이 있는 꺾은선형) • **차트의 크기** : 너비 80mm, 높이 70mm, 크기 고정 • **위치** : 본문과의 배치 – 자리 차지, 가로 – 단의 가운데 0mm, 세로 – 문단의 위 0mm • **바깥 여백** : 위쪽 5mm, 아래쪽 8mm • **제목, 항목 축, 값 축, 보조 값 축, 범례의 글꼴 설정** : 9pt • 표의 아래 단락에 배치 ※ 차트 종류 변경과 계열 속성 설정으로 혼합형 차트를 구성하시오.
(12) 누름틀	• **입력할 내용의 안내문** : '이름(영문) 직위', **입력 데이터** : '김동철(Kim Dongchul) 차장'
(13) 하이퍼링크	• '원문으로'에 하이퍼링크 설정 • **연결 종류** : '웹 주소', **연결 대상** : 'http://www.korcham.net'
(14) 쪽 번호	• **번호 위치** : 왼쪽 아래, **번호 모양** : 원문자, 줄표 넣기 선택, 시작 번호 지정
(15) 머리말	• 돋움체, 8pt, 진하게, 파랑(RGB : 0,0,255), 오른쪽 정렬
(16) 꼬리말	• 한컴 윤고딕 740, 진하게, 검은 군청(RGB : 27,23,96) 5% 밝게, 오른쪽 정렬

(2) 글상자　(3) 제목　(15) 머리말

특집: 기관별 정보화 현황 분석

정 보 화 현 황

(4) 문단 첫 글자 장식

Internet에 의한 혁명적인 변화가 Information Technology 세계에서 일어나고 있다. 본 연구소에서는 조사대상이 된 기관의 정보화 현황을 조사(調査)하기 위하여 해당 기관의 정보화 관련 부서를 대상으로 보유하고 있는 전산자원과 이용 실태(實態)를 조사하였다. 조사된 최근의 자료 중 Personal Computer(PC)를 중심으로 현재 이용 중인 실태를 <표>로 제시하였다.

전각 기호　(5) 스타일(표제목)

(8) 표　◆ 전산자원 보유현황

기관	코어i3	코어i5	코어i7	교체율(%)
A사	43	20	155	55
B사	30	53	104	22
C공사	108	173	291	32
D공단	150	13	5	11
합계	331	259	555	

(2023년 5월 현재)　(10) 캡션　(9) 블록 계산식

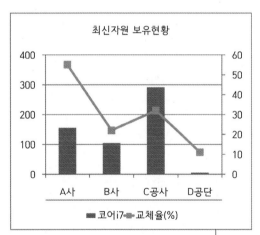

최신자원 보유현황

코어i7　교체율(%)

(11) 차트

1. PC 이용실태 → (5) 스타일(소제목)

Internet용이나 Workstation을 제외한 주전산기는 대부분의 기관이 1대 이상씩 보유한 것으로 나타났다. 조사 과정에서 종업원 1인당 PC 보유대수는 사무직 또는 연구직 인력이 많은 기관이 그렇지 않은 기

(6) 그림

관에 비하여 높은 것으로 나타났다.

조사대상 기관①에서는 아주 일부 기관이기는 하나 아직도 Pentium G Computer를 사용하고 있는 실정이었으며, Pentium G와 Core i5가 거의 같은 수로 보급되어 비록 Core i5의 업무 비중이 높지만 Pentium G Computer도 상당수가 문서작성 등의 기초 업무에 사용되고 있는 것으로 조사되었다. 이러한 현황(現況)은 최근 이루어지고 있는 Internet의 활성화와 함께 문자(Text)뿐만 아니라 동영상(Video), 화상(Image), 소리(Audio) 등 다양한 매체(Media)를 이용하여 정보를 표현하는 다양한 멀티미디어(Multimedia), 가상 현실(Virtual Reality) 등 나날이 처리(處理)해야 되는 양이 기하급수적으로 늘고 있는 점을 감안할 때 걸림돌이 되고 있다.

2. 용도별 이용현황 → (5) 스타일(소제목)

PC에서 주로 이용된 운영체제는 Windows 10, Windows 7 및 기타 순으로 나타났다. 용도별로는 대부분의 사용자가 워드프로세서는 기본적으로 사용하고 있었으며 이어 스프레드시트가 다음을 차지하였다.

또한 PC가 주전산기의 단말기 용도로 자주 이용되고 있으며 이외에도 Internet, SNS(Social Network Service) 같은 외부 정보서비스 검색(檢索) 용도로도 이용되고 있었다.

조사를 통하여 주전산기에 대한 PC가 단말기 역할이나 외부 정보서비스 검색용으로 상당수가 이용되고 있음을 알게 되었는데 이는 공유정보의 활용도가 높다는 것으로 해석할 수가 있어 매우 바람직한 것으로 판단된다.

(12) 누름틀

작성자: 김동철(Kim Dongchul) 차장

작성일: 2023. 05. 20.

[원문으로]

(13) 하이퍼링크

(7) 각주

1) 주요 에너지 관련 기관

- ② - → (14) 쪽 번호　(1) 쪽 테두리　(16) 꼬리말 ← 정보화 현황

특집. 기관별 정보화 현황 분석

(15) 머리말(Ctrl+N, H)

(2) 글상자(Ctrl+N, B → Ctrl+Z)

정 보 화 현 황

(4) 문단 첫 글자 장식([서식] → [켈][문단 첫 글자 장식])

Internet에 의한 혁명적인 변화가 Information Technology 세계에서 일어나고 있다. 본 연구소에서는 조사대상이 된 기관의 정보화 현황을 조사(調査)하기 위하여 해당 기관의 정보화 관련 부서를 대상으로 보유하고 있는 전산자원과 이용 실태(實態)를 조사하였다. 조사된 최근의 자료 중 Personal Computer(PC)를 중심으로 현재 이용 중인 실태를 <표>로 제시하였다.

(8) 표(Ctrl+N, T)   (5) 스타일(표제목)(F6)

◆ 전산자원 보유현황

기관	코어 i3	코어 i5	코어 i7	교체율(%)
A사	43	20	155	55
B사	30	53	104	22
C공사	108	173	291	32
D공단	150	13	5	11
합계	331	259	555	

(2023년 5월 현재)   (9) 블록 계산식(합계 : Ctrl+Shift+S)

(10) 캡션(Ctrl+N, C)

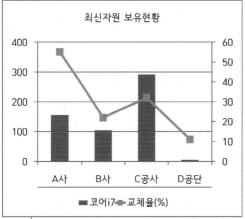

최신자원 보유현황

■ 코어i7 ─ 교체율(%)

(11) 차트([표] → [🖻][표 디자인] → [📊][차트 만들기])

1. PC 이용실태 → (5) 스타일(소제목)(F6)

Internet용이나 Workstation을 제외한 주전산기는 대부분의 기관이 1대 이상씩 보유한 것으로 나타났다. 조사 과정에서 종업원 1인당 PC 보유대수는 사무직 또는 연구직 인력이 많은 기관이 그렇지 않은 기

(6) 그림(Ctrl+N, I)

관에 비하여 높은 것으로 나타났다.

조사대상 기관에서는 아주 일부 기관이기는 하나 아직도 Pentium G Computer를 사용하고 있는 실정이었으며, Pentium G와 Core i5가 거의 같은 수로 보급되어 비록 Core i5의 업무 비중이 높지만 Pentium G Computer도 상당수가 문서작성 등의 기초 업무에 사용되고 있는 것으로 조사되었다. 이러한 현황(現況)은 최근 이루어지고 있는 Internet의 활성화와 함께 문자(Text)뿐만 아니라 동영상(Video), 화상(Image), 소리(Audio) 등 다양한 매체(Media)를 이용하여 정보를 표현하는 다양한 멀티미디어(Multimedia), 가상 현실(Virtual Reality) 등 나날이 처리(處理)해야 되는 양이 기하급수적으로 늘고 있는 점을 감안할 때 걸림돌이 되고 있다.

2. 용도별 이용현황 → (5) 스타일(소제목)(F6)

PC에서 주로 이용된 운영체제는 Windows 10, Windows 7 및 기타 순으로 나타났다. 용도별로는 대부분의 사용자가 워드프로세서는 기본적으로 사용하고 있었으며 이어 스프레드시트가 다음을 차지하였다.

또한 PC가 주전산기의 단말기 용도로 자주 이용되고 있으며 이외에도 Internet, SNS(Social Network Service) 같은 외부 정보서비스 검색(檢索) 용도로도 이용되고 있었다.

조사를 통하여 주전산기에 대한 PC가 단말기 역할이나 외부 정보서비스 검색용으로 상당수가 이용되고 있음을 알게 되었는데 이는 공유정보의 활용도가 높다는 것으로 해석할 수가 있어 매우 바람직한 것으로 판단된다.

(12) 누름틀(Ctrl+K, E)

작성자: 김동철(Kim Dongchul) 차장
작성일: 2023. 05. 20.

[원문으로]

(13) 하이퍼링크(Ctrl+K, H)

(7) 각주(Ctrl+N, N)

1) 주요 에너지 관련 기관

(16) 꼬리말(Ctrl+N, H) ← 정보화 현황

(14) 쪽 번호(Ctrl+N, P)

- ② -

(1) 쪽 테두리([쪽] → [쪽 테두리/배경])

과목	제한시간
문서편집기능	30분

〈다음 쪽의 문서를 아래 지시사항에 따라 작성하시오〉

■ 작성된 답안의 파일은 지정된 경로 및 파일명을 변경하지 마시고 저장해야 합니다. 이를 준수하지 않으면 실격 처리됩니다.

■ **편집 용지**
- 용지 종류는 A4 용지(210mm×297mm) 1매에 용지 방향을 세로로 설정하여 문서를 작성하시오.
- 용지 여백은 왼쪽·오른쪽은 20mm, 위쪽·아래쪽은 10mm, 머리말·꼬리말은 10mm, 기타 여백은 0mm로 지정하시오.

■ 문서의 본문은 2단으로 편집하되, 단 간격은 8mm, 구분선은 실선 0.4mm로 설정하시오.

■ **글자 모양**
- 글꼴은 별도의 지시가 없는 한 한글 2022의 기본값으로 작성하시오.
- 영문, 숫자, 기호 등은 별도의 지시가 없는 한 자판에 있는 문자를 사용하시오.

■ **문단 모양**
- 정렬 방식, 여백 등은 문단 모양 기능을 이용하여 작성하시오.
- 문단 모양은 별도의 지시가 없는 한 한글 2022의 기본값으로 작성하시오.
- 사이 줄 띄우기는 각 1줄만, 사이 띄우기는 1칸만 띄우시오.

■ **표에서 내용의 정렬 방법**
(제목 행과 '합계(평균)' 셀은 가운데 정렬, 나머지는 열 단위를 기준으로 아래와 같이 정렬)
- 내용의 길이가 서로 다른 문자의 경우 왼쪽 정렬
- 내용의 길이가 서로 다른 숫자의 경우 오른쪽 정렬
- 내용의 길이가 서로 같을 경우 문자, 숫자 상관없이 가운데 정렬

■ 색상은 '기본' 테마가 포함된 색상 팔레트를 사용하시오.

■ 각 항목은 별도의 지시가 없는 한 주어진 문서에 기준하여 작성하시오.

■ 각 항목은 별도의 지시가 없는 한 기본 설정값으로 처리하시오.

■ 문제에 제시된 지시사항은 작성하지 않음

대 한 상 공 회 의 소

다음 쪽의 문서를 아래의 〈세부 지시사항〉에 따라 작성하시오.

(1) 쪽 테두리	• **선의 종류 및 굵기** : 이중 실선 0.5mm, 모두
	• **위치** : 쪽 기준, 왼쪽 · 오른쪽 · 위쪽 · 아래쪽 모두 5mm

(2) 글상자	• **크기** : 너비 170mm, 높이 24mm, 크기 고정
	• **위치** : 본문과의 배치 – 자리 차지, 가로 – 종이의 가운데 0mm, 세로 – 종이의 위 20mm
	• **바깥 여백** : 아래쪽 5mm
	• **선 속성** : 검정(RGB : 0,0,0), 실선 0.2mm • **색 채우기** : 남색(RGB : 58,60,132) 80% 밝게

(3) 제목	• **제목(1)** : 바탕체, 15pt, 장평(105%), 자간(–2%), 진하게, 주황(RGB : 255,132,58) 25% 어둡게, 가운데 정렬
	• **제목(2)** : 여백 – 왼쪽(280pt)

(4) 누름틀	• **입력할 내용의 안내문** : '이름(영문) 직책', **입력 데이터** : '최미경(Choi Mikyung) 팀장'

(5) 그림	• **경로** : C:\WP\풍경.bmp, 문서에 포함 • **크기** : 너비 23mm, 높이 15mm
	• **위치** : 본문과의 배치 – 글 앞으로, 가로 – 종이의 왼쪽 24mm, 세로 – 종이의 위 24mm

(6) 스타일 (2개소 수정, 2개소 등록)	• **개요 1(수정)** : 여백 – 왼쪽(0pt), 휴먼고딕, 12pt, 진하게
	• **개요 2(수정)** : 여백 – 왼쪽(15pt)
	• **표제목(등록)** : 스타일 이름 – 표제목, 스타일 종류 – 문단, 가운데 정렬, 휴먼명조, 장평(96%), 자간(–3%), 진하게
	• **참고문헌(등록)** : 스타일 이름 – 참고문헌, 스타일 종류 – 글자, 진하게, 기울임

(7) 문단 첫 글자 장식	• **모양** : 2줄, 글꼴 : 궁서체, 면색 : 검정(RGB : 0,0,0), **본문과의 간격** : 3mm
	• **글자색** : 하양(RGB : 255,255,255)

(8) 각주	• **글자 모양** : 돋움체, 8pt, **번호 모양** : 아라비아 숫자

(9) 하이퍼링크	• '한국정보통신진흥협회'에 하이퍼링크 설정
	• **연결 대상** : '웹 주소', 'http://www.kait.or.kr'

(10) 표	• **크기** : 너비 78mm ~ 80mm, 높이 33mm ~ 34mm • **위치** : 글자처럼 취급
	• **모든 셀의 안 여백** : 왼쪽 · 오른쪽 2mm • **전체 행** : 셀 높이를 같게
	• **테두리** : 표 안쪽은 실선(0.12mm), 표 바깥의 위쪽과 아래쪽은 실선(0.4mm), 표 바깥의 왼쪽과 오른쪽은 선 없음, 제목 행 아래쪽은 이중 실선(0.5mm)
	• **제목 행** : 셀 배경색 – 연한 노랑(RGB : 250,243,219) 75% 어둡게, 글자 모양 – 휴먼고딕, 진하게, 하양(RGB : 255,255,255)
	• **합계 행** : 셀 배경색 – 초록(RGB : 40,155,110) 80% 밝게, 글자 모양 – 진하게
	• **문단의 정렬 방식** : 가운데 정렬

(11) 블록 계산식	• 표의 합계 행에 블록 계산식을 이용하여 블록 합계 산출

(12) 캡션	• 표 위에 삽입

(13) 차트	• **차트의 모양** : 꺾은선/영역형(꺾은선형) • **차트의 크기** : 너비 80mm, 높이 65mm, 크기 고정
	• **위치** : 본문과의 배치 – 자리 차지, 가로 – 단의 가운데 0mm, 세로 – 문단의 위 0mm
	• **바깥 여백** : 위쪽 5mm, 아래쪽 8mm
	• **항목 축, 값 축, 범례의 글꼴 설정** : 진하게, 9pt
	• 표의 아래 단락에 배치

(14) 쪽 번호	• **번호 위치** : 오른쪽 아래, **번호 모양** : 로마자 대문자, 줄표 넣기 선택, 시작 번호 지정

(15) 머리말	• 궁서체, 11pt, 진하게, 남색(RGB : 58,60,132), 오른쪽 정렬

(16) 꼬리말	• 맑은 고딕, 11pt, 진하게, 검정(RGB : 0,0,0) 35% 밝게, 가운데 정렬

(5) 그림
(2) 글상자 **국내 EDI 도입현황 및 개선방안**
(3) 제목(1)　(3) 제목(2)
발표일자: 2023. 10. 15.　(4) 누름틀
작성자: 최미경(Choi Mikyung) 팀장

(7) 문단 첫 글자 장식

1. 개요 ─ (6) 스타일(개요 1)

전통적인 전자상거래 형태인 전자적자료교환(Electronic Data Interchange, EDI)은 2021년 무역 부문에 EDI가 도입된 이래 매년 높은 증가율을 보이고 있다. 한국정보통신진흥협회에 따르면 2022년 EDI의 이용기관은 13,592개에서 2023에는 19,000개로 증가하였으며, 2024년에는 26,000개에 달할 것으로 예상된다. EDI의 활용이 상대적으로 활발한 부문은 무역 및 통관과 유통 부문으로 무역 및 통관 부문은 약 10,400여 개의 업체가 EDI 기술을 사용하고 있으며, 유통 부문은 약 7,000개의 업체가 공급망 관리 차원에서 대형 유통업체를 중심으로 물품 공급업체와의 거래 업무에 사용하고 있다. 중소기업의 경우 경제적, 기술적인 부담(負擔)으로 인해 EDI의 도입이 미진하다.

(6) 스타일(표제목)

국내 기업 EDI 도입현황[1]

(단위: 개) ─ (12) 캡션　(10) 표

구분	21년	22년	23년	증감
무역업	10,000	12,000	17,000	5,000
유통업	2,192	4,500	5,500	1,000
금융업	1,000	1,500	2,000	500
제조업	400	1,000	1,500	500
합계	13,592	19,000	26,000	

(13) 차트　(11) 블록 계산식

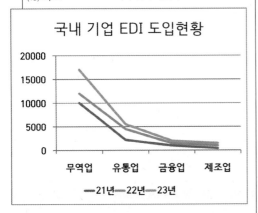

국내 기업 EDI 도입현황

(9) 하이퍼링크　(8) 각주

1) 자료: 한국정보통신진흥협회

2. EDI 향후 전망 ─ (6) 스타일(개요 1)

가. 최근에 2023년부터 인터넷을 이용한 Web-EDI 서비스가 일부 VAN(Value-Added Network) 사업자를 통해 제공되면서 중소기업들의 EDI 도입이 점차 확산될 것으로 예상된다.

나. Web-EDI는 인터넷에 접속할 수 있는 PC만 보유하면 EDI를 활용할 수 있기 때문에 EDI 확산의 기술적, 경제적 장벽을 크게 낮출 수 있다.

다. 실제 많은 중소기업들이 점차 Web-EDI를 활용하고 있는 것으로 파악된다.

라. SG-Mart와 상공백화점 공급업체의 경우 많은 수의 중소업체가 2023년 중 Web-EDI를 도입하여 업무를 전자적으로 처리하고 있다.

(6) 스타일(개요 2)

3. EDI 발전을 위한 제안 ─ (6) 스타일(개요 1)

가. 인터넷(Internet)의 새로운 자료 표현 표준인 XML(eXtensible Markup Language)의 등장(登場)으로 XML/EDI라는 기업간 전자상거래의 새로운 구현기술이 개발되고 있다.

나. XML은 HTML(Hyper Text Markup Language)과 달리 구조화된 표현 방식으로 거래에 따른 의미 있는 자료의 교환, 저장, 검색, 처리가 가능하여 앞으로 전자상거래(Electronic Commerce, EC)의 유력한 기술로 대두될 것이다.

다. 국내 기업들은 XML/EDI 기술(技術)을 이용한 새로운 기업간 전자상거래 시대를 대비해야 할 것이다.

전각 기호
□ 참고문헌

A. S. Madison(2011). Learning to Dear Straw, Kindle Press. pp28-32.

Salame, R.(2006). Why Do Mergers Fail?, Key Strategy. pp28-32.

Wiliam. K. Narayan(2010). The Autobiography Urinalysis of the way to Samurai, Easy Press. pp56-89.

(6) 스타일(참고문헌)

(1) 쪽 테두리

(5) 그림(Ctrl+N, I)

국내 EDI 도입현황 및 개선방안

(4) 누름틀(Ctrl+K, E)

(2) 글상자(Ctrl+N, B → Ctrl+Z)

발표일자: 2023. 10. 15.
작성자: 최미경(Choi Mikyung) 팀장

(7) 문단 첫 글자 장식([서식] → [꽭(문단 첫 글자 장식)])

1. 개요 ── (6) 스타일(개요 1)(F6)

전통적인 전자상거래 형태인 전자적자료교환(Electronic Data Interchange, EDI)은 2021년 무역 부문에 EDI가 도입된 이래 매년 높은 증가율을 보이고 있다. 한국정보통신진흥협회에 따르면 2022년 EDI의 이용기관은 13,592개에서 2023에는 19,000개로 증가하였으며, 2024년에는 26,000개에 달할 것으로 예상된다. EDI의 활용이 상대적으로 활발한 부문은 무역 및 통관과 유통 부문으로 무역 및 통관 부문은 약 10,400여 개의 업체가 EDI 기술을 사용하고 있으며, 유통 부문은 약 7,000개의 업체가 공급망 관리 차원에서 대형 유통업체를 중심으로 물품 공급업체와의 거래 업무에 사용하고 있다. 중소기업의 경우 경제적, 기술적인 부담(負擔)으로 인해 EDI의 도입이 미진하다.

(6) 스타일(표제목)(F6)

국내 기업 EDI 도입현황1

(단위: 개) (12) 캡션(Ctrl+N, C) (10) 표(Ctrl+N, T)

구분	21년	22년	23년	증감
무역업	10,000	12,000	17,000	5,000
유통업	2,192	4,500	5,500	1,000
금융업	1,000	1,500	2,000	500
제조업	400	1,000	1,500	500
합계	13,592	19,000	26,000	

(11) 블록 계산식(합계 : Ctrl+Shift+S)

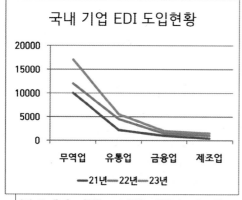

국내 기업 EDI 도입현황

─21년 ─22년 ─23년

(13) 차트([표] → [꽭(표 디자인)] → [꽭(차트 만들기)])
(9) 하이퍼링크(Ctrl+K, H)
(8) 각주(Ctrl+N, N)
1) 자료: 한국정보통신진흥협회

2. EDI 향후 전망 ── (6) 스타일(개요 1)(F6)

가. 최근에 2023년부터 인터넷을 이용한 Web-EDI 서비스가 일부 VAN(Value-Added Network) 사업자를 통해 제공되면서 중소기업들의 EDI 도입이 점차 확산될 것으로 예상된다.

나. Web-EDI는 인터넷에 접속할 수 있는 PC만 보유하면 EDI를 활용할 수 있기 때문에 EDI 확산의 기술적, 경제적 장벽을 크게 낮출 수 있다.

다. 실제 많은 중소기업들이 점차 Web-EDI를 활용하고 있는 것으로 파악된다.

라. SG-Mart와 상공백화점 공급업체의 경우 많은 수의 중소업체가 2023년 중 Web-EDI를 도입하여 업무를 전자적으로 처리하고 있다.

(6) 스타일(개요 2)(F6)

3. EDI 발전을 위한 제안 ── (6) 스타일(개요 1)(F6)

가. 인터넷(Internet)의 새로운 자료 표현 표준인 XML(eXtensible Markup Language)의 등장(登場)으로 XML/EDI라는 기업간 전자상거래의 새로운 구현기술이 개발되고 있다.

나. XML은 HTML(Hyper Text Markup Language)과 달리 구조화된 표현 방식으로 거래에 따른 의미 있는 자료의 교환, 저장, 검색, 처리가 가능하여 앞으로 전자상거래(Electronic Commerce, EC)의 유력한 기술로 대두될 것이다.

다. 국내 기업들은 XML/EDI 기술(技術)을 이용한 새로운 기업간 전자상거래 시대를 대비해야 할 것이다.

(6) 스타일(참고문헌)(F6)

□ 참고문헌

A. S. Madison(2011). Learning to Dear Straw, Kindle Press. pp28-32.

Salame, R.(2006). Why Do Mergers Fail?, Key Strategy. pp28-32.

Wiliam. K. Narayan(2010). The Autobiography Urinalysis of the way to Samurai, Easy Press. pp56-89.

(1) 쪽 테두리([쪽] → [쪽 테두리/배경])
(14) 쪽 번호(Ctrl+N, P)

과목	제한시간
문서편집기능	30분

〈다음 쪽의 문서를 아래 지시사항에 따라 작성하시오〉

- 작성된 답안의 파일은 지정된 경로 및 파일명을 변경하지 마시고 저장해야 합니다. 이를 준수하지 않으면 실격 처리됩니다.

- **편집 용지**
  - 용지 종류는 A4 용지(210mm×297mm) 1매에 용지 방향을 세로로 설정하여 문서를 작성하시오.
  - 용지 여백은 왼쪽 · 오른쪽은 20mm, 위쪽 · 아래쪽은 10mm, 머리말 · 꼬리말은 10mm, 기타 여백은 0mm로 지정하시오.

- 문서의 본문은 1단에서 2단으로 변하는 모양으로 편집하되, 단 간격은 8mm로, 구분선은 실선 0.12mm로 설정하시오.

- **글자 모양**
  - 글꼴은 별도의 지시가 없는 한 한글 2022의 기본값으로 작성하시오.
  - 영문, 숫자, 기호 등은 별도의 지시가 없는 한 자판에 있는 문자를 사용하시오.

- **문단 모양**
  - 정렬 방식, 여백 등은 문단 모양 기능을 이용하여 작성하시오.
  - 문단 모양은 별도의 지시가 없는 한 한글 2022의 기본값으로 작성하시오.
  - 사이 줄 띄우기는 각 1줄만, 사이 띄우기는 1칸만 띄우시오.

- **표에서 내용의 정렬 방법**
  (제목 행과 '합계(평균)' 셀은 가운데 정렬, 나머지는 열 단위를 기준으로 아래와 같이 정렬)
  - 내용의 길이가 서로 다른 문자의 경우 왼쪽 정렬
  - 내용의 길이가 서로 다른 숫자의 경우 오른쪽 정렬
  - 내용의 길이가 서로 같을 경우 문자, 숫자 상관없이 가운데 정렬

- 색상은 '기본' 테마가 포함된 색상 팔레트를 사용하시오.

- 각 항목은 별도의 지시가 없는 한 주어진 문서에 기준하여 작성하시오.

- 각 항목은 별도의 지시가 없는 한 기본 설정값으로 처리하시오.

- 문제에 제시된 지시사항은 작성하지 않음

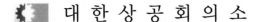 대 한 상 공 회 의 소

다음 쪽의 문서를 아래의 〈세부 지시사항〉에 따라 작성하시오.

(1) 다단 설정	• **모양** : 둘, **구분선** : 구분선 넣기, **적용 범위** : 새 다단으로
(2) 쪽 테두리	• **선의 종류 및 굵기** : 이중 실선 0.5mm, 모두 • **위치** : 쪽 기준, 왼쪽·오른쪽·위쪽·아래쪽 모두 5mm
(3) 글상자	• **크기** : 너비 168mm, 높이 23mm, 크기 고정 • **위치** : 본문과의 배치 – 자리 차지, 가로 – 종이의 가운데 0mm, 세로 – 종이의 위 20mm • **바깥 여백** : 아래쪽 8mm • **선 속성** : 검정(RGB : 0,0,0), 실선 0.2mm　　　• **색 채우기** : 남색(RGB : 58,60,132) 60% 밝게
(4) 제목	• **제목(1)** : 휴먼옛체, 15pt, 장평(112%), 자간(–5%), 진하게, 하늘색(RGB : 97,130,214) 25% 어둡게, 가운데 정렬 • **제목(2)** : 여백 – 왼쪽(340pt)
(5) 누름틀	• **입력할 내용의 안내문** : '0000. 00. 00.', **입력 데이터** : '2023. 09. 01.'
(6) 그림	• **경로** : C:\WP\대나무.bmp, 문서에 포함　　　• **크기** : 너비 23mm, 높이 13mm • **위치** : 본문과의 배치 – 글 앞으로, 가로 – 종이의 왼쪽 23mm, 세로 – 종이의 위 23mm
(7) 스타일 (2개소 수정, 3개소 등록)	• **개요 1(수정)** : 여백 – 왼쪽(0pt), 휴먼명조, 12pt, 진하게 • **개요 2(수정)** : 여백 – 왼쪽(15pt) • **표제목(등록)** : 스타일 이름 – 표제목, 스타일 종류 – 문단, 가운데 정렬, 휴먼고딕, 장평(98%), 자간(–2%), 진하게 • **참고문헌 1(등록)** : 스타일 이름 – 참고문헌 1, 스타일 종류 – 문단, 내어쓰기 – 15pt • **참고문헌 2(등록)** : 스타일 이름 – 참고문헌 2, 스타일 종류 – 글자, 기울임
(8) 문단 첫 글자 　　장식	• **모양** : 2줄, **글꼴** : 궁서체, **면색** : 노랑(RGB : 255,215,0), **본문과의 간격** : 5mm • **글자색** : 하늘색(RGB : 97,130,214) 50% 어둡게
(9) 각주	• **글자 모양** : 굴림체, **번호 모양** : 로마자 소문자
(10) 하이퍼링크	• '한국정보통신공사협회'에 하이퍼링크 설정 • **연결 대상** : '웹 주소', 'http://www.kica.or.kr'
(11) 표	• **크기** : 너비 78mm ~ 80mm, 높이 38.65mm　　　• **위치** : 글자처럼 취급 • **모든 셀의 안 여백** : 왼쪽·오른쪽 3mm　　　• **전체 행** : 셀 높이를 같게 • **테두리** : 표 안쪽은 실선(0.12mm), 표 바깥의 위쪽과 아래쪽은 실선(0.4mm), 　　　　　 표 바깥의 왼쪽과 오른쪽은 선 없음, 합계 행 위쪽은 이중 실선(0.5mm) • **제목 행** : 셀 배경색 – 주황(RGB : 255,132,58), 글자 모양 – 돋움체, 진하게, 남색(RGB : 58,60,132) • **합계 행** : 셀 배경색 – 하양(RGB : 255,255,255) 15% 어둡게, 글자 모양 – 진하게 • **문단의 정렬 방식** : 가운데 정렬
(12) 블록 계산식	• 표의 합계 행에 블록 계산식을 이용하여 블록 합계 산출
(13) 캡션	• 표 위에 삽입 후 오른쪽 정렬
(14) 차트	• **차트의 모양** : 가로 막대형(묶은 가로 막대형)　　　• **차트의 크기** : 너비 80mm, 높이 65mm, 크기 고정 • **위치** : 본문과의 배치 – 자리 차지, 가로 – 단의 가운데 0mm, 세로 – 문단의 위 0mm • **바깥 여백** : 위쪽 5mm, 아래쪽 8mm • **제목, 항목 축, 값 축, 범례의 글꼴 설정** : 9pt • 표의 아래 단락에 배치
(15) 쪽 번호	• **번호 위치** : 왼쪽 아래, **번호 모양** : 원문자, 줄표 넣기 선택, 시작 번호 지정
(16) 머리말	• 한컴 윤고딕 720, 11pt, 진하게, 초록(RGB : 40,155,110) 50% 어둡게
(17) 꼬리말	• 한컴바탕, 10pt, 진하게, 보라(RGB : 157,92,187) 25% 어둡게, 가운데 정렬

정보통신기획 솔루션 ──→(16) 머리말

──→(3) 글상자 │ **정보통신 시장의 성장률 전망** │ (5) 누름틀
──→(6) 그림   (4) 제목(1)   (4) 제목(2)   작성일자: 2023. 09. 01.
                                                        발표자: 조광희

──(8) 문단 첫 글자 장식

1. 개요 ──→(7) 스타일(개요 1)

최　근 국내 정보통신 산업은 뚜렷한 하향세를 보이고 있다. 2023년 하반기 이후 컴퓨터, 통신, 반도체 등 정보통신 산업은 국내외 경기불안과 전년도 호황에 대한 기술적인 하락으로 성장률이 눈에 띄게 둔화되고 있다. 컴퓨터 산업은 IMF체제가 들어선 이후 수출과 내수 모두 초고속 성장을 거듭하여 80년대 후반의 옛 영광을 되찾는 듯했다. 그러나 수출(輸出)의 경우 증가율 둔화를 보이다가 11월에는 급기야 전년 대비 11.4%나 감소하는 등 급격히 위축되고 있다. 인터넷 붐과 함께 형성되었던 국내 내수기반도 국내 경기침체와 함께 성장세가 둔화되고 있는 실정이다. 정부에서 추진하던 인터넷 PC의 성장이 한계를 보이고 있고 교육용 PC의 성장세도 정부예산의 조기집행으로 하반기이후 탄력성을 잃고 있다.

──→(1) 다단 설정　　　　　──→(7) 스타일(표제목)

통신기기 내수추이

──(11) 표　　　(13) 캡션 ──→(단위: 10억 원)

구분	5월	8월	9월	비고
유선기기	114	112	111	
무선단말기	185	184	181	
기타기기	116	117	113	
유선장비	126	106	115	
무선장비	168	171	159	
합계	709	690	679	

──(14) 차트　　　　　──→(12) 블록 계산식

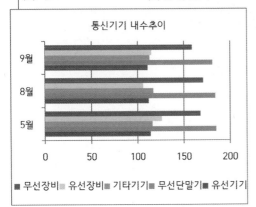

통신기기 내수추이

■무선장비 ■유선장비 ■기타기기 ■무선단말기 ■유선기기

2. 통신기기 내수 추이 분석 ──→(7) 스타일(개요 1)

가. 국내 통신기기[i] 내수(2023년 기준 통신기기 생산의 75%)는 무선 단말기의 빠른 보급으로 IMF체제 기간 중에도 성장을 지속해왔다.

나. 그러나 무선 통신 단말기의 보급률이 한계에

i 자료: 한국정보통신공사협회 ──→(9) 각주
──(10) 하이퍼링크

도달한데다 보조금 폐지로 수요(需要)가 급속히 줄어 2023년 9월 가입자 수가 전년 말 수준에 머무르고 있다.

다. 금년 들어 9월까지 무선통신기기의 내수는 전년 동기 대비 0.6%가 감소하였고 시간이 갈수록 감소 폭이 확대되고 있다(표 참조).

──→(7) 스타일(개요 2)

3. 통신기기 내수 향후 전망 ──→(7) 스타일(개요 1)

가. 7월 중에 8.88달러에 이르던 64M DRAM(Dynamic Random Access Memory) 가격(價格)이 12월에는 3.09달러로 추락하였다.

나. 경제성장의 견인차 역할을 하던 반도체의 경우엔 올해 하반기 들어 가격이 급격하게 하락하는 양상을 보이고 있다.

다. 수출의 경우에는 GSM 단말기 수출과 셋톱박스(Settop Box), 중국의 CDMA(Code Division Multiple Access) 채택 등 수요확대 요인이 없는 것은 아니지만 하락기에 들어간 국내 정보통신 산업의 고성장은 당분간 매우 어려울 것으로 보인다.

──전각 기호
※ 참고문헌　　　　　　　(7) 스타일(참고문헌 1)

Loyd Gray(2008). *Globe Merriam of Frogs Collection,* Princeton University Press. 2th pp332-345.

──→(7) 스타일(참고문헌 2)

──(2) 쪽 테두리

차트의 항목 축 이름이 달라요!

문제에 제시된 차트와 같이 범례에 '무선장비', '유선장비', '기타기기', '무선단말기', '유선기기' 계열이 표시되고 항목 축에 '9월', '8월', '5월'이 표시되도록 하려면 '줄/칸' 전환을 수행하면 됩니다. 차트가 선택된 상태에서 ▥(차트 디자인) → 줄/칸 전환(▦)을 클릭하세요.

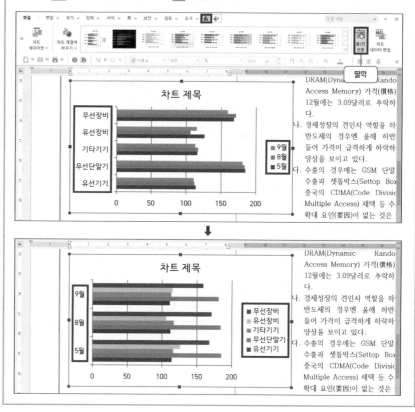

실전 모의고사

4432010

실전

과목	제한시간
문서편집기능	30분

〈다음 쪽의 문서를 아래 지시사항에 따라 작성하시오〉

- 작성된 답안의 파일은 지정된 경로 및 파일명을 변경하지 마시고 저장해야 합니다. 이를 준수하지 않으면 실격 처리됩니다.

- **편집 용지**
  - 용지 종류는 A4 용지(210mm×297mm) 1매에 용지 방향을 세로로 설정하여 문서를 작성하시오.
  - 용지 여백은 왼쪽 · 오른쪽 · 위쪽 · 아래쪽은 20mm, 머리말 · 꼬리말은 10mm, 기타 여백은 0mm로 지정하시오.

- **문서의 본문은 2단으로 편집하되, 단 간격은 8mm, 구분선은 실선 0.4mm로 설정하시오.**

- **글자 모양**
  - 글꼴은 별도의 지시가 없는 한 한글 2022의 기본값으로 작성하시오.
  - 영문, 숫자, 기호 등은 별도의 지시가 없는 한 자판에 있는 문자를 사용하시오.

- **문단 모양**
  - 문장의 들여 쓰기(10pt), 정렬 방식, 여백 등은 문단 모양 기능을 이용하여 작성하시오.
  - 문단 모양은 별도의 지시가 없는 한 한글 2022의 기본값으로 작성하시오.
  - 사이 줄 띄우기는 각 1줄만, 사이 띄우기는 1칸만 띄우시오.

- **표에서 내용의 정렬 방법**
  (제목 행과 '합계(평균)' 셀은 가운데 정렬, 나머지는 열 단위를 기준으로 아래와 같이 정렬)
  - 내용의 길이가 서로 다른 문자의 경우 왼쪽 정렬
  - 내용의 길이가 서로 다른 숫자의 경우 오른쪽 정렬
  - 내용의 길이가 서로 같을 경우 문자, 숫자 상관없이 가운데 정렬

- 색상은 '기본' 테마가 포함된 색상 팔레트를 사용하시오.

- 각 항목은 별도의 지시가 없는 한 주어진 문서에 기준하여 작성하시오.

- 각 항목은 별도의 지시가 없는 한 기본 설정값으로 처리하시오.

- 문제에 제시된 지시사항은 작성하지 않음

대 한 상 공 회 의 소

다음 쪽의 문서를 아래의 〈세부 지시사항〉에 따라 작성하시오.

(1) 쪽 테두리	• **선의 종류 및 굵기** : 실선 0.4mm, 모두
	• **위치** : 쪽 기준, 왼쪽 · 오른쪽 · 위쪽 · 아래쪽 모두 4mm
(2) 글상자	• **크기** : 너비 100mm, 높이 12mm, 크기 고정
	• **위치** : 본문과의 배치 – 자리 차지, 가로 – 종이의 가운데 0mm, 세로 – 종이의 위 19mm
	• **바깥 여백** : 아래쪽 5mm
	• **선 속성** : 검정(RGB : 0,0,0), 이중 실선 1mm　　• **색 채우기** : 노랑(RGB : 255,215,0) 40% 밝게
(3) 제목	• 궁서체, 13pt, 장평(105%), 자간(5%), 진하게, 양각, 하늘색(RGB : 97,130,214) 50% 어둡게, 가운데 정렬
(4) 문단 첫 글자 장식	• **모양** : 3줄, **글꼴** : 돋움체, **면색** : 초록(RGB : 40,155,110) 60% 밝게, **본문과의 간격** : 3mm
	• **글자색** : 남색(RGB : 58,60,132)
(5) 스타일 (2개소 등록)	• **소제목** : 스타일 이름 – 소주제, 스타일 종류 – 문단, 번호 문단, 여백 – 왼쪽(5pt), 굴림체, 12pt, 진하게, 그림자
	• **표제목** : 스타일 이름 – 표주제, 스타일 종류 – 문단, 가운데 정렬, 굴림체, 12pt
(6) 책갈피	• '현재의' 앞에 '전망'이란 이름으로 책갈피 지정
(7) 그림	• **경로** : C:\WP\산업.jpg, 문서에 포함　　• **크기** : 너비 25mm, 높이 25mm
	• **위치** : 본문과의 배치 – 어울림, 가로 – 단의 오른쪽 0mm, 세로 – 문단의 위 0mm
	• **바깥 여백** : 왼쪽 · 위쪽 · 아래쪽 3mm
(8) 각주	• **글자 모양** : 돋움체, 8pt, **번호 모양** : 아라비아 숫자
(9) 표	• **크기** : 너비 78mm ~ 80mm, 높이 33mm ~ 34mm　　• **위치** : 글자처럼 취급
	• **모든 셀의 안 여백** : 왼쪽 · 오른쪽 2mm
	• **전체 행** : 셀 높이를 같게
	• **테두리** : 표 안쪽은 실선(0.12mm), 표 바깥의 위쪽과 아래쪽은 실선(0.5mm), 표 바깥의 왼쪽과 오른쪽은 선 없음, 제목 행 아래쪽과 평균 행 위쪽은 이중 실선(0.4mm)
	• **제목 행** : 셀 배경색 – 남색(RGB : 58,60,132) 50% 어둡게, 글자 모양 – 굴림체, 진하게, 하양(RGB : 255,255,255)
	• **평균 행** : 셀 배경색 – 노랑(RGB : 255,215,0) 40% 밝게, 글자 모양 – 맑은 고딕, 진하게, 남색(RGB : 58,60,132)
	• **문단의 정렬 방식** : 가운데 정렬
(10) 블록 계산식	• 표의 평균 행에 블록 계산식을 이용하여 블록 평균 산출
(11) 캡션	• 표 아래에 삽입 후 오른쪽 정렬
(12) 차트	• **차트의 모양** : 세로 막대형(누적 세로 막대형)
	• **차트의 크기** : 너비 80mm, 높이 65mm, 크기 고정
	• **위치** : 본문과의 배치 – 자리 차지, 가로 – 단의 가운데 0mm, 세로 – 문단의 위 0mm
	• **바깥 여백** : 아래쪽 8mm
	• **항목 축, 값 축, 범례의 글꼴 설정** : 11pt
	• 표의 아래 단락에 배치
(13) 하이퍼링크	• 'W자형'에 하이퍼링크 설정
	• **연결 대상** : '흔글 문서', 책갈피의 '전망'으로 지정
(14) 쪽 번호	• **번호 위치** : 오른쪽 아래, **번호 모양** : 로마자 대문자, 줄표 넣기 선택 안함, 시작 번호 지정
(15) 머리말	• 한컴산뜻돋움, 10pt, 진하게, 주황(RGB : 255,132,58), 오른쪽 정렬
(16) 꼬리말	• 한컴 윤고딕 760, 10pt, 진하게, 초록(RGB : 40,155,110) 50% 어둡게

(2) 글상자   (3) 제목   (15) 머리말

상공일보

경기선행지수 Plus 반전

(4) 문단 첫 글자 장식

(12) 차트

V 자형이냐, L자형이냐로 엇갈리던 경기전망(the business Forecast)이 'U자형이냐, W자형이냐'로 바뀌었다. 금년 경제성장 전망이 5~6%에서 4%대로 하향 조정되면서 상반기 회복을 전제로 했던 V자형(급속한 경기회복)의 낙관론(Optimistic View)은 이미 힘을 잃었다. 그렇다고 침체터널이 하염없이 계속되는 일본식 장기불황(a Long Term Depression), 즉 L자형(반동 없는 불황지속)이 현실화 될 가능성도 높지 않다.

(6) 책갈피

1. U자형, W자형 전망 ← (5) 스타일(소제목)

현재의 관심은 U자형과 W자형이다. U자형은 바닥에서 서서히 되살아나는 Slow Type 경기, W자형은 일시적으로 회복조짐을 보이다 다시 급하게 떨어지는 Bungy-Jump Type 경기를 의미(意味)한다⑪

전각 기호   (5) 스타일(표제목)

◎ 산업활동동향

(9) 표

구분	투자	생산	판매수량	재고
2022.10	9.2	11.7	5.3	6.4
2022.12	-2	4.7	2.3	2.4
2023.1	-8.8	2	2	0
2023.2	-5.3	8.6	1.3	7.3
평균	-1.73	6.75	2.73	

(10) 블록 계산식

(단위: %, 증가율)

(11) 캡션

통계청이 발표(發表)한 '산업활동동향'에 따르면 경기선행종합지수(a Business Leading Composite Barometer)는 전달보다 0.1%포인트 상승, 16개월만에 플러스로 반전돼 경기전망을 밝게 했다. 산 업생산 증가율은 전년 동기 대비 (7) 그림 8.6% 증가하여, 제로성장(Zero Economic Growth)에 머물렀던 전월(0.1%)보다 크게 높아졌고 출하증가율(the Rate of Increase of Forwarding)도 4.4% 증가했다. 그렇지만 소비/투

(8) 각주

1) CEB-Research 참조

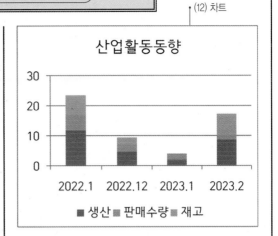

산업활동동향

(막대 차트: 2022.1, 2022.12, 2023.1, 2023.2 / 세로축 0, 10, 20, 30)

■ 생산 ■ 판매수량 ■ 재고

자 부문의 냉기는 여전하다. 지난달 설비투자 증가율은 마이너스 5.3%로 머물러 여전히 부진했다. 소비도 도소매 판매증가율이 전월 2.2%에서 1.3%로 낮아지고 내수소비재 출하증가율은 4.7%를 기록(記錄)했다. 재경부 당국자는 "회복조짐은 있지만 낙관할 정도는 아니다. 2-3개월 정도 추이를 더 주시해야 한다"고 조심스런 반응을 보였다.

2. 경기회복의 변수 ← (5) 스타일(소제목)

결국 분명 회복징후는 존재하지만, 장래는 불투명하여 속도도 아주 더딜 것이란 것이 일반적 관측이다.

변수(Variables)는 두 가지다. 하나는 미국의 경착륙이고, 다른 하나는 국내의 HD건설이다. 두 가지 모두 풀린다면 국내경기는 하반기 이후 본격적인 성장국면에 접어드는 U자형으로 가겠지만, 하나라도 잘못된다면 지금의 회복조짐은 일시적 반동에 그쳐 다시 고꾸라지는 W자형이 불가피할 전망이다.

(13) 하이퍼링크

이상수 기자 sasulee@businessPaper.co.kr

↓ 하이퍼링크 지우기

차트를 오른쪽 단에 표시해야 할 경우 잘라내서 표 아래 단락에 붙여 넣어야 합니다. 마우스로 끌어서 옮겨서는 안 됩니다. 다음과 같은 순서대로 작업해 보세요.

❶ 왼쪽 단에 작성된 차트를 클릭하고 Ctrl + X 를 눌러 잘라내기 합니다.

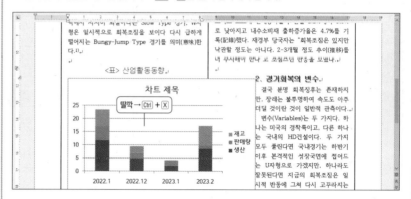

❷ 이어서 표의 아래 행을 클릭한 후 Ctrl + V 를 눌러 붙여넣기 합니다.

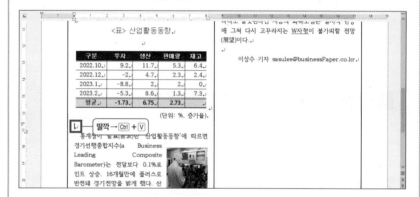

❸ 계속해서 〈세부 지시사항〉에 제시된 차트 관련 지시사항에 맞게 차트를 편집합니다.

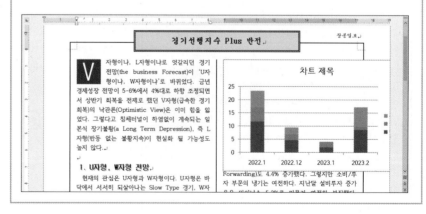

실전 모의고사

과목	제한시간
문서편집기능	30분

〈다음 쪽의 문서를 아래 지시사항에 따라 작성하시오〉

■ 작성된 답안의 파일은 지정된 경로 및 파일명을 변경하지 마시고 저장해야 합니다. 이를 준수하지 않으면 실격 처리됩니다.

■ **편집 용지**
  - 용지 종류는 A4 용지(210mm×297mm) 1매에 용지 방향을 세로로 설정하여 문서를 작성하시오.
  - 용지 여백은 왼쪽 · 오른쪽은 20mm, 위쪽 · 아래쪽은 10mm, 머리말 · 꼬리말은 10mm,
    기타 여백은 0mm로 지정하시오.

■ 문서의 본문은 2단으로 편집하되, 단 간격은 8mm, 구분선은 실선 0.12mm로 설정하시오.

■ **글자 모양**
  - 글꼴은 별도의 지시가 없는 한 한글 2022의 기본값으로 작성하시오.
  - 영문, 숫자, 기호 등은 별도의 지시가 없는 한 자판에 있는 문자를 사용하시오.

■ **문단 모양**
  - 정렬 방식, 여백 등은 문단 모양 기능을 이용하여 작성하시오.
  - 문단 모양은 별도의 지시가 없는 한 한글 2022의 기본값으로 작성하시오.
  - 사이 줄 띄우기는 각 1줄만, 사이 띄우기는 1칸만 띄우시오.

■ **표에서 내용의 정렬 방법**
  (제목 행과 '합계(평균)' 셀은 가운데 정렬, 나머지는 열 단위를 기준으로 아래와 같이 정렬)
  - 내용의 길이가 서로 다른 문자의 경우 왼쪽 정렬
  - 내용의 길이가 서로 다른 숫자의 경우 오른쪽 정렬
  - 내용의 길이가 서로 같을 경우 문자, 숫자 상관없이 가운데 정렬

■ 색상은 '기본'과 '오피스' 테마가 포함된 색상 팔레트를 사용하시오.

■ 각 항목은 별도의 지시가 없는 한 주어진 문서에 기준하여 작성하시오.

■ 각 항목은 별도의 지시가 없는 한 기본 설정값으로 처리하시오.

■ 문제에 제시된 지시사항은 작성하지 않음

♦ 대 한 상 공 회 의 소

다음 쪽의 문서를 아래의 〈세부 지시사항〉에 따라 작성하시오.

(1) 쪽 테두리	• **선의 종류 및 굵기** : 실선 0.12mm, 모두 • **위치** : 쪽 기준, 왼쪽 · 오른쪽 · 위쪽 · 아래쪽 모두 5mm
(2) 글상자	• **크기** : 너비 170mm, 높이 24mm, 크기 고정 • **위치** : 본문과의 배치 – 자리 차지, 가로 – 종이의 가운데 0mm, 세로 – 종이의 위 20mm • **바깥 여백** : 아래쪽 5mm • **선 속성** : 검정(RGB : 0,0,0), 실선 0.2mm • **색 채우기** : 초록(RGB : 40,155,110) 80% 밝게
(3) 제목	• **제목(1)** : 한컴돋움, 14pt, 장평(110%), 자간(10%), 진하게, 주황(RGB : 255,102,0), 가운데 정렬 • **제목(2)** : 여백 – 왼쪽(340pt)
(4) 누름틀	• **입력할 내용의 안내문** : '0000-0-0', **입력 데이터** : '2023-9-1'
(5) 그림	• **경로** : C:\WP\풍경.bmp, 문서에 포함 • **크기** : 너비 24mm, 높이 14mm • **위치** : 본문과의 배치 – 글 앞으로, 가로 – 종이의 왼쪽 25mm, 세로 – 종이의 위 25mm
(6) 스타일 **(2개소 수정,** **2개소 등록)**	• **개요 1(수정)** : 여백 – 왼쪽(0pt), 휴먼고딕, 12pt, 진하게 • **개요 2(수정)** : 여백 – 왼쪽(15pt) • **표제목(등록)** : 스타일 이름 – 표제목, 스타일 종류 – 문단, 가운데 정렬, 돋움체, 11pt, 장평(98%), 자간(-2%), 진하게 • **참고문헌(등록)** : 스타일 이름 – 참고문헌, 스타일 종류 – 문단, 내어쓰기 – 20pt
(7) 문단 첫 글자 **장식**	• **모양** : 2줄, **글꼴** : 궁서체, **면색** : 남색(RGB : 58,60,132) 50% 어둡게, **본문과의 간격** : 4mm • **글자색** : 빨강(RGB : 255,0,0)
(8) 각주	• **글자 모양** : 굴림체, 8pt, **번호 모양** : 아라비아 숫자
(9) 하이퍼링크	• '한국생명공학연구원'에 하이퍼링크 설정 • **연결 대상** : '웹 주소', 'http://www.kribb.re.kr'
(10) 표	• **크기** : 너비 78mm ~ 80mm, 높이 33mm ~ 34mm • **위치** : 글자처럼 취급 • **모든 셀의 안 여백** : 왼쪽 · 오른쪽 2mm • **전체 행** : 셀 높이를 같게 • **테두리** : 표 안쪽은 실선(0.12mm), 표 바깥의 위쪽과 아래쪽은 실선(0.4mm), 표 바깥의 왼쪽과 오른쪽은 선 없음, 제목 행 아래쪽과 합계 행 위쪽은 이중 실선(0.5mm) • **제목 행** : 셀 배경색 – 주황(RGB : 255,132,58), 글자 모양 – 돋움체, 진하게, 검은 군청(RGB : 27,23,96) • **합계 행** : 셀 배경색 – 초록(RGB : 40,155,110) 80% 밝게, 글자 모양 – 진하게 • **문단의 정렬 방식** : 가운데 정렬
(11) 블록 계산식	• 표의 합계 행에 블록 계산식을 이용하여 블록 합계 산출
(12) 캡션	• 표 아래에 삽입
(13) 차트	• **차트의 모양** : 이중 축 혼합형(묶은 세로 막대형, 표식이 있는 꺾은선형) • **차트의 크기** : 너비 80mm, 높이 65mm, 크기 고정 • **위치** : 본문과의 배치 – 자리 차지, 가로 – 단의 가운데 0mm, 세로 – 문단의 위 0mm • **바깥 여백** : 위쪽 5mm, 아래쪽 7mm • **항목 축, 값 축, 보조 값 축, 범례의 글꼴 설정** : 11pt • 표의 아래 단락에 배치 ※ **차트 종류 변경과 계열 속성 설정으로 혼합형 차트를 구성하시오.**
(14) 쪽 번호	• **번호 위치** : 오른쪽 아래, **번호 모양** : 아라비아 숫자, 줄표 넣기 선택, 시작 번호 지정
(15) 머리말	• 한컴돋움, 10pt, 진하게, 파랑(RGB : 0,0,255), 오른쪽 정렬
(16) 꼬리말	• 휴먼옛체, 10pt, 진하게, 파랑(RGB : 0,0,255), 가운데 정렬

(5) 그림

급성장 예상되는 프로티오믹스

(2) 글상자

(3) 제목(1)   (3) 제목(2)   (4) 누름틀

발표일자: 2023-9-1
작성자: 김원중

(7) 문단 첫 글자 장식

1. 개요 ← (6) 스타일(개요 1)

2 023년 2월 발표(發表)된 인간지놈프로젝트(Human Genome Project)의 결과는 생명 현상의 이해와 각종 질병치료의 혁신에 새로운 장을 연 것으로 평가된다. 그러나 전문가들은 1차원적인 염기서열과 지도만으로 지놈프로젝트에 거는 기대를 충족시키기에는 부족하다고 말하며 지놈의 기능 해석이 뒤따라야만 한다고 입을 모은다. 지놈 수준에서부터 실제 생명현상을 일으키는 단백질의 영역에 이르는 정보(Information)와 지식(Knowledge)의 통합이 이루어지는 이른바 포스트 지놈[1] 시대의 중요성을 강조하고 있는 것이다.

(6) 스타일(표제목)

(10) 표

프로티오믹스 시장 전망

구분	2023년 전망	2025년 전망	증감
분석	18.8	34.0	15.2
서비스	6.4	18.3	11.9
생화학	5.8	19.0	13.2
신물질	45.2	96.1	50.9
합계	76.2	167.4	

(단위: 억 달러) → (12) 캡션   (11) 블록 계산식

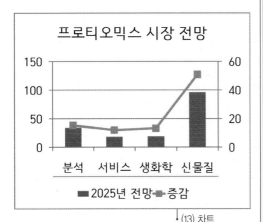

프로티오믹스 시장 전망

■ 2025년 전망 ■ 증감

(13) 차트

2. 프로티오믹스 관련 정보 ← (6) 스타일(개요 1)

가. 지놈에서 만들어지는 단백질의 총체인 프로티옴(Proteome)을 다루는 분야를 프로티오

(1) 자료: 한국생명공학연구원   (8) 각주

(9) 하이퍼링크

믹스라 한다.

나. 프로티오믹스는 당초 정상적인 세포와 그렇지 않은 세포의 단백질들을 분리, 비교 분석하는 의미로 사용되었으나 현재는 기능 지노믹스, 구조 프로티오믹스, 단백질간 상호작용, 생화학대사 경로의 연구(研究)까지를 총망라하는 개념으로 발전하였다.

다. 지놈에서 나오는 단백질들의 구조, 기능, 상호작용 등을 밝히는 프로티오믹스(Proteomics)가 지놈의 구조 및 기능을 밝히는 지노믹스(Genomics)와 함께 이러한 필요를 충족시켜 줄 수 있는 분야로 주목을 받고 있다.

(6) 스타일(개요 2)

3. 관련 시장의 분류 ← (6) 스타일(개요 1)

가. 프로티오믹스 분석(分析)을 위한 기기 및 관련 기술을 제공하는 분야는 전통적인 프로티오믹스를 위한 2-DE(2-Dimensional Gel Electrophoresis)/MS(Mass Spectrometry)에 필요한 분석기기와 기술을 제공하는 분야이며 AP Biotech, Bio-Rad, Applied Biosystems, Waters 등이 대표적인 기업들이다.

나. 프로티오믹스 서비스를 제공하는 분야는 전체 프로티오믹스 시장의 20%가량을 차지하고 있으며, 대표적인 기업(企業)들로는 Oxford GlycoSciences, MDS Protana 등을 들 수 있는데 이들은 2-DE/MS 등의 분석 기술을 보유하고 있으며 제약기업과의 공동연구를 통해 프로티오믹스 분석 서비스를 제공하고 있다.

전각 기호

※ 참고문헌   (6) 스타일(참고문헌)

Wiliam. K. Narayan(2010). The Autobiography Urinalysis of the way to Samurai, Easy Press. pp56-89.

Jerry Vanzant(2012). The Emergence of Puddiing Away, ABC Press. pp13-25.

Guillen, M.(2008). Building a Global Bank, Princeton University Press. pp34-45.

(1) 쪽 테두리   (14) 쪽 번호

급성장 예상되는 프로티오믹스

발표일자: 2023-9-1

작성자: 김원중

1. 개요

2023년 2월 발표(發表)된 인간지놈프로젝트(Human Genome Project)의 결과는 생명 현상의 이해와 각종 질병치료의 혁신에 새로운 장을 연 것으로 평가된다. 그러나 전문가들은 1차원적인 염기서열과 지도만으로 지놈프로젝트에 거는 기대를 충족시키기에는 부족하다고 말하며 지놈의 기능 해석이 뒤따라야만 한다고 입을 모은다. 지놈 수준에서부터 실제 생명현상을 일으키는 단백질의 영역에 이르는 정보(Information)와 지식(Knowledge)의 통합이 이루어지는 이른바 포스트지놈[1] 시대의 중요성을 강조하고 있는 것이다.

프로티오믹스 시장 전망

구분	2023년 전망	2025년 전망	증감
분석	18.8	34.0	15.2
서비스	6.4	18.3	11.9
생화학	5.8	19.0	13.2
신물질	45.2	96.1	50.9
합계	76.2	167.4	

(단위: 억 달러)

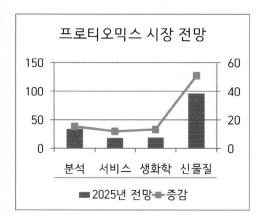

프로티오믹스 시장 전망

2. 프로티오믹스 관련 정보

가. 지놈에서 만들어지는 단백질의 총체인 프로티옴(Proteome)을 다루는 분야를 프로티오믹스라 한다.

나. 프로티오믹스는 당초 정상적인 세포와 그렇지 않은 세포의 단백질들을 분리, 비교 분석하는 의미로 사용되었으나 현재는 기능 지노믹스, 구조 프로티오믹스, 단백질간 상호작용, 생화학대사 경로의 연구(硏究)까지를 총망라하는 개념으로 발전하였다.

다. 지놈에서 나오는 단백질들의 구조, 기능, 상호작용 등을 밝히는 프로티오믹스(Proteomics)가 지놈의 구조 및 기능을 밝히는 지노믹스(Genomics)와 함께 이러한 필요를 충족시켜 줄 수 있는 분야로 주목을 받고 있다.

3. 관련 시장의 분류

가. 프로티오믹스 분석(分析)을 위한 기기 및 관련 기술을 제공하는 분야는 전통적인 프로티오믹스를 위한 2-DE(2-Dimensional Gel Electrophoresis)/MS(Mass Spectrometry)에 필요한 분석기기와 기술을 제공하는 분야이며 AP Biotech, Bio-Rad, Applied Biosystems, Waters 등이 대표적인 기업들이다.

나. 프로티오믹스 서비스를 제공하는 분야는 전체 프로티오믹스 시장의 20%가량을 차지하고 있으며, 대표적인 기업(企業)들로는 Oxford GlycoSciences, MDS Protana 등을 들 수 있는데 이들은 2-DE/MS 등의 분석 기술을 보유하고 있으며 제약기업과의 공동연구를 통해 프로티오믹스 분석 서비스를 제공하고 있다.

※ 참고문헌

Wiliam. K. Narayan(2010). The Autobiography Urinalysis of the way to Samurai, Easy Press. pp56-89.

Jerry Vanzant(2012). The Emergence of Puddiing Away, ABC Press. pp13-25.

Guillen, M.(2008). Building a Global Bank, Princeton University Press. pp34-45.

1) 자료: 한국생명공학연구원

실전 모의고사

4432012

실전

과목	제한시간
문서편집기능	30분

〈다음 쪽의 문서를 아래 지시사항에 따라 작성하시오〉

■ 작성된 답안의 파일은 지정된 경로 및 파일명을 변경하지 마시고 저장해야 합니다. 이를 준수하지 않으면 실격 처리됩니다.

■ **편집 용지**
  – 용지 종류는 A4 용지(210mm×297mm) 1매에 용지 방향을 세로로 설정하여 문서를 작성하시오.
  – 용지 여백은 왼쪽 · 오른쪽은 20mm, 위쪽 · 아래쪽은 10mm, 머리말 · 꼬리말은 10mm, 기타 여백은 0mm로 지정하시오.

■ 문서의 본문은 1단에서 2단으로 변하는 모양으로 편집하되, 단 간격은 8mm로 설정하시오.

■ **글자 모양**
  – 글꼴은 별도의 지시가 없는 한 한글 2022의 기본값으로 작성하시오.
  – 영문, 숫자, 기호 등은 별도의 지시가 없는 한 자판에 있는 문자를 사용하시오.

■ **문단 모양**
  – 정렬 방식, 여백 등은 문단 모양 기능을 이용하여 작성하시오.
  – 문단 모양은 별도의 지시가 없는 한 한글 2022의 기본값으로 작성하시오.
  – 사이 줄 띄우기는 각 1줄만, 사이 띄우기는 1칸만 띄우시오.

■ **표에서 내용의 정렬 방법**
  (제목 행과 '합계(평균)' 셀은 가운데 정렬, 나머지는 열 단위를 기준으로 아래와 같이 정렬)
  – 내용의 길이가 서로 다른 문자의 경우 왼쪽 정렬
  – 내용의 길이가 서로 다른 숫자의 경우 오른쪽 정렬
  – 내용의 길이가 서로 같을 경우 문자, 숫자 상관없이 가운데 정렬

■ 색상은 '기본' 테마가 포함된 색상 팔레트를 사용하시오.

■ 각 항목은 별도의 지시가 없는 한 주어진 문서에 기준하여 작성하시오.

■ 각 항목은 별도의 지시가 없는 한 기본 설정값으로 처리하시오.

■ 문제에 제시된 지시사항은 작성하지 않음

대 한 상 공 회 의 소

다음 쪽의 문서를 아래의 〈세부 지시사항〉에 따라 작성하시오.

(1) 다단 설정	• 모양 : 둘, 적용 범위 : 새 다단으로
(2) 쪽 테두리	• **선의 종류 및 굵기** : 이중 실선 0.5mm, 모두 • **위치** : 쪽 기준, 왼쪽 · 오른쪽 · 위쪽 · 아래쪽 모두 5mm
(3) 글상자	• **크기** : 너비 170mm, 높이 24mm, 크기 고정 • **위치** : 본문과의 배치 – 자리 차지, 가로 – 종이의 가운데 0mm, 세로 – 종이의 위 20mm • **바깥 여백** : 아래쪽 8mm • **선 속성** : 검정(RGB : 0,0,0), 이중 실선 1mm　　　• **색 채우기** : 남색(RGB : 58,60,132) 80% 밝게
(4) 제목	• **제목(1)** : 휴먼명조, 15pt, 장평(115%), 자간(−4%), 진하게, 보라(RGB : 157,92,187) 50% 어둡게, 가운데 정렬 • **제목(2)** : 여백 – 왼쪽(280pt)
(5) 누름틀	• 입력할 내용의 안내문 : '이름(영문) 직위', 입력 데이터 : '김하나(Kim Hana) 대리'
(6) 그림	• **경로** : C:\WP\대나무.bmp, 문서에 포함　　　• **크기** : 너비 30mm, 높이 17mm • **위치** : 본문과의 배치 – 글 앞으로, 가로 – 종이의 왼쪽 23mm, 세로 – 종이의 위 23mm • **회전** : 좌우 대칭
(7) 스타일 (2개소 수정, 3개소 등록)	• **개요 1(수정)** : 여백 – 왼쪽(0pt), 궁서체, 12pt, 진하게 • **개요 2(수정)** : 여백 – 왼쪽(15pt) • **표제목(등록)** : 스타일 이름 – 표주제, 스타일 종류 – 문단, 가운데 정렬, 굴림체, 장평(105%), 자간(−5%), 진하게 • **참고문헌 1(등록)** : 스타일 이름 – 참고문헌 1, 스타일 종류 – 문단, 내어쓰기 – 15pt • **참고문헌 2(등록)** : 스타일 이름 – 참고문헌 2, 스타일 종류 – 글자, 기울임
(8) 문단 첫 글자 장식	• **모양** : 2줄, 글꼴 : 굴림체, 면색 : 초록(RGB : 40,155,110), **본문과의 간격** : 5mm • **글자색** : 연한 노랑(RGB : 250,243,219)
(9) 각주	• **글자 모양** : 궁서체, **번호 모양** : 로마자 대문자
(10) 하이퍼링크	• '교육부'에 하이퍼링크 설정 • **연결 대상** : '웹 주소', 'http://www.moe.go.kr'
(11) 표	• **크기** : 너비 78mm ~ 80mm, 높이 33mm ~ 34mmm　　　• **위치** : 글자처럼 취급 • **모든 셀의 안 여백** : 왼쪽 · 오른쪽 1.5mm　　　• **전체 행** : 셀 높이를 같게 • **테두리** : 표 안쪽은 실선(0.12mm), 표 바깥의 위쪽과 아래쪽은 실선(0.5mm), 　　　　　　표 바깥의 왼쪽과 오른쪽은 선 없음, 제목 행 아래쪽은 이중 실선(0.4mm) • **제목 행** : 셀 배경색 – 초록(RGB : 40,155,110), 글자 모양 – 굴림체, 진하게, 노랑(RGB : 255,215,0) 80% 밝게 • **평균 행** : 셀 배경색 – 주황(RGB : 255,132,58) 80% 밝게, 글자 모양 – 한양해서, 진하게 • **문단의 정렬 방식** : 가운데 정렬
(12) 블록 계산식	• 표의 평균 행에 블록 계산식을 이용하여 블록 평균 산출
(13) 캡션	• 표 위에 삽입
(14) 차트	• **차트의 모양** : 꺾은선/영역형(꺾은선형)　　　• **차트의 크기** : 너비 80mm, 높이 65mm, 크기 고정 • **위치** : 본문과의 배치 – 자리 차지, 가로 – 단의 가운데 0mm, 세로 – 문단의 위 0mm • **바깥 여백** : 위쪽 5mm, 아래쪽 8mm　　　• **제목, 항목 축, 값 축, 범례의 글꼴 설정** : 9pt • 표의 아래 단락에 배치
(15) 쪽 번호	• **번호 위치** : 왼쪽 아래, **번호 모양** : 원문자, 줄표 넣기 선택 안함, 시작 번호 지정
(16) 머리말	• 돋움체, 11pt, 진하게, 하늘색(RGB : 97,130,214)
(17) 꼬리말	• 한컴 윤고딕 760, 10pt, 진하게, 노랑(RGB : 255,215,0) 50% 어둡게, 오른쪽 정렬

여교사의 비율 → (16) 머리말

(6) 그림

(3) 글상자 **여교사의 집단진입 증가**

(4) 제목(1)　(4) 제목(2)　| 발표일자: 2023. 10. 05. | (5) 누름틀
| 작성자: 김하나(Kim Hana) 대리 |

(8) 문단 첫 글자 장식

1. 개요 → (7) 스타일(개요 1)

육부(Ministry of Education)는 여교사 증가에 따른 학교운영실태를 파악하기 위하여, <여교사의 교단진입 증가에 따른 학교현장 실태분석>에 관한 정책 연구를 추진하였다. 연구(研究)는 총 101개의 학교를 대상으로 교사, 학교 행정가, 학부모, 학생에 대한 설문조사와 집단면담(Group Interview)을 통해 수행되었다. 여교사 증가에 대한 부정적 견해로는 학교 운영상의 문제와 남학생의 여성화에 대한 우려 때문인 것으로 나타났다. 또한 여교사의 출산이나 육아(Upbringing of a Child)로 인한 휴가(Vacation)와 휴직(Temporary Retirement from Office)시에 대체할 강사의 수급(Supply and Demand)이 원활하지 않은 것도 원인(原因)으로 지적되었다. 그러나 여교사의 교육 활동은 우수한 것으로 나타나 여교사의 필요성이 높아지고 있다.

(1) 다단 설정　　　　(7) 스타일(표제목)

여교사의 증가 추세

(단위: %) → (13) 캡션　　　　(11) 표

구분	초등	중등	고등	비율(%)
2005년	40.1	35.5	18.8	35.4
2010년	47	42.3	21.7	38
2015년	52.4	48	24	42.5
2020년	66.8	58.2	30.1	47.3
평균	51.58	46.00	23.65	

(12) 블록 계산식

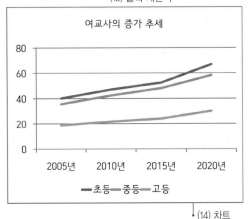

여교사의 증가 추세

(14) 차트

2. 연구결과 → (7) 스타일(개요 1)

가. 초등학교 여교사의 비율(比率)은 2005년 40%, 2010년 47%, 2015년 52%, 2020년에는 66%에 달했다. 특히 서울, 부산, 대구 등 대도시는 70%를 상회하는 높은 수치를 보였

(10) 하이퍼링크　　(9) 각주

I 자료: 교육부

다.

나. 중학교의 경우에는 2005년 35%, 2010년 42%, 2015년 48%, 2020년에는 58%로 증가했다. 중학교 여교사의 비율은 지방의 경우 57%, 대도시의 경우에는 60%의 비율을 나타냈다.

다. 고등학교는 2005년 18%보다 12% 증가한 30% 정도로 초, 중학교에 비해 월등히 낮은 수치였다.

(7) 스타일(개요 2)

3. 해결방안 → (7) 스타일(개요 1)

가. 앞으로도 여교사의 수가 계속 늘어날 것으로 예상됨에 따라 여교사의 능력향상과 근무여건 개선(Improvement) 등 다각적인 지원책 강구가 절실하다.

나. 관행적으로 이루어졌던 남교사 중심의 부장 임명 방식을 개선(改選)하여, 여교사들의 업무의욕을 고취시키고 능력발휘의 기회(Opportunity)를 적극 부여하도록 할 방침이다.

다. 여교사들도 자질향상을 위해 스스로 노력해야겠다.

전각 기호

◇ Reference　　　(7) 스타일(참고문헌 2)

Nunes, T. et al.(2005). The Privatization of Banespa, Business Case Study. pp27-45.

(7) 스타일(참고문헌 1)

(2) 쪽 테두리

③ → (15) 쪽 번호

여교사의 집단진입 증가

발표일자: 2023. 10. 05.
작성자: 김하나(Kim Hana) 대리

1. 개요

교육부(Ministry of Education)는 여교사 증가에 따른 학교운영실태를 파악하기 위하여, <여교사의 교단진입 증가에 따른 학교현장 실태분석>에 관한 정책 연구를 추진하였다. 연구(硏究)는 총 101개의 학교를 대상으로 교사, 학교 행정가, 학부모, 학생에 대한 설문조사와 집단면담(Group Interview)을 통해 수행되었다. 여교사 증가에 대한 부정적 견해로는 학교 운영상의 문제와 남학생의 여성화에 대한 우려 때문인 것으로 나타났다. 또한 여교사의 출산이나 육아(Upbringing of a Child)로 인한 휴가(Vacation)와 휴직(Temporary Retirement from Office)시에 대체할 강사의 수급(Supply and Demand)이 원활하지 않은 것도 원인(原因)으로 지적되었다. 그러나 여교사의 교육 활동은 우수한 것으로 나타나 여교사의 필요성이 높아지고 있다.

여교사의 증가 추세[1]

(단위: %)

구분	초등	중등	고등	비율(%)
2005년	40.1	35.5	18.8	35.4
2010년	47	42.3	21.7	38
2015년	52.4	48	24	42.5
2020년	66.8	58.2	30.1	47.3
평균	51.58	46.00	23.65	

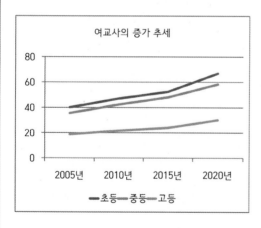

여교사의 증가 추세

초등 중등 고등

2. 연구결과

가. 초등학교 여교사의 비율(比率)은 2005년 40%, 2010년 47%, 2015년 52%, 2020년에는 66%에 달했다. 특히 서울, 부산, 대구 등 대도시는 70%를 상회하는 높은 수치를 보였

다.

나. 중학교의 경우에는 2005년 35%, 2010년 42%, 2015년 48%, 2020년에는 58%로 증가했다. 중학교 여교사의 비율은 지방의 경우 57%, 대도시의 경우에는 60%의 비율을 나타냈다.

다. 고등학교는 2005년 18%보다 12% 증가한 30% 정도로 초, 중학교에 비해 월등히 낮은 수치였다.

3. 해결방안

가. 앞으로도 여교사의 수가 계속 늘어날 것으로 예상됨에 따라 여교사의 능력향상과 근무여건 개선(Improvement) 등 다각적인 지원책 강구가 절실하다.

나. 관행적으로 이루어졌던 남교사 중심의 부장 임명 방식을 개선(改選)하여, 여교사들의 업무의욕을 고취시키고 능력발휘의 기회(Opportunity)를 적극 부여하도록 할 방침이다.

다. 여교사들도 자질향상을 위해 스스로 노력해야겠다.

◇ Reference

Nunes, T. et al.(2005). The Privatization of Banespa, Business Case Study. pp27-45.

I 자료: <u>교육부</u>

③

실전 모의고사

과목	제한시간
문서편집기능	30분

─〈다음 쪽의 문서를 아래 지시사항에 따라 작성하시오〉─

■ 작성된 답안의 파일은 지정된 경로 및 파일명을 변경하지 마시고 저장해야 합니다. 이를 준수하지 않으면 실격 처리됩니다.

■ **편집 용지**
 - 용지 종류는 A4 용지(210mm×297mm) 1매에 용지 방향을 세로로 설정하여 문서를 작성하시오.
 - 용지 여백은 왼쪽 · 오른쪽 · 위쪽 · 아래쪽은 20mm, 머리말 · 꼬리말은 10mm,
   기타 여백은 0mm로 지정하시오.

■ 문서의 본문은 2단으로 편집하되, 단 간격은 8mm, 구분선은 실선 0.12mm로 설정하시오.

■ **글자 모양**
 - 글꼴은 별도의 지시가 없는 한 한글 2022의 기본값으로 작성하시오.
 - 영문, 숫자, 기호 등은 별도의 지시가 없는 한 자판에 있는 문자를 사용하시오.

■ **문단 모양**
 - 문장의 들여 쓰기(10pt), 정렬 방식, 여백 등은 문단 모양 기능을 이용하여 작성하시오.
 - 문단 모양은 별도의 지시가 없는 한 한글 2022의 기본값으로 작성하시오.
 - 사이 줄 띄우기는 각 1줄만, 사이 띄우기는 1칸만 띄우시오.

■ **표에서 내용의 정렬 방법**
 (제목 행과 '합계(평균)' 셀은 가운데 정렬, 나머지는 열 단위를 기준으로 아래와 같이 정렬)
 - 내용의 길이가 서로 다른 문자의 경우 왼쪽 정렬
 - 내용의 길이가 서로 다른 숫자의 경우 오른쪽 정렬
 - 내용의 길이가 서로 같을 경우 문자, 숫자 상관없이 가운데 정렬

■ 색상은 '기본' 테마가 포함된 색상 팔레트를 사용하시오.

■ 각 항목은 별도의 지시가 없는 한 주어진 문서에 기준하여 작성하시오.

■ 각 항목은 별도의 지시가 없는 한 기본 설정값으로 처리하시오.

■ 문제에 제시된 지시사항은 작성하지 않음

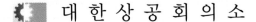

대 한 상 공 회 의 소

다음 쪽의 문서를 아래의 〈세부 지시사항〉에 따라 작성하시오.

(1) 쪽 테두리	• 선의 종류 및 굵기 : 실선 0.12mm, 모두 • 위치 : 쪽 기준, 왼쪽 · 오른쪽 · 위쪽 · 아래쪽 모두 4mm
(2) 글상자	• 크기 : 너비 100mm, 높이 12mm, 크기 고정 • 위치 : 본문과의 배치 – 자리 차지, 가로 – 종이의 가운데 0mm, 세로 – 종이의 위 19mm • 바깥 여백 : 아래쪽 5mm • 선 속성 : 검정(RGB : 0,0,0), 이중 실선 1mm　• 색 채우기 : 노랑(RGB : 255,215,0) 40% 밝게
(3) 제목	• 궁서체, 13pt, 장평(105%), 자간(5%), 진하게, 그림자, 주황(RGB : 255,132,58) 50% 어둡게, 가운데 정렬
(4) 문단 첫 글자 장식	• 모양 : 2줄, 글꼴 : 맑은 고딕, 면색 : 하늘색(RGB : 97,130,214) 50% 어둡게, 본문과의 간격 : 3mm • 글자색 : 시멘트(RGB : 178,178,178) 80% 밝게
(5) 스타일 (2개소 등록)	• 소제목 : 스타일 이름 – 소제목, 스타일 종류 – 문단, 번호 문단, 여백 – 왼쪽(5pt), 굴림체, 진하게, 양각 • 표제목 : 스타일 이름 – 표제목, 스타일 종류 – 문단, 가운데 정렬, 돋움체, 장평(115%), 자간(5%)
(6) 그림	• 경로 : C:\WP\월드컵경기장.jpg, 문서에 포함 • 크기 : 너비 40mm, 높이 25mm • 위치 : 본문과의 배치 – 어울림, 가로 – 단의 왼쪽 0mm, 세로 – 문단의 위 0mm • 바깥 여백 : 오른쪽 · 위쪽 · 아래쪽 2mm
(7) 각주	• 글자 모양 : 돋움체, 8pt, 번호 모양 : 아라비아 숫자
(8) 표	• 크기 : 너비 78mm ~ 80mm, 높이 27.60mm　　　　• 위치 : 글자처럼 취급 • 모든 셀의 안 여백 : 왼쪽 · 오른쪽 2mm　　　　• 전체 행 : 셀 높이를 같게 • 테두리 : 표 안쪽은 실선(0.12mm), 표 바깥의 위쪽과 아래쪽은 실선(0.4mm), 　　　　　 표 바깥의 왼쪽과 오른쪽은 선 없음, 제목 행 아래쪽과 평균 행 위쪽은 이중 실선(0.5mm) • 제목 행 : 셀 배경색 – 보라(RGB : 157,92,187) 25% 어둡게, 글자 모양 – 휴먼고딕, 진하게, 　　　　　 주황(RGB : 255,132,58) 80% 밝게 • 평균 행 : 셀 배경색 – 하양(RGB : 255,255,255) 15% 어둡게, 글자 모양 – 진하게 • 문단의 정렬 방식 : 가운데 정렬
(9) 블록 계산식	• 표의 평균 행에 블록 계산식을 이용하여 블록 평균 산출
(10) 캡션	• 표 위에 삽입 후 오른쪽 정렬
(11) 차트	• 차트의 모양 : 가로 막대형(묶은 가로 막대형) • 차트의 크기 : 너비 80mm, 높이 80mm, 크기 고정 • 위치 : 본문과의 배치 – 자리 차지, 가로 – 단의 가운데 0mm, 세로 – 문단의 위 0mm • 바깥 여백 : 아래쪽 8mm • 제목, 항목 축, 값 축, 범례의 글꼴 설정 : 진하게, 9pt • 표의 아래 단락에 배치
(12) 누름틀	• 입력할 내용의 안내문 : '00. 00.', 입력 데이터 : '03. 10.'
(13) 하이퍼링크	• '원문으로'에 하이퍼링크 설정 • 연결 대상 : '웹 주소', 'http://www.kfa.or.kr'
(14) 쪽 번호	• 번호 위치 : 가운데 아래, 번호 모양 : 로마자 대문자, 줄표 넣기 선택, 시작 번호 지정
(15) 머리말	• 한컴산뜻돋움, 10pt, 남색(RGB : 58,60,132) 25% 어둡게, 오른쪽 정렬
(16) 꼬리말	• 한컴돋움, 10pt, 진하게, 초록(RGB : 40,155,110) 25% 어둡게, 오른쪽 정렬

(2) 글상자 (3) 제목 (15) 머리말

월드컵 개최도시 조사

월드컵 개최

(4) 문단 첫 글자 장식

(11) 차트

(6) 그림

드컵문화시민협의회(National Council for Better Korea Movement[1])는 월드컵 축구를 개최할 10개 도시 중에서 3개의 도시를 선정해 친설 지수를 조사하였다. 조사내상 도시(都市)는 임의표본추출(Random Sampling) 방법을 통해 선정했으며, 친절(Kindness), 질서(Order), 청결(Cleanliness) 등 6개 항목을 중심으로 조사하였다. 조사는 지난해 11월 30일 설문 요원이 직접 모니터링(Direct Monitoring) 방식으로 이루어졌다.

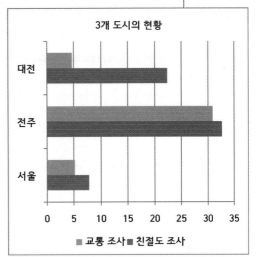

며 서울이 최저였다.

월드컵을 꼭 1년 앞두고 한국과 일본에서 프리월드컵(Pre-World Cup)인 컨페더레이션스컵(Confederations Cup Korea/Japan) 축구대회를 열었다. 개막(開幕)에 맞춰 월드컵 D-1년 실제연습을 시행한 결과 거의 모든 부문에서 낙제점을 받았다. 각 도시마다 월드컵을 위한 준비(準備)들은 하고 있지만 아직은 미흡한 수준인 것이다.

1. 개최도시의 실태 → (5) 스타일(소제목)

도시별로 30명씩 친절지수(Kindness-Index)를 조사한 결과 전화응대 친절지수는 전주가 가장 높았고 대전이 가장 낮았다. "시청이 어디냐?"고 물었을 때의 연령별로는 10대가 가장 친절한 반면 50대의 14%는 응답조차 없이 지나간 것으로 조사되었다. 시외버스 터미널과 인접한 곳에 담배꽁초(Cigarette Butt)와 쓰레기가 가장 많이 버려진 곳은 서울이었으며, 대전과 전주는 가장 깨끗했다. 버스 터미널이나 공원 등지의 공중 화장실은 서울이 47.4%로 위생(衛生) 상태가 가장 불량한 반면 전주는 불량 평가를 받은 곳이 한곳도 없었다. 자동차의 정지선 위반은 대전이 가장 높고 전주가 가장 낮았다.

전각 기호 (5) 스타일(표제목)

◎ 3개 도시의 현황

(8) 표   (10) 캡션 ← (단위: %)

구분	친절도 조사	교통 조사	응답률
서울	7.8	5.2	24.1
전주	32.7	30.9	46.2
대전	22.4	4.7	19.8
평균	20.97	13.60	

(9) 블록 계산식

한편, 교통법규(Traffic Policy)에 대한 평가에서 보행자의 무단 횡단과 신호위반은 대전이 최고였으

2. 성공적인 월드컵 개최 → (5) 스타일(소제목)

일본(Japan)과 공동으로 월드컵을 치르는 만큼, 비교되며 비난받는 월드컵이 되어서는 안 될 것이다. 성공적인 월드컵(World Cup) 개최를 위해서 남은 1년을 어떻게 보내야 할지 지혜를 모으는 것이 중요하다. 1년 후, 우리 국민과 정부의 단결(團結)을 전세계에 보여줄 때이다.

하이퍼링크 지우기

이상국 기자(tkdrnr9977@gilbut.co.kr)

작성일: 03. 10.

(13) 하이퍼링크 ← 원문으로

(12) 누름틀

(7) 각주

1) 국민성 향상을 위한 월드컵 준비기관

(1) 쪽 테두리

월드컵 개최도시 조사

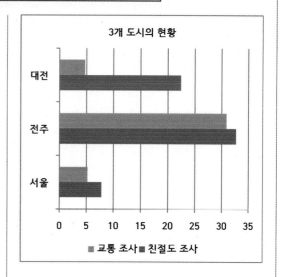

3개 도시의 현황

드컵문화시민협의회(National Council for Better Korea Movement)[1]는 월드컵 축구를 개최할 10개 도시 중에서 3개의 도시를 선정해 친절 지수를 조사하였다. 조사대상 도시(都市)는 임의표본추출(Random Sampling) 방법을 통해 선정했으며, 친절(Kindness), 질서(Order), 청결(Cleanliness) 등 6개 항목을 중심으로 조사하였다. 조사는 지난해 11월 30일 설문 요원이 직접 모니터링(Direct Monitoring) 방식으로 이루어졌다.

1. 개최도시의 실태

도시별로 30명씩 친절지수(Kindness-Index)를 조사한 결과 전화응대 친절지수는 전주가 가장 높았고 대전이 가장 낮았다. "시청이 어디냐?"고 물었을 때의 연령별로는 10대가 가장 친절한 반면 50대의 14%는 응답조차 없이 지나간 것으로 조사되었다. 시외버스 터미널과 인접한 곳에 담배꽁초(Cigarette Butt)와 쓰레기가 가장 많이 버려진 곳은 서울이었으며, 대전과 전주는 가장 깨끗했다. 버스 터미널이나 공원 등지의 공중 화장실은 서울이 47.4%로 위생(衛生) 상태가 가장 불량한 반면 전주는 불량 평가를 받은 곳이 한곳도 없었다. 자동차의 정지선 위반은 대전이 가장 높고 전주가 가장 낮았다.

◎ 3개 도시의 현황

(단위: %)

구분	친절도 조사	교통 조사	응답률
서울	7.8	5.2	24.1
전주	32.7	30.9	46.2
대전	22.4	4.7	19.8
평균	20.97	13.60	

한편, 교통법규(Traffic Policy)에 대한 평가에서 보행자의 무단 횡단과 신호위반은 대전이 최고였으

---

1) 국민성 향상을 위한 월드컵 준비기관

며 서울이 최저였다.

월드컵을 꼭 1년 앞두고 한국과 일본에서 프리월드컵(Pre-World Cup)인 컨페더레이션스컵(Confederations Cup Korea/Japan) 축구대회를 열었다. 개막(開幕)에 맞춰 월드컵 D-1년 실제연습을 시행한 결과 거의 모든 부문에서 낙제점을 받았다. 각 도시마다 월드컵을 위한 준비(準備)들은 하고 있지만 아직은 미흡한 수준인 것이다.

2. 성공적인 월드컵 개최

일본(Japan)과 공동으로 월드컵을 치르는 만큼, 비교되며 비난받는 월드컵이 되어서는 안 될 것이다. 성공적인 월드컵(World Cup) 개최를 위해서 남은 1년을 어떻게 보내야 할지 지혜를 모으는 것이 중요하다. 1년 후, 우리 국민과 정부의 단결(團結)을 전세계에 보여줄 때이다.

이상국 기자(tkdrnr9977@gilbut.co.kr)
작성일: 03. 10.
[원문으로]

과목	제한시간
문서편집기능	30분

〈다음 쪽의 문서를 아래 지시사항에 따라 작성하시오〉

■ 작성된 답안의 파일은 지정된 경로 및 파일명을 변경하지 마시고 저장해야 합니다. 이를 준수하지 않으면 실격 처리됩니다.

■ **편집 용지**
 – 용지 종류는 A4 용지(210mm×297mm) 1매에 용지 방향을 세로로 설정하여 문서를 작성하시오.
 – 용지 여백은 왼쪽·오른쪽은 20mm, 위쪽·아래쪽은 10mm, 머리말·꼬리말은 10mm, 기타 여백은 0mm로 지정하시오.

■ 문서의 본문은 2단으로 편집하되, 단 간격은 8mm, 구분선은 이중 실선 0.5mm로 설정하시오.

■ **글자 모양**
 – 글꼴은 별도의 지시가 없는 한 한글 2022의 기본값으로 작성하시오.
 – 영문, 숫자, 기호 등은 별도의 지시가 없는 한 자판에 있는 문자를 사용하시오.

■ **문단 모양**
 – 정렬 방식, 여백 등은 문단 모양 기능을 이용하여 작성하시오.
 – 문단 모양은 별도의 지시가 없는 한 한글 2022의 기본값으로 작성하시오.
 – 사이 줄 띄우기는 각 1줄만, 사이 띄우기는 1칸만 띄우시오.

■ **표에서 내용의 정렬 방법**
 (제목 행과 '합계(평균)' 셀은 가운데 정렬, 나머지는 열 단위를 기준으로 아래와 같이 정렬)
 – 내용의 길이가 서로 다른 문자의 경우 왼쪽 정렬
 – 내용의 길이가 서로 다른 숫자의 경우 오른쪽 정렬
 – 내용의 길이가 서로 같을 경우 문자, 숫자 상관없이 가운데 정렬

■ 색상은 '기본'과 '오피스' 테마가 포함된 색상 팔레트를 사용하시오.

■ 각 항목은 별도의 지시가 없는 한 주어진 문서에 기준하여 작성하시오.

■ 각 항목은 별도의 지시가 없는 한 기본 설정값으로 처리하시오.

■ 문제에 제시된 지시사항은 작성하지 않음

대 한 상 공 회 의 소

다음 쪽의 문서를 아래의 〈세부 지시사항〉에 따라 작성하시오.

(1) 쪽 테두리	• **선의 종류 및 굵기** : 실선 0.4mm, 모두 • **위치** : 쪽 기준, 왼쪽 · 오른쪽 · 위쪽 · 아래쪽 모두 5mm
(2) 글상자	• **크기** : 너비 168mm, 높이 23mm, 크기 고정 • **위치** : 본문과의 배치 – 자리 차지, 가로 – 종이의 가운데 0mm, 세로 – 종이의 위 20mm • **바깥 여백** : 아래쪽 5mm • **선 속성** : 검정(RGB : 0,0,0), 이중 실선 1mm • **색 채우기** : 초록(RGB : 40,155,110) 80% 밝게
(3) 제목	• **제목(1)** : 휴먼고딕, 14pt, 장평(110%), 자간(10%), 진하게, 빨강(RGB : 255,0,0), 가운데 정렬 • **제목(2)** : 여백 – 왼쪽(280pt)
(4) 누름틀	• **입력할 내용의 안내문** : '이름(영문) 직책', **입력 데이터** : '김워드(Kim Word) 선임연구원'
(5) 그림	• **경로** : C:\WP\돛단배.bmp, 문서에 포함 • **크기** : 너비 18mm, 높이 10mm • **위치** : 본문과의 배치 – 글 앞으로, 가로 – 종이의 왼쪽 23mm, 세로 – 종이의 위 23mm
(6) 스타일 (2개소 수정, 2개소 등록)	• **개요 1(수정)** : 여백 – 왼쪽(0pt), 돋움체, 12pt, 진하게 • **개요 2(수정)** : 여백 – 왼쪽(15pt) • **표제목(등록)** : 스타일 이름 – 표제목, 스타일 종류 – 문단, 가운데 정렬, 굴림체, 11pt, 장평(95%), 자간(5%), 진하게 • **참고문헌 1(등록)** : 스타일 이름 – 참고문헌 1, 스타일 종류 – 문단, 내어쓰기 – 20pt • **참고문헌 2(등록)** : 스타일 이름 – 참고문헌 2, 스타일 종류 – 글자, 기울임
(7) 문단 첫 글자 장식	• **모양** : 2줄, **글꼴** : 한컴산뜻돋움, **면색** : 노랑(RGB : 255,215,0), **본문과의 간격** : 3mm • **글자색** : 하늘색(RGB : 97,130,214) 25% 어둡게
(8) 각주	• **글자 모양** : 굴림체, 8pt, **번호 모양** : 아라비아 숫자
(9) 하이퍼링크	• '법원경매정보'에 하이퍼링크 설정 • **연결 대상** : '웹 주소', 'http://www.courtauction.go.kr'
(10) 표	• **크기** : 너비 78mm ～ 80mm, 높이 33mm ～ 34mm • **위치** : 글자처럼 취급 • **모든 셀의 안 여백** : 왼쪽 · 오른쪽 2.5mm • **전체 행** : 셀 높이를 같게 • **테두리** : 표 안쪽은 실선(0.12mm), 표 바깥의 위쪽과 아래쪽은 실선(0.4mm), 　　　　　표 바깥의 왼쪽과 오른쪽은 선 없음, 제목 행 아래쪽과 평균 행 위쪽은 이중 실선(0.5mm) • **제목 행** : 셀 배경색 – 파랑(RGB : 0,0,255), 글자 모양 – 맑은 고딕, 진하게, 하양(RGB : 255,255,255) • **평균 행** : 셀 배경색 – 검은 군청(RGB : 27,23,96) 50% 밝게, 글자 모양 – 굴림체, 진하게, 노랑(RGB : 255,255,0) • **문단의 정렬 방식** : 가운데 정렬
(11) 블록 계산식	• 표의 평균 행에 블록 계산식을 이용하여 블록 평균 산출
(12) 캡션	• 표 아래에 삽입 후 오른쪽 정렬
(13) 차트	• **차트의 모양** : 세로 막대형(누적 세로 막대형) • **차트의 크기** : 너비 80mm, 높이 65mm, 크기 고정 • **위치** : 본문과의 배치 – 자리 차지, 가로 – 단의 가운데 0mm, 세로 – 문단의 위 0mm • **바깥 여백** : 위쪽 4mm, 아래쪽 5mm • **항목 축, 값 축, 범례의 글꼴 설정** : 11pt • 표의 아래 단락에 배치
(14) 쪽 번호	• **번호 위치** : 오른쪽 아래, **번호 모양** : 아라비아 숫자, 줄표 넣기 선택 안함, 시작 번호 지정
(15) 머리말	• 한컴 윤고딕 740, 10pt, 진하게, 빨강(RGB : 255,0,0)
(16) 꼬리말	• HY견고딕, 10pt, 진하게, 남색(RGB : 51,51,153), 가운데 정렬

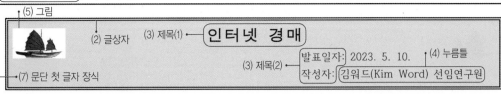

(5) 그림
(2) 글상자 (3) 제목(1) **인 터 넷 경 매**
(7) 문단 첫 글자 장식
(3) 제목(2)
발표일자: 2023. 5. 10. (4) 누름틀
작성자: 김워드(Kim Word) 선임연구원

1. 개요 ←—(6) 스타일(개요 1)

컴퓨터를 이용한 인터넷 경매가 인터넷 비즈니스(Internet Business)의 꽃으로 떠오르고 있다. 인터넷 경매(Internet Auction)에서는 수요자와 공급자가 인터넷 공간에서 직접 만나 서로 흥정해 물건(物件)을 사고판다. 즉 유통업체들이 일방적으로 가격을 정해 파는 쇼핑몰(Shopping Mall)보다 훨씬 합리적이고 유망한 거래방식이다. 기존 경매방식과의 가장 큰 차이는 모든 정보(情報)가 인터넷을 통해 실시간(Real Time)으로 서비스가 이루어지므로 공간의 제약에서 벗어날 수 있으며, 이런 장점 때문에 인터넷을 통해 개인과 개인이 직접 만나는 소비자간(Consumer to Consumer) 전자상거래(Electronic Commerce)는 21세기에 가장 유망한 인터넷 비즈니스로 주목을 받고 있다.

(10) 표   (6) 스타일(표제목)
인터넷 경매사이트 현황

구분	회원수	월낙찰	예약	비고
A 업체	112	30.0	50	
B 업체	25	12.0	9	
S 업체	42	8.0	22	
E 업체	21	4.5	15	
평균	50.00	13.63	24.00	

(11) 블록 계산식   (단위: 만 명) ←(12) 캡션

(13) 차트

인터넷 경매사이트 현황

300
200
100
0
A 업체   B 업체   S 업체   E 업체
■ 회원수 ■ 월낙찰 ■ 예약

(8) 각주
1) 자료: 법원경매정보
(9) 하이퍼링크

2. 인터넷 경매의 전망 ←—(6) 스타일(개요 1)

가. 인터넷 시장(Internet Marketing) 분석기관인 키넌비전(Keenan Vision)은 최근 2020년 38억 달러였던 미국의 온라인 경매실적이 2025년에는 1,290억 달러로 폭증할 것이라고 밝혔다.

나. 온라인 경매(On-Line Auction) 참여자도 2015년 300만 명에서 2025년에는 1,400만 명으로 늘어나며 참여업체는 5,000개로 증가할 것으로 예상하였다.

다. 인터넷 경매는 소비자와 기업간에 정보를 중개(仲介)하는 비즈니스(Business)로부터 다양한 효과(Effect)가 나타나고 있다.

라. C2C 전자상거래는 인터넷 경매 외에 각종 상품과 서비스를 실수요자끼리 사고파는 생활정보 방식 서비스가 있다. 개인 홈페이지(Homepage) 보급이 늘면서 별도 사이트(Site)를 통하지 않고 홈페이지에서 직접 거래를 하는 일도 급증할 전망이다.

←(6) 스타일(개요 2)

3. 인터넷 경매의 장점 ←—(6) 스타일(개요 1)

가. 경매와 역경매에서는 소비자 자신이 붙인 가격(價格)에 상품을 구입할 수 있게 된다.

나. 상품명을 지정하게 되면 Internet 상의 복수 숍에서 판매(販賣)되고 있는 같은 상품을 검색하여 가격과 판매조건을 즉석에서 비교하여 표시하는 사이트가 있지만, 이것 역시 소비자를 유리하게 하는 정보 중개(Information Agency)인 것이다.

다. 소비자의 입장에 서서 사업을 행하는 기업이 경쟁우위를 확보하게 될 것이다.

전각 기호
※ 참고문헌 ←(6) 스타일(참고문헌 1)

R. K. Dragon(2006). A Civil Organic Modern Chemistry, Gilbut. pp34-56.

Nunes, T. et al.(2005). The Privatization of Banespa, *Business Case Study.* pp27-45.

Whoopi Leibovitz(2011). The Power of Pilgrimage, GilbutSchool. pp25-29.

(6) 스타일(참고문헌 2)
(1) 쪽 테두리   (14) 쪽 번호

인터넷 경매

발표일자: 2023. 5. 10.
작성자: 김워드(Kim Word) 선임연구원

1. 개요

컴퓨터를 이용한 인터넷 경매가 인터넷 비즈니스(Internet Business)의 꽃으로 떠오르고 있다. 인터넷 경매(Internet Auction)에서는 수요자와 공급자가 인터넷 공간에서 직접 만나 서로 흥정해 물건(物件)을 사고판다. 즉 유통업체들이 일방적으로 가격을 정해 파는 쇼핑몰(Shopping Mall)보다 훨씬 합리적이고 유망한 거래방식이다. 기존 경매방식과의 가장 큰 차이는 모든 정보(情報)가 인터넷을 통해 실시간(Real Time)으로 서비스가 이루어지므로 공간의 제약에서 벗어날 수 있으며, 이런 장점 때문에 인터넷을 통해 개인과 개인이 직접 만나는 소비자간(Consumer to Consumer) 전자상거래(Electronic Commerce)는 21세기에 가장 유망한 인터넷 비즈니스로 주목을 받고 있다.

인터넷 경매사이트 현황[1]

구분	회원수	월낙찰	예약	비고
A 업체	112	30.0	50	
B 업체	25	12.0	9	
S 업체	42	8.0	22	
E 업체	21	4.5	15	
평균	50.00	13.63	24.00	

(단위: 만 명)

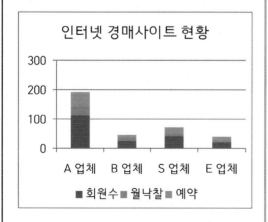

인터넷 경매사이트 현황

■ 회원수 ■ 월낙찰 ■ 예약

---

1) 자료: 법원경매정보

2. 인터넷 경매의 전망

가. 인터넷 시장(Internet Marketing) 분석기관인 키넌비전(Keenan Vision)은 최근 2020년 38억 달러였던 미국의 온라인 경매실적이 2025년에는 1,290억 달러로 폭증할 것이라고 밝혔다.

나. 온라인 경매(On-Line Auction) 참여자도 2015년 300만 명에서 2025년에는 1,400만 명으로 늘어나며 참여업체는 5,000개로 증가할 것으로 예상하였다.

다. 인터넷 경매는 소비자와 기업간에 정보를 중개(仲介)하는 비즈니스(Business)로부터 다양한 효과(Effect)가 나타나고 있다.

라. C2C 전자상거래는 인터넷 경매 외에 각종 상품과 서비스를 실수요자끼리 사고파는 생활정보지 방식 서비스가 있다. 개인 홈페이지(Homepage) 보급이 늘면서 별도 사이트(Site)를 통하지 않고 홈페이지에서 직접 거래를 하는 일도 급증할 전망이다.

3. 인터넷 경매의 장점

가. 경매와 역경매에서는 소비자 자신이 붙인 가격(價格)에 상품을 구입할 수 있게 된다.

나. 상품명을 지정하게 되면 Internet 상의 복수 숍에서 판매(販賣)되고 있는 같은 상품을 검색하여 가격과 판매조건을 즉석에서 비교하여 표시하는 사이트가 있지만, 이것 역시 소비자를 유리하게 하는 정보 중개(Information Agency)인 것이다.

다. 소비자의 입장에 서서 사업을 행하는 기업이 경쟁우위를 확보하게 될 것이다.

※ 참고문헌

R. K. Dragon(2006). A Civil Organic Modern Chemistry, Gilbut. pp34-56.

Nunes, T. et al.(2005). The Privatization of Banespa, *Business Case Study*. pp27-45.

Whoopi Leibovitz(2011). The Power of Pilgrimage. GilbutSchool. pp25-29.

실전 모의고사

4432015

실전

과목	제한시간
문서편집기능	30분

〈다음 쪽의 문서를 아래 지시사항에 따라 작성하시오〉

■ 작성된 답안의 파일은 지정된 경로 및 파일명을 변경하지 마시고 저장해야 합니다. 이를 준수하지 않으면 실격 처리됩니다.

■ **편집 용지**
  - 용지 종류는 A4 용지(210mm×297mm) 1매에 용지 방향을 세로로 설정하여 문서를 작성하시오.
  - 용지 여백은 왼쪽·오른쪽은 20mm, 위쪽·아래쪽은 10mm, 머리말·꼬리말은 10mm,
    기타 여백은 0mm로 지정하시오.

■ 문서의 본문은 1단에서 2단으로 변하는 모양으로 편집하되, 단 간격은 8mm, 구분선은 실선 0.12mm로 설정하시오.

■ **글자 모양**
  - 글꼴은 별도의 지시가 없는 한 한글 2022의 기본값으로 작성하시오.
  - 영문, 숫자, 기호 등은 별도의 지시가 없는 한 자판에 있는 문자를 사용하시오.

■ **문단 모양**
  - 정렬 방식, 여백 등은 문단 모양 기능을 이용하여 작성하시오.
  - 문단 모양은 별도의 지시가 없는 한 한글 2022의 기본값으로 작성하시오.
  - 사이 줄 띄우기는 각 1줄만, 사이 띄우기는 1칸만 띄우시오.

■ **표에서 내용의 정렬 방법**
  (제목 행과 '합계(평균)' 셀은 가운데 정렬, 나머지는 열 단위를 기준으로 아래와 같이 정렬)
  - 내용의 길이가 서로 다른 문자의 경우 왼쪽 정렬
  - 내용의 길이가 서로 다른 숫자의 경우 오른쪽 정렬
  - 내용의 길이가 서로 같을 경우 문자, 숫자 상관없이 가운데 정렬

■ 색상은 '기본' 테마가 포함된 색상 팔레트를 사용하시오.

■ 각 항목은 별도의 지시가 없는 한 주어진 문서에 기준하여 작성하시오.

■ 각 항목은 별도의 지시가 없는 한 기본 설정값으로 처리하시오.

■ 문제에 제시된 지시사항은 작성하지 않음

대 한 상 공 회 의 소

다음 쪽의 문서를 아래의 〈세부 지시사항〉에 따라 작성하시오.

(1) 다단 설정	• **모양** : 둘, **구분선** : 구분선 넣기, **적용 범위** : 새 다단으로
(2) 쪽 테두리	• **선의 종류 및 굵기** : 이중 실선 0.5mm, 모두 • **위치** : 쪽 기준, 왼쪽 · 오른쪽 · 위쪽 · 아래쪽 모두 5mm
(3) 글상자	• **크기** : 너비 170mm, 높이 24mm, 크기 고정 • **위치** : 본문과의 배치 – 자리 차지, 가로 – 종이의 가운데 0mm, 세로 – 종이의 위 20mm • **바깥 여백** : 아래쪽 8mm • **선 속성** : 검정(RGB : 0,0,0), 실선 0.2mm • **색 채우기** : 남색(RGB : 58,60,132) 80% 밝게
(4) 제목	• **제목(1)** : 굴림체, 15pt, 장평(115%), 자간(15%), 진하게, 주황(RGB : 255,132,58) 50% 어둡게, 가운데 정렬 • **제목(2)** : 여백 – 왼쪽(340pt)
(5) 누름틀	• **입력할 내용의 안내문** : '0000. 0. 0.', **입력 데이터** : '2023. 10. 3.'
(6) 그림	• **경로** : C:\WP\여름.bmp, 문서에 포함 • **크기** : 너비 18mm, 높이 10mm • **위치** : 본문과의 배치 – 글 앞으로, 가로 – 종이의 왼쪽 25mm, 세로 – 종이의 위 25mm
(7) 스타일 **(2개소 수정,** **3개소 등록)**	• **개요 1(수정)** : 여백 – 왼쪽(0pt), 궁서체, 11pt, 진하게 • **개요 2(수정)** : 여백 – 왼쪽(15pt) • **표제목(등록)** : 스타일 이름 – 표제목, 스타일 종류 – 문단, 가운데 정렬, 돋움체, 장평(110%), 자간(10%), 진하게 • **참고문헌 1(등록)** : 스타일 이름 – 참고문헌 1, 스타일 종류 – 문단, 내어쓰기 – 20pt • **참고문헌 2(등록)** : 스타일 이름 – 참고문헌 2, 스타일 종류 – 글자, 진하게, 기울임
(8) 문단 첫 글자 **장식**	• **모양** : 3줄, **글꼴** : 한컴 윤고딕 760, **면색** : 보라(RGB : 157,92,187) 50% 어둡게, **본문과의 간격** : 5mm • **글자색** : 시멘트(RGB : 178,178,178) 80% 밝게
(9) 각주	• **글자 모양** : 궁서체, **번호 모양** : 원문자
(10) 하이퍼링크	• '대한교통학회'에 하이퍼링크 설정 • **연결 대상** : '웹 주소', 'https://korst.or.kr'
(11) 표	• **크기** : 너비 78mm ~ 80mm, 높이 33mm ~ 34mm • **위치** : 글자처럼 취급 • **모든 셀의 안 여백** : 왼쪽 · 오른쪽 2mm • **전체 행** : 셀 높이를 같게 • **선 모양** : 표 안쪽은 실선(0.12mm), 표 바깥의 위쪽과 아래쪽은 실선(0.4mm), 표 바깥의 왼쪽과 오른쪽은 선 없음, 합계 행 위쪽은 이중 실선(0.5mm) • **제목 행** : 셀 배경색 – 보라(RGB : 157,92,187), 글자 모양 – 돋움체, 진하게, 하양(RGB : 255,255,255) • **합계 행** : 셀 배경색 – 하양(RGB : 255,255,255) 15% 어둡게, 글자 모양 – 진하게 • **문단의 정렬 방식** : 가운데 정렬
(12) 블록 계산식	• 표의 합계 행에 블록 계산식을 이용하여 블록 합계 산출
(13) 캡션	• 표 아래에 삽입
(14) 차트	• **차트의 모양** : 이중 축 혼합형(묶은 세로 막대형, 표식이 있는 꺾은선형) • **차트의 크기** : 너비 80mm, 높이 65mm, 크기 고정 • **위치** : 본문과의 배치 – 자리 차지, 가로 – 단의 가운데 0mm, 세로 – 문단의 위 0mm • **바깥 여백** : 위쪽 5mm, 아래쪽 8mm • **항목 축, 값 축, 보조 값 축, 범례의 글꼴 설정** : 9pt • 표의 아래 단락에 배치 ※ 차트 종류 변경과 계열 속성 설정으로 혼합형 차트를 구성하시오.
(15) 쪽 번호	• **번호 위치** : 오른쪽 아래, **번호 모양** : 원문자, 줄표 넣기 선택, 시작 번호 지정
(16) 머리말	• 휴먼고딕, 11pt, 진하게, 초록(RGB : 40,155,110) 25% 어둡게, 오른쪽 정렬
(17) 꼬리말	• 휴먼옛체, 11pt, 진하게, 노랑(RGB : 255,215,0) 25% 어둡게

(6) 그림
(3) 글상자 → 한국의 교통질서 수준
(4) 제목(1)   (4) 제목(2)
(5) 누름틀
발표일자: 2023. 10. 3.
작성자: 박준수

(8) 문단 첫 글자 장식

전 국의 2인 이상 가구 수는 1,221만 가구이며, 차량등록대수는 1,206만 대이다. 이로써 우리는 사실상 1가구 1차량 시대에 접어들고 있다. 따라서 운전질서(Driving Order) 확립은 운전자라면 누구나 지켜야 할 생활(生活)의 기본이 되었다. 하지만 우리나라의 운전 질서 수준은 외국인들의 지적대로 엉망이 아닐 수 없다. 교통질서 확립을 위해서는 합리적인 도로 시스템도 질서유지의 요인이 되는 것을 알 수 있다. 독일의 경우, 정지선(Stop Line) 준수율이 90%가 넘는 비결은 신호등(Signal Lamp)의 위치 때문이다. 신호등이 정지선 바로 위에 낮게 설치되어 있어 정지선을 조금이라도 넘어가면 신호가 전혀 보이지 않게 되어 있다.

(1) 다단 설정   (7) 스타일(표제목)

각 국의 교통질서 현황①

구분	정지선	새치기	안전띠	사망(명)
서울	45.9	62.5	58.9	246
부산	51.9	58.4	49.9	135
오사카	35.9	22.2	9.4	103
만하임	9.6	11.5	4.5	121
합계	143.3	154.6	122.7	

(단위: %) (13) 캡션   (12) 블록 계산식   (11) 표

(14) 차트

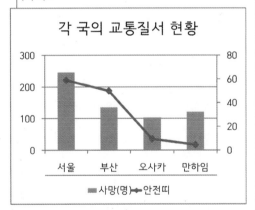

각 국의 교통질서 현황

■ 사망(명) ◆ 안전띠

1. 각 국의 교통질서와의 비교 → (7) 스타일(개요 1)

가. 교통안전공단(Korea Transportation Safety Authority)과 대한교통학회(Korean Society of Transportation)가 한국의 교통문화지수(Traffic-culture Index)를 일본의 오사카, 독일의 만하임(Mannheim)과 비교(比較)하여 발표(發表)하였다.

(10) 하이퍼링크

① 자료: 대한교통학회   (9) 각주

나. 횡단보도(Pedestrian Crossing) 정지선을 지키는 비율은 서울이 45.9%, 부산이 51.9%로 오사카의 67.9%나 독일의 92.6%에 비해 낮은 수치를 나타냈다.

다. 또한 안전띠(Safety Belt) 착용도 서울 58.9%, 부산 49.4%로 일본 오사카의 72.4%보다 훨씬 낮은 것으로 나타났다.

라. 손해보험협회(Nonlifes Insurance Society)가 시내운행 차량을 관찰한 결과, 교차로 통행 위반은 한국이 2.5명으로 일본의 0.2명보다 13배나 많은 수치를 나타냈다. 또한 끼어들기 위반차량도 1.8명으로 일본의 0.6명보다 3배나 많았다.

(7) 스타일(개요 2)

2. 변화를 위한 노력 → (7) 스타일(개요 1)

가. 녹색교통운동은 "자신의 안전뿐만 아니라 타인의 생명(生命)과 행복(幸福)까지 앗아갈 수 있는 것이 교통질서 위반이다"라고 말했다.

나. 교통질서는 다른 사람에 대한 배려(Consideration)에서 나오는 것이므로 타인도 내 가족과 같이 여기는 마음으로 운전하는 습관이 중요하다고 강조했다.

전각 기호
∴ Reference   (7) 스타일(참고문헌 1)

Salame, R.(2006), Why Do Mergers Fail?, Key Strategy. pp28-32.R. K. Dragon(2006). A Civil Organic Modern Chemistry, Gilbut. pp34-56.

(7) 스타일(참고문헌 2)

(2) 쪽 테두리

한국의 교통질서 수준

발표일자: 2023. 10. 3.
작성자: 박준수

전국의 2인 이상 가구 수는 1,221만 가구이며, 차량등록대수는 1,206만 대이다. 이로써 우리는 사실상 1가구 1차량 시대에 접어들었다. 따라서 운전질서(Driving Order) 확립은 운전자라면 누구나 지켜야 할 생활(生活)의 기본이 되었다. 하지만 우리나라의 운전 질서 수준은 외국인들의 지적대로 영망이 아닐 수 없다. 교통질서 확립을 위해서는 합리적인 도로 시스템도 질서유지의 요인이 되는 것을 알 수 있다. 독일의 경우, 정지선(Stop Line) 준수율이 90%가 넘는 비결은 신호등(Signal Lamp)의 위치 때문이다. 신호등이 정지선 바로 위에 낮게 설치되어 있어 정지선을 조금이라도 넘어가면 신호가 전혀 보이지 않게 되어 있다.

각 국의 교통질서 현황 ①

구분	정지선	새치기	안전띠	사망(명)
서울	45.9	62.5	58.9	246
부산	51.9	58.4	49.9	135
오사카	35.9	22.2	9.4	103
만하임	9.6	11.5	4.5	121
합계	143.3	154.6	122.7	

(단위: %)

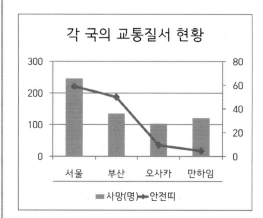

1. 각 국의 교통질서와의 비교

가. 교통안전공단(Korea Transportation Safety Authority)과 대한교통학회(Korean Society of Transportation)가 한국의 교통문화지수(Traffic-culture Index)를 일본의 오사카, 독일의 만하임(Mannheim)과 비교(比較)하여 발표(發表)하였다.

① 자료: 대한교통학회

나. 횡단보도(Pedestrian Crossing) 정지선을 지키는 비율은 서울이 45.9%, 부산이 51.9%로 오사카의 67.9%나 독일의 92.6%에 비해 낮은 수치를 나타냈다.

다. 또한 안전띠(Safety Belt) 착용도 서울 58.9%, 부산 49.4%로 일본 오사카의 72.4%보다 훨씬 낮은 것으로 나타났다.

라. 손해보험협회(Nonlifes Insurance Society)가 시내운행 차량을 관찰한 결과, 교차로 통행 위반은 한국이 2.5명으로 일본의 0.2명보다 13배나 많은 수치를 나타냈다. 또한 끼어들기 위반차량도 1.8명으로 일본의 0.6명보다 3배나 많았다.

2. 변화를 위한 노력

가. 녹색교통운동은 "자신의 안전뿐만 아니라 타인의 생명(生命)과 행복(幸福)까지 앗아갈 수 있는 것이 교통질서 위반이다"라고 말했다.

나. 교통질서는 다른 사람에 대한 배려(Consideration)에서 나오는 것이므로 타인도 내 가족과 같이 여기는 마음으로 운전하는 습관이 중요하다고 강조했다.

∴ Reference

Salame, R.(2006). Why Do Mergers Fail?, Key Strategy. pp28-32.R. K. Dragon(2006). A Civil Organic Modern Chemistry, Gilbut. pp34-56.

실전 모의고사

과목	제한시간
문서편집기능	30분

〈다음 쪽의 문서를 아래 지시사항에 따라 작성하시오〉

■ 작성된 답안의 파일은 지정된 경로 및 파일명을 변경하지 마시고 저장해야 합니다. 이를 준수하지 않으면 실격 처리됩니다.

■ **편집 용지**
  - 용지 종류는 A4 용지(210mm×297mm) 1매에 용지 방향을 세로로 설정하여 문서를 작성하시오.
  - 용지 여백은 왼쪽 · 오른쪽 · 위쪽 · 아래쪽은 20mm, 머리말 · 꼬리말은 10mm,
    기타 여백은 0mm로 지정하시오.

■ 문서의 본문은 2단으로 편집하되, 단 간격은 8mm, 구분선은 실선 0.12mm로 설정하시오.

■ **글자 모양**
  - 글꼴은 별도의 지시가 없는 한 한글 2022의 기본값으로 작성하시오.
  - 영문, 숫자, 기호 등은 별도의 지시가 없는 한 자판에 있는 문자를 사용하시오.

■ **문단 모양**
  - 문장의 들여 쓰기(10pt), 정렬 방식, 여백 등은 문단 모양 기능을 이용하여 작성하시오.
  - 문단 모양은 별도의 지시가 없는 한 한글 2022의 기본값으로 작성하시오.
  - 사이 줄 띄우기는 각 1줄만, 사이 띄우기는 1칸만 띄우시오.

■ **표에서 내용의 정렬 방법**
  (제목 행과 '합계(평균)' 셀은 가운데 정렬, 나머지는 열 단위를 기준으로 아래와 같이 정렬)
  - 내용의 길이가 서로 다른 문자의 경우 왼쪽 정렬
  - 내용의 길이가 서로 다른 숫자의 경우 오른쪽 정렬
  - 내용의 길이가 서로 같을 경우 문자, 숫자 상관없이 가운데 정렬

■ 색상은 '기본' 테마가 포함된 색상 팔레트를 사용하시오.

■ 각 항목은 별도의 지시가 없는 한 주어진 문서에 기준하여 작성하시오.

■ 각 항목은 별도의 지시가 없는 한 기본 설정값으로 처리하시오.

■ 문제에 제시된 지시사항은 작성하지 않음

대 한 상 공 회 의 소

다음 쪽의 문서를 아래의 〈세부 지시사항〉에 따라 작성하시오.

(1) 쪽 테두리	• **선의 종류 및 굵기** : 실선 0.4mm, 모두 • **위치** : 쪽 기준, 왼쪽 · 오른쪽 · 위쪽 · 아래쪽 모두 4mm
(2) 글상자	• **크기** : 너비 100mm, 높이 12mm, 크기 고정 • **위치** : 본문과의 배치 – 자리 차지, 가로 – 종이의 가운데 0mm, 세로 – 종이의 위 19mm • **바깥 여백** : 아래쪽 8mm • **선 속성** : 검정(RGB : 0,0,0), 이중 실선 0.5mm • **색 채우기** : 노랑(RGB : 255,215,0)
(3) 제목	• 궁서체, 13pt, 장평(105%), 자간(5%), 남색(RGB : 58,60,132), 가운데 정렬
(4) 문단 첫 글자 장식	• **모양** : 2줄, 글꼴 : 한컴산뜻돋움, **면색** : 주황(RGB : 255,132,58), **본문과의 간격** : 3mm • **글자색** : 연한 노랑(RGB : 250,243,219)
(5) 스타일 (2개소 등록)	• **소제목** : 스타일 이름 – 소제목, 스타일 종류 – 문단, 번호 문단, 여백 – 왼쪽(5pt), 굴림체, 12pt, 진하게 • **표제목** : 스타일 이름 – 표제목, 스타일 종류 – 문단, 가운데 정렬, 굴림체, 12pt
(6) 책갈피	• '이와 같이' 앞에 '참조'란 이름으로 책갈피 지정
(7) 그림	• **경로** : C:\WP\경제2.jpg, 문서에 포함 • **크기** : 너비 25mm, 높이 22mm • **위치** : 본문과의 배치 – 어울림, 가로 – 단의 왼쪽 0mm, 세로 – 문단의 위 0mm • **바깥 여백** : 오른쪽 · 위쪽 3mm • **회전** : 좌우 대칭
(8) 각주	• **글자 모양** : 돋움체, 10pt, **번호 모양** : 아라비아 숫자
(9) 표	• **크기** : 너비 78mm ~ 80mm, 높이 38.65mm • **위치** : 글자처럼 취급 • **모든 셀의 안 여백** : 왼쪽 · 오른쪽 2mm • **전체 행** : 셀 높이를 같게 • **테두리** : 표 안쪽은 실선(0.12mm), 표 바깥의 위쪽과 아래쪽은 실선(0.5mm), 　　　　　표 바깥의 왼쪽과 오른쪽은 선 없음, 제목 행 아래쪽은 이중 실선(0.4mm) • **제목 행** : 셀 배경색 – 초록(RGB : 40,155,110) 25% 어둡게, 글자 모양 – 굴림체, 진하게, 하양(RGB : 255,255,255) • **평균 행** : 셀 배경색 – 검정(RGB : 0,0,0), 글자 모양 – 궁서체, 진하게, 시멘트(RGB : 178,178,178) 80% 밝게 • **문단의 정렬 방식** : 가운데 정렬
(10) 블록 계산식	• 표의 평균 행에 블록 계산식을 이용하여 블록 평균 산출
(11) 캡션	• 표 위에 삽입
(12) 차트	• **차트의 모양** : 꺾은선/영역형(꺾은선형) • **차트의 크기** : 너비 80mm, 높이 80mm, 크기 고정 • **위치** : 본문과의 배치 – 자리 차지, 가로 – 단의 가운데 0mm, 세로 – 문단의 위 0mm • **바깥 여백** : 아래쪽 8mm • **항목 축, 값 축, 범례의 글꼴 설정** : 진하게, 9pt • 표의 아래 단락에 배치
(13) 하이퍼링크	• '전망'에 하이퍼링크 설정 • **연결 대상** : '흔글 문서', 책갈피의 '참조'로 지정
(14) 쪽 번호	• **번호 위치** : 오른쪽 아래, **번호 모양** : 로마자 대문자, 줄표 넣기 선택 안함, 시작 번호 지정
(15) 머리말	• 휴먼옛체, 진하게, 보라(RGB : 157,92,187) 25% 어둡게
(16) 꼬리말	• 견고딕, 10pt, 진하게, 시멘트색(RGB : 178,178,178)

(15) 머리말 ｜ (2) 글상자 ｜ (3) 제목

국제 경제

최근의 미국경제 동향

(4) 문단 첫 글자 장식

2 023년 들어 미국경제의 주요 지표들이 서로 상반되는 방향으로 나타나 경기전망을 엇갈리게 하고 있다. 그러나 대체적인 예측(豫測)은 미국의 경제성장률(Rate of Economic Growth)이 하락하고 있는 것으로 나타나고 있다. 세부적인 지표는 다음과 같다.

1. 미국의 경기 둔화 → (5) 스타일(소제목)

지난해 4/4분기의 경제성장률은 1.1%로 예상치인 1.4%보다 더 하락한 것으로 나타났다. 이는 지난해 3/4분기의 2.2%, 상반기 5% 이상의 성장에서 매우 크게 하락한 것이며, 21년 2/4분기의 0.8% 성장 이후 가장 낮은 성장률을 나타낸다.

올해 1/4분기에는 제로에 가까운 경제성장률을 보일 것이라는 예측이다. 또한 컨퍼런스 보드(Conference Board)가 조사한 소비자신뢰지수(Consumer Confidence Index)는 5개월 연속 하락해 향후 경기둔화가 계속 이어질 것임을 시사하고 있다. 이는 1월 114.4%, 지난해 12월의 128.6%에 비해 크게 하락한 것이다.

(7) 그림

전각 기호 ｜ (5) 스타일(표제목)

◉ 미국의 주요 경제지표

(단위: %) → (11) 캡션   (9) 표

구분	23년 1월	23년 2월	23년 3월	비고
A지수	128	114	106	
B지수	44.3	41.2	41.9	
C지수	100	98	97	
D지수	90	89	85	
E지수	123	110	103	
평균	97.06	90.44	86.58	

↓ (10) 블록 계산식

소비자신뢰지수와는 반대로 미국의 제조업지수, 개인소득, 소비는 소폭 증가한 것으로 나타났다. 전미구매관리협회(NAPM : National Association of Purchasing Management) 제조업생산지수는 지난 2월 41.9%를 기록(記錄)했는데 이는 10년 만에 최저치였던 1월의 41.2%에 비해 0.7% 상승한

(12) 차트

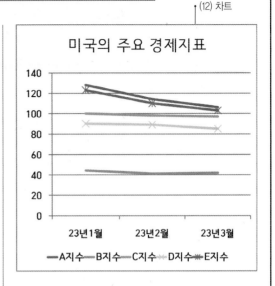

것이다.

2. 경기하락의 원인 → (5) 스타일(소제목)

경기가 침체하면서 시장에서는 연방공개시장위원회(FOMC : Federal Open Market Committee)가 열리는 3월 20일 이전에라도 금리가 추가로 인하될 수 있을 것이라고 기대했지만 개인소득과 소비지출이 증가한 것으로 나타나면서 금리의 조기인하는 실현되지 않았다. 물론 향후 발표되는 소매매출과 기업재고 등의 내용이 연준(Federal Reserve Board)의 결정에 영향을 미치겠지만 대부분의 전문가들은 0.5%P(Percent Point) 정도의 금리인하를 예상하고 있다. → (6) 책갈피

이와 같이 금리인하에도 불구하고 주가가 하락하는 것은 기업(企業)들의 실적악화에 기인한다. 그 예로 인터넷기업(Internet Business)의 대표 주자인 야후(Yahoo)의 실적악화 및 그에 따른 CEO[1] 교체, 인텔(Intel)의 순익부진 전망 및 그에 따른 인원감축 계획 등은 향후 기술주에 대한 전망을 어둡게 했다.   (13) 하이퍼링크

(8) 각주 ─

──────────
1) Chief Executive Officer의 약자

경제지표 → (16) 꼬리말   ↓ (1) 쪽 테두리   (14) 쪽 번호 ─ III

❶ 오른쪽 단에 작성된 차트를 클릭하고 Ctrl + X 를 눌러 잘라내기 합니다.

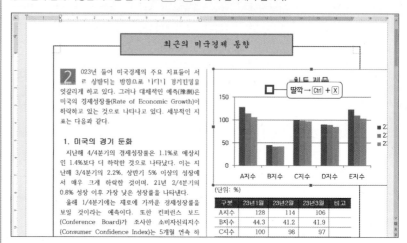

❷ 표의 아래 행을 클릭한 후 Ctrl + V 를 눌러 붙여넣기 합니다.

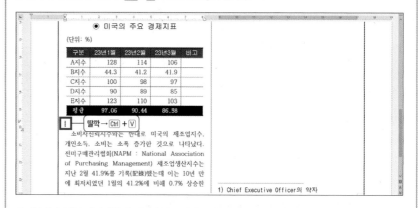

❸ 계속해서 〈세부 지시사항〉에 제시된 차트 관련 지시사항에 맞게 차트를 편집합니다.

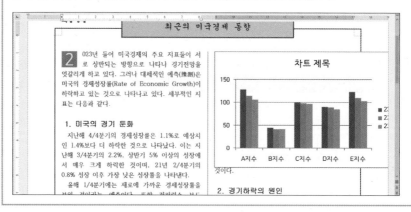

실전 모의고사

5432017

실전

과목	제한시간
문서편집기능	30분

〈다음 쪽의 문서를 아래 지시사항에 따라 작성하시오〉

■ 작성된 답안의 파일은 지정된 경로 및 파일명을 변경하지 마시고 저장해야 합니다. 이를 준수하지 않으면 실격 처리됩니다.

■ **편집 용지**
 – 용지 종류는 A4 용지(210mm×297mm) 1매에 용지 방향을 세로로 설정하여 문서를 작성하시오.
 – 용지 여백은 왼쪽 · 오른쪽은 20mm, 위쪽 · 아래쪽은 10mm, 머리말 · 꼬리말은 10mm, 기타 여백은 0mm로 지정하시오.

■ 문서의 본문은 2단으로 편집하되, 단 간격은 8mm, 구분선은 점선 0.12mm로 설정하시오.

■ **글자 모양**
 – 글꼴은 별도의 지시가 없는 한 한글 2022의 기본값으로 작성하시오.
 – 영문, 숫자, 기호 등은 별도의 지시가 없는 한 자판에 있는 문자를 사용하시오.

■ **문단 모양**
 – 정렬 방식, 여백 등은 문단 모양 기능을 이용하여 작성하시오.
 – 문단 모양은 별도의 지시가 없는 한 한글 2022의 기본값으로 작성하시오.
 – 사이 줄 띄우기는 각 1줄만, 사이 띄우기는 1칸만 띄우시오.

■ **표에서 내용의 정렬 방법**
 (제목 행과 '합계(평균)' 셀은 가운데 정렬, 나머지는 열 단위를 기준으로 아래와 같이 정렬)
 – 내용의 길이가 서로 다른 문자의 경우 왼쪽 정렬
 – 내용의 길이가 서로 다른 숫자의 경우 오른쪽 정렬
 – 내용의 길이가 서로 같을 경우 문자, 숫자 상관없이 가운데 정렬

■ 색상은 '기본'와 '오피스' 테마가 포함된 색상 팔레트를 사용하시오.

■ 각 항목은 별도의 지시가 없는 한 주어진 문서에 기준하여 작성하시오.

■ 각 항목은 별도의 지시가 없는 한 기본 설정값으로 처리하시오.

■ 문제에 제시된 지시사항은 작성하지 않음

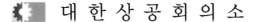
대 한 상 공 회 의 소

다음 쪽의 문서를 아래의 〈세부 지시사항〉에 따라 작성하시오.

(1) 쪽 테두리	• 선의 종류 및 굵기 : 이중 실선 0.5mm, 모두 • 위치 : 쪽 기준, 왼쪽 · 오른쪽 · 위쪽 · 아래쪽 모두 5mm
(2) 글상자	• 크기 : 너비 170mm, 높이 24mm, 크기 고정 • 위치 : 본문과의 배치 – 자리 차지, 가로 – 종이의 가운데 0mm, 세로 – 종이의 위 20mm • 바깥 여백 : 아래쪽 5mm • 선 속성 : 검정(RGB : 0,0,0), 실선 0.2mm • 색 채우기 : 주황(RGB : 255,102,0) 80% 밝게
(3) 제목	• 제목(1) : 한컴 윤고딕 740, 14pt, 장평(105%), 자간(5%), 진하게, 검은 군청(RGB : 27,23,96), 가운데 정렬 • 제목(2) : 여백 – 왼쪽(280pt)
(4) 누름틀	• 입력할 내용의 안내문 : '이름(영문) 직책', 입력 데이터 : '정상영(Jung Sangyung) 팀장'
(5) 그림	• 경로 : C:\WP\잠자리.bmp, 문서에 포함 • 크기 : 너비 25mm, 높이 13mm • 위치 : 본문과의 배치 – 글 앞으로, 가로 – 종이의 왼쪽 23mm, 세로 – 종이의 위 23mm
(6) 스타일 (2개소 수정, 3개소 등록)	• 개요 1(수정) : 여백 – 왼쪽(0pt), 돋움체, 11pt, 진하게 • 개요 2(수정) : 여백 – 왼쪽(15pt) • 표제목(등록) : 스타일 이름 – 표주제, 스타일 종류 – 문단, 가운데 정렬, 돋움체, 장평(110%), 자간(10%), 진하게 • 참고문헌 1(등록) : 스타일 이름 – 참고문헌 1, 스타일 종류 – 문단, 내어쓰기 – 15pt • 참고문헌 2(등록) : 스타일 이름 – 참고문헌 2, 스타일 종류 – 글자, 기울임
(7) 문단 첫 글자 장식	• 모양 : 2줄, 글꼴 : 굴림체, 면색 : 노랑(RGB : 255,255,0), 본문과의 간격 : 4mm • 글자색 : 검은 군청(RGB : 27,23,96)
(8) 각주	• 글자 모양 : 굴림체, 번호 모양 : 아라비아 숫자
(9) 하이퍼링크	• '한국철강협회'에 하이퍼링크 설정 • 연결 대상 : '웹 주소', 'http://www.kosa.or.kr'
(10) 표	• 크기 : 너비 78mm ~ 80mm, 높이 33mm ~ 34mm • 위치 : 글자처럼 취급 • 모든 셀의 안 여백 : 왼쪽 · 오른쪽 1.5mm • 전체 행 : 셀 높이를 같게 • 테두리 : 표 안쪽은 실선(0.12mm), 표 바깥의 위쪽과 아래쪽은 실선(0.4mm), 표 바깥의 왼쪽과 오른쪽은 선 없음, 제목 행 아래쪽과 합계 행 위쪽은 이중 실선(0.5mm) • 제목 행 : 셀 배경색 – 노랑(RGB : 255,255,0), 글자 모양 – 한컴 윤고딕 760, 진하게, 파랑(RGB : 0,0,255) • 합계 행 : 셀 배경색 – 파랑(RGB : 0,0,255) 50% 밝게, 글자 모양 – 돋움체, 진하게, 노랑(RGB : 255,255,0) • 문단의 정렬 방식 : 가운데 정렬
(11) 블록 계산식	• 표의 합계 행에 블록 계산식을 이용하여 블록 합계 산출
(12) 캡션	• 표 위에 삽입 후 오른쪽 정렬
(13) 차트	• 차트의 모양 : 원형(2차원 원형) • 차트의 크기 : 너비 80mm, 높이 65mm, 크기 고정 • 위치 : 본문과의 배치 – 자리 차지, 가로 – 단의 가운데 0mm, 세로 – 문단의 위 0mm • 바깥 여백 : 위쪽 5mm, 아래쪽 8mm • 차트 계열색 : 색4 • 데이터 레이블 : 백분율, 바깥쪽 끝에 • 데이터 레이블, 범례의 글꼴 설정 : 9pt • 표의 아래 단락에 배치
(14) 쪽 번호	• 번호 위치 : 왼쪽 아래, 번호 모양 : 아라비아 숫자, 줄표 넣기 선택, 시작 번호 지정
(15) 머리말	• 굴림체, 10pt, 진하게, 남색(RGB : 58,60,132) 50% 어둡게
(16) 꼬리말	• 중고딕, 11pt, 진하게, 초록(RGB : 40,155,110) 50% 어둡게, 가운데 정렬

월간 철강산업 → (15) 머리말

(5) 그림
(2) 글상자

미국 철강수입 제한 강화 움직임

(3) 제목(1)   (3) 제목(2)

발표일자: 2023. 08. 08. (4) 누름틀
작성자: 정상영(Jung Sangyung) 팀장

(7) 문단 첫 글자 장식

1. 개요 → (6) 스타일(개요 1)

지난 5일 미 대통령이 국내산업 보호(保護)를 위하여 미국의 국제무역위원회(ITC: International Trade Commission)에 외국산 철강제품에 대한 통상법 201조 즉, 긴급수입 제한조치(Safe Guard) 발동을 위한 실태조사를 요청했으며, 행정부는 철강과잉생산, 정부보조금(State Subsidy) 재원 등의 문제를 논의하기 위해 교역(交易) 대상국과 다자협상(Multilateral Negotiation)을 개시하겠다고 밝혔다. ITC는 통상법 201조에 따라 조사기간 중 피해 여부만을 조사하며 수출국들의 덤핑 여부나 덤핑률(Dumping Rate) 등에 대해서는 조사하지 않지만 이미 미국 철강업체들의 적자경영이 심화되고 있어 피해 판정이 거의 확실시된다.

(6) 스타일(표제목)

철 강제품의 지역별 수출비중①

(10) 표   (12) 캡션 → (단위: %)

구분	미국	유럽	기타수출지역
강관	27.03	31.19	41.78
접광관	15.45	31.95	52.6
유정용강관	15.65	11.15	73.2
철근	32.32	15.42	52.26
합계	90.45	89.71	

(13) 차트   (11) 블록 계산식

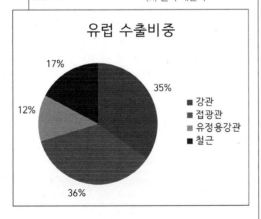

유럽 수출비중

17%
35%
12%
36%

■ 강관
■ 접광관
■ 유정용강관
■ 철근

2. 철강업계 전망 → (6) 스타일(개요 1)

가. 내년에 취해질 수입규제로 다양한 조치가 예상되고 있다.

나. 각 국별로 철강수입 쿼터(Quota)를 정하거나 반덤핑 관세(Anti-Dumping Duties)를 부과하는 것이 가장 보편적인 것으로 보인다. 이 중에서 쿼터제의 실시가 가장 가능성이 높을 것으로 점쳐지고 있는데, 이미 미국 의회에서는 철강산업 부활법안(Steel Revitalization Act)이 제출되어 있기 때문이다.

다. 미국 철강수입량의 7.1%를 차지하며 4위를 차지하고 있는 우리나라도 미국으로부터 철강제품에 대한 수입제한 조치를 받고 있다. 지역별 수출비중은 미국, 유럽, 기타 순으로 나타난다.

(6) 스타일(개요 2)   (6) 스타일(개요 1)

3. 국내 철강업계에 큰 타격 예상

가. 미국 철강시장은 중국, 일본에 이어 전체 철강수출의 17.4%를 차지하는 3위의 시장을 형성하고 있다.

나. IMF(International Monetary Fund) 이전 연간 약 150만 톤 수준이던 대미 수출물량은 2017년 340만 톤을 정점으로 점차 감소하고 있는 추세로 지난해는 230만 톤의 수출을 기록했다.

다. 미국이 통상법 201조를 발동할 경우엔 대미 철강수출 물량(物量)이 2014년 이전인 130만 톤 수준으로 떨어져 약 100만 톤이 줄어들 것으로 예상된다.

전각 기호
(6) 스타일(참고문헌 1)

※ 참고문헌

A. S. Madison(2011). Learning to Dear Straw, Kindle Press. pp28-32.
Salame, R.(2006). Why Do Mergers Fail?, Key Strategy. pp28-32.
A. S. Madison(2011). *Learning to Dear Straw,* Kindle Press. pp28-32.

(6) 스타일(참고문헌 2)

(9) 하이퍼링크   (8) 각주

1) 자료: 한국철강협회

(1) 쪽 테두리

미국 철강수입 제한 강화 움직임

발표일자: 2023. 08. 08.

작성자: 정상영(Jung Sangyung) 팀장

1. 개요

지난 5일 미 대통령이 국내산업 보호(保護)를 위하여 미국의 국제무역위원회(ITC: International Trade Commission)에 외국산 철강제품에 대한 통상법 201조 즉, 긴급수입 제한조치(Safe Guard) 발동을 위한 실태조사를 요청했으며, 행정부는 철강과잉생산, 정부보조금(State Subsidy) 재원 등의 문제를 논의하기 위해 교역(交易) 대상국과 다자협상(Multilateral Negotiation)을 개시하겠다고 밝혔다. ITC는 통상법 201조에 따라 조사기간 중 피해 여부만을 조사하며 수출국들의 덤핑 여부나 덤핑률(Dumping Rate) 등에 대해서는 조사하지 않지만 이미 미국 철강업체들의 적자경영이 심화되고 있어 피해 판정이 거의 확실시된다.

철강제품의 지역별 수출비중[1]

(단위: %)

구분	미국	유럽	기타수출지역
강관	27.03	31.19	41.78
접광관	15.45	31.95	52.6
유정용강관	15.65	11.15	73.2
철근	32.32	15.42	52.26
합계	90.45	89.71	

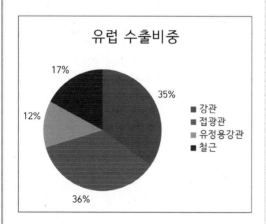

유럽 수출비중

- 35% ■ 강관
- 36% ■ 접광관
- 12% ■ 유정용강관
- 17% ■ 철근

---

1) 자료: 한국철강협회

2. 철강업계 전망

가. 내년에 취해질 수입규제로 다양한 조치가 예상되고 있다.

나. 각 국별로 철강수입 쿼터(Quota)를 정하거나 반덤핑 관세(Anti-Dumping Duties)를 부과하는 것이 가장 보편적인 것으로 보인다. 이 중에서 쿼터제의 실시가 가장 가능성이 높을 것으로 점쳐지고 있는데, 이미 미국 의회에서는 철강산업 부활법안(Steel Revitalization Act)이 제출되어 있기 때문이다.

다. 미국 철강수입량의 7.1%를 차지하며 4위를 차지하고 있는 우리나라도 미국으로부터 철강제품에 대한 수입제한 조치를 받고 있다. 지역별 수출비중은 미국, 유럽, 기타 순으로 나타난다.

3. 국내 철강업계에 큰 타격 예상

가. 미국 철강시장은 중국, 일본에 이어 전체 철강수출의 17.4%를 차지하는 3위의 시장을 형성하고 있다.

나. IMF(International Monetary Fund) 이전 연간 약 150만 톤 수준이던 대미 수출물량은 2017년 340만 톤을 정점으로 점차 감소하고 있는 추세로 지난해는 230만 톤의 수출을 기록했다.

다. 미국이 통상법 201조를 발동할 경우엔 대미 철강수출 물량(物量)이 2014년 이전인 130만 톤 수준으로 떨어져 약 100만 톤이 줄어들 것으로 예상된다.

※ 참고문헌

A. S. Madison(2011). Learning to Dear Straw, Kindle Press. pp28-32.

Salame, R.(2006). Why Do Mergers Fail?, Key Strategy. pp28-32.

A. S. Madison(2011). *Learning to Dear Straw*, Kindle Press. pp28-32.

과목	제한시간
문서편집기능	30분

〈다음 쪽의 문서를 아래 지시사항에 따라 작성하시오〉

■ 작성된 답안의 파일은 지정된 경로 및 파일명을 변경하지 마시고 저장해야 합니다. 이를 준수하지 않으면 실격 처리됩니다.

■ **편집 용지**
  − 용지 종류는 A4 용지(210mm×297mm) 1매에 용지 방향을 세로로 설정하여 문서를 작성하시오.
  − 용지 여백은 왼쪽 · 오른쪽은 20mm, 위쪽 · 아래쪽은 10mm, 머리말 · 꼬리말은 10mm,
    기타 여백은 0mm로 지정하시오.

■ 문서의 본문은 1단에서 2단으로 변하는 모양으로 편집하되, 단 간격은 8mm로 설정하시오.

■ **글자 모양**
  − 글꼴은 별도의 지시가 없는 한 한글 2022의 기본값으로 작성하시오.
  − 영문, 숫자, 기호 등은 별도의 지시가 없는 한 자판에 있는 문자를 사용하시오.

■ **문단 모양**
  − 정렬 방식, 여백 등은 문단 모양 기능을 이용하여 작성하시오.
  − 문단 모양은 별도의 지시가 없는 한 한글 2022의 기본값으로 작성하시오.
  − 사이 줄 띄우기는 각 1줄만, 사이 띄우기는 1칸만 띄우시오.

■ **표에서 내용의 정렬 방법**
  (제목 행과 '합계(평균)' 셀은 가운데 정렬, 나머지는 열 단위를 기준으로 아래와 같이 정렬)
  − 내용의 길이가 서로 다른 문자의 경우 왼쪽 정렬
  − 내용의 길이가 서로 다른 숫자의 경우 오른쪽 정렬
  − 내용의 길이가 서로 같을 경우 문자, 숫자 상관없이 가운데 정렬

■ 색상은 '기본' 테마가 포함된 색상 팔레트를 사용하시오.

■ 각 항목은 별도의 지시가 없는 한 주어진 문서에 기준하여 작성하시오.

■ 각 항목은 별도의 지시가 없는 한 기본 설정값으로 처리하시오.

■ 문제에 제시된 지시사항은 작성하지 않음

대 한 상 공 회 의 소

다음 쪽의 문서를 아래의 〈세부 지시사항〉에 따라 작성하시오.

(1) 다단 설정	• 모양 : 둘, 적용 범위 : 새 다단으로
(2) 쪽 테두리	• **선의 종류 및 굵기** : 실선 0.12mm, 모두 • **위치** : 쪽 기준, 왼쪽 · 오른쪽 · 위쪽 · 아래쪽 모두 5mm
(3) 글상자	• **크기** : 너비 168mm, 높이 23mm, 크기 고정 • **위치** : 본문과의 배치 – 자리 차지, 가로 – 종이의 가운데 0mm, 세로 – 종이의 위 20mm • **바깥 여백** : 아래쪽 5mm • **선 속성** : 검정(RGB : 0,0,0), 이중 실선 1mm • **색 채우기** : 남색(RGB : 58,60,132) 80% 밝게
(4) 제목	• **제목(1)** : 휴먼고딕, 15pt, 장평(110%), 자간(10%), 진하게, 주황(RGB : 255,132,58) 25% 어둡게, 가운데 정렬 • **제목(2)** : 여백 – 왼쪽(340pt)
(5) 누름틀	• **입력할 내용의 안내문** : '0000. 00. 00.', **입력 데이터** : '2023. 07. 25.'
(6) 그림	• **경로** : C:\WP\풍경.bmp, 문서에 포함 • **크기** : 너비 18mm, 높이 10mm • **위치** : 본문과의 배치 – 글 앞으로, 가로 – 종이의 왼쪽 23mm, 세로 – 종이의 위 23mm
(7) 스타일 (2개소 수정, 2개소 등록)	• **개요 1(수정)** : 여백 – 왼쪽(0pt), 휴먼명조, 12pt, 진하게 • **개요 2(수정)** : 여백 – 왼쪽(15pt) • **표제목(등록)** : 스타일 이름 – 표제목, 스타일 종류 – 문단, 가운데 정렬, 굴림체, 12pt, 장평(105%), 자간(5%), 진하게 • **참고문헌(등록)** : 스타일 이름 – 참고문헌, 스타일 종류 – 문단, 내어쓰기 – 20pt
(8) 문단 첫 글자 장식	• **모양** : 2줄, **글꼴** : 돋움체, **면색** : 노랑(RGB : 255,215,0) 60% 밝게, **본문과의 간격** : 5mm • **글자색** : 하늘색(RGB : 97,130,214) 50% 어둡게
(9) 각주	• **글자 모양** : 궁서체, **번호 모양** : 로마자 소문자
(10) 하이퍼링크	• '법원경매정보'에 하이퍼링크 설정 • **연결 대상** : '웹 주소', 'http://www.courtauction.go.kr'
(11) 표	• **크기** : 너비 78mm ~ 80mm, 높이 33mm ~ 34mm • **위치** : 글자처럼 취급 • **모든 셀의 안 여백** : 왼쪽 · 오른쪽 2mm • **전체 행** : 셀 높이를 같게 • **테두리** : 표 안쪽은 실선(0.12mm), 표 바깥의 위쪽과 아래쪽은 실선(0.4mm), 표 바깥의 왼쪽과 오른쪽은 선 없음, 제목 행 아래쪽과 평균 행 위쪽은 이중 실선(0.5mm) • **제목 행** : 셀 배경색 – 보라(RGB : 157,92,187) 25% 어둡게, 글자 모양 – 굴림체, 진하게, 하양(RGB : 255,255,255) • **평균 행** : 셀 배경색 – 하양(RGB : 255,255,255) 15% 어둡게, 글자 모양 – 진하게 • **문단의 정렬 방식** : 가운데 정렬
(12) 블록 계산식	• 표의 평균 행에 블록 계산식을 이용하여 블록 평균 산출
(13) 캡션	• 표 아래에 삽입 후 오른쪽 정렬
(14) 차트	• **차트의 모양** : 세로 막대형(누적 세로 막대형) • **차트의 크기** : 너비 80mm, 높이 65mm, 크기 고정 • **위치** : 본문과의 배치 – 자리 차지, 가로 – 단의 가운데 0mm, 세로 – 문단의 위 0mm • **바깥 여백** : 위쪽 4mm, 아래쪽 8mm • **제목, 항목 축, 값 축, 범례의 글꼴 설정** : 9pt • 표의 아래 단락에 배치
(15) 쪽 번호	• **번호 위치** : 오른쪽 아래, **번호 모양** : 원문자, 줄표 넣기 선택 안함, 시작 번호 지정
(16) 머리말	• 돋움체, 10pt, 진하게, 노랑(RGB : 255,215,0) 50% 어둡게, 오른쪽 정렬
(17) 꼬리말	• 한컴 고딕, 10pt, 진하게, 하늘색(RGB : 97,130,214) 25% 어둡게, 가운데 정렬

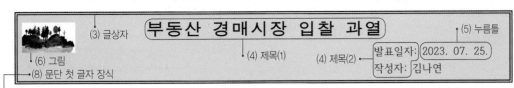

(3) 글상자

부동산 경매시장 입찰 과열

(5) 누름틀

(4) 제목(1)
(4) 제목(2)

발표일자: 2023. 07. 25.
작성자: 김나연

(6) 그림
(8) 문단 첫 글자 장식

1. 개요 ◄—(7) 스타일(개요 1)

지 난달 서울지법 107호 경매 법정(Court)에서 역삼동 52.9(제곱미터)인 아파트가 16억2,879만원을 써낸 A씨에게 돌아갔다. 이 아파트의 감정가는 13억2,000만원으로 감정가보다 30%나 비싸게 샀다. 경매 전문가(Specialist)들은 아파트의 경우 낙찰가율이 85%만 넘어도 수익성(Profit)이 거의 없다고 평가(Appraisement)하고 있다. 그런데 요즘은 역삼동의 경우처럼 낙찰가(ConTract Price)가 아예 감정가(an Appraised Value)를 뛰어넘는 경우가 훨씬 많다. 82.6(제곱미터) 내외의 아파트들이 6월 11일 명일동에서 112%, 6월 4일 방화동에서 107%, 6월 7일 신정동에서 101%의 낙찰가율을 연이어 기록했다.

(1) 다단 설정
(7) 스타일(표제목)

수도권 낙찰가율 추이 ⓘ

구분	2023.1	2023.3	2023.6	증감
아파트	79.7	82.2	86.9	7.2
연립주택	69	72.8	75	6
단독주택	61	64	74.3	13.3
토지	44.6	54.8	59.2	14.6
평균	63.58	68.45	73.85	

(11) 표
(12) 블록 계산식
(단위: %)

(14) 차트
(13) 캡션

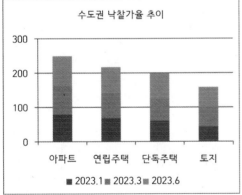

수도권 낙찰가율 추이

■ 2023.1 ■ 2023.3 ■ 2023.6

2. 달아오른 부동산 Auction ◄—(7) 스타일(개요 1)

가. 초저금리와 불안한 증시(Stock Market) 등락에 갈 곳 모르던 투자자금(Capital)이 부동산에 몰렸고 경매로 좋은 물건을 잡을 수 있다는 입소문 속에 인기품목으로 대두했다는 논리(論理)이다.

나. 아파트 경매에서는 이미 고가낙찰을 예외적 사례로 볼 수 없는 상황이다.

(9) 각주

ⓘ 자료: 법원경매정보

(10) 하이퍼링크

다. 수도권의 아파트 낙찰가율은 5월(86.6%)과 6월(86.9%)에 업계가 꼽는 수익분기점(85%)을 넘어섰다. 평균치로 따져도 이익을 남기기는 어려운 지경에 이른 셈이다.

라. 아파트에서 넘쳐난 장기 여유자금은 근린, 단독, 연립주택과 토지에까지 흘러들고 있다.

(7) 스타일(개요 2)

3. 향후 전망 ◄—(7) 스타일(개요 1)

가. 부동산컨설팅(Real Estate Consulting) 업체(業體)의 이진우 자산관리팀장은 "현재의 낙찰가 수준(水準)이라면 차라리 급매로 사는 것이 유리한 경우가 많다"고 지적한다.

나. Auction Consulting의 대표업체인 포드림(www.fordream.co.kr)의 오상윤 Analyst도 경매가 돈이 된다고들 하자 개미군단까지 몰려들어 "묻지마 투자"가 벌어지고 있다며 위험성을 경고한다.

다. 예금금리(Deposit Rate)가 낮아지고 금융기관들의 대출금리(Interest on a loan)가 낮아 돈을 꾸어서라도 투자(Investment)하려는 소규모 투자자인 개미군단들의 피해가 예상된다.

하이퍼링크 지우기

전각 기호
※ 참고문헌
(7) 스타일(참고문헌)

Wiliam. K. Narayan(2010). The Autobiography Urinalysis of the way to Samurai, Easy Press. pp56-89.

Nunes, T. et al.(2005). The Privatization of Banespa, Business Case Study. pp27-45.

Whoopi Leibovitz(2011). The Power of Pilgrimage, GilbutSchool. pp25-29.

(17) 꼬리말
(2) 쪽 테두리

부동산 경매시장 입찰 과열

발표일자: 2023. 07. 25.
작성자: 김나연

1. 개요

지 난달 서울지법 107호 경매 법정(Court)에서 역삼동 52.9(제곱미터)인 아파트가 16억2,879만원을 써낸 A씨에게 돌아갔다. 이 아파트의 감정가는 13억2,000만원으로 감정가보다 30%나 비싸게 샀다. 경매 전문가(Specialist)들은 아파트의 경우 낙찰가율이 85%만 넘어도 수익성(Protit)이 거의 없다고 평가(Appraisement)하고 있다. 그런데 요즘은 역삼동의 경우처럼 낙찰가(ConTract Price)가 아예 감정가(an Appraised Value)를 뛰어넘는 경우가 훨씬 많다. 82.6(제곱미터) 내외의 아파트들이 6월 11일 명일동에서 112%, 6월 4일 방화동에서 107%, 6월 7일 신정동에서 101%의 낙찰가율을 연이어 기록했다.

수도권 낙찰가율 추이 [i]

구분	2023.1	2023.3	2023.6	증감
아파트	79.7	82.2	86.9	7.2
연립주택	69	72.8	75	6
단독주택	61	64	74.3	13.3
토지	44.6	54.8	59.2	14.6
평균	63.58	68.45	73.85	

(단위: %)

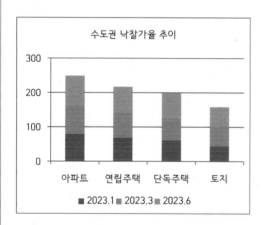

수도권 낙찰가율 추이

■ 2023.1 ■ 2023.3 ■ 2023.6

2. 달아오른 부동산 Auction

가. 초저금리와 불안한 증시(Stock Market) 등락에 갈 곳 모르던 투자자금(Capital)이 부동산에 몰렸고 경매로 좋은 물건을 잡을 수 있다는 입소문 속에 인기품목으로 대두했다는 논리(論理)이다.
나. 아파트 경매에서는 이미 고가낙찰을 예외적 사례로 볼 수 없는 상황이다.

ⅰ 자료: 법원경매정보

다. 수도권의 아파트 낙찰가율은 5월(86.6%)과 6월(86.9%)에 업계가 꼽는 수익분기점(85%)을 넘어섰다. 평균치로 따져도 이익을 남기기는 어려운 지경에 이른 셈이다.
라. 아파트에서 넘쳐난 장기 여유자금은 근린, 단독, 연립주택과 토지에까지 흘러들고 있다.

3. 향후 전망

가. 부동산컨설팅(Real Estate Consulting) 업체(業體)의 이진우 자산관리팀장은 "현재의 낙찰가 수준(水準)이라면 차라리 급매로 사는 것이 유리한 경우가 많다"고 지적한다.
나. Auction Consulting의 대표업체인 포드림(www.fordream.co.kr)의 오상윤 Analyst도 경매가 돈이 된다고들 하자 개미군단까지 몰려들어 "묻지마 투자"가 벌어지고 있다며 위험성을 경고한다.
다. 예금금리(Deposit Rate)가 낮아지고 금융기관들의 대출금리(Interest on a loan)가 낮아 돈을 꾸어서라도 투자(Investment)하려는 소규모 투자자인 개미군단들의 피해가 예상된다.

※ 참고문헌

Wiliam. K. Narayan(2010). The Autobiography Urinalysis of the way to Samurai, Easy Press. pp56-89.

Nunes, T. et al.(2005). The Privatization of Banespa, Business Case Study. pp27-45.

Whoopi Leibovitz(2011). The Power of Pilgrimage, GilbutSchool. pp25-29.

실전 모의고사

4432019

과목	제한시간
문서편집기능	30분

〈다음 쪽의 문서를 아래 지시사항에 따라 작성하시오〉

■ 작성된 답안의 파일은 지정된 경로 및 파일명을 변경하지 마시고 저장해야 합니다. 이를 준수하지 않으면 실격 처리됩니다.

■ **편집 용지**
  – 용지 종류는 A4 용지(210mm×297mm) 1매에 용지 방향을 세로로 설정하여 문서를 작성하시오.
  – 용지 여백은 왼쪽 · 오른쪽 · 위쪽 · 아래쪽은 20mm, 머리말 · 꼬리말은 10mm,
    기타 여백은 0mm로 지정하시오.

■ 문서의 본문은 2단으로 편집하되, 단 간격은 8mm, 구분선은 실선 0.12mm로 설정하시오.

■ **글자 모양**
  – 글꼴은 별도의 지시가 없는 한 한글 2022의 기본값으로 작성하시오.
  – 영문, 숫자, 기호 등은 별도의 지시가 없는 한 자판에 있는 문자를 사용하시오.

■ **문단 모양**
  – 문장의 들여 쓰기(10pt), 정렬 방식, 여백 등은 문단 모양 기능을 이용하여 작성하시오.
  – 문단 모양은 별도의 지시가 없는 한 한글 2022의 기본값으로 작성하시오.
  – 사이 줄 띄우기는 각 1줄만, 사이 띄우기는 1칸만 띄우시오.

■ **표에서 내용의 정렬 방법**
  (제목 행과 '합계(평균)' 셀은 가운데 정렬, 나머지는 열 단위를 기준으로 아래와 같이 정렬)
  – 내용의 길이가 서로 다른 문자의 경우 왼쪽 정렬
  – 내용의 길이가 서로 다른 숫자의 경우 오른쪽 정렬
  – 내용의 길이가 서로 같을 경우 문자, 숫자 상관없이 가운데 정렬

■ 색상은 '기본' 테마가 포함된 색상 팔레트를 사용하시오.

■ 각 항목은 별도의 지시가 없는 한 주어진 문서에 기준하여 작성하시오.

■ 각 항목은 별도의 지시가 없는 한 기본 설정값으로 처리하시오.

■ 문제에 제시된 지시사항은 작성하지 않음

대 한 상 공 회 의 소

다음 쪽의 문서를 아래의 〈세부 지시사항〉에 따라 작성하시오.

(1) 쪽 테두리	• **선의 종류 및 굵기** : 실선 0.12mm, 모두 • **위치** : 쪽 기준, 왼쪽 · 오른쪽 · 위쪽 · 아래쪽 모두 4mm
(2) 글상자	• **크기** : 너비 100mm, 높이 12mm, 크기 고정 • **위치** : 본문과의 배치 – 자리 차지, 가로 – 종이의 가운데 0mm, 세로 – 종이의 위 19mm • **바깥 여백** : 아래쪽 8mm • **선 속성** : 검정(RGB : 0,0,0), 이중 실선 1mm　　• **색 채우기** : 노랑(RGB : 255,215,0) 40% 밝게
(3) 제목	• 한컴돋움, 13pt, 장평(105%), 자간(5%), 진하게, 남색(RGB : 58,60,132), 가운데 정렬
(4) 문단 첫 글자 　　 장식	• **모양** : 2줄, **글꼴** : 궁서체, **면색** : 하늘색(RGB : 97,130,214), **본문과의 간격** : 3mm • **글자색** : 주황(RGB : 255,132,58) 60% 밝게
(5) 스타일 　 (2개소 등록)	• **소제목** : 스타일 이름 – 소제목, 스타일 종류 – 문단, 번호 문단, 여백 – 왼쪽(5pt), 굴림체, 진하게 • **표제목** : 스타일 이름 – 표제목, 스타일 종류 – 문단, 가운데 정렬, 돋움체, 장평(110%), 자간(10%)
(6) 그림	• **경로** : C:\WP\이동전화.jpg, 문서에 포함 • **크기** : 너비 23mm, 높이 23mm • **위치** : 본문과의 배치 – 어울림, 가로 – 단의 왼쪽 0mm, 세로 – 문단의 위 0mm • **바깥 여백** : 오른쪽 · 아래쪽 2mm　　　　　• **회전** : 왼쪽으로 90도 회전
(7) 각주	• **글자 모양** : 돋움체, 8pt, **번호 모양** : 아라비아 숫자
(8) 표	• **크기** : 너비 78mm ~ 80mm, 높이 33mm ~ 34mm　　• **위치** : 글자처럼 취급 • **모든 셀의 안 여백** : 왼쪽 · 오른쪽 2.5mm　　　• **전체 행** : 셀 높이를 같게 • **테두리** : 표 안쪽은 실선(0.12mm), 표 바깥의 위쪽과 아래쪽은 실선(0.4mm), 　　　　　표 바깥의 왼쪽과 오른쪽은 선 없음, 합계 행 위쪽은 이중 실선(0.5mm) • **제목 행** : 셀 배경색 – 연한 노랑(RGB : 250,243,219) 75% 어둡게, 　　　　　글자 모양 – 돋움체, 진하게, 하양(RGB : 255,255,255) • **합계 행** : 셀 배경색 – 주황(RGB : 255,132,58) 60% 밝게, 글자 모양 – 진하게 • **문단의 정렬 방식** : 가운데 정렬
(9) 블록 계산식	• 표의 합계 행에 블록 계산식을 이용하여 블록 합계 산출
(10) 캡션	• 표 아래에 삽입
(11) 차트	• **차트의 모양** : 이중 축 혼합형(묶은 세로 막대형, 표식이 있는 꺾은선형) • **차트의 크기** : 너비 80mm, 높이 80mm, 크기 고정 • **위치** : 본문과의 배치 – 자리 차지, 가로 – 단의 가운데 0mm, 세로 – 문단의 위 0mm • **바깥 여백** : 아래쪽 8mm　　　　　　• **항목 축, 값 축, 보조 값 축, 범례의 글꼴 설정** : 11pt • 표의 아래 단락에 배치 ※ 차트 종류 변경과 계열 속성 설정으로 혼합형 차트를 구성하시오.
(12) 누름틀	• **입력할 내용의 안내문** : '0000–00–00', **입력 데이터** : '2023–01–15'
(13) 하이퍼링크	• '원문으로'에 하이퍼링크 설정 • **연결 대상** : '웹 주소', 'http://www.economy.com'
(14) 쪽 번호	• **번호 위치** : 왼쪽 아래, **번호 모양** : 로마자 대문자, 줄표 넣기 선택, 시작 번호 지정
(15) 머리말	• 한컴 윤고딕 760, 진하게, 검정(RGB : 0,0,0) 50% 밝게, 오른쪽 정렬
(16) 꼬리말	• 한컴산뜻돋움, 10pt, 진하게, 보라(RGB : 157,92,187), 오른쪽 정렬

* 아래 문제는 실제 문제지에 비해 크기를 82%로 축소한 것입니다.

(2) 글상자
(3) 제목
(15) 머리말

러시아 이동통신 기업의 자금조달 동향

(4) 문단 첫 글자 장식

1. 러시아 이동통신 시장 개요 → (5) 스타일(소제목)

지난 1991년 12월 소련연방 해체 이후 러시아 정부는 국토 전역에 걸친 전기통신시설 기반 구축, 이동전화 서비스 개시를 위해 외국자본의 도입(導入)을 강력하게 추진하고 있다. 먼저 러시아 정부는 통신 인프라를 정비하고 외자를 도입하기 위해 <50 by to Project>를 수립하였는데, 이는 2025년까지 총 40억 달러를 투입하여 주요 도시를 시작으로 시외지역까지 통신망의 근대화를 도모하는 것이다.

러시아는 특히 이동전화 사업분야에 있어 외국사업자간 경쟁이 심화되고 있으나, 이동통신[1] 보급률은 동유럽 국가 중에서도 상당히 낮다. 대부분의 동유럽 국가와 마찬가지로 이동통신에 있어서 러시아 정부는 음성서비스 조기 확충에 적합한 디지털 셀룰러 서비스(Digital Cellular Service)인 이동통신 세계화 시스템(GSM: Global System for Mobile Communication)을 국가표준으로 정하고, 보급을 촉진하고 있다.

(6) 그림

(8) 표 · 전각 기호 · (5) 스타일(표제목)

◎ 동유럽의 이동전화 가입자 수

구분	2015년 이후	2020년 이후	증감
러시아	114	142	28
터키	72	92	20
체코	8	19	11
헝가리	7	18	11
합계	201	271	

(단위: 백만 명) → (10) 캡션

(9) 블록 계산식

(5) 스타일(소제목)

2. 빔펠콤 사, DR과 CB 발행으로 자금 조달

Vimpelcom 사는 러시아의 통신사업자인 FGI Wireless 사가 51%를 출자(出資)해서 설립한 이동통신 기업으로서 지난 7월 25일 뉴욕에서 6,800만 달러의 전환사채(CB: Convertible Bond)를, 이어 7,500만 달러 규모(規模)의 주식예탁증서(ADR: American Depositary Receipts)를 발행했다.

(7) 각주 ●

―――――――――――――――
1) Mobile Telecommunication

(11) 차트

동유럽의 이동전화 가입자 수

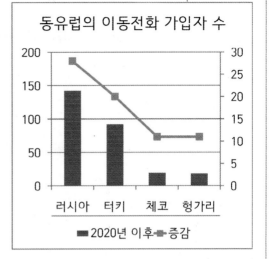

■ 2020년 이후 ■ 증감

러시아 기업이 국제자본 시장에서 직접금융을 통해 자금을 조달한 것은 2014년 러시아 금융위기 이후 처음으로 이번 전환사채는 2030년 7월 만기이며 채권만기 상환가격은 135.41%, 수익률은 11%로 제시되었다. 동사는 금융위기 이전인 2012년에도 러시아 기업(企業)으로서는 처음으로 미국에서 DR을 발행한 바 있다.

높은 국가위험도 및 어려운 자금조달 여건 하에서도 빔펠콤 사가 뉴욕증시(NYSE: New York Stock Exchange) 상장에 성공할 수 있었던 이유는 러시아에 있는 대부분의 대기업들은 지하자원 개발과 같은 전통적인 굴뚝산업을 지배하고 있는 반면에 빔펠콤 사는 통신산업에 적극적으로 참여하였기 때문이다.

하이퍼링크 지우기

유민환 기자(uumin2132@economy.com)
작성일: 2023-01-15 → (12) 누름틀
원문으로

(13) 하이퍼링크

차트 작성 시 표 아래 밀려난 공간 제거

1. 차트를 작성한 후 차트 밖의 빈 공간을 클릭한 다음 차트의 형태를 확인하세요.

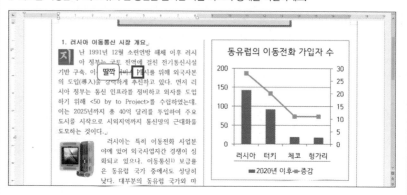

2. 차트를 확인했으면 차트 작성으로 인해 표 아래로 밀려난 문단 기호(⏎)를 표 오른쪽으로 이동해야 합니다. 차트를 클릭한 후 Ctrl + X를 눌러 잘라내기 합니다.

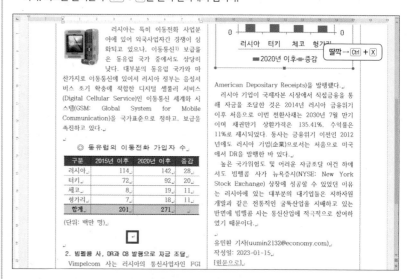

3. 이어서 표의 아래 행을 클릭한 후 Ctrl + V를 눌러 붙여넣기 합니다.

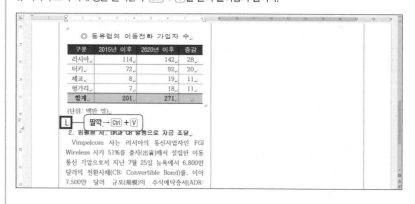

4. 계속해서 〈세부 지시사항〉에 제시된 차트 관련 지시사항에 맞게 차트를 편집합니다.

과목	제한시간
문서편집기능	30분

─── 〈다음 쪽의 문서를 아래 지시사항에 따라 작성하시오〉 ───

■ 작성된 답안의 파일은 지정된 경로 및 파일명을 변경하지 마시고 저장해야 합니다. 이를 준수하지 않으면 실격 처리됩니다.

■ 편집 용지
　– 용지 종류는 A4 용지(210mm×297mm) 1매에 용지 방향을 세로(좁게)로 설정하여 문서를 작성하시오.
　– 용지 여백은 왼쪽 · 오른쪽은 20mm, 위쪽 · 아래쪽은 10mm, 머리말 · 꼬리말은 10mm,
　　기타 여백은 0mm로 지정하시오.

■ 문서의 본문은 1단에서 2단으로 변하는 모양으로 편집하되, 단 간격은 8mm, 구분선은 실선 0.12mm로 설정하시오.

■ 글자 모양
　– 글꼴은 별도의 지시가 없는 한 한글 2022의 기본값으로 작성하시오.
　– 영문, 숫자, 기호 등은 별도의 지시가 없는 한 자판에 있는 문자를 사용하시오.

■ 문단 모양
　– 정렬 방식, 여백 등은 문단 모양 기능을 이용하여 작성하시오.
　– 문단 모양은 별도의 지시가 없는 한 한글 2022의 기본값으로 작성하시오.
　– 사이 줄 띄우기는 각 1줄만, 사이 띄우기는 1칸만 띄우시오.

■ 표에서 내용의 정렬 방법
　(제목행과 '합계(평균)' 셀은 가운데 정렬, 나머지는 열 단위를 기준으로 아래와 같이 정렬)
　– 내용의 길이가 서로 다른 문자의 경우 왼쪽 정렬
　– 내용의 길이가 서로 다른 숫자의 경우 오른쪽 정렬
　– 내용의 길이가 서로 같을 경우 문자, 숫자 상관없이 가운데 정렬

■ 색상은 '기본'과 '오피스' 테마가 포함된 색상 팔레트를 사용하시오.

■ 각 항목은 별도의 지시가 없는 한 주어진 문서에 기준하여 작성하시오.

■ 각 항목은 별도의 지시가 없는 한 기본 설정값으로 처리하시오.

■ 문제에 제시된 지시사항은 작성하지 않음

대 한 상 공 회 의 소

다음 쪽의 문서를 아래의 〈세부 지시사항〉에 따라 작성하시오.

(1) 다단 설정	• **모양** : 둘, **구분선** : 구분선 넣기, **적용 범위** : 새 다단으로
(2) 쪽 테두리	• **선의 종류 및 굵기** : 이중 실선 0.5mm, 모두
	• **위치** : 쪽 기준, 왼쪽 · 오른쪽 · 위쪽 · 아래쪽 모두 5mm
(3) 글상자	• **크기** : 너비 170mm, 높이 24mm, 크기 고정
	• **위치** : 본문과의 배치 – 자리 차지, 가로 – 종이의 가운데 0mm, 세로 – 종이의 위 20mm
	• **바깥 여백** : 아래쪽 5mm
	• **선 속성** : 검정(RGB : 0,0,0), 실선 0.2mm　　　• **색 채우기** : 빨강(RGB : 255,0,0) 80% 밝게
(4) 제목	• **제목(1)** : 한컴산뜻돋움, 14pt, 장평(115%), 자간(10%), 진하게, 남색(RGB : 58,60,132), 가운데 정렬
	• **제목(2)** : 여백 – 왼쪽(280pt)
(5) 누름틀	• **입력할 내용의 안내문** : '이름(영문) 직위', **입력 데이터** : '한송래(Han Songrae) 과장'
(6) 그림	• **경로** : C:\WP\뱃사공.bmp, 문서에 포함　　　• **크기** : 너비 25mm, 높이 13mm
	• **위치** : 본문과의 배치 – 글 앞으로, 가로 – 종이의 왼쪽 25mm, 세로 – 종이의 위 25mm
(7) 스타일 (2개소 수정, 3개소 등록)	• **개요 1(수정)** : 여백 – 왼쪽(0pt), 휴먼고딕, 13pt, 진하게
	• **개요 2(수정)** : 여백 – 왼쪽(15pt)
	• **표제목(등록)** : 스타일 이름 – 표제목, 스타일 종류 – 문단, 가운데 정렬, 굴림체, 진하게
	• **참고문헌 1(등록)** : 스타일 이름 – 참고문헌 1, 스타일 종류 – 문단, 내어쓰기 – 16pt
	• **참고문헌 2(등록)** : 스타일 이름 – 참고문헌 2, 스타일 종류 – 글자, 진하게, 기울임
(8) 문단 첫 글자 장식	• **모양** : 3줄, **글꼴** : 굴림체, **면색** : 파랑(RGB : 0,0,255), **본문과의 간격** : 4mm
	• **글자색** : 보라(RGB : 157,92,187) 80% 밝게
(9) 각주	• **글자 모양** : 굴림체, **번호 모양** : 아라비아 숫자
(10) 하이퍼링크	• '고용노동부'에 하이퍼링크 설정
	• **연결 대상** : '웹 주소', 'http://www.moel.go.kr'
(11) 표	• **크기** : 너비 78mm ~ 80mm, 높이 27.60mm　　　• **위치** : 글자처럼 취급
	• **모든 셀의 안 여백** : 왼쪽 · 오른쪽 2mm　　　• **전체 행** : 셀 높이를 같게
	• **테두리** : 표 안쪽은 실선(0.12mm), 표 바깥의 위쪽과 아래쪽은 실선(0.5mm), 　　　표 바깥의 왼쪽과 오른쪽은 선 없음, 제목 행 아래쪽은 이중 실선(0.4mm)
	• **제목 행** : 셀 배경색 – 검은 군청(RGB : 27,23,96), 글자 모양 – 굴림체, 진하게, 하양(RGB : 255,255,255)
	• **평균 행** : 셀 배경색 – 탁한 황갈(RGB : 131,77,0) 80% 밝게, 글자 모양 – 한컴돋움, 진하게
	• **문단의 정렬 방식** : 가운데 정렬
(12) 블록 계산식	• 표의 평균 행에 블록 계산식을 이용하여 블록 평균 산출
(13) 캡션	• 표 위에 삽입
(14) 차트	• **차트의 모양** : 꺾은선/영역형(꺾은선형)
	• **차트의 크기** : 너비 80mm, 높이 65mm, 크기 고정
	• **위치** : 본문과의 배치 – 자리 차지, 가로 – 단의 가운데 0mm, 세로 – 문단의 위 0mm
	• **바깥 여백** : 위쪽 5mm, 아래쪽 8mm
	• **항목 축, 값 축, 범례의 글꼴 설정** : 9pt
	• 표의 아래 단락에 배치
(15) 쪽 번호	• **번호 위치** : 왼쪽 아래, **번호 모양** : 아라비아 숫자, 줄표 넣기 선택 안함, 시작 번호 지정
(16) 머리말	• 한양해서, 10pt, 진하게, 하늘색(RGB : 97,130,214) 25% 어둡게
(17) 꼬리말	• 한컴바탕, 10pt, 진하게, 보라(RGB : 157,92,187) 25% 어둡게,가운데 정렬

상공경제연구소 ──→ (16) 머리말

(6) 그림

ME로 인한 노동의 변화와 특징

(4) 제목(1)　(4) 제목(2)

발표일자: 2023. 6. 21. ──(5) 누름틀
작성자: 한송래(Han Songrae) 과장

(3) 글상자

(8) 문단 첫 글자 장식

1. 개요 ──(7) 스타일(개요 1)

M E(Micro Electronic)란 정밀전자공학이라는 뜻으로 처음에는 집적회로(Integrated Circuit)의 제조기술을 뜻하는 것이었다. 생산현장에서는 산업용 로봇이 도입되어 자동화되었고, 유연생산체제 즉 FMS(Flexible Manufacturing System) 공장이 보급되어 무인화공장이 등장하였다. 압도적인 ME는 디지털 경제(Digital Economy)라는 용어로 통용되고 있으며 그 핵심은 Analog를 Digital로, Off-Line을 On-Line으로 변화시키는 것이라고 할 수 있다. Electronic은 이제 디지털이라는 컨텐츠의 구조를 나타내는 용어로 대치되고 있는 것이다. ME혁명(革命)은 노동과정에도 큰 혁신을 일으켰다. 정보시스템(Information System)의 혁신(革新)은 서류작업(Paper Work)을 네트워크로 대체하여 무서류작업(No Paper Work)을 가능케 하였다.

(1) 다단 설정　(7) 스타일(표제목)

지위별 취업자 비중 추이○ ①

(단위: %) ──(13) 캡션　(11) 표

구분	2021년	2022년	2023년	증감
상용	32.3	29.7	29.7	0
임시	28.7	31.9	33.0	1.1
시간제	9.33	9.51	9.25	-0.3
평균	23.44	23.70	23.98	

(14) 차트　(12) 블록 계산식

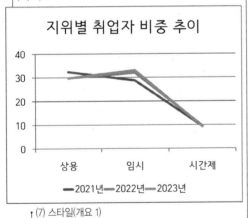

지위별 취업자 비중 추이

━ 2021년 ━ 2022년 ━ 2023년

(7) 스타일(개요 1)

2. ME가 미치는 영향 분석

가. ME로 인한 노동의 변화를 위 자료에서 보면 노동시장의 구조가 정규직에서 임시 근로자로 대체되고 있음을 알 수 있다.

나. ME로 인하여 고용구조가 크게 변화하여 전체 취업자 중 상용근로자의 비중이 급속히

(9) 각주

낮아진 반면, 임시근로자의 비중은 크게 높아졌음을 알 수 있다.

다. 임시근로자나 시간제근로자의 비중이 상승하는 것은 고용이 불안해진다는 측면이 있다.

라. 공정전반에 걸친 유연생산체계(Flexible Manufacturing System)가 성립되면서 컴퓨터로 Plan, Design, 제조된 제품은 네트워크(Network)로 연결되어 사람 사이의 접촉이 차단되는 수평적 위계화가 성립된다.

(7) 스타일(개요 2)

3. 종합적 평가 ──(7) 스타일(개요 1)

가. ME의 진행(進行)은 완전경쟁 시장에 근접해 갈 것이라는 것이다.

나. 생존을 위해서는 가장 낮은 비용, 좋은 제품을 생산, 판매하는 효율성을 가진 소비자들만 존재하고, 소비자의 주권이 실현되며, 노동 공급과 수요도 완전한, 그렇기에 소비자 잉여와 생산자 잉여로 이뤄지는 사회의 후생은 여타 다른 어떠한 시장 구조보다 극대화되는 시장 구조가 될 것이라는 것이다.

전각 기호

∴ Reference　(7) 스타일(참고문헌 1)

R. K. Dragon(2006). A Civil Organic Modern Chemistry, Gilbut. pp34-56.

Nunes, T. et al.(2005). The Privatization of Banespa, Business Case Study. pp27-45.

Salame, R.(2006). Why Do Mergers Fail?, Key Strategy. pp28-32.

(7) 스타일(참고문헌 2)　(2) 쪽 테두리

1) 자료: 고용노동부
(10) 하이퍼링크

③　(15) 쪽 번호

ME로 인한 노동의 변화와 특징

발표일자: 2023. 6. 21.
작성자: 한송래(Han Songrae) 과장

1. 개요

ME(Micro Electronic)란 정밀전자공학이라는 뜻으로 처음에는 집적회로(Integrated Circuit)의 제조기술을 뜻하는 것이었다. 생산현장에서는 산업용 로봇이 도입되어 자동화되었고, 유연생산체제 즉 FMS(Flexible Manufacturing System) 공장이 보급되어 무인화공장이 등장하였다. 압도적인 ME는 디지털 경제(Digital Economy)라는 용어로 통용되고 있으며 그 핵심은 Analog를 Digital로, Off-Line을 On-Line으로 변화시키는 것이라고 할 수 있다. Electronic은 이제 디지털이라는 컨텐츠의 구조를 나타내는 용어로 대치되고 있는 것이다. ME혁명(革命)은 노동과정에도 큰 혁신을 일으켰다. 정보시스템(Information System)의 혁신(革新)은 서류작업(Paper Work)을 네트워크로 대체하여 무서류작업(No Paper Work)을 가능케 하였다.

지위별 취업자 비중 추이[1]

(단위: %)

구분	2021년	2022년	2023년	증감
상용	32.3	29.7	29.7	0
임시	28.7	31.9	33.0	1.1
시간제	9.33	9.51	9.25	-0.3
평균	23.44	23.70	23.98	

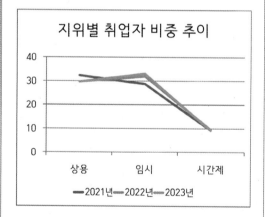

지위별 취업자 비중 추이

낮아진 반면, 임시근로자의 비중은 크게 높아졌음을 알 수 있다.

다. 임시근로자나 시간제근로자의 비중이 상승하는 것은 고용이 불안해진다는 측면이 있다.

라. 공정전반에 걸친 유연생산체계(Flexible Manufacturing System)가 성립되면서 컴퓨터로 Plan, Design, 제조된 제품은 네트워크(Network)로 연결되어 사람 사이의 접촉이 차단되는 수평적 위계화가 성립된다.

3. 종합적 평가

가. ME의 진행(進行)은 완전경쟁 시장에 근접해 갈 것이라는 것이다.

나. 생존을 위해서는 가장 낮은 비용, 좋은 제품을 생산, 판매하는 효율성을 가진 소비자들만 존재하고, 소비자의 주권이 실현되며, 노동 공급과 수요도 완전한, 그렇기에 소비자 잉여와 생산자 잉여로 이뤄지는 사회의 후생은 여타 다른 어떠한 시장 구조보다 극대화되는 시장 구조가 될 것이라는 것이다.

2. ME가 미치는 영향 분석

가. ME로 인한 노동의 변화를 위 자료에서 보면 노동시장의 구조가 정규직에서 임시 근로자로 대체되고 있음을 알 수 있다.

나. ME로 인하여 고용구조가 크게 변화하여 전체 취업자 중 상용근로자의 비중이 급속히

∴ Reference

R. K. Dragon(2006). A Civil Organic Modern Chemistry, Gilbut. pp34-56.

Nunes, T. et al.(2005). The Privatization of Banespa, Business Case Study. pp27-45.

Salame, R.(2006). Why Do Mergers Fail?, Key Strategy. pp28-32.

1) 자료: 고용노동부

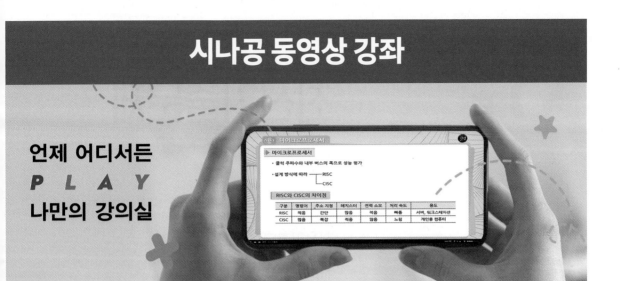

시나공 동영상 강좌

언제 어디서든
P L A Y
나만의 강의실

▶ **동영상 강좌 특징**

선택 수강	기기 무제한	장소 불문	평균 10분
섹션별 강의 구성으로 듣고 싶은 강의만 빠르게 골라서 이용	PC와 모바일 기기의 기종, 개수에 제약 없이 편하게 수강	교재가 없어도 인터넷만 연결된다면 그곳이 내 강의실!	멀티태스킹이 가능한 세대를 위해 강의 시간은 평균 10분

▶ **강좌 종류** ※가격은 변동될 수 있으니, 사이트에서 확인하세요.

강좌	수강일 및 가격
워드프로세서 필기	150일 수강, 40,000원
워드프로세서 실기	150일 수강, 40,000원
사무자동화산업기사 필기	150일 수강, 40,000원
사무자동화산업기사 실기	150일 수강, 30,000원

시험 적중률,
가격과 수강일 모두
시나공이
이상적 · 합리적

▶ **이용 방법**

1. **시나공 홈페이지(sinagong.co.kr)**에 접속하여 로그인 하세요.
2. 시험 종목을 선택한 후 **[동영상 강의] → [유료강의]**를 클릭하세요.
3. 원하는 강좌를 선택하고 **[수강 신청하기]**를 클릭하세요.
4. 우측 상단의 **[마이길벗] → [나의 동영상 강좌]**로 이동하여 강좌를 수강하세요.

※ 동영상 강좌 이용 문의 : 독자지원 (02-332-0931) 또는 이메일 (content@gilbut.co.kr)

3부 최신기출문제

최신기출문제 01회

최신기출문제 02회

최신기출문제 03회

최신기출문제 04회

최신기출문제 05회

교재에 수록된 기출문제는 상시 시험의 기출문제에서 확인된 변경 및 추가 기능들을 시나공 워드프로세서 실기 교재에 수록된 모의고사 데이터를 이용하여 재구성한 것입니다.

2024년 워드프로세서 실기 시험

※ 무 단 전 재 금 함
(한글 2022)

과 목	제한시간
문서편집기능	30분

4433001

1회

〈다음 쪽의 문서를 아래 지시사항에 따라 작성하시오〉

- 작성된 답안의 파일은 지정된 경로 및 파일명을 변경하지 마시고 저장해야 합니다. 이를 준수하지 않으면 실격 처리됩니다.

- **편집 용지**
  - 용지 종류는 A4 용지(210mm×297mm) 1매에 용지 방향을 세로로 설정하여 문서를 작성하시오.
  - 용지 여백은 왼쪽 · 오른쪽 · 위쪽 · 아래쪽은 20mm, 머리말 · 꼬리말은 10mm, 기타 여백은 0mm로 지정하시오.

- **문서의 본문은 2단으로 편집하되, 단 간격은 8mm, 구분선은 실선 0.12mm로 설정하시오.**

- **글자 모양**
  - 글꼴은 별도의 지시가 없는 한 한글 2022의 기본값으로 작성하시오.
  - 영문, 숫자, 기호 등은 별도의 지시가 없는 한 자판에 있는 문자를 사용하시오.

- **문단 모양**
  - 문장의 들여 쓰기(10pt), 정렬 방식, 여백 등은 문단 모양 기능을 이용하여 작성하시오.
  - 문단 모양은 별도의 지시가 없는 한 한글 2022의 기본값으로 작성하시오.
  - 사이 줄 띄우기는 각 1줄만, 사이 띄우기는 1칸만 띄우시오.

- **표에서 내용의 정렬 방법**
  (제목 행과 '합계(평균)' 셀은 가운데 정렬, 나머지는 열 단위를 기준으로 아래와 같이 정렬)
  - 내용의 길이가 서로 다른 문자의 경우 왼쪽 정렬
  - 내용의 길이가 서로 다른 숫자의 경우 오른쪽 정렬
  - 내용의 길이가 서로 같을 경우 문자, 숫자 상관없이 가운데 정렬

- 색상은 '기본' 테마가 포함된 색상 팔레트를 사용하시오.

- 각 항목은 별도의 지시가 없는 한 주어진 문서에 기준하여 작성하시오.

- 각 항목은 별도의 지시가 없는 한 기본 설정값으로 처리하시오.

- 문제에 제시된 지시사항은 작성하지 않음

대 한 상 공 회 의 소

다음 쪽의 문서를 아래의 〈세부 지시사항〉에 따라 작성하시오.

(1) 쪽 테두리	• 선의 종류 및 굵기 : 이중 실선 0.5mm, 모두 • 위치 : 쪽 기준, 왼쪽 · 오른쪽 · 위쪽 · 아래쪽 모두 5mm
(2) 글상자	• **크기** : 너비 120mm, 높이 11mm, 크기 고정 • **위치** : 본문과의 배치 – 자리 차지, 가로 – 종이의 가운데 0mm, 세로 – 종이의 위 19mm • **바깥 여백** : 아래쪽 8mm • **선 속성** : 검정(RGB : 0,0,0), 실선 0.2mm • **색 채우기** : 노랑(RGB : 255,215,0)
(3) 제목	• 한컴 윤고딕 760, 15pt, 장평(110%), 자간(5%), 진하게, 하늘색(RGB : 97,130,214) 50% 어둡게, 가운데 정렬
(4) 문단 첫 글자 **장식**	• **모양** : 3줄, **글꼴** : 돋움체, **면색** : 주황(RGB : 255,132,58), **본문과의 간격** : 4mm • **글자색** : 남색(RGB : 58,60,132) 50% 어둡게
(5) 스타일 **(2개 등록)**	• **소제목** : 스타일 이름 – 소제목, 스타일 종류 – 문단, 번호 문단, 휴먼고딕, 11pt, 진하게 • **표제목** : 스타일 이름 – 표제목, 스타일 종류 – 문단, 가운데 정렬, 궁서체, 12pt, 장평(95%), 자간(-2%), 진하게
(6) 그림	• **경로** : C:\WP\농가.jpg, 문서에 포함 • **크기** : 너비 25mm, 높이 25mm • **위치** : 본문과의 배치 – 어울림, 가로 – 단의 왼쪽 0mm, 세로 – 문단의 위 0mm • **바깥 여백** : 오른쪽 · 위쪽 · 아래쪽 1mm
(7) 각주	• **글자 모양** : 맑은 고딕, 8pt, **번호 모양** : 아라비아 숫자
(8) 표	• **크기** : 너비 78mm ~ 80mm, 높이 33mm ~ 34mm • **위치** : 글자처럼 취급 • **모든 셀의 안 여백** : 왼쪽 · 오른쪽 2mm • **전체 행** : 셀 높이를 같게 • **테두리** : 표 안쪽은 실선(0.12mm), 표 바깥의 위쪽과 아래쪽은 실선(0.4mm), 표 바깥의 왼쪽과 오른쪽은 선 없음, 제목 행 아래쪽은 이중 실선(0.5mm) • **제목 행** : 셀 배경색 – 보라(RGB : 157,92,187), 글자 모양 – 휴먼옛체, 진하게, 연한 노랑(RGB : 250,243,219) • **평균 행** : 셀 배경색 – 하양(RGB : 255,255,255) 15% 어둡게, 글자 모양 – 진하게 • **문단의 정렬 방식** : 가운데 정렬
(9) 블록 계산식	• 표의 평균 행에 블록 계산식을 이용하여 블록 평균 산출
(10) 캡션	• 표 위에 삽입 후 오른쪽 정렬
(11) 차트	• **차트의 모양** : 가로 막대형(묶은 가로 막대형) • **차트의 크기** : 너비 80mm, 높이 80mm, 크기 고정 • **위치** : 본문과의 배치 – 자리 차지, 가로 – 단의 가운데 0mm, 세로 – 문단의 위 0mm • **바깥 여백** : 아래쪽 8mm • **항목 축, 값 축, 범례의 글꼴 설정** : 9pt • 표의 아래 단락에 배치
(12) 누름틀	• **입력할 내용의 안내문** : '이름(영문) 직책', **입력 데이터** : '원영준(Won Yungjun) 파트장'
(13) 하이퍼링크	• '원문으로'에 하이퍼링크 설정 • **연결 대상** : '웹 주소', 'http://www.mafra.go.kr'
(14) 쪽 번호	• **번호 위치** : 가운데 아래, **번호 모양** : 로마자 소문자, 줄표 넣기 선택, 시작 번호 지정
(15) 머리말	• 한컴산뜻돋움, 10pt, 진하게, 초록(RGB : 40,155,110) 25% 어둡게, 오른쪽 정렬
(16) 꼬리말	• 중고딕, 10pt, 진하게, 보라(RGB : 157,92,187) 50% 어둡게

(2) 글상자

(3) 제목

(15) 머리말

농촌진흥일보

국내농가 위기

(4) 문단 첫 글자 장식

(11) 차트

우리 농가를 강타한 UR(우루과이라운드) 협상(協商) 이후 또다시 DDA(도하개발아젠다) 농업 협상의 태풍이 몰려오고 있다. 농촌경제연구원은 27일 '농업 협상 논의 동향(Tendency)' 보고서를 통해 "DDA 농업 협상에서 농산물 수출국(Exporting Country)의 요구대로 '관세상한'이 낮게 정해지면 국내 농업소득이 최악의 경우 3년 만에 4분의 1가량 줄어든다."는 분석(分析) 결과를 제시했다.

1. 농산물 수출국 요구

(5) 스타일(소제목)

미국은 지난 7월 스위스 제네바(Geneva)에서 열린 농업 협상에서 UR방식 대신 '스위스방식'에 기초, 모든 농산물의 수입 관세가 25%를 넘지 못하도록 하자는 경악을 금치 못할 충격적인 방안(方案)을 제시했다. 스위스방식이란 모든 농산물 수입국(Importing Country)이 모든 수입 농산물의 관세율을 이 상한선 이하로 낮추어야 하는 것이다. 만약 관세상한을 설정하는 스위스방식이 채택될 경우 차등 관세(Graded Tariff)를 통한 농가 보호정책(Protective Policy)은 사실상 불가능해진다. 농촌연구원 관계자는 "물론 미국의 주장이 그대로 관철될 가능성은 높지 않으나 어떤 방식이든 관세상한이 설정될 가능성(Possibility)은 매우 높다."고 말했다.

(6) 그림

(5) 스타일(표제목)

※ 관세상한1)에 따른 농업소득 변화

(7) 전각 기호

(8) 표

(10) 캡션 — (단위: 조원)

구분	UR100	UR200	대한민국	비고
2020년	16.41	16.44	16.44	
2021년	14.84	15.72	14.12	
2022년	13.06	14.66	9.58	
2023년	12.09	13.93	7.36	
평균	14.10	15.19	11.88	

(9) 블록 계산식

(5) 스타일(소제목)

2. 관세상한에 따른 국내 농업 피해

현재 국내 수입 농산물의 평균 관세(Custom

(7) 각주

1) 관세를 일정 수준 이상 못 올리도록 정해놓은 상한선

관세상한과 농업소득

2023년

2022년

2021년

2020년

0 2 4 6 8 10 12 14 16 18

■ 대한민국 ■ UR200 ■ UR100

Duty)는 67.1%이다. 하지만 관세상한이 100% 이하로 정해지면 한국 농업(農業)이 심각한 타격을 받는다는 것이 농촌경제연구원의 분석(Analysis)이다. 고추, 참깨, 마늘, 대두 등 주요 곡물(Cereals)과 양념 125종이 100% 이상의 고율 관세를 유지하고 있기 때문이다.

따라서 미국의 주장대로 스위스방식에 따라 관세상한을 25%로 정하면 국내 농가의 농업소득은 12조 5,000억 원으로 24% 가량 줄어든다.

(12) 누름틀

작성자: 원영준(Won Yungjun) 파트장

작성일: 2023. 01. 05.

원문으로

(13) 하이퍼링크

(2) 글상자([Ctrl]+[N], [B] → [Ctrl]+[Z])　(15) 머리말([Ctrl]+[N], [H])

농촌진흥일보

국내농가 위기

(4) 문단 첫 글자 장식([서식] → [圖(문단 첫 글자 장식)])

우리 농가를 강타한 UR(우루과이라운드) 협상(協商) 이후 또다시 DDA(도하개발 아젠다) 농업 협상의 태풍이 몰려오고 있다. 농촌경제연구원은 27일 '농업 협상 논의 동향(Tendency)' 보고서를 통해 "DDA 농업 협상에서 농산물 수출국(Exporting Country)의 요구대로 '관세상한'이 낮게 정해지면 국내 농업소득이 최악의 경우 3년 만에 4분의 1가량 줄어든다."는 분석(分析) 결과를 제시했다.

(6) 그림([Ctrl]+[N], [I])

1. 농산물 수출국 요구　(5) 스타일(소제목)([F6])

미국은 지난 7월 스위스 제네바(Geneva)에서 열린 농업 협상에서 UR방식 대신 '스위스방식'에 기초, 모든 농산물의 수입 관세가 25%를 넘지 못하도록 하자는 경악을 금치 못할 충격적인 방안(方案)을 제시했다. 스위스방식이란 모든 농산물 수입국(Importing Country)이 모든 수입 농산물의 관세율을 이 상한선 이하로 낮추어야 하는 것이다. 만약 관세상한을 설정하는 스위스방식이 채택될 경우 차등 관세(Graded Tariff)를 통한 농가 보호정책(Protective Policy)은 사실상 불가능해진다. 농촌연구원 관계자는 "물론 미국의 주장이 그대로 관철될 가능성은 높지 않으나 어떤 방식이든 관세상한이 설정될 가능성(Possibility)은 매우 높다."고 말했다.

(5) 스타일(표제목)([F6])

※ 관세상한[1]에 따른 농업소득 변화

(8) 표([Ctrl]+[N], [T])　(10) 캡션([Ctrl]+[N], [C]) ← (단위: 조원)

구분	UR100	UR200	대한민국	비고
2020년	16.41	16.44	16.44	
2021년	14.84	15.72	14.12	
2022년	13.06	14.66	9.58	
2023년	12.09	13.93	7.36	
평균	14.10	15.19	11.88	

(9) 블록 계산식(평균 : [Ctrl]+[Shift]+[A])　(5) 스타일(소제목)([F6])

2. 관세상한에 따른 국내 농업 피해

현재 국내 수입 농산물의 평균 관세(Custom

(7) 각주([Ctrl]+[N], [N])

---

1) 관세를 일정 수준 이상 못 올리도록 정해놓은 상한선

(11) 차트([표] → [圖(표 디자인)] → [圖(차트 만들기)])

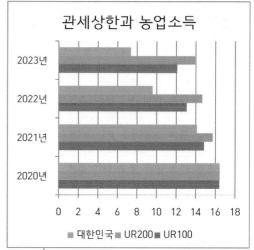

관세상한과 농업소득

(차트: 2023년, 2022년, 2021년, 2020년 / 가로축 0~18 / 대한민국, UR200, UR100)

Duty)는 67.1%이다. 하지만 관세상한이 100% 이하로 정해지면 한국 농업(農業)이 심각한 타격을 받는다는 것이 농촌경제연구원의 분석(Analysis)이다. 고추, 참깨, 마늘, 대두 등 주요 곡물(Cereals)과 양념 125종이 100% 이상의 고율 관세를 유지하고 있기 때문이다.

따라서 미국의 주장대로 스위스방식에 따라 관세상한을 25%로 정하면 국내 농가의 농업소득은 12조 5,000억 원으로 24% 가량 줄어든다.

(12) 누름틀([Ctrl]+[K], [E])

작성자: 원영준(Won Yungjun) 파트장
작성일: 2023. 01. 05.

원문으로

(13) 하이퍼링크([Ctrl]+[K], [H])

(1) 쪽 테두리([쪽] → [쪽 테두리/배경])

농업소득 → (16) 꼬리말([Ctrl]+[N], [H])　- iii - → (14) 쪽 번호([Ctrl]+[N], [P])

2024년 워드프로세서 실기 시험

※ 무 단 전 재 금 함
(한글 2022)

과 　 목	제한시간
문서편집기능	30분

4433002

2회

〈다음 쪽의 문서를 아래 지시사항에 따라 작성하시오〉

- 작성된 답안의 파일은 지정된 경로 및 파일명을 변경하지 마시고 저장해야 합니다. 이를 준수하지 않으면 실격 처리됩니다.

- **편집 용지**
  - 용지 종류는 A4 용지(210mm×297mm) 1매에 용지 방향을 세로로 설정하여 문서를 작성하시오.
  - 용지 여백은 왼쪽·오른쪽은 20mm, 위쪽·아래쪽은 10mm, 머리말·꼬리말은 10mm,
    기타 여백은 0mm로 지정하시오.

- 문서의 본문은 2단으로 편집하되, 단 간격은 8mm, 구분선은 이중 실선 0.5mm로 설정하시오.

- **글자 모양**
  - 글꼴은 별도의 지시가 없는 한 한글 2022의 기본값으로 작성하시오.
  - 영문, 숫자, 기호 등은 별도의 지시가 없는 한 자판에 있는 문자를 사용하시오.

- **문단 모양**
  - 정렬 방식, 여백 등은 문단 모양 기능을 이용하여 작성하시오.
  - 문단 모양은 별도의 지시가 없는 한 한글 2022의 기본값으로 작성하시오.
  - 사이 줄 띄우기는 각 1줄만, 사이 띄우기는 1칸만 띄우시오.

- **표에서 내용의 정렬 방법**
  (제목 행과 '합계(평균)' 셀은 가운데 정렬, 나머지는 열 단위를 기준으로 아래와 같이 정렬)
  - 내용의 길이가 서로 다른 문자의 경우 왼쪽 정렬
  - 내용의 길이가 서로 다른 숫자의 경우 오른쪽 정렬
  - 내용의 길이가 서로 같을 경우 문자, 숫자 상관없이 가운데 정렬

- 색상은 '기본' 테마가 포함된 색상 팔레트를 사용하시오.

- 각 항목은 별도의 지시가 없는 한 주어진 문서에 기준하여 작성하시오.

- 각 항목은 별도의 지시가 없는 한 기본 설정값으로 처리하시오.

- 문제에 제시된 지시사항은 작성하지 않음

🐝 대 한 상 공 회 의 소

다음 쪽의 문서를 아래의 〈세부 지시사항〉에 따라 작성하시오.

(1) 쪽 테두리	• 선의 종류 및 굵기 : 실선 0.4mm, 모두 • 위치 : 쪽 기준, 왼쪽 · 오른쪽 · 위쪽 · 아래쪽 모두 4mm
(2) 글상자	• 크기 : 너비 170mm, 높이 24mm, 크기 고정 • 위치 : 본문과의 배치 – 자리 차지, 가로 – 종이의 가운데 0mm, 세로 – 종이의 위 20mm • 바깥 여백 : 아래쪽 5mm • 선 속성 : 검정(RGB : 0,0,0), 실선 0.4mm • 색 채우기 : 초록(RGB : 40,155,110) 80% 밝게
(3) 제목	• 제목(1) : 중고딕, 14pt, 장평(105%), 자간(5%), 진하게, 주황(RGB : 255,132,58) 50% 어둡게, 가운데 정렬 • 제목(2) : 여백 – 왼쪽(340pt)
(4) 누름틀	• 입력할 내용의 안내문 : '0000. 00. 00.', 입력 데이터 : '2023. 03. 02.'
(5) 그림	• 경로 : C:\WP\대나무.bmp, 문서에 포함 • 크기 : 너비 30mm, 높이 17mm • 위치 : 본문과의 배치 – 글 앞으로, 가로 – 종이의 왼쪽 23mm, 세로 – 종이의 위 23mm
(6) 스타일 (2개소 수정, 3개소 등록)	• 개요 1(수정) : 여백 – 왼쪽(0pt), 돋움체, 11pt, 진하게 • 개요 2(수정) : 여백 – 왼쪽(15pt) • 표제목(등록) : 스타일 이름 – 표제목, 스타일 종류 – 문단, 가운데 정렬, 굴림체, 12pt, 진하게 • 참고문헌 1(등록) : 스타일 이름 – 참고문헌 1, 스타일 종류 – 문단, 내어쓰기 – 20pt • 참고문헌 2(등록) : 스타일 이름 – 참고문헌 2, 스타일 종류 – 글자, 기울임
(7) 문단 첫 글자 장식	• 모양 : 2줄, 글꼴 : 돋움체, 면색 : 노랑(RGB : 255,215,0), 본문과의 간격 : 3mm • 글자색 : 하늘색(RGB : 97,130,214) 50% 어둡게
(8) 각주	• 글자 모양 : 맑은 고딕, 번호 모양 : 아라비아 숫자
(9) 하이퍼링크	• '국토교통부'에 하이퍼링크 설정 • 연결 대상 : '웹 주소', 'https://www.molit.go.kr'
(10) 표	• 크기 : 너비 78mm ~ 80mm, 높이 33mm ~ 34mm • 위치 : 글자처럼 취급 • 모든 셀의 안 여백 : 왼쪽 · 오른쪽 2mm • 전체 행 : 셀 높이를 같게 • 테두리 : 표 안쪽은 실선(0.12mm), 표 바깥의 위쪽과 아래쪽은 실선(0.4mm), 　　　　　 표 바깥의 왼쪽과 오른쪽은 선 없음, 제목 행 아래쪽과 평균 행 위쪽은 이중 실선(0.5mm) • 제목 행 : 셀 배경색 – 남색(RGB : 58,60,132), 글자 모양 – 돋움체, 진하게, 노랑(RGB : 255,215,0) • 평균 행 : 셀 배경색 – 초록(RGB : 40,155,110) 80% 밝게, 글자 모양 – 진하게 • 문단의 정렬 방식 : 가운데 정렬
(11) 블록 계산식	• 표의 평균 행에 블록 계산식을 이용하여 블록 평균 산출
(12) 캡션	• 표 아래에 삽입 후 오른쪽 정렬
(13) 차트	• 차트의 모양 : 세로 막대형(누적 세로 막대형) • 차트의 크기 : 너비 80mm, 높이 65mm, 크기 고정 • 위치 : 본문과의 배치 – 자리 차지, 가로 – 단의 가운데 0mm, 세로 – 문단의 위 0mm • 바깥 여백 : 위쪽 5mm, 아래쪽 8mm • 제목, 항목 축, 값 축, 범례의 글꼴 설정 : 11pt • 표의 아래 단락에 배치
(14) 쪽 번호	• 번호 위치 : 오른쪽 아래, 모양 : 원문자, 줄표 넣기 선택, 시작 번호 지정
(15) 머리말	• 한컴산뜻돋움, 11pt, 진하게, 주황(RGB : 255,132,58) 25% 어둡게, 오른쪽 정렬
(16) 꼬리말	• 한컴 윤고딕 760, 11pt, 진하게, 남색(RGB : 58,60,132) 25% 어둡게, 가운데 정렬

(15) 머리말 → **부동산 소식**

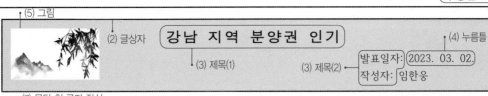

(5) 그림

(2) 글상자 **강남 지역 분양권 인기** (4) 누름틀

(3) 제목(1) (3) 제목(2)

발표일자: 2023. 03. 02.
작성자: 임한웅

(7) 문단 첫 글자 장식

1. 개요 — (6) 스타일(개요 1)

입주를 1년 이내 앞둔 강남 지역 아파트 분양권에 투자(Investment) 겸용 수요(Demand)가 몰리고 있다. 강남 재건축(Reconstruction) 아파트 호가가 지속적으로 오르면서 새 아파트(Apartment)도 입주 시세(Current Price)가 더 오를 것으로 예상되기 때문이다. 가격 상승폭이 취득, 등록세를 포함한 세금(Tax)을 웃돌면 팔고 가격이 주춤하면 임대나 실입주까지 감안(勘案)하는 것이다. 9월에 입주하는 서초구 방배동의 상공아파트의 경우 최근 한 달 사이 시세가 평형별로 2,000만 원에서 3,000만 원 가량 올랐다. 프리미엄(Premium)만 1억 3,000만 원에 달하는 아파트도 흔하다.

(6) 스타일(표제목)

아파트 분양권 가격 상승률[1]

구분	1분기상승률	2분기상승률	증감
서초구	0.63	1.69	1.06
강남구	0.51	1.93	1.42
분당구	0.31	1.34	1.03
광진구	0.34	1.25	0.91
평균	0.45	1.55	

(10) 표 (11) 블록 계산식 (단위: %)

(13) 차트 (12) 캡션

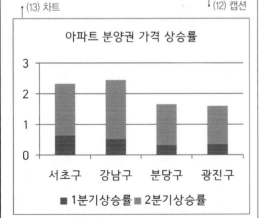

아파트 분양권 가격 상승률

■ 1분기상승률 ■ 2분기상승률

2. 일부 지역 특수 — (6) 스타일(개요 1)

(9) 하이퍼링크

1) 자료: 국토교통부 (8) 각주

(1) 쪽 테두리

가. 지난달 31일 강남권 부동산 중개업계에 따르면 그동안 주춤하던 입주 임박 아파트에 대한 분양권 매수세가 6월 중순 이후 살아나고 있다.

나. 강남구의 입주 예정 1년 미만 분양권 가격(價格) 상승률은 지난 5월 0.2%로 바닥을 친 후 6월 0.87%, 7월 1.69%로 빠른 상승세(Upward Tendency)를 보이고 있다.

다. 서초구도 거래 가격 오름 폭이 크며 수도권 중 유일하게 분당구의 상승(Rising)이 두드러진다.

(6) 스타일(개요 2)

3. 매수세 이어질 듯 — (6) 스타일(개요 1)

가. 강남, 서초 일대의 분양권 수요자들은 실입주가 목적(目的)이라고 시세 상승 가능성(Possibility)에 큰 관심을 보이고 있다는 것이 주변 공인중개소 관계자들(Interested Persons)의 말이다.

나. 특히, 그동안 여러 가지 이유(Reason)로 웃돈이 적게 붙었던 아파트는 분양권 투자자(Investor)의 주요 대상(Target)이 되고 있다. 곽영순 명성공인 사장은 "이런 분위기(Business Conditions)라면 단지 내 조경 공사(Landscape Architecture)가 시작 될 무렵에는 매수세가 더욱 살아날 것"으로 예상(豫想)했다.

다. 곳곳에 재건축 공사가 한창인 강남구도 사정은 비슷하다. 집주인들(Landlords)은 시세가 더 오를 것을 노려 매물(Offerings)을 내놓고 있지 않아 당분간 상승세는 지속될 것으로 보인다.

전각 기호

※Reference (6) 스타일(참고문헌 1)

A. S. Madison(2011). Learning to Dear Straw, Kindle Press. pp28-32.

Loyd Gray(2008). *Globe Merriam of Frogs Collection*, Academy Press. pp32-45.

R. K. Dragon(2006). A Civil Organic Modern Chemistry, Gilbut. pp34-56.

(6) 스타일(참고문헌 2)

(14) 쪽 번호

(5) 그림(Ctrl+N, I)

강남 지역 분양권 인기

(2) 글상자(Ctrl+N, B → Ctrl+Z)

(4) 누름틀(Ctrl+K, E)

발표일자: 2023. 03. 02.
작성자: 임한웅

(7) 문단 첫 글자 장식([서식] → [圖(문단 첫 글자 장식)])

1. 개요 ← (6) 스타일(개요 1)(F6)

입주를 1년 이내 앞둔 강남 지역 아파트 분양권에 투자(Investment) 겸용 수요(Demand)가 몰리고 있다. 강남 재건축(Reconstruction) 아파트 호가가 지속적으로 오르면서 새 아파트(Apartment)도 입주 시세(Current Price)가 더 오를 것으로 예상되기 때문이다. 가격 상승폭이 취득, 등록세를 포함한 세금(Tax)을 웃돌면 팔고 가격이 주춤하면 임대나 실입주까지 감안(勘案)하는 것이다. 9월에 입주하는 서초구 방배동의 상공아파트의 경우 최근 한 달 사이 시세가 평형별로 2,000만 원에서 3,000만 원 가량 올랐다. 프리미엄(Premium)만 1억 3,000만 원에 달하는 아파트도 흔하다.

(6) 스타일(표제목)(F6)

아파트 분양권 가격 상승률[1]

구분	1분기상승률	2분기상승률	증감
서초구	0.63	1.69	1.06
강남구	0.51	1.93	1.42
분당구	0.31	1.34	1.03
광진구	0.34	1.25	0.91
평균	0.45	1.55	

(10) 표(Ctrl+N, T)
(11) 블록 계산식(평균 : Ctrl+Shift+A)
(12) 캡션(Ctrl+N, C)
(단위: %)

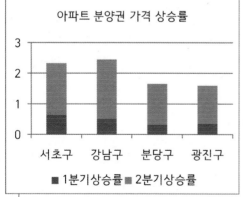

아파트 분양권 가격 상승률

■1분기상승률 ■2분기상승률

(13) 차트([표] → [圖(표 디자인)] → [圖(차트 만들기)])

2. 일부 지역 특수 → (6) 스타일(개요 1)(F6)

(9) 하이퍼링크(Ctrl+K, H)

(1) 자료: 국토교통부
(8) 각주(Ctrl+N, N)

가. 지난달 31일 강남권 부동산 중개업계에 따르면 그동안 주춤하던 입주 임박 아파트에 대한 분양권 매수세가 6월 중순 이후 살아나고 있다.

나. 강남구의 입주 예정 1년 미만 분양권 가격(價格) 상승률은 지난 5월 0.2%로 바닥을 친 후 6월 0.87%, 7월 1.69%로 빠른 상승세(Upward Tendency)를 보이고 있다.

다. 서초구도 거래 가격 오름 폭이 크며 수도권 중 유일하게 분당구의 상승(Rising)이 두드러진다.

(6) 스타일(개요 2)(F6)

3. 매수세 이어질 듯 → (6) 스타일(개요 1)(F6)

가. 강남, 서초 일대의 분양권 수요자들은 실입주가 목적(目的)이라고 시세 상승 가능성(Possibility)에 큰 관심을 보이고 있다는 것이 주변 공인중개소 관계자들(Interested Persons)의 말이다.

나. 특히, 그동안 여러 가지 이유(Reason)로 웃돈이 적게 붙었던 아파트는 분양권 투자자(Investor)의 주요 대상(Target)이 되고 있다. 곽영순 명성공인 사장은 "이런 분위기(Business Conditions)라면 단지 내 조경공사(Landscape Architecture)가 시작 될 무렵에는 매수세가 더욱 살아날 것"으로 예상(豫想)했다.

다. 곳곳에 재건축 공사가 한창인 강남구도 사정은 비슷하다. 집주인들(Landlords)은 시세가 더 오를 것을 노려 매물(Offerings)을 내놓고 있지 않아 당분간 상승세는 지속될 것으로 보인다.

(6) 스타일(참고문헌 1)(F6)
(6) 스타일(참고문헌 2)(F6)

※ Reference

A. S. Madison(2011). Learning to Dear Straw, Kindle Press. pp28-32.

Loyd Gray(2008). Globe Merriam of Frogs Collection, Academy Press. pp32-45.

R. K. Dragon(2006). A Civil Organic Modern Chemistry, Gilbut. pp34-56.

(1) 쪽 테두리([쪽] → [쪽 테두리/배경])
(14) 쪽 번호(Ctrl+N, P)

2024년 워드프로세서 실기 시험

※ 무 단 전 재 금 함
(한글 2022)

과 목	제한시간
문서편집기능	30분

3회

〈다음 쪽의 문서를 아래 지시사항에 따라 작성하시오〉

- 작성된 답안의 파일은 지정된 경로 및 파일명을 변경하지 마시고 저장해야 합니다. 이를 준수하지 않으면 실격 처리됩니다.

- **편집 용지**
  - 용지 종류는 A4 용지(210mm×297mm) 1매에 용지 방향을 세로로 설정하여 문서를 작성하시오.
  - 용지 여백은 왼쪽 · 오른쪽은 20mm, 위쪽 · 아래쪽은 10mm, 머리말 · 꼬리말은 10mm,
    기타 여백은 0mm로 지정하시오.

- 문서의 본문은 1단에서 2단으로 변하는 모양으로 편집하되, 단 간격은 8mm, 구분선은 실선 0.12mm로 설정하시오.

- **글자 모양**
  - 글꼴은 별도의 지시가 없는 한 한글 2022의 기본값으로 작성하시오.
  - 영문, 숫자, 기호 등은 별도의 지시가 없는 한 자판에 있는 문자를 사용하시오.

- **문단 모양**
  - 정렬 방식, 여백 등은 문단 모양 기능을 이용하여 작성하시오.
  - 문단 모양은 별도의 지시가 없는 한 한글 2022의 기본값으로 작성하시오.
  - 사이 줄 띄우기는 각 1줄만, 사이 띄우기는 1칸만 띄우시오.

- **표에서 내용의 정렬 방법**
  (제목 행과 '합계(평균)' 셀은 가운데 정렬, 나머지는 열 단위를 기준으로 아래와 같이 정렬)
  - 내용의 길이가 서로 다른 문자의 경우 왼쪽 정렬
  - 내용의 길이가 서로 다른 숫자의 경우 오른쪽 정렬
  - 내용의 길이가 서로 같을 경우 문자, 숫자 상관없이 가운데 정렬

- 색상은 '기본' 테마가 포함된 색상 팔레트를 사용하시오.

- 각 항목은 별도의 지시가 없는 한 주어진 문서에 기준하여 작성하시오.

- 각 항목은 별도의 지시가 없는 한 기본 설정값으로 처리하시오.

- 문제에 제시된 지시사항은 작성하지 않음

🜚 대 한 상 공 회 의 소

다음 쪽의 문서를 아래의 〈세부 지시사항〉에 따라 작성하시오.

(1) 다단 설정	•**모양** : 둘, **구분선** : 구분선 넣기, **적용 범위** : 새 다단으로
(2) 쪽 테두리	•**선의 종류 및 굵기** : 이중 실선 0.5mm, 모두 •**위치** : 쪽 기준, 왼쪽 · 오른쪽 · 위쪽 · 아래쪽 모두 5mm
(3) 글상자	•**크기** : 너비 168mm, 높이 23mm, 크기 고정 •**위치** : 본문과의 배치 – 자리 차지, 가로 – 종이의 가운데 0mm, 세로 – 종이의 위 20mm •**바깥 여백** : 아래쪽 5mm •**선 속성** : 검정(RGB : 0,0,0), 실선 0.2mm　　　　•**색 채우기** : 하늘색(RGB : 97,130,214) 80% 밝게
(4) 제목	•**제목(1)** : 한컴 고딕, 13pt, 장평(110%), 자간(10%), 진하게, 초록(RGB : 40,155,110), 가운데 정렬 •**제목(2)** : 여백 – 왼쪽(340pt)
(5) 누름틀	•**입력할 내용의 안내문** : '0000–0–0', **입력 데이터** : '2023–2–15'
(6) 그림	•**경로** : C:\WP\잠자리.bmp, 문서에 포함　　　　•**크기** : 너비 23mm, 높이 13mm •**위치** : 본문과의 배치 – 글 앞으로, 가로 – 종이의 왼쪽 23mm, 세로 – 종이의 위 23mm　　•**회전** : 좌우 대칭
(7) 스타일 (2개소 수정, 2개소 등록)	•**개요 1(수정)** : 여백 – 왼쪽(0pt), 돋움체, 12pt, 진하게 •**개요 2(수정)** : 여백 – 왼쪽(15pt) •**표제목(등록)** : 스타일 이름 – 표제목, 스타일 종류 – 문단, 가운데 정렬, 맑은 고딕, 진하게 •**참고문헌(등록)** : 스타일 이름 – 참고문헌, 스타일 종류 – 글자, 진하게, 기울임
(8) 문단 첫 글자 장식	•**모양** : 2줄, **글꼴** : 궁서체, **면색** : 남색(RGB : 58,60,132) 25% 어둡게, **본문과의 간격** : 3mm •**글자색** : 하양(RGB : 255,255,255)
(9) 각주	•**글자 모양** : 굴림체, **번호 모양** : 아라비아 숫자
(10) 하이퍼링크	•'통계청'에 하이퍼링크 설정　　　•**연결 대상** : '웹 주소', 'http://kostat.go.kr'
(11) 표	•**크기** : 너비 78mm ~ 80mm, 높이 27.60mm　　　　•**위치** : 글자처럼 취급 •**모든 셀의 안 여백** : 왼쪽 · 오른쪽 1.5mm　　　•**전체 행** : 셀 높이를 같게 •**테두리** : 표 안쪽은 실선(0.12mm), 표 바깥의 위쪽과 아래쪽은 실선(0.4mm), 　　　　　　　 표 바깥의 왼쪽과 오른쪽은 선 없음, 합계 행 위쪽은 이중 실선(0.5mm) •**제목 행** : 셀 배경색 – 보라(RGB : 157,92,187) 50% 어둡게, 글자 모양 – 돋움체, 진하게, 　　　　　　 시멘트(RGB : 178,178,178) 80% 밝게 •**합계 행** : 셀 배경색 – 주황(RGB : 255,132,58) 80% 밝게, 글자 모양 – 진하게 •**문단의 정렬 방식** : 가운데 정렬
(12) 블록 계산식	•표의 합계 행에 블록 계산식을 이용하여 블록 합계 산출
(13) 캡션	•표 아래에 삽입
(14) 차트	•**차트의 모양** : 이중 축 혼합형(묶은 세로 막대형, 표식이 있는 꺾은선형) •**차트의 크기** : 너비 80mm, 높이 65mm, 크기 고정 •**위치** : 본문과의 배치 – 자리 차지, 가로 – 단의 가운데 0mm, 세로 – 문단의 위 0mm •**바깥 여백** : 위쪽 5mm, 아래쪽 7mm　　　　•**항목 축, 값 축, 보조 값 축, 범례의 글꼴 설정** : 9pt •표의 아래 단락에 배치 ※ 차트 종류 변경과 계열 속성 설정으로 혼합형 차트를 구성하시오.
(15) 쪽 번호	•**번호 위치** : 왼쪽 아래, **번호 모양** : 로마자 소문자, 줄표 넣기 선택, 시작 번호 지정
(16) 머리말	•궁서체, 10pt, 진하게, 하늘색(RGB : 97,130,214) 25% 어둡게, 오른쪽 정렬
(17) 꼬리말	•한컴돋움, 10pt, 진하게, 초록(RGB : 40,155,110) 25% 어둡게, 가운데 정렬

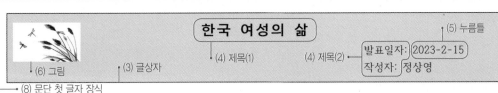

한국 여성의 삶

(4) 제목(1)　(4) 제목(2)

(5) 누름틀

발표일자: 2023-2-15
작성자: 정상영

↓(6) 그림　↓(3) 글상자

→ (8) 문단 첫 글자 장식

1. 개요 → (7) 스타일(개요 1)

통계청(National Statistical Office)은 '통계로 본 한국 여성의 삶'이라는 자료(資料)를 펴냈다. 이 통계 자료(Data)에는 '여성의 대학 진학률(the Rate of Entrance into a School of Higher Grade)이 계속해서 늘어 남성과 차이를 줄였으며 여성의 47.6%는 술을 마시고 4.6%는 담배를 피운다'는 등 재미있는 자료들이 많이 담겨 있다. 그러나 이 통계는 단순한 재미만을 제공(提供)하는 것이 아니라, 우리 사회의 성차별 문제가 여전히 심각함을 드러내는 것이 많아 주목된다. 여성의 경제활동(Economic Activity) 참가율이 계속해서 증가한다는 측면에서 고무적인 일이라고 할 수 있다. 그러나 그 실상을 들여다보면 그렇지 않다. 초등교사의 여성 비율이 압도적으로 높은 반면, 보직교사의 비율은 남성이 압도적으로 높게 나타난다. 이것은 뿌리깊은 성차별적 관행을 보여주는 전형적인 예라 하겠다.

→ (1) 다단 설정　→ (7) 스타일(표제목)

초등학교 직위별 여교사 비율[1]

구분	2022년 비율	2023년 비율	증감
교장	15.5	15.9	2.33
보직	38	42.4	11.8
교사	75.6	79	4.52
합계	129.1	137.3	

(단위: %) → (13) 캡션　↓(12) 블록 계산식　(11) 표

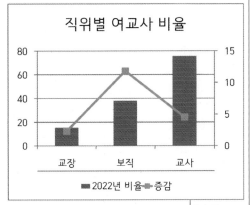

직위별 여교사 비율

(14) 차트

2. 성차별 사례 → (7) 스타일(개요 1)

가. 명예퇴직을 한 교사와 평교사의 경우는 여성의 비율이 압도적으로 높다.
나. 초등학교(Elementary School) 교사의 3명 가운데 2명은 여교사라는 통계(統計)가 나왔다.
다. 서울지역은 여교사 비율이 77.9%로 가장 높

(10) 하이퍼링크　(9) 각주

1) 자료: 통계청

으며 전남 지역은 45.3%로 가장 낮다.

→ (7) 스타일(개요 2)

3. 관련법은 선진국 수준 → (7) 스타일(개요 1)

가. 모성 보호(保護)와 육아(Child Care)에 대한 사회적 지원을 보장하는 법은 헌법(the Constitutional Law)의 모성보호법, 남녀고용평등법(육아휴직, 직장 보유시설 의무), 영유아보육법(보육시설), 국가공무원법(육아휴직) 등 선진국 수준(水準)으로 다양하게 규정되어 있다.
나. 국가공무원 규정에도 여성 공무원의 출산휴가(Maternity Leave), 보건휴가, 임신중 검진휴가, 육아시간 등이 보장되어 있다.
다. 그러나 한국여성 개발원 김엘림 수석연구원은 "법규 준수 실태에 대한 정확한 조사 통계도 없는 실정"이라며 "지방 공무원(a Local Civil Servants)의 경우 대체 인력이 부족해 현행 60일도 채우지 못하는 경우가 적지 않다"고 지적하고 있다.

→ 전각 기호

◆ 참고문헌

Jerry Vanzant(2012). The Emergence of Puddiing Away, ABC Press. pp13-25.
Guillen, M.(2008). Building a Global Bank, Princeton University Press. pp34-45.
Nunes, T. et al.(2005). The Privatization of Banespa, Business Case Study. pp27-45.

(7) 스타일(참고문헌)

(2) 쪽 테두리

한국 여성의 삶

(5) 누름틀(Ctrl+K, E)

발행일자: 2023-2-15

작성자: 정상영

(6) 그림(Ctrl+N, I)   (3) 글상자(Ctrl+N, B → Ctrl+Z)

(8) 문단 첫 글자 장식([서식] → [꿸(문단 첫 글자 장식)])

1. 개요 ──▶ (7) 스타일(개요 1)(F6)

통 계청(National Statistical Office)은 '통계로 본 한국 여성의 삶'이라는 자료(資料)를 펴냈다. 이 통계 자료(Data)에는 '여성의 대학 진학률(the Rate of Entrance into a School of Higher Grade) 이 계속해서 늘어 남성과 차이를 줄였으며 여성의 47.6%는 술을 마시고 4.6%는 담배를 피운다'는 등 재미있는 자료들이 많이 담겨 있다. 그러나 이 통계는 단순한 재미만을 제공(提供)하는 것이 아니라, 우리 사회의 성차별 문제가 여전히 심각함을 드러내는 것이 많아 주목된다. 여성의 경제활동(Economic Activity) 참가율이 계속해서 증가한다는 측면에서 고무적인 일이라고 할 수 있다. 그러나 그 실상을 들여다보면 그렇지 않다. 초등교사의 여성 비율이 압도적으로 높은 반면, 보직교사의 비율은 남성이 압도적으로 높게 나타난다. 이것은 뿌리깊은 성차별적 관행을 보여주는 전형적인 예라 하겠다.

(11) 표(Ctrl+N, T)   (7) 스타일(표제목)(F6)

초등학교 직위별 여교사 비율①

구분	2022년 비율	2023년 비율	증감
교장	15.5	15.9	2.33
보직	38	42.4	11.8
교사	75.6	79	4.52
합계	129.1	137.3	

(단위: %) (12) 블록 계산식(합계 : Ctrl+Shift+S)

(13) 캡션(Ctrl+N, C)

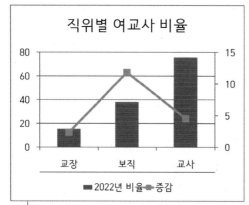

직위별 여교사 비율

(14) 차트([표] → [꿸(표 디자인)] → [꿸(차트 만들기)])

2. 성차별 사례 ──▶ (7) 스타일(개요 1)(F6)

가. 명예퇴직을 한 교사와 평교사의 경우는 여성의 비율이 압도적으로 높다.

나. 초등학교(Elementary School) 교사의 3명 가운데 2명은 여교사라는 통계(統計)가 나왔다.

다. 서울지역은 여교사 비율이 77.9%로 가장 높 (10) 하이퍼링크(Ctrl+K, H)

1) 자료: 통계청

으며 전남 지역은 45.3%로 가장 낮다.

(7) 스타일(개요 2)(F6)

3. 관련법은 선진국 수준 ──▶ (7) 스타일(개요 1)(F6)

가. 모성 보호(保護)와 육아(Child Care)에 대한 사회적 지원을 보장하는 법은 헌법(the Constitutional Law)의 모성보호법, 남녀고용평등법(육아휴직, 직장 보유시설 의무), 영유아보육법(보육시설), 국가공무원법(육아휴직) 등 선진국 수준(水準)으로 다양하게 규정되어 있다.

나. 국가공무원 규정에도 여성 공무원의 출산휴가(Maternity Leave), 보건휴가, 임신중 검진휴가, 육아시간 등이 보장되어 있다.

다. 그러나 한국여성 개발원 김엘림 수석연구원은 "법규 준수 실태에 대한 정확한 조사 통계도 없는 실정"이라며 "지방 공무원(a Local Civil Servants)의 경우 대체 인력이 부족해 현행 60일도 채우지 못하는 경우가 적지 않다"고 지적하고 있다.

◆ 참고문헌

Jerry Vanzant(2012). The Emergence of Puddiing Away, ABC Press. pp13-25.

Guillen, M.(2008). Building a Global Bank, Princeton University Press. pp34-45.

Nunes, T. et al.(2005). The Privatization of Banespa, Business Case Study. pp27-45.

(7) 스타일(참고문헌)(F6)

(9) 각주(Ctrl+N, N)

(2) 쪽 테두리([쪽] → [쪽 테두리/배경])

- iii - ──▶ (15) 쪽 번호(Ctrl+N, P)   월간경제지 ──▶ (17) 꼬리말(Ctrl+N, H)

2024년 워드프로세서 실기 시험

※ 무 단 전 재 금 함
(한글 2022)

과 목	제한시간
문서편집기능	30분

4회

〈다음 쪽의 문서를 아래 지시사항에 따라 작성하시오〉

■ 작성된 답안의 파일은 지정된 경로 및 파일명을 변경하지 마시고 저장해야 합니다. 이를 준수하지 않으면 실격 처리됩니다.

■ **편집 용지**
　– 용지 종류는 A4 용지(210mm×297mm) 1매에 용지 방향을 세로로 설정하여 문서를 작성하시오.
　– 용지 여백은 왼쪽 · 오른쪽 · 위쪽 · 아래쪽은 20mm, 머리말 · 꼬리말은 10mm,
　　기타 여백은 0mm로 지정하시오.

■ 문서의 본문은 2단으로 편집하되, 단 간격은 8mm로 설정하시오.

■ **글자 모양**
　– 글꼴은 별도의 지시가 없는 한 한글 2022의 기본값으로 작성하시오.
　– 영문, 숫자, 기호 등은 별도의 지시가 없는 한 자판에 있는 문자를 사용하시오.

■ **문단 모양**
　– 문장의 들여 쓰기(10pt), 정렬 방식, 여백 등은 문단 모양 기능을 이용하여 작성하시오.
　– 문단 모양은 별도의 지시가 없는 한 한글 2022의 기본값으로 작성하시오.
　– 사이 줄 띄우기는 각 1줄만, 사이 띄우기는 1칸만 띄우시오.

■ **표에서 내용의 정렬 방법**
　(제목 행과 '합계(평균)' 셀은 가운데 정렬, 나머지는 열 단위를 기준으로 아래와 같이 정렬)
　– 내용의 길이가 서로 다른 문자의 경우 왼쪽 정렬
　– 내용의 길이가 서로 다른 숫자의 경우 오른쪽 정렬
　– 내용의 길이가 서로 같을 경우 문자, 숫자 상관없이 가운데 정렬

■ 색상은 '기본'과 '오피스' 테마가 포함된 색상 팔레트를 사용하시오.

■ 각 항목은 별도의 지시가 없는 한 주어진 문서에 기준하여 작성하시오.

■ 각 항목은 별도의 지시가 없는 한 기본 설정값으로 처리하시오.

■ 문제에 제시된 지시사항은 작성하지 않음

 대 한 상 공 회 의 소

다음 쪽의 문서를 아래의 〈세부 지시사항〉에 따라 작성하시오.

(1) 쪽 테두리	• **선의 종류 및 굵기** : 이중 실선 0.4mm, 모두 • **위치** : 쪽 기준, 왼쪽·오른쪽·위쪽·아래쪽 모두 5mm
(2) 글상자	• **크기** : 너비 110mm, 높이 12mm, 크기 고정 • **위치** : 본문과의 배치 – 자리 차지, 가로 – 종이의 가운데 0mm, 세로 – 종이의 위 19mm • **바깥 여백** : 아래쪽 8mm • **선 속성** : 검정(RGB : 0,0,0), 실선 0.2mm　　　　　• **색 채우기** : 초록(RGB : 40,155,110) 60% 밝게
(3) 제목	• 휴먼옛체, 13pt, 장평(105%), 자간(10%), 진하게, 양각, 보라(RGB : 157,92,187) 50% 어둡게, 가운데 정렬
(4) 문단 첫 글자 　　장식	• **모양** : 2줄, 글꼴 : 굴림체, **면색** : 보라(RGB : 157,92,187) 50% 어둡게, **본문과의 간격** : 3mm • **글자색** : 하양(RGB : 255,255,255)
(5) 스타일 　(2개소 등록)	• **소제목** : 스타일 이름 – 소제목, 스타일 종류 – 문단, 번호 문단, 여백 – 왼쪽(15pt), 맑은 고딕, 진하게, 그림자 • **표제목** : 스타일 이름 – 표제목, 스타일 종류 – 문단, 가운데 정렬, 궁서체, 장평(105%), 자간(5%), 진하게
(6) 책갈피	• '최근의' 앞에 '참소'란 이름으로 책갈피 지정
(7) 그림	• **경로** : C:\WP\천안문.jpg, 문서에 포함 • **크기** : 너비 30mm, 높이 25mm • **위치** : 본문과의 배치 – 어울림, 가로 – 단의 오른쪽 0mm, 세로 – 문단의 위 0mm • **바깥 여백** : 왼쪽·아래쪽 3mm
(8) 각주	• **글자 모양** : 한컴돋움, 8pt, **번호 모양** : 아라비아 숫자
(9) 표	• **크기** : 너비 78mm ~ 80mm, 높이 38.65mm • **위치** : 글자처럼 취급 • **모든 셀의 안 여백** : 왼쪽·오른쪽 2.5mm • **전체 행** : 셀 높이를 같게 • **테두리** : 표 안쪽은 실선(0.12mm), 표 바깥의 위쪽과 아래쪽은 실선(0.5mm), 　　　　　표 바깥의 왼쪽과 오른쪽은 선 없음, 제목 행 아래쪽과 평균 행 위쪽은 이중 실선(0.4mm) • **제목 행** : 셀 배경색 – 검은 군청(RGB : 27,23,96), 글자 모양 – 한컴산뜻돋움, 진하게, 하양(RGB : 255,255,255) • **평균 행** : 셀 배경색 – 노랑(RGB : 255,255,0), 글자 모양 – 진하게 • **문단의 정렬 방식** : 가운데 정렬
(10) 블록 계산식	• 표의 평균 행에 블록 계산식을 이용하여 블록 평균 산출
(11) 캡션	• 표 위에 삽입
(12) 차트	• **차트의 모양** : 꺾은선/영역형(꺾은선형) • **차트의 크기** : 너비 80mm, 높이 75mm, 크기 고정 • **위치** : 본문과의 배치 – 자리 차지, 가로 – 단의 가운데 0mm, 세로 – 문단의 위 0mm • **바깥 여백** : 위쪽 5mm, 아래쪽 8mm • **항목 축, 값 축, 범례의 글꼴 설정** : 진하게, 9pt • 표의 아래 단락에 배치
(13) 하이퍼링크	• '동북아시아'에 하이퍼링크 설정 • **연결 대상** : '흔글 문서', 책갈피의 '참조'로 지정
(14) 쪽 번호	• **번호 위치** : 오른쪽 아래, **번호 모양** : 아라비아 숫자, 줄표 넣기 선택 안함, 시작 번호 지정
(15) 머리말	• 한컴 고딕, 10pt, 진하게, 빨강(RGB : 255,0,0), 오른쪽 정렬
(16) 꼬리말	• 굴림체, 10pt, 진하게, 파랑(RGB : 0,0,255)

(2) 글상자   (3) 제목   (15) 머리말

새소식

급부상하는 중국 경제 대책

(4) 문단 첫 글자 장식

(7) 그림

한 국개발연구원(Korea Development Institute) 박정동 연구위원은 "중국 경제는 무서운 속도로 발전하고 있다"며 "이로 인해 '기러기 행렬'에 비유되는 아시아의 국제 분업(International Division of Specialization)과 이를 통한 기존의 발전(發展) 모델이 깨지고 있다"고 말했다. 화웨이⑪와 같은 중국 기업이 부상하면서 자본과 기술집약적인 산업(Technology Intensive Industry)은 일본이 떠안고, 노동집약적인 산업은 저임 개도국(Developing Country)이 맡는 기존의 분업 체계가 무너지기 시작했다는 것이다.

이 중국 시장으로 빨려 들어 가고 있기 때문이다. 미국과 일본, 유럽연합(EU)의 다국적 기업(企業)은 물론 우리나라 기업조차 투자선을 동남아에서 중국으로 바꾼 지 오래다. 올 상반기만 해도 중국에 대한 직접 투자 규모(規模)를 58억 3,000만 달러에, 투자 건수는 6,643건에 달한다.

(5) 스타일(소제목)

2. 경제 전략 수립 필요

다국적 기업(Multinational Corporation)의 집적현상이 가장 잘 드러나는 곳은 홍콩과 접해 있는 주강 삼각주 지대다. 선전과 주하이 경제 특구가 있는 이곳은 2000년대 중반 이후 세계 전자 생산 기지로 부상했다. 산업연구원(Korea Institute for Industrial Economics & Trade) 사공목 연구위원은 "중국이 첨단 산업 분야에서도 한국과 일본을 위협하기 시작했다"고 말했다. 재정경제부 박병원 경제정책국장은 "우리나라가 10년 후 무엇을 먹고 살 것인가를 고민해야 할 때"라며 "중국의 부상에 제대로 대응하지 못하면 우리 경제(經濟)는 헤어나기 힘든 위기를 맞게 될 것"이라고 경고했다. 한중 수교 30주년을 맞는 지금은 동북아시아의 경제 판도가 뒤바뀌고 있으며 생존 전략(Strategy)을 모색해야 할 때라는 것이다. 이제 더 이상 종전과 같은 수출과 물량 위주의 경제 전략으로는 변화에 맞설 수 없으며 고부가가치 산업(産業) 중심으로 국내 기업 구조를 고도화 할 필요가 있다. (13) 하이퍼링크

강호원 기자 riverlakecircle@news.ac.kr

↓ 하이퍼링크 지우기

전각 기호   (5) 스타일(표제목)

※ 국가별 미국 시장점유율

(단위: %) → (11) 캡션   (9) 표

구분	2020년	2021년	2022년	증감
아세안	8	7	7.3	0.3
중국	7.9	8.3	9	0.7
일본	9	12	12.9	0.9
인도	4.2	4.4	4.8	0.4
한국	2.9	3	3.2	0.2
평균	6.40	6.94	7.44	

(10) 블록 계산식

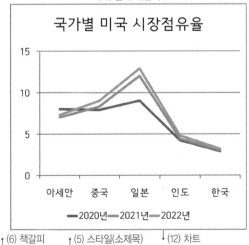

국가별 미국 시장점유율

```
15

10

 5

 0
    아세안   중국   일본   인도   한국
   ━2020년 ━2021년 ━2022년
```

(6) 책갈피   (5) 스타일(소제목)   (12) 차트

1. 아시아 경제의 블랙홀(Black Hole)

최근의 중국 경제는 블랙홀에 비유된다. 모든 것

(8) 각주

1) 중국의 네트워크 및 통신장비 공급 업체

(2) 글상자([Ctrl]+[N], [B] → [Ctrl]+[Z])　　(15) 머리말([Ctrl]+[N], [H])

급부상하는 중국 경제 대책

(4) 문단 첫 글자 장식([서식] → [꽲(문단 첫 글자 장식)])

(7) ([Ctrl]+[N], [I])

한 국개발연구원(Korea Development Institute) 박정동 연구위원은 "중국 경제는 무서운 속도로 발전하고 있다"며 "이로 인해 '기러기 행렬'에 비유되는 아시아의 국제 분업(International Division of Specialization)과 이를 통한 기존의 발전(發展) 모델이 깨지고 있다"고 말했다. 화웨이①와 같은 중국 기업이 부상하면서 자본과 기술집약적인 산업(Technology Intensive Industry)은 일본이 떠안고, 노동집약적인 산업은 저임 개도국(Developing Country)이 맡는 기존의 분업 체계가 무너지기 시작했다는 것이다.

(5) 스타일(표제목)([F6])

※ 국가별 미국 시장점유율

(단위: %) → (11) 캡션([Ctrl]+[N], [C])　　(9) 표([Ctrl]+[N], [T])

구분	2020년	2021년	2022년	증감
아세안	8	7	7.3	0.3
중국	7.9	8.3	9	0.7
일본	9	12	12.9	0.9
인도	4.2	4.4	4.8	0.4
한국	2.9	3	3.2	0.2
평균	6.40	6.94	7.44	

(10) 블록 계산식(평균 : [Ctrl]+[Shift]+[A])

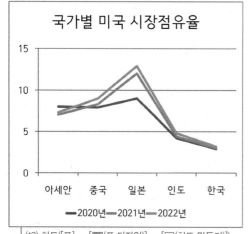

국가별 미국 시장점유율

(차트) 범례: 2020년, 2021년, 2022년
x축: 아세안, 중국, 일본, 인도, 한국
y축: 0, 5, 10, 15

(12) 차트([표] → [꽲(표 디자인)] → [꽲(차트 만들기)])

1. 아시아 경제의 블랙홀(Black Hole)

(5) 스타일(소제목)([F6])

최근의 중국 경제는 블랙홀에 비유된다. 모든 것

(8) 각주([Ctrl]+[N], [N])

1) 중국의 네트워크 및 통신장비 공급 업체

(6) 책갈피([Ctrl]+[K], [B])

이 중국 시장으로 빨려 들어가고 있기 때문이다. 미국과 일본, 유럽연합(EU)의 다국적 기업(企業)은 물론 우리나라 기업조차 투자선을 동남아에서 중국으로 바꾼 지 오래다. 올 상반기만 해도 중국에 대한 직접 투자 규모(規模)를 58억 3,000만 달러에, 투자 건수는 6,643건에 달한다.

(5) 스타일(소제목)([F6])

2. 경제 전략 수립 필요

다국적 기업(Multinational Corporation)의 집적현상이 가장 잘 드러나는 곳은 홍콩과 접해 있는 주강 삼각주 지대다. 선전과 주하이 경제 특구가 있는 이곳은 2000년대 중반 이후 세계 전자 생산 기지로 부상했다. 산업연구원(Korea Institute for Industrial Economics & Trade) 사공목 연구위원은 "중국이 첨단 산업 분야에서도 한국과 일본을 위협하기 시작했다"고 말했다. 재정경제부 박병원 경제정책국장은 "우리나라가 10년 후 무엇을 먹고 살 것인가를 고민해야 할 때"라며 "중국의 부상에 제대로 대응하지 못하면 우리 경제(經濟)는 헤어나기 힘든 위기를 맞게 될 것"이라고 경고했다. 한중 수교 30주년을 맞는 지금은 동북아시아의 경제 판도가 뒤바뀌고 있으며 생존 전략(Strategy)을 모색해야 할 때라는 것이다. 이제 더 이상 종전과 같은 수출과 물량 위주의 경제 전략으로는 변화에 맞설 수 없으며 고부가가치 산업(産業) 중심으로 국내 기업 구조를 고도화 할 필요가 있다.

(13) 하이퍼링크([Ctrl]+[K], [H])

강호원 기자(riverlakecircle@news.ac.kr)

(14) 쪽 번호([Ctrl]+[N], [P])

아시아경제뉴스 → (16) 꼬리말([Ctrl]+[N], [H])　　↓ (1) 쪽 테두리([쪽] → [쪽 테두리/배경])

③

2024년 워드프로세서 실기 시험

과 목	제한시간
문서편집기능	30분

5433005

5회

〈다음 쪽의 문서를 아래 지시사항에 따라 작성하시오〉

■ 작성된 답안의 파일은 지정된 경로 및 파일명을 변경하지 마시고 저장해야 합니다. 이를 준수하지 않으면 실격 처리됩니다.

■ **편집 용지**
   – 용지 종류는 A4 용지(210mm×297mm) 1매에 용지 방향을 세로로 설정하여 문서를 작성하시오.
   – 용지 여백은 왼쪽 · 오른쪽은 20mm, 위쪽 · 아래쪽은 10mm, 머리말 · 꼬리말은 10mm,
     기타 여백은 0mm로 지정하시오.

■ 문서의 본문은 1단에서 2단으로 변하는 모양으로 편집하되, 단 간격은 8mm, 구분선은 실선 0.12mm로 설정하시오.

■ **글자 모양**
   – 글꼴은 별도의 지시가 없는 한 한글 2022의 기본값으로 작성하시오.
   – 영문, 숫자, 기호 등은 별도의 지시가 없는 한 자판에 있는 문자를 사용하시오.

■ **문단 모양**
   – 정렬 방식, 여백 등은 문단 모양 기능을 이용하여 작성하시오.
   – 문단 모양은 별도의 지시가 없는 한 한글 2022의 기본값으로 작성하시오.
   – 사이 줄 띄우기는 각 1줄만, 사이 띄우기는 1칸만 띄우시오.

■ **표에서 내용의 정렬 방법**
   (제목 행과 '합계(평균)' 셀은 가운데 정렬, 나머지는 열 단위를 기준으로 아래와 같이 정렬)
   – 내용의 길이가 서로 다른 문자의 경우 왼쪽 정렬
   – 내용의 길이가 서로 다른 숫자의 경우 오른쪽 정렬
   – 내용의 길이가 서로 같을 경우 문자, 숫자 상관없이 가운데 정렬

■ 색상은 '기본' 테마가 포함된 색상 팔레트를 사용하시오.

■ 각 항목은 별도의 지시가 없는 한 주어진 문서에 기준하여 작성하시오.

■ 각 항목은 별도의 지시가 없는 한 기본 설정값으로 처리하시오.

■ 문제에 제시된 지시사항은 작성하지 않음

대 한 상 공 회 의 소

다음 쪽의 문서를 아래의 〈세부 지시사항〉에 따라 작성하시오.

(1) 다단 설정	• **모양** : 둘, **구분선** : 구분선 넣기, **적용 범위** : 새 다단으로
(2) 쪽 테두리	• **선의 종류 및 굵기** : 이중 실선 0.5mm, 모두 • **위치** : 쪽 기준, 왼쪽 · 오른쪽 · 위쪽 · 아래쪽 모두 5mm
(3) 글상자	• **크기** : 너비 170mm, 높이 24mm, 크기 고정 • **위치** : 본문과의 배치 – 자리 차지, 가로 – 종이의 가운데 0mm, 세로 – 종이의 위 20mm • **바깥 여백** : 아래쪽 5mm • **선 속성** : 검정(RGB : 0,0,0), 실선 0.2mm • **색 채우기** : 노랑(RGB : 255,215,0)
(4) 제목	• **제목(1)** : 휴먼명조, 15pt, 장평(110%), 자간(–4%), 진하게, 남색(RGB : 58,60,132), 가운데 정렬 • **제목(2)** : 여백 – 왼쪽(280pt)
(5) 누름틀	• **입력할 내용의 안내문** : '이름(영문) 직위', **입력 데이터** : '최진호(Choi Jinho) 대리'
(6) 그림	• **경로** : C:\WP\뱃사공.bmp, 문서에 포함 • **크기** : 너비 18mm, 높이 10mm • **위치** : 본문과의 배치 – 글 앞으로, 가로 – 종이의 왼쪽 23mm, 세로 – 종이의 위 23mm
(7) 스타일 (2개소 수정, 3개소 등록)	• **개요 1(수정)** : 여백 – 왼쪽(0pt), 휴먼고딕, 12pt, 진하게 • **개요 2(수정)** : 여백 – 왼쪽(15pt) • **표제목(등록)** : 스타일 이름 – 표제목, 스타일 종류 – 문단, 가운데 정렬, 돋움체, 11pt, 진하게 • **참고문헌 1(등록)** : 스타일 이름 – 참고문헌 1, 스타일 종류 – 문단, 내어쓰기 – 20pt • **참고문헌 2(등록)** : 스타일 이름 – 참고문헌 2, 스타일 종류 – 글자, 기울임
(8) 문단 첫 글자 장식	• **모양** : 3줄, **글꼴** : 돋움체, **면색** : 보라(RGB : 157,92,187), **본문과의 간격** : 3mm • **글자색** : 하늘색(RGB : 97,130,214) 80% 밝게
(9) 각주	• **글자 모양** : 견고딕, **번호 모양** : 영문자 대문자
(10) 하이퍼링크	• '국민연금공단'에 하이퍼링크 설정 • **연결 대상** : '웹 주소', 'http://www.nps.or.kr'
(11) 표	• **크기** : 너비 78mm ~ 80mm, 높이 33mm ~ 34mm • **위치** : 글자처럼 취급 • **모든 셀의 안 여백** : 왼쪽 · 오른쪽 2mm • **전체 행** : 셀 높이를 같게 • **테두리** : 표 안쪽은 실선(0.12mm), 표 바깥의 위쪽과 아래쪽은 실선(0.4mm), 표 바깥의 왼쪽과 오른쪽은 선 없음, 평균 행 위쪽은 이중 실선(0.5mm) • **제목 행** : 셀 배경색 – 주황(RGB : 255,132,58), 글자 모양 – 한컴산뜻돋움, 진하게, 하양(RGB : 255,255,255) • **평균 행** : 셀 배경색 – 초록(RGB : 40,155,110) 80% 밝게, 글자 모양 – 진하게 • **문단의 정렬 방식** : 가운데 정렬
(12) 블록 계산식	• 표의 평균 행에 블록 계산식을 이용하여 블록 평균 산출
(13) 캡션	• 표 위에 삽입 후 오른쪽 정렬
(14) 차트	• **차트의 모양** : 원형(2차원 원형) • **차트의 크기** : 너비 80mm, 높이 65mm, 크기 고정 • **위치** : 본문과의 배치 – 자리 차지, 가로 – 단의 가운데 0mm, 세로 – 문단의 위 0mm • **바깥 여백** : 위쪽 5mm, 아래쪽 8mm • **차트 계열색** : 색3 • **데이터 레이블** : 값, 안쪽 끝에 • **데이터 레이블의 글자색** : 밝은 색 • **데이터 레이블, 범례의 글꼴 설정** : 9pt • 표의 아래 단락에 배치
(15) 쪽 번호	• **번호 위치** : 오른쪽 아래, **번호 모양** : 아라비아 숫자, 줄표 넣기 선택, 시작 번호 지정
(16) 머리말	• 한컴 윤고딕 740, 10pt, 진하게, 남색(RGB : 58,60,132)
(17) 꼬리말	• 한양해서, 진하게, 검정(RGB : 0,0,0) 35% 밝게, 가운데 정렬

국민연금소식 ──→ (16) 머리말

(3) 글상자

국민연금, 수혈이냐 수술이냐

(4) 제목(1) (4) 제목(2)

발표일자: 2023. 10. 1.
작성자: 최진호(Choi Jinho) 대리

(6) 그림

(8) 문단 첫 글자 장식

(5) 누름틀

1. 개요 ──→ (7) 스타일(개요 1)

1 5살부터 64살까지를 생산 가능 인구(Productive Age)로 봤을 때 이들이 65살 이상 노인을 부양(扶養)하는 비율, 즉 노인부양비는 올해 11.6%에서 2030년에는 21.3%, 2040년에는 35.7%, 2050년에는 62.5%로 늘어날 것으로 전망된다. 거칠게 말하면 현재는 9명이 한 명의 노인을 부양하지만 2050년에는 0.6명이 한 명의 노인을 부양해야 한다. 이러한 시점에서 고갈되고 있는 국민연금(National Pension)의 재정(Finance) 안정화를 위한 방안(Plan)이 국회에 상정되었으나 국회(Congress) 통과는 힘들 것으로 보인다. 채권 유통 물량이 적으면 채권 펀드(Fund)가 수익(Revenue)을 올리기가 쉽지 않아진다. 의도(意圖)하지 않은 이런 현상은 재정 안정화 대책(Counterplan)이 채택돼 국민연금 기금의 증가세에 가속이 붙으면 더 빈번하게 출현할 수 있다.

(1) 다단 설정 (7) 스타일(표제목)

국가별 연기금 자산 구성A

(11) 표 (13) 캡션 (단위: %)

구분	미국	독일	한국	비고
주식	53.2	10.4	5.7	
채권	21.5	43.3	91.1	
대출	1.7	33.3	0.4	
국내외자산	11.0	7.9	0.8	
평균	21.85	23.73	24.50	

(14) 차트 (12) 블록 계산식

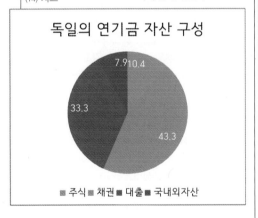

독일의 연기금 자산 구성

7.9 10.4
33.3
43.3

■ 주식 ■ 채권 ■ 대출 ■ 국내외자산

2. 자산(Assets) 편식 심각 ──→ (7) 스타일(개요 1)

가. 국민연금은 채권(Bond) 편식가이다. 한국개발연구원(Korea Development Institute)의 자료(Data)에 따르면, 2022년 국민연금 기금의 금융(金融) 부분 투자 비중에서 채권은

(9) 각주

A 자료: 국민연금공단

(10) 하이퍼링크

91%를 차지했다. 금융자산 중 주식은 5%였다.

나. 국민연금이 발행 국공채(Government Bond) 물량을 대거 흡수하면서 시장 유통 물량이 줄어 채권 가격(Price)이 잘 형성되지 않고 있다고 불만(Dissatisfaction)을 털어놓는다.
──→ (7) 스타일(개요 2)

3. 개선 대책 필요성 ──→ (7) 스타일(개요 1)

가. 국민연금의 고갈(Exhaustion)에 대한 우려(憂慮)의 목소리가 높아지고 있다. 더 내고 덜 받아도 다음 세대(Generation)를 생각하라며 희생(Sacrifice)을 강요하기도 한다.

나. 먼저 우리 앞에 나타난 해법은 재정 안정화 대책이다. 구조의 개선(Reformation)이라는 해법은 아직 현실화되지 못한 상태다.

다. 눈앞에 있으나 미흡한 해법을 택할 것인가. 근본적이나 멀리 있는 해법을 찾아 돌아갈 것인가. 정부뿐만 아니라 국민이 신중히 생각해야 할 문제다.

전각 기호 (7) 스타일(참고문헌 2)

※ 참고문헌 ──→ (7) 스타일(참고문헌 1)

R. K. Dragon(2006). *A Civil Organic Modern Chemistry*, Gilbut. pp34-56.

Wiliam. K. Narayan(2010). The Autobiography Urinalysis of the way to Samurai, Easy Press. pp56-89.

Jerry Vanzant(2012). The Emergence of Puddiing Away, ABC Press. pp13-25.

(2) 쪽 테두리 (15) 쪽 번호

국민연금월간보 제10호 (2023년 10월) ──→ (17) 꼬리말

- 3 -

국민연금, 수혈이냐 수술이냐

(3) 글상자(Ctrl+N, B → Ctrl+Z)

(6) 그림(Ctrl+N, I)

(8) 문단 첫 글자 장식([서식] → [끫(문단 첫 글자 장식)])

발표일자: 2023. 10. 1.

작성자: 최진호(Choi Jinho) 대리

(5) 누름틀(Ctrl+K, E)

1. 개요 — (7) 스타일(개요 1)(F6)

1

5살부터 64살까지를 생산 가능 인구(Productive Age)로 봤을 때 이들이 65살 이상 노인을 부양(扶養)하는 비율, 즉 노인부양비는 올해 11.6%에서 2030년에는 21.3%, 2040년에는 35.7%, 2050년에는 62.5%로 늘어날 것으로 전망된다. 거칠게 말하면 현재는 9명이 한 명의 노인을 부양하지만 2050년에는 0.6명이 한 명의 노인을 부양해야 한다. 이러한 시점에서 고갈되고 있는 국민연금(National Pension)의 재정(Finance) 안정화를 위한 방안(Plan)이 국회에 상정되었으나 국회(Congress) 통과는 힘들 것으로 보인다. 채권 유통 물량이 적으면 채권 펀드(Fund)가 수익(Revenue)을 올리기가 쉽지 않아진다. 의도(意圖)하지 않은 이런 현상은 재정 안정화 대책(Counterplan)이 채택돼 국민연금 기금의 증가세에 가속이 붙으면 더 빈번하게 출현할 수 있다.

(7) 스타일(표제목)(F6)

국가별 연기금 자산 구성 A

(11) 표(Ctrl+N, T)　(13) 캡션(Ctrl+N, C) → (단위: %)

구분	미국	독일	한국	비고
주식	53.2	10.4	5.7	
채권	21.5	43.3	91.1	
대출	1.7	33.3	0.4	
국내외자산	11.0	7.9	0.8	
평균	21.85	23.73	24.50	

(12) 블록 계산식(평균 : Ctrl+Shift+A)

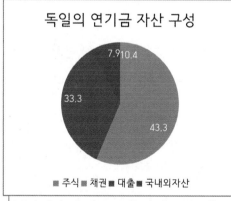

독일의 연기금 자산 구성

7.9 10.4
33.3
43.3

■ 주식 ■ 채권 ■ 대출 ■ 국내외자산

(14) 차트([표] → [표 디자인] → [차트 만들기])

2. 자산(Assets) 편식 심각 — (7) 스타일(개요 1)(F6)

가. 국민연금은 채권(Bond) 편식가이다. 한국개발연구원(Korea Development Institute)의 자료(Data)에 따르면, 2022년 국민연금 기금의 금융(金融) 부분 투자 비중에서 채권은

(10) 하이퍼링크(Ctrl+K, H)

A 자료: 국민연금공단

(9) 각주(Ctrl+N, N)

91%를 차지했다. 금융자산 중 주식은 5%였다.

나. 국민연금이 발행 국공채(Government Bond) 물량을 대거 흡수하면서 시장 유통 물량이 줄어 채권 가격(Price)이 잘 형성되지 않고 있다고 불만(Dissatisfaction)을 털어놓는다.

(7) 스타일(개요 2)(F6)

3. 개선 대책 필요성 — (7) 스타일(개요 1)(F6)

가. 국민연금의 고갈(Exhaustion)에 대한 우려(憂慮)의 목소리가 높아지고 있다. 더 내고 덜 받아도 다음 세대(Generation)를 생각하라며 희생(Sacrifice)을 강요하기도 한다.

나. 먼저 우리 앞에 나타난 해법은 재정 안정화 대책이다. 구조의 개선(Reformation)이라는 해법은 아직 현실화되지 못한 상태다.

다. 눈앞에 있으나 미흡한 해법을 택할 것인가. 근본적이나 멀리 있는 해법을 찾아 돌아갈 것인가. 정부뿐만 아니라 국민이 신중히 생각해야 할 문제다.

(7) 스타일(참고문헌 2)(F6)

※ 참고문헌　(7) 스타일(참고문헌 1)(F6)

R. K. Dragon(2006). *A Civil Organic Modern Chemistry*. Gilbut. pp34-56.

Wiliam. K. Narayan(2010). The Autobiography Urinalysis of the way to Samurai, Easy Press. pp56-89.

Jerry Vanzant(2012). The Emergence of Puddiing Away, ABC Press. pp13-25.

(2) 쪽 테두리([쪽] → [쪽 테두리/배경])

워드프로세서

필기

2025
시나공

길벗알앤디 지음

길벗

지은이 **길벗알앤디**

강윤석, 김용갑, 김우경, 김종일

IT 서적을 기획하고 집필하는 출판 기획 전문 집단으로, 2003년부터 길벗출판사의 IT 수험서인 〈시험에 나오는 것만 공부한다!〉 시리즈를 기획부터 집필 및 편집까지 총괄하고 있다.

30여 년간 자격증 취득에 관한 교육, 연구, 집필에 몰두해 온 강윤석 실장을 중심으로 IT 자격증 시험의 분야별 전문가들이 모여 국내 IT 수험서의 수준을 한 단계 높이기 위한 다양한 연구와 집필 활동에 전념하고 있다.

워드프로세서 필기 – 시나공 시리즈 ⑪

The Written Examination for Word Processor

초판 발행 · 2024년 9월 9일

발행인 · 이종원
발행처 · (주)도서출판 길벗
출판사 등록일 · 1990년 12월 24일
주소 · 서울시 마포구 월드컵로 10길 56(서교동)
주문 전화 · 02)332–0931 팩스 · 02)323–0586
홈페이지 · www.gilbut.co.kr 이메일 · gilbut@gilbut.co.kr

기획 및 책임 편집 · 강윤석(kys@gilbut.co.kr), 김미정(kongkong@gilbut.co.kr), 임은정(eunjeong@gilbut.co.kr), 정혜린(sunriin@gilbut.co.kr)
디자인 · 강은경, 윤석남 제작 · 이준호, 손일순, 이진혁 마케팅 · 조승모, 유영은
영업관리 · 김명자 독자지원 · 윤정아

편집진행 및 교정 · 길벗알앤디(강윤석 · 김용갑 · 김우경 · 김종일) 일러스트 · 윤석남
전산편집 · 예다움 CTP 출력 및 인쇄 · 금강인쇄 제본 · 금강제본

ISBN 979-11-407-1077-5 13000
(길벗 도서번호 030938)

가격 20,000원

독자의 1초까지 아껴주는 길벗출판사

(주)도서출판 길벗 | IT교육서, IT단행본, 경제경영서, 어학&실용서, 인문교양서, 자녀교육서 www.gilbut.co.kr
길벗스쿨 | 국어학습, 수학학습, 어린이교양, 주니어 어학학습, 학습단행본 www.gilbutschool.co.kr

인스타그램 • @study_with_sinagong

짜잔~ '시나공' 시리즈를 소개합니다~

자격증 취득, 가장 효율적으로 공부하고 싶으시죠?
보통 사람들의 공부 패턴과 자격증 시험을 분석하여 최적의 내용을 담았습니다.

 첫째 최대한 단시간에 취득할 수 있도록 노력했습니다.

학문을 수련함에 있어 다양한 이론을 폭넓게 공부하는 것은 더할 나위 없이 중요하지만 이 책은 자격증 취득을 목적으로 구성된 만큼 이론상 중요할지라도 시험 문제와 거리가 있는 내용은 배제했습니다. 또한 지금까지 출제된 모든 기출문제를 유형별로 분석하여 합격이 가능한 수준을 정한 후, 출제 비중이 낮은 내용은 과감히 빼고 중요한 것은 확실하게 표시해 둠으로써 어떠한 변형 문제가 나오더라도 대처할 수 있도록 최대한 자세하고 쉽게 설명했습니다.

 둘째 공부하면서 답답함을 느끼지 않도록 노력했습니다.

워드프로세서 필기 시험은 문제은행 방식이라 기출문제만 제대로 이해하면 합격할 수 있다는 말을 합니다. 하지만 기출문제, 특히 계산 문제나 이해가 필요한 문제까지 무조건 외우는 것은 무척 피곤한 일입니다. 교재에 수록된 문제나 이론은 하나도 빼놓지 않고 이쪽 분야에 전혀 기초가 없는 수험생의 눈높이에 맞춰 쉽게 설명했습니다.

 셋째 학습 방향을 제시하기 위해 노력했습니다.

이 시험을 준비하는 수험생들이 대부분 비전공자이기 때문에 학습 방향에 어둡기 쉽습니다. 학습 방향을 파악하지 못한 채 교재에 수록된 내용을 무작정 읽어 가는 것은 비효율적입니다. 실제 시험에서 출제되는 문제에 맞게 암기할 것, 한 번만 읽어볼 것, 구분할 것, 이해할 것, 실습할 것 등 옆에서 선생님이 지도하는 것처럼 친절한 가이드라인을 제공했습니다.

 넷째 이렇게 공부하세요.

다음은 10여 년간 학생들을 지도하고, 10년 동안 100여권 이상의 IT수험서를 만들면서 정리한 빠르게 합격하는 비법입니다.

① 매 섹션의 끝에 나오는 기출문제 따라잡기를 먼저 공부하면서 문제가 어떻게 출제되는지 어떤 것을 자세하게 공부해야 하는지 먼저 감을 잡습니다.

② 이제 섹션의 처음으로 돌아와서 전문가의 조언을 먼저 읽은 후 본문을 읽기 시작하면 기출문제 따라잡기에서 공부한 내용을 접하게 되므로 낯설지 않을 뿐더러 무엇을 어떻게 공부해야 할지 학습 방향을 명확히 잡을 수 있습니다.

③ 섹션을 마친 후 다시 기출문제 따라잡기를 공부하면 대부분의 문제가 이해됩니다. 이 때에도 이해되지 않는 문제는 미결 표시를 해 놓은 후 다음 섹션으로 넘어갑니다.

④ 한 장을 마치면 그 장에서 시험에 꼭 나오는 내용만 뽑아 모은 핵심요약이 나옵니다. 앞에서 배운 내용을 상기하면서 확실히 암기하고 다음 장의 섹션으로 넘어갑니다.

⑤ 교재 한 권을 모두 마친 후에는 다시 처음으로 돌아와 기출문제 따라잡기와 핵심요약만 다시 한 번 공부합니다.

⑥ 시험이 임박해지면 등급이 A, B인 섹션과 이해가 안 되어 표시해 두었던 문제와 틀린 문제만 확인합니다.

끝으로 이 책으로 공부하는 모든 수험생들이 한 번에 합격할 수 있기를 기원합니다.

2024년 가을날에
강윤석

1 과목

워드프로세싱 용어 및 기능

① 워드프로세서 일반

Ⓐ	001	워드프로세서의 기본 지식	22
Ⓓ	002	키보드 키의 기능	25
Ⓐ	003	한글 코드	27
Ⓒ	004	데이터 입력	29
Ⓑ	005	저장 기능	31
Ⓒ	006	입력 및 저장 관련 용어	34
Ⓒ	007	표시 기능	37
Ⓒ	008	편집 기능 – 기본 편집 기능	41
Ⓑ	009	편집 기능 – 정렬 및 검색	44
Ⓐ	010	편집 기능 – 고급 편집 기능	46
Ⓐ	011	편집 기능 – 기타 편집 기능	49
Ⓑ	012	출력 기능 – 개요	52
Ⓑ	013	출력 기능 – 글꼴 구현 방식, 용지	55
Ⓒ	014	출력 기능 – 기타 출력 기능	58
		핵심요약	60

*각 섹션은 출제 빈도에 따라 Ⓐ, Ⓑ, Ⓒ, Ⓓ로 등급이 분류되어 있습니다. 공부할 시간이 없는 분들은 출제 빈도가 높은 순서대로 공부하세요.

출제 빈도

Ⓐ 매 시험마다 꼭 나오는 부분
Ⓑ 두 번 시험 보면 한 번은 꼭 나오는 부분
Ⓒ 세 번 시험 보면 한 번은 꼭 나오는 부분
Ⓓ 네 번 시험 보면 한 번은 꼭 나오는 부분

⓪ 준비 운동

수험생을 위한 아주 특별한 서비스	8
한눈에 살펴보는 시나공의 구성	10
시험 접수부터 자격증을 받기까지 한눈에 살펴볼까요?	14
워드프로세서 시험, 이것이 궁금하다!	16

② 전자출판

Ⓒ	015	전자출판의 개요	66
Ⓑ	016	전자출판의 특징과 기능	68
Ⓐ	017	전자출판 관련 용어	70
		핵심요약	72

③ 문서 작성하기

Ⓒ 018	문서의 분류	74
Ⓐ 019	사내문서 / 사외문서	76
Ⓐ 020	교정 부호 / 한글 맞춤법	79
	핵심요약	84

④ 문서 관리하기

Ⓐ 021	문서관리 일반	86
Ⓐ 022	문서 파일링	90
Ⓐ 023	전자문서 관리	93
Ⓑ 024	공문서의 일반 지식	96
Ⓒ 025	공문서의 기안과 처리	99
Ⓑ 026	공문서의 구성	102
Ⓑ 027	공문서의 결재/간인/발신/접수	106
	핵심요약	109

2 과목

PC 운영체제

① 한글 Windows 10의 기초

Ⓑ 028	한글 Windows 10의 특징	116
Ⓑ 029	한글 Windows 10의 부팅	118
Ⓑ 030	한글 Windows 10의 '시작 설정'	120
Ⓒ 031	한글 Windows 10의 종료	123
Ⓑ 032	바로 가기 키	124
	핵심요약	128

② 한글 Windows 10의 사용법

Ⓒ 033	바탕 화면 / 바로 가기 아이콘	130
Ⓐ 034	작업 표시줄	133
Ⓑ 035	작업 표시줄 설정	136
Ⓒ 036	작업 표시줄 – 작업 보기 / 가상 데스크톱 / 도구 모음	139
Ⓒ 037	시작 메뉴	142
Ⓐ 038	파일 탐색기	146
Ⓒ 039	폴더 옵션	151
Ⓑ 040	파일 탐색기의 구성 요소	153
Ⓑ 041	디스크 관리	155
Ⓐ 042	파일과 폴더	158
Ⓐ 043	파일 · 폴더 다루기 – 선택 / 복사 / 이동 / 이름 바꾸기 / 삭제	161
Ⓒ 044	검색 상자	164
Ⓐ 045	휴지통 사용하기	167
	핵심요약	170

③ 한글 Windows 10의 고급 사용법

Ⓓ 046	[설정] 창	176
Ⓒ 047	[설정] 창의 '시스템'	179
Ⓑ 048	[설정] 창의 '개인 설정'	182
Ⓐ 049	[설정] 창의 '앱'	185
Ⓐ 050	[설정] 창의 '접근성'	188
Ⓐ 051	[설정] 창의 '계정'	191
Ⓒ 052	[설정] 창의 '업데이트 및 보안'	193
Ⓒ 053	[설정] 창의 '장치'	196
Ⓐ 054	앱과 하드웨어의 추가/제거	198
Ⓐ 055	한글 Windows 10에서의 인쇄 작업	200
	핵심요약	204

④ Windows 보조프로그램과 유니버설 앱의 활용

Ⓒ 056 Windows 보조프로그램 – 메모장　210

Ⓒ 057 Windows 보조프로그램 – 그림판　212

Ⓒ 058 기타 Windows 보조프로그램　214

Ⓐ 059 유니버설 앱 – 계산기 / 스티커 메모 /
　　　　음성 녹음기 / 빠른 지원　216

Ⓒ 060 유니버설 앱 – 기타　219

　　　　핵심요약　221

⑤ 컴퓨터의 유지와 보수

Ⓐ 061 Windows 관리 도구 – 시스템 정보 /
　　　　드라이브 조각 모음 및 최적화 / 디스크
　　　　정리　224

Ⓑ 062 Windows 시스템 – 작업 관리자　228

Ⓑ 063 시스템 유지 관리 – 드라이브 오류 검사
　　　　/ 레지스트리　230

Ⓐ 064 Windows 문제 해결　232

　　　　핵심요약　236

　　　　합격수기_이중건　238

⑥ 네트워크 관리

Ⓐ 065 네트워크　240

Ⓑ 066 [설정] 창의 '네트워크 및 인터넷'　243

Ⓐ 067 공유　246

Ⓑ 068 TCP/IP의 구성 요소　249

　　　　핵심요약　252

　　　　합격수기_이윤섭　254

3 과목

PC 기본상식

① 컴퓨터 시스템의 개요

Ⓑ 069 컴퓨터의 개념　258

Ⓑ 070 컴퓨터의 발전 과정　260

Ⓑ 071 컴퓨터의 분류 – 처리 능력　263

Ⓐ 072 컴퓨터의 분류 – 데이터 취급 /
　　　　사용 용도　266

Ⓒ 073 자료 구성의 단위　268

Ⓑ 074 자료의 표현 방식　269

　　　　핵심요약　272

② 컴퓨터 시스템

Ⓐ 075 중앙처리장치　276

Ⓒ 076 마이크로프로세서　279

Ⓒ 077 주기억장치　281

Ⓐ 078 기타 메모리　284

Ⓑ 079 보조기억장치　286

Ⓒ 080 입력장치　290

Ⓒ 081 출력장치　292

Ⓐ 082 메인보드(주기판)　294

Ⓒ 083 하드디스크 연결 방식　297

Ⓑ 084 인터럽트 / 채널 / DMA　299

Ⓑ 085 시스템 소프트웨어　302

Ⓐ 086 운영체제의 운영 방식　304

Ⓐ 087 응용 소프트웨어　306

Ⓒ 088 프로그래밍 언어　309

　　　　핵심요약　311

3 PC의 유지보수

C 089 PC 관리 318

C 090 PC 응급처치 320

C 091 PC 업그레이드 322

핵심요약 324

4 멀티미디어 활용

B 092 멀티미디어 326

B 093 멀티미디어 소프트웨어 328

B 094 멀티미디어 그래픽 데이터 331

A 095 멀티미디어 오디오/비디오 데이터 333

핵심요약 336

5 정보통신과 인터넷

C 096 정보통신의 이해 340

D 097 통신망의 종류 342

C 098 망의 연결 회선 344

B 099 인터넷의 주소 체계 346

A 100 프로토콜 348

C 101 인터넷 서비스 351

A 102 웹 프로그래밍 언어 353

A 103 웹 브라우저 / 검색 엔진 356

핵심요약 359

6 정보 사회와 보안

C 104 정보 사회 364

A 105 바이러스와 백신 366

A 106 정보 보안 개요 369

A 107 정보 보안 기법 373

핵심요약 377

합격수기_김은진 380

7 ICT 신기술 활용

A 108 최신 기술 관련 용어 382

A 109 모바일 정보 기술 활용 387

핵심요약 390

합격수기_이현호 392

8 전자우편 및 개인정보 관리

B 110 개인정보 관리 394

A 111 전자우편 396

B 112 아웃룩(Outlook)의 활용 398

핵심요약 401

찾아보기 403

수험생을 위한 아주 특별한 서비스

서비스 하나 | 시나공 홈페이지
시험 정보 제공!

IT 자격증 시험, 혼자 공부하기 막막하다고요? 시나공 홈페이지에서 대한민국 최대, 50만 회원들과 함께 공부하세요.

지금 sinagong.co.kr에 접속하세요!

시나공 홈페이지에서는 최신기출문제와 해설, 선배들의 합격 수기와 합격 전략, 책 내용에 대한 문의 및 관련 자료 등 IT 자격증 시험을 위한 모든 정보를 제공합니다.

서비스 둘 | 수험생 지원센터
무엇이든 물어보세요!

공부하다 답답하거나 궁금한 내용이 있으면, 시나공 홈페이지 도서별 '책 내용 질문하기' 게시판에 질문을 올리세요. 길벗알앤디의 전문가들이 빠짐없이 답변해 드립니다.

서비스 셋 | 합격을 위한
학습 자료

시나공 홈페이지 회원으로 가입하면 시험 준비에 필요한 학습 자료를 내려받을 수 있습니다.
• 기출문제 : 최근에 출제된 기출문제를 제공합니다. 최신기출문제로 현장 감각을 키우세요.

서비스 넷 | 실기 시험 대비
온라인 특강 서비스

(주)도서출판 길벗에서는 실기 시험 준비를 위한 온라인 특강을 제공하고 있습니다. 다음과 같은 방법으로 이용하세요.

실기 특강 온라인 강좌는 이렇게 이용하세요!

1. 길벗출판사 홈페이지(gilbut.co.kr)에 접속하여 로그인하세요!
2. 상단 메뉴 중 [동영상 강좌] → [IT자격증] → [무료강좌]를 클릭하세요!
3. 실기 특강 목록에서 원하는 강좌를 클릭하여 시청하세요.

서비스 다섯 | 시나공 만의
동영상 강좌

독학이 가능한 친절한 교재가 있어도
준비할 시간이 부족하다면?

길벗출판사의 '동영상 강좌(유료)' 이용 안내

1. 길벗출판사 홈페이지(gilbut.co.kr)에 접속하여 로그인하세요.
2. 상단 메뉴 중 [동영상 강좌]를 클릭하세요.
3. 'IT자격증' 카테고리에서 원하는 강좌를 선택하고 [수강 신청하기]를 클릭하세요.
4. 우측 상단의 [마이길벗] → [나의 동영상 강좌]로 이동하여 강좌를 수강하세요.
※ 기타 동영상 이용 문의 : 독자지원(02-332-0931)

시나공 홈페이지 회원 가입 방법

1. 시나공 홈페이지(sinagong.co.kr)에 접속하여 우측 상단의 〈회원가입〉을 클릭하고 〈이메일 주소로 회원가입〉을 클릭합니다.
   ※ 회원가입은 소셜 계정으로도 가입할 수 있습니다.
2. 가입 약관 동의를 선택한 후 〈동의〉를 클릭합니다.
3. 회원 정보를 입력한 후 〈이메일 인증〉을 클릭합니다.
4. 회원 가입 시 입력한 이메일 계정으로 인증 메일이 발송됩니다. 수신한 인증 메일을 열어 이메일 계정을 인증하면 회원가입이 완료됩니다.

시나공 시리즈는 단순한 책 한 권이 아닙니다. 여러분이 시나공 시리즈 책 한 권을 구입한 순간, Q&A 서비스에서 최신기출문제 등 각종 학습 자료까지 IT 자격증 최고 전문가들이 제공하는 온라인&오프라인 합격 보장 교육 프로그램이 함께합니다.

2025년 한 번에 합격을 위한 특별 서비스 하나 더

112섹션 309필드 중 292필드를 동영상 강의로 담았습니다.

혼자 공부하다가 어려운 부분이 나와도 고민하지 말고, 다음의 세 가지 방법을 이용하여
시나공 저자의 속 시원한 강의를 바로 동영상으로 확인하세요.

1. 스마트폰으로 QR코드를 찍어보세요!

STEP 1
스마트폰의 QR코드 리더 앱을 실행하세요.

STEP 2
시나공 토막강의 QR코드를 스캔하세요.

STEP 3
스마트폰을 통해 토막강의가 시작됩니다.

2. 시나공 홈페이지에서 토막강의 번호를 입력하세요!

STEP 1
시나공 홈페이지에 접속한 후 [워드프로세서] → [필기] → [동영상 강좌] → [토막강의]를 클릭하세요.

STEP 2
'강의번호'에 토막강의 번호를 입력하면 강의목록이 표시됩니다.

STEP 3
강의명을 클릭하면 토막강의를 볼 수 있습니다.

3. 유튜브에서는 이렇게 이용하세요!

STEP 1
유튜브 검색 창에 "시나공"+토막강의 번호를 입력하세요.

시나공1100101

STEP 2
검색된 항목 중 원하는 토막강의를 클릭하여 시청하세요.

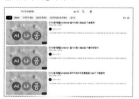

★ 토막강의가 지원되는 도서는 시나공 홈페이지를 통해 확인할 수 있습니다.
★ 스마트폰을 이용하실 경우 무선랜(Wi-Fi)에 연결되지 않은 상태에서 토막강의를 이용하시면 가입하신 요금제에 따라 과금이 됩니다.

시험에 나오는 것만 골라 볼 수 있다! — '섹션별 구성'

기출문제 유형을 섹션의 틀 안에 담아 두어 출제 유형의 파악이 용이합니다.
또한 이론은 각 필드에서 짧게 공부하고, 기출문제로 바로 확인할 수 있어 학습이 지루하지 않습니다.

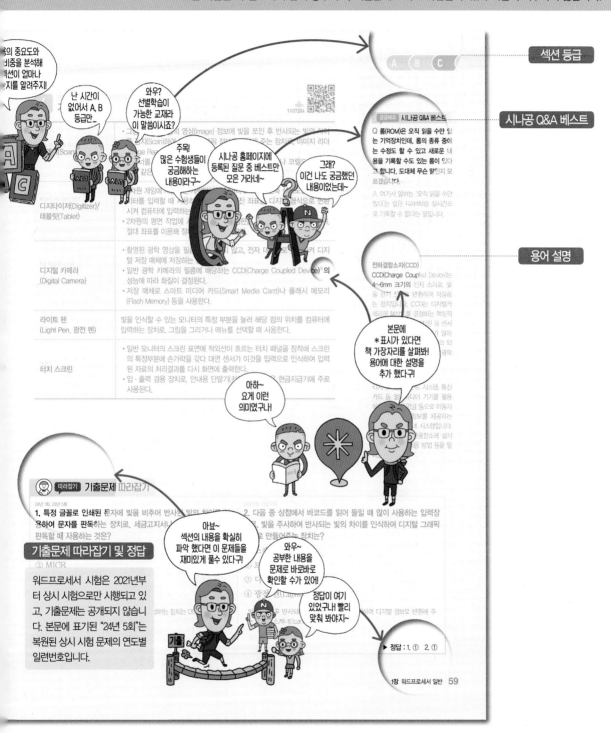

한눈에 살펴보는 시나공의 구성

핵심요약

찾아보기

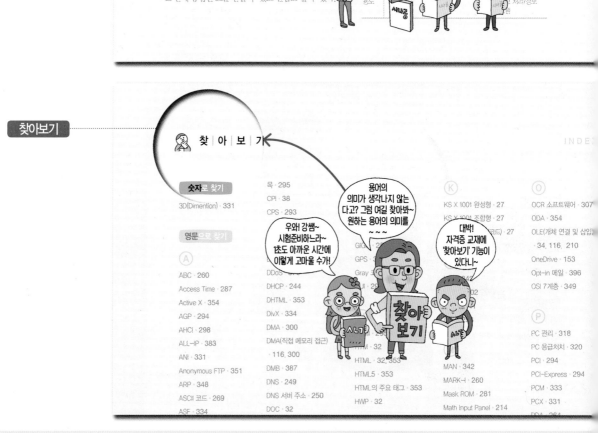

필기 시험

1 응시자격조건

2 필기원서접수

3 필기시험

워드프로세서 시험은 남녀노소 누구나 응시할 수 있습니다!

함께 준비했어요~

오~키!

나만 빼고 언제..

필기 시험은 인터넷 접수만 가능합니다!

◎ 상시 시험 : 매주 시행
◎ 인터넷 원서 접수 사이트 : license.korchan.net
◎ 접수 수수료 : 19,000원
◎ 인터넷 접수 대행 수수료 : 1,200원

여러분~ 부정 행위는, 꿈도 꾸지마시고~ 시험 시~작!

필기 시험은 과목당 40점 이상, 전 과목 평균 60점 이상의 점수를 얻어야 합격합니다!

★ 자격증 신청 및 수령 ★

신청방법
⇩
인터넷 신청만 가능!

수령방법
⇩
등기 우편으로만 수령 가능!

※ 신청할 때 준비할 것은~

▶ 인터넷 신청 : 접수 수수료 3,100원, 등기 우편 수수료 3,000원

4 합격여부 확인

실기 시험

1 실기원서접수

설마 필기시험에 떨어진건 아니겠지~?

합격

축합격

실기 시험은 인터넷 접수만 가능합니다!

실기

◎ 상시 시험 : 매주 시행
◎ 인터넷 원서 접수 사이트 :
  license.korcham.net
◎ 프로그램 : 한글 2022
◎ 접수 수수료 : 22,000원
◎ 인터넷 접수 대행 수수료 : 1,200원

상시 시험은 매주 있어요

최종 합격

3 합격여부 확인

2 실기시험

합격여부 확인은 license.korcham.net로 하면 됩니다.

필기는 합격 하셨군요~ 실기도 편안한 마음으로 시작하세요~고고!

실기

실기 시험은 80점 이상의 점수를 얻어야 합니다!

집중

워드프로세서 시험, 이것이 궁금하다!

Q 워드프로세서 자격증 취득 시 독학사 취득을 위한 학점 인정이 가능하다고 하던데, 학점 인정 현황은 어떻게 되나요?

A

종목	학점
정보처리기사	20
정보처리산업기사	16
사무자동화산업기사	16
컴퓨터활용능력 1급	14
컴퓨터활용능력 2급	6
워드프로세서	4

※ 자세한 내용은 평생교육진흥원 학점은행 홈페이지(http://cb.or.kr)를 참고하세요.

Q 시험 접수를 취소하고 환불받을 수 있나요? 받을 수 있다면 환불 방법을 알려주세요.

A 네, 가능합니다. 대한상공회의소 자격평가사업단 홈페이지의 위쪽 메뉴에서 [개별접수] → [검정수수료반환]을 클릭하여 신청하면 됩니다. 하지만 환불 신청 기간 및 사유에 따라 환불 비율에 차이가 있습니다.

환불 기준일	환불 비율
접수일 ~ 시험일 4일 전	100% 반환
시험일 3일 전 ~ 시험일	반환 불가

※ 100% 반환 시 인터넷 접수 수수료는 제외하고 반환됩니다.

Q 필기 시험에 합격하면 2년 동안 필기 시험이 면제된다고 하던데, 필기 시험에 언제 합격했는지 기억이 나지 않을 경우 실기 시험 유효 기간이 지났는지 어떻게 확인해야 하나요?

A 대한상공회의소 자격평가사업단 홈페이지에 로그인한 후 [마이페이지] 코너에서 확인할 수 있습니다.

Q 워드프로세서 필기 응시 수수료와 실기 응시 수수료는 얼마인가요?

A 필기는 17,000원이고, 실기는 19,500원입니다.

Q 필기 시험 볼 때 입실 시간이 지나서 시험장에 도착할 경우 시험 응시가 가능한가요?

A 입실 시간이 지나면 시험장에 입실할 수 없습니다. 반드시 입실 시간에 맞춰 입실하세요.

Q 필기 시험 볼 때 가져갈 준비물로는 어떤 것들이 있나요?

A 수검표, 신분증(주민등록증, 운전면허증 등)을 지참해야 합니다.
※ 신분증을 지참하지 않으면 시험에 응시할 수 없으니 반드시 신분증을 지참하세요.

Q 신분증을 분실하였을 경우에는 어떻게 해야 하나요?

A 신분증을 분실했을 경우 주민센터에서 주민등록증 발급 신청 확인서를 발부해 오면 됩니다. 그 외에 운전면허증, 학생증 및 청소년증(중·고등학생 한정), 유효기간 내의 여권, 국가기술 자격증이 있어도 됩니다. 그리고 예외적으로 초등학생 및 미취학 아동은 주민등록초본과 건강보험증으로 대체할 수 있습니다.

Q 자격증 분실 시 재발급 받으려면 어떻게 해야 하나요?

A 처음 자격증 신청할 때와 동일하게 인터넷으로 신청하면 됩니다.

Q 필기 시험에 합격한 후 바로 상시 시험에 접수할 수 있나요?

A 네. 가능합니다. license.korcham.net에서 접수하면 됩니다.

Q 실기 시험 합격 여부를 확인하기 전에 다시 상시 시험에 접수하여 응시할 수 있나요?

A 네, 상시 시험은 같은 날 같은 급수만 아니면, 합격 발표 전까지 계속 접수 및 응시가 가능합니다. 그러나 합격한 이후에 접수한 시험은 모두 무효가 되며 접수한 시험에 대해서는 취소 및 환불이 되지 않으니 주의하기 바랍니다.

Q 필기 시험과 실기 시험의 합격 기준은 어떻게 되나요?

A

필기 시험			
시험 과목	제한시간	출제형태	합격기준
• 워드프로세싱 용어 및 기능 • PC 운영체제 • PC 기본상식	60분	객관식 60문항	과목당 40점 이상 평균 60점 이상

실기 시험			
시험 과목	제한시간	출제형태	합격기준
문서 편집 기능	30분	컴퓨터작업형	80점

워드프로세싱 용어 및 기능

1장 워드프로세서 일반

2장 전자출판

3장 문서 작성하기

4장 문서 관리하기

전문가가 분석한 1과목 출제 경향

1과목은 나왔던 문제가 또 출제되는 편… 신기술 용어에 대비하면서 80점 이상을 목표로 공부하세요.

상식적인 수준의 문제가 출제되고 있으니 가벼운 마음으로 읽어보세요. 1과목은 나온 문제가 또 나온다는 믿음(?)을 가지고 기출문제 위주로 확실히 공부하면 90점 이상은 반드시 취득할 수 있습니다. 그러나 무엇보다도 워드프로세서 일반과 문서 관리하기에서 전체의 약 80%가 출제되고 있음을 유념해야 합니다.

IT 자격증 전문가 강윤석

 미리 따라해 본 베타테스터의 한 마디

이 책을 보면서 제가 정말 놀란 점은 간단명료한 설명과 실제로 책을 보는 독자의 입장에서 생각하고 쓴 명쾌한 해설, 그리고 군더더기 없는 내용이었습니다. 알찬 내용만 있으니까 학습 속도도 정말 빠릅니다. 저는 일주일 동안 이 책을 봤지만 컴퓨터를 잘 모르는 사람이라도 짧게는 1주일, 넉넉히 2주일이면 필기 시험 준비는 끝날 것입니다. 제가 책을 다 본 후에 모의시험을 한 번 보았는데 세 과목 평균 82점이 나왔습니다. 어떻게 이렇게 시험에 나올 만한 내용들로만 구성되었는지 여기서 제가 한번 더 놀랐습니다.

베타테스터 윤 석(23살, 복학 예정 대학생)

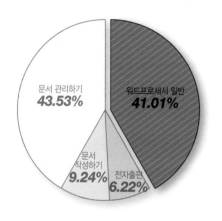

문서 관리하기
43.53%

워드프로세서 일반
41.01%

문서 작성하기
9.24%

전자출판
6.22%

1장

워드프로세서 일반

001 워드프로세서의 기본 지식 Ⓐ등급

002 키보드 키의 기능 Ⓓ등급

003 한글 코드 Ⓐ등급

004 데이터 입력 Ⓒ등급

005 저장 기능 Ⓑ등급

006 입력 및 저장 관련 용어 Ⓒ등급

007 표시 기능 Ⓒ등급

008 편집 기능 - 기본 편집 기능 Ⓒ등급

009 편집 기능 - 정렬 및 검색 Ⓑ등급

010 편집 기능 - 고급 편집 기능 Ⓐ등급

011 편집 기능 - 기타 편집 기능 Ⓐ등급

012 출력 기능 - 개요 Ⓑ등급

013 출력 기능 - 글자 구현 방식, 용지 Ⓑ등급

014 출력 기능 - 기타 출력 기능 Ⓒ등급

꼭 알아야 할 키워드 Best 10
1. 유니코드 2. 스타일 3. OLE 4. 낱장 용지 5. 워드프로세서 6. 옵션 7. 검색 8. 매크로 9. 마진 10. 메일 머지

워드프로세서의 기본 지식

1 워드프로세서의 정의
13.3

1100101

워드프로세서(Word Processor)란 문서를 생성, 편집, 저장, 그리고 인쇄하는 기능을
갖춘 시스템이나 소프트웨어를 말하며, '단어처리기'라고도 한다.

- 워드프로세서는 스프레드시트, 데이터베이스와 함께 사무자동화(OA)의 중추적인
  역할을 담당한다.

2 워드프로세서의 기능
21.2, 15.2, 09.4, 02.4, 00.1

1100102

워드프로세서는 문서를 작성하기 위해 다음과 같은 여러 가지 기능들을 제공한다.

21.2, 15.2, 09.4, ... **입력 기능**	워드프로세서에서 한글, 영문, 특수문자, 사진 도형 등을 입력하는 기능이다.
21.2, 15.2, 09.4, 00.1 **표시 기능**	입력한 내용을 모니터 등으로 표시하는 기능이다.
02.4 **편집 기능**	표시된 문서의 문자나 그래픽의 형태, 크기, 위치 등을 편집하는 기능이다.
21.2, 15.2 **인쇄 기능**	편집이 완료된 문서를 프린터 등으로 출력하는 기능이다.
09.4, 00.1 **저장 기능**	완성된 문서를 보조기억장치에 저장하는 기능이다.

3 워드프로세서의 구성 요소
22.3, 12.3, 11.3, 10.2, 09.4, 01.1, 97.3

1100103

워드프로세서는 입력·표시·편집·인쇄·저장 기능들을 제공하기 위해 다음과 같은
다양한 장치들을 연결하여 사용한다.

12.3, 11.3, 10.2, 09.4 **입력장치***	키보드, 마우스, 스캐너, 터치패드, 트랙볼, 디지타이저, OMR, OCR, MICR, BCR 등
12.3, 11.3, 10.2, 09.4 **표시장치***	CRT, LCD, TFT LCD, LED, FED, PDP 등
22.3, 12.3, 11.3, 10.2, ... **출력장치***	프린터, 플로터, COM 등
12.3, 11.3, 10.2, 09.4 **저장장치***	자기 디스크, 자기 테이프, CD-ROM, DVD, SSD, 하드디스크, USB 메모리 등

4 워드프로세서의 특징

24.3, 24.2, 24.1, 23.4, 23.3, 23.2, 22.3, 22.2, 22.1, 21.4, 21.3, 21.1, 20.상시, 20.1, 19.상시, 19.2, 18.상시, 18.2, 18.1, 17.2, 16.3, 16.2, …

1100104

워드프로세서는 필기도구와 종이를 이용하여 문서를 작성하는 작업과 비교할 때 다음과 같은 특징이 있다.

- 워드프로세서를 이용하면 문서 작성에 드는 시간과 노력을 줄일 수 있다.
- 손쉽게 다양한 문서 형태를 만들고 인쇄할 수 있다.
- 간단한 표 계산 기능 및 차트 기능을 지원한다.
- 문서 작성 및 관리를 전산화함으로써 유지 관리가 쉽고 효율적인 업무처리를 할 수 있다.
- 작성된 문서의 보존 및 검색이 유리하다.
- 문서의 통일성과 체계를 갖출 수 있다.
- 작성한 문서를 다른 응용 프로그램에서 사용(호환*)할 수 있다.
- 워드프로세서로 작성된 문서는 쉽게 변경할 수 있고, 모바일, 메일, 팩시밀리 등의 정보통신망을 이용하여 전송할 수 있으므로 보안에 주의해야 한다.
- 문서의 보안 유지를 위해서 문서에 암호를 지정할 수 있다.

24.5, 20.1, 18.2, 17.2, 16.2, 12.1, 06.4, 05.3, 04.4

잠깐만요 표 기능 / 차트 기능

3100131

표 기능

- 표는 하나 이상의 셀*로 구성된 것으로, 데이터를 일정한 형식과 순서로 정리할 때 사용합니다.
- 표의 서식을 다양하게 변경할 수 있습니다.
- 하나의 셀을 여러 셀로 나누거나 두 개 이상의 셀을 하나의 셀로 합칠 수 있습니다.
- 표 안에 중첩된 표를 만들 수 있고 편집도 할 수 있습니다.
- 평균, 합계 등을 계산할 수 있습니다.
- 표를 일반 텍스트 형태로 변형할 수 있습니다.

차트 기능

- 차트는 데이터를 막대나 선, 도형, 그림 등을 사용하여 시각적으로 표현한 것입니다.
- 차트는 자료의 변화를 한 눈에 알아보기 쉽게 그래프 형식으로 제공합니다.
- 차트는 데이터 전체나 일부분을 이용하여 만들 수 있습니다.
- 차트는 2차원과 3차원 차트로 구분됩니다.
- 차트의 종류에는 막대형, 꺾은선형, 원형*, 도넛형, 분산형 등이 있습니다.

전문가의 조언

중요해요! 워드프로세서의 특징을 묻는 문제가 자주 출제되고 있습니다. 워드프로세서로 작성한 문서는 공유가 가능하므로 보안에 주의해야 한다는 것을 중심으로 특징을 정리하세요.

호환(互換)
호환이란 하드웨어 및 소프트웨어를 컴퓨터끼리 서로 교환하여 사용할 수 있다는 의미입니다.

전문가의 조언

표 기능과 차트 기능의 특징을 묻는 문제가 출제되었습니다. 각 기능의 특징을 잘 정리해 두세요.

셀(Cell)
표에서 하나의 사각형을 셀이라고 하며, 데이터가 입력되는 기본 단위입니다.

원형 차트
원형 차트는 전체 항목의 합에 대한 각 항목의 비율을 표시하는 차트로, 항상 한 개의 데이터 계열만 나타낼 수 있습니다.

문제1 1100151   문제2 4100152

22년 3회, 12년 3회, 11년 3회, 10년 2회
1. 다음 중 워드프로세서의 기능을 수행하는 장치에 대한 설명으로 옳지 않은 것은?

① 입력장치에는 스캐너, 마우스, 바코드 판독기 등이 있다.

② 표시장치에는 LCD, LED, PDP 등이 있다.

③ 출력장치에는 플로터, 프린터, COM 등이 있다.

④ 저장장치에는 하드디스크, 디지타이저, 터치패드 등이 있다.

> 디지타이저와 터치패드는 입력장치입니다.

24년 3회, 23년 4회, 22년 3회, 2회, 1회, 21년 3회, 17년 2회, 16년 3회, 2회,
2. 다음 중 워드프로세서의 특징으로 옳지 않은 것은?

① 워드프로세서를 이용하면 문서 작성에 드는 시간과 노력을 줄일 수 있다.

② 정보통신망을 이용하여 문서를 전송할 수 있으므로 보안에 주의할 필요는 없다.

③ 문서의 통일성과 체계를 갖출 수 있다.

④ 문서 작성 및 관리를 전산화함으로써 유지 관리가 쉽다.

> 워드프로세서로 작성된 문서는 쉽게 변경할 수 있고, 정보통신망을 이용하여 문서를 전송할 수 있으므로 보안에 주의해야 합니다.

24년 1회, 23년 3회, 21년 4회, 19년 2회
3. 다음 중 워드프로세서의 특징에 대한 설명으로 옳지 않은 것은?

① 작성한 문서를 다른 응용 프로그램에서 불러와 편집할 수 있다.

② 작성 중인 문서를 포토샵 파일(*.PSD)이나 동영상 파일(*.WMV)로 저장할 수 있다.

③ 작성한 문서에 암호를 부여하여 저장할 수 있어 보안 유지가 가능하다.

④ 작성한 문서를 메일, 팩시밀리, 모바일 등을 이용하여 쉽게 전송할 수 있다.

> 작성 중인 문서를 포토샵 파일(*.PSD)이나 동영상 파일(*.WMV)로 저장할 수 없습니다.

23년 3회, 18년 1회
4. 다음 중 워드프로세서의 특징에 대한 설명으로 옳지 않은 것은?

① 문서 편집 기능을 가진 소프트웨어로, 손쉽게 다양한 형태의 문서를 만들 수 있다.

② 워드프로세서로 작성된 문서는 쉽게 변경할 수 있으므로 문서 보안에 주의하여야 한다.

③ 인터넷을 이용하여 문서를 전송할 수 있어 쉽게 공유할 수 있다.

④ 작성된 문서를 다른 응용 프로그램에서 사용할 수 없다.

> 워드프로세서로 작성된 문서는 다른 응용 프로그램에서 사용할 수 있습니다.

16년 1회, 15년 3회
5. 다음 중 워드프로세서에 관한 설명으로 옳지 않은 것은?

① 다양한 형태의 문서를 손쉽게 작성하고 인쇄할 수 있도록 해준다.

② 사무자동화를 위한 데이터베이스 관리 및 처리가 주요 기능이다.

③ 문서 작성 및 관리가 전산화됨으로써 보다 효율적인 업무처리를 할 수 있다.

④ 간단한 표 계산 기능 및 차트 기능도 지원한다.

> 데이터베이스 관리 및 처리를 담당하는 프로그램은 사무자동화의 핵심적인 요소 중 하나인 액세스입니다.

24년 5회, 20년 1회, 16년 2회
6. 다음 중 워드프로세서의 표 기능에 관한 설명으로 옳지 않은 것은?

① 표를 만든 후 표의 서식을 다양하게 변경할 수 있다.

② 표에서 같은 행이나 열에 있는 두 개 이상의 셀을 하나의 셀로 결합할 수 있다.

③ 표 속성 창에서 확대나 축소 비율, 그림자를 설정할 수 있다.

④ 표 안에서 새로운 중첩된 표를 만들고 편집할 수 있다.

> 표 속성 대화상자에서는 확대나 축소 비율, 그림자를 설정할 수 없습니다.

18년 2회, 17년 2회
7. 다음 중 워드프로세서의 차트 기능에 대한 설명으로 옳지 않은 것은?

① 차트는 자료의 변화를 한눈에 알아보기 쉽게 그래프 형식으로 제공하는 기능이다.

② 데이터 전체를 선택하거나 데이터의 일부분만 셀 블록으로 설정하여 차트를 만들 수 있다.

③ 2차원 차트와 3차원 차트가 있다.

④ 원형 차트는 두 개의 데이터 계열을 나타낼 수 있다.

> 원형 차트는 전체 항목의 합에 대한 각 항목의 비율을 표시하는 차트로, 항상 한 개의 데이터 계열만 나타낼 수 있습니다.

▶ 정답 : 1. ④ 2. ② 3. ② 4. ④ 5. ② 6. ③ 7. ④

1 토글키

23.1, 08.4, 99.2

토글키(Toggle Key)는 한 개의 키가 두 가지 기능을 갖고 있는 키로, 누를 때마다 기능이 전환되는 키를 말한다.

키	이름	기능	기본값
한/영	한영	한글/영문 전환	영문
CapsLock	캡스 록	영문의 대/소문자 전환	소문자
Insert	인서트	입력 모드의 삽입/수정 전환	삽입 모드
NumLock	넘 록	숫자 키패드*의 기능(숫자 ↔ 방향키) 전환	숫자키
ScrlLock	스크롤 록	스크롤 기능*의 설정/해제 전환	스크롤 기능 해제

2 조합키

조합키는 다른 키와 함께 사용함으로써 특정한 기능을 수행하는 키를 말한다.

- 조합키에는 Alt, Ctrl, Shift가 있으며, 단독으로는 어떠한 기능도 수행하지 않는다.
- Alt는 워드프로세서에 따라 한/영 전환이나 메뉴 선택에 사용되고, Shift는 영문 대/소문자를 구분하여 입력하거나 쌍자음 같은 한글 키보드의 윗글자 입력 등에 사용한다.
- 조합키는 프로그램에서 단축키(Hot Key, 바로 가기 키)*의 형태로 사용된다.

3 이동키

이동키는 커서*의 위치를 이동시키는 키이다.

키	이름	기능
↑, ↓, ←, →	방향키*	커서를 상·하·좌·우로 이동시킨다.
Tab	탭	커서를 정해진 위치로 한 번에 이동시킨다.
Home, End	홈, 엔드	커서를 줄의 맨 처음, 맨 끝으로 이동시킨다.
PgUp, PgDn	페이지 업, 페이지 다운	커서를 한 화면 단위로 하여 위/아래로 이동시킨다.
Enter	엔터	커서를 다음 줄로 이동시키며, 새로운 문단의 시작이다.

전문가의 조언

각 키의 기능에 대한 문제가 출제되었습니다. 이 부분은 컴퓨터 작업에서 늘 사용하는 기능이므로 직접 실습하면서 정리하면 어렵지 않게 익힐 수 있습니다.

숫자 키패드

숫자 키패드는 숫자를 빠르고 편리하게 입력할 수 있도록 숫자키를 모아 놓은 부분으로, 키보드 오른쪽에 있습니다. NumLock을 누르면(불이 켜지면) 숫자를 입력할 수 있고, 아니면 방향키의 역할을 하는 야누스 같은 놈이죠.

스크롤 기능

스크롤 기능에 대한 자세한 내용은 39쪽을 참고하세요.

단축키(Hot Key, 바로 가기 키)

단축키는 몇 개의 키를 동시에 눌러(조합키) 특정 명령이나 메뉴를 수행할 때 사용합니다. 대표적인 단축키는 Ctrl+C(복사하기), Ctrl+V(붙여넣기), Ctrl+X(잘라내기)입니다.

커서

커서는 화면에서 현재의 작업 위치를 알려주는 작은 기호입니다. 주로 |, _, ■ 형태로 나타납니다.

Ctrl+방향키(→, ←)

커서를 왼쪽/오른쪽으로 한 단어씩 이동시킵니다.

4 특수키

<small>24.4, 23.1, 19.1, 14.2</small>

키	이름	기능
Backspace* <small>24.4, 23.1, 19.1, …</small>	백스페이스	커서를 왼쪽으로 이동시키면서 한 문자씩 삭제한다.
Delete <small>24.4, 23.1, 14.2</small>	딜리트	커서의 위치를 변경시키지 않고, 커서 오른쪽의 문자를 한 문자씩 삭제한다.
Esc <small>19.1</small>	이스케이프	선택된 기능이나 명령을 취소하거나, 이전 상태로 복귀할 때 사용한다.
Spacebar* <small>24.4, 23.1, 19.1, …</small>	스페이스바	삽입 모드일 경우에는 공백 문자를 삽입하고, 수정 모드일 경우에는 커서 오른쪽 문자를 삭제한다.

Backspace
키보드에서 Enter 의 위쪽에 있는 ← 모양의 키입니다.

Spacebar
키보드에서 한자 와 한/영 의 사이에 있는 가장 긴 키입니다.

따라잡기 기출문제 따라잡기

문제3 1100252

24년 4회, 23년 1회, 14년 2회

1. 다음 중 워드프로세서의 편집 기능에 대한 설명으로 적당하지 않은 것은?

① 문서 편집 시 Delete 를 누르면 커서 뒤의 한 글자가 지워진다.

② 문서 편집 시 Insert 를 누르면 삽입이나 수정으로 전환이 가능하다.

③ 문서 편집 시 Backspace 를 누르면 커서 앞에 공백이 삽입된다.

④ 문서 편집 시 삽입 모드에서 Spacebar 를 누르면 커서 위치에 빈 칸이 삽입된다.

> 문서 편집 시 Backspace 를 누르면 커서 앞의 한 글자가 지워집니다.

15년 1회

2. 다음 중 워드프로세서에서 커서 이동키에 대한 설명으로 옳은 것은?

① Home : 커서를 현재 문서의 맨 처음으로 이동시킨다.

② End : 커서를 현재 문단의 맨 마지막으로 이동시킨다.

③ Backspace : 커서를 화면의 맨 마지막으로 이동시킨다.

④ PgDn : 커서를 한 화면 단위로 하여 아래로 이동시킨다.

> ① Home : 커서를 현재 줄의 맨 처음으로 이동시킵니다.
> ② End : 커서를 현재 줄의 맨 마지막으로 이동시킵니다.
> ③ Backspace : 커서를 왼쪽으로 이동시키면서 한 문자씩 삭제합니다.

19년 1회

3. 다음 중 키보드의 특수키에 대한 설명으로 옳은 것은?

① Backspace : 커서를 왼쪽으로 이동시키면서 한 문자씩 삭제한다.

② Enter : 커서 오른쪽의 문자를 한 문자씩 삭제한다.

③ Esc : 선택된 기능이나 명령을 수행할 때 사용한다.

④ Spacebar : 수정 모드일 경우에는 커서 왼쪽 문자를 삭제한다.

> ② Enter : 커서를 다음 줄로 이동시킵니다.
> ③ Esc : 선택된 기능이나 명령을 취소하거나, 이전 상태로 복귀합니다.
> ④ Spacebar : 삽입 모드일 경우에는 공백 문자를 삽입하고, 수정 모드일 경우에는 커서 오른쪽 문자를 삭제합니다.

15년 1회

4. 다음 중에서 조합키에 대한 설명으로 옳지 않은 것은?

① 다른 키와 함께 사용함으로써 특정 기능을 수행한다.

② 프로그램에서 단축키(Hot Key)의 형태로 사용된다.

③ 한 개의 키가 두 가지의 기능을 가지고 있으며 누를 때마다 기능이 전환된다.

④ Alt , Shift , Ctrl 이 조합키에 해당된다.

> 한 개의 키가 두 가지의 기능을 가지고 있으며, 누를 때마다 기능이 전환되는 키는 토글키입니다.

▶ **정답** : 1. ③ 2. ④ 3. ① 4. ③

SECTION 003 한글 코드

1 한글 코드

24.5, 24.4, 24.3, 24.1, 23.4, 23.3, 23.2, 23.1, 22.4, 22.3, 22.1, 21.4, 21.3, 21.2, 21.1, 20.상시, 20.2, 20.1, 19.상시, 19.1, 18.상시, 18.1, …

1100301

한글 코드는 영문만 사용할 수 있었던 컴퓨터에서 한글을 사용할 수 있도록 문자를 코드화하여 저장한 것으로, 완성형 코드와 조합형 코드 그리고 유니코드가 사용되고 있다. 다음은 각 한글 코드의 특징이다.

구분	24.4, 24.3, 23.4, 23.2, 23.1, 22.4, 22.3, … KS X 1001 완성형 한글 코드	24.4, 24.3, 23.2, 23.1, 22.4, 21.4, 21.2, … KS X 1001 조합형 한글 코드	24.5, 24.4, 24.3, 24.1, 23.3, 23.2, … KS X 1005-1(유니코드)
구성 원리	자주 사용하는 문자를 만들어 놓고 코드 값을 지정하는 방식	한글 창제의 원리인 초성, 중성, 종성에 코드 값을 지정하는 방식	완성형 코드에 조합형 코드를 반영하여 개발
표현 글자 수	• 한글 2,350자 • 한자 4,888자 • 특수문자* 1,128자 • 사용자 정의 188자 • 미지정 문자 282자	• 초성 19자, 중성 21자, 종성 27자 • 한글 11,172자	각국 언어와 사용자 정의 언어를 포함하여 65,536자 • 완성형 한글 11,172자 • 한글 자모 240자 • 사용자 정의 언어 6,400자
표현 바이트 수	영문/숫자 1바이트(8비트), 한글/한자 2바이트(16비트)		모든 문자 2바이트(16비트)
장점	• 외국 소프트웨어의 한글화가 쉬움 • 정보 통신망을 이용한 정보교환 시 데이터의 충돌이 없음	현대 한글의 대부분을 표현할 수 있음	• 외국 소프트웨어의 한글화가 쉽고, 한글을 모두 가나다 순으로 정렬함 • 완성형과 조합형을 동시에 사용할 수 있음 • 전세계 모든 문자의 표현이 가능함
단점	• 코드가 부여되지 않은 문자는 사용할 수 없음 • 기억공간을 많이 차지함	정보통신망을 이용한 정보 교환 시 데이터의 충돌이 발생함	기억공간을 많이 차지함
용도	정보 교환용	정보 처리용	• 국제 표준 코드 • 정보 처리/정보 교환

[궁금해요] 시나공 Q&A 베스트

Q 유니코드는 모든 문자가 2바이트라고 하는데, 공백과 부호(따옴표 등)도 2바이트인가요?

A 네, 맞습니다. 유니코드는 공백과 부호를 포함한 모든 문자를 2바이트로 입력합니다.

전문가의 조언

중요해요! 한글 코드에 대한 문제는 자주 출제되고 있습니다. 조합형과 완성형의 차이점은 반드시 암기하세요. 또한 유니코드는 모든 문자를 2바이트로 표현한다는 것을 중심으로 특징을 정확히 알아두세요.

특수문자의 크기
완성형 한글 코드에서 특수문자는 종류에 따라 1바이트 또는 2바이트로 구성되어 있습니다.

24년 4회, 22년 4회, 21년 1회
1. 다음 중 한글 코드의 설명으로 옳은 것은?

① 완성형 한글 코드는 16비트로 한글이나 한자를 표현한다.

② 완성형 한글 코드는 주로 정보 처리용으로 사용한다.

③ 유니코드는 정보통신망을 이용한 정보 교환 시 데이터의 충돌이 발생한다.

④ 조합형 한글 코드는 초성, 중성, 종성을 표시하는 원리로 국제 규격과 완전한 호환이 될 수 있다.

> ② 완성형 한글 코드는 주로 정보 교환용으로 사용합니다.
> ③ 유니코드는 정보통신망을 이용한 정보 교환 시 데이터의 충돌이 발생하지 않습니다.
> ④ 조합형 한글 코드는 국제 규격과 완전하게 호환되지 않습니다.

23년 3회, 21년 3회, 20년 1회, 17년 2회, 11년 2회, 10년 2회
2. 다음 중 KS X 1005-1(유니코드)에 대한 설명으로 옳지 않은 것은?

① 외국 소프트웨어의 한글화가 쉽고, 모든 문자를 2바이트로 표현한다.

② 정보통신망을 이용한 정보 교환 시 데이터의 충돌이 발생한다.

③ 전세계 모든 문자의 표현이 가능하다.

④ 완성형과 조합형을 동시에 사용할 수 있다.

> 유니코드는 정보통신망을 이용한 정보 교환 시 데이터의 충돌이 발생하지 않습니다.

23년 4회, 22년 3회, 1회, 15년 2회, 14년 1회
3. 다음 중 KS X 1001 완성형 한글 코드의 문자 입력 방법에 대한 설명으로 옳지 않은 것은?

① 특수문자는 모두 2바이트로 구성된다.

② 한글은 2벌식이나 3벌식 자판을 이용하여 입력한다.

③ 영문자의 대/소문자 입력은 CapsLock 이나 Shift를 눌러 입력한다.

④ 한자의 음(音)을 알고 있을 때에는 음절 단위 변환, 단어 단위 변환 등으로 입력한다.

> 특수문자는 종류에 따라 1바이트 또는 2바이트로 구성되어 있습니다.

21년 4회, 1회, 14년 3회
4. 다음 한글 코드의 설명 중 바르지 못한 내용은?

① 한글 코드는 완성형 한글 코드, 조합형 한글 코드, 유니코드 등이 있다.

② 유니코드는 모든 문자를 2바이트로 표현한다.

③ 완성형 한글 코드는 주로 정보 처리용으로 사용한다.

④ 조합형 한글 코드는 초성, 중성, 종성에 각각 코드 값을 부여한다.

> 완성형 한글 코드는 정보 교환용으로, 조합형 한글 코드는 정보 처리용으로 사용됩니다.

24년 3회, 23년 2회, 1회, 21년 2회, 18년 1회
5. 다음 한글 코드의 설명 중 바르지 못한 것은?

① 완성형 한글 코드는 정보 교환용으로 사용되며 코드가 없는 문자는 사용할 수 없다.

② 유니코드는 각 국에서 사용중인 코드의 1문자당 값을 16비트로 통일하여 사용한다.

③ 2바이트 조합형 한글 코드는 초성, 중성, 종성을 표시하는 원리로 국제 규격과 완전한 호환될 수 있다.

④ KS X 1001 완성형 한글 코드는 16비트로 한글이나 한자를 표현하며, 완성된 글자마다 코드 값을 부여해서 기억 공간을 많이 차지한다.

> 조합형 한글 코드는 국제 규격과 완전하게 호환되지 않습니다.

24년 5회, 1회, 20년 2회, 19년 1회, 16년 2회
6. 다음 중 KS X 1005-1(유니코드)에 대한 설명으로 옳은 것은?

① 정보 교환을 할 때 충돌이 발생할 수 있다.

② 한글, 한자는 2바이트, 영문과 공백은 1바이트로 처리한다.

③ KS X 1001 완성형 코드에 비해 기억 공간을 적게 차지한다.

④ 국제 표준 코드로 사용된다.

> ① 유니코드는 정보 교환을 할 때 충돌이 발생하지 않습니다.
> ② 유니코드는 모든 문자를 2바이트로 처리합니다.
> ③ 유니코드는 완성형 코드에 비해 기억 공간을 많이 차지합니다.

▶ 정답 : 1. ① 2. ② 3. ① 4. ③ 5. ③ 6. ④

SECTION 004 데이터 입력

1 데이터 입력의 개념

04.1

데이터 입력은 워드프로세서의 가장 기본적인 기능으로, 영문이나 한글 입력 외에 키보드에 없는 한자, 특수문자 등도 입력할 수 있다.

2 한글 및 영문 입력

11.1, 10.2, 00.3, 00.2, 99.3, 99.2, 98.3

1100402

• 한/영*을 눌러 한글 입력과 영문 입력을 전환한다.
• 한글은 2벌식이나 3벌식 자판을 이용하여 입력한다.
• 2벌식은 받침에 상관없이 글자를 풀어서 입력하고, 3벌식은 초성 · 중성 · 종성을 구분하여 입력한다.
• 영문의 대/소문자는 CapsLock 이나 Shift 를 이용하여 입력한다.
• CapsLock 이 활성화된(On) 상태에서 영문을 입력하면 대문자가 입력되고, 이 상태에서 Shift 를 누른 채 입력하면 소문자가 입력된다.

3 한자 입력

24.3, 24.2, 24.1, 23.5, 23.2, 23.1, 22.4, 22.2, 21.4, 21.3, 19.상시, 18.상시, 16.3, 16.1, 15.3, 14.3, 14.2, 13.3, 13.2, 12.1, 11.3, 11.2, …

1100403

• 한자는 한자 목록이나 한자 사전에서 선택하여 입력한다.
• 문서 전체 또는 일부분을 블록으로 지정하여 한 번에 변환할 수 있다.
• 한자 사전에 없는 단어나 자주 쓰는 한자 단어를 사전에 등록할 수 있다.
• 키보드에 없는 한자를 입력할 경우 음을 알고 있을 때와 음을 모르고 있을 때 입력하는 방법이 서로 다르다.

24.2, 24.1, 23.2, 23.1, 22.2, 21.4, … **한자음을 알고 있을 때의 입력 방법**	• **음절 단위 변환** : 한 글자씩 입력한 후 한자를 눌러 한자로 변환한다. • **단어 단위 변환** : 한 단어를 입력한 후 한자를 눌러 한 번에 한자로 변환하는 것으로, 한자 사전에 등록되어 있는 단어만 변환이 가능하다. • **문장 자동 변환** : 범위를 지정한 후 한자를 눌러 선택한 문장 전체를 한자 사전과 비교하여 차례대로 한자로 변환하며, 문장을 자동 변환할 때 특정 단어에 대한 동음이의어*가 있으면 해당 한자를 선택해 주어야 한다.
24.3, 24.2, 23.5, 23.2, 23.1, 22.4, … **한자음을 모르고 있을 때의 입력 방법**	• **부수 입력 변환** : 한자 자전을 찾는 것처럼 부수와 획수를 이용하여 한자를 입력한다. • **외자 입력 변환** : 각각의 한자에 코드 값을 부여해 놓은 코드 테이블을 이용하여 한자를 입력한다. • **2스트로크(Stroke) 변환** : 한글 두 글자를 이용하여 예약된 한자 한 글자를 입력하는 것으로 우리나라에서는 사용되지 않는다.

> **전문가의 조언**
>
> 한자와 특수문자 입력 방법을 묻는 문제가 출제되었습니다. 한글과 영문, 특수문자 입력은 각 방법에 따라 직접 실습하여 내용을 습득하고, 한자 입력은 한자음을 알고 있을 때와 모르고 있을 때의 입력 방법을 정확하게 구분할 수 있어야 합니다.
>
> **한영 전환키**
> 한글과 영문을 전환하려면 워드프로세서에 따라 한/영, 왼쪽 Shift + Spacebar, 오른쪽 Alt 등을 사용합니다.
>
> **동음이의어(同音異義語)**
> 음은 같으나 뜻이 다른 낱말을 뜻합니다.

4 특수문자 입력
19.1, 06.1

키보드에 없는 특수문자*를 입력하는 방법은 응용 프로그램마다 사용법이 다르다.

- 특수문자 중 전각문자는 2바이트, 반각문자는 1바이트로 구성되어 있다.
- 특수문자의 문자 코드 값은 문자마다 다른 값을 갖는다.

문제4 1100451

따라잡기 기출문제 따라잡기

23년 2회, 22년 2회, 16년 3회, 15년 3회, 13년 3회, 2회, 11년 1회

1. 다음 중 한자 입력 방법에 대한 설명으로 옳은 것은?

① 한자는 키보드에 표기할 수 없기 때문에 한자 목록이나 한자 사전에서 해당 한자를 선택하여 입력한다.

② 한자의 음을 모를 경우 한글/한자 음절 변환, 단어 변환, 문장 자동 변환 등으로 입력할 수 있다.

③ 한자의 음을 알면 부수/총획수 입력, 외자 입력, 2Stroke 입력 등으로 변환해야 한다.

④ 한자가 많이 들어있는 문서의 일부분은 블록 지정하여 모두 한글로 바꿀 수 있지만, 문서 전체는 블록 지정하여 모두 한글로 바꿀 수 없다.

② 한자의 음을 모를 경우 부수 입력 변환, 외자 입력 변환, 2 스트로크(Stroke) 변환 등으로 입력할 수 있습니다.
③ 한자의 음을 알면 음절 단위 변환, 단어 단위 변환, 문장 자동 변환 등으로 입력할 수 있습니다.
④ 문서 전체 또는 문서의 일부분을 블록으로 지정하여 모두 한글로 바꿀 수 있습니다.

24년 3회, 22년 4회, 21년 3회, 16년 1회

2. 다음 중 음(音)을 모르는 한자를 입력하기 위한 방법으로 옳은 것은?

① 한 글자씩 입력한 후에 [한자]를 눌러 변환한다.

② 한자 자전을 찾는 것처럼 부수와 획수를 이용하여 한자를 입력한다.

③ 한 단어를 입력한 후에 [한자]를 눌러 변환한다.

④ 범위를 지정한 후에 [한자]를 눌러 차례대로 변환한다.

②번은 한자음을 모를 때의 입력 방법 중 하나인 부수 입력 변환에 대한 설명입니다.

19년 1회

3. 다음 중 워드프로세서에서 사용하는 특수문자에 대한 설명으로 옳은 것은?

① 특수문자 중 전각문자는 2바이트로 구성되어 있다.

② 특수문자의 문자 코드 값은 모두 같은 값을 갖는다.

③ 키보드에 없는 특수문자를 입력하는 방법은 응용 프로그램마다 사용 방법이 같다.

④ 한글 윈도우 운영체제에서 한글 모음을 입력한 후 [한자]를 누르면 특수문자가 나타나 입력할 수 있다.

② 특수문자의 문자 코드 값은 문자마다 다른 값을 갖습니다.
③ 키보드에 없는 특수문자를 입력하는 방법은 응용 프로그램마다 사용 방법이 다릅니다.
④ 한글 윈도우 운영체제에서 한글 자음을 입력한 후 [한자]를 누르면 특수문자가 나타나 입력할 수 있습니다.

24년 2회, 23년 1회, 21년 4회, 19년 상시, 15년 3회, 14년 2회

4. 다음 중 한자 입력 방법에 대한 설명으로 옳지 않은 것은?

① 문서의 일부분 또는 전체를 블록 지정하여 한자를 모두 한글로 변환할 수 있다.

② 자주 쓰는 한자 단어가 사전에 등록되어 있지 않으면 한 자씩 변환만 가능하고 새로 등록 할 수 없다.

③ 한자의 음을 모를 경우에는 부수 또는 총 획수 입력, 외자 입력 등으로 변환할 수 있다.

④ 한자의 음을 알 경우에는 음절 단위 변환, 단어 단위 변환 등으로 입력할 수 있다.

자주 쓰는 한자 단어가 사전에 등록되어 있지 않으면 새로 등록할 수 있습니다.

▶ 정답 : 1. ① 2. ② 3. ① 4. ②

저장 기능

1 저장 기능의 개요

1100501

저장 기능은 주기억장치(RAM)에서 작업중이거나 작업을 마친 문서에 이름을 지정한 후 보조기억장치(하드디스크)에 저장하는 기능이다.

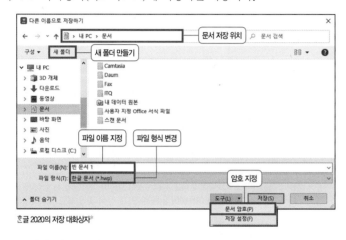

흔글 2020의 저장 대화상자

- 문서의 저장 위치와 파일 이름 및 형식을 변경하여 저장할 수 있다.
- 응용 프로그램 간의 데이터 교환을 위하여 다양한 파일 형식으로 저장할 수 있다.
- 저장할 때 암호(Password)를 지정하여 다른 사람의 열람을 막을 수 있다.
- 저장하기 대화상자에서 폴더를 새로 만들거나 삭제할 수 있다.
- 원본 파일의 파손에 대비한 백업 파일 생성 기능을 제공한다.
- 문서의 일부분만을 블록으로 지정하여 따로 저장할 수 있다.
- 기존의 문서를 다른 이름으로 저장하면, 기존 문서는 변함이 없고 새로운 이름으로 문서가 하나 더 작성된다.

> **잠깐만요** **자동 저장 파일**
>
> 프로그램 오류 등으로 인해 편집중인 문서를 저장하지 못하고 종료했을 경우 복구할 수 있도록 워드프로세서 프로그램이 자동으로 저장하는 파일로, 해당 워드프로세서 프로그램의 파일 형식으로 저장됩니다.

전문가의 조언

저장 기능의 특징을 묻는 문제가 출제되고 있습니다. 기존 문서를 다른 이름으로 저장하면 새로운 문서가 하나 더 만들어진다는 것을 중심으로 저장 기능의 특징을 정리하세요.

저장 대화상자 표시
저장 대화상자는 새 문서를 작성한 후 저장하거나 [다른 이름으로 저장]을 선택할 경우에 표시됩니다.

2 문서 파일 확장자

24.3, 23.4, 22.1, 20.2, 20.1, 17.2, 17.1, 13.3, 13.2, 11.1, 10.3, 09.4, 09.1, 07.4, 06.4, 06.3, 06.1, 05.2, 04.3, 04.2, 04.1, 02.3, …

확장자는 파일의 종류나 형식을 구분하기 위해 파일 이름 뒤에 붙이는 것이다.

- 보통 HWP, DOC, TXT 등과 같이 3글자의 영문자로 표시되며, 파일명과 확장자는 마침표(.)로 구분한다.
- 문서 작성 프로그램에서 지정된 확장자*를 바꿔 저장할 수 있으며, 확장자가 바뀐 파일도 동일한 문서 작성 프로그램에서 다시 사용할 수 있다.
- 확장자는 지울 수 있지만 확장자를 지우면 파일의 형식이나 종류를 알 수 없어 실행하는데 어려움이 있다.

● 확장자에 따른 문서 파일의 종류

확장자명	설명
TXT	서식 없는 텍스트 파일, Windows 메모장의 기본 파일 형식이다.
13.2 DOC/HWP	MS-워드/흔글 파일 형식이다.
17.1, 13.2, 11.1, 09.1, 07.4, … RTF (서식있는 문자열)	서로 다른 응용 프로그램 사이에서 텍스트와 그래픽을 포함한 문서의 호환을 위해 만든 파일 형식이다.
20.2, 13.2, 01.3 PDF	• 컴퓨터 기종이나 소프트웨어의 종류에 관계없이 호환이 가능한 문서 형식이다. • Adobe Acrobat Reader를 이용하여 읽을 수 있고, 검색 및 인쇄를 할 수 있다.
HTML, HTM	인터넷 홈페이지에 사용되는 문서 파일 형식이다.
BAK	파일 파손에 대비하여 하나 이상의 복사본을 만들어 보관하는 파일이다.
ASV	프로그램 오류 등으로 편집 문서를 저장하지 못하고 종료했을 경우, 복구를 위해 자동으로 생성되는 파일의 확장자이다.

● 대표 파일 유형과 확장자

24.3, 23.4, 22.1, … 백업 파일	BAK, WBK, BKG 등
24.3, 23.4, 22.1, … 압축 파일	ARJ, ZIP, LZH 등
24.3, 23.4, 22.1, … 실행 파일	COM, BAT, EXE 등
24.3, 23.4, 22.1, … 음악 파일	WAV, MID, MP3 등
24.3, 23.4, 22.1, … 그래픽 파일	BMP, JPEG, GIF 등
13.2 문서 파일	HWP, DOC, TXT 등

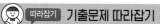 **따라잡기** 기출문제 따라잡기

문제1 1100551   문제2 1100552

24년 2회, 23년 5회, 22년 4회, 20년 2회, 1회, 11년 3회

1. 다음 중 한글 워드프로세서의 문서 파일 저장 기능에 관한 설명으로 옳지 않은 것은?

① 저장할 때 암호를 지정하여 다른 사람의 열람을 제한할 수 있다.

② 저장하기 대화상자에서 폴더를 새로 만들거나 삭제할 수 있다.

③ 기존 문서를 다른 이름으로 저장하면 기존 파일은 삭제된다.

④ 문서 파일의 저장위치나 파일 이름 및 형식을 변경하여 저장할 수 있다.

> 기존 문서를 다른 이름으로 저장하면, 기존 문서는 변함이 없고 새로운 이름으로 문서가 하나 더 작성됩니다.

10년 3회, 06년 4회, 04년 2회, 00년 3회

2. 다음 중 문서 저장 시 파일의 확장자(Extension)를 지정하는 방법에 대한 설명으로 옳지 않은 것은?

① 문서 파일의 확장자는 길게 지정할 수 있으므로 문서의 내용이 무엇인지를 알 수 있도록 자세히 지정하는 게 좋다.

② 일반적으로 *.bak 파일은 문서가 변경되어 저장되는 경우 그 이전 문서의 내용을 저장하는 백업 파일이다.

③ 문서 파일의 확장자는 문서 작성 프로그램에 따라 정해지지만 사용자가 다른 형식으로 확장자를 바꾸어 저장할 수도 있다.

④ 특정 워드프로세서에서 작성한 문서 파일의 확장자를 다르게 바꾸더라도 다음에 그 워드프로세서에서 파일을 읽을 수 있다.

> 문서의 내용을 구분할 수 있는 정보는 파일명으로 나타냅니다. 확장자는 보통 3글자의 영문으로 표시하며, 문서의 형식이나 종류를 알 수 있도록 지정합니다.

24년 3회, 23년 4회, 22년 1회, 20년 1회, 17년 2회

3. 다음 중 컴퓨터에서 사용하는 파일의 유형과 확장자(Extension)가 바르게 연결된 것은?

① 실행 파일 – BAK, WBK, BKG

② 그래픽 파일 – ARJ, ZIP, LZH

③ 백업 파일 – COM, EXE, BAT

④ 음악 파일 – WAV, MID, MP3

> BAK, WBK, BKG는 백업 파일, ARJ, ZIP, LZH는 압축 파일, COM, EXE, BAT는 실행 파일입니다.

11년 1회, 09년 1회, 07년 4회, 06년 1회, 05년 2회, 04년 3회, 1회, 01년 3회, 00년 3회

4. 특정 워드프로세서로 만든 문서를 다른 워드프로세서를 이용하여 읽거나 출력하려고 할 때 원래의 문서와 가장 가까운 형태로 변환하려면 어떤 형식으로 저장하는 것이 좋은가?

① 일반 텍스트 파일(*.txt)

② HTML 문서(*.html)

③ 서식 있는 문자열(*.rtf)

④ 문서 서식 파일(*.dot)

> 'RTF'는 응용 프로그램의 종류에 관계 없이 데이터를 교환하여 사용하기 위해 만든 형식입니다.

22년 3회, 18년 2회, 16년 1회

5. 다음 중 워드프로세서의 문서 저장 기능에 대한 설명으로 옳은 것은?

① 현재 작업 중인 보조기억장치의 내용을 주기억장치로 이동시키는 기능이다.

② [다른 이름으로 저장하기] 대화상자에서 폴더를 새로 만들 수 있지만 파일을 삭제할 수는 없다.

③ 저장 시 암호를 지정하거나 백업 파일이 만들어지도록 설정할 수 있다.

④ 문서의 일부분만을 블록으로 지정한 후에 따로 저장할 수 없다.

> ① 저장은 주기억장치의 내용을 내용을 보조기억장치로 복사시키는 기능입니다.
> ② [다른 이름으로 저장하기] 대화상자에서는 폴더의 생성 및 삭제가 가능합니다.
> ④ 문서의 일부분만을 블록으로 지정한 후에 따로 저장할 수 있습니다.

21년 3회, 17년 1회, 13년 3회

6. 다음 중 워드프로세서의 저장 기능에 대한 설명으로 옳지 않은 것은?

① 저장된 파일 형태에 따라 확장자가 달라진다.

② 저장 기능은 주기억장치에서 작성중인 문서의 내용을 보조기억장치에 저장하는 것이다.

③ 서식 있는 문자열(*.rtf)로 저장하면 다른 워드프로세서와 호환이 용이하다.

④ 자동 저장 파일(*.bak)은 모두 텍스트 파일로 저장된다.

> 자동 저장 파일은 해당 응용 프로그램의 파일 형식으로 저장됩니다.

▶ 정답 : 1. ③ 2. ① 3. ④ 4. ③ 5. ③ 6. ④

1100601

전문가의 조언

중요해요! 분량에 비해 출제 비율이 꽤 높은 부분입니다. 대부분 용어의 의미를 묻는 문제가 출제되므로 의미를 정확히 기억해 두세요. OLE는 개체를 삽입했을 때와 연결했을 때의 차이점을 구분할 수 있도록 정리하세요.

클립아트 보기

한글에서는 메뉴 중 [입력] → [그림] → [그리기마당]을 선택하면 클립아트를 볼 수 있습니다.

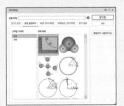

'한글 2020'의 '그리기마당' 대화상자

캡처 프로그램

컴퓨터 화면을 캡처할 때 사용하는 프로그램에는 하이퍼스냅(Hyper Snap), 스내그잇(SnagIt) 등이 있습니다. Windows 10의 Print Screen 을 눌러도 간단하게 화면을 캡처할 수 있습니다. Print Screen 을 눌러 캡처한 화면은 Windows 10의 그림판에 붙여넣기하여 확인할 수 있습니다.

1 입력 및 저장 관련 용어

24.5, 24.1, 23.5, 23.4, 22.1, 21.4, 21.3, 20.1, 19.상시, 17.1, 16.2, 15.3, 14.3, 14.1, 13.3, 13.1, 11.2, 10.3, 10.2, 09.3, 09.2, 08.4, 08.3, …

용어	설명
24.1, 23.4, 21.4, 19.상시, 16.2, 14.3, … **개체 연결 및 삽입** (OLE; Object Linking & Embedding)	• 다른 응용 프로그램에서 작성된 그림, 표 등의 개체(Object)를 현재 작성 중인 문서에 자유롭게 연결(Linking)하거나 삽입(Embedding)하여 편집할 수 있게 하는 기능이다. • 문서에 개체를 연결하여 넣은 경우 원본 프로그램에서 개체를 수정·편집·삭제하면 그 내용이 그대로 해당 문서에 반영된다. • 문서에 개체를 삽입하여 넣은 경우 원본 프로그램에서 개체를 수정·편집·삭제하더라도 그 내용이 해당 문서에 반영되지 않는다.
24.1, 21.4, 09.1, 07.4, 06.1, 05.3, 05.1, … **들여쓰기(Indent)**	문단의 첫째 줄 맨 앞부분을 문단의 다른 줄보다 몇 자 들어가게 하는 기능이다.
24.5, 13.3, 09.1, 08.3, 06.3, 06.1, 05.3, … **내어쓰기(Outdent)**	들여쓰기와 반대로 첫째 줄 맨 앞부분을 문단의 다른 줄보다 몇 자 나오게 하는 기능이다.
14.1, 13.3, 09.3, 05.2 **문단(Paragraph)**	• 하나의 문맥을 이루는 문장의 모임으로 Enter 로 구분한다. • 한 페이지 내에서 문단의 길이는 문장의 길이에 따라 다르다.
23.5, 22.1, 19.상시, 17.1, 15.3, 11.2, 08.3, … **상용구(Glossary)**	• 자주 사용하는 동일한 어휘나 도형 등을 약어로 등록한 후 필요할 때 약어를 호출하여 손쉽게 문장 전체를 입력하는 기능이다. • 같은 내용을 반복하여 입력할 경우 유용하게 사용하는 기능이다.
19.상시, 10.3, 09.3, 09.2, 06.3, 05.3, … **클립아트(Clip Art)**※	문서를 작성하거나 편집할 때 편리하게 사용할 수 있도록 미리 제작된 이미지 데이터의 집합이다.
08.4, 02.3 **저장(Save)**	주기억장치에 있는 내용을 보조기억장치에 저장하는 기능이다.
24.1, 23.5, 22.1, 15.3, 09.3, 07.3, 00.2 **로드(Load)**	보조기억장치에 저장된 데이터를 주기억장치로 불러오는 기능이다.
24.5, 13.3 **캡처(Capture)**※	현재 화면에 나타난 정보 그대로를 텍스트 문자열이나 그래픽 파일로 디스크에 저장하는 기능으로 우리말로는 갈무리라고 한다.
08.4 **단축키(Hot Key)**	일반적으로 몇 개의 키를 조합해서 특정 명령 또는 메뉴를 호출할 때 사용하는 키이다.
24.5, 23.5, 22.1, 15.3, 13.3 **개체(Object)**	Windows용 프로그램에서 개별적인 요소로 취급되어 문서에 연결하거나 삽입할 수 있는 그림이나 도표, 소리 등의 요소이다.
24.5, 24.1, 23.5, 21.4, 20.1, 16.2, 13.3 **강제 개행(별행)**	• 한 행에 문자가 다 채워지지 않은 상태에서 Enter 를 눌러 다음 행의 처음으로 커서를 이동하는 기능이다. • 새로운 문단을 시작할 때 사용하다.
16.2, 08.4 **자동 개행**	한 행에 문자가 다 채워지면 커서가 자동으로 다음 행의 처음으로 이동하는 기능이다.
07.4, 05.3, 04.4 **자동 반복**	• 동일한 문자를 반복하여 입력하는 기능이다. • 해당 키를 누르고 있으면 문자가 계속 입력된다.
파일(File)	연관된 데이터의 모임으로서 보조기억장치에 저장된 형태이다.

디렉터리(Directory)	파일 시스템에서 서로 연관된 파일들의 효율적인 관리를 위하여 관련된 파일들을 모아두는 장소로 윈도우의 폴더(Folder)와 같은 개념이다.
02.3 백업(Backup)	문서가 파손되거나 분실되는 것을 방지하기 위해 미리 별도의 복사본을 만들어 다른 위치에 따로 보관해 두는 기능으로 크기나 내용이 동일하다.
24.5, 21.3 강제 페이지 넘김*	문서의 내용이 한 페이지를 다 채우지 않은 상태에서 커서를 다음 페이지의 처음으로 옮기는 기능이다.
자동 페이지 넘김	문서의 내용이 한 페이지를 다 채우면 커서가 자동으로 다음 페이지로 이동하는 기능이다.

> **강제 페이지 넘김**
> 흔글에서 Ctrl+Enter를 누르면 다음 페이지의 첫째 줄로 커서가 이동합니다.

궁금해요 시나공 Q&A 베스트

Q 개체 연결 및 삽입이 자꾸 헷갈려서 글을 올립니다. 개체 연결과 개체 삽입의 차이점을 정확히 알려주세요.

A 개체 삽입(Embedding)은 다른 응용 프로그램에서 만들어진 개체(그림, 표 등) 자체를 파일 속에 삽입, 즉 포함시키는 것이고, 개체 연결(Linking)은 다른 응용 프로그램에서 만들어진 개체의 연결 정보만 삽입하여 사용하는 것입니다. 둘 다 화면에는 개체가 포함된 것처럼 보이지만 내부 구조는 다릅니다. 예를 들어 문서에 그림을 연결(Link)하여 넣은 경우, 그림 파일의 내용이 바뀌면 문서에 바뀐 그림이 나타나고, 원본 그림이 삭제되면 문서에도 그림이 나타나지 않습니다. 그러나 그림을 삽입(Embed)해 넣으면 그림 자체가 문서의 일부가 되기 때문에 원본 그림의 변화에 전혀 영향을 받지 않습니다.

따라잡기 기출문제 따라잡기

문제 3 3100653

24년5회, 21년 3회

1. 한 페이지가 모두 입력되지 않은 상태에서 새로운 페이지로 나눌 때 사용하는 키는?

① Shift+Enter
② Ctrl+Enter
③ Ctrl+Alt+Enter
④ Shift+Alt+Enter

> 문서 작성 중 Enter를 누르면 다음 행의 처음으로 커서가 이동하고, Ctrl+Enter를 누르면 다음 페이지의 처음으로 커서가 이동합니다.

10년 3회, 09년 2회, 06년 3회, 1회, 05년 3회, 1회, 04년 1회, 00년 3회, 1회

2. 다음 중 문서를 작성하거나 편집할 경우 편리하게 이용할 수 있도록 미리 제작된 이미지나 그래픽의 집합을 무엇이라고 하는가?

① 워드랩(Word Wrap)
② 폴더(Folder)
③ 클립아트(Clip Art)
④ 옵션(Option)

> '미리 제작된 이미지나 그래픽의 집합'을 클립아트(Clip Art)라고 합니다.

24년 1회, 23년 4회, 21년 4회, 17년 1회, 16년 2회, 14년 3회, 13년 1회, 09년 1회, 03년 4회, 02년 1회, 00년 1회

3. 다음 중 워드프로세서에서 OLE(Object Linking and Embedding)에 관한 설명으로 옳지 않은 것은?

① 다른 여러 응용 프로그램에서 작성된 문자나 그림 등의 개체를 작성중인 현재 문서에 연결하거나 삽입하는 기능을 말한다.

② 그림을 연결하여 넣은 경우 문서에 삽입된 그림의 내용을 변경하면 원본 파일의 그림도 변경된다.

③ 삽입된 개체를 더블클릭하면 개체에 연결된 기본 프로그램이 실행된다.

④ 연결하여 문서에 삽입을 하면 그림을 복사하여 붙여넣기를 했을 때 원본 파일을 삭제하여도 문서에 삽입된 그림은 그대로 남는다.

> 개체를 연결하여 문서에 삽입한 경우 원본 파일이 수정되거나 삭제되면 문서에 그대로 반영되므로 ④번의 경우 문서에 삽입된 그림은 삭제됩니다.

▶ 정답 : 1. ② 2. ③ 3. ④

23년 5회, 22년 1회, 15년 3회

4. 다음 워드프로세서 용어 설명 중 올바른 것은?

① 스타일(Style)이란 문서의 전체적인 내용은 동일하지만 특정 부분만 다른 여러 개의 문서를 만들 때 사용하는 기능이다.

② 개체(Object)란 문서에 삽입하는 그림, 동영상, 차트, 소리 등을 말한다.

③ 로드(Load)란 주기억장치의 데이터를 보조기억장치로 옮기는 과정을 말한다.

④ 상용구(Glossary)란 자주 사용되는 반복적인 키보드 동작을 단축키로 저장하였다가 필요할 때 단축키를 눌러 쉽고, 빠르게 작업할 수 있는 기능이다.

> ① 스타일은 글자 모양, 문단 모양, 문단 테두리 등 문단에 대한 서식을 스타일로 설정해 놓고, 필요할 때 원하는 스타일을 간단한 키 조작으로 한 번에 적용하는 기능입니다. ①번은 메일 머지에 대한 설명입니다.
> ③ 로드는 보조기억장치에 저장된 데이터를 주기억장치로 불러오는 것입니다. ③번은 저장(Save)에 대한 설명입니다.
> ④ 상용구는 자주 사용하는 동일한 어휘나 도형 등을 약어로 등록한 후 필요할 때 약어를 호출하여 손쉽게 문장 전체를 입력하는 기능입니다. ④번은 매크로에 대한 설명입니다.

24년 1회, 21년 4회, 20년 1회, 09년 3회

5. 다음 보기의 내용은 워드프로세서 용어에 대하여 설명한 것이다. 다음 중 옳지 않은 항목만을 모두 나열한 것은?

> (가) 문단의 시작 위치를 다음 행보다 몇 자 나오게 작성하는 기능을 들여쓰기(Indent)라고 한다.
> (나) 단어가 행의 끝에 오게 될 때 단어 전체를 다음 행으로 이동시키는 기능을 강제 개행(Hardware Return)이라고 한다.
> (다) 문서의 한쪽 끝이 정렬되지 않은 상태를 래그드(Ragged)라고 한다.
> (라) 보조기억장치에 기억된 내용을 주기억장치로 이동하는 것을 로드(Load)라고 한다.

① (가), (나) 　　② (나), (다)

③ (가), (다) 　　④ (다), (라)

> (가) 문단의 시작 위치를 다음 행보다 몇 자 나오게 작성하는 기능은 내어쓰기(Outdent)입니다. 들여쓰기(Indent)는 문단의 첫째 줄 맨 앞부분이 다른 줄보다 몇 자 들어가게 하는 기능입니다.
> (나) 단어가 행의 끝에 오게 될 때 단어 전체를 다음 행으로 이동시키는 기능은 워드랩입니다. 강제 개행은 한 행에 문자가 다 채워지지 않은 상태에서 Enter를 눌러 다음 행의 처음으로 커서를 이동 시키는 기능입니다.

08년 4회

6. 다음 중 워드프로세서 용어의 설명으로 옳지 않은 것은?

① 마진(Margin) : 문서의 상·하·좌·우 여백을 말한다.

② 저장(Save) : 작업한 문서를 파일의 형태로 주기억장치에 저장하는 것을 말한다.

③ 자동 개행(Software Return) : 한 행에 문자가 다 채워졌을 경우 자동으로 커서를 다음 행으로 이동시키는 것을 말한다.

④ 머지(Merge) : 두 개의 파일을 하나로 합치는 것을 말한다.

> 저장(Save)은 주기억장치에 있는 내용을 보조기억장치로 저장하는 기능이고, 로드(Load)는 보조기억장치에 저장된 데이터를 주기억장치로 불러오는 기능입니다.

24년 5회, 13년 3회

7. 다음 중 워드프로세서의 입력 및 저장 관련 용어에 대한 설명으로 옳은 것은?

① 내어쓰기(Outdent) : 문단의 첫째 줄 맨 앞부분을 문단의 다른 줄보다 몇 자 들어가게 하는 기능

② 개체(Object) : 문서를 작성하거나 편집할 때 편리하게 사용할 수 있도록 미리 제작된 이미지 데이터의 집합

③ 캡처(Capture) : 현재 화면에 나타난 정보 그대로를 그래픽 파일로 디스크에 저장하는 것

④ 강제 개행 : 한 행에 문자가 다 채워지면 커서가 자동으로 다음 행의 처음으로 이동하는 것

> ① 내어쓰기는 첫째 줄 맨 앞부분을 문단의 다른 줄보다 몇 자 나오게 하는 기능입니다. ①번은 들여쓰기에 대한 설명입니다.
> ② 개체는 Windows용 프로그램에서 개별적인 요소로 취급되어 문서에 연결하거나 삽입할 수 있는 그림이나 도표, 소리 등의 요소입니다. ②번은 클립아트에 대한 설명입니다.
> ④ 강제 개행은 한 행에 문자가 다 채워지지 않은 상태에서 Enter를 눌러 다음 행의 처음으로 커서를 이동하는 것입니다. ④번은 자동 개행에 대한 설명입니다.

▶ 정답 : 4. ②　5. ①　6. ②　7. ③

1 표시 기능의 개념
02.2

워드프로세서의 표시 기능은 컴퓨터에 저장된 내용이나 입력한 내용 등을 화면에 표시하는 기능으로, 사용자는 표시 기능을 이용하여 문서의 입력 및 편집 작업을 할 수 있다.

2 워드프로세서의 작업 화면
24.1, 23.4, 23.3, 23.1, 21.4, 21.3, 21.2, 19.상시, 19.2, 18.상시, 15.1, 14.3, 14.2, 13.3, 12.2, 11.2, 06.2, 05.3, 04.4, 03.3, 02.4, 02.3, …

1100702

다음은 워드프로세서 작업 화면의 일반적인 구성 요소에 대한 설명이다.

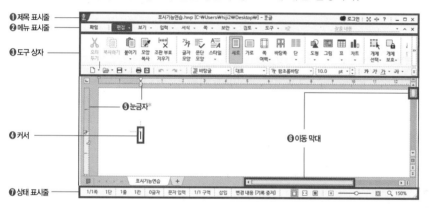

- ❶ 제목 표시줄
- ❷ 메뉴 표시줄
- ❸ 도구 상자
- ❺ 눈금자*
- ❹ 커서
- ❻ 이동 막대
- ❼ 상태 표시줄

❶ **제목 표시줄** : 제어 상자, 제목, 창 조절 단추로 구성되어 있다.

제어 상자   제목   창 조절 단추

표시기능.hwp [C:₩Users₩hiji2₩Desktop₩] - 흔글   ● 로그인 | ✕ ↔ ? | ─ □ ✕

제어 상자	[이전 크기로], [이동], [크기 조정], [최소화], [최대화], [닫기]로 구성되어 있으며, 더블클릭하면 창이 닫힌다.
제목 02.3, 01.3	현재 작업중인 문서가 저장되어 있는 폴더의 위치와 파일 이름이 표시된다.
창 조절 단추	최소화 단추(─), 최대화 단추(□), 닫기(✕) 단추로 구성되어 있다.

❷ **메뉴 표시줄**

- 문서 작업을 할 때 사용하는 명령을 풀다운 메뉴* 방식으로 표시한다.
- **풀다운 메뉴** : 밑에서 끌어당기듯이 아래로 펼쳐지는 메뉴 구현 방식이다.

❸ **도구 상자** : 문서 작업을 할 때 자주 사용하는 기능을 아이콘화하여 모아 놓은 것으로, 사용자의 취향에 맞게 구성을 변경할 수 있다.

❹ **커서(Cursor)** : 문자가 입력될 위치를 나타내는 것으로 프로그램에 따라 모양은 ＿, │, ■ 등으로 변경될 수 있다.

눈금자 표시/숨기기

눈금자는 [보기] → [문서 창] → [가로 눈금자]/[세로 눈금자]를 이용하여 표시하거나 숨길 수 있습니다.

풀다운 메뉴

CPI(Character Per Inch)
CPI는 1인치에 표현할 수 있는 문자의 수를 나타내는 단위로 보통 10CPI, 12CPI, 15CPI가 사용되는데 수치가 클수록 글자 사이의 간격이 좁아집니다. 다른 말로 문자 피치라고도 합니다.

❺ 눈금자(Ruler)

- 행의 길이, 문서의 여백, 문단의 들여쓰기/내어쓰기, 탭 위치 등을 설정하는 데 도움이 되는 자(尺)를 말한다.
- 눈금자의 단위는 밀리미터, 인치, CPI* 등으로 변경할 수 있다.
- 탭 설정 상태, 오른쪽/왼쪽 여백, 들여쓰기/내어쓰기 정보 등을 확인할 수 있다.

❻ 이동 막대(Scroll Bar)

- 이동 막대는 마우스를 이용하여 화면을 상 · 하 · 좌 · 우로 이동시킬 때 사용하며 화면 오른쪽이나 아래쪽에 위치한다.
- 이동 막대를 사용하여 화면을 움직이면 커서는 이동되지 않고, 화면만 이동된다.

❼ 상태 표시줄(Status Line) : 커서가 있는 곳의 쪽 번호(현재 페이지), 커서 위치, 삽입/수정 상태, 자판의 종류 등 문서를 편집할 때 필요한 여러 가지 정보를 표시하며, 상황 표시줄이라고도 한다.

3 화면 표시 형식

화면 표시 형식은 자료를 화면에 표시하는 기본 단위에 따라 두 가지로 나누어진다. 점(Dot)으로 이루어진 형식과 화소(Pixel)로 이루어진 형식, 즉 텍스트 형식과 그래픽 형식으로 분류된다.

텍스트 형식(Text Mode)

텍스트 형식은 점(Dot)을 기본 단위로 하여 문자를 구성하며, '행×열'로 구성된 화면은 25행(줄) 80열(컬럼)로 표시된다.

그래픽 형식(Graphic Mode)

그래픽 형식은 화소(Pixel)를 기본 단위로 하여 문자 · 그림 · 도형 등을 표시하며, 화면은 '가로 픽셀 수×세로 픽셀 수'로 구성하는데, 보통 '800×600' 화면 모드*를 사용한다.

'800×600' 화면 모드
가로 800개, 세로 600개의 점을 사용해 화면을 구성하는 것을 말합니다. 그러니까 한 화면에 보여지는 글자나 그림, 도형 등은 48만 개의 점 안에서 표현되는 것이죠. 점의 개수가 많아지면 좀더 선명한 화면을 표현할 수 있는데, 점의 수를 높이는 것을 해상도를 높인다고 합니다.

위지윅(WYSIWYG)
위지윅은 'What You See Is What You Get'의 약어로, 화면에 표현된 그대로를 출력 결과물로 얻을 수 있다는 것을 말합니다.

21.4, 18.2, 11.3, 09.3, 02.4, 02.3, 02.1, 00.2, 98.1

| 잠깐만요 | **텍스트 형식과 그래픽 형식 비교** |

1100731

형식	기본 단위	표현 단위	처리 속도	기억공간	지원 글꼴	출력물 예측	위지윅* 구현
텍스트	점(Dot)	글자	빠름	적게 차지함	적음	불가	불가능
그래픽	화소(Pixel)	문자·그림·도형	느림	많이 차지함	많음	가능	가능

4 표시 기능 관련 용어

24.1, 23.4, 23.3, 23.1, 21.4, 19.2, 16.2, 15.3, 13.2, 12.3, 09.4, 09.3, 08.2, 05.3, 03.4, 05.1, 04.1, 03.4

1100704

레이아웃(Layout) 13.2, 08.2, 05.1, 04.1, 03.4	본문, 그림, 표 등을 페이지의 적당한 위치에 균형 있게 배치하는 것이다.
조판 부호* 24.1, 23.3, 23.1, 21.4, 16.2, 15.3, …	편집 과정에서 생긴 표나 글상자, 그림, 머리말 등을 기호화하여 표시하는 숨은 문자로, 인쇄할 때는 나타나지 않는다.
문단 부호 15.3	문서 작성 도중 Enter 를 누른 곳을 표시해 주는 문자(↵)로 인쇄할 때는 나타나지 않는다.
격자(Grid)* 09.4, 05.3, 04.1	• 정확한 간격에 맞추어 세밀한 편집을 할 수 있도록 가로선과 세로선이 일정한 간격으로 그어져 모눈 종이와 같은 효과를 내는 것이다. • 정확한 위치를 필요로 하는 표나 그림 같은 개체를 삽입하거나 수정할 때 도움을 준다.
스크롤(Scroll) 23.4, 23.1, 19.2, 16.2, 13.2	문서 작성 시 화면을 상·하·좌·우로 이동하는 기능(Scroll up, Scroll down, Scroll left, Scroll right)이다.
미리 보기(Preview) 23.1, 16.2, 13.2	편집한 문서를 인쇄하기 전에 화면에 미리 출력해 보는 기능이다.
창 나누기 (Split Screen)	하나의 화면을 여러 개의 창으로 분할해 서로 다른 정보를 불러와 참조하면서 작업할 수 있게 하는 기능이다.
행 호출	특정 행으로 바로 이동하는 기능이다.

잠깐만요 **클리어타입(Clear Type)**
23.2

• 글자의 가독성을 높이기 위해 마이크로소프트 사에서 개발한 글꼴 렌더링* 기술입니다.
• 클리어타입은 문자열의 모양을 선명하게 개선함으로써 작은 문자도 쉽게 읽을 수 있습니다.

따라잡기 **기출문제 따라잡기**

문제11100751

23년 1회, 16년 2회, 14년 2회

1. 다음 중 워드프로세서의 화면 표시 기능에 대한 설명으로 옳지 않은 것은?

① 문서를 작성할 때 스크롤바를 이용하여 화면을 상, 하, 좌, 우로 이동할 수 있다.

② 편집 과정에서 생긴 공백이나 문단 등은 조판 부호를 표시하여 확인할 수 있다.

③ 편집한 문서는 인쇄하기 전에 미리 보기를 통해 화면에서 미리 출력해 볼 수 있다.

④ 화면을 확대하면 인쇄물 결과에도 영향을 준다.

화면 표시 기능은 말 그대로 화면에 내용을 표시만 해주는 기능으로 인쇄물에는 영향을 주지 않습니다.

23년 4회, 19년 2회

2. 다음 중 워드프로세서의 화면 표시 기능과 관련된 설명으로 옳지 않은 것은?

① 눈금자를 사용하면 왼쪽과 오른쪽 여백, 들여쓰기, 내어쓰기, 탭 설정 여부 등을 표시할 수 있다.

② 상태 표시줄에는 커서가 있는 쪽 번호, 커서 위치, 삽입 또는 수정 상태, 자판의 종류 등의 정보를 표시한다.

③ 문서를 작성할 때 화면을 상·하·좌·우로 이동하는 기능을 스크롤(Scroll)이라고 한다.

④ 작업 화면의 표준 도구 모음에는 제어 상자, 제목, 창조절 단추 등이 표시된다.

작업 화면의 표준 도구 모음은 문서 작업을 할 때 자주 사용하는 기능을 아이콘화하여 모아 놓은 것입니다. 제어 상자, 제목, 창 조절 단추 등은 제목 표시줄에 표시됩니다.

▶ 정답 : 1. ④ 2. ④

11년 3회, 09년 3회, 02년 4회

3. 다음 중 화면 표시 형식에서 그래픽 표시 방식에 대한 설명으로 옳지 않은 것은?

① 화면 표시 속도가 텍스트 방식보다 빠르다.

② 문자나 도형을 픽셀(Pixel)의 집합으로 표시한다.

③ 화면에 표현된 그대로를 출력 결과로 얻을 수 있는 WYSIWYG 기능이 가능하다.

④ 글자체가 다양하며 섬세하나 기억공간을 많이 차지한다.

문자 · 그림 · 도형 등을 표현하는 그래픽 표시 방식은 용량이 크기 때문에 텍스트 방식보다 표시 속도가 느립니다.

23년 1회, 21년 2회, 15년 1회, 13년 3회, 12년 2회, 11년 2회

4. 다음은 워드프로세서의 화면 구성 요소 중 무엇에 대한 설명인가?

문단의 왼쪽/오른쪽 여백, 탭의 위치, 들여쓰기/내어쓰기, 눈금 단위 등을 표시하는 것으로, 편집 화면에서 감추거나 보이게 할 수 있음

① 눈금자(Ruler)

② 상태 표시줄(Status Line)

③ 스크롤 바(Scroll Bar)

④ 격자(Grid)

눈금자는 문서의 여백, 탭의 위치, 들여쓰기/내어쓰기, 눈금 단위 등을 설정하는데 도움이 되는 자(尺)를 말합니다.

21년 3회, 14년 3회, 03년 3회

5. 다음 중 워드프로세서가 동작하는 동안 상태 표시줄에서 알 수 있는 정보가 아닌 것은?

① 커서가 위치한 행과 열

② 텍스트 크기

③ 현재 페이지

④ 삽입/수정 설정 상태

상태 표시줄에는 커서가 위치한 행과 열, 현재 페이지(쪽 번호), 삽입/수정 상태, 자판의 종류 등이 표시됩니다.

24년 1회, 23년 3회, 21년 4회

6. 다음 중 워드프로세서의 화면 표시 기능과 관련된 설명으로 옳은 것은?

① 눈금자는 화면에 항상 표시되는 걸로 감출 수 없다.

② 조판 부호는 표시하거나 숨길 수 있다.

③ 상태 표시줄에는 쪽 번호, 커서 위치, 파일 크기 등의 정보를 표시한다.

④ 작성한 문서를 인쇄하기 전에 전체적인 윤곽을 잡기 위해 화면을 통해 미리보는 기능을 위지윅(WYSIWYG)이라 한다.

눈금자는 감출 수 있고, 상태 표시줄에 파일 크기는 표시되지 않습니다. 위지윅은 화면에 표시된 그대로 출력물을 얻을 수 있는 것을 의미합니다.

23년 2회

7. 다음 설명에 해당하는 용어는?

글자의 가독성을 높이기 위한 글꼴 렌더링 기술로, 문자열의 모양을 선명하게 개선하여 작은 문자도 읽기 쉽도록 해주는 기술이다.

① 클리어타입(ClearType)

② 워드 랩(Word Wrap)

③ 마진(Margin)

④ 래그드(Ragged)

글자의 가독성을 높이기 위한 글꼴 렌더링 기술을 클리어타입(ClearType)이라고 합니다.

15년 3회

8. 다음의 보기에서 설명하는 워드프로세서의 기능은?

문서를 작성하면서 글자 입력 도중에 Enter를 누른 곳을 줄 바꿈 문자(↵)로 화면에 표시해주는 기능

① 화면 구성   ② 교정 부호

③ 문단 부호   ④ 문단 모양

글자 입력 도중에 Enter를 누르게 되면 문단이 끝납니다. 즉 문단 부호는 문단의 끝을 표시해주는 **부호**입니다.

▶ 정답 : 3. ① 4. ① 5. ② 6. ② 7. ① 8. ③

편집 기능 - 기본 편집 기능

편집 기능은 워드프로세서의 핵심 기능 중의 하나로 입력한 문서에 여러 가지 변화를 주어 정돈되고 균형 있게, 즉 보기 좋게 꾸미는 기능이다.

1 삽입 / 수정 / 삭제

22.1, 21.2, 19.상시, 16.1, 15.3 15.2, 15.1, 14.3, 14.1

1100801

22.1, 19.상시, 16.1, 15.3, … **삽입 기능** (Insert)	• 문서의 중간에 문자열, 공백, 페이지 등의 새로운 내용을 끼워 넣는 기능이다. • 삽입 상태와 수정 상태의 전환은 Insert를 이용하며, 삽입/수정 상태는 상태 표시줄에 표시된다. • 삽입 상태에서 Spacebar를 누르면 커서를 오른쪽으로 이동시키면서 빈 칸을 삽입한다.
22.1, 19.상시, 15.3, 15.2, … **수정 기능** (Overwrite)	• 문서의 잘못된 내용을 고치는 기능으로 '겹쳐쓰기'라고도 한다. • 수정 상태에서 새로운 내용을 입력하면 커서 위치에 있던 내용이 지워지면서 새로운 내용이 입력된다.
22.1, 19.상시, 16.1, 15.3, … **삭제 기능** (Delete)	• 잘못 입력한 문자를 지우는 기능이다. • Backspace는 커서를 왼쪽으로 이동시키면서 한 문자씩 삭제한다. • Delete는 커서 위치를 변경시키지 않고, 커서의 오른쪽 문자를 하나씩 삭제한다. • 수정 상태에서 Spacebar를 누르면 커서를 오른쪽으로 이동시키면서 한 문자를 삭제한다.

2 영역 지정

24.4, 23.5, 23.4, 20.1, 12.2, 11.3, 11.1, 08.2, 06.2, 04.4, 04.2, 04.1, 03.4, 02.2, 99.3, 99.1

1100802

영역(Block, 블록) 지정*이란 문서를 편집할 때 특정 부분에만 명령이 적용되도록 키보드나 마우스를 이용하여 범위를 지정하는 것으로 복사, 이동, 삭제, 문단 모양 변경, 글꼴 변경, 검색, 치환 등의 편집 기능을 활용하기 위해 사용한다.

• 영역 지정은 키보드의 Shift를 누른 상태에서 이동키*를 누르거나 마우스를 드래그하여 지정한다.

• 다음과 같이 마우스 버튼을 클릭해 블록을 지정할 수 있다.

구분	문서 안에서	문서 왼쪽 여백에서
23.5, 20.1, 08.2, 06.2, 04.4, 04.2, 03.4, 99.3 **한 번 클릭**	커서 위치 변경	줄 블록 지정
24.4, 23.5, 23.4, 20.1, 11.3, 08.2, 06.2, 04.4, 04.2 **두 번 클릭**	단어 블록 지정	문단 블록 지정
24.4, 23.4, 11.3, 11.1, 08.2, 06.2, 04.4, 04.2 **세 번 클릭**	문단 블록 지정	문서 전체 블록 지정*

전문가의 조언

삽입·수정·삭제, 복사와 이동의 특징을 비교하는 문제가 자주 출제되고 있습니다. 복사와 이동은 실습을 통해 정리하세요. 어려운 내용이 아니므로 쉽게 이해할 수 있습니다.

영역 지정이 꼭 필요해요!
복사, 이동, 글꼴 변경, 여러 문단의 모양 변경 등은 반드시 영역 지정이 필요하지만, 검색이나 치환 기능은 영역 지정 없이 문서 전체를 대상으로 하여 작업할 수 있습니다.

이동키
방향키(←, →, ↑, ↓), Home, End, PgDn, PgUp 등

문서 전체 블록 지정하는 다른 방법
• [편집] → [모두 선택] 메뉴 선택
• Ctrl + A 누름

3 영역 복사

21.1, 17.1, 15.1, 10.1, 08.3, 08.2, 07.3, 06.3, 06.2, 05.4, 05.3, 05.1, 04.4, 04.3, 04.2, 04.1, 03.2, 03.1, 02.4, 00.2, 00.1

1100803

복사는 영역으로 지정된 부분의 내용을 원하는 위치에 하나 더 만드는 기능이다.

- 복사한 내용은 버퍼(Buffer)*에 저장되며 붙여넣기를 하면 지정한 위치에 기록된다.
- 영역 복사는 내용이 하나 더 늘어나는 것이므로 문서의 분량을 증가시킨다.

4 영역 이동

21.1, 17.1, 15.1, 10.3, 08.2, 07.3, 06.3, 06.2, 05.4, 05.3, 05.1, 04.4, 04.3, 04.2, 03.2, 03.1, 02.4, 01.2, 00.2, 00.1

이동은 영역으로 지정된 부분의 내용을 원하는 위치로 이동시키는 기능이다.

- 잘라낸 내용은 버퍼(Buffer)에 저장되며 붙여넣기를 하면 지정한 위치에 기록된다.
- 영역 이동은 내용이 늘어나는 것이 아니므로 문서의 분량이 변하지 않는다.

21.1, 10.3, 06.2, 05.4, 05.1, 04.1

> **잠깐만요** **복사와 이동* 비교**

구분	단축키	차이점	공통점
복사	Ctrl+C → Ctrl+V (복사하기) (붙이기)	• 문서 분량 증가 • 원문 변화 없음	• 블록을 지정해야만 가능 • 버퍼(클립보드) 사용 • 여러 번 붙여넣기할 수 있음
이동	Ctrl+X → Ctrl+V (잘라내기) (붙이기)	• 문서 분량 변화 없음 • 원문 삭제	

5 영역 삭제

05.1, 04.3, 02.4

영역 삭제는 많은 문장을 영역으로 지정하여 한 번에 삭제하는 기능이다.

- 영역으로 지정된 부분을 삭제하면 지정된 영역의 오른쪽에 있던 내용이 삭제된 부분만큼 왼쪽으로 이동한다.

버퍼와 클립보드
- 버퍼(Buffer) : 복사나 잘라내기 한 내용을 보관하는 임시 기억 장소로서, Windows 10에서는 '클립보드'라고도 함
- 클립보드(Clipboard) : 가장 최근에 저장한 내용만 기억하며 컴퓨터를 다시 시작하거나 새로운 내용이 저장되면 이전에 저장되어 있던 내용은 지워짐

마우스를 이용한 이동과 복사
- 이동 : 블록을 지정한 후 원하는 위치로 드래그
- 복사 : 블록을 지정한 후 Ctrl을 누른 채 원하는 위치로 드래그

따라잡기 기출문제 따라잡기

22년 1회, 21년 2회, 15년 3회, 2회, 1회, 14년 3회, 1회

1. 다음 중 문서를 편집할 때 삽입, 삭제, 수정에 대한 설명으로 옳지 않은 것은?

① [삽입] 상태에서 삽입할 위치에 커서를 두고 새로운 내용을 입력하면 원래의 내용은 뒤로 밀려나며 내용이 입력된다.

② 임의의 내용을 블록(영역) 지정한 후 Delete 를 누르면 영역을 지정한 곳의 내용은 모두 삭제된다.

③ Delete 는 커서는 움직이지 않고 오른쪽 문자열을 하나씩 삭제한다.

④ Spacebar 는 삽입 상태에서 커서를 오른쪽으로 이동시키면서 한 문자씩 삭제한다.

Spacebar 는 삽입 상태에서는 빈 칸을 삽입하고, 수정 상태에서는 오른쪽 내용을 한 문자씩 삭제합니다.

17년 1회

2. 다음 보기의 내용에 해당되는 워드프로세서 기능으로만 옳게 짝지어진 것은?

• 여러 번 붙이기 수행이 가능하다.
• 클립보드(Clipboard)를 사용한다.

① 영역 지정, 영역 이동　　② 영역 삭제, 영역 복사
③ 영역 복사, 영역 지정　　④ 영역 이동, 영역 복사

영역 이동과 복사의 공통점은 잘라내거나 복사할 영역을 블록으로 지정해야 하고, 잘라내거나 복사한 내용은 클립보드(Clipboard)에 저장되며, 클립보드에 저장된 내용은 여러 번 붙여넣기 할 수 있다는 것입니다.

24년 4회, 23년 4회

3. 다음 중 워드프로세서에서 영역(Block) 지정에 관한 설명으로 옳지 않은 것은?

① 블록을 지정하여 특정 영역에 대해서만 찾기 및 바꾸기 기능을 수행할 수 있다.

② 블록을 지정하여 특정 영역을 복사 및 잘라내기 할 수 있다.

③ 임의의 단어에서 마우스를 두 번 연속으로 클릭하면 단어가 있는 줄(Line)을 블록으로 지정할 수 있다.

④ 임의의 단어에서 마우스를 세 번 연속으로 클릭하면 단어가 있는 문단을 블록으로 지정할 수 있다.

임의의 단어에서 마우스를 두 번 연속으로 클릭하면 해당 단어가 블록으로 지정됩니다. 단어가 있는 줄을 블록으로 지정하려면 문서의 왼쪽 여백에서 마우스를 한 번 클릭하면 됩니다.

08년 2회, 06년 3회, 05년 4회

4. 다음 중 복사(Copy)나 잘라내기(Cut)를 한 후 워드프로세서 프로그램을 종료하고 다른 작업을 수행하지 않았을 경우에 대한 설명으로 옳지 않은 것은?

① 일반적으로 프로그램을 종료하면 복사하거나 잘라낸 내용이 사라지므로 붙여넣기 할 수 없다.

② 복사하거나 잘라내기한 내용은 클립보드에 저장된다.

③ 다른 종류의 워드프로세서 프로그램을 실행하여 복사하거나 잘라내기한 내용을 붙여넣기할 수 있다.

④ 복사하거나 잘라낸 내용은 컴퓨터를 재부팅한 후에는 프로그램을 다시 실행하여도 붙여넣기할 수 없다.

복사(Copy)나 잘라내기(Cut)를 하면 해당 내용이 클립보드에 저장되므로 프로그램을 종료하더라도 클립보드에 저장된 내용이 그대로 유지됩니다. 즉 다른 프로그램을 실행하여 붙여넣기 할 수 있지만 컴퓨터를 다시 시작하거나 새로운 내용을 복사하면 클립보드에 저장된 내용이 모두 지워집니다.

23년 5회, 20년 1회

5. 다음 중 워드프로세서에서 영역(Block) 지정에 관한 설명으로 옳지 않은 것은?

① 문서의 왼쪽 여백에서 마우스를 한 번 클릭하면 문서 전체를 블록으로 지정할 수 있다.

② 키보드의 Shift 를 누른 상태로 방향키를 사용하여 문서의 일부 내용을 블록 지정할 수 있다.

③ 문서의 일부 내용을 마우스로 드래그하여 블록 지정할 수 있다.

④ 임의의 단어에서 마우스를 두 번 연속으로 클릭하면 해당 단어를 블록 지정할 수 있다.

문서의 왼쪽 여백에서 마우스를 한 번 클릭하면 한 줄이 블록으로 지정됩니다. 문서 전체를 블록으로 지정하려면 문서의 왼쪽 여백에서 마우스를 세 번 클릭하면 됩니다.

▶ **정답 :** 1. ④　2. ④　3. ③　4. ①　5. ①

편집 기능 - 정렬 및 검색

전문가의 조언

검색과 치환의 특징을 비교하는 문제가 주로 출제되고 있습니다. 어느 한쪽의 특징이라도 확실히 알아두세요.

글자 모양
글자 모양은 글자의 크기, 글꼴(서체), 속성(진하게, 기울임, 밑줄 등) 등을 의미합니다.

만능문자(와일드 카드)
- 모든 문자를 대신하여 사용하는 문자를 말합니다.
- *는 문자의 모든 자리를 대신할 수 있지만 ?는 문자의 한자리만 대신하여 사용할 수 있습니다.
- 강* : '강'으로 시작하는 모든 문자열
- 강? : '강'으로 시작하는 두 글자인 문자열

1 24.4, 24.3, 24.2, 23.3, 23.1, 22.3, 22.2, 21.3, 21.1, 20.상시, 20.2, 20.1, 19.2, 18.2, 17.1, 16.3, 15.3, 15.2, 13.3, 11.3, 11.1, 10.3, …

정렬/검색/치환

1100804

19.2 정렬(Align)	• 문서의 균형을 맞추기 위해 일정한 위치를 기준으로 문장을 배치하는 기능이다. • 왼쪽 정렬, 오른쪽 정렬, 가운데 정렬, 양쪽 정렬 등이 있다. • 하나의 문단은 영역 지정 없이도 정렬이 가능하지만, 블록 지정 기능을 이용하면 여러 문단을 한꺼번에 정렬할 수 있다.
24.4, 24.3, 24.2, 23.3, 23.1, 22.3, … 검색(Search)	• 문서에서 특정 문자나 문자열을 찾아 보여주는 기능으로, 작업 후 문서의 내용에는 아무런 변화가 없다. • 한글, 영문자, 한자, 특수문자 등 문자의 내용뿐만 아니라 글자 모양*, 문단 모양, 스타일 등도 지정하여 검색할 수 있다. • 띄어쓰기를 무시하거나 영문 대·소문자를 구분하여 검색할 수 있다. • 만능문자(와일드 카드*)를 사용하여 검색할 수 있다. • 블록을 지정하여 특정 영역에 대해서만 검색이 가능하다. • 커서의 위치를 기준으로 위쪽이나 아래쪽으로 검색 방향을 지정할 수 있다.
24.3, 24.2, 23.3, 22.3, 21.1, … 치환(Replace)	• 특정 문자열을 찾아 다른 문자열로 바꾸는 기능으로, 치환 후에는 문서의 분량이 변할 수 있다. • 한글, 영문자, 한자, 특수문자 등 문자의 내용뿐만 아니라 글자 모양, 문단 모양, 스타일 등도 바꿀 수 있지만 그림, 도형 등은 바꿀 수 없다. • 블록을 지정하여 특정 영역에 대해서만 치환이 가능하다. • 커서의 위치를 기준으로 위쪽이나 아래쪽으로 치환 방향을 지정할 수 있다.

18.2, 12.3, 12.1, 10.2, 10.1, 09.3, 07.2, 06.1, 05.4

잠깐만요 정렬의 종류 / 정렬(Align)과 정렬(Sort)은 동명이인(同名異人)

1100832

정렬의 종류

정렬(Align)은 문서의 균형을 맞추기 위해 일정한 위치를 기준으로 문장을 배치하는 기능이다.	정렬(Align)은 문서의 균형을 맞추기 위해 일정한 위치를 기준으로 문장을 배치하는 기능이다.	정렬(Align)은 문서의 균형을 맞추기 위해 일정한 위치를 기준으로 문장을 배치하는 기능이다.	정렬(Align)은 문서의 균형을 맞추기위해 일정한 위치를 기준으로 문장을 배치하는 기능이다.
왼쪽 정렬	가운데 정렬	오른쪽 정렬	양쪽 정렬

정렬(Align)과 정렬(Sort)은 동명이인(同名異人)

- Sort(정렬)는 Align(정렬)과 다른 기능입니다. Sort는 문서의 내용을 가, 나, 다 … 혹은 1, 2, 3처럼 크기 순서에 따라 나열하는 것으로, 작은 것에서 큰 것으로 점점 올라가는 오름차순 정렬과 큰 것에서 작은 것으로 점점 내려가는 내림차순 정렬이 있습니다.
- 한 번 정렬된 내용을 오름차순이나 내림차순으로 재정렬할 수 있습니다.
- Sort 우선 순위(오름차순 기준) : '숫자 → 영문(소문자 → 대문자) → 한글' 순으로 정렬됩니다.

강선애 김우희 민종숙 이수정	이수정 민종숙 김우희 강선애
오름차순 정렬	내림차순 정렬

문제1 1100853   문제2 3100952

따라잡기 기출문제 따라잡기

23년 1회, 21년 3회, 20년 2회

1. 다음 중 워드프로세서에서 특정 내용을 검색하기 위한 찾기 기능의 설명으로 옳지 않은 것은?

① 교정 부호나 메모의 내용을 지정하여 검색할 수 있다.

② 와일드카드 문자(*, ?)를 사용하여 검색할 수 있다.

③ 블록을 지정하여 특정 영역에 대해서만 검색할 수 있다.

④ 글자 모양이나 문단 모양, 스타일 등을 지정하여 검색할 수 있다.

> 메모의 내용을 지정하여 검색할 수 있지만 교정 부호를 지정하여 검색할 수는 없습니다.

20년 1회

2. 다음 중 워드프로세서에서 치환에 대한 내용으로 옳지 않은 것은?

① 치환 후에는 문서의 분량이 변할 수 없다.

② 글자 모양, 문단 모양, 스타일도 지정하여 바꿀 수 있다.

③ 블록을 지정한 특정 영역에 대해서만 치환 기능을 적용할 수 있다.

④ 특정 문자열을 찾아 다른 문자열로 바꾸는 기능이다.

> 치환은 특정 문자열을 찾아 다른 문자열로 바꾸는 기능으로, 치환 후에는 문서의 분량이 변할 수 있습니다.

24년 3회

3. 다음 중 워드프로세서에서 찾기와 바꾸기 기능에 관한 설명으로 옳지 않은 것은?

① 블록을 지정한 영역에서도 찾기가 가능하며 커서의 위치를 기준으로 찾을 방향을 지정할 수 있다.

② 사용자가 정의해 놓은 스타일을 적용하여 찾기 기능은 수행할 수 있으나, 바꾸기 기능은 수행할 수 없다.

③ 찾기 기능을 수행하면 문서 크기에 영향을 주지 않지만, 바꾸기 기능을 수행하면 문서 크기에 영향을 준다.

④ 문서 내에서 특정 문자를 찾아 크기, 서체, 속성 등을 바꿀 수 있다.

> 사용자가 정의해 놓은 스타일을 적용하여 찾기 기능과 바꾸기 기능을 모두 수행할 수 있습니다.

24년 4회, 22년 2회, 18년 2회, 16년 3회

4. 다음 중 워드프로세서에서 찾기 기능에 대한 설명으로 옳은 것은?

① 찾기 기능은 대문자와 소문자를 구분하여 내용을 찾을 수 없다.

② 찾기 기능을 이용하여 찾을 때 언제나 현재 커서의 아래쪽으로만 내용을 찾을 수 있다.

③ 찾기 기능에서 띄어쓰기를 무시하고 내용을 찾을 수 없다.

④ 찾을 내용과 글꼴을 이용하여 찾기 기능을 수행할 수 있다.

> ① 찾기 기능은 대문자와 소문자를 구분하여 내용을 찾을 수 있습니다.
> ② 찾기 기능은 커서의 위치를 기준으로 왼쪽이나 아래쪽으로 찾기 방향을 지정할 수 있습니다.
> ③ 찾기 기능에서 띄어쓰기를 무시하고 내용을 찾을 수 있습니다.

19년 2회

5. 다음 중 워드프로세서의 정렬(Align) 기능에 대한 설명으로 옳지 않은 것은?

① 문서의 내용을 가, 나, 다 … 혹은 1, 2, 3 … 형태로 크기 순서에 따라 나열하는 것이다.

② 하나의 문단은 영역 지정이 없어도 정렬이 가능하다.

③ 영역 지정 기능을 사용하면 문서 전체에 대해서 한꺼번에 정렬할 수 있다.

④ 정렬 방식으로는 왼쪽 정렬, 오른쪽 정렬, 가운데 정렬, 양쪽 정렬 등이 있다.

> 정렬(Align)은 문서의 내용을 왼쪽, 오른쪽, 가운데 등으로 배치하는 것이고, 정렬(Sort)은 문서의 내용을 '가, 나, 다' 또는 '1, 2, 3' 순으로 나열하는 것입니다.

18년 2회, 12년 3회, 10년 2회, 09년 3회, 07년 2회, 05년 4회

6. 다음 중에서 소트(Sort)에 대한 설명으로 옳지 않은 것은?

① 한번 정렬된 내용은 오름차순 혹은 내림차순으로 재배열 할 수 없다.

② 작은 것부터 큰 순서대로 정렬하는 것을 오름차순 정렬이라고 한다.

③ 오름차순은 숫자, 영문자, 한글 순으로 정렬된다.

④ 큰 것부터 작은 순서대로 정렬하는 것을 내림차순 정렬이라고 한다.

> 이미 정렬된 내용도 오름차순이나 내림차순으로 재배열 할 수 있습니다.

▶ 정답 : 1. ① 2. ① 3. ② 4. ④ 5. ① 6. ①

편집 기능 - 고급 편집 기능

중요해요! 기타 편집 기능에서는 매회 1~2문제씩 출제되고 있습니다. 각 기능의 개념과 실제 응용되는 예시까지도 파악하고 있어야 합니다.

스타일 파일로 저장하기
워드프로세서 프로그램에서는 스타일을 별도의 파일로 저장할 수 있습니다. 동일한 스타일을 여러 문서에 적용할 때 문서마다 스타일을 새로 만들 필요 없이 저장된 스타일을 불러와 사용할 수 있습니다.

탭의 종류
- 오른쪽 탭 : 오른쪽 끝선을 맞춤
- 왼쪽 탭 : 왼쪽 끝선을 맞춤
- 가운데 탭 : 가운데를 기준으로 맞춤
- 소수점 탭 : 소수점을 기준으로 맞추며, 데시멀 탭(Decimal Tab)이라고도 함
- 점끌기 탭 : 탭으로 지정한 열에 점들을 삽입함

---

1 24.5, 24.2, 24.1, 23.4, 23.3, 23.2, 22.2, 21.4, 21.3, 21.2, 21.1, 20.2, 20.1, 19.상시, 19.2, 19.1, 18.상시, 18.1, 17.1, 16.3, 16.2, 16.1, …

고급 편집 기능

1100901

24.5, 23.4, 21.1, 20.2, … **매크로(Macro)**	• 일련의 작업 순서를 키보드의 특정 키에 기록해 두었다가 필요할 때 한번에 재생해 내는 기능으로, 사용자가 이름을 지정할 수 있다. • 동일한 내용의 반복 입력이나 도형, 문단 형식, 서식 등을 여러 곳에 반복 적용할 때 효과적이다. • 작성한 매크로는 별도의 파일로 저장할 수 있으며 편집이 가능하다. • 키보드 입력을 기억하는 '키 매크로'와 마우스 동작을 포함한 사용자의 모든 동작을 기억하는 '스크립트 매크로'가 있다.
24.5, 24.2, 24.1, 23.2, … **스타일(Style)***	• 글자 모양, 문단 모양, 문단 테두리 등 낱낱에 대한 서식을 스타일로 설정해 놓고, 필요할 때 원하는 스타일을 간단한 키 조작으로 한 번에 적용하는 기능이다. • 스타일은 문단 단위로 적용되며, 블록을 설정하여 한 번에 여러 개의 문단에 스타일을 지정할 수 있다. • 글꼴, 크기, 문단 모양, 문단 번호 등 문단의 형태를 쉽게 변경할 수 있다. • 문서에 대하여 일관성 있는 서식을 유지하면서 편집하는 데 가장 유용한 기능이다. • 다른 파일에 저장되어 있는 스타일을 불러오거나 다른 파일로 내보낼 수 있다.
15.3, 13.3, 12.3, 07.4, 06.3, … **탭(Tab)***	• 일정한 간격으로 단어 사이를 띄울 때 사용하며, 영역을 지정하여 복수 문장의 탭 설정이 가능하다. • 기본적으로 40pt(영문 8자) 간격으로 '왼쪽 탭'이 설정되어 있다. • 사용자가 탭 간격을 임의로 변경할 수 있고, 탭을 추가하거나 삭제할 수도 있다. • 탭 설정은 문단 단위로 적용되며, 블록을 설정하여 한 번에 여러 개의 문단에 탭 설정을 지정할 수 있다.
24.5, 24.2, 23.4, 23.3, 23.2, … **맞춤법 검사** **(Spelling Check)**	• 문서의 내용을 워드프로세서에 내장된 사전과 비교해 틀린 단어를 찾아 고치는 기능이다. • 맞춤법 검사 외에 문법적인 오류도 고칠 수 있다. • 자주 틀리는 단어는 자동으로 수정되도록 지정할 수 있다. • 맞춤법 검사를 위해 사전에 없는 단어를 사용자가 추가할 수 있다. • 한글, 영문 모두 검사할 수 있지만 수식이나 화학식은 검사할 수 없다. • 문서의 특정부분만 검사 할 수도 있다.
12.3, 12.1, 10.1, 08.1, 07.3, … **목차 만들기**	• 문서 작성이 끝난 후 자동으로 별도의 파일로 된 목차를 만드는 기능이다. • 목차에 들어갈 부분에 차례 표시 조판 부호를 붙여주는 과정과 차례 표시 조판 부호가 붙은 문장을 목차 파일로 만드는 두 단계로 이루어진다. • 단행본 도서나 논문 등 문서의 분량이 많은 경우에 유용한 기능이다. • **종류** : 제목 차례, 표 차례, 그림 차례, 수식 차례
24.2, 21.3, 19.2, 16.3, 12.2, … **금칙처리**	• 행두 금칙문자가 입력되면 해당 문자를 이전 행의 맨 끝으로 보내고, 행말 금칙문자가 입력되면 해당 문자를 다음 행의 처음으로 옮기는 기능이다. • **행두 금칙문자** : 행의 처음에 올 수 없는 문자나 기호로 . , '":;?!)}」』〉℃℉이 있다. • **행말 금칙문자** : 행의 마지막에 올 수 없는 문자나 기호로 '"({「『〈#$№☎이 있다.
24.5, 21.1, 16.2, 16.1, 11.3, … **수식 편집기**	• 문서에 복잡한 수식이나 화학식을 입력할 때 유용한 기능으로, 함수식이나 화학식에 사용되는 각종 수식 및 기호들을 간단하게 입력할 수 있게 해주는 도구이다. • 복잡한 수식이라도 수식용 예약어와 수식 틀(템플릿)을 이용하여 사용자가 쉽게 수식을 만들고 편집할 수 있다.

문제2 3101052

따라잡기 기출문제 따라잡기

16년 3회, 12년 2회, 03년 3회, 1회

1. 다음 중 행두 금칙문자로만 짝지어진 것은?

① $] ? "
②) } °F ?
③ (# ℃ {
④ 〉 } ¥]

> $, #, ¥, (, {은 행말 금칙문자,], ?, ",), }, °F, ℃,)은 행두 금칙문자입니다.

24년 5회, 21년 1회, 16년 1회

2. 다음 중 워드프로세서의 기능에 대한 설명으로 옳지 않은 것은?

① 매크로 기능을 이용하면 본문 파일의 내용은 같게 하고 수신인, 주소 등을 달리한 데이터 파일을 연결하여 여러 사람에게 보낼 초대장 등을 출력할 수 있다.

② 스타일 기능은 몇 가지의 표준적인 서식을 설정해 놓고 공통으로 사용되는 문단에 적용시킬 수 있는 기능이다.

③ 수식 편집기를 이용하면 수학식이나 화학식을 쉽게 입력할 수 있다.

④ 하이퍼미디어는 문서의 특정 단어 혹은 그림을 다른 곳의 내용과 연결시켜 주는 기능이다.

> 매크로 기능은 일련의 작업 순서를 키보드의 특정 키에 기록 두었다가 필요할 때 한 번에 재생해 내는 기능입니다. ①번은 메일 머지에 대한 설명입니다.

07년 4회, 06년 3회, 1회, 03년 3회, 02년 2회

3. 다음 중 탭(Tab)에 대한 설명으로 옳지 않은 것은?

① 탭 설정은 문단 단위로 적용된다.

② 탭 간격을 일정하게 유지할 수 있다.

③ 탭의 종류도 선택할 수 있다.

④ 들여쓰기/내어쓰기, 문단의 정렬 방식 등을 설정할 수 있다.

> 탭을 이용하여 들여쓰기/내어쓰기는 설정할 수 없습니다. 들여쓰기/내어쓰기는 눈금자나 문단 모양을 이용하여 설정할 수 있습니다.

24년 1회, 23년 2회, 22년 2회, 21년 4회, 19년 1회

4. 다음과 가장 관련 있는 기능은 무엇인가?

> • 문단의 형태(글꼴, 크기, 문단 모양, 문단 번호)를 쉽게 변경할 수 있다.
> • 문서에 대하여 일관성 있는 서식을 유지하면서 편집하는데 가장 유용한 기능이다.

① 수식 편집기
② 목차 만들기
③ 스타일
④ 맞춤법 검사

> 문서에 대하여 일관성 있는 서식을 유지하면서 편집하는데 가장 유용한 기능은 스타일(Style)입니다.

11년 3회, 10년 3회, 08년 4회, 06년 1회, 05년 2회

5. 다음 문장을 효과적으로 입력시키기 위한 방법이 아닌 것은?

> 대한민국의 장점은 대한민국내 사는 대한민국 국민이 조국인 대한민국의 발전을 위해 최선을 다한다는 것이다.

① '복사하기' 사용

② '상용구(Glossary)' 사용

③ '매크로(Macro)' 사용

④ '보일러 플레이트(Boiler Plate)' 사용

> 문제의 지문을 보면 '대한민국'이라는 단어가 자주 사용되는데, 이렇게 자주 사용되는 단어를 효율적으로 입력하려면 복사-붙여넣기, 상용구, 매크로 등을 이용하면 됩니다. 보일러 플레이트는 문서 내에 머리말, 꼬리말, 주석 같은 것을 표시하기 위해 비워둔 일정 공간을 의미합니다.

08년 1회, 06년 3회, 04년 3회, 03년 4회

6. 다음 보기의 각 기능과 설명이 올바르게 연결된 것은?

> (가) 치환   (나) 매크로   (다) 상용구   (라) 병합
>
> (A) 문서 내의 특정 문자열을 찾아 다른 문자열로 바꾸어 준다.
> (B) 자주 사용되는 단어나 문장을 미리 등록시켜 두었다가 필요할 때 미리 약속된 약어로 불러내어 손쉽게 입력할 수 있게 해준다.
> (C) 두 개 이상의 파일을 하나의 파일로 합쳐준다.
> (D) 반복적인 작업을 순서적으로 기록하여 필요 시 실행키를 눌러 재생한다.

① (가) - (B)
② (나) - (D)
③ (다) - (C)
④ (라) - (A)

> 각 기능을 설명과 연결하면 (가) - (A), (나) - (D), (다) - (B), (라) - (C)입니다.

12년 3회, 10년 1회, 08년 1회, 07년 3회, 06년 3회, 1회, 01년 2회

7. 다음 중 목차 만들기에 대한 설명으로 옳지 않은 것은?

① 목차 만들기의 결과는 본문 파일의 머리말 영역에 삽입된다.

② 제목 목차뿐만 아니라 표 목차의 구성도 가능하다.

③ 주로 문서의 분량이 클 때 활용된다.

④ 목차를 만들기 위해서는 목차에 포함될 항목을 표시해 두어야 한다.

> 목차 만들기의 결과는 별도의 파일로 작성됩니다.

▶ 정답 : 1. ② 2. ① 3. ④ 4. ③ 5. ④ 6. ② 7. ①

23년 4회, 3회, 22년 2회, 21년 2회, 20년 1회, 19년 2회, 14년 2회, 12년 1회, 11년 2회, 04년 4회

8. 다음 중 맞춤법 검사(Spelling Check)에 대한 설명으로 올바른 것은?

① 수식과 화학식도 맞춤법 검사를 할 수 있다.

② 자주 틀리는 단어는 자동으로 수정되도록 지정할 수 있다.

③ 문서의 특정부분만 검사할 수는 없다.

④ 맞춤법 외에 문법적인 오류는 고칠 수 없다.

> ① 수식과 화학식은 맞춤법 검사를 할 수 없습니다.
> ③ 문서의 특정부분을 블록으로 설정한 다음 맞춤법 검사를 수행하면 블록이 설정된 영역에 대해서만 맞춤법 검사가 이루어집니다.
> ④ 맞춤법 외에 문법적인 오류도 고칠 수 있습니다.

20년 2회, 19년 1회, 18년 1회

9. 다음 중 워드프로세서가 가지고 있는 매크로 기능에 관한 설명으로 옳지 않은 것은?

① 자주 사용하는 어휘나 도형 등을 약어로 등록하여 필요할 때 약어만 호출하여 같은 내용을 반복 사용하는 기능이다.

② 작성한 매크로는 별도의 파일로 저장할 수 있으며 편집이 가능하다.

③ 키보드 입력을 기억하는 '키 매크로'와 마우스 동작을 포함한 사용자의 모든 동작을 기억하는 '스크립트 매크로'가 있다.

④ 동일한 내용의 반복 입력이나 도형, 문단 형식, 서식 등을 여러 곳에 반복 적용할 때 유용하다.

> 매크로는 일련의 작업 순서를 키보드의 특정 키에 기록해 두었다가 필요할 때 한번에 재생해 내는 기능입니다. ①번은 상용구(Glossary)에 대한 설명입니다.

23년 2회

10. 다음 중 맞춤법 검사(Spell Check) 기능에 대한 설명으로 옳지 않은 것은?

① 잘못된 수식 오류는 고칠 수 없다.

② 영문 대·소문자나 띄어쓰기를 무시하고 맞춤법 검사를 할 수 있다.

③ 사전에 없는 단어는 사용자가 추가할 수 있다.

④ 문법적인 오류도 맞춤법 검사를 할 수 있다.

> 영문 대·소문자나 띄어쓰기를 무시하고 맞춤법 검사를 할 수는 없습니다.

24년 2회, 14년 3회

11. 다음 중 스타일(Style)에 관한 설명으로 옳지 않은 것은?

① 자주 사용하는 글자 모양이나 문단 모양을 미리 정해 놓고 쓰는 것을 말한다.

② 특정 문단을 사용자가 원하는 스타일로 변경할 수 있다.

③ 해당 문자의 글자 모양과 문단 모양을 한꺼번에 바꿀 수 있다.

④ 스타일을 적용하려면 언제나 범위를 설정하여야만 한다.

> 스타일을 적용할 문단이 한 개일 경우 범위를 지정하지 않아도 됩니다.

▶ 정답 : 8. ② 9. ① 10. ② 11. ④

편집 기능 - 기타 편집 기능

A 등급

1 **기타 편집 기능**

24.5, 24.4, .24.3, 24.2, 24.1, 23.4, 23.3, 23.2, 23.1, 22.4, 22.3, 22.2, 22.1, 21.4, 21.3, 21.2, 21.1, 20.상시, 20.2, 19.상시, 19.2, 19.1, ···

1101001

24.2, 23.2, 22.4, 22.1, 20.2, 11.2 10.1, ··· **머리말(두문, Header)/** **꼬리말(미문, Footer)**	• 각 페이지의 위(상단)/아래(하단) 부분에 동일한 형식의 내용이 반복적으로 표시되게 하는 기능이다. • 숫자, 문자, 그림, 표, 책의 제목, 날짜, 쪽 번호 등을 입력할 수 있다. • 홀수와 짝수쪽의 머리말(꼬리말)에 다른 내용을 입력할 수 있다.
24.2, 24.1, 23.2, 23.1, 21.3, 21.2, ··· **각주(Footnote)/** **미주(Endnote)**	문서의 내용을 설명하거나 인용한 원문의 제목을 알려주는 보충 구절로, 각 페이지 하단/문서의 맨 뒤에 모아 표시하는 기능이다.
24.5, 23.1, 21.2, 20.상시, 19.상시, 19.1, ··· **메일 머지(Mail Merge)**	• 초대장, 안내장처럼 문서의 전체 내용은 동일하지만 수신인과 같은 일부분만 다른 문서를 여러 개 작성할 때 유용한 기능이다. • 내용(본문)과 데이터를 각각 별도의 파일로 작성한 후 내용 파일에서 메일 머지를 실행한다. • 데이터 파일은 흔글, MS 워드, 엑셀, 액세스, 텍스트 등으로 만들 수 있다. • 메일 머지 결과를 직접 인쇄하거나 파일로 만들 수 있다.
14.1, 13.2, 09.3, 09.2, 06.1, 05.4, 04.3, ··· **하이퍼텍스트(Hypertext)**	• 문서에 있는 특정한 단어를 선택하면 그 단어와 연결된 문서로 이동해서 빠르고 쉽게 관련 정보를 참조할 수 있게 해주는 문서 형식이다. • 비순차적인 구조를 가지고 있다. • 주로 인터넷 문서에 사용하며, HTML 문서와 연결된 경우 링크를 클릭하면 인터넷에 곧바로 연결할 수 있다.
24.4, 20.상시, 19.상시, 18.1, 16.2, 12.3, ··· **보일러 플레이트** **(Boiler Plate)**	문서 내에 머리말, 꼬리말, 주석 같은 것을 표시하기 위한 일정 공간으로, 주로 문서의 여백을 사용한다.
24.4, 24.2, 24.1, 22.3, 22.1, 21.4, ··· **래그드(Ragged)**	문단의 각 행 중에서 오른쪽 또는 왼쪽 끝열이 정렬되지 않은 상태로, 각행의 끝에서 Enter를 누를 때(강제 개행) 발생한다.
24.3, 23.4, 20.2, 16.1, 15.3, 14.3, 09.3, ··· **색인(Index)**	문서에 있는 자료를 빠르게 찾을 수 있도록 중요한 용어를 쪽 번호와 함께 수록한 목록으로, 오름차순으로만 정렬되어 표시된다.
24.2, 22.4, 22.3, 22.1, 20.상시, 19.상시, ··· **워드랩(Word Wrap)**※	문서를 작성할 때 한 행의 끝부분에 입력된 단어가 너무 길어 다음 줄로 이어질 경우 그 단어 전체를 다음 줄로 이동시키는 기능이다.
24.4, 22.4, 22.3, 22.1, 21.4, 16.3, 16.2, ··· **홈 베이스(Home Base)**	문서 어디에서나 특별히 지정된 위치로 바로 이동하는 기능이다.
17.1, 16.2, 11.3, 10.1, 07.1, 06.4, 05.1, 01.1 **다단**※	신문처럼 한 쪽을 여러 개의 단으로 나누어 편집하는 기능이다.
24.3, 23.4, 20.2, 16.2, 16.1, 15.1, 14.3, ··· **영문균등(Justification)**※	단어 사이의 간격을 조절하여 워드랩으로 인한 공백을 없애고 문장의 양쪽 끝을 맞추는 기능이다.
19.1, 16.3, 15.2, 14.1, 11.2, 07.4, 05.3, ··· **기본값(Default)**	• 문서 편집과 관련된 여러 가지 설정 항목들에 주어진 기본값이다. • 사용자가 따로 지정하지 않으면 이 값이 그대로 적용된다.
23.3, 19.2, 13.2, 10.1, 08.3, 07.1, 04.2, ··· **센터링(Centering)**	문서의 내용을 문서 가운데를 중심으로 정렬하는 기능이다.
24.3, 23.4, 23.3, 22.4, 22.2, 22.1, 21.1, ··· **옵션(Option)**	명령이나 기능을 수행하는 데 필요한 추가적인 요소나 선택 항목이다.
16.3, 14.2, 08.4 **머지(Merge)**	정렬된 두 개 이상의 파일을 하나의 새로운 파일로 편성하는 기능이다.

전문가의 조언

중요해요! 각 용어를 구분하는 문제가 자주 출제됩니다. 용어를 설명하는 글자 하나하나를 외우는 것보다 각 용어들이 실제로 화면에서 무엇을 의미하는지를 알아두는 것이 문제를 푸는 데 도움이 됩니다.

워드랩과 영문균등

영문균등때문에 글자 간격은 넓어지게된다. 워드랩(WordWrap) 때문에 영문균등(Justification) 현상이 발생한다.

↓

영문균등때문에 글자 간격은 넓어지게된다. 워드랩(WordWrap) 때문에 영문균등(Justification) 현상이 발생한다.

워드랩 기능으로 '(Justification)' 전체가 다음 줄로 이동합니다.

↓

영문균등때문에 글자 간격은 넓어지게된다. 워드랩(WordWrap) 때문에 영문균등(Justification) 현상이 발생한다.

영문균등으로 단어 사이를 조절하여 공백을 없앱니다.

3단으로 작성한 문서

24.3, 24.2, 23.4, 23.3, 22.4, 22.3, 21.1, ... 마진(Margin)	문서의 균형을 위해 비워두는 페이지의 상 · 하 · 좌 · 우 공백을 의미한다.
24.4, 24.1, 23.3, 23.2, 23.1, 22.4, 22.1, ... 캡션(Caption)	문서에 포함된 표나 그림에 붙이는 제목 또는 설명으로, 그림이나 표의 위, 아래, 왼쪽, 오른쪽 등에 위치시킬 수 있다.

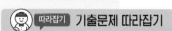 **기출문제 따라잡기**

문제1 1101051

22년 4회, 21년 1회, 20년 2회, 16년 2회, 1회, 14년 1회

1. 다음 중 워드프로세서의 편집 관련 용어에 대한 설명으로 옳은 것은?

① 마진(Margin) : 프린터에서 한 면 단위로 프린터 용지를 위로 올리는 기능

② 영문균등(Justification) : 단어 사이의 간격을 조절하여 워드랩으로 인한 공백을 없애고 문장의 양쪽 끝을 맞추는 기능

③ 홈 베이스(Home Base) : 문서의 균형을 위해 비워두는 페이지의 상 · 하 · 좌 · 우 공백

④ 옵션(Option) : 문단의 각 행 중에서 오른쪽 또는 왼쪽 끝 열이 정렬되지 않은 상태

> ① 마진은 문서의 균형을 위해 비워두는 페이지의 상 · 하 · 좌 · 우 공백을 의미합니다. ①번은 폼 피드에 대한 설명입니다.
> ③ 홈 베이스는 문서 어디에서나 특별히 지정한 위치로 바로 이동하는 기능입니다.
> ④ 옵션은 명령이나 기능을 수행하는 데 필요한 추가적인 요소나 선택 항목을 의미합니다. ④번은 래그드에 대한 설명입니다.

23년 2회, 07년 2회

2. 다음 중 조판 기능에 대한 설명으로 옳지 않은 것은?

① 머리말은 문서의 각 페이지 위쪽에 고정적으로 들어가는 글이다.

② 각주는 특정 문장이나 단어에 대한 보충 설명들을 해당 페이지의 하단에 표시한다.

③ 미주는 문서에 나오는 문구에 대한 보충 설명들을 문서의 맨 마지막에 모아서 표기한다.

④ 꼬리말은 문서의 특정 페이지 아래쪽에 고정적으로 들어가는 글이다.

> 꼬리말은 문서의 각 페이지 아래쪽에 고정적으로 들어가는 글입니다.

24년 1회, 23년 2회, 1회, 21년 3회, 2회, 17년 1회

3. 다음 중 워드프로세서 관련 용어에 대한 설명으로 옳은 것은?

① 캡션(Caption) : 명령이나 기능을 수행하는 데 필요한 추가적인 요소나 선택 항목이다.

② 포매터(Formatter) : 메뉴나 서식 설정을 할 때 이미 설정되어 있는 기본 값이다.

③ 미주(Endnote) : 문서의 내용을 설명하거나 인용한 원문의 제목을 알려주는 보충 구절로, 문서의 맨 마지막에 표시하는 기능을 말한다.

④ 소프트 카피(Soft Copy) : 화면에 표시된 문서나 내용을 그대로 프린터에 인쇄하는 기능이다.

> ① 캡션은 문서에 포함된 표나 그림에 붙이는 제목 또는 설명을 의미합니다. ①번은 옵션에 대한 설명입니다.
> ② 포매터는 입력된 문장의 좌우 여백 조정, 오른쪽 끝 정렬, 행간이나 자간, 글꼴과 크기 등을 조절하여 출력하는 프로그램입니다. ②번은 기본값(디폴트)에 대한 설명입니다.
> ④ 소프트 카피는 비디오 영상이나 소리와 같이 인쇄물이 아닌 다른 형태로 자료를 표시하는 것입니다. ④번은 하드 카피에 대한 설명입니다.

22년 4회, 1회, 20년 2회

4. 다음 중 머리말과 꼬리말에 대한 설명으로 옳지 않은 것은?

① 한 페이지의 맨 위와 아래에 내용이 쪽마다 고정적으로 반복되는 것을 말한다.

② 머리말과 꼬리말에는 책의 제목, 그 장의 제목, 쪽 번호 등을 넣는다.

③ 머리말과 꼬리말의 내용을 짝수쪽, 홀수쪽에 다르게 입력할 수 있다.

④ 머리말에 숫자, 문자, 그림은 입력할 수 있으나 표는 입력할 수 없다.

> 머리말에는 숫자, 문자, 그림, 표를 모두 입력할 수 있습니다.

따라잡기 기출문제 따라잡기

5. 다음 중 워드프로세서의 용어에 대한 설명으로 옳지 않은 것은?

① 워드랩(Word Wrap) : 단어가 줄의 끝에서 잘릴 경우 단어 전체를 다음 줄로 이동시키는 기능이다.

② 보일러 플레이트(Boiler Plate) : 문서의 일부분에 주석, 메모 등을 적어놓기 위해 따로 설정한 구역이다.

③ 센터링(Centering) : 문서의 중심을 비우고 문서의 내용을 정렬하는 기능이다.

④ 캡션(Caption) : 문서에 포함된 표나 그림에 붙이는 제목 또는 설명이다.

> 센터링은 문서의 내용을 문서의 가운데를 중심으로 정렬하는 기능입니다.

6. 다음 중 워드프로세서의 용어에 대한 설명으로 옳지 않은 것은?

① 상용구(Glossary) : 자주 사용하는 문자열을 미리 약어로 등록하였다가 필요 시 불러다 입력하는 기능

② 매크로(Macro) : 일련의 작업 순서를 등록시켜 놓았다가 필요한 때에 한 번에 실행시키는 기능

③ 영문균등(Justification) : 문서 작성 시 영어 단어가 너무 길어 단어의 일부가 다음 줄로 넘어갈 경우 단어 전체를 다음 줄로 자동으로 넘겨주는 기능

④ 미주(Endnote) : 문서에 나오는 문구에 대한 보충 설명들을 본문과 상관없이 문서의 맨 마지막에 모아서 표기하는 기능

> 영문균등은 단어 사이의 간격을 조절하여 워드랩으로 인한 공백을 없애고 문장의 양쪽 끝을 맞추는 기능입니다. ③번은 워드랩에 대한 설명입니다.

7. 다음 중 편집 관련 용어에 대한 설명으로 옳지 않은 것은?

① 래그드(Ragged)란 문서의 한쪽 끝이 정렬되지 않은 상태를 말한다.

② 소트(Sort)란 작성되어 있는 문서의 내용을 일정한 기준으로 재배열하는 것을 말한다.

③ 홈베이스(Home Base)란 문서를 편집할 때 임의의 위치에서 곧바로 문서의 처음으로 커서를 이동시킬 수 있는 기능을 말한다.

④ 캡션(Caption)이란 표나 그림에 제목이나 설명을 붙이는 기능을 말한다.

> 홈 베이스는 문서 어디에서나 특별히 지정된 위치(Home)로 바로 이동하는 기능입니다.

8. 워드프로세서의 용어 중 명령이나 기능을 수행하는 데 필요한 추가적인 요소나 선택 항목을 가리키는 것은?

① 다단   ② 옵션

③ 홈 베이스   ④ 각주

> 추가적인 요소나 선택 항목을 옵션이라고 합니다.

9. 다음 중 워드프로세서의 메일 머지(Mail Merge) 기능에 관한 설명으로 옳지 않은 것은?

① 메일 머지를 수행하기 위해서는 데이터 파일과 서식 파일이 필요하다.

② 데이터 파일은 서식 파일에 대입될 개인별 이름이나 주소 등을 담고 있는 파일이다.

③ 서식 파일은 메일 머지 되어 나올 내용에서 공통적으로 들어갈 본문 내용을 기재한 파일이다.

④ 메일 머지에 쓸 수 있는 서식 파일에는 윈도우의 주소록과 Outlook 주소록, 한글 파일, 엑셀 파일 등이 있다.

> 메일 머지는 서식 파일에서 실행시키기 때문에 서식 파일은 한글(hwp), MS-워드(doc) 같은 워드프로세서 프로그램으로 작성된 파일이어야 합니다.

10. 다음 중 워드프로세서에서 사용하는 기본 용어에 관한 설명으로 옳지 않은 것은?

① 영문균등(Justification) : 단어와 단어 사이의 간격을 균등 배분하여 문장의 왼쪽 끝만 맞추어 균형을 유지하는 기능

② 색인(Index) : 문서의 중요한 내용들을 빠르게 찾기 위하여 문서의 맨 뒤에 용어와 기록된 쪽 번호를 오름차순으로 기록하여 정리한 목록

③ 옵션(Option) : 명령이나 기능을 수행할 때 선택할 수 있는 항목들을 모두 보여주는 것

④ 마진(Margin) : 문서 작성 시 문서의 균형을 위해 남겨두는 상, 하, 좌, 우의 여백

> 영문균등은 단어 사이의 간격을 조절하여 워드랩으로 인한 공백을 없애고 문장의 양쪽 끝을 맞추는 기능입니다.

▶ 정답 : 1. ② 2. ④ 3. ③ 4. ④ 5. ③ 6. ③ 7. ③ 8. ② 9. ④ 10. ①

출력 기능 - 개요

1 출력 기능의 개요

24.5, 24.4, 24.3, 24.2, 23.4, 23.3, 23.1, 22.4, 22.3, 22.2, 22.1, 21.3, 21.2, 21.1, 20.상시, 20.2, 19.상시, 19.2, 19.1, 18.상시, 17.1, …

1101101

출력 기능은 입력 및 편집이 완료된 문서를 출력할 때 설정하는 기능이다.

- 미리 보기 기능을 통해 문서의 전체 윤곽을 확인할 수 있지만 문서의 내용을 편집할 수는 없다.
- 문서의 내용을 파일로 인쇄(저장)하거나 팩스 또는 전자메일로 보낼 수 있다.
- 파일로 인쇄하면 확장자가 .prn인 파일로 저장된다.
- 인쇄 시 용지 방향, 크기 등을 변경하거나 끝 페이지부터 거꾸로 인쇄할 수 있다.
- 문서의 일부분만 인쇄할 수 있고, 인쇄 매수를 지정하여 동일한 문서를 여러 번 인쇄할 수 있다.
- 인쇄할 때 프린터의 해상도를 높게 설정하면 선명하게 인쇄할 수 있지만 출력 속도는 느려진다.
- 모아찍기 기능을 이용하여 문서 한 장에 여러 페이지를 인쇄할 수 있다.
- 그림이나 글자를 이용한 워터마크를 설정하여 인쇄할 수 있다.

2 문자 크기*

19.2, 13.2, 12.2, 12.1, 10.2, 10.1, 04.4, 03.4

1101103

- 높이와 너비의 비율이 같은 2Byte 문자(전각문자)가 기본 크기의 문자이다.
- 문장의 크기는 포인트(Point)와 장평을 이용하여 표시한다.
- 다음은 전각문자를 표준 크기로 할 때의 상대적인 문자의 크기이다.

종류	가로 : 세로	전각문자 대비	예	의미
전각문자	1 : 1	1	전각	• 문자의 가로 : 세로 비율이 1 : 1 • 한글과 한자 표시
13.2 반각문자	1 : 2	1/2	반각	• 가로 길이는 전각문자의 1/2배, 세로 길이는 같음 • 영문과 숫자 표시
횡배문자	2 : 1	2	횡배	가로 길이는 전각문자의 2배, 세로 길이는 같음
13.2 종배문자	1 : 2	2	종배	가로 길이는 전각문자와 같고, 세로 길이는 2배
13.2 양배문자	1 : 1	4	양배	가로, 세로 모두 전각문자의 2배
19.2, 13.2, 04.4, … 첨자	1 : 1	1/4	첨자	• 가로, 세로 모두 전각문자의 1/2배 • 수식과 화학식 표시 예 H_2O, $z=xy^2+3$

19.2, 12.2, 12.1, 10.2, 10.1, 09.2, 09.1, 08.2, 07.2, 07.1, 06.3, 06.1, 05.3, 05.2, 05.1, 04.1, 03.4, 03.3, 03.2, 03.1, …

잠깐만요 포인트 / 장평 / 자간

1101131

포인트(Point)

일반적인 워드프로세서에서의 글자 크기 단위로, 1Point는 0.351mm입니다.

장평

문자의 가로 너비를 조절하여 글자 크기를 변경하는 것으로, 세로 길이(문자 높이)는 변하지 않습니다.

갤벗	길벗	길벗

[장평] 50%   100%   150%

자간

문자와 문자 사이의 간격을 의미하며 자간을 조절하여 가독성을 높일 수 있습니다.

---

3 문자의 속성

18.상시, 16.3, 16.1, 13.1, 12.2, 10.2, 06.1, 02.2

1101104

문자의 속성은 출력되는 문자에 시각적인 효과를 부여하거나 강조하기 위해 지정하는 기능이다.

- 하나의 문자에 여러 가지 속성을 동시에 지정할 수 있다.

- 다양한 문자 속성

속성	모양	속성	모양
진하게	**워드프로세서**	그림자	워드프로세서
18.상시, 16.3, 10.2 이탤릭(기울임)	*워드프로세서*	10.2, 06.1 음영(20%)	**워드프로세서**
13.1, 06.1 밑줄	워드프로세서	역상	**워드프로세서**
외곽선	워드프로세서	12.2, 02.2 진하게, 밑줄, 외곽선, 기울임	*워드프로세서*

전문가의 조언

문자의 속성에 대한 문제가 출제되었습니다. 다양한 문자의 속성은 주어진 그림을 통해 이해하세요

12년 2회, 1회, 09년 1회, 07년 2회, 06년 3회, 05년 2회, 1회, 04년 2회, 03년 4회, 3회, 1회

1. 다음 중 워드프로세서의 표시 기능에 대한 설명으로 옳지 않은 것은?

① 포인트는 문자의 크기 단위로 1포인트는 보통 0.351 mm이다.

② 장평이란 문자의 가로 크기에 대한 세로 크기의 비율을 말한다.

③ 줄(행) 간격이란 윗줄과 아랫줄의 간격으로 단위는 줄에서 크기가 가장 큰 글자를 기준으로 간격을 조정하는 비례 줄 간격 방식을 디폴트로 제공한다.

④ 자간이란 문자와 문자 사이의 간격을 의미한다.

> 장평이란 문자의 세로 크기에 대한 가로 크기의 비율을 말합니다.

24년 3회, 23년 4회, 21년 2회, 1회, 19년 상시, 18년 상시, 16년 3회, 15년 3회, 14년 2회, 13년 1회, 10년 3회

2. 다음 중 워드프로세서의 인쇄 기능에 대한 설명으로 옳지 않은 것은?

① 프린터 등을 통해 작성한 문서를 인쇄하는 기능을 말한다.

② 미리 보기 기능을 이용하여 문서의 전체 윤곽을 확인할 수 있다.

③ 프린터의 해상도를 높게 설정하면 출력 시간도 빠르고 선명하게 인쇄할 수 있다.

④ 문서의 일부분만 인쇄할 수도 있고 인쇄 매수를 지정하여 동일한 문서를 여러 번 인쇄할 수도 있다.

> 프린터의 해상도를 높게 설정하면 선명하게 인쇄할 수 있지만 출력 속도는 느려집니다.

20년 상시, 19년 2회, 14년 3회

3. 다음 중 워드프로세서의 인쇄 기능에 대한 설명으로 옳지 않은 것은?

① 인쇄 전 미리 보기 기능을 이용하여 여백 보기 등을 통해 문서의 윤곽을 미리 확인할 수 있다.

② 모아 찍기 기능을 이용하여 문서 한 장에 여러 페이지를 인쇄할 수 있다.

③ 그림 워터마크와 글씨 워터마크를 설정하여 인쇄할 수 있다.

④ 파일로 인쇄하면 확장자가 .hwp 또는 .doc인 파일로 저장된다.

> 파일로 인쇄하면 확장자가 .prn인 파일로 저장됩니다. .hwp은 흔글. .doc는 MS-워드의 확장자입니다.

24년 2회, 23년 1회, 20년 2회, 15년 2회, 1회

4. 다음 중 워드프로세서의 인쇄 기능에 대한 설명으로 옳지 않은 것은?

① 문서의 내용을 종이에 출력하지 않고 파일로 디스크에 저장할 수 있다.

② 프린터의 해상도를 높게 설정하면 출력시간은 길어지지만 대신 선명히게 인쇄할 수 있다.

③ 문서의 1-3 페이지를 여러 장 인쇄할 때 '한 부씩 인쇄'를 선택하지 않으면 1-2-3 페이지 순서로 여러 장이 인쇄된다.

④ 미리 보기 기능은 인쇄될 모양을 보는 상태이므로 문서의 내용을 편집할 수는 없다.

> '한 부씩 찍기'를 선택하지 않으면 1-1-1, 2-2-2, 3-3-3 순으로 인쇄되고, '한 부씩 찍기'를 선택하면 1-2-3, 1-2-3, 1-2-3 순으로 인쇄됩니다.

13년 2회

5. 다음 중 워드프로세서의 문자 크기에 대한 설명으로 옳은 것은?

① 첨자는 전각문자의 1/2 축소 문자를 말한다.

② 반각문자는 문자의 폭과 높이의 비율이 1:1인 문자를 말한다.

③ 종배문자는 전각문자를 가로로 2배 확대한 문자를 말한다.

④ 양배문자는 전각문자를 가로·세로로 각각 2배씩 확대한 문자를 말한다.

> ① 첨자는 전각문자의 1/4 축소 문자이다.
> ② 반각문자는 문자의 폭과 높이의 비율이 1:2인 문자이다.
> ③ 종배문자는 전각문자와 가로 길이는 같고 세로를 2배 확대한 문자이다.

23년 3회, 21년 3회, 14년 2회

6. 다음 중 워드프로세서의 인쇄 기능에 대한 설명으로 옳지 않은 것은?

① 인쇄 옵션에서 인쇄 범위, 인쇄 매수, 인쇄 방식 등을 설정할 수 있다.

② 미리 보기 기능을 이용하면 편집한 내용의 전체 윤곽을 확인할 수 있다.

③ 프린터의 해상도를 높게 설정하면 선명하게 인쇄할 수 있다.

④ 프린터는 기본으로 설정된 프린터로만 인쇄할 수 있다.

> 기본 프린터가 아닌 다른 프린터로도 인쇄할 수 있습니다.

▶ 정답 : 1. ②   2. ③   3. ④   4. ③   5. ④   6. ④

1 글꼴 구현 방식

24.5, 24.4, 23.4, 23.2, 21.4, 21.2, 20.상시, 20.2, 19.2, 15.2, 15.1, 14.2, 13.1, 12.2, 12.1, 11.3, 11.1, 10.3, 09.4, 09.3, 09.2, 09.1, 08.2, …
1101105

글꼴 구현 방식은 글꼴의 외곽선 정보※를 사용하느냐, 사용하지 않느냐에 따라 비트맵과 아웃라인으로 구분된다.

방식		특징
비트맵(Bitmap) 21.2, 20.상시, 19.2, 13.1, 12.2, 12.1, 11.3, 09.4, 09.3, …		• 점의 집합으로 문자를 표현하는 방식으로, 점이 많을수록 글꼴이 세밀해진다. • 외곽선 정보를 사용하지 않으므로 확대하면 테두리가 거칠어지는 계단 현상이 발생한다.
아웃라인※ (Outline)	벡터(Vector) 24.4, 23.4, 23.2, 20.상시, 19.2, …	문자의 좌표를 입력받아 점과 점을 연결하는 선분 또는 곡선으로 문자를 생성한다.
	트루타입 (True Type) 24.4, 23.4, 23.2, 21.2, 20.상시, …	• 화면표시와 프린터 출력에 동일한 글꼴을 사용한다. • 애플 사와 마이크로소프트 사에서 공동으로 개발하여 Windows에서 기본적으로 사용하는 글꼴이다. • 화면 표시용 글꼴과 출력용 글꼴이 동일하므로 위지윅(WYSIWYG) 구현이 용이하다.
	포스트스크립트 (Post Script) 24.5, 23.4, 21.4, 20.상시, 20.2, …	• 그래픽과 텍스트를 종이, 필름, 모니터 등에 인쇄하기 위한 페이지 설명(묘사) 언어(PDL)이다. • 글자의 외곽선 정보를 각종 그래픽 소프트웨어에 제공하며 위지윅을 구현할 수 있다.
	오픈타입 (Open Type) 24.4, 23.4, 23.2, 21.2, 20.상시, …	• 높은 압축률을 통해 파일의 용량을 줄인 글꼴이다. • 파일의 용량이 작으므로 통신을 이용한 폰트의 송·수신이 용이하다.

2 용지

23.3, 22.3, 22.1, 21.3, 21.1, 20.상시, 19.상시, 19.2, 18.상시, 18.2, 17.1, 16.3, 16.1, 15.3, 14.2, 14.1, 13.3, 13.2, 11.3, 11.2, 11.1, 08.4, …
1101106

연속 용지 16.1, 11.3	• 용지의 연속적인 공급을 위해 용지를 이어 붙여 만든 것이다. • 도트 프린터와 라인 프린터에서 사용된다. • 한 줄에 찍히는 문자 수에 따라 80칼럼, 132칼럼 용지가 있다. • 사무용 서식이나 각종 증명서, 신용카드 전표, 세금계산서 등 특수한 기능의 용지로 사용된다.
낱장 용지 23.3, 22.3, 22.1, 21.3, …	• 주로 사무실이나 가정의 잉크젯 프린터와 레이저 프린터에서 사용된다. • 한국공업규격(KS A–5201)에서 정한 바에 따라 A판과 B판으로 구분된다. • 전지의 종류 A판과 B판을 분할하여, 분할 횟수로 용지의 규격을 표시한다. • A, B판 모두 0번부터 10번까지 11종, 총 22종의 규격으로 나누어져 있다. • A, B판 모두 가로 : 세로가 $1 : \sqrt{2}$이며, 규격 번호가 작을수록 면적이 크다. • 같은 번호일 때 A판보다 B판이 더 크다(B3)A3)B4)A4)B5)A5)B6)A6).

전문가의 조언

중요해요! 글꼴 구현 방식과 용지에 대한 문제가 자주 출제됩니다. 글꼴 구현 방식은 비트맵과 아웃라인 글꼴을 구분하여 알아두고, 용지는 낱장 용지와 용지 설정의 특징을 확실히 정리하세요.

외곽선(아웃라인) 정보의 사용!
외곽선 글꼴은 비트맵 글꼴에서 일어나는 계단 현상이 나타나지 않도록 각 계단의 틈을 메우면서 글자가 확대되므로 글자의 외곽선이 매끄럽게 유지됩니다.

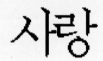
비트맵 글꼴

아웃라인 글꼴

잠깐만요 용지 사이즈 계산 / 용지 규격

용지 사이즈 계산

A4의 크기만 알고 있으면 A판의 크기를 모두 계산할 수 있습니다. A3와 A5를 한번 계산해 볼까요? A4가 210×297인데 A3는 A4의 두 배이므로 420×297, A5는 1/2배이므로 210×148.5가 되며, 소수점 이하는 버립니다. B판도 동일한 방법으로 계산할 수 있습니다.

A판

종류	가로×세로(mm)
A3	297×420
A4	210×297
A5	148×210
A6	105×148

B판

종류	가로×세로(mm)
B3	364×515
B4	257×364
B5	182×257
D6	128×182

용지 규격

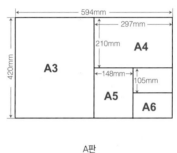

A판

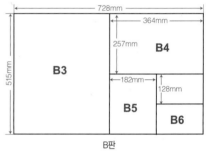

B판

---

3 용지 설정

23.5, 22.4, 20.1, 07.4, 06.4, 05.4, 05.2, 04.1, 03.2

3101303

용지 설정은 용지의 종류(크기), 방향, 여백을 지정하는 작업을 의미한다.

- 용지의 여백에는 위쪽, 아래쪽, 왼쪽, 오른쪽, 머리말, 꼬리말, 제본 등이 있다.
- 용지에 여백을 설정하면 용지 여백을 제외한 부분부터 글이 입력되고, 여백이 커지면 상대적으로 본문 크기는 작아진다.
- 용지의 방향을 세로 또는 가로로 설정할 수 있다.
- 용지의 제본을 한쪽, 맞쪽, 위로 등으로 설정할 수 있다.

09.4, 02.4

잠깐만요 문단 여백

3101331

- 문단 여백은 용지 여백 외에 해당되는 문단에 별도로 지정하는 여백으로 왼쪽, 오른쪽 여백을 지정할 수 있습니다.
- 특정 문단에 커서를 놓고 문단 여백을 설정하면 해당 문단의 여백만 변경되고, 여러 문단을 블록으로 지정하고 여백을 설정하면 여러 문단의 여백이 동일하게 변경됩니다.

따라잡기 기출문제 따라잡기 문제1 3101351   문제4 1101153

23년 4회, 3회, 21년 4회, 20년 2회, 14년 2회, 11년 1회, 09년 1회, 05년 4회, 04년 2회, 00년 2회

1. 다음 중 글꼴(Font)의 구성 방식에 대한 설명으로 옳지 않은 것은?

① 포스트스크립트(Post Script) : 글자의 외곽선 정보를 각종 그래픽 소프트웨어에 제공하며, 위지윅을 지원할 수 있다.

② 비트맵(Bitmap) : 위지윅은 물론 각종 그래픽 프로그램의 문자에 다양한 효과를 주며 확대 시 가장 매끄러운 글꼴이다.

③ 오픈타입(Open Type) : 외곽선 글꼴 형태로 고도의 압축을 통해 용량을 줄여 통신을 위한 폰트의 전송을 간편하게 할 수 있다.

④ 벡터(Vector) : 글자를 선, 곡선으로 처리한 글꼴로 확대 시 매끄럽게 표현된다.

> 비트맵(Bitmap) 글꼴은 외곽선 정보를 사용하지 않으므로, 확대하면 테두리가 계단 모양으로 거칠게 표시됩니다.

22년 3회, 1회, 21년 3회, 1회, 18년 2회, 16년 3회, 14년 1회, 13년 2회

2. 다음 중 인쇄 용지에 대한 설명으로 옳지 않은 것은?

① 낱장 용지는 동일한 숫자일 경우 A판보다 B판이 크다.

② 공문서의 표준 규격은 A4(210mm×297mm)이다.

③ A판과 B판으로 나눈 용지의 가로:세로의 비는 1:3이다.

④ 낱장 용지는 규격 번호가 클수록 면적이 작다.

> 용지의 가로:세로의 비는 1:$\sqrt{2}$ 입니다.

23년 5회, 22년 4회, 20년 1회

3. 다음 중 워드프로세서에서 편집 용지 설정에 관한 설명으로 옳지 않은 것은?

① 편집 용지의 여백에는 위쪽, 아래쪽, 왼쪽, 오른쪽, 머리말, 꼬리말, 제본 등이 있다.

② 편집 용지의 여백에도 글자를 입력할 수 있다.

③ 편집 용지의 방향을 세로나 가로 방향으로 설정할 수 있다.

④ 편집 용지의 제본을 위하여 한쪽, 맞쪽, 위로 등을 설정할 수 있다.

> 여백은 말 그대로 비워두는 공간으로 글자를 입력할 수 없습니다.

19년 상시, 18년 상시, 13년 2회, 08년 2회, 07년 2회, 05년 2회

4. 다음 중 낱장 용지의 설명으로 옳지 않은 것은?

① 용지의 크기에 따라 A계열과 B계열로 나누어진다.

② A4가 A5보다 작다.

③ A3보다 B3가 크다.

④ A4 용지의 규격은 210mm×297mm이다.

> 낱장 용지는 규격 번호가 작을수록 면적이 크고, A판보다 B판이 크므로 A4가 A5보다 큽니다.

24년 4회, 21년 2회, 15년 2회

5. 다음 중 글꼴의 표현 방식에 대하여 설명한 것으로 옳지 않은 것은?

① 비트맵(Bitmap) 글꼴은 점으로 글꼴을 표현하는 방식으로 확대하면 테두리가 거칠어지는 현상이 일어난다.

② 아웃라인(Outline) 글꼴은 문자의 외곽선 정보를 이용하여 문자를 표시한다.

③ 트루타입(True Type) 방식의 글꼴은 Windows에서 기본적으로 사용되는 글꼴로 위지윅(WYSIWYG) 기능을 제공한다.

④ 오픈타입(Open Type) 방식의 글꼴은 고도의 압축 기법을 통해 파일의 용량을 줄인 외곽선 형태의 글꼴로 주로 인쇄용 글꼴로 사용된다.

> 오픈타입 방식의 글꼴은 고도의 압축기법을 통해 파일의 용량을 줄인 외곽선 형태의 글꼴로 파일의 용량이 작아 주로 통신을 위한 폰트 전송에 사용됩니다.

24년 5회, 21년 4회, 20년 2회

6. 다음과 가장 관련이 있는 글꼴 구성 방식은 무엇인가?

> - 그래픽과 텍스트를 종이, 필름, 모니터 등에 인쇄하기 위한 페이지 설명 언어이다.
> - 글자의 외곽선 정보를 각종 그래픽 소프트웨어에 제공하며 위지윅을 구현할 수 있다.

① 벡터(Vector)

② 포스트스크립트(Post Script)

③ 오픈타입(Open Type)

④ 트루타입(True Type)

> 그래픽과 텍스트를 종이, 필름, 모니터 등에 인쇄하기 위한 페이지 설명 언어는 포스트스크립트(Post Script)입니다.

▶ 정답 : 1. ② 2. ③ 3. ② 4. ② 5. ④ 6. ②

출력 기능 - 기타 출력 기능

1 24.5, 24.1, 23.5, 23.4, 23.2, 23.1, 21.4, 21.3, 21.2, 17.1, 15.2, 14.3, 14.2, 14.1, 13.3, 12.3, 12.1, 11.3, 10.3, 10.2, 09.4, 08.3, 08.2, …

기타 출력 기능

1101201

24.1, 23.4, 21.4, 13.3, 12.1, 07.4, 04.3, … **스풀(Spool)**	• 출력할 자료를 보조기억장치에 저장해 두었다가 프린터가 출력 가능한 시기에 출력할 수 있도록 해주는 기능이다. • 고속의 중앙처리장치(CPU)와 저속의 프린터 간의 속도 차이를 보완해 주는 역할을 한다. • 인쇄를 하면서 동시에 다른 문서 작성이나 편집을 할 수 있어 컴퓨터 전체의 처리 효율을 높여준다.
16.2, 15.2, 07.3, 07.1, 06.4, 04.3, 03.2, … **문자 피치 (Character Pitch)**	• 1인치에 포함되는 문자 수를 이용하여 글자와 글자 사이의 간격을 표시하는 것이다. • 피치가 커지면 1인치에 인쇄되는 글자 수가 많아져 글자 간격은 좁아진다. • 보통 프린터에서는 10, 12, 15피치 등을 사용한다.
10.3, 09.4, 07.2, 06.4, 01.2, 99.3, 99.2 **프린터 드라이버 (Printer Driver)**	워드프로세서 등의 응용 프로그램에서 만들어진 서로 다른 출력 데이터를 어느 특정한 프린터 모델이 요구하는 형태로 번역해 주는 소프트웨어이다.
24.5, 24.1, 23.5, 23.4, 21.4, 14.1, 12.3 **하드 카피(Hard Copy)**	화면에 표시된 문서나 내용을 그 상태 그대로 프린터에 출력하는 기능이다.
24.1, 23.2, 23.1, 21.3, 21.2, 17.1, 10.2 **소프트 카피 (Soft Copy)**	• 비디오 영상이나 소리와 같이 인쇄물이 아닌 다른 형태로 자료를 표시하는 기능이다. • 예를 들어 컴퓨터에 의해 계산된 결과가 화면상에 영상으로 나타나는 출력 형식이다. • 미리 보기도 소프트 카피의 일종이다.
24.1, 23.4, 21.4, 14.3, 13.3, 12.1, 08.3, … **폼 피드(Form Feed)**	프린터에서 다음 페이지의 맨 처음 위치까지 종이를 밀어올리는 기능이다.
라인 피드 (Line Feed)	프린터에서 다음 줄에 인쇄할 수 있도록 줄 단위로 프린터 용지를 위로 올리는 기능이다.
프린터 헤드 (Printer Head)	프린터에서 실제로 글자를 조립하여 문서화시키는 장치로, 프린터의 실제적인 출력 부분이다.

> **잠깐만요** 잉크젯 프린터 헤드에서 어떻게 글자를 만들까요?
>
> 프린터 헤드에는 잉크가 채워져 있는 수십 개의 미세한 노즐이 있는데, CPU로부터 출력할 자료에 대한 정보가 오면 잉크를 뿜어야 할 위치에 있는 노즐(Nozzle)로 신호를 보냅니다. 이때 보낸 짧은 전류 신호에 의해 잉크가 노즐을 통해 밖으로 튀어나와 종이에 묻습니다. 이런 미세한 점들이 모여 우리가 볼 수 있는 글자나 이미지가 되는 것이죠.

🙂 따라잡기 기출문제 따라잡기

07년 3회

1. 다음 보기의 내용은 어떤 용어에 대하여 설명한 것인가?

- 1인치에 표시되는 문자의 수이다.
- CPI와 유사한 의미로 쓰인다.
- 수치가 클수록 문자와 문자 사이의 간격이 좁아진다.

① 스풀링(Spooling)　　② 해상도(Resolution)
③ 피치(Pitch)　　　　　④ DPI(Dot Per Inch)

> 피치는 글자와 글자 사이의 간격을 표시하는데, CPI(Character Per Inch)와 같이 1인치에 표시되는 문자 수를 이용하여 표시합니다.

14년 1회, 12년 1회, 07년 4회, 04년 3회, 02년 2회

2. 다음 중 스풀링(Spooling)에 대한 설명으로 옳지 않은 것은?

① 인쇄물을 보조기억장치에 저장했다가 인쇄한다.
② 인쇄 중에 또 다른 문서를 불러들여 편집할 수 있다.
③ 프린터의 인쇄 속도를 향상시킨다.
④ CPU의 효율적인 사용을 가능하게 한다.

> 스풀링을 이용하면 인쇄를 하면서 동시에 다른 문서 작성이나 편집을 할 수 있어 컴퓨터 전체의 처리 효율은 높아지지만 스풀링을 이용하지 않을 때보다 인쇄 속도는 약간 느려집니다.

14년 1회, 09년 4회, 07년 2회, 06년 4회, 01년 2회

3. 다음 중 워드프로세서에서 산출된 출력값을 특정 프린터 모델이 요구하는 형태로 번역해 주는 소프트웨어는?

① 플러그인(Plug-In)　　② 하드 카피(Hard Copy)
③ 프린터 드라이버　　　④ 컴파일러(Compiler)

> 응용 프로그램에서 만들어진 데이터를 특정 프린터 모델이 요구하는 형태로 번역해주는 소프트웨어는 프린터 드라이버입니다.

14년 1회, 12년 3회, 10년 3회, 07년 2회, 06년 2회, 05년 3회, 00년 2회

4. 다음 각 용어에 대한 설명 중 잘못된 것은?

① 하드 카피(Hard Copy) : 소프트 카피에 반대되는 개념으로 화면 그대로를 프린터로 인쇄하는 것을 말한다.
② 프린터 버퍼(Printer Buffer) : 인쇄한 내용을 임시 보관하는 장소로 용량을 크게 할수록 기억장소를 많이 차지하여 출력 속도가 느리다.
③ 용지 넘김(Form Feed) : 프린터에서 다음 페이지의 맨 처음 위치까지 종이를 밀어올리는 것을 말한다.
④ 프린터 드라이버(Printer Driver) : 워드프로세서에서 산출된 출력값을 특정 프린터 모델이 요구하는 형태로 번역해 주는 프로그램을 말한다.

> 프린터 버퍼는 CPU와 프린터 간의 처리 속도 차이를 줄이기 위해 데이터를 잠시 저장하는 메모리입니다. 충분한 버퍼 메모리는 다수의 프린터 사용자에게 빠른 속도로 출력물을 처리할 수 있는 환경을 제공합니다.

08년 2회, 05년 1회, 04년 1회, 03년 4회

5. 다음 중에서 용어에 대한 설명이 옳지 않은 것은?

① 하드 카피(Hard Copy) : 화면에 보이는 내용을 프린터에 인쇄하는 것을 의미한다.
② 소프트 카피(Soft Copy) : 문서의 내용을 화면에 출력하거나 디스크에 저장하는 것을 말한다.
③ 피치(Pitch) : 인쇄할 때 문자와 문자 사이의 간격을 나타내는 단위로 1인치에 인쇄되는 문자 수를 말한다.
④ 레이아웃(Layout) : 화면의 어느 위치에서든지 편집이 가능한 편집기를 말한다.

> 레이아웃은 본문, 그림, 표 등을 페이지의 적당한 위치에 균형 있게 배치하는 것을 의미합니다. ④번은 스크린 에디터에 대한 설명입니다.

24년 1회, 23년 4회, 21년 4회, 14년 2회

6. 다음 중 워드프로세서의 출력 기능과 관련 없는 용어는 무엇인가?

① 스풀(Spool)
② 폼 피드(Form Feed)
③ 보일러 플레이트(Boiler Plate)
④ 하드 카피(Hard Copy)

> 보일러 플레이트(Boiler Plate)는 문서 내에 머리말, 꼬리말, 주석 같은 것을 표시하기 위한 일정 공간으로, 편집 기능에 해당됩니다.

12년 1회, 05년 2회

7. 다음 워드프로세서의 용어에 대한 설명 중 틀린 것은?

① 상황줄(Status Line) : 편집 화면의 여러 가지 정보가 표시되는 줄이다.
② 래그드(Ragged) : 문서 정렬에서 한쪽이 정렬되어 있지 않은 상태를 말한다.
③ 폼 피드(Form Feed) : 프린터에서 그 다음 줄로 종이를 밀어 올리는 기능이다.
④ 상용구(Glossary) : 자주 사용되는 단어나 문자열을 약어로 등록시킨 후 필요 시 호출하여 사용하는 기능이다.

> 폼 피드는 프린터에서 다음 페이지의 맨 처음 위치까지 종이를 밀어올리는 기능이고, 라인 피드는 다음 줄로 종이를 밀어올리는 기능입니다.

▶ 정답 : 1. ③ 2. ③ 3. ③ 4. ② 5. ④ 6. ③ 7. ③

001 | 워드프로세서의 기본 지식

❶ 워드프로세서의 특징 24.3, 24.2, 24.1, 23.4, 23.3, 23.2, 22.3, 22.2, 22.1, 21.4, 21.3, 21.1, …

- 문서 작성에 드는 시간과 노력을 줄일 수 있다.
- 손쉽게 다양한 문서 형태를 만들고 인쇄할 수 있다.
- 간단한 표 계산 기능 및 차트 기능을 지원한다.
- 작성한 문서를 다른 응용 프로그램에서 사용할 수 있다.
- 워드프로세서로 작성된 문서는 쉽게 변경할 수 있고, 모바일, 메일, 팩시밀리 등의 정보통신망을 이용하여 전송할 수 있으므로 보안에 주의해야 한다.

❷ 표 기능 24.5, 20.1, 16.2

- 표의 서식을 다양하게 변경할 수 있다.
- 하나의 셀을 여러 셀로 나누거나 두 개 이상의 셀을 하나의 셀로 합칠 수 있다.
- 표 안에 중첩된 표를 만들 수 있고 편집도 할 수 있다.

002 | 키보드 키의 기능

❶ 토글키 23.1

- CapsLock : 영문의 대/소문자 전환
- Insert : 입력 모드의 삽입/수정 전환

❷ 특수키 24.1, 23.1, 19.1, 14.2

- Backspace : 커서를 왼쪽으로 이동시키면서 한 문자씩 삭제함
- Delete : 커서의 위치를 변경시키지 않고, 커서 오른쪽의 문자를 한 문자씩 삭제함
- Esc : 선택된 기능이나 명령을 취소하거나, 이전 상태로 복귀할 때 사용함
- Spacebar : 삽입 모드일 경우에는 공백 문자를 삽입하고, 수정 모드일 경우에는 커서 오른쪽 문자를 삭제함

003 | 한글 코드

❶ 한글 코드의 종류 24.5, 24.4, 24.3, 24.1, 23.4, 23.3, 23.2, 23.1, 22.4, 22.3, 22.1, 21.4, 21.3, …

구분	KS X 1001 완성형	KS X 1001 조합형	KS X 1005-1 (유니코드)
구성 원리	자주 사용하는 문자를 만들어 놓고 코드 값을 지정하는 방식	한글 창제의 원리인 초성, 중성, 종성에 코드 값을 지정하는 방식	완성형 코드에 조합형 코드를 반영하여 개발한 방식
표현 바이트 수	영문/숫자 1바이트, 한글/한자 2바이트		모든 문자 2바이트
장점	• 외국 소프트웨어의 한글화가 쉬움 • 정보 교환 시 충돌이 없음	현대 한글의 대부분을 표현할 수 있음	• 외국 소프트웨어의 한글화가 쉬움 • 전 세계의 모든 문자 표현 가능
단점	기억 공간을 많이 차지함	정보 교환 시 충돌 발생	기억 공간을 많이 차지함
용도	정보 교환용	정보 처리용	• 국제 표준 코드 • 정보 처리/정보 교환

004 | 데이터 입력

❶ 한자 입력 24.3, 24.2, 24.1, 23.5, 23.2, 23.1, 22.4, 22.2, 21.4, 21.3, 19.상시, 18.상시, 16.3, 16.1, 15.3, …

- 문서 전체 또는 일부분을 블록으로 지정하여 모두 변환할 수 있다.
- 한자 사전에 없는 단어나 자주 쓰는 한자 단어를 사전에 등록할 수 있다.
- 한자음을 알고 있을 때의 입력 방법 : 음절 단위 변환, 단어 단위 변환, 문장 자동 변환
- 한자음을 모르고 있을 때의 입력 방법 : 부수 입력 변환, 외자 입력 변환, 2스트로크(Stroke) 변환

005 | 저장 기능

❶ 저장 기능의 개요 24.5, 23.5, 22.4, 22.3, 21.3, 20.상시, 20.2, 20.1, 18.2, 17.1, 16.1, 13.3, 11.3, …

- 주기억장치에서 작업중이거나 작업을 마친 문서에 이름을 지정한 후 보조기억장치에 저장하는 기능이다.
- 원본 파일의 파손에 대비한 백업 파일 생성 기능을 제공한다.
- 기존의 문서를 다른 이름으로 저장하면, 기존 문서는 변함이 없고 새로운 이름으로 문서가 하나 더 작성된다.

❷ 문서 파일 확장자 24.3, 23.4, 22.1, 20.1, 17.2

- 백업 파일 : BAK, WBK, BKG 등
- 실행 파일 : COM, BAT, EXE 등
- 문서 파일 : HWP, DOC, TXT 등
- 압축 파일 : ARJ, ZIP, LZH 등
- 음악 파일 : WAV, MID, MP3 등
- 그래픽 파일 : BMP, JPG, TIF 등

006 | 입력 및 저장 관련 용어

❶ OLE(개체 연결 및 삽입) 24.1, 23.4, 21.4, 19.상시, 16.2, 14.3, 13.1

- 다른 응용 프로그램에서 작성된 그림, 표 등의 개체(Object)를 현재 작성 중인 문서에 자유롭게 연결(Linking)하거나 삽입(Embedding)하여 편집할 수 있게 하는 기능이다.
- 문서에 개체를 연결하여 넣은 경우 원본 프로그램에서 개체를 수정·편집·삭제하면 그 내용이 해당 문서에 반영되지만 개체를 삽입하여 넣은 경우 반영되지 않는다.

❷ 기타 입력 및 저장 관련 용어 24.5, 24.1, 23.5, 22.1, 21.4, 21.3, 20.1, 19.상시, 17.1, …

- 들여쓰기/내어쓰기 : 문단의 첫째 줄 맨 앞부분이 다른 줄보다 몇 자 들어가게/나오게 하는 기능
- 상용구 : 자주 사용하는 동일한 어휘나 도형 등을 약어로 등록한 후 필요할 때 약어를 호출하여 손쉽게 문장 전체를 입력하는 기능

- 로드 : 보조기억장치에 저장된 데이터를 주기억장치로 불러오는 기능
- 개체 : Windows용 프로그램에서 개별적인 요소로 취급되어 문서에 연결하거나 삽입할 수 있는 그림이나 도표, 소리 등의 요소
- 강제 개행(별행) : 한 행에 문자가 다 채워지지 않은 상태에서 Enter를 눌러 다음 행의 처음으로 커서를 이동하는 기능
- 강제 페이지 넘김 : 문서의 내용이 한 페이지를 다 채우지 않은 상태에서 Ctrl + Enter를 눌러 다음 페이지의 처음으로 커서를 이동시키는 기능

007 | 표시 기능

❶ 워드프로세서의 작업 화면 24.1, 23.4, 23.3, 23.1, 21.4, 21.3, 21.2, 19.상시, 19.2, …

- 제목 표시줄 : 제어 상자, 제목, 창 조절 단추로 구성되어 있음
- 도구 상자 : 문서 작업을 할 때 자주 사용하는 기능을 아이콘화하여 모아 놓은 것
- 눈금자 : 행의 길이, 문서의 여백, 문단의 들여쓰기/내어쓰기, 탭 위치 등을 설정하는 데 도움이 되는 자(尺)를 말함
- 상태 표시줄 : 커서가 있는 곳의 쪽 번호(현재 페이지), 커서 위치, 삽입/수정 상태, 자판의 종류 등 문서를 편집할 때 필요한 여러 가지 정보를 표시함

❷ 표시 기능 관련 용어 24.1, 23.3, 23.1, 21.4, 19.2, 16.2, 15.3, 13.2, 12.3

- 조판 부호 : 편집 과정에서 생긴 표나 글상자, 그림, 머리말 등을 기호화하여 표시하는 숨은 문자로, 화면에 표시하거나 숨길 수 있음
- 스크롤 : 문서 작성 시 화면을 상·하·좌·우로 이동하는 기능
- 미리 보기 : 편집한 문서를 인쇄하기 전에 화면에 미리 출력해 보는 기능
- 클리어타입 : 글자의 가독성을 높이기 위한 글꼴 렌더링 기술로, 문자열의 모양을 선명하게 개선하여 작은 문자도 읽기 쉽도록 해줌

008 | 편집 기능 - 기본 편집 기능

❶ 삽입 22.1, 21.2, 15.3, 15.2, 15.1, 14.3, 14.2, 14.1

- 문서의 중간에 문자열, 공백, 페이지 등의 새로운 내용을 끼워 넣는 기능이다.
- 삽입 상태와 수정 상태의 전환은 Insert 를 이용한다.
- 삽입 상태에서 Spacebar 를 누르면 커서를 오른쪽으로 이동시키면서 빈 칸을 삽입한다.

❷ 수정 22.1, 21.2, 15.3, 15.2, 15.1, 14.3, 14.2, 14.1

- 문서의 잘못된 내용을 고치는 기능이다.
- 수정 상태에서 새로운 내용을 입력하면 커서 위치에 있던 내용이 지워지면서 새로운 내용이 입력된다.

❸ 삭제 22.1, 21.2, 15.3, 15.2, 15.1, 14.3, 14.2, 14.1

- 잘못 입력한 문자를 지우는 기능이다.
- Backspace 는 커서를 왼쪽으로 이동시키면서 한 문자씩 삭제한다.
- Delete 는 커서 위치를 변경시키지 않고, 커서의 오른쪽 문자를 하나씩 삭제한다.
- 수정 상태에서 Spacebar 를 누르면 커서를 오른쪽으로 이동시키면서 한 문자를 삭제한다.

❹ 영역 지정 24.4, 23.5, 23.4, 20.1, 12.2, 11.3, 11.1

구분	문서 안에서	문서 왼쪽 여백에서
한 번 클릭	커서 위치 변경	줄(행) 블록 지정
두 번 클릭	단어 블록 지정	문단 블록 지정
세 번 클릭	문단 블록 지정	문서 전체 블록 지정

009 | 편집 기능 - 정렬 및 검색

❶ 검색(찾기) 24.4, 24.3, 24.2, 23.3, 23.1, 22.3, 22.2, 21.3, 21.1, 20.상시, 20.2, 18.2, 17.1, …

- 문서에서 특정 문자나 문자열을 찾아 보여주는 기능이다.
- 작업 후 문서의 내용에는 아무런 변화가 없다.
- 블록을 지정하여 특정 영역에 대해서만 검색이 가능하다.
- 커서의 위치를 기준으로 위쪽이나 아래쪽으로 검색 방향을 지정할 수 있다.

❷ 치환 24.3, 24.2, 23.3, 22.3, 21.1, 20.상시, 20.1, 17.1, 15.3, 15.2, 13.3, 11.3, 11.2, 11.1, 10.3, 10.1

- 특정 문자열을 찾아 다른 문자열로 바꾸는 기능이다.
- 치환 후에는 문서의 분량이 변할 수 있다.
- 블록을 지정하여 특정 영역에 대해서만 치환이 가능하다.
- 커서의 위치를 기준으로 위쪽이나 아래쪽으로 치환 방향을 지정할 수 있다.

010 | 편집 기능 - 고급 편집 기능

❶ 매크로 24.5, 23.4, 21.1, 20.2, 19.1, 18.1, 17.1, 16.2, 16.1, 15.1, 14.3, 14.2, 12.3, 11.1

- 일련의 작업 순서를 키보드의 특정 키에 기록해 두었다가 필요할 때 한번에 재생해 내는 기능이다.
- 작성한 매크로는 별도의 파일로 저장할 수 있으며 편집이 가능하다.
- 키보드 입력을 기억하는 '키 매크로'와 마우스 동작을 포함한 사용자의 모든 동작을 기억하는 '스크립트 매크로'가 있다.

❷ 스타일 24.5, 24.2, 24.1, 23.2, 22.2, 21.4, 21.1, 19.1, 17.1, 16.1, 15.1, 14.3, 14.2, 14.1, 13.2, 12.1, 10.3, 10.1

- 글자 모양, 문단 모양, 문단 테두리 등 문단에 대한 서식을 스타일로 설정해 놓고, 필요할 때 원하는 스타일을 간단한 키 조작으로 한 번에 적용하는 기능이다.
- 다른 파일에 저장되어 있는 스타일을 불러오거나 다른 파일로 내보낼 수 있다.

❸ 맞춤법 검사 24.5, 24.2, 23.4, 23.3, 23.2, 22.2, 21.2, 20.1, 19.2, 12.1, 11.2, 10.3

- 문서의 내용을 워드프로세서에 내장된 사전과 비교해 틀린 단어를 찾아 고치는 기능이다.
- 맞춤법 외에 문법적인 오류도 고칠 수 있다.
- 한글, 영문 모두 검사할 수 있지만 수식이나 화학식은 검사할 수 없다.
- 문서의 특정 부분만 검사할 수도 있다.

❹ 금칙처리 24.2, 21.3, 19.2, 16.3

- 행두 금칙문자 : 행의 처음에 올 수 없는 문자나 기호
- 행말 금칙문자 : 행의 마지막에 올 수 없는 문자나 기호

011 | 편집 기능 - 기타 편집 기능

❶ 메일 머지 24.5, 23.1, 21.2, 20.상시, 19.상시, 19.2, 19.1, 16.2, 15.2, 14.1, 13.2, 13.1, 12.3, 11.2, 10.1

- 초대장, 안내장처럼 문서의 전체 내용은 동일하지만 수신인과 같은 일부분만 다른 문서를 여러 개 작성할 때 유용한 기능이다.
- 데이터 파일은 흔글, MS 워드, 엑셀, 액세스, 텍스트 등으로 만들 수 있다.

❷ 머리말/꼬리말 24.2, 23.2, 22.4, 22.1, 20.2, 11.2, 10.1

- 각 페이지의 위(상단)/아래(하단) 부분에 동일한 형식의 내용이 반복적으로 표시되게 하는 기능이다.
- 숫자, 문자, 그림, 표, 책의 제목, 날짜, 쪽 번호 등을 입력할 수 있다.
- 홀수와 짝수쪽의 머리말(꼬리말)에 다른 내용을 입력할 수 있다.

❸ 기타 편집 기능 관련 용어 24.5, 24.4, 24.3, 24.2, 24.1, 23.4, 23.3, 23.2, 23.1, 22.4, …

- 각주/미주 : 문서의 내용을 설명하거나 인용한 원문의 제목을 알려주는 보충 구절로, 각 페이지 하단/문서의 맨 뒤에 모아 표시하는 기능
- 래그드 : 문단의 각 행 중에서 오른쪽 또는 왼쪽 끝열이 정렬되지 않은 상태로, 각행의 끝에서 Enter를 누를 때 (강제 개행) 발생함
- 색인 : 문서에 있는 자료를 빠르게 찾을 수 있도록 중요한 용어를 쪽 번호와 함께 수록한 목록
- 워드랩 : 문서를 작성할 때 한 행의 끝부분에 입력된 단어가 너무 길어 다음 줄로 이어 질 경우 그 단어 전체를 다음 줄로 이동시키는 기능
- 홈 베이스 : 문서 어디에서나 특별히 지정된 위치로 바로 이동하는 기능
- 영문균등 : 단어 사이의 간격을 조절하여 워드랩으로 인한 공백을 없애고 문장의 양쪽 끝을 맞추는 기능
- 센터링 : 문서의 내용을 문서 가운데를 중심으로 정렬하는 기능
- 옵션 : 명령이나 기능을 수행하는 데 필요한 추가적인 요소나 선택 항목
- 마진 : 문서의 균형을 위해 비워두는 페이지의 상·하·좌·우 공백을 의미함
- 캡션 : 문서에 포함된 표나 그림에 붙이는 제목 또는 설명으로, 그림이나 표의 위, 아래, 왼쪽, 오른쪽 등에 위치시킬 수 있음

012 | 출력 기능 - 개요

❶ 출력 기능의 개요 24.5, 24.4, 24.3, 24.2, 23.4, 23.3, 23.1, 22.4, 22.3, 22.2, 22.1, 21.3, 21.2, …

- 입력 및 편집이 완료된 문서를 출력할 때 설정하는 기능이다.
- 파일로 인쇄하면 확장자가 .prn인 파일로 저장된다.
- 문서의 일부분만 인쇄할 수 있고, 인쇄 매수를 지정하여 동일한 문서를 여러 번 인쇄할 수 있다.
- 인쇄할 때 프린터의 해상도를 높게 설정하면 선명하게 인쇄할 수 있지만 출력 속도는 느려진다.

013 | 출력 기능 – 글꼴 구현 방식, 용지

❶ 글꼴 구현 방식 24.5, 24.4, 23.4, 23.2, 21.4, 21.2, 20.상시, 20.2, 19.2, 15.2, 15.1, 14.2, 13.1, 12.2, …

비트맵	• 점의 집합으로 문자를 표현하는 방식 • 확대하면 테두리가 거칠어지는 계단 현상이 발생함
벡터	문자의 좌표를 입력받아 점과 점을 연결하는 선분 또는 곡선으로 문자를 생성함
트루타입	• Windows에서 기본적으로 사용하는 글꼴 • 화면 표시용 글꼴과 출력용 글꼴이 동일하므로 위지윅(WYSIWYG) 구현이 용이함
포스트 스크립트	• 그래픽과 텍스트를 종이, 필름, 모니터 등에 인쇄하기 위한 페이지 설명 언어 • 글자의 외곽선 정보를 각종 그래픽 소프트웨어에 제공하며 위지윅을 구현할 수 있음
오픈타입	• 높은 압축률을 이용해 파일의 용량을 줄인 글꼴 • 통신을 이용한 글꼴의 송·수신이 용이함

❷ 낱장 용지 23.3, 22.3, 22.1, 21.3, 21.1, 20.상시, 19.상시, 19.2, 18.상시, 18.2, 17.1, 16.3, 16.1, 15.3, 14.2, …

- 한국공업규격(KS A-5201)에서 정한 기준에 따라 A판과 B판으로 구분된다.
- A, B판 모두 가로:세로가 1:√2이며, 규격 번호가 작을수록 면적이 크다.
- 같은 번호일 때 A판보다 B판이 더 크다(B3〉A3〉B4〉A4〉B5〉A5〉B6〉A6).
- 공문서의 표준 규격은 A4(210×297mm)이다.

❸ 용지 설정 23.5, 22.4, 20.1

- 용지 설정은 용지의 종류, 방향, 여백을 지정하는 작업을 의미한다.
- 용지에 여백을 설정하면 용지 여백을 제외한 부분부터 글을 입력할 수 있다.

014 | 출력 기능 – 기타 출력 기능

❶ 스풀(Spool) 24.1, 23.4, 21.4, 13.3, 12.1

- 고속의 중앙처리장치(CPU)와 저속의 프린터 간의 속도 차이를 보완해 주는 역할을 한다.
- 인쇄를 하면서 동시에 다른 문서 작성이나 편집을 할 수 있어 컴퓨터 전체의 처리 효율을 높여준다.

❷ 문자 피치 16.2, 15.2

- 1인치에 포함되는 문자 수를 이용하여 글자와 글자 사이의 간격을 표시하는 것이다.
- 피치가 커지면 1인치에 인쇄되는 글자 수가 많아져 글자 간격은 좁아진다.

❸ 하드 카피 24.5, 24.1, 23.5, 23.4, 21.4, 14.1, 12.3

화면에 표시된 문서나 내용을 그 상태 그대로 프린터에 출력하는 기능이다.

❹ 소프트 카피 24.1, 23.2, 23.1, 21.3, 21.2, 17.1, 10.2

비디오 영상이나 소리와 같이 인쇄물이 아닌 다른 형태로 자료를 표시하는 기능이다.

❺ 폼 피드 24.1, 23.4, 21.4, 14.3, 13.3, 12.1

프린터에서 다음 페이지의 맨 처음 위치까지 종이를 밀어 올리는 기능이다.

2장

전자출판

015 전자출판의 개요 ⓒ등급
016 전자출판의 특징과 기능 ⓑ등급
017 전자출판 관련 용어 ⓐ등급

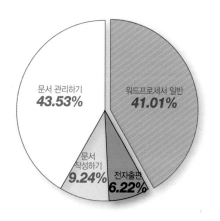

문서 관리하기
43.53%

워드프로세서 일반
41.01%

문서
작성하기
9.24%

전자출판
6.22%

꼭 알아야 할 키워드 Best 10

1. DOI **2.** 그리기 기능 **3.** 오버프린트 **4.** 디더링 **5.** 커닝 **6.** 스프레드 **7.** 모핑 **8.** 필터링 **9.** 리딩 **10.** 리터칭

전자출판의 개요

1 전자출판의 개념

23.2, 16.3, 13.2, 11.1, 10.2, 07.3, 03.1, 02.2, 02.1, 01.2, 00.1, 98.3, 97.3

1101302

전자출판(EP; Electronic Publishing)은 컴퓨터와 전자출판용 소프트웨어*를 이용해 출판에 필요한 원고 작성, 편집, 인쇄 등을 일괄적으로 처리하는 출판 작업의 형태를 말한다.

- 탁상출판(DTP; Desk Top Publishing)*, 컴퓨터 이용 출판(Computer Aided Publishing)과 같은 의미로 사용된다.
- 기업의 홍보용 책자나 소규모 출판 등에 많이 사용된다.
- 우리나라의 전자출판협회로는 KEPA(Korea Electronic Publishing Association)가 있다.
- 전자출판에서 사용되는 글꼴의 크기 단위는 포인트(Point)가 가장 많이 사용된다.

24.4, 23.3, 22.2, 22.1, 18.1, 14.1, 08.3, 07.2

1101331

잠깐만요 **베타 테스트 / DOI**

베타 테스트(Beta Test)
출판물을 상용화하기 전에 독자층이나 이용자층과 유사한 인력을 선발하여 실제 활용에 문제가 없는지를 확인하는 과정으로 출판물의 결함 여부나 가치 등을 평가하여 문제가 발견된 경우 이를 수정, 보완하여 출판합니다.

DOI(Digital Object Identifier)
- '디지털 콘텐츠 식별자'란 뜻으로 인터넷에 유통되는 모든 디지털 콘텐츠에 부여되는 고유 식별자입니다.
- 인터넷 상의 모든 지적 재산물을 관리하며, 지적재산 권리 보유자와 이용자를 연결합니다.

2 전자출판의 종류

23.5, 21.3, 14.2

패키지형	CD-ROM 타이틀, DVD 등 종이가 아닌 매체에 기록을 하는 형태로, 문자, 사진, 영상, 음성 등의 멀티미디어를 표현할 수 있다.
컴퓨터 통신형	토탈 전자 출판 시스템으로, 온라인 데이터베이스형과 비슷하지만 저자의 집필·전송·편집·축적·이용자의 액세스까지 포함한다.
23.5, 21.3, 14.2 온라인 데이터베이스형	온라인을 통하여 과학 기술, 비즈니스, 사회 과학, 인문 과학 등의 정보를 검색하는 형태로, 온라인 정보 검색 서비스, 비디오텍스, 쌍방향 CATV, 텔레텍스트(문자 다중 방송) 등이 포함된다.

따라잡기 기출문제 따라잡기

문제1 1101352

14년 1회, 08년 3회, 07년 2회

1. 전자출판 매체의 제작에서 베타 테스트 과정이란 무엇인가?

① 프로그래밍 과정 중 수시로 각각의 데이터의 프로그램들이 적절하게 작동하는지 확인하는 과정

② 초기 개발자들이, 자신들이 개발한 전자출판 매체가 실제 활용에 이상이 없는지 확인하는 과정

③ 독자층이나 이용자층과 유사한 외부 인력을 동원하여 실제 활용에 문제가 없는지 확인하는 과정

④ 전자출판 매체의 기획 단계에서 기획에 필수적인 다양한 자료들의 적합성을 확인하는 과정

> 베타 테스트란 제작에 참여하지 않은 외부 인원을 통해 출판물의 활용 여부에 이상이 없는지를 확인하는 과정입니다.

11년 1회, 09년 2회, 03년 1회, 00년 1회

2. 다음 중 전자출판에서 사용되는 글꼴의 크기 단위로 가장 많이 사용되는 것은?

① 퍼센트(%)
② 밀리미터(mm)
③ 도트(Dot)
④ 포인트(point)

> 전자출판에서 가장 많이 사용되는 글꼴의 크기 단위는 포인트(point)입니다.

23년 5회, 21년 3회, 14년 2회

3. 다음 보기에서 설명하는 전자통신 출판의 종류는 무엇인가?

> 온라인을 통하여 과학 기술, 비즈니스, 사회 과학, 인문 과학 등의 정보를 검색하는 형태로, 온라인 정보 검색 서비스, 비디오텍스, 쌍방향 CATV, 텔레텍스트(문자 다중 방송) 등이 포함된다.

① 온라인 데이터베이스형
② 패키지형
③ 컴퓨터 통신형
④ DTP

> 온라인을 통하여 다양한 정보(Database)를 검색하는 형태의 전자출판은 온라인 데이터베이스형입니다.

13년 3회

4. 전자출판을 출판물의 형태에 따라 분류했을 때 다음 중 일반적인 책 형태의 출판물을 나타내는 용어는 무엇인가?

① SBP(Screen Book Publishing)
② DTP(Desk Top Publishing)
③ CTSP(Computerized Typesetting System Publishing)
④ DBP(Disk Book Publishing)

> 일반적인 책 형태의 출판물을 탁상출판, 즉 책상 위의 출판(Desk Top Publishing)이라고 합니다.

24년 4회, 23년 3회, 22년 2회, 1회, 18년 1회

5. 다음 보기의 기능을 가지고 있는 전자책의 보호기술은 어느 것인가?

> - 인터넷 위의 모든 지적 재산물을 관리함
> - 지적재산 권리 보유자와 이용자를 연결함
> - 디지털 정보의 전자상거래 절차에서 필수 요소 및 자동 저작권 관리의 실현이 가능함

① DOI(Digital Object Identifier)
② DRM(Digital Rights Management)
③ DW(Digital Watermarking)
④ PKI(Public Key Infrastructure)

> DOI는 인터넷에 유통되는 모든 디지털 객체(Digital Object)들에 부여되는 고유 식별자(Identifier)입니다.

23년 2회, 13년 2회

6. 다음 중 전자출판용 소프트웨어가 아닌 것은?

① PageMaker
② InDesign
③ OneNote
④ QuarkXpress

> OneNote는 노트(Note)를 기록 및 정리, 재사용할 수 있도록 한 프로그램으로, 오피스 2003부터 오피스군에 포함되었습니다.

▶ 정답: 1. ③ 2. ④ 3. ① 4. ② 5. ① 6. ③

1 24.5, 24.3, 24.2, 24.1, 23.3, 23.2, 23.1, 22.4, 22.3, 22.2, 21.3, 21.1, 20.1, 18.상시, 17.2, 17.1, 16.3, 16.2, 14.3, 14.2, 13.2, 13.1, 12.2, …
전자출판의 특징
1101401

24.5, 24.3, 24.2, … **장점**	• 사용하기 쉬운 소프트웨어의 개발과 하드웨어의 가격 하락으로 인해 출판 과정의 개인화가 가능하다. • 지원하는 글꼴(Font)의 수가 많고 사진, 도표, 그리기 등의 편집 기능이 뛰어나다. • 문자, 소리, 그림, 영상, 애니메이션 등 다양한 멀티미디어 요소의 복합적인 표현이 가능하다. • 레이저 프린터와 같은 고품질의 인쇄장치를 주로 사용하므로 고품질의 인쇄물을 얻을 수 있다. • 위지윅(WYSIWYG)* 방식으로 편집 과정은 편집자가 의도한대로 구현할 수 있다. • 출판 내용에 대한 추가 및 수정이 신속하고 배포가 용이하므로 전체적인 출판 비용이 감소한다. • CD-ROM 등을 저장 매체로 이용하기 때문에 보관 공간이 줄어들고 대용량의 데이터를 영구적으로 보관할 수 있다. • 전자출판물로 저장된 자료는 디지털 데이터이므로 다른 전자 매체와의 결합이 용이하여 부가 정보 및 서비스 제공이 가능하다. • 대량의 데이터를 빠르게 검색하거나 필요한 부분만 검색할 수 있다. • 컴퓨터 통신망을 통하여 다수의 사용자가 동시에 자료를 사용할 수 있으며, 필요한 일부분의 내용만 선택하여 전송받을 수 있다. • 제공자와 사용자 간의 상호 대화가 가능한 양방향 매체이다. • 미리 보기 기능을 이용하여 최종 결과물의 결과를 미리 화면으로 확인할 수 있다.
20.1 **단점**	• 전원이 공급되지 않거나 컴퓨터가 고장나면 전자출판물의 내용을 볼 수 없다. • 화면이 제한되어 종이 출판물에 비해 전체적인 내용의 비교가 어렵다. • 수록된 내용을 보기 위해서는 컴퓨터에 대한 기본 지식을 갖추어야 한다. • 저장 매체의 일부만 손상되어도 전체 자료를 볼 수 없다.

2 23.5, 21.1, 20.1, 16.1, 13.1, 09.2, 09.1, 07.1, 06.1, 05.1, 02.1
전자출판의 그리기 기능
1101403

확대/축소, 이동, 회전 등의 다양한 기능을 적용하여 선 또는 도형을 그리거나 편집하는 기능이다.

• 그리기 개체를 투명하게 하여 문자열 뒤에 배치할 수 있다.

• 그리기 개체들이 겹쳐 있을 경우 겹쳐 있는 순서를 앞뒤로 바꿀 수 있다.

• 여러 개의 그리기 개체를 하나의 묶음으로 그룹화*할 수 있으며 묶은 상태에서 크기를 변형시킬 수도 있고, 이동 또는 복사할 수도 있다.

• 사각형이나 원 등을 그릴 때 마우스의 시작 위치가 각 도형의 중심이 되게 하려면 Ctrl을, 정사각형이나 정원 등을 그릴 때는 Shift를 누른 상태에서 도형을 그린다.

3 전자출판의 개체 처리 기능

12.3, 09.4, 08.3, 01.2, 99.3, 99.1

1101402

책의 구성 요소인 문자나 그림, 표, 도형 등의 개체(Object)를 개별적인 요소로 구분하여 처리하는 것을 개체 처리 기능이라 한다.

- 여러 가지 개체들을 서로 연결하거나 분해해서 사용할 수 있다.
- 클립아트(Clip Art) 형태의 그림을 손쉽게 사용할 수 있다.

> **전문가의 조언**
>
> 개체 처리 기능에 대한 문제가 출제되었습니다. 개체 처리 기능은 말 그대로 여러 개체를 개별적인 요소로 구분하여 처리한다는 것을 염두에 두고 특징을 정리하세요.

따라잡기 기출문제 따라잡기

문제3 4101653 　문제4 4101654

23년 2회, 13년 1회, 12년 2회

1. 다음 중 전자출판(DTP)의 특징에 대한 설명으로 옳지 않은 것은?

① 지원하는 글꼴의 수가 많고 사진, 도표 등의 편집 기능이 뛰어남

② 출판 내용에 대한 추가 및 수정이 신속하고 배포가 용이함

③ 문자, 소리, 그림, 영상, 애니메이션 등 다양한 표현이 가능함

④ 종이 출판물에 비해 가독성이 우수하나, 대용량의 데이터 보관은 불가능함

> 전자출판은 종이 출판물에 비해 가독성은 떨어지지만 대용량의 데이터를 보관할 수 있습니다.

23년 1회, 22년 4회, 21년 3회, 16년 2회, 13년 2회

2. 다음 중 전자출판의 특징으로 옳지 않은 것은?

① 제공자와 사용자 간의 상호 대화가 가능한 양방향 매체이다.

② 출판 내용에 대한 추가 및 수정이 용이하다.

③ 출판과 보관 비용이 많이 증가하지만 다른 매체와 결합이 쉽다.

④ 출판 과정의 개인화가 가능하다.

> 전자출판은 USB, CD-ROM 등을 저장 매체로 하고, 내용에 대한 추가 · 수정이 신속하고 배포가 용이하므로 전체적인 출판 비용 및 보관 비용이 감소합니다.

23년 5회, 21년 1회, 20년 1회, 16년 1회

3. 다음 중 워드프로세서의 그리기 기능에 대한 설명으로 옳지 않은 것은?

① Alt 를 누른 채 원이나 사각형을 그리면 정원이나 정사각형이 그려진다.

② Ctrl 을 누른 채 도형을 그리면 도형의 중심부터 그려진다.

③ Shift 를 누른 채 개체들을 마우스로 클릭하면 개체 묶기(그룹화)를 위한 연속적인 선택이 가능하다.

④ Ctrl 을 누른 채 마우스로 드래그하여 그리기 개체를 복사할 수 있다.

> 정원이나 정사각형을 그릴 때는 Shift, 도형의 중심부터 그릴 때는 Ctrl 을 사용합니다.

24년 2회, 23년 3회, 22년 2회, 17년 2회

4. 다음 중 전자출판의 특징으로 옳지 않은 것은?

① 개인용 컴퓨터를 이용하여 출판의 전 과정이 가능하다.

② 위지윅(WYSIWYG) 방식으로 편집 과정을 편집자의 의도한대로 구현할 수 있다.

③ 다양한 글꼴(Font)을 지원하며, 아날로그 방식으로 문자를 저장한다.

④ 문자뿐만 아니라 소리, 그림, 영상, 애니메이션 등의 복합적인 표현이 가능하다.

> 전자출판은 디지털 방식으로 문자를 기록 보존할 수 있도록 만들어진 매체입니다.

20년 1회

5. 다음 중 전자출판의 특징으로 옳지 않은 것은?

① 저장 매체의 일부가 손상되어도 전체 자료를 볼 수 있다.

② 문자나 소리, 그림, 동영상 등의 멀티미디어 요소의 복합적인 표현이 가능하다.

③ CD-ROM 등을 저장 매체로 이용하여 보관 공간을 줄이고 영구적인 보관이 가능하다.

④ 컴퓨터 통신망을 이용하여 다수의 사용자가 동시에 자료의 사용이 가능하다.

> 전자적인 장치는 장치의 일부만 손상되어도 작동되지 않는 경우가 많습니다.

▶ 정답 : 1. ④　2. ③　3. ①　4. ③　5. ①

전자출판 관련 용어

모핑(Morphing)

리딩(Leading, 행간)

가난은 수치가 아니다	↕행간
그러나 명예라고 생각하지 말라	

1101501

1 24.4, 24.3, 24.2, 23.3, 23.2, 23.1, 22.4, 22.3, 22.2, 22.1, 21.4, 21.2, 21.1, 20.상시, 20.2, 19.상시, 19.2, 19.1, 18.상시, 17.2, 17.1, 16.1, …

전자출판 관련 용어

24.2, 23.1, 22.4, 21.2, 20.2, 18.상시 **커닝(Kerning)**	글자와 글자 사이의 간격을 미세하게 조정하는 작업이다.
23.2, 21.1, 20.상시, 19.2, 18.상시, 15.3, … **오버프린트(Over Print)**	문자 위에 겹쳐서 문자를 중복 인쇄하거나 배경색을 인쇄한 후 그 위에 대상체를 다시 인쇄하는 방법이다.
24.4, 24.3, 22.3, 22.2, 22.1, 21.4, 18.상시 **디더링(Dithering)**	제한된 색상을 조합하여 복잡한 색이나 새로운 색을 만드는 작업이다.
24.3, 23.2, 22.4, 21.4, 21.1, 20.상시 **초크(Choke)**	이미지 변형 작업, 입·출력 파일 포맷, 채도, 조명도, 명암 등을 조절하는 작업이다.
24.3, 22.4, 21.4, 20.상시, 19.상시, … **모핑*(Morphing)**	• 이미지가 변해 가는 과정을 보여주는 것이다. • 2개의 이미지를 부드럽게 연결해 변환·통합하는 것으로 컴퓨터 그래픽, 영화 등에서 많이 사용한다.
24.4, 22.3, 22.2, 22.1, 16.1, 11.3, 11.1, … **리딩(Leading, 행간)***	현재 줄의 시작 부분과 바로 아래 줄의 첫 부분까지의 간격으로 흔히 알고 있는 줄간격과 같은 뜻이다.
23.2, 21.1, 19.2, 14.2, 14.1, 12.1, 11.3, 10.1, … **필터링(Filtering)**	작성된 그림을 필터 기능을 이용하여 여러 가지 형태의 새로운 이미지로 바꿔 주는 작업이다.
24.4, 24.3, 22.3, 22.2, 22.1, 21.4, 18.상시, … **스프레드(Spread)**	대상체의 컬러가 배경색의 컬러보다 옅어서 대상체가 보이지 않는 현상이다.
24.4, 22.3, 22.2, 22.1, 16.1, 09.4, 09.3, … **리터칭(Retouching)**	기존의 이미지를 다른 형태로 새롭게 변형·수정하는 작업이다.
24.3, 13.3, 13.1, 12.3 **하프톤(Halftone, 망점)**	신문에 난 사진처럼 미세한 점으로 사진을 나타내는 기법이다.
23.2, 23.1, 21.2, 21.1, 19.2, 17.1, 14.2, … **워터마크(Watermark)**	• 원본 그림을 리터칭하여 밝고 명암 대비가 작은 그림으로 변환하는 것이다. • 기관의 로고 등을 문서의 배경으로 희미하게 표시할 때 사용한다.
23.3, 22.4, 20.상시, 19.상시, 19.1, … **렌더링(Rendering)**	3차원 그래픽 작업의 한 과정으로, 2차원적인 이미지에 음영과 채색을 적절히 주어 3차원적인 입체감을 극대화하는 작업이다.
12.1, 11.3, 10.1, 09.4, 08.1, 07.4, 07.1, … **클립아트(Clip Art)**	작업문서에 자주 사용하는 다양한 그림을 모아둔 작은 그림 모음집이다.
텍스트 흘리기 (Text Runaround)*	특정한 개체 주위로 텍스트가 침범하지 않게 하는 기능이다.

텍스트 흘리기(Text Runaround)

진실로
아름다운
사람은

어느 것도 거부하지 않는다.

문제3 1101551　문제5 1101552

따라잡기 기출문제 따라잡기

24년 3회, 21년 4회, 15년 2회, 1회, 14년 3회

1. 다음 중 전자출판(Electronic Publishing) 용어에 대한 설명으로 옳은 것은?

① 디더링(Dithering) : 2차원의 이미지에 광원·위치·색상 등을 첨가하여 사실감을 불어넣어 3차원 화상을 만드는 과정

② 모핑(Morphing) : 그래픽 파일의 효과 넣기로, 신문에 난 사진과 같이 미세한 점으로 나타내며 각 점의 명암을 달리하여 영상을 표시한다.

③ 스프레드(Spread) : 대상체의 컬러가 배경색의 컬러보다 짙을 때에 겹쳐서 인쇄하는 방법이다.

④ 초크(Choke) : 이미지 변형 작업으로 채도, 조명도, 명암 등을 조절해 주는 기능이다.

> ① 디더링은 제한된 색상을 조합하여 복잡한 색이나 새로운 색을 만드는 작업입니다. ①번은 렌더링에 대한 설명입니다.
> ② 모핑은 2개의 이미지를 부드럽게 연결해 변환·통합하는 것을 말합니다. ②번은 하프톤에 대한 설명입니다.
> ③ 스프레드는 대상체의 컬러가 배경색의 컬러보다 옅어서 대상체가 보이지 않는 현상입니다. ③번은 오버프린트에 대한 설명입니다.

23년 3회, 19년 1회, 07년 3회

2. 그래픽 기법에서 3차원 애니메이션을 만드는 과정 중의 하나로 물체의 모형에 명암과 색상을 입혀 사실감을 나타내는 처리 과정을 무엇이라고 하는가?

① 디더링　　　　② 모델링

③ 렌더링　　　　④ 필터링

> 렌더링은 2차원적인 물체의 모형에 명암과 색상을 입혀 3차원적인 사실감을 나타내는 처리 과정입니다.

19년 상시, 14년 1회, 12년 1회, 11년 3회, 09년 4회, 08년 1회, 07년 4회, 1회, 03년 2회, 02년 4회

3. 전자출판에 사용되는 용어에 대한 설명으로 옳지 않은 것은?

① 리터칭(Retouching) : 기존의 그림을 다른 형태로 새롭게 변형, 수정하는 작업을 의미한다.

② 오버프린트(Over Print) : 대상체의 컬러가 배경색의 컬러보다 옅을 때에 발생하는 현상이다.

③ 필터링(Filtering) : 작성된 그림을 필터 기능을 이용하여 여러 가지 형태의 새로운 이미지로 탈바꿈시켜 주는 기능이다.

④ 클립아트(Clip Art) : 작업문서에 자주 사용되는 다양한 그림을 모아 둔 작은 그림의 모음집이다.

> 오버프린트는 문자 위에 겹쳐서 문자를 중복 인쇄하거나 배경색을 인쇄한 후 그 위에 대상체를 다시 인쇄하는 방법입니다.

24년 4회, 22년 3회, 2회, 1회, 16년 1회, 09년 2회, 1회, 07년 2회, 04년 4회, 2회, 03년 4회, 1회, 00년 2회

4. 전자출판(Electronic Publishing)에 관한 용어이다. 틀린 것은?

① 디더링(Dithering) : 제한된 색상을 조합 또는 비율을 변화하여 새로운 색을 만드는 작업

② 리딩(Leading) : 자간의 미세 조정으로 특정 문자들의 간격을 조정

③ 스프레드(Spread) : 대상체의 컬러가 배경색의 컬러보다 옅어서 대상체가 보이지 않는 현상

④ 리터칭(Retouching) : 기존의 이미지를 다른 형태로 새롭게 변형시키는 작업

> 리딩은 우리가 흔히 알고 있는 줄간격을 말하며, 자간의 미세한 조정으로 특정 문자들의 간격을 조정하는 것은 커닝이라고 합니다.

24년 2회, 23년 1회, 21년 2회, 20년 2회, 17년 2회, 15년 3회, 14년 1회, 12년 2회, 10년 2회, 08년 2회, 1회, …

5. 다음 중 전자출판과 관련된 용어에서 커닝(Kerning)에 관한 설명으로 옳은 것은?

① 글자와 글자 사이의 간격을 미세하게 조정하는 작업이다.

② 제한된 색상을 조합하여 복잡한 색이나 새로운 색을 만드는 작업이다.

③ 문자 위에 겹쳐서 문자를 중복 인쇄하거나 배경색을 인쇄한 후에 그 위에 대상체를 인쇄하는 기능이다.

④ 이미지 변형 작업, 입출력 파일 포맷, 채도, 조명도, 명암 등을 조절하는 작업이다.

> ②번은 디더링, ③번은 오버프린트, ④번은 초크에 대한 설명입니다.

23년 2회, 1회, 21년 1회, 19년 2회, 14년 2회

6. 다음 중 전자출판에 사용되는 용어에 대한 설명으로 옳지 않은 것은?

① 오버프린트(Over Print) : 대상체의 컬러가 배경색의 컬러보다 짙을 때에 겹쳐서 인쇄하는 방법이다.

② 필터링(Filtering) : 그림의 제한된 색상을 조합하여 복잡한 색이나 새로운 색을 만드는 작업이다.

③ 워터마크(Watermark) : 그림을 명암 대비가 작은 그림으로 바꾸는 것으로 기관의 로고 등을 작성하여 배경을 희미하게 나타낼 때 사용한다.

④ 초크(Choke) : 이미지 변형 작업으로 채도, 조명도, 명암 등을 조절해 주는 기능이다.

> 필터링은 작성된 그림을 필터 기능을 이용하여 여러 가지 형태의 새로운 이미지로 바꿔주는 작업입니다. ②번은 디더링에 대한 설명입니다.

▶ 정답 : 1. ④　2. ③　3. ②　4. ②　5. ①　6. ②

015 | 전자출판의 개요

❶ 전자출판용 소프트웨어의 종류 23.2, 13.2

- PageMaker
- InDesign
- QuarkXpress

❷ DOI(Digital Object Identifier) 24.4, 23.3, 22.2, 22.1, 18.1

- '디지털 콘텐츠 식별자'란 뜻으로 인터넷에 유통되는 모든 디지털 콘텐츠에 부여되는 고유 식별자이다.
- 인터넷 상의 모든 지적 재산물을 관리하며, 지적재산 권리 보유자와 이용자를 연결한다.

❸ 전자출판의 종류 - 온라인 데이터베이스형 23.5, 21.3, 14.2

온라인을 통하여 과학 기술, 비즈니스, 사회 과학, 인문 과학 등의 정보를 검색하는 형태로, 온라인 정보 검색 서비스, 비디오텍스, 쌍방향 CATV, 텔레텍스트 등이 포함된다.

016 | 전자출판의 특징과 기능

❶ 전자출판의 특징 24.5, 24.3, 24.2, 24.1, 23.3, 23.2, 23.1, 22.4, 22.3, 22.2, 21.3, 21.1, 20.1, …

- 출판 내용에 대한 추가·수정이 신속하고, 배포가 용이하다.
- 전체적인 출판 비용이 감소한다.
- 대용량의 데이터를 영구적으로 보관할 수 있다.
- 디지털 방식으로 문자를 저장한다.
- 대량의 내용을 빠르게 검색하거나 필요한 부분만 검색할 수 있다.
- 저장 매체의 일부만 손상되어도 전체 자료를 볼 수 없다.

❷ 전자출판의 그리기 기능 23.5, 21.1, 20.1, 16.1, 13.1

- 확대/축소, 이동, 회전 등의 다양한 기능을 적용하여 선 또는 도형을 그리거나 편집하는 기능이다.
- 사각형이나 원 등을 그릴 때 마우스의 시작 위치가 각 도형의 중심이 되게 하려면 Ctrl 을, 정사각형이나 정원 등을 그릴 때는 Shift 를 누른 상태에서 도형을 그린다.

017 | 전자출판 관련 용어

❶ 전자출판 관련 용어 24.4, 24.3, 24.2, 23.3, 23.2, 23.1, 22.4, 22.3, 22.2, 22.1, 21.4, 21.2, …

- 커닝 : 글자와 글자 사이의 간격을 미세하게 조정하는 작업
- 오버프린트 : 문자 위에 겹쳐서 문자를 중복 인쇄하거나 배경색을 인쇄한 후 그 위에 대상체를 다시 인쇄하는 방법
- 디더링 : 제한된 색상을 조합하여 복잡한 색이나 새로운 색을 만드는 작업
- 초크 : 이미지 변형 작업, 입·출력 파일 포맷, 채도, 조명도, 명암 등을 조절하는 작업
- 모핑 : 2개의 이미지를 부드럽게 연결해 변환·통합하는 것으로, 컴퓨터 그래픽, 영화 등에서 많이 사용함
- 리딩 : 현재 줄의 시작 부분과 바로 아래 줄의 첫 부분까지의 간격으로 흔히 알고 있는 줄간격과 같은 뜻임
- 필터링 : 작성된 그림을 필터 기능을 이용하여 여러 가지 형태의 새로운 이미지로 바꿔주는 작업
- 스프레드 : 대상체의 컬러가 배경색의 컬러보다 옅어서 대상체가 보이지 않는 현상
- 리터칭 : 기존의 이미지를 다른 형태로 새롭게 변형·수정하는 작업
- 워터마크 : 원본 그림을 리터칭하여 밝고 명암 대비가 작은 그림으로 변환하는 것으로, 기관의 로고 등을 문서의 배경으로 희미하게 표시할 때 사용함
- 렌더링 : 3차원 그래픽 작업의 한 과정으로, 2차원적인 이미지에 음영과 채색을 적절히 주어 3차원적인 입체감을 극대화하는 작업

3장

문서 작성하기

문서 관리하기
43.53%

워드프로세서 일반
41.01%

문서
작성하기
9.24%

전자출판
6.22%

018 문서의 분류 ⓒ등급

019 사내문서 / 사외 문서 Ⓐ등급

020 교정 부호 / 한글 맞춤법 Ⓐ등급

꼭 알아야 할 키워드 Best 10

1. 공문서 **2.** 공람문서 **3.** 보존문서 **4.** 사내문서 **5.** 사외문서 **6.** 연역적 구성 **7.** 교정 부호 **8.** 교정 부호의 표기법 **9.** 띄어쓰기
10. 외래어

문서의 분류

1 문서의 분류

1101601

문서란 문자나 기호 등을 사용하여 사람의 의사·관념·사상이나 사물의 상태 등을 기록하는 것으로, 문서는 누가 어떤 목적으로 작성하느냐와, 어느 경로를 통해 접수·처리되느냐에 따라 다음과 같이 분류된다.

2 작성 주체에 의한 분류

공문서	행정기관 또는 공무원이 공무상 작성 또는 접수한 문서이다.
사문서	• 개인이 사적인 목적을 위하여 작성한 문서이다. • 행정기관에 제출되어 접수된 사문서는 공문서로 간주된다.

3 유통 대상에 의한 분류
02.2, 01.3

사내문서	조직 내부에서 지시, 명령 또는 협조를 요청하거나 보고 또는 통지를 위하여 수발(수신, 발신)하는 문서이다.
사외문서	조직 외부의 상·하급기관, 개인이나 기관 단체에 수발되는 문서이다.
전자문서	컴퓨터 등 정보처리 능력을 가진 장치에 의하여 전자적인 형태로 작성, 송·수신 또는 저장된 문서이다.

4 처리 단계에 따른 분류
24.3, 24.2, 23.5, 22.1, 21.3, 21.1, 20.상시, 20.1, 18.상시, 17.1, 16.1, 15.3

접수문서 _{24.3, 23.5, 21.3, …}	외부에서 접수되는 문서로, 문서주관 부서에서 정해진 절차에 의해 접수한다.
배포문서 _{24.3, 23.5, 21.3, …}	문서주관 부서가 접수문서를 배포 절차에 따라 처리과로 배포하는 문서이다.
기안문서 _{24.2, 22.1, 20.1}	결재권자의 결재를 받기 위하여 기안서식에 따라 작성한 초안문서로, 결재문서라고도 한다.
이첩*문서	배포문서의 내용이 다른 부서의 업무에 해당하는 경우 해당 부서로 이첩하기 위해 기안된 문서이다.
공람문서 _{24.3, 23.5, 21.3, …}	배포문서를 특별한 절차 없이 다른 부서나 사람에게 보고 또는 열람시킬 때의 문서이다.
합의문서	기안문서 중 기안내용과 관련된 부서의 협조를 얻기 위하여 합의하는 문서이다.
시행문서	결재권자의 결재를 받은 기안문서. 즉 결재문서의 시행(외부 표시 또는 발송)을 위해 작성한 문서로, 발송문서라고도 한다.
완결문서	기안문서가 시행목적에 따라 시행되고 사안의 처리가 완결된 문서이다.
보관문서	모든 처리가 끝난 문서 중 보관되어야 할 필요성이 있는 문서이다.

보존문서 24.3, 23.5, 21.3, ...	자료의 가치로 인해 일정 기간동안 보존하는 문서이다.
폐기문서	보존기간이 종료되어 문서의 가치가 상실되어 폐기처분되는 문서이다.

> **잠깐만요** **문서가 필요한 경우**
>
> • 내용이 복잡하여 문서 없이는 당해 업무의 처리가 곤란할 때
> • 사무처리 결과의 증빙자료로서 필요할 때
> • 사무처리에 대한 의사소통이 대화로는 불충분할 때
> • 사무처리 결과를 일정기간 보존할 필요가 있을 때
> • 사무처리의 형식이나 체제상 문서 형식이 필요할 때

문제3 1101651

따라잡기 기출문제 따라잡기

16년 1회

1. 문서를 처리 단계에 따라 분류하고자 한다. 이에 해당되지 않는 것은?

① 접수문서　　　　　② 배포문서
③ 공람문서　　　　　④ 대외문서

> 대외문서는 유통 대상에 따른 문서 분류에 해당됩니다.

15년 3회

2. 다음 중 배포문서를 특별한 절차 없이 다른 부서나 사람에게 보고 또는 열람시킬 때의 문서를 무엇이라고 하는가?

① 폐기문서　　　　　② 합의문서
③ 보존문서　　　　　④ 공람문서

> '공람'은 여러 사람이 본다는 의미로, 다른 부서나 사람에게 보고 또는 열람시킬 때의 문서를 공람문서라고 합니다.

24년 3회, 23년 5회, 21년 3회, 1회, 20년 상시, 18년 상시, 17년 1회

3. 다음 중 문서관리를 위하여 처리 단계별로 문서를 분류하는 경우에 각 문서에 관한 설명으로 옳지 않은 것은?

① 접수문서 : 외부로부터 접수된 문서
② 공람문서 : 배포문서 중 여러 사람이 돌려보는 문서
③ 보존문서 : 일처리가 끝난 완결문서로 해당연도 말까지 보관하는 문서
④ 배포문서 : 접수문서를 문서과가 배포절차에 의해 처리과로 배포하는 문서

> 보관문서는 완결문서를 해당연도 말까지 보관하는 문서이고, 보존문서는 보관이 끝난 문서 중 자료의 가치로 인해 일정 기간동안 보존하는 문서입니다.

24년 2회, 22년 1회, 20년 1회

4. 다음 중 문서의 처리 단계에 따른 분류에서 기안문서에 관한 설명으로 옳은 것은?

① 결재권자의 결재를 받기 위하여 지정된 서식에 따라 작성한 초안문서이다.
② 특별한 절차 없이 다른 부서나 사람에게 열람시키려 할 때 사용되는 문서이다.
③ 자료의 가치로 인해 일정기간 보관해야 할 필요성이 있는 문서이다.
④ 결재 문서의 시행을 위해 작성된 문서이다.

> ②번은 공람문서, ③번은 보존문서, ④번은 시행문서에 대한 설명입니다.

▶ **정답** : 1. ④　2. ④　3. ③　4. ①

1 24.4, 23.5, 20.2, 19.상시, 19.1, 18.상시, 18.1, 17.2, 16.2, 15.1
사내문서

조직 내부에서 지시, 명령 또는 협조를 하거나 보고 또는 통지를 위하여 수발(수신, 발신)하는 문서이다.

구성

사내문서는 두문, 본문, 결문으로 구성되어 있으며, 각각은 여러 구성 요소를 포함한다.

18.1 **두문**	• **수신자명** : 직위와 성명 • **발신자명** : 문서 발신자 성명 • **문서번호** : 문서 왼쪽 상단에 표시한다. • **발신연월일** – 문서 오른쪽 상단에 표시한다. – 년, 월, 일을 생략할 경우 마침표(.)로 구분한다.
18.1 **본문**	• **제목** : 문서 내용을 파악할 수 있도록 본문 내용을 간추려 표시한다. • **주문** : 문서의 핵심으로, 전하고자 하는 내용을 간결하고 명확하게 나타낸다.
결문	담당자명, 담당자직위

종류

19.상시, 19.1, 18.상시, … **보고문서***	• 업무에 대한 현황이나 경과 및 결과 등을 보고할 때 작성하는 문서이다. • **종류** : 일계표, 출장보고서, 조사보고서 등
19.상시, 19.1, 18.상시, … **지시문서**	• 조직의 상부에서 하부로 계획이나 기획 등의 명령을 전달하기 위한 문서이다. • **종류** : 명령서, 지시서, 통지서, 기획서 등
19.상시, 19.1, 18.상시, … **연락문서**	• 조직이나 부서간의 의사소통을 위한 문서이다. • **종류** : 업무연락서, 조회문서, 회답문서, 통지서 등
19.상시, 19.1, 18.상시, … **기록문서**	• 기록을 하여 증거자료로 활용되는 문서로, 기록과 보존의 성질을 가진다. • **종류** : 회의록, 의사록, 인사기록카드, 전표, 장부 등

2 24.1, 22.1, 21.2, 21.1, 20.상시, 19.2, 18.상시, 18.2, 17.2, 17.1, 16.3, 15.3, 15.2, 15.1
사외문서

조직 외부의 상하급 기관, 개인이나 기관 단체에 수발되는 문서로 거래문서와 의례문서로 나뉜다.

구성

사외문서는 두문과 본문, 부기로 구성되어 있으며, 각각은 여러 구성 요소를 포함한다.

24.1, 22.1, 21.1, … **두문**	• **수신자명** : 직위와 성명 • **발신자명** : 문서 발신자 성명 • **문서번호** : 일반적으로 생략하며, 관공서에 보내는 경우 문서 왼쪽 상단에 표시한다. • **발신연월일** 　− 문서 오른쪽 상단에 표시한다. 　− 년, 월, 일을 생략할 경우 마침표(.)로 구분한다.
24.1, 22.1, 21.2, … **본문**	• **제목** : 문서 내용을 파악할 수 있도록 본문 내용을 간추려 표시한다. • **전문** : 간단한 인사말 • **주문** : 문서의 핵심으로, 전하고자 하는 내용을 간결하고 명확하게 나타낸다. • **말문** : 문장을 요약해서 마무리함
24.1, 22.1, 21.1, … **결문(부기)**	• **추신** : 본문에서 빠뜨린 내용을 보충하기 위한 것이다. • **첨부물** : 동봉할 문서가 있을 경우에만 사용하며, 문서의 명칭과 수량을 표시한다. • 담당자명, 담당자직위

거래문서*

- 조직(기업, 기관) 간 거래내역 등의 업무관계를 위해 주고 받는 문서이다.
- 거래문서의 종류에는 통지서, 주문서, 요청서, 의뢰서, 교섭/협의문, 권유문, 승낙서, 거절장, 조회문, 독촉장, 항의서, 사과문, 반박서/해명서, 법률문서 등이 있다.

의례문서

- 친분이나 거래관계에 있는 사람 또는 조직 간 관계 유지를 위해 주고 받는 문서이다.
- 의례문서의 종류에는 인사장, 초대장, 안내장, 축하장, 위문장/문상장, 감사장, 소개장/추천장, 부고장, 연하장 등이 있다.

20.상시, 19.상시, 18.상시, 18.2, 18.1, 17.2, 16.3

잠깐만요 **문서의 논리적 구성**

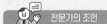

1101731

문서의 논리적 구성에는 연역적 구성과 귀납적 구성이 있습니다.

20.상시, 19.상시, 18.상시, … **연역적 구성**	• 일반적인 원리를 제시한 다음 구체적인 사실을 이끌어 내는 두괄식 구성이다. • 중심 생각이 담긴 중심 문장의 위치가 해당 문단의 앞 부분에 위치하는 두괄식 구성이다. • 독자들이 글을 읽으면서 중심 생각을 쉽게 찾을 수 있다. 예 모든 사람은 죽는다. 　이순신은 사람이다. 　그러므로 이순신은 죽을 것이다.
16.3 **귀납적 구성**	• 구체적, 개별적 사실들을 바탕으로 일반적인 원리를 이끌어 내는 미괄식 구성이다. • 중심 생각이 담긴 중심 문장의 위치가 해당 문단의 마지막 부분에 위치하는 미괄식 구성이다. • 강조하고자 하는 내용을 마지막에 담아 더욱 강조할 수 있다. 예 김유신, 신사임당, 이순신은 사람이다. 　김유신, 신사임당, 이순신은 죽었다. 　그러므로 모든 사람은 죽는다.

거래문서 작성 시 유의사항
- 인사말은 간결하게 작성함
- 거래 내용을 명확하게 작성하고 기명날인함
- 날짜, 금액 등의 숫자는 정확하게 씀
- 분쟁의 소지를 줄이기 위해 유효기간 등을 씀

전문가의 조언

문서의 연역적 구성과 귀납적 구성을 구분할 수 있어야 합니다. 연역적 구성은 두괄식, 귀납적 구성은 미괄식 구성이란 것을 염두에 두고 제시된 예를 잘 읽어보세요.

문제2 1101751 문제4 1101752

19년 상시, 15년 1회

1. 다음 중 사내문서로 분류하기에 가장 옳지 않은 것은?

① 기록문서 ② 연락문서

③ 보고문서 ④ 의뢰서

사내문서의 종류에는 보고문서, 지시문서, 연락문서, 기록문서가 있습니다.

17년 2회

2. 다음 중 사외문서의 서식 구성에 관한 설명으로 옳지 않은 것은?

① 두문에는 수신자명, 발신자명, 문서번호, 발신연월일을 기재한다.

② 본문은 제목과 말하고자 하는 주된 내용을 나타낸다.

③ 본문의 마지막 부분은 첨부물이 있을 경우 첨부물에 대한 안내와 인사로 마무리한다.

④ 결문에는 추신을 기재할 수 있다.

사외문서의 본문에는 '제목, 전문, 주문, 말문'을 기재합니다.

16년 3회

3. 다음 중 문서의 논리적 구성에서 귀납적 추론에 대한 설명으로 옳지 않은 것은?

① 일반적인 원리를 제시한 다음 구체적인 사실을 이끌어 내는 형식이다.

② 개별적인 사례들에서 공통된 일반적 원리를 이끌어 내는 형식이다.

③ 중심 생각이 담긴 중심 문장의 위치가 해당 문단의 마지막 부분에 위치하여 구성된다.

④ 강조하고자 하는 내용을 마지막에 담아 더욱 강조할 수 있다는 장점이 있다.

'일반적 원리 → 구체적 사실'의 두괄식 구성은 연역적 구성, '구체적 사실 → 일반적 원리'의 미괄식 구성은 귀납적 구성에 해당합니다.

17년 2회

4. 다음 중 아래의 보기에서 사용하는 논리 전개 방식으로 옳은 것은?

- 바퀴가 2개인 차는 이륜차이다.
- 오토바이는 바퀴가 2개인 차이다.
- 그러므로 오토바이는 이륜차이다.

① 연역법 ② 귀납법

③ 변증법 ④ 유추법

지문의 첫 번째 문장에서 일반적인 원리를 제시하고, 마지막 문장에서 구체적인 사실을 이끌어 냈으므로 연역적 구성에 해당합니다.

19년 1회, 18년 상시, 17년 2회, 16년 2회

5. 다음 중 문서의 종류별 설명으로 옳지 않은 것은?

① 지시문서는 조직의 상부에서 하부로 계획이나 기획 등의 명령을 전달하기 위한 문서이다.

② 보고문서에는 장표, 전표, 일계표 등이 속한다.

③ 연락문서는 업무를 연락하고 의사소통을 위한 것으로 업무연락서, 통지서 등이 있다.

④ 기록문서는 기록과 보존을 위한 것으로 인사기록카드가 속한다.

보고문서에는 일계표, 출장보고서, 조사보고서 등이 있습니다.

24년 4회, 23년 5회, 20년 2회, 18년 1회

6. 다음 중 보고서 작성시 유의해야 할 사항으로 옳지 않은 것은?

① 읽는 사람의 요청이나 기대에 맞춘 보고서를 작성한다.

② 사실과 의견을 명확하게 구분하여 작성한다.

③ 표와 그림 등으로 시각적인 효과를 나타내어 설득력을 높이게 작성한다.

④ 각 사안별로 문장을 나누어 소항목에서 대항목으로 점진적으로 작성한다.

보고서는 각 사안별로 문장을 나누어 대항목에서 소항목으로 점진적으로 작성합니다.

18년 1회

7. 다음 사내문서의 구성에 대한 설명 중 옳지 않은 것은?

① 발신연월일은 문서 상단의 오른쪽에 표시하고 년, 월, 일을 생략할 경우 마침표(.)로 구분한다.

② 수신자명에는 문서를 받아볼 상대방으로 직위와 성명을 표시한다.

③ 본문은 발신자명, 제목, 주문, 추신 등으로 구성된다.

④ 문서 번호는 다른 문서와 구별되는 표시로 문서의 왼쪽 상단에 표시한다.

사내문서의 본문은 제목과 주문으로 구성됩니다. 발신자명은 두문의 구성 요소이고, 추신은 사외문서의 결문의 구성 요소입니다.

▶ 정답 : 1. ④ 2. ③ 3. ① 4. ① 5. ② 6. ④ 7. ③

교정 부호 / 한글 맞춤법

1 교정 부호의 표기법

24.3, 24.1, 23.3, 23.2, 23.1, 22.3, 22.2, 21.4, 21.3, 21.2, 20.2, 19.2, 17.2, 17.1, 16.3, 16.1, 09.2, 08.2, 07.3, 06.1, 05.2, 03.4, 00.3

1101801

- 교정 부호는 인쇄된 글자의 색과 다르면서 눈에 잘 띄는 색을 이용하여 표기한다.
- 지정된 교정 부호를 사용해서 정확하게 표시한다.
- 교정을 위한 글자나 부호는 너무 복잡하거나 난해하지 않도록 최소한 간략하게 표기한다.
- 여러 교정 부호가 동일한 행에 있을 경우 교정 부호끼리 겹치지 않도록 표기한다.
- 교정하고자 하는 글자를 명확하게 지적해야 한다.
- 한 번 교정된 부분도 다시 교정할 수 있다.

18.1

잠깐만요 **교정 지시어**

교정 기호와 함께 다음의 지시어를 사용할 수 있습니다.

• 고치기	• 크기 바꾸기	• 넣기	• 문장 삽입
• 다음 줄로	• 앞뒤로	• 잇기	• 별행으로
• 순서 바꾸기	• 옮기기	• 대문자로	• 소문자로
• 이탤릭체로	• 굵은 체로	• 지시대로	• 글자체 바꾸기
• 그대로 두기	• 자간 조정	• 어간 조정	• 빼고 넓히기
• 빼고 좁히기	• 자간 · 행간 넓히기	• 자간 · 행간 좁히기	

2 교정 부호의 종류

24.5, 24.4, 24.3, 24.2, 24.1, 23.4, 23.3, 23.2, 22.4, 22.2, 22.1, 21.4, 21.3, 21.1, 20.상시, 20.2, 19.상시, 19.2, 18.상시, 18.2, 18.1, …

1101802

교정 부호	이름	교정 전	교정 후
⌐┘	들여쓰기	단단한 땅에 물이 괸다	단단한 땅에 물이 괸다
┐└	내어쓰기	말 많은 집은 장맛도 쓰다	말 많은 집은 장맛도 쓰다
⌐┘	끌어 올리기	삼십육계에 줄행랑	삼십육계에 줄행랑
┌┐	끌어 내리기	가는 날이 장날이다	가는 날이 장날이다
℘	삭제하기	콩밭에 가서 두부를 찾는다	콩밭 가서 두부 찾는다

전문가의 조언

교정 부호는 출력된 문서에서 잘못된 부분을 고치기 위해 사용하는 기호입니다. 각 교정 부호의 특징과 교정 부호를 적용한 결과를 묻는 문제가 자주 출제되고 있습니다. 예문을 통한 교정 부호의 기능을 잘 알아두세요.

전문가의 조언

교정 지시어의 종류가 아닌 것을 찾는 문제가 출제되었습니다. 교정 지시어의 종류를 무작정 모두 외우기에는 숫자가 적지 않습니다. 맞춤법, 글자 속성, 문자 크기 및 위치, 삽입, 삭제 등 문장을 수정할 때 사용되는 교정 기호에는 어떤 것들이 있는지를 생각하면서 차분히 읽어보세요. 그리고 문제에서 교정 지시어의 종류가 아닌 것을 찾을 때는 교정 편집자의 주관적인 판단이 가미될 수 있는 것들은 교정 지시어로 적합하지 않다는 것을 염두에 두고 찾아보세요.

전문가의 조언

중요해요! 교정 부호는 종류에 관계없이 매 시험마다 꾸준히 출제되고 있기 때문에 따로 출제년도를 표시하지 않았습니다. 모든 교정 부호의 명칭과 의미를 정확하게 기억해 두세요.

교정 부호	이름	예시	결과
♂	내용 바꾸기	하나는 알고 둘은 안다 (모른)	하나는 알고 둘은 모른다
ℓ	돌아간 글자 바로잡기	팔이 들이굽지 내굽나	팔이 들이굽지 내굽나
⟩	줄간격 띄우기	바늘로 찔러도 피 한방울 안나온다	바늘로 찔러도 피 한방울 안나온다
∽	자리 바꾸기	홍두깨 아닌 밤 중에	아닌 밤 중에 홍두깨
↵	줄 잇기	단 맛 쓴 맛 다 보았다	단 맛 쓴 맛 다 보았다
교정 취소	교정 취소	밥 빌어다가 죽 쑤어 먹을 놈	밥 빌어다가 죽 쑤어 먹을 놈
⌐_	문단 나누기	사돈 남의 말한다	사돈 남의 말한다
⌒	삽입하기	찬물도 위가 있다 (아래)	찬물도 위아래가 있다
*	문장 삽입하기	가늘말이 ✓ 곱다. * 고와야 오는 말이	가늘말이 고와야 오는 말이 곱다.
✓	사이 띄우기	난다긴다한다	난다 긴다 한다
⌒	이어붙이기	뛰는 놈 나는 놈	뛰는놈 나는놈

23.5, 23.1, 22.1, 21.2, 19.상시, 19.1, 18.상시, 15.2, 14.1, 13.3, 13.2, 13.1, 12.3, 12.2, 11.2, 10.3, 09.4, 08.4, 08.3, 08.2, 07.4, 07.3, …

3 문서량이 변하는 교정 부호

1101803

증가		감소	
교정 부호	이름	교정 부호	이름
♂	내용 바꾸기*	♂	내용 바꾸기
⌒	삽입하기	삭제	삭제하기
⌐_	문단 나누기	↵	줄 잇기
✓	사이 띄우기	⌒	이어붙이기
들여쓰기	들여쓰기	내어쓰기	내어쓰기
⟩	줄간격 띄우기		

♂ (내용 바꾸기)
문서량이 증가하거나, 감소할 수도 있는 교정 부호입니다. 바꿀 내용이 원래의 내용보다 많으면 증가하고, 적으면 감소하는 것입니다.

4 서로 뜻이 상반되는 교정 부호

24.4, 23.5, 22.4, 22.3, 20.상시, 20.1, 19.1, 18.상시, 16.2, 14.2, 12.1, 11.3, 10.2, 09.4, 09.3, 09.1, 07.2, 07.1, 05.3, 04.4, 04.2, …

1101804

교정 부호	이름
⌐ ↔ ⌐	문단 나누기 ↔ 줄 잇기
∨ ↔ ⌒	사이 띄우기 ↔ 이어붙이기
⊔ ↔ ⊓	끌어올리기 ↔ 끌어내리기
〰 ↔ ℘	삽입하기 ↔ 삭제하기
⊐ ↔ ⊏	들여쓰기 ↔ 내어쓰기

5 한글 맞춤법

24.2, 23.4, 23.2, 22.4, 22.3, 22.2, 21.4, 19.상시, 19.1, 18.1, 17.2

1101805

한글 맞춤법은 표준어를 소리대로 적되, 어법에 맞도록 하며, 문장의 각 단어는 띄어 쓴다.

된소리	한 단어 안에서 뚜렷한 까닭 없이 나는 된소리는 다음 음절의 첫소리를 된소리로 적는다.* 예 아끼다, 어떠하다, 산뜻하다, 엉뚱하다, 잔뜩 등
구개음화	'ㄷ, ㅌ' 받침 뒤에 종속적 관계를 가진 '-이(-)'나 '-히-'가 올 경우에는, 그 'ㄷ, ㅌ'이 'ㅈ, ㅊ'으로 소리 나더라도 'ㄷ, ㅌ'으로 적는다. 예 맏이, 해돋이, 굳이, 같이, 끝이, 핥이다, 걷히다, 닫히다, 묻히다 등
'ㄷ' 받침소리	'ㄷ' 소리로 나는 받침 중에서 'ㄷ'으로 적을 근거가 없는 것은 'ㅅ'으로 적는다. 예 덧저고리, 돗자리, 웃어른, 무릇, 사뭇, 얼핏, 자칫하면 등
모음	'계, 례, 몌, 폐, 혜'의 'ㅖ'는 'ㅔ'로 소리 나더라도 'ㅖ'로 적는다.* 예 사례, 폐품, 혜택, 계집, 핑계, 계시다 등
두음법칙	• 한자음 '녀, 뇨, 뉴, 니'가 단어 첫머리에 올 경우 '여, 요, 유, 이'로 적는다. 예 여자(女子), 연세(年歲), 요소(尿素), 유대(紐帶), 익명(匿名) 등 • 한자음 '랴, 려, 례, 료, 류, 리'가 단어 첫머리에 올 겨우 '야, 여, 예, 요, 유, 이'로 적는다. 예 양심(良心), 역사(歷史), 예의(禮儀), 용궁(龍宮), 유행(流行) 등 • 한자음 '라, 래, 로, 뢰, 루, 르'가 단어 첫머리에 올 경우 '나, 내, 노, 뇌, 누, 느'로 적는다. 예 낙원(樂園), 내일(來日), 노인(老人), 뇌성(雷聲) 등
겹쳐 나는 소리	한 단어 안에서 같은 음절이나 비슷한 음절이 겹쳐 나는 부분은 같은 글자로 적는다. 예 똑딱똑딱, 쓱싹쓱싹, 누누이, 꼿꼿하다, 눅눅하다, 밋밋하다 등

단위를 나타내는 명사
순서를 나타내는 경우나 숫자와 어울리어 쓰이는 경우에는 붙여 쓸 수 있습니다(예 일학년, 육층. 10개, 7미터 등).

24.2, 23.4, 23.2, 22.4, … **띄어쓰기**	• 조사는 그 앞말에 붙여 쓴다. 　예 꽃이, 꽃처럼, 거기도, 멀리는, 웃고만, 어디까지나 등 • 의존 명사는 띄어 쓴다. 　예 나도 할 수 있다, 아는 것이 힘이다, 네가 뜻한 바를 알겠다 등 • 단위를 나타내는 명사*는 띄어 쓴다. 　예 한 개, 옷 한 벌, 열 살, 집 한 채, 소 한 마리 등 • 수를 적을 적에는 '만(萬)' 단위로 띄어 쓴다. 　예 십이억 삼천사백오십육만 칠천팔백구십팔, 12억 3456만 7898 • 두 말을 이어주거나 열거할 적에 쓰이는 말들은 띄어 쓴다. 　예 청군 대 백군, 국장 겸 과장, 사과, 배 등등, 열 내지 스물 등 • 단음절로 된 단어가 연이어 나타날 적에는 붙여 쓸 수 있다. 　예 그때 그곳, 좀더 큰 것, 이말 저말, 한잎 두잎 등
23.2, 18.1 **외래어**	• 외래어 표기법에 따라 적는다. • 국어의 현용 24 자모만으로 적는다. • 외래어의 1음운은 원칙적으로 1기호로 적는다. • 받침에는 'ㄱ, ㄴ, ㄹ, ㅁ, ㅂ, ㅅ, ㅇ'만을 쓴다. • 파열음 표기에는 된소리를 쓰지 않는 것을 원칙으로 한다. • 이미 굳어진 외래어는 관용을 존중하되, 그 범위와 용례는 따로 정한다.

🧑 따라잡기 기출문제 따라잡기

문제2 1101852 　문제3 1101853

24년 3회, 23년 3회, 22년 2회, 21년 3회, 17년 1회
1. 다음 중 교정 부호의 올바른 사용법으로 옳지 않은 것은?

① 교정 부호가 부득이 겹칠 경우에는 겹치는 각도를 최대한 작게 한다.
② 교정 부호나 글자는 명확하고, 간략하게 표기한다.
③ 표기하는 색은 원고의 색과 다르게 눈에 잘 띄도록 한다.
④ 의미가 명확히 전달되도록 가지런히 표기한다.

> 여러 교정 부호가 동일한 행에 있을 경우 교정 부호끼리 겹치지 않도록 주의해서 표기해야 합니다.

24년 4회, 23년 5회, 22년 4회, 3회, 20년 상시, 20년 1회, 18년 상시, 16년 2회, 14년 2회, 12년 1회, 11년 3회, …
2. 다음 중 서로 상반되는 의미를 지닌 교정 부호로 구분된 것은?

① ⌐, ⌐　② ⌐, ⌒
③ ⟩, ✓　④ ⌐, ⌒

> ⌐(문단 나누기)와 ⌒(줄 잇기)는 세로 상반된 의미를 지닌 교정 부호입니다.

24년 5회, 3회, 23년 2회, 22년 2회, 21년 4회, 3회, 19년 상시, 18년 상시, 18년 2회, 17년 2회, 16년 2회, 15년 3회 …
3. 〈보기 1〉이 〈보기 2〉로 수정되기 위해서 필요한 교정 부호는?

〈보기 1〉
| 아름다운 조국의 강산을 우리 모두의 힘으로 가구어나가자. |

↓

〈보기 2〉
| 조국의 아름다운 강산을 우리 모두의 힘으로 가꾸어 나가자. |

① ✓, ⌒, ⌐
② ⌐, ⌒, ⌐
③ ⌒, ⌒, ✓
④ ⌒, ✓, ⌐

> 아름다운 조국의 강산을 우리 모두의 힘으로 가꾸어나가자.

따라잡기 기출문제 따라잡기

18년 1회

4. 다음 중 교정 기호와 함께 사용할 수 있는 교정 지시어로 옳지 않은 것은?

① 영문을 한글로
② 순서 바꾸기
③ 대문자로
④ 자간 · 행간 넓히기

영문을 한글로 교정하라는 교정 지시어는 교정 편집자의 주관적 견해에 따라 교정 작업을 달리할 수 있기 때문에 교정 지시어로 적합하지 않습니다.

24년 5회, 17년 1회, 08년 1회, 02년 2회, 01년 3회, 2회

5. 다음 교정 부호 중 원래 문장의 글자 수에 변동이 없는 부호로 가장 적당한 것은?

① ⌐
② ♂
③ ✗
④ ～

내용을 치환하는 것(♂)은 내용이 더 많이 또는 더 적게 들어갈 수도 있기 때문에 글자 수가 변동될 수 있습니다. 삭제(✗)나 삽입(✓)은 당연히 변동되고, 앞뒤의 단어를 바꾸는 것(∩)은 글자 수에 변동이 없습니다.

24년 4회, 2회, 23년 3회, 22년 4회, 1회, 21년 3회, 20년 상시, 20년 2회, 18년 1회, 12년 1회, 08년 1회, 06년 4회, ⋯

6. 〈보기 1〉의 문장이 〈보기 2〉의 문장으로 수정되기 위해 필요한 교정 부호들로만 올바르게 짝지어진 것은?

〈보기 1〉 | 어떤 이는 그릇에 물이 많이 남아있다고 하고. 어떤 이는 물이 반밖에 남지 않았다고한다.

〈보기 2〉 | 어떤 이는 그릇에 물이 반이나 남아있다고 하고. 어떤 이는 물이 반밖에 남지 않았다고 한다.

① ⌐, ♂, ✓
② ♂, ✗, ～
③ ✓, ♂, ⌒
④ ♂, ⌒, ✳

반이나
어떤 이는 그릇에 물이 많이 남아있다고 하고. 어떤
이는 물이 반밖에 남지 않았다고한다.

23년 5회, 1회, 22년 1회, 21년 2회, 18년 상시, 15년 2회, 14년 1회, 13년 2회, 12년 2회, 11년 2회, 09년 2회, 08년 4회, ⋯

7. 다음 중에서 문서의 분량이 증가될 수 있는 교정 부호들로만 짝지어진 것은?

① ♂, ⌐, ⌒
② ⌐, ⌐, ⌐
③ ⌐, ♂, ⌒
④ ＞, ⌐, ♂

문서의 분량이 증가될 수 있는 교정 부호에는 내용 바꾸기(♂), 삽입하기(✓), 문단 나누기(⌐), 사이 띄우기(✓), 줄 간격 띄우기(＞), 들여쓰기(⌐) 등이 있습니다.

24년 2회, 23년 4회, 22년 4회, 3회, 2회, 21년 4회, 19년 상시, 17년 2회

8. 다음 중 문서를 작성할 때 한글 맞춤법 중 띄어쓰기에 관한 설명으로 옳지 않은 것은?

① 조사는 그 앞말에 붙여 쓴다.
② 의존 명사는 띄어 쓴다.
③ 수를 한글로 적을 경우에는 천(千) 단위로 띄어 쓴다.
④ 단음절로 된 단어가 연이어 나타날 경우에는 붙여 쓸 수 있다.

수를 한글로 적을 경우에는 만(萬) 단위로 띄어 씁니다.

19년 1회

9. 다음 중 밑줄 친 부분의 맞춤법 또는 어법이 옳은 것은?

① 마음을 <u>조리면서</u> 합격여부를 기다린다.
② <u>하느라고</u> 한 것이 이 모양이다.
③ 이번에 남의 논을 <u>부치게</u> 되었다.
④ <u>주민대표로써</u> 참석하였다.

① '조리면서'는 '졸이면서'로. ② '하느라고'는 '하노라고'로, ④ '주민대표로써' 는 '주민대표로서'로 수정되어야 합니다.

23년 2회, 1회, 22년 1회, 21년 3회, 2회, 20년 2회, 19년 2회, 16년 3회

10. 다음 중 문서의 수정을 위한 교정 부호의 표기법으로 옳지 않은 것은?

① 문서의 내용과 혼동되지 않도록 글자 색과 동일한 색으로 표기하도록 한다.
② 한번 교정된 부분도 다시 교정할 수 있다.
③ 교정하고자 하는 글자를 명확하게 지적해야 한다.
④ 여러 교정 부호를 동일한 행에 사용할 때 교정 부호가 겹치지 않도록 한다.

교정 부호를 표시하는 색은 문서의 내용과 혼동되지 않도록 글자 색과 다른 색으로 해야 합니다.

23년 2회, 18년 1회

11. 다음 중 올바른 문장 작성법 및 맞춤법에 대한 설명으로 적절하지 않은 것은?

① 한글 자모의 수는 24자이다.
② 문장의 각 단어는 띄어 씀을 원칙으로 한다.
③ 외래어는 특별한 원칙 없이 발음나는 대로 쓴다.
④ 조사는 그 앞말에 붙여 쓴다.

외래어는 외래어 표기법에 따라 써야 합니다.

▶ 정답 : 1. ① 2. ④ 3. ③ 4. ① 5. ① 6. ① 7. ④ 8. ③ 9. ③ 10. ① 11. ③

018 | 문서의 분류

❶ 처리 단계에 따른 분류 _{24.3, 24.2, 23.5, 22.1, 21.3, 21.1, 20.1, 17.1, 16.1, 15.3}

- 접수문서 : 외부에서 접수되는 문서
- 배포문서 : 접수문서를 문서과가 배포 절차에 따라 처리과로 배포하는 문서
- 기안문서 : 기안 서식에 따라 작성한 초안문서
- 공람문서 : 배포문서를 특별한 절차 없이 다른 부서나 사람에게 보고 또는 열람시킬 때의 문서
- 보관문서 : 모든 처리가 끝난 문서 중 보관되어야 할 필요성이 있는 문서
- 보존문서 : 자료의 가치로 인해 일정 기간동안 보존하는 문서

019 | 사내문서 / 사외문서

❶ 보고서 작성 시 유의사항 _{24.4, 23.5, 20.2, 18.1}

- 읽는 사람의 요청이나 기대에 맞춰 작성한다.
- 사실과 의견을 명확하게 구분하여 작성한다.
- 표, 그림 등 시각적인 효과를 사용하여 작성한다.
- 사안별로 문장을 나눠 대항목에서 소항목으로 점진적으로 작성한다.

❷ 사외문서의 구성 _{24.1, 23.5, 22.1, 21.2, 21.1, 19.2, 18.2, 17.2, 16.1, 15.3}

- 두문 : 수신자명, 발신자명, 문서번호, 발신연월일
- 본문 : 제목, 전문, 주문, 말문
- 결문 : 추신, 첨부물

020 | 교정 부호 / 한글 맞춤법

❶ 교정 부호의 표기법 _{24.3, 24.1, 23.3, 23.2, 23.1, 22.3, 22.2, 21.4, 21.3, 21.2, 20.2, 19.2, 17.2, …}

- 교정 부호는 인쇄된 글자의 색과 다르면서 눈에 잘 띄는 색을 이용하여 표기한다.

- 여러 교정 부호가 동일한 행에 있을 경우 교정 부호끼리 겹치지 않도록 표기한다.
- 한 번 교정된 부분도 다시 교정할 수 있다.

❷ 교정 부호의 종류 _{24.5, 24.4, 24.3, 24.2, 24.1, 23.4, 23.3, 23.2, 22.4, 22.2, 22.1, 21.4, 21.3, …}

부호	뜻	부호	뜻
⊏	들여쓰기	⊐	내어쓰기
⌐	끌어올리기	⌐	끌어내리기
✍	삭제하기	∨	삽입하기
⌒	이어붙이기	∨	사이 띄우기
⊂	줄 잇기	⌐	문단 나누기
♂	내용 바꾸기	∽	자리 바꾸기
＞	줄 간격 띄우기	✿ ⊕	교정 취소

❸ 문서량이 변하는 교정 부호 _{22.1, 21.2, 19.상시, 19.1, 18.상시, 15.2, 14.1, 13.3, 13.2, …}

증가	♂ (내용 바꾸기), ∽ (삽입하기), ⌐ (문단 나누기), ∨ (사이 띄우기), ＞ (줄 간격 띄우기), ⊏ (들여쓰기)
감소	♂ (내용 바꾸기), ✍ (삭제하기), ⊂ (줄 잇기), ⌒ (이어붙이기), ⊐ (내어쓰기)

❹ 서로 뜻이 상반되는 교정 부호 _{24.4, 22.4, 22.3, 20.상시, 20.1, 19.1, 18.상시, 16.2, …}

- ⌐ (문단 나누기) ↔ ⊂ (줄 잇기)
- ∨ (사이 띄우기) ↔ ⌒ (이어붙이기)
- ⌐ (끌어올리기) ↔ ⌐ (끌어내리기)
- ∽ (삽입하기) ↔ ✍ (삭제하기)
- ⊏ (들여쓰기) ↔ ⊐ (내어쓰기)

❺ 한글 맞춤법 _{24.2, 22.4, 22.3, 22.2, 21.4, 19.상시, 19.1, 18.1, 17.2}

- 조사는 그 앞말에 붙여 쓴다.
- 의존 명사와 단위를 나타내는 명사는 띄어 쓴다.
- 수를 적을 적에는 '만(萬)' 단위로 띄어 쓴다.
- 외래어는 외래어 표기법에 따라 적는다.
- 외래어는 국어의 현용 24 자모만으로 적는다.

4장

문서 관리하기

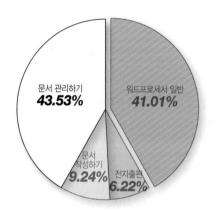

021 문서관리 일반 Ⓐ등급

022 문서 파일링 Ⓐ등급

023 전자문서 관리 Ⓐ등급

024 공문서의 일반 지식 Ⓑ등급

025 공문서의 기안과 처리 Ⓒ등급

026 공문서의 구성 Ⓑ등급

027 공문서의 결재/간인/발신/접수 Ⓑ등급

꼭 알아야 할 키워드 Best 10
1. 문서관리 원칙   **2.** 문서 파일링   **3.** 전자문서   **4.** EDI   **5.** 효력 발생 시기   **6.** 공문서 처리 원칙   **7.** 직무편람   **8.** 업무편람   **9.** 내용 표기
10. 문서 발신

전문가의 조언

문서관리의 특징, 원칙, 표준화, 절차에서 골고루 문제가 출제되고 있습니다. 문서관리 원칙과 표준화는 어떤 것들을 말하는지 명확히 구분할 수 있도록 정리하세요. 문서관리 절차는 순서와 각 단계들의 개별적인 특징을 알아두세요.

전문가의 조언

문서의 기능이 아닌 것을 찾거나 의사 보존 기능의 개념을 묻는 문제가 출제되었습니다. 문서의 5가지 기능을 정확히 기억하고, 각 기능의 개념은 간단히 알아두세요.

---

1 24.4, 20.2, 20.1
문서관리

3102101

문서관리는 문서의 생산에서부터 보관, 폐기까지의 과정을 일정한 규칙이나 기준에 따라 처리하는 것을 말한다.

- 문서관리는 문서를 산출한 업무와 유기적으로 이루어져야 한다.
- 문서관리 시 조직의 업무 활동 분석이 선행되어야 한다.
- 문서관리자는 조직의 업무를 분석하여 업무와 문서 사이의 연관성을 이해해야 한다.
- 업무활동에 기반한 문서관리는 업무 수행을 돕는 도구이다.

24.5, 23.5, 20.2, 20.1, 15.2
잠깐만요 **문서의 기능**

3102131

20.1 **의사 기록 · 구체화**	문자, 숫자, 기호 등을 이용하여 종이나 다른 매체에 표시, 즉 문서화함으로써 내용을 구체화합니다.
24.5, 23.5, 20.2, 20.1 **의사 전달**	문서에 의한 의사 전달은 전화나 구두로 전달하는 것에 비해 더 정확하고 변함없는 내용을 전달할 수 있습니다.
24.5, 23.5, 20.2, 20.1, 15.2 **의사 보존**	문서를 일정한 기준이나 원칙에 의해 작성하고 정리, 관리, 보관하여 후일 증빙자료나 역사자료로 사용합니다.
24.5, 23.5, 20.2, 20.1 **자료 제공**	보관, 보존된 문서는 필요한 경우 참고자료나 증거자료로 제공되어 행정활동을 지원 및 촉진합니다.
20.1 **업무 연결 · 조정**	문서의 기안, 결재, 협조 과정 등을 통해 조직 내외의 업무를 연결하고 조정합니다.

---

2 24.5, 24.4, 24.2, 23.2, 21.3, 21.1, 20.상시, 19.2, 19.1, 18.상시, 18.1, 17.1, 16.1
문서관리 원칙

1101902

문서관리는 다음과 같은 원칙이 확보될 수 있도록 수행해야 한다.

24.4, 23.2, 21.1, … **정확성**	문서를 착오 없이 올바르게 처리하기 위한 것이다. • 문서를 옮겨 적거나 다시 기재하는 것을 줄이고, 복사해서 사용한다. • 사람이 처리하기에 분량이나 규모가 큰 경우에는 자동화된 사무기기를 이용한다.
24.5, 24.4, 24.2, … **신속성**	문서 처리를 보다 빨리 수행하기 위한 것이다. • 문서의 유통 경로와 운반 거리를 단축한다. • 문서의 경유처를 최대한 줄이고, 문서가 정체되는 것을 방지한다.
24.4, 23.2, 20.상시, … **용이성**	문서를 취급하는 주체인 사람이 업무를 간편히 처리하기 위한 것이다. • 문서를 쉽게 작성하고, 판단 사무를 작업 사무화한다. • 반복되고 계속되는 업무는 유사 관련 자료를 참고하여 사무의 절차와 방법을 간소화한다.

24.4, 23.2, 20.상시, … **경제성**	문서 처리에 관련된 모든 사무 비용을 절감하기 위한 것이다. • 문서의 집중 관리 및 처리를 통하여 경비를 절약한다. • 평소에 기계나 기구의 관리를 철저히 하여 불필요한 보수 비용의 발생을 막는다.
24.5, 24.2, 21.3, 19.2, … **표준화**	문서 사무 처리에 적용할 수 있는 여러 가지 수단이나 방법 중에서 가장 합리적인 것을 선정하여 적용하는 것이다.
19.2 **전문화**	문서 관리 업무를 담당하는 전문인력을 배치함으로써 전문성을 높여 문서 사무의 능률을 증대시키는 것이다.
24.5, 24.2, 21.3, … **간소화**	• 문서 사무 처리의 절차나 방법 등을 간결하게 하여 시간 절약과 문서 업무 능률을 증진시키는 것이다. • 문서 처리의 절차나 방법 중에서 중복되는 것이나 불필요한 것을 없애고, 동일한 종류의 문서 사무처리를 하나로 묶어서 통합하여 처리한다.
기계화/ 자동화	문서 사무 처리의 기계화·자동화를 통해 많은 양의 사무를 정확하고 신속하게 처리하는 것이다.

3 24.5, 24.3, 23.4, 23.3, 22.4, 22.3, 22.2, 22.1, 21.1, 19.상시, 19.2, 18.2, 18.1, 17.2, 16.2, 15.3, 15.2, 15.1, 08.1, 05.4, 03.4, 01.1
문서관리 절차

1101904

문서는 다음과 같은 표준화된 절차를 이용하여 관리한다.

22.3, 22.1, 18.1, … **구분**	문서 처리가 완결되지 못한 미결 문서와 문서 처리가 완결된 완결문서를 구분하여 문서 관리절차에 따라 관리할 문서를 지정하는 것이다.
24.5, 23.4, 22.3, … **분류**	문서를 문서분류법에 따라 나누는 것이다.
24.3, 23.3, 22.3, … **편철**	• 분류가 끝난 문서를 문서철에 묶는 과정이다. • 발생순서 또는 논리적 순서에 따라 묶는다.
24.5, 24.3, 23.4, … **보관**	문서가 완결된 날이 속하는 연도의 말까지 각 부서의 문서보관함에 넣고 활용 및 관리하는 것이다.
22.3, 22.1, 18.2, … **이관**	계속 보관이 필요한 문서를 보존기간에 맞춰 보존하기 위하여 문서 관리 주관 부서로 옮기는 것이다.
24.5, 24.3, 23.4, … **보존**	• 정해진 문서의 보존기간 동안, 즉 폐기 전까지 문서 관리 주관 부서에서 관리하는 것이다. • 보존 기간 계산의 기산일은 기록물 생산년도 다음해 1월 1일부터이다.
24.5, 18.상시 **평가**	보존기간이 끝난 문서를 평가하여 보존/폐기/보류 등의 여부를 결정하는 것이다.
24.5, 24.3, 23.3, … **폐기**＊	보관 또는 보존기간이 끝난 문서를 폐기하는 것이다.

문서 폐기 시 해야할 일
• 문서 폐기 시 보존문서 기록대장에 기입하고 폐기인을 날인함
• 비밀문서는 문서세단기 또는 폐기 전문업체를 이용하여 폐기함

4 문서관리의 표준화
18.1, 16.3

문서의 양식, 용지 규격, 항목, 서체 등을 하나의 기준으로 통일시켜 관리할 수 있도록 한 것이다.

문서 양식의 표준화 18.1, 16.3	용지 규격, 문서 서식 등을 통일한다.
장표* 양식의 표준화	보고서, 기안문, 시행문 등과 같은 문서 양식을 장표화한다.
표현 방식의 표준화	문서 작성 형식, 문장 표현 방식 등을 통일한다.
문서 처리의 표준화 18.1, 16.3	문서 분류방법과 분류번호, 분류체계, 관리방법 등을 통일한다.
문서 취급의 표준화 18.1, 16.3	문서의 발송과 접수 등의 수발 사무에 대한 방법과 절차를 통일한다.
문서 보존관리의 표준화 18.1, 16.3	문서의 보존, 이관, 폐기 등을 표준화한다.

장표(帳票)
장표는 일정한 내용의 기록을 예측하여 필요한 사항을 쉽게 기록할 수 있도록 미리 만들어 놓은 문서를 말합니다.

따라잡기 기출문제 따라잡기

문제1 3102151

24년 2회, 21년 3회, 16년 1회

1. 다음 중 문서관리의 기본 원칙으로 옳지 않은 것은?

① 문서 사무 처리의 절차나 방법 등을 간결하게 하여 시간 절약과 문서 업무 능률을 증진시킨다.

② 문서 처리의 절차나 방법 중에서 중복되는 것이나 불필요한 것을 없애고, 동일 종류의 문서 사무처리를 하나로 묶어서 통합하여 처리한다.

③ 문서 사무 처리에 적용할 수 있는 여러 가지의 수단이나 방법 중에서 가장 합리적인 것을 선정하여 적용한다.

④ 문서가 이동되고 경유되는 곳을 늘리고 지체시간은 줄여야 한다.

> 문서가 이동되고 경유되는 곳은 최대한 줄여야 합니다.

24년 5회, 23년 4회, 22년 3회

2. 다음 문서관리의 절차에서 괄호(㉠~㉢)에 들어갈 용어를 순서대로 나열한 것은?

구분 → (㉠) → 편철 → (㉡) → 이관 → (㉢) → 폐기

	㉠	㉡	㉢			㉠	㉡	㉢
①	보관,	분류,	보존		②	분류,	보관,	보존
③	보존,	보관,	분류		④	분류,	보존,	보관

> 문서관리 절차를 순서대로 나열하면 '구분 → 분류 → 편철 → 보관 → 이관 → 보존 → 평가 → 폐기' 순입니다.

따라잡기 기출문제 따라잡기

24년 3회, 23년 3회, 22년 2회, 21년 1회, 19년 상시, 17년 2회, 15년 2회, 1회

3. 다음 중 문서의 관리 과정에 대한 각 단계별 설명으로 옳지 않은 것은?

① 문서의 편철 : 문서처리가 완결되면, 차후 활용할 가치가 있는 문서를 묶어서 문서철을 만든다.

② 문서의 보존 : 각 서류 처리과에서 문서처리 즉시 문서분류법에 따라 분류하고 보존하며 보존 기간 계산의 기산일은 기록물 생산년도부터이다.

③ 문서의 보관 : 내용 처리가 끝난 날이 속한 연도 말일까지 각 부서의 문서보관함에 넣고 활용 및 관리한다.

④ 문서의 폐기 : 보존기간이 완료된 문서를 일괄 폐기한다.

> 문서의 보존은 보존기간 동안, 즉 폐기 전까지 문서 관리 주관 부서에서 관리하는 것이며, 보존 기간 계산의 기산일은 생산년도 다음 해부터입니다.

15년 2회

4. 다음은 문서의 기능 중 무엇에 대한 설명인가?

> 문서를 일정한 기준이나 원칙에 의해 작성하고 정리, 관리, 보관하여 후일 증빙 자료나 역사 자료로 사용한다.

① 의사 전달의 기능　　② 의사 보존의 기능

③ 의사 교환의 기능　　④ 의사 협조의 기능

> 나중에 증빙 자료나 역사 자료로 사용하기 위해 잘 보존하는 문서의 기능을 의사 보존의 기능이라고 합니다.

15년 3회

5. 다음 중 문서관리에 대한 설명으로 옳지 않은 것은?

① 문서는 명칭이나 주제별 등 문서분류법에 따라 분류한다.

② 문서의 보관이란 편철이 끝난 모든 문서를 폐기하기 전까지 관리하는 것이다.

③ 이관이란 보존기간에 맞춰 보존하기 위하여 해당 부서로 옮기는 것이다.

④ 문서는 분류 후 바로 편철한다.

> 문서의 보관이란 편철이 끝난 문서를 문서가 완결된 날이 속하는 연도의 말까지 관리하는 것을 의미합니다.

24년 4회, 23년 2회, 20년 상시, 19년 1회, 17년 1회

6. 다음 중 문서관리의 원칙에 대한 설명으로 가장 옳지 않은 것은?

① 정확성 : 문서를 옮겨 적거나 다시 기재하는 것을 줄이고, 복사해서 사용한다.

② 용이성 : 문서를 쉽게 작성하고, 판단 사무를 작업 사무화한다.

③ 신속성 : 반복되고 계속되는 업무는 유사 관련 자료를 참고하여 사무의 절차와 방법을 간소화한다.

④ 경제성 : 문서의 집중 관리 및 처리를 통하여 경비를 절약한다.

> 신속성은 문서 처리를 보다 빨리 처리하는 것으로, 문서의 경유처를 최대한 줄이고, 문서의 정체를 방지하는 것 등이 있습니다. ③번은 용이성에 대한 설명입니다.

24년 4회, 20년 2회

7. 다음 중 문서관리에 대한 내용으로 가장 거리가 먼 것은?

① 문서관리는 문서를 산출한 업무와는 독립적으로 이루어지는 것이 바람직하다.

② 문서관리 시 조직의 업무 활동 분석이 선행되는 것이 좋다.

③ 문서관리자는 조직의 업무를 분석함으로써 업무와 문서 사이의 연관성을 이해하고 있어야 한다.

④ 업무활동에 기반한 문서관리는 업무 수행을 돕는 강력한 도구가 된다.

> 문서관리는 문서를 산출한 업무와 유기적으로 이루어지는 것이 바람직합니다.

24년 5회, 23년 5회, 20년 2회

8. 다음 중 문서의 기능으로 가장 거리가 먼 것은?

① 의사 결정의 기능　　② 의사 보존의 기능

③ 자료 제공의 기능　　④ 의사 전달의 기능

> 문서의 기능에는 의사 기록·구체화 기능, 의사 전달 기능, 의사 보존 기능, 자료 제공 기능, 업무의 연결·조절 기능 등이 있습니다.

▶ **정답** : 1. ④　2. ②　3. ②　4. ②　5. ②　6. ③　7. ①　8. ①

문서 파일링

1 파일링 시스템

24.3, 24.2, 24.1, 23.4, 23.2, 22.4, 21.4, 20.2, 19.1, 18.상시, 18.2, 16.3, 16.1, 15.3

1102001

일반적으로 문서가 작성된 이후 문서를 언제는지 편리하게 이용할 수 있노록 체계석
으로 분류, 정리, 보관, 폐기하는데, 이러한 분류부터 폐기까지의 일련의 기술적인
시스템을 파일링 시스템(Filing System)이라고 한다.

24.2, 23.4, 18.2, … **원칙**	• 문서 검색의 용이성 및 신속한 출납 • 명확한 분류를 위한 파일링 방법의 표준화 • 문시의 소재 명시 및 보존의 확실성 • 시간과 공간의 절약 • 직장단위 및 경제적인 관리
목적	• 효율적인 정보 전달 • 신속하고 정확한 의사결정 • 사무환경의 정리 • 장표의 감축 • 기록의 효과적인 활용
24.3, 24.1, 23.2, … **도입효과**	• 집무 환경 개선 • 문서 관리의 명확화 • 정보 전달의 원활화 • 안전 관리 대책 확립 • 관리 및 보존의 용이성 • 사무 공간의 효율적 활용 • 효율적인 문서 보관 및 반출 • 공용화에 의한 사물(私物)화 방지 • 기록 활용에 대한 제비용 절감 • 문서 검색의 용이성 · 신속성
구성조건	• **정확성** : 비표준화되고 비정확한 파일링 방법은 시간과 노력의 낭비를 초래한다. • **경제성** : 성과에 비해 많은 경비가 소비되는 시스템이라면 실현 가능성이 줄어든다. • **융통성** : 조건의 변화에 따른 확장과 축소가 용이해야 한다. • **용이성** : 복잡한 분류는 파일링을 어렵게 한다.
사용도구	• **파일 캐비닛** : 문서를 넣어 두는 서류함으로, 2 · 3 · 4단식 등이 있다. • **서랍 라벨** : 캐비닛의 서랍 안에 어떤 문서가 들어 있는지 알 수 있도록 표시하는 라벨이다. • **폴더** : 문서를 넣어둘 수 있도록 만든 것으로 파일철이라고도 한다. • **가이드** 　– 폴더들을 그룹별로 구분하기 위해 각 그룹별 폴더의 가장 앞에 놓는 표시판이다. 　– 제1가이드(대분류, 주제목), 제2가이드(중분류, 부제목), 대출가이드 등이 있다.

> **잠깐만요** **가이드와 폴더의 배열 순서**
>
> 제1가이드 → 제2가이드 → 개별폴더 → 대출가이드 → 특별가이드 → 잡폴더

2 문서 파일링 방법

24.5, 24.4, 24.2, 24.1, 23.4, 23.3, 23.2, 23.1, 22.4, 22.2, 22.1, 21.3, 21.2, 21.1, 20.상시, 20.1, 19.상시, 19.2, 18.상시, 18.2, 18.1, …

1102002

- 문서를 파일링 할 때는 함께 자주 사용되는 문서를 같은 그룹끼리 배치한다는 원칙으로 정리한다.
- 문서 파일링의 가장 이상적인 형태는 업무에 기반한 분류이며, 문서 관리를 업무 시스템과 하나의 과정으로 통합해 가는 것이 좋다.

24.4, 23.3, 23.1, 22.2, 21.2, … **명칭별(가나다) 파일링**	• 거래처별로 개인이나 회사의 이름 등을 가나다 또는 ABC 순으로 정리하는 방법이다. • 단순하고 빠르며, 서구의 전통적인 파일링 시스템의 문서 분류 근간이다. • 색인이 필요없이 직접적인 처리와 참조가 가능하다. • 다양한 서류 처리가 용이하다. • 가이드나 폴더 배열 방식이 용이하다.
24.2, 24.1, 23.4, 23.2, 23.1, … **주제별 파일링**	• 문서의 내용으로부터 주제나 카테고리를 정하여 이를 기준으로 정리하는 방법이다. • 품목, 물건, 사업활동이나 기능 등의 명칭이 표제가 된다. • 문서 내용의 분류가 여러 개인 경우 상호참조표시가 필요하다. • 문서가 소분류로 구분되는 경우에 주로 사용된다. • 문서를 분류하는 것이 어렵지만 무한하게 확장할 수 있다.
24.5, 22.1, 21.1, 20.상시, 20.1, … **지역별 파일링**	• 국가, 지역, 거래처 명칭 순으로 분류한 다음 가나다 또는 ABC 순으로 정리하는 방법이다. • 여러 나라나 지역에 사업장을 갖춘 기업에 유용하다.
20.1, 18.상시, 18.2 **번호별 파일링**	• 문자 대신 번호를 사용하여 번호 순으로 정리하는 방법이다. • 확장이 수월하고 업무내용보다는 번호로 참조되는 경우에 효과적이다. • 보안이나 기밀 유지에 유용하다. • 무한하게 확장할 수 있다. • 기타 잡문서가 별도의 철에 보관된다.

따라잡기 기출문제 따라잡기

20년 1회

1. 다음 중 문서 파일링 방법에 관한 설명으로 옳지 않은 것은?

① 번호별 분류법은 업무내용으로 참조되는 경우에 가장 효과적이다.

② 주제별 분류법은 분류하는 것이 어려우나 무한하게 확장할 수 있다.

③ 명칭별 분류법은 직접적인 정리가 가능하며 배열방식이 단순하다.

④ 지역별 분류법은 여러 나라나 지역에 사업장을 갖춘 기업에 유용하다.

업무내용으로 참조되는 경우에는 주제별로 분류하는 것이 가장 효과적입니다.

23년 4회, 1회, 22년 4회, 21년 3회, 2회, 19년 2회

2. 다음에 설명하는 문서 정리 방법을 나타내는 용어로 가장 적절한 것은?

- 같은 카테고리의 문서를 한 곳에 모을 수 있다.
- 문서 내용의 분류가 여러 개인 경우 상호참조표시가 필요하다.
- 문서가 소분류로 구분되어 취급되는 경우에 많이 활용된다.

① 번호식 분류법　　② 지역별 분류법

③ 주제별 분류법　　④ 수평적 분류법

'같은 카테고리의 문서', '상호참조표시 필요' 등과 관계되는 문서 정리 방법은 '주제별 파일링'입니다.

▶ 정답 : 1. ①　2. ③

문제 3 1102051   문제 6 1102052

24년 3회, 22년 4회, 21년 4회, 20년 2회, 19년 1회, 18년 상시, 16년 1회

3. 다음 중 문서 파일링 시스템의 도입 효과와 관련이 없는 것은?

① 문서 관리의 명확화

② 정보 전달의 원활화

③ 사무 공간의 효율적 활용

④ 기록 활용에 대한 제비용 증가

'제비용'은 모든 비용을 의미합니다. 기록 활용에 대한 제비용의 증가가 아니라 절감이 파일링 시스템의 도입 효과에 해당합니다.

23년 3회, 22년 2회

4. 다음 중 색인이 필요 없는 파일링 방법은?

① 명칭별 파일링   ② 주제별 파일링

③ 지역별 파일링   ④ 번호별 파일링

명칭별(가나다) 파일링은 색인이 필요없이 직접적인 처리와 참조가 가능합니다.

24년 2회, 23년 4회, 18년 2회, 15년 3회

5. 다음 중 파일링 시스템의 기본원칙으로 옳지 않은 것은?

① 시간과 공간의 극대화

② 문서 검색의 용이성 및 신속한 출납

③ 명확한 분류를 위한 파일링 방법의 표준화

④ 문서의 소재 명시 및 보존의 확실성

문서를 언제든지 편리하게 이용하려면 시간과 공간이 극소화(절약)되어야 합니다.

21년 1회, 20년 상시, 18년 상시, 16년 2회

6. 다음 중 문서 파일링 방법에 관한 설명으로 옳지 않은 것은?

① 명칭별 분류법은 거래자나 거래 회사명에 따라 첫머리 글자를 기준으로 분류한다.

② 주제별 분류법은 문서의 내용에서 주제를 결정하여 주제를 기준으로 분류한다.

③ 혼합형 분류법은 문자와 번호를 함께 써서 작성한 날짜별로 분류한다.

④ 지역별 분류법은 거래처의 지역위치나 지역범위에 따른 기준으로 분류한다.

혼합형 분류법은 문서를 명칭별, 주제별 등 다양한 방법으로 혼합하여 정리하는 방법입니다.

23년 1회, 21년 2회, 17년 1회

7. 다음 중 문서 파일링에서 명칭별 파일링을 사용하는 경우에 장점으로 옳지 않은 것은?

① 단순하고 처리가 빠르다.

② 가이드나 폴더 배열 방식이 용이하다.

③ 다양한 서류 처리가 용이하다.

④ 보안이나 기밀 유지에 유용하다.

보안이나 기밀 유지에 유용한 파일링은 번호별 파일링입니다.

24년 1회, 23년 2회

8. 다음 중 파일링 시스템의 도입 효과와 관련된 것으로 맞게 짝지어진 것은?

> ㉠ 문서 검색의 용이성 및 신속한 출납
> ㉡ 공용화에 의한 사물(私物)화
> ㉢ 안전 관리 대책 확립
> ㉣ 기록 활용에 대한 제비용 절감

① ㉠   ② ㉠, ㉡

③ ㉠, ㉢, ㉣   ④ ㉠, ㉢, ㉣

파일링 시스템의 도입 효과 중 하나는 공용화에 의한 사물(私物)화 방지입니다.

18년 2회

9. 다음 중 번호식 문서정리 방법에 관한 설명으로 가장 옳지 않은 것은?

① 기밀을 유지할 수 있어 보안유지가 필요한 경우에 적합하다.

② 잡문서가 별도의 철에 보관된다.

③ 색인이 필요 없이 직접적인 정리와 참조가 가능하다.

④ 무한하게 확장할 수 있다.

색인이 필요 없이 직접적인 정리와 참조가 가능한 문서정리 방법은 명칭별 문서정리 방법입니다.

24년 4회, 23년 3회, 22년 2회

10. 다음 중 업무 중에 받은 명함을 이름에 따라 파일링하여 분류 정리하고자 할 때 적합한 분류 방법은?

① 명칭별   ② 주제별

③ 지역별   ④ 혼합별

명함을 이름에 따라 파일링하여 분류 정리하고자 할 때는 명칭별로 분류하는 것이 적합합니다.

▶ **정답 :** 3. ④   4. ①   5. ①   6. ③   7. ④   8. ④   9. ③   10. ①

1 전자문서

24.5, 24.2, 24.1, 23.3, 23.2, 23.1, 22.4, 21.2, 21.1, 20.상시, 20.2, 20.1, 19.상시, 18.상시, 18.2, 17.2, 16.2, 15.3, 15.2, 09.4, 07.3, …

전자문서는 컴퓨터 등 정보처리 능력을 가진 장치에 의하여 전자적인 형태로 작성되어 송·수신 또는 저장된 문서 형식의 자료로서 표준화된 것을 의미한다.

- 문서의 기안은 업무의 특성 상 전자문서로 기안하기 어렵거나 특별한 사정이 있는 경우를 제외하고 전자문서로 하는 것을 원칙으로 한다.
- 전자문서는 일반문서와 동일한 법적 효력을 가지며, 효력은 수신자의 컴퓨터에 파일로 등록(입력)된 때부터 발생한다.
- 행정기관에서는 전자이미지관인*을 가지고 있으며, 처리과의 기안자나 문서의 수·발신 담당자가 전자이미지관인을 찍는다.
- 전자문서의 내용 및 송수신 여부를 증명해 주는 공신력 있는 제3의 기관으로 공인 전자문서보관소가 있다.
- 전자문서는 전자적 방법으로 쪽번호, 발급번호 등을 표시할 수 있다.
- 전자문서의 결재권자는 전자문서를 열람한 후 전자문서의 서명란에 날짜와 함께 서명해야 한다.
- 전자문서는 문서 등급에 따라 접근자의 범위가 지정되어 있다.
- 전자문서는 검토자, 협조자 및 결재권자가 동시에 열람할 수 있다.
- 전자문서는 열람 기록을 업무관리시스템 또는 전자문서시스템에 자동으로 표시되도록 해야한다.
- 전자문서는 종이보관의 이관시기와 동일하게 전자적으로 이관한다.

2 전자결재 시스템

24.3, 24.1, 23.4, 23.2, 22.3, 22.2, 21.4, 18.상시, 17.2, 17.1, 15.1

전자결재 시스템은 문서나 보고서의 허락 및 승인을 네트워크 상에서 자유롭게 할 수 있도록 해주는 시스템이다.

- 문서 양식을 단순화하여 업무 효율성을 높일 수 있다.
- 문서 작성과 유통의 표준화로 업무 생산성을 향상시킬 수 있다.
- 결재에 필요한 시간을 줄여준다.
- 문서 정리 및 관리에 효율성을 증대시킨다.
- 업무 흐름도에 따라 결재 파일을 결재 경로에 따라 자동으로 넘겨준다.
- 문서를 재가공하여 사용할 수 있다.
- 실명제를 통해 문서 작성자의 책임소재가 명확하고, 사무 처리의 신중성을 제고시켜준다.
- 전자이미지서명, 결재암호 등으로 보안 유지가 가능하다.

전문가의 조언

전자문서 관리와 전자결재 시스템, EDI의 개념과 특징을 묻는 문제가 출제되었습니다. 각각의 개념과 특징을 구분할 수 있도록 정리하세요.

전자이미지관인
전자이미지관인은 컴퓨터 등 정보처리 능력을 가진 장치에 전자적인 이미지 형태로 입력하여 사용하는 관인을 의미합니다.

3 전자문서 관리 시스템
24.4, 23.5, 21.3, 18.2, 18.1, 16.3, 16.1

전자문서 관리 시스템(EDMS; Electronic Document Management System)은 문서와 자료의 작성부터 폐기까지의 모든 과정을 일관성 있게 전자적으로 통합하고 관리하는 시스템이다.

- 문서의 신속한 조회 및 검색 등을 통해 업무효율을 극대화 할 수 있다.
- 문서를 보관할 장소가 줄어듦으로 쾌적한 사무환경을 조성할 수 있다.
- 텍스트, 그래픽, 이미지, 영상 등 모든 문서 자원을 통합 관리한다.
- 문서 수발에 따르는 시간과 비용이 절감된다.
- 데이터 중복의 최소화, 정보와 문서 형식의 표준화, 데이터의 공유 및 무결성을 유지할 수 있다.
- 정보통신망을 이용하여 문서를 공유할 수 있기 때문에 보안 유지에 주의해야 한다.

4 EDI
24.5, 24.4, 23.4, 22.3, 22.2, 22.1, 19.2, 19.1, 15.2, 09.3, 06.3, 06.1, 05.3, 05.1, 04.1, 01.3

EDI(Electronic Data Interchange)는 조직간 통용되는 문서 정보를 종이로 된 서식 대신 컴퓨터 간에 표준화된 포맷과 코드 체계를 이용하여 문서를 교환하는 방식이다.

- 기업 간의 거래 데이터를 교환하기 위한 표준 포맷이다.
- 미국의 데이터 교환 표준 협회(ANSI)에서 개발하였다.
- EDI의 3대 구성 요소는 EDI 표준(Standards), 사용자 시스템(User System), 통신 네트워크(VAN)이다.
- EDI는 이메일(E-mail)과 팩스와 더불어 전자상거래의 한 형태이다.
- EDI 메시지들은 암호화되거나 해독될 수 있다.

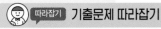 **기출문제 따라잡기**

문제1 3102354

23년 2회, 22년 2회, 21년 4회, 17년 1회

1. 다음 중 전자결재 시스템의 장점으로 옳지 않은 것은?

① 결재에 필요한 시간을 줄여준다.
② 문서정리 및 관리에 효율성을 증대시킨다.
③ 업무 흐름도에 따라 결재 파일을 결재 경로에 따라 자동으로 넘겨준다.
④ 문서를 재가공해서 사용하는 것이 불가능하다.

> 전자결재 시스템은 문서를 재가공해서 사용하는 것이 가능합니다.

23년 5회, 18년 2회

2. 다음 중 전자문서 관리 시스템의 장점으로 가장 거리가 먼 것은?

① 표준화된 문서 양식의 사용
② 보안 유지
③ 사무의 생산성 향상
④ 불필요한 서류의 중복을 피함

> 전자문서 관리 시스템은 정보통신망을 이용하여 문서를 공유할 수 있기 때문에 보안 유지에 주의해야 합니다.

24년 1회, 23년 4회, 22년 3회, 15년 1회

3. 다음 중 전자결재 시스템에 관한 설명으로 옳지 않은 것은?

① 전자결재 시스템을 사용하면 초안은 기안자가 지정된 서식 없이 자유롭게 작성할 수 있다.

② 문서작성과 유통의 표준화로 업무생산성을 향상시킬 수 있다.

③ 실명제를 통해 문서작성자의 책임소재를 정확히 한다.

④ 전자이미지서명 등록, 결재암호 등으로 보안을 유지하는 기능을 갖추고 있다.

> 전자결재 시스템은 표준 서식으로 정해진 문서만 사용할 수 있기 때문에 초안부터 지정된 서식에 맞게 작성해야 합니다.

24년 2회, 23년 2회, 1회, 22년 4회, 21년 2회, 20년 1회

4. 다음 중 전자문서의 관리에 대한 설명으로 옳지 않은 것은?

① 전자문서의 결재권자는 전자문서를 열람한 후 전자문서의 서명란에 서명한다.

② 행정기관의 전자이미지관인은 문서과의 기안자가 찍어야 한다.

③ 전자결재 시스템을 사용하면 표준 서식으로 정해진 문서만 사용할 수 있다.

④ 전자문서의 효력은 수신자의 컴퓨터에 파일로 등록된 때부터 발생한다.

> 행정기관의 전자이미지관인은 처리과의 기안자나 문서의 수·발신 담당자가 찍습니다.

24년 4회, 21년 3회, 18년 1회

5. 다음 중 전자문서 관리 시스템을 사용하는 경우의 장점이 아닌 것은?

① 신속한 문서 조회 및 검색이 가능해서 생산성을 향상시킬 수 있다.

② 문서를 보관할 장소가 획기적으로 줄어들어서 사무환경을 쾌적하게 조성할 수 있다.

③ 조건 검색을 통해서 필요한 문서를 손쉽게 제공받을 수 있어서 노력을 줄일 수 있다.

④ 텍스트 문서를 이미지나 영상과는 별개로 관리하여 문서 고유의 특성에 맞춘 관리가 가능하다.

> 전자문서 관리 시스템은 텍스트, 그래픽, 이미지, 영상 등 모든 문서 자원을 통합관리합니다.

24년 2회, 23년 3회

6. 다음 중 전자문서에 관한 설명으로 옳지 않은 것은?

① 전자문서는 종이보관의 이관시기와 동일하게 전자적으로 이관한다.

② 결재권자는 전자문서를 열람한 후 전자문서의 서명란에 날짜와 함께 전자이미지관인을 찍는다.

③ 전자문서는 검토자, 협조자 및 결재권자가 동시에 열람할 수 있다.

④ 전자문서는 문서 등급에 따라 접근자의 범위가 지정되어 있다.

> 결재권자는 전자문서를 열람한 후 전자문서의 서명란에 날짜와 함께 서명을 해야 합니다.

24년 4회, 23년 4회, 22년 3회, 2회, 1회, 19년 1회

7. 다음 중 EDI(Electronic Data Interchange)에 대한 설명으로 옳지 않은 것은?

① 각종 서류를 표준화된 양식을 통해 전자적 신호로 바꿔 컴퓨터통신망을 이용, 전송하는 시스템이다.

② 기업 간의 거래 데이터를 교환하기 위한 표준 포맷으로 미국의 데이터 교환 표준 협회에 의해 개발되었다.

③ EDI 메시지들은 암호화되거나 해독될 수 있으며 E-mail, 팩스와 함께 전자상거래의 한 형태다.

④ EDI의 3대 구성 요소는 EDI 표준(Standards), 문서(Socument), 통신 네트워크(VAN)이다.

> EDI의 3대 구성 요소는 EDI 표준(Standards), 사용자 시스템(User System), 통신 네트워크(VAN)입니다.

24년 5회, 19년 2회, 15년 2회, 01년 3회

8. 다음 설명에 해당하는 용어는 무엇인가?

> 주문서, 납품서, 청구서 등 무역에 필요한 각종 서류를 표준화된 양식을 통해 전자적 신호로 바꿔 컴퓨터통신망을 이용, 거래처에 전송하는 시스템이다. 기존의 서류를 통한 업무 처리와는 달리 컴퓨터를 이용하여 사무실에서 빠르고 간편하게 업무를 처리할 수 있다. 기업 간의 거래 데이터를 교환하기 위한 표준 포맷이다.

① ERP ② EDI

③ EDMS ④ CALS

> 컴퓨터 통신망을 이용하여 기업 간의 거래 데이터를 교환하기 위한 표준 포맷은 EDI(Electronic Data Interchange)입니다.

▶ 정답 : 1. ④ 2. ② 3. ① 4. ② 5. ④ 6. ② 7. ④ 8. ②

공문서의 일반 지식

1 공문서의 개요

공문서란 행정기관 내부나 행정기관과 행정기관 사이, 또는 대외적으로 공무상 작성되어 시행되는 문서나 접수된 문서를 의미한다.

- 공무상 작성된 도면, 필름, 사진, 슬라이드, 디스크, 테이프, 전자문서 등의 특수매체를 포함한다.

2 공문서의 종류

15.1, 14.3, 13.3, 12.3, 12.1, 09.3, 09.1, 97.3

1102202

문서의 성격에 따라 법규문서, 지시문서, 공고문서, 비치문서, 민원문서, 일반문서로 분류된다.

15.1, 14.3, 13.3, 12.1, … **법규문서**	• 헌법 · 법률 · 대통령령 · 총리령 · 부령 · 조례 · 규칙 등에 관한 문서이다. • 누년 일련번호를 사용한다.
15.1, 14.3, 13.3, 12.1, … **지시문서**	• 행정기관이 그 하급기관이나 소속 공무원에 대하여 일정한 사항을 지시하는 문서이다. • 훈령 · 지시 · 예규 · 일일명령 등이 있다. • 훈령 및 예규는 누년 일련번호를, 일일명령은 연도별 일련번호를, 지시는 연도표시 일련번호를 사용한다.
15.1, 14.3, 13.3, 12.1, … **공고문서**	• 행정기관이 일정한 사항을 일반인에게 알리기 위한 문서로, 고시* · 공고* 등이 있다. • 연도표시 일련번호를 사용한다.
13.3, 12.3 **비치문서**	행정기관이 일정한 사항을 기록하여 행정기관 내부에 비치하면서 업무에 활용하는 문서로서, 비치대장 · 비치카드 등이 있다.
12.1 **민원문서**	민원인이 행정기관에 허가 · 인가 · 기타 처분 등 특정한 행위를 요구하는 문서나 그에 대한 처리 문서를 의미한다.
일반문서	위의 내용에 속하지 아니한 모든 문서를 의미한다.

13.2

> **잠깐만요** 누년 · 연도별 · 연도표시 · 일련번호

누년 일련번호	연도 구분과 관계없이 누적되어 연속되는 일련번호입니다.
연도별 일련번호	연도별로 구분하여 매년 새로 시작되는 일련번호로서, 연도표시가 없는 번호입니다.
연도표시 일련번호	연도표시와 연도별 일련번호를 붙임표(–)로 이은 번호입니다.

3 공문서의 성립

10.2, 00.2, 99.3, 99.1, 98.3

1102203

- 공문서의 성립이란 특정한 문서가 공문서로 인정받아, 공문서로의 기능을 할 수 있는 상태를 말한다.
- 공문서는 서명에 의한 결재를 통해 공문서로 성립되며, 서명의 종류에는 전자문자서명, 전자이미지서명, 행정전자서명 등이 있다.

19.1, 15.3

잠깐만요! 공문서 성립을 위한 서명의 종류

1102232

서명	공문서(전자문서 제외) 상에 자필로 자기의 성명을 다른 사람이 알아볼 수 있도록 한글로 표시하는 것입니다.
15.3 전자문자서명	기안 · 검토 · 협조 · 결재권자의 전자문서 상에 자동 생성된 자기의 성명을 전자적인 문자 형태로 표시하는 것입니다.
15.3 전자이미지서명	기안 · 검토 · 협조 · 결재권자의 전자문서 상에 전자적인 이미지 형태로 된 자기의 성명을 표시하는 것입니다.
19.1, 15.3 행정전자서명	기안 · 검토 · 협조 · 결재권자의 신원과 전자문서의 변경 여부를 확인할 수 있도록 그 전자문서에 첨부되거나 결합된 전자적 형태의 정보로서 인증을 받은 것입니다.

4 공문서의 효력 발생 시기

24.3, 24.1, 23.3, 23.1, 22.4, 21.4, 22.3, 21.2, 19.2, 16.3, 16.2, 14.2, 12.2, 10.2, 09.3, 08.3, 08.1, 07.4, 06.2, 06.1, 05.3, 04.1, 03.1, …

1102204

효력 발생 시기란 문서의 내용이 실제적으로 영향을 미치는 시기를 의미한다.

- 우리나라에서는 문서가 수신자에게 도달된 때 효력이 발생하는 도달주의를 채택하고 있다.
- 문서 종류별 효력 발생 시기

23.3, 23.1, 22.4, 21.4, … 일반문서	수신자에게 도달된 때이다.
24.3, 24.1, 23.1, 22.4, … 전자문서	수신자의 컴퓨터에 파일로 기록된 때이다.
24.3, 24.1, 23.1, 22.4, … 공고문서	고시 또는 공고가 있은 후 5일이 경과한 때이다.

5 공문서의 정책 실명제

24.2, 23.5, 21.2, 20.2

3102405

'정책 실명제'란 정책의 투명성과 책임성을 높이기 위하여 행정기관에서 시행하는 주요 정책의 결정 및 집행 과정에 참여하는 관련자의 실명과 의견을 기록 · 관리하는 제도를 말한다.

전문가의 조언

공문서의 성립과 결과에 대한 문제가 출제되었습니다. 공문서로 성립되기 위해서는 '결재'가 있어야 된다는 것과 서명의 종류와 각각의 의미를 징확히 구분할 수 있도록 공부하세요.

전문가의 조언

중요해요! 도달주의와 공고문서의 효력 발생 시기를 묻는 문제가 자주 출제되었습니다. 우리나라에서 문서는 수신자에게 도달했을 때 효력이 발생하고, 공고문서는 고시 또는 공고 후 5일이 지난 다음 효력이 발생한다는 것을 기억해 두세요.

전문가의 조언

단순히 정책 실명제의 의미를 묻는 문제가 출제되고 있습니다. 확실히 숙지해 두세요.

24년 1회, 23년 3회, 21년 4회

1. 다음 중 공문서의 성립 및 효력 발생에 관한 설명으로 옳지 않은 것은?

① 결재권자가 해당 문서에 서명의 방식으로 결재함으로써 성립한다.

② 다른 법령에 특별한 규정이 없는 한 결재권자의 결재한 순간부터 공문서의 효력이 발생한다.

③ 내용적으로 위법/부당하거나 시행 불가능한 사항이 없어야 한다.

④ 당해 기관의 권한내의 사항 중에서 작성되어야 한다.

> 공문서는 문서가 수신자에게 도달된 때부터 효력이 발생합니다.

24년 3회, 23년 1회, 22년 4회, 3회, 21년 2회, 19년 2회, 16년 2회, 14년 2회

2. 다음 중 공문서의 효력 발생 시기에 관한 설명으로 옳지 않은 것은?

① 효력 발생 시기란 문서가 실질적으로 영향을 미치는 시기를 의미한다.

② 우리나라는 문서가 수신된 시기에 효력이 발생하는 도달주의를 채택하고 있다.

③ 공고문서의 경우에는 고시나 공고 즉시 효력이 발생한다.

④ 전자문서의 경우에는 수신자의 컴퓨터 파일로 기록된 시기에 효력이 발생한다.

> 공고문서는 고시 또는 공고가 있은 후 5일이 경과한 다음 효력이 발생합니다.

24년 2회, 23년 1회, 21년 2회, 20년 2회

3. 다음 중 공문서 작성에 관한 설명으로 옳지 않은 것은?

① 공문서의 항목 순서를 필요한 경우에는 □, ○, ─, · 등과 같은 기호로 표시할 수 있다.

② 문서에 금액을 표시할 때에는 금153,530원(금일십오만 삼천오백삼십원)과 같이 표시하여야 한다.

③ '업무 실명제'란 주요 정책의 결정 및 집행 과정에 참여하는 관련자의 실명과 의견을 기록·관리하는 제도를 말한다.

④ 본문의 내용이 표 형식으로 표의 중간까지만 작성된 경우에는 '끝' 표시를 하지 않고 마지막으로 작성된 칸의 다음 칸에 '이하 빈칸'으로 표시한다.

> 주요 정책의 결정 및 집행 과정에 참여하는 관련자의 실명과 의견을 기록·관리하는 제도를 '정책 실명제'라고 합니다.

15년 1회, 14년 3회, 09년 1회

4. 다음 중 공문서의 번호를 부여하는 방법으로 옳지 않은 것은?

① 법규문서는 연도 구분과 관계없이 누적되어 연속되는 누년 일련번호를 부여한다.

② 지시문서 중 훈령 및 예규에는 누년 일련번호를 부여한다.

③ 공고문서는 연도표시 일련번호를 부여한다.

④ 일일명령, 지시는 연도별 일련번호를 부여한다.

> 일일명령은 연도별 일련번호를, 지시는 연도표시 일련번호를 사용합니다.

21년 2회, 19년 2회, 16년 2회, 09년 3회, 08년 1회, 06년 1회

5. 다음 중 공문서의 성립 및 효력 발생 시기에 관한 설명으로 옳지 않은 것은?

① 문서는 당해 문서에 대한 서명에 의한 결재가 있음으로써 성립한다.

② 공고문서인 경우에는 고시 또는 공고가 있은 후 5일이 경과한 날로부터 효력이 발생한다.

③ 일반문서인 경우에는 수신자에게 도달된 때 효력이 발생한다.

④ 전자문서일 경우에는 작성자의 컴퓨터 파일에 기록된 때로부터 효력이 발생한다.

> 전자문서는 수신자의 컴퓨터 파일에 기록된 때로부터 효력이 발생합니다.

19년 1회, 15년 3월

6. 다음 중 행정업무의 운영 및 혁신에 관한 규정에서 용어 설명이 옳지 않은 것은?

① '전자이미지서명'이란 기안자·검토자·협조자·결재권자 또는 발신명의인이 전자문서상에 전자적인 이미지 형태로 된 자기의 성명을 표시하는 것을 말한다.

② '전자문자서명'이란 기안자·검토자·협조자·결재권자 또는 발신명의인이 전자문서상에 자동 생성된 자기의 성명을 전자적인 문자 형태로 표시하는 것을 말한다.

③ '행정전자서명'이란 기안자·검토자·협조자·결재권자 또는 발신명의인이 공문서에 자필로 자기의 성명을 다른 사람이 알아볼 수 있도록 한글로 표시하는 것을 말한다.

④ '전자이미지관인'이란 관인의 인영(印影)을 컴퓨터 등 정보처리능력을 가진 장치에 전자적인 이미지 형태로 입력하여 사용하는 관인을 말한다.

> 행정전자서명은 기안·검토·협조·결재권자의 신원과 전자문서의 변경 여부를 확인할 수 있도록 그 전자문서에 첨부되거나 결합된 전자적 형태의 정보로서 인증을 받은 서명을 의미합니다. ③번은 서명에 대한 설명입니다.

▶ **정답** : 1. ② 2. ③ 3. ③ 4. ④ 5. ④ 6. ③

공문서의 기안과 처리

1 공문서의 기안

1102301

기안은 기관의 의사를 결정하기 위하여 논의된 사항을 지정된 서식에 맞게 작성하는 것을 말하며, 기안을 서류화한 것이 기안문이다.

- 문서의 기안은 전자문서로 하는 것을 원칙으로 한다.
- 문서의 기안은 행정안전부령으로 정하는 기안문으로 작성하며, 관계 서식이 따로 있는 경우에는 해당 내용을 관계 서식에 기입하여 작성한다.
- 둘 이상의 행정기관 장의 결재가 필요한 문서는 그 문서 처리를 주관하는 행정기관에서 기안하고 결재를 받은 후 관련 행정기관 장의 결재를 받아 공동명의로 시행한다.
- 기안문에는 행정안전부령으로 지정하는 발의자와 보고자를 표시해야 하는데, 다음의 경우 생략할 수 있다.
  - 검토나 결정이 필요하지 않은 문서
  - 각종 증명 발급, 회의록 및 단순 사실을 기록한 문서
  - 일상적 · 반복적인 업무로서 경미한 사항에 관한 문서
- 내용이 관련 있는 여러 문서는 하나의 기안문으로 일괄 기안할 수 있으며, 이 경우 각각 다른 생산등록번호를 사용하되 같은 날짜에 시행한다.
- 수신한 종이문서를 수정하여 기안하는 경우에는 수신한 문서의 글자 색과 다른 색으로 수정한다.

2 공문서의 처리 원칙

1102302

공문서를 접수하여 처리하는 것은 국가의 행정업무를 처리하는 중요한 사항이므로 다음 네 가지 원칙에 입각하여 엄중하게 처리하여야 한다.

22.3, 20.상시, 20.1, 18.1, … **즉일 처리의 원칙**	문서는 내용 또는 성질에 따라 그 처리기간이나 방법이 다를 수 있으나, 효율적인 업무 수행을 위하여 그 날로 처리해야 한다.
22.3, 20.상시, 20.1, 18.1, … **책임 처리의 원칙**	문서는 정해진 사무분장에 따라 각자가 직무의 범위 내에서 책임을 가지고 관계규정에 따라 신속 · 정확하게 처리해야 한다.
22.3, 20.상시, 20.1, 18.1, … **적법 처리의 원칙**	문서는 법령의 규정에 따라 일정한 형식 및 요건을 갖추어야 함은 물론, 권한있는 자에 의해 작성 · 처리되어야 한다.
전자 처리의 원칙	문서의 생산 · 유통 · 보존 등 문서의 모든 처리절차는 전자문서 시스템에서 전자적으로 처리되어야 한다.

전문가의 조언

공문서의 기안에 대한 문제가 출제되었습니다. 기안은 전자문서로 하는 것을 원칙으로 한다는 것을 중심으로 기안의 특징에 대해 알아두세요.

전문가의 조언

공문서의 처리 원칙에 대한 문제가 출제되었습니다. 공문서의 처리 원칙 4가지를 정확히 구분할 수 있도록 의미를 정리하세요. 특히 공문서는 효율적인 업무 수행을 위해 당일에 처리해야 한다는 것! 잊지마세요.

3 업무편람 23.5, 22.1, 20.상시, 18.1, 16.1, 14.3, 12.2, 12.1, 10.1, 07.2, 06.3, 04.2, 03.2

1102303

- 업무편람은 행정기관에서 문서 관리 등의 업무를 처리하는 데 필요한 표준화된 안내서, 지침서를 의미한다.
- 행정기관이 상당 기간에 걸쳐 반복적으로 하는 업무는 그 업무의 처리가 표준화, 전문화될 수 있도록 업무편람을 작성하여 활용함을 원칙으로 한다.
- 업무편람은 직무편람과 행정편람으로 나누어진다.

직무편람
22.1, 16.1, 14.3, 12.2, …
	• 부서별로 그 단위업무에 대한 업무계획·관리업무현황 기타 참고자료 등을 체계적으로 정리한 업무자료철이다.
	• 직무편람은 부서별로 작성하며, 처리과의 장은 정기 또는 수시로 직무편람의 내용을 수정·보완하여야 한다.
	• 직무편람 작성 시 포함 사항
	  – 업무 연혁, 관련 업무 현황 및 주요업무계획
	  – 업무의 처리절차 및 흐름노
	  – 소관 보존문서 현황
	  – 기타 업무처리에 필요한 참고사항

행정편람 23.5, 20.상시, 18.1, …	업무처리 절차와 기준, 장비운용 방법, 기타 일상적 근무규칙 등에 관하여 각 업무 담당자에게 필요한 지침, 기준 또는 지식을 제공하는 업무지도서 또는 업무참고서이다.

4 행정협업

행정기관은 다음에 해당하는 업무를 수행하려는 경우 다른 행정기관과 협업을 할 수 있다.

- 둘 이상의 행정기관이 공동으로 수행할 필요가 있는 업무
- 다른 행정기관의 행정지원을 필요로 하는 업무
- 다른 행정기관의 인가·승인 등을 거쳐야 하는 업무
- 행정기관 간 행정정보의 공유 또는 행정정보시스템의 상호 연계나 통합이 필요한 업무
- 다른 행정기관의 협의·동의 및 의견조회 등이 필요한 업무

따라잡기 기출문제 따라잡기

22년 1회, 16년 1회, 14년 3회, 10년 1회, 07년 2회, 04년 2회, 03년 2회
1. 부서별로 그 단위업무에 대한 업무계획, 관리업무현황, 기타 참고자료 등을 체계적으로 정리하여 활용하는 업무자료철을 무엇이라 하는가?

① 직무편람　　　　② 기구편람

③ 행정편람　　　　④ 업무배분편람

'부서별 ~ 업무 ~'와 관련된 업무편람은 직무편람입니다.

12년 2회, 08년 3회
2. 공문서의 기안은 일반적으로 무슨 문서의 형식으로 함을 원칙으로 하는가?

① 전자문서　　　　② 일반문서

③ 법규문서　　　　④ 공고문서

공문서의 기안은 전자문서로 하는 것을 원칙으로 합니다.

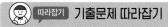 **따라잡기** **기출문제 따라잡기**

 문제4 1102351   문제7 1102352

24년 1회, 23년 3회, 13년 2회
3. 다음 중 행정업무의 운영 및 혁신에 관한 규정에 대한 설명으로 옳지 않은 것은?

① 문서의 결재 시 결재권자의 서명란에는 서명날짜를 함께 표시한다.

② 둘 이상의 행정기관장의 결재가 필요한 문서는 각각의 행정기관 모두가 기안하여야 한다.

③ 위임전결하는 경우에는 전결하는 사람의 서명란에 "전결" 표시를 한 후 서명하여야 한다.

④ 결재할 수 있는 사람이 휴가, 출장, 그 밖의 사유로 결재할 수 없을 때에는 그 직무를 대리하는 사람이 대결할 수 있다.

> 둘 이상의 행정기관장의 결재가 필요한 문서는 그 문서 처리를 주관하는 행정기관에서 기안해야 합니다.

06년 3회
4. 다음 중 공문서의 업무편람에 관한 설명으로 옳지 않은 것은?

① 업무편람은 행정편람, 직무편람, 직무명세서로 구분한다.

② 행정편람은 사무처리절차 및 기준, 장비운용 방법, 기타 일상적 근무규칙 등에 관하여 각 업무 담당자에게 필요한 지침, 기준 또는 지식을 제공하는 업무지도서 또는 업무참고서를 말한다.

③ 직무편람은 부서별로 작성한다.

④ 처리과의 장은 정기 또는 수시로 직무편람의 내용을 점검하여야 한다.

> 업무편람은 행정편람과 직무편람, 2가지로 구분됩니다.

12년 2회
5. 다음 중 행정기관에서 직무편람을 작성하기 위해 포함해야 할 사항으로 적절하지 않은 것은?

① 업무 연혁, 관련 업무 현황 및 주요업무계획

② 업무의 처리절차 및 흐름도

③ 장비운용 방법, 업무지도서

④ 소관업무의 보존문서 현황

> 행정기관에서 직무편람을 작성하기 위해 포함될 사항에는 ①, ②, ④번과 기타 업무처리에 필요한 참고사항이 있습니다.

12년 1회
6. 다음 중 행정기관이 업무처리 절차와 기준, 장비운용 방법, 그 밖의 일상적 근무규칙 등에 관하여 각 업무담당자에게 필요한 지침·기준 또는 지식을 제공하는 업무지도서 또는 업무참고서를 무엇이라고 하는가?

① 업무현황집   ② 집무처리집

③ 행정편람   ④ 직무편람

> '업무처리 절차, 일상적인 근무규칙'과 관련된 업무편람은 행정편람입니다.

23년 5회, 20년 상시, 18년 1회
7. 다음 중 공문서의 기안 및 업무 관리에 대한 설명으로 옳지 않은 것은?

① 문서의 기안은 전자문서로 하는 것을 원칙으로 한다.

② 수신한 종이문서를 수정하여 기안하는 경우에는 수신한 문서의 글자 색과 다른 색으로 수정한다.

③ 각종 증명 발급, 회의록 및 단순 사실을 기록한 문서인 경우에는 발의자와 보고자 표시를 생략할 수 있다.

④ 행정편람은 부서별로 작성하며 업무의 처리 절차 및 흐름도, 소관 보존 문서 현황 등을 포함하여야 한다.

> 행정편람은 업무처리 절차와 기준, 기타 일상적 근무규칙 등에 관하여 각 업무 담당자에게 필요한 지침이나 기준 등을 제공하는 업무참고서를 의미합니다. ④번은 직무편람에 대한 설명입니다.

23년 5회, 22년 3회, 20년 1회, 18년 1회
8. 다음 중 공문서의 처리 원칙에 관한 설명으로 가장 옳지 않은 것은?

① 문서는 신중한 업무처리를 위해 당일보다는 기한에 여유를 두고 천천히 처리하도록 한다.

② 문서는 권한이 있는 사람에 의해 작성되고 처리되어야 한다.

③ 사무분장에 따라 각자의 직무 범위 내에서 책임을 가지고 처리해야 한다.

④ 문서는 일정한 요건과 형식을 갖추어야 한다.

> 문서는 내용 또는 성질에 따라 그 처리기간이나 방법이 다를 수 있으나, 효율적인 업무수행을 위하여 그 날로 처리하여야 합니다.

▶ **정답** : 1. ①   2. ①   3. ②   4. ①   5. ③   6. ③   7. ④   8. ①

공문서의 구성 요소

구성	구성 요소
두문	행정기관명 수신자
본문	제목, 내용, 붙임
결문	발신명의 생산등록번호 접수등록번호 시행일 및 접수일 우편번호, 주소 전자우편주소 전화/팩스번호 홈페이지주소 기안·검토·협조·결재권자 직위나 직급 및 서명 등

1 공문서의 구성

1102401

- 공문서는 일반적으로 두문·본문·결문*으로 구성되고, 여러 구성 요소를 포함한다.
- 아래 내용을 통해 공문서 작성 방법을 알아보자.

※ 다음은 대한영상사업부의 감사원장이 여러 영상사업단에 감사 교육을 알리기 위해 작성한 문서이다.

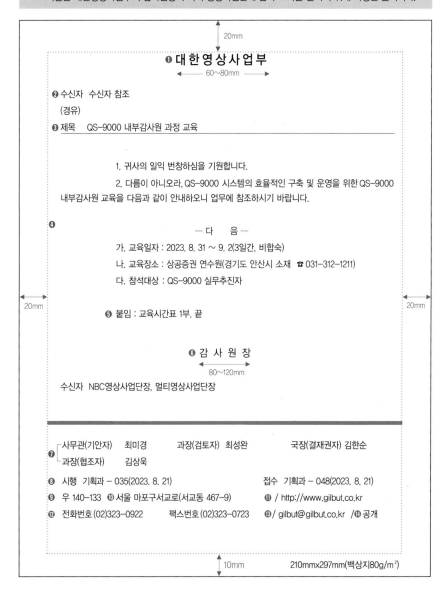

❶ 대 한 영 상 사 업 부
60~80mm

❷ 수신자 수신자 참조

(경유)

❸ 제목   QS-9000 내부감사원 과정 교육
──────────────────────────

1. 귀사의 일익 번창하심을 기원합니다.
2. 다름이 아니오라, QS-9000 시스템의 효율적인 구축 및 운영을 위한 QS-9000 내부감사원 교육을 다음과 같이 안내하오니 업무에 참조하시기 바랍니다.

❹   ― 다   음 ―

가. 교육일자 : 2023. 8. 31 ~ 9. 2(3일간, 비합숙)
나. 교육장소 : 상공증권 연수원(경기도 안산시 소재 ☎ 031-312-1211)
다. 참석대상 : QS-9000 실무추진자

❺ 붙임 : 교육시간표 1부. 끝

❻ 감 사 원 장
80~120mm

수신자 NBC영상사업단장, 멀티영상사업단장

──────────────────────────

❼ ┌ 사무관(기안자)   최미경   과장(검토자) 최성완   국장(결재권자) 김한순
  └ 과장(협조자)   김상욱
❽ 시행 기획과 – 035(2023. 8. 21)   접수 기획과 – 048(2023. 8. 21)
❾ 우 140-133 ❿ 서울 마포구서교로(서교동 467-9)   ⓫ / http://www.gilbut.co.kr
⓬ 전화번호 (02)323-0922   팩스번호 (02)323-0723   ⓭/ gilbut@gilbut.co.kr ⓮공개

210mmx297mm(백상지80g/m²)

2 두문

❶ 행정기관명 <small>23.4, 22.3, 19.2, …</small>	• 문서를 기안한 부서가 속한 행정기관명을 중앙에 기재한다. • 행정기관명 기재 시 다른 행정기관명과 동일한 경우 바로 위 상급기관명을 함께 쓴다.
❷ 수신자 <small>19.2, 07.3, 02.1</small>	• 수신자명을 쓰고, 이어서 괄호 안에 처리할 보조기관을 표시하되, 분명하지 않을 경우 직위나 직급을 기재한다. • 수신자가 많아 모두 기재하기 어려운 경우 두문의 수신자란에 '수신자 참조'라고 쓰고, 결문의 발신명의 다음 줄에 수신자란을 설치하여 수신자명을 기재한다. • 수신자가 없는 내부 결재문서인 경우 '내부결재'라고 쓴다.

3 본문

❸ 제목 <small>20.1</small>	문서의 성격과 내용을 쉽게 파악할 수 있도록 기재한다.
❹ 내용 <small>20.1</small>	시작 인사말을 간단히 기재한 후 전하고자 하는 내용은 간결하고 명확하게 작성한다.
❺ 붙임 <small>22.4, 21.3, 17.1</small>	본문 외에 별도로 첨부할 자료가 있을 경우에 기재한다.

4 결문

❻ 발신명의 <small>14.2, 98.1</small>	문서를 발신하는 행정기관장의 명의를 기재한다.
❼ 기안 · 검토 · 협조 · 결재권자 <small>24.3, 22.4, 21.3, 17.1, 14.2</small>	기안 · 검토 · 협조 · 결재권자의 직위/직급을 기재하고, 서명한다.
❽ 시행 / 접수 <small>24.3, 22.4, 21.3, 17.1</small>	• **시행 기획과 – 035(2023. 8. 21)** : 시행하는 처리과명, 연도별 일련번호, 시행일 기재 • **접수 기획과 – 048(2023. 8. 21)** : 접수하는 처리과명, 연도별 일련번호, 접수일 기재 • '기획과 – 035'는 생산등록번호이며, '035'는 기록물등록대장에 등록된 순서대로 부여된 번호로, 연도별 일련번호를 사용한다.
❾ 우편번호	'우'자 다음 1타를 띄고, 우편번호를 빈 칸 없이 기재한다.
❿ 주소 <small>24.3, 22.4, 21.3, 17.1</small>	행정기관이 위치한 도로명 주소를 기재한다.
⓫ 홈페이지 주소	행정기관의 홈페이지 주소를 기재한다.
⓬ 전화/팩스번호	전화번호와 팩스번호를 기재하고, ( ) 안에는 지역번호를 기재한다.
⓭ 전자우편 주소 <small>14.2</small>	행정기관에서 공무원에게 부여한 전자우편 주소를 기재한다.
⓮ 공개구분 <small>14.2</small>	공개, 부분공개, 비공개로 구분하여 표시한다.

전문가의 조언

공문서의 내용 표기에 대한 문제는 종종 출제됩니다. 공문서의 내용 표기는 일반 상식 수준에서 읽어봐도 알 수 있는 쉬운 내용입니다. 쭉~ 훑어보세요.

1102403

5 공문서의 내용 표기

24.1, 23.5, 22.2, 22.1, 20.2, 18.2, 17.2, 17.1, 16.2, 14.1, 13.1, 11.2, 08.3, 05.3, 02.1

문서 작성에 사용하는 용지는 특별한 사유가 없으면 가로 210mm, 세로 297mm의 직사각형으로 한다.

• 글자의 색깔은 검정색을 기본으로 하고, 필요 시 부분적으로 다른 색상으로 사용할 수 있지만 '서명' 또는 '인'은 회색으로 한다.

한글 표기 23.5, 22.2, 22.1, 20.2, …	• 문서는 쉽고 간명하게 한글로 작성하되 한글 맞춤법에 따라 가로로 쓴다. • 올바른 뜻의 전달을 위하여 필요한 경우에는 괄호 안에 한자 및 외국어 등을 넣을 수 있다.
숫자 표기 24.1, 22.1, 17.2, 17.1, …	특별한 사유가 있는 경우를 제외하고는 아라비아 숫자로 표기한다.
금액 표기 24.1, 23.5, 20.2, 17.1, …	아라비아 숫자로 표기하고, 괄호 안에 한글로 기재한다. **예** 금 987,654원(금 구십팔만칠천육백오십사원)
날짜 표기 24.1, 23.5, 18.2, 17.1, …	숫자로 표기하되 년, 월, 일의 글자는 생략하고, 온점(.)으로 구분한다. **예** 2022년 8월 19일 → 2022. 8. 19.
시간 표기 24.1, 23.5, 22.1, 17.2, …	24시각제에 따라 숫자로 표기하되 시, 분의 글자는 생략하고, 쌍점(:)으로 구분한다. **예** 오후 3시 20분 → 15 : 20
기타 13.1	문서에는 음성정보나 영상정보 등이 수록되거나 연계된 바코드 등을 표기할 수 있다.

전문가의 조언

공문서의 항목 구분에서 특정 항목의 구분 방법을 묻는 문제가 출제되었습니다. '1. → 가. → 1) → 가) → (1) → (가) → ① → ㉮' 순서로 항목을 구분하니 잘 기억해 두세요.

항목 구분
• 첫째 항목 : 1., 2., 3., …
• 둘째 항목 : 가., 나., 다., …
• 셋째 항목 : 1), 2), 3), …
• 넷째 항목 : 가), 나), 다), …
• 다섯째 항목 : (1), (2), (3), …
• 여섯째 항목 : (가), (나), (다), …
• 일곱째 항목 : ①, ②, ③, …
• 여덟째 항목 : ㉮, ㉯, ㉰, …

1102405

6 공문서의 항목 구분

17.2, 14.1, 12.3, 11.2, 10.3, 09.4, 09.2, 08.4, 07.2, 07.1, 05.2, 04.4, 03.2, 01.1, 98.1

• 공문서의 내용을 둘 이상의 항목으로 구분할 필요가 있으면 그 항목을 순서대로 표시하되, 상위 항목부터 하위 항목까지 1., 가., 1), 가), (1), (가), ①, ㉮*의 형태로 표시한다.

• 필요한 경우에는 □, ○, -, · 등과 같은 특수한 기호로 표시할 수도 있다.

1102406

7 공문서의 '끝' 표시

24.4, 21.1, 20.2, 20.1, 18.상시, 17.2, 14.1, 11.1, 09.3, 08.1, 06.3, 02.3, 00.2, 97.3

• **본문이 끝났을 경우** : 한 글자(2타) 띄고, '끝' 표시를 한다.

• **첨부물이 있는 경우** : 본문의 내용이 끝난 줄 다음에 '붙임' 표시 및 첨부물의 명칭과 수량을 기재한다.

• **본문 또는 붙임에 적은 사항이 오른쪽 한계선에서 끝났을 경우** : 다음 줄의 왼쪽 한계선에서 한 글자(2타) 띄고, '끝' 표시를 한다.

• **본문이 표 형식으로 끝나는 경우**

  – 표의 마지막 칸까지 작성 : 표 아래 왼쪽 한계선에서 한 글자(2타) 띄고, '끝' 표시를 한다.

  – 표의 중간까지 작성 : 마지막으로 작성된 칸의 다음 칸에 '이하 빈칸'을 표시하고, '끝' 표시는 생략한다.

전문가의 조언

공문서의 '끝' 표시하는 방법을 묻는 문제가 출제되었습니다. 본문이 표 형식으로 끝나는 경우를 중심으로 각각의 끝 표시 방법을 구분할 수 있도록 정리하세요.

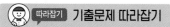

 문제2 1102451   문제3 1102452

19년 1회
1. 다음 중 문서의 구성에서 본문에 들어갈 내용으로 옳지 않은 것은?

① 본문의 내용을 간결하게 추린 제목을 기재한다.

② 문서에서 전달하고자 하는 주요 내용을 명확하게 기재한다.

③ '다음', '아래' 등의 표현으로 내용을 정리하여 기재한다.

④ 생산 및 접수등록번호를 기재하여 분실의 위험을 방지한다.

> 생산 및 접수등록번호는 결문의 구성 요소입니다.

22년 1회, 17년 2회, 11년 2회, 08년 3회, 05년 3회, 02년 1회
2. 다음 중 문서 작성의 일반 사항과 거리가 먼 것은?

① 문서는 쉽고 간명하게 한글로 작성하되 특별한 사유가 있는 경우를 제외하고는 한글 맞춤법에 따라 가로로 쓴다.

② 문서에 쓰는 숫자는 특별한 사유가 있는 경우를 제외하고는 아라비아 숫자로 쓴다.

③ 문서의 작성에 쓰이는 용지의 크기는 특별한 사유가 있는 경우를 제외하고는 가로 210mm, 세로 297mm로 한다.

④ 시간의 표기에서 시·분의 표기는 12시각제에 따라 숫자로 표기하되 시·분의 글자는 생략하고 그 사이에 쌍점(:)을 찍어 구분한다.

> 시간은 24시각제에 따라 숫자로 표기하되 시·분의 글자는 생략하고 그 사이에 쌍점(:)을 찍어 구분합니다.

21년 1회, 20년 1회, 17년 2회, 09년 3회, 08년 1회, 06년 3회, 02년 3회, 00년 2회
3. 다음 중 공문서의 '끝'을 표시하는 방법에 대한 설명으로 옳지 않은 것은?

① 본문이 끝났을 경우에는 본문의 끝에서 한 글자(2타) 띄우고 '끝' 자를 쓴다.

② 첨부물이 있는 경우에는 기재 사항의 내용이 끝난 줄 다음에 '붙임' 표시를 하고 첨부물의 명칭과 수량을 기재한다.

③ 본문의 내용이나 붙임에 적은 사항이 오른쪽 한계선에서 끝난 경우에는 다음 줄의 왼쪽 한계선에서 한 글자(2타) 띄우고 '끝' 자를 쓴다.

④ 본문이 표의 마지막 칸에서 끝나는 경우 표 다음 줄에서 표의 오른쪽 끝에 맞추어 '끝'자를 쓴다.

> 본문이 표의 마지막 칸에서 끝나는 경우 표 다음 줄 왼쪽 한계선에서 한 글자 띄고, '끝' 자를 씁니다. 오른쪽에 '끝' 자를 표시하는 것은 없습니다.

17년 2회, 14년 1회, 12년 3회, 10년 3회, 08년 4회, 05년 2회, 04년 4회, 01년 1회
4. 다음 중 문서 작성 시 내용을 여러 가지 항목으로 구분할 때 넷째 항목의 구분방법은?

① ㉮, ㉯, ㉰, … ② 가., 나., 다., …

③ (가), (나), (다), … ④ 가), 나), 다), …

> 항목 구분 순서는 '1. → 가. → 1) → 가) → (1) → (가) → ① → ㉮'입니다.

24년 3회, 22년 4회, 21년 3회, 17년 3회, 14년 2회
5. 다음 중 공문서의 구성 중 결문의 내용으로 옳지 않은 것은?

① 붙임(첨부) ② 협조자

③ 시행일자 ④ 발신기관 주소

> 붙임(첨부)은 본문의 구성 요소입니다.

24년 1회
6. 다음 중 공문서의 내용 표기에 대한 설명으로 옳지 않은 것은?

① 날짜를 표기할 때에는 숫자로 표기하되 년월일의 글자는 생략하고, 그 자리에 온점(.)을 찍어 구분한다.

② 시간을 표기할 때에는 12시각제에 따라 숫자로 표기하고, '시'와 '분' 글자 대신 콜론(:)을 이용하여 구분한다.

③ 금액을 표기할 때에는 아라비아 숫자로 표기하고, 괄호 안에 한글로 숫자를 기재한다.

④ 숫자를 표기할 때에는 특별한 사유가 없으면 아라비아 숫자로 표기한다.

> 시간을 표기할 때에는 24시각제에 따라 숫자로 표기하고, '시'와 '분' 글자 대신 콜론(:)을 이용하여 구분합니다.

23년 4회, 22년 3회, 16년 2회, 05년 1회
7. 다음 중 공문서 구성에서 두문에 해당하는 내용으로 옳은 것은?

① 행정기관명 ② 제목

③ 시행일자 ④ 발신명의

> 두문의 구성 요소는 행정기관명과 수신자입니다.

▶ 정답 : 1. ④ 2. ④ 3. ④ 4. ④ 5. ① 6. ② 7. ①

1 문서의 결재

22.3, 16.3, 13.3, 12.3, 11.2, 11.1, 08.4, 07.4, 07.1, 06.4, 05.3, 03.4, 02.4, 02.2, 01.3

1102501

결재란 기관의 의사를 결정할 권한을 가진 자(주로 행정기관의 장)가 직접 그 의사를 결정하는 행위를 말하며, 결재가 있음으로써 문서로 성립된다.

- 결재 시 결재권자의 서명란에는 서명날짜*를 함께 표시한다.
- 다음은 결재의 종류이다.

선람(선결)	일반적인 결재 형태로, 결재권자의 결재를 의미한다.
08.4 전결	• 최고 책임자가 자기 권한에 속하는 업무의 일부를 일정한 자격자에게 위임하여, 그 위임을 받은 자가 일정 범위의 위임사항에 대하여 최고 책임자를 대신하여 결재하는 것이다. • 전결하는 경우 서명란에 '전결'을 쓰고 서명한다.
13.3, 12.3, 11.2, 11.1, … 대결	• 결재권자가 휴가 · 출장 등 기타의 사유로 결재할 수 없을 때에 그 직무를 대리하는 자가 행하는 결재이다. • 내용이 중요한 문서는 결재권자에게 사후에 보고하여야 한다. • 대결하는 경우 서명란에 '대결'을 쓰고 서명한다.

잠깐만요 관인

24.3, 22.3, 16.3, 16.1, 15.3, 14.3, 14.2, 11.1, 10.2, 09.2, 06.2, 03.3, 03.1

1102531

행정기관이 발신하는 인증이 필요한 문서에 찍는 도장으로, 한글로 된 글자를 가로로 새깁니다.

15.3, 10.2, 09.2, 05.1, … 종류	• **청인** : 행정기관의 명의로 발신 · 교부하는 문서에 사용하는 관인입니다. • **직인** : 행정기관의 장 또는 보조기관의 명의로 발신 · 교부하는 문서에 사용하는 관인입니다.
16.1, 14.3, 11.1, 03.1, … 찍는 위치	• 발신명의 표시의 마지막 글자가 인영*의 가운데에 오도록 찍습니다. • 등 · 초본 등 민원 서류를 발급하는 경우에는 발급기관장 표시의 오른쪽 여백에 찍습니다.
14.2 인영 색깔	빨간색으로 하되 문서를 출력 또는 복사하여 시행하거나 팩스를 통하여 문서를 접수하는 경우에는 검정색으로 할 수 있습니다.

2 결재문서의 간인*

24.3, 22.3, 19.상시, 18.상시, 16.3, 07.4, 05.3, 02.4, 01.3

1102502

두 장 이상으로 이루어진 문서 앞장의 뒷면과 뒷장의 앞면에 걸쳐 찍는 도장을 말한다.

- 대상 문서
  - 문서의 순서 또는 연결 관계를 명백히 할 필요가 있는 문서
  - 사실관계나 법률관계의 증명에 관계되는 문서
  - 허가 · 인가 · 등록 등에 관계되는 문서

전문가의 조언

결재와 관인에 대한 문제가 출제되었습니다. 각 용어의 개념을 확실히 기억하고, 결재의 종류와 종류별 의미를 파악해 두세요.

서명날짜 표시

결재권자가 자필로 결재할 경우 서명란에 서명날짜를 쓰고 서명을 하고, 전자적인 방법으로 결재할 경우 서명을 하면 서명란에 서명날짜가 자동으로 입력됩니다.

인영

도장을 찍었을 때 나타나는 모양이나 흔적을 의미합니다.

전문가의 조언

간인이 필요하지 않은 경우와 간인을 찍는 위치를 묻는 문제가 출제되었습니다. 공부할 내용이 많지 않으니 확실히 기억해 두세요.

간인

3 문서의 발신

24.4, 24.3, 23.5, 22.3, 22.2, 21.2, 21.1, 20.2, 19.1, 18.상시, 16.3, 15.2, 15.1, 13.2, 13.1, 11.3, 10.3, 09.1, 08.2, 06.3, 05.4, 04.1, 03.4

1102505

문서의 발신이란 시행문을 시행 대상 기관에 보내는 작업을 의미한다.

- 문서는 정보통신망(업무관리시스템*, 전자문서시스템* 등)을 이용하여 발신하는 것을 원칙으로 한다.
- 문서를 발신하거나 수신한 경우 그 기록을 전자적으로 기록·유지하여야 한다.
- 문서는 처리과*에서 발신하되, 관인을 찍어야 하는 전자문서인 경우에는 처리과의 기안자나 문서수발업무 담당자가 전자이미지관인을, 종이문서인 경우에는 관인 관리자가 관인을 찍은 후 발신한다.
- 특별한 경우에는 우편·팩스 등의 방법으로 문서를 발신하되, 발신기록을 증명할수 있는 관계서류를 기안문과 함께 보존한다.
- 내용이 중요한 문서는 등기우편이나 기타 발신사실을 증명할 수 있는 특수한 방법으로 발신한다.
- 행정기관이 아닌 자에게는 행정기관의 홈페이지 또는 행정기관이 공무원에게 부여한 전자우편주소를 이용하여 문서를 발신할 수 있다.
- 행정기관의 장은 문서를 수신·발신함에 있어 문서의 보안 유지와 위조, 변조, 분실, 훼손 및 도난 방지를 위한 적절한 조치를 마련하여야 한다.
- 내용이 비밀사항인 문서는 암호화 등 보안 유지가 가능한 방법을 지정하여 발신한다.
- 발신방법을 암호화 등으로 지정한 경우 문서 본문의 마지막에 "암호" 등으로 발신방법을 표시하여야 한다.
- 비밀로 분류된 문서는 수신자의 응답이 있는 경우에만 발신하며, 문서의 제목 다음이나 본문의 마지막에 "비밀등급"을 쓴 후 발신한다.

4 문서의 접수

16.3, 13.3, 13.1, 12.1, 00.1, 99.8

1102506

문서의 접수란 발신된 문서를 수신기관의 처리과에서 받아 관련 부서로 보내기 위한 작업을 의미한다.

- 문서는 처리과에서 접수하여야 한다.
- 접수한 전자문서에는 접수일시와 접수등록번호를 전자적으로 표시하고, 종이문서에는 행정안전부령으로 정하는 접수인*을 찍고 접수일시와 접수등록번호를 적는다.
- 문서과에서 직접 받은 문서는 접수일시를 전자적으로 표시·기록하고 지체 없이 처리과에 이를 배부하여 접수하게 한다.
- 처리과의 문서 수발신 업무 담당자는 접수한 문서를 처리 담당자에게 인계하여야 하고, 처리담당자는 공람할 사람의 범위를 정하여 문서를 공람하게 할 수 있다.
- 둘 이상의 보조기관과 관련 있는 문서는 관련성이 가장 높은 보조기관의 처리과에서 문서를 접수하며, 다른 보조기관에 문서의 내용을 통보한다.
- 보존기간*이 3년 이상인 문서를 팩스로 수신한 경우 문서를 복사하여 접수하고, 수신한 문서는 폐기한다.

전문가의 조언

중요해요! 문서의 발신에 대한 문제는 자주 출제됩니다. 문서는 정보통신망을 이용하여 발신함을 원칙으로 한다는 것을 중심으로 문서 발신의 내용을 기억해 두세요.

업무관리시스템
행정기관이 업무처리의 모든 과정을 과제관리카드 및 문서관리카드 등을 이용하여 전자적으로 관리하는 시스템을 의미합니다.

전자문서시스템
문서의 모든 처리절차가 전자적으로 처리되는 시스템을 의미합니다.

처리과
업무 처리를 주관하는 과와 담당관 등을 의미합니다.

전문가의 조언

문서의 접수 및 처리에 대한 문제가 출제되었습니다. 문서는 처리과에서 접수한다는 것을 중심으로 접수의 특징을 정리하세요.

접수인 찍는 위치
특별한 사유가 없을 경우 접수한 문서의 오른쪽 위 여백에 찍습니다.

공문서의 보존기간
영구, 준영구, 30년, 10년, 5년, 3년, 1년으로 모두 7종입니다.

24년 3회, 22년 3회, 16년 3회

1. 다음 중 공문서에 대한 용어의 설명이 옳지 않은 것은?

① 관인이란 행정기관이 발신하는 인증이 필요한 문서에 찍는 도장을 의미한다.

② 결재란 기관의 의사를 결정할 권한을 가진 자가 직접 그 의사를 결정하는 행위를 말한다.

③ 간인은 발신된 문서를 수신기관의 처리과에서 받아 관련 부서로 보내기 위한 작업을 의미한다.

④ 발신이란 시행문을 시행 대상 기관에 보내는 작업을 의미한다.

> 간인은 두 장 이상으로 이루어진 문서 앞장의 뒷면과 뒷장의 앞면에 걸쳐 찍는 도장을 말합니다. ③번은 문서의 접수에 대한 설명입니다.

13년 3월, 12년 3회, 11년 2회, 1회, 06년 4회, 03년 4회

2. 결재권자가 휴가, 출장 기타의 사유로 결재할 수 없을 때에는 그 직무를 대리하는 자가 대결할 수 있되, 그 내용이 중요한 문서에 대하여는 결재권자에게 후에 어떻게 조처하여야 하는가?

① 사후에 보고한다.

② 사후에 반드시 결재를 받는다.

③ 정규 결재과정을 다시 거친다.

④ 내부 결재과정을 거친 후 시행한다.

> 대결한 문서 중 내용이 중요한 문서는 결재권자에게 사후 보고해야 합니다.

23년 5회, 22년 2회, 21년 2회, 1회, 19년 1회, 18년 상시, 15년 1회, 13년 2회, 1회, 11년 3회, 10년 3회

3. 다음 중 공문서의 발신에 대하여 설명한 것으로 옳지 않은 것은?

① 문서는 정보통신망을 이용하여 발신하는 것을 원칙으로 한다.

② 행정기관이 아닌 자에게는 행정기관의 홈페이지나 행정기관이 공무원에게 부여한 전자우편주소를 이용하여 문서를 발신할 수 있다.

③ 업무의 성격, 기타 특별한 사정이 있는 경우에는 인편이나 우편으로는 발신할 수 있으나, 팩스로는 발신할 수 없다.

④ 행정기관의 장은 문서를 수신, 발신하는 경우에 문서의 보안 유지와 위조, 변조, 분실, 훼손 및 도난 방지를 위한 적절한 조치를 마련하여야 한다.

> 공문서는 업무의 성격, 기타 특별한 사정이 있는 경우에는 우편·팩스 등의 방법으로 발신할 수 있습니다.

15년 3회, 10년 2회, 09년 2회, 05년 1회, 03년 3회

4. 다음 설명의 ( ) 안에 들어갈 적당한 용어를 순서대로 올바르게 나열한 것은?

> 관인에는 행정기관의 명의로 발신 또는 교부하는 문서에 사용하는 ( )과 행정기관의 장 또는 보조기관의 명의로 발신 또는 교부하는 문서에 사용하는 ( )으로 구분한다.

① 청인, 직인   ② 직인, 청인

③ 직인, 인영   ④ 인영, 직인

> 청인은 관청과 같은 행정기관에서 사용하는 도장이고, 직인은 행정기관의 장 등 직무상 사용하는 도장입니다.

24년 4회, 20년 2회, 15년 2회

5. 다음은 문서의 발신에 대한 설명이다. 옳지 않은 것은?

① 문서는 정보통신망을 이용하여 발신함을 원칙으로 한다.

② 전자문서는 행정기관의 홈페이지 또는 공무원의 공식 전자우편 주소를 이용하여 발신할 수 있다.

③ 특별한 사정이 있는 경우 우편·팩스 등의 방법으로 문서를 발신할 수 있다.

④ 모든 문서는 비밀유지를 위해 반드시 암호화하여 발신하여야 한다.

> 모든 문서가 아닌 문서의 내용이 비밀사항인 경우에만 암호화 등 보안 유지가 가능한 방법을 지정하여 발신해야 합니다.

14년 2월

6. 다음 중 공문서에서 관인을 관리하는 방법을 잘못 설명한 것은?

① 관인의 인영 색깔은 대체로 빨간색으로 한다.

② 관인의 글자는 한글이나 한자로 하며 세로로 새긴다.

③ 관인의 인영 색깔은 문서를 출력 또는 복사하여 시행하거나 팩스를 통하여 문서를 접수하는 경우에는 검정색으로 할 수 있다.

④ 관인의 글자는 그 기관 또는 직위의 명칭에 '인' 또는 '의인' 글자를 붙인다.

> 관인은 한글로 하여 가로로 새깁니다.

▶ 정답 : 1. ③ 2. ① 3. ③ 4. ① 5. ④ 6. ②

021 | 문서관리 일반

❶ 문서의 기능 24.5, 23.5, 20.2, 20.1, 15.2

- 의사 기록 · 구체화
- 의사 전달 기능
- 의사 보존 기능
- 자료 제공 기능
- 업무 연결 · 조정 기능

❷ 문서관리 원칙 24.5, 24.4, 24.2, 23.2, 21.3, 21.1, 20.상시, 19.2, 19.1, 18.상시, 18.1, 17.1, 16.1

정확성	• 문서를 착오 없이 올바르게 처리하기 위한 것 • 문서를 옮겨 적거나 다시 기재하는 것을 줄이고, 복사해서 사용함
신속성	• 문서 처리를 보다 빨리 수행하기 위한 것 • 문서의 경유처를 최대한 줄이고, 문서가 정체되는 것을 방지함
용이성	• 문서를 취급하는 주체인 사람이 업무를 간편히 처리하기 위한 것 • 반복되고 계속되는 업무는 유사 관련 자료를 참고하여 사무의 절차와 방법을 간소화함
경제성	• 문서 처리에 관련된 모든 사무 비용을 절감하기 위한 것 • 문서의 집중 관리 및 처리를 통하여 경비를 절약함
간소화	문서 사무 처리의 절차나 방법 등을 간결하게 하여 시간 절약과 문서 업무 능률을 증진시키는 것

❸ 문서관리 절차 24.5, 24.3, 23.4, 23.3, 22.4, 22.3, 22.2, 22.1, 21.1, 19.상시, 19.2, 18.2, 18.1, 17.2, …

구분	문서 처리가 완결된 문서와 그렇지 못한 문서를 분류하여 관리할 문서를 지정하는 것
분류	문서를 문서분류법에 따라 나누는 것
편철	• 분류가 끝난 문서를 문서철에 묶는 과정 • 발생순서 또는 논리적 순서에 따라 묶음
보관	문서가 완결된 날이 속하는 연도의 말까지 각 부서의 문서보관함에 넣고 활용 및 관리하는 것
이관	계속 보관이 필요한 문서를 보존 기간에 맞춰 보존하기 위하여 문서 관리 주관 부서로 옮기는 것
보존	• 정해진 문서의 보존기간 동안, 즉 폐기 전까지 문서 관리 주관 부서에서 관리하는 것 • 보존 기간 계산의 기산일은 기록물 생산년도 다음해 1월 1일부터임
평가	보존기간이 끝난 문서를 평가하여 보존/폐기/보류 등의 여부를 결정하는 것
폐기	보관 또는 보존기간이 끝난 문서를 폐기하는 것

022 | 문서 파일링

❶ 파일링 시스템의 원칙 24.2, 23.4, 18.2, 16.3, 15.3

- 문서 검색의 용이성 및 신속한 출납
- 명확한 분류를 위한 파일링 방법의 표준화
- 문서의 소재 명시 및 보존의 확실성
- 시간과 공간의 절약

❷ 파일링 시스템의 도입효과 24.3, 24.1, 23.2, 22.4, 21.4, 20.2, 19.1, 16.1

- 문서 관리의 명확화
- 정보 전달의 원활화
- 안전 관리 대책 확립
- 사무 공간의 효율적 활용
- 공용화에 의한 사물(私物)화 방지
- 기록 활용에 대한 제비용 절감
- 문서 검색의 용이성 · 신속성

❸ 명칭별 파일링 24.4, 23.3, 23.1, 22.2, 21.1, 20.1, 18.1, 17.1, 16.2, 15.2

- 거래처별로 개인이나 회사의 이름 등을 가나다 또는 ABC 순으로 정리하는 방법이다.
- 색인이 필요없이 직접적인 처리와 참조가 가능하다.

❹ 주제별 파일링 24.2, 24.1, 23.4, 23.2, 23.1, 22.4, 21.4, 21.3, 21.2, 21.1, 20.1, 19.2, 17.2, 16.2, 15.1

- 문서의 내용으로부터 주제나 카테고리를 정하여 이를 기준으로 정리하는 방법이다.
- 문서가 소분류로 구분되는 경우에 주로 사용된다.
- 문서를 분류하는 것이 어렵지만 무한하게 확장할 수 있다.

❺ 지역별 파일링 24.5, 22.1, 21.1, 20.1, 16.2

- 국가, 지역, 거래처 명칭 순으로 분류한 다음 가나다 또는 ABC 순으로 정리하는 방법이다.
- 여러 나라나 지역에 사업장을 갖춘 기업에 유용하다.

❻ 번호별 파일링 20.1, 18.2

- 문자 대신 번호를 사용하여 번호 순으로 정리하는 방법이다.
- 확장이 수월하고 업무내용보다는 번호로 참조되는 경우에 효과적이다.

023 | 전자문서 관리

❶ 전자문서 24.5, 24.2, 24.1, 23.3, 23.2, 23.1, 22.4, 21.2, 21.1, 20.상시, 20.2, 20.1, 19.상시, 18.상시, …

- 컴퓨터 등 정보처리 능력을 가진 장치에 의하여 전자적인 형태로 작성되어 송·수신 또는 저장된 문서 형식의 자료로서 표준화된 것을 의미한다.
- 전자문서는 일반문서와 동일한 법적 효력을 가지며, 효력은 수신자의 컴퓨터에 파일로 등록(입력)된 때부터 발생한다.
- 행정기관에서는 전자이미지관인을 가지고 있으며, 처리과의 기안자나 문서의 수·발신 담당자가 전자이미지관인을 찍는다.
- 전자문서의 결재권자는 전자문서를 열람한 후 전자문서의 서명란에 날짜와 함께 서명해야 한다.
- 전자문서는 문서 등급에 따라 접근자의 범위가 지정되어 있다.
- 전자문서는 검토자, 협조자 및 결재권자가 동시에 열람할 수 있다.

❷ 전자결재 시스템 24.3, 24.1, 23.4, 23.2, 22.3, 22.2, 21.4, 18.상시, 17.2, 17.1, 15.1

- 문서나 보고서의 허락 및 승인을 네트워크 상에서 자유롭게 할 수 있도록 해주는 시스템이다.
- 문서 양식을 단순화하여 업무 효율성을 높일 수 있다.
- 문서 작성과 유통의 표준화로 업무 생산성을 향상시킬 수 있다.
- 문서를 재가공하여 사용할 수 있다.
- 실명제를 통해 문서 작성자의 책임소재가 명확하고, 사무 처리의 신중성을 제고시켜준다.

❸ 전자문서 관리 시스템 24.4, 23.5, 21.3, 18.2, 18.1, 16.3, 16.1

- 문서와 자료의 작성부터 폐기까지의 모든 과정을 일관성 있게 전자적으로 통합하고 관리하는 시스템이다.
- 텍스트, 그래픽, 이미지, 영상 등 모든 문서 자원을 통합 관리한다.
- 문서 수발에 따르는 시간과 비용이 절감된다.
- 데이터 중복의 최소화, 정보와 문서 형식의 표준화, 데이터의 공유 및 무결성을 유지할 수 있다.
- 정보통신망을 이용하여 문서를 공유할 수 있기 때문에 보안 유지에 주의해야 한다.

❹ EDI 24.5, 24.4, 23.4, 22.3, 22.2, 22.1, 19.2, 19.1, 15.2

- 조직간 통용되는 문서 정보를 종이로 된 서식 대신 컴퓨터 간에 표준화된 포맷과 코드 체계를 이용하여 문서를 교환하는 방식이다.
- 기업 간의 거래 데이터를 교환하기 위한 표준 포맷으로, 미국의 데이터 교환 표준협회(ANSI)에서 개발하였다.
- EDI의 3대 구성 요소는 EDI 표준(Standards), 사용자 시스템(User System), 통신 네트워크(VAN)이다.

024 | 공문서의 일반 지식

❶ 공문서의 효력 발생 시기 24.3, 24.1, 23.3, 23.1, 22.4, 22.3, 21.2, 19.2, 16.3, 16.2, 14.2, …

- 일반문서 : 수신자에게 도달된 때
- 전자문서 : 수신자의 컴퓨터에 파일로 기록된 때
- 공고문서 : 고시 또는 공고가 있은 후 5일이 경과한 때

❷ 공문서의 정책 실명제 24.2, 23.5, 21.2, 20.2

'정책 실명제'란 정책의 투명성과 책임성을 높이기 위하여 행정기관에서 시행하는 주요 정책의 결정 및 집행 과정에 참여하는 관련자의 실명과 의견을 기록·관리하는 제도를 말한다.

025 | 공문서의 기안과 처리

❶ 공문서의 기안 24.1, 23.3, 19.2, 19.1, 13.2, 12.2

- 기관의 의사를 결정하기 위하여 논의된 사항을 지정된 서식에 맞게 작성하는 것을 말하며, 기안을 서류화한 것이 기안문이다.
- 문서의 기안은 전자문서로 하는 것을 원칙으로 한다.
- 둘 이상의 행정기관 장의 결재가 필요한 문서는 그 문서 처리를 주관하는 행정기관에서 기안하고 결재를 받은 후 관련 행정기관 장의 결재를 받아 공동명의로 시행한다.

❷ 공문서의 처리 원칙 23.5, 22.3, 20.상시, 20.1, 18.1

- **즉일 처리의 원칙** : 문서는 내용 또는 성질에 따라 그 처리기간이나 방법이 다를 수 있으나, 효율적인 업무 수행을 위하여 그 날로 처리해야 함
- **책임 처리의 원칙** : 문서는 정해진 사무분장에 따라 각자가 직무의 범위 내에서 책임을 가지고 관계규정에 따라 신속·정확하게 처리해야 함
- **적법 처리의 원칙** : 문서는 법령의 규정에 따라 일정한 형식 및 요건을 갖추어야 함은 물론, 권한있는 자에 의해 작성·처리되어야 함
- **전자 처리의 원칙** : 문서의 생산·유통·보존 등 문서의 모든 처리절차는 전자문서 시스템에서 전자적으로 처리되어야 함

❸ 업무 편람 23.5, 22.1, 20.상시, 18.1, 16.1, 14.3, 12.2, 12.1, 10.1

- **직무편람** : 부서별로 단위 업무에 대한 업무계획·업무현황, 기타 참고자료 등을 체계적으로 정리한 업무 자료철
- **행정편람** : 업무처리 절차와 기준, 장비운용 방법, 기타 일상적 근무 규칙 등에 관하여 각 업무 담당자에게 필요한 지침, 기준 또는 지식을 제공하는 업무지도서 또는 업무참고서

026 | 공문서의 구성

❶ 공문서의 구성 요소 24.3, 23.4, 22.4, 22.3, 21.3, 20.1, 19.2, 19.1, 17.1, 16.2, 14.2, 10.1

- **두문** : 행정기관명, 수신자
- **본문** : 제목, 내용, 붙임
- **결문** : 발신명의, 생산등록번호, 접수등록번호, 시행일 및 접수일, 우편번호, 주소, 전자우편주소, 전화/팩스 번호, 홈페이지주소, 기안·검토·협조·결재권자 직위나 직급 및 서명 등

❷ 공문서의 내용 표기 24.1, 23.5, 22.2, 22.1, 20.2, 18.2, 17.2, 17.1, 16.2, 14.1, 13.1, 11.2

한글 표기	문서는 쉽고 간명하게 한글로 작성하되 한글 맞춤법에 따라 가로로 씀
숫자 표기	특별한 사유가 있는 경우를 제외하고는 아라비아 숫자로 표기
금액 표기	아라비아 숫자로 표기하고, 괄호 안에 한글로 기재 예 금 987,654원(금 구십팔만칠천육백오십사원)
날짜 표기	숫자로 표기하되 년, 월, 일의 글자는 생략하고, 온점(.)으로 구분 예 2024년 6월 1일 → 2024. 6. 1.
시간 표기	24시각제에 따라 숫자로 표기하되 시, 분의 글자는 생략하고, 쌍점(:)으로 구분 예 오후 3시 20분 → 15 : 20
기타	음성정보나 영상정보 등을 수록하거나 이와 연계된 바코드 등을 표기할 수 있음

❸ 공문서의 '끝' 표시 24.4, 21.1, 20.2, 20.1, 18.상시, 17.2, 14.1, 11.1

- **본문이 끝났을 경우** : 한 글자(2타) 띄고, '끝' 표시를 함
- **첨부물이 있는 경우** : 본문의 내용이 끝난 줄 다음에 '붙임' 표시 및 첨부물의 명칭과 수량을 기재함
- **본문 또는 붙임에 적은 사항이 오른쪽 한계선에서 끝났을 경우** : 다음 줄의 왼쪽 한계선에서 한 글자(2타) 띄고, '끝' 표시를 함
- **본문이 표 형식으로 끝나는 경우**
  - 표의 마지막 칸까지 작성 : 표 아래 왼쪽 한계선에서 한 글자(2타) 띄고, '끝' 표시를 함
  - 표의 중간까지 작성 : 마지막으로 작성된 칸의 다음 칸에 '이하 빈칸'을 표시하고, '끝' 표시는 생략함

027 | 공문서의 간인/발신

❶ 결재문서의 간인 24.3, 22.3, 19.상시, 18.상시, 16.3

두 장 이상으로 이루어진 문서 앞장의 뒷면과 뒷장의 앞면에 걸쳐 찍는 도장을 말한다.

❷ 문서이 발신 24.4, 24.3, 23.5, 22.3, 22.2, 21.2, 21.1, 20.2, 19.1, 18.상시, 16.3, 15.2, 15.1, 13.2, …

- 문서는 정보통신망을 이용하여 발신하는 것을 원칙으로 한다.
- 특별한 경우에는 우편 · 팩스 등의 방법으로 문서를 발신하되, 발신기록을 증명할 수 있는 관계서류를 기안문과 함께 보존한다.
- 내용이 중요한 문서는 등기우편이나 기타 발신시실을 증명할 수 있는 특수한 방법으로 발신한다.
- 행정기관이 아닌 자에게는 행정기관의 홈페이지 또는 행정기관이 공무원에게 부여한 전자우편주소를 이용하여 문서를 발신할 수 있다.
- 내용이 비밀사항인 문서는 암호화 등 보안 유지가 가능한 방법을 지정하여 발신한다.

2 과목

PC 운영체제

1장 한글 Windows 10의 기초

2장 한글 Windows 10의 사용법

3장 한글 Windows 10의 고급 사용법

4장 Windows 보조프로그램과 유니버설 앱의 활용

5장 컴퓨터 유지와 보수

6장 네트워크 관리

전문가가 분석한 2과목 출제 경향

Windows 10에 새롭게 추가된 기능을 눈여겨보세요.

80점을 목표로 공부하세요. 2과목 Windows를 공부할 때는 반드시 컴퓨터를 켜놓고 실습을 병행하는 것이 효과적입니다. Windows에서 실제 사용하는 기능 위주로 출제되고 있지만 시험이 거듭되면서 대화상자의 세부적인 옵션 종류를 묻는 등 까다로운 문제가 출제되고 있습니다. 반드시 실습과 병행하여 철저하게 암기할 건 암기하고 이해할 건 이해해야 합니다. 100점을 목표로 공부하기엔 외워야 할 기능이 너무 많으므로, 소위 문제를 위한 문제는 과감하게 무시할 필요가 있습니다. 특히 PC 운영체제가 Windows 10으로 변경되었으므로 Windows 10에 새롭게 추가된 기능들은 눈여겨봐야 할 부분입니다.

IT 자격증 전문가 강윤석

미리 따라해 본 베타테스터의 한 마디

저는 원래 외우는 데 소질이 없어서 외우는 부분은 그냥 포기하려고 했습니다. 그런데 이 책은 이론을 읽다가 까먹을 만하면 '기출문제 따라잡기'가 나와서 중요한 내용을 다시 한번 반복해 주더라고요. 다른 책으로 공부할 때는 이론만 읽다가 지치곤 했는데, 이론이 지겨울 만하면 문제가 나오니까 지루하지도 않고 더 잘 외워지더군요. 참 과학적으로 만들어진 책인 것 같습니다.

베타테스터 이수정(17살, 고등학생)

한글 Windows 10의 기초

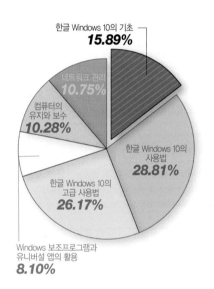

한글 Windows 10의 기초
15.89%

네트워크 관리
10.75%

컴퓨터의
유지와 보수
10.28%

한글 Windows 10의
사용법
28.81%

한글 Windows 10의
고급 사용법
26.17%

Windows 보조프로그램과
유니버설 앱의 활용
8.10%

028 한글 Windows 10의 특징 Ⓑ등급

029 한글 Windows 10의 부팅 Ⓑ등급

030 한글 Windows 10의 '시작 설정' Ⓑ등급

031 한글 Windows 10의 종료 Ⓒ등급

032 바로 가기 키 Ⓑ등급

꼭 알아야 할 키워드 Best 10
1. 선점형 멀티태스킹   **2.** PnP   **3.** 255자의 긴 파일 이름   **4.** 부팅 과정   **5.** POST   **6.** 시작 설정   **7.** 안전 모드 사용   **8.** msconfig
9. 전원 메뉴   **10.** 바로 가기 키

1 한글 Windows 10의 특징

24.3, 24.2, 24.1, 23.4, 23.3, 22.2, 22.1, 21.3, 21.2, 20.1, 16.2, 16.1, 14.1, 13.2, 13.1, 12.3, 12.2, 12.1, 11.2, 10.3, 08.4, 07.4, 06.4, 06.3, ···

한글 Windows 10 운영체제는 컴퓨터 시스템의 하드웨어를 효율적으로 관리하고 사용자에게는 더 편리한 컴퓨터 환경을 제공하기 위하여 만들어진 운영체제로 다음과 같은 특징이 있다.

11.2, 06.3, 00.1 **그래픽 사용자 인터페이스(GUI) 사용**	• 키보드로 명령어를 직접 입력하지 않고, 아이콘이나 메뉴를 마우스로 선택하여 모든 작업을 수행하는 사용자 작업 환경을 말한다. • 한글 Windows 10은 초보자도 쉽게 사용할 수 있는 그래픽 사용자 인터페이스(GUI)를 채용하였다.
24.2, 24.1, 23.4, 22.2, 21.3, 21.2, **선점형 멀티태스킹 (Preemptive Multi-tasking)**	• 운영체제가 각 작업의 CPU 이용 시간을 제어하여 앱* 실행중 문제가 발생하면 해당 앱을 강제 종료시키고, 모든 시스템 자원을 반환하는 멀티태스킹* 운영 방식을 말한다. • 하나의 앱이 CPU를 독점하는 것을 방지할 수 있어 시스템 다운 현상 없이 더욱 안정적인 작업을 할 수 있다.
24.3, 23.3, 22.1, 16.1, 14.1, 12.2, **플러그 앤 플레이 (자동감지장치; PnP, Plug & Play)**	• 컴퓨터 시스템에 하드웨어를 설치했을 때, 해당 하드웨어를 사용하는 데 필요한 시스템 환경을 운영체제가 자동으로 구성해 주는 것을 말한다. • 운영체제가 하드웨어의 규격을 자동으로 인식해 시스템 환경을 설정해 주기 때문에 PC 주변기기를 연결할 때 사용자가 직접 환경을 설정하지 않아도 된다. • 플러그 앤 플레이 기능을 활용하기 위해서는 하드웨어와 소프트웨어 모두 플러그 앤 플레이를 지원하여야 한다. • 하드웨어의 IRQ, DMA 채널, I/O 주소*들이 충돌하지 않도록 설정한다.
07.4, 07.3, 04.2, 04.1, 03.3, ··· **OLE(Object Linking and Embedding)**	• 다른 여러 앱에서 작성된 문자나 그림 등의 개체(Object)를 현재 작성중인 문서에 자유롭게 연결(Linking)하거나 삽입(Embedding)하여 편집할 수 있게 하는 기능이다. • OLE로 연결된 이미지를 원본 앱에서 수정하거나 편집하면 그 내용이 그대로 해당 문서에 반영된다.
14.1, 07.3, 06.2, 04.4, 04.1 **255자의 긴 파일 이름**	• 최대 255자의 긴 파일 이름을 지정할 수 있고, NTFS에서는 유니코드* 문자를 지원하여 세계 여러 문자를 파일 이름에 사용할 수 있다. • 파일 이름으로는 ₩ / : * ? " 〈 〉 를 제외한 모든 문자 및 공백을 사용할 수 있다.
24.2, 10.3, 06.2, 04.4, 03.1, 00.2 **64비트 데이터 처리**	완전한 64비트로 데이터를 처리하므로 더 많은 양의 데이터를 빠르게 처리할 수 있으며, 사용자에게 좀더 빠르고 효율적인 시스템을 구축할 수 있게 한다.

문제1 4102851 문제2 1102651 문제3 1102652

따라잡기 기출문제 따라잡기

23년 3회, 14년 1회

1. 다음 중 한글 Windows 10의 플러그 앤 플레이(Plug & Play) 기능에 관한 설명으로 옳지 않은 것은?

① 플러그 앤 플레이 기능을 활용하기 위해서는 하드웨어의 지원없이 소프드웨어만 지원하면 가능하다.

② 해당 장치에 대하여 사용자가 직접 환경을 설정하지 않아도 자동으로 구성된다.

③ 설치할 하드웨어를 자동으로 감지하고 장치 간의 충돌을 방지하는 기능이다.

④ 플러그 앤 플레이 기능이 없는 하드웨어는 [장치 관리자]를 이용하여 설치할 수 있다.

> 플러그 앤 플레이 기능을 활용하기 위해서는 소프트웨어뿐만 아니라 하드웨어의 지원도 필요합니다.

06년 2회, 04년 4회, 03년 3회, 1회

2. 다음은 한글 Windows 10에 대한 특징을 설명한 것이다. 옳지 않은 것은?

① 비선점형 멀티태스킹(Non-Preemptive Multi-Tasking)의 지원으로 특정한 앱에서 문제가 발생하면 시스템 전체가 동작을 멈춘다.

② 최대 255자까지의 파일 이름을 사용할 수 있다.

③ PnP(Plug & Play) 기능을 지원하여 하드웨어 추가를 쉽게 할 수 있다.

④ Windows 10은 완전한 64비트 운영체제로 한 번에 64비트 단위의 데이터를 처리한다.

> Windows 10은 운영체제가 CPU를 선점하는 선점형 멀티태스킹 방식을 사용합니다.

07년 4회, 3회, 04년 2회, 03년 3회, 02년 2회, 1년 2회, 00년 3회

3. 다음은 한글 Windows 10에서 지원되는 기능 중 무엇을 설명한 것인가?

> 하나의 문서를 작성할 때 여러 앱에서 작성된 문자나 그림들을 하나의 문서에서 자유롭게 삽입해서 사용할 수 있으며 삽입된 이미지에 대한 수정도 단순하게 수행된다.

① OLE(Object Linking and Embedding)

② 멀티태스킹(Multi-Tasking)

③ 자동감지설치(Plug and Play)

④ 멀티포맷(Multi Format)

> 데이터와 데이터를 연결, 즉 개체(Object)를 연결(Linking)하거나 삽입(Embedding)하는 기능은 'OLE'입니다.

24년 3회, 22년 1회, 16년 1회, 14년 1회, 12년 2회, 1회

4. 다음 중 한글 Windows 10의 특징에서 플러그 앤 플레이(Plug & Play) 기능에 관한 설명으로 옳지 않은 것은?

① 컴퓨터에 새로운 하드웨어를 설치할 때 해당 하드웨어를 사용하는데 필요한 시스템 환경을 자동으로 구성해 주는 기능이다.

② 기존 컴퓨터 시스템과 충돌을 방지하는 기능을 수행한다.

③ 하드웨어와 소프트웨어가 PnP 기능을 지원하여야 수행된다.

④ 컴퓨터 시스템이 오류가 발생했을 때 자동으로 복구하는 기능을 수행할 수 있다.

> 플러그 앤 플레이의 기능 중 컴퓨터 시스템에 오류가 발생했을 때 이를 자동으로 복구해 주는 기능은 없습니다.

24년 1회, 23년 4회, 22년 2회, 21년 3회, 2회, 20년 1회, 16년 2회, 03년 1회

5. 다음 중 아래의 보기에서 설명하는 한글 Windows 10 운영체제의 특징으로 옳은 것은?

> 한 대의 컴퓨터 시스템에서 운영체제가 각 작업의 제어권을 행사하여 작업의 중요도와 자원 소모량 등에 따라 우선순위가 높은 작업에 기회가 가도록 우선순위가 낮은 작업에 작동 제한을 걸어 특정 자원 앱이 제어권을 독점하는 것을 방지하는 안정적인 체제

① 선점형 멀티태스킹

② 그래픽 사용자 인터페이스

③ 보안이 강화된 방화벽

④ 컴퓨터 시스템과 장치 드라이버의 보호

> 운영체제가 작업을 제어하려면 우선 권한을 선점해야 합니다.

24년 2회

6. 다음 중 한글 Windows 10의 기능에 관한 설명으로 옳지 않은 것은?

① 완전한 128비트의 데이터 처리 방식을 제공하여 데이터 처리를 보다 빠르게 할 수 있다.

② 선점형 멀티태스킹을 이용하여 시스템이 다운되는 현상없이 안정적으로 작업할 수 있다.

③ 스마트폰이나 태블릿에서 동일한 앱을 실행할 수 있다.

④ 바탕 화면을 여러 개 만들어 바탕 화면별로 필요한 앱을 실행해 놓고 바탕 화면을 전환하면서 작업할 수 있다.

> 한글 Windows 10은 완전한 64비트로 데이터를 처리합니다.

▶ 정답: 1. ① 2. ① 3. ① 4. ④ 5. ① 6. ①

1 부팅 과정

24.4, 16.2, 11.2, 10.2, 05.3, 04.3, 04.1, 03.1, 02.2, 02.1, 01.2, 00.1

부팅(Booting)이란 컴퓨터에 전원이 공급된 순간부터 각 장치를 검사하고 초기화하는 과정을 거쳐 컴퓨터가 작업할 수 있는 환경이 될 때까지의 과정을 말하는 것으로, 부트 스트랩(Boot Strap)의 준말이다.

부팅 순서

❶ 컴퓨터에 전원이 들어오면 롬 바이오스(ROM BIOS)가 실행되어 CMOS에 기록된 내용과 각 하드웨어가 징싱인지 점검한디.

❷ 시스템 버스, RTC, 시스템 비디오 구성 요소, RAM, 키보드, 드라이브 등을 검사하는 POST*를 수행한다.

❸ MBR*과 부트 섹터를 검색하고 Winload.exe, Ntoskrnl.exe, Smss.exe 등을 실행하여 커널을 포함한 부팅에 필요한 모든 파일들을 주기억장치로 읽어 들인다.

❹ Winlogon.exe를 실행하여 로그온 화면을 표시한다.

❺ Explorer.exe를 실행하여 Windows 10의 바탕 화면을 표시한다.

24.3, 24.1, 22.4, 22.3, 21.4, 21.2, 21.1, 14.3, 12.1, 05.3, 04.2

잠깐만요 **POST(Power On Self Test)**

영문 그대로 전원이(Power) 들어오면(On) 컴퓨터 스스로(Self) 이상 유무 검사(Test)를 수행하는 과정으로, ROM-BIOS에 있는 검사 프로그램에 의해 시스템의 하드웨어를 자동으로 검사하는 기능입니다.

2 다중(이중, 멀티) 부팅

다중 부팅은 한 컴퓨터에 서로 다른 두 개 이상의 운영체제를 설치한 후 컴퓨터를 시작할 때마다 사용할 운영체제를 선택하여 부팅하는 것을 의미한다.

• 컴퓨터에 여러 개의 운영체제를 설치하면 시스템 시작 시 화면에 운영체제를 선택할 수 있는 다중 부팅 메뉴가 표시된다.

• 다중 부팅 메뉴에 대한 정보는 BCD(부팅 구성 데이터)에 저장된다.

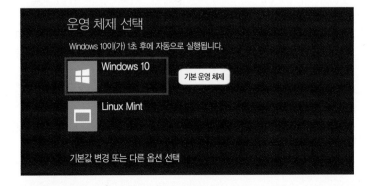

기출문제 따라잡기

따라잡기

문제2 3102952

16년 2회, 05년 3회, 04년 3회, 1회, 03년 1회, 00년 1회

1. 다음 중 아래의 보기에서 한글 Windows 10의 부팅 과정에 대한 순서로 옳은 것은?

> ㉠ POST 수행
> ㉡ Windows 로그온
> ㉢ MBR과 부트섹터 검색 및 커널을 포함한 부팅에 필요한 파일 로딩
> ㉣ ROM BIOS가 실행되어 CMOS의 내용과 각 하드웨어의 정상 유무 점검

① ㉠ → ㉡ → ㉢ → ㉣   ② ㉡ → ㉠ → ㉣ → ㉢
③ ㉢ → ㉣ → ㉠ → ㉡   ④ ㉣ → ㉠ → ㉢ → ㉡

순서를 간단히 정리해 보면 'CMOS → POST → MBR → 로그온' 입니다.

21년 4회, 21년 2회, 14년 3회, 12년 1회, 05년 3회, 04년 2회

2. 한글 Windows 10이 설치된 컴퓨터를 부팅할 때, ROM-BIOS에 있는 검사 프로그램에 의해 시스템의 하드웨어를 자동으로 검사하는 기능은?

① OnNow 기능   ② MTU 설정 기능
③ POST 기능   ④ Back Up 기능

전원이(Power) 들어오면(On) 컴퓨터 스스로(Self) 이상 유무 검사(Test)를 수행하는 과정을 POST라고 합니다.

11년 2회, 02년 1회

3. 다음 보기의 (   ) 안에 들어갈 용어를 순서대로 올바르게 나열한 것은?

> 컴퓨터 시스템의 전원이 켜짐과 동시에 하드웨어는 운영체제의 일부분인 (   )을 (   )로 읽어 들여 사용자가 컴퓨터를 사용할 수 있도록 한다. 이러한 작업 과정을 (   )이라고 한다.

① 커널(Kernel), 주기억장치, 로딩(Loading)
② 서비스 프로그램, 보조기억장치, 부팅(Booting)
③ 커널(Kernel), 주기억장치, 부팅(Booting)
④ 서비스 프로그램, 주기억장치, 로딩(Loading)

커널을 주기억장치로 읽어 들이는 작업은 부팅입니다.

24년 3회, 1회, 22년 4회, 22년 3회

4. 다음 중 아래의 보기에서 설명하는 부팅 과정과 연관된 용어는?

> 시스템 버스, RTC, 시스템 비디오 구성 요소, RAM, 키보드, 드라이브 등을 검사하다.

① POST   ② MBR
③ BIOS   ④ Winlogon

부팅 과정 중에 여러 장치들을 검사하는 것을 POST라고 합니다.

24년 4회, 10년 2회

5. 다음 중 컴퓨터를 처음 켰을 때 동작하는 프로그램으로, 디스크가 운영체제를 성공적으로 동작하기 위해 필요한 기본 구성 요소들을 가지고 있는지 확인하는데 사용하는 영역은 어느 것인가?

① 루트 폴더(Root Folder)
② 데이터 영역(Data Area)
③ FAT(File-Allocation Table)
④ MBR(Master Boot Record)

문제에서 제시된 내용은 MBR(Master Boot Record)의 특징입니다.

▶ 정답 : 1. ④ 2. ③ 3. ③ 4. ① 5. ④

한글 Windows 10의 '시작 설정'

1 24.5, 24.3, 24.2, 23.1, 22.1, 20.2, 19.상시, 19.1, 18.상시, 18.2, 17.2, 15.3, 15.2, 15.1, 14.1, 13.3, 13.2, 12.1, 11.3, 11.2, 08.3, 07.4, 06.4, 06.3, 06.2, 04.1, 02.4

한글 Windows 10의 '시작 설정'

시스템이 정상적으로 동작하지 않을 때 Windows의 '시작 설정'을 사용하면 다양한 고급 문제 해결 모드로 Windows를 시작하여 PC의 문제점을 찾아 해결할 수 있다.

시작 설정 화면 표시 방법

❶ [⊞(시작)] → [⚙(설정)] → '설정' 창에서 〈업데이트 및 보안〉 클릭 → 왼쪽 항목에서 〈복구〉 클릭 → '고급 시작 옵션'에서 〈지금 다시 시작〉을 클릭한다*.

❷ '옵션 선택' 화면에서 〈문제 해결〉을 클릭한다.

❸ '문제 해결' 화면에서 〈고급 옵션〉을 클릭한다.

❹ '고급 옵션' 화면에서 〈시작 설정〉을 클릭한다.

❺ '시작 설정' 화면에서 〈다시 시작〉을 클릭한다.

시작 설정

아래 옵션에서 선택하려면 숫자를 누르십시오.

숫자 키 또는 기능 키(F1~F9)를 사용하십시오.

1) 디버깅 사용
2) 부팅 로깅 사용
3) 저해상도 비디오 사용
4) 안전 모드 사용
5) 안전 모드(네트워킹 사용) 사용
6) 안전 모드(명령 프롬프트 사용) 사용
7) 드라이버 서명 적용 사용 안 함
8) 맬웨어 방지 보호 조기 실행 사용 안 함
9) 오류 발생 후 자동 다시 시작 사용 안 함

추가 옵션을 보려면 F10 키를 누르십시오.
운영 체제로 돌아가려면 Enter 키를 누르십시오.

Ntbtlog.txt 파일 생성 위치
Ntbtlog.txt 파일은 C:\Windows 폴더에 생성됩니다.

24.5, 24.3, 22.1, 20.2 **디버깅 사용**	네트워크로 연결된 경우 컴퓨터 관리자에게 해당 컴퓨터의 디버그 정보를 보내면서 컴퓨터를 시작한다.
24.5, 24.3, 22.1, 20.2, 15.3 **부팅 로깅 사용**	• 부팅 과정을 Ntbtlog.txt* 파일에 기록하며 부팅하는 방식이다. • 문제가 있을 때 이 방법을 사용하여 부팅한 후 Ntbtlog.txt 파일을 열어 문제가 발생한 부분을 확인할 수 있다.
15.3 **저해상도 비디오 사용**	• 화면 모드를 현재 그래픽 카드 드라이버의 가장 낮은 해상도로 설정하여 부팅하는 방식이다. • 그래픽 카드 드라이버를 새로 설치한 후 Windows 10이 제대로 실행되지 않을 때 유용하다.

24.5, 24.3, 22.1, 20.2, 15.3, 15.2, 15.1, 13.3, … **안전 모드 사용**	• 컴퓨터가 비정상적으로 작동될 때 컴퓨터에 발생한 문제를 해결하기 위해 사용하는 방식이다. • 컴퓨터 작동에 필요한 최소한의 장치만을 설정하여 부팅하므로 네트워크 관련 작업이나 사운드 카드, 모뎀 등은 사용할 수 없다.
19.1, 18.2 **안전 모드 (네트워킹 사용) 사용**	네트워크가 지원되는 안전 모드로 부팅하는 방식이다.
안전 모드 (명령 프롬프트 사용) 사용	안전 모드로 부팅하되, GUI 환경이 아닌 DOS 모드로 부팅한다.
드라이버 서명 적용 사용 안 함	부적절한 서명이 포함된 드라이버를 설치할 수 있도록 한다.
24.3, 22.1, 20.2 **맬웨어 방지 보호 조기 실행 사용 안 함**	맬웨어* 차단 시스템을 사용하지 않도록 지정한다.
오류 발생 후 자동 다시 시작 사용 안 함	시스템에 오류가 발생한 경우 시스템이 자동으로 다시 시작되지 않도록 지정한다.

맬웨어(Malware)
사용자가 원하지 않는 악의적인 동작을 하도록 제작된 앱 또는 코드를 의미합니다.

2 '시스템 구성' 대화상자
24.5, 22.4, 21.1, 17.2, 16.3, 15.2, 13.2

1102731

'시스템 구성' 대화상자는 Windows가 제대로 시작되지 않을 때, 컴퓨터에 설치되어 있는 서비스 목록을 확인하거나 사용 여부를 지정할 수 있다.

 **전문가의 조언**

msconfig의 용도를 묻는 문제가 출제됩니다. msconfig는 '시스템 구성' 대화상자를 열 때 사용한다는 것을 기억하세요.

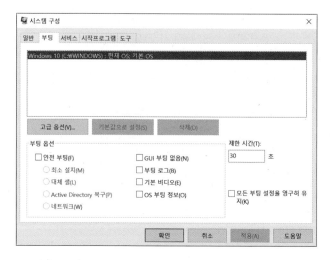

• '서비스' 탭에서 문제가 의심되는 서비스를 끈 상태와 켠 상태로 시스템을 시작해 보면서 문제를 찾을 수 있다.
• '부팅' 탭에서 부팅 옵션 등을 확인할 수 있다.

열기

• **방법 1** : [⊞(시작)] → [Windows 관리 도구] → [시스템 구성] 선택
• **방법 2** : 작업 표시줄의 '검색 상자'에 **msconfig**를 입력한 후 [Enter] 누름

문제2 1102751   문제4 1102752

24년 5회

1. 다음 중 한글 Windows 10의 '시작 설정'에서 지원하는 부팅 모드가 아닌 것은?

① 안전 모드 사용

② 부팅 로깅 사용

③ 디버깅 사용

④ 바이러스 및 오류 검사 사용

> 한글 Windows 10의 '시작 설정'에 '바이러스 및 오류 검사 사용'이라는 부팅 모드는 없습니다.

15년 3회, 1회, 14년 1회, 13년 3회, 2회, 12년 1회, 11년 3회, 2회, 07년 4회

2. 다음 중 한글 Windows 10의 부팅 모드 중에서 [안전 모드]에 대하여 가장 올바르게 설명한 것은?

① 바이러스에 감염된 앱을 자동으로 실행하지 않도록 하는 모드이다.

② 최소한의 장치로 부팅하여 장치의 문제를 해결하기 위한 모드이다.

③ 시스템에 오류가 발생한 경우 시스템이 자동으로 시작되지 않도록 하는 모드이다.

④ 시스템에 문제없이 마지막으로 부팅한 상태의 모드로 다시 부팅하는 모드이다.

> 안전 모드는 시스템이 정상적으로 부팅되지 않은 경우 이를 해결하기 위한 부팅 모드입니다.

24년 5회, 22년 4회, 21년 1회, 17년 2회, 16년 3회, 15년 2회, 13년 2회

3. 한글 Windows 10에서 작업 표시줄의 검색 상자에 어떤 명령어를 입력하여 '시스템 구성' 대화상자를 열 수 있는가?

① ipconfig   ② tracert

③ nbtstat   ④ msconfig

> '시스템 구성' 대화상자를 열 때 사용하는 명령어는 msconfig입니다.

24년 3회, 22년 1회, 20년 2회

4. 다음 중 한글 Windows 10의 '시작 설정'에서 지원하는 부팅 모드에 대한 설명으로 옳은 것은?

① 안전 모드 사용 : 기본 드라이버 및 DVD 드라이브, 네트워크 서비스만으로 부팅한다.

② 부팅 로깅 사용 : 화면 모드를 현재 그래픽 카드 드라이버의 가장 낮은 저해상도로 설정하여 부팅한다.

③ 디버깅 사용 : 잘못된 서명이 포함된 드라이버를 설치할 수 있도록 설정한다.

④ 맬웨어 방지 보호 조기 실행 사용 안 함 : 맬웨어 차단 시스템을 사용하지 않도록 설정한다.

> ① 안전 모드 사용 : 컴퓨터에 발생한 문제를 해결하기 위해 사용하는 방식으로, 컴퓨터 작동에 필요한 최소한의 장치만을 설정하여 부팅하므로 네트워크 관련 작업은 사용할 수 없습니다.
> ② 부팅 로깅 사용 : 부팅 과정을 Ntbtlog.txt 파일에 기록하며 부팅하는 방식입니다. ②번은 저해상도 비디오 사용에 대한 설명입니다.
> ③ 디버깅 사용 : 네트워크로 연결된 경우 컴퓨터 관리자에게 해당 컴퓨터의 디버그 정보를 보내면서 컴퓨터를 시작합니다.

24년 2회, 23년 1회

5. 다음 중 한글 Windows 10에서 안전 모드를 실행하는 방법으로 옳은 것은?

① [설정] → [업데이트 및 보안] → [복구] → '고급 시작 옵션'에서 〈지금 다시 시작〉을 클릭한다.

② 컴퓨터가 부팅될 때 Shift + F8 을 입력한다.

③ Ctrl 를 누른 상태에서 [시작] 메뉴 → 전원 → 다시 시작을 클릭한다.

④ Ctrl 을 누른 상태에서 로그아웃한다.

> 안전 모드가 있는 시작 설정을 사용하기 위해서는 [⚙(설정)] → [업데이트 및 보안] → [복구] → '고급 시작 옵션'에서 〈지금 다시 시작〉을 클릭하거나, Shift 를 누른 상태에서 [⊞(시작)] → [⏻(전원)] → [다시 시작]을 클릭해야 합니다.

▶ **정답** : 1. ④ 2. ② 3. ④ 4. ④ 5. ①

한글 Windows 10의 종료

1 24.5, 22.4, 22.3, 21.3, 21.1, 19.2, 18.상시, 16.1, 15.3, 10.1, 97.3
한글 Windows 10의 종료

전문가의 조언

전원 메뉴에 대한 문제가 종종 출제되고 있습니다. 전원 메뉴에 표시된 동작의 종류와 각각의 의미를 기억하세요.

한글 Windows 10을 종료할 때는 실행중인 모든 앱을 종료한 후 [⊞(시작)] → [⏻(전원)] → [시스템 종료]를 선택하는 정상적인 종료 순서를 지켜주어야 문제가 발생하지 않는다.

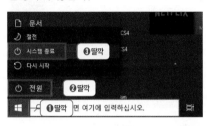

- **절전** : 컴퓨터를 장시간 사용하지 않을 때 주변장치들의 전원을 차단하여 전력 소비량을 최소화했다가 마우스 단추나 키보드에서 임의의 키를 누르면 곧바로 다시 시작할 수 있는 모드로, DVD 플레이어에서 일시 중지를 누르는 것과 같다.
- **시스템 종료** : 사용하던 앱을 모두 종료하고 전원을 차단하여 시스템을 종료한다.
- **다시 시작** : 전원이 유지된 상태에서 사용하던 앱을 모두 종료하고 시스템을 다시 시작한다.

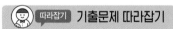 **기출문제 따라잡기**

24년 5회, 22년 4회, 3회, 21년 3회, 1회
1. 다음 중 한글 Windows 10에서 [⊞(시작)] → [⏻(전원)]을 클릭했을 때 표시되는 전원 메뉴에 관한 설명으로 옳지 않은 것은?

① 절전은 컴퓨터를 장시간 사용하지 않을 때 주변장치들의 전원을 차단하여 전력 소비량을 최소화했다가 마우스 단추나 키보드에서 임의의 키를 누르면 곧바로 다시 시작할 수 있다.

② 로그아웃은 모든 앱을 종료하고 네트워크를 차단한 후 다른 사용자 계정으로 네트워크에 로그인 할 수 있게 한다.

③ 시스템 종료는 사용하던 앱을 모두 종료하고 전원을 차단하여 시스템을 종료하는 것이다.

④ 다시 시작은 전원이 유지된 상태에서 사용하던 앱을 모두 종료하고 시스템을 다시 시작한다.

[⏻(전원)] 메뉴에서는 로그아웃을 할 수 없습니다.

▶ 정답 : 1. ②

바로 가기 키

B _{등급}

전문가의 조언

종종 출제되는 내용입니다. 모두
암기해야 하는데 무조건 암기하기
에는 내용이 많은 편이죠? 실습을
통해 각 바로 가기 키를 익히면
기억하기 쉽습니다.

1 바로 가기 키(단축키)의 개념

바로 가기 키는 키보드의 키를 조합하여 명령어 대신 특정 앱이나 명령을 빠르게 실
행하는 기능으로, 단축키 또는 핫키(Hot Key)라고도 한다.

2 [Alt]를 이용한 바로 가기 키

24.4, 24.1, 23.1, 19.1, 16.2, 15.3, 14.3, 09.3, 07.4, 06.2, 05.4, 05.2, 03.3, 03.1, 02.4, 01.3, 01.1, 00.3, 99.2, 97.3

1102903

바로 가기 키	기능
24.1 [Alt]	• 메뉴를 활성화시킨다. • [F10]을 눌러도 같은 기능을 수행한다.
[Alt]+[→], [←]	현재 실행중인 화면의 다음 화면이나 이전 화면으로 이동한다.
[Alt]+[Esc]	현재 실행중인 앱들을 순서대로 전환한다.
24.4, 23.1, 16.2, 05.4, 05.2, 02.4, 01.1, … [Alt]+[Tab]	• 현재 실행중인 앱들의 목록*을 화면 중앙에 나타낸다. • [Alt]를 누른 상태에서 [Tab]을 이용하여 이동할 작업 창을 선택한다.
24.4, 19.1, 09.3, 07.4, 06.2, 05.4 … [Alt]+[Enter]	선택된 항목의 속성 대화상자를 실행한다.
19.1, 03.1 [Alt]+[Spacebar]	활성창*의 바로 가기 메뉴*를 표시한다.
15.3, 14.3, 05.4, 02.4 [Alt]+[F4]	• 실행중인 창(Window)이나 앱을 종료한다. • 실행중인 앱이 없으면 'Windows 종료' 창을 나타낸다.
99.2 [Alt]+[Print Screen]	현재 작업중인 활성 창을 클립보드로 복사한다.
[Alt]+[F8]	로그인 화면에서 암호를 입력할 때 '●' 기호 대신 입력한 내용을 확인할 수 있다.

실행중인 앱들의 목록

활성창
활성창은 활성화된 창, 즉 실행중
인 여러 개의 작업창 중에서 현재
선택되어 작업 대상이 되는 창을
말합니다.

활성창의 바로 가기 메뉴

[Ctrl]을 사용한 기본 바로 가기 키
• [Ctrl]+[C] : 복사하기
• [Ctrl]+[X] : 잘라내기
• [Ctrl]+[V] : 붙여넣기
• [Ctrl]+[Z] : 실행 취소

3 [Ctrl]을 이용한 바로 가기 키*

24.1, 23.1, 22.1, 16.3, 16.2, 15.3, 05.3, 05.1, 03.3, 03.1, 02.2, 02.1, 99.2

1102904

바로 가기 키	기능
24.1, 22.1, 16.3, 05.3 [Ctrl]+[A]	폴더 및 파일을 모두 선택한다.
16.3, 03.3 [Ctrl]+[Esc]	⊞(시작)을 클릭한 것처럼 [시작] 메뉴를 표시한다.
24.4, 24.3, 24.1, 23.1, 16.2, 15.3, … [Ctrl]+[Shift]+[Esc]	'작업 관리자*' 대화상자를 실행하여 문제가 있는 앱을 강제로 종료한다.
16.3 [Ctrl]+마우스 스크롤	바탕 화면의 아이콘 크기를 변경한다.

'작업 관리자'에 대한 자세한 내용
은 228쪽을 참고하세요.

4 ⊞를 이용한 바로 가기 키

24.4, 24.3, 24.1, 23.4, 23.1, 21.1, 19.1, 18.1, 16.2, 14.2, 05.4, 04.1, 03.4, 01.3

1102906

바로 가기 키	기능
21.1, 18.1, 14.2 ⊞	⊞(시작)을 클릭하거나 Ctrl + Esc 를 누른 것처럼 [시작] 메뉴를 표시한다.
21.1, 18.1, 14.2 ⊞ + E	'파일 탐색기'*를 실행한다.
⊞ + F	피드백 허브* 앱을 실행한다.
24.4, 24.3, 23.4, 19.1, 18.2 ⊞ + L	컴퓨터를 잠그거나 사용자를 전환한다.
24.3, 23.4, 23.1, 21.1, 18.2, 18.1, 16.2, 14.2, … ⊞ + D *	열려 있는 모든 창과 대화상자를 최소화(바탕 화면 표시)하거나 이전 크기로 나타낸다.
24.1 ⊞ + M */ ⊞ + Shift + M	열려 있는 모든 창을 최소화/이전 크기로 나타낸다.
24.3, 23.4, 23.1, 21.1, 18.1, 16.2, 14.2, 05.4, … ⊞ + R	'실행' 창을 나타낸다.
⊞ + U	[설정]의 '접근성' 창*을 나타낸다.
⊞ + T	작업 표시줄의 앱을 차례로 선택한다.
24.3, 23.4 ⊞ + A	알림 센터를 표시한다.
⊞ + B	알림 영역으로 포커스를 옮긴다.
⊞ + Alt + D	알림 영역에 날짜 및 시간을 표시하거나 숨긴다.
⊞ + I	'설정' 창을 화면에 나타낸다.
⊞ + S	'검색 상자'로 포커스를 옮긴다.
⊞ + Ctrl + D	가상 데스크톱*을 추가한다.
⊞ + Ctrl + F4	사용 중인 가상 데스크톱을 삭제한다.
⊞ + Home	선택된 창을 제외한 모든 창을 최소화/이전 크기로 나타낸다.
⊞ + ↑/←/→/↓	선택된 창 최대화/화면 왼쪽으로 최대화/화면 오른쪽으로 최대화/창 최소화 (창 최대화일 때는 이전 크기로) 한다.
⊞ + Ctrl + F	'컴퓨터 찾기' 대화상자를 나타낸다.
24.1 ⊞ + Tab	'작업 보기'*를 실행한다.
05.4, 04.1, 03.4 ⊞ + Pause/Break	[설정] → [시스템] → [정보] 창을 나타낸다.

'파일 탐색기'에 대한 자세한 내용은 146쪽을 참고하세요.

피드백 허브
사용자가 Windows 10을 사용하는 과정에서 발생한 오류나 기능에 대한 의견을 보내면, Windows 개발자들이 이를 참고하여 기능 개선에 사용하게 되는데, 이와 같이 Windows 10의 개선을 위해 사용자와 개발자 간의 의견을 교환할 수 있도록 하는 앱을 의미합니다.

궁금해요 시나공 Q&A 베스트

Q ⊞ + D 와 ⊞ + M 둘의 차이점을 모르겠어요!

A ⊞ + D 는 현재 열려 있는 모든 창을 최소화하는 반면 ⊞ + M 은 열려 있는 창 중에서 팝업, 속성 대화상자 등이 열려 있는 창은 제외하고 최소화합니다.

'접근성' 창에 대한 자세한 내용은 188쪽을 참고하세요.

'가상 데스크톱'에 대한 자세한 내용은 139쪽을 참고하세요.

'작업 보기'에 대한 자세한 내용은 139쪽을 참고하세요.

Q ⊞+Shift+M은 '열려있는 모든 창 이전 크기' 라고 했는데요. 어떻게 창이 이전 크기로 간다는 의미인지 모르겠어요.

A '이전 창'이란 창에 어떤 변화가 일어나기 전을 말합니다. 앱 창이 여러 개 열려 있는 상태에서 ⊞+M 을 누르면 모든 창이 작업 표시줄로 최소화되고 바탕 화면이 나타납니다. 이 상태에서 ⊞+Shift+M을 누르면 창들이 ⊞+M을 누르기 전의 상태로 돌아옵니다. 이 바로 가기 키는 바탕 화면을 보고 싶을 때 유용합니다.

5 파일 탐색기의 바로 가기 키

21.4, 09.3, 07.4, 07.3, 06.2, 06.1, 05.4, 05.3, 05.2, 03.3, 02.3, 02.2, 01.1, 00.3, 98.1

1102907

바로 가기 키	기능
21.4, 02.2, 00.3 F6 / Backspace	창 전환/선택된 폴더의 상위 폴더로 이동한다.
06.1, 05.2, 98.1 키패드*의 *	선택한 폴더의 모든 하위 폴더 표시한다.
21.4, 09.3, 07.4, 06.2, 05.4, 03.3, … 키패드의 + / −	선택한 폴더의 하위 폴더 표시/하위 폴더를 닫는다.
방향키의 →	선택한 폴더가 축소되어 있으면 확장하고, 그렇지 않으면 하위 폴더를 선택한다.
21.4, 02.3 방향키의 ←	선택한 폴더가 확장되어 있으면 축소하고, 그렇지 않으면 상위 폴더를 선택한다.
05.2, 01.1 Print Screen	화면 전체를 클립보드로 복사한다.
Ctrl+F / Ctrl+E / F3	'검색 상자'를 선택한다.
Ctrl+N	새 창을 화면에 나타낸다.
Ctrl+W	활성 창을 닫는다.
Alt+D	'주소 표시줄'을 선택한다.

키패드
- 일반적으로 키보드의 오른쪽에 위치한 것으로 숫자와 연산자, NumLock, Insert, Delete, Enter 등이 표시됩니다.
- 숫자를 입력할 때 자주 사용하므로 숫자 키패드라고도 합니다.

문제1 1102951　　문제3 1102952

21년 1회, 18년 1회, 14년 2회, 05년 4회, 04년 1회, 03년 4회

1. 한글 Windows 10에서 윈도우 호환 키보드를 사용하는 경우에 Windows 로고 키와 추가키를 함께 사용했을 때 나타나는 현상으로 옳지 않은 것은?

① ⊞ + D : 열려 있는 모든 창을 최소화한다.

② ⊞ + R : '실행' 대화상자를 연다.

③ ⊞ + F : '컴퓨터 찾기' 대화상자를 연다.

④ ⊞ + Break : '시스템' 창을 연다.

> Windows 로고 키(⊞)와 관련된 바로 가기 키는 확실히 기억하세요. ⊞ + F는 피드백 허브 앱을, ⊞ + Ctrl + F는 '컴퓨터 찾기' 대화상자를 표시합니다.

24년 4회, 19년 1회

2. 다음 중 한글 Windows 10에서 사용하는 바로 가기 키에 대한 설명으로 옳은 것은?

① ⊞ + L : 컴퓨터 시스템을 잠그거나 사용자를 전환한다.

② F8 : 선택된 항목의 속성 대화상자를 화면에 표시한다.

③ Alt + Enter : 활성창의 바로 가기 메뉴를 표시한다.

④ Alt + Tab : 작업 표시줄의 앱들을 차례대로 선택한다.

> 속성 대화상자 표시는 Alt + Enter, 활성창의 바로 가기 메뉴는 Alt + Spacebar, 작업 표시줄의 앱들을 차례대로 선택하는 것은 Alt + Esc입니다.

21년 4회, 06년 1회, 05년 4회, 2회, 03년 3회, 02년 3회

3. 한글 Windows 10에서 [파일 탐색기] 창의 왼쪽에 있는 폴더 목록 표시 창에 대한 설명으로 옳지 않은 것은?

① 폴더명이 'M'으로 시작하는 폴더가 하나만 있는 경우에 M을 누르면 해당 폴더가 선택된다.

② 숫자 패드의 + 를 누르면 선택된 폴더의 모든 하위 폴더를 항상 표시해 준다.

③ 왼쪽 방향키 ← 를 누르면 선택된 폴더가 열려 있을 때는 닫고, 닫혀 있으면 상위 폴더가 선택된다.

④ Backspace 를 누르면 상위 폴더가 선택된다.

> 숫자 패드의 + 를 누르면 선택된 폴더의 하위 폴더가 표시됩니다. 모든 하위 폴더를 표시하려면 * 를 눌러야 합니다.

24년 3회, 23년 4회

4. 다음 중 한글 Windows 10에서 사용하는 바로 가기 키의 설명으로 옳지 않은 것은?

① ⊞ + A : 알림 센터를 표시한다.

② ⊞ + D : 바탕 화면을 표시한다.

③ ⊞ + L : 열려 있는 모든 창을 최소화 하거나 이전 크기로 복원한다.

④ ⊞ + R : '실행' 창을 표시한다.

> ⊞ + L은 로그아웃하여 컴퓨터를 잠그거나 사용자를 전환할 때 사용하는 바로 가기 키입니다. 열려 있는 모든 창을 최소화 하거나 이전 크기로 복원하는 바로 가기 키는 ⊞ + M입니다.

23년 1회, 16년 2회

5. 다음 중 한글 Windows 10의 바로 가기 키에 대한 설명으로 옳지 않은 것은?

① ⊞ + D : 열려있는 모든 창을 최소화하여 바탕 화면이 표시되거나 이전 크기로 복원

② Alt + Tab : 실행중인 각 앱 간의 작업 전환

③ Ctrl + Shift + Esc : 작업 관리자 창 바로 열기

④ ⊞ + R : 윈도우 재부팅

> 윈도우를 재부팅하는 바로 가기 키는 없습니다.

22년 1회, 16년 3회

6. 다음 중 한글 Windows 10에서 사용하는 바로 가기 키에 대한 설명으로 옳은 것은?

① Ctrl + Enter : [시작] 메뉴 열기

② Ctrl + X : 작업 다시 실행

③ Ctrl + A : 파일이나 폴더의 전체를 선택

④ Ctrl + Esc : 항목을 열린 순서대로 전환

> ① Ctrl + Enter : 선택된 개체가 파일인 경우 해당 파일이 실행되고, 드라이브나 폴더인 경우 해당 개체가 새로운 파일 탐색기 창으로 열림
> ② Ctrl + X : 잘라내기
> ④ Ctrl + Esc : [시작] 메뉴 표시, Alt + Esc : 항목을 열린 순서대로 전환

24년 1회

7. 다음 중 한글 Windows 10에서 마우스와 키보드 사용에 대한 설명으로 옳지 않은 것은?

① ⊞ + Tab 을 누르면 현재 열려있는 창들을 작업 보기 상태로 확인할 수 있다.

② 여러 개의 창이 열려있는 경우 모든 창을 최소화 시키려면 ⊞ + M을 누른다.

③ 파일 탐색기의 폴더 창에서 Ctrl + A를 누르면 파일과 폴더 전체가 선택된다.

④ 메뉴를 활성화시키거나 본래 상태로 돌아오려면 Shift 를 누른다.

> 한글 Windows 10에서 일반적으로 메뉴를 활성화시키는 키는 Alt 또는 F10입니다.

▶ 정답 : 1. ③　2. ①　3. ②　4. ③　5. ④　6. ③　7. ④

028 | 한글 Windows 10의 특징

❶ 한글 Windows 10의 특징 24.3, 24.2, 24.1, 23.4, 23.3, 22.2, 22.1, 21.3, 21.2, 20.1, …

- 플러그 앤 플레이(PnP)
  - 하드웨어 설치 시 해당 하드웨어를 사용하기 위한 시스템 환경을 운영체제가 자동으로 구성해 준다.
  - 이 기능을 수행하기 위해서는 하드웨어와 소프트웨어가 PnP 기능을 지원해야 한다.
- 선점형 멀티태스킹 : 운영체제가 각 작업을 제어하는 것으로, 앱 실행 중 문제가 발생하면 해당 앱을 강제 종료시키고 모든 자원을 반환함

029 | 한글 Windows 10의 부팅

❶ POST(Power On Self Test) 24.3, 24.1, 22.4, 22.3, 21.4, 21.2, 21.1, 14.3, 12.1, 05.3, …
영문 그대로 전원이(Power) 들어오면(On) 컴퓨터 스스로(Self) 이상 유무 검사(Test)를 수행하는 과정으로, ROM-BIOS에 있는 검사 프로그램에 의해 시스템의 하드웨어를 자동으로 검사하는 기능이다.

030 | 한글 Windows 10의 '시작 설정'

❶ 한글 Windows 10의 '시작 설정' 24.5, 24.3, 24.2, 23.1, 22.1, 20.2, 19.상시, 19.1, …

- 디버깅 사용 : 네트워크로 연결된 경우 컴퓨터 관리자에게 해당 컴퓨터의 디버그 정보를 보내면서 컴퓨터를 시작함
- 안전 모드 사용
  - 컴퓨터가 비정상적으로 작동될 때 컴퓨터에 발생한 문제를 해결하기 위해 사용하는 방식이다.
  - 컴퓨터 작동에 필요한 최소한의 장치만을 설정하여 부팅하므로 네트워크 관련 작업이나 사운드 카드, 모뎀 등은 사용할 수 없다.
- 부팅 로깅 사용 : 부팅 과정을 Ntbtlog.txt 파일에 기록하며 부팅하는 방식
- 맬웨어 방지 보호 조기 실행 사용 안 함 : 맬웨어 차단 시스템을 사용하지 않도록 지정함

❷ '시스템 구성' 대화상자 24.5, 22.4, 21.1, 17.2, 16.3, 15.2, 13.2

- Windows가 제대로 시작되지 않을 때, 컴퓨터에 설치되어 있는 서비스 목록을 확인하거나 사용 여부를 지정할 수 있다.
- 실행 방법
  - 방법 1 : [⊞(시작)] → [Windows 관리 도구] → [시스템 구성] 선택
  - 방법 2 : 작업 표시줄의 '검색 상자'에 **msconfig**를 입력한 후 Enter를 누름

031 | 한글 Windows 10의 종료

❶ 한글 Windows 10의 종료 24.5, 22.4, 22.3, 21.3, 21.1, 19.2, 18.상시, 16.1, 15.3, 10.1

- ⏻(전원) 메뉴
  - 절전 : 컴퓨터를 장시간 사용하지 않을 때는 주변 장치들의 전원을 차단하여 전력 소비량을 최소화했다가 마우스 단추나 키보드에서 임의의 키를 누르면 곧바로 다시 시작할 수 있는 모드로, DVD 플레이어에서 일시 중지를 누르는 것과 같음
  - 시스템 종료 : 사용하던 앱을 모두 종료하고 전원을 차단하여 시스템을 종료함
  - 다시 시작 : 전원이 유지된 상태에서 사용하던 앱을 모두 종료하고 시스템을 다시 시작함

032 | 바로 가기 키

❶ 주요 바로 가기 키 24.4, 24.3, 24.1, 23.4, 23.1, 22.1, 21.4, 21.1, 19.1, 18.1, 16.3, 16.2, 15.3, 14.3, …

- Ctrl + A : 폴더 및 파일을 모두 선택함
- Ctrl + Shift + Esc : '작업 관리자' 대화상자를 실행함
- ⊞ + E : '파일 탐색기'를 실행함
- ⊞ + L : 컴퓨터를 잠그거나 사용자를 전환함
- ⊞ + D : 열려 있는 모든 창과 대화상자를 최소화(바탕화면 표시)하거나 이전 크기로 나타냄
- ⊞ + R : '실행' 창을 나타냄
- ⊞ + A : 알림 센터를 표시함

2 장

한글 Windows 10의 사용법

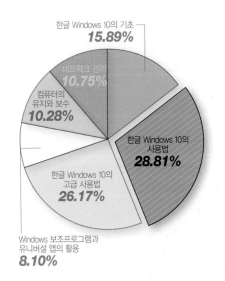

한글 Windows 10의 기초
15.89%

네트워크 관리
10.75%

컴퓨터의
유지와 보수
10.28%

한글 Windows 10의
사용법
28.81%

한글 Windows 10의
고급 사용법
26.17%

Windows 보조프로그램과
유니버설 앱의 활용
8.10%

033 바탕 화면 / 바로 가기 아이콘 ⓒ등급

034 작업 표시줄 Ⓐ등급

035 작업 표시줄 설정 Ⓑ등급

036 작업 표시줄 – 작업 보기 / 가상 데스크톱 /
도구 모음 ⓒ등급

037 시작 메뉴 ⓒ등급

038 파일 탐색기 Ⓐ등급

039 폴더 옵션 ⓒ등급

040 파일 탐색기의 구성 요 Ⓑ등급

041 디스크 관리 Ⓑ등급

042 파일과 폴더 Ⓐ등급

043 파일·폴더 다루기 – 선택 / 복사 / 이동 /
이름 바꾸기 / 삭제 Ⓐ등급

044 검색 상자 ⓒ등급

045 휴지통 사용하기 Ⓐ등급

꼭 알아야 할 키워드 Best 10
1. 바탕 화면 2. 바로 가기 아이콘 3. 작업 표시줄 4. 휴지통 5. 검색 상자 6. 클립보드 7. 라이브러리 8. 디스크 속성 9. 디스크 포맷
10. 파일 시스템

바탕 화면 / 바로 가기 아이콘

기본 아이콘
한글 Windows 10 설치 시 화면에 기본적으로 표시되는 아이콘은 '휴지통'뿐입니다.

검색 상자
한글 Windows 10을 처음 설치하면 검색 상자는 검색 아이콘(🔍)으로 표시됩니다. 검색 상자를 표시하거나 숨기려면, 작업 표시줄의 바로 가기 메뉴에서 [검색] → [검색 상자 표시]를 선택하세요.

---

1 13.2, 12.2, 11.2, 07.2, 00.3

1103001

바탕 화면

바탕 화면은 한글 Windows 10의 기본적인 작업 공간으로, 한글 Windows 10 설치 시 기본적으로 표시되는 아이콘*과 작업 표시줄로 구성되어 있다.

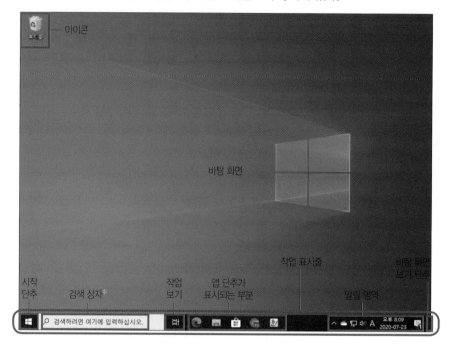

- 작업 표시줄 오른쪽 끝에 있는 '바탕 화면 보기' 단추를 클릭하거나 ⊞+ⒹD를 누르면 실행중인 모든 앱이 작업 표시줄로 최소화된다.
- 배경 화면을 변경할 수 있으며, 사용할 수 있는 형식은 bmp, gif, jpg, png 등의 이미지 파일이다.
- 배경 화면을 바탕 화면에 표시하는 형식(맞춤)에는 채우기, 맞춤, 확대, 바둑판식 배열, 가운데, 스팬이 있다.
- 바탕 화면은 여러 장의 그림 파일을 이용하여 슬라이드로 만들 수 있다.

2 바탕 화면의 바로 가기 메뉴

24.2, 22.1, 20.2, 16.2, 13.2, 12.2, 11.1, 10.2, 07.3, 04.3, 04.2, 04.1, 02.2

1103002

- 바탕 화면의 바로 가기 메뉴*는 바탕 화면 작업 시 자주 사용하는 명령을 메뉴로 구성한 것으로, 바탕 화면에서 마우스 오른쪽 버튼을 클릭하면 표시된다.
- 바로 가기 메뉴에는 보기*, 정렬 기준*, 새로 고침, 새로 만들기*, 디스플레이 설정, 개인 설정 능이 있다.
- 바탕 화면에 있는 아이콘의 표시 유무를 지정할 수 있다.

3 바로 가기 아이콘

24.3, 23.4, 23.3, 23.1, 22.3, 20.1, 19.2, 19.1, 18.상시, 17.2, 14.2, 14.1, 11.3, 10.3, 10.2, 10.1, 09.4, 09.3, 09.2, 08.4, 08.2, 08.1, …

1103004

바로 가기(Shortcut) 아이콘은 자주 사용하는 문서나 앱을 빠르게 실행시키기 위한 아이콘으로, 원본 파일의 위치 정보를 가지고 있다.

- 바로 가기 아이콘을 실행시키면 바로 가기 아이콘과 연결된 원본 파일이 실행된다.
- 바로 가기 아이콘은 '단축 아이콘'이라고도 하며, 폴더나 파일, 디스크 드라이브, 다른 컴퓨터, 프린터 등 모든 개체에 대해 작성할 수 있다.
- 바로 가기 아이콘은 왼쪽 아랫부분에 화살표 표시가 있어 일반 아이콘과 구별된다.*
- 바로 가기 아이콘의 확장자는 LNK*이며, 컴퓨터에 여러 개 존재할 수 있다.
- 하나의 원본 파일에 대해 여러 개의 바로 가기 아이콘을 만들 수 있으나, 하나의 바로 가기 아이콘에는 하나의 원본 파일만 지정할 수 있다.
- 바로 가기 아이콘은 원본 파일이 있는 위치와 관계없이 만들 수 있다.
- 바로 가기 아이콘을 삭제/이동하더라도 원본 파일은 삭제/이동되지 않는다.
- 원본 파일을 삭제하면 해당 파일의 바로 가기 아이콘은 실행되지 않는다.
- 바로 가기 아이콘의 속성 대화상자를 이용하면 바로 가기 아이콘의 파일 형식, 설명, 위치, 크기, 수정한 날짜, 바로 가기 키 등의 정보를 확인할 수 있으며, 아이콘이나 원본을 다른 것으로 변경*할 수도 있다.

22년 3회, 20년 1회, 19년 1회

1. 다음 중 한글 Windows 10에서 바로 가기 아이콘에 대한 설명으로 옳지 않은 것은?

① 하나의 원본 파일에 대해 바로 가기 아이콘은 여러 개 만들 수 있으며 여러 폴더에 저장할 수 있다.

② 특정 폴더의 바로 가기 아이콘을 바탕 화면에 만들면 해당 폴더의 위치가 바탕 화면으로 옮겨진다.

③ 파일의 바로 가기 아이콘을 삭제해도 원본 파일은 삭제되지 않는다.

④ 네트워크상의 다른 컴퓨터에 있는 디스크 드라이브, 프린터에 대해서도 바로 가기 아이콘을 만들 수 있다.

> 바탕 화면에 바로 가기 아이콘을 만들면 원본 파일에 대한 바로 가기 아이콘이 만들어지는 것이지 원본이 이동되는 것은 아닙니다.

17년 2회, 14년 1회, 11년 3회, 05년 4회, 04년 1회, 00년 2회

2. 다음 중 한글 Windows 10에서 바로 가기 아이콘에 대한 설명으로 옳지 않은 것은?

① 바로 가기 아이콘은 바탕 화면에서만 만들 수 있다.

② 파일의 바로 가기 아이콘은 삭제해도 원본 파일에는 영향이 없다.

③ 폴더의 바로 가기 아이콘을 만들 수도 있다.

④ 일반 아이콘과 구분하기 위하여 아이콘 그림의 왼쪽 아래에 화살표가 표시된다.

> 바로 가기 아이콘은 바탕 화면뿐만 아니라 폴더에도 만들 수 있습니다.

19년 상시, 18년 상시, 18년 2회, 16년 2회, 1회, 14년 3회, 2회, 13년 2회, 11년 2회, 1회, 03년 2회, 02년 4회

3. 다음 중 한글 Windows 10에서 특정 폴더나 파일에 대한 바로 가기 아이콘을 만드는 방법으로 옳지 않은 것은?

① 해당 폴더나 파일의 바로 가기 메뉴에서 [바로 가기 만들기]를 선택한다.

② 해당 폴더나 파일을 선택하고 마우스 오른쪽 버튼으로 드래그하여 [여기에 바로 가기 만들기]를 선택한다.

③ 해당 폴더를 선택하고, [Ctrl] + [Alt]를 누른 상태에서 드래그한다.

④ 바로 가기 아이콘을 복사하여 다른 폴더에 붙여넣기 한다.

> 바로 가기 아이콘을 만들 때 사용하는 키는 [Ctrl]과 [Shift]입니다.

22년 1회, 16년 2회

4. 다음 중 한글 Windows 10의 바탕 화면에 있는 아이콘을 정렬하는 기준으로 옳지 않은 것은?

① 항목 유형 순으로 정렬   ② 크기 순으로 정렬

③ 수정한 날짜 순으로 정렬   ④ 이름의 길이 순으로 정렬

> 이름의 길이가 아니라 그냥 이름순으로 정렬하는 것입니다.

24년 3회, 23년 4회, 3회, 1회, 19년 2회

5. 다음 중 한글 Windows 10에서 바로 가기 아이콘에 대한 설명으로 옳지 않은 것은?

① 하나의 파일이나 폴더에 대해 여러 개의 바로 가기 아이콘을 만들 수 있다.

② 바로 가기 아이콘에는 왼쪽 아래에 꺾인 화살표가 표시된다.

③ 바로 가기 아이콘은 앱을 빠르게 실행하기 위해 만들어진 복사본이다.

④ 폴더, 프린터, 디스크 드라이브 등에 대해 바로 가기 아이콘을 만들 수 있다.

> 바로 가기 아이콘은 원본 파일의 위치 정보만을 가지고 있으므로 복사본이라고 표현하는 것은 옳지 않습니다.

▶ **정답** : 1. ② 2. ① 3. ③ 4. ④ 5. ③

작업 표시줄

1 개념 및 특징

20.2, 19.2, 09.3, 09.1, 07.3, 05.3, 05.1, 01.2

1103101

작업 표시줄은 현재 실행되고 있는 앱 단추와 앱을 빠르게 실행하기 위해 등록한 고정 앱 단추 등이 표시되는 곳으로서, 기본적으로 바탕 화면의 맨 아래쪽에 있다.

- 작업 표시줄은 [⊞(시작)] 단추, 검색 상자, 작업 보기, 앱 단추가 표시되는 부분, 알림 영역(표시기), '바탕 화면 보기' 단추로 구성된다.
- 작업 표시줄은 위치를 변경하거나 크기를 조절할 수 있다. 단, 크기는 화면의 1/2까지만 늘릴 수 있다.
- [시작] 메뉴에 등록된 앱의 바로 가기 메뉴에서 [자세히] → [작업 표시줄에 고정]을 선택하면, 해당 앱이 작업 표시줄에 고정된다.
- 작업 표시줄에 고정된 앱의 바로 가기 메뉴에서 [작업 표시줄에서 제거]를 선택하면 작업 표시줄에서 제거된다.

시작 단추 / 검색 상자 / 작업 보기 / 앱 단추가 표시되는 부분 / 알림 영역 / 바탕 화면 보기

2 작업 표시줄 다루기

24.3, 23.5, 21.3, 20.2, 18.1, 15.3

1103102

위치 변경

- **방법 1** : 마우스로 작업 표시줄을 드래그 하여 원하는 위치에 가져다 놓는다. 단, 이 방법은 '작업 표시줄 잠금'이 설정된 상태에서는 사용할 수 없다.
- **방법 2** : [⊞(시작)] → [⚙(설정)] → [개인 설정] → [작업 표시줄]의 '화면에서의 작업 표시줄 위치' 항목에서 작업 표시줄이 놓일 위치*를 선택한다.

에어로 피크(미리 보기)

- 작업 표시줄에 표시된 현재 실행중인 앱 단추 위에 마우스 포인터를 놓으면 해당 앱을 통해 열린 창들의 축소판 미리 보기가 모두 나타나고, 이 중 하나를 클릭하면 해당 창이 활성화된다.
- 작업 표시줄의 오른쪽 끝에 있는 '바탕 화면 보기' 단추* 위에 마우스 포인터를 놓으면 바탕 화면을 볼 수 있도록 열려 있는 모든 창이 투명해진다.

👤 **전문가의 조언**

작업 표시줄의 특징 및 [개인 설정] → [작업 표시줄]에서 설정할 수 있는 기능을 묻는 문제가 골고루 출제되고 있습니다. 확실히 정리해 두세요.

작업 표시줄 위치
왼쪽, 위쪽, 오른쪽, 아래쪽

'바탕 화면 보기' 단추
- '바탕 화면 보기' 단추의 바로 가기 메뉴에서 '바탕 화면 미리 보기'가 체크되어 있어야 '바탕 화면 보기' 단추 위로 마우스 포인터를 이동하면 열려 있는 모든 창들이 투명해집니다.
- '바탕 화면 보기' 단추를 클릭하면 열려 있는 모든 창들이 최소화 됩니다.

실행중인 앱 중 특정 창 활성화 | 바탕 화면 미리 보기 [마우스 포인터]

24.5, 24.3, 23.5, 22.4, 22.3, 21.3, 20.2, 20.1, 18.1, 17.1, 15.3

[잠깐만요] 에어로 스냅(Aero Snap) / 에어로 세이크(Aero Shake)

에어로 스냅(Aero Snap)※

열려 있는 창의 제목 표시줄을 화면의 맨 위로 드래그하면 창이 바탕 화면 전체 크기에 맞게 최대화되고, 화면의 맨 왼쪽이나 오른쪽으로 드래그하면 가로를 기준으로 했을 때 바탕 화면의 반을 차지하는 크기로 커집니다.

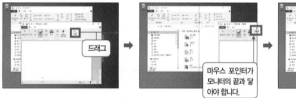

드래그 → 마우스 포인터가 모니터의 끝과 닿아야 합니다.

에어로 세이크(Aero Shake)※

여러 개의 창이 열려 있을 때 한 개 창을 선택하여 제목 표시줄을 마우스로 클릭한 채 좌우로 흔들면 그 창을 제외한 모든 창이 최소화 됩니다. 그 상태에서 다시 그 창의 제목 표시줄을 클릭한 채 좌우로 흔들면 최소화 되었던 창이 원래대로 복원됩니다.

[궁금해요] 시나공 Q&A 베스트

Q 에어로 스냅과 에어로 세이크가 실행되지 않아요!!

A [⊞(시작)] → [⚙(설정)] → [시스템] → [멀티태스킹]에서 '여러 창으로 작업'의 '창 끌기'를 선택하세요.

에어로 스냅 바로 가기 키
- 최대화 : ⊞ + ↑
- 왼쪽으로 붙으며, 가로 기준 바탕 화면 크기의 50%로 커짐 : ⊞ + ←
- 오른쪽으로 붙으며, 가로 기준 바탕 화면 크기의 50%로 커짐 : ⊞ + →

에어로 세이크 바로 가기 키
⊞ + Home

문제1 1103151

따라잡기 기출문제 따라잡기

20년 2회, 19년 2회, 09년 1회, 05년 3회, 1회, 01년 2회

1. 다음 중 한글 Windows 10의 작업 표시줄에 대한 설명으로 옳지 않은 것은?

① 작업 표시줄은 현재 실행되고 있는 앱 단추와 앱을 빠르게 실행하기 위해 등록한 고정 앱 단추 등이 표시되는 곳이다.

② 작업 표시줄은 위치를 변경하거나 크기를 조절할 수 있으며, 크기는 화면의 1/4까지만 늘릴 수 있다.

③ '작업 표시줄 잠금'이 지정된 상태에서는 작업 표시줄의 크기나 위치 등을 변경할 수 없다.

④ 작업 표시줄은 기본적으로 바탕 화면의 맨 아래쪽에 있다.

> 작업 표시줄의 크기는 화면 대비 $\frac{1}{2}$까지 변경할 수 있습니다.

23년 5회, 21년 3회, 20년 2회, 18년 1회, 15년 3회

2. 다음 중 한글 Windows 10에서 제공하는 기능에 대한 설명으로 옳지 않은 것은?

① 바탕 화면 미리 보기 : [바탕 화면 미리 보기] 단추로 마우스 포인터를 가져가면 열려 있는 창들이 모두 최소화되어 바탕 화면을 볼 수 있다.

② 에어로 스냅(Aero Snap) : 열려있는 창을 드래그하는 위치에 따라 창의 크기를 조절할 수 있다.

③ 에어로 피크(Aero Peek) : 작업 표시줄 아이콘을 통해 축소판 미리 보기가 가능하며, 열려있는 모든 창을 최소화 하지 않고 바탕 화면을 볼 수 있다.

④ 에어로 셰이크(Aero Shake) : 창을 흔들면 다른 열려 있는 모든 창을 최소화 하거나 다시 원상태로 나타나게 할 수 있다.

> '바탕 화면 미리 보기' 단추 위로 마우스 포인터를 가져가면 열려 있는 모든 창들은 투명해집니다. 열려 있는 모든 창들을 최소화하려면 '바탕 화면 미리 보기' 단추를 클릭해야 합니다.

24년 5회, 22년 4회, 3회

3. 다음 중 한글 Windows 10에서 제공하는 에어로 스냅(Aero Snap)에 대한 설명으로 옳은 것은?

① 마우스 포인터를 가져가면 열려 있는 창들이 모두 최소화 되어 바탕 화면을 볼 수 있다.

② 열려있는 창을 드래그하는 위치에 따라 창의 크기를 다르게 조절할 수 있다.

③ 작업 표시줄 아이콘을 통해 축소판 미리 보기가 가능하며, 열려있는 모든 창을 최소화 하지 않고 바탕 화면을 볼 수 있다.

④ 창을 흔들면 다른 열려있는 모든 창을 최소화 하거나 다시 원상태로 나타나게 할 수 있다.

> ①번은 '바탕 화면 미리 보기' 단추, ③번은 에어로 피크(Aero Peek), ④번은 에어로 세이크(Aero Shake)에 대한 설명입니다.

24년 3회, 20년 1회

4. 다음 중 한글 Windows 10의 기능에 관한 설명으로 옳지 않은 것은?

① 라이브러리 : 컴퓨터의 다양한 곳에 위치한 자료를 한 곳에서 보고 정리할 수 있도록 하는 가상 폴더이다.

② 가족 및 다른 사용자 : 시간, 앱, 게임 등급 등에서 특정 사용자를 대상으로 컴퓨터 사용에 제한을 설정할 수 있다.

③ 에어로 세이크 : 작업 표시줄에 표시된 현재 실행중인 앱 단추 위에 마우스 포인터를 놓으면 해당 앱을 통해 열린 창들의 축소판 미리 보기가 모두 나타난다.

④ 사용자 계정 컨트롤 : 유해한 앱이나 불법 사용자가 컴퓨터 설정을 임의로 변경하지 못하도록 제어하는 기능이다.

> 에어로 세이크(Aero Shake)는 창을 흔들어 다른 모든 열려 있는 창을 최소화하는 기능입니다. ③번은 '에어로 피크'에 대한 설명입니다.

▶ 정답 : 1. ② 2. ① 3. ② 4. ③

작업 표시줄 설정

 전문가의 조언

중요해요! '작업 표시줄 설정' 창에서 설정 가능한 기능에 대한 문제가 자주 출제됩니다. [설정] → [개인 설정] → [작업 표시줄]에서는 작업 표시줄의 모양이나 색상을 변경할 수 없다는 점을 기억해 두세요.

1 작업 표시줄 설정

24.1, 23.3, 23.2, 23.1, 22.2, 22.1, 21.2, 21.1, 19.상시, 18.상시, 18.1, 16.1, 15.3, 15.1, 14.2, 08.3, 07.2

1103103

'작업 표시줄'을 통해 작업 표시줄 잠금, 숨기기, 위치 등에 대한 설정을 수행한다.

(실행)

- **방법 1** : 작업 표시줄의 바로 가기 메뉴에서 [작업 표시줄 설정] 선택
- **방법 2** : [⊞(시작)] → [⚙(설정)] → [개인 설정] → [작업 표시줄] 클릭
- **방법 3** : 작업 표시줄의 빈 공간을 클릭한 후 [Alt] + [Enter]를 누름

'작업 표시줄' 창 - 1

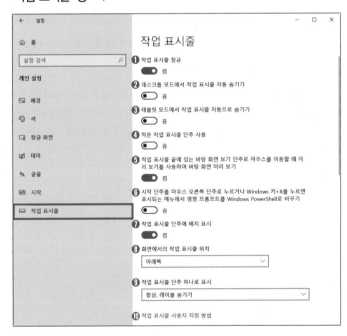

❶ **작업 표시줄 잠금** : 작업 표시줄을 포함하여 작업 표시줄에 있는 도구 모음의 크기나 위치를 변경하지 못하도록 한다.

❷ **데스크톱 모드에서 작업 표시줄 자동 숨기기** : 데스크톱* 모드에서 작업 표시줄이 있는 위치에 마우스를 대면 작업 표시줄이 나타나고 마우스를 다른 곳으로 이동하면 작업 표시줄이 사라진다.

❸ **태블릿 모드에서 작업 표시줄 자동으로 숨기기** : 태블릿* 모드에서 작업 표시줄이 있는 위치에 마우스를 대면 작업 표시줄이 나타나고 마우스를 다른 곳으로 이동하면 작업 표시줄이 사라진다.

데스크톱과 태블릿
데스크톱은 책상위에 올려놓고 사용한다는 의미로 일반 컴퓨터를, 태블릿은 터치 스크린 기능이 장착되어 펜으로 기기를 조작할 수 있는 소형 컴퓨터를 말합니다.

❹ **작은 작업 표시줄 단추 사용** : 작업 표시줄의 앱 단추들이 작은 아이콘으로 표시된다.

❺ **작업 표시줄 끝에 있는 바탕 화면 보기 단추로 마우스를 이동할 때 미리 보기를 사용하여 바탕 화면 미리 보기*** : 작업 표시줄의 오른쪽 끝에 있는 [바탕 화면 보기] 단추위에 마우스 포인터를 놓으면 바탕 화면이 일시적으로 표시된다.

❻ **시작 단추를 마우스 오른쪽 단추로 누르거나 Windows 키＋X를 누르면 표시되는 메뉴에서 명령 프롬프트를 Windows PowerShell로 바꾸기** : 시작 단추의 바로 가기 메뉴*에 [명령 프롬프트] 대신 [Windows PowerShell]을 표시한다.

❼ **작업 표시줄 단추에 배지 표시** : 계정을 등록해 사용하는 앱의 경우 작업 표시줄 단추에 사용자 이름을 표시한다.

❽ **화면에서의 작업 표시줄 위치*** : 작업 표시줄의 위치를 왼쪽, 위쪽, 오른쪽, 아래쪽중에서 선택한다.

❾ **작업 표시줄 단추 하나로 표시***

　– 항상, 레이블 숨기기* : 같은 앱은 그룹으로 묶어서 레이블이 없는 하나의 단추로표시한다.

　– 작업 표시줄이 꽉 찼을 때* : 각 항목을 레이블이 있는 개별 단추로 표시하다가작업 표시줄이 꽉 차면 같은 앱은 그룹으로 묶어서 하나의 단추로 표시한다.

　– 안 함* : 열린 창이 아무리 많아도 그룹으로 묶지 않고, 단추 크기를 줄여 표시하다가 나중에는 작업 표시줄 내에서 스크롤 되도록 한다.

❿ **작업 표시줄 사용자 지정 방법** : 한글 Windows 10에서 작업 표시줄 사용 방법에 대한 도움말을 웹 브라우저를 통해 표시한다.

[바탕 화면 보기] 단추
작업 표시줄의 '바탕 화면 보기' 단추의 바로 가기 메뉴에서 [바탕 화면 보기]를 선택하여 체크하면, '작업 표시줄 끝에 있는 바탕 화면 보기 단추로 마우스를 이동할 때 미리 보기를 사용하여 바탕 화면 미리 보기' 항목도 켜집니다.

시작 단추의 바로 가기 메뉴

마우스를 이용하여 작업 표시줄 위치를 변경하는 방법
작업 표시줄의 빈 공간을 클릭한 상태로 바탕 화면의 네 가장자리 중 하나로 드래그하면 작업 표시줄이 이동됩니다.

항상, 레이블 숨기기

레이블명이 없는 하나의 단추로 표시됨

작업 표시줄이 꽉 찼을 때

작업 표시줄이 꽉 차면 레이블명 있는 하나의 단추로 표시됨

안 함

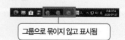

그룹으로 묶이지 않고 표시됨

08년 3회, 07년 2회

1. 한글 Windows 10의 [설정] → [개인 설정] → [작업 표시줄]에서 사용에 관한 설명으로 옳지 않은 것은?

① 작업 표시줄의 여백 부분에서 바로 가기 메뉴의 [작업 표시줄 설정]을 선택하면 볼 수 있는 창이다.

② 작업 표시줄을 사용할 때만 화면에 보이도록 하고, 사용하지 않을 때에는 자동으로 화면에서 사라지게 설정할 수 있다.

③ 모니터를 여러 개 사용하는 경우 작업 표시줄 단추 표시 위치나 다른 작업 표시줄의 단추 하나로 표시 여부를 지정할 수 있다.

④ 작업 표시줄을 더블클릭하면 빠르게 표시할 수 있다.

작업 표시줄을 더블클릭해도 아무런 변화가 없습니다. [설정] → [개인 설정] → [작업 표시줄] 창을 표시하려면 ①번과 같이 수행하거나 ▦(시작) → ◎(설정) → [개인 설정] → [작업 표시줄]을 클릭해야 합니다.

24년 1회, 23년 3회, 2회, 1회, 22년 2회, 1회, 21년 2회, 1회, 18년 1회

2. 다음 중 한글 Windows 10의 [설정] → [개인 설정] → [작업 표시줄]에서 할 수 있는 작업으로 옳지 않은 것은?

① 작업 표시줄의 잠금과 해제가 가능하다.

② 작업 표시줄의 위치를 위쪽, 아래쪽, 왼쪽, 오른쪽으로 설정할 수 있다.

③ 작업 표시줄의 기본 모양이나 색상 변경 등을 설정할 수 있다.

④ 작업 표시줄 자동 숨기기를 설정할 수 있다.

작업 표시줄의 기본 모양은 변경할 수 없고, 색상은 [◎(설정)] → [개인 설정] → [색]에서 변경할 수 있습니다.

19년 상시, 18년 상시, 14년 2회

3. 다음 중 한글 Windows 10의 [설정] → [개인 설정] → [작업 표시줄]에 대한 설명으로 옳지 않은 것은?

① [시작] 단추의 바로 가기 메뉴에서 [설정] → [개인 설정] → [작업 표시줄]을 클릭하면 표시할 수 있다.

② 작업 표시줄의 빈 공간에서 바로 가기 메뉴의 [작업 표시줄 설정]을 클릭하면 표시할 수 있다.

③ '작업 표시줄' 창에서 변경 가능한 작업 표시줄의 위치는 위쪽과 아래쪽이다.

④ [바탕 화면 보기] 단추로 마우스 포인터를 가져가면 바탕 화면이 일시적으로 표시되도록 바탕 화면 미리 보기 기능을 설정할 수 있다.

'작업 표시줄' 창에서 변경 가능한 작업 표시줄의 위치는 왼쪽, 위쪽, 오른쪽, 아래쪽입니다.

15년 3회

4. 다음 중 한글 Windows 10의 [설정] → [개인 설정] → [작업 표시줄]에서 설정할 수 있는 기능과 관련이 없는 것은?

① 작업 표시줄 잠금

② 작업 표시줄 자동 숨기기

③ 최근에 추가된 앱 표시

④ 알림 영역

최근에 추가된 앱은 작업 표시줄이 아닌 시작 메뉴에 표시되므로 [설정] → [개인 설정] → [시작]에서 설정해야 합니다.

16년 1회

5. 다음 중 한글 Windows 10의 [설정] → [개인 설정] → [작업 표시줄]에 대한 설명으로 옳지 않은 것은?

① 작업 표시줄의 빈 영역을 선택한 후 [Alt] + [Enter]를 누르면 [작업 표시줄] 창을 열 수 있다.

② 작업 표시줄의 알림 영역에 표시할 아이콘을 선택할 수 있다.

③ 작업 표시줄 자동 숨기기를 설정하면 작업 표시줄을 다른 위치로 이동시킬 수 없다.

④ 화면에서 작업 표시줄 위치를 설정할 수 있다.

작업 표시줄 자동 숨기기를 설정해도 작업 표시줄의 위치를 변경할 수 있습니다.

15년 1회, 14년 3회

6. 다음 중 한글 Windows 10의 [설정] → [개인 설정] → [작업 표시줄]에서 할 수 있는 작업으로 옳지 않은 것은?

① 작업 표시줄 자동 숨기기를 설정할 수 있다.

② 바탕 화면 미리 보기를 설정할 수 있다.

③ 알림 영역에 표시할 아이콘과 알림을 사용자가 지정할 수 있다.

④ 시작 메뉴에 표시할 폴더를 선택할 수 있다.

시작 메뉴에 표시할 폴더는 [◎(설정)] → [개인 설정] → [시작]에서 설정해야 합니다.

▶ 정답 : 1. ④ 2. ③ 3. ③ 4. ③ 5. ③ 6. ④

작업 표시줄 – 작업 보기 / 가상 데스크톱 / 도구 모음

1 작업 보기

1103201

현재 작업 중인 앱을 포함하여 최대 30일 동안 작업한 기록이 타임라인에 표시된다.

- [⊞(시작)] → [⚙(설정)] → [개인 정보] → [활동 기록]에서 '이 장치에 내 활동 기록 저장' 항목이 체크되어 있어야 작업한 기록이 저장된다.
- 작업 보기 화면 우측 상단의 활동 검색 아이콘(🔎)을 클릭하면 활동 기록을 검색할 수 있다.
- '🔲(작업 보기)' 단추 표시하기 : 작업 표시줄의 바로 가기 메뉴*에서 [작업 보기 단추 표시] 선택

실행

- **방법 1** : 작업 표시줄의 '🔲(작업 보기)' 클릭
- **방법 2** : ⊞ + Tab

가상
데스크톱

현재
실행중인 앱

타임
라인

2 가상 데스크톱

24.2, 23.3, 23.2

1103202

바탕 화면을 여러 개 만들어 바탕 화면별로 필요한 앱을 실행해 놓고 바탕 화면을 전환하면서 작업할 수 있다.*

- 가상 데스크톱이 생성되면 작업 보기 화면 위쪽에 데스크톱 아이콘이 표시된다.
- 데스크톱 아이콘에 마우스를 놓으면 해당 데스크톱에서 현재 작업 중인 앱이 표시된다.
- 작업 보기 화면에서 원하는 데스크톱을 선택하여 이동할 수 있다.
- 작업 보기 화면에서 현재 작업 중인 앱을 드래그하여 다른 데스크톱으로 이동할 수 있다.

전문가의 조언

'작업 보기'는 Windows 10에 새롭게 추가된 기능으로, 이전에 작업한 내역을 확인할 수 있는 유용한 도구입니다. '작업 보기'의 특징을 확실히 기억해 두세요.

작업 표시줄의 바로 가기 메뉴

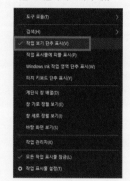

전문가의 조언

가상 데스크톱도 Windows 10에 새롭게 추가된 기능으로, 최근에 조작 방법을 묻는 문제가 출제되었습니다. 작업 보기 화면에서 수행할 수 있는 가상 데스크톱 조작 방법들을 기억해 두세요.

다중 모니터 효과

예를 들어, 가상 데스크톱을 추가하여, 데스크톱1에는 문서 작업을 위한 아래 한글, 엑셀 등의 앱을 실행해 두고, 데스크톱2에는 그래픽 작업을 위한 포토샵 등의 앱을 실행해 두면, 두 작업을 서로 다른 모니터 화면에서 작업하는 것과 같은 효과를 얻을 수 있습니다.

- 시스템을 재시작하더라도 가상 데스크톱은 제거되지 않고 남아 있다.
- 제거된 가상 데스크톱에서 작업 중이던 앱은 이전 가상 데스크톱으로 이동된다.*

작업 중이던 앱 이동
예를 들어, 데스크톱3을 제거하면 데스크톱3에서 작업 중이던 앱은 데스크톱2로 이동되고 데스크톱2도 제거하면 작업 중이던 앱은 데스크톱1로 이동합니다. 데스크톱1은 Windows 10에서 기본적으로 제공하는 바탕 화면입니다.

생성

- **방법 1** : 작업 보기 화면 좌측 상단에서 〈+ 새 데스크톱〉 클릭
- **방법 2** : Ctrl + ⊞ + D

제거

- **방법 1** : 작업 보기 화면에서 제거할 가상 데스크톱의 'X(닫기)' 단추 클릭
- **방법 2** : Ctrl + ⊞ + F4

전환

- **방법 1** : 작업 보기 화면 좌측 상단에서 전환할 가상 데스크톱 클릭
- **방법 2** : Ctrl + ⊞ + ← / →

가상 데스크톱

삭제   추가

3 도구 모음

19.1, 13.3, 09.3, 06.3, 03.1

1103203

작업 표시줄에는 아래 그림과 같은 다양한 종류의 도구 모음을 표시할 수 있다.

링크 도구 모음   알림 영역

바탕 화면 도구 모음   입력 표시기

- 작업 표시줄에 도구 모음을 추가하려면 작업 표시줄 바로 가기 메뉴의 [도구 모음]에서 추가할 도구 모음을 선택하고, 작업 표시줄에 표시되어 있는 도구 모음을 제거하려면 동일한 방법으로 다시 한 번 해당 도구 모음을 클릭하여 선택을 해제한다.

작업 표시줄 도구 모음의 종류

전문가의 조언

도구 모음의 종류를 묻는 문제가 출제되었습니다. 도구 모음에는 여러 가지가 있지만 그 중 작업 표시줄의 바로 가기 메뉴에서 추가할 수 있는 도구 모음에는 링크, 바탕 화면, 새 도구 모음, 3가지라는 것을 기억해 두세요.

19.1, 13.3, 09.3, 03.1 **링크**	자주 사용하는 문서나 앱, 웹 페이지(URL)의 바로 가기 아이콘을 추가하여 해당 문서나 앱을 바로 열 수 있다.
19.1, 13.3, 09.3, 03.1 **바탕 화면**	바탕 화면 아이콘인 내 PC, 휴지통, 라이브러리, 제어판, 네트워크와 바탕 화면에 추가된 모든 폴더와 아이콘 등을 표시한다.

알림 영역	• 작업 표시줄의 오른쪽에 표시되며, 표시기(Tray)라고도 한다. • 네트워크 연결, 볼륨 등의 상태 및 알림 정보를 제공하는 아이콘을 표시한다. • **알림 센터()** : Windows 10 업데이트, 일정 및 시스템 경고 메시지와 같은 내용들을 표시한다. • [(시작)] → [(설정)] → [개인 설정] → [작업 표시줄]의 '알림 영역' 항목에서 작업 표시줄에 표시할 아이콘과 작업 표시줄에 표시할 시스템 아이콘을 선택할 수 있다.
13.3, 09.3, 03.1 입력 표시기	• 입력 언어나 자판 배열을 빠르게 변경할 때 사용한다. • 한/영 전환은 입력 도구 모음을 클릭할 때마다 (한글)과 (영어) 입력 상태가 전환된다. • **종류** : 전/반자, 한자 변환, 소프트 키보드, 확장 입력기, 한자 단어 등록
19.1, 13.3, 09.3, 03.1 새 도구 모음*	• 사용자가 임의로 새로운 도구 모음을 만들어 표시할 때 사용한다. • 새 도구 모음에 사용할 아이콘들을 임의의 폴더에 저장한 후 그 폴더를 선택하여 지정한다.

'새 도구 모음' 대화상자 표시 방법
작업 표시줄 빈 공간을 클릭한 후 바로 가기 메뉴에서 [도구 모음] → [새 도구 모음]을 클릭합니다.

 따라잡기 기출문제 따라잡기

문제1 1103251 문제3 4103653

13년 3회, 09년 3회, 03년 1회
1. 한글 Windows 10에서 작업 표시줄에 표시할 수 있는 [도구 모음]에 대한 설명으로 옳지 않은 것은?

① 바탕 화면 : 현재 바탕 화면에 존재하는 아이콘 표시
② 새 도구 모음 : 사용자가 임의로 새로운 도구 모음을 만들어 표시
③ 입력 표시기 : 한/영 전환, 한자 변환, 확장 입력기 등의 도구 사용
④ 링크 : 인터넷 주소를 입력할 수 있는 주소 표시줄 표시

작업 표시줄의 바로 가기 메뉴 중 [도구 모음]에서 [링크]를 선택하면 사용자가 등록한 문서나 앱, 웹 페이지(URL)의 바로 가기 아이콘이 표시됩니다.

19년 1회
2. 다음 중 한글 Windows 10에서 작업 표시줄의 바로 가기 메뉴를 이용하여 작업 표시줄에 추가할 수 있는 도구 모음의 종류로 옳지 않은 것은?

① 새 도구 모음
② 링크
③ 바탕 화면
④ 바로 가기 아이콘

작업 표시줄은 도구 모음에는 링크, 바탕 화면, 알림 영역, 입력 표시기, 새 도구 모음이 있습니다.

24년 2회, 23년 3회, 2회
3. 다음 중 한글 Windows 10의 가상 데스크톱에 대한 설명으로 옳지 않은 것은?

① 시스템을 재시작하면 기존에 생성한 가상 데스크톱은 제거된다.
② 작업 보기 화면에서 현재 작업 중인 앱을 드래그하여 다른 데스크톱으로 이동할 수 있다.
③ +Tab을 누른 후 다른 데스크톱을 선택하여 전환할 수 있다.
④ 바탕 화면별로 필요한 앱을 실행해 놓고 바탕 화면을 전환하면서 작업할 수 있다.

시스템을 재시작하더라도 가상 데스크톱은 제거되지 않고 남아 있습니다.

▶ 정답 : 1. ④ 2. ④ 3. ①

전문가의 조언

시작 메뉴의 특징을 묻는 문제가
출제되었습니다. 작업 표시줄에서
[田(시작)] 단추는 제거하지 못한
다는 점을 중심으로, 세부 구성 요
소들을 확인하고 넘어가세요.

[田(시작)] 단추의 바로 가기 메뉴

1103301

1 시작 메뉴의 개요

24.4, 23.5, 23.4, 21.4, 20.1, 07.3, 06.2, 06.1, 05.2, 00.1

시작 메뉴는 작업 표시줄의 가장 왼쪽에 있는 [田(시작)] 단추*를 눌렀을 때 나타나
는 메뉴이다.

- 시작 메뉴에는 Windows 10에 설치된 앱들이 메뉴 형태로 등록되어 있다.
- 시작 메뉴의 높이와 너비를 마우스로 드래그하여 조절할 수 있다.
- 시작 메뉴를 표시하는 바로 가기 키는 田 또는 [Ctrl] + [Esc]이다.
- 시작 메뉴에 등록된 앱의 바로 가기 메뉴에서 [제거]를 선택하면, 해당 앱을 시스
  템에서 제거할 수 있는 창이 표시된다.

1103302

2 시작 메뉴의 구성 요소

23.4, 20.1, 07.3, 06.1, 00.1

시작 메뉴

❶ 메뉴	• 시작 메뉴 항목에는 사용자 계정, 사용자 지정 폴더, 설정, 전원 등이 표시된다. • [⊞(시작)] 단추를 클릭한 후 ▤(메뉴)를 클릭하거나 마우스 포인터를 놓고 잠시 기다리면 메뉴 목록이 확장되어 메뉴 이름이 표시된다.

20.1
❷ 사용자 계정
	• 현재 사용중인 사용자 계정명이 표시된다.
	• 사용자 계정을 클릭하면 '계정 설정 변경', '잠금', '로그아웃' 메뉴가 표시된다.
	  – 계정 설정 변경 : [⊞(시작)] → [⚙(설정)] → [계정] → [사용자 정보]가 표시된다.
	  – 잠금 : 컴퓨터를 사용하다 잠시 자리를 비울 경우 다른 사람이 내 컴퓨터의 작업을 볼 수 없도록 보호한다. 잠금을 해제하려면 사용자 계정에 지정한 암호를 입력해야 한다.
	  – 로그아웃 : 모든 앱을 종료하고 네트워크를 차단한 후 다른 사용자 이름으로 네트워크에 로그인 할 수 있게 한다.

❸ 사용자 지정 폴더	[⊞(시작)] → [⚙(설정)] → [개인 설정] → [시작]에서 '시작 메뉴에 표시할 폴더 선택'을 클릭하여 시작 메뉴에 표시할 폴더를 지정할 수 있다.
❹ 전원	'절전', '시스템 종료', '다시 시작' 메뉴가 표시된다.
❺ 최근에 추가한 앱	• 최근에 컴퓨터에 설치된 앱의 바로 가기 아이콘이 표시된다. • [⊞(시작)] → [⚙(설정)] → [개인 설정] → [시작]에서 '최근에 추가된 앱 표시' 항목을 선택해야 표시된다.
23.4, 07.3, 06.1, 00.1 ❻ 자주 사용되는 앱	• 사용자가 최근에 가장 많이 사용한 앱의 바로 가기 아이콘이 표시된다. • [⊞(시작)] → [⚙(설정)] → [개인 설정] → [시작]에서 '가장 많이 사용하는 앱 표시'* 항목을 선택해야 표시된다.
20.1 ❼ 모든 앱	• 컴퓨터에 설치되어 있는 모든 앱의 바로 가기 아이콘이 표시된다. • 앱 목록 중 하나를 선택하면 해당 앱이 실행된다.

23.4, 20.1
❽ 고정된 타일
	• 컴퓨터에 설치되어 있는 앱의 바로 가기 아이콘을 사용자가 원하는 대로 묶어 사용할 수 있도록 마련된 공간으로, 목록에 추가된 아이콘들이 타일 모양으로 배치된다.
	• 타일 목록에 앱이 추가되면, 기본적으로 그룹이 지정된다.
	• 제목이 지정되지 않은 경우 그룹 제목 부분에 마우스를 가져가면 '그룹 이름 지정'*이라는 임시 그룹 이름이 표시되며, 클릭한 후 그룹 이름을 입력할 수 있다.
	• 타일 목록에 추가된 아이콘을 드래그하여 그룹별 이동이 가능하다.
	• 타일 목록에 있는 아이콘의 바로 가기 메뉴에서 [크기 조정]을 이용하여 크기를 조정할 수 있다.*
	• **타일 목록에 앱 추가하기**
	  – 시작 메뉴에서 추가할 앱의 바로 가기 메뉴에서 [시작 화면에 고정]을 선택한다.
	  – 시작 메뉴에서 추가할 앱을 드래그 하여 타일 위치로 끌어다 놓는다.
	• **타일 목록에서 해제하기** : 고정된 앱의 바로 가기 메뉴에서 [시작 화면에서 제거]를 선택한다.
	• **타일 그룹에 포함된 목록 전체 해제하기** : 그룹 이름의 바로 가기 메뉴에서 [시작에서 그룹 고정 해제]를 선택한다.

'가장 많이 사용하는 앱 표시'는 [⊞(시작)] → [⚙(설정)] → [개인 정보] → [일반]에서 'Windows 추적 앱 시작 프로그램에서 시작 및 검색 결과를 개선하도록 허용'이 선택되어 있어야 활성화됩니다.

그룹 이름 지정

[크기 조정] 하위 메뉴

3 시작 메뉴 설정

23.4, 19.1, 15.1, 14.3, 12.1, 09.1, 07.3, 06.3, 06.1, 04.2, 00.1

'시작' 창을 통해 시작 메뉴에서 앱 목록, 최근에 추가된 앱, 가장 많이 사용하는 앱 등의 표시 여부를 지정하거나 시작 메뉴에 표시할 폴더를 선택할 수 있다.

열기 [田(시작)] → [⚙(설정)] → [개인 설정] → [시작] 클릭

'시작' 창

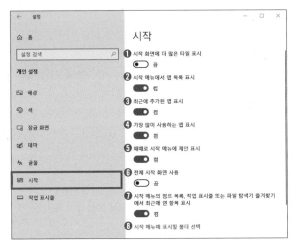

❶ **시작 화면에 더 많은 타일 표시** : 타일 영역의 넓이가 확장되어 더 많은 앱을 등록할 수 있다.

❷ **시작 메뉴에서 앱 목록 표시** : 시작 메뉴에 모든 앱 목록이 표시된다. 끄면 시작 메뉴 상단에 ☰(모든 앱) 아이콘으로 표시된다.

❸ **최근에 추가된 앱 표시** : 시작 메뉴에 최근에 추가된 앱의 바로 가기 아이콘을 표시한다.

❹ **가장 많이 사용하는 앱 표시** : 시작 메뉴에 가장 많이 사용하는 앱의 바로 가기 아이콘을 표시한다.

❺ **때때로 시작 메뉴에 제안 표시** : 시작 메뉴에 스토어로 이동해 다운받을 수 있는 추천 앱 항목을 표시한다.

❻ **전체 시작 화면 사용** : 시작 메뉴가 전체 화면 크기로 표시된다.

❼ **시작 메뉴의 점프 목록, 작업 표시줄 또는 파일 탐색기 즐겨찾기에서 최근에 연 항목 표시**

   – 시작 메뉴와 작업 표시줄에 표시된 앱을 마우스 오른쪽 버튼을 클릭하면 최근에 실행한 항목이 표시된다.＊

   – 파일 탐색기의 [즐겨찾기]에 최근에 실행한 항목이 표시된다.

❽ **시작 메뉴에 표시할 폴더 선택**

   – 시작 메뉴에 표시할 폴더를 선택한다.

   – 표시할 폴더 : 파일 탐색기, 설정, 문서, 다운로드, 음악, 사진, 동영상, 네트워크, 개인 폴더

작업 표시줄에 표시된 앱의 최근 항목

따라잡기 기출문제 따라잡기

24년 4회, 23년 5회, 21년 4회, 20년 1회, 06년 2회, 05년 2회

1. 다음 중 한글 Windows 10에서 시작 메뉴에 대한 설명으로 옳지 않은 것은?

① [시작] 단추가 표시되지 않도록 설정할 수 있다.

② 시작 메뉴를 표시하려면 [시작] 단추를 클릭하거나 Ctrl + Esc 를 누른다.

③ 시작 메뉴의 높이와 너비를 조절할 수 있다.

④ [시작] 메뉴의 프로그램 목록은 사용자가 원하는 대로 추가하거나 삭제할 수 있다.

> 사용자가 [시작] 단추의 표시 여부를 지정할 수 없습니다.

23년 4회

2. 다음 중 한글 Windows 10의 [시작] 메뉴에 대한 설명으로 옳지 않은 것은?

① 자주 사용하는 앱을 [시작] 메뉴의 앱 목록에 추가하여 빠르게 실행할 수 있다.

② [시작] 메뉴에 등록된 앱은 그 크기를 작게, 보통, 넓게, 크게 중에서 고를 수 있다.

③ [설정] → [개인 설정] → [시작]에서 시작 메뉴에 표시할 앱을 지정할 수 있다.

④ 앱의 바로 가기 메뉴에서 [제거]를 선택하면 앱을 시스템에서 삭제할 수 있다.

> [⚙️(설정) → [개인설정] → [시작]은 [시작] 메뉴에 표시할 앱을 직접 선택하여 지정하는 곳이 아니라, 앱 목록, 최근에 추가된 앱, 가장 많이 사용하는 앱 등의 표시 여부를 지정하는 곳입니다.

12년 1회, 09년 1회, 06년 3회, 04년 2회

3. 다음 중 한글 Windows 10에서 [시작] 메뉴의 상단에 최근에 추가한 앱이 표시되도록 하는 방법으로 가장 적절한 것은?

① [폴더 옵션] 창의 [보기] 탭에서 [모든 폴더에 적용]을 선택한다.

② [앱 및 기능] 창에서 해당 앱을 재설치한다.

③ [설정] → [개인 설정] → [시작]에서 '최근에 추가된 앱 표시' 항목을 켠다.

④ [설정] → [개인 설정] → [작업 표시줄]에서 '작은 작업 표시줄 단추 사용' 항목을 켠다.

> [⚙️(설정)] → [개인 설정] → [시작]에서 최근에 추가한 앱이 표시되도록 설정할 수 있습니다.

20년 1회

4. 다음 중 한글 Windows 10에서 시작 메뉴에 대한 설명으로 옳지 않은 것은?

① [시작] 단추를 누르면 현재 사용중인 사용자 계정명이 표시된다.

② [시작] 메뉴에는 내 컴퓨터에 설치된 모든 앱 목록이 나타난다.

③ [시작] 메뉴의 타일 목록은 사용자가 원하는 대로 추가하거나 해제할 수 있다.

④ [시작] 메뉴의 크기는 사용자가 임의로 변경할 수 없다.

> [시작] 메뉴의 높이와 너비를 마우스로 드래그하여 조절할 수 있습니다.

19년 1회, 15년 1회, 14년 3회

5. 다음 중 한글 Windows 10에서 [설정] → [개인 설정] → [시작]을 이용하여 할 수 있는 작업으로 옳지 않은 것은?

① 시작 메뉴에 표시할 폴더를 사용자가 지정할 수 있다.

② 최근에 추가된 앱을 시작 메뉴에 표시하도록 지정할 수 있다.

③ 가장 많이 사용하는 앱을 시작 메뉴에 표시하도록 지정할 수 있다.

④ 시작 메뉴의 표시 위치를 변경할 수 있다.

> [시작] 메뉴의 표시 위치는 변경할 수 없습니다.

▶ 정답 : 1. ① 2. ③ 3. ③ 4. ④ 5. ④

파일 탐색기

1 **파일 탐색기의 개념** 24.3, 23.4, 22.1, 18.2, 14.2, 02.1

1103401

파일 탐색기는 컴퓨터에 설치된 디스크 드라이브, 앱 파일 및 폴더 등을 관리할 수 있는 곳으로, 파일이나 폴더, 디스크 드라이브에 관련된 모든 작업을 수행할 수 있다.

〔실행〕

• **방법 1** : [⊞(시작)] 단추의 바로 가기 메뉴*에서 [파일 탐색기] 선택
• **방법 2** : 작업 표시줄의 검색 상자에 **파일 탐색기**를 입력한 후 〔Enter〕 누름
• **방법 3** : [⊞(시작)] → [Windows 시스템] → [파일 탐색기] 선택
• **방법 4** : ⊞+〔E〕 누름

〔종료〕

• **방법 1** : 제목 표시줄의 바로 가기 메뉴에서 [닫기] 선택
• **방법 2** : 제목 표시줄 왼쪽 끝 부분 더블클릭*
• **방법 3** : 창 조절 단추의 '닫기(〔×〕)' 클릭
• **방법 4** : 〔Alt〕+〔F4〕 누름
• **방법 5** : 작업 표시줄에 표시된 파일 탐색기(실행 앱) 단추의 바로 가기 메뉴* 중 [창 닫기] 선택

〔잠깐만요〕 **파일 탐색기의 세부 기능**

• **파일이나 폴더 관리 기능** : 파일 실행, 폴더 열기, 선택, 복사, 이동, 삭제, 이름 변경, 속성 확인 등
• **드라이브 관리 기능** : 드라이브 오류 검사, 드라이브 조각 모음 및 최적화, 디스크 정리, 포맷, 속성 확인, 네트워크 드라이브 연결 및 끊기 등
• **기타 기능** : 검색, 인쇄, OneDrive, 바로 가기 아이콘 만들기, 휴지통 내용 확인 등

2 **파일 탐색기의 구조** 24.4, 23.3, 23.2, 23.1, 21.4, 20.1, 18.상시, 17.1, 16.3, 15.2, 14.3, 13.3, 13.1, 10.3, 10.2, 10.1, 08.1, 07.3, 06.4, 05.3, 03.4, 01.1, …

1103402

• 파일 탐색기는 컴퓨터의 파일과 폴더를 계층 구조로 표시한다.
• 파일 탐색기는 크게 탐색 창과 폴더 창, 두 부분으로 나누어져 있다.
• 탐색 창에는 컴퓨터에 존재하는 모든 폴더가 표시되고, 폴더 창에는 탐색 창에서 선택한 폴더의 하위 폴더나 파일 등이 표시된다.

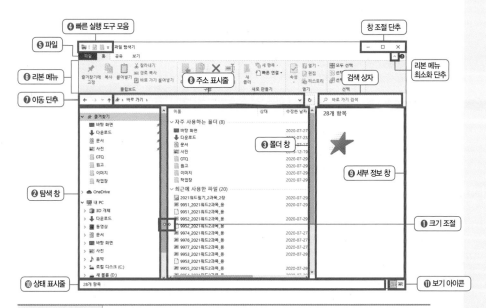

④ 빠른 실행 도구 모음
⑤ 파일
⑥ 리본 메뉴
⑦ 이동 단추
② 탐색 창
⑩ 상태 표시줄

창 조절 단추
리본 메뉴 최소화 단추
⑧ 주소 표시줄
검색 상자
❸ 폴더 창
⑨ 세부 정보 창
❶ 크기 조절
⑪ 보기 아이콘

❶ 크기 조절	파일 탐색기에서 탐색 창과 폴더 창의 크기를 조절하려면 양쪽 영역을 구분해 주는 경계선을 좌우로 드래그한다.
24.4, 23.3, 23.2, 23.1, … **❷ 탐색 창에서 이동**	• > ▣ **폴더** : 폴더 내에 또 다른 폴더, 즉 하위 폴더가 있음을 의미하며, ⟩ 부분을 클릭하면 하위 폴더가 표시되고, ⌄ 로 변경된다. • ⌄ ▣ **폴더** : 하위 폴더까지 표시된 상태임을 의미하며, ⌄ 부분을 클릭하면 하위 폴더가 숨겨지고 ⟩ 로 변경된다. • **숫자 키패드의** ＊ : 선택된 폴더의 모든 하위 폴더를 표시해 준다. • **숫자 키패드의** ＋ : 선택한 폴더의 하위 폴더를 표시한다. • **숫자 키패드의** － : 선택한 폴더의 하위 폴더를 닫는다. • **왼쪽 방향키(←)** : 선택된 폴더가 열려 있을 때는 닫고, 닫혀 있으면 상위 폴더가 선택된다. • Backspace : 선택된 폴더의 상위 폴더가 선택된다.
23.1, 20.1, 16.3, 13.3, … **❸ 폴더 창에서 이동**	키보드의 영문자＊를 누르면 해당 영문자로 시작하는 폴더나 파일 중 첫 번째 개체로 이동한다.
④ 빠른 실행 도구 모음	• 자주 사용하는 도구들을 모아두는 곳으로, '⌄(빠른 실행 도구 모음 사용자 지정)'을 클릭하여 필요한 도구들을 추가하거나 제거할 수 있다. • **사용자 지정 목록** : 실행 취소, 다시 실행, 삭제, 속성, 새 폴더, 이름 바꾸기, 리본 메뉴 아래에 표시, 리본 메뉴 최소화
⑤ 파일	새 창 열기, Windows PowerShell 열기, 폴더 및 검색 옵션 변경, 도움말, 닫기 등의 메뉴와 자주 사용하는 폴더 목록이 표시된다.

23.1, 20.1
⑥ 리본 메뉴
	• 파일 탐색기에서 제공하는 다양한 기능들이 용도에 맞게 탭으로 분류되어 있다.
	• 리본 메뉴는 탭, 그룹, 명령으로 구성되어 있다.＊
	  – 탭에는 홈, 공유, 보기가 기본적으로 표시되고 상황에 따라 상황별 탭＊이 추가적으로 표시된다.
	• Alt 나 F10 을 누르면 리본 메뉴에 바로 가기 키가 표시된다.
	• **리본 메뉴 최소화 / 확장**
	  – **방법 1** : 리본 메뉴의 바로 가기 메뉴에서 [리본 메뉴 최소화] 선택 / [리본 메뉴 최소화] 선택 해제
	  – **방법 2** : Ctrl + F1 누름
	  – **방법 3** : 활성 탭의 이름 더블 클릭
	  – **방법 4** : '리본 최소화(⌃)' 단추 클릭 / '리본 확장(⌄)' 단추 클릭

키보드를 이용한 개체 선택 예
폴더 창이 선택된 상태에서 M을 누르면 폴더나 파일 이름이 'M'으로 시작하는 첫 번째 개체가 선택되고, M을 누를 때마다 'M'으로 시작되는 다른 개체가 선택됩니다. 'M'으로 시작하는 개체가 하나만 있는 경우에는 해당 개체만 선택됩니다.

리본 메뉴

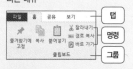

상황별 탭
탐색 창에서 클릭한 폴더의 종류나 폴더에 포함된 파일의 종류에 따라 탭이 추가로 표시됩니다.
• 내 PC : '컴퓨터' 탭
• 드라이브 : '드라이브 도구' 탭
• 네트워크 : '네트워크' 탭
• 이미지 파일 : '사진 도구' 탭
• 동영상 파일 : '비디오 도구' 탭
• 음악 파일 : '음악 도구' 탭

❼ 이동 단추	현재 선택한 창의 바로 전(←)/다음(→)/최근 위치(▾)/상위(↑) 창으로 이동한다.	
❽ 주소 표시줄	• 현재의 위치를 알려주는 경로가 표시된다. • 경로의 각 폴더 이름을 클릭하면 해당 폴더로 바로 이동한다. • 경로의 폴더 이름 오른쪽에 있는 삼각형(▸)을 클릭하면 해당 폴더 안에 있는 모든 하위 폴더 목록이 표시되고, 목록에서 특정 폴더를 선택하면 해당 폴더로 바로 이동한다.*	
17.1, 13.3 ❾ 세부 정보 창	• 리본 메뉴의 [보기] 탭에서 [창] → [세부 정보 창]을 클릭하면 표시된다. • 선택한 드라이브나 폴더, 파일과 관련된 속성이 표시되는 곳이다. • 탐색 창에서 드라이브나 폴더를 선택하면 드라이브나 폴더 내의 총 개체수가 표시된다. • 폴더 창에서 드라이브를 선택하면 디스크의 사용된 공간, 사용 가능한 공간, 전체 크기, 파일 시스템 등이 표시되고, 폴더를 선택하면 수정한 날짜가 표시된다. • 파일은 수정한 날짜, 그기, 만든 날짜가 표시되며, 파일 형식에 따라 표시되는 속성이 다르다. • 세부 정보 창의 크기를 넓히려면 세부 정보 창의 왼쪽 경계선을 왼쪽으로 드래그한다.	
18,상시, 16.3, 10.2, 06.4, … ❿ 상태 표시줄	• 탐색 창에서 특정 항목을 선택하면 선택된 항목에 포함된 총 개체 수가 표시된다. • 폴더 창에서 특정 개체를 선택하면 선택된 개체의 수가 표시된다.	
⓫ 보기 아이콘	• ▤▤(Ctrl + Shift + 6) : 자세히 보기 • ▦(Ctrl + Shift + 2) : 큰 아이콘 보기	

---

3 파일 탐색기의 리본 메뉴

24.5, 23.5, 23.3, 23.2, 22.4, 22.3, 14.1, 13.1

1103403

리본 메뉴는 파일 탐색기에서 제공하는 다양한 기능들이 용도에 맞게 탭으로 분류되어 있는 곳으로, 각 탭은 기능별로 묶여 표시되어 있다.

[홈] 탭

그룹	기능
❶ 클립보드	즐겨찾기에 고정, 복사, 붙여넣기, 잘라내기, 경로 복사, 바로 가기 붙여넣기
14.1, 13.1 ❷ 구성	이동 위치, 복사 위치, 삭제(휴지통으로 이동, 완전히 삭제), 이름 바꾸기
❸ 새로 만들기	새 폴더, 새 항목(폴더, 바로 가기, 각종 앱 형식의 파일 만들기), 빠른 연결(라이브러리에 포함, 네트워크 드라이브 연결 등)
❹ 열기	속성, 열기, 편집, 히스토리*
14.1, 13.1 ❺ 선택	모두 선택, 선택 안 함, 선택 영역 반전

[공유] 탭

그룹	기능
① 보내기 ^{23.3, 23.2}	공유, 전자 메일, 압축(ZIP), 디스크에 굽기, 인쇄, 팩스
② 공유 대상	공유 대상자, 액세스 제거
③	고급 보안(고급 보안 설정 대화상자 표시)

[보기] 탭

그룹	기능
① 창	탐색 창(탐색 창, 확장하여 폴더 열기, 모든 폴더 표시, 라이브러리 표시), 미리 보기 창, 세부 정보 창
② 레이아웃 ^{24.5, 23.5, 23.3, 23.2···}	아주 큰 아이콘, 큰 아이콘, 보통 아이콘, 작은 아이콘, 목록, 자세히*, 타일, 내용
③ 현재 보기	정렬 기준, 분류 방법, 열 추가, 모든 열 너비 조정
④ 표시/숨기기	항목 확인란*, 파일 확장명*, 숨긴 항목*, 선택한 항목 숨기기/해제
⑤	옵션(폴더 및 검색 옵션 변경)

[레이아웃] 그룹에서 '자세히'를 클릭할 경우 표시되는 기본 정보

- **일반 폴더 및 파일** : 이름, 수정한 날짜, 유형, 크기
- **디스크 드라이브** : 이름, 종류, 전체 크기, 사용 가능한 공간

- 항목 확인란, 파일 확장명, 숨긴 항목은 '폴더 옵션' 대화상자의 [보기] 탭에 있는 '확인란을 사용하여 항목 선택', '알려진 파일 형식의 파일 확장명 숨기기', '숨김 파일 및 폴더' 항목과 기능이 동일합니다.
- **항목 확인란** : 확인란은 여러 개의 파일을 선택할 때 Ctrl이나 Shift를 사용하기 어려운 경우를 대비한 기능입니다. '항목 확인란'을 체크하면 파일이나 폴더의 아이콘 앞에 확인란이 추가되기 때문에 Ctrl이나 Shift를 누르지 않고도 여러 개의 파일을 선택할 수 있습니다.

- **숨긴 항목** : 속성이 '숨김'으로 설정되어 있는 항목을 말하며, 중요한 파일을 보호하기 위해 사용자에게 보이지 않도록 설정하는 것입니다. '숨긴 항목'에 체크 표시를 해야만 화면에서 볼 수 있습니다.

24년 3회, 23년 4회, 22년 1회, 18년 2회, 14년 2회

1. 다음 중 한글 Windows 10에서 [파일 탐색기]를 실행하는 방법으로 옳지 않은 것은?

① 작업 표시줄의 빈 공간에서 바로 가기 메뉴의 [파일 탐색기 열기]를 클릭한다.

② [시작] 단추의 바로 가기 메뉴에서 [파일 탐색기]를 클릭한다.

③ 작업 표시줄에 있는 [파일 탐색기] 아이콘을 클릭한다.

④ [시작] 메뉴에서 [Windows 시스템]에 있는 [파일 탐색기] 항목을 클릭한다.

> 작업 표시줄의 바로 가기 메뉴에는 [파일 탐색기 열기]가 없습니다.

23년 3회, 20년 2회, 15년 2회

2. 다음 중 한글 Windows 10의 임의의 폴더 창에 대한 설명으로 옳지 않은 것은?

① 폴더와 파일 목록을 표시하는 방법으로는 큰 아이콘, 자세히, 나란히 보기로 3가지가 있다.

② 탐색 창에서 특정 드라이브를 선택하고 오른쪽 숫자 키패드의 * 키를 누르면 드라이브 내의 모든 폴더가 트리 구조로 표시된다.

③ 연속적인 파일을 선택하고자 할 때에는 Shift 키와 함께 클릭한다.

④ 특정 폴더에 대해 압축(ZIP) 폴더를 만들 수 있다.

> 폴더와 파일 목록을 표시하는 방법에는 아주 큰 아이콘, 큰 아이콘, 보통 아이콘, 작은 아이콘, 목록, 자세히 등 총 8개가 있으며, 그 중에 '나란히 보기'라는 방법은 없습니다.

17년 1회, 10년 2회, 06년 4회, 05년 3회, 01년 1회, 00년 2회

3. 다음 중 한글 Windows 10의 탐색기에서 세부 정보 창을 통해 확인할 수 있는 정보로 옳지 않은 것은?

① 선택된 디스크의 사용 공간

② 선택된 파일이나 폴더의 항목 수

③ 파일이나 폴더를 수정한 날짜

④ 파일이나 폴더의 압축 예상 크기

> 파일과 폴더는 필요할 때만 압축하므로 파일이나 폴더를 선택할 때마다 압축 예상 크기를 표시할 필요는 없습니다.

23년 1회, 20년 1회

4. 다음 중 한글 Windows 10의 파일 탐색기에 대한 설명으로 옳지 않은 것은?

① 탐색 창에서 특정 폴더를 선택하고 숫자 키패드의 '*'를 누르면 선택된 폴더의 모든 하위 폴더를 표시해 준다.

② 주소 표시줄에는 현재의 위치를 알려주는 경로가 표시된다.

③ 파일 영역(폴더 창)에서 키보드의 영문자 키를 누르면 해당 영문자로 시작하는 폴더나 파일 중 첫 번째 개체가 선택된다.

④ Shift 를 누르면 감추어진 리본 메뉴를 활성화할 수 있다.

> 파일 탐색기에서 감추어진 리본 메뉴를 활성화하는 바로 가기 키는 Ctrl + F1 입니다.

24년 4회

5. 다음 중 한글 Windows 10의 [파일 탐색기] 창에 관한 설명으로 옳지 않은 것은?

① 탐색 창에서 ▽ 표시가 있는 폴더는 하위 폴더까지 표시된 상태를 의미한다.

② 탐색 창에서 폴더를 선택한 후에 숫자 키패드의 – 를 누르면 선택된 폴더의 하위 폴더가 표시된다.

③ Backspace 를 누르면 상위 폴더로 이동한다.

④ 왼쪽 방향키(←)를 누르면 선택된 폴더가 열려있을 때는 닫고, 닫혀 있으면 상위 폴더가 선택된다.

> 탐색 창에서 폴더를 선택한 후 숫자 키패드의 – 를 누르면 선택된 폴더의 하위 폴더가 감춰지고 + 를 누르면 선택된 폴더의 하위 폴더가 표시됩니다.

24년 5회, 23년 5회, 22년 4회, 3회

6. 다음 중 한글 Windows 10의 파일 탐색기의 [보기] → [레이아웃]에서 선택할 수 있는 보기 옵션이 아닌 것은?

① 아주 큰 아이콘 ② 넓은 아이콘

③ 작은 아이콘 ④ 목록

> 파일 탐색기의 [보기] → [레이아웃]에서 선택할 수 있는 보기 옵션에는 아주 큰 아이콘, 큰 아이콘, 보통 아이콘, 작은 아이콘, 목록, 자세히, 타일, 내용이 있습니다.

▶ 정답 : 1. ① 2. ① 3. ④ 4. ④ 5. ② 6. ②

SECTION
039

폴더 옵션

1 24.2, 23.5, 21.1, 20.2, 19.상시, 18.2, 17.2, 12.3, 12.2, 12.1, 11.3, 11.2, 11.1, 08.4, 08.3, 08.1, 07.4, 06.4, 06.2, 03.4, 03.3, 03.2, 02.2, …
폴더 옵션

1103404

'폴더 옵션' 대화상자에서는 파일이나 폴더의 보기 형식, 검색 방법 등에 대한 설정을 변경한다.

열기

- **방법 1** : 파일 탐색기에서 [파일] → [폴더 및 검색 옵션 변경] 또는 [파일] → [옵션]*선택
- **방법 2** : 파일 탐색기에서 리본 메뉴의 [보기] → '▣(옵션)' 클릭
- **방법 3** : 파일 탐색기에서 리본 메뉴의 [보기] → [옵션] → [폴더 및 검색 옵션 변경] 선택

'폴더 옵션' 대화상자의 탭별 기능

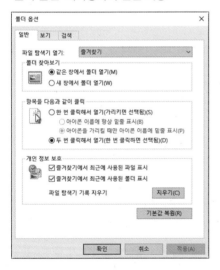
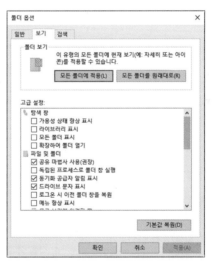

일반	• 파일 탐색기가 열렸을 때의 기본 위치를 '즐겨찾기'나 '내 PC' 중에서 선택할 수 있다. • 새로 여는 폴더의 내용을 같은 창에서 열리거나 다른 창에 열리도록 지정할 수 있다. • 웹을 사용하는 것처럼 바탕 화면이나 파일 탐색기에서도 파일을 한 번 클릭하면 실행되도록 설정할 수 있다. • 즐겨찾기에서 최근에 사용된 파일이나 폴더의 표시 여부를 지정한다. • 파일 탐색기의 즐겨찾기에 표시된 최근에 사용한 파일 목록을 지울 수 있다.

> **전문가의 조언**
>
> 폴더 옵션의 각 탭별 기능에 대한 문제가 출제되었습니다. 폴더 옵션의 각 탭에서 지정할 수 있는 기능들을 확실히 파악해 두세요.

[파일] 메뉴
파일 탐색기의 폴더 창이 선택된 상태에서는 [파일] → [폴더 및 검색 옵션 변경] 메뉴가 표시되고 파일 창이 선택된 상태에서는 [파일] → [옵션] 메뉴가 표시됩니다.

보기	• 탐색 창에 라이브러리의 표시 여부를 지정한다. • 탐색 창에 모든 폴더의 표시 여부를 지정한다. • 메뉴 모음의 항상 표시 여부를 지정한다. • 숨김 파일이나 폴더의 표시 여부를 지정한다. • 알려진 파일 형식의 파일 확장명 표시 여부를 지정한다. • 제목 표시줄에 현재 선택된 위치의 전체 경로 표시 여부를 지정한다. • 미리 보기 창에 파일 내용 표시 여부를 지정한다. • 보호된 운영 체제 파일 숨김 여부를 지정한다. • 폴더나 파일을 가리키면 해당 항목의 정보를 표시하는 팝업 설명의 표시 여부를 지정한다. • 파일이나 폴더의 아이콘 앞에 확인란의 표시 여부를 지정한다.
검색	• 폴더에서 시스템 파일을 검색할 때 색인을 사용할지 여부를 지정한다. • 색인되지 않은 위치 검색 시 포함할 대상을 지정한다.

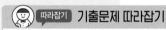 기출문제 따라잡기

문제1 3103951

24년 2회, 23년 5회, 21년 1회, 19년 상시, 18년 2회, 17년 2회, 11년 3회, 06년 2회

1. 다음 중 한글 Windows 10의 [폴더 옵션] 대화상자에서 지정이 가능한 것으로 옳지 않은 것은?

① 폴더를 찾을 때 같은 창에서 폴더 열기를 지정할 수 있다.

② 폴더 창을 열 때 마우스를 한 번 클릭해서 열기를 지정할 수 있다.

③ 탐색 창에서 모든 폴더를 표시하도록 지정할 수 있다.

④ 폴더 창에 사용된 글꼴을 지정할 수 있다.

> '폴더 옵션' 대화상자에서는 폴더 창에 사용된 글꼴을 설정할 수 없습니다.

12년 3회, 08년 1회, 07년 4회, 03년 2회

2. 다음 중 한글 Windows 10의 [파일 탐색기] 창에서 [보기] → [옵션] → [폴더 및 검색 옵션 변경]을 선택하여 표시되는 [폴더 옵션] 대화상자의 [일반] 탭에서 수행할 수 없는 작업은?

① 아이콘 이름에 항상 밑줄을 표시하도록 설정할 수 있다.

② 같은 창에서 폴더 열기를 설정할 수 있다.

③ 숨겨진 파일을 보이게 설정할 수 있다.

④ 마우스 한 번 클릭으로 열기를 설정할 수 있다.

> 숨겨진 파일을 보이게 하려면 '보기' 탭을 이용해야 합니다.

12년 2회, 11년 2회

3. 다음 중 한글 Windows 10에서 [폴더 옵션] 대화상자의 [보기] 탭에서 할 수 있는 작업으로 옳지 않은 것은?

① 메뉴 모음이 항상 표시되도록 지정할 수 있다.

② 보호된 운영 체제 파일의 숨기기를 지정할 수 있다.

③ 시스템 파일의 연결된 앱을 변경할 수 있도록 지정할 수 있다.

④ 숨김 파일 및 폴더를 표시 안 함으로 지정할 수 있다.

> '보기' 탭은 '~보기'와 관련지어 생각하면 되는데, ③번은 눈으로 보는 것과 무관합니다. 시스템 파일에 연결된 연결 앱을 변경하려면 해당 파일의 바로 가기 메뉴에서 [연결 프로그램]을 선택해야 합니다.

20년 2회

4. 다음 중 한글 Windows 10의 [폴더 옵션]의 '보기' 탭에서 할 수 없는 기능은?

① 메뉴 모음의 항상 표시 여부를 지정한다.

② 숨김 파일이나 폴더의 표시 여부를 지정한다.

③ 폴더나 파일을 가리키면 해당 항목의 정보를 표시하는 팝업 설명의 표시 여부를 지정한다.

④ 제목 표시줄에 현재 선택된 위치에 대한 일부분 경로 표시 여부를 지정한다.

> 제목 표시줄에 전체 경로는 표시할 수 있어도 경로의 일부만을 표시할 수는 없습니다.

▶ **정답 :** 1. ④ 2. ③ 3. ③ 4. ④

파일 탐색기의 구성 요소

24.2, 24.1, 23.4,23.3, 23.2, 23.1, 22.2, 21.1, 20.2, 19.1, 18.1, 15.3

1 파일 탐색기의 구성 요소

4104001

파일 탐색기의 탐색 창에서 제공하는 구성 요소에는 즐겨찾기, OneDrive, 내 PC, 라이브러리, 네트워크가 있다.

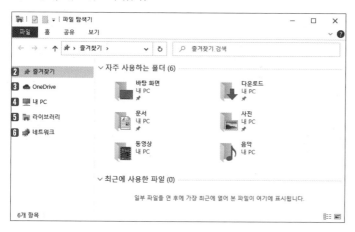

24.2, 21.1, 19.1, 18.1, … **즐겨찾기**	• 자주 사용하는 개체를 등록하여 해당 개체로 빠르게 이동하기 위해 사용하는 기능이다. • 자주 사용하는 폴더나 최근에 사용한 파일이 자동으로 등록된다.
OneDrive	마이크로소프트사에서 제공하는 OneDrive*와 내 PC의 OneDrive 폴더*를 동기화하여 파일을 백업하고 보호하는 기능이다.
24.2, 21.1, 19.1, 18.1, … **내 PC**	컴퓨터에 설치된 모든 구성 요소를 표시하며, 각 구성 요소를 관리할 수 있는 여러 가지 기능을 제공한다.
24.2, 23.4, 23.2, … **라이브러리***	• 컴퓨터 여기저기에 흩어져 있는 자료를 한 곳에서 보고 정리할 수 있게 하는 가상의 폴더이다. • 라이브러리는 실제로 파일을 저장하고 있는 것이 아니라 파일이 저장된 폴더를 연결하여 보여준다. • Windows에서는 기본적으로 문서, 비디오, 사진, 음악 라이브러리 등을 제공한다. • 하나의 라이브러리에는 최대 50개*의 폴더를 포함시킬 수 있다.
24.2, 21.1, 19.1, 18.1, … **네트워크**	네트워크에 연결된 자원을 확인하거나 공유할 수 있는 기능을 제공한다.

전문가의 조언

중요해요! 파일 탐색기의 구성 요소들에 대한 용도와 특징을 묻는 문제가 출제되었습니다. 특히 네트워크는 네트워크에 연결된 자원을 확인하고 공유하는 요소라는 점과 라이브러리에 포함할 수 있는 폴더 수는 제한이 없다는 점을 기억해 두세요.

OneDrive
파일 호스팅을 담당하는 마이크로소프트 윈도우 라이브 서비스 중 하나로, 마이크로소프트 계정을 이용하여 마이크로소프트사에서 제공하는 클라우드 기억 장소에 자료를 업로드한 후 자신만 사용할 수 있도록 관리할 수 있습니다. 클라우드의 기본 제공 용량은 5GB이며, 용량 추가 시 요금이 발생합니다.

내 PC의 OneDrive 폴더 위치
기본적으로 'C:\사용자\계정\OneDrive'입니다.

라이브러리 표시
탐색 창에 라이브러리가 표시되어 있지 않다면, [파일 탐색기] 리본 메뉴의 [보기] → [창] → [탐색 창] → [라이브러리 표시]를 클릭하세요.

라이브러리의 폴더 수
하나의 라이브러리는 최대 50개의 폴더를 포함할 수 있지만, 라이브러리로 연결된 실제 폴더 안에는 개수에 제한 없이 폴더를 만들 수 있습니다. 예를 들어, '문서' 라이브러리에는 내 문서, 공용 문서 등과 같은 폴더를 최대 50개까지 추가할 수 있지만 '문서' 라이브러리의 '내 문서' 폴더 안에는 개수에 제한 없이 여러 개의 폴더를 포함시킬 수 있습니다.

23년 3회, 1회

1. 다음 중 한글 Windows 10의 파일 탐색기에서 탐색 창에 나타나는 항목이 아닌 것은?

① 즐겨찾기   ② 라이브러리

③ OneDrive   ④ 시스템

> 파일 탐색기의 탐색 창에 '시스템' 항목은 없습니다. 파일 탐색기의 탐색 창에 나타나는 항목에는 즐겨찾기, OneDrive, 내 PC, 라이브러리, 네트워크가 있습니다.

24년 2회, 21년 1회, 19년 1회, 18년 1회, 15년 3회

2. 다음 중 한글 Windows 10에서 파일 탐색기 창의 구성 요소에 관한 설명으로 옳지 않은 것은?

① '즐겨찾기'는 자주 사용하는 개체를 등록히여 해당 개체로 빠르게 이동하기 위하여 사용하는 기능이다.

② '라이브러리'는 컴퓨터의 여러 장소에 저장된 자료를 한 곳에 보고 정리할 수 있는 가상 폴더이다.

③ '네트워크'는 윈도우 사용자들을 그룹화하여 권한 등의 사용자 관리를 용이하도록 하는 기능이다.

④ '내 PC'는 컴퓨터에 설치된 모든 구성 요소를 표시하며, 각 구성 요소를 관리할 수 있는 여러 가지 기능을 제공한다.

> 네트워크는 네트워크에 연결된 자원을 확인하거나 공유할 수 있는 기능을 제공합니다.

24년 1회, 23년 4회, 2회, 22년 2회, 21년 2회, 20년 2회

3. 다음 중 한글 Windows 10에서 라이브러리에 대한 설명으로 옳지 않은 것은?

① 자주 사용하는 폴더들을 하나씩 찾아다니지 않고 라이브러리에 등록하여 한 번에 관리할 수 있다.

② 라이브러리는 컴퓨터 여기 저기 흩어져 있는 자료를 한 곳에서 보고 정리할 수 있게 하는 가상의 폴더이다.

③ 기본적으로 문서, 음악, 사진, 비디오 라이브러리 등을 제공한다.

④ 하나의 라이브러리에는 최대 30개의 폴더를 포함시킬 수 있다.

> 하나의 라이브러리에는 최대 50개의 폴더를 포함시킬 수 있습니다.

▶ **정답** : 1. ④   2. ③   3. ④

디스크 관리

1 디스크의 개요

디스크는 파일이나 폴더를 저장해 두는 물리적 저장공간이다.

- 일반적으로 플로피디스크 드라이브의 이름에는 A, B를, 하드디스크 드라이브의 이름에는 C에서 Z까지(C, D, E, F, …) 할당한다.
- 하나의 물리적인 하드디스크를 여러 개의 논리적인 디스크로 나누어 사용할 수 있다.

2 디스크 속성

24.4, 23.5, 23.1, 22.1, 19.1, 17.2, 08.2, 06.3, 02.2

1103602

디스크 속성 대화상자에서는 디스크와 관련된 각종 정보를 확인하고, 여러 가지 관련 사항을 설정할 수 있다.

> 전문가의 조언
>
> 디스크 속성 대화상자에서 수행할 수 있는 기능을 묻는 문제가 출제되었습니다. 디스크 속성 대화상자의 탭마다 수행할 수 있는 기능들을 학습하세요.

디스크 속성 대화상자의 각 탭별 기능

23.5, 23.1, 22.1, … **일반**	• 디스크 드라이브의 종류, 파일 시스템, 사용 중인 공간, 여유 공간이 표시된다. • 디스크 정리*를 실행하고 '드라이브를 압축하여 디스크 공간 절약', '빠른 파일 검색을 위해 디스크 색인 사용' 여부를 지정한다.
23.5, 23.1, 22.1, … **도구**	드라이브 오류 검사*, 드라이브 최적화 및 조각 모음*을 실행한다.
하드웨어	컴퓨터에 설치되어 있는 디스크 드라이브의 제조업체 이름, 장치 종류 등 장치에 대한 정보를 표시한다.
23.5, 23.1, 22.1, … **공유**	디스크 드라이브의 공유 여부를 지정한다.

'디스크 정리'에 대한 자세한 내용은 226쪽을, '드라이브 오류 검사'에 대한 자세한 내용은 230쪽을, '드라이브 조각 모음 및 최적화'에 대한 자세한 내용은 224쪽을 참고하세요.

보안	사용자별 사용 권한을 설정한다.
이전 버전	Windows에서 복원 지점이나 백업으로 만들어진 파일 및 폴더의 복사본으로, 실수로 수정 또는 삭제되거나 손상된 파일 및 폴더를 복원할 수 있다.
08.2 할당량	• 각 사용자에 대한 기본 할당량 한도를 설정한다. • 할당량 한도를 넘은 사용자에게 디스크 공간을 주지 않도록 설정한다. • 디스크 할당의 크기는 1KB ~ 6EB까지 지정한다. • 사용자가 할당량 한도나 경고 수준을 넘었을 때 이벤트를 기록하도록 설정한다.

3 디스크 포맷

1103603

디스크 포맷은 디스크를 초기화(트랙과 섹터 형성)하여 사용 가능한 상태로 만들어 주는 작업을 말한다.

• 디스크를 사용하기 위해서는 먼저 초기화 작업인 포맷을 해야 한다.

• 사용하던 디스크를 포맷할 경우 기존 데이터는 모두 삭제된다.

• 포맷하려는 디스크의 데이터를 사용하는 중이라면 포맷할 수 없다.

디스크 포맷 창*의 옵션별 기능

용량	디스크의 용량을 표시한다.
09.3 파일 시스템	디스크에 설치할 파일 시스템(FAT32, NTFS)을 지정한다.
할당 단위* 크기	• 파일을 저장하는 데 할당할 수 있는 최소 디스크 공간인 할당 단위를 지정한다. • 포맷 시 할당 단위 크기를 지정하지 않으면 Windows는 볼륨*의 크기에 따라 적절한 크기를 자동으로 지정한다.
23.3, 23.2, 21.3, 20.1 볼륨 레이블	• 포맷한 디스크에 레이블(이름)을 지정한다. • FAT32 볼륨은 최대 11문자, NTFS 볼륨은 최대 32문자까지 사용할 수 있다.
23.3, 23.2, 21.3, 20.1, ⋯ 포맷 옵션	빠른 포맷	• 디스크의 불량 섹터는 검출하지 않고, 디스크의 모든 파일을 삭제한다. • 사용하던 디스크를 포맷할 때 사용한다.

4 디스크 관리

18.2

디스크 관리는 디스크 관련 작업을 수행하는 곳으로 포맷 및 파티션*(Partition), 드라이브 문자 할당 등의 작업을 할 수 있다.

실행

• **방법 1** : [⊞(시작)]의 바로 가기 메뉴에서 [디스크 관리] 선택

• **방법 2** : ⊞+X를 누른 후 메뉴에서 [디스크 관리] 선택

5 파일 시스템

21.4, 13.1, 12.3, 12.2, 12.1, 10.2, 09.3, 07.4, 05.4, 03.1, 02.4, 00.3

1103605

파일 시스템이란 보조기억장치에 저장되는 파일에 대해 수정, 삭제, 추가, 검색 등의 작업을 체계적으로 할 수 있도록 지원하는 관리 시스템을 말한다.

- 파일 시스템에는 FAT(16), FAT32, NTFS가 있다.
- FAT32는 FAT에서 파생된 것으로 FAT에 비해 클러스터 크기가 작으므로 하드디스크의 공간 낭비를 줄일 수 있다.
- NTFS
  - Windows 전용 파일 시스템으로, 다른 운영체제에서는 사용할 수 없다.
  - FAT, FAT32에 비해 성능, 보안, 안정성 면에서 뛰어난 고급 기능을 제공하며, 시스템 리소스를 최소화 할 수 있다.
  - 파일 및 폴더에 대한 액세스 제어를 유지하고 '표준 사용자' 계정을 지원한다.

> **전문가의 조언**
>
> 파일 시스템 중 NTFS의 특징을 묻는 문제가 최근 출제되었습니다. NTFS는 Windows 전용 파일 시스템이라는 것을 중심으로 다른 특징들도 정리해 두세요.

따라잡기 기출문제 따라잡기

문제1 1103651   문제2 1103652

24년 4회, 23년 5회, 1회, 22년 1회, 19년 1회, 17년 2회, 06년 3회

1. 다음 중 한글 Windows 10이 설치된 C: 디스크 드라이브의 [로컬 디스크(C:) 속성] 창에서 작업할 수 있는 내용으로 옳지 않은 것은?

① 드라이브를 압축하여 디스크 공간을 절약할 수 있다.

② 드라이브 최적화 및 조각 모음을 할 수 있다.

③ 네트워크 파일이나 폴더를 공유할 수 있도록 설정할 수 있다.

④ 디스크 정리 및 디스크 포맷을 할 수 있다.

> 드라이브 압축, 디스크 정리는 [일반] 탭, 오류 검사, 드라이브 최적화 및 조각 모음은 [도구] 탭, 네트워크 파일이나 폴더 공유는 [공유] 탭에서 수행할 수 있습니다. 포맷은 디스크 드라이브의 바로 가기 메뉴에서 수행합니다.

16년 3회, 15년 2회, 13년 2회, 11년 2회

2. 다음 중 한글 Windows 10에서 할 수 있는 디스크 포맷에 관한 설명으로 옳지 않은 것은?

① 디스크를 포맷하면 디스크의 모든 데이터가 지워진다.

② 빠른 포맷은 디스크의 불량 섹터를 검색하지 않고 디스크에서 파일을 제거한다.

③ 디스크 포맷 창에서 용량, 파일 시스템, 할당 단위 크기, 볼륨 레이블 등을 지정할 수 있다.

④ 할당 단위 크기와 볼륨 레이블은 반드시 지정해야 한다.

> 볼륨 레이블을 반드시 지정할 필요는 없습니다.

23년 3회, 2회, 21년 3회, 20년 1회

3. 다음 중 한글 Windows 10의 디스크 포맷에 대한 설명으로 옳지 않은 것은?

① 디스크 포맷은 디스크를 초기화하여 사용 가능한 상태로 만들어주는 작업을 말한다.

② '빠른 포맷'을 선택하면 디스크의 불량 섹터는 검출하지 않고, 디스크의 모든 파일을 삭제한다.

③ 볼륨 레이블에서 FAT32 볼륨은 최대 11문자, NTFS 볼륨은 최대 32문자까지 사용할 수 있다.

④ 포맷하려는 디스크의 데이터를 사용하는 중이라도 포맷할 수 있다.

> 포맷하려는 디스크의 데이터가 사용 중이라면 포맷할 수 없습니다.

▶ 정답 : 1. ④ 2. ④ 3. ④

파일과 폴더

바로 가기 메뉴의 [새로 만들기]

'▣(새 폴더)' 아이콘은 '빠른 실행 도구 모음 사용자 지정'의 '새 폴더'가 선택되어 있어야 표시됩니다.

파일/폴더의 이름 변경 방법
파일/폴더의 이름 변경 방법은 162쪽을 참고하세요.

₩ 기호
서체에 따라 '\'으로 표현되기도 합니다.

---

1 24.3, 24.1, 22.2, 22.1, 21.2, 21.1, 19.1, 17.1, 16.3, 16.2, 15.1, 12.3, 11.1, 09.4, 08.4, 07.3, 06.2, 05.2, 04.1, 03.4, 01.3, 99.2
파일과 폴더의 특징

1103701

파일(File)은 자료가 디스크에 저장되는 기본 단위이고, 폴더(Folder)는 파일을 모아 관리하기 위한 장소이다.

만들기

• **파일**
  – **방법 1** : 해당 앱에서 파일 작성 후 저장
  – **방법 2** : 바로 가기 메뉴의 [새로 만들기]*에서 원하는 종류를 선택한 후 작성

• **폴더**
  – **방법 1** : 파일 탐색기에서 [홈] → [새로 만들기] → [새 폴더] 클릭
  – **방법 2** : 파일 탐색기의 빠른 실행 도구 모음에서 '▣(새 폴더)'* 클릭
  – **방법 3** : 바로 가기 메뉴에서 [새로 만들기] → [폴더] 선택

특징

• 파일은 파일명과 확장자로 구성되며, 마침표(.)를 이용하여 파일명과 확장자를 구분한다(예 파일명.HWP, 워드필기.TXT).
• 파일의 효율적인 관리를 위해 서로 관련 있는 파일들을 한 폴더에 저장한다.
• 파일과 폴더는 작성, 이름 변경*, 삭제가 가능하며, 하위 폴더나 파일이 포함된 폴더도 삭제할 수 있다.
• 폴더는 [파일 탐색기]나 바로 가기 메뉴를 사용하여 만들며, 바탕 화면, 드라이브, 폴더 등 파일이 저장될 수 있는 곳이면 어디든 만들 수 있다.
• 하나의 폴더 내에는 동일한 이름의 파일이나 폴더가 존재할 수 없다.
• 파일과 폴더의 이름은 255자 이내로 작성하며, 공백을 포함할 수 있다.
• \ / ? ₩* : 〈 〉 " | 등은 파일과 폴더의 이름으로 사용할 수 없다.
• CON, PRN, AUX, NUL 등과 같은 단어는 시스템에 예약된 단어이기 때문에 파일 및 폴더의 이름으로 사용할 수 없다. 하지만 파일의 확장자명으로는 사용할 수 있다.

24.5, 24.1, 23.3, 22.2, 21.2, 18.1, 17.2, 15.2, 11.3, 07.4, 07.2

잠깐만요 압축(Zip) 폴더

3104231

압축(Zip) 폴더는 압축 파일에 포함된 파일과 폴더를 파일 탐색기에서 일반 폴더처럼 사용하는 Windows의 기능입니다.
• 압축하여 디스크 공간을 절약하고 다른 컴퓨터로 빠르게 전송할 수 있습니다.
• 압축 폴더 안의 파일은 '읽기 전용'으로만 사용할 수 있으므로 편집하려면 압축을 해제해야 합니다.

만들기
• **방법1** : 파일과 폴더들을 선택한 후 바로 가기 메뉴에서 [보내기] → [압축(ZIP) 폴더] 선택
• **방법2** : 파일과 폴더들을 선택한 후 파일 탐색기에서 [공유] → [보내기] → [압축(ZIP)] 클릭

2 파일/폴더 속성

24.4, 19.2, 18.2, 17.1, 15.3, 15.2, 15.1, 13.2, 11.2, 02.2, 02.1

1103702

파일/폴더의 속성을 이용하여 파일/폴더의 기본 정보를 확인하거나 특성 및 공유 설정을 할 수 있다.

열기

- **방법 1** : 파일 탐색기에서 [홈] → [열기] → '☑(속성)'* 클릭
- **방법 2** : 파일 탐색기의 빠른 실행 도구 모음에서 '☑(속성)' 클릭
- **방법 3** : 파일/폴더를 선택한 후 바로 가기 메뉴*에서 [속성] 선택
- **방법 4** : 파일/폴더를 선택한 후 Alt + Enter 누름

파일/폴더 속성의 탭별 기능

구분	탭	내용
파일	일반	• 파일 이름 및 파일 형식, 연결 프로그램, 저장 위치, 크기, 디스크 할당 크기, 만든 날짜, 수정한 날짜, 액세스한 날짜 등이 표시된다. • 읽을 수만 있게 하는 '읽기 전용', 화면에서 숨기는 '숨김'과 같은 파일의 특성을 설정할 수 있다.
	보안	사용자별 사용 권한을 설정한다.
	자세히*	파일에 제목, 주제, 태그, 만든 이 등의 속성을 확인하거나 제거할 수 있다.
	이전 버전	이전 버전은 Windows에서 복원 지점이나 백업으로 만들어진 파일 및 폴더의 복사본으로, 실수로 수정 또는 삭제되거나 손상된 파일 및 폴더를 복원할 수 있다.
폴더*	일반 (24.4, 18.2, 15.3, 15.2, …)	폴더의 이름, 종류, 저장 위치, 크기, 디스크 할당 크기, 폴더 안에 들어 있는 파일/폴더 수, 만든 날짜가 표시되고, 특성(읽기 전용, 숨김)을 설정할 수 있다.
	공유 (24.4, 18.2, 15.3, 15.2, …)	폴더 공유를 위한 공유 설정 및 옵션을 설정할 수 있다.
	사용자 지정 (24.4, 18.2, 15.3, 15.2, …)	폴더의 유형*, 폴더에 표시할 사진*, 폴더의 아이콘 모양을 변경할 수 있다.

3 파일/폴더 열기

파일을 열면 파일에 연결되어 있는 앱이 실행되면서 파일의 내용이 표시되고, 폴더를 열면 폴더 안의 파일이나 하위 폴더가 표시된다.

마우스 이용	파일/폴더를 더블클릭한다.
검색 상자 이용	• 작업 표시줄의 '검색 상자'에 실행할 파일 이름을 입력한 후 검색된 파일을 클릭한다. • '파일 탐색기'의 '검색 상자'에 실행할 파일을 입력하여 찾은 후 더블클릭한다.
리본 메뉴 이용	파일/폴더를 선택한 후 리본 메뉴의 [홈] → [열기] → [열기]를 클릭한다.
바로 가기 메뉴 이용	파일/폴더를 선택한 후 바로 가기 메뉴에서 [열기]를 선택한다.
기타 방법	• 파일에 연결된 앱을 먼저 실행시킨 후 파일을 불러온다. • 최근에 사용한 파일인 경우 즐겨찾기 목록에서 선택하여 실행한다.

'☑(속성)' 아이콘은 '빠른 실행 도구 모음 사용자 지정'의 '속성'이 선택되어 있어야 표시됩니다.

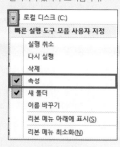

'자세히' 탭에 표시되는 내용은 파일 탐색기의 세부 정보 창에서도 확인할 수 있습니다.

'폴더 속성'의 시트 탭
'폴더 속성'의 '보안'과 '이전 버전' 탭은 '파일 속성'의 탭과 동일합니다.

폴더의 유형(템플릿)
폴더에 들어 있는 파일에 따라 자주 사용하는 메뉴나 편리한 모양을 미리 유형에 따라 만들어 놓은 것으로 종류에는 문서(모든 파일 형식), 사진(많은 그림 파일에 최적), 음악(오디오 파일 및 재생 목록에 적합) 등이 있습니다.

폴더 사진
사진이 들어 있는 폴더의 아이콘에는 해당 사진이 조그맣게 표시되는데, 이 사진은 사용자가 임의로 지정할 수 있습니다.

24년 1회, 23년 3회, 22년 2회, 21년 2회, 17년 2회

1. 다음 중 한글 Windows 10에서 압축(ZIP) 폴더에 대한 설명으로 옳지 않은 것은?

① 압축 폴더 기능을 사용하면 폴더를 압축하여 디스크 공간을 절약하고 다른 컴퓨터로 빠르게 전송할 수 있다.

② 압축 폴더는 일반 폴더와 같이 파일 탐색기를 이용하여 그 안에 포함된 폴더나 파일을 확인할 수 있다.

③ 압축하려는 파일과 폴더들을 선택한 후 바로 가기 메뉴나 [공유] → [보내기] → [압축(ZIP) 폴더]를 선택하여 압축할 수 있다.

④ 압축 해제를 하지 않고 파일을 선택하여 읽기 전용으로 열기 및 편집을 할 수 있다.

> 압축을 해제하지 않고 파일을 선택하여 읽기 전용으로 열 수는 있지만 편집은 할 수 없습니다. 편집하려면 압축을 해제해야 합니다.

24년 3회, 21년 1회, 17년 1회, 05년 2회

2. 다음 중 한글 Windows 10에서 폴더명이나 파일명으로 사용할 수 있는 문자나 단어로 옳은 것은?

① CON 또는 AUX　　　② NUL 또는 :

③ 〈 또는 ?　　　　　④ start123 또는 상공 abc

> CON, PRN, AUX, NUL 등과 같이 시스템에 예약된 단어나 * / ? ₩ : 〈 〉 " | 등의 특수 문자는 파일과 폴더의 이름으로 사용할 수 없습니다.

15년 2회, 13년 2회, 11년 2회

3. 다음 중 한글 Windows 10에서 폴더의 속성 창을 이용하여 확인할 수 있는 내용으로 옳지 않은 것은?

① 로컬이나 네트워크를 이용한 공유를 설정할 수 있다.

② 폴더의 위치와 크기, 디스크 할당 크기를 확인할 수 있다.

③ 폴더를 만든 날짜, 수정한 날짜, 액세스한 날짜를 확인할 수 있다.

④ 선택한 폴더의 아이콘 그림을 변경할 수 있다.

> '파일 속성' 창에서는 만든 날짜, 수정한 날짜, 액세스한 날짜를 확인할 수 있지만 '폴더 속성' 창에서는 만든 날짜만 확인할 수 있습니다.

19년 2회, 17년 1회, 15년 1회

4. 다음 중 한글 Windows 10의 바탕 화면에 있는 폴더 아이콘의 바로 가기 메뉴를 사용하여 할 수 있는 작업으로 옳지 않은 것은?

① 바탕 화면에 해당 폴더의 새로운 바로 가기 아이콘을 만들 수 있다.

② 바로 이전에 삭제한 폴더를 복원할 수 있다.

③ 대상 폴더를 즐겨찾기에 고정할 수 있다.

④ 해당 폴더의 속성을 재설정할 수 있다.

> 바탕 화면에 있는 폴더 아이콘의 바로 가기 메뉴 중 삭제한 폴더를 복원하는 항목은 없습니다.

24년 5회

5. 다음 한글 Windows 10에서 파일이나 폴더의 압축 앱을 사용할 때 장점으로 옳지 않은 것은?

① 디스크 공간을 효율적으로 활용할 수 있다.

② 파일을 전송할 때 시간 및 비용 절감 효과가 있다.

③ 파일이나 폴더를 압축하면 보안이 향상된다.

④ 분할 압축이 가능하다.

> 파일이나 폴더를 단순히 압축한다고 보안이 향상되지는 않습니다. 보안이 향상되도록 압축하려면 암호를 지정해서 압축해야 합니다.

24년 4회, 18년 2회, 15년 3회

6. 다음 중 한글 Windows 10에서 사용하는 폴더의 속성 창에서 할 수 있는 작업으로 옳지 않은 것은?

① [일반] 탭에서는 해당 폴더의 위치나 크기, 디스크 할당 크기, 만든 날짜 등을 확인할 수 있다.

② [공유] 탭에서는 네트워크상에서 공유 또는 고급 공유 옵션을 설정할 수 있다.

③ [자세히] 탭에서는 해당 폴더에 대한 사용자별 사용 권한을 설정할 수 있다.

④ [사용자 지정] 탭에서는 해당 폴더에 대한 유형, 폴더 사진, 폴더 아이콘을 설정할 수 있다.

> 사용자별 사용 권한은 [보안] 탭에서 설정할 수 있습니다.

24년 1회, 22년 2회, 21년 2회, 1회, 16년 3회, 15년 1회

7. 다음 중 한글 Windows 10의 바탕 화면에 새 폴더를 만드는 방법으로 옳지 않은 것은?

① 파일 탐색기의 탐색 창에서 바탕 화면을 선택한 후 파일 탐색기 리본 메뉴의 [홈] 탭에서 [새 폴더]를 선택한다.

② 바탕 화면에서 새 폴더를 만들기 위한 바로 가기 키인 Ctrl + N을 누른다.

③ 바탕 화면의 바로 가기 메뉴에서 [새로 만들기] → [폴더]를 선택한다.

④ 바탕 화면에서 Shift + F10을 누른 후 메뉴에서 [새로 만들기] → [폴더]를 선택한다.

> 바탕 화면에서 Ctrl + N을 누르면 바탕 화면의 아이콘들을 표시하는 파일 탐색기가 나타납니다.

▶ 정답 : 1. ④　2. ④　3. ③　4. ②　5. ③　6. ③　7. ②

파일·폴더 다루기 – 선택 / 복사 / 이동 / 이름 바꾸기 / 삭제

1 파일/폴더 선택

23.2, 14.3, 13.2, 11.3, 10.1, 09.1, 08.2, 98.3

1103801

다음은 파일 탐색기에서 파일이나 폴더를 선택하는 방법이다.

하나의 항목 선택	항목을 마우스 왼쪽 버튼으로 클릭한다.
23.2, 14.3, 13.2, 11.3, 09.1, 08.2 연속적인 항목 선택	• 선택할 항목에 해당하는 범위를 마우스로 드래그한다. • 첫 항목을 클릭한 후 Shift를 누른 상태에서 마지막 항목을 클릭한다.
23.2, 14.3, 13.2, 11.3 비연속적인 항목 선택	Ctrl을 누른 상태에서 선택할 항목을 차례로 클릭한다.
23.2, 14.3, 13.2, 10.3, 09.1, 08.2, … 전체 항목 선택	• 리본 메뉴의 [홈] → [선택] → [모두 선택]을 클릭한다. • Ctrl + A를 누른다.
선택 영역 반전	리본 메뉴의 [홈] → [선택] → [선택 영역 반전]을 이용하여 현재 선택된 항목을 해제*하고 나머지 항목을 선택한다.

2 파일/폴더 복사 및 이동

24.5, 24.2, 23.2, 22.1, 21.3, 20.1, 17.2, 14.1, 13.3, 12.1, 10.1, 09.2, 09.1, 08.4, 08.3, 08.1, 07.4, 07.3, 07.1, 06.1, 04.3, 03.2, 03.1, 01.2, …

4104302

복사 및 이동할 파일이나 폴더를 선택한 후 다음과 같은 방법으로 복사 및 이동이 가능하다.

	복사	이동
23.2, 22.1, 21.3, 20.1, 17.2, 14.1 같은 드라이브	Ctrl을 누른 상태에서 마우스로 드래그 앤 드롭*	마우스로 드래그 앤 드롭
23.2, 22.1, 21.3, 20.1, 17.2, 14.1 다른 드라이브	마우스로 드래그 앤 드롭	Shift를 누른 상태에서 마우스로 드래그 앤 드롭

24.1, 22.2, 22.1, 21.2, 19.상시, 19.2, 16.1, 14.2, 12.2, 10.2, 98.1

잠깐만요 **클립보드(Clipboard)**

1103832

• 클립보드는 데이터를 일시적으로 보관해 두는 임시 저장공간으로, 클립보드를 이용하면 서로 다른 앱 간에 데이터를 쉽게 전달할 수 있습니다.
• 클립보드의 내용은 여러 번 사용이 가능하지만, 가장 최근에 저장된 것 하나만 기억합니다.
• 복사(Copy)하거나 잘라내기(Cut), 붙여넣기(Paste)할 때 사용되며, 시스템을 재시작하면 클립보드에 저장된 데이터는 지워집니다.

전문가의 조언

파일/폴더를 이용한 여러 가지 작업에 대한 문제가 출제되었습니다. 각 작업의 수행 방법을 알아두세요.

선택한 개체 해제하기
선택된 여러 개체 중에서 특정 개체만 선택을 해제하려면 Ctrl을 누른 채 해당 개체를 클릭합니다.

드래그로 복사
마우스로 드래그하여 파일이나 폴더를 복사할 때에는 마우스 포인터의 오른쪽 아래에 ⊞ 표시가 나타납니다.

3 22.2, 21.1, 16.3, 15.1, 14.2, 11.2, 11.1, 10.3, 09.3, 08.2, 08.1, 02.3
파일/폴더 이름 바꾸기*

1103804

파일이나 폴더의 이름을 바꾸려면, 먼저 항목을 선택한 후 다음과 같은 방법을 이용할 수 있다.

22.2, 21.1, 16.3, 15.1, 14.2, 11.2 **리본 메뉴 이용**	[홈] → [구성] → [이름 바꾸기]를 클릭하고, 새 이름을 입력한 후 Enter를 누른다.
22.2, 21.1, 16.3, 15.1, 14.2, 11.2, … **바로 가기 키 이용**	• F2를 누르고, 새 이름을 입력한 후 Enter를 누른다. • Alt + H, R을 차례로 누르고, 새 이름을 입력한 후 Enter를 누른다.
21.1, 16.3, 15.1, 14.2, 11.2, 10.3, … **바로 가기 메뉴 이용**	바로 가기 메뉴에서 [이름 바꾸기]를 선택하고, 새 이름을 입력한 후 Enter를 누른다.
22.2, 21.1, 16.3, 15.1, 14.2, 10.3, … **마우스 사용**	파일이나 폴더를 선택한 상태에서 이름 부분을 다시 클릭하고, 새 이름을 입력한 후 Enter를 누른다.
파일/폴더 속성 이용	파일/폴더 속성 창의 [일반] 탭에서 이름 란에 새 이름을 입력한 후 Enter를 누른다.

4 20.2, 20.1, 19.상시, 18.상시, 17.1, 16.2, 13.2, 01.2, 99.3, 99.2, 98.2
파일/폴더 삭제

1103805

파일/폴더 삭제는 파일이나 폴더를 컴퓨터에서 제거하는 것으로, 삭제한 항목은 휴지통에 임시 저장된다.

19.상시, 17.1, 13.2 **리본 메뉴 이용**	• [홈] → [구성] → ✕(삭제)*를 클릭한다. • [홈] → [구성] → [삭제] → [휴지통으로 이동]을 선택한다. • [홈] → [구성] → [삭제] → [완전히 삭제]를 선택한다.
19.상시, 17.1, 13.2, 01.2, 99.3, … **키보드 이용**	Delete 또는 Shift* + Delete를 누른다.
19.상시, 17.1, 99.2, 98.2 **바로 가기 메뉴 이용**	바로 가기 메뉴에서 [삭제]를 선택한다.
19.상시, 17.1, 13.2, 98.2 **마우스 이용**	휴지통에 끌어다 넣거나 Shift*를 누른 채 휴지통에 끌어다 넣는다.

따라잡기 기출문제 따라잡기

22년 2회, 21년 1회, 16년 3회

1. 다음 중 한글 Windows 10에서 선택된 파일의 이름 바꾸기를 하는 방법으로 옳은 것은?

① 파일 탐색기 창에서 [Ctrl]+[H], [R]을 차례로 누르고, 새 이름을 입력한 후 [Enter]를 누른다.

② 파일 탐색기 창에서 리본 메뉴의 [홈] → [구성] → [이름 바꾸기]를 클릭, 새 이름을 입력한 후 [Enter]를 누른다.

③ [F3]을 누르고, 새 이름을 입력한 후 [Enter]를 누른다.

④ 파일 탐색기 창에서 마우스로 파일의 이름 부분을 더블 클릭하고, 새 이름을 입력한 후 [Enter]를 누른다.

> ① 파일 탐색기 창에서 [Alt]+[H], [R]을 차례로 누르고 새 이름을 입력한 후 [Enter]를 누릅니다.
> ③ [F2]를 누르고, 새 이름을 입력한 후 [Enter]를 누릅니다.
> ④ 파일 탐색기 창에서 마우스로 파일을 클릭한 후 이름 부분을 다시 클릭하고, 새 이름을 입력한 후 [Enter]를 누릅니다.

21년 1회, 16년 3회, 15년 1회, 14년 2회, 11년 2회, 10년 3회, 08년 2회, 1회, 02년 3회

2. 다음 중 한글 Windows 10에서 파일의 이름을 바꾸기 위한 방법으로 옳지 않은 것은?

① 해당 파일의 아이콘을 선택한 후에 바로 가기 메뉴에서 [이름 바꾸기]를 선택하면 파일 이름을 변경할 수 있다.

② 해당 파일의 아이콘을 선택하고, 파일 이름 부분을 다시 한 번 더 클릭하면 파일 이름을 변경할 수 있다.

③ 해당 파일의 아이콘을 선택하고 [F2]를 누르면 파일 이름을 변경할 수 있다.

④ [파일 탐색기] 창에서 해당 파일을 선택한 후 리본 메뉴의 [보기] → [표시/숨기기] → [이름 바꾸기]를 클릭하면 파일 이름을 변경할 수 있다.

> ①, ②, ③번이 파일의 이름을 바꾸기 위한 가장 일반적인 방법입니다. [파일 탐색기]에서는 [홈] → [구성] → [이름 바꾸기]를 클릭해야 합니다.

24년 1회, 22년 2회, 21년 2회, 19년 2회, 16년 1회, 14년 2회

3. 다음 중 한글 Windows 10에서 파일이나 폴더의 복사 또는 이동에 사용되는 클립보드에 관한 설명으로 옳지 않은 것은?

① 클립보드를 사용하면 서로 다른 앱 간에 데이터를 쉽게 전달할 수 있다.

② 클립보드에 저장된 내용은 시스템을 다시 시작하더라도 재사용이 가능하다.

③ 클립보드의 내용은 여러 번 사용이 가능하다.

④ 클립보드에는 가장 최근에 저장한 것 하나만 저장된다.

> 클립보드에 저장된 내용은 주기억장치인 RAM에 저장됩니다. 전원이 꺼지면 RAM에 있는 데이터는 지워지므로 재사용이 불가능합니다.

23년 2회, 22년 1회, 17년 2회

4. 다음 중 한글 Windows 10에서 파일이나 폴더의 복사와 이동에 대한 설명으로 옳지 않은 것은?

① 복사([Ctrl]+[C])나 잘라내기([Ctrl]+[X])를 사용하면 정보가 클립보드에 기억된다.

② 같은 드라이브에서 파일이나 폴더를 드래그 앤 드롭하면 복사가 된다.

③ 클립보드에는 복사나 잘라내기한 파일 중 가장 최근의 파일만 남아있다.

④ 복사는 원본이 그대로 있고, 이동은 원본이 새로운 장소로 옮겨진다.

> 같은 드라이브, 즉 같은 공간에서 드래그 앤 드롭을 하면 해당 개체가 있던 위치만 옮겨집니다.

24년 2회, 23년 2회, 14년 3회, 13년 2회

5. 다음 중 한글 Windows 10의 폴더 창에서 파일이나 폴더를 선택하는 방법으로 옳지 않은 것은?

① 비연속적인 파일이나 폴더를 선택하고자 할 때에는 [Ctrl]과 함께 클릭한다.

② 연속적인 파일이나 폴더를 선택하고자 할 때에는 [Shift]와 함께 클릭한다.

③ 여러 개의 파일을 한꺼번에 선택할 경우에는 마우스를 사용하여 사각형 모양으로 드래그한다.

④ 모든 파일과 하위 폴더를 한꺼번에 선택하려면 [Alt]+[A]를 사용한다.

> 모든 파일과 하위 폴더를 한꺼번에 선택하려면 [Ctrl]+[A]를 눌러야 합니다.

24년 5회

6. 다음 중 한글 Windows 10에서 마우스를 이용하여 파일이나 폴더를 복사 또는 이동하는 방법으로 옳지 않은 것은?

① 파일을 같은 드라이브에 있는 다른 폴더로 이동할 경우에는 파일을 선택한 후 드래그 앤 드롭한다.

② 파일을 같은 드라이브에 있는 다른 폴더로 복사할 경우에는 파일을 선택한 후 [Alt]를 누른 상태로 드래그 앤 드롭한다.

③ 파일을 다른 드라이브에 있는 폴더로 이동할 경우에는 파일을 선택한 후 [Shift]를 누른 상태로 드래그 앤 드롭한다.

④ 파일을 다른 드라이브에 있는 폴더로 복사할 경우에는 파일을 선택한 후 드래그 앤 드롭한다.

> 파일을 같은 드라이브에 있는 다른 폴더로 복사할 경우에는 파일을 선택한 후 [Ctrl]을 누른 상태로 드래그 앤 드롭해야 합니다.

▶ 정답 : 1. ② 2. ④ 3. ② 4. ② 5. ④ 6. ②

검색 상자

전문가의 조언

파일 탐색기에 있는 '검색 상자'와 작업 표시줄에 있는 '검색 상자'의 차이점에 대한 문제가 출제되었습니다. 파일 탐색기의 '검색 상자'에서만 '검색 필터'를 사용할 수 있다는 것을 기억하세요.

1 파일 탐색기의 검색 상자

3104401

컴퓨터에 저장된 파일이나 폴더가 있는 위치를 모를 경우 빠르고 쉽게 파일이나 폴더가 있는 위치를 찾아 표시한다.

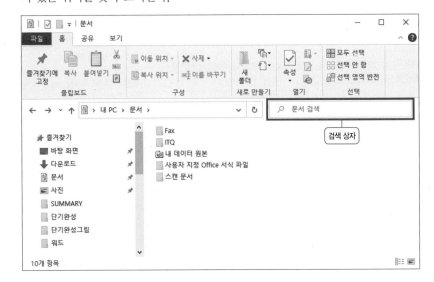

- 파일 탐색기에서 찾으려는 내용을 검색 상자에 입력하고 [Enter]를 누르면 리본 메뉴에 검색 필터를 설정할 수 있는 [검색] 탭이 생성되고 검색이 수행된다.
- 파일 탐색기에서 [F3]이나 [Ctrl]+[F]를 누르면 검색 상자로 포커스가 옮겨진다.
- 기본적으로 검색 상자에 입력한 내용이 포함된 파일*이나 폴더 등이 검색되고, 내용 앞에 '−'을 붙이면 해당 내용이 포함되지 않은 파일이나 폴더가 검색된다.
- 데이터를 검색한 후 검색 기준을 저장할 수 있으며, 저장된 검색 기준을 열면 해당 기준으로 데이터를 검색하여 표시한다.
- 색인 위치*를 지정하여 더 빠른 속도로 검색*할 수 있다.
- 수정한 날짜*, 크기* 등과 같은 속성을 이용하여 파일을 검색할 수 있다.

검색 상자 내용 입력 시 '−'
예를 들어, 검색 상자에 **합격 −불합격**을 입력하면 "합격"은 포함되고 "불합격"은 포함되지 않는 파일이나 폴더 등이 검색됩니다.

색인 위치
색인 위치를 확인하거나 추가하려면 [제어판] → [색인 옵션]을 이용해야 합니다.

색인된 파일 검색
- 파일 탐색기와 [시작] 메뉴의 검색 상자를 사용하여 검색할 경우 색인된 파일만 검색됩니다.
- 컴퓨터의 일반적인 파일은 대부분 색인이 구성되어 있습니다.

수정한 날짜
어제, 지난 주 등

크기
비어 있음, 작음, 중간 등

2 작업 표시줄의 검색 상자

19.상시, 19.1, 18.상시, 17.1, 08.3, 05.2, 04.2, 01.1

1103104

컴퓨터에 저장된 파일, 폴더, 앱 및 전자 메일은 물론 웹에서도 검색을 수행하여 검색 결과를 표시한다.

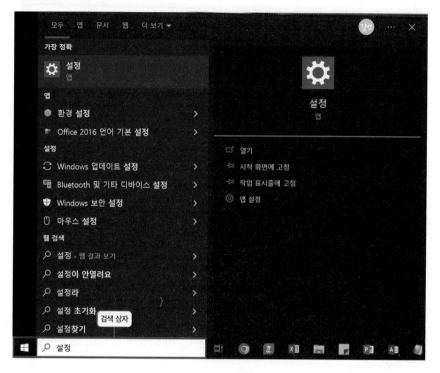

- ⊞+S를 누르면 검색 상자로 포커스가 옮겨진다.
- 검색 상자에 입력을 시작하면 검색이 자동으로 시작되고, 검색 범위*는 검색 창의 위쪽에 모두, 앱, 문서, 웹 등의 탭으로 구분되어 표시된다.
- 검색된 대상이 앱인 경우에는 해당 앱에 고정된 목록과 최근에 열어본 목록이 검색 상자에 표시된다.
- 검색된 앱을 선택하여 바로 실행할 수 있다. *
- 작업 표시줄의 바로 가기 메뉴에서 [검색]을 이용하여 검색 상자의 표시 방법을 선택할 수 있다.
  - 숨김 : 작업 표시줄에서 검색 상자가 숨겨지며, [⊞(시작)]을 클릭한 상태에서 키보드로 검색어를 입력하면 검색 창이 표시된다.
  - 검색 아이콘 표시 : 작업 표시줄에 검색 아이콘(🔍)이 표시되며, 검색 아이콘을 클릭하면 검색 창이 표시된다.
  - 검색 상자 표시* : 작업 표시줄에 검색 상자(🔍 검색하려면 여기에 입력하십시오.)가 표시되며, 검색 상자에 검색어를 입력하면 검색 창이 표시된다.

검색 상자의 검색 범위
모두, 앱, 문서, 웹, 동영상, 사람, 사진, 설정, 음악, 전자 메일, 폴더

검색된 앱 바로 실행
예를 들어, 작업 표시줄의 [검색 상자]에 **설정**을 입력하면 '설정'과 관련된 내용이 자동으로 검색됩니다. 키보드의 방향키를 이용하여 검색된 메뉴 중 하나를 선택한 후 Enter를 누르거나 마우스로 클릭하면 해당 앱이 실행됩니다.

궁금해요 시나공 Q&A 베스트

Q 작업 표시줄의 바로 가기 메뉴에서 [검색]에 '검색 상자 표시'가 없어요!

A [⊞(시작)] → [⚙(설정)] → [개인 설정] → [작업 표시줄]에서 '작은 작업 표시줄 단추 사용'을 해제해야 '검색 상자 표시'가 표시됩니다.

3 파일 탐색기와 작업 표시줄의 '검색 상자'의 차이점

1103902

	파일 탐색기의 '검색 상자'	작업 표시줄의 '검색 상자'
실행	F3 또는 Ctrl + F 누름	⊞ + S
검색 항목	파일, 폴더	모두, 앱, 문서, 웹, 동영상, 사람, 사진, 설정, 음악, 전자 메일, 폴더
검색 위치	지정 가능	컴퓨터 전체와 웹
검색 필터	사용 가능	사용 못함
검색 결과	검색어에 노란색 표시	범주별로 그룹화 되어 표시

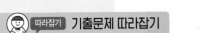 기출문제 따라잡기

문제2 1103951

1. 한글 Windows 10의 파일 탐색기를 사용하는 도중에 '검색 상자'를 이용하기 위하여 사용하는 바로 가기 키는?

① Alt + Tab
② Ctrl + F
③ Shift + F
④ Alt + F

[파일 탐색기]에서 '검색 상자'로 이동하는 바로 가기 키는 F3 과 Ctrl + F입니다.

2. 다음 중 한글 Windows 10에서 작업 표시줄의 [검색 상자]에 대한 설명으로 옳지 않은 것은?

① 검색 항목은 모두, 앱, 문서, 웹, 동영상, 설정, 전자 메일, 폴더 등이다.
② 검색 필터는 수정한 날짜, 크기 등의 필터 중 하나를 선택하여 사용할 수 있다.
③ 검색 위치는 컴퓨터 전체와 웹이다.
④ 입력한 내용의 검색 결과는 범주별로 그룹화되어 표시된다.

작업 표시줄의 '검색 상자'에서는 검색 필터를 사용할 수 없습니다.

3. 한글 Windows 10의 '검색 상자'에서 파일이나 폴더의 검색에 관한 설명으로 옳지 않은 것은?

① 파일이나 폴더의 읽기 전용 또는 숨김 등의 특성을 조건으로 검색할 수 있다.
② 수정한 날짜의 기간을 조건으로 검색할 수 있다.
③ 포함하는 문자열을 조건으로 검색할 수 있다.
④ 파일 크기의 조건으로 검색할 수 있다.

특성을 이용해서는 검색할 수 없습니다.

4. 다음 중 한글 Windows 10의 파일 탐색기나 폴더 창의 우측 상단에 표시되는 검색 상자의 사용 방법에 관한 설명으로 옳지 않은 것은?

① 검색 필터를 추가하여 수정한 날짜나 크기 등의 속성을 이용하여 검색할 수 있다.
② 검색할 위치를 지정하여 파일이나 폴더를 검색할 수 있다.
③ 검색 결과에는 검색어로 사용된 문자가 노란색으로 표시되어 확인하기 용이하다.
④ 파일이나 폴더 그리고 앱, 설정, 전자 이메일 메시지도 검색이 가능하다.

파일 탐색기의 '검색 상자'에서는 파일과 폴더만 검색할 수 있습니다.

▶ 정답 : 1. ② 2. ② 3. ① 4. ④

SECTION 045 휴지통 사용하기

1 휴지통의 개요

24.5, 23.5, 23.3, 23.2, 23.1, 22.1, 21.4, 19.1, 18.1, 17.2, 16.1, 15.3, 15.2, 14.2, 14.1, 12.1, 11.2, 10.3, 10.1, 09.4, 09.2, 08.4, 07.4, …

1104001

휴지통은 삭제된 파일이나 폴더가 임시 보관되는 장소이다.

실행 바탕 화면에서 '휴지통' 더블클릭

- 바탕 화면에서 '휴지통' 아이콘을 더블 클릭하면 파일 탐색기의 리본 메뉴에 [관리] → [휴지통 도구] 탭이 표시되며, 파일 창에 휴지통 내용이 표시된다.
- 휴지통의 실제 파일이 저장된 폴더의 위치는 일반적으로 C:\$Recycled.Bin*이다.
- 휴지통은 하드디스크 드라이브마다 한 개씩 만들 수 있으며, 기본적인 크기는 드라이브 용량의 5%~10% 범위 내에서 시스템이 자동으로 설정하지만 사용자가 원하는 크기를 MB 단위로 지정할 수 있다.
- 휴지통에 보관된 파일이나 폴더는 복원이 가능하지만 복원하기 전에는 사용 및 이름 변경을 할 수 없다.
- 휴지통 안에 있는 항목을 더블클릭 하면 해당 항목의 속성 창이 표시된다.
- 휴지통 안에 있는 모든 항목을 삭제하려면 [관리] → [휴지통 도구] → [관리] → [휴지통 비우기]를 클릭한다.
- 휴지통은 아이콘을 통하여 휴지통이 비워진 경우(▨)와 차 있는 경우(▨)를 구분할 수 있다.
- 지정된 휴지통의 용량을 초과하면 가장 오래 전에 삭제된 파일부터 자동으로 지워지며, 휴지통에서 파일이 비워져야만 파일이 차지하던 공간을 사용할 수 있다.

2 휴지통 속성

24.1, 23.5, 23.3, 23.2, 23.1, 22.2, 21.3, 21.2, 20.1, 16.3, 16.2, 15.2, 15.1, 04.3, 03.2

1104002

다음은 휴지통에 관련된 여러 사항을 설정할 수 있는 휴지통 속성에 대한 설명이다.

열기

- 바탕 화면에서 휴지통 아이콘의 바로 가기 메뉴에서 [속성] 선택
- [관리] → [휴지통 도구] → [관리] → [휴지통 속성] 클릭

전문가의 조언

중요해요! 휴지통에 대한 전반적인 내용을 알아야 풀 수 있는 문제가 자주 출제되고 있습니다. 휴지통 속성에서의 설정 사항, 휴지통에 보관되지 않는 경우, 휴지통에 저장된 개체의 복원 방법 등에 대해 정확히 알아두세요.

'$Recycled.Bin' 폴더는 기본적으로 화면에 표시되지 않습니다. 화면에 표시되게 하려면 파일 탐색기에서 리본 메뉴 [보기] → '▣(옵션)'을 클릭한 후 '보기' 탭에서 '보호된 운영 체제 파일 숨기기(권장)' 항목의 체크 표시를 해제하고, 파일 탐색기의 [보기] → [표시/숨기기] → [숨긴 항목]을 체크하면 됩니다.

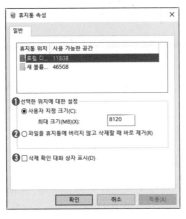

❶ 휴지통의 크기를 드라이브마다 다르게 설정할 수 있고, 모두 같은 크기로 설정할 수도 있다.

❷ 파일이나 폴더를 삭제할 때 휴지통을 거치지 않고 바로 삭제하도록 설정할 수 있다.

❸ '삭제 확인 대화 상자 표시'를 선택하여 파일이나 폴더가 삭제될 때마다 확인 대화 상자가 표시되도록 설정할 수 있다.

3 복원
21.4, 19.상시, 18.상시, 12.2, 10.2, 10.1, 08.3, 07.2, 06.2, 04.4, 04.2

1104003

복원이란 휴지통에 들어 있는 파일이나 폴더를 원래 위치나 다른 위치로 되돌려 놓는 것을 말한다.

복원

- **방법 1** : [관리] → [휴지통 도구] → [복원] → [모든 항목 복원/선택한 항목 복원]* 클릭
- **방법 2** : 바로 가기 메뉴에서 [복원] 선택
- **방법 3** : 원하는 위치로 드래그
- **방법 4** : [홈] → [클립보드] → [잘라내기], 복원할 위치를 선택한 후 [홈] → [클립보드] → [붙여넣기]
- **방법 5** : Ctrl + X (잘라내기)를 누른 후 복원할 위치를 선택하고 Ctrl + V (붙여넣기)를 누름

※ 복사는 불가능하나 잘라내기는 가능

4 휴지통에 보관되지 않는 경우
24.4, 23.5, 23.1, 21.4, 19.1, 14.3, 13.1, 06.3, 03.3, 03.1

1104004

일반적으로 삭제된 항목은 휴지통에 임시 보관되지만 다음과 같은 경우에는 휴지통을 거치지 않고 바로 삭제되므로 복원이 불가능하다.

- USB 메모리, DOS 모드, 네트워크 드라이브에서 삭제된 항목
- Shift 를 누르고 삭제 명령을 실행한 경우
- 휴지통 속성에서 '파일을 휴지통에 버리지 않고 삭제할 때 바로 제거'를 선택한 경우
- 같은 이름의 항목을 복사/이동 작업으로 덮어쓴 경우

복원 위치
[모든 항목 복원/선택한 항목 복원] 또는 [복원] 메뉴를 사용하면 원래 위치로만 복원되지만, 잘라내기나 드래그를 이용하면 원래 위치가 아닌 원하는 위치로도 복원할 수 있습니다.

문제 1 1104053

문제 4 1104052

따라잡기 기출문제 따라잡기

24년 5회, 22년 1회, 18년 1회, 16년 1회, 15년 3회

1. 다음 중 한글 Windows 10에서 휴지통에 관한 설명으로 옳지 않은 것은?

① 휴지통의 파일은 필요할 때 복원하여 사용할 수 있으며 휴지통에서 파일을 실행할 수도 있다.

② 휴지통에 삭제한 파일이 들어가면 휴지통의 모양이 변경된다.

③ 휴지통이 가득차면 가장 최근에 삭제된 파일이나 폴더가 들어갈 수 있는 공간을 확보하기 위해 휴지통을 자동으로 정리한다.

④ 휴지통의 크기는 드라이브마다 다르게 설정할 수 있다.

> 휴지통의 파일은 필요할 때 복원하여 사용할 수 있지만 휴지통에서 파일을 실행할 수는 없습니다.

24년 1회, 23년 3회, 2회, 22년 2회, 21년 3회, 2회, 20년 1회, 16년 2회

2. 다음 중 한글 Windows 10의 [휴지통 속성] 창에서 수행할 수 있는 작업으로 옳지 않은 것은?

① 삭제 확인 대화상자의 표시 설정

② 휴지통의 바탕 화면 표시 설정

③ 각 드라이브의 휴지통 최대 크기 설정

④ 파일을 휴지통에 버리지 않고 바로 제거하는 기능 설정

> 바탕 화면에 휴지통의 표시 여부는 [설정] → [개인 설정] → [테마]에서 '바탕 화면 아이콘 설정'을 클릭한 후 설정할 수 있습니다.

24년 4회, 23년 5회, 1회, 21년 4회, 19년 1회

3. 다음 중 한글 Windows 10에서 사용하는 [휴지통]에 대한 설명으로 옳은 것은?

① 휴지통의 크기는 사용자가 원하는 크기를 KB 단위로 지정할 수 있다.

② 지정된 휴지통의 용량을 초과하면 가장 최근에 삭제된 파일부터 자동으로 지워진다.

③ 삭제할 파일을 선택하고 Shift + Delete 를 누르면 해당 파일이 휴지통으로 이동한다.

④ USB 메모리에 있는 파일을 선택한 후 Delete 를 눌러 삭제하면 휴지통으로 가지 않고 완전히 지워진다.

> USB 메모리에 있는 파일을 삭제하면 휴지통으로 가지 않고 완전히 삭제됩니다.
> ① 휴지통의 크기는 사용자가 원하는 크기를 MB 단위로 지정할 수 있습니다.
> ② 지정된 휴지통의 용량을 초과하면 가장 오래전에 삭제된 파일부터 자동으로 지워집니다.
> ③ 삭제할 파일을 선택하고 Shift + Delete 를 누르면 휴지통으로 가지 않고 완전히 지워집니다.

12년 2회, 10년 2회, 1회, 06년 2회, 04년 4회, 2회

4. 한글 Windows 10에서 휴지통에 있는 파일을 복원하려고 한다. 설명으로 옳지 않은 것은?

① 휴지통에 있는 해당 파일을 지정하여 [휴지통 도구] → [선택한 항목 복원]을 클릭한다.

② 휴지통에 있는 해당 파일을 지정하여 바로 가기 메뉴에 있는 [복원]을 선택한다.

③ 휴지통에 있는 해당 파일을 지정하여 Ctrl + C 를 누르고, 목적하는 폴더 창에서 Ctrl + V 를 누른다.

④ 휴지통에 있는 해당 파일을 지정하여 목적하는 폴더 창으로 드래그 앤 드롭한다.

> 휴지통에 있는 데이터에 대해 잘라내기(Ctrl + X)는 수행되나 복사하기(Ctrl + C)는 수행되지 않습니다.

21년 4회, 08년 3회, 07년 2회

5. 다음 중 한글 Windows 10에서 파일의 삭제와 복원에 관한 설명으로 옳지 않은 것은?

① 파일을 삭제하려면 해당 파일을 선택한 후에 바로 가기 메뉴에서 [삭제]를 선택하면 된다.

② Delete 를 눌러 삭제한 파일은 휴지통에 들어가므로 복원할 수 있다.

③ 파일이나 폴더를 삭제할 경우에 [휴지통]을 이용하지 않고 영구적으로 삭제할 수 있도록 바탕 화면에 있는 [내 PC]의 속성 창에서 설정할 수 있다.

④ Shift + Delete 를 사용하여 삭제된 파일은 휴지통에 저장되지 않는다.

> [내 PC]의 속성 창에서는 시스템과 관련된 사항을 설정합니다. 휴지통과 관련된 사항은 휴지통의 속성 창을 이용해야 합니다.

17년 2회, 15년 3회, 14년 2회

6. 다음 중 한글 Windows 10에서 휴지통에 대한 설명으로 옳지 않은 것은?

① USB 드라이브에 있는 파일이나 폴더를 삭제하면 휴지통에 보관되지 않고 영구히 삭제된다.

② 하드디스크 드라이브마다 휴지통의 크기를 다르게 설정할 수 있다.

③ 휴지통에 있는 특정 폴더를 더블클릭하면 해당 폴더의 속성 창이 나타난다.

④ 휴지통에 있는 사진 파일을 더블클릭하면 원본 사진을 미리 보기로 볼 수 있다.

> 휴지통에 있는 파일은 복원해야만 실행이 가능합니다.

▶ 정답 : 1. ① 2. ② 3. ④ 4. ③ 5. ③ 6. ④

033 | 바탕 화면 / 바로 가기 아이콘

❶ 바탕 화면의 바로 가기 메뉴 24.2, 22.1, 20.2, 16.2, 13.2, 12.2, 11.1, 10.2

- 바탕 화면 작업 시 자주 사용하는 명령을 메뉴로 구성한 것으로, 바탕 화면에서 마우스 오른쪽 버튼을 클릭하면 표시된다.
- 비로 가기 메뉴에는 보기 항목 : 큰 아이콘, 보통 아이콘, 작은 아이콘

❷ 바로 가기 아이콘 24.3, 23.4, 23.3, 23.1, 22.3, 20.1, 19.2, 19.1, 18.상시, 17.2, 14.2, 14.1, 11.3, …

- 자주 사용하는 문서나 앱을 빠르게 실행시키기 위한 아이콘으로, 원본 파일의 위치 정보만 가지고 있다.
- 컴퓨터에서 사용되는 모든 개체에 대해 만들 수 있다.
- 바로 가기 아이콘의 확장자는 LNK이다.
- 바로 가기 아이콘은 좌측 하단에 화살표가 표시된다.
- 하나의 원본 파일에 대해 여러 개의 바로 가기 아이콘을 만들 수 있으며, 이름을 변경할 수도 있다.
- 바로 가기 아이콘을 삭제하더라도 원본 파일은 삭제되지 않는다.

034 | 작업 표시줄

❶ 에어로 스냅 24.5, 23.5, 22.4, 22.3, 21.3, 20.2, 18.1, 15.3

열려 있는 창을 화면 가장자리로 드래그하여 창의 크기를 조절할 수 있다.

❷ 에어로 세이크 24.5, 24.3, 23.5, 21.3, 20.2, 20.1, 18.1, 15.3

여러 개의 창이 열려 있을 때 한 개 창을 선택하여 제목 표시줄을 마우스로 클릭한 채 좌우로 흔들면 그 창을 제외한 모든 창을 최소화할 수 있다.

❸ 에어로 피크(미리 보기) 24.5, 23.5, 21.3, 20.2, 18.1, 15.3

- 현재 실행 중인 앱을 통해 열린 모든 창들의 축소판 미리 보기가 가능하다.
- 열려 있는 모든 창을 최소화하지 않고 바탕 화면을 볼 수 있다.

035 | 작업 표시줄 설정

❶ 작업 표시줄 잠금 24.1, 23.3, 23.2, 23.1, 22.2, 22.1, 21.2, 21.1, 19.상시, 18.상시, 18.1, 16.1, 15.3

작업 표시줄을 포함하여 작업 표시줄에 있는 도구 모음의 크기나 위치를 변경하지 못하도록 한다.

❷ 작업 표시줄 자동 숨기기 24.1, 23.3, 23.2, 23.1, 22.2, 22.1, 21.2, 21.1, 19.상시, 18.상시,

작업 표시줄이 있는 위치에 마우스를 대면 작업 표시줄이 나타나고 마우스를 다른 곳으로 이동하면 작업 표시줄이 사라진다.

❸ 작업 표시줄 끝에 있는 바탕 화면 보기 단추로 마우스를 이동할 때 미리 보기를 사용하여 바탕 화면 미리 보기 23.5, 21.3

작업 표시줄의 오른쪽 끝에 있는 [바탕 화면 보기] 단추 위에 마우스 포인터를 놓으면 바탕 화면이 일시적으로 표시된다.

❹ 화면에서의 작업 표시줄 위치 24.1, 23.3, 23.2, 23.1, 22.2, 22.1, 21.2, 21.1, 19.상시,

작업 표시줄의 위치를 왼쪽, 위쪽, 오른쪽, 아래쪽 중에서 선택한다.

036 | 작업 표시줄 – 가상 데스크톱

❶ 가상 데스크톱 24.2, 23.3, 23.2

- 바탕 화면을 여러 개 만들어 바탕 화면별로 필요한 앱을 실행해 놓고 바탕 화면을 전환하면서 작업할 수 있다.
- 작업 보기(■+Tab) 화면에서 원하는 데스크톱을 선택하여 이동할 수 있다.
- 작업 보기 화면에서 현재 작업 중인 앱을 드래그하여 다른 데스크톱으로 이동할 수 있다.
- 시스템을 재시작하더라도 가상 데스크톱은 제거되지 않고 남아 있다.

037 | 시작 메뉴

❶ 시작 메뉴의 개요 24.4, 23.5, 21.4, 20.1

• 시작 메뉴에는 Windows 10에 설치된 앱들이 메뉴 형태로 등록되어 있다.
• 시작 메뉴의 높이와 너비를 마우스로 드래그하여 조절할 수 있다.
• 시작 메뉴를 표시하는 바로 가기 키는 ⊞ 또는 [Ctrl] + [Esc]이다.

❷ 시작 메뉴의 구성 요소 23.4, 20.1

• 최근에 추가한 앱 : 최근에 컴퓨터에 설치된 앱의 바로 가기 아이콘이 표시됨
• 자주 사용되는 앱 : 사용자가 최근에 가장 많이 사용한 앱의 바로 가기 아이콘이 표시됨
• 고정된 타일
  − 드래그 하거나 시작 메뉴에서 추가할 앱의 바로 가기 메뉴에서 [시작 화면에 고정]을 선택하여 원하는 앱을 추가할 수 있다.
  − 타일 목록에 있는 아이콘의 바로 가기 메뉴에서 [크기 조정]을 이용하여 크기를 조정할 수 있다(작게, 보통, 넓게, 크게).

038 | 파일 탐색기

❶ 파일 탐색기의 실행 방법 24.3, 23.4, 22.1, 18.2, 14.2

• 방법 1 : [⊞(시작)] 단추의 바로 가기 메뉴에서 [파일 탐색기] 선택
• 방법 2 : 작업 표시줄의 검색 상자에 **파일 탐색기**를 입력한 후 [Enter]를 누름
• 방법 3 : [⊞(시작)] → [Windows 시스템] → [파일 탐색기] 선택
• 방법 4 : ⊞ + [E] 누름

❷ 파일 탐색기의 구조 24.4, 23.3, 23.2, 23.1, 21.4, 20.1, 18.상시, 17.1, 16.3, 15.2, 14.3, 13.3, …

• 파일 탐색 창에서 이동
  − 숫자 키패드의 [*] : 선택된 폴더의 모든 하위 폴더를 표시함
  − 왼쪽 방향키([←]) : 선택된 폴더가 열려 있을 때는 닫고, 닫혀 있으면 상위 폴더가 선택됨
  − [Backspace] : 선택된 폴더의 상위 폴더가 선택됨
• 폴더 창에서 이동 : 키보드의 영문자를 누르면 해당 영문자로 시작하는 폴더나 파일 중 첫 번째 개체로 이동함
• 리본 메뉴 최소화/확장의 바로 가기 키 : [Ctrl] + [F1]

❸ 파일 탐색기의 리본 메뉴 24.5, 23.5, 23.3, 23.2, 22.4, 22.3, 14.1, 13.1

[보기] 탭의 레이아웃 : 아주 큰 아이콘, 큰 아이콘, 보통 아이콘, 작은 아이콘, 목록, 자세히, 타일, 내용

039 | 폴더 옵션

❶ 폴더 옵션 24.2, 23.5, 21.1, 20.2, 19.상시, 18.2, 17.2, 12.3, 12.2, 12.1, 11.3, 11.2, 11.1

• 새로 여는 폴더의 내용을 같은 창에서 열리거나 다른 창에 열리도록 지정할 수 있다.
• 웹을 사용하는 것처럼 바탕 화면이나 파일 탐색기에서도 파일을 한 번 클릭하면 실행되도록 설정할 수 있다.
• 탐색 창에 모든 폴더의 표시 여부를 지정한다.
• 폴더나 파일을 가리키면 해당 항목의 정보를 표시하는 팝업 설명의 표시 여부를 지정한다.
• 숨김 파일이나 폴더의 표시 여부를 지정한다.
• 폴더에서 시스템 파일을 검색할 때 색인을 사용할지 여부를 지정한다.
• 색인되지 않은 위치 검색 시 포함할 대상을 지정한다.

040 | 파일 탐색기의 구성 요소

❶ 즐겨찾기 24.2, 21.1, 19.1, 18.1, 15.3

자주 사용하는 개체를 등록하여 해당 개체로 빠르게 이동하기 위해 사용하는 기능이다.

❷ 내 PC 24.2, 21.1, 19.1, 18.1, 15.3

컴퓨터에 설치된 모든 구성 요소를 표시하며, 각 구성 요소를 관리할 수 있는 여러 가지 기능을 제공한다.

❸ 라이브러리 24.2, 23.4, 23.2, 22.2, 21.2, 21.1, 20.2, 19.1, 18.1, 15.3, 14.3

- 컴퓨터 여기저기에 흩어져 있는 자료를 한 곳에서 보고 정리할 수 있게 하는 가상의 폴더이다.
- 라이브러리는 실제로 파일을 저장하고 있는 것이 아니라 파일이 저장된 폴더를 연결하여 보여준다.
- Windows에서는 기본적으로 문서, 비디오, 사진, 음악 라이브러리 등을 제공한다.
- 하나의 라이브러리에는 최대 50개의 폴더를 포함시킬 수 있다.

041 | 디스크 관리

❶ 디스크 속성 24.4, 23.5, 23.1, 22.1, 19.1, 17.2

- 일반
  - 디스크 드라이브의 종류, 파일 시스템, 사용 중인 공간, 여유 공간이 표시된다.
  - 디스크 정리를 실행하고 '드라이브를 압축하여 디스크 공간 절약', '빠른 파일 검색을 위해 디스크 색인 사용' 여부를 지정한다.
- 도구 : 드라이브 오류 검사, 드라이브 최적화 및 조각 모음을 실행함
- 공유 : 디스크 드라이브의 공유 여부를 지정함

❷ 디스크 포맷 23.3, 23.2, 21.3, 20.1, 16.3, 15.2, 13.2, 11.2

- 디스크를 초기화(트랙과 섹터 형성)하여 사용 가능한 상태로 만들어 주는 작업을 말한다.
- 옵션의 종류 : 용량, 파일 시스템, 할당 단위 크기, 볼륨 레이블, 포맷 옵션
- 빠른 포맷 : 사용하던 디스크를 포맷할 때 사용하는 옵션으로, 디스크의 불량 섹터는 검출하지 않고 디스크의 모든 파일을 삭제함

042 | 파일과 폴더

❶ 파일과 폴더의 특징 24.3, 24.1, 22.2, 22.1, 21.2, 21.1, 19.1, 17.1, 16.3, 16.2, 15.1, 12.3, 11.1

- 파일은 디스크에 저장되는 기본 단위이고, 폴더는 파일을 모아 관리하기 위한 장소이다.
- 폴더는 바탕 화면, 드라이브, 폴더 등 파일이 저장될 수 있는 곳이면 어디든지 만들 수 있지만 네트워크, 휴지통에서는 만들 수 없다.
- CON, AUX, NUL 등과 같이 시스템에 예약된 단어나 * / ? \ : 〈 〉 " | 등은 파일과 폴더의 이름으로 사용할 수 없다.
- 폴더 만들기
  - 방법 1 : 파일 탐색기에서 [홈] → [새로 만들기] → [새 폴더] 클릭
  - 방법 2 : 파일 탐색기의 빠른 실행 도구 모음에서 '■(새 폴더)' 클릭
  - 방법 3 : 바로 가기 메뉴의 [새로 만들기] → [폴더] 선택

❷ 압축(Zip) 폴더 24.5, 24.1, 23.3, 22.2, 21.2, 18.1, 17.2, 15.2, 11.3

- 압축 파일에 포함된 파일과 폴더를 파일 탐색기에서 일반 폴더처럼 사용하는 기능이다.
- 압축하여 디스크 공간을 절약하고 다른 컴퓨터로 빠르게 전송할 수 있다.
- 압축 폴더 안의 파일은 '읽기 전용'으로만 사용할 수 있으므로 편집하려면 압축을 해제해야 한다.

043 | 파일·폴더 다루기

❶ 파일/폴더 선택 23.2, 14.3, 13.2, 11.3, 10.1

- 연속적인 항목 선택
  - 선택할 항목에 해당하는 범위를 마우스로 드래그한다.
  - 첫 항목을 클릭한 후 Shift를 누른 상태에서 마지막 항목을 클릭한다.
- 비연속적인 항목 선택 : Ctrl을 누른 상태에서 선택할 항목을 차례로 클릭
- 전체 항목 선택 : Ctrl + A를 누른다.

❷ 파일/폴더 복사 및 이동 24.5, 24.2, 23.2, 22.1, 21.3, 20.1, 17.2, 14.1, 13.3, 12.1, 10.1

	복사	이동
같은 드라이브	Ctrl을 누른 상태에서 마우스로 드래그 앤 드롭	마우스로 드래그 앤 드롭
다른 드라이브	마우스로 드래그 앤 드롭	Shift를 누른 상태에서 마우스로 드래그 앤 드롭

❸ 클립보드(Clipboard) 24.1, 22.2, 22.1, 21.2, 19.상시, 19.2, 16.1, 14.2, 12.2, 10.2

- 데이터를 일시적으로 보관해 두는 임시 저장 공간으로, 클립보드를 이용하면 서로 다른 앱 간에 데이터를 쉽게 전달할 수 있다.
- 클립보드의 내용은 여러 번 사용이 가능하지만, 가장 최근에 저장된 것 하나만 기억한다.
- 시스템을 재시작하면 클립보드에 저장된 데이터는 지워진다.

❹ 파일/폴더 이름 바꾸기 22.2, 21.1, 16.3, 15.1, 14.2, 11.2, 11.1, 10.3

파일/폴더를 선택한 후 다음과 같이 수행한다.

- 방법 1 : [홈] → [구성] → [이름 바꾸기] 클릭 → 새 이름 입력 → Enter 누름
- 방법 2 : F2 누름 → 새 이름 입력 → Enter 누름
- 방법 3 : Alt + H, R → 새 이름 입력 → Enter 누름
- 방법 4 : 바로 가기 메뉴에서 [이름 바꾸기] 선택 → 새 이름 입력 → Enter 누름
- 방법 5 : 이름 부분을 마우스로 다시 클릭 → 새 이름 입력 → Enter 누름

044 | 검색 상자

❶ 파일 탐색기와 작업 표시줄의 '검색 상자'의 차이점 24.3, 24.2, …

	파일 탐색기의 '검색 상자'	작업 표시줄의 '검색 상자'
실행	F3 또는 Ctrl + F 누름	⊞ + S
검색 항목	파일, 폴더	모두, 앱, 문서, 웹, 동영상, 사람, 사진, 설정, 음악, 전자 메일, 폴더
검색 위치	지정 가능	컴퓨터 전체와 웹
검색 필터	사용 가능	사용 못함
검색 결과	검색어에 노란색 표시	범주별로 그룹화 되어 표시

045 | 휴지통 사용하기

❶ 휴지통의 개요 24.5, 23.5, 23.3, 23.2, 23.1, 22.1, 21.4, 19.1, 18.1, 17.2, 16.1, 15.3, 15.2, 14.2, 14.1, …

- 삭제된 파일이나 폴더가 임시 보관되는 장소로, 필요시 복원이 가능하며 각 드라이브마다 따로 설정할 수 있다.
- 휴지통은 하드디스크 드라이브마다 한 개씩 만들 수 있다.
- 기본적인 크기는 드라이브 용량의 5%~10% 범위 내에서 시스템이 자동으로 설정하지만 사용자가 원하는 크기를 MB 단위로 지정할 수 있다.
- 휴지통의 용량을 초과하면 가장 오래 전에 삭제된 파일부터 자동으로 지워진다.
- 휴지통에 있는 파일은 복원하기 전에는 사용(실행)할 수 없다.

❷ 휴지통 속성 24.1, 23.5, 23.3, 23.2, 23.1, 22.2, 21.3, 21.2, 20.1, 16.3, 16.2, 15.2, 15.1

- 휴지통의 크기를 드라이브마다 다르게 또는 모두 동일한 크기로 설정할 수 있다.
- 파일이나 폴더를 삭제할 때 휴지통을 거치지 않고, 바로 삭제하도록 설정할 수 있다.
- 파일이나 폴더가 삭제될 때마다 확인 대화상자가 표시되도록 설정할 수 있다.

❸ 휴지통에 보관되지 않는 경우 24.4, 23.5, 23.1, 21.4, 19.1, 14.3, 13.1

- 플로피디스크, DOS 모드, 네트워크 드라이브, USB 메모리에서 삭제된 항목
- Shift를 누른 채 삭제 명령을 실행한 경우
- 휴지통 속성에서 '파일을 휴지통에 버리지 않고 삭제할 때 바로 제거'를 선택한 경우

3장

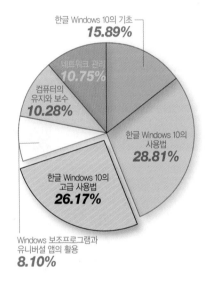

한글 Windows 10의 기초
15.89%

네트워크 관리
10.75%

컴퓨터의
유지와 보수
10.28%

한글 Windows 10의
사용법
28.81%

한글 Windows 10의
고급 사용법
26.17%

Windows 보조프로그램과
유니버설 앱의 활용
8.10%

한글 Windows 10의 고급 사용법

046 [설정] 창 Ⓓ등급

047 [설정] 창의 '시스템' Ⓒ등급

048 [설정] 창의 '개인 설정' Ⓑ등급

049 [설정] 창의 '앱' Ⓐ등급

050 [설정] 창의 '접근성' Ⓐ등급

051 [설정] 창의 '계정' Ⓐ등급

052 [설정] 창의 '업데이트 및 보안' Ⓒ등급

053 [설정] 창의 '장치' Ⓒ등급

054 앱과 하드웨어의 추가/제거 Ⓐ등급

055 한글 Windows 10에서의 인쇄 작업 Ⓐ등급

꼭 알아야 할 키워드 Best 10
1. 디스플레이　**2.** 전원 및 절전　**3.** 개인 설정　**4.** 화면 보호기　**5.** 앱 및 기능　**6.** 프린터　**7.** 접근성　**8.** 마우스　**9.** 표준 사용자 계정
10. Windows 보안

[설정] 창

　전문가의 조언

'설정' 창의 항목에는 어떤 것들이 있고, 각 항목에서는 어떤 기능을 수행할 수 있는지 알고 있어야 합니다. '설정' 창의 중요 항목들은 해당 섹션에서 자세히 다룰 것이니 여기서는 각각의 항목들이 어떤 기능을 수행하는지 정도만 알아두고 넘어가세요.

1 [설정] 창의 개념

1104101

[설정] 창은 컴퓨터를 구성하는 앱과 하드웨어에 대한 설정 사항을 변경하는 곳으로, 여러 가지 설정 항목으로 구성되어 있다.

실행

- **방법 1** : [⊞(시작)] → [⚙(설정)] 클릭
- **방법 2** : ⊞+[I] 누름

특징

- 각각의 아이콘을 선택하여 컴퓨터에 설치된 해당 장치의 정보를 확인하고 변경할 수 있으며, 새로운 하드웨어나 앱을 설치할 수 있다.
- 설정할 항목을 검색하여 해당 항목을 설정할 수 있는 곳으로 바로 이동할 수 있다.

2 [설정] 창의 구성 항목

1104102

시스템	디스플레이, 소리/알림, 전원, 저장소*, 집중 지원* 등을 설정한다.
장치	프린터, 스캐너 등 컴퓨터에 연결된 장치들을 설치하거나 제거한다.
전화	사용자 컴퓨터에서 바로 문자를 보내거나 휴대폰에 저장된 사진이나 문자 등을 확인할 수 있도록 설정한다.
네트워크 및 인터넷	• 네트워크 상태를 확인하거나 새로운 연결을 추가한다. • Wi-Fi*, 핫스팟* 등을 켜거나 비행기 모드로 전환한다.
개인 설정	바탕 화면의 배경, 색, 잠금 화면, 테마 등을 설정한다.
앱	• 앱을 제거 및 수정한다. • 웹 브라우저나 전자 메일 등의 작업에 사용할 기본 앱을 지정한다.
계정	새로운 계정 추가 및 로그인 옵션 등을 설정한다.
시간 및 언어	날짜 및 시간, 지역, 언어 등을 설정한다.
게임	게임 실행 화면에 표시되는 게임 바가 열리는 방식이나 게임 플레이중 사용할 바로 가기 키 등을 설정한다.
접근성	돋보기, 내레이터*, 고대비*, 선택 자막 등을 설정한다.
검색	검색 시 유해 정보 표시를 차단하거나 검색 기록을 삭제한다.
개인 정보	앱과 연동되는 개인 정보나 위치, 계정 정보 등을 설정한다.
업데이트 및 보안	• Windows 업데이트 현황을 확인한다. • 바이러스와 같은 위협 요소로부터 컴퓨터를 보호하기 위한 방화벽이나 백신 등을 설정한다.

저장소
하드디스크에서 불필요한 앱이나 임시 파일 등을 제거하여 사용 공간을 확보할 때 사용합니다.

집중 지원
중요한 작업이나 게임 등을 할 때 알림으로 인한 방해가 없도록 알림 표시 여부를 지정하거나 중요 알림만 선택적으로 표시되도록 지정할 때 사용합니다.

Wi-Fi
무선접속장치(AP)가 설치된 곳을 중심으로 일정 거리 이내에서 초고속 인터넷이 가능하게 하는 무선랜 기술입니다.

핫스팟
무선접속장치(AP)와 같이 기지국에서 받은 신호를 Wi-Fi로 중계해 주는 역할을 합니다.

내레이터
화면의 모든 텍스트를 내레이터가 소리 내어 읽어주도록 할 때 사용합니다.

고대비
고유색을 사용하여 색상 대비를 강하게 함으로써 텍스트와 앱이 보다 뚜렷하게 표시되도록 할 때 사용합니다.

잠깐만요 **[제어판]**

1104131

Windows 10은 시스템 환경을 구성할 수 있도록 '설정' 창과 '제어판'을 제공합니다. 이전 Windows 버전에서 사용하던 '제어판'을 요즘 시스템 스타일에 맞춰 발전시킨 것이 '설정' 창입니다. 대부분의 기능은 '설정' 창에서 지정할 수 있으나 아직도 몇몇 세부적인 기능은 '제어판'에서만 설정할 수 있습니다.

실행 [⊞(시작)] → [Windows 시스템] → [제어판] 선택

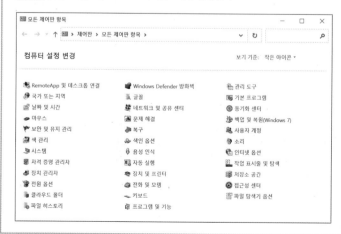

출제예상

1. 다음 중 한글 Windows 10의 [설정] 창에서 할 수 있는 일이 아닌 것은?

① 알림의 표시 여부를 지정할 수 있다.

② 다른 지역에 있는 컴퓨터를 자신의 컴퓨터처럼 사용할 수 있다.

③ 컴퓨터가 인식하는 표준 시간 정보나 Windows 표시 언어를 변경할 수 있다.

④ 검색시 유해 정보 표시를 차단하도록 지정할 수 있다.

②번은 원격 데스크톱 연결에 대한 설명입니다. 원격 데스크톱 연결은 [🟦(시작)] → [Windows 보조프로그램]에서 실행합니다.

출제예상

2. 다음 중 한글 Windows 10에서 컴퓨터에 연결된 하드웨어 중 [설정] → [장치]에 표시되지 않는 장치는?

① 휴대폰, 디지털 카메라 등과 같은 휴대용 장치

② 사운드 카드, 그래픽 카드, 메모리 등과 같이 컴퓨터 케이스 내부에 설치된 장치

③ 외장 USB 하드 드라이브, 플래시 드라이브, 웹캠 등과 같이 USB 포트에 연결하는 모든 장치

④ 컴퓨터에 연결된 모든 프린터

[설정] → [장치]는 사운드 카드, 그래픽 카드, 메모리 등과 같이 컴퓨터 내부의 장치는 표시하지 않습니다.

▶ 정답 : 1. ② 2. ②

[설정] 창의 '시스템'

C 등급

1 디스플레이

23.5, 22.3, 18.2, 15.2, 12.2

1104201

'디스플레이'는 화면에 표시되는 텍스트와 앱의 크기, 화면 해상도 등을 변경할 때 사용한다.

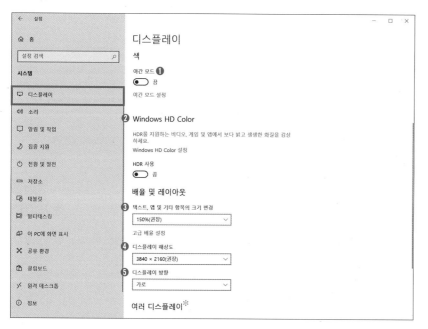

22.3, 18.2, 15.2 ❶ 야간 모드	디스플레이 장치에서 나오는 차가운 빛*을 밤에는 눈에 편한 따뜻한 색으로 표시하여 눈의 피로를 적게 한다.
❷ Windows HD Color*	HDR의 사용 또는 WCG* 콘텐츠를 표시 여부를 설정한다.
22.3, 18.2, 15.2, ❸ 텍스트, 앱 및 기타 항목의 크기 변경	• 화면에 표시되는 텍스트나 앱, 아이콘 등의 크기를 변경한다. • 기본적으로 제공되는 비율(100%, 125%, 150%, 175% 등) 이외에 사용자가 원하는 비율(100%~500%)을 지정할 수 있다.
22.3, 18.2, 15.2, 12.2 ❹ 디스플레이 해상도	디스플레이 장치의 해상도를 변경한다.
15.2, 12.2 ❺ 디스플레이 방향	디스플레이 장치의 화면 방향을 가로, 세로, 가로(대칭 이동), 세로(대칭 이동) 중에서 선택하여 변경한다.

[설정] → [시스템] 실행
바탕 화면의 바로 가기 메뉴에서 [디스플레이 설정]을 선택해도 됩니다.

전문가의 조언

[⚙(설정)] → [시스템]에서는 '디스플레이', '전원 및 절전'에 대한 문제가 주로 출제됩니다. '디스플레이'와 '전원 및 절전'을 중심으로 각각에서 설정할 수 있는 기능을 정리해 두세요.

여러 디스플레이(복수 모니터)
하나의 컴퓨터에 두 개 이상의 모니터를 연결하는 것으로 다음과 같은 특징이 있습니다.
• 한 모니터에서는 웹 작업, 다른 모니터에서는 문서 작성 등 모니터마다 다른 작업을 수행할 수 있도록 지정할 수 있습니다.
• 한글 Windows 10에서는 여러 대의 모니터를 연결하여 여러 개의 프로그램 창을 표시한 대규모 바탕 화면을 연출할 수 있습니다.
• 복수 모니터를 개별 그래픽 어댑터 또는 복수 출력을 지원하는 단일 어댑터에 연결할 수 있습니다.

차가운 빛
컴퓨터 모니터에서 나오는 380~500㎚의 짧은 파장을 내는 파란색 계열의 빛으로, 청광색 또는 블루 라이트(Blue Light)라고 부릅니다.

Windows HD Color
기존 콘텐츠에 비해 밝기와 색상 기능이 개선된 콘텐츠인 HDR (High Dynamic Range) 콘텐츠를 Windows 장치로 가져오는 기능입니다. HDR 콘텐츠는 색상과 밝기 면에서 더 광범한 영역을 표현하므로 더 선명하고 고유한 색상을 구현할 수 있습니다.

WCG(Wide Color Gamut, 광색역)
디스플레이에서 표현할 수 있는 전체 색의 범위를 넓히는 기술을 의미합니다.

2 전원 및 절전

24.1, 23.3, 23.2, 22.2, 21.3

1104204

'전원 및 절전'은 에너지 절약을 위해 컴퓨터 화면을 끄거나 절전 모드로 전환되는 시
간*을 지정할 때 사용한다.

23.3, 23.2, 22.2, 21.3 **❶ 화면***	• 지정한 시간 동안 컴퓨터를 사용하지 않으면 컴퓨터 화면이 꺼지도록 설정한다. • '안 함'을 선택하면 화면이 꺼지지 않는다.
23.3, 23.2, 22.2, 21.3 **❷ 절전 모드***	• 지정한 시간 동안 컴퓨터를 사용하지 않으면 절전 모드로 전환되도록 설정한다. • '안 함'을 선택하면 절전 모드로 전환되지 않는다.

3 정보

24.5, 23.2, 15.2, 15.1, 14.3

1104206

'정보'는 시스템에 연결된 하드웨어 및 Windows 사양 등을 확인하거나 컴퓨터(PC)
이름을 변경할 때 사용한다.

❶ 복사	• 장치 사양이 텍스트로 복사되어 클립보드에 저장된다. • 복사된 내용은 Ctrl + V 를 통해 원하는 곳에 붙여넣을 수 있다.
24.5, 23.2 **❷ 이 PC의 이름 바꾸기**	• 컴퓨터의 대표 이름을 변경한다. • 이름은 문자, 하이픈 및 숫자를 조합할 수 있다. • 변경 사항은 재부팅을 수행한 후에 적용된다.

4 기타 ^{23.5}

4104704

알림 및 작업 23.5	• 다른 사람이나 앱에서 보낸 알림 메시지의 표시 여부, 표시 방법 등을 지정할 때 사용한다. • '알림 센터'에 표시되는 바로 가기* 및 알림에 대한 사항들을 설정한다.
집중 지원	• 중요한 작업이나 게임 등을 할 때 알림으로 인한 방해가 없도록 알림 표시 여부를 지정 하거나 중요 알림만 선택적으로 표시되도록 지정할 때 사용한다. • '집중 지원'으로 인해 표시되지 않은 알림은 '알림 센터'에서 확인할 수 있다.
저장소	하드디스크에서 불필요한 앱이나 임시 파일 등을 제거하여 사용 공간을 확보할 때 사용한다.
태블릿 23.5	• Windows가 설치된 태블릿이나 터치를 지원하는 PC에서 태블릿 모드를 사용할 수 있도 록 지원한다. • 태블릿 모드에서는 모든 앱이 전체 화면으로 열리며 Windows의 조작이 터치에 최적화 된다. • 키보드를 연결하면 일반적인 데스크톱 모드로, 키보드 연결을 해제하면 태블릿 모드로 전환되도록 설정할 수 있다.

> **'알림 센터'에 표시되는 바로 가기**
> '알림 센터'에 표시되는 바로 가기를 이용하면 비행기 모드, 야간 모드, 블루투스 등의 설정을 빠르게 지정할 수 있습니다.

🧑‍🎓 따라잡기 기출문제 따라잡기

문제 1 4104751

22년 3회, 18년 2회, 15년 2회

1. 다음 중 한글 Windows 10의 [설정] → [시스템] → [디스플레이] 에서 할 수 있는 작업으로 옳지 않은 것은?

① 잠금 화면이나 배경 화면에 표시되는 사진을 변경할 수 있다.

② 화면에 표시되는 텍스트, 앱 및 기타 항목의 크기는 100%부터 350%까지 크기를 설정할 수 있다.

③ 디스플레이 해상도를 변경할 수 있다.

④ 화면에 표시되는 색을 야간 모드로 지정할 수 있다.

> 잠금 화면이나 배경 화면에 표시되는 사진은 [🔘(설정)] → [개인 설정]에서 변 경할 수 있습니다.

24년 1회, 23년 3회, 2회, 22년 2회, 21년 3회

2. 다음 중 한글 Windows 10의 '전원 및 절전'에 관한 설명으로 옳 지 않은 것은?

① 컴퓨터를 사용하지 않을 때 컴퓨터 화면이 꺼지는 시간 을 지정한다.

② 컴퓨터를 사용하지 않을 때 절전 모드로 전환되는 시간 을 지정한다.

③ 기본 전원 관리 옵션에서 '균형 조정(권장)'을 설정하면 컴퓨터 성능을 최대로 낮추어 에너지를 절약한다.

④ [설정] 창의 '시스템' 항목에서 '전원 및 절전'에서 설정 한다.

> ③번의 '균형 조정(권장)'은 기본 전원 관리 옵션에서 설정할 수 있는 옵션으로, '균형 조정(권장)'으로 설정하면 에너지 소비와 성능 사이의 균형을 자동으로 조 정합니다.

24년 5회, 23년 2회

3. PC의 이름 바꾸기에 대한 설명으로 옳지 않은 것은?

① ⊞ + Pause/Break 를 누른 후 '이 PC의 이름 바꾸기'를 선택 하여 변경할 수 있다.

② [설정] → [장치] → [정보]에서 변경할 수 있다.

③ 바탕 화면의 '내 PC'의 속성 창을 열어 변경할 수 있다.

④ 이름 바꾸기는 재부팅을 수행해야만 변경사항이 적용 된다.

> [설정]을 이용한 이름 바꾸기는 [🔘(설정)] → [시스템] → [정보]를 선택하여 변 경할 수 있습니다.

23년 5회

4. 다음 중 한글 Windows 10에서 제공하는 기능에 대한 설명으로 옳지 않은 것은?

① 가젯 기능을 활용하여 알람 및 타이머, 세계시간, 계산 기 등을 편리하게 사용할 수 있다.

② 여러 개의 바탕 화면을 사용하여 2개 이상의 모니터를 사용한 것과 동일한 효과를 누릴 수 있다.

③ Windows 업데이트, SNS, 메일 등의 알림을 통합하여 한 눈에 확인할 수 있다.

④ 노트북에서는 태블릿 모드와 데스크톱 모드를 함께 혼 용할 수 있다.

> Windows 10은 가젯 기능을 제공하지 않습니다. ②번은 가상 데스크톱, ③번은 [알림 및 작업]의 알림 옵션, ④번은 [태블릿]의 태블릿 모드에 대한 설명입니다.

▶ **정답 : 1.** ① **2.** ③ **3.** ② **4.** ①

[설정] 창의 '개인 설정'

[설정] → [개인 설정] 실행
바탕 화면의 바로 가기 메뉴에서 [개인 설정]을 선택해도 됩니다.

전문가의 조언

화면 보호기와 글꼴은 꾸준히 출제되고 있는 내용입니다. 화면 보호기의 개념과 글꼴의 특징을 기억하고, [개인 설정]에서 지정할 수 있는 다른 기능들을 확인하세요.

잠금 화면
잠금 화면이란 일정 시간 컴퓨터를 사용하지 않으면 컴퓨터가 잠금 상태가 되는 것으로, 암호가 설정된 경우 암호를 입력해야 잠금 화면이 해제됩니다.

---

1 잠금 화면※

24.3, 24.2, 23.5, 22.1, 21.3, 20.1, 19.2, 18.상시, 18.1, 12.2, 09.2, 08.2

'잠금 화면'은 잠금 화면에 표시할 앱이나 배경을 지정할 때 사용한다.

❶ 배경 24.1	• 잠금 화면의 배경으로 사용할 사진의 종류를 지정한다. • **종류** : Windows 추천, 사진, 슬라이드 쇼
❷ 잠금 화면에서 세부 상태를 표시할 앱 하나 선택 22.1	잠금 화면에 기본적으로 표시되는 날짜와 시간 아래에 표시할 앱을 선택한다. 예 '일정'을 선택하면, 당일에 등록한 일정이 있을 경우 잠금 화면에 해당 일정이 표시됨
❸ 잠금 화면에 빠른 상태를 표시할 앱 선택	잠금 화면에 알림을 표시할 앱을 선택한다. 예 '메일'을 선택하면, 잠금 화면 상태일 때 메일이 오면 잠금 화면에 메일 아이콘이 표시됨
❹ 로그인 화면에 잠금 화면 배경 그림 표시	잠금 화면 해제 시 표시되는 로그인 화면의 배경을 잠금 화면의 배경 그림과 동일한 그림으로 표시한다.
❺ 화면 시간 제한 설정	정해진 시간 동안 컴퓨터를 사용하지 않으면 화면을 끄거나 절전 모드로 변경되게 설정하는 창으로 이동한다.

24.3, 23.5, 22.1, 21.3, 20.1, 19.2, 18.상시, … **⑥ 화면 보호기 설정***	• 정해진 시간 동안 모니터에 전달되는 정보에 변화가 없을 때 화면 보호기가 작동되게 설정하는 '화면 보호기 설정' 창이 실행된다. • 화면 보호기는 마우스를 움직이거나 키보드에서 임의의 키를 누르면 해제된다. • 대기 시간(화면 보호기가 작동되는 시간)과 다시 시작할 때 로그온 화면 표시* 여부를 지정할 수 있다. • **전원 관리** : 에너지 절약을 위한 전원 관리를 효율적으로 설정할 수 있는 [제어판] → [전원 옵션] 창을 표시한다.

24.5, 24.2, 22.2, 22.1, 21.1, 20.1, 18.상시, 18.2, 11.3, 10.1, 09.3, 07.3, 07.1, 06.4, 04.3, 03.1

2 기타

4104802

24.2, 18.상시, 11.3 **배경**	• 바탕 화면의 배경을 지정할 때 사용한다. • 원하는 그림 파일을 선택하여 배경에 표시되도록 지정할 수 있다.
22.1, 20.1, 18.상시, 09.3 **테마**	• 컴퓨터의 배경 그림, 색, 소리, 마우스 커서 등 Windows를 구성하는 여러 요소를 하나의 그룹으로 묶어 놓은 것으로, 다른 테마로 변경할 수 있다. • 기본적으로 제공되는 테마를 변경하여 다른 이름으로 저장한 후 사용할 수도 있다. • 온라인에서 테마를 다운받아 추가로 설치할 수 있다.
22.1, 20.1 **색**	• 창 테두리 및 제목 표시줄, 시작 단추, 작업 표시줄에 대한 색*과 테마 컬러를 변경할 수 있다. • Windows 색상표를 이용하여 사용자가 원하는 색으로 테마 컬러를 지정할 수 있다.
24.5, 22.2, 22.1, 21.1, … **글꼴***	• 시스템에 설치되어 있는 글꼴을 제거하거나 새로운 글꼴을 추가할 때 이용한다. • 글꼴 폴더에는 OTF나 TTC, TTF, FON 등의 확장자를 갖는 글꼴 파일이 설치되어 있다. • 새로운 글꼴 파일은 파일을 열면 나타나는 글꼴 창에서 〈설치〉를 클릭하여 추가할 수 있다. • 글꼴이 설치되어 있는 폴더의 위치는 'C:\Windows\Fonts'이다. • 설치된 글꼴은 대부분의 앱에서 사용 가능하다. • 'C:\Windows\Fonts'에서는 〈숨기기〉를 클릭하여 글꼴을 삭제하지 않고도 다른 앱에서의 사용을 막을 수 있다. • 바탕체, 맑은 고딕 등 기본 글꼴은 〈숨기기〉를 클릭해도 다른 앱에서의 사용이 막히지 않는다.
시작*	시작 메뉴에 표시되는 앱 목록, 최근에 추가된 앱, 가장 많이 사용하는 앱 등을 지정하거나 시작 메뉴에 표시할 폴더를 선택할 수 있다.
24.2 **작업 표시줄***	작업 표시줄 잠금, 작업 표시줄 자동 숨기기, 작업 표시줄의 위치 등을 설정한다.

화면 보호기가 왜 필요할까?
모니터는 동일한 화면이 장시간 비춰질 경우 그 영상이 모니터 유리면에 인쇄된 것처럼 남게 되는데 이 현상을 '모니터가 탔다' 하여 버닝(Burning) 현상이라고 합니다. 화면 보호기는 버닝 현상을 방지하기 위해 불규칙하게 움직이는 영상을 공급하는 것입니다.

다시 시작할 때 로그온 화면 표시
'화면 보호기 설정' 창에서 '다시 시작할 때 로그온 화면 표시'를 선택해도 별도로 암호를 지정하는 대화상자가 표시되지 않는 이유는 컴퓨터를 로그온 할 때 사용하는 사용자 계정 암호를 화면 보호기 암호로 사용하기 때문입니다. 즉 사용자 계정에 암호가 설정되어 있어야만 화면 보호기의 암호를 사용할 수 있습니다.

색 선택 옵션
색 선택 옵션에는 라이트, 다크, 사용자 지정이 있으며, 사용자 지정에서는 Windows에서 제공하는 기능과 앱에 적용되는 색을 서로 다르게 지정할 수 있습니다.

글꼴을 설정하는 다른 방법
[⊞(시작)] → [Windows 시스템] → [제어판] → [글꼴] 선택

시작
'시작'에 대한 자세한 설명은 142쪽을 참고하세요.

작업 표시줄
'작업 표시줄'에 대한 자세한 설명은 133쪽을 참고하세요.

👤 **따라잡기** **기출문제 따라잡기**

22년 1회, 20년 1회

1. 다음 중 한글 Windows 10의 [설정] → [개인 설정]에서 할 수 있는 작업으로 옳지 않은 것은?

① 바탕 화면에 새로운 테마를 지정하여 적용할 수 있다.

② 화면 보호기 설정을 사용하여 화면의 해상도를 변경할 수 있다.

③ 잠금 화면에 표시할 앱이나 배경을 변경할 수 있다.

④ 창 테두리 및 제목 표시줄의 색을 변경할 수 있다.

> 화면의 해상도는 [🔲(설정)]의 '개인 설정'이 아니라 '시스템'에서 변경할 수 있습니다.

19년 2회

2. 다음 중 한글 Windows 10의 화면 보호기에 대한 설명으로 옳지 않은 것은?

① 계정에 암호가 설정되어 있지 않아도 화면 보호기의 암호를 사용할 수 있다.

② 일정 시간 모니터에 전달되는 정보에 변화가 없을 때 화면 보호기가 작동되게 설정한다.

③ 화면 보호기는 마우스를 움직이거나 키보드에서 임의의 키를 누르면 해제된다.

④ 대기 시간, 다시 시작할 때 로그온 화면 표시를 지정할 수 있다.

> 컴퓨터를 로그인 할 때 사용하는 암호를 화면 보호기 암호로 사용하기 때문에 사용자 계정에 암호가 설정되어 있어야만 화면 보호기의 암호를 사용할 수 있습니다.

24년 3회, 23년 5회, 21년 3회, 18년 1회

3. 다음 중 한글 Windows 10의 '화면 보호기 설정' 창에서 바로 실행할 수 없는 것은?

① 화면 보호기 종류 선택

② 다시 시작할 때 로그온 화면 표시 여부 선택

③ 대기 모드 실행 시간 설정

④ 디스플레이 끄기 시간 설정

> 디스플레이 끄기 시간 설정은 '화면 보호기 설정' 대화상자에서 바로 수행할 수 없고 '화면 보호기 설정' 대화상자에서 '전원 설정 변경'을 클릭하면 표시되는 '전원 옵션' 창에서 설정할 수 있습니다.

출제예상

4. 다음 중 한글 Windows 10의 [🔲(설정)] → [개인 설정] → [잠금 화면]에 대한 설명으로 옳지 않은 것은?

① 잠금 화면에 배경 그림을 지정할 수 있다.

② 일정 시간 컴퓨터를 사용하지 않으면 화면이 꺼지도록 설정할 수 있다.

③ 잠금 화면에 일정이나 날짜 등을 표시할 수 있지만 알림은 표시할 수 없다.

④ 로그인 화면에 잠금 화면의 배경 그림을 표시할 수 있다.

> 잠금 화면 상태에도 알림이 표시되도록 설정할 수 있습니다.

24년 5회, 22년 2회, 21년 1회, 18년 2회

5. 다음 중 한글 Windows 10에서 글꼴에 관한 설명으로 옳지 않은 것은?

① 새로운 글꼴을 추가하려면 해당 글꼴 파일을 열면 나타나는 글꼴 창에서 [설치] 버튼을 클릭하면 된다.

② 글꼴 파일의 확장자는 .TTF, .TTC 등이 있다.

③ [설정] → [개인 설정] → [글꼴]에서 설치되어 있는 글꼴을 삭제할 수 있다.

④ 'C:\Windows\Fonts' 폴더에서 모든 글꼴을 선택한 후 [숨기기]를 하면 다른 앱에서 글자를 입력할 수 없다.

> [숨기기]를 지정하더라도 기본 글꼴(바탕체나 맑은 고딕)을 이용하여 글자를 입력할 수 있습니다.

24년 2회

6. 다음 중 한글 Windows 10의 [설정] → [개인 설정] → [작업 표시줄]에서 할 수 있는 작업으로 옳지 않은 것은?

① 작업 표시줄의 잠금과 해제가 가능하다.

② 작업 표시줄의 위치를 이동시킬 수 있다.

③ 작업 표시줄의 크기를 화면 전체로 확장시킬 수 있다.

④ 작업 표시줄 자동 숨기기를 설정할 수 있다.

> [설정] → [개인 설정] → [작업 표시줄]에서 작업 표시줄의 크기는 조절할 수 없습니다. 작업 표시줄의 크기는 마우스로만 조절이 가능하며, 최대 크기도 화면의 1/2까지만 늘릴 수 있습니다.

▶ 정답 : 1. ② 2. ① 3. ④ 4. ③ 5. ④ 6. ③

[설정] 창의 '앱'

1104401

1 앱 및 기능

24.4, 24.1, 22.1, 21.4, 21.3, 20.2, 20.1, 18.1, 17.1, 16.2, 13.3, 13.2, 10.3, 10.1, 06.3, 06.1, 05.4, 05.1, 04.4, 03.2, 03.1, 02.2, 01.2, 00.1

'앱 및 기능'은 컴퓨터에 설치된 앱을 수정하거나 제거※할 때 사용한다.

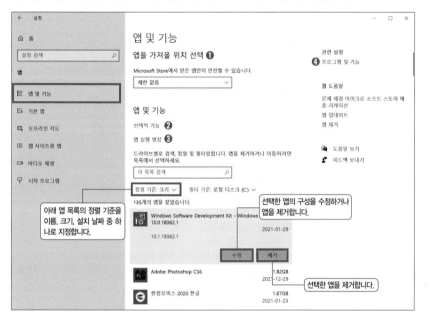

❶ 앱을 가져올 위치 선택
22.1, 20.1, 17.1
	• 설치할 앱을 가져올 위치를 지정한다.※
	• 종류
	  - 제한 없음
	  - 제한 없음, 단, Microsoft Store에 유사한 앱이 있는 경우 알림
	  - 제한 없음, 단, Microsoft Store에서 제공하지 않은 앱을 설치하기 전에 경고 메시지 표시
	  - Microsoft Store만(권장)

❷ 선택적 기능※ 21.3, 20.2, 20.1	• 언어 팩, 필기 인식 등 Windows에서 제공하는 기능(시스템 앱※)을 선택하여 추가로 설치하거나 제거할 수 있다. • 여기서 설정하는 기능들은 Windows에 포함된 것으로 제거해도 필요할 경우 언제든지 다시 설치해서 사용할 수 있다.
❸ 앱 실행 별칭※ 21.3, 20.2, 20.1	동일한 이름으로 여러 개의 앱이 설치되어 있을 경우 '명령 프롬프트' 창에서 해당 앱을 실행하는데 사용할 이름을 선택한다.
❹ 프로그램 및 기능 24.4, 24.1	• 컴퓨터에 설치되어 있는 각종 앱에 대해 제거, 변경 또는 복구 등의 작업을 할 수 있는 '제어판'의 '프로그램 및 기능' 창이 실행된다. • Windows 10에 포함되어 있는 일부 앱 및 기능의 사용 여부를 설정할 수 있다.

앱 및 기능과 기본 앱에 대한 문제가 꾸준히 출제되고 있습니다. 각 항목에서 설정할 수 있는 기능들을 잘 정리해 두세요.

앱을 수정 및 제거하는 다른 방법
[⊞(시작)] → [Windows 시스템] → [제어판] → [프로그램 및 기능] 창에서 앱을 선택한 후 [제거] 또는 [변경] 클릭

❶ 설치된 업데이트 보기 : 컴퓨터에 설치된 업데이트를 확인하거나 제거 또는 변경함
❷ Windows 기능 켜기/끄기 : Windows 10에 포함되어 있는 일부 앱 및 기능의 사용 여부를 설정함

앱을 가져올 위치
컴퓨터를 보호하기 위해 Microsoft Store에서 받은 앱만을 설치하도록 권장하지만 제한은 없습니다. 또한 설치할 앱에 따라 알림이나 경고 메시지가 표시되도록 설정할 수 있습니다.

선택적 기능
Windows에서 제공하는 기능만을 설치하거나 제거할 수 있는 곳으로, Windows에 포함되지 않은 앱은 설치할 수 없습니다.

시스템 앱
Windows에 포함된 앱으로 'C:\Windows\' 폴더에 설치되어 있습니다.

앱 실행 별칭
예를 들면, 아래 그림처럼 'Notepad.exe'로 두 개의 앱이 설치되어 있을 경우 '명령 프롬프트' 창에서 Notepad를 입력했을 때 어떤 앱을 실행할지를 설정합니다. 'Notepad++'의 옵션만 켜져 있으므로 Notepad를 입력하면 'Notepad++'가 실행됩니다.

1104402

2 기본 앱 24.4, 23.3, 23.1, 22.4, 21.4, 21.1, 19.상시, 19.2, 19.1, 18.2, 16.3, 16.1

'기본 앱'은 웹 브라우저나 메일, 비디오 플레이어 등의 작업에 사용할 기본 앱을 설정할 때 사용한다.

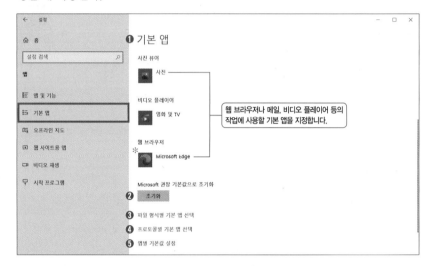

24.4, 16.1 **① 기본 앱**	메일, 지도, 음악 플레이어, 사진 뷰어, 비디오 플레이어, 웹 브라우저 등의 작업에 사용할 기본 앱을 지정한다.
② 초기화	사용자가 지정한 기본 앱을 MS 사의 권장 앱으로 초기화 한다. 예 사용자가 웹 브라우저의 기본 앱을 'Chrome'으로 지정한 경우 〈초기화〉를 실행하면 'Microsoft Edge'로 변경됨
24.4, 23.3, 23.1, 22.4, 21.1, 19.2, ... **③ 파일 형식별 기본 앱 선택**	파일 형식별로 각각 연결되어 실행될 앱을 설정한다. 예 jpg 파일과 bmp 파일을 각각 다른 앱을 사용하여 열리게 설정함
23.3, 23.1, 22.4, 21.1, 19.2, 19.1 ... **④ 프로토콜별 기본 앱 선택**	프로토콜 별로 각각 연결되어 실행될 앱을 설정한다. 예 HTTP와 FTP를 각각 다른 앱을 사용하여 열리게 설정함
23.3, 23.1, 22.4, 21.1, 19.2, 19.1, ... **⑤ 앱별 기본값 설정**	같은 유형의 파일 형식들에 대해 연결될 앱을 설정한다. 예 그림 파일(jpg, bmp, png 등)을 열 때 사용할 앱을 설정함

3 기타 24.3, 23.4

4104903

24.3, 23.4 **비디오 재생**	• Windows에 포함된 비디오 재생 플랫폼※을 사용하는 앱의 비디오 설정을 변경할 때 사용한다. • HDR 또는 WCG※ 콘텐츠를 표시할 수 있도록 설정한다. • 스트리밍 비디오를 낮은 해상도로 재생하도록 설정하여 네트워크 대역폭을 절약할 수 있다.
시작 프로그램※	로그인할 때 자동으로 실행될 앱을 설정할 때 사용한다.

Microsoft Edge
같은 Microsoft Edge라고 해도 Windows 업데이트 정도에 따라 아이콘 모양이 다르게 표시됩니다.

비디오 재생 플랫폼
비디오 재생을 위해 Windows 10에서 기본적으로 제공하는 API와 환경 정보, 드라이버, 코덱 등을 모아놓은 소프트웨어입니다.

HDR(High Dynamic Range)
HDR은 기존 콘텐츠에 비해 색상과 밝기 면에서 더 광범위한 영역을 표현하므로 더 선명하고 고유한 색상을 구현할 수 있습니다.

WCG(Wide Color Gamut, 광색역)
디스플레이에서 표현할 수 있는 전체 색의 범위를 넓히는 기술을 의미합니다.

'시작 프로그램'을 설정할 수 있는 다른 방법
'작업 표시줄'의 바로 가기 메뉴에서 [작업 관리자]를 선택하면 나타나는 '작업 관리자' 창의 [시작 프로그램]에서도 지정할 수 있습니다.

문제4 1104452

따라잡기 기출문제 따라잡기

24년 3회, 23년 4회

1. 다음 중 한글 Windows 10의 [설정] → [앱] → [비디오 재생]에서 할 수 있는 작업으로 옳지 않은 것은?

① 대역폭 절약을 위해 스트리밍 비디오가 낮은 해상도로 재생되도록 할 수 있다.

② HDR 비디오를 사용, 사용하지 않음을 설정할 수 있다.

③ Windows의 비디오 재생 플랫폼에 대한 설정을 변경할 수 있다.

④ 동영상 형식의 파일을 불러와 재생할 수 있다.

[⚙(설정)]→[앱] → [비디오 재생]에는 동영상 형식의 파일을 불러와 재생하는 기능이 없습니다.

22년 1회, 20년 1회, 17년 1회

2. 다음 중 한글 Windows 10에서 [앱 및 기능]에 대한 설명으로 옳지 않은 것은?

① [앱 및 기능]에서 새로운 앱을 설치하거나 현재 설치된 앱을 수정 또는 제거할 수 있다.

② [시작] → [설정] → [앱] → [앱 및 기능]을 선택한다.

③ 앱 목록의 정렬 기준을 이름, 크기, 설치 날짜로 지정할 수 있다.

④ 앱을 가져올 위치를 선택할 수 있다.

[⚙(설정)] → [앱] → [앱 및 기능]은 이미 설치된 앱의 수정 및 제거를 수행하는 곳으로, 새로운 앱을 설치할 수는 없습니다.

23년 3회, 1회, 22년 4회, 21년 1회, 19년 2회

3. 다음 중 한글 Windows 10의 [설정] → [앱] → [기본 앱]을 이용하여 설정할 수 있는 내용으로 옳지 않은 것은?

① 같은 유형의 파일 형식 또는 프로토콜별로 연결된 앱을 설정할 수 있다.

② 파일 형식 또는 프로토콜이 항상 특정 앱에서 열리도록 설정할 수 있다.

③ 미디어 유형에 따라 각각에 맞게 자동으로 수행할 앱을 지정할 수 있다.

④ 컴퓨터에 설치된 특정 앱에 대한 수정이나 제거를 할 수 있다.

④번은 [설정] → [앱] → [앱 및 기능]에서 수행할 수 있는 작업입니다.

21년 3회, 20년 2회, 1회

4. 다음 중 한글 Windows 10의 [⚙(설정)] → [앱] → [앱 및 기능]에서 할 수 있는 작업으로 옳지 않은 것은?

① 동일한 이름으로 설치된 여러 개의 앱을 '명령 프롬프트' 창에서 실행할 때 사용할 이름을 선택할 수 있다.

② 시스템에 설치된 앱의 목록을 확인하거나 수정 또는 제거할 수 있다.

③ 언어 팩, 필기 인식 등 Windows에서 제공하는 기능을 선택적으로 추가 설치하거나 제거할 수 있다.

④ 새로운 앱을 설치할 수 있다.

[설정] → [앱] → [앱 및 기능]은 앱의 제거 또는 변경을 수행하는 곳으로 새로운 앱을 설치할 수는 없습니다.

24년 4회

5. 다음 중 한글 Windows 10의 [프로그램 및 기능] 창에서 할 수 있는 작업으로 옳지 않은 것은?

① 설치된 업데이트 내용을 제거할 수 있다.

② 시스템에 설치된 프로그램의 목록을 확인하거나 제거 또는 변경할 수 있다.

③ 설치된 Windows의 기능을 사용하거나 사용 안 함을 지정할 수 있다.

④ 새로운 응용 프로그램을 설치할 수 있다.

[제어판] → [프로그램 및 기능]은 프로그램의 제거 또는 변경을 수행하는 곳으로, 새로운 프로그램을 설치할 수는 없습니다.

24년 4회

6. 다음 중 한글 Windows 10의 [기본 앱]에 대한 설명으로 옳지 않은 것은?

① Windows에서 기본적으로 사용할 앱을 선택한다.

② 네트워크 연결 및 방화벽을 열 때 사용할 기본 앱을 설정한다.

③ 파일 형식별로 사용할 기본 앱을 선택한다.

④ 웹 브라우저나 전자 메일 작업 등에 사용할 기본 앱을 선택한다.

[⚙(설정)] → [앱] → [기본 앱]에서 네트워크 연결 및 방화벽을 열 때 사용할 앱은 설정할 수 없습니다. 네트워크 연결은 [⚙(설정)] → [네트워크 및 인터넷]에서, 방화벽은 [⚙(설정)] → [업데이트 및 보안] → [Windows 보안] → '보호 영역'의 '방화벽 및 네트워크 보호'를 선택하면 나타나는 'Windows 보안' 창에서 설정할 수 있습니다.

▶ 정답 : 1. ④ 2. ① 3. ④ 4. ④ 5. ④ 6. ②

[설정] 창의 '접근성'

1 접근성＊ 24.3, 23.5, 23.4, 18.상시, 16.2, 15.1, 11.2, 11.1, 10.2, 09.4, 09.3, 09.2, 08.3, 08.2, 08.1, 06.3, 04.1, 03.1

1104501

'접근성'은 신체에 장애가 있거나 컴퓨터에 익숙하지 않은 사람들이 컴퓨터를 편리하고 쉽게 사용할 수 있도록 키보드, 소리, 마우스 등의 설정을 변경＊할 때 사용한다.

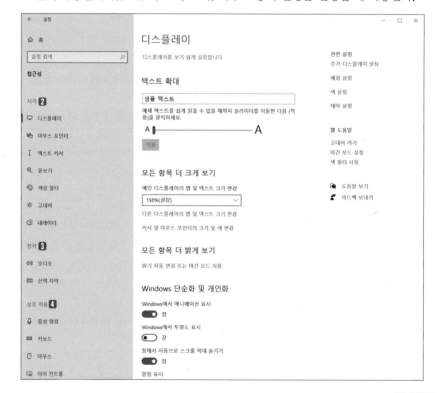

2 시각 24.1, 23.3, 22.4, 22.3, 22.2, 21.3, 21.2, 20.2, 20.1, 08.4

1104502

시각이 불편한 사람을 위해 디스플레이, 커서 및 포인터 등을 설정한다.

디스플레이	앱 및 텍스트의 크기를 변경한다.
24.1, 23.3, 22.4, 22.3, ··· **마우스 포인터**	마우스 포인터의 크기 및 색을 변경한다.
08.4 **텍스트 커서**	텍스트 커서 표시기＊의 사용 여부를 지정하거나 텍스트 커서의 모양을 변경한다.
24.1, 23.3, 22.4, 22.3, ··· **돋보기**	• 화면 전체 또는 원하는 영역을 확대할 수 있도록 설정한다. • ⊞+ + / - 를 이용하여 100%~1600%까지 확대 또는 축소＊할 수 있다. • Windows 로그인 전·후에 자동으로 돋보기가 시작되도록 설정할 수 있다.

고대비	고유색을 사용하여 색상 대비를 강하게 함으로써 텍스트와 앱이 보다 뚜렷하게 표시되도록 설정한다.
24.1, 23.3, 22.4, 22.3, ··· **내레이터***	화면의 모든 텍스트를 내레이터가 소리 내어 읽어주도록 설정한다.

돋보기/내레이터
돋보기와 내레이터는 [⊞(시작)]
→ [Windows 접근성]에서도 실행
할 수 있습니다.

3 청각
21.3, 20.2

1104503

청각이 불편한 사람을 위해 볼륨 크기, 시각적 알림, 자막 등을 설정한다.

21.3, 20.2 **오디오**	• 볼륨 크기를 변경하거나 모노 오디오*의 사용 여부를 설정한다. • 알림을 시각적(활성 창 깜빡임, 전체 화면 깜빡임 등)으로 표시하도록 설정한다.
선택 자막	자막의 색, 투명도, 스타일, 크기, 효과, 배경색 등을 설정한다.

모노 오디오
모노 오디오는 왼쪽과 오른쪽 오
디오 채널을 하나의 채널로 결합
하는 것을 말합니다.

4 상호 작용
24.1, 22.4, 22.3, 22.2, 21.3, 21.2, 20.2, 20.1

1104504

마우스나 키보드가 없는 경우 대체 입력 장치를 사용할 수 있도록 설정한다.

음성 명령	음성만으로 텍스트 입력 및 장치 제어를 할 수 있도록 설정한다.
24.1, 22.4, 22.3, 22.2, ··· **키보드**	화상 키보드*, 고정 키, 토글 키, 필터 키의 사용 여부를 설정한다.
마우스	키보드 오른쪽의 숫자 키패드로 화면의 마우스 포인터를 이동할 수 있도록 설정한다.
아이 컨트롤	• 눈의 움직임으로 컴퓨터를 제어할 수 있도록 설정한다. • 아이 컨트롤을 지원하는 장치를 설치하면 시선 추적 기술*을 사용하여 다음과 같은 기능을 수행할 수 있다. 　– 마우스 제어 　– 화상 키보드로 텍스트 입력 　– 텍스트 음성 변환(TTS)*을 사용하여 다른 사람들과 통신

화상 키보드를 표시하는 다른 방법
[⊞(시작)] → [Windows 접근성]
→ [화상 키보드] 선택

시선 추적 기술
눈 주위에 센서를 부착하여 시선
의 위치 또는 움직임을 추적하는
기술입니다.

텍스트 음성 변환(TTS)
문자(Text)를 음성으로 변환하여
자동으로 읽어주는 기술입니다.

23.3, 22.4, 22.3, 22.2, 21.2, 20.1, 11.2, 09.4, 09.3, 08.4, 08.3, 08.2, 08.1, 07.4, 04.4, 04.2, 03.2, 02.3, 02.1, 00.3

잠깐만요 **고정 키, 토글 키, 필터 키**

1104531

22.4, 22.3, 22.2, ··· **고정 키**	동시에 두 개 이상의 키를 누르기 힘든 경우를 위한 것으로, 특정키에 대해 키를 누르고 손을 떼도 다음 키를 누를 때까지 눌러진 상태로 고정되도록 설정합니다.
22.4, 22.3, 22.2, ··· **토글 키**	CapsLock, NumLock, ScrollLock을 누를 때 신호음이 나도록 설정합니다.
23.3, 22.4, 22.3, ··· **필터 키**	실수로 키를 누르고 있는 동안 반복 입력되는 것을 방지하기 위한 것으로, 반복 입력을 무시하거나 반복 입력 속도를 느리게 설정합니다.

문제3 1104551 문제4 1104552

09년 4회, 07년 4회, 02년 3회

1. 한글 Windows 10의 [설정] → [접근성]에서 설정 가능한 항목으로 옳지 않은 것은?

① 고정 키를 사용하면 동시에 두 개의 키를 누르기 힘든 경우 첫 번째 키를 누르면 다음 키를 누를 때까지 눌려 있는 상태로 고정할 수 있다.

② 필터 키를 사용하면 짧은 시간동안 눌려진 키 또는 빠르게 반복되는 키 입력을 무시하도록 하거나 키의 반복 속도를 느리게 지정할 수 있다.

③ 토글 키를 사용하면 CapsLock, NumLock, ScrollLock을 누를 때 신호음을 들을 수 있도록 지정할 수 있다.

④ '바로 가기 키 작동 방법 변경'을 사용하면 Windows에서 사용하는 모든 바로 가기 키 설정을 변경할 수 있다.

'바로 가기 키 작동 방법 변경'에서 사용 가능한 경우 액세스 키에 밑줄이 표시되도록 지정할 수는 있어도 모든 바로 카기 키 설정을 변경할 수는 없습니다.

09년 3회, 08년 2회, 04년 4회, 2회, 03년 2회, 00년 3회

2. 한글 Windows 10에서 키보드를 사용할 때 키보드 상의 키를 누르고 있으면 같은 글자가 계속 입력된다. 이러한 키의 반복 사용에 대하여 이를 무시하거나 반복 입력 속도를 줄이려면 [설정] → [접근성]에서 무엇을 설정해야 하는가?

① 토글 키 ② 고정 키
③ 필터 키 ④ 단축 키

고정 키는 다른 키를 누를 때까지 눌려진 상태로 고정, 토글 키는 CapsLock, NumLock, ScrollLock을 누르면 신호음이 나도록 지정하는 키입니다.

10년 2회, 08년 4회

3. 한글 Windows 10의 [설정] → [접근성]을 이용하여 할 수 없는 작업은?

① 신체에 장애가 있는 사용자가 편리하게 마우스, 키보드, 프린터를 사용할 수 있도록 설정할 수 있다.

② 깜박이는 커서의 두께를 변경할 수 있다.

③ [토글 키] 설정으로 CapsLock, NumLock, ScrollLock이 눌릴 때 알림음을 듣게 할 수 있다.

④ 화면의 모든 텍스트를 내레이터가 소리내어 읽어주도록 설정할 수 있다.

[접근성]에서는 키보드, 마우스 등에 대해 여러 가지 설정을 할 수 있지만, 프린터에 대해 설정하는 항목은 없습니다.

21년 3회, 20년 2회

4. 다음 중 한글 Windows 10의 [제어판] → [접근성 센터] 창에서 수행 가능한 작업에 대한 설명으로 옳지 않은 것은?

① 돋보기 기능을 사용하면 화면에서 원하는 영역을 확대할 수 있다.

② 내레이터 시작 기능을 사용하면 화면의 텍스트를 소리 내어 읽어 줄 수 있다.

③ 청각 장애가 있는 사용자를 위해 경고음 등의 시스템 소리를 화면 깜박임과 같은 시각적 신호로 표시되도록 지정할 수 있다.

④ 화상 키보드 기능을 사용하여 마우스 포인터의 모양을 변경하거나 포인터의 이동 속도를 변경할 수 있다.

화상 키보드 기능은 화면에 표시된 화상 키보드를 마우스나 터치패드 같은 포인팅 장치를 클릭하여 데이터를 입력할 수 있도록 하는 것입니다.

24년 1회, 23년 3회, 22년 4회, 3회, 2회, 21년 2회, 20년 1회

5. 다음 중 한글 Windows 10의 [설정] → [접근성]에서 할 수 있는 기능에 대한 설명으로 옳지 않은 것은?

① Windows 로그온 시 자동으로 돋보기 기능을 시작할 수 있게 설정할 수 있다.

② 필터키를 이용하여 내레이터 기능을 설정할 수 있다.

③ 화상 키보드 기능을 사용하면 키보드 없이도 글자를 입력할 수 있다.

④ 마우스 포인터의 색과 크기를 변경할 수 있다.

필터키는 키의 반복 입력을 무시하거나 반복 입력 속도를 느리게 설정하는 기능으로, 내레이터 기능을 설정할 수는 없습니다.

24년 3회, 23년 5회, 4회

6. 신체에 장애가 있거나 컴퓨터에 익숙하지 않은 사람들이 컴퓨터를 편리하고 쉽게 사용할 수 있도록 키보드, 소리, 마우스 등을 조정할 수 있는 '설정' 창의 항목은?

① 접근성 ② 시스템
③ 개인 설정 ④ 앱

신체에 장애가 있는 사람들도 쉽게 컴퓨터에 '접근'할 수 있도록 하는 것을 **접근성**이라고 합니다.

▶ 정답 : 1. ④ 2. ③ 3. ① 4. ④ 5. ② 6. ①

[설정] 창의 '계정'

1 계정

24.4, 24.3, 24.2, 23.5, 23.2, 23.1, 22.4, 22.3, 22.2, 22.1, 21.4, 21.3, 21.2, 21.1, 20.2, 19.상시, 19.1, 18.상시, 18.1, 17.1, 16.2, 16.1 …

1104601

'계정'은 여러 사용자가 한 대의 컴퓨터를 공유하는 경우 사용자별로 바탕 화면, 시작 메뉴, 메일 계정 등을 서로 다르게 지정하여 사용할 수 있도록 하는 기능이다.

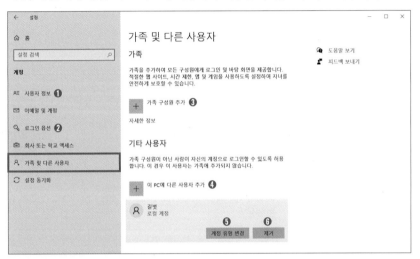

❶ 사용자 정보		로그인된 사용자의 이름, 계정 유형, 사진 등을 확인할 수 있다.
❷ 로그인 옵션 24.4, 23.5, 23.1, 21.4, 18.상시, 17.1		• 다음 중에서 선택하여 로그인 옵션을 설정할 수 있다. 　– Windows Hello* 얼굴 　– Windows Hello 지문 　– Windows Hello PIN 　– 보안 키 　– 비밀번호 　– 사진 암호 • 사용자가 자리를 비울 때 자동으로 컴퓨터를 잠그도록 설정할 수 있다. • 로그인 화면에 메일 주소 등과 같은 계정 정보의 표시 여부를 설정할 수 있다.
가족 및 다른 사용자	❸ 가족 구성원 추가 23.5, 23.2, 23.1, 22.4, 21.3	• 가족 구성원의 계정을 추가할 수 있다. • 가족 구성원의 계정을 성인과 자녀로 구분하여 따로 구성할 수 있다. • 부모 계정은 자녀 계정이 방문했던 사이트나 실행했던 앱 및 게임 등을 확인하거나 사용을 제한할 수 있다.
	❹ 이 PC에 다른 사용자 추가 23.5, 23.2, 23.1, 22.4, …	• 가족과 다른 사용자를 구분하여 새로운 계정을 추가할 수 있다. • 마이크로소프트 계정에 대한 로그인 정보가 없어도 새로운 계정을 추가할 수 있다.

전문가의 조언

중요해요! 계정별로 사용 권한을 알아두세요. 특히 표준 사용자 계정에서 사용할 수 없는 권한을 알아야 풀 수 있는 문제가 많다는 것을 염두에 두고 학습하세요.

사용자 정보 확인, 계정 추가 및 삭제 등을 할 수 있는 다른 방법
[⊞(시작)] → [Windows 시스템] → [제어판] → [사용자 계정] 선택

• **다른 계정 관리** : 이미 등록된 계정에 대해 설정을 변경 또는 삭제하거나 새 계정을 만듦
• **사용자 계정 컨트롤 설정 변경** : 유해한 앱이나 불법 사용자가 컴퓨터 설정을 임의로 변경하지 못하도록 제어하는 기능으로, 관리자 사용 권한이 필요한 변경 작업을 실행할 경우 알림(경고) 창이 표시됨

Windows Hello
지문 또는 얼굴 인식 등을 사용하여 Windows에 로그인할 수 있도록 해주는 기능입니다.

계정 유형 변경

계정 유형 변경은 내 컴퓨터에 두 개 이상의 계정이 있는 경우에만 가능하며, 로그인된 계정은 계정 유형 변경을 할 수 없습니다. 예를 들어, A와 B 두 개의 계정이 있을 때 A계정으로 로그인된 상태라면 A계정은 유형을 변경할 수 없고 B계정만 유형을 변경할 수 있습니다.

| 가족 및 다른 사용자 | 24.3, 24.2, 23.5, 23.2, ···
❺ 계정 유형 변경 | 선택한 계정의 계정 유형을 변경*할 수 있다.
• 관리자 계정
  – 제한 없이 컴퓨터 설정을 변경할 수 있다.
  – 사용자 계정을 추가, 삭제, 변경할 수 있고 액세스 권한을 가진다.
• 표준 사용자 계정
  – 할 수 없는 것
    ▶ 앱, 하드웨어 등의 설치
    ▶ 중요한 파일 삭제
    ▶ 계정 이름 및 계정 유형 변경
    ▶ 컴퓨터 설정 변경
  – 할 수 있는 것
    ▶ 이미 설치된 앱의 실행
    ▶ 테마, 바탕 화면 설정
    ▶ 자신의 계정에 대한 암호 설정 |
| | ❻ 제거 | 계정을 삭제할 수 있다. |

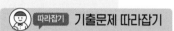 기출문제 따라잡기

 문제2 4105152

24년 4회, 23년 5회, 1회, 21년 4회

1. 다음 중 한글 Windows 10에서 제공하는 로그인 옵션이 아닌 것은?

① 보안 키

② Windows Hello 얼굴

③ Windows Hello EYE

④ Windows Hello PIN

한글 Windows 10에서 제공하는 로그인 옵션에는 Windows Hello 얼굴, Windows Hello 지문, Windows Hello PIN, 보안 키, 비밀번호, 사진 암호가 있습니다.

23년 5회, 22년 2회, 21년 2회, 1회, 20년 2회, 19년 1회

2. 다음 중 한글 Windows 10에서 사용하는 [계정]에 대한 설명으로 가장 옳은 것은?

① 표준 사용자 계정 사용자는 자녀 보호 관련 설정을 할 수 있다.

② 표준 사용자 계정 사용자는 컴퓨터 설정을 변경할 수 있다.

③ 관리자 계정 사용자는 사용자 계정에 대해 작성, 변경, 삭제 등의 작업을 할 수 있다.

④ 표준 사용자 계정 사용자는 자신이 사용할 소프트웨어를 설치하거나 설치된 파일을 삭제할 수 있다.

보기로 제시된 작업은 모두 관리자 계정 사용자만 수행할 수 있는 작업입니다.

24년 3회, 22년 4회, 1회, 20년 2회

3. 한글 Windows 10의 사용자 계정 유형 중 다음과 같은 권한을 갖는 것은?

앱, 하드웨어 등을 설치하거나 중요한 파일을 삭제할 수 없고, 자신의 계정 이름 및 계정 유형을 변경할 수 없지만, 이미 설치된 앱을 실행하거나 테마, 바탕 화면 설정, 자신의 계정에 대한 암호 등을 설정할 수 있다.

① 관리자 계정   ② 표준 사용자 계정

③ 게스트 계정   ④ 임시 사용자 계정

지문에서 설명하고 있는 권한을 갖는 계정은 표준 사용자 계정입니다.

24년 2회, 23년 2회, 1회, 22년 4회, 3회, 18년 1회, 16년 2회

4. 다음 중 한글 Windows 10의 [⚙(설정)] → [계정]에 관한 설명으로 옳지 않은 것은?

① 계정의 유형에는 관리자와 표준 사용자 계정이 있다.

② 사용자의 계정 이름이나 유형을 변경할 수 있다.

③ 표준 사용자 계정으로 로그인한 경우 자녀 보호 관련 설정을 할 수 있다.

④ 로그인 정보가 없어도 계정을 생성할 수 있다.

자녀 보호 설정은 보호할 자녀의 계정에 대한 설정을 변경하는 것으로 관리자 계정에서만 수행할 수 있습니다.

▶ 정답 : 1. ③   2. ③   3. ②   4. ③

[설정] 창의 '업데이트 및 보안'

1 Windows 업데이트

1104701

'Windows 업데이트'는 Windows의 자동 업데이트 현황을 확인하거나 직접 업데이트 할 때 사용한다.

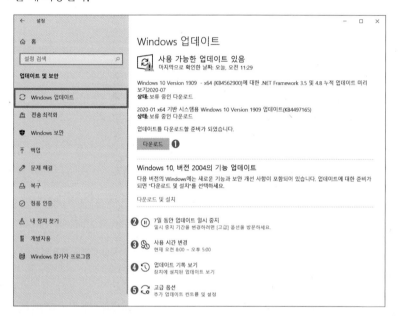

● 다운로드*	업데이트 표시가 된 항목을 직접 업데이트*하려면 〈다운로드〉를 클릭한다.
❷ 7일 동안 업데이트 일시 중지	7일 동안 자동 업데이트가 중지된다.
❸ 사용 시간 변경	사용 시간을 지정하면 해당 시간에는 자동 업데이트로 인한 시스템 재부팅을 하지 않는다.
❹ 업데이트 기록 보기	기능, 품질, 드라이버, 정의, 기타 등으로 구분*하여 업데이트된 내용을 순서대로 확인할 수 있다.
❺ 고급 옵션	• Windows 업데이트 시 Microsoft 사의 다른 제품도 같이 업데이트되도록 지정한다. • 업데이트로 인한 시스템 재부팅 시 알림을 표시하도록 지정한다. • 최대 35일 동안 업데이트가 실행되지 않도록 지정할 수 있다.

다운로드
현재 상태가 업데이트할 내역이 없는 최신 상태라면, 〈업데이트 확인〉 단추가 표시됩니다.

업데이트
Windows는 자동으로 업데이트 되므로 사용자가 직접 업데이트 하지 않아도 됩니다. 그림에 표시된 업데이트 항목은 자동 업데이트되기 전에 표시된 항목으로 그대로 두면 자동 업데이트 됩니다.

업데이트 기록 구분
Windows의 업데이트에 따라 표시되는 항목이 다릅니다.

2 Windows 보안

3105202

'Windows 보안'은 바이러스와 같은 위협 요소로부터 컴퓨터를 보호하기 위한 방화벽이나 백신 등을 설정할 때 사용한다.

Windows Defender 바이러스 백신
앱, 전자 메일, 클라우드 등을 바이러스, 스파이웨어 같은 위협 요소로부터 실시간으로 보호하는 앱입니다.

Windows Hello
얼굴, 지문, PIN 등의 다양한 로그인 옵션을 지원하는 기능입니다.

동적 잠금
컴퓨터와 스마트폰 등의 장치를 페어링하여 장치가 일정 범위를 벗어나면 자동으로 컴퓨터가 잠기게 하는 기능입니다.

Windows Defender 방화벽
사용자의 컴퓨터를 무단으로 접근하려는 위협 요소로부터 컴퓨터를 보호하는 방어막을 제공하는 앱입니다.

평판 기반 보호
사용자 동의 없이 앱, 파일 등이 다운로드나 설치되지 않도록 차단하고, 악성 사이트로부터 컴퓨터를 보호하는 기능입니다.

Exploit Protection
컴퓨터의 정상적인 작동을 방해하거나 원치 않는 작업을 수행하도록 설계된 맬웨어로부터 시스템을 보호하는 기능입니다.

코어 격리
컴퓨터 프로세스를 운영체제 및 장치에서 분리하여 맬웨어 및 기타 공격으로부터 보호하는 기능입니다.

보안 프로세서
장치에 대한 추가 암호화를 제공하는 것으로, TPM(신뢰할 수 있는 플랫폼 모듈)이라고도 합니다.

22.3, 22.2 ❶ 바이러스 및 위협 방지	• Windows Defender 바이러스 백신*의 사용 여부를 지정하거나 현재 위협 요소가 있는지 확인할 수 있다. • Windows Defender 이외의 다른 백신 앱을 사용하는 경우 해당 앱을 실행할 수 있다. • 사용자가 허용한 위협 요소를 확인할 수 있다.
24.1, 22.2 ❷ 계정 보호	Microsoft 계정, Windows Hello*, 동적 잠금*을 통해 계정 및 로그인에 대한 보안을 강화할 수 있다.
22.3 ❸ 방화벽 및 네트워크 보호	• Windows Defender 방화벽*을 설정 및 해제하거나 네트워크 및 인터넷 연결에 발생하는 상황을 모니터링 한다. • 방화벽을 통해 통신이 허용되는 앱을 설정한다. • 방화벽이 새 앱을 차단할 때 알림을 표시하도록 설정한다.
24.1, 22.2 ❹ 앱 및 브라우저 컨트롤	평판 기반 보호*, Exploit Protection* 등을 통해 사용자를 악성 앱 및 웹 사이트로부터 보호할 수 있다.
24.1, 22.2 ❺ 장치 보안	코어 격리*, 보안 프로세서(TPM)* 등 기본적으로 제공하는 보안 옵션을 검토하여 악성 소프트웨어의 공격으로부터 장치를 보호할 수 있다.
❻ 장치 성능 및 상태	장치의 저장소, 앱 및 소프트웨어 등의 상태를 확인하거나 최신 버전의 Windows 10을 새로 설치할 수 있다.
24.1, 22.2 ❼ 가족 옵션	자녀를 보호하기 위해 유해 사이트를 차단하거나 게임 시간 등을 제한할 수 있다.

3 백업

1104703

'백업(Backup)'은 원본 데이터의 손실에 대비하여 중요한 데이터를 외부 저장장치에 저장해 두는 기능이다.

• Windows 10은 파일 히스토리(File History)*를 사용하여 파일을 백업한다.

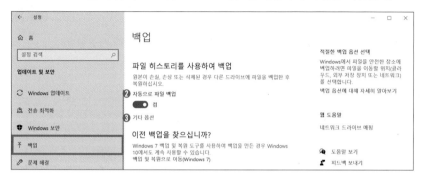

파일 히스토리(File History)
현재 사용자의 개인 파일을 외부 저장 장치에 저장하는 기능으로, 지정한 주기마다 저장된 여러 버전의 파일을 유지합니다.

❶ 드라이브 추가* 22.3	• 백업하려면 가장 먼저 백업 데이터를 저장할 위치를 지정해야 하므로 〈드라이브 추가〉를 클릭하여 저장 위치를 지정한다. • 백업 저장 위치로는 Windows가 설치되지 않은 외장 메모리나 네트워크 드라이브 등을 지정해야 한다.
❷ 자동으로 파일 백업	자동 백업 여부를 지정한다.
❸ 기타 옵션	• 백업 주기*와 백업 유지 기간* 등을 지정한다. • 백업은 기본적으로 문서, 음악, 사진 등 라이브러리 폴더와 바탕 화면, 즐겨찾기 폴더 등을 대상으로 백업하는데, 사용자가 백업할 폴더를 추가하거나 삭제할 수 있다. • 백업된 데이터는 원래 위치로 복원할 수 있다.

드라이브 추가
백업 데이터가 저장될 위치를 지정하지 않은 경우는 '드라이브 추가'가 표시되고, 드라이브를 추가하여 저장 위치를 지정한 경우에는 '자동으로 파일 백업'이 표시됩니다.

백업 주기
10/15/20/30분마다, 1/3/6/12시간마다, 매일

백업 유지 기간
공간이 허용할 때까지, 1/3/6/9개월, 1/2년, 전체

문제1 3105251

따라잡기 기출문제 따라잡기

22년 3회
1. 다음 중 한글 Windows 10의 [설정] → [업데이트 및 보안]에서 할 수 있는 기능에 대한 설명으로 옳지 않은 것은?

① [Windows 업데이트]에서는 Windows의 업데이트 일정을 조정하거나 즉시 업데이트를 실행할 수 있다.
② [Windows 보안]에서는 백신 앱이나 방화벽 등을 설정할 수 있다.
③ [백업]에서는 파일을 외부 저장 장치에 안전하게 저장할 수 있다.
④ [복구]에서는 외부 저장 장치에 저장된 파일을 가져와 손상된 파일을 복원할 수 있다.

손상된 개별 파일은 [제어판] → [파일 히스토리]에서 복원할 수 있습니다.

24년 1회, 22년 2회
2. 다음 중 한글 Windows 10의 [설정] → [업데이트 및 보안] → [Windows 보안]에서 보호 영역과 보안 기술의 연결이 옳은 것은?

① 앱 및 브라우저 컨트롤 – Windows Defender SmartScreen
② 장치 보안 – Exploit Protection
③ 계정 보호 – 동적 잠금
④ 가족 옵션 – 코어 격리

① 앱 및 브라우저 컨트롤 – 평판 기반 보호, Exploit Protection 설정
② 장치 보안 – 메모리 무결성 및 코어 격리
④ 가족 옵션 – 자녀 보호

▶ 정답 : 1. ④ 2. ③

[설정] 창의 '장치'

 전문가의 조언

[⊙(설정)] → [장치]에 표시되는 장치의 종류와 마우스에서 설정 가능한 항목을 묻는 문제가 주로 출제됩니다. [장치]에는 외부에서 연결된 장치들만 표시된다는 것과 함께 [장치] → [마우스]의 내용들을 정리해 두세요.

컴퓨터에 연결된 장치
[설정] → [장치]는 휴대용 장치, 프린터, 키보드, 마우스 등 외부에서 연결된 장치들만이 표시됩니다.

다른 장치 및 프린터를 설치하는 다른 방법
[⊞(시작)] → [Windows 시스템] → [제어판] → [장치 및 프린터] 창에서 〈장치 추가〉 또는 〈프린터 추가〉 클릭

텍스트 제안
텍스트를 입력하면 해당 텍스트로 시작하는 단어들이 표시됩니다. 키보드의 방향키를 이용하여 단어를 선택한 후 Enter를 누르거나 마우스로 단어를 클릭하여 입력할 수 있습니다.

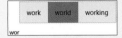

1 장치

24.3, 22.4, 22.3, 17.2, 16.1, 15.3, 14.3, 14.1, 10.3, 08.3, 08.2, 06.4, 06.3, 06.1, 05.3, 04.1, 99.3, 99.2

1104801

'장치'는 컴퓨터에 연결된 장치*를 확인하거나 추가로 설치할 때 사용한다.

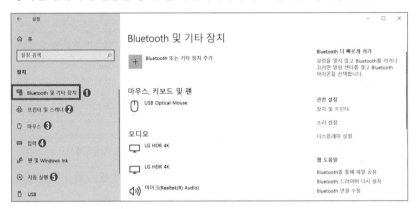

❶ Bluetooth 및 기타 디바이스	• 블루투스(Bluetooth)를 켜거나 다른 장치를 설치*한다. • 컴퓨터에 설치된 장치를 확인 및 제거한다.
❷ 프린터 및 스캐너	프린터*와 스캐너를 설치 및 제거한다.
❸ 마우스 <small>24.3, 22.4, 22.3, 17.2, 16.9, …</small>	• 오른손잡이/왼손잡이에 맞게 마우스 단추의 기능을 설정한다. • 마우스 커서의 속도를 설정한다. • 휠을 한 번 돌리면 여러 줄(1~100) 또는 한 화면이 스크롤 되도록 설정한다. • 활성창/비활성창 구분 없이 마우스 포인터가 가리키는 창이 스크롤 되도록 설정할 수 있다.
❹ 입력	• 추천 단어의 표시 여부를 설정한다. • 틀린 단어 자동 고침의 사용 여부를 설정한다. • 입력 중인 인식 언어를 기준으로 텍스트 제안* 표시 여부를 설정한다.
❺ 자동 실행	컴퓨터에 USB 등의 이동식 드라이브, 메모리 카드 등을 연결하면 자동으로 실행되도록 설정한다.

문제2 3105354

따라잡기 기출문제 따라잡기

24년 3회

1. 다음 중 한글 Windows 10의 [설정] → [장치] → [마우스]에서 할 수 있는 기능에 대한 설명으로 옳은 것은?

① 마우스 휠을 한 번에 두 페이지씩 이동하도록 설성할 수 있다.

② 마우스를 제거할 수 있다.

③ 마우스의 이동 방향과 포인터가 서로 반대 방향으로 움직이도록 설정할 수 있다.

④ 마우스 단추의 기능을 왼손잡이/오른손잡이에 맞게 설정할 수 있다.

> ① 마우스 휠을 한 번에 1~100줄 또는 한 화면(페이지)씩 이동하도록 설정할 수 있습니다.
> ② 마우스의 제거는 '장치 관리자'에서 수행할 수 있습니다.
> ③ 지원되지 않는 기능입니다.

22년 4회, 3회

2. 다음 중 한글 Windows 10에서 컴퓨터에 연결된 하드웨어 중에서 [설정] → [장치] 창에 표시되지 않는 장치는?

① 휴대폰, 디지털 카메라 등과 같은 휴대용 장치

② 사운드 카드, 그래픽 카드, 메모리 등과 같이 컴퓨터 케이스 내부에 설치된 장치

③ 외장 USB 하드 드라이브, 플래시 드라이브, 웹캠 등과 같이 USB 포트에 연결하는 모든 장치

④ 컴퓨터에 연결된 모든 프린터

> '장치 및 프린터' 창은 외부에서 컴퓨터로 연결된 장치 및 프린터가 표시되는 곳으로, 컴퓨터 내부에 설치된 장치는 표시되지 않습니다.

출제예상

3. 다음 중 한글 Windows 10의 [🔘(설정)] → [장치] → [Bluetooth 및 기타 디바이스]에서 설치된 실제 장치를 선택한 후 할 수 있는 작업으로 옳은 것은?

① 해당 장치의 속성을 변경할 수 있다.

② 해당 장치의 사용 여부를 지정할 수 있다.

③ 해당 장치를 제거할 수 있다.

④ 해당 장치의 이름을 변경할 수 있다.

> 설치된 하드웨어를 선택하면 〈장치 제거〉가 표시되므로 해당 장치를 제거할 수 있습니다.

▶ **정답 :** 1. ④ 2. ② 3. ③

앱과 하드웨어의 추가/제거

중요해요! 새로운 앱을 설치하고 사용하던 앱을 제거하는 방법, 그리고 새로운 주변기기를 시스템에 추가하고 사용하던 주변기기를 제거하는 방법을 묻는 문제가 꾸준히 출제되고 있습니다. 확실히 기억해 두세요.

'나중에 설치'의 좋은점
인터넷에서 다운로드 받은 앱의 경우 파일에 대한 바이러스 검사를 수행할 수 있어 '바로 설치'보다 안전하게 앱을 설치할 수 있습니다.

앱 제거
[⚙(설정)] → [앱]을 이용하거나 시작 메뉴에 등록된 해당 앱의 제거 앱을 이용하는 것이 앱을 가장 효율적이고 깨끗하게 제거할 수 있는 방법입니다.

[앱 및 기능] 창을 여는 다른 방법
[⊞(시작)]의 바로 가기 메뉴(⊞+X)에서 [앱 및 기능]을 선택합니다.

[동작] → [레거시 하드웨어 추가]
[동작] → [레거시 하드웨어 추가] 메뉴는 '장치 관리자' 창에 표시된 하드웨어 목록 중 하나의 장치를 선택해야만 표시됩니다.

---

1 앱의 설치/제거

24.2, 22.4, 22.3, 19.상시, 19.1, 15.3, 14.1, 13.2, 05.4, 05.3, 01.3

1104901

24.2, 19.1, 05.3 **앱 설치**	• **USB에서 앱 설치** – 방법 1 : 자동 실행이 가능한 설치 USB를 사용하면 자동으로 설치 앱이 실행된다. – 방법 2 : 파일 탐색기에서 해당 설치 파일(Setup.exe, Install.exe, Install.com)을 찾아서 더블클릭한다. • **인터넷에서 앱 설치** – 바로 설치 : 인터넷에서 설치할 앱에 대한 링크를 클릭한 후 〈열기〉 또는 〈실행〉을 클릭한다. – 나중에 설치* : 인터넷에서 설치할 앱에 대한 링크를 클릭한 후 〈저장〉을 클릭하여 원하는 위치에 다운받아 놓은 후 필요할 때 더블클릭하여 설치한다.
24.2, 22.4, 22.3, … **앱 제거***	• **방법 1** : [⚙(설정)] → [앱] → [앱 및 기능]*에서 삭제할 앱을 선택한 후 〈수정〉이나 〈제거〉를 클릭한다. • **방법 2** : '시작' 메뉴에서 앱의 바로 가기 메뉴 중 [제거] 선택 → [제어판]의 [프로그램 및 기능]에서 삭제할 앱을 선택한 후 〈제거〉나 〈변경〉을 클릭한다.

---

2 하드웨어 추가/제거

24.1, 23.5, 23.4, 23.2, 23.1, 22.2, 21.4, 21.3, 21.2, 21.1, 19.2, 15.2, 14.3, 13.3, 13.1, 12.3, 07.3, 07.2, 05.2, 02.2, 02.1

1104902

24.1, 22.2, 21.3, 21.2, … **하드웨어 추가**	• 플러그 앤 플레이(PnP)가 지원되는 하드웨어를 컴퓨터에 새로 장착하고 Windows 10을 실행하면 자동으로 인식하고 설치한다. • 플러그 앤 플레이(PnP)가 지원되지 않는 장치 추가 – 방법1 : [⊞(시작)]의 바로 가기 메뉴에서 [장치 관리자] → [동작] → [레거시 하드웨어 추가]* → '하드웨어 추가 마법사' 이용 – 방법2 : '작업 표시줄'의 검색 상자에 **hdwwiz** 입력 → '하드웨어 추가 마법사' 이용 • 설치된 하드웨어 확인 – 방법 1 : [⊞(시작)] → [⚙(설정)] → [장치] 클릭 – 방법 2 : [⊞(시작)]의 바로 가기 메뉴에서 [장치 관리자] 선택
24.1, 22.2, 21.3, 21.2, … **하드웨어 제거**	❶ [⊞(시작)] → [⚙(설정)] → [장치] → [Bluetooth 및 기타 디바이스]에서 제거할 하드웨어를 선택한 후 〈장치 제거〉를 클릭한다. ❷ 컴퓨터에 설치되어 있는 실제 하드웨어(장치)를 분리(제거)한다.

24.5, 24.4, 24.2, 23.5, 23.2, 22.1, 21.4, 19.상시, 18.2, 15.1, 14.2, 12.1, 11.1

잠깐만요 장치 관리자

1104931

컴퓨터에 설치되어 있는 하드웨어의 종류 및 작동 여부를 확인하고, 하드웨어의 제거나 사용 여부, 업데이트 등의 속성을 변경할 때 사용합니다.

실행
• 방법 1 : [⊞(시작)]의 바로 가기 메뉴에서 [장치 관리자] 선택
• 방법 2 : [⊞(시작)] → [Windows 시스템] → [제어판] → [장치 관리자] 클릭
• 방법 3 : [⚙(설정)] → [시스템] → [정보]에서 '장치 관리자' 클릭
• 아래 화살표가 표시된 장치는 사용되지 않음을 나타냅니다.
• 물음표가 표시된 장치는 알 수 없는 장치를 나타냅니다.
• 느낌표가 표시된 장치는 정상적으로 동작하지 않는 장치를 나타냅니다.
• 설치된 하드웨어의 바로 가기 메뉴에서 [드라이버 업데이트], [디바이스 사용 안 함], [디바이스 제거], [하드웨어 변경 사항 검색], [속성] 등을 선택해 작업할 수 있습니다.

따라잡기 기출문제 따라잡기

24년 2회, 19년 1회

1. 다음 중 Windows 10에서 앱의 설치 및 제거에 대한 설명으로 옳지 않은 것은?

① 인터넷에서 앱을 설치할 때는 다운로드한 파일을 열기 또는 실행하면 된다.

② 앱을 제거할 때는 앱 및 기능에서 제거하는 것보다 폴더를 직접 삭제하는 것이 좋다.

③ USB에 있는 앱을 설치할 때에는 setup 또는 install 파일을 찾아 실행한다.

④ 앱을 제거할 때는 설치된 폴더에 있는 uninstall 파일을 이용한다.

> 앱을 제거할 때는 앱이 설치된 폴더를 삭제하는 것이 아니라 '앱 및 기능'을 이용해서 제거해야 합니다.

19년 상시, 15년 3회, 14년 1회, 03년 2회, 01년 3회

2. 다음 중 한글 Windows 10에서 특정 앱을 제거하려고 할 때 가장 적절한 방법은?

① 해당 앱이 있는 폴더를 모두 삭제한다.

② 해당 앱이 있는 드라이브를 포맷한다.

③ 해당 앱의 백업 파일을 삭제한다.

④ Uninstall을 하거나 [설정] → [앱]을 이용하여 삭제한다.

> Windows 운영체제에서 앱을 제거하는 가장 올바른 방법은 [설정] → [앱]이나 해당 앱의 Uninstall을 이용하는 것입니다.

22년 4회, 3회, 19년 1회, 15년 3회, 14년 1회, 05년 4회, 3회, 01년 3회

3. 다음 중 한글 Windows 10에 설치된 앱을 정상적으로 제거하는 방법으로 옳지 않은 것은?

① [시작] → 해당 앱의 바로 가기 메뉴에서 [제거]를 선택하면 나타나는 '프로그램 및 기능' 창에서 제거한다.

② [설정] → [앱] → [앱 및 기능]에서 해당 앱을 선택한 후 [제거]를 클릭한다.

③ [작업 관리자] → [시작프로그램]에서 해당 앱을 선택한 후 [제거]를 클릭한다.

④ [WinKey]+[X]를 누른 후 [앱 및 기능]을 열어 앱을 제거한다.

> [작업 관리자]의 [시작프로그램] 탭에서는 Windows 시작 시 자동으로 실행되는 앱의 사용 여부를 지정할 수는 있지만, 앱의 삭제는 불가능합니다.

24년 1회, 23년 4회, 1회, 22년 2회, 21년 3회, 2회, 19년 2회, 14년 3회, 13년 3회, 12년 3회, 07년 3회

4. 다음 중 한글 Windows 10에서 하드웨어 추가 또는 제거에 관한 설명으로 옳지 않은 것은?

① 실치된 하드웨어는 [설정] , [장치]에서 확인할 수 있다.

② 플러그 앤 플레이(PNP)를 지원하는 장치를 설치하고 Windows 10을 재시작하면 자동으로 인식하여 설치된다.

③ 플러그 앤 플레이(PNP)를 지원하지 않는 장치를 설치할 때는 [장치 관리자] 창의 [동작] → [레거시 하드웨어 추가] 메뉴를 선택하여 나타나는 [하드웨어 추가] 마법사를 사용한다.

④ 설치된 하드웨어의 제거는 [설정] → [앱]에서 해당 하드웨어의 드라이버를 제거하면 된다.

> [설정] → [앱]에서 제거할 수 있는 대상은 소프트웨어입니다. 하드웨어의 드라이버 제거는 [설정] → [장치]에서 수행할 수 있습니다.

24년 2회, 23년 2회

5. 다음 중 한글 Windows 10의 [장치 관리자] 창에 대한 설명으로 옳지 않은 것은?

① 정상적으로 설치된 장치에는 느낌표가 표시된다.

② [설정] → [시스템] → [정보]에서 '장치 관리자'를 선택하면 실행할 수 있다.

③ 드라이버가 설치되지 않은 장치에는 물음표가 표시된다.

④ 장치의 드라이버를 업데이트하거나 장치를 제거할 수 있다.

> 정상적으로 설치된 장치에는 아무 아이콘도 표시되지 않습니다. 느낌표가 표시된 장치는 정상적으로 동작하지 않는 장치를 의미합니다.

24년 5회, 4회, 2회, 23년 5회, 21년 4회, 19년 상시, 18년 2회, 15년 1회, 14년 2회

6. 다음 중 한글 Windows 10의 [장치 관리자] 창에서 설치된 실제 하드웨어를 선택한 후에 바로 가기 메뉴를 이용하여 할 수 있는 작업으로 옳지 않은 것은?

① 해당 하드웨어의 드라이버 업데이트를 할 수 있다.

② 해당 하드웨어에 대해 [사용 안함]을 지정할 수 있다.

③ 해당 하드웨어를 제거할 수 있다.

④ 해당 하드웨어의 [이름 바꾸기]를 할 수 있다.

> 설치된 하드웨어의 바로 가기 메뉴에서는 [드라이버 업데이트], [디바이스 사용 안 함], [디바이스 제거], [하드웨어 변경 사항 검색], [속성] 등의 메뉴를 선택해 작업을 수행할 수 있습니다.

▶ 정답 : 1. ② 2. ④ 3. ③ 4. ④ 5. ① 6. ④

한글 Windows 10에서의 인쇄 작업

1 24.1, 23.4, 23.2, 22.3, 22.1, 21.4, 20.1, 19.상시, 18.상시, 18.2, 17.1, 16.2, 15.3, 15.2, 15.1, 14.1, 12.3, 10.2, 09.3, 08.4, 08.3, 08.2, ⋯

프린터 설치

1105001

Windows 10에서는 대부분의 프린터를 지원하므로 프린터를 컴퓨터에 연결하면 자동으로 설치된다.

- 프린터마다 개별적으로 이름을 붙일 수 있으며, 이미 설치한 프린터도 다른 이름으로 다시 설치할 수 있다.
- 여러 대의 프린터를 한 대의 컴퓨터에 설치할 수 있고, 한 대의 프린터를 네트워크로 공유하여 여러 대의 컴퓨터에서 사용할 수 있다.
- 네트워크 프린터를 설치하면, 다른 컴퓨터에 연결된 프린터를 내 컴퓨터에 연결된 프린터처럼 사용할 수 있다.
- 네트워크 프린터 설치 시 기본적으로 표준 TCP/IP 포트가 지정된다.

프린터 설치 과정

- **방법1** : [⊞(시작)] → [⚙(설정)] → [장치] → [프린터 및 스캐너]에서 '프린터 또는 스캐너 추가'를 클릭한 후 검색된 프린터 중 설치할 프린터를 선택하고 〈장치 추가〉를 클릭하면 자동 설치됨
- **방법2** : [⊞(시작)] → [Windows 시스템] → [제어판] → [장치 및 프린터] → '장치 및 프린터'의 도구 모음에서 '프린터 추가' 클릭 → 검색된 프린터 중 설치할 프린터를 선택한 후 〈다음〉 클릭 → 테스트 인쇄 → 〈마침〉* 클릭

2 24.5, 23.4, 23.3, 23.2, 22.4, 22.3, 22.2, 22.1, 21.4, 21.2, 21.1, 20.1, 19.2, 18.상시, 18.2, 17.1, 16.3, 16.2, 13.2, 12.1, 11.3, 09.3, 06.2, ⋯

기본 프린터

1105002

기본 프린터란 특정 프린터를 지정하지 않고 인쇄 명령을 내릴 경우 자동으로 인쇄 작업이 전달되는 프린터를 말한다.

- **방법1** : [⚙(설정)] → [장치] → [프린터 및 스캐너]에서 기본 프린터로 사용할 프린터를 선택하고 〈관리〉 클릭 → 디바이스 관리에서 〈기본값으로 설정〉 클릭
- **방법2** : 마지막에 사용한 프린터를 기본 프린터로 설정하려면 [⚙(설정)] → [장치] → [프린터 및 스캐너]에서 'Windows에서 내 기본 프린터를 관리할 수 있도록 허용'의 체크 표시 선택

  ※ 'Windows에서 내 기본 프린터를 관리할 수 있도록 허용'이 선택된 상태에서는 〈기본값으로 설정〉은 표시되지 않는다.

- **방법3** : [제어판]의 '장치 및 프린터' 창에서 기본 프린터로 사용할 프린터를 클릭한 후 바로 가기 메뉴 중 [기본 프린터로 설정] 선택
- **방법4** : [⚙(설정)] → [장치] → [프린터 및 스캐너]에서 기본 프린터로 사용할 프린터를 선택하고 〈대기열 열기〉 클릭 → 프린터 대화상자에서 [프린터] → [기본 프린터로 설정] 선택

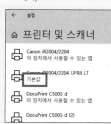

특징

- 기본 프린터는 하나만 지정할 수 있다.
- 기본 프린터는 [⚙(설정)] → [장치] → [프린터 및 스캐너]에서는 '프린터 이름 아래에 '기본값'*이라고 표시되어 있고, 제어판의 '장치 및 프린터' 창에서는 프린터 아이콘의 왼쪽 하단에 체크 표시*가 되어 있다.
- 공유된 네트워크 프린터나 추가 설치된 프린터도 기본 프린터로 설정할 수 있다.
- 특정 프린터의 기본 프린터 기능을 해제하려면 다른 프린터를 기본 프린터로 설정하면 된다.

3 스풀 기능

23.2, 22.3, 22.1, 19.상시, 17.1, 12.2, 10.3, 09.4, 09.2, 07.4, 07.3, 07.2, 06.1, 03.4, 03.3, 03.1, 02.3, 00.1, 99.1

1105003

스풀(SPOOL; Simultaneous Peripheral Operation On-Line)이란 저속의 출력장치인 프린터를 고속의 중앙처리장치(CPU)와 병행 처리할 때, 컴퓨터 전체의 처리 효율을 높이기 위해 사용하는 기능이다.

설정

❶ [⚙(설정)] → [장치] → [프린터 및 스캐너]에서 해당 프린터를 선택하고 [관리] 클릭
❷ 디바이스 관리에서 '프린터 속성'을 클릭한 후 프린터 속성 대화상자의 '고급' 탭에서 설정
- 스풀링은 인쇄할 내용을 먼저 하드디스크에 저장하고 백그라운드 작업*으로 CPU의 여유 시간에 틈틈이 인쇄하기 때문에 프린터가 인쇄중이라도 다른 앱을 실행하는 포그라운드 작업*이 가능하다.
- 스풀을 사용하면 사용하지 않았을 때보다 인쇄 속도는 느려진다.

4 인쇄 작업

24.5, 23.1, 22.3, 21.3, 21.1, 19.상시, 18.상시, 18.1, 16.1, 15.3, 14.3, 14.2, 13.3, 11.2, 11.1, 09.1, 07.3, 07.1, 06.3, 03.2, 02.4, 01.3, 01.1, …

1105004

- **방법 1** : 사용하는 앱의 메뉴에서 [파일] → [인쇄]를 선택하고 원하는 옵션을 지정한 후 〈확인〉 클릭
- **방법 2** : 인쇄할 문서 파일을 선택한 후 바로 가기 메뉴에서 [인쇄] 선택
- **방법 3** : 인쇄할 문서 파일을 프린터 대화상자('인쇄 관리자' 창) 위로 드래그

특징

- 문서를 인쇄하는 동안 작업 표시줄에 프린터 아이콘이 표시되며, 아이콘은 인쇄가 끝나면 없어진다.
- 인쇄 중일 때 [⚙(설정)] → [장치] → [프린터 및 스캐너]에서 인쇄되는 프린터를 선택한 후 〈대기열 열기〉를 클릭하거나 작업 표시줄의 프린터 아이콘을 더블클릭하면 다음 그림과 같은 프린터 대화상자('인쇄 관리자' 창)가 열린다.

기본 프린터 표시
- [설정] → [장치] → [프린터 및 스캐너]

※ [⚙(설정)] → [장치] → [프린터 및 스캐너]에서 'Windows에서 내 기본 프린터를 관리할 수 있도록 허용'에 체크 표시를 한 경우에는 위와 같이 표시되지 않습니다.

포그라운드(Foreground) 작업과 백그라운드(Background) 작업
몇 개의 앱이 동시에 실행될 때 전면에서 실행되는 우선순위가 가장 높은 앱을 포그라운드 작업이라 하고, 같은 상황에서 우선순위가 낮아 화면에 보이지 않고 실행되는 앱을 백그라운드 작업이라고 합니다. 다시 말해 사용자가 현재 직접 하고 있는 작업은 포그라운드 작업이고, 그와 동시에 백그라운드 작업이 이루어지고 있습니다.

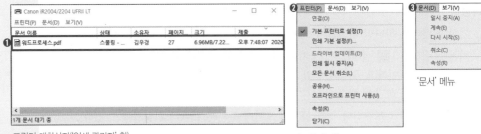

프린터 대화상자('인쇄 관리자' 창)   '프린터' 메뉴   '문서' 메뉴

24.5, 23.1, 21.3, 21.1, 18.상시, … ❶ 인쇄 대기열	• 인쇄중인 문서와 대기중인 문서의 이름, 상태, 소유자, 페이지 수, 크기, 제출, 포트 등을 표시한다. • 인쇄중 문제가 발생한 인쇄 목록을 확인할 수 있다. 　※ 인쇄 작업 중 오류가 발생하면 해당 문서가 인쇄 대기열에서 삭제될 때까지 모든 인쇄 작업이 보류된다. • 출력 대기 순서를 임의로 조정*할 수 있다.
24.5, 22.3, 18.1, 16.1, 15.3, … ❷ 프린터*	• **기본 프린터로 설정** : 현재 프린터를 기본 프린터로 설정한다. • **인쇄 기본 설정** : 용지 크기 및 방향, 인쇄 매수 및 품질, 용지 공급 등을 설정할 수 있는 프린터 인쇄 기본 설정 대화상자를 표시한다. • **인쇄 일시 중지** : 현재 인쇄 중이거나 인쇄 대기 중인 모든 문서의 인쇄를 일시 중지한다. • **모든 문서 취소** : 현재 인쇄 중이거나 인쇄 대기 중인 모든 문서의 인쇄를 취소한다. • **공유** : 프린터의 공유 여부를 설정할 수 있는 프린터 속성 대화상자의 '공유' 탭을 표시한다. • **속성** : 프린터 공유 여부, 포트 연결, 스풀 기능 등의 사용 여부를 설정할 수 있는 프린터의 속성 대화상자를 표시한다.
24.5, 23.1, 21.3, 21.1, 18.상시, … ❸ 문서*	• **일시 중지** : 인쇄 대기열에서 선택한 문서의 인쇄를 일시 중지한다. • **계속** : 인쇄 대기열에서 일시 중지한 문서의 인쇄를 이어서 인쇄한다. • **다시 시작** : 인쇄 대기열에서 선택한 문서를 처음부터 다시 인쇄한다. • **취소** : 인쇄 대기열에서 선택한 문서의 인쇄를 취소(삭제)한다.

출력 대기 순서 조정
인쇄 대기 열에서 순서를 조정할 문서를 선택하고 [문서] → [속성]을 선택한 후 속성 대화상자의 '일반' 탭에서 '우선순위'의 '높음/낮음'을 이용하여 출력 순서를 조정할 수 있습니다.

프린터/문서 메뉴
'프린터' 메뉴의 항목과 인쇄 대기 열 빈 공간의 바로 가기 메뉴의 항목이 동일하고, '문서' 메뉴의 항목과 인쇄 대기 열에서 선택한 문서의 바로 가기 메뉴의 항목이 동일합니다.

따라잡기 **기출문제 따라잡기**

24년 5회, 23년 3회, 22년 2회, 21년 2회, 16년 3회

1. 다음 중 한글 Windows 10에 설치된 기본 프린터에 대한 설명으로 옳은 것은?

① 기본 프린터는 설치된 여러 프린터 중 2대까지 지정할 수 있다.

② 기본 프린터로 지정된 프린터는 삭제시킬 수 없다.

③ 기본 프린터는 컴퓨터에 설치된 여러 프린터 중 가장 먼저 설치한 프린터를 의미한다.

④ 네트워크 프린터나 추가 설치된 프린터도 기본 프린터로 지정할 수 있다.

네트워크 프린터나 추가 설치된 프린터도 기본 프린터로 지정할 수 있습니다.
① 기본 프린터는 하나만 지정할 수 있습니다.
② 기본 프린터로 지정된 프린터도 삭제할 수 있습니다.
③ 기본 프린터는 인쇄 명령 수행 시 프린터를 지정하지 않을 경우 자동으로 인쇄 작업이 전달되는 프린터를 말합니다.

18년 1회, 16년 1회

2. 다음 중 한글 Windows 10의 설치된 기본 프린터의 [인쇄 작업 목록 보기] 창에서 가능한 작업으로 옳지 않은 것은?

① 인쇄 일시 중지　　　　② 설치된 프린터 제거

③ 프린터 속성 지정　　　④ 인쇄 기본 설정 지정

'인쇄 작업 목록 보기' 창에서는 프린터 속성이나 목록에 표시된 작업의 인쇄여부를 지정할 수 있습니다.

따라잡기 기출문제 따라잡기

23년 4회, 2회, 22년 3회, 1회, 20년 1회, 17년 1회

3. 다음 중 한글 Windows 10에서 프린터 설치와 사용에 관한 설명으로 옳지 않은 것은?

① 이미 설치된 프린터도 다른 이름으로 다시 설치할 수 있다.

② 한 대의 프린터를 네트워크로 공유하여 여러 대의 컴퓨터에서 사용할 수 있다.

③ 스풀 기능은 저속의 CPU와 고속의 프린터를 병행 사용할 때 효율적이다.

④ 기본 프린터는 한 대만 설정이 가능하며 변경도 가능하다.

> 스풀은 저속의 출력장치인 프린터를 고속의 CPU와 병행 처리할 때 효율을 높이기 위해 사용하는 기능입니다.

22년 4회, 21년 2회, 1회, 16년 3회, 2회, 13년 2회, 12년 1회, 11년 3회, 09년 3회, 06년 2회, 04년 2회, 00년 1회

4. 다음 중 한글 Windows 10에서 기본 프린터에 관한 설명으로 옳지 않은 것은?

① [⚙(설정)] → [장치] → [프린터 및 스캐너]에서 기본 프린터로 지정할 프린터를 선택하고 〈관리〉를 클릭한 다음 〈기본 값으로 설정〉을 클릭한다.

② 현재 기본 프린터를 해제하려면 다른 프린터를 기본 프린터로 설정하면 된다.

③ 인쇄 시 특정 프린터를 지정하지 않으면 자동으로 기본 프린터로 인쇄 작업이 전달된다.

④ 기본 프린터는 2개 이상 지정이 가능하다.

> 기본 프린터는 하나만 지정할 수 있습니다.

24년 1회, 18년 2회, 15년 1회

5. 다음 중 한글 Windows 10에서 프린터 설치 및 제거에 대한 설명으로 옳지 않은 것은?

① LAN 카드가 설치되어 IP 주소가 부여된 프린터도 설치할 수 있다.

② 기본 프린터는 하나의 프린터에 대해서만 설정할 수 있다.

③ 네트워크 프린터 설치 시 기본적으로 포트는 [COM1:]로 지정된다.

④ 제어판의 '장치 및 프린터' 창에서 설치된 프린터 아이콘의 바로 가기 메뉴 중 [바로 가기 만들기]를 실행하면 바탕 화면에 해당 프린터의 바로 가기 아이콘이 생성된다.

> 네트워크 프린터의 경우 기본적으로 표준 TCP/IP 포트가 지정됩니다.

21년 1회, 18년 1회

6. 다음 중 한글 Windows 10에서 문서 인쇄에 대한 설명으로 옳지 않은 것은?

① '인쇄 관리자' 창에는 인쇄중인 문서의 이름, 소유자는 표시되지만 포트, 페이지 수는 표시되지 않는다.

② 대기 중인 문서에 대해 용지 방향, 용지 공급, 인쇄 매수와 같은 설정은 볼 수 있으나 문서 내용을 변경할 수는 없다.

③ 인쇄 관리자 창에서 필요에 따라 인쇄할 문서의 인쇄 순서를 변경할 수 있다.

④ 문서 이름을 선택하여 바로 가기 메뉴에서 인쇄를 취소하거나 일시 중지, 다시 시작을 할 수 있다.

> '인쇄 관리자' 창에는 인쇄중인 문서의 이름, 소유자뿐만 아니라 포트, 페이지 수는 물론이고 크기, 제출 사항 등이 표시됩니다.

24년 5회, 23년 1회, 21년 3회, 15년 3회, 13년 3회

7. 다음 중 한글 Windows 10에서 문서 인쇄에 대한 설명으로 옳지 않은 것은?

① 인쇄 대기중인 문서를 삭제하거나 출력 대기 순서를 임의로 조정할 수 있다.

② 일단 프린터에서 인쇄 작업이 시작된 경우라도 잠시 중지 시켰다가 다시 인쇄할 수 있다.

③ 인쇄 관리자 창에 인쇄 대기 중인 문서를 바탕 화면으로 드래그하면 바로 가기 아이콘이 생성된다.

④ 인쇄중 문제가 발생한 인쇄 목록을 확인할 수 있다.

> 인쇄 관리자 창에 인쇄 대기 중인 문서를 바탕 화면으로 드래그할 수 없습니다.

18년 상시, 14년 3회

8. 다음 중 한글 Windows 10에서 문서의 인쇄에 대한 설명으로 옳지 않은 것은?

① 인쇄 중인 문서와 인쇄 대기 중인 문서의 목록을 통해 인쇄 진행 정도를 파악할 수 있다.

② 문서 이름을 선택하여 바로 가기 메뉴에서 인쇄를 취소하거나 일시 중지, 다시 시작을 할 수 있다.

③ 프린터 창에 대기 중인 문서의 인쇄 순서를 바꿀 수 있다.

④ 프린터 창에 대기 중인 문서의 내용을 변경할 수 있다.

> 인쇄 대기중인 문서의 내용은 프린터 창에서 변경할 수 없습니다. 인쇄 대기중인 문서의 내용을 변경하려면 인쇄를 취소한 후 해당 파일을 직접 열어서 변경해야 합니다.

▶ 정답 : 1. ④ 2. ② 3. ③ 4. ④ 5. ③ 6. ① 7. ③ 8. ④

047 | [설정] 창의 '시스템'

❶ 디스플레이 23.5, 22.3, 18.2, 15.2, 12.2

- 야간 모드 : 디스플레이 장치에서 나오는 차가운 빛을 밤에는 눈에 편한 따뜻한 색으로 표시하여 눈의 피로를 적게 함
- 텍스트, 앱 및 기타 항목의 크기 변경
  - 화면에 표시되는 텍스트나 앱, 아이콘 등의 크기를 변경한다.
  - 기본적으로 제공되는 비율(100%, 125%, 150%, 175%) 이외에 사용자가 원하는 비율(100%~500%)을 지정할 수 있다.
- 디스플레이 해상도 : 디스플레이 장치의 해상도를 변경함
- 디스플레이 방향 : 디스플레이 장치의 화면 방향을 가로, 세로, 가로(대칭 이동), 세로(대칭 이동) 중에서 선택하여 변경함

❷ 전원 및 절전 24.1, 23.3, 23.2, 22.2, 21.3

- 에너지 절약을 위해 컴퓨터 화면을 끄거나 절전 모드로 전환되는 시간을 지정할 때 사용한다.
- 화면 : 지정한 시간 동안 컴퓨터를 사용하지 않으면 컴퓨터 화면이 꺼지도록 설정함
- 절전 모드 : 지정한 시간 동안 컴퓨터를 사용하지 않으면 절전 모드로 전환되도록 설정함

❸ 정보 24.5, 23.2, 15.2, 15.1, 14.3

- 이 PC의 이름 바꾸기
  - 컴퓨터의 대표 이름을 변경한다.
  - 이름은 문자, 하이픈 및 숫자를 조합할 수 있다.
  - 변경 사항은 재부팅을 수행한 후에 적용된다.

❹ 기타 23.5

- 알림 및 작업 : 다른 사람이나 앱에서 보낸 알림 메시지의 표시 여부, 표시 방법 등을 지정함
- 태블릿 : Windows가 설치된 태블릿이나 터치를 지원하는 PC에서 태블릿 모드를 사용할 수 있도록 지원함

048 | [설정] 창의 '개인 설정'

❶ 화면 보호기 설정 24.3, 23.5, 22.1, 21.3, 20.1, 19.2, 18.상시, 18.1, 12.2

- 정해진 시간 동안 모니터에 전달되는 정보에 변화가 없을 때 화면 보호기가 작동되게 설정하는 '화면 보호기 설정' 창이 실행된다.
- 화면 보호기는 마우스를 움직이거나 키보드에서 임의의 키를 누르면 해제된다.
- 대기 시간(화면 보호기가 작동되는 시간)과 다시 시작할 때 로그온 화면 표시 여부를 지정할 수 있다.
- 전원 관리 : 에너지 절약을 위한 전원 관리를 효율적으로 설정할 수 있는 [제어판] → [전원 옵션] 창을 표시함

❷ 테마 22.1, 20.1, 18.상시

컴퓨터의 배경 그림, 색, 소리, 마우스 커서 등 Windows를 구성하는 여러 요소를 하나의 그룹으로 묶어 놓은 것으로, 다른 테마로 변경할 수 있다.

❸ 색 22.1, 20.1

창 테두리 및 제목 표시줄, 시작 단추, 작업 표시줄에 대한 색과 테마 컬러를 변경할 수 있다.

❹ 글꼴 24.5, 22.2, 22.1, 21.1, 18.2, 12.3, 10.2, 10.1

- 시스템에 설치되어 있는 글꼴을 제거하거나 새로운 글꼴을 추가할 때 이용한다.
- 글꼴 폴더에는 OTF나 TTC, TTF, FON 등의 확장자를 갖는 글꼴 파일이 설치되어 있다.
- 글꼴이 설치되어 있는 폴더의 위치는 'C:\Windows\Fonts'이다.
- 설치된 글꼴은 대부분의 앱에서 사용 가능하다.
- 'C:\Windows\Fonts'에서는 〈숨기기〉를 클릭하여 글꼴을 삭제하지 않고도 다른 앱에서의 사용을 막을 수 있다.
- 바탕체, 맑은 고딕 등 기본 글꼴은 〈숨기기〉를 클릭해도 다른 앱에서의 사용이 막히지 않는다.
- 글꼴 추가 방법
  - 방법 1 : Fonts 폴더에 글꼴 복사
  - 방법 2 : 설치할 글꼴의 바로 가기 메뉴에서 [설치] 선택

049 | [설정] 창의 '앱'

❶ 앱 및 기능 24.4, 24.1, 22.1, 21.4, 21.3, 20.2, 20.1, 18.1, 17.1, 16.2, 13.3, 13.2, 10.3, 10.1
- 컴퓨터에 설치된 앱을 수정하거나 제거할 때 사용한다.
- 설치할 앱을 가져올 위치를 지성한다.
- **선택적 기능** : 언어 팩, 필기 인식 등 Windows에서 제공하는 기능을 선택하여 추가로 설치 및 제거할 수 있음
- **앱 실행 별칭** : 동일한 이름으로 여러 개의 앱이 설치되어 있을 경우 '명령 프롬프트' 창에서 해당 앱을 실행하는데 사용할 이름을 선택함

❷ 기본 앱 24.4, 23.3, 23.1, 22.4, 21.4, 21.1, 19.상시, 19.2, 19.1, 18.2, 16.3, 16.1
- **기본 앱** : 메일, 지도, 음악 플레이어, 사진 뷰어, 비디오 플레이어, 웹 브라우저 등의 작업에 사용할 기본 앱을 지정함
- **초기화** : 사용자가 지정한 기본 앱을 MS 사의 권장 앱으로 초기화 함
- **파일 형식별 기본 앱 선택** : 파일 형식별로 각각 연결되어 실행될 앱을 설정함
- **프로토콜별 기본 앱 선택** : 프로토콜 별로 각각 연결되어 실행될 앱을 설정함
- **앱별 기본값 설정** : 같은 유형의 파일 형식들에 대해 연결될 앱을 설정함

050 | [설정] 창의 '접근성'

❶ 접근성 24.3, 23.5, 23.4, 18.상시, 16.2, 15.1, 11.2, 11.1, 10.2
- 신체에 장애가 있거나 컴퓨터에 익숙하지 않은 사람들이 컴퓨터를 편리하고 쉽게 사용할 수 있도록 키보드, 소리, 마우스 등의 설정을 변경할 때 사용한다.

❷ 시각 24.1, 23.3, 22.4, 22.3, 22.2, 21.3, 21.2, 20.2, 20.1
- **마우스 포인터** : 마우스 포인터의 크기 및 색을 변경함
- **돋보기**
  - 화면 전체 또는 원하는 영역을 확대할 수 있도록 설정한다.
  - ⊞+➕/➖를 이용하여 100%~1600%까지 확대 또는 축소할 수 있다.
  - Windows 로그인 전·후에 자동으로 돋보기가 시작되도록 설정할 수 있다.
- **내레이터** : 화면의 모든 텍스트를 내레이터가 소리 내어 읽어주도록 설정함

❸ 청각 21.3, 20.2
오디오 : 볼륨 크기를 변경하거나 모노 오디오의 사용 여부를 설정함

❹ 상호 작용 24.1, 22.4, 22.3, 22.2, 21.3, 21.2, 20.2, 20.1
- 화상 키보드, 고정 키, 토글 키, 필터 키의 사용 여부를 설정함
- **필터 키** : 실수로 키를 누르고 있는 동안 반복 입력되는 것을 방지하기 위한 것으로, 반복 입력을 무시하거나 반복 입력 속도를 느리게 설정함

051 | [설정] 창의 '계정'

❶ 관리자 계정 24.2, 23.5, 23.2, 23.1, 22.4, 22.3, 22.2, 22.1, 21.2, 21.1, 20.2, 19.1, 16.1, 14.2
- 제한 없이 컴퓨터 설정을 변경할 수 있다.
- 사용자 계정을 추가, 삭제, 변경할 수 있고 액세스 권한을 가진다.

❷ 표준 사용자 계정 24.3, 23.5, 23.2, 23.1, 22.4, 22.3, 22.2, 22.1, 21.2, 21.1, 20.2, 19.1, 16.1, …

할 수 없는 것	할 수 있는 것
• 앱, 하드웨어 등의 설치 • 중요한 파일 삭제 • 계정 이름 및 계정 유형 변경 • 컴퓨터 보안 관련 설정	• 이미 설치된 앱의 실행 • 테마, 바탕 화면 설정 • 자신의 계정에 대한 암호 설정

052 [설정] 창의 '업데이트 및 보안'

❶ Windows 업데이트 22.3

- Windows의 자동 업데이트 현황을 확인하거나 직접 업데이트할 때 사용한다.
- Microsoft 사의 다른 제품도 같이 업데이트되도록 지정할 수 있다.
- 업데이트로 인한 시스템 재부팅 시 알림을 표시하도록 지정할 수 있다.
- 최대 35일 동안 업데이트가 실행되지 않도록 지정할 수 있다.

❷ Windows 보안 24.1, 22.3, 22.2

- 바이러스 및 위협 방지 : Windows Defender 바이러스 백신의 사용 여부를 지정하거나 현재 위협 요소가 있는지 확인할 수 있음
- 계정 보호 : Microsoft 계정, Windows Hello, 동적 잠금을 통해 계정 및 로그인에 대한 보안을 강화할 수 있음
- 방화벽 및 네트워크 보호 : Windows Defender 방화벽을 설정 및 해제하거나 네트워크 및 인터넷 연결에 발생하는 상황을 모니터링 함
- 앱 및 브라우저 컨트롤 : 평판 기반 보호, Exploit Protection 등을 통해 사용자를 악성 앱 및 웹 사이트로부터 보호할 수 있음
- 장치 보안 : 코어 격리, 보안 프로세서(TPM) 등 기본적으로 제공하는 보안 옵션을 검토하여 악성 소프트웨어의 공격으로부터 장치를 보호할 수 있음
- 가족 옵션 : 자녀를 보호하기 위해 유해 사이트를 차단하거나 게임 시간 등을 제한할 수 있음

❸ 백업 22.3

원본 데이터의 손실에 대비하여 중요한 데이터를 외부 저장장치에 저장해 두는 기능이다.

053 [설정] 창의 '장치'

❶ 마우스 24.3, 22.4, 22.3, 17.2, 16.1, 15.3, 14.3, 14.1, 10.3

- 오른손잡이/왼손잡이에 맞게 마우스 단추의 기능을 설정할 수 있다.
- 휠을 한 번 돌리면 여러 줄(1~100) 또는 한 화면이 스크롤 되도록 설정할 수 있다.
- 마우스 커서의 속도를 설정할 수 있다.
- 활성창/비활성창 구분 없이 마우스 포인터가 가리키는 창이 스크롤 되도록 설정할 수 있다.
- '추가 마우스 옵션'을 클릭 후 '마우스 속성' 대화상자에서 세부 기능을 설정할 수 있다.

054 앱과 하드웨어의 추가/제거

❶ 앱의 설치/제거 24.2, 22.4, 22.3, 19.상시, 19.1, 15.3, 14.1, 13.2

- 앱의 제거 방법 1 : [⚙(설정)] → [앱] → [앱 및 기능]에서 삭제할 앱을 선택한 후 〈수정〉 또는 〈제거〉를 클릭함
- 앱의 제거 방법 2 : 시작 메뉴에서 삭제할 앱을 마우스 오른쪽 버튼으로 클릭하면 표시되는 바로 가기 메뉴에서 [제거]를 선택함

❷ 하드웨어 추가/제거 24.1, 23.5, 23.4, 23.2, 23.1, 22.2, 21.4, 21.3, 21.2, 21.1, 19.2, 15.2, 14.3, …

- 플러그 앤 플레이(PnP)가 지원되는 하드웨어를 컴퓨터에 새로 장착하고 Windows 10을 실행하면, 새로 장착한 하드웨어를 자동으로 인식하고 설치한다.
- 플러그 앤 플레이(PnP)가 지원되지 않는 장치 추가
  - 방법 1 : [⊞(시작)]의 바로 가기 메뉴에서 [장치 관리자] → [동작] → [레거시 하드웨어 추가] → '하드웨어 추가 마법사' 이용
  - 방법 2 : '작업 표시줄'의 검색 상자에 **hdwwiz** 입력 → '하드웨어 추가 마법사' 이용
- 설치된 하드웨어 확인
  - 방법 1 : [⊞(시작)] → [⚙(설정)] → [장치] 클릭
  - 방법 2 : [⊞(시작)]의 바로 가기 메뉴에서 [제어판] → [장치 관리자] 선택
- 하드웨어 제거
  - 방법 : [⊞(시작)] → [⚙(설정)] → [장치] → [Bluetooth 및 기타 디바이스]에서 제거할 하드웨어를 선택한 후 〈장치 제거〉 클릭

❸ 장치 관리자 24.5, 24.4, 24.2, 23.5, 23.2, 22.1, 21.4, 19.상시, 18.2, 15.1, 14.2, 12.1, 11.1

- 컴퓨터에 설치되어 있는 하드웨어의 종류 및 작동 여부를 확인하고 속성을 변경한다.
- 실행
  - 방법 1 : [⊞(시작)]의 바로 가기 메뉴에서 [장치 관리자] 선택
  - 방법 2 : [⊞(시작)] → [Windows 시스템] → [제어판] → [장치 관리자] 클릭
  - 방법 3 : [⚙(설정)] → [시스템] → [정보]에서 '장치 관리자' 클릭
- 아래 화살표가 표시된 장치는 사용되지 않음을 나타낸다.
- 물음표가 표시된 장치는 알 수 없는 장치를 나타낸다.
- 느낌표가 표시된 장치는 정상적으로 동작하지 않는 장치를 나타낸다.
- 설치된 하드웨어의 바로 가기 메뉴에서 [드라이버 업데이트], [디바이스 사용 안 함], [디바이스 제거], [하드웨어 변경 사항 검색], [속성] 등을 선택해 작업할 수 있다.

055 | 한글 Windows 10에서의 인쇄 작업

❶ 프린터 설치 24.1, 23.4, 23.2, 22.3, 22.1, 21.4, 20.1, 19.상시, 18.상시, 18.2, 17.1, 16.2, 15.3, 15.2, …

- Windows 10에서는 대부분의 프린터를 지원하므로 프린터를 컴퓨터에 연결하면 자동으로 설치된다.
- 프린터마다 개별적으로 이름을 붙일 수 있으며, 이미 설치한 프린터도 다른 이름으로 다시 설치할 수 있다.
- 여러 대의 프린터를 한 대의 컴퓨터에 설치할 수 있고, 한 대의 프린터를 네트워크로 공유하여 여러 대의 컴퓨터에서 사용할 수 있다.
- 네트워크 프린터를 설치하면, 다른 컴퓨터에 연결된 프린터를 내 컴퓨터에 연결된 프린터처럼 사용할 수 있다.
- 설치 방법 : [⊞(시작)] → [Windows 시스템] → [제어판] → [장치 및 프린터] → '장치 및 프린터'의 도구 모음에서 '프린터 추가' 클릭 → 검색된 프린터 중 설치할 프린터를 선택한 후 〈다음〉 클릭 → 테스트 인쇄 → 〈마침〉 클릭
- ※ 설치 진행 시 이미 다른 프린터가 기본 프린터로 설정되어 있는 경우에는 〈마침〉 단계에 '기본 프린터로 설정' 여부를 지정하는 항목이 표시된다.

❷ 기본 프린터 24.5, 23.4, 23.3, 23.2, 22.4, 22.3, 22.2, 22.1, 21.4, 21.2, 21.1, 20.1, 19.2, 18.상시, 18.2, …

- 인쇄 명령 수행 시 특정 프린터를 지정하지 않을 경우 자동으로 인쇄 작업이 전달되는 프린터이다.
- 기본 프린터는 하나만 지정할 수 있다.
- 프린터 이름 아래에 '기본값'이라고 표시되어 있다.
- 현재 기본 프린터를 해제하려면 다른 프린터를 기본 프린터로 설정하면 된다.
- 공유된 네트워크 프린터나 추가 설치된 프린터도 기본 프린터로 설정할 수 있다.
- 설정 방법
  - 방법 1 : [⚙(설정)] → [장치] → [프린터 및 스캐너]에서 기본 프린터로 사용할 프린터를 선택하고 〈관리〉 클릭 → 디바이스 관리에서 〈기본값으로 설정〉 클릭
  - 방법 2 : [⚙(설정)] → [장치] → [프린터 및 스캐너]에서 기본 프린터로 사용할 프린터를 선택하고 〈대기열 열기〉 클릭 → 프린터 대화상자에서 [프린터] → [기본 프린터로 설정] 선택

❸ 스풀 기능 23.2, 22.3, 22.1, 19.상시, 17.1, 12.2, 10.3

- 저속의 출력장치인 프린터를 고속의 중앙처리장치(CPU)와 병행 처리할 때, 컴퓨터 전체의 처리 효율을 높이기 위해 사용하는 기능이다.
- 스풀링은 인쇄할 내용을 먼저 하드디스크에 저장하고 백그라운드 작업으로 CPU의 여유 시간에 틈틈이 인쇄하기 때문에 프린터가 인쇄중이라도 다른 앱을 실행하는 포그라운드 작업이 가능하다.
- 스풀을 사용하면 사용하지 않았을 때보다 인쇄 속도는 느려진다.

❹ 인쇄 작업 24.5, 23.1, 22.3, 21.3, 21.1, 19.상시, 18.상시, 18.1, 16.1, 15.3, 14.3, 14.2, 13.3, 11.2, 11.1

- 문서를 인쇄하는 동안 작업 표시줄에 프린터 아이콘이 표시되고, 인쇄가 끝나면 없어진다.
- 인쇄 작업이 시작된 문서도 중간에 강제로 종료시키거나 잠시 중지시켰다가 다시 인쇄할 수 있다.
- 프린터 대화상자(인쇄 관리자 창)에서는 문서 이름, 상태, 소유자, 페이지 수, 크기, 제출, 포트 등의 정보가 표시된다.
- 프린터 대화상자(인쇄 관리자 창)의 [프린터] → [모든 문서 취소]를 선택하면 스풀러에 저장된 모든 인쇄 작업이 취소된다.
- 프린터 대화상자(인쇄 관리자 창)에서 인쇄 도중 문제가 발생한 인쇄 목록을 확인할 수 있다.
- 프린터 대화상자(인쇄 관리자 창)에서 인쇄 대기 중인 문서를 삭제하거나 출력 대기 순서를 임의로 조정할 수 있다.

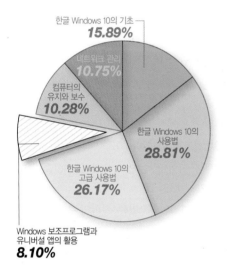

4장

한글 Windows 10의 기초
15.89%

네트워크 관리
10.75%

컴퓨터의
유지와 보수
10.28%

한글 Windows 10의
사용법
28.81%

한글 Windows 10의
고급 사용법
26.17%

Windows 보조프로그램과
유니버설 앱의 활용
8.10%

Windows 보조프로그램과 유니버설 앱의 활용

056 Windows 보조프로그램 – 메모장 ⓒ등급

057 Windows 보조프로그램 – 그림판 ⓒ등급

058 기타 Windows 보조프로그램 ⓒ등급

059 유니버설 앱 – 계산기 / 스티커 메모 /
음성 녹음기 / 빠른 지원 Ⓐ등급

060 유니버설 앱 – 기타 ⓒ등급

꼭 알아야 할 키워드 Best 10

1. 메모장 **2.** 그림판 **3.** 캡처 도구 **4.** 계산기 **5.** 스티커 메모 **6.** 그림판 3D **7.** 비디오 편집기 **8.** 워드패드 **9.** 원격 데스크톱 연결
10. Windows Media Player

Windows 보조프로그램 – 메모장

전문가의 조언

메모장의 특징이나 페이지 설정에 대한 문제가 자주 출제되고 있습니다. 메모장은 OLE 개체를 삽입할 수 없고, 페이지 여백의 단위로 밀리미터(mm)를 사용한다는 점을 중심으로 특징들을 정리해 두세요.

앱(App)
컴퓨터의 운영체제에서 실행되는 모든 응용 소프트웨어, 즉 프로그램을 애플리케이션(Application)이라고 하며, 이를 줄여서 앱(App)이라고 부릅니다. 한글 Windows 10에서는 프로그램이라는 명칭 대신 앱을 사용하고 있습니다.

OLE(Object Linking & Embedding)
다른 앱에서 작성한 그림이나 표 등을 연결하거나 삽입하는 작업으로, 작성한 앱에서 내용을 수정하면 수정된 내용이 연결된 앱에 자동으로 반영됩니다.

찾기 방향
찾기 방향에는 '위로'나 '아래로'가 있습니다.

이동
이동은 [서식] → [자동 줄 바꿈]이 해제된 상태에서만 사용할 수 있습니다.

1 Windows 보조프로그램의 개요

Windows 보조프로그램은 Windows에 내장된 앱*으로, 시스템 운영에 필수적이지는 않지만, 컴퓨터 사용에 부가적인 도움을 주는 앱들로 구성되어 있다.

- Windows 보조프로그램은 [⊞(시작)] → [Windows 보조프로그램]에서 실행할 수 있다.

2 메모장

24.2, 23.2, 22.4, 22.3, 19.2, 12.3, 12.2, 11.3, 11.2, 10.3, 10.2, 10.1, 09.3, 09.2, 09.1, 08.4, 08.3, 08.2, 08.1, 07.4, 07.3, 07.2, 07.1, 06.2, …

1105102

'메모장(Notepad)'은 특별한 서식이 필요 없는 간단한 텍스트(ASCII 형식) 파일을 작성할 수 있는 문서 작성 앱이다.

실행 [⊞(시작)] → [Windows 보조프로그램] → [메모장] 선택

- 메모장은 텍스트(.TXT) 형식의 문서만을 열거나 저장할 수 있다.
- 웹 페이지 제작을 위한 간단한 편집 도구로 사용할 수 있다.
- 메모장에서는 그림, 차트 등의 OLE* 개체를 삽입할 수 없으며, '자동 맞춤법'과 같은 고급 편집 기능이 제공되지 않는다.
- 글꼴의 종류, 속성, 크기를 지정할 수 있으나 지정할 수 있는 속성의 종류가 다양하지 않고 문서 전체에 대해서만 적용할 수 있다.
- 문서의 첫 행 왼쪽에 대문자로 .LOG를 입력하면 문서를 열 때마다 현재의 시간과 날짜가 문서의 맨 마지막 줄에 자동으로 표시된다.

주요 메뉴

파일	24.2, 23.2, 22.4, 22.3 페이지 설정	• 용지 크기, 방향, 여백, 머리글, 바닥글을 설정할 수 있고, 방향과 여백을 미리 보기로 확인할 수 있다. • 여백 단위는 밀리미터(mm)이다.
편집	11.2, 10.3, 10.1, 09.2, 08.2, … 찾기(Ctrl + F)	대 · 소문자를 구분하거나 찾을 방향*을 지정하여 찾는다.
	바꾸기(Ctrl + H)	찾은 내용을 바꿀 내용으로 변경한다.
	이동(Ctrl + G)*	줄(행)을 기준으로 커서를 이동한다.
	11.2, 10.3, 10.1, 09.2, 08.2, … 시간/날짜(F5)	커서가 있는 위치에 현재의 시간과 날짜를 입력한다.
서식	11.2, 10.3, 10.1, 09.2, 08.2, … 자동 줄 바꿈	창의 크기(가로)에 맞게 텍스트를 표시하고, 다음 줄로 넘긴다.
	11.2, 10.3, 10.1, 09.2, 08.2, … 글꼴	글꼴 종류, 글꼴 스타일, 크기 등을 지정한다.
보기	상태 표시줄	상태 표시줄의 표시 여부를 지정한다.

문제11105151

19년 2회, 12년 3회, 11년 3회, 10년 2회, 09년 1회, 08년 4회, 3회, 07년 4회, 04년 2회, 03년 4회, 2회

1. 한글 Windows 10의 [Windows 보조프로그램]에 있는 [메모장]에 대한 설명으로 옳지 않은 것은?

① 간단한 메모나 텍스트 파일을 작성하거나 편집할 때 사용된다.

② 서식이 있는 문서 또는 다른 문서와의 OLE 편집이 가능하다.

③ 메모장에서 작성된 파일은 따로 정하지 않으면 확장자는 .TXT가 된다.

④ 문서의 전체에 대해서만 글꼴의 종류를 변경할 수 있다.

> 메모장은 OLE 기능이 제공되지 않으며, 워드패드에서는 OLE 기능이 제공됩니다.

24년 2회, 23년 2회, 22년 4회, 3회

2. 다음 중 한글 Windows 10의 [메모장]에 대한 설명으로 옳은 것은?

① [파일] → [페이지 설정]의 '미리 보기'로 내용을 확인할 수 있다.

② txt, rtf 형식으로 파일을 저장할 수 있다.

③ 페이지 여백의 단위로 피치(pitch)를 사용한다.

④ 그림이나 차트 등의 OLE 개체를 삽입할 수 없다.

> ① 메모장의 [파일] → [페이지 설정]의 '미리 보기'에서 내용을 확인할 수는 없고 문서의 방향과 여백 적용 형태만 확인할 수 있습니다.
> ② 메모장은 텍스트(txt) 형식의 문서만을 저장할 수 있습니다.
> ③ 메모장은 페이지의 여백 단위로 밀리미터(mm)를 사용합니다.

06년 2회, 1회

3. 한글 Windows 10의 [메모장]에 대한 설명으로 옳지 않은 것은?

① 서식이 필요 없는 텍스트 문서를 작성할 때 사용한다.

② 텍스트 형식의 파일을 작성할 때 사용되는 보조프로그램이다.

③ 작성한 문서의 인쇄 시 용지의 크기나 방향을 설정할 수 있다.

④ 한 줄의 입력 내용이 길어 한 화면에 표시되지 않을 때 [서식] 메뉴의 [자동 줄 바꿈]을 선택하면 창의 크기에 맞게 자동 개행이 되어 표시된다.

> 용지의 크기나 방향은 인쇄 시 설정하는 것이 아니라 [파일] → [페이지 설정] 메뉴를 선택하여 먼저 설정한 후 인쇄를 수행해야 합니다.

11년 2회, 10년 3회, 1회, 09년 2회, 08년 2회, 07년 3회, 2회, 05년 2회, 04년 3회, 03년 1회, 02년 3회

4. 한글 Windows 10의 문서 편집기인 [메모장]의 사용 방법으로 옳지 않은 것은?

① [메모장] 창에서 [편집] 주 메뉴의 '시간/날짜'를 선택하면 시스템의 시간과 날짜를 문서에 입력할 수 있다.

② [메모장] 창에서 [서식] 주 메뉴의 '글꼴'을 선택하면 편집 중인 문서의 일부분에 대해 글꼴의 종류 및 크기를 변경할 수 있다.

③ [메모장] 창에서 [편집] 주 메뉴의 '찾기'를 선택하면 특정한 문자나 단어를 본문에서 찾을 수 있다.

④ [메모장] 창의 가로 크기에 맞도록 텍스트를 편집하려면 [서식] 주 메뉴에서 '자동 줄 바꿈'을 선택한다.

> 메모장은 서식이 필요 없는 간단한 문서 작성을 위한 도구입니다. 그러다보니 문서의 일부분만 서식을 지정하는 세밀한 기능은 제공되지 않습니다.

▶ 정답: 1. ② 2. ④ 3. ③ 4. ②

Windows 보조프로그램 – 그림판

그림판은 개념, 특징, 주요 메뉴 등 다양한 문제가 출제됩니다. 그림판의 전반적인 내용을 모두 숙지할 수 있도록 정리하세요.

---

1 22.1, 19.2, 16.2, 15.3, 14.2, 14.1, 13.3, 13.2, 12.3, 12.2, 12.1, 11.3, 11.2, 11.1, 10.3, 09.4, 09.2, 09.1, 08.3, 08.1, 07.3, 07.2, 06.4, 06.3, …

그림판

1105201

'그림판'은 간단한 그림을 작성하거나 수정하기 위한 앱이다.

실행 [⊞(시작)] → [Windows 보조프로그램] → [그림판] 선택

- 기본(Default) 저장 형식은 '.PNG'이다.
- 그림판에서는 BMP, GIF, TIF, PNG, JPG 등의 파일을 편집할 수 있다.
- 그림판에서 작성·편집한 그림은 Windows 바탕 화면의 배경으로 사용하거나 다른 문서에 붙여넣기 할 수 있다.
- Shift를 누른 상태에서는 수평선, 수직선, 45°의 대각선, 정사각형, 정원을 그릴 수 있다.
- 그림판에서 마우스 왼쪽 버튼으로 그림을 그릴 경우에는 연필과 붓 모두 전경색*으로 그려지고, 오른쪽 버튼으로 그림을 그릴 경우에는 모두 배경색*으로 그려진다.
- 색상을 변경할 때 전경색은 [홈] → [색] → [색 1(전경색)]을, 배경색은 [홈] → [색] → [색 2(배경색)]를 클릭한 후 색을 선택한다.

전경색과 배경색
전경색은 문자나 선, 이미지의 경계 등을 나타내는 색이고, 배경색은 그림의 배경을 칠하는 데 사용하는 색으로, 지우개로 지우면 전경색이 지워지고 배경색이 나타납니다. 쉽게 비유한다면 도화지 색깔은 배경색이고, 도화지 위에 칠하는 물감 등은 전경색입니다.

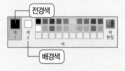

바탕 화면 배경으로 설정
작성한 그림을 바탕 화면 배경으로 설정하는 방법에는 채우기, 바둑판식, 가운데가 있습니다.
- **채우기** : 그림을 바탕 화면 전체에 채움
- **바둑판식** : 그림을 바둑판식으로 배열
- **가운데** : 그림을 화면 가운데에 배치함

이미지의 크기
이미지의 크기는 너비와 높이로 지정하며, 그림판에서 사용할 수 있는 단위는 인치, 센티미터, 픽셀입니다.

'그림판 3D'에 대한 자세한 내용은 219쪽을 참고하세요.

주요 기능

16.2, 15.3, 14.2, 13.2, 12.3, 12.1, 11.2, 00.3 **[파일] 메뉴**		• 전자 메일로 보내기 : 작성한 그림을 Microsoft Outlook 등을 이용한 전자 메일로 전송한다. • 바탕 화면 배경으로 설정* : 작성한 그림을 바로 바탕 화면 배경으로 지정한다. • 스캐너 또는 카메라 : 스캐너나 카메라로부터 그림 파일을 불러와 편집한다. • 속성 : 이미지의 크기*와 색(흑백, 컬러)을 지정한다.
[홈] 탭	**[클립보드] 그룹**	복사, 잘라내기, 붙여넣기, 파일로부터 붙여넣기 등을 수행한다.
	08.1, 07.3, 07.2, 05.2, … **[이미지] 그룹**	선택, 자르기, 크기 조정, 회전 또는 대칭 이동 등을 수행한다.
	12.2, 09.3, 09.1, 04.4, 02.3 … **[도구] 그룹**	• ✏ : 연필로 선 그리기　　　• 🪣 : 색 채우기 • Ａ : 텍스트 입력하기　　　• 🧽 : 지우개로 그림 지우기 • 💉 : 한 픽셀 색 선택하기　　• 🔍 : 확대해서 보기 • 🖌 : 다양한 종류의 브러시로 그리기
	[도형] 그룹	도형 삽입 및 도형의 윤곽선, 채우기 등을 지정한다.
	12.2, 09.3, 09.1, 04.4, 02.3 **[색] 그룹**	색을 선택하거나 사용자 지정 색을 만든다.
	그림판 3D로 편집	그림판 3D*를 실행한다.
04.1 **[보기] 탭**		확대/축소, 눈금자, 격자, 상태 표시줄 등의 표시 여부, 전체 화면 보기, 미리 보기 등을 지정한다.

문제11105251

따라잡기 기출문제 따라잡기

22년 1회, 19년 2회, 14년 1회, 06년 1회, 05년 4회, 2회, 03년 2회, 01년 2회

1. 다음 중 한글 Windows 10의 [그림판]에 대한 설명으로 옳지 않은 것은?

① 스마트폰으로 촬영한 jpg 파일을 불러와 편집한 후 png 파일 형식으로 저장할 수 있다.

② 편집 중인 이미지의 일부분을 선택한 후 삭제하면 삭제된 빈 공간은 '색 1'(전경색)로 채워진다.

③ 그림판에서 편집한 그림은 Windows 바탕 화면의 배경으로 사용할 수 있다.

④ 오른쪽 버튼으로 그림을 그릴 경우에는 모두 '색 2'(배경색)로 그려진다.

> 도화지 색깔이 배경색이고, 도화지 위에 칠한 물감 등은 전경색입니다. 편집 중인, 즉 도화지 위에 칠한 물감을 제거하면 배경에 있는 도화지 색깔이 드러납니다.

16년 2회, 15년 3회, 14년 2회, 13년 2회, 12년 3회, 1회, 11년 2회, 1회, 10년 3회, 09년 4회, 2회, 1회, 08년 3회 …

2. 다음 중 한글 Windows 10의 [그림판] 앱의 기능에 관한 설명으로 옳지 않은 것은?

① 비트맵 파일로 저장할 수 있는 흑백 또는 컬러 그림을 그릴 때 사용할 수 있는 그리기 도구이다.

② [그림판]으로 그린 그림을 바탕 화면의 배경으로 사용할 수 있다.

③ 레이어(Layer) 기능을 사용할 수 있다.

④ 전자 메일을 사용하여 이미지 보내기를 할 수 있다.

> 그림판은 간단한 그림을 그리거나 수정하기 위한 앱입니다. 전문 그래픽 기능인 레이어 기능을 사용하려면 포토샵 같은 전문 앱을 설치해서 사용해야 합니다.

13년 3회, 10년 3회, 07년 2회

3. 다음 중 한글 Windows 10의 [Windows 보조프로그램]에 있는 [그림판]에서 Shift를 누른 상태로 그릴 수 없는 것은?

① 수평선　　　　　② 45° 대각선

③ 타원　　　　　　④ 정사각형

> [그림판] 앱에서 Shift를 누른 상태로 작업하는 경우는 수평, 수직, 대각선이나 가로 세로의 지름이 같은 비율로 커지는 정원 또는 정사각형을 작성할 때입니다.

12년 2회, 09년 3회, 1회, 04년 4회, 02년 3회

4. 다음 중 한글 Windows 10의 [Windows 보조프로그램]에 있는 [그림판]에 관한 설명으로 옳지 않은 것은?

① '🔍'는 그림 파일을 검색하기 위한 도구이다.

② 이미지의 일부 선택한 부분만 회전이 가능하다.

③ [파일] → [속성]에서는 이미지의 너비와 높이를 픽셀 단위로 설정할 수 있다.

④ [홈] → [색] 그룹에서는 사용자 지정 색 만들기와 색 선택이 가능하다.

> 🔍는 돋보기입니다. 돋보기는 흔히 대상물을 크게 확대해서 볼 때 사용하죠.

▶ 정답: 1. ②　2. ③　3. ③　4. ①

기타 Windows 보조프로그램

C 등급

전문가의 조언

기타 Windows 보조프로그램에서는 시험에 출제되었던 Windows Media Player, 워드패드, 원격 데스크톱 연결, 캡처 도구 등을 중심으로 사용 용도와 특징을 간단하게 정리하세요.

• RTF 파일 : 서로 다른 앱 간의 데이터 호환을 위해 표준화된, 서식 있는 문자열 파일 형식
• DOCX 파일 : MS-워드 문서 파일 형식
• ODT 파일 : 워드프로세서, 스프레드시트, 프레젠테이션 등의 사무 관련 문서를 작성할 수 있는 오픈 도큐먼트(Open Document) 앱에서 워드프로세서 문서를 저장할 수 있는 파일 형식

화면 캡처
작업 단계를 이미지로 캡처할 경우 기본적으로 저장되는 캡처 수는 최근에 수행한 작업 25개이지만 1~999까지 임의로 지정할 수 있습니다.

펜 / 형광펜
펜은 색, 두께, 모양을 지정할 수 있지만 형광펜은 지정할 수 없습니다.

Math Input Panel

사용자가 입력한 수식을 인식하여 표시

사용자가 입력한 수식

문자표

---

1 | 24.3, 24.2, 21.4, 20.2, 19.상시, 19.2, 18.1, 16.3, 16.1, 15.1, 13.2, 10.2, 06.3, 03.1, 01.3, 00.3, 00.1, 99.3, 99.2, 90.1, 08.1

기타 Windows 보조프로그램

4105801

앞에서 살펴본 주요 Windows 보조프로그램 외에 기타 Windows 보조프로그램에 대해 알아보자.

19.상시, 19.2, 15.1, 13.2, 10.2, 06.3 **Windows Media Player**	• 음악 CD부터 MP3, 오디오 파일이나 동영상 파일까지 거의 모든 종류의 멀티미디어 파일을 재생할 수 있는 앱이다. • 재생 관련 기능뿐만 아니라 자신만의 CD나 DVD를 만들 수도 있다. • 오디오 CD에 있는 음악 파일을 내 컴퓨터에 MP3, WAV, WMA 등의 형식으로 복사할 수 있다. • 개인 네트워크를 사용하는 경우 다른 위치에 있는 컴퓨터 및 미디어 장치의 멀티미디어 파일들을 재생할 수 있다. • 동기화 기능을 통해 라이브러리와 휴대용 장치의 음악 파일이 동일하게 유지되도록 할 수 있다.
18.1, 00.3, 00.1 **워드패드**	• 메모장과 달리 글꼴, 삽입, 단락 등의 다양한 서식을 적용할 수 있는 문서 작성 앱이다. • RTF*, TXT(일반 텍스트, 유니코드 텍스트), DOCX*, ODT* 등의 확장자를 가진 문서를 불러오고 저장할 수 있다. • 날짜 및 시간, OLE 개체를 삽입할 수 있다. • 들여쓰기, 내어쓰기, 글머리 기호, 줄 간격, 탭 기능, 찾기, 바꾸기 등의 편집 기능은 지원하지만 매크로, 스타일 등의 고급 편집 기능은 지원하지 않는다.
Windows 팩스 및 스캔	컴퓨터에 전화선이나 스캐너를 연결하여 팩스를 주고 받거나 사진을 스캔하는 앱이다.
단계 레코더	• 컴퓨터에서 작업을 수행할 때 각 작업 단계를 녹화하는 앱이다. • 마우스 드래그나 클릭, 키보드 입력 등이 하나의 작업 단계로 녹화되며, 녹화된 내용은 텍스트로 표시된다. • '화면 캡처*' 기능을 사용하여 이미지를 추가하거나, 단계마다 텍스트 설명을 추가할 수 있다.
18.1 **원격 데스크톱 연결**	• 집에서 회사의 컴퓨터에 연결하여 회사의 내 컴퓨터 앞에 앉아 있는 것처럼 모든 앱, 파일 및 네트워크 리소스에 액세스할 수 있도록 하는 앱이다. • 연결되어 있는 동안에는 원격 컴퓨터(여기서는 회사의 컴퓨터) 화면이 로그오프 화면으로 변경되어 아무런 작업을 수행할 수 없게 된다. • 현재 연결 설정을 RDP 파일로 저장하면 이를 이용하여 원격 컴퓨터에 자동으로 연결할 수 있다.
24.3, 24.2, 23.1, 21.4, 20.2, 16.3, … **캡처 도구**	• 화면의 특정 부분 또는 전체를 캡처하여 HTML, PNG, GIF, JPG 파일로 저장하는 앱이다. • 캡처 유형에는 사각형, 자유형, 창, 전체 화면 등이 있다. • 펜*, 형광펜*, 지우개를 이용하여 캡처한 이미지에 필요한 정보를 추가할 수 있다. • 캡처한 이미지는 전자 메일을 통해 바로 전송할 수 있다.
Math Input Panel*	마우스나 펜을 이용하여 수식을 입력하면 문서 작성 앱에 삽입할 수 있는 형태의 수식으로 변환하는 앱이다.
03.1, 01.3, 99.3, 99.2, 99.1, 98.1 **문자표***	한글 Windows 10에서 워드패드나 기타 다른 Windows 보조프로그램들이 자체적으로 지원하지 않는 특수문자나 여러 가지 기호를 입력하도록 지원해 주는 앱이다.

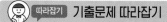 **기출문제 따라잡기**

문제2 1105351　　문제3 1105352　　문제4 1105252

18년 1회

1. 다음 중 한글 Windows 10의 보조프로그램인 [워드패드]에 대한 설명으로 옳지 않은 것은?

① 워드패드 문서에는 다양한 서식과 사진, 그림판 파일과 같은 그래픽을 포함할 수 있다.

② 마이크로소프트 워드문서(DOC)나 일반 텍스트는 지원하지만, 유니코드 형식의 텍스트 파일은 지원하지 않는다.

③ 문서 전체나 일정 부분에 대해 글꼴의 크기, 글꼴의 종류, 단락 설정을 지정할 수 있다.

④ 글머리 기호, 들여쓰기, 내어쓰기, 탭 기능, 찾기, 바꾸기 기능을 설정할 수 있다.

> 워드패드에서는 일반 텍스트는 물론 유니코드 형식의 텍스트 파일도 지원합니다.

23년 1회, 21년 4회, 16년 3회, 1회

2. 다음 중 한글 Windows 10의 [Windows 보조프로그램]에 있는 [캡처 도구]에 대한 설명으로 옳지 않은 것은?

① 캡처한 내용을 연결된 전자 메일 앱을 이용하여 전송할 수 있다.

② 캡처 유형으로는 자유형 캡처, 사각형 캡처, 창 캡처, 전체 화면 캡처가 있다.

③ 캡처한 내용을 jpeg, gif, png 파일로 저장할 수 있다.

④ 캡처된 그림을 다양한 그래픽 기법으로 수정할 수 있다.

> 캡처 도구는 화면의 특정 부분 또는 전체를 캡처하는 앱으로, 캡처한 이미지를 다양한 그래픽 기법으로 수정할 수 있는 기능은 제공되지 않습니다.

18년 1회

3. 다음 중 한글 Windows 10의 [원격 데스크톱 연결]에 대한 설명으로 옳지 않은 것은?

① 원격 데스크톱 연결이란 현재의 컴퓨터 앞에서 원격 위치의 데스크톱 컴퓨터에 연결하여 앱을 해당 콘솔 앞에서 실행하고 파일, 네트워크 리소스를 액세스할 수 있는 것을 말한다.

② 원격에 있는 컴퓨터에서 음악 또는 기타 소리를 사용자의 컴퓨터에서 재생하거나 녹음할 수 있다.

③ 원격 작업을 하려면 네트워크에 연결되어 있는 컴퓨터와 제 2의 원격 컴퓨터가 있어야 한다.

④ 원격 데스크톱 연결을 하려면 [시작] → [Windows 시스템]에서 '원격 데스크톱 연결'을 선택하면 된다.

> 원격 데스크톱 연결을 하려면 [시작] → [Windows 보조프로그램]에서 '원격 데스크톱 연결'을 선택하면 됩니다.

19년 상시, 15년 1회

4. 다음 중 한글 Windows 10에서 [Windows Media Player]에 관한 설명으로 옳지 않은 것은?

① 멀티미디어 파일의 재생 및 편집 기능뿐만 아니라 자신만의 CD나 DVD를 만들 수 있다.

② 음악 라이브러리와 휴대용 장치의 음악 파일이 동일하게 유지할 수 있도록 하는 동기화 기능이 있다.

③ 다른 위치의 컴퓨터나 미디어 장치의 멀티미디어 파일을 개인 네트워크를 사용하여 재생할 수 있다.

④ 오디오 CD에 있는 음악 파일을 내 컴퓨터에 MP3, WAV, WMA 등의 형식으로 복사할 수 있다.

> 'Windows Media Player'란 Windows에서 각종 미디어(Media)를 재생(Player)하는 장치로, 편집은 할 수 없습니다.

19년 2회

5. 다음 중 한글 Windows 10의 [Windows Media Player]에 대한 설명으로 옳지 않은 것은?

① 비디오 목록을 자녀 보호 등급별로 분류하여 표시할 수 있다.

② xlsx, hwp, doc 등과 같은 파일 형식의 문서 파일을 열 수 있다.

③ mp3 파일을 재생할 수 있다.

④ 재생 목록에 있는 파일을 비어 있는 CD 또는 DVD로 복사할 수 있다.

> Windows Media Player는 오디오나 비디오 형식의 파일을 재생하는 앱입니다.

24년 3회, 2회

6. 다음 중 한글 Windows 10의 보조프로그램에 있는 캡처 도구에 대한 설명으로 옳지 않은 것은?

① 캡처 시 바로 클립보드에 저장되도록 설정할 수 있다.

② 캡처 유형으로는 자유형 캡처, 사각형 캡처, 창 캡처, 전체 화면 캡처가 있다.

③ 캡처 도구의 바로 가기 키는 ⊞+Ctrl+S이다.

④ 캡처된 그림에 글자를 추가하거나 색상을 변경한 후 메모장에 붙여넣기 할 수 있다.

> 캡처한 이미지에 글자를 추가하거나 색상을 변경할 수 있는 기능은 없으며, 캡처한 내용은 이미지 형식이므로 메모장에 붙여넣기 할 수도 없습니다.

▶ 정답 : 1. ②　2. ④　3. ④　4. ①　5. ②　6. ④

유니버설 앱 – 계산기 / 스티커 메모 / 음성 녹음기 / 빠른 지원

중요해요! 유니버설 앱들의 개별적인 특징을 묻는 문제가 출제되었습니다. 자주 출제되는 계산기와 스티커 메모의 특징을 잘 정리해 두세요.

1 유니버설 앱※의 개요

유니버설 앱은 Windows 보조프로그램과 마찬가지로 Windows에 내장된 앱으로 시스템 운영에 필수적이지는 않지만, 컴퓨터 사용에 부가적인 도움을 주는 앱들로 구성되어 있다.

- 유니버설 앱은 [⊞(시작)]을 클릭하여 나타나는 시작 메뉴에서 실행할 수 있다.

2 계산기

24.5, 24.1, 23.3, 23.2, 22.4, 22.3, 22.2, 22.1, 21.3, 21.2, 20.1, 19.1, 17.1, 15.1, 14.3, 14.2, 14.1, 13.3, 13.1, 09.4

1105402

'계산기'는 간단한 사칙연산부터, 삼각법, 진법 변환, 날짜 계산, 통화 환율 등을 계산할 때 사용하는 앱이다.

실행 [⊞(시작)] → [계산기] 선택

- **계산기 종류**

표준	일반적인 사칙연산을 계산한다.
공학용	삼각법이나 함수 등을 최대 32자리까지 계산한다.
프로그래머	진법 변환 등을 최대 64자리까지 계산한다.
그래프	삼각법, 부등식, 함수 등을 이용한 계산식을 그래프로 표시한다.
날짜 계산	• 두 날짜 간의 차이를 년, 월, 주, 일, 총 일수로 표시한다. • 특정 날짜에 일수를 추가 또는 뺀 날짜를 계산한다.

- **변환기** : 통화 환율, 부피, 길이, 무게 및 질량, 온도, 에너지, 면적, 속도, 시간, 일률, 데이터, 압력, 각도 등을 계산한다.
- 키보드의 숫자 키패드를 이용하여 수식을 입력할 수 있다.
- 입력한 내용을 모두 지울 때는 C 단추나 Esc를 누른다.
- 표시된 숫자를 저장할 때는 MS 단추를, 저장된 숫자를 불러와 입력할 때는 MR 단추를 누른다.

3 스티커 메모

24.2, 23.2, 23.1, 21.2, 17.2

4105903

'스티커 메모'는 바탕 화면에 포스트잇 메모를 추가하여 간단한 내용을 입력하는 앱이다.

실행 [⊞(시작)] → [스티커 메모] 선택

- [⋯(메뉴)]를 클릭하여 메모지의 색상을 변경할 수 있다.
- 굵게, 기울임꼴, 밑줄, 취소선, 글머리 기호 등의 서식을 지정하거나 이미지를 삽입할 수 있다.

- **화면 구성**

24.2, 23.2, 23.1 **❶ 새 메모([Ctrl]+[N])**	새 메모(➕)를 클릭하여 메모를 추가한다.
21.2, 17.2 **❷ 메뉴※**	• 노트 색 변경, 노트 목록, 메모 삭제를 선택할 수 있다. – **노트 색 변경** : 표시된 색을 선택하면 메모지가 선택된 색으로 변경됨 – **노트 목록** : 메모들의 전체 목록이 나타나며, 검색 기능을 제공함 – **메모 삭제([Ctrl]+[D])** : 메모가 영구적으로 삭제됨
24.2, 23.2, 23.1, 21.2, 17.2 **❸ 메모 닫기([Ctrl]+[W])**	• 메모를 닫는다. • 삭제되는 것이 아니고 단순히 닫히는 것이므로, 메뉴의 '노트 목록'에서 다시 열거나 삭제할 수 있다.
23.2, 23.1, 21.2, 17.2 **❹ 서식 지정 및 이미지 삽입**	굵게, 기울임꼴, 밑줄, 취소선, 글머리 기호 등의 서식을 지정하거나 이미지를 삽입한다.

메뉴 화면

---

4 음성 녹음기
15.2, 11.1, 10.1, 09.3, 07.1

1105404

'음성 녹음기'는 소리를 녹음하고 m4a 형식의 오디오 파일로 저장하는 앱이다.

실행 [⊞(시작)] → [음성 녹음기] 선택

- 소리를 녹음하려면 마이크 등과 같은 오디오 입력 장치가 설치되어 있어야 한다.

5 빠른 지원
11.1, 07.3

1105305

'빠른 지원'은 다른 사용자의 컴퓨터에 접속하여 원격 지원을 하거나, 내 컴퓨터에 접속한 다른 사용자로부터 원격 지원을 받을 수 있도록 하는 앱이다.

실행 [⊞(시작)] → [빠른 지원] 선택

- 내 컴퓨터의 마우스와 키보드로 다른 사용자 컴퓨터를 제어하는 동안 다른 사용자도 화면을 보면서 마우스와 키보드를 조작할 수 있다.

22년 1회, 17년 1회, 09년 4회

1. 다음 중 한글 Windows 10의 [계산기] 앱에 관한 설명으로 옳지 않은 것은?

① [표준 모드] 계산기에서 표시된 숫자를 저장하거나 불러올 수는 없다.

② 입력한 숫자를 모두 지울 때는 [C] 단추나 [Esc]를 누른다.

③ [표준 모드]와 [공학용 모드]의 화면 구성이 서로 다르다.

④ [프로그래머] 모드는 진법 변환 등을 최대 64자리까지 계산할 수 있다.

> 계산기에서 [MS]를 누르면 표시된 숫자를 저장하고, [MR]을 누르면 저장된 숫자를 불러옵니다.

21년 2회, 19년 1회, 15년 1회, 14년 3회, 14년 2회, 13년 3회, 1회, 09년 4회

2. 다음 중 한글 Windows 10에서 [계산기] 앱의 사용 방법으로 옳지 않은 것은?

① [표준], [공학용], [프로그래머], [그래프], [날짜 계산]의 5가지로 사용할 수 있다.

② [날짜 계산]에서는 두 날짜 간의 차이를 계산할 수 있다.

③ 표시된 숫자를 저장하려면 [MS] 버튼을 사용하고, 저장된 숫자를 다시 불러 오려면 [MR] 버튼을 사용한다.

④ [표준]에서는 2, 8, 10, 16진수 등의 수 체계를 사용할 수 있다.

> 2, 8, 10, 16진수 등의 진법 변환은 [프로그래머], 삼각법이나 함수 계산 등은 [공학용]을 사용해야 합니다.

21년 2회, 17년 2회

3. 다음 중 한글 Windows 10에서 스티커 메모에 대한 설명으로 옳지 않은 것은?

① [시작] → [스티커 메모]를 선택하여 실행할 수 있다.

② 메모지의 가장자리나 모서리를 끌어서 메모지의 크기를 직접 조정할 수 있다.

③ 메모에서 마우스 오른쪽 버튼의 바로 가기 메뉴를 이용하여 스티커 메모의 색을 변경하거나 스티커 메모의 텍스트 서식을 설정할 수 있다.

④ 메모 창의 오른쪽 상단에 있는 메모 닫기 단추를 누르거나 [Ctrl] + [D]를 눌러 메모를 삭제할 수 있다.

> 스티커 메모의 색상은 [⋯](메뉴)를 이용하여 변경할 수 있고, 텍스트 서식은 메모 아래쪽 있는 서식을 클릭하여 설정할 수 있습니다.

15년 2회, 09년 3회

4. 다음 중 한글 Windows 10에 포함된 앱 및 기능에 관한 설명으로 옳지 않은 것은?

① [Windows Media Player]는 AVI, WMV, ASF 등과 같은 디지털 미디어 파일을 재생할 수 있다.

② [음성 녹음기]를 이용하면 사운드를 녹음하여 'MP3' 확장자를 갖는 파일로 저장할 수 있다.

③ [볼륨 믹서]를 이용하여 PC에서의 소리 전체 수준을 제어하거나 음소거를 설정할 수 있다.

④ 다운로드한 스킨을 사용하여 [Windows Media Player] 창의 모양을 변경할 수 있다.

> '음성 녹음기'로 소리를 녹음하면 m4a 형식으로 저장됩니다.

24년 1회, 23년 2회, 22년 4회, 2회, 21년 3회

5. 다음 중 한글 Windows 10에 있는 계산기 앱에 대한 설명으로 옳지 않은 것은?

① [표준] 계산기에서는 일반적인 사칙연산을 계산할 수 있다.

② [날짜 계산] 계산기에서는 일정을 관리하거나 알람을 설정할 수 있다.

③ [공학용] 계산기에서는 삼각법이나 함수 등을 최대 32자리까지 계산한다.

④ [프로그래머] 계산기에서는 진법 변환 등을 최대 64자리까지 계산한다.

> [날짜 계산] 계산기에서는 날짜와 관련된 계산은 수행할 수 있지만 일정을 관리하거나 알람을 설정할 수는 없습니다.

24년 2회, 23년 2회, 1회

6. 다음 중 한글 Windows 10에서 스티커 메모에 대한 설명으로 옳지 않은 것은?

① 왼쪽 상단의 [+] 버튼을 클릭하여 스티커 메모를 추가할 수 있다.

② 스티커 메모에 그림을 삽입하여 표시할 수 있다.

③ 스티커 메모 상단의 '메모 닫기'를 선택하면 목록에서 영구적으로 삭제된다.

④ 메모지의 가장자리나 모서리를 끌어서 메모지의 크기를 직접 조정할 수 있다.

> '메모 닫기([⋉])'를 누르면 스티커 메모가 화면에서만 사라지는 것이므로, 목록에서 다시 불러올 수 있습니다. 스티커 메모를 삭제하려면 메뉴[⋯] → '메모 삭제'를 선택하거나 [Ctrl] + [D]를 눌러야 합니다.

▶ 정답: 1. ① 2. ④ 3. ③ 4. ② 5. ② 6. ③

1 기타 유니버설 앱

24.4, 24.1, 23.5, 23.4, 22.2, 21.4, 21.3, 21.2

앞에서 살펴본 주요 유니버설 앱 외에 기타 유니버설 앱에 대해 알아보자.

24.1, 23.4, 22.2, 21.2 **그림판 3D**	• Windows 보조프로그램의 '그림판'은 2D 작업만 할 수 있는 반면 '그림판 3D'는 3D까지 작업이 가능한 앱이다. • 그림판 3D에서 작업한 파일은 이미지*, 비디오*, 3D 모델* 파일 형식이나 그림판 3D 프로젝트로 저장할 수 있다. • 여러 개체를 하나의 묶음으로 그룹화하여 사용할 수 있다. • Shift 를 누른 상태에서는 수평선, 수직선, 45°의 대각선, 정사각형, 정원을 그릴 수 있다.
24.4, 23.5, 21.4, 21.3 **비디오 편집기**	• 동영상이나 사진 파일에 음악, 내레이션 등의 오디오 파일을 추가하여 편집하는 앱이다. • 프로젝트 라이브러리*에 동영상이나 사진 파일을 추가한 후 스토리보드*에 삽입하여 편집한다. • 스토리보드에 삽입된 클립*들은 여러 개로 나누거나 잘라낼 수 있다. • 스토리보드에 제목 카드를 추가하여 영상의 주제를 표현할 수 있다. • 편집한 비디오 파일은 mp4 형식으로 저장할 수 있다.
캡처 및 스케치	• Windows 보조프로그램의 '캡처 도구'와 마찬가지로 화면의 특정 부분 또는 전체를 캡처하여 JPG, PNG, GIF 파일로 저장하는 앱이다. • '캡처 및 스케치'의 바로 가기 키는 ⊞+Shift+S 이다. • 볼펜, 연필, 형광펜, 지우개, 눈금자를 이용하여 캡처한 이미지에 필요한 정보를 추가할 수 있다. • 캡처한 이미지는 전자 메일(E-mail)을 통해 바로 전송할 수 있다. • 캡처 옵션에는 '지금 캡처, 3초 후 캡처, 10초 후 캡처'가 있다.
사진	• 사진 또는 비디오 파일을 화면에 재생하는 앱이다. • '사진' 라이브러리에 있는 사진이나 비디오 파일들을 '컬렉션', '앨범', '피플', '폴더'로 구분하여 관리할 수 있다.
알람 및 시계	• 알람, 세계 시간, 타이머, 스톱워치를 제공하는 앱이다. – **알람** : 설정한 시간에 알람 화면을 표시하고 지정한 알람을 울린다. – **세계 시간** : 특정 지역의 시간을 지역명, 날짜, 표준 시간대와의 시간 차와 함께 표시한다. – **타이머** : 설정한 시간이 지나면 타이머 완료 화면이 표시되고 소리가 울린다. – **스톱워치** : 〈시작〉을 클릭한 이후의 경과 시간을 1/100초로 측정한다.

전문가의 조언

유니버설 앱에서는 최근 시험에 출제되고 있는 그림판 3D, 비디오 편집기를 중심으로 사용 용도와 특징을 확실히 정리해 두세요.

• **이미지** : PNG, JPG, BMP, GIF(이미지), TIFF
• **비디오** : MP4, GIF(비디오)
• **3D 모델** : GLB, 3MF

• **프로젝트 라이브러리** : 비디오 편집기에서 사용될 동영상과 사진 파일이 표시되는 곳
• **스토리보드** : 프로젝트 라이브러리에서 편집 및 제작에 사용되는 클립들이 표시되는 곳
• **클립** : 편집 대상이 되는 동영상 및 사진

24년 1회, 23년 4회, 22년 2회, 21년 2회

1. 다음 중 한글 Windows 10의 그림판 3D에 대한 설명으로 옳지 않은 것은?

① 3D 도형을 그리거나 효과를 줄 수 있다.

② Shift를 누른 상태에서 수평선, 수직선, 45° 대각선을 그릴 수 있다.

③ 여러 개체를 하나의 묶음으로 그룹화하여 사용할 수 있다.

④ GIF, MP4, MOV 등의 파일 형식으로 저장된다.

> 그림판 3D에서 작업한 파일은 MOV 형식으로는 저장할 수 없습니다.

출제예상

2. 다음 중 한글 Windows 10의 유니버설 앱인 '캡처 및 스케치'에 대한 설명으로 옳지 않은 것은?

① 컴퓨터 화면의 특정 부분이나 전체 화면을 캡처할 수 있다.

② 바로 가기 키는 ⊞+Ctrl+S이다.

③ 캡처한 이미지는 JPG, PNG, GIF 파일로 저장할 수 있다.

④ 캡처 옵션에는 지금 캡처, 3초 후 캡처, 10초후 캡처가 있다.

> 캡처 및 스케치의 바로 가기 키는 ⊞+Shift+S입니다.

출제예상

3. 다음 중 한글 Windows 10의 [알람 및 시계]에 대한 설명으로 옳지 않은 것은?

① 알람, 세계 시간, 타이머, 스톱워치를 제공하는 앱이다.

② 알람은 특정 요일에만 알람이 울리도록 지정할 수 있고, 알람 소리를 변경할 수 있다.

③ 세계 시간은 특정 지역의 시간과 날짜, 현재 온도를 표시한다.

④ 타이머 완료 시 울리는 소리는 변경할 수 없다.

> 세계 시간은 특정 지역의 시간, 지역명, 날짜, 표준 시간대와의 차이를 표시합니다.

24년 4회, 23년 5회, 21년 4회, 3회

4. 다음 중 유니버설 앱인 '비디오 편집기'에 대한 설명으로 틀린 것은?

① 스토리보드에 삽입된 클립을 두 개로 나누거나 잘라내기 할 수 있다.

② 편집한 동영상은 mp4, mov, wmv 등으로 저장할 수 있다.

③ 스토리보드에 제목 카드를 추가할 수 있다.

④ 프로젝트 라이브러리에 사진이나 동영상을 추가할 수 있다.

> '비디오 편집기'로 편집한 동영상은 mp4로만 저장할 수 있습니다.

▶ **정답** : 1. ④ 2. ② 3. ③ 4. ②

056 | Windows 보조프로그램 – 메모장

❶ 메모장 24.2, 23.2, 22.4, 22.3, 19.2, 12.3, 12.2, 11.3, 11.2, 10.3, 10.2, 10.1

- 특별한 서식이 필요 없는 간단한 텍스트(ASCII 형식) 파일을 작성할 수 있는 문서 작성 앱이다.
- 메모장은 텍스트(.TXT) 형식의 문서만을 열거나 저장할 수 있다.
- 메모장에서는 그림, 차트 등의 OLE 개체를 삽입할 수 없으며, '자동 맞춤법'과 같은 고급 편집 기능은 제공되지 않는다.
- 글꼴의 종류, 속성, 크기를 지정할 수 있으나 지정할 수 있는 속성의 종류도 다양하지 않고 문서 전체에 대해서만 적용할 수 있다.
- 문서의 첫 행 왼쪽에 대문자로 .LOG를 입력하면 문서를 열 때마다 현재의 시간과 날짜가 문서의 맨 마지막 줄에 자동으로 표시된다.
- [파일] → [페이지 설정]
  - 용지 크기, 방향, 여백, 머리글, 바닥글을 설정할 수 있고, 방향과 여백을 미리 보기로 확인할 수 있다.
  - 여백 단위는 밀리미터(mm)이다.

057 | Windows 보조프로그램 – 그림판

❶ 그림판 22.1, 19.2, 16.2, 15.3, 14.2, 14.1, 13.3, 13.2, 12.3, 12.2, 12.1, 11.3, 11.2, 11.1, 10.3

- 간단한 그림을 작성하거나 수정하기 위한 앱이다.
- 기본(Default) 저장 형식은 '.PNG'이다.
- 그림판에서는 BMP, GIF, TIF, PNG, JPG 등의 파일을 편집할 수 있다.
- 그림판에서 작성·편집한 그림은 Windows 바탕 화면의 배경으로 사용할 수 있다.
- Shift를 누른 상태에서는 수평선, 수직선, 45°의 대각선, 정사각형, 정원을 그릴 수 있다.
- 그림판에서 마우스 왼쪽 버튼으로 그림을 그릴 경우에는 연필과 붓 모두 전경색으로 그려지고, 오른쪽 버튼으로 그림을 그릴 경우에는 모두 배경색으로 그려진다.

- 색상을 변경할 때 전경색은 [홈] → [색] → [색 1(전경색)]을 클릭한 후 색을 선택하고, 배경색은 [홈] → [색] → [색 2(배경색)]를 클릭한 후 색을 선택한다.
- 편집 중인 이미지의 일부분을 선택한 후 삭제하면 삭제된 빈 공간은 '색 2'(배경색)로 채워진다.

058 | 기타 Windows 보조프로그램

❶ 캡처 도구 24.3, 24.2, 23.1, 21.4, 20.2, 16.3, 16.1

- 화면의 특정 부분 또는 전체를 캡처하여 HTML, PNG, GIF, JPG 파일로 저장하는 앱이다.
- 캡처 유형에는 사각형, 자유형, 창, 전체 화면 등이 있다.
- 펜, 형광펜, 지우개를 이용하여 캡처한 이미지에 필요한 정보를 추가할 수 있다.
- 캡처한 이미지는 전자 메일을 통해 바로 전송할 수 있다.

059 | 유니버설 앱 – 계산기/스티커 메모

❶ 계산기 24.5, 24.1, 23.3, 23.2, 22.4, 22.3, 22.2, 22.1, 21.3, 21.2, 20.1, 19.1, 17.1, 15.1, 14.3, 14.2, 14.1, …

- **표준** : 일반적인 사칙연산을 계산
- **공학용** : 삼각법이나 함수 등을 최대 32자리까지 계산
- **프로그래머** : 진법 변환 등을 최대 64자리까지 계산
- **그래프** : 삼각법, 부등식, 함수 등을 이용한 계산식을 그래프로 표시함
- **날짜 계산** : 두 날짜 간의 차이, 특정 날짜에 일수를 추가 또는 뺀 날짜를 계산

- 변환기 : 통화 환율, 부피, 길이, 무게 및 질량, 온도, 에너지, 면적, 속도, 시간, 일률, 데이터, 압력, 각도 등을 계산함
- 입력한 내용을 모두 지울 때는 C 단추나 Esc를 누른다.
- 표시된 숫자를 저장할 때는 MS 단추를, 저장된 숫자를 불러와 입력할 때는 MR 단추를 누른다.

❷ 스티커 메모 24.2, 23.2, 23.1, 21.2, 17.2

- 바탕 화면에 포스트잇 메모를 추가하여 간단한 내용을 입력하는 앱이다.
- [⋯(메뉴)]를 클릭하여 메모지의 색상을 변경할 수 있다.
- 굵게, 기울임꼴, 밑줄, 취소선, 글머리 기호 등의 서식을 지정하거나 이미지를 삽입할 수 있다.
- 닫힌 메모는 삭제되지 않으며, 메뉴의 '노트 목록'에서 다시 열거나 삭제할수 있다.

060 │ 유니버설 앱 - 기타

❶ 그림판 3D 24.1, 23.4, 22.2, 21.2

- Windows 보조프로그램의 '그림판'은 2D 작업만 할 수 있는 반면 '그림판 3D'는 3D까지 작업이 가능하다.
- '그림판 3D'에서 작업한 파일은 이미지, 비디오, 3D 모델 파일 형식이나 그림판 3D 프로젝트로 저장할 수 있다.
- 여러 개체를 하나의 묶음으로 그룹화하여 사용할 수 있다.
- Shift를 누른 상태에서는 수평선, 수직선, 45°의 대각선, 정사각형, 정원을 그릴 수 있다.

❷ 비디오 편집기 24.4, 23.5, 21.4, 21.3

사진이나 비디오 파일을 편집하고 음악, 내레이션 등의 오디오 파일을 추가하여 mp4 파일로 저장한다.

5장

컴퓨터의 유지와 보수

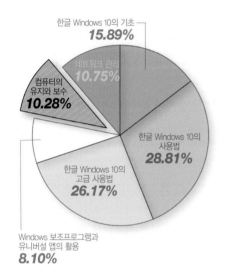

한글 Windows 10의 기초 **15.89%**

네트워크 관리 **10.75%**

컴퓨터의 유지와 보수 **10.28%**

한글 Windows 10의 사용법 **28.81%**

한글 Windows 10의 고급 사용법 **26.17%**

Windows 보조프로그램과 유니버설 앱의 활용 **8.10%**

061 Windows 관리 도구 – 시스템 정보, 드라이브 조각 모음 및 최적화, 디스크 정리 Ⓐ등급

062 Windows 시스템 – 작업 관리자 Ⓑ등급

063 시스템 유지 관리 – 드라이브 오류 검사 / 레지스트리 Ⓑ등급

064 Windows 문제 해결 Ⓐ등급

꼭 알아야 할 키워드 Best 10

1. 시스템 정보   **2.** 드라이브 조각 모음 및 최적화   **3.** 디스크 정리   **4.** 작업 관리자   **5.** 드라이브 오류 검사   **6.** 레지스트리   **7.** Regedit
8. 문제 해결   **9.** Tracert   **10.** 배드 섹터

Windows 관리 도구 – 시스템 정보 / 드라이브 조각 모음 및 최적화 / 디스크 정리

전문가의 조언

시스템 정보의 각 항목과 각 항목에서 제공하는 정보를 묻는 문제가 출제되고 있습니다. 시스템 정보에서 제공하는 정보에는 무엇이 있는지 알아두세요.

 1 시스템 정보

23.5, 23.4, 23.1, 22.3, 22.1, 21.4, 21.3, 18.상시, 17.2, 16.3, 15.3, 12.1, 11.3, 11.1, 09.4, 09.3, 09.2, 08.4, 07.2, 07.1, 06.1, 01.1

1105601

'시스템 정보'는 시스템 분석 및 문제 해결을 위하여 컴퓨터에 설치된 하드웨어와 소프트웨어의 정보를 제공한다.

실행 [田(시작)] → [Windows 관리 도구] → [시스템 정보] 선택

특징

- '시스템 정보'는 다음과 같이 항목별로 제공하며, 이러한 정보는 시스템 정보 파일(*.NFO)에 저장된다.
  - 하드웨어 리소스* : 충돌/공유, DMA, 강제로 설정된 하드웨어, I/O, IRQ, 메모리에 대한 정보를 표시한다.
  - 구성 요소 : 멀티미디어, 사운드 장치, 디스플레이 등 시스템의 각 구성 요소에 대한 정보를 표시한다.
  - 소프트웨어 환경 : 시스템 드라이버, 네트워크 연결 및 기타 앱 관련 정보를 표시한다.
- [파일] → [내보내기]를 선택하여 시스템 정보를 텍스트 파일(.TXT)로 저장할 수 있다.
- [보기] → [원격 컴퓨터]를 선택하여 네트워크상의 원격 컴퓨터에 대한 시스템 정보를 확인할 수 있다.

리소스(Resource)

컴퓨터에서 사용하고 있거나 사용할 수 있는 각각의 하드웨어 및 소프트웨어 요소를 의미하며, 자원이라고도 합니다.

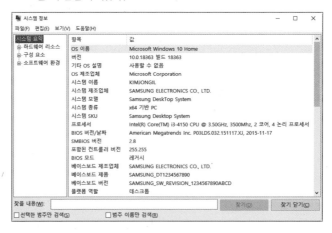

전문가의 조언

'드라이브 조각 모음 및 최적화'에 대한 문제는 자주 출제되니 세부적인 내용까지 확실히 구분하여 알아두세요.

2 드라이브 조각 모음 및 최적화

24.4, 24.2, 23.3, 23.2, 21.4, 21.1, 19.상시, 18.상시, 18.2, 17.1, 16.3, 16.2, 15.3, 14.3, 14.2, 13.2, 12.3, 12.2, 10.3, 08.2, 08.1, 07.3, 06.3, …

1105602

'드라이브 조각 모음 및 최적화'는 드라이브의 접근 속도를 향상시키기 위해 드라이브를 최적화하는 기능이다.

- 드라이브 미디어 유형이 HDD(Hard Disk Drive)인 경우 단편화(Fragmentation)* 로 인해 여기저기 분산되어 저장된 파일들을 연속된 공간으로 최적화시킨다.
- 드라이브 미디어 유형이 SSD(Solid State Drive)인 경우 트림(Trim)* 기능을 이용하여 최적화시킨다.

드라이브 조각 모음 및 최적화가 불가능한 경우

- NTFS, FAT, FAT32 이외의 파일 시스템으로 포맷된 경우
- CD/DVD-ROM 드라이브
- 네트워크 드라이브
- Windows가 지원하지 않는 형식으로 압축된 드라이브

실행

- **방법 1** : [■(시작)] → [Windows 관리 도구] → [드라이브 조각 모음 및 최적화] 선택
- **방법 2** : 파일 탐색기에서 드라이브를 선택한 후 리본 메뉴의 [관리] → [드라이브 도구] → [관리] → [최적화] 클릭
- **방법 3** : 파일 탐색기에서 드라이브의 바로 가기 메뉴 중 [속성] 선택 → '도구' 탭에서 '드라이브 최적화 및 조각 모음'의 〈최적화〉 클릭

특징

- '드라이브 조각 모음 및 최적화'는 드라이브에 대한 접근 속도를 향상시키기 위한 것으로, 드라이브의 용량 증가와는 관계가 없다.
- '드라이브 조각 모음 및 최적화'를 수행하면 드라이브 공간의 최적화가 이루어져 접근 속도와 안정성이 향상된다.
- '드라이브 최적화' 대화상자에서 〈설정 변경〉을 클릭하여 정해진 날(매일, 매주, 매월)에 '드라이브 조각 모음 및 최적화'를 자동으로 수행하도록 예약할 수 있다.
- '드라이브 조각 모음 및 최적화'를 실행하기 전에 〈분석〉*을 클릭하면 '드라이브 조각 모음 및 최적화' 실행의 필요 여부를 알려 준다.
- 드라이브 분석 결과 드라이브의 조각화 비율*이 10%를 넘으면 '드라이브 조각 모음 및 최적화'를 수행하는 것이 좋다.

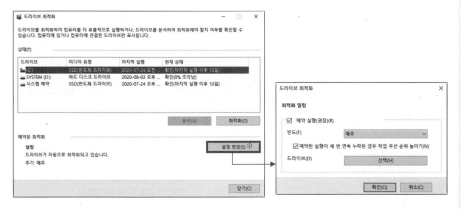

단편화(Fragmentation)
하나의 파일이 연속된 공간에 저장되지 않고, 여기 저기 분산되어 저장되는 것을 말합니다.

트림(Trim)
운영체제에서 데이터를 삭제하면 운영체제 상에서는 삭제된 것처럼 보이지만 실제로는 저장장치에 데이터가 남아 있는데, 이것을 삭제하는 기능이 트림입니다.

SSD 드라이브가 조각 비율 분석이 필요 없는 이유
앱을 실행시키기 위해 a, b, c를 저장소에서 가져와야 한다고 가정할 때 HDD는 a, b, c의 위치 정보를 확인한 후 자기디스크를 회전시키면서 각 위치에 있는 데이터를 가져옵니다. 반면 SSD는 a, b, c의 위치 정보를 확인한 후 전기적 신호를 해당 위치로 보내 데이터를 가져옵니다. 물리적인 '회전 시간'을 고려해야 하는 HDD는 데이터가 분산되어 있는 경우 필요한 데이터를 가져오는데 많은 시간이 필요하지만 SSD는 단순히 전기적 신호를 보내기만 하면 되므로 데이터가 분산되어 있더라도 시간 지연이 거의 발생하지 않습니다. 그래서 SSD 드라이브는 조각 비율을 분석할 필요가 없습니다.

드라이브 유형별 조각화 비율
- 드라이브의 미디어 유형이 하드 디스크 드라이브(HDD)인 경우에만 조각화 비율이 표시됩니다.
- 반도체 드라이브(SSD)인 경우 마지막 최적화 실행 이후부터 지난 일수가 표시됩니다. '드라이브 조각 모음 및 최적화'가 필요한 경우 '현재 상태'에 '최적화 필요'라고 표시됩니다.

전문가의 조언
예약이 설정되어 있는 경우 〈설정 변경〉으로 표시되고, 예약이 해제되어 있는 경우 〈켜기〉로 표시됩니다.

효율적인 '드라이브 조각 모음 및 최적화'

'드라이브 조각 모음 및 최적화'를 수행하는 동안 다른 작업을 할 수는 있지만, 모든 작업을 중지해야 효율적으로 '드라이브 조각 모음 및 최적화'를 수행할 수 있다.*

- **화면 보호기 해제** : [⊞(시작)] → [⚙(설정)] → [개인 설정] → [잠금 화면] → [화면 보호기 설정] → '화면 보호기'를 '없음'으로 설정
- **전원 모드 해제** : [⊞(시작)] → [⚙(설정)] → [시스템] → [전원 및 절전] → '화면'과 '절전 모드'를 '안 함'으로 설정

3 디스크 정리

23.5, 23.4, 23.1, 21.4, 18.상시, 16.3, 15.3, 15.2, 08.3, 06.2, 06.1, 05.4, 05.1, 04.2, 03.4, 02.4, 01.1

1105603

'디스크 정리'는 디스크의 여유 공간을 확보하기 위해 필요 없는 파일을 삭제하는 기능이다.

실행

- **방법 1** : [⊞(시작)] → [Windows 관리 도구] → [디스크 정리] 선택
- **방법 2** : 파일 탐색기에서 드라이브를 선택한 후 리본 메뉴의 [관리] → [드라이브 도구] → [관리] → [정리] 클릭
- **방법 3** : 파일 탐색기에서 드라이브의 바로 가기 메뉴 중 [속성] 선택 → '일반' 탭에서 〈디스크 정리〉 클릭
- **디스크 정리 대상** : 다운로드한 프로그램 파일*, 임시 인터넷 파일, Windows 오류 보고서 및 피드백 진단, DirectX 셰이더 캐시, 전송 최적화 파일, 휴지통, 임시 파일, 미리 보기 사진 등
- 〈시스템 파일 정리〉를 클릭하여 '기타 옵션' 탭을 추가하면 설치한 후 사용하지 않는 앱과 시스템 복원 지점을 제거*하여 여유 공간을 확보할 수 있다.

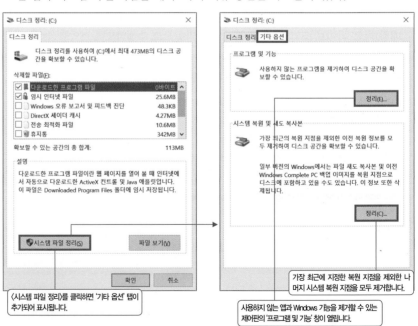

〈시스템 파일 정리〉를 클릭하면 '기타 옵션' 탭이 추가되어 표시됩니다.

가장 최근에 지정한 복원 지점을 제외한 나머지 시스템 복원 지점을 모두 제거합니다.

사용하지 않는 앱과 Windows 기능을 제거할 수 있는 제어판의 '프로그램 및 기능' 창이 열립니다.

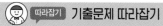 **따라잡기** **기출문제 따라잡기**

문제2 1105652   문제5 1105653

24년 4회, 2회
1. 다음 중 한글 Windows 10의 [드라이브 조각 모음 및 최적화]와 관련된 내용으로 옳지 않은 것은?

① 드라이브에 대한 접근 속도를 향상시키기 위한 것으로, 드라이브의 용량 증가와는 관계가 없다.

② 조각화 비율이 5%이면 드라이브 조각 모음 및 최적화를 수행할 필요가 있다.

③ 〈분석〉을 클릭하면 '드라이브 조각 모음 및 최적화' 실행의 필요 여부를 알려준다.

④ 네트워크 드라이브는 '드라이브 조각 모음 및 최적화'를 수행할 수 없다.

드라이브 분석 결과 드라이브의 조각화 비율이 10%를 넘는 경우에 '드라이브 조각 모음 및 최적화'를 수행하는 것이 좋습니다.

17년 2회, 11년 1회, 09년 4회, 07년 2회
2. 한글 Windows 10의 [Windows 관리 도구]에 있는 [시스템 정보]에 대한 설명으로 옳지 않은 것은?

① [시스템 정보]는 로컬 및 원격 컴퓨터의 구성 정보를 수집하고 표시한다.

② 내 시스템의 하드웨어 리소스와 소프트웨어 환경 등을 보여준다.

③ [파일] 메뉴의 [내보내기]를 이용하여 시스템 정보를 텍스트 파일로 저장할 수 있다.

④ 구성 요소 항목에는 시스템 드라이버 등 소프트웨어의 파일명, 상태 등이 표시된다.

구성 요소 항목에는 멀티미디어, 사운드 장치 등 시스템의 각 구성 요소에 관련된 정보가 표시됩니다.

23년 3회, 19년 상시, 18년 상시, 18년 2회, 17년 1회, 14년 3회, 2회, 12년 2회
3. 다음 중 한글 Windows 10의 [드라이브 조각 모음 및 최적화]에 관한 설명으로 옳지 않은 것은?

① 드라이브의 접근 속도 향상뿐만 아니라 드라이브 용량 증가를 위하여 사용한다.

② Windows가 지원하지 않는 형식의 압축 파일이나, 네트워크 드라이브는 수행할 수 없다.

③ 드라이브 조각 모음 및 최적화 일정 구성을 통하여 예약 실행을 할 수 있다.

④ 하드디스크 드라이브의 경우 '드라이브 조각 모음 및 최적화'가 필요한 지 확인하려면 먼저 드라이브를 분석해야 한다.

드라이브 조각 모음 및 최적화는 드라이브 용량 증가와는 관계가 없습니다.

23년 5회, 22년 3회, 21년 3회
4. 다음 중 한글 Windows 10에서 [시스템 정보] 창의 시스템 요약 범주가 아닌 것은?

① 하드웨어 리소스 ② 구성 요소

③ 하드웨어 환경 ④ 소프트웨어 환경

[시스템 정보] 창의 시스템 요약 범주에 '하드웨어 환경'이라는 항목은 없습니다.

21년 1회, 16년 2회, 13년 1회, 12년 3회, 07년 3회
5. 다음 중 한글 Windows 10의 [드라이브 조각 모음 및 최적화]와 관련된 내용으로 옳지 않은 것은?

① '드라이브 조각 모음 및 최적화'가 진행 중인 동안에는 컴퓨터를 사용할 수 없다.

② NTFS, FAT, FAT32 이외의 다른 파일 시스템으로 포맷된 경우와 네트워크 드라이브에 대해서는 '드라이브 조각 모음 및 최적화'를 실행할 수 없다.

③ '드라이브 조각 모음 및 최적화'를 수행하면 드라이브의 공간 최적화를 이루어 속도와 안전성이 향상된다.

④ '드라이브 조각 모음 및 최적화'를 정해진 주기에 자동으로 수행할 수 있도록 예약을 설정할 수 있다.

'드라이브 조각 모음 및 최적화'가 진행 중인 상태에서도 컴퓨터 사용은 가능하지만 속도가 느려질 수 있습니다.

23년 5회, 4회, 1회, 21년 4회, 18년 상시, 16년 3회, 15년 3회
6. 다음 중 한글 Windows 10의 Windows 관리 도구에 대한 설명으로 옳지 않은 것은?

① [시스템 정보]를 실행하면 하드웨어 리소스, 구성 요소, 설치된 소프트웨어 환경 등의 정보를 알 수 있다.

② [리소스 모니터]는 CPU, 네트워크, 디스크, 메모리 사용 현황을 실시간으로 모니터링 할 수 있다.

③ DVD 드라이브에 대하여 [드라이브 조각 모음 및 최적화]를 수행하면 시스템의 성능을 향상시킬 수 있다.

④ [디스크 정리]를 사용하면 임시 파일이나 휴지통에 있는 파일 등을 삭제하여 디스크의 공간을 확보할 수 있다.

DVD, CD-ROM, 네트워크 드라이브에 대해서는 '드라이브 조각 모음 및 최적화'를 수행할 수 없습니다.

▶ 정답 : 1. ② 2. ④ 3. ① 4. ③ 5. ① 6. ③

Windows 시스템 - 작업 관리자

1105701

1 24.4, 23.1, 21.2, 16.2, 15.3, 15.1, 13.3

작업 관리자

'작업 관리자'는 컴퓨터에서 현재 실행중인 앱과 프로세스에 대한 정보를 제공하고 응답하지 않는 앱을 종료할 때 사용한다.

실행

- **방법 1** : [⊞(시작)] → [Windows 시스템] → [작업 관리자] 선택
- **방법 2** : [⊞(시작)]의 바로 가기 메뉴*에서 [작업 관리자] 선택
- **방법 3** : 작업 표시줄의 바로 가기 메뉴에서 [작업 관리자] 선택
- **방법 4** : Ctrl + Shift + Esc 누름

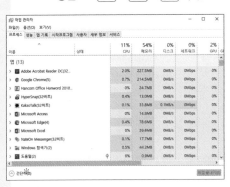

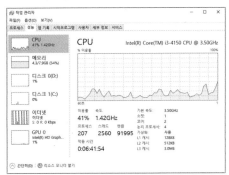

- [옵션] 메뉴를 이용하면 항상 위에 표시, 전환할 때 최소화, 최소화할 때 숨기기 등을 지정할 수 있다.

2 24.3, 23.4, 23.3, 23.1, 21.4, 21.3, 21.2, 21.1, 19.상시, 19.2, 18.상시, 18.2, 18.1, 16.2, 16.1, 12.3, 12.2, 11.2, 10.2, 09.1, 08.1, 06.4, 06.3

'작업 관리자' 대화상자의 탭별 기능

프로세스	현재 실행 중인 앱과 프로세스의 상태를 확인하고, 응답하지 않는 앱이나 프로세스를 종료할 수 있다.
성능	CPU, 메모리, 디스크, 이더넷(네트워크), GPU의 자원 사용 현황을 그래프로 표시한다.
앱 기록	특정 날짜 이후의 앱별 리소스* 사용량을 표시한다.
시작프로그램	Windows가 시작될 때 자동으로 실행되는 앱의 사용 여부를 지정한다.
사용자	• 현재 컴퓨터에 로그인되어 있는 모든 사용자를 보여준다. • 특정 사용자에게 메시지를 보내거나 강제로 로그아웃* 시킬 수 있다.
세부 정보	• 현재 실행 중인 프로세스에 대해 CPU 및 메모리 사용에 대한 자세한 정보를 표시한다. • 현재 실행 중인 프로세스를 선택하여 종료할 수 있다.
서비스	시스템의 서비스 항목을 확인하고 실행 여부를 지정한다.

문제3 1105751

따라잡기 **기출문제 따라잡기**

24년 3회, 23년 4회, 21년 2회, 16년 1회

1. 다음 중 한글 Windows 10에서 [작업 관리자] 대화상자의 각 탭에서 표시하고 있는 작업으로 옳은 것은?

① [성능] 탭은 실행중인 앱의 목록이 표시된다.

② [사용자] 탭은 실행중인 이미지 이름과 CPU 사용량 등을 표시한다.

③ [시작프로그램] 탭은 Windows가 시작될 때 자동으로 실행되는 앱의 사용 여부를 지정한다.

④ [프로세스] 탭은 CPU와 메모리 사용량을 수치와 백분율, 그래프로 각각 표시한다.

> ① '성능' 탭에서는 CPU, 메모리, 디스크, 이더넷(네트워크), GPU의 자원 사용 현황을 그래프로 표시합니다.
> ② '사용자' 탭에서는 현재 컴퓨터에 로그인되어 있는 모든 사용자를 표시하고, 특정 사용자에게 메시지를 보내거나 강제로 로그아웃 시킬 수 있습니다.
> ④ '프로세스' 탭에서는 현재 실행 중인 앱과 프로세스의 상태를 확인하고, 응답하지 않는 앱이나 프로세스를 종료할 수 있습니다.

23년 1회, 21년 4회, 1회, 18년 2회, 16년 2회, 09년 1회

2. 다음 중 한글 Windows 10의 [작업 관리자] 대화상자에서 할 수 있는 작업으로 옳지 않은 것은?

① 현재 실행중인 앱의 작업에 대하여 강제로 끝내기를 할 수 있다.

② 모든 사용자의 프로세스를 표시하거나 해당 프로세스의 끝내기를 할 수 있다.

③ 시스템의 서비스 항목을 확인하고 해당 서비스를 중지하거나 실행할 수 있다.

④ 현재 시스템 사용자를 로그아웃 하거나 새로운 사용자를 추가할 수 있다.

> '작업 관리자' 대화상자의 [사용자] 탭에서는 로그인 된 사용자 확인, 사용자에게 메시지 전송, 사용자 강제 로그아웃을 수행할 수 있습니다.

21년 3회, 19년 상시, 19년 2회, 16년 1회

3. 다음 중 한글 Windows 10의 [작업 관리자] 대화상자에서 확인할 수 있는 사항으로 옳지 않은 것은?

① 실행 중인 앱 목록

② CPU와 메모리의 사용 현황

③ 네트워크 처리량과 연결 속도

④ 프린터 등의 주변 기기 사용 목록

> '작업 관리자' 대화상자에서 프린터 등의 주변 기기 사용 목록은 확인할 수 없습니다.

24년 4회, 23년 3회, 21년 4회

4. 다음 중 [작업 관리자] 창에서 할 수 있는 작업으로 옳지 않은 것은?

① 현재 실행중인 프로그램의 작업에 대하여 강제로 끝내기를 할 수 있다.

② [세부 정보] 탭에서 실행 중인 프로그램을 선택하여 프로그램 자체를 제거할 수 있다.

③ 컴퓨터의 논리적인 디스크의 사용량을 확인할 수 있다.

④ 시작 프로그램에 등록된 개별 앱들을 사용 또는 사용 안 함을 설정할 수 있다.

> [세부 정보] 탭에서는 현재 실행 중인 프로세스를 선택하여 종료할 수 있을 뿐 프로그램 자체를 제거할 수는 없습니다.

▶ **정답** : 1. ③ 2. ④ 3. ④ 4. ②

SECTION 063
시스템 유지 관리 -
드라이브 오류 검사 / 레지스트리

전문가의 조언

'드라이브 오류 검사'와 '레지스트리'는 특징을 아닌 것을 찾는 문제가 주로 출제되니 확실히 정리해 두세요.

배드 섹터
드라이브에서 발견된 물리적인 손상 영역으로, 더 이상 데이터를 기록할 수 없는 부분입니다.

교차 연결
두 개 이상의 파일이 하나의 클러스터에 기록된 것입니다.

---

1 24.4, 19.2, 17.2, 16.1, 15.1, 14.1, 11.1, 10.2, 10.1, 08.4, 06.2, 05.3, 04.3, 03.4, 03.3, 03.2, 03.1, 02.3, 02.1, 01.3, 00.3, 00.2, 00.1, 99.1
드라이브 오류 검사
1105801

'드라이브 오류 검사'는 하드디스크(HDD)나 SSD에 논리적 혹은 물리적으로 손상이 있는지 검사하고, 복구 가능한 에러가 있으면 이를 복구해 주는 기능이다.

실행 파일 탐색기에서 드라이브의 바로 가기 메뉴 중 [속성] 선택 → '도구' 탭에서 '오류 검사'의 〈검사〉 클릭

- 드라이브 오류 검사는 폴더와 파일의 오류를 검사하여 발견된 오류를 복구한다.
- 드라이브 오류 검사는 드라이브를 검사하여 배드 섹터(Bad Sector)*를 표시한다.
- 드라이브 오류 검사는 손상된 부분을 복구할 때 교차 연결*된 파일이 발견되면 제거하거나 백업한다.
- 네트워크 드라이브, CD/DVD-ROM 드라이브는 드라이브 오류 검사를 수행할 수 없다.
- 드라이브 오류 검사는 시스템의 성능 향상을 위해 정기적으로 실행하는 것이 좋다.
- 드라이브 오류 검사는 물리적인 오류가 발생한 부분을 확인하고, 그 부분에 있는 파일을 다른 위치로 옮긴 다음 해당 위치를 배드 섹터로 NTFS에 기록하여 다음부터는 그 공간을 사용하지 않도록 한다.

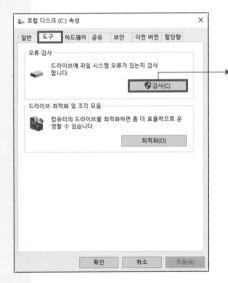
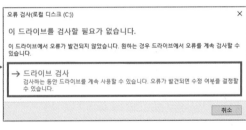

2 레지스트리

24.3, 23.4, 23.2, 21.4, 21.2, 20.1, 18.상시, 16.1, 11.3, 09.1, 08.3, 08.1, 07.4, 07.3, 06.3, 06.2, 06.1, 05.4, 05.1, 04.2, 03.3, 00.3, 00.2, …

1105802

'레지스트리(Registry)'는 컴퓨터에 설치된 모든 하드웨어와 소프트웨어의 실행 정보를 한군데 모아 관리하는 계층적인 데이터베이스이다.

- **레지스트리 편집기 실행**
  - **방법 1** : [⊞(시작)] → [Windows 관리 도구] → [레지스트리 편집기] 선택
  - **방법 2** : 작업 표시줄의 검색 상자에 **레지스트리 편집기** 또는 **Regedit**를 입력한 후 Enter를 누름
  - **방법 3** : 파일 탐색기의 주소 표시줄이나 '실행(⊞+R)' 창에 **Regedit**를 입력한 후 Enter를 누름
- **레지스트리 백업** : 레지스트리 편집기에서 [파일] → [내보내기]를 선택한 후 내보내기할 파일 이름 지정
- 레지스트리는 IRQ, I/O 주소, DMA 등과 같은 하드웨어 자원과 앱 실행 정보와 같은 소프트웨어 자원을 관리한다.
- 레지스트리는 시스템과 사용자에 대한 중요한 정보를 가지고 있으므로 레지스트리에 문제가 있을 경우 시스템이 부팅되지 않을 수도 있다.
- 레지스트리의 정보는 삭제할 수 있으나 시스템에 이상이 생길 수 있으므로 함부로 삭제하지 않는 것이 좋다.

따라잡기 기출문제 따라잡기

문제1 1105851

24년 3회, 23년 4회, 2회, 21년 4회, 2회, 20년 1회, 18년 상시, 16년 1회

1. 다음 중 한글 Windows 10에서 레지스트리에 대한 설명으로 옳지 않은 것은?

① 레지스트리를 편집하려면 작업 표시줄의 검색 상자에서 'regedit'를 입력하여 실행한다.

② 레지스트리란 Windows 사용자의 정보, 앱의 정보, 설정 사항 등 Windows 실행 설정에 대한 정보를 담은 데이터베이스이다.

③ 레지스트리가 손상되면 Windows에 치명적인 손상을 줄 수 있으므로 주의하여 사용해야 한다.

④ 레지스트리는 백업을 받을 수 없으므로 함부로 삭제하거나 실수하는 일이 없도록 신중하게 편집하여야 한다.

> 레지스트리 편집기에서 [파일] → [내보내기] 메뉴를 이용하여 사용자가 직접 레지스트리를 백업할 수 있습니다.

24년 4회

2. 다음 중 한글 Windows 10의 Windows 관리 도구에 대한 설명으로 옳지 않은 것은?

① [시스템 정보]를 실행하면 하드웨어 리소스, 구성 요소, 설치된 소프트웨어 환경 등의 정보를 알 수 있다.

② [리소스 모니터]를 사용하면 하드디스크(HDD)나 SSD에 논리적 혹은 물리적으로 손상이 있는지 검사할 수 있다.

③ [드라이브 조각 모음 및 최적화]는 드라이브의 접근 속도를 향상시키기 위해 드라이브를 최적화할 수 있다.

④ [디스크 정리]를 사용하면 임시 파일이나 휴지통에 있는 파일 등을 삭제하여 디스크의 공간을 확보할 수 있다.

> [리소스 모니터]는 CPU, 네트워크, 디스크, 메모리 사용 현황을 실시간으로 모니터링 하는 관리 도구입니다. 하드디스크(HDD)나 SSD에 논리적 혹은 물리적으로 손상이 있는지 검사하는 관리 도구는 '드라이브 오류 검사'입니다.

▶ **정답** : 1. ④ 2. ②

Windows 문제 해결

전문가의 조언

발생한 문제에 대한 종합적인 해결 방법을 묻는 문제가 출제되었습니다. 문제 해결 방법을 무조건 암기하려 하지 말고, 문제 발생의 원인을 생각하면서 해결 방법을 정리하면 쉽게 이해할 수 있습니다.

'시작프로그램' 폴더 경로
로컬 디스크(C:)\사용지\사용자명\AppData\Roaming\Microsoft\Windows\시작 메뉴\프로그램\시작프로그램
※ 'AppData' 폴더는 파일 탐색기에서 [보기] → [표시/숨기기] → [숨긴 항목]을 체크해야 표시됩니다.

'작업 관리자' 대화상자
'작업 관리자' 대화상자를 표시하는 바로 가기 키는 Ctrl + Shift + Esc 입니다.

1 메모리 용량 문제 해결 방법

18.1, 16.3, 16.1, 15.1, 14.1, 10.1, 09.3, 06.4, 05.1, 04.3, 01.2, 01.1, 98.3

1105903

- 불필요한 앱을 종료한다.
- '시작프로그램*' 폴더에서 불필요한 앱을 삭제한다.
- [⊞(시작)] → [⚙(설정)] → [앱] → [시작 프로그램]이나 '작업 관리자*' 대화상자의 '시작프로그램' 탭에서 불필요한 앱의 실행을 해제한다.

- [⊞(시작)] → [⚙(설정)] → [시스템] → [정보] → [고급 시스템 설정] 클릭 → '시스템 속성' 대화상자의 '고급' 탭에서 가상 메모리의 크기를 적절히 설정한다.
- 작업량에 비해 메모리가 적을 경우는 시스템에 메모리(RAM)를 추가한다.

2 하드디스크 관련 문제 해결 방법

18.1, 16.3, 16.1, 15.1, 14.1, 13.3, 10.1, 09.3, 07.3, 06.4, 05.2, 05.1, 04.4, 04.3, 04.1, 03.1, 02.3, 01.3, 01.1, 00.3, 00.1, 99.3, 99.2

1105904

디스크 공간이 부족한 경우

- 불필요한 파일은 백업한 다음 하드디스크에서 삭제한다.
- 사용하지 않는 Windows 기능을 제거한다.
- 휴지통에 있는 파일을 삭제한다.
- [디스크 정리]를 실행하여 불필요한 파일들을 삭제한다.

디스크 접근 속도가 느려질 경우

- [드라이브 조각 모음 및 최적화]를 실행한다.

3 비정상적인 부팅 문제 해결 방법

24.4, 18.1, 16.3, 16.1, 14.1, 05.1, 04.3, 01.1, 00.2, 99.3

1105905

- 안전 모드*로 부팅하여 문제를 해결한 후 정상 모드로 재부팅한다.
- 복구 모드로 부팅*한 후 문제 해결 작업을 수행한다.
- 부팅 가능한 USB나 CD/DVD-ROM으로 부팅한 후 원인을 찾는다.
- 시스템 복구 디스크*를 만들어 둔 경우 시스템 복구 디스크를 이용해 시스템 복구를 수행한다.
- 바이러스에 의해 이상이 생겼을 경우 백신앱으로 치료한다.

4 네트워크 관련 문제 해결 방법

23.3, 20.1, 19.2, 16.2, 10.1, 06.4, 05.1, 04.1, 01.3, 99.1, 98.1

1105906

네트워크가 정상적으로 작동되지 않는다

- 네트워크 카드나 케이블이 바르게 연결되었는지 점검한다.
- [⊞(시작)] → [⚙(설정)] → [네트워크 및 인터넷] → [상태] → [어댑터 옵션 변경] → [이더넷]의 속성 대화상자에서 'Microsoft Networks용 클라이언트'나 '인터넷 프로토콜 버전 4', '인터넷 프로토콜 버전 6'의 설정을 확인한다.
- 네트워크에 연결된 다른 컴퓨터가 제대로 작동하고 있는지 점검한다.
- 네트워크에 연결된 컴퓨터들의 프로토콜이 동일한지 확인한다.

인터넷이 정상적으로 작동되지 않는다

- 네트워크 카드나 케이블이 바르게 연결되었는지 점검한다.
- Windows 또는 웹 브라우저가 정상적으로 설치되어 있는지 확인한다.
- Ping* 명령을 사용해 접속하려는 사이트의 서버 상태를 확인한다.
- 속도가 느려진 경우 Tracert* 명령을 사용하여 속도가 느려진 원인을 확인한다.

인터넷 사용 도중 '스크립트 오류' 라는 메시지가 나온다

웹 브라우저를 최신 버전으로 업데이트한다.

5 기타 문제 해결 방법

24.1, 23.5, 23.4, 23.1, 22.4, 22.3, 21.2, 20.1, 17.2, 16.3, 15.1, 14.2, 10.1

4106405

21.2, 20.1, 18.1, 17.2, 16.3, 15.1 앱이 응답하지 않는 경우	Ctrl + Shift + Esc 를 누르면 나타나는 '작업 관리자' 대화상자의 '프로세스' 탭에서 응답하지 않는 앱의 작업을 종료한다.
24.1, 23.5, 23.4, 22.4, 22.3 설치한 앱에 문제가 발생한 경우	[⊞(시작)] → [⚙(설정)] → [앱] → [앱 및 기능]*에서 앱을 선택한 후 다음 작업을 수행한다. • 〈제거〉를 클릭하여 삭제한 후 다시 설치한다. • 〈수정〉을 클릭하여 복구 작업을 수행한다. • 〈고급 옵션〉을 클릭하여 복구나 초기화 작업을 수행한다.

안전 모드로 부팅되는 이유
- 시스템에 설정된 정보를 정확히 처리할 수 없는 경우
- 레지스트리가 손상된 경우
- 앱이 안전 모드로 부팅하기를 요구하는 경우

복구 모드로 부팅
[⊞(시작)] → [⚙(설정)] → '설정' 창에서 〈업데이트 및 보안〉 클릭 → 왼쪽 항목에서 〈복구〉 클릭 → '고급 시작 옵션'에서 〈지금 다시 시작〉을 클릭합니다.

시스템 복구 디스크
시스템 복구 디스크는 시스템에 문제가 발생하여 정상적으로 부팅이 되지 않을 때 사용하기 위한 디스크로, 오류 발생 시 Windows 를 복구할 수 있습니다. Windows 10에서는 [제어판]의 [복구] 창에서 '복구 드라이브 만들기'를 이용하여 만들 수 있습니다.

Ping
접속하려는 사이트의 서버 상태를 확인하는 명령으로, 연결 상태 검사가 실패로 나올 경우 우선 네트워크 카드나 케이블을 점검한 후 이상이 없으면 인터넷 서비스 업체에 문의를 해야 합니다.

Tracert
네트워크 속도가 느려질 경우 어디에서 문제가 발생하는지를 확인하는 명령으로, 특정 네트워크까지 연결되는 경로를 보여주면서 각 네트워크에 도달하는 시간을 보여줍니다.

전문가의 조언

최근 앱과 관련된 문제의 해결 방법을 묻는 문제가 출제되고 있습니다. 앱과 관련된 문제들은 작업 관리자 또는 앱 및 기능을 통해 해결한다는 것을 기억해 두세요.

[앱 및 기능] 창을 여는 다른 방법
[⊞(시작)]의 바로 가기 메뉴 (⊞+X)에서 [앱 및 기능]을 선택합니다.

시스템 파일 검사기
[⊞(시작)] → [Windows 시스템] → [명령 프롬프트]의 바로 가기 메뉴에서 [자세히] → [관리자 권한으로 실행]을 선택하여 나타나는 '명령 프롬프트' 창에서 sfc /scannow 을 입력한 후 Enter 를 누르면 시스템 파일 검사기가 실행됩니다.

16.3, 14.2, 10.1, 06.4, 05.1 하드웨어끼리 충돌을 일으킨 경우	[⊞(시작)]의 바로 가기 메뉴에서 [장치 관리자]를 클릭하여 중복 설치된 장치가 있는 경우 해당 장치를 제거한 후 [⊞(시작)] → [◉(설정)] → [장치]에서 새로 설치한다.
일부 Windows 기능이 작동하지 않거나 충돌하는 경우	'시스템 파일 검사기'*를 이용하여 손상된 파일을 찾아 복구한다.
중지(블루 스크린) 오류가 발생하는 경우	중지 오류는 소프트웨어 및 하드웨어에 이상이 발생하여 윈도우가 응답하지 않을 때 표시되는데, 중지 오류에 표시된 오류 번호와 설명 메시지를 보고 오류의 원인을 찾아 해결한다.
23.1 Bluetooth 장치를 연결할 수 없는 경우	• 연결할 장치가 Bluetooth를 지원하는지 확인한다. • 컴퓨터와 연결할 장치에 Bluetooth 기능이 켜져있는지 확인한다. • Bluetooth 장치의 드라이버를 업데이트한다.

따라잡기 기출문제 따라잡기

 문제 1 1105951 문제 3 1105952

16년 1회, 14년 1회, 05년 1회, 04년 3회, 01년 3회

1. 한글 Windows 10에서의 문제 해결 방법에 관한 설명 중 가장 거리가 먼 것은?

① [메모리 부족]일 경우에는 가상 메모리를 충분히 확보할 수 있도록 휴지통, 임시 파일, 사용하지 않는 앱 등을 삭제한다.

② [디스크 공간 부족]일 경우에는 열려진 앱이나 문서 중 불필요한 것을 종료한다.

③ [부팅이 안 되는 경우]에는 안전 모드로 부팅하여 문제를 해결한 후 정상 모드로 재부팅한다.

④ [시스템 속도 문제]일 경우에는 드라이브 조각 모음 및 최적화를 수행한다.

> 현재 실행중인 앱 중 불필요한 것을 종료하는 것은 메모리가 부족할 경우의 문제 해결 방법입니다.

23년 3회, 20년 1회, 16년 2회,

2. 다음 중 한글 Windows 10에서 인터넷이 정상적으로 작동하지 않을 때 취해야 할 조치로 옳지 않은 것은?

① 네트워크 카드나 케이블이 바르게 연결되었는지 점검한다.

② 속도가 느려진 경우 config 명령을 사용하여 속도가 느려진 원인을 확인한다.

③ Windows 또는 웹 브라우저가 정상적으로 설치되어 있는지 확인한다.

④ Ping 명령을 사용해 접속하려는 사이트의 서버 상태를 확인한다.

> 속도가 느려진 경우에는 Tracert 명령을 사용하여 속도가 느려진 원인을 확인해야 합니다.

15년 1회, 13년 3회, 09년 3회, 05년 2회, 04년 1회, 03년 1회, 02년 3회

3. 다음 중 한글 Windows 10에서 디스크 공간 부족을 해결하기 위한 방법으로 가장 옳지 않은 것은?

① 불필요한 파일과 사용하지 않는 Windows 기능을 제거한다.

② '시작 프로그램' 폴더에서 불필요한 앱을 삭제한 후 시스템을 재시작한다.

③ 휴지통에 있는 파일을 삭제한다.

④ 디스크 정리를 통해 오래된 압축 파일이나 임시 인터넷 파일 등을 삭제한다.

> '시작 프로그램' 폴더에서 불필요한 앱을 삭제한 후 시스템을 재시작 하는 것은 디스크 공간이 아니라 메모리 용량이 부족할 때의 해결 방법입니다.

21년 2회, 20년 1회, 17년 2회, 16년 3회, 15년 1회

4. 다음 중 한글 Windows 10에서 실행 중인 앱이 응답하지 않는 경우의 문제 해결 방법으로 가장 적절한 것은?

① [드라이브 조각 모음 및 최적화]를 수행한다.

② Ctrl + Shift + Esc 를 누른 후에 [작업 관리자] 대화상자의 [프로세스] 탭에서 응답하지 않는 앱을 강제 종료시킨다.

③ [시스템 파일 검사기]를 이용하여 해당 앱을 검색한 후에 복구한다.

④ 네트워크 카드나 케이블이 바르게 연결되었는지 점검한다.

> 응답하지 않는 앱은 찾아서 강제로 종료해야 합니다.

따라잡기 기출문제 따라잡기

18년 1회, 16년 3회

5. 다음 중 한글 Windows 10에서 발생하는 문제의 해결 방법으로 옳지 않은 것은?

① 사용 중인 앱이 응답하지 않을 경우 [작업 관리자] 창을 열어 해당 앱에 대해 작업 끝내기를 한다.

② 메모리가 부족하여 앱을 실행할 수 없을 경우 가상 메모리의 크기를 적절히 설정한다.

③ 정상적으로 부팅이 안 되는 경우 안전 모드로 부팅하여 문제를 해결한 후 표준 모드로 재부팅한다.

④ 하드디스크의 공간이 부족할 경우 [드라이브 조각 모음 및 최적화]를 실행하여 디스크 공간을 확보한다.

> 디스크의 접근 속도가 느려졌을 때는 [드라이브 조각 모음 및 최적화]를, 디스크의 공간이 부족할 때는 [디스크 정리]를 수행해야 합니다.

19년 2회

6. 다음 중 한글 Windows 10에서 네트워크에 이상이 있어 발생하는 문제라고 볼 수 없는 것은?

① 네트워크를 통해 다른 컴퓨터와 연결되지 않는 경우

② 네트워크에 로그온 할 수 없는 경우

③ 다른 컴퓨터에 연결된 프린터를 공유할 수 없는 경우

④ 현재 실행 중인 이미지 뷰어 앱이 응답하지 않는 경우

> 네트워크에 이상이 있는 경우 네트워크 연결, 네트워크 로그인, 네트워크에 연결된 장치 공유 등에 문제가 발생할 수 있습니다.

24년 1회, 23년 5회, 4회, 22년 4회, 3회

7. 다음 중 한글 Windows 10에서 설치된 앱에 문제가 발생한 경우 이를 해결하기 위한 방법으로 옳지 않은 것은?

① [앱] → [앱 및 기능]에서 앱을 선택한 후 [수정]을 클릭하여 복구 작업을 수행한다.

② 앱을 완전히 제거한 후 다시 설치한다.

③ [시작] 메뉴를 클릭한 후 앱의 바로 가기 메뉴에서 [초기화]를 클릭한다.

④ [WinKey]+[X]를 누른 후 [앱 및 기능]을 열어 앱을 선택한 후 복구 작업을 수행한다.

> [⊞(시작)] 메뉴에 등록된 앱의 바로 가기 메뉴에는 [초기화]가 없습니다. [초기화]는 [앱 및 기능]에서 앱을 선택한 후 '고급 옵션'을 클릭하면 표시되는 창에서 확인할 수 있습니다.

23년 1회

8. 다음 중 한글 Windows 10에서 Bluetooth 장치를 연결할 수 없다는 메시지가 나타났을 때 수행해야 할 작업으로 옳지 않은 것은?

① 연결하려는 제품이 Bluetooth를 지원하는지 확인한다.

② Windows의 장치에서 Bluetooth가 켜져 있는지 확인한다.

③ 제품이 Bluetooth를 지원하지만 연결되지 않는 경우 드라이버를 업데이트한다.

④ [설정] → [앱]에서 Bluetooth 제품의 드라이버를 설치한다.

> [⚙(설정)] → [앱]에서는 드라이버를 설치할 수 없습니다. 드라이버는 해당 장치가 플러그 앤 플레이(PnP)를 지원하면 Windows에서 자동으로 인식하여 설치되고, 지원하지 않으면 [장치 관리자] 이용하여 수동으로 설치해야 합니다.

24년 4회

9. 다음 중 한글 Windows 10에서 비정상적인 부팅 문제 해결 방법으로 가장 옳지 않은 것은?

① 전원을 켬과 동시에 [F5]를 눌러 복구 모드로 부팅한 후 문제 해결 작업을 수행한다.

② 안전 모드로 부팅하여 문제를 해결한 후 표준 모드로 재부팅한다.

③ 부팅 가능한 CD/DVD-ROM으로 부팅한 후 원인을 찾는다.

④ 시스템 복구 디스크를 만들어 둔 경우 시스템 복구 디스크를 이용해 시스템 복구를 수행한다.

> 복구 모드로 부팅하기 위해서는 [⚙(설정)] → [업데이트 및 보안] → [복구]에서 '고급 시작 옵션' 항목의 〈지금 다시 시작〉을 클릭해야 합니다.

▶ 정답 : 1. ② 2. ② 3. ② 4. ② 5. ④ 6. ④ 7. ③ 8. ④ 9. ①

061 | Windows 관리 도구

❶ 시스템 정보 _{23.5, 23.4, 23.1, 22.3, 22.1, 21.4, 21.3, 18.상시, 17.2, 16.3, 15.3, 12.1, 11.3, 11.1}

- 시스템 분석 및 문제 해결을 위하여 컴퓨터에 설치된 하드웨어와 소프트웨어의 정보를 다음과 같이 항목별로 제공하며, 이러한 정보는 시스템 정보 파일(*.NFO)에 저장된다.
  - **하드웨어 리소스** : 충돌/공유, DMA, 강제로 설정된 하드웨어, I/O, IRQ, 메모리에 대한 정보를 표시함
  - **구성 요소** : 멀티미디어, 사운드 장치, 디스플레이 등 로컬 및 원격 컴퓨터의 각 구성 요소에 대한 정보를 표시함
  - **소프트웨어 환경** : 시스템 드라이버, 네트워크 연결 및 기타 앱 관련 정보를 표시함
- [파일] → [내보내기]를 선택하여 시스템 정보를 텍스트 파일(.TXT)로 저장할 수 있다.
- **실행** : [⊞(시작)] → [Windows 관리 도구] → [시스템 정보] 선택

❷ 드라이브 조각 모음 및 최적화 _{24.4, 24.2, 23.3, 23.2, 21.4, 21.1, 19.상시, 18.상시, …}

- 드라이브에 대한 접근 속도를 향상시키기 위한 것으로, 드라이브의 용량 증가와는 관계가 없다.
- 드라이브 미디어 유형이 HDD(Hard Disk Drive)인 경우 단편화(Fragmentation)로 인해 여기저기 분산되어 저장된 파일들을 연속된 공간으로 최적화시킨다.
- NTFS, FAT 또는 FAT32 이외의 파일 시스템으로 포맷된 경우, CD/DVD-ROM 드라이브, 네트워크 드라이브에 대해서는 '드라이브 조각 모음 및 최적화'를 수행할 수 없다.
- '드라이브 조각 모음 및 최적화'를 수행하면 드라이브 공간의 최적화가 이루어져 접근 속도와 안정성이 향상된다.
- '드라이브 최적화' 대화상자에서 〈설정 변경〉을 클릭하여 정해진 날(매일, 매주, 매월)에 드라이브 조각 모음 및 최적화를 자동으로 수행하도록 예약할 수 있다.
- '드라이브 조각 모음 및 최적화'를 실행하기 전에 〈분석〉을 클릭하면 '드라이브 조각 모음 및 최적화' 실행의 필요 여부를 알려 준다.

- '드라이브 조각 모음 및 최적화'를 수행하는 동안 다른 작업을 할 수는 있지만, 모든 작업을 중지해야 효율적으로 '드라이브 조각 모음 및 최적화'를 수행할 수 있다.

❸ 디스크 정리 _{23.5, 23.4, 23.1, 21.4, 18.상시, 16.3, 15.3, 15.2}

- 디스크 정리는 디스크의 여유 공간을 확보하기 위해 필요 없는 파일을 삭제하는 기능이다.
- 디스크 정리 대상
  - 다운로드한 프로그램 파일
  - 임시 인터넷 파일
  - 미리 보기 사진
  - 휴지통 파일
  - 임시 파일

062 | Windows 시스템 - 작업 관리자

❶ '작업 관리자' 대화상자의 실행 방법 _{24.4, 23.1, 21.2, 16.2, 15.3, 15.1, 13.3}

- **방법 1** : [⊞(시작)] → [Windows 시스템] → [작업 관리자] 선택
- **방법 2** : [Ctrl] + [Shift] + [Esc] 누름

❷ '작업 관리자' 대화상자의 주요 탭별 기능 _{24.3, 23.4, 23.3, 23.1, 24.4, …}

- **프로세스** : 현재 실행 중인 앱과 프로세스의 상태를 확인하고, 응답하지 않는 앱이나 프로세스를 종료함
- **성능** : CPU, 메모리, 디스크, 이더넷(네트워크), GPU의 자원 사용 현황을 그래프로 표시함
- **앱 기록** : 특정 날짜 이후의 앱별 리소스 사용량을 표시함
- **시작프로그램** : Windows가 시작될 때 자동으로 실행되는 앱의 사용 여부를 지정함
- **사용자** : 현재 컴퓨터에 로그인되어 있는 모든 사용자를 보여주고, 특정 사용자에게 메시지를 보내거나 강제로 로그아웃시킬 수 있음

063 | 시스템 유지 관리 - 레지스트리

❶ 레지스트리 24.3, 23.4, 23.2, 21.4, 21.2, 20.1, 18.상시, 16.1, 11.3

- 컴퓨터에 설치된 모든 하드웨어와 소프트웨어의 실행 정보를 한 군데 모아 관리하는 계층적인 데이터베이스 이다.
- IRQ, I/O 주소, DMA 등과 같은 하드웨어 자원과 앱 실행 정보와 같은 소프트웨어 자원을 관리한다.
- 레지스트리를 편집하기 위해서는 REGEDIT와 같은 레지스트리 편집 앱을 사용해야 한다.
- 레지스트리 편집기 실행
  - 방법 1 : [⊞(시작)] → [Windows 관리 도구] → [레지스트리 편집기] 선택
  - 방법 2 : 파일 탐색기의 주소 표시줄이나 '실행(⊞+R)' 창에 Regedit를 입력한 후 Enter를 누름
- 레지스트리 백업 : 레지스트리 편집기에서 [파일] → [내보내기]를 선택한 후 내보내기 할 파일 이름을 지정함

064 | Windows 문제 해결

❶ 비정상적인 부팅 문제 해결 방법 24.4, 18.1, 16.3, 16.1, 14.1, 05.1, 04.3, 01.1, …

- 안전 모드로 부팅하여 문제를 해결한 후 정상 모드로 재부팅한다.
- 부팅 가능한 USB나 CD/DVD-ROM으로 부팅한 후 원인을 찾는다.
- 시스템 복구 디스크를 만들어 둔 경우 시스템 복구 디스크를 이용해 시스템 복구를 수행한다.

❷ 네트워크 관련 문제 해결 방법 23.3, 20.1, 19.2, 16.2, 10.1

- 네트워크 카드나 케이블이 바르게 연결되었는지 점검한다.
- 네트워크에 연결된 다른 컴퓨터가 제대로 작동하고 있는지 점검한다.
- 네트워크에 연결된 컴퓨터들의 프로토콜이 동일한지 확인한다.
- Ping 명령을 사용해 접속하려는 사이트의 서버 상태를 확인한다.
- 속도가 느려진 경우 Tracert 명령을 사용하여 속도가 느려진 원인을 확인한다.

❸ 기타 문제 해결 방법 24.1, 23.5, 23.4, 23.1, 22.4, 22.3, 21.2, 20.1, 17.2, 16.3, 15.1, 14.2, 10.1

- 앱이 응답하지 않는 경우 : Ctrl + Shift + Esc를 누르면 나타나는 '작업 관리자' 대화상자의 '프로세스' 탭에서 응답하지 않는 앱의 작업을 종료
- 설치한 앱에 문제가 발생한 경우
  - [⊞(시작)] → [⚙(설정)] → [앱] → [앱 및 기능]에서 앱을 선택한 후 다음 작업을 수행한다.
  - 〈제거〉를 클릭하여 삭제한 후 다시 설치한다.
  - 〈수정〉을 클릭하여 복구 작업을 수행한다.
  - 〈고급 옵션〉을 클릭하여 복구나 초기화 작업을 수행한다.
- Bluetooth 장치를 연결할 수 없는 경우
  - 장치가 Bluetooth를 지원하는지 확인한다.
  - 컴퓨터와 장치에 Bluetooth 기능이 켜져있는지 확인한다.
  - Bluetooth 장치의 드라이버를 업데이트한다.

컴활2급, 워드 필기 모두 거머쥐었어요!

수험생 여러분에게 조금이나마 도움을 드리고자 저의 경험을 말씀드리겠습니다.

우선, 워드와 컴활2급의 필기시험은 문제 은행제라고 해서 운전면허시험과 마찬가지로 문제를 많이 풀거나 여러 번 읽어본다면 쉽게 합격할 수 있습니다. 시나공의 필기 수험서는 핵심요약과 기출문제의 두 파트로 분리되어 있습니다. 시간적 여유가 있다면 핵심요약을 본 후 기출문제를 풀어 보는 것이 좋겠지만, 단시간 안에(1일에서 1주일 정도) 시험 준비를 끝내야 한다면 기출문제를 중점적으로 공부하는 것이 좋을 것 같습니다. 특히 문제마다 출제 빈도가 표시되어 있는데 그것을 참조하는 것도 시간을 절약할 수 있는 하나의 장법이 될 것입니다. 한번 훑어보고 나면 어떤 문제가 자주 출제되는지 알 수 있습니다. 그런 문제들에는 특별히 별표를 표시해서 더 주의 깊게 본다면 많은 도움이 됩니다. 저는 상설시험으로 보았는데 시험지에 1/3 이상이 별표를 표시한 내용 중에서 나왔습니다. 그렇다면 30점 이상은 확보하게 되는 거죠. 컴활2급은 별표한 내용에서 많이 나왔지만 워드는 불행이도 1/3만이 별표한 내용에서 나왔습니다. 기출문제 이외의 문제나 모르는 문제가 나왔다고 해서 당황하게 되는 경우가 있는데, 문제를 잘 읽어보면 문제에 답이 나와 있는 경우도 있으니 침착하게 잘 읽어보기 바랍니다. 또 보기 지문에서 오류일 거 같은 답이 보이기도 합니다. '옳은 것은?'과 '아닌 것은?'만 잘 읽는다면 기출문제 이외의 문제도 어렵지 않게 풀 수 있을 것이라 생각합니다. 그런데 컴활2급 실기의 경우 처음 책을 봤을 때는 어려워서 조금 어리둥절했습니다. 특히 함수 부분에서는 함수를 직접 일일이 입력해야 해서 힘들었지만 나중에는 요령이 생겼습니다.

'='을 누르면 왼쪽 부분에 함수를 선택할 수 있는데 영타가 빠른 분이 아니라면 직접 입력하는 것보다는 함수를 선택하는 것이 시간을 단축시킬 수 있습니다. 더욱이 채점 프로그램이 있어서 어느 곳이 틀렸는지 확실히 알 수 있기 때문에 독학하기 어렵지 않습니다.

조금이나마 도움이 되었으면 하는 바람에서 수기를 써봤습니다. 컴활2급 자격증 덕분인지 지원한 회사에 합격하여 2주 후에 출근할 예정입니다. 입사한 후에도 정보처리기사나 정보처리산업기사, 정보처리기능사 중에서 한 가지 이상에 도전해 볼 생각입니다. 그때 역시 시나공이 합격의 영광을 안겨 줄 것이라 기대합니다.

이중건 • catwouldj

6장

네트워크 관리

065 네트워크 Ⓐ등급

066 [설정] 창의 '네트워크 및 인터넷' Ⓑ등급

067 공유 Ⓐ등급

068 TCP/IP의 구성 요소 Ⓑ등급

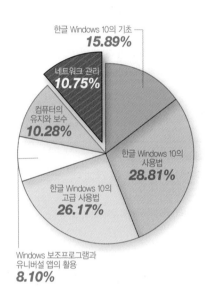

한글 Windows 10의 기초
15.89%

네트워크 관리
10.75%

컴퓨터의
유지와 보수
10.28%

한글 Windows 10의
사용법
28.81%

한글 Windows 10의
고급 사용법
26.17%

Windows 보조프로그램과
유니버설 앱의 활용
8.10%

꼭 알아야 할 키워드 Best 10
1. 리피터 **2.** 라우터 **3.** 게이트웨이 **4.** 클라이언트 **5.** QoS 패킷 스케줄러 **6.** ping **7.** ipconfig **8.** 공용 폴더 **9.** IP 주소
10. 서브넷 마스크

네트워크

1 네트워크의 개념
08.3, 99.3, 98.3

네트워크(Network)는 두 대 이상의 컴퓨터를 전화선이나 케이블 등으로 연결하여 자원을 공유하는 것을 말한다.

- 네트워크는 다른 컴퓨터의 데이터, 앱, 주변장치, 인터넷 등을 공유하기 위해 사용한다.
- 네트워크 연결 방법에는 랜 카드(네트워크 어댑터)와 케이블을 이용한 근거리 연결, 모뎀과 전용선을 이용한 원거리 연결 등이 있다.
- 한글 Windows 10을 설치할 때 네트워크를 선택하는 과정이 진행되며, 이 과정에서 연결 가능한 네트워크 종류가 표시되면 원하는 네트워크를 선택한다.

2 네트워크 관련 장비
24.2, 23.5, 23.2, 22.3, 22.1, 21.3, 21.2, 20.상시, 19.상시, 19.1, 18.1, 17.2, 16.1, 14.2, 12.3, 12.2, 10.2, 08.4, 08.3, 07.4, 07.2, 06.4, 06.3, …

1106002

23.5, 23.2, 22.1, 21.2, 20.상시, … **네트워크 인터페이스 카드(NIC; Network Interface Card)**	• 컴퓨터와 컴퓨터 또는 컴퓨터와 네트워크를 연결하는 장치이다. • 정보 전송 시 정보가 케이블을 통해 전송될 수 있도록 정보 형태를 변경한다. • 이더넷 카드(LAN 카드) 또는 네트워크 어댑터라고도 한다.
24.2, 23.2, 22.1, 21.2 **허브(Hub)**	• 네트워크를 구성할 때 한꺼번에 여러 대의 컴퓨터를 연결하는 장치이다. • 각 회선을 통합적으로 관리한다.
24.2, 23.5, 23.2, 22.1, 21.2, 20.상시, … **리피터(Repeater)**	디지털 회선의 중간에 위치하는 것으로, 거리가 증가할수록 감쇠하는 디지털 신호의 장거리 전송을 위해 수신한 신호를 새로 재생시키거나 출력 전압을 높여 전송하는 장치이다.
24.2, 23.5, 20.상시, 19.상시, 10.2 **브리지(Bridge)**	리피터와 동일한 기능을 수행하지만, 단순 신호 증폭뿐만 아니라 네트워크 분할을 통해 트래픽을 감소시키며, 물리적으로 다른 네트워크를 연결할 때 사용한다.
24.2, 23.5, 23.2, 22.1, 21.3, 21.2, … **라우터(Router)**	• 인터넷에 접속할 때 반드시 필요한 장비이다. • 가장 최적의 경로를 설정하여 전송한다. • 수신된 정보에 의하여 자신의 네트워크나 다른 네트워크의 연결점을 결정한다. • 각 데이터들이 효율적인 속도로 전송될 수 있도록 데이터의 흐름을 제어한다.
22.3, 22.1, 19.1, 12.2, 11.2, 09.2, … **게이트웨이 (Gateway)**	• 프로토콜이 다른 네트워크를 연결시켜 주는 장치로 응용 계층을 연결하여 데이터 형식의 변환 및 프로토콜의 변환 등을 수행한다. • 주로 LAN에서 다른 네트워크에 데이터를 보내거나 다른 네트워크로부터 데이터를 받아들이는 출입구 역할을 한다.

3 네트워크 기능

24.1, 23.5, 23.4, 23.2, 22.2, 21.3, 19.상시, 19.2, 17.2, 16.1, 15.3, 15.2, 14.1, 12.3, 12.1, 11.2, 10.3, 09.1, 08.4, 07.2, 07.1, 06.4, 06.3, 05.4, …

1106003

한글 Windows 10에서 제공하는 네트워크 기능에는 클라이언트, 프로토콜, 서비스가 있다.

- **네트워크 기능 확인** : [▦(시작)] → [⚙(설정)] → [네트워크 및 인터넷] → [상태] → [어댑터 옵션 변경] → [이더넷]의 바로 가기 메뉴에서 〈속성〉 선택
- **설치 가능한 네트워크 기능 유형 확인** : '이더넷 속성' 대화상자에서 〈설치〉 클릭

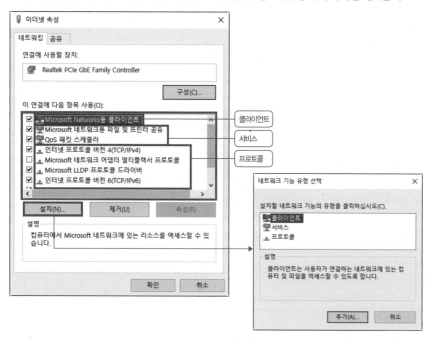

전문가의 조언

네트워크 기능에서는 클라이언트, 서비스, 프로토콜의 개념과 기능 뿐만 아니라, 각 범주에 속한 세부 항목들까지 시험에 출제되고 있습니다. 하나도 빠짐없이 정리해 두세요.

네트워크 기능

23.4, 23.2, 22.2, 21.3, 21.2, … **클라이언트**	• 네트워크의 다른 컴퓨터나 서버에 연결하여 파일/프린터 등의 공유 자원을 사용할 수 있게 하는 소프트웨어이다. • Microsoft Networks용 클라이언트 : 내 컴퓨터에서 네트워크에 있는 파일, 프린터 등의 공유 자원을 사용할 수 있게 한다.
23.4, 23.2, 22.2, 21.3, 21.2, … **프로토콜**	• 네트워크에서 서로 다른 컴퓨터 간에 정보 교환을 가능하게 하는 통신 규약이다. • 네트워크에 있는 컴퓨터가 서로 정보를 공유하려면 동일한 프로토콜을 사용해야 한다. • 인터넷 프로토콜 버전 4(TCP/IPv4) : 기본적인 광역 네트워크 프로토콜로, 다양하게 연결된 네트워크에서 통신을 제공한다. • Microsoft 네트워크 어댑터 멀티플렉서 프로토콜 : 네트워크 어댑터의 부하를 분산하고 장애에 대한 적절한 조치를 위한 플랫폼을 제공한다. • Microsoft LLDP* 프로토콜 드라이버 : DCN(Data Center Networking)*을 지원한다. • 인터넷 프로토콜 버전 6(TCP/IPv6) : 다양하게 연결된 네트워크에서 통신을 제공하는 인터넷 프로토콜의 최신 버전이다. • Link-Layer Topology Discovery 응답기 : 네트워크에서 이 컴퓨터를 검색할 수 있도록 한다. • Link-Layer Topology Discovery 매퍼 I/O 드라이버 : 네트워크에서 다른 컴퓨터, 장치 및 네트워크 인프라 구성 요소를 검색하고, 네트워크 대역폭을 확인하는데 사용된다.

LLDP(Link-Layer Discovery Protocol)
IEEE 802.1AB에서 표준화한 프로토콜로, 데이터 링크 계층의 서브 계층인 MAC(매체 접근 제어) 계층에서 네트워크의 형상 정보, 상위 계층이 지원하는 기능에 대한 정보, 자원들의 상황 정보 등을 검색하는데 사용됩니다.

DCN(Data Center Networking)
데이터 센터 내에서의 정보 유통을 위해 전송 및 스위칭 설비로 구성되는 네트워크를 의미합니다.

24.1, 23.4, 23.2, 22.2, 21.3, ⋯ 서비스	• 내 컴퓨터에 설치된 파일, 프린터 등의 자원을 다른 컴퓨터에서 공유할 수 있도록 하는 소프트웨어이다. • Microsoft 네트워크용 파일 및 프린터 공유 : 다른 컴퓨터에서 네트워크를 사용하여 내 컴퓨터의 파일, 폴더, 프린터를 공유하여 사용할 수 있게 한다. • QoS 패킷 스케줄러 : 흐름 속도 및 우선순위 서비스를 포함하여 네트워크 트래픽 제어를 제공한다.

👤 따라잡기 기출문제 따라잡기

문제4 1106053

19년 2회

1. 다음 중 한글 Windows 10에서 네트워크 연결을 위한 [이더넷 속성] 창에 관한 설명으로 옳지 않은 것은?

① 네트워크 연결에 사용할 네트워크 어댑터의 유형과 장치가 장착된 위치 등을 알 수 있다.

② 네트워크 기능의 유형에는 라우터, 게이트웨이, 리피터 등이 있다.

③ 네트워크가 IP 자동 설정 기능을 지원하지 않는 경우에는 해당 IP 주소, 서브넷 마스크, 기본 게이트웨이, DNS 서버 주소를 수동으로 설정하여야 한다.

④ 기본 게이트웨이와 DNS 서버 주소는 2개 이상 여러 개를 설정할 수 있다.

> '이더넷' 창에서 〈설치〉를 클릭하여 설치할 수 있는 유형에는 클라이언트, 프로토콜, 서비스가 있었죠.

24년 2회, 23년 5회, 2회, 22년 1회, 21년 2회

2. 다음 중 네트워크 장치에 대한 설명으로 적당하지 않은 것은?

① 라우터는 다른 네트워크를 연결하는 장치이다.

② 허브는 네트워크를 구성할 때 한꺼번에 여러 대의 컴퓨터를 연결하는 장치이다.

③ 리피터는 2개 이상의 근거리 통신망을 서로 연결해 주는 장치로, 목적지 주소에 따른 선별 및 간단한 경로 결정을 한다.

④ 네트워크 카드는 사용자들이 케이블을 연결하거나 무선으로 연결하여 네트워크에 접속할 수 있게 한다.

> 리피터(Repeater)는 감쇠된 신호를 증폭시켜 재전송함으로써 신호가 더 먼 거리까지 전송될 수 있게 도와주는 장치입니다. ③번은 브리지(Bridge)에 대한 설명입니다.

19년 1회, 08년 4회, 07년 2회, 06년 4회, 04년 4회

3. 한글 Windows 10의 네트워크 환경에서 게이트웨이(Gateway)가 하는 기능으로 옳지 않은 것은?

① 서로 다른 네트워크를 연결하는 장치이다.

② 서로 다른 메시지의 형식 변환 기능을 제공한다.

③ 서로 다른 주소 구조를 변환한다.

④ 네트워크의 데이터 전송 신호를 증폭하여 연결된 네트워크로 전송하는 역할을 한다.

> 단순히 신호 증폭 기능만 수행하는 것은 리피터, 신호 증폭과 물리적인 네트워크 연결 기능을 수행하는 것은 브리지입니다.

24년 1회, 23년 4회, 22년 2회, 21년 2회, 16년 1회

4. 다음 중 한글 Windows 10의 [이더넷 속성] 창에서 네트워크 구성 요소에 대한 설명으로 옳지 않은 것은?

① QoS 패킷 스케줄러 : 네트워크 대역폭을 확인하고자 할 때 사용한다.

② Microsoft Networks용 클라이언트 : 사용자 컴퓨터에서 네트워크에 있는 리소스를 액세스 할 수 있게 한다.

③ Microsoft 네트워크용 파일 및 프린터 공유 : 다른 컴퓨터에서 네트워크를 사용하여 사용자 컴퓨터의 리소스를 액세스할 수 있게 한다.

④ 인터넷 프로토콜 버전 6(TCP/IPv6) : 다양하게 연결된 네트워크에서 통신을 제공하는 인터넷 프로토콜의 최신 버전이다.

> QoS 패킷 스케줄러는 흐름 속도 및 우선 순위 서비스를 포함하여 네트워크 트래픽 제어를 제공하는 요소입니다. 네트워크 대역폭을 확인할 때 사용되는 것은 Link-Layer Topology Discovery 매퍼 I/O 드라이버입니다.

23년 5회, 21년 3회, 19년 상시, 17년 2회, 00년 1회

5. 다음 중 아래 보기에서 설명하는 한글 Windows 10의 네트워크 기능 유형으로 옳은 것은?

> 네트워크의 다른 컴퓨터나 서버에 연결하여 파일/프린터 등의 공유 자원을 사용할 수 있게 하는 소프트웨어이다.

① 서비스　　　　　　　　② 프로토콜

③ 클라이언트　　　　　　④ 어댑터

> 지문에 제시된 내용은 클라이언트에 대한 설명입니다.

▶ **정답 :** 1. ② 　 2. ③ 　 3. ④ 　 4. ① 　 5. ③

[설정] 창의 '네트워크 및 인터넷'

1 네트워크 및 인터넷

24.5, 24.3, 23.4, 23.3, 22.4, 20.2, 20.1, 18.상시, 17.1, 16.1, 15.2, 14.2, 13.3, 02.3

1106101

현재 설정되어 있는 기본 네트워크 정보를 확인하거나 네트워크 설정 사항을 변경할 수 있는 다양한 기능을 제공한다.

실행 [⊞(시작)] → [⚙(설정)] → [네트워크 및 인터넷] 클릭

- 네트워크에 참여할 모든 컴퓨터에 랜 카드를 설치하고 물리적인 연결을 마친 다음 각 컴퓨터에서 '네트워크 및 인터넷'을 이용하여 네트워크를 설정할 수 있다.
- 유·무선 네트워크 연결이 확인되면 설정된 네트워크 환경에 맞게 자동으로 네트워크에 연결하며, 인터넷 서비스에 가입되어 있다면 각각의 컴퓨터를 인터넷에 연결할 수 있게 한다.
- 컴퓨터에 네트워크 어댑터가 여러 개 있는 경우 각 어댑터에 대한 정보가 탭으로 구분되어 표시된다.
- 네트워크에 있는 모든 컴퓨터가 하나의 컴퓨터를 통해 인터넷에 연결되도록 구성할 수도 있다(인터넷 연결 공유)*.

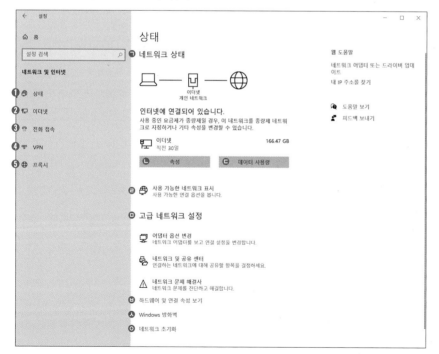

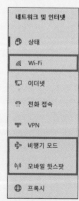

전문가의 조언

[⚙(설정)] → [네트워크 및 인터넷]에서 수행할 수 있는 작업을 묻는 문제가 출제되고 있습니다. '상태' 창에서 수행할 수 있는 작업들을 중심으로 각 기능들을 정리해 두세요.

인터넷 연결 공유
인터넷에 연결된 한 대의 컴퓨터를 통해 네트워크에 속한 모든 컴퓨터가 인터넷을 사용하는 것입니다.

전문가의 조언

현재 연결되어 있는 네트워크의 종류에 따라 표시되는 항목이 다릅니다. 무선 랜이 설치된 경우에는 Wi-Fi, 비행기 모드, 모바일 핫스팟이 추가로 표시됩니다.

❶ 상태

24.3, 23.4, 23.3, 22.4, 17.1, 15.2 ❶ 네트워크 상태	내 컴퓨터가 네트워크에 연결된 상태를 시각적으로 표시한다.
13.3, 02.3 ❷ 속성	• **네트워크 프로필** : 네트워크의 다른 컴퓨터에서 내 컴퓨터의 프린터 및 파일 등을 공유할 수 있도록 허용 여부를 설정한다. • **데이터 통신 연결** : 데이터 사용량의 제한 여부를 설정한다. • **IP 설정** : IP를 자동(DHCP*) 또는 수동으로 할당한다. • **속성** : IPv6 주소, IPv4 주소, IPv4 DNS 서버, 제조업체, 설명, 드라이버 버전, 물리적 주소(MAC) 등을 표시한다.
22.4, 17.1, 15.2 ❸ 데이터 사용량	• 최근 30일 동안의 데이터 사용량 및 현재 연결되어 있는 네트워크를 표시한다. • **데이터 제한** : Windows가 데이터 사용량을 제한할 수 있도록 제한 유형*, 요금제 시작일, 데이터 제한 크기(MB, GB)를 설정한다.
24.3, 23.4, 23.3, 22.4, 17.1, 15.2 ❹ 사용 가능한 네트워크 표시	내 컴퓨터에서 사용 가능한 네트워크를 작업 표시줄 오른쪽의 알림 영역에 표시한다.
❺ 고급 네트워크 설정	• **어댑터 옵션 변경** : 네트워크 어댑터의 연결 설정을 변경할 수 있는 '제어판'의 '네트워크 연결' 창이 실행된다. • **네트워크 및 공유 센터** : 네트워크 정보를 확인하고 설정 사항을 변경할 수 있는 '네트워크 및 공유 센터*' 창이 실행된다. • **네트워크 문제 해결사** : 네트워크 문제를 진단하고 해결할 수 있는 'Windows 네트워크 진단' 마법사가 실행된다.
❻ 하드웨어 및 연결 속성 보기	이름, 설명, 물리적 주소(MAC), 상태, 최대 전송 단위, 링크 속도(송/수신), DHCP 사용 및 서버, IPv4 주소, IPv6 주소, 기본 게이트웨이, DNS 서버 및 도메인 이름, 네트워크 이름 및 범주 등을 표시한다.
❼ Windows 방화벽	방화벽을 설정하고 네트워크 및 인터넷 연결에 발생하는 상황을 확인하는 '방화벽 및 네트워크 보호*' 창이 실행된다.
24.3, 23.4, 23.3 ❽ 네트워크 초기화	네트워크 어댑터를 제거한 후 다시 설치하고 네트워킹 구성 요소가 기본값으로 설정한다.

❷ **이더넷** : 현재 연결되어 있는 네트워크를 표시한다.

❸ **전화 접속** : 전화 접속 연결을 설정한다.

❹ **VPN*** : VPN 연결을 설정한다.

❺ **프록시***

   – 프록시 사용 여부를 설정한다.

   – 프록시 사용 시 자동 또는 수동 여부를 설정한다.

DHCP(Dynamic Host Configuration Protocol)
고유한 IP 주소 없이 인터넷에 접속할 때 자동으로 새로운 IP 주소를 할당해 주는 프로토콜입니다.

'제한 유형' 종류
월간, 한 번, 제한 없음

'네트워크 및 공유 센터' 창을 표시하는 다른 방법
[⊞](시작) → [Windows 시스템] → [제어판] → [네트워크 및 공유 센터] 클릭

'방화벽 및 네트워크 보호' 창을 표시하는 다른 방법
[⊞](시작) → [⚙](설정) → [업데이트 보안] → [Windows 보안] → [방화벽 및 네트워크 보호] 클릭

VPN(가상 사설망)
인터넷망(공중망)을 사용하여 사설망을 구축하게 해주는 통신망입니다.

프록시(Proxy)
PC 사용자와 인터넷 사이에서 중계자 역할을 하는 서버로, 방화벽 기능과 캐시 기능을 제공합니다.

24.4, 21.4, 16.2, 14.3, 13.2, 10.2, 06.2, 06.1, 05.1, 04.3, 03.4, 03.3, 03.1, 02.2, 02.1, 97.3

잠깐만요	네트워크 관련 DOS 명령어	

ping	• 원격 컴퓨터가 현재 네트워크에 연결되어 정상적으로 작동하고 있는지 알아보는 서비스입니다. • [⊞(시작)] → [Windows 시스템] → [명령 프롬프트]를 선택한 후 ping 211.11.14.177 이나 ping www.sinagong.co.kr 형식으로 입력합니다. • 자신의 네트워크 카드가 정상적으로 작동하는지 확인하려면 ping 127.0.0.1을 입력합니다.
ipconfig	• [⊞(시작)] → [Windows 시스템] → [명령 프롬프트]를 선택한 후 ipconfig를 입력하면 현재 컴퓨터의 IP 주소, 서브넷 마스크, 게이트웨이 등을 표시해 줍니다. • /all을 추가로 입력하면 네트워크 카드의 물리적 주소(Mac Address)를 확인할 수 있습니다.
net view	• 특정 컴퓨터에 공유되어 있는 데이터와 프린터를 표시해 줍니다. • net view ₩₩211.11.14.177이나 net view ₩₩OUT_1* 형식으로 입력합니다.

전문가의 조언

ping과 ipconfig의 기능을 묻는 문제가 출제되었습니다. ipconfig에서 물리적 주소를 확인하기 위해서는 /all을 함께 사용한다는 것과 함께 각 명령어의 기능을 정리해 두세요.

'new view ₩₩OUT_1'에서 'OUT_1'은 컴퓨터 이름을 의미합니다.

 따라잡기 **기출문제 따라잡기**

문제1 4106651

24년 5회, 23년 4회, 3회, 22년 4회, 17년 1회, 15년 2회
1. 다음 중 한글 Windows 10의 [설정] → [네트워크 및 인터넷] 창에서 할 수 있는 작업으로 옳지 않은 것은?

① 현재 연결된 네트워크의 상태를 확인할 수 있다.

② 컴퓨터에서 사용 가능한 네트워크를 표시할 수 있다.

③ Windows가 데이터 사용량을 제한할 수 있도록 제한 유형, 요금제 시작일, 데이터 제한 크기를 설정할 수 있다.

④ 사용자 계정을 변경하거나, 무선 또는 유선 네트워크에 연결할 수 있다.

> 사용자 계정의 변경은 [◎(설정)] → [계정]에서 수행할 수 있습니다.

24년 4회, 21년 4회
2. 다음 중 한글 Windows 10에서 인터넷을 사용하기 위한 네트워크 설정 및 점검에 대한 설명으로 옳지 않은 것은?

① ipconfig를 이용하여 네트워크 설정에 관한 정보를 얻을 수 있다.

② '명령 프롬프트' 창에 'ipconfig/renew'를 입력하면 네트워크 카드의 물리적 주소(MAC Address)도 확인할 수 있다.

③ 서브넷 마스크는 IP 주소와 결합하여 사용자 컴퓨터가 속한 네트워크를 식별할 때 사용한다.

④ ping을 이용하여 자신의 네트워크 카드가 정상적으로 작동하는지 확인할 수 있다.

> ipconfig 명령을 이용하여 네트워크 카드의 물리적 주소(MAC)를 확인하려면 ipconfig/all을 입력해야 합니다.

24년 3회, 23년 4회
3. 다음 중 한글 Windows 10의 [설정] → [네트워크 및 인터넷] → [상태]에서 할 수 있는 작업으로 옳지 않은 것은?

① 현재 네트워크의 연결 상태를 시각적으로 확인할 수 있다.

② 컴퓨터에서 사용 가능한 네트워크를 표시할 수 있다.

③ 네트워크를 초기화 할 수 있다.

④ 연결에 사용할 네트워크 드라이브와 폴더를 지정하고, 네트워크 드라이브 연결 및 끊기를 할 수 있다.

> 네트워크 드라이브 연결 및 끊기는 '내 PC'나 '네트워크'의 바로 가기 메뉴에서 [네트워크 드라이브 연결]과 [네트워크 드라이브 연결 끊기]를 선택하여 수행할 수 있습니다.

▶ 정답 : 1. ④ 2. ② 3. ④

공유

세부 정보 창
세부 정보 창이 표시되어 있지 않다면 파일 탐색기의 리본 메뉴에서 [보기] → [창] → [세부 정보 창]을 클릭하면 됩니다.

1 공유

23.4, 23.1, 20.2, 19.2, 14.1, 13.3, 03.4, 02.4, 01.3, 00.1

1106201

공유란 프린터, 파일, 폴더, 드라이브 등의 컴퓨터 자원을 다른 사람들이 접근하여 사용할 수 있도록 설정해 놓은 것이다.

• 프린터, 앱, 문서, 비디오, 소리, 그림 등의 데이터를 모두 공유할 수 있다.
• 공유된 폴더는 여러 사람이 사용하므로, 바이러스 감염에 주의하여야 한다.
• 데이터를 공유하려면 공유할 데이터를 공용 폴더로 이동시키거나 해당 데이터가 있는 폴더를 공유시키면 된다.
• 공유 폴더는 파일 탐색기에서 '네트워크'를 클릭한 다음 공유된 폴더가 있는 컴퓨터를 클릭하여 확인할 수 있다.
• 폴더명 뒤에 '$'가 붙어있는 폴더를 공유하거나 공유 이름 뒤에 '$'를 붙이면 네트워크의 다른 사용자가 공유 여부를 알 수 없다.
• 공유된 자원의 아이콘을 선택하면 파일 탐색기 오른쪽의 세부 정보 창*에 공유 사용자가 표시된다.

2 공용 폴더

24.3, 23.4, 23.1, 22.4, 22.3, 21.4, 15.1, 14.3, 10.1, 09.2

1106202

공용 폴더는 이 컴퓨터를 사용하는 모든 사용자가 접근할 수 있는 폴더로, 위치는 'C:\사용자\공용'이다.

• 공용 폴더의 종류는 '공용 다운로드', '공용 문서', '공용 비디오', '공용 사진', '공용 음악' 등이다.
• 계정과 암호를 설정하여 인증된 사용자만 접근하도록 설정할 수 있다.

3 폴더 공유하기

24.1, 21.2, 21.1, 19.2, 18.2, 14.1, 13.3, 12.1, 11.1, 09.2, 08.3, 08.2, 06.1, 05.4, 05.2, 04.4, 03.1, 01.2, 00.2, 99.3, 99.2, 98.1

1106203

공유는 폴더나 드라이브에만 설정할 수 있고, 파일에는 공유를 설정할 수 없다.

• **폴더 공유 지정하기** : 파일 탐색기에서 공유시킬 폴더 선택 → 바로 가기 메뉴에서 [속성] 선택 → 속성 대화상자의 '공유' 탭에서 지정

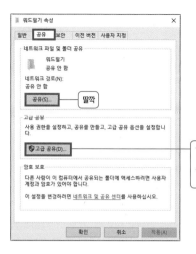

・〈고급 공유〉를 클릭하면 공유 이름, 동시 사용자 수※, 사용자와 권한 등을 지정할 수 있습니다.
・드라이브를 통째로 공유할 때는 〈고급 공유〉만 선택할 수 있도록 〈공유〉 버튼이 비활성화 됩니다.

1106204

4 프린터 공유하기

24.1, 19.2, 19.1, 13.3, 12.2, 10.3, 10.1, 09.1, 07.3

한 대의 프린터를 네트워크에 연결된 여러 대의 PC에서 사용하기 위해 프린터를 공유한다. 프린터 공유 방법에 대해 알아보자.

❶ [⊞(시작)] → [⚙(설정)] → [장치] → [프린터 및 스캐너] → 공유할 프린터를 선택하고 〈관리〉 클릭 → 디바이스 관리에서 〈프린터 속성〉을 클릭한다.

❷ 프린터 속성 대화상자의 '공유' 탭에서 '이 프린터 공유'를 선택하고, 공유할 프린터의 이름※을 지정한 후 〈확인〉을 클릭한다.

24년 3회, 23년 4회, 1회, 22년 4회, 3회, 21년 4회, 15년 1회, 14년 3회, 10년 1회

1. 다음 중 한글 Windows 10에서 공용 폴더에 관한 설명으로 옳지 않은 것은?

① 파일을 공유하려면 공용 폴더로 이동시키거나 해당 파일에 대한 공유를 설정해야 한다.

② 공용 폴더는 현재 사용 중인 컴퓨터의 모든 사용자가 접근할 수 있는 폴더이다.

③ 공용 폴더의 위치는 'C:\Users\공용'이다.

④ 공용 폴더의 종류는 공용 문서, 공용 비디오, 공용 사진, 공용 음악 등이 있다.

> 파일 자체에 대한 공유 설정은 불가능합니다.

19년 2회, 13년 3회

2. 다음 중 한글 Windows 10에서 폴더와 프린터의 공유에 대한 설명으로 옳은 것은?

① 폴더, 파일, 프린터에는 설정할 수 있지만 드라이브, 모뎀, 사운드 카드에는 설정할 수 없다.

② 다른 컴퓨터에 있는 파일이나 폴더를 복사할 때 바이러스에 감염될 위험은 없다.

③ 다른 사람이 공유 여부를 모르게 하려면 폴더나 드라이브의 공유 이름 뒤에 '$'를 표시하면 된다.

④ 공유된 자원의 아이콘에는 오른쪽 하단에 체크 표시가 나타난다.

> ① 파일, 모뎀, 사운드 카드에는 공유를 설정할 수 없습니다.
> ② 공유된 폴더를 사용할 때는 항상 바이러스 감염에 주의해야 합니다.
> ④ 공유된 자원의 아이콘을 선택하면 파일 탐색기 오른쪽의 세부 정보 창에 공유 사용자가 표시됩니다.

19년 1회

3. 다음 중 한글 Windows 10에서 사용 중인 프린터의 공유 설정을 하려고 할 때 해당 프린터의 디바이스 관리에서 선택해야 하는 항목으로 옳은 것은?

① 인쇄 기본 설정　　　② 프린터 속성

③ 속성　　　　　　　④ 기본 프린터로 설정

> **프린터**의 공유를 설정할 때 이용하는 **속성**은 프린터 속성입니다.

21년 2회, 1회, 18년 2회

4. 다음 중 한글 Windows 10의 파일 및 폴더 공유에 대한 설명으로 잘못된 것은?

① 암호 보호 공유가 설정된 경우 공유하려는 사용자가 해당 컴퓨터에 사용자 계정과 암호가 있어야 공유 항목에 접근할 수 있다.

② 폴더의 바로 가기 메뉴 중 '액세스 권한 부여'를 이용하여 공유를 지정할 수 있다.

③ Windows의 시스템 폴더(Users 및 Windows 폴더)도 공유가 가능하다.

④ C드라이브 전체를 공유하고자 할 경우, C드라이브의 속성 창에서 [공유] 탭의 [네트워크 파일 및 폴더 공유] 항목에서 공유 설정이 가능하다.

> 드라이브를 통째로 공유할 때는 '네트워크 파일 및 폴더 공유' 항목의 〈공유〉 버튼이 비 활성화되므로 '고급 공유' 항목에서 〈고급 공유〉를 클릭한 후 설정해야 합니다.

24년 1회

5. 다음 중 한글 Windows 10의 파일 및 프린터 공유에 대한 설명으로 잘못된 것은?

① 사용자 계정과 암호가 있어야만 공유 항목에 접근할 수 있도록 설정할 수 있다.

② 네트워크에서 동일한 작업 그룹에 속한 사용자들끼리는 공용 폴더에 자유롭게 접근할 수 있다.

③ 동시 사용자의 수를 제한할 수 있으며 최대 50명까지 가능하다.

④ 다른 컴퓨터에 연결된 프린터를 공유하여 사용할 수 있다.

> 공유된 프린터에 동시 접속 가능한 최대 인원은 20명입니다.

▶ 정답 : 1. ①　2. ③　3. ②　4. ④　5. ③

TCP/IP의 구성 요소

1 05.1, 02.2, 00.2

TCP/IP의 개념

1106301

TCP/IP는 인터넷에 연결된 서로 다른 기종의 컴퓨터끼리 데이터를 주고받을 수 있도록 하는 인터넷 표준 프로토콜이다.

• 한글 Windows 10에서는 TCP/IPv4와 TCP/IPv6이 자동으로 설치되며, 제거가 불가능하다.

2 21.3, 14.3, 13.3, 13.2, 07.2, 06.1, 05.3, 05.2, 04.3, 04.2, 03.1, 02.3, 00.3, 00.2, 99.3, 99.1

TCP/IP 구성 요소 설정

1106302

• TCP/IP 구성 요소 중에서 수동으로 IP를 설정할 경우 인터넷 접속을 위해 반드시 지정해야 하는 구성 요소는 다음과 같다.

  – IPv4 : IP 주소*, 서브넷 마스크, 기본 게이트웨이, DNS* 서버 주소

  – IPv6 : IPv6 주소*, 서브넷 접두사 길이, 기본 게이트웨이, DNS 서버 주소

• **TCP/IP 구성 요소 설정** : [▦(시작)] → [⚙(설정)] → [네트워크 및 인터넷] → [상태] → [어댑터 옵션 변경] → [이더넷]의 바로 가기 메뉴에서 [속성] 선택 → '네트워킹' 탭에서 '인터넷 프로토콜 버전 4(TCP/IPv4)' 또는 '인터넷 프로토콜 버전 6(TCP/IPv6)'을 더블클릭

이더넷 속성	×

네트워킹

연결에 사용할 장치:

  🖧 Realtek PCIe GBE Family Controller

구성(C)...

이 연결에 다음 항목 사용(O):

- ☑ 🖳 Microsoft Networks용 클라이언트
- ☑ 🖳 Microsoft 네트워크용 파일 및 프린터 공유
- ☑ 🖳 QoS 패킷 스케줄러
- ☑ 🖳 인터넷 프로토콜 버전 4(TCP/IPv4)
- ☐ 🖳 Microsoft 네트워크 어댑터 멀티플렉서 프로토콜
- ☑ 🖳 Microsoft LLDP 프로토콜 드라이버
- ☑ 🖳 인터넷 프로토콜 버전 6(TCP/IPv6)

설치(N)...   제거(U)   속성(R)

설명

TCP/IP 버전 6입니다. 최신 버전의 인터넷 프로토콜로, 다양하게 연결된 네트워크에서 통신을 제공합니다.

확인   취소

인터넷 프로토콜 버전 6(TCP/IPv6) 속성	×

일반

네트워크에서 이 기능을 지원하면 자동으로 할당된 IPv6 설정을 가져올 수 있습니다. 그렇지 않은 경우에는 네트워크 관리자에게 적절한 IPv6 설정을 문의해야 합니다.

- ○ 자동으로 IPv6 주소 받기(O)

    【 DHCP를 이용하여 유동 IP를 사용할 때 선택합니다. 】

- ● 다음 IPv6 주소 사용(S):

  IPv6 주소(I):   fe80::9893:6016:5b00:9a0f%5

  서브넷 접두사 길이(U):   64

  기본 게이트웨이(D):   111.111.111.2

- ○ 자동으로 DNS 서버 주소 받기(B)
- ● 다음 DNS 서버 주소 사용(E):

  기본 설정 DNS 서버(P):   2001:4700:4700::1002

  보조 DNS 서버(A):

- ☐ 끝낼 때 설정 유효성 검사(L)

고급(V)...

확인   취소

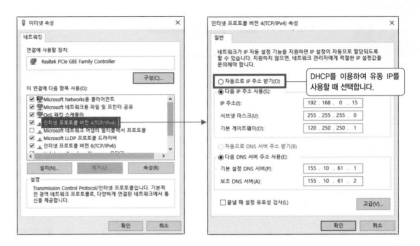

3 TCP/IP 구성 요소

24.5, 23.3, 22.3, 22.2, 22.1, 21.3, 21.1, 18.상시, 18.2, 18.1, 16.3, 16.2, 15.3, 15.2, 15.1, 14.3, 14.2, 14.1, 12.3, 12.2, 11.3, 10.1, 09.4, 09.3, …

1106303

21.3, 18.상시, 16.2, 15.3, … **IP 주소**	• IP 주소는 인터넷에 연결된 호스트 컴퓨터의 유일한 주소로 네트워크 주소와 호스트 주소로 구성되어 있다. • IPv4 주소는 32비트 주소를 8비트씩 마침표(.)로 구분한다. • IPv6 주소는 128비트 주소를 16비트씩 콜론(:)으로 구분한다.
서브넷 접두사 길이	서브넷 접두사는 IPv6 주소의 네트워크 주소와 호스트 주소를 구별하기 위하여 IPv6 수신인에게 허용하는 서브넷 마스크 부분의 길이를 표현한 것으로, IPv6 주소 뒤에 슬래시(/)로 구분하여 표기한다. 예 2001:0230:abcd:ffff::ffff:1111/64 　　IPv6 주소 왼쪽의 64비트가 서브넷 접두어 임을 의미함
24.5, 23.3, 22.3, 22.2, … **서브넷 마스크**	• 서브넷 마스크는 IPv4 주소의 네트워크 주소와 호스트 주소를 구별하기 위하여 IPv4 수신인에게 허용하는 32비트 주소이다. • IP 주소와 결합하여 사용자 컴퓨터가 속한 네트워크를 나타낸다.
16.2, 15.3, 14.1, 12.2, … **게이트웨이**	• 게이트웨이는 다른 네트워크와의 데이터 교환을 위한 출입구 역할을 하는 장치로, LAN에서 다른 네트워크에 데이터를 보내거나 받아들이는 역할을 하는 장치를 지정한다. • 네트워크 사이에서 IP 패킷을 라우팅하거나 전달할 수 있는 여러 개의 실제 TCP/IP 네트워크에 연결된 장치이다. • 서로 다른 전송 프로토콜이나 IPX 및 IP와 같은 데이터 형식 간의 변환을 담당한다.
16.2, 15.3, 14.1, 12.2, … **DNS 서버 주소**	DNS 서버는 문자 형태로 된 도메인 네임을 숫자로 된 IP 주소로 변환해 주는 서버이며, DNS 서버 주소에는 이 서버가 있는 곳의 IP 주소를 지정한다.

문제1 1106351 문제3 1106352

12년 2회, 11년 3회, 05년 2회, 04년 1회, 03년 2회
1. 다음은 한글 Windows 10에서 TCP/IP를 구성하기 위하여 설정해야 할 항목들이다. 옳지 않은 것은?

① IPv4 주소는 네트워크와 호스트 이름을 의미하는 32비트 숫자로 되어 있다.

② DNS는 숫자로 된 IP 주소를 문자로 된 주소로 바꿔주는 일을 한다.

③ 게이트웨이(Gateway)는 주로 LAN에서 다른 네트워크에 데이터를 보내거나 다른 네트워크로부터 데이터를 받아들이는 통신 기능을 수행한다.

④ 서브넷 마스크(Subnet Mask)는 IP 주소와 결합하여 사용자의 컴퓨터가 속한 네트워크를 식별한다.

> DNS는 문자로 된 도메인 네임을 숫자로 된 IP 주소로 바꿔주는 일을 합니다.

21년 3회, 14년 3회
2. 다음 중 한글 Windows 10의 [이더넷 속성] 창에서 TCP/IPv4와 TCP/IPv6 프로토콜에 대한 설명으로 옳지 않은 것은?

① TCP/IPv4는 32비트 주소 체계를 사용하며 8비트씩 4개의 10진수를 온점(.)으로 구분하여 사용한다.

② TCP/IPv6는 128비트 주소 체계를 사용하며 16비트씩 8부분의 16진수를 콜론(:)으로 구분하여 사용한다.

③ TCP/IPv4와 TCP/IPv6 모두 기본 게이트웨이 주소를 설정하여야 한다.

④ TCP/IPv4와 TCP/IPv6는 서로 충돌이 생기므로 한 대의 컴퓨터에는 한 가지 방식으로만 IP 주소를 지정해야 한다.

> TCP/IPv4와 TCP/IPv6는 서로 호환되므로 두 개 다 설치해서 사용해도 됩니다.

16년 2회, 15년 3회, 14년 1회, 10년 1회
3. 다음 중 한글 Windows 10에서 인터넷 프로토콜 버전 4(TCP/IPv4)의 설정에 대한 설명으로 옳지 않은 것은?

① IP 주소는 인터넷에 연결된 호스트 컴퓨터의 유일한 주소로, 네트워크 주소와 호스트 주소로 구성되어 있다.

② 서브넷 마스크는 사용자가 속한 네트워크로 IP 주소의 네트워크 주소와 호스트 주소를 구별하기 위하여 IP 수신인에게 허용하는 16비트 주소이다.

③ 게이트웨이는 다른 네트워크와의 데이터 교환을 위한 출입구 역할을 하는 장치이다.

④ DNS 서버 주소는 문자 형태로 된 도메인 네임을 숫자 형태로 된 IP 주소로 변환해 주는 서버의 IP 주소를 지정한다.

> 서브넷 마스크하면 '네트워크와 호스트 주소 구별, 32비트'라는 것을 기억해 두세요.

24년 5회, 23년 3회, 22년 2회, 2회, 21년 1회, 16년 3회, 12년 3회, 09년 4회
4. 다음 중 아래의 보기에서 설명하는 네트워크 관련 용어로 옳은 것은?

> • 호스트 이름으로부터의 IP 주소지에 대한 네트워크의 이름을 규정하는 것이다.
> • 네트워크와 호스트를 나누는데 사용된다.
> • 32비트의 크기를 갖는다.
> • 일반적으로 클래스 C인 경우 '255.255.255.0'을 사용한다.

① DNS(Domain Name System)

② 서브넷 마스크(Subnet Mask)

③ NAT(Network Address Translation)

④ 게이트웨이(Gateway)

> 네트워크와 호스트를 나누는 것은 서브넷 마스크입니다.

13년 2회, 05년 3회, 04년 2회, 03년 1회, 02년 3회
5. 한글 Windows 10에서 LAN 케이블을 이용하며, 수동으로 IP를 설정하는 경우, 인터넷을 사용하기 위하여 반드시 설정해야 하는 인터넷 프로토콜 버전 4(TCP/IPv4)의 속성이 아닌 것은?

① IP 주소 　　　　② DNS 서버 주소

③ 게이트웨이 　　④ WINS

> 인터넷을 사용하기 위해 반드시 설정해야 하는 속성에는 IP 주소, 서브넷 마스크, 게이트웨이, DNS 서버 주소가 있습니다. WINS(Windows Internet Naming Service)는 Windows 인터넷 서비스로, Net BIOS 프로토콜을 필요로 하는 앱을 사용할 수 있도록 하는 것입니다.

22년 1회, 18년 1회, 15년 2회, 1회
6. 다음 중 한글 Windows 10에서 인터넷을 연결하기 위한 TCP/IP 속성 창에서 서브넷 마스크에 관한 설명으로 옳은 것은?

① DHCP를 이용한 유동 IP 주소를 설정할 때 사용한다.

② IP 주소와 결합하여 네트워크 주소와 호스트 주소를 구분하기 위하여 사용한다.

③ IPv4 주소 체계에서는 256비트의 주소로 구성된다.

④ 네트워크 사이에 IP 패킷을 라우팅할 때 사용되는 주소이다.

> 서브넷 마스크는 IPv4 주소의 네트워크 주소와 호스트 주소를 구별하기 위해 수신인에게 허용하는 32비트 주소입니다.

▶ 정답 : 1. ② 　2. ④ 　3. ② 　4. ② 　5. ④ 　6. ②

065 | 네트워크

❶ 네트워크 관련 장비 24.2, 23.5, 23.2, 22.3, 22.1, 21.3, 21.2, 20,상시, 19,상시, 19.1, 18.1, 17.2, …

• 네트워크 인터페이스 카드(NIC; Network Interface Card) : 컴퓨터와 컴퓨터 또는 컴퓨터와 네트워크를 연결하는 장치로, 이더넷 카드(LAN 카드) 또는 네트워크 어댑터 라고도 함

• 허브(Hub) : 네트워크를 구성할 때 한꺼번에 여러 대의 컴퓨터를 연결하는 장치

• 리피터(Repeater) : 거리가 증가할수록 감쇠하는 디지털 신호의 장거리 전송을 위해 수신한 신호를 재생시키거 나 출력 전압을 높여 전송하는 장치

• 브리지(Bridge) : 단순 신호 증폭뿐만 아니라 네트워크 분할을 통해 트래픽을 감소시키며, 물리적으로 다른 네 트워크를 연결할 때 사용함

• 라우터(Router) : 인터넷에 접속할 때 반드시 필요한 장 비로 최적의 경로를 설정하여 전송함

• 게이트웨이(Gateway) : LAN에서 다른 네트워크에 데이 터를 보내거나 다른 네트워크로부터 데이터를 받아들 이는 출입구 역할을 함

❷ 네트워크 기능 24.1, 23.5, 23.4, 23.2, 22.2, 21.3, 19,상시, 19.2, 17.2, 16.1, 15.3, 15.2, 14.1, 12.3, …

클라이언트

• 네트워크의 다른 컴퓨터나 서버에 연결하여 파일/프린터 등의 공유 자원을 사용할 수 있게 하는 소프트웨어이다.

• Microsoft Networks용 클라이언트 : 내 컴퓨터에서 네트워 크에 있는 파일, 프린터 등의 공유 자원을 사용할 수 있 게 함

프로토콜

• 네트워크에서 서로 다른 컴퓨터 간에 정보 교환을 가능 하게 하는 통신 규약이다.

• 네트워크에 있는 컴퓨터가 서로 정보를 공유하려면 동 일한 프로토콜을 사용해야 한다.

• 인터넷 프로토콜 버전 4(TCP/IPv4) : 기본적인 광역 네트 워크 프로토콜로, 다양하게 연결된 네트워크에서 통신 을 제공함

• 인터넷 프로토콜 버전 6(TCP/IPv6) : 다양하게 연결된 네트 워크에서 통신을 제공하는 인터넷 프로토콜의 최신 버전

서비스

• 내 컴퓨터에 설치된 파일, 프린터 등의 자원을 다른 컴 퓨터에서 공유할 수 있도록 하는 소프트웨어이다.

• Microsoft 네트워크용 파일 및 프린터 공유 : 다른 컴퓨터에 서 네트워크를 사용하여 내 컴퓨터의 파일, 폴더, 프린 터를 공유하여 사용할 수 있게 함

• QoS 패킷 스케줄러 : 흐름 속도 및 우선순위 서비스를 포함하여 네트워크 트래픽 제어를 제공함

066 | 네트워크 및 인터넷

❶ 네트워크 및 인터넷 24.5, 24.3, 23.4, 23.3, 22.4, 20.2, 20.1, 18,상시, 17.1, 16.1, …

• 네트워크 상태 : 내 컴퓨터가 네트워크에 연결된 상태를 시각적으로 표시함

• 데이터 사용량
  – 최근 30일 동안의 데이터 사용량 및 현재 연결되어 있는 네트워크를 표시한다.
  – 데이터 제한 : Windows가 데이터 사용량을 제한할 수 있도록 제한 유형, 요금제 시작일, 데이터 제한 크 기(MB, GB)를 설정한다.

• 사용 가능한 네트워크 표시 : 내 컴퓨터에서 사용 가능한 네트워크를 작업 표시줄 오른쪽의 알림 영역에 표시함

• 네트워크 초기화 : 네트워크 어댑터를 제거한 후 다시 설 치하고 네트워킹 구성 요소가 기본값으로 설정함

❷ 네트워크 관련 DOS 명령어 24.4, 21.4, 16.2, 14.3, 13.2, 10.2

• ping : 원격 컴퓨터가 현재 네트워크에 연결되어 정상적 으로 작동하고 있는지 알아보는 서비스

• ipconfig
  – 현재 컴퓨터의 IP 주소, 서브넷 마스크, 게이트웨이 등을 표시한다.
  – /all을 추가로 입력하면 네트워크 카드의 물리적 주 소(Mac Address)를 확인할 수 있다.

• net view : 특정 컴퓨터에 공유되어 있는 데이터와 프린 터를 표시함

067 | 공유

❶ 공유 _{24.1, 23.4, 23.1, 20.2, 19.2, 14.1, 13.3}

- 프린터, 파일, 폴더 등의 컴퓨터 자원을 다른 사람들이 접근하여 사용할 수 있도록 설정하는 것이다.
- 공유는 폴더나 드라이브에만 설정할 수 있으며, 파일에는 공유를 설정할 수 없다.
- 프린터, 앱, 문서, 비디오, 소리, 그림 등의 데이터를 모두 공유할 수 있다.
- 데이터를 공유하려면 공유할 데이터를 공용 폴더로 이동시키거나 해당 데이터가 있는 폴더를 공유시키면 된다.
- 공유 시 암호를 설정하여 인증된 사용자만 공유 항목에 접근하도록 할 수 있다.
- Windows, Users 등의 시스템 폴더도 공유가 가능하다.
- 공유된 폴더는 여러 사람이 사용하므로, 바이러스 감염에 주의하여야 한다.
- 폴더명 뒤에 '$'가 붙어있는 폴더를 공유하거나 공유 이름 뒤에 '$'를 붙이면 네트워크의 다른 사용자가 공유 여부를 알 수 없다.
- 공유된 폴더를 동시 사용할 수 있는 사용자 수는 최대 20명까지 지정할 수 있다.
- **공유 지정 방법** : 파일 탐색기에서 공유시킬 폴더나 드라이브 선택 → 바로 가기 메뉴에서 [속성] 선택 → 속성 대화상자의 '공유' 탭에서 지정

❷ 공용 폴더 _{24.3, 23.4, 23.1, 22.4, 22.3, 21.4, 15.1, 14.3, 10.1}

- 이 컴퓨터를 사용하는 모든 사용자가 접근할 수 있는 폴더로, 위치는 'C:\사용자\공용'이다.
- 계정과 암호를 설정하여 인증된 사용자만 접근하도록 설정할 수 있다.
- **공용 폴더의 종류** : 공용 다운로드, 공용 문서, 공용 비디오, 공용 사진, 공용 음악

068 | TCP/IP의 구성 요소

❶ IP 주소 _{21.3, 18.상시, 16.2, 15.3, 14.2, 11.3}

- 인터넷에 연결된 호스트 컴퓨터의 유일한 주소로 네트워크 주소와 호스트 주소로 구성되어 있다.
- **IPv4 주소** : 32비트 주소를 8비트씩 마침표(.)로 구분함
- **IPv6 주소** : 128비트 주소를 16비트씩 콜론(:)으로 구분함
  - ※ 한 대의 컴퓨터에 IPv4와 IPv6를 모두 설정해 놓으면 프로토콜이 운영체제에 의해 네트워크 환경에 맞게 자동으로 적용된다.

❷ 서브넷 마스크 _{24.5, 23.3, 22.3, 22.2, 22.1, 21.1, 18.1, 16.3, 16.2, 15.3, 15.2, 15.1, 14.1, 13.2, 12.3, …}

IPv4 주소의 네트워크 주소와 호스트 주소를 구별하기 위하여 IPv4 수신인에게 허용하는 32비트 주소이다.

❸ 게이트웨이 _{16.2, 15.3, 14.1, 12.2}

다른 네트워크와의 데이터 교환을 위한 출입구 역할을 하는 장치이다.

❹ DNS 서버 주소 _{16.2, 15.3, 14.1, 12.2, 10.1}

문자 형태로 된 도메인 네임을 숫자로 된 IP 주소로 변환해 주는 서버(DNS)가 있는 곳의 IP 주소를 지정한다.

합격수기 코너는 시나공으로 공부하신 독자분들이 시험에 합격하신 후에 직접
시나공 홈페이지(sinagong.co.kr)의 〈합격전략/후기〉에 올려주신 자료를 토대로 구성됩니다.

시나공으로 3개의 자격증 취득(합격수기 및 노하우)!

시나공으로 워드 취득을 시작으로 정보처리기사 및 컴활2급을 취득했습니다.
워드를 취득할 때만 해도 시나공이 얼마나 좋은 책인지 잘 몰랐던 터라 인터넷에서 많은 사람들이 시나공
을 추천하는 것을 보며 '왜 그렇게 많이 추천을 할까?'라는 생각을 했었는데 자격증을 취득하고 나서야 왜
그랬는지 알게 되더군요. 시나공의 가장 큰 장점은 단기간 시험 준비를 하는 사람들에게는 딱이라는 거죠.
아무튼 3개의 자격증을 취득하면서 너무나 기쁘고, 행복했습니다. 3개의 자격증을 취득하기까지 제 나름
의 노하우를 알려드릴게요.

"첫 번째, 시간을 잘 활용하라."
필기 시험의 경우 시간적 여유가 한 달 정도 있는 분이라면 앞에서 부터 차근차근 공부하면서 문제를 풀고
틀린 오답 노트를 만들어서 정리해 보는 것이 좋습니다. 만약 시간이 일주일도 채 안 되는 분들은 시간이
그리 많지 않기 때문에 기출문제 위주로 공부하고 잘 이해가 안 되는 부분은 꼭 해설을 보세요.

"두 번째, 오답 노트를 만들어라."
항상 보면 틀린 문제는 또 틀리기 쉽습니다. 오답 노트라 해서 부담 갖지 말고 A4 용지를 반을 접어서 틀
린 문제 위주로 적어 놓으세요. 너무 많을 경우 자주 출제된 문제 위주로 우선순위를 정해 정리하는 것도
좋은 방법입니다.

"세 번째, 이론보다 문제를 많이 풀어라."
물론 이론 중요하죠. 하지만 이론보다는 문제를 풀어 보면서 문제가 어떻게 출제되는지 출제 경향을 파악
하는 것이 무엇보다 중요합니다. 문제를 풀다보면 시험이 어떤 식으로 출제되는지 쉽게 감을 잡을 수 있을
뿐만 아니라 처음 나오는 문제를 대하게 되더라도 대처할 수 있는 능력을 갖게 됩니다. 늦었지만 저의 간
단한 합격 수기 및 노하우를 알려드렸습니다.
자신감을 갖고 목표한 자격증을 꼭 취득하시기 바랍니다.
모두 파이팅!

이윤섭 • ddaenggul81j

PC 기본상식

1장 컴퓨터 시스템의 개요

2장 컴퓨터 시스템

3장 PC의 유지보수

4장 멀티미디어 활용

5장 정보통신과 인터넷

6장 정보 사회와 보안

7장 ICT 신기술 활용

8장 전자우편 및 개인정보 관리

전문가가 분석한 3과목 출제 경향

가장 많은 시간을 투자해야 할 과목이죠! 70점을 목표로 공부하세요.

워드프로세서 필기 시험에서 가장 어려운 과목으로 정보통신 전 분야를 다룬다 해도 과언이 아닙니다. 빠르게 발전하는 정보통신 기술에 발맞추어 다양한 문제가 출제되고 있지만 착실하게 교재의 내용을 학습하면 70점 이상은 충분히 확보할 수 있습니다. 전체를 완벽하게 알아야 한다는 강박관념보다는 70점 정도를 목표로 학습하는 지혜가 필요한 과목입니다. 최근 컴퓨터 시스템에서 PC 사용에 관한 소프트웨어 및 하드웨어의 출제 비중이 높아지고 있습니다.

IT 자격증 전문가 강윤석

 미리 따라해 본 베타테스터의 한 마디

자격증 취득을 위한 공부를 하면서 제일 답답한 게 책에 나온 내용이 과연 시험에 모두 나오는가 하는 것이었습니다. 솔직히 이력서에 한 줄 더 쓰려고 보는 시험인데 합격만 하면 되지 필요 없는 것까지 공부하는 건 좀 아깝다는 생각을 했거든요. 그런데 이 책은 '전문가의 조언' 코너에서 중요성을 이야기해 주고 몇 번이나 출제되었는지 알려주니까 답답함이 해소되고 어디에 포인트를 두고 공부해야 할지 'feel'이 팍 느껴지더군요.

베타테스터 한채호(30살, 프리랜서)

컴퓨터 시스템의 개요

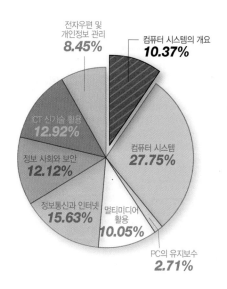

전자우편 및
개인정보 관리
8.45%

컴퓨터 시스템의 개요
10.37%

ICT 신기술 활용
12.92%

컴퓨터 시스템
27.75%

정보 사회와 보안
12.12%

정보통신과 인터넷
15.63%

멀티미디어
활용
10.05%

PC의 유지보수
2.71%

069 컴퓨터의 개념 ⑧등급

070 컴퓨터의 발전 과정 ⑧등급

071 컴퓨터의 분류 – 처리 능력 ⑧등급

072 컴퓨터의 분류 – 데이터 취급 / 사용 용도 Ⓐ등급

073 자료 구성의 단위 Ⓒ등급

074 자료의 표현 방식 ⑧등급

꼭 알아야 할 키워드 Best 10

1. 펌웨어 **2.** 컴퓨터의 발전 과정 **3.** 컴퓨터의 세대별 특징 **4.** 워크스테이션 **5.** 디지털 컴퓨터 **6.** 아날로그 컴퓨터 **7.** 자료 구성의 단위
8. 부동 소수점 표현 방식 **9.** ASCII 코드 **10.** 해밍 코드

컴퓨터의 개념

1 컴퓨터의 정의

1106401

컴퓨터*(EDPS; Electronic Data Processing System)는 입력된 자료(Data)를 프로그램이라는 명령 순서에 따라 처리하여 그 결과를 사람이 알아볼 수 있도록 출력하는 전자(Electronic) 자료(Data) 처리(Processing) 시스템(System)이다.

- 컴퓨터는 프로그램에 의해 자동(Automatic)으로 처리되므로, ADPS(Automatic Data Processing System)라고도 한다.
- 컴퓨터의 5대 특징은 정확성, 신속성, 대용량성, 범용성*, 호환성*이다.

1106431

> **잠깐만요** **정보 / 자료 / GIGO(Garbage In Garbage Out)**
>
> - **자료(Data)** : 관찰이나 측정을 통해 수집한 단순한 사실이나 결과값을 말합니다.
> - **정보(Information)** : 의사 결정에 도움을 줄 수 있는 유용한 형태로, 자료를 가공(처리)한 것을 말합니다.
>
> "**자료(수능성적표)**를 봐서는 김종순 학생이 우수한 것 같아 장학금을 주려 했는데, **정보(합계, 평균, 등수)**를 보니 꼴등이네! 큰일날 뻔 했군!"
>
>
>
> - **GIGO(Garbage In Garbage Out)** : 쓰레기(Garbage)가 들어가면 쓰레기가 나온다는 의미입니다. 아무리 정확한 컴퓨터라도 '사람이 잘못된 자료를 입력하면 컴퓨터도 잘못된 결과를 출력한다'는 컴퓨터의 수동성을 뜻하는 말입니다.

2 컴퓨터의 구성

1106402

컴퓨터는 기계장치인 하드웨어와 하드웨어를 움직이는 소프트웨어로 구성되어 있다.

하드웨어

하드웨어(HardWare)는 딱딱한 제품이라는 의미로, 컴퓨터 시스템을 구성하는 물리적인 부품, 즉 기계적인 장치들을 말한다. 하드웨어는 중앙처리장치와 주변장치로 나눠지고, 각각은 다음과 같이 구성된다.*

- 중앙처리장치 = 레지스터 + 제어장치 + 연산장치
- 주변장치 = 입·출력장치 + 보조기억장치

소프트웨어

소프트웨어(SoftWare)는 하드웨어의 반대 개념으로, 하드웨어를 사용하기 위한 각종 명령의 집합으로서 일반적으로 프로그램이라 부른다.

• 소프트웨어는 하드웨어 전체를 제어하고 운영하는 시스템 소프트웨어와 특정 업무를 처리하기 위한 응용 소프트웨어로 구분된다.

24.5, 23.4, 22.1, 20.2, 18.상시, 17.2, 16.3, 14.2, 09.1, 08.1, 04.3, 04.1, 99.1

잠깐만요 펌웨어(Firmware) / 미들웨어(Middleware)

1106432

펌웨어(Firmware)

• 하드웨어의 동작을 지시하는 소프트웨어이지만 하드웨어적으로 구성되어 하드웨어의 일부분으로도 볼 수 있는 제품을 말합니다.
• 주로 ROM에 반영구적으로 저장되어 하드웨어를 제어·관리하는 역할을 수행합니다.
• 최근에는 읽기/쓰기가 가능한 플래시 롬(Flash ROM)에 저장되기 때문에 내용을 쉽게 변경하거나 추가·삭제할 수 있습니다. 펌웨어로 만들어져 있는 프로그램을 마이크로 프로그램이라고 합니다.

미들웨어(Middleware)

• 다양한 기종의 컴퓨팅 환경에서 응용 프로그램과 운영체제 사이 또는 종류가 다른 두 응용 프로그램 사이에서 보완해 주고 연결해 주는 소프트웨어입니다.
• 응용 프로그램을 직접 연결하려면 관련된 응용 프로그램 모두에 해당 코드를 추가해야만 서로 대화가 가능한 데, 미들웨어는 이 대화과정에서 번역기 역할을 함으로써 응용 프로그램 모두에 코드를 추가할 필요가 없습니다.

전문가의 조언

워드프로세서 시험은 2021년부터 상시 시험으로만 시행되고 있고, 기출문제는 공개되지 않습니다. 본문에 표기된 '24.5'는 복원된 상시 시험 문제의 연도별 일련번호입니다.

따라잡기 기출문제 따라잡기

문제2 1106451

24년 5회, 23년 4회, 22년 1회
1. 다음 중 컴퓨터 시스템에서 사용하는 펌웨어에 관한 설명으로 옳은 것은?

① 치명적인 컴퓨터 바이러스 프로그램이다.
② 주로 RAM에 반영구적으로 저장된다.
③ 하드웨어를 제어하고 관리하는 역할을 수행한다.
④ 서로 다른 응용프로그램을 보완해서 연결해 주는 역할을 한다.

펌웨어는 하드웨어의 동작을 지시하는 소프트웨어이지만 하드웨어적으로 구성되어 하드웨어의 일부분으로도 볼 수 있는 제품을 말합니다.

20년 2회, 16년 3회, 14년 2회
2. 다음 중 복잡한 여러 기종의 컴퓨팅 환경에서 응용 프로그램과 운영체제의 차이를 보완해 주고, 서버와 클라이언트들을 중간에서 연결해 주는 소프트웨어를 무엇이라고 하는가?

① 펌웨어(Firmware)　　② 미들웨어(Middleware)
③ 셰어웨어(Shareware)　④ 내그웨어(Nagware)

문제에 제시된 내용은 미들웨어의 개념입니다. 내그웨어는 사용자가 프로그램을 구매한 후 등록하도록 프로그램을 시작할 때마다 화면에 등록 요구 메시지를 표시하는 셰어웨어의 일종입니다.

22년 1회, 04년 3회, 1회, 99년 1회
3. 다음 중 펌웨어(FirmWare)에 관한 설명으로 옳지 않은 것은?

① 하드웨어와 소프트웨어의 중간적 성격을 갖고 있다.
② 하드웨어의 기능을 추가하거나 변경을 할 수 없다.
③ ROM에 저장되는 마이크로 컴퓨터 프로그램이 이에 속한다.
④ 디지털 시스템에서 널리 이용된다.

최근에는 펌웨어 읽기/쓰기가 가능한 플래시 롬에 저장되기 때문에 내용을 쉽게 변경하거나 추가할 수 있습니다.

17년 1회
4. 다음 중 컴퓨터가 가지고 있는 특징으로 가장 옳지 않은 것은?

① 범용성　　　　　　② 능동성
③ 호환성　　　　　　④ 신속성

컴퓨터의 5대 특징에는 정확성, 신속성, 대용량성, 범용성, 호환성이 있습니다.

▶ 정답 : 1. ③　2. ②　3. ②　4. ②

컴퓨터의 발전 과정

ABC 계산기(Atanasoff-Berry Computer)
1942년 아이오와 주립대의 아타나소프 교수는 대학원생인 베리와 진공관으로 이루어진 특수 목적용 컴퓨터 ABC를 개발하였습니다. 현재 최초의 전자식 계산기를 'ENIAC'으로 인정하고 있으나, 일부 사람들은 ABC를 최초의 전자식 계산기로 보고 있습니다. 하지만 ABC에 대한 내용이 늦게 발견되었고, 특수 목적용으로만 만들어진 것이기 때문에 최초의 전자식 계산기라 인정하기는 어려울 듯합니다.

1 24.4, 23.1, 22.3, 21.4, 21.3, 12.3, 12.1, 11.1, 09.3, 06.4, 06.1, 05.4, 02.2, 00.1, 99.1, 98.3
컴퓨터의 기원

다음은 컴퓨터의 발전 과정에 대한 요약이다.

기종	개발 연도	개발자	의의
파스칼의 계산기 (Pascalline)	1642	파스칼	덧셈, 뺄셈이 가능한 최초의 기계식 계산기
해석기관	1834	바베지	현대 컴퓨터의 개념을 최초로 제시
천공 카드 시스템	1893	홀러리스	인구통계 및 국세 조사에 이용, 자동 계산의 실용성 확인
12.1, 09.3, 99.1 튜링기계	1937	튜링	추상적인 계산기의 모형으로서 컴퓨터의 논리적 모델이 됨
ABC※	1942	아타나소프	최초로 진공관을 사용한 계산기
06.4, 98.3 MARK-I	1944	에이컨	최초의 전기 기계식 자동 계산기
21.4, 11.1, 06.4, 05.4, … ENIAC	1946	에커트 & 모클리	최초의 전자계산기
21.4, 12.3, 06.4, 06.1 EDSAC	1949	윌키스	최초로 프로그램 내장 방식을 도입한 계산기
06.4, 02.2 UNIVAC-I	1951	에커트 & 머클리	최초의 상업용 전자계산기(미 통계국에서 사용)
EDVAC	1952	폰 노이만	폰 노이만이 제작한 컴퓨터로 프로그램 내장 방식과 2진법 채택

15.1, 14.3, 13.3, 13.2, 10.3, 10.2, 10.1, 09.1, 08.4, 08.3, 07.4, 07.3, 06.4, 03.1, 02.1, 01.3, 99.1, 98.2
잠깐만요   **프로그램 내장 방식(Stored Program)**

- 프로그램과 데이터를 주기억장치에 저장해 두고, 주기억장치에 있는 프로그램 명령어를 하나씩 차례대로 수행하는 방식으로, 이 방식을 제안한 사람은 미국의 수학자 폰 노이만(Von Neumann)입니다.
- 프로그램 내장 방식은 외부 프로그램 방식에 비해 수정이 쉽고, 프로그램을 공동으로 사용할 수 있다는 장점이 있습니다.
- 프로그램 내장 방식이 최초로 도입된 컴퓨터는 EDSAC이고, EDSAC 이후에 개발된 컴퓨터는 모두 프로그램 내장 방식을 사용하였습니다.

2 컴퓨터의 세대별 특징

24.4, 24.1, 24.4, 24.1, 23.5, 22.3, 21.4, 21.3, 19.2, 18.상시, 18.1, 15.3, 14.1, 13.3, 11.2, 05.3, 04.3, 03.4, 03.3, 02.3, 99.1
1106502

다음은 컴퓨터의 발전 세대별 주요 소자 및 특징에 대한 설명이다.

세대	주요 소자*	주기억장치	연산 속도	특징
24.1, 23.5, … 제 1세대	진공관	사드드럼	$ms(10^{-3})$	기계어 사용, 하드웨어 중심, 일괄처리 시스템
24.1, 23.5, … 제 2세대	트랜지스터(TR)	자기코어	$\mu s\,(10^{-6})$	고급언어 개발, 운영체제 도입, 온라인 실시간 처리, 다중 프로그램
24.1, 23.5, … 제 3세대	집적 회로(IC)	집적 회로(IC)	$ns(10^{-9})$	• 시분할처리, 다중처리 • OCR, OMR, MICR, MIS 도입
24.1, 23.5, … 제 4세대	고밀도 집적 회로(LSI)	고밀도 집적 회로(LSI)	$ps(10^{-12})$	• 개인용 컴퓨터 개발 • 마이크로프로세서 개발, 네트워크, 분산처리
21.4, 14.1, … 제 5세대	초고밀도 집적 회로(VLSI)	초고밀도 집적 회로(VLSI)	$fs(10^{-15})$	인터넷, 인공지능, 퍼지 이론*, 패턴 인식*, 전문가 시스템* 등 신기술 개발

04.2

잠깐만요 인공지능(Artificial Intelligence)

외부의 환경으로부터 주어진 상황에 대해 사람이 인식하고 판단하여 상황을 해결하고 행동하는 기능과 더 나아가서는 학습하는 기능 등 사람의 지적 행동(대뇌의 기능)을 컴퓨터로 실현시키기 위한 분야를 말하는 것으로, 인공지능이란 용어는 1956년 J.매카시(J. MaCarthy)에 의해 처음 사용되기 시작하였습니다.

전문가의 조언

중요해요! 컴퓨터의 발전 세대별 특징을 묻는 문제가 자주 출제됩니다. 각 세대를 구분할 수 있도록 주요 소자와 연산 속도를 중심으로 특징을 정리해 두세요.

주요 소자

진공관　　　트랜지스터

IC　　　LSI

VLSI

• **퍼지 이론** : 불확실하고 애매한 자료를 컴퓨터에서 유용한 자료로 처리하기 위한 것
• **패턴 인식** : 컴퓨터에서 그림, 음성 등의 정보를 읽어들여 이미 기억된 정보와 비교·인식하는 방법
• **전문가 시스템** : 전문지식을 컴퓨터에 데이터베이스화하여 비전문가의 질문에 대한 답을 컴퓨터가 제시하는 시스템

따라잡기 기출문제 따라잡기

문제 1 1106551

21년 4회, 15년 1회, 14년 3회, 13년 2회
1. 다음 중 컴퓨터의 발전에 대한 설명으로 틀린 것은?

① ENIAC은 프로그램 내장 방식을 사용한 세계 최초의 디지털 전자 계산기이다.
② UNIVAC-I은 에커트와 머클리에 의해 개발된 최초의 상업용 계산기이다.
③ 주요 논리 소자는 진공관, TR, IC, LSI, VLSI 순으로 발전하였다.
④ 가상 기억장치가 도입되고 개인용 컴퓨터가 등장한 시기는 4세대이다.

최초의 전자 계산기는 ENIAC, 최초로 프로그램 내장 방식을 채택한 컴퓨터는 EDSAC입니다.

13년 3회, 10년 1회, 08년 3회, 07년 4회, 3회
2. 다음 중 프로그램 내장 방식에 대한 설명으로 옳지 않은 것은?

① 폰 노이만에 의해서 제안되었다.
② 프로그램과 데이터를 주기억장치에 저장하여 수행한다.
③ 서브루틴의 사용이 가능하며 사용 빈도에 제한이 없다.
④ UNIVAC은 프로그램 내장 방식을 채택한 최초의 컴퓨터이다.

최초로 프로그램 내장 방식을 채택한 컴퓨터는 EDSAC입니다. UNIVAC은 최초의 상업용 계산기입니다.

▶ 정답 : 1. ① 2. ④

18년 상시, 14년 1회, 05년 3회, 04년 3회
3. 다음 중 제 5세대 컴퓨터의 주요 특징에 해당하는 내용이 아닌 것은?

① 경영정보 시스템(Management Information System)

② 인공지능(Artificial Intelligence)

③ 전문가 시스템(Expert System)

④ 퍼지 이론(Fuzzy Theory)

경영정보 시스템(MIS)은 3세대에 도입되었습니다.

12년 1회, 09년 3회, 99년 1회
4. 다음 중 수학적으로 설계한 가상의 컴퓨터로 현대 컴퓨터의 논리적 모델이 된 것은?

① EDSAC　　　　② 튜링기계

③ UNIAC I　　　　④ 바베지의 계산

현대 컴퓨터의 논리적 모델은 튜링기계입니다.

24년 1회, 23년 5회, 19년 2회
5. 다음 중 컴퓨터의 발전에 대한 세대별 특징을 연결한 것으로 옳지 않은 것은?

① 1세대 – 일괄 처리 시스템, 기계어 사용

② 2세대 – 운영체제 도입, 고급언어 개발, 다중 프로그래밍

③ 3세대 – 시분할 처리, 다중 처리, 인공지능

④ 4세대 – 개인용 컴퓨터 개발, 분산 처리

인공지능은 5세대의 특징입니다.

09년 1회, 08년 4회
6. 다음 중 프로그램 내장 방식의 컴퓨터와 거리가 먼 것은?

① ENIAC　　　　② EDSAC

③ UNIVAC–I　　　　④ EDVAC

최초의 프로그램 내장 방식의 컴퓨터는 EDSAC입니다. ENIAC은 EDSAC 이전에 개발된 컴퓨터입니다.

12년 3회
7. 다음 보기의 내용은 어떤 컴퓨터에 대한 설명인가?

- 1949년 영국 케임브리지 대학의 모리스 윌키스가 개발한 컴퓨터이다.
- 세계 최초로 폰 노이만식 프로그램 내장 방식을 채택하였으며, 오늘날 컴퓨터의 원형이 되었다.

① UNIVAC　　　　② EDVAC

③ ENIAC　　　　④ EDSAC

최초로 프로그램 내장 방식을 채택한 컴퓨터는 EDSAC입니다.

18년 1회, 15년 3회, 13년 3회, 03년 4회
8. 다음 보기에서 4세대 컴퓨터의 주요 특징으로만 짝지은 것은?

(가) 기억장치로는 LSI, 광 디스크, 램 디스크 등이 사용되었다.

(나) 프로그래밍 언어로는 코볼, 포트란, 알골 등이 개발되었다.

(다) 마이크로프로세서가 개발되어 개인용 컴퓨터가 등장하였다.

(라) 운영체제, 다중 프로그램 등이 등장하였으며 MIS가 도입되어 활용되었다.

① (가), (나)　　　　② (다), (라)

③ (나), (다)　　　　④ (가), (다)

프로그래밍 언어 개발, 운영체제, 다중 프로그램이 등장한 것은 제2세대이고, MIS가 도입된 것은 제3세대입니다.

24년 4회, 23년 1회, 22년 3회, 21년 3회, 02년 3회
9. 다음 중 발전 순서 또는 크기 순(큰 순에서 작은 순, 느린 순에서 빠른 순)으로 나열하였을 때 옳지 않은 것은?

① 진공관 → 트랜지스터 → 집적(IC)회로 → LSI

② MARK1 → EDSAC → ENIAC → EDVAC

③ Record → Field → Word → Byte → Bit

④ ms(10^{-3}) → μs(10^{-6}) → ns(10^{-9}) → ps(10^{-12})

컴퓨터의 발전 순서를 올바르게 나열하면 'MARK1 → ENIAC → EDSAC → EDVAC'입니다.

▶ 정답 : 3. ①　4. ②　5. ③　6. ①　7. ④　8. ④　9. ②

컴퓨터의 분류 - 처리 능력

컴퓨터는 처리 능력에 따른 분류, 취급하는 데이터의 형태에 따른 분류, 그리고 사용하는 목적에 따른 분류로 나눌 수 있다.

1 컴퓨터의 처리 능력
05.1, 0.2,2

컴퓨터의 처리 능력은 얼마나 많은 데이터(용량)를 얼마나 빠르게(속도) 처리할 수 있느냐를 기준으로 결정된다.

* 컴퓨터를 처리 능력에 따라 분류하면 슈퍼 컴퓨터, 메인 프레임, 미니 컴퓨터, 마이크로 컴퓨터 등이 있다.

2 슈퍼 컴퓨터*
22.4, 18.1, 12.2, 11.3, 02.4, 98.1

슈퍼 컴퓨터(Super Computer, 초대형 컴퓨터)는 높은 정밀도를 가지고 있어 정확한 계산을 수행할 수 있다.

* 슈퍼 컴퓨터의 속도를 측정하는 단위는 플롭스(Flops)* 이다.
* 인공위성 제어, 일기예보, 시뮬레이션* 처리, 초정밀 과학 기술 연구, 지형분석, 우주 항공 산업 등의 특수 분야에 사용된다.

슈퍼 컴퓨터

3 메인 프레임
22.4, 09.3

메인 프레임(Mainframe, 대형 컴퓨터)은 대규모 시스템으로, 수백 명의 사용자가 동시에 사용할 수 있다.

* 은행, 병원, 정부기관 등에서 사용한다.

메인 프레임

4 미니 컴퓨터
21.4

미니 컴퓨터(Mini Computer, 중형 컴퓨터)는 중규모 시스템으로, 학교·연구소 등의 업무 처리나 과학기술 계산에 사용된다.

미니 컴퓨터

전문가의 조언

처리 능력에 따라 컴퓨터를 구분할 수 있어야 풀 수 있는 문제가 출제됩니다. 각 컴퓨터의 주요 특징을 파악해 두세요. 특히 마이크로 컴퓨터 중에서 워크스테이션은 RISC를 사용한다는 것을 꼭 기억해 두세요.

슈퍼 컴퓨터
슈퍼 컴퓨터나 메인 프레임 같은 대규모 시스템은 온도, 습도, 먼지 등에 대비한 설치 환경과 별도의 전문 운영요원들이 필요합니다.

플롭스(PFlops)
Flops는 컴퓨터가 1초에 부동 소수점 연산을 몇 번 수행할 수 있느냐 하는 연산 횟수를 나타내는 단위입니다.

시뮬레이션(Simulation)
'모의 실험'이란 의미로, 컴퓨터로 특정 상황을 설정하여 구현하는 기술입니다.
예 핵전쟁, 화산 폭발, 태풍 등

5 마이크로 컴퓨터

3107105

마이크로 컴퓨터(Micro Computer, 소형 컴퓨터)는 '마이크로프로세서(MPU)'를 CPU로 사용하는 컴퓨터이며, 네트워크에서 주로 클라이언트(Client) 역할을 한다.

• 마이크로 컴퓨터의 종류

<table>
<tr><td>24.5, 24.4, 23.1, 22.4, 22.2, 21.4, …
워크스테이션
(Workstation)</td><td>• 대부분 RISC 프로세서*를 사용하며, 네트워크에서 서버(Server) 역할을 담당한다.
• 고성능 그래픽 처리나 공학용 시뮬레이션에 주로 사용한다.</td></tr>
<tr><td>**데스크톱 컴퓨터**
(Desktop Computer)</td><td>책상에 놓고 사용할 수 있는 일반적인 개인용 컴퓨터로, 가정이나 사무실에서 가장 많이 사용한다.</td></tr>
<tr><td>22.2, 19.2, 09.4, 02.3
휴대용 컴퓨터</td><td>가볍고 크기가 작아 휴대가 가능한 개인용(Personal) 컴퓨터이다.
• 랩톱(Laptop) : 무릎 위에 놓고 사용할 수 있는 크기의 컴퓨터이다.
• 노트북(Notebook) : 노트(Note) 크기만한 컴퓨터이다.
• 팜톱(Palmtop) : 손바닥 위에 놓고 사용할 수 있는 크기의 컴퓨터이다.
• 태블릿PC(Tablet PC)* : 노트북의 기능에 PDA의 휴대성을 더한 컴퓨터로, 키보드 대신 터치스크린이나 스타일러스 펜을 입력 장치로 사용한다.
• PDA(Personal Digital Assistant)* : 팜톱 컴퓨터의 일종으로 전자수첩 기능, 이동통신 기능, 비서 기능, 개인정보 관리 기능 등을 가진 컴퓨터로 크기가 작아 펜이나 터치 스크린을 입력 방식으로 사용한다.
• 웨어러블 컴퓨터(Wearable Computer)
  – 의류, 시계, 안경 등의 형태로 사람이 몸에 착용하고 다닐 수 있는 컴퓨터이다.
  – 소형화 및 경량화, 음성과 동작 인식 등 다양한 기술이 적용되어 장소에 구애받지 않고 컴퓨터를 활용할 수 있다.</td></tr>
</table>

RISC 프로세서

기억, 연산, 제어 장치가 한 개의 반도체 칩에 내장된 마이크로프로세서(MPU)의 한 종류로 마이크로프로세서의 다른 종류인 CISC에 비해 기능이 우수합니다.

태블릿PC

요즘 많이 사용하고 있는 아이패드, 갤럭시탭 등이 바로 태블릿PC입니다.

PDA

PDA에서 발전된 것이 현재 가장 많이 사용되고 있는 스마트폰입니다.

20.2, 16.2

잠깐만요 **마이크로 컴퓨터**

워크스테이션 ➡ 데스크톱 ➡ 랩톱 ➡ 노트북

➡ 팜톱 ➡ PDA ➡ 웨어러블 컴퓨터

따라잡기 기출문제 따라잡기

문제1 3107151 문제6 1106652

22년 4회

1. 다음 중 컴퓨터의 분류에 대한 설명으로 옳은 것은?

① 마이크로 컴퓨터는 네트워크에서 주로 서버(Server)의 역할을 수행한다.

② 워크스테이션은 고성능 컴퓨터로 CISC 프로세서만을 사용한다.

③ 메인 프레임은 네트워크에서 주로 클라이언트(Client)의 역할을 수행한다.

④ 슈퍼 컴퓨터는 일반 PC의 수천배 이상의 계산 능력을 가지고 있어 초정밀 과학기술 연구나 우주 항공 산업에서 복잡한 연산을 처리한다.

① 마이크로 컴퓨터는 네트워크에서 주로 클라이언트(Client) 역할을 수행합니다.
② 워크스테이션은 대부분 RISC 프로세서를 사용합니다.
③ 메인 프레임은 네트워크에서 주로 서버(Server) 역할을 수행합니다.

09년 4회, 02년 4회

2. 다음은 무엇에 대한 설명인가?

- 펜 입력 장치를 많이 사용한다.
- GUI 방식의 운영체제를 주로 사용한다.
- 이동통신 기능까지 지원하는 방향으로 발전하고 있다.

① 노트북 컴퓨터
② 마이크로 컴퓨터
③ 워크스테이션
④ PDA

지문에 제시된 내용은 PDA의 특징입니다.

11년 3회, 02년 4회

3. 다음 보기에서 설명하는 컴퓨터는 어느 것인가?

일반 컴퓨터에 비해 수십 배 내지 수백 배의 연산속도를 필요로 하는 기상예측, 3차원 시뮬레이션 등의 분야에서 사용된다.

① 워크스테이션
② 아날로그 컴퓨터
③ 슈퍼 컴퓨터
④ 랩탑 컴퓨터

일반 컴퓨터에 비해 높은 연산속도를 필요로 하는 분야에 사용되는 컴퓨터는 슈퍼 컴퓨터입니다.

10년 1회, 06년 4회

4. 다음 중 전자수첩을 컴퓨터라고 보았을 때, 그에 대한 이유로 옳은 것은?

① 전자기기이기 때문에 컴퓨터이다.

② 계산 기능이 있으므로 컴퓨터이다.

③ 액정 화면이 있으므로 컴퓨터이다.

④ 프로그램을 내장하였기 때문에 컴퓨터이다.

프로그램과 데이터를 기억장치에 저장해 두고, 프로그램 명령어를 하나씩 차례대로 수행하는 프로그램 내장 방식을 사용하는 것을 컴퓨터라 할 수 있습니다.

22년 2회, 20년 1회

5. 다음 중 컴퓨터 분류에서 워크스테이션(Workstation)에 관한 설명으로 옳지 않은 것은?

① 대부분 RISC 프로세서를 사용한다.

② 네트워크에서 클라이언트(Client) 역할을 주로 담당한다.

③ 고성능 그래픽 처리나 공학용 시뮬레이션에 주로 사용한다.

④ 주로 다중 사용자 시스템에서 사용되기도 한다.

네트워크에서 마이크로 컴퓨터는 클라이언트 역할을, 워크스테이션은 서버(Server) 역할을 주로 담당합니다.

22년 2회, 19년 2회

6. 다음은 무엇에 대한 설명인가?

키보드 없이 손가락 또는 전자펜을 이용해 직접 액정 화면에 글씨를 써서 문자를 인식하게 하는 터치스크린 방식을 주 입력 방식으로 하여 프로그램을 실행할 수 있는 모바일 인터넷 기기

① HMD(Head Mounted Display)

② 태블릿PC

③ 노트북 컴퓨터

④ 랩탑 컴퓨터

지문에 제시된 내용은 태블릿PC의 특징입니다.

24년 5회, 4회, 23년 1회, 21년 4회, 13년 1회

7. 다음 중 컴퓨터 분류에서 워크스테이션(Workstation)에 관한 설명으로 옳지 않은 것은?

① 대부분 CISC 프로세서를 사용한다.

② 네트워크에서 서버(Server) 역할을 주로 담당한다.

③ 고성능 그래픽 처리나 공학용 시뮬레이션에 주로 사용한다.

④ 규모로는 미니 컴퓨터와 데스크톱 컴퓨터 사이에 존재한다.

워크스테이션은 고성능 컴퓨터로, 대부분 RISC 프로세서를 사용합니다.

▶ 정답 : 1. ④ 2. ④ 3. ③ 4. ④ 5. ② 6. ② 7. ①

컴퓨터의 분류 – 데이터 취급 / 사용 용도

1 데이터 취급에 따른 분류

24.2, 23.2, 21.2, 18.1

1106701

컴퓨터를 데이터 취급에 따라 분류한다는 것은 컴퓨터에서 처리하는 데이터의 형태인 디지털형, 아나로그형, 혼합형을 기준으로 분류하는 것을 말한다.

디지털 컴퓨터(Digital Computer)

문자나 숫자화된 비연속적인 데이터(디지털형*)를 처리하는 컴퓨터로 사회 각 분야에서 일반적으로 사용하는 컴퓨터이다.

아날로그 컴퓨터(Analog Computer)

온도, 전류, 속도 등과 같이 연속적으로 변화하는 데이터(아날로그형*)를 처리하기 위한 특수 목적용 컴퓨터를 말한다.

하이브리드 컴퓨터(Hybrid Computer)

디지털 컴퓨터와 아날로그 컴퓨터의 장점을 혼합하여 만든 컴퓨터를 말한다.

24.1, 23.4, 23.3, 22.1, 21.3, 21.2, 21.1, 20.상시, 20.2, 19.2, 18.상시, 17.2, 16.2, 16.1, 15.1, 14.1, 13.2, 12.3, 12.2, 12.1, 08.4, …

잠깐만요 **디지털 컴퓨터와 아날로그 컴퓨터의 비교**

1106731

항목	24.1, 23.4, 23.3, 22.1, 21.3, 21.1, 19.2, 15.1, 14.1, 13.2, … 디지털 컴퓨터	21.2, 08.4, 97.3 아날로그 컴퓨터
입력 형태	숫자, 문자	전류, 전압, 온도, 속도
출력 형태	숫자, 문자	곡선, 그래프
연산 형식	산술, 논리 연산	미·적분 연산
연산 속도	느림	빠름
구성 회로	논리 회로	증폭 회로
프로그래밍	필요함	필요하지 않음
정밀도	필요한 한도까지 가능	제한적임
기억 기능	있음	없음
적용성	범용	특수 목적용

2 사용 용도에 따른 분류

24.4, 18.1, 16.3, 98.2

1106702

컴퓨터를 어떠한 목적으로 사용하느냐에 따라 범용 컴퓨터와 전용 컴퓨터로 분류할 수 있다.

범용 컴퓨터

여러 분야에서 다양한 용도로 사용하기 위해 제작된 컴퓨터로, 디지털 컴퓨터가 여기에 해당된다.

전용 컴퓨터

특수한 목적에만 사용하기 위해 제작된 컴퓨터로 자동 제어 시스템, 항공기술 등 산업용 제어 분야 등에 사용되며, 아날로그 컴퓨터가 여기에 해당된다.

따라잡기 기출문제 따라잡기

문제5 3107255

24년 4회, 16년 3회

1. 다음에서 설명하는 컴퓨터는 무엇인가?

> 특수한 목적에만 사용하기 위해 제작된 컴퓨터로 자동 제어 시스템, 항공 기술 등 산업용 제어 분야 등에 사용되며, 아날로그 컴퓨터가 여기에 해당된다.

① 디지털 컴퓨터 　② 하이브리드 컴퓨터
③ 전용 컴퓨터 　④ 범용 컴퓨터

특수한 목적에만 사용하기 위해 제작된 컴퓨터는 전용 컴퓨터입니다.

23년 4회, 21년 3회, 12년 3회, 2회

2. 다음 중 디지털 컴퓨터에 대한 설명으로 올바르지 않은 것은?

① 구성 회로는 논리 회로이다.
② 연산 형식은 사칙연산이다.
③ 입력 형태는 부호화된 숫자, 문자이다.
④ 미·적분 방정식 계산이 용이하다.

미·적분 방정식 계산이 용이한 것은 아날로그 컴퓨터입니다.

19년 2회, 16년 1회

3. 다음 중 아날로그 컴퓨터와 비교하여 디지털 컴퓨터의 특징으로 옳은 것은?

① 입력 형태로 전류, 전압, 온도, 속도 등이 가능하다.
② 논리 회로를 사용하며, 프로그래밍이 필요하다.
③ 미분이나 적분에 관한 연산 속도가 빠르다.
④ 특수 목적용으로 기억 기능이 적다.

②번은 디지털 컴퓨터, ①, ③, ④번은 아날로그 컴퓨터에 대한 설명입니다.

24년 2회, 23년 2회, 21년 2회, 16년 2회

4. 다음 중 사용하는 데이터 형태에 따라 컴퓨터를 분류하고자 할 때, 아래의 설명과 같은 특징을 가지는 컴퓨터로 옳은 것은?

> 길이, 전류, 온도, 속도 등과 같이 연속적으로 변화하는 자료를 물리적인 양 그대로 입력하고 결과를 곡선, 그래프 등의 형태로 나타내어 출력하는 컴퓨터

① 하이브리드 컴퓨터 　② 디지털 컴퓨터
③ 아날로그 컴퓨터 　④ 범용 컴퓨터

지문에 제시된 내용은 아날로그 컴퓨터의 특징입니다.

24년 1회, 23년 3회, 22년 1회, 21년 1회, 20년 상시, 18년 상시, 17년 2회, 15년 1회, 14년 1회, 13년 2회

5. 다음 중 보기에서 디지털 컴퓨터의 특징으로만 나열된 것은?

> ⓐ 논리 회로 사용 　ⓑ 수치, 문자 데이터 사용
> ⓒ 프로그램의 불필요 　ⓓ 특수 목적용
> ⓔ 기억이 용이함 　ⓕ 정밀도가 제한적임
> ⓖ 연속적인 데이터 계산 　ⓗ 사칙 연산

① ⓐ, ⓑ, ⓔ, ⓗ 　② ⓑ, ⓓ, ⓕ, ⓗ
③ ⓐ, ⓒ, ⓓ, ⓕ 　④ ⓑ, ⓒ, ⓔ, ⓕ

ⓐ, ⓑ, ⓔ, ⓗ는 디지털 컴퓨터, ⓒ, ⓓ, ⓕ, ⓖ는 아날로그 컴퓨터에 대한 설명입니다.

▶ 정답 : 1.③ 2.④ 3.② 4.③ 5.①

자료 구성의 단위

영문과 한글의 문자 표현
영문자 1자는 1Byte를, 한글 1자는 2Byte를 차지합니다.

- 하프(Half)워드 = 2Byte = 16Bit
- 풀(Full)워드 = 4Byte = 32Bit
- 더블(Double)워드 : 8Byte = 64Bit

1 자료 구성의 단위

24.3, 22.2, 21.4, 20.2, 19.1, 14.2, 13.1, 07.2, 06.2, 04.1, 00.3, 00.2, 00.1, 99.3

1106801

자료의 구성 단위는 컴퓨터 내부에서 사용하는 비트·바이트·워드와 사람이 인식하여 사용할 수 있는 필드·레코드·파일·데이터베이스로 분류된다.

단위	특징
00.3, 00.2, 99.3 비트(Bit)	자료(정보) 표현의 최소 단위로, 두 가지 상태를 표시하는 2진수 1자리이다.
24.3, 22.2, 21.4, 20.2 니블(Nibble)	4개의 비트(Bit)가 모여 1개의 Nibble을 구성한다.
24.3, 22.2, 20.2, 19.1 바이트(Byte)	• 문자를 표현*하는 최소 단위로, 8개의 비트(Bit)가 모여 1Byte를 구성한다. • 1Byte는 256(2⁸)가지의 정보를 표현할 수 있다.
21.4, 06.2, 00.3, 00.2, 99.3 워드(Word)	• CPU가 한 번에 처리할 수 있는 명령 단위, 주기억장치의 주소를 할당하기 위한 기본 단위, 컴퓨터에서 수행되는 연산의 기본 단위이다. • 바이트의 모임으로 하프워드*, 풀워드*, 더블워드*로 분류된다.
00.3, 00.2 필드(Field)	파일 구성의 최소 단위로, 의미 있는 정보를 표현하는 최소 단위이다.
24.3, 22.2, 21.4, 20.2, 19.1, 14.2 레코드(Record)	하나 이상의 관련된 필드가 모여서 구성되는 자료 처리 단위이다.
24.3, 22.2, 21.4, 20.2, 19.1 파일(File)	프로그램 구성의 기본 단위, 업무 처리의 기본 단위로, 같은 종류의 레코드가 모여서 구성된다.
19.1, 00.3, 00.2, 99.3 데이터베이스(Database)	여러 개의 관련된 파일(File)의 집합이다.

따라잡기 기출문제 따라잡기

문제 1 3107351

1. 다음 중 데이터의 크기에 대한 설명으로 옳지 않은 것은?

① 니블(Nibble) : 4개의 비트가 모여 1Nibble을 구성한다.

② 파일(File) : 프로그램 구성의 기본 단위로, 여러 레코드가 모여서 구성된다.

③ 레코드(Record) : 하나 이상의 관련된 필드가 모여서 구성되는 자료 처리 단위이다.

④ 바이트(Byte) : 파일 구성의 최소 단위로, 의미 있는 정보를 표현하는 최소 단위이다.

> 바이트는 문자를 표현하는 최소 단위로, 8개의 비트가 모여 1바이트를 구성합니다. ④번은 필드(Field)에 대한 설명입니다.

2. 다음 중 데이터 크기를 작은 것부터 큰 순서로 올바르게 나열한 것은?

① Bit − Word − Nibble − Byte

② Bit − Byte − Nibble − Word

③ Bit − Nibble − Byte − Word

④ Bit − Byte − Word − Nibble

> 자료 구성 단위를 작은 순에서 큰 순으로 나열하면 'Bit → Nibble → Byte → Word → Field → Record → File → Database' 순입니다.

▶ **정답 : 1. ④ 2. ③**

자료의 표현 방식

1 내부적 표현 방식

24.3, 22.2, 19.2, 18.상시, 16.3, 16.2, 16.1, 11.1, 09.2, 06.2, 04.1, 03.3

1106901

자료의 내부적 표현은 컴퓨터 내부에서 연산을 하거나 데이터를 처리할 때 사용하는 것으로, 고정 소수점 표현 방식과 부동 소수점 표현 방식이 있다.

24.3, 22.2, 19.2, 18.상시, 16.3, 16.1, … **고정 소수점 표현 방식**	• 정수 데이터의 표현 및 연산에 사용하는 방법으로, 2진 연산과 10진 연산이 있다. • 2진 연산 : 부호화 절대치 방식, 부호화 1의 보수 방식, 부호화 2의 보수 방식 • 10진 연산 : 팩(Pack) 연산과 언팩(Unpack) 연산 • 정수 표현 형식으로 구조가 단순하고, 연산 속도가 빠르다.
24.3, 22.2, 19.2, 18.상시, 16.3, 16.2, … **부동 소수점 표현 방식**	• 소수점이 포함된 실수 데이터 표현과 연산에 사용한다. • 양수와 음수를 모두 표현할 수 있다. • 숫자를 부호(1비트), 지수부(7비트), 가수부(소수부)로 나누어 표현한다. • 고정 소수점 연산에 비해 실행(연산) 시간이 많이 걸리나 매우 큰 수나 매우 작은 수를 표현하는 데 적합하다. • 지수부와 소수부를 분리하는 정규화 과정이 필요하다. • 표현 범위 : $\pm16^{-64} \sim \pm16^{63}$

2 외부적 표현 방식

24.3, 23.1, 20.상시, 20.1, 19.상시, 19.2, 16.3, 16.1

1106902

처리된 결과를 사람이 확인할 수 있도록 출력할 때의 문자를 표현하는 방식이다.

BCD(Binary Coded Decimal)

• 6Bit 코드로 IBM에서 개발하였다.

• 하나의 문자를 2개의 Zone 비트와 4개의 Digit 비트로 표현한다.

• 6Bit는 2^6개를 표현할 수 있으므로 64개의 문자를 표현할 수 있다.

• 1Bit의 Parity Bit를 추가하여 7Bit로 사용한다.

• 영문 소문자를 표현하지 못한다.

ASCII 코드(American Standard Code for Information Interchange)

• 7Bit 코드로 미국 표준협회에서 개발하였다.

• 하나의 문자를 3개의 Zone 비트와 4개의 Digit 비트로 표현한다.

• 2^7=128가지의 문자를 표현할 수 있다.

• 1Bit의 Parity Bit를 추가하여 8Bit로 사용한다.

EBCDIC(Extended BCD Interchange Code)

- 8Bit 코드로 IBM에서 개발하였다.
- 하나의 문자를 4개의 Zone 비트와 4개의 Digit 비트로 표현한다.
- $2^8 = 256$가지의 문자를 표현할 수 있다.
- 1Bit의 Parity Bit를 추가하여 9Bit로 사용한다.

24.3, 21.4, 19.2, 16.3, 15.2, 14.3, 12.3, 12.2, 10.2, 09.4, 09.1, 08.3, 08.2, 07.2, 06.3, 05.2, 04.4

3 기타 표현 방식

10.2, 09.4, 07.2, 04.4 **BCD 코드***	• 10진수 1자리의 수를 2진수 4Bit로 표현한다. • 4Bit의 2진수 각 Bit가 8(2^3), 4(2^2), 2(2^1), 1(2^0)의 자리값을 가지므로 8421 코드라고도 한다. • 대표적인 가중치 코드*이다. • 10신수 입·출력이 간편하다.
10.2, 09.4, 09.1 **Excess-3 코드 (3 초과 코드)**	• BCD + 3, 즉 BCD 코드에 3_{10}(0011$_2$)을 더하여 만든 코드이다. • 보수를 간단히 얻을 수 있는 대표적인 자기 보수 코드*이며, 비가중치 코드이다.
24.3, 19.2, 16.3, 14.3, 10.2, … **Gray 코드**	• BCD 코드의 인접하는 비트를 X-OR 연산하여 만든 코드로 비가중치 코드이다. • 1Bit만 변화시켜 다음 수치로 증가시키기 때문에 하드웨어적인 오류가 적다.
12.3, 10.2, 09.4, 07.2, 06.2, … **패리티 검사 코드**	• 패리티 검사 코드는 2진 정보 전송 시 에러를 검출하기 위하여 패리티 비트*를 사용한다. • 1의 개수에 따라 짝수(Even, 우수) 패리티와 홀수(Odd, 기수) 패리티 방법이 있다.
24.3, 21.4, 15.2, 12.2, 08.3, … **해밍 코드**	• 해밍 코드는 오류를 스스로 검출하여 교정이 가능한 코드이다. • 해밍 코드는 2Bit의 오류를 검출할 수 있고, 1Bit의 오류를 교정할 수 있다. • 데이터 비트 외에 오류 검출 및 교정을 위한 잉여 비트가 많이 필요하다.

문자 코드인 BCD 코드와 무엇이 다른가요?
문자 코드인 BCD에서 문자를 표현하는 Zone 부분을 생략한 형태로 문자는 표현할 수 없고 숫자만을 표현할 수 있는 코드입니다.

가중치 코드/비가중치 코드
가중치 코드란 2진수 각 자리가 고유한 값을 갖는 코드를 말합니다. 이에 반해 각 자리가 고유한 값을 갖지 않는 코드를 비가중치 코드라고 합니다.

자기 보수(Self Complementing) 코드
자기 보수 코드란 2진수로 된 코드의 1을 0으로, 0을 1로 모두 바꿈으로써 해당 코드의 10진수 값에 대해 9의 보수를 얻는 코드입니다.

패리티 비트(Parity Bit)
데이터의 전송 과정에서 발생하는 오류를 검사하기 위해 사용되는 여분의 비트입니다.

 따라잡기 기출문제 따라잡기

22년 2회, 16년 2회, 1회, 11년 1회

1. 다음 중 컴퓨터에서 부동 소수점과 비교하여 고정 소수점 데이터 표현 방법에 관한 설명으로 옳지 않은 것은?

① 연산 속도가 빠르다.

② 부호와 절대치 방식, 부호와 1의 보수방식, 부호와 2의 보수방식이 있다.

③ 큰 수나 작은 수를 표현할 수 있다.

④ 정수 표현 형식으로 구조가 단순하다.

> 부동 소수점 형식이 고정 소수점 형식에 비해 매우 큰 수나 작은 수를 표현할 수 있습니다.

24년 3회, 19년 2회, 16년 3회, 14년 3회

2. 다음 중 데이터의 표현 방식에 대한 설명으로 옳지 않은 것은?

① 숫자를 표현하는 부동 소수점 표현은 고정 소수점 표현에 비해 큰 수나 작은 수를 표현하기 때문에 컴퓨터 내부에서 처리하는 시간이 많이 걸린다.

② 문자 표현 방법 중 확장된 2진화 10진 코드(EBCDIC)는 8비트로 표현하며, ASCII 코드는 7비트로 표현한다.

③ 그레이(Gray) 코드는 각 자리 수에 고유한 값을 부여한 코드로, 가중치 코드에 속하며 보수를 간단히 얻을 수 있다.

④ 고정 소수점 표현은 정수 표현 형식으로 구조가 단순하고 표현 범위가 좁다.

> 그레이(Gray) 코드는 각 자리가 고유한 값을 갖지 않는 비가중치 코드입니다.

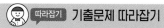

09년 1회, 08년 2회

3. 다음 중 3초과 코드(Excess 3 Code)에 대한 설명으로 옳지 않은 것은?

① 보수를 간단히 얻을 수 있는 장점이 있다.

② 2421 코드와 동일한 값을 갖는다.

③ 8421 코드에 3을 더한 코드이다.

④ 10진수로 5는 3초과 코드로 1000이다.

> Excess 3 Code는 말 그대로 BCD(8421) 코드에 3을 초과(더하여)하여 만든 코드로, 2421 코드와는 값이 다릅니다.

12년 3회, 10년 2회, 09년 4회

4. 다음 중 여러 가지 코드에 대한 설명으로 옳지 않은 것은?

① 패리티 비트는 정보 전송 시 에러를 검출하기 위하여 사용한다.

② Gray 코드는 연속하는 수를 이진 표현으로 하였을 경우 인접하는 두 가지 수의 코드가 1비트만 다르게 만들어진 이진코드이다.

③ BCD 코드는 자리에 대한 가중치가 있으며 8421 코드라고도 한다.

④ Access-3(3초과) 코드는 자리에 대한 가중치가 있으며 정보전송에 사용한다.

> 가중치 코드란 코드의 각 자리가 고유한 값을 갖는 코드인데 3초과 코드는 8421 코드에 3을 더하여 만들었기 때문에 각 자리에 대한 가중치가 없습니다.

16년 2회, 09년 2회, 06년 2회, 04년 1회

5. 데이터 표현 방식에서 숫자의 표현은 고정 소수점과 부동 소수점 형식으로 나누어진다. 다음 중 부동 소수점 형식에 대한 설명으로 옳지 않은 것은?

① 부호, 지수부, 가수부로 구성되어 있다.

② 소수점이 포함된 실수 데이터를 연산에 사용하며, 양수와 음수를 모두 표현할 수 있다.

③ 고정 소수점 형식보다 연산 속도가 빠르며 연산 시간이 짧다.

④ 고정 소수점 형식에 비해 매우 큰 수나 작은 수를 표현할 수 있다.

> 부동 소수점 형식보다 고정 소수점 형식의 연산 속도가 빠릅니다.

08년 3회, 06년 3회, 05년 2회

6. 다음 중 문자를 표현하는 코드 체계가 아닌 것은?

① Hamming Code

② ASCII

③ EBCDIC

④ KS X 1005-1

> 해밍 코드(Hamming Code)는 문자 표현을 위한 코드가 아니라 오류를 검출하고 교정까지 가능한 코드입니다.

24년 3회, 21년 4회, 15년 2회, 12년 2회

7. 다음 중 에러를 검출하고 검출된 에러를 교정할 수 있는 코드는 어느 것인가?

① ASCII 코드

② BCD 코드

③ 8421 코드

④ Hamming 코드

> 에러 검출만 하는 것은 패리티 검사이고, 에러 검출 후 교정까지 하는 것은 해밍(Hamming) 코드입니다.

12년 3회

8. 다음 중 데이터의 전송 과정에서 발생하는 오류를 검사하기 위해 사용되는 여분의 비트를 무엇이라고 하는가?

① 정지 비트(Stop Bit)

② 패리티 비트(Parity Bit)

③ 데이터 비트(Data Bit)

④ 복사 비트(Copy Bit)

> 오류를 검사하기 위해 사용되는 여분의 비트는 패리티 비트입니다.

24년 3회, 23년 1회, 20년 상시, 20년 1회, 19년 상시, 16년 1회

9. 다음은 무엇에 대한 설명인가?

- 7비트의 크기 → 128개의 문자 표현 가능
- 자료 처리나 통신 시스템에 사용

① BCD 코드

② ASCII 코드

③ EBCDIC 코드

④ GRAY 코드

> 지문에 제시된 내용은 ASCII 코드의 특징입니다.

▶ 정답 : 1. ③ 2. ③ 3. ② 4. ④ 5. ③ 6. ① 7. ④ 8. ② 9. ②

069 | 컴퓨터의 개념

❶ 펌웨어(Firmware) 24.5, 23.4, 22.1, 17.2

하드웨어의 동작을 지시하는 소프트웨어이지만 하드웨어적으로 구성되어 하드웨어의 일부분으로도 볼 수 있는 제품으로, 주로 ROM에 반영구적으로 저장되어 하드웨어를 제어·관리하는 역할을 수행한다.

❷ 미들웨어(Middleware) 20.2, 16.3, 14.2

복잡한 여러 기종의 컴퓨팅 환경에서 응용 프로그램과 운영체제의 차이를 보완해 주고, 서버와 클라이언트들을 중간에서 연결해 주는 소프트웨어이다.

070 | 컴퓨터의 발전 과정

❶ 컴퓨터의 기원 24.4, 23.1, 22.3, 21.4, 21.3, 12.3, 12.1, 11.1

기종	개발 연도	의의
튜링기계	1937	추상적인 계산기의 모형으로서 컴퓨터의 논리적 모델이 됨
ABC	1942	최초로 진공관을 사용한 계산기
MARK-I	1944	최초의 전기 기계식 자동 계산기
ENIAC	1946	최초의 전자계산기
EDSAC	1949	최초로 프로그램 내장 방식을 도입한 계산기
UNIVAC-I	1951	최초의 상업용 전자계산기(미 통계국에서 사용)
EDVAC	1952	폰 노이만이 제작한 컴퓨터로 프로그램 내장 방식과 2진법 채택

❷ 컴퓨터의 세대별 특징 24.4, 24.1, 23.5, 22.3, 21.4, 21.3, 19.2, 18.상시, 18.1, …

세대	주요 소자	특징
제1세대	진공관	기계어, 일괄 처리
제2세대	트랜지스터	고급 언어 개발, 운영체제 도입
제3세대	집적회로(IC)	시분할 처리, MIS 도입, OCR, OMR, MICR
제4세대	LSI	개인용 컴퓨터, 네트워크, 분산 처리, 가상 기억장치
제5세대	VLSI	인터넷, 인공 지능, 퍼지 이론, 전문가 시스템

071 | 컴퓨터의 분류 – 처리 능력

❶ 슈퍼 컴퓨터 22.4, 18.1, 12.2, 11.3

- 높은 정밀도를 가지고 있어 정확한 계산을 수행할 수 있다.
- 슈퍼 컴퓨터의 속도를 측정하는 단위는 플롭스(Flops)이다.
- 인공위성 제어, 일기예보, 시뮬레이션 처리, 초정밀 과학 기술 연구, 지형분석, 우주 항공 산업 등의 특수 분야에 사용된다.

❷ 메인 프레임 22.4

- 대규모 시스템으로, 수백 명의 사용자가 동시에 사용할 수 있다.
- 은행, 병원, 정부기관 등에서 사용한다.

❸ 미니 컴퓨터 21.4

중규모 시스템으로, 학교·연구소 등의 업무 처리나 과학 기술 계산에 사용된다.

❹ 워크스테이션 24.5, 24.4, 23.1, 22.4, 22.2, 21.4, 20.1, 19.상시, 19.2, 18.상시, 13.1

- 대부분 RISC 프로세서를 사용하며, 네트워크에서 서버(Server) 역할을 담당한다.
- 고성능 그래픽 처리나 공학용 시뮬레이션에 주로 사용한다.

❺ 휴대용 컴퓨터 22.2, 19.2

- 가볍고 크기가 작아 휴대가 가능한 개인용(Personal) 컴퓨터이다.
- 태블릿 PC(Tablet PC)
  - 노트북의 기능에 PDA의 휴대성을 더한 컴퓨터이다.
  - 키보드 대신 터치스크린이나 스타일러스 펜을 입력 장치로 사용한다.
- PDA(Personal Digital Assistant)
  - 팜톱 컴퓨터의 일종으로 전자수첩 기능, 이동통신 기능, 비서 기능, 개인정보 관리 기능 등을 가진 컴퓨터이다.
  - 크기가 작아 펜이나 터치 스크린을 입력 방식으로 사용한다.

• 웨어러블 컴퓨터(Wearable Computer)
 - 의류, 시계, 안경 등의 형태로 사람이 몸에 착용하고 다닐 수 있는 컴퓨터이다.
 - 소형화 및 경량화, 음성과 동작 인식 등 다양한 기술이 적용되어 장소에 구애받지 않고 컴퓨터를 활용할 수 있다.

072 | 컴퓨터의 분류 ─ 데이터 취급

❶ 디지털 컴퓨터 / 아날로그 컴퓨터 24.2, 23.2, 21.2, 18.1

• 디지털 컴퓨터 : 문자나 숫자화된 비연속적인 데이터(디지털형)를 처리하는 컴퓨터로 사회 각 분야에서 일반적으로 사용하는 컴퓨터
• 아날로그 컴퓨터 : 온도, 전류, 속도 등과 같이 연속적으로 변화하는 데이터(아날로그형)를 처리하기 위한 특수 목적용 컴퓨터

❷ 디지털 컴퓨터와 아날로그 컴퓨터의 비교 24.1, 23.4, 23.3, 22.1, 21.3, …

항목	디지털 컴퓨터	아날로그 컴퓨터
입력 형태	숫자, 문자	전류, 전압, 온도
출력 형태	숫자, 문자	곡선, 그래프
연산 형식	산술, 논리 연산	미·적분 연산
연산 속도	느림	빠름
구성 회로	논리 회로	증폭 회로
프로그래밍	필요	불필요
정밀도	필요한 한도까지	제한적임
기억 기능	있음	없음
적용성	범용	특수 목적용

073 | 자료 구성의 단위

❶ 니블(Nibble) 24.3, 22.2, 21.4, 20.2

4개의 비트(Bit)가 모여 1개의 Nibble을 구성한다.

❷ 바이트(Byte) 24.3, 22.2, 20.2, 19.1

• 문자를 표현하는 최소 단위로, 8개의 비트(Bit)가 모여 1Byte를 구성한다.
• 1Byte는 256(2^8)가지의 정보를 표현할 수 있다.

❸ 워드(Word) 21.4

• CPU가 한 번에 처리할 수 있는 명령 단위이다.
• 주기억장치의 주소를 할당하기 위한 기본 단위이다.
• 컴퓨터에서 수행되는 연산의 기본 단위이다.
• 바이트의 모임으로 하프워드, 풀워드, 더블워드로 분류된다.

❹ 레코드(Record) 24.3, 22.2, 21.4, 20.2, 19.1, 14.2

하나 이상의 관련된 필드가 모여서 구성되는 자료 처리 단위이다.

❺ 파일(File) 24.3, 22.2, 21.4, 20.2, 19.1

프로그램 구성의 기본 단위, 업무 처리의 기본 단위로, 같은 종류의 레코드가 모여서 구성된다.

❻ 데이터베이스(Database) 19.1

여러 개의 관련된 파일(File)의 집합이다.

074 | 자료의 표현 방식

❶ 고정 소수점 표현 방식 24.3, 22.2, 19.2, 18.상시, 16.3, 16.1, 11.1

- 정수 데이터의 표현 및 연산에 사용하는 방법으로, 2진 연산과 10진 연산이 있다.
- 구조가 단순하고, 연산 속도가 빠르다.
- 2진 연산 : 부호화 절대치 방식, 부호화 1의 보수 방식, 부호화 2의 보수 방식
- 10진 연산 : 팩(Pack) 연산과 언팩(Unpack) 연산

❷ 부동 소수점 표현 방식 24.3, 22.2, 19.2, 18.상시, 16.3, 16.2

- 소수점이 포함된 실수 데이터 표현과 연산에 사용한다.
- 양수와 음수를 모두 표현할 수 있다.
- 숫자를 부호(1비트), 지수부(7비트), 가수부(소수부)로 나누어 표현한다.
- 고정 소수점 연산에 비해 실행(연산) 시간이 많이 걸리나 매우 큰 수나 매우 작은 수를 표현하는 데 적합하다.

❸ 자료의 외부적 표현 방식 24.3, 23.1, 21.4, 20.상시, 20.1, 19.상시, 19.2, 16.3, 16.1

- ASCII 코드 : 7Bit 코드로, 2^7=128가지의 문자를 표현할 수 있음
- EBCDIC : 8Bit 코드로, 2^8=256가지의 문자를 표현할 수 있음
- Gray 코드 : BCD 코드의 인접하는 비트를 X-OR 연산하여 만든 코드로, 비가중치 코드임
- Hamming 코드 : 오류를 스스로 검출하여 교정이 가능한 코드

2 장

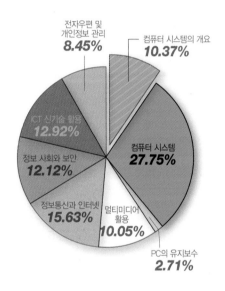

전자우편 및
개인정보 관리
8.45%

컴퓨터 시스템의 개요
10.37%

ICT 신기술 활용
12.92%

컴퓨터 시스템
27.75%

정보 사회와 보안
12.12%

정보통신과 인터넷
15.63%

멀티미디어
활용
10.05%

PC의 유지보수
2.71%

컴퓨터 시스템

075 중앙처리장치 Ⓐ등급

076 마이크로프로세서 Ⓒ등급

077 주기억장치 Ⓒ등급

078 기타 메모리 Ⓐ등급

079 보조기억장치 Ⓑ등급

080 입력장치 Ⓒ등급

081 출력장치 Ⓒ등급

082 메인보드(주기판) Ⓐ등급

083 하드디스크 연결 방식 Ⓒ등급

084 인터럽트 / 채널 / DMA Ⓑ등급

085 시스템 소프트웨어 Ⓑ등급

086 운영체제의 운영 방식 Ⓐ등급

087 응용 소프트웨어 Ⓐ등급

088 프로그래밍 언어 Ⓒ등급

꼭 알아야 할 키워드 Best 10
1. 레지스터   **2.** RISC와 CISC   **3.** 캐시 메모리   **4.** 플래시 메모리   **5.** 프린터 관련 단위   **6.** HDMI   **7.** SATA   **8.** 인터럽트
9. 운영체제의 운영 방식   **10.** 사용권에 따른 소프트웨어 분류

중앙처리장치

1 중앙처리장치의 개요

21.4, 19.상시, 18.2, 17.1, 10.3, 08.4, 03.4, 03.1, 99.3, 98.3

중앙처리장치(CPU; Central Processing Unit)는 사람의 두뇌와 같이 컴퓨터 시스템에 부착된 모든 장치의 동작을 제어하고, 명령을 실행하는 장치이다.

• 중앙처리장치는 제어장치 · 연산장치 · 레지스터로 구성된다.

23.1, 19.2, 09.1, 08.3, 07.3, 07.2, 07.1, 02.1

잠깐만요 **레지스터**

레지스터(Register)는 CPU 내부에서 처리할 명령어나 연산의 중간 결과값 등을 일시적으로 저장하는 기억장치입니다.

• 레지스터는 플립플롭(Flip-Flop)이나 래치(Latch)들을 연결하여 구성하며, 레지스터의 수는 CPU의 성능을 결정하는 요인 중 하나입니다.
• 레지스터는 메모리 중에서 액세스 속도가 가장 빠릅니다.
• 레지스터의 크기는 컴퓨터가 한 번에 처리할 수 있는 데이터의 크기를 나타냅니다.
• **플립플롭(Flip-Flop)** : 기억장치를 구성하는 전자 회로로 1비트의 정보(0 또는 1)를 기억할 수 있는 능력이 있습니다.
• **래치(Latch)** : 1비트 이상의 입력된 값을 다음 입력이 있기 전까지 그대로 유지하는 전자 회로입니다.

2 제어장치

24.2, 23.3, 23.2, 22.3, 21.3, 21.1, 20.상시, 20.1, 18.상시, 17.2, 17.1, 16.3, 15.2, 15.1, 14.1, 08.4, 08.3, 00.3, 99.3, 99.1, 98.1

제어장치(Control Unit)는 컴퓨터에 있는 모든 장치들의 동작을 지시하고 제어하는 장치이다.

• 제어장치는 주기억장치에서 읽어 들인 명령어를 해독하여 해당하는 장치에게 제어 신호를 보내 정확하게 수행하도록 지시한다.
• 다음은 제어장치에서 사용되는 레지스터들과 회로에 대한 설명이다.

구성 요소	기능
24.2, 23.3, 23.2, 22.3, 21.3, 21.1, 20.상시, 20.1, 17.2, … **프로그램 카운터, 프로그램 계수기** (PC; Program Counter)	다음에 실행할 명령어의 번지를 기억하는 레지스터이다.
23.3, 23.2, 22.3, 21.3, 20.상시, 20.1, 18.상시, 17.2, … **명령 레지스터** (IR; Instruction Register)	현재 실행중인 명령의 내용을 기억하는 레지스터이다.
23.3, 17.1, 15.1, 08.3 **명령 해독기(디코더, Decoder)**	명령 레지스터에 있는 명령어를 해독하는 회로이다.
23.2, 22.3, 21.3, 20.상시, 20.1, 17.2, 17.1, 15.1 **부호기(엔코더, Encoder)**	해독된 명령에 따라 각 장치로 보낼 제어 신호를 생성하는 회로이다.
23.3, 18.상시, 16.3, 15.1, 13.2 **메모리 주소 레지스터(MAR;** Memory Address Register)*	기억장치를 출입하는 데이터의 번지를 기억하는 레지스터이다.
23.2, 22.3, 21.3, 20.1, 17.2, 15.1 **메모리 버퍼 레지스터(MBR;** Memory Buffer Register)*	기억장치를 출입하는 데이터가 잠시 기억되는 레지스터이다.

08.2, 01.2

잠깐만요 **제어장치의 명령 실행 순서**

❶ 프로그램 계수기(PC)에 저장된 명령어의 주소를 읽어 MAR에 넣습니다.
❷ MAR이 해독한 기억장치의 번지에 있는 내용(명령)을 MBR로 읽어옵니다.
❸ MBR에 저장된 명령을 명령어의 해독과 실행을 위해 명령 레지스터(IR)로 이동시킵니다.
❹ 명령 해독기(Decoder)가 명령 레지스터의 내용을 해독하고, 엔코더가 명령 실행에 필요한 장치에게 제어 신호를 보냄으로써 명령이 실행됩니다.

3 연산장치

24.4, 24.2, 24.1, 23.5, 23.4, 22.1, 20.2, 19.1, 18.상시, 17.1, 16.2, 16.1, 14.1, 13.3, 13.2, 13.1, 09.1, 07.3, 06.3, 04.3, 04.2, 03.3, …

1107003

연산장치(ALU; Arithmetic & Logic Unit)는 제어장치의 명령에 따라 실제로 연산을 수행*하는 장치이다.

- 연산장치가 수행하는 연산에는 산술연산, 논리연산, 관계연산, 이동(Shift) 등이 있다.
- 다음은 연산장치에서 사용하는 레지스터와 회로에 대한 설명이다.

구성 요소	기능
24.2, 24.1, 23.5, 23.4, 16.1, 09.1, 06.3, 03.3 가산기(Adder)	2진수의 덧셈을 수행하는 회로이다.
20.2 보수기(Complementor)	뺄셈을 위해 입력된 값을 보수*로 변환하는 회로이다.
24.2, 24.1, 23.5, 23.4, 20.2, 16.2, 16.1, 13.2, 13.1, 09.1, … 누산기(AC; Accumulator)	연산 결과를 일시적으로 저장하는 레지스터이다.
24.2, 24.1, 23.5, 23.4, 20.2, 19.1, 16.2, 16.1, 14.1, 13.2 데이터 레지스터(Data Register)	연산에 사용될 데이터를 기억하는 레지스터이다.
24.1, 23.5, 23.4, 19.1, 17.1, 16.2, 16.1, 14.1, 13.2 상태 레지스터(Status Register)	연산중에 발생하는 여러 가지 상태값을 기억하는 레지스터이다.
20.2, 19.1, 16.2, 99.3, 99.1 인덱스 레지스터(Index Register)	주소 변경을 위해 사용되는 레지스터이다.

연산장치가 수행하는 연산
- 보수(Complement) : 컴퓨터에서 뺄셈을 하기 위해 음수를 표시하는 방법
- 오버플로(Overflow) : 연산의 결과값이 기억 용량을 초과하여 넘쳐나는 상태
- 언더플로(Underflow) : 연산의 결과값이 컴퓨터가 표현할 수 있는 값보다 작아 표현이 불가능한 상태
- 인터럽트(Interrupt) : 299쪽을 참고하세요.

문제3 3107553

따라잡기 **기출문제 따라잡기**

24년 4회, 22년 1회
1. 다음 중 연산장치를 구성하는 레지스터가 아닌 것은?

① 데이터 레지스터　　② 메모리 버퍼 레지스터
③ 상태 레지스터　　　④ 인덱스 레지스터

메모리 버퍼 레지스터(MBR)는 제어장치의 구성 요소입니다.

22년 3회, 21년 3회, 1회, 18년 상시, 17년 2회, 16년 3회
2. 다음 중 제어장치에 있는 레지스터(Register)에 관한 설명으로 옳지 않은 것은?

① 빠른 연산을 위하여 누산기가 사용된다.
② 다음 번 실행할 명령어의 번지를 기억하기 위하여 프로그램 카운터가 사용된다.
③ 현재 실행하는 명령어를 기억하기 위하여 명령 레지스터가 사용된다.
④ 기억장치에 입·출력하기 위하여 메모리 주소 레지스터가 사용된다.

누산기(AC; Accumulator)는 연산된 결과를 일시적으로 저장하는 레지스터로 연산장치에 있습니다.

21년 4회
3. 다음 중 중앙처리장치에 대한 설명으로 옳지 않은 것은?

① 중앙처리장치는 제어장치·연산장치·레지스터로 구성된다.
② 여러 CPU를 갖는 컴퓨터는 단일 CPU를 갖는 컴퓨터보다 느리다.
③ 주기억장치에 저장되어 있던 데이터가 데이터 버스를 통해 CPU로 전달된다.
④ 마이크로프로세서는 제어장치, 연산장치, 레지스터가 한 개의 반도체 칩(IC)에 내장된 장치이다.

여러 CPU를 갖는 컴퓨터가 단일 CPU를 갖는 컴퓨터보다 속도가 빠릅니다.

▶ **정답 :** 1. ② 2. ① 3. ②

14년 1회, 08년 3회

4. 다음 중 레지스터에 대한 설명으로 옳지 않은 것은?

① 데이터를 처리하는 동안 중간 결과를 일시적으로 저장해 두는 CPU 내의 고속기억장치를 말한다.

② 다음에 수행하려는 명령어의 주소를 기억하는 레지스터를 프로그램 카운터라고 한다.

③ 산술 및 논리 연산의 결과를 일시적으로 기억하는 레지스터를 기억 레지스터라고 한다.

④ 레지스터의 수는 CPU의 성능을 결정하는 요인 중 하나이다.

산술 및 논리 연산의 결과를 일시적으로 기억하는 레지스터는 누산기(ALU)입니다.

19년 2회

5. 다음 중 컴퓨터의 CPU에 있는 레지스터(Register)에 관한 설명으로 옳지 않은 것은?

① CPU 내부에서 처리할 명령어나 연산의 중간 값을 일시적으로 기억한다.

② 메모리 중에서 가장 속도가 빠르다.

③ 플립플롭(Flip-Flop)이나 래치(Latch)들을 연결하여 구성된다.

④ 운영체제의 실행 정보를 기억하고 관리한다.

운영체제의 실행 정보를 기억하고 관리하는 것은 레지스트리(Registry)입니다.

15년 2회, 1회

6. 다음 중 제어장치에서 사용되는 레지스터로만 묶인 것은?

① 가산기, 메모리 주소 레지스터, 메모리 버퍼 레지스터

② 부호기, 명령 해독기, 데이터 레지스터

③ 명령 해독기, 메모리 주소 레지스터, 프로그램 카운터

④ 프로그램 카운터, 상태 레지스터, 누산기

가산기, 데이터 레지스터, 상태 레지스터, 누산기는 연산장치의 구성 요소입니다.

19년 상시, 18년 2회

7. 다음 중 중앙처리장치에 대한 설명으로 옳지 않은 것은?

① 중앙처리장치는 CPU라고 부른다.

② 중앙처리장치는 제어장치를 포함하고 있다.

③ 중앙처리장치는 산술논리연산장치를 포함하고 있다.

④ 중앙처리장치는 보조기억장치를 포함하고 있다.

중앙처리장치(CPU)는 제어장치, 연산장치, 레지스터로 구성되어 있습니다.

24년 2회, 23년 5회, 20년 2회

8. 다음 중 컴퓨터 CPU에 있는 연산장치의 레지스터에 대한 설명으로 옳은 것은?

① 누산기 : 2개 이상의 수를 입력하여 이들의 합을 출력하는 논리 회로 또는 장치

② 가산기 : 산술 연산 및 논리 연산의 결과를 일시적으로 기억하는 레지스터

③ 데이터 레지스터 : 주기억장치에서 보낸 데이터를 일시적으로 기억하는 레지스터

④ 상태 레지스터 : 색인 주소 지정에 사용되는 레지스터

데이터 레지스터는 주기억장치에서 보낸 데이터를 일시적으로 기억하는 레지스터입니다. ①빈은 가산기, ②번은 누산기, ④번은 색인 레지스터에 대한 설명입니다.

24년 1회, 23년 4회, 16년 2회, 1회

9. 다음 중 컴퓨터의 연산장치에서 사용하는 레지스터에 대한 설명으로 옳지 않은 것은?

① 누산기는 다음에 실행할 명령어의 번지를 기억하는 레지스터이다.

② 데이터 레지스터는 연산에 사용될 데이터를 기억하는 레지스터이다.

③ 상태 레지스터는 연산중에 발생하는 여러 가지 상태값을 기억하는 레지스터이다.

④ 가산기는 2진수의 덧셈을 수행하는 회로이다.

누산기는 연산 결과를 일시적으로 저장하는 레지스터입니다. ①번은 프로그램 카운터(PC)에 대한 설명입니다.

23년 3회, 2회, 22년 3회, 21년 3회

10. 다음 중 컴퓨터 중앙처리장치의 제어장치에 있는 레지스터의 설명으로 옳은 것은?

① 프로그램 카운터(PC)는 다음번에 실행할 명령어의 번지를 기억하는 레지스터이다.

② 명령 레지스터(IR)는 현재 실행중인 명령어를 해독하는 레지스터이다.

③ 부호기(Encoder)는 연산된 결과의 음수와 양수를 결정하는 회로이다.

④ 메모리 버퍼 레지스터(MBR)는 기억장치에 입출력되는 데이터의 번지를 기억한다.

②번은 명령 해독기(Decoder), ④번은 메모리 주소 레지스터에 대한 설명입니다. 그리고 부호기(Encoder)는 해독된 명령에 따라 각 장치로 보낼 제어 신호를 생성하는 회로입니다.

▶ 정답 : 4. ③ 5. ④ 6. ③ 7. ④ 8. ③ 9. ① 10. ①

마이크로프로세서

1 마이크로프로세서의 개요

08.2, 03.3, 02.2

3107601

마이크로프로세서(Microprocessor)는 제어장치, 연산장치, 레지스터가 한 개의 반도체 칩(IC)에 내장된 프로세서로, 개인용 컴퓨터(PC)에서 중앙처리장치로 사용되고 있다.

팬티엄4   코어2쿼드   i7

- 마이크로프로세서는 클럭 주파수*와 내부 버스*의 폭으로 성능을 평가한다.
- 마이크로프로세서는 설계 방식에 따라 RISC와 CISC로 구분된다.

2 RISC와 CISC

24.2, 23.1, 22.2, 20.2, 16.1, 14.2, 12.1, 09.4, 09.3, 09.2, 07.1, 05.3, 04.4, 04.3, 04.2, 04.1, 03.3, 02.4, 02.2, 02.1, 01.3, 01.2

3107602

- RISC 방식은 명령어의 종류가 적어 전력 소비가 적고, 속도도 빠르지만 복잡한 연산을 수행하기 위해 명령어들을 반복·조합해서 사용해야 하므로 레지스터를 많이 필요로 하고, 프로그램도 복잡하다.
- CISC 방식은 명령어의 종류가 많아 전력 소비가 많고 명령어 설계가 어려워 고가이지만 레지스터를 적게 사용하므로 프로그램이 간단하다.

RISC와 CISC의 비교

구분	RISC	CISC
24.2, 23.1, 16.3, 14.2, 12.1, 09.4, 09.3, 09.2, 07.1, ⋯ 명령어	적음	많음
04.4, 04.2, 04.1, 01.3, 01.2 주소지정	간단	복잡
05.3, 04.4, 04.2, 02.4, 01.3, 01.2 레지스터	많음	적음
16.3, 14.2, 02.1 전력 소모	적음	많음
09.2 처리속도	빠름	느림
24.2, 23.1 가격	저가	고가
24.2, 23.1, 09.2, 02.1 프로그래밍	복잡함	간단함
09.4, 07.1, 04.3 명령어 크기	고정 길이	가변 길이
24.2, 23.1, 20.2 용도	서버, 워크스테이션	개인용 컴퓨터(PC)

전문가의 조언

마이크로프로세서의 성능 평가 요소를 묻는 문제가 출제된 적이 있습니다. 마이크로프로세스는 초당 발생하는 클럭 주파수인 헤르츠(Hz)와 내부 버스의 비트 수로 성능을 평가한다는 것을 기억하세요.

클럭 주파수
전기의 On/Off가 반복되는 주기로 헤르츠(Hz)를 단위로 사용합니다.

내부 버스
CPU 내의 레지스터들끼리 데이터를 주고받는 통로로 비트(Bit)를 단위로 사용합니다.

전문가의 조언

RISC와 CISC 방식을 비교하는 문제가 주로 출제되었습니다. 두 방식의 차이점을 파악해 두세요.

22년 2회, 16년 3회, 14년 2회
1. 다음 중 CISC 프로세서에 대한 설명으로 옳지 않은 것은?

① 자주 쓰이지 않는 명령어들은 소프트웨어로 구현하고 자주 쓰이는 명령어만 간략화하여 CPU의 성능을 높였다.

② 마이크로 프로그래밍을 통해 고급 언어에 각기 하나씩의 기계어를 대응시켰다.

③ 명령어의 집합이 크고 구조가 복잡하여 전력 소모가 크다.

④ 주로 쓰이는 명령어는 일부에 불과하다.

> 자주 쓰이는 명령어로만 구성된 것은 RISC입니다.

09년 2회, 05년 3회, 04년 2회
2. 다음 중 RISC 마이크로프로세서에 대한 설명으로 옳지 않은 것은?

① CISC 방식에 비해 다양한 명령어들을 지원한다.

② 속도가 빠른 그래픽 응용분야에 적합하다.

③ 복잡한 프로그램이 요구될 수 있다.

④ 향상된 속도를 제공한다.

> CISC 방식이 RISC 방식에 비해 다양한 명령어들을 지원합니다.

24년 2회, 23년 1회, 20년 2회
3. 다음 중 CISC 마이크로프로세서에 대한 설명으로 옳지 않은 것은?

① 명령어의 종류가 많아 전력 소비가 많다.

② 명령어 설계가 어려워 고가이나, 레지스터를 적게 사용하므로 프로그램은 간단하다.

③ 고급 언어에 각기 하나씩의 기계어를 대응시킴으로써 명령어의 집합이 커진다.

④ 서버, 워크스테이션에 주로 사용된다.

> 서버, 워크스테이션에 주로 사용되는 것은 RISC 마이크로프로세서입니다.

03년 3회, 02년 2회
4. 다음 설명의 ( ) 안에 들어갈 용어들을 순서대로 올바르게 나열한 것은?

> 마이크로프로세서(Microprocessor)의 처리 능력은 보통 두 가지로 나타낸다. 하나는 데이터 처리 능력을 나타내는 버스(Bus)의 ( ) 수이고, 다른 하나는 ( )당 발생하는 클럭(Clock)의 주파수인 ( )로 나타낸다.

① 비트(bit), 분(minute), 밉스(mips)

② 바이트(byte), 분(minute), 헤르츠(hertz)

③ 비트(bit), 초(second), 헤르츠(hertz)

④ 바이트(byte), 초(second), 밉스(mips)

> 마이크로프로세서는 초당 발생하는 클럭 주파수인 헤르츠(Hz)와 내부 버스의 비트(Bit) 수로 성능을 평가합니다.

▶ 정답 : 1. ① 2. ① 3. ④ 4. ③

주기억장치

1 주기억장치의 개요

주기억장치는 중앙처리장치(CPU)가 직접 접근하여 데이터를 처리할 수 있는 기억장치로, 내부 기억장치라고도 하며 다음과 같은 특징이 있다.

- 현재 수행중인 프로그램과 데이터 등을 저장하고 있다.
- 주기억장치에 주로 사용되는 기억 매체는 RAM이다.
- 주기억장치의 각 위치는 주소(Address)에 의해 표시된다.

2 ROM(롬)

ROM(Read Only Memory)은 기억된 내용을 읽을 수만 있는 기억장치로서 일반적으로 쓰기는 불가능하다.

- 전원이 꺼져도 기억된 내용이 지워지지 않는 비휘발성 메모리*이다.
- ROM에는 주로 기본 입·출력 시스템(BIOS), 글자 폰트, 자가진단 프로그램(POST; Power On Self Test) 등이 저장되어 있다.

ROM

ROM(롬)의 종류와 특징

ROM은 기억된 내용의 수정 가능 여부 및 데이터 기록 방법에 따라 다음과 같이 분류된다.

종류	특징
15.2 Mask ROM	제조 과정에서 미리 내용을 기억시킨 ROM으로, 사용자가 임의로 수정할 수 없다.
15.1 PROM (Programmable ROM)	특수 프로그램을 이용하여 한 번만 기록할 수 있으며, 이후엔 읽기만 가능한 ROM이다.
10.3 EPROM (Erasable PROM)	자외선을 이용하여 기록된 내용을 여러 번 수정하거나 새로운 내용을 기록할 수 있는 ROM이다.
15.3, 15.2, 15.1, 13.3, 12.2, 10.1, … EEPROM (Electrically EPROM)	전기적인 방법을 이용하여 기록된 내용을 여러 번 수정하거나 새로운 내용을 기록할 수 있는 ROM이다.

전문가의 조언

롬(ROM)과 램(RAM), DRAM과 SRAM 각각의 특징과 용도를 구분할 수 있어야 합니다. 한쪽의 특징이라도 확실히 암기하세요.

비휘발성 메모리
전원이 차단되더라도 기억된 내용이 지워지지 않는 메모리를 비휘발성 메모리라고 합니다. 휘발성 메모리는 그 반대겠죠? ROM은 비휘발성, RAM은 휘발성이라는 점을 기억하세요.

궁금해요 시나공 Q&A 베스트

Q 롬(ROM)은 오직 읽을 수만 있는 기억장치인데, 롬의 종류 중에는 수정도 할 수 있고 새로운 내용을 기록할 수도 있는 롬이 있다고 합니다. 도대체 무슨 말인지 모르겠습니다.

A 여기서 말하는 '오직 읽을 수만 있다'는 말은 RAM처럼 실시간으로 기록할 수 없다는 말입니다. ROM에 새로운 내용을 기록하거나 수정할 때는 특별한 장치를 이용하여 한 번에 기록하거나 수정해야 합니다. 즉 기록이나 수정이 가능하지만 실시간으로는 불가능하다는 말로 보면 됩니다. 여기서 하나 더 알아둘 점은 최근의 기술 발달로 EEPROM의 일종인 플래시 메모리는 RAM처럼 읽고 쓰기가 가능하니 문제를 잘 파악하고 답을 적어야 한다는 것입니다.

23.1, 21.3, 20.상시, 18.상시, 15.3, 14.2, 13.3, 13.1, 11.2, 11.1, 10.3, 10.1, 08.4, 07.4, 07.3, 06.1, 04.3, 03.1, 02.4, 02.1, 01.3, ⋯

1107103

RAM(Random Access Memory)은 자유롭게 읽고 쓸 수 있는 기억장치이다.

- RAM에는 현재 사용중인 프로그램이나 데이터가 저장되어 있다.
- 전원이 꺼지면 기억된 내용이 모두 사라지는 휘발성 메모리이다.
- 일반적으로 '주기억장치' 라고 하면 '램(RAM)'을 의미한다.
- 정보가 저장된 위치는 주소(Address)로 구분한다.

RAM

SRAM/DRAM의 특징

램(RAM)은 재충전 여부에 따라 DRAM(Dynamic RAM)과 SRAM(Static RAM)으로 분류된다.

구분	동적 램(DRAM)	정적 램(SRAM)
구성 소자	콘덴서*	플립플롭*
특징	전원이 공급되어도 일정 시간이 지나면 전하가 방전되므로 주기적인 재충전(Refresh)이 필요하다.	전원이 공급되는 동안에는 기억 내용이 유지된다.
전력 소모	적음	많음
접근 속도	느림	빠름
집적도(밀도)	높음	낮음
용량	큼	적음
가격	저가	고가
용도	일반적인 주기억장치	캐시 메모리

콘덴서
전기를 저장할 수 있는 일종의 축전지입니다.

플립플롭(Flip-Flop)
한 비트의 정보(0 또는 1)를 기억할 수 있는 기억 소자로, 기억장치를 구성하는 전자 회로입니다.

> **잠깐만요** Shadow RAM
>
> ROM으로부터 읽어 온 BIOS 루틴을 좀 더 빠르게 액세스하기 위하여 RAM의 특수한 영역에 넣어 놓은 일종의 복사본입니다.

문제2 3107752

🧑 따라잡기 기출문제 따라잡기

15년 2회, 1회

1. 다음 중 ROM(Read Only Memory)에 대한 설명으로 옳지 않은 것은?

① PROM은 사용자가 한 번에 한해 기록(쓰기)이 가능한 ROM이다.

② 전원이 공급되지 않으면 기억된 내용이 사라지는 휘발성 메모리이다.

③ EEPROM은 사용자가 메모리 내의 내용을 수정할 수 있는 ROM이다.

④ EEPROM은 정상보다 더 높은 전압을 이용하여 반복적으로 지우거나, 다시 기록이 가능한 ROM이다.

> ROM은 전원이 꺼져도 기억된 내용이 지워지지 않는 비휘발성 메모리입니다. 전원이 꺼지면 기억된 내용이 지워지는 휘발성 메모리는 RAM입니다.

19년 1회, 12년 3회

2. 다음 중 컴퓨터의 기본 장치인 주기억장치에 대한 설명으로 옳지 않은 것은?

① 자료가 있는 주소에 새로운 자료가 들어오면 기존의 자료는 그 다음 주소로 저장된다.

② 주기억장치에 사용되는 기억 매체는 주로 RAM을 사용한다.

③ 주기억장치의 각 위치는 주소(Address)에 의해 표시된다.

④ 주기억장치는 처리 중인 프로그램과 데이터 그리고 중간 처리결과를 보관한다.

> 자료가 있는 주소에 새로운 자료가 들어가면 기존의 자료는 삭제되고 새로운 자료가 저장됩니다.

14년 2회, 11년 2회, 02년 1회

3. 다음 중 RAM(Random Access Memory)에 대한 설명으로 옳은 것은?

① 전원이 꺼져도 기억된 내용이 사라지지 않는 비휘발성 메모리로 읽기만 가능하다.

② 주로 펌웨어(Firmware)를 저장한다.

③ 컴퓨터의 기본적인 입출력 프로그램, 자가진단 프로그램, 한글 한자코드 등이 수록되어 있다.

④ 주기적으로 재충전(Refresh)하는 DRAM은 주기억장치로 사용된다.

> ①, ②, ③번은 ROM에 대한 설명입니다.

17년 1회, 15년 3회, 13년 3회

4. 다음 중 주기억장치에 대한 설명으로 옳은 것은?

① 현재 가장 많이 사용하는 주기억장치는 SSD(Solid State Drive)이다.

② EEPROM은 BIOS, 글꼴, POST 등이 저장된 대표적인 펌웨어(Firmware) 장치이다.

③ SDRAM은 전원이 공급되지 않아도 지워지지 않는 비휘발성 메모리이다.

④ RDRAM은 가장 속도가 빠른 기억장치이다.

> ① SSD(Solid State Drive)는 보조기억장치입니다.
> ③ SDRAM은 전원이 공급되어도 일정 시간이 지나면 전하가 방전되어 주기적인 재충전(Refresh)이 필요한 DRAM의 일종입니다.
> ④ 가장 속도가 빠른 기억장치는 캐시 메모리로 사용되는 SRAM이라 할 수 있습니다.

▶ **정답** : 1. ② 2. ① 3. ④ 4. ②

기타 메모리

1 캐시 메모리

23.3, 23.2, 22.3, 21.3, 20.2, 17.2, 16.2, 14.3, 13.1, 11.3, 11.2, 10.2, 09.4, 09.3, 09.2, 09.1, 07.4, 07.2, 07.1, 06.4, 06.3, 05.3, 05.1, …

캐시 메모리(Cache Memory)*는 중앙처리장치(CPU)와 주기억장치 사이에서 컴퓨터의 처리 속도를 향상시키는 역할을 한다.

- 접근 속도가 빠른 정적 램(SRAM)을 사용한다.
- 일반 메모리보다 가격이 비싸다.

2 가상 메모리

23.3, 23.1, 21.3, 19.1, 16.1, 15.2, 14.1, 13.1, 11.3, 09.3, 09.1, 00.3, 07.1, 06.2, 05.1, 04.4, 03.1, 02.2, 01.2, 01.1

가상 메모리(Virtual Memory)는 보조기억장치(하드디스크)의 일부를 주기억장치처럼 사용하는, 메모리 관리기법으로 주기억장치보다 큰 프로그램을 불러와 실행해야 할 때 유용하다.

- 주프로그램은 보조기억장치에 저장시키고 CPU가 실제로 사용할 부분만 주기억장치에 적재시키는 방법을 이용한다.
- 페이징(Paging) 기법이나 세그먼테이션(Segmentation) 기법을 이용한다.

3 연상 메모리

23.1, 21.3, 20.1, 12.3, 07.3, 03.2

연상 메모리(Associative Memory, 연관 메모리)는 주기억장치에 저장된 정보에 접근할 때 주소 대신 기억된 정보를 이용하여 접근하는 장치이다.

- 주소를 이용할 때보다 속도가 빠르다.
- 주로 속도 증가를 목적으로 사용된다.

4 플래시 메모리

24.3, 24.1, 23.5, 23.4, 22.1, 21.3, 21.1, 13.2, 03.4

플래시 메모리(Flash Memory)*는 EEPROM의 일종으로 비휘발성 메모리이다.

- 개인용 정보 단말기, 스마트폰, 디지털 카메라 등에 널리 사용된다.

5 버퍼 메모리

버퍼 메모리(Buffer Memory)는 두 개의 장치가 데이터를 주고받을 때 두 장치 간 속도 차이를 해결하기 위해 중간에 데이터를 임시로 저장해 두는 공간이다.

- 키보드 버퍼, 프린터 버퍼 등이 있다.
- 캐시 메모리도 일종의 버퍼이다.

문제2 3107852 문제3 3107853

따라잡기 기출문제 따라잡기

23년 1회, 21년 3회, 13년 2회
1. 다음 중 기억장치에 대한 설명으로 옳지 않은 것은?

① SRAM : 재충전이 필요 없으며 DRAM 보다 접근 속도가 빠르고 고가이다.

② 가상 메모리 : 하드디스크의 일부를 주기억장치처럼 사용한다.

③ 연상 기억장치 : 기억된 데이터를 이용하여 원하는 정보에 접근하는 기억 장치이다.

④ 스풀 메모리 : 전원이 공급되지 않아도 내용이 지워지지 않아 디지털 카메라의 메모리로 가장 많이 사용된다.

> 전원이 공급되지 않아도 내용이 지워지지 않아 디지털 카메라의 메모리로 가장 많이 사용되는 것은 플래시 메모리(Flash Memory)입니다.

23년 2회, 22년 4회, 3회, 21년 3회, 20년 2회, 17년 2회, 16년 2회, 11년 3회, 2회, 09년 3회, 1회, 07년 4회, 2회, …
2. 다음 중 컴퓨터에서 사용하는 캐시 메모리에 관한 설명으로 옳은 것은?

① CPU와 주기억장치의 처리 속도를 향상시키기 위하여 사용한다.

② 보조기억장치를 주기억장치처럼 사용할 수 있는 기능을 제공한다.

③ 주기억장치를 접근할 때 주소 대신 기억된 내용으로 접근하는 기능을 제공한다.

④ EEPROM의 일종으로 중요한 정보를 반영구적으로 저장할 수 있다.

> ②번은 가상 메모리, ③번은 연상 메모리, ④번은 플래시 메모리에 대한 설명입니다.

19년 1회, 16년 1회, 15년 2회, 11년 3회, 14년 1회, 09년 3회, 1회, 08년 3회, 07년 1회
3. 다음 중 컴퓨터에서 사용 가능한 가상 기억장치에 관한 설명으로 옳지 않은 것은?

① 저장된 내용을 찾을 때 주소를 사용하지 않고 기억된 데이터의 내용을 이용하여 원하는 정보에 접근한다.

② 보조기억장치의 일부를 주기억장치처럼 이용하여 주기억장치의 용량이 확대된 것처럼 사용한다.

③ 페이징(Paging) 기법이나 세그멘테이션(Segmentation) 기법을 이용한다.

④ 주프로그램은 보조기억장치에 저장시키고 CPU에 의해 실제로 사용할 부분만 주기억장치에 적재시키는 방법을 이용한다.

> ①번은 연상 메모리(Associative Memory)에 대한 설명입니다.

23년 3회
4. 다음 중 기억장치에 대한 설명으로 옳지 않은 것은?

① 주기억장치는 컴퓨터 내부에 위치한 기억장치로 현재 사용 중인 데이터나 프로그램이 저장된다.

② ROM은 내장 메모리를 체크하거나 주변 장치의 초기화를 수행하기 위한 자료 등을 저장한다.

③ 캐시 메모리는 주기억장치와 CPU의 속도 차이를 보완하며, 주기억장치의 정보를 일시적으로 저장한다.

④ 가상 메모리는 주기억장치의 일부를 보조기억장치인 것처럼 사용한다.

> 가상 메모리는 보조기억장치의 일부를 주기억장치처럼 사용하는 메모리 관리 기법입니다.

24년 1회, 1회, 23년 4회
5. 다음 중 보기에서 설명하고 있는 기억장치는 어느 것인가?

> • EEPROM의 일종으로 ROM과 RAM의 기능을 모두 가지고 있다.
>
> • 읽기, 쓰기가 모두 가능하여 디지털 카메라, MP3 플레이어에 많이 사용된다.

① 캐시 메모리(Cache Memory)

② 연상 기억 메모리(Associative Memory)

③ 가상 메모리(Virtual Memory)

④ 플래시 메모리(Flash Memory)

> EEPROM의 일종으로 읽기, 쓰기가 모두 가능한 메모리는 플래시 메모리입니다.

23년 5회, 22년 1회, 21년 1회, 13년 2회
6. 다음 중 플래시 메모리에 대한 설명으로 옳지 않은 것은?

① 중앙처리장치(CPU)와 주기억장치 사이에서 컴퓨터의 처리 속도를 향상시키는 역할을 한다.

② EEPROM의 일종으로 중요한 정보를 반영구적으로 저장할 수 있다.

③ 휴대전화, 디지털 카메라 등에 널리 사용된다.

④ 비휘발성 메모리이다.

> ①번은 캐시 메모리에 대한 설명입니다.

▶ 정답 : 1. ④ 2. ① 3. ① 4. ④ 5. ④ 6. ①

보조기억장치

1 21.4, 18.2, 15.3, 12.1, 10.1, 09.2, 09.1, 08.1, 07.4, 07.2, 06.4, 06.2, 06.1, 05.1, 04.1, 03.4, 03.2, 02.3, 02.2, 02.1, 01.2, 01.1, 00.2, 00.1
보조기억장치

3107901

보조기억장치는 주기억장치의 단점*을 보완하기 위한 장치로, 주기억장치에 비해 속도는 느리지만 전원이 차단되어도 내용이 유지되고, 저장 용량이 크다.

• 보조기억장치에 저장된 정보는 중앙처리장치가 직접 사용할 수 없으므로 일단 주기억장치에 올려진 후 사용된다.

종류	특징
하드디스크	• 하드디스크(Hard Disk)는 자성 물질을 입힌 금속 원판을 여러 장 겹쳐서 만든 기억 매체로, 개인용 컴퓨터에서 보조기억장치로 널리 사용된다. • 저장 용량이 크고, 데이터 접근 속도가 빠르나 충격에 약해 본체 내부에 고정시켜 사용하므로 이동이 불편하다. • 현재 이동이 간편한 외장형 하드디스크*가 널리 보급되어 많이 사용되고 있다.
21.4 SSD	• SSD(Solid State Drive)는 디스크 드라이브(HDD)와 비슷하게 동작하면서 HDD와는 달리 기계적 장치가 없는 반도체를 이용하여 정보를 저장하는 컴퓨터 보조기억장치이다. • 기억 매체로는 플래시 메모리나 DRAM을 사용하는데 DRAM은 전원 공급이 중단되면 저장된 내용이 모두 지워지는 단점이 있어 많이 사용하지는 않는다. • 고속으로 데이터를 입·출력 할 수 있다. • 기계적인 지연이나 실패율이 거의 없다. • 외부의 충격에 강하며, 디스크가 아닌 메모리에 데이터를 기록하므로 배드섹터가 발생하지 않는다. • 발열·소음과 전력 소모가 적으며, 소형화·경량화 할 수 있다.
12.1, 09.2, 09.1, … CD-ROM	• CD-ROM(Compact Disk Read Only Memory)은 두께 1.2mm, 지름 12cm의 크기에 약 650MB의 대용량 정보를 저장하는 매체로, 화상이나 음성 정보 등의 멀티미디어 데이터를 저장하기에 적합하다. • 제품을 만들 때 이미 내용을 기록한 것으로, 사용자는 읽기만 가능하다. • 자기 디스크와 달리 연속된 나선형 트랙을 사용하므로 섹터의 길이가 일정하다. • 1배속은 150KB/sec로, 배속의 숫자가 클수록 전송 속도*가 빠르다.
12.1, 10.1, 09.2, … DVD	• DVD(Digital Video Disk, Digital Versatile Disk)는 화질과 음질이 뛰어난 멀티미디어 데이터를 저장할 수 있는 대용량 매체이다. • CD-ROM과 같은 크기지만, CD-ROM과 달리 양면을 모두 사용할 수 있다. • DVD 드라이브에서는 CD-ROM의 데이터를 읽을 수 있지만 반대의 경우는 불가능하다. • 4.7~17GB의 대용량 데이터를 기록할 수 있으며, 1배속은 1.35MB/sec이다.
15.3 Blu-Ray	• Blu-Ray는 고선명(HD) 비디오를 위한 디지털 데이터를 저장할 수 있도록 만든 광 기록 방식의 저장매체이다. • DVD에 비해 약 10배에 이르는 25GB~50GB의 대용량의 데이터를 기록할 수 있으며, 1배속은 4.5MB/sec이다. • Blu-ray 드라이브에서는 CD나 DVD의 데이터를 읽을 수 있지만 반대의 경우는 불가능하다.

하드디스크   SSD   CD-ROM   DVD   Blu-Ray

2 자기 디스크 관련 용어

22.1, 19.1, 16.1, 15.3, 14.3, 12.3, 12.1, 11.1, 08.3, 08.2, 05.4, 05.3, 03.4, 03.3, 00.2, 97.3

1107204

다음은 하드디스크에 관련된 용어이다.

용어	설명
트랙(Track) 16.1, 08.4, 08.2, 05.4, 00.2	회전축(스핀들 모터)을 중심으로 데이터가 기록되는 동심원이다.
섹터(Sector) 22.1, 19.1, 16.1, 08.4, 08.2, 05.4, 00.2	트랙을 일정하게 나눈 구간으로 정보 저장의 기본 단위이다.
실린더(Cylinder) 22.1, 19.1, 15.3, 08.2, 00.2	• 여러 장의 디스크 판에서 같은 위치에 있는 트랙의 모임이다. • 디스크가 여러 장 겹쳐 있는 하드디스크에서만 사용하는 용어이다.
클러스터(Cluster) 16.1, 08.4, 05.4, 03.4, 03.3, 97.3	• 여러 개의 섹터를 모은 것이다. • 운영체제가 관리하는 파일 저장의 기본 단위이다.
TPI(Tracks Per Inch)	• 1인치(Inch)에 기록할 수 있는 트랙의 수이다. • 디스크의 기록 밀도 단위이다.
Seek Time(탐색시간) 22.1, 19.1, 11.1, 08.3, 05.4	읽기/쓰기 헤드가 지정된 트랙(실린더)에 도달하는 데 걸리는 시간이다.
Search Time(=Latency Time, 지연시간) 12.3	읽기/쓰기 헤드가 지정된 트랙(실린더)을 찾은 후 원판이 회전하여 원하는 섹터의 읽기/쓰기가 시작될 때까지의 시간이다.
Transmission Time (전송시간)	읽은 데이터를 주기억장치로 보내는 데 걸리는 시간이다.
Access Time(접근시간) 22.1, 19.1, 12.1, 05.3, 00.2	데이터를 읽고 쓰는 데 걸리는 시간의 합이다(Seek Time + Search Time + Transmission Time).

3 기억장치의 기억 용량 단위

04.2, 01.1

1107209

단위	Byte	KB	MB	GB※	TB	PB	EB
읽기	바이트 (Byte)	킬로바이트 (Kilo Byte)	메가바이트 (Mega Byte)	기가바이트 (Giga Byte)	테라바이트 (Tera Byte)	페타바이트 (Peta Byte)	엑사바이트 (Exa Byte)
용량	8Bit	1,024Byte	1,024KB	1,024MB	1,024GB	1,024TB	1,024PB
	2진수 표기	2^{10}	2^{20}	2^{30}	2^{40}	2^{50}	2^{60}
	10진수 표기(약)	10^{3}	10^{6}	10^{9}	10^{12}	10^{15}	10^{18}

용량 작음 ◀──────────────────────────▶ 용량 큼

4 기억장치의 접근 속도 비교

10.3, 08.2, 03.4, 03.1, 99.3, 99.1, 98.1

1107210

레지스터(Register)
CPU 내부에서 사용하는 임시 기억장치로 CPU에서 사용할 값이나 연산의 중간 결과를 기억하며, 기억장치 중에서 속도가 가장 빠릅니다.

CPU		주기억장치		보조기억장치				
레지스터*(Register)	캐시(SRAM)	램(DRAM)	롬(ROM)	SSD	하드디스크(HDD)	CD-ROM	플로피디스크(FDD)	자기테이프

속도 빠름 ◄──────────────────────────────────────► 속도 느림

5 기억장치의 처리 속도 단위

12.2

1107211

단위	ms	μs	ns	ps	fs	as
읽기	밀리 초(Milli Second)	마이크로 초(Micro Second)	나노 초(Nano Second)	피코 초(Pico Second)	펨토 초(Femto Second)	아토 초(Atto Second)
속도	10^{-3}	10^{-6}	10^{-9}	10^{-12}	10^{-15}	10^{-18}

속도 느림 ◄──────────────────────────────────────► 속도 빠름

👤 **따라잡기** 기출문제 따라잡기

문제2 1107251

06년 2회, 00년 2회
1. 다음 중 보조기억장치를 사용하는 기본적인 이유를 설명하고 있는 것은?

① RAM은 보조기억장치의 대표적인 매체로서 전원이 없는 상태에서도 정보가 유지된다.

② 보조기억장치로부터 RAM으로 데이터를 전송하는 속도는 주기억장치로부터 RAM으로 데이터를 전송하는 것에 비해 매우 빠르다.

③ 보조기억장치는 비소멸성이다. 즉, 저장된 정보는 전원이 꺼진 상태에서도 소멸되지 않는다.

④ 주기억장치는 데이터만 저장할 수 있는 데 비해 보조기억장치는 데이터와 프로그램 명령 둘 다 저장할 수 있다.

> 보조기억장치는 주기억장치에 비해 속도는 느리지만 전원이 꺼져도 내용이 지워지지 않는 비소멸성이며 저장 용량도 크기 때문에 많이 사용됩니다.

16년 1회, 08년 4회, 2회, 05년 4회
2. 다음 중 컴퓨터에서 사용하는 하드디스크에 관한 설명으로 옳지 않은 것은?

① 트랙은 하드디스크 표면의 동심원을 말한다.

② 섹터는 트랙의 일부분으로 데이터가 저장되는 기본 단위이다.

③ 클러스터는 하드디스크의 중심축으로부터 같은 거리에 있는 트랙들의 집합을 말한다.

④ 헤드는 데이터를 읽어 내거나 쓰는 장치를 말한다.

> 디스크의 중심축으로부터 동일한 거리에 있는 트랙들의 모임은 실린더입니다.

12년 1회, 05년 3회, 00년 2회
3. 다음 중 자기 디스크의 데이터 액세스 시간(Access Time)을 바르게 나타낸 것은?

① 디스크 데이터 액세스 시간 = 위치 설정 시간(Seek Time) + 회전 대기 시간(Latency Time) + 사이클 시간(Cycle Time)

② 디스크 데이터 액세스 시간 = 위치 설정 시간(Seek Time) + 회전 대기 시간(Latency Time) + 데이터 전송 시간(Data Transfer Time)

③ 디스크 데이터 액세스 시간 = 실행 시간(Execution Time) + 접근 시간(Access Time) + 대기 시간(Waiting Time)

④ 디스크 데이터 액세스 시간 = 유휴 시간(Idle Time) + 판독 시간(Read Time) + 데이터 전송 시간(Data Transfer Time)

> 데이터 액세스 시간하면 '위치 설정 + 회전 대기 + 데이터 전송' 이라는 것을 기억하세요.

따라잡기 기출문제 따라잡기

11년 1회, 08년 3회, 05년 4회

4. 다음 중 자기디스크 장치에서 읽기/쓰기 헤드를 접근하려는 트랙(실린더)에 위치시키는데 걸리는 시간을 무엇이라고 하는가?

① 액세스 시간(Access Time)

② 회전 지연 시간(Rotational Latency Time)

③ 탐색 시간(Seek Time)

④ 전송 시간(Transfer Time)

> 헤드를 트랙(실린더)에 위치시키는데 걸리는 시간은 탐색 시간(Seek Time)입니다.

15년 3회

5. 다음 저장 디스크 중 가장 많은 데이터를 저장할 수 있는 것은?

① CD-RW 디스크

② DVD-R 디스크

③ DVD-R(Dual Layer) 디스크

④ Blu-Ray 디스크

> CD-RW는 650MB, DVD-R은 4.7~17GB, Blu-Ray는 25~50GB의 데이터를 저장할 수 있습니다.

14년 3회

6. 다음 중 자기 디스크(Magnetic Disk)를 구성하는 요소가 아닌 것은?

① 트랙(Track)   ② 섹터(Sector)

③ 클러스터(Cluster)   ④ 소켓(Socket)

> 자기 디스크의 구성 요소에는 트랙, 섹터, 클러스터 등이 있습니다.

10년 3회, 08년 2회, 03년 4회, 99년 1회

7. 다음 메모리 계층을 속도가 빠른 것부터 느린 순으로 바르게 연결한 것은?

(1) Cache	(2) Register
(3) Main Memory	(4) Magnetic Disk
(5) Magnetic Tape	

① (1) → (2) → (3) → (4) → (5)

② (2) → (1) → (3) → (4) → (5)

③ (1) → (3) → (2) → (5) → (4)

④ (1) → (3) → (2) → (4) → (5)

> 지문에 제시된 메모리를 속도가 빠른 것부터 느린 순으로 나열하면 Register → Cache → Main Memory → Magnetic Disk → Magnetic Tape 순입니다.

18년 2회

8. 다음 중 보조기억장치에 대한 설명으로 옳지 않은 것은?

① 저장된 정보는 전원이 차단되어도 반영구적으로 보관할 수 있다.

② 보조기억장치에 저장된 정보를 실행시키면 주기억장치를 거치지 않고 바로 실행된다.

③ 주기억 장치에 비해 읽는 속도는 느리지만 저렴한 가격으로 많은 정보를 저장시킬 수 있다.

④ 현재 사용하지 않는 데이터나 프로그램을 보조기억장치에 저장시켜 두었다가 필요할 때 다시 꺼내 사용할 수 있다.

> 보조기억장치에 저장된 정보는 중앙처리장치가 직접 사용할 수 없으므로 일단 주기억장치에 올려진 후 사용됩니다.

22년 1회, 19년 1회

9. 다음 중 자기 디스크 관련 용어에 대한 설명으로 옳은 것은?

① 섹터(Sector) : 회전축을 중심으로 데이터가 기록되는 동심원

② 실린더(Cylinder) : 여러 개의 섹터를 모은 것

③ 탐색시간(Seek Time) : 읽기/쓰기 헤드가 지정된 트랙을 찾은 후 원판이 회전하여 원하는 섹터의 읽기/쓰기가 시작될 때까지의 시간

④ 접근시간(Access Time) : 데이터를 읽고 쓰는데 걸리는 시간의 합

> • 섹터 : 트랙을 나눈 구간
> • 실린더 : 같은 위치에 있는 트랙의 모임
> • 탐색시간 : 읽기/쓰기 헤드가 지정된 트랙에 도달하는 데 걸리는 시간

21년 4회

10. 다음 중 반도체를 이용한 컴퓨터 보조기억장치로, 크기가 작고 충격에 강하며, 소음 발생이 없는 대용량 저장장치는?

① HDD(Hard Disk Drive)

② DVD(Digital Versatile Disk)

③ SSD(Solid State Drive)

④ CD-RW(Compact Disc Rewritable)

> 문제에 제시된 내용은 SSD의 개념입니다.

▶ 정답 : 1. ③ 2. ③ 3. ② 4. ③ 5. ④ 6. ④ 7. ② 8. ② 9. ④ 10. ③

입력장치

GUI(Graphic User Interface)
GUI는 글자보다는 그림이 훨씬 눈에 잘 들어오는 것에 착안해 만든 사용자 인터페이스입니다. 사용자는 메뉴나 아이콘 등의 그래픽 요소를 마우스로 선택하여 컴퓨터와 정보를 교환합니다. 대표적인 그래픽 사용자 인터페이스는 Windows입니다. 이에 비해 DOS 같은 문자 중심의 사용자 인터페이스를 CUI(Character User Interface)라고 합니다.

각 판독기 약어의 의미
• OMR : Optical Mark Reader
• OCR : Optical Character Reader
• MICR : Magnetic Ink Chaxracter Reader
• BCR : Bar Code Reader

POS(Point Of Sales) 시스템
상품에 대한 정보를 담고 있는 바코드를 판독하는 순간 판매 가격을 보여주는 것은 물론 재고, 매출액 등 상품 판매에 관한 모든 자료가 자동으로 계산되는 시스템을 말합니다. 상품을 판매하는 시점에 재고 관리 및 주문, 통계에 이르는 모든 관리가 이루어지기 때문에 '판매 시점 관리 시스템'이라고 합니다.

1 키보드

18.상시, 06.4, 04.1, 98.3, 98.1, 97.3

키보드(Keyboard)는 컴퓨터의 가장 기본적인 입력장치로 문자나 기호의 입력, 커서 이동 등의 작업에 사용된다.

2 마우스

11.2, 06.3, 00.1

마우스(Mouse)는 볼(Ball)의 회선이나 빛의 반사를 감시하는 센서로 마우스 포인터의 움직임을 인식하여 컴퓨터에 입력하는 장치이다.

• 마우스는 GUI* 환경에서 대표적인 입력장치로 사용된다.

3 판독기의 종류

24.1, 23.5, 11.2, 10.3, 07.3, 06.1, 02.2, 01.1, 98.1

다음은 일정한 형식에 의해 작성된 입력 매체를 판독하여 컴퓨터에 입력하는 장치의 종류이다.

광학 마크 판독기(OMR*)** 07.3, 02.2, 01.1, 98.1	• 컴퓨터용 수성 사인펜으로 **표시(Mark)**한 OMR 카드에 **빛(Optical)**을 비추어 표시 여부를 **판독(Read)**하는 장치이다. • 객관식 시험용 답안지 채점에 사용한다.
광학 문자 판독기(OCR*)** 24.1, 23.5	• 특정 글꼴로 인쇄된 **문자(Character)**에 **빛(Optical)**을 비추어 반사된 빛의 차이를 이용하여 문자를 **판독(Read)**하는 장치이다. • 세금고지서나 공공요금 청구서를 판독할 때 사용한다.
자기 잉크 문자 판독기(MICR*)** 11.2, 10.3, 06.1	• **자성**을 띤 특수 **잉크(Magnetic Ink)**로 인쇄된 **문자(Character)**나 기호를 **판독(Read)**하는 장치이다. • 수표나 어음의 판독에 사용한다.
바코드 판독기(BCR*)**	• 굵기가 서로 다른 **선(Bar Code)**에 빛을 비추어 반사된 값을 코드화하여 **판독(Read)**하는 장치이다. • 편의점이나 백화점에서 POS(Point Of Sales) 시스템*의 입력장치로 사용한다.

4 기타 입력장치

24.5, 23.2, 18.1, 15.3, 12.1, 11.2, 10.3, 07.3, 04.2, 02.3, 02.2, 01.3, 99.2

1107304

24.5, 23.2, 15.3, 12.1, 07.3, 04.2, 02.2, ··· **스캐너(Scanner)**	• 그림이나 사진 등의 영상(Image) 정보에 빛을 쪼인 후 반사되는 빛의 차이를 감지(Scan)하여 디지털 그래픽 정보로 변환해 주는 장치로, 이미지 리더(Image Reader)라고도 한다. • 스캐너를 사용하려면 해당 스캐너의 스캐닝 프로그램이나 코렐드로우, 포토샵 같은 그래픽 프로그램을 이용하여야 한다.
18,상시, 18.1, 07.3, 02.2 **디지타이저(Digitizer)/ 태블릿(Tablet)**	• 3차원 게임에 사용되는 캐릭터의 모형이나 2차원의 건축 설계도면 같은 데이터를 입력할 때 사용하는 장치로, 정해진 좌표를 디지털 형식으로 변환시켜 컴퓨터에 입력하는 장치이다. • 2차원의 평면 작업에 사용되는 사각형 평판을 태블릿(Tablet)이라고 하며, 절대 좌표를 이용해 정확한 위치를 계산한다.
11.2, 10.3, 02.3, 01.3 **디지털 카메라 (Digital Camera)**	• 촬영된 광학 영상을 필름에 기록하지 않고, 전자 데이터로 변환시켜 디지털 저장 매체에 저장하는 장치이다. • 일반 광학 카메라의 필름에 해당하는 CCD(Charge Coupled Device)*의 성능에 따라 화질이 결정된다. • 저장 매체로 스마트 미디어 카드(Smart Media Card)나 플래시 메모리(Flash Memory) 등을 사용한다.
라이트 펜 (Light Pen, 광전 펜)	빛을 인식할 수 있는 모니터의 특정 부분을 눌러 해당 점의 위치를 컴퓨터에 입력하는 장치로, 그림을 그리거나 메뉴를 선택할 때 사용한다.
18,상시 **터치 스크린**	• 일반 모니터의 스크린 표면에 적외선이 흐르는 터치 패널을 장착해 스크린의 특정부분에 손가락을 갖다 대면 센서가 이것을 입력으로 인식하여 입력된 자료의 처리결과를 다시 화면에 출력한다. • 입·출력 겸용 장치로, 안내용 단말기(키오스크*) 혹은 현금지급기에 주로 사용된다.

전하결합소자(CCD)
CCD(Charge Coupled Device)는 4~6mm 크기의 전자 소자로, 빛을 전기 신호로 변환하여 저장하는 장치입니다. CCD는 디지털카메라의 해상도를 결정하는 핵심적인 요소로 CCD에 부착된 광 센서의 개수에 따라서 해상도가 달라집니다. CCD는 디지털 카메라 외에 디지털 비디오 카메라나 광학 스캐너 등에도 사용됩니다.

키오스크(Kiosk)
터치 스크린, 사운드 시스템, 통신 카드 등 멀티미디어 기기를 활용하여 음성·동영상 등으로 이용자에게 효율적인 정보를 제공하는 무인 종합정보안내 시스템입니다. 버스 터미널 등 공공장소에 설치되어 시설물의 이용 방법 등을 알려줍니다.

 따라잡기 기출문제 따라잡기

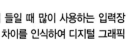
문제1 4108051

24년 1회, 23년 5회
1. 특정 글꼴로 인쇄된 문자에 빛을 비추어 반사된 빛의 차이를 이용하여 문자를 판독하는 장치로, 세금고지서나 공공요금 청구서를 판독할 때 사용하는 것은?

① OCR

② MICR

③ OMR

④ BCR

> 빛(Optical)을 이용해 문자(Character)를 판독(Read)하는 장치는 OCR입니다.

24년 5회, 23년 2회
2. 다음 중 상점에서 바코드를 읽어 들일 때 많이 사용하는 입력장치로, 빛을 주사하여 반사되는 빛의 차이를 인식하여 디지털 그래픽 정보로 만들어주는 장치는?

① 스캐너(Scanner)

② 트랙볼(Track Ball)

③ 디지타이저(Digitizer)

④ 광전 펜(Light Pen)

> 빛을 쪼인 후 반사되는 빛의 차이를 감지(Scan)하여 디지털 정보로 변환해 주는 장치는 스캐너(Scanner)입니다.

▶ **정답 : 1.** ① **2.** ①

출력장치

1 출력장치

23.3, 18.1, 14.2, 13.1, 12.2, 12.1, 11.1

4108101

CPU에서 처리된 데이터를 사람이 알아볼 수 있는 형태로 변환하여 표시하는 장치를 출력장치라고 한다.

14.2, 11.1 **모니터(Monitor)**	• 입력한 내용이나 컴퓨터 내부에서 처리된 결과를 사람이 확인할 수 있도록 보여주는 장치임 • **종류** : CRT, LCD, TFT, FED, PDP, OLED 등
18.1, 12.2, 12.1 **프린터(Print)**	• 컴퓨터로 만든 결과물을 종이에 출력해 주는 장치임 • **종류** : 도트 매트릭스, 잉크젯, 레이저, 열전사 등
23.3, 18.1, 13.1 **플로터(Plotter)**	• 용지의 크기에 제한 없이 고해상도 출력이 가능한 인쇄장치임 • 설계도면, 광고물, 현수막 등을 제작할 때 사용함 • **X-Y 플로터** : 초기에 사용하던 펜 플로터로, 펜(Pen)이나 종이를 X축과 Y축으로 움직이면서 인쇄하는 방식으로, 주로 지도, 통계 도표, 설계도면 등을 출력하는 데 사용됨

모니터의 크기

43cm

픽셀

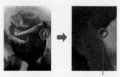
픽셀

2 모니터 관련 용어

21.4, 19.1, 14.1, 13.1, 09.3, 09.1, 08.1, 07.1, 05.3, 05.1, 04.4, 04.2, 01.3, 98.2

1107402

09.1, 07.1, 04.2 **모니터의 크기***	모니터 등의 화면 크기는 대각선 길이를 센티미터(cm) 단위로 표시한다.
21.4, 19.1, 09.1, 07.1, 05.1, 98.2 **픽셀***	• 모니터 화면을 구성하는 가장 작은 단위를 말한다. • 보통 화면 해상도가 1024×768이라고 하면 가로 1024개, 세로 768개의 픽셀로 화면을 표시한다는 뜻이다.
21.4, 19.1, 14.3, 14.1, 13.1, 09.3, … **해상도 (Resolution)**	• 모니터 등의 출력장치가 내용을 얼마나 선명하게 표현할 수 있느냐를 나타내는 단위이다. • 해상도는 픽셀(Pixel)의 수에 따라 결정된다.
21.4, 19.1, 13.1, 09.3, 04.4 **주파수 대역폭 (Bandwidth)**	• 모니터가 처리할 수 있는 주파수의 폭을 의미한다. • 모니터의 주파수 대역폭이 높을수록 눈의 부담이 줄어든다. • 단위로는 Hz를 사용한다.
21.4, 19.1, 14.1, 08.1, 05.3, 04.2 **화면주사율 (화면재생빈도)**	• 모니터가 가진 수직주파수(Vertical Frequency)로, 1초에 화면이 깜빡이는 정도(초당갱신율)이다. • 예를 들어, 주사율이 60Hz라면 1초에 화면이 60번 깜빡인다는 말이다. • 일반적으로 화면주사율이 낮을 수록 눈이 피로하다.
14.2, 14.1, 13.1, 04.2, 01.3 **점 간격 (Dot Pitch)**	• 픽셀이 소프트웨어적으로 조절하는 단위라면, Dot는 모니터 제작 시 하드웨어적으로 만들어져 나오는 것이다. • 도트 피치가 작을수록 같은 면적에 더 많은 도트를 표시할 수 있으므로 해상도가 높아진다.

3 프린터 관련 단위

24.5, 23.3, 18.1, 13.1, 09.4, 07.2, 06.2, 04.1, 01.1, 98.3

1107404

전문가의 조언

프린터와 관련된 단위를 묻는 문제가 출제되었습니다. 프린터 관련 단위와 각 단위의 의미 정도는 알고 있어야 합니다.

24.5, 23.3, 13.1, 09.4, 06.2, 04.1, 01.1 CPS(Character Per Second)	1초에 출력되는 글자 수로, 도트 매트릭스 및 시리얼 프린터의 속도 단위이다.
24.5, 23.3 LPM(Line Per Minute)	1분에 출력되는 줄(Line) 수로, 라인 프린터의 속도 단위이다.
24.5, 23.3, 18.1, 13.1, 09.4, 06.2, 04.1, 01.1 PPM(Page Per Minute)	1분에 출력되는 페이지 수로, 잉크젯 및 레이저 프린터의 속도 단위이다.
24.5, 23.3, 13.1, 09.4, 07.2, 06.2, 01.1, 98.3 DPI(Dot Per Inch)	1인치에 출력되는 점(Dot)의 수로, 출력물의 인쇄 품질(해상도)을 나타내는 단위이다.
MMS(MilliMeters per Second)	1초에 이동하는 노즐의 거리로, 3D 프린터의 속도 단위이다.
IPM(Image Per Minute)	1분에 출력되는 이미지 수로, 국제표준화기구(ISO)가 정한 프린터의 속도 단위이다.

기출문제 따라잡기

문제2 1107451

21년 4회, 19년 1회
1. 다음 중 모니터 관련 용어에 대한 설명으로 옳은 것은?

① 해상도 : 모니터 화면을 구성하는 가장 작은 단위

② 주파수 대역폭 : 모니터 등의 출력장치가 내용을 얼마나 선명하게 표현할 수 있느냐를 나타내는 단위

③ 픽셀 : 모니터가 처리할 수 있는 주파수의 폭

④ 화면 주사율 : 모니터가 가진 수직 주파수로, 1초에 화면이 깜빡이는 정도

모니터 화면을 구성하는 가장 작은 단위는 픽셀, 모니터 등의 출력장치가 내용을 얼마나 선명하게 표현할 수 있느냐를 나타내는 단위는 해상도, 모니터가 처리할 수 있는 주파수의 폭은 주파수 대역폭입니다.

13년 1회, 09년 3회, 04년 4회
2. 다음 중 표시장치에 대한 설명으로 옳지 않은 것은?

① 해상도란 화면표시의 정밀도, 선명도를 나타내는 용어이다.

② 해상도는 화소에 의해 결정되며, 화소수가 많을수록 선명하다.

③ 모니터의 주파수 대역폭이 작을수록 화면의 해상도가 증가한다.

④ 그래픽 카드는 성능이 높을수록 많은 수의 색상을 지원한다.

해상도는 픽셀(Pixel, 화소)의 수가 많아질수록 증가합니다. 주파수 대역폭(Bandwidth)은 모니터가 처리할 수 있는 주파수의 폭을 의미하는 것으로 주파수 대역폭이 높을수록 눈의 부담이 줄어들지만 해상도와는 관계가 없습니다.

24년 5회, 23년 3회
3. 다음 중 각 단위에 대한 설명으로 옳은 것은?

① DPI : 1초에 출력되는 글자의 수를 의미한다.

② LPM : 1분에 인쇄할 수 있는 줄 수를 의미한다.

③ CPS : 1인치에 출력되는 점(Dot)의 수를 의미한다.

④ PPM : 1초에 출력되는 페이지의 수를 의미한다.

① DPI는 1인치에 출력되는 점(Dot)의 수를 의미합니다.
③ CPS는 1초에 출력되는 글자 수를 의미합니다.
④ PPM은 1분에 출력되는 페이지 수를 의미합니다.

13년 1회, 09년 4회, 06년 2회, 04년 1회, 01년 1회
4. 다음의 단위 중 프린터와 관계가 없는 것은?

① TPI(Track Per Inch)

② CPS(Character Per Second)

③ DPI(Dot Per Inch)

④ PPM(Page Per Minute)

TPI는 1인치에 기록할 수 있는 트랙의 수로 디스크의 기록 밀도 단위입니다.

▶ 정답 : 1. ④ 2. ③ 3. ② 4. ①

메인보드(주기판)

1 메인보드의 개요

19.1

1107501

메인보드(Main Board)는 컴퓨터를 구성하는 모든 장치들이 장착되고 연결되는 컴퓨터의 기본 부품이다. 메인보드를 마더보드(Mother Board)라고도 한다.

메인보드의 구성

2 버스

23.2, 23.1, 22.1, 21.4, 18.상시, 16.2, 14.1, 07.4, 00.1

1107504

버스(Bus)는 컴퓨터에서 데이터를 주고받는 통로로, 사용 용도에 따라 내부 버스와 외부 버스, 그리고 확장 버스로 구분한다.

- 확장 버스는 메인보드에서 지원하는 기능 외에, 다른 기능을 지원하는 장치를 연결하는 부분으로 끼울 수 있는 슬롯의 형태로 제공되기 때문에 확장 슬롯이라고도 한다.

PCI*	• CPU와 데이터를 주고받기 위해 브리지(Bridge)를 이용한다. • 최대 10개까지 주변장치의 장착을 지원한다.
18.상시, 14.1 AGP	• 3D 그래픽 카드의 속도 향상을 목적으로 개발되었다. • CPU와의 직접적인 자료 전송으로 속도를 향상시켰다.
22.1, 21.4, 16.2 PCI-Express	• 그래픽 카드의 데이터 처리양이 증가하여 AGP로는 감당할 수 없게 되자 AGP 대체용으로 개발된 그래픽 카드 전용 슬롯이다. • 핫 플러그인(Hot Plug In)*을 지원한다.

3 포트

24.2, 23.5, 23.4, 22.1, 21.4, 21.3, 21.2, 21.1, 20.1, 17.2, 14.3, 13.2, 10.2, 10.1, 09.4, 09.3, 09.1, 08.2, 07.4, 07.1, 05.3, 05.2, …

1107505

포트(Port)*는 메인보드에 주변장치를 연결하기 위한 접속 부분으로, 접속 방식에 따라 다음과 같이 구분된다.

21.4, 13.2 직렬 포트(Serial Port)	• 한 번에 1비트씩 전송하는 방식이다. • 마우스, 모뎀 연결에 사용한다.
24.2, 23.5, 21.3, 21.1, 14.3, 13.2 병렬 포트(Parallel Port)	• 한 번에 8비트씩 전송하는 방식이다. • 프린터, Zip 드라이브 연결에 사용한다.
24.2, 23.5, 21.3, 21.1, 14.3, 13.2 PS/2 포트	PS/2용 마우스와 키보드 연결에 사용되며 6핀으로 구성된다.
24.2, 23.5, 21.3, 21.1, 14.3, 13.2, 10.1, 09.1, ⋯ USB 포트 (범용 직렬 버스)	• 기존의 직렬, 병렬, PS/2 포트를 통합한 직렬 포트의 일종이다. • 오디오 플레이어, 디지털 카메라, 마우스, 키보드, 프린터, 스캐너 등을 연결한다. • 주변장치를 최대 127개까지 연결할 수 있다. • 핫 플러그인(Hot Plug In)과 플러그 앤 플레이(Plug & Play)를 지원한다.
10.2, 09.4, 09.3, 08.2, 05.3, 03.2 IEEE 1394	• 애플 사에서 매킨토시용으로 개발한 것으로, 디지털 비디오/오디오 편집 장치 같은 고속 직렬 장치에 대한 표준이다. • 핫 플러그인(Hot Plug In)과 플러그 앤 플레이 (Plug & Play)를 지원한다. • 주변장치를 최대 63개까지 연결할 수 있다. • 주로 고속 통신 장비의 인터페이스로 사용되며, 파이어와이어(Firewire)라고도 불린다.
24.2, 23.5, 21.3, 21.1, 14.3 IrDA(Infrared Data Association)	• 케이블 없이 적외선을 사용하여 주변장치와 통신하는 방식이다. • 주로 노트북과 주변장치 사이의 통신에 사용된다.
23.4, 22.1, 21.2, 20.1 HDMI	• 영상과 음성을 하나의 케이블로 전송하는 디지털 포트이다. • 셋톱박스, DVD 플레이어 등의 기기와 리시버, 모니터, HDTV 등의 출력 장치를 연결하는데 사용된다.
디스플레이 포트 (DP; Display Port)	• PC 업계가 중심이 되어 개발한 디지털 포트이다. • TV나 모니터 등의 디스플레이 장치에 화면을 전송한다. • HDMI와 같이 영상과 음성을 하나의 케이블로 전송한다. • 여러 개의 기기를 한 개의 케이블로 연결하여 각 기기에 신호를 전송할 수 있다.
21.3, 14.3 블루투스(Bluetooth)	• 근거리 무선 통신을 가능하게 해주는 통신 방식이다. • 핸드폰, PDA, 노트북과 같은 휴대 가능한 장치들 간의 양방향 정보 전송이 가능하다.

4 바이오스

24.1, 23.2, 23.1, 21.1, 18.상시, 16.2, 15.1, 14.1, 13.2, 13.1, 12.3, 09.3, 07.4, 04.3, 03.3, 02.4, 02.1, 01.3, 01.1, 99.2, 98.2, 98.1, ⋯

1107506

바이오스(BIOS; Basic Input Output System)는 컴퓨터의 기본 입·출력 장치나 메모리 등 하드웨어 작동에 필요한 명령들을 모아놓은 프로그램이다.

- 전원이 켜지면 POST(Power On Self Test)※를 통해 컴퓨터를 점검한 후 사용 가능한 장치들을 초기화한다.
- ROM에 저장되어 있어 ROM-BIOS라고 한다.
- 하드웨어와 소프트웨어의 중간 형태로 펌웨어(Firmware)라고 한다.
- 스타트업 루틴, 서비스처리 루틴, 하드웨어 인터럽트처리 루틴으로 구성된다.
- 바이오스의 CMOS 셋업시 설정된 내용은 CMOS RAM에 기억되며, 메인보드의 백업 배터리에 의해 내용이 유지된다.
- **CMOS에서 설정 가능한 항목** : 시스템의 날짜와 시간, 하드디스크 타입(Type), 부팅 순서, 칩셋 설정, 전원 관리, PnP 설정, 시스템 암호 설정, Anti-Virus 기능 등

> POST(Power On Self Test)
> 영문 그대로 전원이(Power) 들어오면(On) 컴퓨터 스스로(Self) 이상 유무 검사(Test)를 수행하는 과정을 말합니다.

24년 2회, 23년 5회, 21년 3회, 1회, 14년 3회, 13년 2회

1. 다음 중 포트(Port)에 대한 설명으로 옳은 것은?

① IrDA : 케이블과 적외선을 사용하여 주변장치와 통신하는 방식이다.

② 병렬 포트 : 한 번에 8비트씩 전송하는 방식으로, 마우스, 모뎀 연결에 사용한다.

③ USB 포트 : 주변장치를 최대 127개까지 연결할 수 있다.

④ PS/2 포트 : PS/2용 마우스와 프린터 연결에 사용된다.

> IrDA는 케이블 없이 적외선을 사용하고, 병렬 포트는 프린터나 Zip 드라이브 연결에, PS/2 포트는 마우스나 키보드 연결에 사용합니다.

22년 1회, 16년 2회

2. 다음 중 아래의 보기에서 설명하는 컴퓨터의 그래픽 카드로 옳은 것은?

> • 그래픽 카드의 데이터 처리량이 증가하여 AGP로는 감당할 수 없게 되자 AGP 대체용으로 개발된 그래픽 전용 슬롯이다.
> • 핫 플러그인(Hot Plug In)을 지원한다.

① SATA

② HDMI

③ PCI-Express

④ SCSI

> 지문에 제시된 내용은 PCI-Express의 특징입니다.

24년 1회, 23년 1회, 18년 상시, 16년 2회, 12년 3회, 11년 1회, 02년 1회

3. 다음 중 컴퓨터의 CMOS 설정에 대한 설명으로 옳지 않은 것은?

① CMOS는 바이오스에 내장된 롬의 일종으로 쓰기가 불가능하다.

② CMOS SETUP은 바이오스의 각 사항을 설정하며, 메인보드의 내장 기능 설정과 주변 장치에 대한 사항을 기록한다.

③ CMOS SETUP의 항목을 잘못 변경하면 부팅이 되지 않거나 사용 중에 에러가 발생하므로 주의한다.

④ 시스템의 날짜/시간, 디스크 드라이브의 종류, 부팅 우선순위 등을 설정한다.

> CMOS는 RAM의 일종으로 쓰기가 가능합니다.

21년 1회, 15년 1회, 13년 2회, 1회, 04년 3회

4. 다음 중 PC의 바이오스(BIOS)에 대한 설명으로 옳지 않은 것은?

① 바이오스는 컴퓨터의 입출력 장치나 메모리 등 하드웨어를 관리하는 프로그램이다.

② 컴퓨터에 연결된 주변장치를 관리하는 인터럽트(Interrupt) 처리 부분이 있다.

③ 바이오스 프로그램은 메인보드의 RAM에 저장되어 있다.

④ PC의 전원을 올리면 먼저 바이오스 프로그램이 작동하여 시스템을 초기화시킨다.

> BIOS는 ROM에 저장되어 있어 ROM-BIOS라고도 합니다.

23년 4회, 22년 1회, 21년 2회, 20년 1회

5. 다음과 가장 관련 있는 것은 무엇인가?

> • 영상과 음성을 하나의 케이블로 전송하는 디지털 포트이다.
> • 셋톱박스, DVD 플레이어 등의 기기와 리시버, 모니터, HDTV 등의 출력장치를 연결하는 데 사용된다.

① 디스플레이 포트

② IEEE 1394

③ HDMI

④ PS/2 포트

> 영상과 음성을 하나의 케이블로 전송하는 디지털 포트는 HDMI입니다.

21년 3회, 14년 3회

6. 다음 중 근거리에 놓여 있는 컴퓨터와 이동 단말기를 무선으로 연결하여 쌍방향으로 실시간 통신을 가능하게 해주는 규격 또는 장치를 의미하는 것은?

① 블루투스(Bluetooth)

② 단방향(Simplex) 통신

③ 쌍방향(Duplex) 통신

④ HTTP(HyperText Transfer Protocol)

> 근거리 무선 통신을 가능하게 해주는 통신 방식은 블루투스입니다.

23년 2회

7. 다음 컴퓨터 시스템과 관련된 용어에 대한 설명 중 옳지 않은 것은?

① 레지스트리는 부팅에 필요한 설정이나 장비들의 정보를 저장한다.

② 프로세스는 실행 중인 또는 실행 가능한 프로그램을 의미한다.

③ 프로세서는 시스템의 연산을 수행하기 위해 명령어를 저장하고 있는 하드웨어이다.

④ 버스는 컴퓨터에서 데이터를 주고받는 통로이다.

> 레지스트리는 컴퓨터에 설치된 모든 하드웨어와 소프트웨어의 실행 정보를 한 군데 모아 관리하는 계층적인 데이터베이스입니다. ①번은 CMOS에 대한 설명입니다.

▶ 정답 : 1. ③ 2. ③ 3. ① 4. ③ 5. ③ 6. ① 7. ①

하드디스크 연결 방식

C등급

1 하드디스크 연결 방식

23.3, 21.4, 17.1, 14.2, 07.2, 05.4, 05.3, 05.1, 01.2, 99.1, 98.2, 98.1

1107601

하드디스크 연결(Interface) 방식은 메인보드와 하드디스크 사이에서 데이터를 전송하기 위한 방식을 말하는 것으로 다음과 같이 구분된다.

방식	특징	연결 가능 장치
07.2, 05.3, 99.1, 98.2 **IDE**	• AT 버스 방식이라고도 한다. • 2개의 장치 연결이 가능하다. • 최대 504MB의 용량을 인식*한다.	하드디스크, CD-ROM

23.3, 21.4, 17.1, 07.2, …
EIDE(ATA)
	• IDE를 확장하여 전송 속도를 높인 규격이다.
	• 4개의 장치 연결이 가능하다.
	• 최대 8.4GB의 용량을 인식한다.
	• PATA(Parallel ATA)
	  – 병렬(Parallel) 인터페이스 방식이다.
	  – EIDE는 일반적으로 PATA를 의미한다.
	• SATA(Serial ATA)
	  – 직렬(Serial) 인터페이스 방식이다.
	  – 데이터 전송 속도가 빠르다.
	  – 데이터 선이 얇아 내부의 통풍이 잘된다.
	  – 핫 플러그인(Hot Plug In)을 지원한다.
		하드디스크,
		CD-ROM,
		DVD-ROM

21.4, 14.2, 07.2, 05.4, … **SCSI**	• 7개의 장치 연결이 가능하다. • 각 장치에게 고유의 ID를 부여한다. • 여러 장치를 한 케이블에 연결하므로 마지막 장치는 반드시 터미네이션*되어야 한다. • 서버용 컴퓨터에서 주로 사용되는 대용량 저장장치의 표준 인터페이스 방식이다.	하드디스크, 스캐너, 이동식 저장 매체

2 RAID

15.1, 13.2, 11.3, 09.4, 08.4, 06.1, 05.4, 05.3, 04.4, 04.2, 02.4, 01.3, 01.1, 00.2

1107602

RAID(Redundant Array Of Inexpensive Disk)는 여러 개의 하드디스크를 한 개의 하드디스크처럼 관리하는 관리 기술로 중요한 자료를 다루는 서버(Server)에서 주로 사용되는 방식이다.

• RAID를 이용하면 데이터의 안정성이 높아지며 전송 속도도 빨라진다.

• RAID는 시스템 장애 시 컴퓨터를 끄지 않고 디스크를 교체할 수도 있으며 미러링과 스트라이핑 기술을 융합해서 사용한다.

미러링 방식/스트라이핑 방식

• **미러링(Mirroring) 방식** : 데이터를 두 개의 디스크에 동일하게 기록하는 방법으로 한쪽 디스크의 데이터 손상 시 다른 한쪽 디스크를 이용하여 복구하는 방식이다.

전문가의 조언

SATA나 SCSI 장치의 특징을 묻는 문제가 출제되었습니다. 하드디스크 연결 방식의 종류와 특징을 정확히 암기하세요.

SCSI 장치에 터미네이션하는 이유는?
SCSI는 데이지 체인(Daisy Chain)이라는 방식으로 하나의 케이블에 여러 장치를 차례로 연결하는 방식이므로, 끝에 있는 장치는 자신이 끝임을 알리기 위해 터미네이터(Terminator)라는 장치를 붙여 터미네이션(종료)하는 것입니다.

전문가의 조언

RAID의 개념과 특징을 묻는 문제가 출제되었습니다. RAID의 개념과 특징은 정확히 기억하고, AHCI는 개념만 간단히 알아두세요.

- **스트라이핑(Striping) 방식** : 데이터를 여러 개의 디스크에 나눠서 기록하는 방법으로 자료를 읽고 쓰는 시간을 단축할 수는 있으나, 디스크가 한 개라도 손상되면 데이터를 사용할 수 없게 된다.

3 AHCI

AHCI(Advanced Host Controller Interface)는 시리얼 ATA 인터페이스가 하드디스크의 속도를 높이기 위해 NCQ* 및 핫 플러그인과 같은 기능을 사용할 수 있도록 하는 기술이다.

- 최근에 많이 사용되는 SSD* 등의 저장장치에서 지원한다.
- AHCI만 따로 사용하거나 RAID와 결합하여 사용할 수 있다.

NCQ(Native Command Queuing)
하드디스크의 헤드 움직임을 최소화함으로써 하드디스크의 수명을 연장시키고 입출력 속도를 향상시키는 기술입니다.

'SSD'에 대한 자세한 내용은 286쪽을 참고하세요.

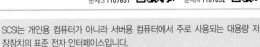

기출문제 따라잡기

13년 2회, 08년 4회, 05년 4회
1. 다음 중 RAID(Redundant Array of Inexpensive Disks)에 대한 설명으로 옳지 않은 것은?

① 여러 개의 하드디스크를 모아서 하나의 하드디스크처럼 보이게 하는 기술
② 단순히 하드디스크의 모음뿐만 아니라 자동으로 복제해 백업 정책을 구현해 주는 기술
③ 서버(Server)에서 대용량의 하드디스크를 이용하는 경우 필요로 하는 기술
④ 하드디스크, CD-ROM, 스캐너 등을 연결해 주는 기술

> 하드디스크, CD-ROM, 스캐너 등을 연결하는 기술은 SCSI입니다.

21년 4회, 14년 2회
2. 다음 중 컴퓨터와 주변장치를 연결하기 위한 각종 장치에 대한 설명으로 적당하지 않은 것은?

① 직렬 포트는 컴퓨터에 내장된 입출력 포트로, 주로 통신용으로 사용하며, 병렬 포트는 본체 뒷면에 있는 25핀 포트로, 프린터 연결에 사용되어 프린터 포트라 부르기도 한다.
② PCI-Express는 성능과 확장성이 향상된 개인용 컴퓨터용 고속 직렬 버스 규격으로, 그래픽 카드가 주로 이 버스를 사용하고 있다.
③ SCSI는 개인용 컴퓨터에서 주로 사용되는 대용량 저장장치의 표준 전자 인터페이스로, 하드디스크 용량은 256MB 이상 1000GB 이하까지 다룰 수 있다.
④ SATA는 하드디스크 및 DVD-ROM 등의 연결을 위한 인터페이스이다.

> SCSI는 개인용 컴퓨터가 아니라 서버용 컴퓨터에서 주로 사용되는 대용량 저장장치의 표준 전자 인터페이스입니다.

15년 1회, 11년 3회, 05년 3회, 04년 2회, 02년 4회, 01년 3회, 00년 2회
3. 다음은 무엇에 대한 설명인가?

- 중요한 데이터를 가지고 있는 서버에 주로 사용된다.
- 동일한 데이터를 여러 대의 디스크에 중복해서 저장한다.
- 스트라이핑 기술을 채용하여 저장공간을 파티션한다.
- 모든 디스크의 스트립은 인터리브되어 있다.

① DVD
② RAID
③ Juke Box
④ Jaz Drive

> RAID는 미러링과 스트라이핑 기술을 결합하여 안정성과 속도를 향상시킨 디스크 관리 기술입니다.

23년 3회, 17년 1회
4. 다음 중 아래의 보기에서 설명하는 컴퓨터의 하드디스크 연결 방식으로 옳은 것은?

- 직렬(Serial) 인터페이스 방식이다.
- 데이터 전송 속도가 빠르다.
- 데이터 선이 얇아 내부의 통풍이 잘된다.
- 핫 플러그인(Hot Plug In)을 지원한다.

① IDE
② EIDE
③ SCSI
④ SATA

> 지문에 제시된 내용은 SATA의 특징입니다.

▶ **정답** : 1. ④ 2. ③ 3. ② 4. ④

인터럽트 / 채널 / DMA

인터럽트, 채널, DMA는 CPU(중앙처리장치)와 입·출력장치 사이에서 사용되는 제어 방식이다. 각각의 특징을 알아보자!

 1 23.4, 23.1, 21.2, 19.1, 12.2, 11.1, 09.3, 00.3, 00.1
인터럽트

1107701

인터럽트(Interrupt)는 프로그램 실행 도중 예기치 않은 상황이 발생할 경우, 현재 작업을 일시 중단하고 발생된 상황을 우선 처리한 후 실행중인 작업으로 복귀하여 계속 처리하는 것이다.

• **인터럽트 과정**

① 예기치 않은 상황 발　② 작업 상태 저장　③ 장치 식별　④ 인터럽트 조치　⑤ 작업 복귀
　생(인터럽트 요청)　　　(상태 보관)　　　(처리 루틴)　　(취급 루틴)

• 인터럽트가 발생했을 때 인터럽트를 요청한 장치를 식별하기 위해 실행하는 프로그램을 인터럽트 처리 루틴이라 하고, 실질적으로 인터럽트를 처리하기 위해 실행하는 프로그램을 인터럽트 서비스 루틴이라 한다.

• 여러 장치에서 동시에 인터럽트가 발생할 경우 컴퓨터에 영향을 많이 주는, 즉 우선 순위가 높은 인터럽트부터 수행한다.

• 인터럽트는 외부 인터럽트, 내부 인터럽트, 소프트웨어 인터럽트로 구분된다.

외부 인터럽트

외부 인터럽트는 다음과 같이 입·출력장치, 타이밍 장치, 전원 등의 외부적인 요인에 의해 발생한다.

• 입·출력장치가 데이터의 전송을 요구하거나 전송이 끝났음을 알릴 경우

• 특정 장치에 할당된 작업 시간이 끝났을 경우

• 컴퓨터의 전원 공급이 끊어졌을 경우

내부 인터럽트

내부 인터럽트는 다음과 같이 잘못된 명령이나 데이터를 사용할 때 발생하며, 트랩(Trap)이라고도 부른다.

• 명령 처리 중 오버플로(Overflow) 또는 언더플로(Underflow)가 발생했을 경우

• 0으로 나누는 명령이 수행될 경우

전문가의 조언

인터럽트의 개념과 종류, 채널, DMA의 개념을 묻는 문제가 출제되었습니다. 인터럽트의 종류를 정확히 구분하고, 채널과 DMA의 개념을 숙지하세요.

소프트웨어 인터럽트

소프트웨어 인터럽트는 프로그램 처리 중 명령의 요청에 의해 발생하는 것으로, 가장 대표적인 형태는 운영체제의 감시 프로그램을 호출하는 SVC(SuperVisor Call)* 인터럽트가 있다.

SVC
예를 들어 한글 프로그램을 끝내기 위해 종료 명령을 선택하면, 프로그램의 제어를 한글에서 운영체제의 감시 프로그램으로 옮기는 SVC 인터럽트가 발생합니다.

2 24.5, 24.2, 23.5, 11.2, 09.4, 04.3, 03.2
채널

1107702

채널(Channel)은 주변장치의 제어 권한을 중앙처리장치(CPU)로부터 넘겨받아 중앙처리장치(CPU) 대신 입·출력을 관리한다.

- 채널은 중앙처리장치와 입·출력장치 사이의 속도 차이로 인한 문제점을 해결하기 위해 사용된다.
- 채널은 입·출력 작업이 끝나면 중앙처리장치(CPU)에게 인터럽트 신호를 보낸다.
- 채널에는 고속의 입·출력장치를 제어하는 셀렉터(Selector) 채널과 저속의 입·출력장치를 제어하는 멀티플렉서(Multiplexer) 채널, 그리고 두 기능이 혼합된 블록 멀티플렉서(Block Multiplexer) 채널이 있다.

3 23.2, 23.1, 15.3, 10.1, 08.1, 07.2, 05.2, 01.2
DMA(직접 메모리 접근)

1107703

DMA(Direct Memory Access)는 중앙처리장치(CPU)의 참여 없이 입·출력장치와 메모리가 직접 데이터를 주고받는 것이다.

- DMA 제어기는 작업이 끝나면 중앙처리장치(CPU)에게 인터럽트 신호를 보내 작업이 종료됐음을 알린다.
- DMA 방식을 이용하면 중앙처리장치(CPU)는 입·출력 작업에 참여하지 않고 다음 명령을 계속 처리하므로, 시스템의 안정성과 효율성이 증가되고 전반적으로 속도가 향상된다.
- DMA를 사용하려면 메인 보드와 하드디스크 같은 주변장치가 DMA를 지원해야 한다.

문제2 1107751   문제5 1107752

24년 5회, 2회, 23년 5회

1. 다음 채널(Channel)에 관한 설명에서 괄호(㉠, ㉡)에 들어갈 용어로 알맞은 것은?

> (㉠)와 (㉡) 사이의 속도 차이로 인한 문제점을 해결하기 위해 사용한다. (㉡)로부터 제어를 위임받아 입·출력을 관리한다.

① ㉠-CPU, ㉡-입·출력장치
② ㉠-CPU, ㉡-주기억장치
③ ㉠-주기억장치, ㉡-CPU
④ ㉠-입·출력장치, ㉡-CPU

채널(Channel)은 중앙처리장치(CPU)와 입·출력장치의 속도 차이를 해결하기 위해, 입·출력장치의 제어 권한을 중앙처리장치(CPU)로부터 넘겨받아 중앙처리장치(CPU) 대신 입·출력을 관리합니다.

09년 3회, 00년 3회, 1회

2. 다음 중 컴퓨터의 인터럽트에 대한 설명으로 옳지 않은 것은?

① 모든 인터럽트의 우선 순위는 같다.
② 어떤 값을 0으로 나누는 등의 불법적인 명령을 사용할 때 발생한다.
③ 입·출력장치, 키보드 등의 외부적인 요인에 의해 발생한다.
④ 트랩(Trap)은 내부 인터럽트 중의 하나이다.

여러 장치에서 동시에 인터럽트가 발생할 경우 컴퓨터에 영향을 많이 주는, 즉 우선순위가 높은 인터럽트부터 처리합니다.

23년 1회

3. 다음 중 중앙처리장치에 관한 설명으로 옳지 않은 것은?

① 레지스터 : CPU 내부에 있는 임시 고속 기억장치
② 인터럽트 : CPU가 명령을 실행하는 중에 컴퓨터 내·외부에서 발생하는 응급 사태의 처리를 위해 CPU에게 명령 처리 중단을 요구하는 신호
③ 버스 : 컴퓨터 내부에서 CPU와 주기억장치, 입·출력장치 등의 각종 인터페이스들 사이의 데이터 전송을 위한 통로
④ DMA : CPU의 개입 없이 하드디스크와 같은 저장장치에서 캐시 메모리로 데이터를 직접 주고받는 기능

DMA(Direct Memory Access)는 중앙처리장치(CPU)의 참여 없이 입·출력장치와 메모리가 직접 데이터를 주고받는 것입니다.

10년 1회, 07년 2회, 05년 2회

4. 다음은 DMA(Direct Memory Access) 입·출력 제어기에 대한 설명이다. 올바르지 않은 것은?

① CPU를 거치지 않고 입·출력장치와 메모리 간에 입·출력 데이터를 전송한다.
② 하나의 입·출력 명령어에 의하여 여러 개의 데이터 블록을 입·출력할 수 있다.
③ 주기억장치에 접근하기 위해 사이클 스틸(Cycle Steal)을 사용한다.
④ 중앙처리장치의 효율을 향상시킨다.

DMA 제어기에서는 하나의 입·출력 명령어에 의하여 하나의 데이터 블록을 입·출력할 수 있습니다. DMA에 대해 자세히 알고 있어야 풀 수 있는 문제입니다. 보기 내용 정도만 알고 넘어가세요. 사이클 스틸(Cycle Steal)은 데이터 채널(DMA 제어기)과 CPU가 주기억장치를 동시에 Access할 때 우선순위를 데이터 채널에게 주는 방식을 의미합니다.

23년 2회, 15년 3회

5. 다음 중 DMA(Direct Memory Access)에 관한 설명으로 거리가 먼 것은?

① CPU로부터 입·출력 장치의 제어를 넘겨받아 대신 처리하는 입·출력 전용 프로세서이다.
② 작업이 끝나면 CPU에게 인터럽트 신호를 보내 작업이 종료되었음을 알린다.
③ DMA 방식을 채택하면 CPU의 효율성이 증가되고 속도가 향상된다.
④ DMA를 사용하려면 메인보드와 하드디스크 같은 주변장치가 DMA를 지원해야 한다.

①번은 채널(Channel)에 대한 설명입니다.

23년 4회, 21년 2회, 19년 1회

6. 다음 중 컴퓨터의 내부 인터럽트에 해당하는 것은?

① 명령 처리 중 오버플로(Overflow)가 발생한 경우
② 컴퓨터의 전원 공급이 끊어졌을 경우
③ 특정 장치에 할당된 작업 시간이 끝났을 경우
④ 입·출력장치가 데이터 전송을 요구하거나 전송이 끝났음을 알릴 경우

입출력장치, 타이밍장치, 전원 등 외부적인 요인에 의해 발생하는 것은 외부 인터럽트, 잘못된 명령이나 데이터 등 내부적인 요인에 의해 발생하는 것은 내부 인터럽트입니다.

▶ 정답 : 1. ④ 2. ① 3. ④ 4. ② 5. ① 6. ①

시스템 소프트웨어

1 시스템 소프트웨어의 개념
^{14.3}

시스템 소프트웨어는 컴퓨터 전체를 작동시키는 프로그램으로 기능에 따라 제어 프로그램과 처리 프로그램으로 구분하며, 대표적인 시스템 소프트웨어는 운영체제이다.

2 운영체제
24.5, 20.상시, 15.2, 13.3, 12.1, 09.3, 08.4, 08.3, 08.2, 06.3, 05.3, 03.2

1107802

- 운영체제(OS; Operating System)는 사용자의 편의를 도모하는 동시에 시스템의 생산성을 높이기 위한 프로그램의 모임으로 사용자와 컴퓨터 사이에서 중계자 역할을 한다(Man-Machine Interface).
- 운영체제는 컴퓨터가 동작하는 동안 주기억장치에 위치하며, 주요 기능은 프로세스, 기억장치, 주변장치, 파일 등을 관리하는 것이다.
- 운영체제의 종류에는 Windows 7, 10, UNIX*, LINUX*, MS-DOS 등이 있다.

24.4, 21.3, 15.1, 14.1, 10.2, 09.4, 08.1

잠깐만요 **커널(Kernel)**

1107831

- 운영체제의 가장 핵심적인 부분으로 하드웨어를 보호하고, 프로그램과 하드웨어 간의 인터페이스(상호 접속 관리) 역할을 담당합니다.
- 프로세스 관리, 기억장치 관리, 파일 관리, 입출력 관리, 프로세스 간 통신, 데이터 전송 및 변환 등 여러 가지 기능을 수행합니다.
- 컴퓨터가 부팅될 때 주기억장치에 적재된 후 상주하면서 실행됩니다.

3 운영체제의 목적
21.1, 20.상시, 18.상시, 17.1, 11.2, 10.3, 09.2, 09.1, 08.2, 08.1, 07.4, 02.3

1107803

운영체제의 목적에는 처리 능력 향상, 사용 가능도 향상, 신뢰도 향상, 반환 시간 단축 등이 있다. 처리 능력, 반환 시간, 사용 가능도, 신뢰도는 운영체제의 성능을 평가하는 기준이 된다.

21.1, 18.상시, 17.1, 11.2, 09.2, 08.1, 07.4, … **처리 능력(Throughput)**	• 일정 시간 내에 시스템이 처리하는 일의 양이다. • 처리 능력은 높을수록 좋다.
21.1, 18.상시, 17.1, 10.3, 09.1, 08.2, … **반환(응답) 시간** **(Turn Around Time)**	• 시스템에 작업을 의뢰한 시간부터 처리가 완료될 때까지 걸린 시간이다. • 응답시간은 짧을수록 좋다.
21.1, 18.상시, 17.1, 10.3, 09.1, 08.2, 07.4 **사용 가능도(Availability)**	• 시스템을 사용할 필요가 있을 때 즉시 사용 가능한 정도이다. • 사용 가능도는 많을수록 좋다.
21.1, 18.상시, 17.1, 10.3, 09.1, 08.2 **신뢰도(Reliability)**	• 시스템이 주어진 문제를 정확하게 해결하는 정도이다. • 신뢰도는 높을수록 좋다.

 전문가의 조언

중요해요! 운영체제의 목직, 기능 등이 자주 출제되고 있습니다. 확실히 숙지하고 넘어가세요.

LINUX
프로그램 소스 코드가 공개되어 프로그래머가 원하는 기능을 추가할 수 있고, 다양한 플랫폼에 설치하여 사용이 가능한 운영체제입니다.

UNIX
UNIX는 시분할(Time Sharing) 시스템을 위해 설계된 대화식 운영체제로, 소스가 공개된 개방형 시스템(Open System)입니다. 대부분 C 언어로 작성되어 있어 이식성과 장치, 프로세스 간의 호환성이 높고, 다중 사용자(Multi-User)와 다중 작업(Multi-Tasking)을 지원합니다.

4 운영체제의 구성

1107804

24.5, 24.4, 20.2, 13.3, 11.3, 11.1, 03.4, 03.3, 02.1, 99.1, 98.3

제어 프로그램

제어 프로그램(Control Program)은 컴퓨터 전체의 작동 상태 감시, 작업의 순서 지정, 작업에 사용되는 데이터 관리 등의 역할을 수행하는 것으로 다음과 같이 구분할 수 있다.

감시 프로그램 (Supervisor Program) <small>24.4, 20.2, 11.3, 11.1, 03.3, 98.3</small>	제어 프로그램 중 가장 핵심적인 역할을 하는 것으로, 자원의 할당 및 시스템 전체의 작동 상태를 감시하는 프로그램이다.
작업 관리 프로그램 (Job Management Program) <small>24.4, 20.2, 11.3, 11.1, 03.3, 98.3</small>	작업이 정상적으로 처리될 수 있도록 작업의 순서와 방법을 관리하는 프로그램이다.
데이터 관리 프로그램 (Data Management Program) <small>24.4, 20.2, 13.3, 11.3, 11.1, 03.3, 98.3</small>	작업에 사용되는 데이터와 파일의 표준적인 처리 및 전송을 관리하는 프로그램이다.

처리 프로그램

처리 프로그램(Processing Program)은 제어 프로그램의 지시를 받아 사용자가 요구한 문제를 해결하기 위한 프로그램으로, 다음과 같이 구분할 수 있다.

언어 번역 프로그램*	사용자가 고급언어로 작성한 원시 프로그램을 기계어 형태의 목적 프로그램으로 변환시키는 것으로, 컴파일러, 어셈블러, 인터프리터 등이 있다.
서비스 프로그램	• 사용자가 컴퓨터를 더욱 효율적으로 사용할 수 있도록 제작된 프로그램이다. • 분류/병합(Sort/Merge)*, 유틸리티* 프로그램 등이 여기에 해당된다.

> **전문가의 조언**
>
> 운영체제 구성에서는 제어 프로그램의 기능과 종류 3가지를 묻는 문제가 출제되었습니다. 제어 프로그램의 기능과 종류 3가지를 정확히 기억하고 처리 프로그램은 한번 읽어보고 넘어가세요.
>
> '언어 번역 프로그램'에 대한 자세한 내용은 309쪽을 참고하세요.
>
> • 분류/병합(Sort/Merge) : 데이터를 일정한 기준으로 정렬하거나 정렬된 두 개 이상의 파일을 하나로 합치는 기능을 하는 서비스 프로그램
> • 유틸리티 : 컴퓨터 시스템에 있는 기존 프로그램을 지원하거나 기능을 향상 또는 확장하기 위해 사용하는 프로그램으로, 디스크 관리, 화면 보호, 압축, 바이러스 검사/치료, 파일 백업 및 복구 프로그램 등이 있음

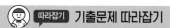 **기출문제 따라잡기**

 문제1 1107851   문제2 1107852

21년 1회, 18년 상시, 17년 1회

1. 다음 중 운영체제의 목적에 대한 설명으로 옳지 않은 것은?

① 사용 가능도(Availability) : 컴퓨터 시스템을 사용할 때 실제 시스템 자원을 사용할 수 있는 시간을 말하며 적을수록 좋다.

② 처리능력(Throughput) : 주어진 시간 동안에 컴퓨터가 할 수 있는 일의 양으로 클수록 좋다.

③ 응답 시간(Turnaround Time) : 사용자가 작업 요청을 입력하고 나서, 응용 프로그램의 결과를 받을 때까지의 시간을 말하며 짧을수록 좋다.

④ 신뢰도(Reliability) : 하드웨어 제품이나 구성 요소의 신뢰도에 대한 척도이며 무고장 시간이 길수록 좋다.

> 사용 가능도는 많을수록 좋습니다.

24년 4회, 21년 3회, 15년 1회, 14년 1회, 10년 2회, 09년 4회, 08년 1회

2. 다음 보기에서 설명하는 내용에 해당하는 것은?

• UNIX의 가장 핵심적인 부분이다.
• 컴퓨터가 부팅될 때 주기억장치에 적재된 후 상주하면서 실행된다.
• 하드웨어를 보호하고, 프로그램과 하드웨어 간의 인터페이스 역할을 담당한다.
• 프로세스 관리, 기억장치 관리, 파일 관리, 입출력 관리, 프로세스 간 통신, 데이터 전송 및 변환 등 여러 가지 기능을 수행한다.

① IPC ② Process
③ Shell ④ Kernel

> 지문에 제시된 내용은 Kernel(커널)의 특징입니다.

▶ 정답 : 1. ① 2. ④

운영체제의 운영 방식

임베디드 운영체제
임베디드 운영체제는 디지털 TV, 전기밥솥, 냉장고, PDA 등 해당 제품의 특정 기능에 맞게 특화되어서 제품 자체에 포함된 운영체제로, Windwos CE, 팜OS, iOS, 안드로이드 등이 여기에 속합니다.

1 24.3, 24.2, 24.1, 23.5, 23.4, 23.3, 23.1, 22.4, 22.3, 21.4, 21.3, 18.상시, 18.1, 16.3, 16.2, 13.3, 11.2, 10.1, 09.4, 09.2, 09.1, …
운영체제의 운영 방식*

1107805

06.4 **일괄 처리** (Batch Processing)	• 처리할 데이터를 일정량 또는 일정 기간 동안 모았다가 한꺼번에 처리하는 방식이다. • 급여 계산, 공공요금 계산 등에 사용한다.
24.2, 23.5, 22.1, 16.3, 13.3, 07.2, 04.1 **실시간 처리** (Real Time Processing)	• 처리할 데이터가 생겨날 때마다 바로 처리하는 방식이다. • 항공기나 열차의 좌석 예약, 은행 업무 등에 사용한다.
24.2, 23.5, 22.4, 22.1, 16.3, 13.3, 08.1, 07.2, … **다중 프로그래밍** (Multi-Programming)	한 대의 CPU로 여러 개의 프로그램을 동시에 처리하는 방식이다.
23.3, 23.1, 22.4, 22.1, 18.상시, 18.1, 16.3, … **시분할 시스템** (Time Sharing System)	• 한 대의 시스템을 여러 사용자가 동시에 사용하는 방식이다. • 일정 시간 단위로 CPU 사용권을 신속하게 전환함으로써, 각 사용자들은 자신만이 컴퓨터를 사용하고 있는 것처럼 느낀다.
23.3, 23.1, 99.1 **다중 처리** (Multi-Processing)	처리 속도를 향상시킬 목적으로 하나의 컴퓨터에 여러 개의 CPU를 설치하여 프로그램을 처리하는 방식이다.
22.1, 16.3, 13.3, 09.4, 09.2 **분산 시스템** (Distributed System)	지역적으로 분산된 여러 대의 컴퓨터를 연결하여 작업을 분담하여 처리하는 방식이다.
24.2, 23.5, 23.3, 23.1, 22.4, 09.1, 07.2, … **임베디드* 시스템** (Embedded System)	마이크로프로세서에 특정 기능을 수행하는 응용 프로그램을 탑재하여 컴퓨터의 기능을 수행하는 것으로, 컴퓨터의 하드웨어와 소프트웨어가 조합된 전자 제어 시스템이다.
24.2, 23.5, 23.4, 23.1, 22.4, 22.3, 07.2, … **듀얼 시스템** (Dual System)	두 개의 컴퓨터가 같은 업무를 동시에 처리하므로 한쪽 컴퓨터가 고장나면 다른 컴퓨터가 계속해서 업무를 처리하여 업무가 중단되는 것을 방지하는 시스템이다.
24.3, 24.1, 23.5, 22.4, 21.4, 21.3, 01.1 **듀플렉스 시스템** (Duplex System)	두 개의 컴퓨터를 설치하여 한쪽의 컴퓨터가 가동중일 때에는 다른 한 컴퓨터는 대기하게 되며, 가동중인 컴퓨터가 고장이 나면 즉시 대기중인 한쪽 컴퓨터가 가동되어 시스템이 안전하게 작동되도록 운영하는 시스템이다.

09.2

> **잠깐만요** **운영체제 운영 방식의 발전 과정**
>
> • 일괄 처리 → 실시간 처리/다중 프로그래밍/시분할 시스템/다중 처리 → 분산 처리 시스템
> • 일반적으로 '실시간 처리, 다중 프로그래밍, 시분할 시스템, 다중 처리'를 한 세대로 보지만 이 안에서 더 세부적으로 나눈다면 '실시간 처리/다중 프로그램 → 시분할 시스템/다중 처리'로 분리됩니다.

따라잡기 기출문제 따라잡기

24년 2회, 23년 1회

1. 운영체제의 운영 방식에 대한 설명으로 옳지 않은 것은?

① 임베디드 시스템은 마이크로프로세서에 특정 기능을 수행하는 응용 프로그램을 탑재하여 컴퓨터의 기능을 수행하는 방식이다.

② 다중 처리는 처리 속도를 향상시킬 목적으로 하나의 컴퓨터에 여러 개의 CPU를 설치하여 프로그램을 처리하는 방식이다.

③ 듀얼 시스템은 한 대의 CPU로 여러 개의 프로그램을 동시에 처리하는 방식이다.

④ 시분할 시스템은 일정 시간 단위로 CPU 사용권을 신속하게 전환함으로써, 각 사용자가 자신만이 컴퓨터를 사용하고 있는 것처럼 느끼도록 운영하는 방식이다.

> 듀얼 시스템은 두 개의 컴퓨터가 같은 업무를 동시에 처리하므로 한쪽 컴퓨터가 고장나면 다른 컴퓨터가 계속해서 업무를 처리하여 업무가 중단되는 것을 방지하는 시스템입니다. ③번은 다중 프로그래밍에 대한 설명입니다.

23년 4회, 22년 3회

2. 다음 중 두 개 이상의 프로세서를 사용하여 하나의 작업을 동시에 처리함으로써 처리의 부하를 분담하여 처리 속도를 향상시키는 방법은?

① 병렬 처리　　　　　② 분산 처리

③ 시분할 처리　　　　④ 듀얼 시스템

> 두 개 이상의 프로세서를 사용하여 하나의 작업을 동시에 처리하는 운영 방식은 듀얼 시스템입니다.

24년 3회, 1회, 23년 5회, 22년 4회, 21년 4회, 3회, 01년 1회

3. 다음 중 시스템의 안정성을 고려하여 한쪽의 CPU가 가동중일 때, 다른 한 CPU는 대기하게 되며, 가동중인 CPU가 고장 나면 즉시 대기 중인 CPU가 작동되도록 운영하는 방식은?

① 다중 처리 시스템

② 듀얼 시스템(Dual System)

③ 분산 처리 시스템

④ 듀플렉스 시스템(Duplex System)

> 듀얼 시스템과 듀플렉스 시스템은 두 개의 컴퓨터를 설치하는 것은 동일하나 듀얼 시스템은 두 개의 컴퓨터가 같은 업무를 동시에 처리하고, 듀플렉스 시스템은 하나의 컴퓨터는 업무를 처리하고 하나의 컴퓨터는 대기하고 있습니다.

22년 1회, 16년 3회, 13년 3회

4. 다음 중 용어의 설명이 바르지 못한 것은?

① 시분할 시스템(Time Sharing System) : 컴퓨터의 처리 시간을 짧은 시간 단위로 분할하여 한 대의 컴퓨터를 여러 명이 동시에 사용할 수 있게 하는 방식

② 실시간 처리 시스템(Real Time System) : 자료가 발생하는 즉시 처리하는 방식

③ 멀티 프로그래밍(Multi-Programming) : 한 대의 컴퓨터에 2대 이상의 CPU를 설치하여 대량의 데이터를 신속하게 처리하는 방식

④ 분산 처리 시스템(Distribute Processing System) : 지역적으로 분산된 여러 대의 컴퓨터 시스템을 연결하여 업무를 지역적 또는 기능적으로 분산시켜 처리하는 방식

> 한 대의 CPU로 여러 개의 프로그램을 동시에 처리하는 방식은 멀티 프로그래밍(Multi-Programming), 한 대의 컴퓨터에 2대 이상의 CPU를 설치하여 프로그램을 처리하는 방식은 멀티 처리(Multi-Processing)입니다.

18년 상시, 18년 1회, 16년 2회, 11년 2회, 02년 3회

5. 다음 중 아래의 보기에서 설명하는 운영체제의 운영 방식으로 옳은 것은?

> • 속도가 빠른 CPU의 처리 시간을 분할하여 여러 개의 작업을 연속으로 처리하는 방식
>
> • 일정 시간 단위로 CPU 사용권을 신속하게 전환하여 각 사용자들이 자신만이 컴퓨터를 사용하고 있는 것처럼 느끼게 하는 방식

① 일괄 처리 시스템　　② 듀플렉스 시스템

③ 분산 처리 시스템　　④ 시분할 시스템

> 지문에 제시된 내용은 시분할 시스템의 특징입니다.

23년 5회, 3회, 22년 4회

6. 운영체제의 운영방식에 대한 설명으로 옳지 않은 것은?

① 시분할 시스템은 자료가 발생하는 즉시 처리하는 방식이다.

② 다중 처리는 처리 속도를 향상시킬 목적으로 하나의 컴퓨터에 여러 개의 CPU를 설치하여 프로그램을 처리하는 방식이다.

③ 다중 프로그래밍은 한 대의 CPU로 여러 개의 프로그램을 동시에 처리하는 방식이다.

④ 임베디드 시스템은 마이크로프로세서에 특정 기능을 수행하는 응용 프로그램을 탑재하여 컴퓨터의 기능을 수행하는 방식이다.

> 시분할 시스템은 한 대의 시스템을 여러 사용자가 동시에 사용하는 방식입니다. ①번은 실시간 처리에 대한 설명입니다.

▶ 정답 : 1. ③　2. ④　3. ④　4. ③　5. ④　6. ①

응용 소프트웨어

전문가의 조언

응용 프로그램의 종류와 데이터베이스 관리 시스템의 장점을 묻는 문제가 꾸준히 출제되고 있습니다. 확실히 파악해 두세요.

24.3, 22.2, 21.1, 19.2, 19.1, 18.상시, 15.3, 13.2, 09.3, 05.4, 04.4, 03.3, 02.2, 02.1

1 응용 소프트웨어

1107901

응용 소프트웨어는 사용자가 컴퓨터를 이용하여 특정 업무를 처리할 수 있게 개발된 프로그램으로, 종류는 다음과 같다.

13.2, 05.4, 02.1 **워드프로세서(Word Processor)**	흔글, MS-워드 등
19.2, 13.2, 05.4, 02.1 **스프레드시트(SpreadSheet)**	엑셀, 로터스, 한셀 등
11.1, 05.4, 04.4, 02.1 **데이터베이스 관리 시스템(DBMS; Database Management System)**	dBase IV, 액세스, MySQL, 오라클 등
05.4, 02.1 **프레젠테이션(Presentation)**	파워포인트, 키노트, 한쇼 등
03.3 **멀티미디어 저작 도구**	파워디렉터, 베가스 프로, 어도비 프리미어 프로 등
13.2, 11.1, 04.4, 03.3 **그래픽 프로그램**	포토샵, 페인트샵 프로, 일러스트레이터, AutoCAD 등
19.2, 09.3, 03.3, 02.2 **전자출판(DTP)**	페이지 메이커, Quark Xpress 등
15.3 **그룹웨어**	MS Outlook, Lotus Notes 등
18.상시, 15.3, 13.2, 11.1, 04.4 **압축 프로그램**	WINZIP, WINARJ, WINRAR, 알집, 다집 등
백신 프로그램*	V3 Lite, Norton Anti-Virus, 알약, 바이로봇, 네이버 백신 등
24.3, 22.2, 21.1, 19.1 **이미지 뷰어**	알씨(ALSee), Imagine, Windows Media Center 등

'백신 프로그램'에 대한 자세한 내용은 367쪽을 참고하세요.

24.5, 23.2, 22.4, 22.1, 21.1, 20.2, 19.2, 18.상시, 18.2, 18.1, 17.1, 16.2, 16.1, 15.3, 12.3, 12.1, 11.1, 10.3, 10.2, 10.1, 08.3, 07.2, 06.4, …

잠깐만요 데이터베이스 관리 시스템 / OCR 소프트웨어 / 압축 프로그램

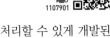
1107931

데이터베이스 관리 시스템

사용자와 데이터베이스 사이에 위치하여 데이터베이스를 관리하고, 사용자의 요구에 따라 정보를 생성해 주는 소프트웨어를 말합니다.

장점	단점
• 데이터의 중복성 최소화 • 데이터의 공유 • 데이터의 일관성 · 무결성* 유지 • 데이터의 논리적 · 물리적 독립성 유지 • 다수 사용자의 동시 실행 제어 • 데이터 저장 공간의 절약	• 전산화 비용 증가 • 데이터 유실 시 파일 회복이 어려움 • 시스템의 복잡화 • 처리 속도가 느림

무결성(Integrity)

데이터의 무결성이란 데이터의 중복이나 훼손없이 정확성이 보장된 상태, 즉 정확성을 의미한다고 보면 됩니다.

OCR 소프트웨어

스캐너를 이용하여 받아들인 이미지 형태의 문서를 이미지 분석 과정을 통하여 문자 형태의 문서로 바꾸어 주는 소프트웨어입니다.

압축 프로그램

압축 프로그램은 중복되는 데이터를 이용하여 파일의 크기를 줄이는 것으로 다음과 같은 특징이 있습니다.

- 압축 프로그램을 이용하면 디스크 공간을 효율적으로 사용할 수 있습니다.
- 압축 프로그램을 이용하면 파일 전송 시 시간 및 비용의 절감 효과를 얻을 수 있습니다.
- 압축 시 암호를 지정하거나 분할 압축이 가능하다.
- **종류** : WINZIP, WINARJ, WINRAR, PKZip, 알집, 다집, 반디집 등

2 24.4, 24.1, 23.4, 23.3, 22.3, 21.4, 21.3, 21.2, 21.1, 20.1, 19.2, 17.2, 16.1, 15.3, 08.2, 07.3, 06.1, 05.3, 04.3, 04.2, 04.1, 03.1, 01.1, …
사용권에 따른 소프트웨어 분류

1107902

24.1, 23.3, 22.3, 21.3, 20.1, 16.1 **상용 소프트웨어**	• 정식으로 대가를 지불하고 사용해야 하는 프로그램이다. • 해당 프로그램의 모든 기능을 정상적으로 사용할 수 있다.
24.4, 23.4, 23.3, 22.3, 21.4, 21.3, … **셰어웨어** **(Shareware)**	• 기능 혹은 사용 기간에 제한을 두어 배포하는 프로그램이다. • 무료로 사용할 수 있으며, 일정 기간 사용해 보고 정식 프로그램을 구입할 수 있다.
23.3, 22.3, 21.3, 20.1, 16.1, 03.1 **프리웨어(Freeware)**	• 무료로 사용 또는 배포가 가능한 프로그램이다. • 배포는 주로 인터넷을 통해 이루어진다.
24.1, 98.2 **공개 소프트웨어** **(Open Sortware)**	• 개발자가 소스를 공개한 프로그램으로 누구나 자유롭게 사용하고 수정 및 재배포 할 수 있다. • 대표적인 공개 소프트웨어로 LINUX가 있다.
데모(Demo) 버전	정식 프로그램의 기능을 홍보하기 위해 사용 기간이나 기능을 제한하여 배포하는 프로그램이다.
22.3, 21.3, 20.1, 16.1 **알파(Alpha) 버전**	베타테스트를 하기 전, 제작 회사 내에서 테스트할 목적으로 제작하는 프로그램이다.
24.1, 23.3, 00.1 **베타(Beta) 버전**	정식 프로그램을 출시하기 전, 테스트를 목적으로 일반인에게 공개하는 프로그램이다.
08.2, 06.1, 05.3, 04.3, 04.1, 01.1, … **패치(Patch) 버전**	이미 제작하여 배포된 프로그램의 오류 수정이나 성능 향상을 위해 프로그램의 일부 파일을 변경해 주는 프로그램이다.
20.1, 07.3, 05.3, 04.2 **벤치마크 테스트**	하드웨어나 소프트웨어의 성능을 검사하기 위해 실제로 사용되는 조건에서 처리 능력을 테스트하는 것이다.
15.3 **번들(Bundle)**	특정 하드웨어나 소프트웨어를 구입하였을 때 무료로 끼워주는 프로그램이다.

문제1 1107951 문제4 1107952 문제6 1107953

21년 1회, 19년 2회, 18년 상시, 18년 1회, 17년 1회, 16년 2회, 06년 4회, 05년 2회, 00년 3회, 1회

1. 다음 중 한글 Windows 10에서 압축 프로그램에 대한 설명으로 옳지 않은 것은?

① 압축은 텍스트뿐만 아니라 음악, 사진, 동영상 파일 등도 압축할 수 있다.

② 압축할 때 암호를 지정하거나 분할 압축을 할 수 있다.

③ 종류에는 Winzip, WinRAR, PKZIP 등이 있다.

④ 암호화된 압축 파일을 전송할 경우에 시간 및 비용의 증가 효과를 얻을 수 있다.

> 암호화 여부와 관계없이 파일을 압축하여 전송하면 시간이나 비용의 감소 효과를 얻을 수 있습니다.

24년 4회, 23년 1회, 21년 2회, 1회, 17년 2회

2. 사용 권한에 따라 소프트웨어를 분류하고자 할 때, 다음은 무엇에 대한 설명인가?

> 일정 기간 동안 무료로 사용하다가 마음에 들면 금액을 지불해야 정식으로 사용할 수 있는 제품으로, 일부 기능을 제한한 프로그램이다.

① 번들 프로그램　　　② 셰어웨어

③ 프리웨어　　　　　　④ 데모버전

> 일부 기능에 제한을 두어 배포하는 프로그램은 쉐어웨어입니다.

24년 3회, 22년 2회, 21년 1회, 19년 1회, 18년 2회

3. 다음 중 이미지 뷰를 위한 유틸리티 프로그램으로만 짝지은 것은?

① 알씨(ALSee), Imagine, Windows Media Center

② 알FTP, 파일질라, Winscp

③ 반디집, 알집, WinZip

④ 네이버 백신, V3 Lite, 알약

> ②번은 파일 전송 프로그램, ③번은 압축 프로그램, ④번은 백신 프로그램입니다.

24년 1회, 23년 3회, 22년 3회, 21년 4회, 3회, 2회, 1회, 16년 1회

4. 다음 중 컴퓨터에서 사용하는 프로그램에 관한 설명으로 옳지 않은 것은?

① 상용 소프트웨어는 정식으로 대가를 지불하고 사용해야 한다.

② 셰어웨어는 기능이나 사용 기간 등에 제한을 두어 배포한 것으로 무료이다.

③ 프리웨어는 개발자가 소스를 공개한 소프트웨어로 누구나 수정 및 배포할 수 있다.

④ 알파 버전은 개발사 내에서 테스트를 목적으로 제작한 프로그램이다.

> 프리웨어는 무료로 사용 또는 배포가 가능한 프로그램입니다. ③번은 공개 소프트웨어에 대한 설명입니다.

13년 2회, 11년 1회, 04년 4회

5. 다음은 응용 소프트웨어에 대한 설명이다. 틀린 것은?

① Oracle, MySQL은 데이터베이스 관리 시스템이다.

② PhotoShop, CorelDraw는 그래픽 소프트웨어이다.

③ Dreamweaver, FrontPage는 압축 프로그램이다.

④ WinAMP, RealPlayer는 음악 파일 재생 프로그램이다.

> Dreamweaver, FrontPage는 홈 페이지 제작 프로그램입니다.

22년 1회, 17년 1회, 15년 3회

6. 다음 중 응용 소프트웨어에 대한 설명으로 잘못된 것은?

① MS Outlook은 그룹웨어의 일종이다.

② OCR 소프트웨어는 문서 이미지에 포함된 문자를 이미지 형태의 문자로 변경해 준다.

③ 컴퓨터나 소프트웨어 구입 시 무료로 배포되는 소프트웨어를 번들 프로그램이라고 한다.

④ 데이터베이스 관리 시스템은 데이터의 중복성을 최소화하고 무결성을 보장해 줄 수 있다.

> OCR 소프트웨어는 이미지에 포함된 문자를 읽어 이미지 형태가 아닌 텍스트 형태의 문서로 변경해 줍니다.

18년 상시, 15년 3회, 10년 3회, 02년 2회

7. 다음 중 한글 Windows 10에서 파일을 압축하고 복원하기 위해 사용하는 유틸리티 프로그램으로만 짝지은 것은?

① 알FTP, CuteFTP, 파일질라

② 포토뷰어, 알씨, ACADSee

③ 알집, 윈라(WinRar), PKZip

④ V3, 알약, 바이로봇

> ①번은 FTP, ②번은 이미지 뷰어, ④번은 백신 유틸리티 프로그램입니다.

24년 5회, 23년 2회, 18년 1회, 12년 1회, 10년 1회, 08년 3회

8. 다음 중 컴퓨터에서 사용하는 응용 소프트웨어인 데이터베이스 관리 시스템(DBMS)의 특징으로 옳지 않은 것은?

① 데이터의 중복성을 최소화하여 저장 공간을 절약할 수 있다.

② 데이터의 일관성과 무결성을 유지할 수 있다.

③ 데이터의 논리적 · 물리적 독립성을 방지할 수 있다.

④ 다수 사용자의 동시 실행 제어가 가능하다.

> 데이터베이스 관리 시스템(DBMS)의 장점 중 하나는 데이터의 논리적 · 물리적 독립성을 유지하는 것입니다.

▶ 정답 : 1. ④　2. ②　3. ①　4. ③　5. ③　6. ②　7. ③　8. ③

SECTION 088 프로그래밍 언어

1 프로그래밍 언어의 종류
13.1, 04.1

13.1 고급 언어	인간이 이해하기 쉬운 인간 중심의 언어로 일반 영어나 한글을 이용하여 표현한다 (FORTRAN, COBOL, BASIC 등).
13.1 기계어	컴퓨터가 이해할 수 있는 언어로, 2진수(1 또는 0)로 되어 있다.
13.1, 04.1 저급언어	기계 중심의 언어로 기계어와 1:1로 대응되는 기호나 문자로 표현한다(어셈블리어).

2 언어 번역 과정
18.상시, 17.2, 16.1, 14.1, 13.1, 11.2, 11.1, 10.1, 09.4, 08.1, 07.2, 07.1, 06.3, 03.3, 03.1, 02.1, 01.2, 00.1, 98.2

원시 프로그램 → 번역 → 목적 프로그램 → 링커 → 로드 모듈 → 로더 → 실행

번역(Compile)	컴파일러, 어셈블러, 인터프리터 등의 번역기를 사용한다.
16.1, 11.3, 10.1, 09.4, 07.1, … 링커(Linker)	시스템 라이브러리*를 결합하여 목적 프로그램을 실행 가능한 모듈*로 만든다.
18.상시, 16.1, 14.1, 13.1, 11.1, … 로더(Loader)	실행 가능한 로드 모듈에 기억공간의 번지를 지정하여 메모리에 적재한다. • 컴퓨터에서 실행해야 할 프로그램이나 파일을 메모리로 옮겨주는 프로그램이다. • **기능** : 할당, 연결, 재배치, 적재

※ 프로그램을 작성 혹은 실행하는 과정에서 오류가 발생한 경우 오류를 제거하기 위한 작업 과정을 디버깅(Debugging)이라고 한다.

3 언어 번역 프로그램
24.3, 22.2, 21.4, 20.1, 19.상시, 14.2, 12.1, 11.3, 11.2, 08.1, 07.1

언어 번역 프로그램(Language Translator Program)은 사용자가 작성한 원시 프로그램(Source Program)을 기계어 형태의 목적 프로그램(Object Program)으로 변환시키는 것이다.

종류

21.4, 20.1, 12.1, 11.2, 08.1 컴파일러(Compiler)	FORTRAN, COBOL, C, ALGOL 등의 고급 언어로 작성된 프로그램을 기계어로 번역하는 프로그램이다.
21.4, 20.1, 12.1, 11.2, 08.1 어셈블러(Assembler)	저급 언어인 어셈블리어로 작성된 프로그램을 기계어로 번역하는 프로그램이다.
21.4, 20.1, 14.2, 12.1, 11.3, … 인터프리터(Interpreter)	• BASIC, LISP, SNOBOL, APL 등의 고급 언어로 작성된 원시 프로그램을 기계어로 변환하지 않고 줄 단위로 번역하여 바로 실행해 주는 프로그램으로, 대화식 처리가 가능하다.

전문가의 조언

언어 번역 과정에서 사용되는 프로그램이나 용어에 대한 문제, 컴파일러와 인터프리터를 비교하는 구체적인 문제가 출제되었습니다. 언어 번역 과정에서 사용되는 프로그램이나 용어를 숙지하고, 컴파일러와 인터프리터는 둘 중 하나만이라도 특징을 정확하게 알아 두세요.

시스템 라이브러리
프로그램 중 자주 사용하는 처리 부분을 따로 만들어 놓은 것으로, 사용자는 필요한 부분만 작성한 프로그램에 추가하여 사용할 수 있습니다.

모듈
동일한 목적으로 구성된 명령어의 모음으로 모듈이 모여 하나의 완전한 프로그램이 구성됩니다.

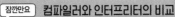

잠깐만요 **컴파일러와 인터프리터의 비교**

구분	컴파일러	인터프리터
번역 단위	전체	행
목적 프로그램	생성	없음
실행 속도	빠름	느림
번역 속도	느림	빠름
관련 언어	FORTRAN, COBOL, C, ALGOL 등	BASIC, LISP, APL, SNOBOL 등

따라잡기 **기출문제 따라잡기**

문제1 1108051   문제4 1108052

14년 2회, 07년 3회, 06년 2회, 04년 4회, 01년 1회

1. 다음 중 컴파일러(Compiler) 언어와 인터프리터(Interpreter) 언어의 차이점에 대한 설명으로 옳지 않은 것은?

① 인터프리터 언어가 컴파일러 언어보다 일반적으로 실행 속도가 빠르다.

② 인터프리터 언어는 대화식 처리가 가능하나 컴파일러 언어는 일반적으로 불가능하다.

③ 컴파일러 언어는 목적 프로그램이 있는 반면, 인터프리터 언어는 일반적으로 없다.

④ 인터프리터는 번역 과정을 따로 거치지 않고 각 명령문을 디코딩(Decoding)하여 직접 처리한다.

> 인터프리터 언어는 번역을 하면서 실행을 하기 때문에 이미 번역된 기계어를 실행시키는 컴파일러 언어보다 실행 속도가 느립니다.

07년 2회, 1회

2. 다음 중 프로그래밍 언어의 번역과 실행에 관련된 설명으로 옳지 않은 것은?

① 목적 프로그램(Object Program) : C나 COBOL, FORTRAN과 같은 고급 언어의 프로그램을 컴퓨터가 이해할 수 있는 기계어로 번역한 프로그램이다.

② 링커(Linker) : 목적 프로그램을 실행하기 위해 주기억장치에 적재하여 주는 프로그램이다.

③ 인터프리터(Interpreter) : 목적 프로그램을 생성하지 않고, 고급 언어로 작성된 프로그램을 한 줄씩 번역하여 바로 실행하는 프로그램이다.

④ 컴파일러(Compiler) : 고급 언어로 작성된 프로그램을 기계어로 번역하여 목적 프로그램을 생성하는 프로그램이다.

> ②번은 로더(Loader)에 대한 설명입니다.

09년 4회, 06년 3회, 02년 2회, 1회

3. 다음 중 목적 프로그램을 시스템 라이브러리와 연결시켜 실행 가능한 모듈로 생성해주는 역할을 하는 것은?

① Linker(링커)   ② Loader(로더)

③ Debugger(디버거)   ④ Assembler(어셈블러)

> 목적 프로그램을 시스템 라이브러리와 연결시켜 실행 가능한 모듈을 생성해주는 것은 Linker(링커)입니다.

24년 3회, 22년 2회, 21년 4회, 20년 1회, 19년 상시, 17년 2회, 12년 1회, 11년 2회, 08년 1회

4. 다음 중 언어 번역 프로그램(Language Translator)에 해당하지 않는 것은?

① 로더   ② 어셈블러

③ 인터프리터   ④ 컴파일러

> 언어 번역 프로그램에는 어셈블러, 컴파일러, 인터프리터가 있습니다.

14년 1회

5. 다음 중 로더(Loader)의 기능에 해당하지 않는 것은?

① 재배치(Relocation)   ② 할당(Allocation)

③ 링킹(Linking)   ④ 번역(Compile)

> 로더의 기능 4가지는 할당, 연결, 재배치, 적재입니다. 번역은 언어 번역 프로그램의 기능입니다.

▶ 정답 : 1. ① 2. ② 3. ① 4. ① 5. ④

075 | 중앙처리장치

❶ 중앙처리장치의 개요 21.4, 19.상시, 18.2, 17.1, 10.3

- 중앙처리장치는 제어장치·연산장치·레지스터로 구성된다.
- 제어장치 : 컴퓨터의 모든 장치들의 동작을 지시하고 제어하는 장치
- 연산장치 : 제어장치의 명령에 따라 실제로 연산을 수행하는 장치
- 레지스터 : CPU 내부에서 처리할 명령어나 연산의 중간 결과값 등을 일시적으로 기억하는 임시 기억장소

❷ 제어장치 24.2, 23.3, 23.2, 22.3, 21.3, 21.1, 20.상시, 20.1, 18.상시, 17.2, 17.1, 16.3, 15.2, 15.1, 14.1

- 프로그램 카운터(PC, 프로그램 계수기) : 다음 번에 실행할 명령어의 번지를 기억하는 레지스터
- 명령 레지스터(IR) : 현재 실행 중인 명령의 내용을 기억하는 레지스터
- 명령 해독기(Decoder) : 명령 레지스터에 있는 명령어를 해독하는 회로
- 부호기(Encoder) : 해독된 명령에 따라 각 장치로 보낼 제어 신호를 생성하는 회로
- 메모리 주소 레지스터(MAR) : 기억장치를 출입하는 데이터의 번지를 기억하는 레지스터
- 메모리 버퍼 레지스터(MBR) : 기억장치를 출입하는 데이터가 잠시 기억되는 레지스터

❸ 연산장치 24.4, 24.2, 24.1, 23.5, 23.4, 22.1, 20.2, 19.1, 18.상시, 17.1, 16.2, 16.1, 14.1, 13.3, 13.2, 13.1

- 가산기(Adder) : 2진수의 덧셈을 수행하는 회로
- 보수기(Complementor) : 뺄셈의 수행을 위해 입력된 값을 보수로 변환하는 회로
- 누산기(AC) : 연산된 결과를 일시적으로 저장하는 레지스터
- 인덱스 레지스터 : 주소 변경을 위해 사용되는 레지스터
- 데이터 레지스터 : 연산에 사용될 데이터를 기억하는 레지스터
- 상태 레지스터 : 컴퓨터에서 발생하는 여러 가지 상태값을 기억하는 레지스터

076 | 마이크로프로세서

❶ RISC와 CISC의 비교 24.2, 23.1, 22.2, 20.2, 16.1, 14.2, 12.1

구분	RISC	CISC
명령어	적음(고정 길이)	많음(가변 길이)
주소 지정	간단	복잡
레지스터	많음	적음
전력 소모	적음	많음
처리 속도	빠름	느림
가격	저가	고가
프로그래밍	복잡함	간단함
명령어 크기	고정 길이	가변 길이
용도	서버, 워크스테이션	개인용 컴퓨터(PC)

077 | 주기억장치

❶ ROM(롬) 23.3, 17.1, 15.3, 15.2, 15.1, 13.3, 12.2, 11.1, 10.3, 10.1

- 비휘발성 메모리이다.
- 읽기만 가능하다.
- 입·출력 시스템(BIOS), 글자 폰트, 자가 진단 프로그램(POST) 등을 저장한다.

- 롬의 종류

Mask ROM	제조 과정에서 미리 내용을 기억시킨 ROM으로, 사용자가 임의로 수정할 수 없음
PROM	특수 프로그램을 이용하여 한 번만 기록할 수 있으며, 이후엔 읽기만 가능한 롬
EEPROM	자외선을 이용하여 기록된 내용을 여러 번 수정하거나 새로운 내용을 기록할 수 있는 롬
EEPROM	• 전기적인 방법을 이용하여 기록된 내용을 여러 번 수정하거나 새로운 내용을 기록할 수 있는 롬 • BIOS, 글꼴, POST 등이 저장된 대표적인 펌웨어임

❷ RAM(램) <small>23.1, 21.3, 20.상시, 18.상시, 15.3, 14.2, 13.3, 13.1, 11.2, 11.1, 10.3, 10.1</small>

- 휘발성 메모리이다.
- 사용중인 프로그램이나 데이터를 저장한다.
- DRAM
  - 일정 시간이 지나면 전하가 방전되므로 주기적인 재충전(Refresh)이 필요하다.
  - 주기억장치로 사용된다.

078 | 기타 메모리

❶ 캐시 메모리 <small>23.3, 23.2, 22.3, 21.3, 20.2, 17.2, 16.2, 14.3, 13.1, 11.3, 11.2, 10.2</small>

- 컴퓨터의 처리 속도를 향상시키기 위한 것으로, CPU(중앙처리장치)와 주기억장치 사이에 위치한다.
- 접근 속도가 빠른 정적 램(SRAM)을 사용한다.
- 일반 메모리에 비해 가격이 비싸다.
- 저장된 내용을 읽고 변경할 수 있으며, 휘발성이다.

❷ 가상 메모리 <small>23.3, 23.1, 21.3, 19.1, 16.1, 15.2, 14.1, 13.1, 11.3</small>

- 보조기억장치의 일부를 주기억장치처럼 사용하는 메모리 관리 기법으로 주기억장치보다 큰 프로그램을 불러와 실행해야 할 때 유용하다.
- 주프로그램은 보조기억장치에 저장시키고 중앙처리장치(CPU)에 의해 실제로 사용할 부분만 주기억장치에 적재시킨다.
- 세그먼테이션(Segmentation) 기법과 페이징(Paging) 기법이 있다.

❸ 플래시 메모리 / 연상 메모리 <small>24.3, 24.1, 23.5, 23.4, 23.1, 22.1, 21.3, 21.1, 20.1, …</small>

- 플래시 메모리(Flash Memory) : EEPROM의 일종으로 비휘발성 메모리이며, 개인용 정보 단말기, 스마트폰, PDA, 디지털 카메라 등에 사용됨
- 연상 메모리(Associative Memory) : 주기억장치에 저장된 정보에 접근할 때 주소 대신 기억된 정보를 이용하여 접근하는 기억장치

079 | 보조기억장치

❶ SSD <small>21.4</small>

- 디스크 드라이브(HDD)와 비슷하게 동작하면서 HDD와는 달리 기계적 장치가 없는 반도체를 이용하여 정보를 저장하는 컴퓨터 보조기억장치이다.
- 고속으로 데이터를 입 · 출력 할 수 있다.
- 발열 · 소음과 전력 소모가 적다.
- 소형화 · 경량화 할 수 있다.

❷ 자기 디스크 관련 용어 <small>22.1, 19.1, 16.1, 15.3, 14.3, 12.3, 12.1, 11.1</small>

- 트랙 : 회전축(스핀들 모터)을 중심으로 데이터가 기록되는 동심원
- 섹터 : 트랙을 일정하게 나눈 구간으로 정보 저장의 기본 단위
- 실린더 : 여러 장의 디스크 판에서 같은 위치에 있는 트랙의 모임
- 클러스터 : 여러 개의 섹터를 모은 것으로 파일 저장의 기본 단위
- Seek Time(탐색 시간) : 읽기/쓰기 헤드가 지정된 트랙(실린더)에 도달하는 데 걸리는 시간
- Access Time(접근 시간) : 데이터를 읽고 쓰는 데 걸리는 시간의 합

080 | 입력장치

❶ 입력장치 <small>24.5, 23.2, 18.1, 15.3, 12.1, 11.2, 10.3</small>

- 스캐너 : 빛의 반사 원리를 이용하여 그림이나 사진 등의 영상(Image) 정보를 디지털 그래픽 정보로 변환해 주는 장치
- 터치 스크린 : 손끝이나 전자펜 등의 접촉을 통해 입력하는 장치
- 디지타이저 : 태블릿 위에 광펜을 움직여 도형이나 그림 등의 좌표를 입력하는 장치

❷ 판독기 24.1, 23.5, 11.2, 10.3

- 광학 마크 판독기(OMR) : 컴퓨터용 수성 사인펜으로 표시(Mark)한 OMR 카드에 빛(Optical)을 비추어 표시 여부를 판독(Read)하는 장치
- 광학 문자 판독기(OCR) : 특정 글꼴로 인쇄된 문자(Character)에 빛(Optical)을 비추어 반사된 빛의 차이를 이용하여 문자를 판독(Read)하는 장치
- 자기 잉크 문자 판독기(MICR) : 자성을 띤 특수 잉크(Magnetic Ink)로 인쇄된 문자(Character)나 기호를 판독(Read)하는 장치
- 바코드 판독기(BCR) : 굵기가 서로 다른 선(Bar Code)에 빛을 비추어 반사된 값을 코드화하여 판독(Read)하는 장치

081 | 출력장치

❶ 모니터 관련 용어 21.4, 19.1, 14.1, 13.1

- 픽셀 : 모니터 화면을 구성하는 가장 작은 단위
- 해상도 : 모니터 등의 출력장치가 내용을 얼마나 선명하게 표현할 수 있느냐를 나타내는 단위
- 주파수 대역폭 : 모니터가 처리할 수 있는 주파수의 폭
- 화면주사율 : 모니터가 가진 수직주파수(Vertical Frequency)로, 1초에 화면이 깜빡이는 정도(초당갱신율)
- 점 간격(Dot Pitch) : 픽셀이 소프트웨어적으로 조절하는 단위라면, Dot는 모니터 제작 시 하드웨어적으로 만들어져 나오는 것

❷ 프린터 관련 단위 24.5, 23.3, 18.1, 13.1

- CPS(Character Per Second) : 1초에 출력되는 글자 수로, 도트 매트릭스 및 시리얼 프린터의 속도 단위
- LPM(Line Per Minute) : 1분에 출력되는 줄(Line) 수로, 라인 프린터의 속도 단위
- PPM(Page Per Minute) : 1분에 출력되는 페이지 수로, 잉크젯 및 레이저 프린터의 속도 단위
- DPI(Dot Per Inch) : 1인치에 출력되는 점(Dot)의 수로, 출력물의 인쇄 품질(해상도)을 나타내는 단위

082 | 메인보드(주기판)

❶ PCI-Express 22.1, 21.4, 16.2

- 그래픽 카드의 데이터 처리양이 증가하여 AGP로는 감당할 수 없게 되자 AGP 대체용으로 개발돼 그래픽 카드 전용 슬롯이다.
- 핫 플러그인(Hot Plug In)을 지원한다.

❷ 포트 24.2, 23.5, 23.4, 22.1, 21.4, 21.3, 21.2, 21.1, 20.1, 17.2, 14.3, 13.2, 10.2, 10.1

- USB : 기존의 직렬, 병렬, PS/2 포트를 통합한 직렬 포트로, 주변장치를 최대 127개까지 연결할 수 있음(USB 3.0의 최대 전송 속도 : 5Gbps)
- IrDA : 케이블 없이 적외선을 사용하여 주변장치와 통신하는 방식(최대 전송 속도 : 400Mbps)
- Bluetooth : 근거리 무선 통신을 가능하게 해주는 통신 방식(최대 전송 속도 : 24Mbps)
- HDMI : 영상과 음성을 하나의 케이블로 전송하는 디지털 포트로, 셋톱박스, DVD 플레이어 등의 기기와 리시버, 모니터, HDTV 등의 출력장치를 연결하는 데 사용됨

❸ 바이오스 24.1, 23.2, 23.1, 21.1, 18.상시, 16.2, 15.1, 14.1, 13.2, 13.1, 12.3

- 컴퓨터의 기본 입·출력장치나 메모리 등 하드웨어 작동에 필요한 명령들을 모아놓은 프로그램이다.
- 전원이 켜지면 POST를 통해 컴퓨터를 점검한 후 사용 가능한 장치를 초기화한다.
- ROM에 저장되어 있어 ROM-BIOS라고 한다.
- 바이오스의 CMOS SETUP 시 설정된 내용은 CMOS RAM에 기억된다.
- CMOS에서 설정 가능한 항목 : 시스템의 날짜와 시간, 하드디스크 타입(Type), 부팅 순서 등

083 | 하드디스크 연결 방식

❶ 하드디스크 연결 방식 23.3, 21.4, 17.1, 14.2

IDE	• AT-Bus 방식이라고도 한다. • 2개의 장치 연결 가능
EIDE(ATA)	• IDE를 확장하여 전송 속도를 높인 규격 • 4개의 장치 연결 가능 • SATA(Serial ATA) – 직렬(Serial) 인터페이스 방식 – 데이터 전송 속도가 빠름 – 데이터 선이 얇아 내부의 통풍이 잘됨 – 핫 플러그인(Hot Plug In)을 지원함
SCSI	• 7개의 장치 연결 가능 • 서버용 컴퓨터에서 주로 사용되는 대용량 저장장치의 표준 인터페이스

❹ 채널 24.5, 24.2, 24.5, 24.2, 23.5, 11.2

- 주변장치의 제어 권한을 중앙처리장치(CPU)로부터 넘겨받아 중앙처리장치(CPU) 대신 입·출력을 관리한다.
- 중앙처리장치와 입·출력장치 사이의 속도 차이로 인한 문제점을 해결하기 위해 사용된다.
- 입·출력 작업이 끝나면 중앙처리장치(CPU)에게 인터럽트 신호를 보낸다.

❺ DMA(직접 메모리 접근) 23.2, 23.1, 15.3, 10.1

- 중앙처리장치(CPU)의 참여 없이 입·출력장치와 메모리가 직접 데이터를 주고받는 것이다.
- 작업이 끝나면 중앙처리장치(CPU)에게 인터럽트 신호를 보내 작업이 종료됐음을 알린다.
- 시스템의 안정성과 효율성이 증가되고 전반적으로 속도가 향상된다.
- 메인보드와 하드디스크 같은 주변장치가 DMA를 지원해야 한다.

084 | 인터럽트 / 채널 / DMA

❶ 인터럽트 12.2, 11.1

프로그램 실행 도중 예기치 않은 상황이 발생할 경우, 현재 작업을 일시 중단하고 발생된 상황을 우선 처리한 후 실행중인 작업으로 복귀하여 계속 처리하는 것이다.

❷ 외부 인터럽트의 발생 요인 11.1

- 입·출력장치가 데이터의 전송을 요구하거나 전송이 끝났음을 알릴 경우
- 특정 장치에 할당된 작업 시간이 끝났을 경우
- 컴퓨터의 전원 공급이 끊어졌을 경우

❸ 내부 인터럽트의 발생 요인 23.4, 21.2

- 명령 처리 중 오버플로(Overflow) 또는 언더플로(Underflow)가 발생했을 경우
- 0으로 나누는 명령이 수행될 경우

085 | 시스템 소프트웨어

❶ 운영체제 24.5, 20.상시, 15.2, 13.3, 12.1

- 운영체제(OS; Operating System)는 사용자의 편의를 도모하는 동시에 시스템의 생산성을 높이기 위한 프로그램의 모임으로 사용자와 컴퓨터 사이에서 중계자 역할을 한다(Man-Machine Interface).
- 운영체제는 컴퓨터가 동작하는 동안 주기억장치에 위치한다.
- 주요 기능은 프로세스, 기억장치, 주변장치, 파일 등을 관리하는 것이다.

❷ 커널 24.4, 21.3, 15.4, 14.1, 10.2

- 운영체제의 가장 핵심적인 부분으로 하드웨어를 보호하고, 프로그램과 하드웨어 간의 인터페이스(상호 접속 관리) 역할을 담당한다.
- 프로세스 관리, 기억장치 관리, 파일 관리, 입출력 관리, 프로세스 간 통신, 데이터 전송 및 변환 등 여러 가지 기능을 수행한다.

❸ 운영체제의 목적 21.1, 20.상시, 18.상시, 17.1, 11.2, 10.3

처리 능력 (Throughput)	• 일정 시간 내에 시스템이 처리하는 일의 양 • 처리 능력은 높을수록 좋음
반환(응답) 시간 (Turn Around Time)	• 시스템에 작업을 의뢰한 시간부터 처리가 완료될 때까지 걸린 시간 • 응답 시간은 짧을수록 좋음
사용 가능도 (Availability)	• 시스템을 사용할 필요가 있을 때 즉시 사용 가능한 정도 • 사용 가능도는 많을수록 좋음
신뢰도(Reliability)	• 시스템이 주어진 문제를 정확하게 해결하는 정도 • 신뢰도는 높을수록 좋음

❹ 다중 처리 23.3, 23.1

하나의 컴퓨터에 여러 대의 CPU를 설치하여 프로그램을 처리하는 방식이다.

❺ 분산 시스템 22.1, 16.3, 13.3

지역적으로 분산된 여러 대의 컴퓨터를 연결하여 작업을 분담해서 처리하는 방식이다.

❻ 임베디드 시스템 24.2, 23.5, 23.3, 23.1, 22.4

마이크로프로세서에 특정 기능을 수행하는 응용 프로그램을 탑재하여 컴퓨터의 기능을 수행하는 것이다.

❼ 듀얼 시스템 24.2, 23.5, 23.4, 23.1, 22.4, 22.3

두 대의 컴퓨터가 같은 업무를 동시에 처리하므로 한쪽 컴퓨터가 고장이 나면 다른 한쪽 컴퓨터가 계속해서 업무를 처리하여 업무가 중단되는 것을 방지하는 시스템이다.

❽ 듀플렉스 시스템(Duplex System) 24.3, 24.1, 23.5, 22.4, 21.4, 21.3

두 개의 컴퓨터를 설치하여 한쪽의 컴퓨터가 가동중일 때에는 다른 한 컴퓨터는 대기하게 되며, 가동중인 컴퓨터가 고장이 나면 즉시 대기중인 한쪽 컴퓨터가 가동되어 시스템이 안전하게 작동되도록 운영하는 시스템이다.

---

086 | 운영체제의 운영 방식

❶ 실시간 처리 24.2, 23.5, 22.1, 16.3, 13.3

- 처리할 데이터가 생겨날 때마다 바로 처리하는 방식이다.
- 항공기나 열차의 좌석 예약, 은행 업무 등에 사용한다.

❷ 다중 프로그래밍 24.2, 23.5, 22.4, 22.1, 16.3, 13.3

한 대의 CPU로 여러 개의 프로그램을 동시에 처리하는 방식이다.

❸ 시분할 시스템 23.3, 23.1, 22.4, 22.1, 18.상시, 18.1, 16.3

- 한 대의 시스템을 여러 사용자가 동시에 사용하는 방식이다.
- 일정 시간 단위로 CPU 사용권을 신속하게 전환함으로써 각 사용자들은 자신만이 컴퓨터를 사용하고 있는 것처럼 느끼게 된다.

---

087 | 응용 소프트웨어

❶ 응용 소프트웨어 24.3, 22.2, 21.1, 19.2, 19.1, 18.상시, 15.3, 13.2

- 워드프로세서 : 훈글, MS-워드 등
- 스프레드시트 : 엑셀, 로터스 등
- 멀티미디어 저작 도구 : 디렉터, 오소웨어, 칵테일 등
- 그래픽 프로그램 : 포토샵, 일러스트레이터, AutoCAD 등
- 이미지 뷰어 : 포토뷰어, 알씨, Imagine 등
- OCR 소프트웨어 : 스캐너를 이용하여 받아들인 이미지 형태의 문서를 이미지 분석 과정을 통하여 문자 형태의 문서로 바꾸어 주는 소프트웨어

❷ 데이터베이스 관리 시스템의 장점 24.5, 18.1, 15.1, 12.3, 12.1

- 데이터의 중복성 최소화
- 데이터의 공유
- 데이터의 일관성 · 무결성 유지
- 데이터의 논리적 · 물리적 독립성 유지
- 다수 사용자의 동시 실행 제어
- 데이터 저장 공간의 절약

❸ 압축 프로그램 22.4, 21.1, 20.2, 19.2, 17.1, 16.2

- 중복되는 데이터를 이용하여 파일의 크기를 줄이는 것으로, 중복된 부분이 많으면 압축률이 좋다.
- 디스크 공간을 효율적으로 사용할 수 있다.
- 파일 전송 시 시간 및 비용을 절감할 수 있다.
- 텍스트, 음악, 사진, 동영상 파일 등을 압축할 수 있다.
- 암호를 지정하거나 파일을 분할해서 압축할 수 있다.
- 종류 : WINZIP, WINARJ, WINRAR, 알집 등

❹ 사용권에 따른 소프트웨어 분류 24.4, 24.1, 23.4, 23.3, 22.3, 21.4, 21.3, 21.2, …

- **상용 소프트웨어** : 정식으로 대가를 지불하고 사용해야 하는 프로그램
- **셰어웨어(Shareware)** : 기능 혹은 사용 기간이 제한되어 배포되어 무료로 사용하다 기간만료 후에 구입해 사용함
- **프리웨어(Freeware)** : 무료로 사용 또는 배포가 가능함
- **공개 소프트웨어** : 개발자가 소스를 공개한 프로그램으로 누구나 자유롭게 사용하고 수정 및 재배포 할 수 있음
- **데모(Demo) 버전** : 정식 프로그램의 기능을 홍보하기 위해 사용 기간이나 기능을 제한한 프로그램
- **알파(Alpha) 버전** : 베타테스트를 하기 전에 제작 회사 내부에서 테스트할 목적으로 제작하는 프로그램
- **패치(Patch) 버전** : 이미 제작하여 배포된 프로그램의 오류 수정이나 성능 향상을 위해 프로그램의 일부 파일을 변경해 주는 프로그램
- **번들(Bundle)** : 하드웨어나 소프트웨어를 구매했을 때 무료로 제공되는 소프트웨어
- **벤치마크 테스트** : 하드웨어나 소프트웨어의 성능을 검사하기 위해 실제로 사용되는 조건에서 처리 능력을 테스트하는 것

088 | 프로그래밍 언어

❶ 언어 번역 프로그램 24.3, 22.2, 21.4, 20.1, 19.상시, 14.2, 12.1, 11.3, 11.2

- 언어 번역 프로그램에는 컴파일러, 어셈블러, 인터프린터가 있다.
- 컴파일러와 인터프리터의 비교

구분	컴파일러	인터프리터
번역 단위	전체	행
목적 프로그램	생성	없음
실행 속도	빠름	느림
번역 속도	느림	빠름

❷ 링커 / 로더 18.상시, 16.1, 14.1, 13.1, 11.3, 11.1, 10.1

- **링커(Linker)** : 시스템 라이브러리를 결합하여 목적 프로그램을 실행 가능한 모듈로 만듦
- **로더(Loader)**
  - 목적 프로그램으로 번역된 기계어를 실행하기 위해 실행 가능한 로드 모듈에 기억 공간의 번지를 지정하여 메모리에 적재함
  - 로더의 기능 : 할당, 링킹, 로딩, 재배치

3장

PC의 유지보수

089 PC 관리 ⓒ등급
090 PC 응급처치 ⓒ등급
091 PC 업그레이드 ⓒ등급

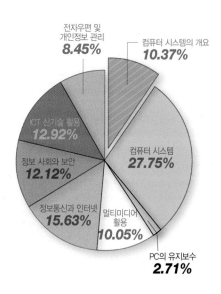

전자우편 및 개인정보 관리 **8.45%**
컴퓨터 시스템의 개요 **10.37%**
ICT 신기술 활용 **12.92%**
정보 사회와 보안 **12.12%**
컴퓨터 시스템 **27.75%**
정보통신과 인터넷 **15.63%**
멀티미디어 활용 **10.05%**
PC의 유지보수 **2.71%**

꼭 알아야 할 키워드 Best 10

1. 시스템 관리 **2.** 저장 매체 관리 **3.** '삐~'하는 경고음만 나는 경우 **4.** 메모리가 정상적으로 인식되지 않는 경우
5. 컴퓨터의 속도가 갑자기 느려졌을 때 **6.** CMOS checksum error **7.** 업그레이드 **8.** 펌웨어 업그레이드 **9.** 장치 제어기 업그레이드
10. 업그레이드 시 고려할 사항

PC 관리

1 시스템 관리

23.5, 22.1, 21.2, 20.2, 15.3, 09.3, 06.3, 03.4, 01.2, 98.3, 98.2, 97.3

- 컴퓨터를 켤 때는 주변기기를 먼저 켜고 본체를 나중에 켜지만, 끌 때는 본체를 먼저 끈다.
- 컴퓨터를 이동하거나 부품을 교체할 때는 반드시 전원을 끄고 작업한다.
- 컴퓨터 전원은 사용중인 프로그램을 모두 종료한 후 끈다.
- 컴퓨디에는 컴퓨터만의 전용 전원 장치를 사용한다.
- 컴퓨터를 너무 자주 켜고 끄는 재부팅은 시스템에 충격을 가해 부품의 수명을 단축시키는 행위이므로 삼가한다.
- 컴퓨터는 먼지가 쌓이면 에러가 발생할 수 있고, 시스템의 수명을 단축시키므로 내부 청소를 자주 해준다.
- 중요한 데이터는 정기적으로 백업하며, 가급적 불필요한 프로그램은 설치하지 않는다.
- 시스템 이상에 대비하여 USB 부팅 디스크 등을 만들어 둔다.
- 정기적으로 최신 백신 프로그램을 사용하여 바이러스 감염을 방지한다.

2 저장 매체 관리

- 컴퓨터 성능 향상 및 최적화를 위해 주기적으로 드라이브 오류 검사, 드라이브 조각 모음 및 최적화를 실행한다.
- 하드디스크는 적당한 공기 순환 유지로 과열을 방지하고, 충격에 주의한다.
- 강한 자성 물질을 자기 저장 매체(하드디스크, 자기 테이프 등) 주위에 놓지 않는다.

문제2 4108952

따라잡기 기출문제 따라잡기

15년 3회

1. 다음 중 PC 관리 방법으로 잘못된 것은?

① 백신 프로그램과 운영체제는 자주 업데이트를 해 준다.

② 하드디스크를 새로 장착할 때는 전원을 끄고 작업한다.

③ 운영체제의 오류에 대비해서 하드디스크를 분할하여 D 드라이브에 데이터를 백업해 놓는다.

④ 먼지가 쌓이면 오류가 발생할 수 있으므로 본체 전체에 덮개를 씌워 밀봉한다.

> 컴퓨터 본체는 열이 많이 발생하므로 밀봉하면 안됩니다.

23년 5월, 22년 1회, 21년 2회, 20년 2회

2. 다음 중 컴퓨터의 시스템 관리에 관한 설명으로 옳지 않은 것은?

① 전원을 끌 경우에는 반드시 사용 중인 응용 프로그램을 먼저 종료한다.

② 컴퓨터를 이동하거나 부품을 교체할 경우에는 반드시 전원을 끄고 작업한다.

③ 시스템에 이상이 발생하면 먼저 HDD를 포맷하고 시스템을 재설치 한다.

④ 최신 바이러스 백신 프로그램을 사용하여 주기적으로 점검한다.

> 시스템에 이상이 발생하면 원인을 찾아 이를 해결합니다. 포맷이나 시스템 재설치는 가장 마지막으로 선택할 방법입니다.

▶ 정답 : 1. ④   2. ③

PC 응급처치

다음은 PC를 사용하는 도중 자주 발생하는 오류 메시지의 종류와 적절한 해결 방법에 대한 설명이다.

1 부팅 오류

24.5, 23.2, 23.1, 14.3, 12.3, 11.3, 11.2, 10.3, 09.1, 08.4, 07.3, 07.2, 02.3, 98.3

1108201

부팅 오류는 다음과 같이 컴퓨터에 전원이 들어오지 않거나 제대로 부팅이 되지 않을 경우에 발생한다.

에러 종류	대책
08.4, 07.2 **전원이 들어 오지 않을 경우**	• 전원 연결선이나 전원 공급기를 확인한다. • 전원 공급 장치나 메인보드가 불량일 경우 부품 교체나 A/S를 요청한다.
24.5, 23.2, 14.3, 12.3, 11.2, 10.3 **'삐~' 하는 경고음만 나는 경우**	• 램이 제대로 꽂혀 있는지, 이물질이 끼어 있지는 않은지 확인한다. • CPU가 제대로 꽂혀 있는지 확인한다. • VGA 카드에 이상이 있을 수 있으므로, VGA 카드를 제거한 후 부팅하여 VGA가 원인인지를 확인한다.

08.4, 07.2, 98.3
'Non-System disk or disk error' 메시지가 나타나는 경우
	• CMOS Setup에서 하드디스크가 인식되는지 확인한다.
	  – 하드디스크가 인식될 경우 : [설정] → [업데이트 및 보안] → [복구]에서 '이 PC 초기화' 항목의 〈시작〉 단추를 클릭한다.
	  – 하드디스크가 인식되지 않을 경우 : BIOS 설정을 초기화한 후 부팅한다.
	• 하드디스크가 불량일 경우에는 A/S를 요청한다.

'Disk boot failure...' 라는 메시지가 나타나는 경우	부팅에 필요한 디스크를 찾을 수 없다는 오류이므로, Windows 10 설치 USB나 DVD를 넣고 컴퓨터 복구를 수행한다.
08.4, 07.2 **BIOS를 업데이트한 후 부팅이 되지 않을 경우**	ROM BIOS가 손상되었는지 확인하고, 메인보드를 점검하여 만약 이상이 있다면 A/S를 요청한다.
08.4, 07.2 **Drivers failure Invalid configuration press 〈F1〉 to Continue**	드라이버 구성이 잘못되었다는 의미로, 하드디스크를 구성하는 정보가 CMOS에 정확하게 설정되었는지 확인하고 변경한다.

2 기타 오류

24.4, 19.1, 15.2, 14.2, 13.1, 11.2, 08.3, 06.4, 03.4, 98.3

1108204

에러 종류	대책
DVD-ROM 구동 시 소음이 심한 경우	• 삽입된 DVD가 휘어져 있는지 확인한다. • DVD-ROM 고정 나사가 지나치게 조여졌는지 확인한다.
'응답 없음' 이라는 메시지가 나타날 경우	MS 고객지원 사이트에서 제공하는 패치 프로그램(핫픽스)을 다운받아 설치한다.

24.4, 19.1, 14.2, 06.4, 03.4 메모리가 정상적으로 인식되지 않는 경우	• 램의 속도를 CMOS 설정에서 임의로 변경하지 않았는지 확인하고 정확히 설정한다. • 메모리가 램 소켓에 제대로 설치되어 있는지, 접촉 불량은 아닌지를 확인한다. • 메모리가 램 소켓에 순서대로 꽂혀 있는지 확인한다. • 서로 다른 램을 사용하지 않았는지 확인한다. • 메인보드에서 지원하는 램인지 확인한다.
08.3 모니터에 전원은 들어와 있는데 아무 내용도 표시되지 않을 때	• 컴퓨터와 모니터 사이의 케이블 연결 상태를 확인한다. • 모니터의 밝기나 Contrast를 조절해 본다. • 화면 보호기나 절전 모드로 작동중인지 확인하기 위해 마우스를 움직이거나 키보드를 눌러본다.
13.1 컴퓨터의 속도가 갑자기 느려졌을 때	• CMOS Setup에서 캐시 항목을 Enable로 설정한다. • 드라이버나 레지스트리 등의 정보를 확인하여 불필요한 데이터를 삭제한다.
11.1 CMOS 셋업 시 비밀번호를 잊어버린 경우	메인 보드에 장착되어 있는 배터리를 뽑았다가 다시 장착하여 CMOS 셋업을 리셋시킨 다음 새로운 비밀번호를 설정하면 된다.
15.2 CMOS checksum error	• 시스템의 정보를 저장해 두는 CMOS의 내용이 잘못된 경우에 발생한다. • CMOS를 재설정해도 문제가 계속될 경우 배터리를 교체한다.

따라잡기 기출문제 따라잡기

문제1 4109051

24년 5회, 23년 2회

1. 다음 중 컴퓨터 부팅 시 화면에 아무것도 표시되지 않고 '삐~'하는 경고음만 여러 번에 걸쳐 나는 경우의 해결 방법으로 옳지 않은 것은?

① 시동 디스크로 부팅한 후 시스템 파일을 전송하거나 드라이브 오류 검사로 부트 섹터를 검사한다.

② RAM이 제대로 꽂혀 있는지 또는 이물질이 있는지 확인한다.

③ 그래픽 카드를 제거한 후 부팅하여 그래픽 카드가 원인인지를 확인한다.

④ CPU가 제대로 꽂혀 있는지 점검한다.

> 부팅 시 화면에 아무것도 표시되지 않고 '삐~'하는 경고음만 표시되는 경우는 메인보드에 메모리, CPU, 그래픽 카드 등이 잘못 장착된 경우로, ②, ③, ④번과 같은 확인 작업을 수행해야 합니다. ①번은 시스템 파일이나 부트 섹터가 손상되었을 때의 조치 방법입니다.

23년 1회, 11년 3회, 09년 1회, 07년 3회, 02년 3회

2. 하드디스크로 부팅이 되지 않을 경우 취해야 할 조치로 옳지 않은 것은?

① 일단 부팅 가능한 DVD-ROM이나 USB로 부팅해 본다.

② CMOS 설정에서 하드디스크가 정상적으로 설정되었는지 확인한다.

③ 부팅 초기에 F5 를 누르면 자동으로 복구가 진행된다.

④ 안전 모드로 부팅해 본다.

> 부팅이 안 되는 이유는 크게 시스템 파일이 손상됐거나 CMOS 설정이 잘못된 경우입니다. Windows 10에서는 바로 가기 키를 이용한 자동 복구 기능을 제공하지 않습니다.

▶ 정답 : 1. ① 2. ③

PC 업그레이드

1 업그레이드 개념

업그레이드(Upgrade)란 컴퓨터의 하드웨어나 소프트웨어를 일부 교체하거나 추가하여 컴퓨터 시스템의 성능을 향상시키는 작업이다.

- 업그레이드는 하드웨어적 업그레이드와 소프트웨어적 업그레이드로 나누어진다.
  - 하드웨어적 업그레이드 : 컴퓨터 처리 성능의 개선
  - 소프트웨어적 업그레이드 : 향상된 기능을 가진 새 버전으로 교체

2 펌웨어 업그레이드
18.2, 10.1

3109131

- 펌웨어는 특정 하드웨어 동작의 핵심 기능을 담당하는 프로그램으로 하드웨어인 ROM에 저장되어 있다.
- 하드웨어 제작 업체는 개선된 펌웨어를 주로 통신 상에 배포하므로 통신망이나 하드웨어 업체의 홈페이지에서 다운로드해 설치하면 된다.

3 장치 제어기(드라이버) 업그레이드
24.2, 22.4, 16.3

- 장치 제어기는 특정 하드웨어를 동작시키는 역할을 하는 시스템 소프트웨어로, 업그레이드하면 하드웨어를 교체하지 않아도 보다 향상된 기능으로 하드웨어를 사용할 수 있을 뿐만 아니라 하드웨어의 부분적 이상 현상 또는 버그 등도 해결할 수 있다.
- 하드웨어 제조업체에서 통신망을 통해 배포하므로 다운로드해 설치하면 된다.

잠깐만요 **업그레이드 시 고려할 사항**
24.3, 18.2, 10.1, 04.3, 98.2

3109132

수치가 클수록 좋은 것	수치가 작을수록 좋은 것
• CPU 클럭 속도 : MHz* 또는 GHz • 모뎀의 전송 속도 : bps 또는 cps • DVD-ROM 드라이브 전송 속도 : 배속 • HDD/SSD 용량 : GB, TB • HDD 회전 수 : RPM* • HDD/SSD 전송 속도 : MB/s, IOPS • 모니터, 프린터 해상도 : DPI	• RAM 접근 속도 : ns*

따라잡기 기출문제 따라잡기

18년 2회, 10년 1회

1. 다음 중 PC의 업그레이드에 대한 설명으로 옳지 않은 것은?

① 펌웨어(Firmware)는 ROM에 저장되어 있어 사용자가 직접 업그레이드할 수 없다.

② RAM은 접근 속도의 단위인 ns(나노초)의 수치가 작을수록 좋다.

③ 하드디스크(HDD)는 기억 용량, RPM, 전송 속도의 값이 클수록 좋다.

④ CPU는 클럭 속도(MHz 또는 GHz)의 값이 클수록 좋다.

> 펌웨어는 전기적인 방법을 이용하여 기록된 내용을 여러 번 수정할 수 있는 EEPROM에 저장되어 있기 때문에 사용자는 하드웨어 제작 업체가 제공하는 개선된 품웨어를 통신망이나 홈페이지에서 직접 다운로드해 설치할 수 있습니다.

24년 2회, 22년 4회, 16년 3회

2. 다음 중 보기에서 설명하는 시스템 업그레이드로 옳은 것은?

> • 특정 하드웨어를 동작시키는 역할을 하는 시스템 소프트웨어로, 업그레이드하면 하드웨어를 교체하지 않아도 보다 향상된 기능으로 하드웨어를 사용할 수 있을 뿐만 아니라 하드웨어의 부분적 이상 현상 또는 버그 등도 해결할 수 있다.
> • 하드웨어 제조업체에서 통신망을 통해 배포하므로 다운로드해 설치하면 된다.

① RAM 업그레이드

② ROM BIOS 업그레이드

③ 장치 제어기(드라이버) 업그레이드

④ 펌웨어(Firmware) 업그레이드

> 지문에 제시된 내용은 장치 제어기(드라이버) 업그레이드에 대한 설명입니다.

24년 3회

3. 다음 중 컴퓨터에서 사용하는 하드디스크의 업그레이드 시에 고려할 사항으로, 1분당 회전수를 나타내는 단위로 옳은 것은?

① RPM(Revolutions Per Minute)

② TPM(Turning Per Minute)

③ CPM(Counts Per Minute)

④ BPM(Bits Per Minute)

> 1분 당 회전수를 나타내는 단위는 RPM(Revolutions Per Minute)입니다.

▶ 정답 : 1. ① 2. ③ 3. ①

089 | PC 관리

❶ 시스템 관리 23.5, 22.1, 21.2, 20.2, 15.3

- 컴퓨터를 켤 때는 주변기기를 먼저 켜고 본체를 나중에 켜지만, 끌 때는 본체를 먼저 끈다.
- 컴퓨터를 이동하거나 부품을 교체할 때는 반드시 전원을 끄고 작업한다.
- 중요한 데이터는 정기적으로 백업하며, 가급적 불필요한 프로그램은 설치하지 않는다.
- 정기적으로 최신 백신 프로그램을 사용하여 바이러스 감염을 방지한다.

090 | PC 응급처치

❶ '삐~' 하는 경고음만 나는 경우 24.5, 23.2, 14.3, 12.3, 11.2, 10.3

- RAM 또는 CPU가 제대로 꽂혀 있는지 확인한다.
- 이물질이 끼어 있는지 확인한다.
- 그래픽 카드(VGA)를 제거한 후 부팅하여 그래픽 원인인지 확인한다.

❷ 메모리가 정상적으로 인식되지 않는 경우 24.4, 19.1, 14.2

- 램의 속도를 CMOS 설정에서 임의로 변경하지 않았는지 확인하고 정확히 설정한다.
- 메모리가 램 소켓에 제대로 설치되어 있는지, 접촉 불량은 아닌지를 확인한다.
- 메모리가 램 소켓에 순서대로 꽂혀 있는지 확인한다.
- 서로 다른 램을 사용하지 않는지 확인한다.
- 메인보드에서 지원하는 램인지 확인한다.

091 | PC 업그레이드

❶ 장치 제어기(드라이버) 업그레이드 24.2, 22.4, 16.3

- 특정 하드웨어를 동작시키는 역할을 하는 시스템 소프트웨어이다.
- 업그레이드하면 하드웨어를 교체하지 않아도 보다 향상된 기능으로 하드웨어를 사용할 수 있다.
- 하드웨어 제조업체에서 통신망을 통해 배포하므로 다운로드해 설치하면 된다.

❷ 펌웨어 업그레이드 18.2, 10.1

하드웨어 제작 업체는 개선된 펌웨어를 주로 통신상에 배포하므로 통신망이나 하드웨어 업체의 홈페이지에서 다운로드해 설치한다.

❸ 업그레이드 시 수치가 클수록 좋은 것 24.3, 18.2, 10.1

- CPU 클럭 속도 : MHz 또는 GHz
- 모뎀의 전송 속도 : bps 또는 cps
- DVD–ROM 드라이브 전송 속도 : 배속
- HDD/SSD 용량 : GB, TB
- HDD 회전 수 : RPM
  - ※ RPM : 하드디스크가 1분에 회전하는 회전 수를 나타내는 단위
- HDD/SSD 전송 속도 : MB/s, IOPS
- 모니터, 프린터 해상도 : DPI

❹ 업그레이드 시 수치가 작을수록 좋은 것 18.2, 10.1

- RAM 접근 속도 : ns

4장

멀티미디어 활용

092 멀티미디어 Ⓑ등급

093 멀티미디어 소프트웨어 ⒷBanner등급

094 멀티미디어 그래픽 데이터 ⒷBanner등급

095 멀티미디어 오디오 / 비디오 데이터 Ⓐ등급

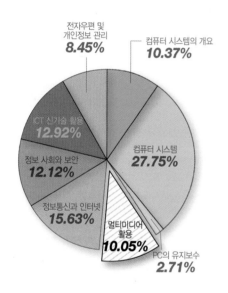

전자우편 및
개인정보 관리
8.45%

컴퓨터 시스템의 개요
10.37%

ICT 신기술 활용
12.92%

컴퓨터 시스템
27.75%

정보 사회와 보안
12.12%

정보통신과 인터넷
15.63%

멀티미디어
활용
10.05%

PC의 유지보수
2.71%

꼭 알아야 할 키워드 Best 10
1. 하이퍼미디어   **2.** 샘플링   **3.** 렌더링   **4.** 클레이메이션   **5.** BMP   **6.** GIF   **7.** PNG   **8.** MPEG   **9.** ASF   **10.** VCS

멀티미디어

1 멀티미디어의 개요
24.5, 23.4, 21.4, 06.1, 04.3, 03.2, 99.3, 98.1

1108401

멀티미디어(Multimedia)는 Multi(다중)와 Media(매체)*의 합성어로, 다중 매체를 의미한다.

- 멀티미디어는 텍스트, 그래픽, 사운드, 동영상, 애니메이션 등의 매체(미디어)를 디지털 데이터로 통합하여 전달한다.
- 대량의 멀티미디어 데이터를 저장하기 위하여 하드디스크, CD-ROM, DVD 등의 저장장치를 사용한다.
- 멀티미디어 데이터는 용량이 크기 때문에 압축하여 저장한다.

2 멀티미디어의 특징
24.5, 21.1, 19.1, 17.1, 15.1, 12.3

1108402

디지털화(Digitalization) 21.1, 19.1, 17.1, 15.1, 12.3	다양한 아날로그 데이터를 디지털 데이터로 변환하여 통합 처리한다.
쌍방향성(Interactive) 21.1, 19.1, 15.1, 12.3	정보 제공자의 선택에 의해 일방적으로 데이터가 전달되는 것이 아니라 정보 제공자와 사용자 간의 의견을 통한 상호 작용을 통해 데이터가 전달된다.
비선형성(Non-Linear) 24.5, 21.1, 15.1, 12.3	데이터가 일정한 방향으로 순차적으로 처리되는 것이 아니라 사용자의 선택에 따라 다양한 방향으로 처리된다.
정보의 통합성(Integration) 24.5, 21.1, 19.1, 15.1, 12.3	텍스트, 그래픽, 사운드, 동영상, 애니메이션 등의 여러 미디어를 통합하여 처리한다.

14.3, 02.2, 01.3

> **잠깐만요** **멀티미디어의 발전 배경**
>
> - 저장장치의 기술 발전으로 대량의 멀티미디어 데이터를 저장할 수 있습니다.
> - 압축 기술이 발전하여 대량의 멀티미디어 데이터를 효율적으로 저장할 수 있습니다.
> - 초고속 통신망 기술과 인터넷 기술의 발전으로 대용량 멀티미디어 데이터를 전세계의 모든 사람들이 쉽고, 빠르게 사용할 수 있습니다.

3 하이퍼텍스트와 하이퍼미디어
22.2, 20.2, 18.2, 10.2, 09.1, 06.3, 06.2, 04.2, 03.1, 99.3, 98.3

1108403

다음은 하이퍼텍스트와 하이퍼미디어의 개념 및 특징에 대한 내용이다.

- **하이퍼텍스트(Hypertext)** : 문서와 문서가 연결되어 있는 것으로, 문서 내의 특정 문자를 선택하면 그와 연결된 문서로 이동하는 문서 형식이다.
- **하이퍼미디어(Hypermedia)** : 하이퍼텍스트와 멀티미디어를 합한 개념으로, 문자뿐만 아니라 그래픽, 사운드, 동영상 등의 정보를 연결해 놓은 미디어 형식이다.
- 사용자의 의도에 따라 문서를 읽는 순서가 결정되는 비선형 구조를 가지고 있다.

- 하나의 데이터를 여러 명의 사용자들이 서로 다른 경로를 통해 검색할 수 있다.
- 사용자가 하이퍼링크(Hyperlink)를 클릭함으로써 원하는 데이터를 찾을 수 있다.

12.2, 98.2

잠깐만요 하이퍼텍스트와 하이퍼미디어 관련 용어

노드(Node)	하이퍼텍스트/하이퍼미디어를 구성하는 각 문서에 연결된 페이지입니다.
앵커(Anchor)	하나의 노드에서 다른 노드로 넘어가게 해주는 키워드입니다.
하이퍼링크(Hyperlink)	노드와 노드의 연결점입니다.

따라잡기 기출문제 따라잡기

문제 1 4109251

24년 5회, 23년 4회

1. 다음 중 멀티미디어에 관한 설명으로 잘못된 것은?

① 멀티미디어 데이터는 1킬로바이트부터 수십 메가바이트까지 많은 용량을 차지하므로 압축하여 사용한다.

② 멀티미디어 데이터는 특유의 저장 방식으로 인해 일반적인 검색 방법은 사용하기 어렵다.

③ 텍스트나 동영상 등의 여러 미디어를 통합하여 처리한다.

④ 멀티미디어는 일정한 방향으로 순차적으로 처리되는 것이 아니라 사용자의 선택에 따라 다양한 방향으로 처리된다.

멀티미디어 데이터도 일반적인 저장 방식으로 저장되므로 일반적인 검색 방법으로 검색이 가능하며, 방법이 더 복잡하지 않습니다.

22년 2회

2. 하이퍼텍스트에 문자 이외의 그래픽, 사운드, 동영상 등의 멀티미디어 정보를 연결해 놓은 형식을 무엇이라고 하는가?

① 하이퍼터미널(Hyperterminal)

② 하이퍼미디어(Hypermedia)

③ 하이퍼콘텐츠(Hypercontents)

④ 하이퍼콘텍스트(Hypercontext)

하이퍼텍스트(Hypertext)에 멀티미디어(Multimedia) 정보를 연결해 놓은 형식은 하이퍼미디어(Hypermedia)입니다.

21년 4회

3. 다음 중 멀티미디어 데이터의 장점에 대한 설명으로 거리가 먼 것은?

① 디지털 방식을 사용하여 한 번 정해진 값은 영구히 보존할 수 있다.

② 컴퓨터의 프로그램 기능을 이용하여 복잡한 처리가 가능하다.

③ 문자, 그림, 소리 등의 데이터는 각기 다른 독특한 방식으로 기록된다.

④ 대화 기능(Interactive)을 프로그램으로 부여할 수 있다.

멀티미디어는 문자, 그림, 소리 등의 다양한 아날로그 데이터를 디지털 데이터로 변환하여 통합 처리합니다.

21년 1회

4. 다음 중 멀티미디어의 특징에 대한 설명으로 옳지 않은 것은?

① 다양한 아날로그 데이터를 디지털 데이터로 변환하여 통합 처리한다.

② 정보 제공자와 사용자 간의 상호 작용에 의해 데이터가 전달된다.

③ 미디어별 파일 형식이 획일화되어 멀티미디어의 제작이 용이해진다.

④ 텍스트, 그래픽, 사운드, 동영상 등의 여러 미디어를 통합 처리한다.

멀티미디어는 그래픽, 비디오, 오디오 등 각 미디어별로 다양한 파일 형식이 있어 용도에 맞는 멀티미디어의 제작이 용이합니다.

▶ 정답 : 1. ② 2. ② 3. ③ 4. ③

1 멀티미디어 소프트웨어의 개요

18.상시, 15.3, 13.1, 10.3, 10.2, 09.2, 05.2, 02.3, 00.3, 99.2

멀티미디어 소프트웨어는 멀티미디어 데이터를 생성, 저장, 가공, 재생할 수 있는 소프트웨어를 말한다.

• 대부분의 멀티미디어 소프트웨어는 용량이 큰 멀티미디어 데이터의 저장을 위해 압축 기능을 제공한다.
• 멀티미디어 소프트웨어는 재생 소프트웨어와 저작 소프트웨어로 구분한다.

09.2 재생 소프트웨어	• 그래픽, 사운드, 비디오 등의 멀티미디어 데이터를 재생해 보여주는 소프트웨어이다. • Windows Media Player, Real Player, 곰플레이어 등이 있다.
10.2 저작 소프트웨어*	• 영상, 사운드, 애니메이션, 그래픽 등의 데이터를 간단한 메뉴 조작만으로 쉽게 연결, 통합함으로써 하나의 멀티미디어 데이터(멀티미디어 타이틀, 전자출판, 광고 등)를 저작할 수 있는 소프트웨어이다. • 베가스 프로(Vegas Pro), 파워디렉터(Power Director), 어도비 프리미어 프로(Adobe Premiere Pro) 등이 있다.

24.4, 23.1, 20.상시, 18.상시, 14.1, 12.1, 08.2, 07.3, 03.3, 01.1

잠깐만요 스트리밍(Streaming) / 샘플링(Sampling)

스트리밍(Streaming)

웹에서 오디오, 비디오 등의 멀티미디어 데이터를 다운로드하면서 동시에 재생해 주는 기술을 말합니다. 용량이 큰 멀티미디어 데이터 전체를 모두 다운로드하려면 시간이 꽤 걸립니다. 상당히 지루한 시간이 되겠죠? 그래서 데이터를 조금씩 전송받는 대로 즉시 재생해 주는 스트리밍 기술이 개발되었습니다.

샘플링(Sampling)

• 음성·영상 등의 아날로그 신호를 일정 시간 간격으로 검출하는 단계로, 아날로그 신호를 디지털 신호로 변환하는 과정 중 한 단계입니다.
• 샘플링할 때 디지털 오디오 데이터 파일의 크기에 영향을 미치는 요소에는 샘플링 비율(헤르츠), 양자화* 크기(비트), 지속시간(초) 등이 있습니다.

샘플링 비율 (Sampling Rate)	• 1초당 아날로그 신호를 디지털 신호로 변환하는 횟수를 의미합니다. • 샘플링 비율이 높을수록 원음에 가깝습니다.
샘플링 주파수 (Sampling Frequency)	• 1초 동안 샘플링되는 횟수를 의미합니다. • 샘플링 주파수가 클수록 고음역대의 소리까지 폭넓게 샘플링할 수 있지만 많은 기억 용량이 필요하므로 원래 신호 주파수의 2배 정도가 적당합니다.
용량 계산식	(샘플링 시간×샘플링 주파수×샘플링 비트수×채널수/8)Byte

2 그래픽 기법

22.4, 22.3, 18.2, 16.2, 12.3, 12.2, 11.3, 10.3, 10.1, 09.3, 08.4, 07.3, 07.2, 04.1, 03.1, 02.2, 00.2

1108602

18.2, 02.2 **디더링** (Dithering)	제한된 색상을 조합하여 복잡한 색이나 새로운 색을 만드는 작업이다.
22.4, 22.3, 07.3, 03.1 **렌더링** (Rendering)	3차원 애니메이션을 만드는 과징 중의 하나로, 물체의 모형에 명암과 색성을 입혀 사실감을 더하는 작업이다.
모델링 (Modeling)	렌더링 전에 수행되는 작업으로, 표현될 물체의 3차원 그래픽 형상을 정하는 작업이다.
18.2 **모핑**(Morphing)	• 2개의 이미지를 부드럽게 연결하여 변환 · 통합하는 것이다. • 컴퓨터 그래픽, 영화 등에서 많이 응용하고 있다.
필터링 (Filtering)	이미 작성된 그림을 필터 기능을 이용하여 여러 가지 형태의 새로운 이미지로 바꿔주는 작업이다.
18.2 **리터칭** (Retouching)	기존의 이미지를 다른 형태로 새롭게 변형 · 수정하는 작업이다.
18.2, 11.3, 07.2, 04.1, 00.2 **인터레이싱** (Interlacing)	그림 파일을 표시하는 데 있어서 이미지의 대략적인 모습을 먼저 보여준 다음 점차 자세한 모습을 보여주는 기법이다.
18.2 **메조틴트*** (Mezzotint)	무수히 많은 점과 선으로 이미지를 만드는 기법이다.
솔러리제이션* (Solarization)	필름을 일시적으로 빛에 노출시켜 반전된 것처럼 표현하는 기법이다.
22.4, 16.2, 09.3 **클레이메이션** (Claymation)	점토, 찰흙 등의 점성이 있는 소재를 이용하여 인형을 만들고, 소재의 점성을 이용하여 조금씩 변형된 형태를 만들어서 촬영하는 형식의 애니메이션 기법이다.
10.1, 08.4 **로토스코핑** (Rotoscoping)	실제 장면을 촬영한 후 화면에서 등장하는 캐릭터나 물체의 윤곽선을 추적하여 애니메이션의 기본형을 만들고, 여기에 수작업으로 컬러를 입히거나 형태를 변형시켜 사용하는 애니메이션 기법이다.
12.2, 10.3 **앤티앨리어싱** (Anti-Aliasing)	픽셀(Pixel) 단위로 표현하는 비트맵 이미지에서 본래의 매끄러운 직선이 거칠게 표시되는 것을 보정하기 위해 가장자리의 픽셀들을 주변 색상과 혼합한 중간 색상을 넣어 외형을 부드럽게 만드는 기법이다.
12.3 **실루엣 애니메이션**	검은 종이를 접거나 오려서 캐릭터와 배경을 순서대로 만들어 배열한 다음 조명을 비추어 나타나는 그림자를 촬영하는 애니메이션 기법이다.

메조틴트(Mezzotint)

솔러리제이션(Solarization)

문제1 3109354　문제2 1108651　문제7 1108652

24년 4회, 23년 4회, 22년 1회, 21년 2회, 1회, 20년 1회, 17년 1회

1. 다음 중 멀티미디어 데이터에 관한 설명으로 옳지 않은 것은?

① 아날로그 데이터를 디지털로 변환하기 위해서는 표본화(Sampling)와 양자화(Quantization) 과정을 거치게 된다.

② 표본화란 연속적인 아날로그 신호를 불연속적인 디지털 신호로 바꾸는 과정을 말한다.

③ 음성이나 영상 등의 아날로그 신호를 일정 시간 간격으로 검출하는 단계를 샘플링이라고 한다.

④ 샘플링할 때 디지털 오디오 데이터 파일의 크기에 영향을 미치는 요소에는 샘플링 비율(헤르츠), 양자화 크기(비트), 저상 매제의 크기(바이트) 등이 있다.

> 디지털 오디오 데이터 파일의 크기에 영향을 미치는 세 가지 요소는 '샘플링 비율, 양자화 크기, 지속 시간'입니다.

23년 1회, 20.상시, 18년 상시, 14년 1회, 12년 1회, 08년 2회, 07년 3회, 03년 3회, 01년 1회

2. 다음 중 아래의 설명에 해당하는 용어는?

> • 인터넷 상에서 음성이나 동영상 등을 실시간으로 재생하는 기술이다.
> • 전송되는 데이터를 마치 끊임없고 지속적인 물 흐름처럼 처리할 수 있는 기술을 의미한다.

① 샘플링(sampling)　② 스트리밍(streaming)

③ 로딩(loading)　④ 시퀀싱(sequencing)

> 인터넷 상에서 음성이나 동영상 등을 실시간으로 재생하는 기술은 스트리밍(Streaming)입니다.

11년 3회, 07년 2회, 04년 1회, 00년 2회

3. 그림 파일을 표시하는데 있어서 이미지의 대략적인 모습을 먼저 보여준 다음 점차 자세한 모습을 보여주는 기법을 무엇이라 하는가?

① 인터레이싱(Interacing)

② 메조틴트(Mezzotint)

③ 솔러리제이션(Solarization)

④ 로토스코핑(Rotoscoping)

> 이미지의 대략적인 모습을 먼저 보여준 다음 점차 자세한 모습을 보여주는 기법은 인터레이싱(Interlacing)입니다.

12년 3회

4. 검은 종이를 접거나 오려서 캐릭터와 배경의 형태를 만든 후 조명을 비추어 이것의 변화에 따라 순서대로 배열해서 촬영하는 애니메이션 기법은 어느 것인가?

① 셀 애니메이션　② 종이 애니메이션

③ 실루엣 애니메이션　④ 인형모델 애니메이션

> 검은 종이로 만든 캐릭터와 배경에 조명을 비추어 나타나는 그림자를 촬영하는 기법은 실루엣 애니메이션입니다.

22년 4회, 3회

5. 다음 중 아래에서 설명하는 그래픽 기법은?

> 컴퓨터 프로그램을 이용하여 3차원 애니메이션을 만드는 과정으로 사물 모형에 명암과 색상을 추가하여 사실감을 더해주는 작업이다.

① 안티앨리어싱(Anti-Aliasing)

② 렌더링(Rendering)

③ 인터레이싱(Interlacing)

④ 메조틴트(Mezzotint)

> 지문에 제시된 내용은 렌더링(Rendering)의 개념입니다.

22년 4회, 16년 2회, 09년 3회

6. 다음 중 아래의 보기에서 설명하는 그래픽 기법으로 옳은 것은?

> 점토, 찰흙 등의 점성이 있는 소재를 이용하여 인형을 만들고, 소재의 점성을 이용하여 조금씩 변형된 형태를 만들어서 촬영하는 형식의 애니메이션 기법이다.

① 로토스코핑(Rotoscoping)

② 클레이메이션(Claymation)

③ 메조틴트(Mezzotint)

④ 인터레이싱(Interlacing)

> 지문에 제시된 내용은 클레이메이션(Claymation)의 개념입니다.

18년 2회

7. 다음 중 멀티미디어 그래픽 기법의 설명으로 옳지 않은 것은?

① 디더링(dithering)은 제한된 색상을 조합하여 복잡한 색이나 새로운 색을 만드는 작업이다.

② 메조틴트(mezzotint)는 무수히 많은 점과 선으로 이미지를 만드는 것을 말한다.

③ 모핑(morphing)은 기존의 이미지를 필터를 사용하여 다양한 형태의 새로운 이미지로 변환하는 작업이다.

④ 인터레이싱(interlacing)은 이미지의 대략적인 모습을 먼저 보여주고 다음에 점차 자세한 모습을 보여주는 작업이다.

> 기존 이미지를 다시 터치(Retouch)하여 새로운 이미지로 변환하는 것은 리터칭(Retouching)입니다.

▶ 정답 : 1. ④　2. ②　3. ①　4. ③　5. ②　6. ②　7. ③

멀티미디어 그래픽 데이터

1 그래픽 데이터의 표현 방식

24.1, 23.5, 23.2, 19.1, 16.3, 14.2, 13.2, 10.2, 08.1, 07.4, 03.3, 03.1, 01.3

1108701

14.2, 13.2, 07.4, 03.1, 01.3 **비트맵 (Bitmap)**	• 점(Pixel, 화소)으로 이미지를 표현하는 방식으로, 래스터(Raster) 이미지라고도 한다. • 이미지를 확대하면 테두리가 거칠게 표현된다. • 다양한 색상을 사용하므로 사진과 같은 사실적인 이미지를 표현할 수 있다. • 이미지 저장시 벡터 방식에 비해 많은 용량을 많이 차지한다. • 파일 형식 : BMP, TIF, GIF, JPEG, PCX, PNG 등
24.1, 23.5, 23.2, 19.1, … **벡터 (Vector)**	• 점과 점을 연결하는 직선이나 곡선을 이용하여 이미지를 표현하는 방식이다. • 이미지를 확대해도 테두리가 거칠어지지 않고, 매끄럽게 표현된다. • 좌표 개념을 도입하여 이동, 회전 등의 변형이 쉽다. • 단순한 도형과 같은 개체를 표현하기에 적합하다. • 수학적 공식을 이용해 표현한다. • 벡터 방식 : DXF, AI, WMF, CDR
3D(Dimention)	• 입체감이 있는 이미지를 말한다. • 3D 그래픽을 표현하기 위해서는 고성능 PC와 3D 그래픽 소프트웨어(3D MAX 등)를 사용해야 한다.

전문가의 조언

중요해요! 비트맵과 벡터, GIF와 JPEG에 대한 문제가 세부적인 특징까지 출제되니 파일 형식에 따른 차이점을 확실히 파악해 두세요. 트루 컬러를 표현하기 위한 비트 수를 묻는 문제도 출제되었으니 알아두세요.

2 그래픽 파일 형식

24.4, 23.3, 22.2, 21.1, 20.상시, 20.1, 18.상시, 18.2, 17.2, 17.1, 16.2, 16.1, 12.2, 12.1, 11.2, 09.4, 08.4, 08.3, 08.2, 06.4, 06.1, 05.4, …

1108702

23.3, 21.1, 16.1, 11.2, 06.4, … **BMP**	Windows의 표준 비트맵 파일 형식으로 압축하지 않아 파일의 크기가 크다.
20.1 **WMF**	Windows에서 기본적으로 사용하는 벡터 파일 형식이다.
12.2, 06.4 **TIF, TIFF**	호환성이 좋아 응용 프로그램 간 데이터 교환용으로 사용된다.
24.4, 23.3, 22.2, 21.1, … **GIF**	• 인터넷 표준 그래픽 형식으로, 8비트 컬러를 사용하여 256(2^8)가지로 색의 표현이 제한되지만 애니메이션*도 표현할 수 있다. • 무손실 압축 기법을 사용하여 선명한 화질을 제공한다. • 실행 속도가 빠르고 압축률이 높다.
23.3, 21.1, 20.상시, … **JPEG, JPG**	• 사진과 같은 선명한 정지 영상을 표현하기 위한 국제 표준 압축 방식이다. • 주로 인터넷에서 그림 전송에 사용된다. • 24비트 트루 컬러 사용으로 16,777,216(2^{24})가지의 색을 표현할 수 있다. • 손실 압축 기법과 무손실 압축 기법을 사용한다.* • 평균 25 : 1의 압축률을 가지며, 사용자가 임의로 압축률을 지정할 수 있다.
23.3, 21.1, 17.1, 16.1 **PNG**	• 웹에서 고화질 이미지를 표현하기 위해 제정한 그래픽 형식이다. • GIF를 대체하여 인터넷에서 사용할 수 있는 형식이지만 애니메이션은 표현할 수 없다. • 선명한 트루 컬러를 사용하므로 투명색 지정이 가능하다.
05.4 **PCX**	• 미국 ZSoft 사의 PC Paintbrush에서 사용하는 이미지 파일의 형식이다. • 스캐너, 팩스, DTP에서 지원한다.
DXF	오토 캐드(AutoCAD)*에서 사용하는 자료 교환 형식이다.
CDR	코렐드로우라는 그래픽 프로그램의 전용 파일 형식이다.

애니메이션을 표현할 수 있는 파일 형식에는 FLI, ANI, GIF 등이 있습니다.
• FLI : Autodesk Animator나 3D Studio에서 사용하는 애니메이션 파일입니다.
• ANI : 애니메이션 커서의 모양을 움직이는 파일입니다.

JPEG는 주로 손실 압축 기법을 사용하여 데이터를 압축합니다.

오토 캐드(AutoCAD)
컴퓨터를 이용하여 건축물이나 기계 등을 설계할 때 사용하는 프로그램을 말합니다.

110.2, 09.2, 09.1, 06.2, 03.4

잠깐만요 **트루 컬러(True Color) / 무손실 압축 / 손실 압축**

- **트루 컬러(True Color)** : 1600만가지 이상(2^{24})의 색을 말하는 것으로 컴퓨터에서 트루 컬러를 구현하려면 하나의 픽셀에 색상을 표현하기 위해서는 24비트, 즉 3바이트가 필요합니다.
- **무손실 압축** : 복원한 데이터가 압축 전의 데이터와 완전히 일치하는 것을 말합니다.
- **손실 압축** : 복원한 데이터가 압축 전의 데이터와 완전히 일치하지 않는 것으로, 데이터에서 중복되는 내용을 제거하여 압축률을 높이는 것을 말합니다.

따라잡기 **기출문제 따라잡기**

문제1 1108751   문제5 1108752

24년 1회, 23년 5회, 19년 1회, 16년 3회, 10년 2회, 08년 1회

1. 다음 중 멀티미디어 그래픽 데이터의 벡터 방식에 대한 설명으로 옳지 않은 것은?

① 점과 점을 연결하는 직선이나 곡선을 이용하여 이미지를 표현한다.

② 이미지를 확대하여도 테두리가 매끄럽게 표현된다.

③ 좌표 개념을 사용하여 이동 회전 등의 변형이 쉽다.

④ 비트맵 방식과 비교하여 기억공간을 많이 차지한다.

벡터 방식은 비트맵 방식과 비교하여 기억공간을 적게 차지합니다.

09년 2회, 09년 1회, 06년 2회, 03년 4회

2. 다음 중 트루 컬러(True Color) 시스템에서 하나의 픽셀(Pixel)의 색상(Color)을 결정하는 비트(Bit) 수는?

① 4   ② 8   ③ 16   ④ 24

트루 컬러(True Color)란 1,600만 가지 이상의 색상을 말하는 것으로 화면상에 트루 컬러로 색상을 표현하려면 24비트, 하이 컬러로 표현하려면 16비트가 필요합니다.

24년 4회, 22년 2회, 21년 1회, 17년 2회

3. 그래픽 파일 형식 중 다음과 같은 특징을 가지는 파일 형식은 무엇인가?

- 인터넷 표준 형식으로, 색상은 최대 256가지의 색 표현
- 애니메이션 기능 제공
- 높은 파일 압축률과 빠른 실행 속도

① BMP   ② GIF
③ JPG   ④ PCX

지문에 제시된 내용은 GIF 파일 형식의 특징입니다.

23년 2회

4. 다음 중 벡터 이미지(Vector Image)에 대한 설명으로 옳지 않은 것은?

① 이동과 회전 등의 변형이 쉽다.

② 확대, 축소 시에 화질의 손상이 거의 없다.

③ 좌표 개념을 도입하였다.

④ 점(Dot)들을 픽셀(Pixel)의 형태로 나타낸다.

점(Dot)들을 픽셀(Pixel)의 형태로 나타내는 것은 비트맵 이미지입니다.

23년 3회, 21년 1회, 18년 2회, 16년 2회, 1회, 11년 2회, 09년 4회, 06년 4회

5. 다음 중 그래픽 데이터 형식에 관한 설명으로 옳지 않은 것은?

① BMP : Windows 운영체제의 표준 비트맵 파일 형식으로 압축하여 저장하므로 파일의 크기가 작은 편이다.

② GIF : 인터넷 표준 그래픽 형식으로 8비트 컬러를 사용하여 최대 256 색상까지만 표현할 수 있으며, 애니메이션 표현이 가능하다.

③ JPEG : 사진과 같은 선명한 정지 영상 압축 기술에 대한 국제 표준으로 주로 인터넷에서 그림 전송에 사용된다.

④ PNG : 트루 컬러의 지원과 투명색 지정이 가능하다.

BMP 파일 형식은 압축을 하지 않으므로 파일의 크기가 큽니다.

12년 2회, 09년 2회

6. 다음 중 이미지 파일의 형식이 아닌 것은?

① GIF 파일   ② JPEG 파일
③ TIFF 파일   ④ WAV 파일

WAV는 오디오 파일 형식입니다.

17년 1회

7. 다음 중 그래픽 파일 형식에서 PNG 파일에 대한 설명으로 옳지 않은 것은?

① 배경을 투명하게 지정할 수 있다.

② 트루 컬러를 지원한다.

③ 애니메이션 기능을 지원한다.

④ 웹에서 최상의 이미지를 표현하기 위해 제정한 그래픽 형식이다.

애니메이션을 표현할 수 있는 것은 GIF 형식입니다.

▶ **정답 :** 1. ④ 2. ④ 3. ② ** 4. ④ 5. ① ** 6. ④ 7. ③

멀티미디어 오디오 / 비디오 데이터

1 오디오 데이터

24.3, 23.1, 21.2, 20.2, 19.2, 18.상시, 18.1, 15.2, 15.1, 14.3, 14.2, 13.1, 11.3, 11.2, 11.1, 09.3, 09.2, 08.3, 08.1, 07.3, 07.2, 07.1, 06.3, …

1108801

24.3, 15.2, 15.1, 14.3, 11.1, 07.2, … **WAVE, WAV**	• 아날로그 형태의 소리를 디지털 형태로 변형하는 샘플링 과정을 통하여 작성된 데이터로, PCM* 방식을 사용한다. • 음성이나 음악, 각종 효과음 등 모든 형태의 소리는 WAVE 형식으로 저장할 수 있다. • 실제 소리가 저장되어 있으므로 재생은 쉽지만, 용량이 크다. • **파일의 크기 계산** : 샘플링 주기(Hz) × 샘플링 크기(Byte) × 시간 × 재생 방식 (모노 = 1, 스테레오 = 2)
19.2, 18.상시, 15.2, 15.1, 14.3, 14.2, … **MIDI (Musical Instrument Digital Interface)**	• 전자악기 간의 디지털 신호에 의한 통신이나 컴퓨터와 전자악기 간의 통신규약 이다. • 음의 높이와 길이, 음의 강약, 빠르기 등과 같은 연주 방법에 대한 명령어가 저 장되어 있다. • 음성이나 효과음의 저장이 불가능하고, 연주 정보만 저장되어 있으므로 크기가 작다. • 시퀀싱* 작업을 통해 작성되며, 16개 이상의 악기를 동시에 연주할 수 있다.
24.3, 20.2, 18.상시, 18.1, 15.2, 15.1, … **MP3(MPEG Audio Player-3)**	• 고음질 오디오 압축의 표준 형식이다. • MPEG-1의 압축 기술을 이용하여 음반 CD 수준의 음질을 유지하면서 용량을 1/12까지 압축할 수 있다.
24.3, 18.상시, 18.1 **WMA**	마이크로소프트 사가 개발한 윈도우 오디오 포맷으로, 디지털 저작권 관리(DRM) 기능을 포함하고 있다.

24.2, 23.1

잠깐만요 **디지털 저작권 관리(DRM; Digital Rights Management)**

> 디지털 콘텐츠의 불법 복제와 유포를 막고 저작권자의 이익과 권리를 보호하기 위한 기술과 서비스를
> 말합니다.

2 비디오 데이터

24.2, 24.1, 23.5, 23.3, 23.2, 22.4, 22.3, 21.4, 21.2, 20.1, 18.상시, 17.2, 16.3, 14.2, 13.3, 13.1, 12.2, 11.1, 10.3, 10.1, 08.1, 06.1, …

1108802

24.2, 23.3, 23.2, 22.4, 22.3, 21.4, … **MPEG (Moving Picture Experts Group)**	• 동영상 전문가 그룹에서 제정한 동영상 압축 기술에 대한 국제 표준 규격이다. • 프레임* 간의 연관성을 고려하여 중복 데이터를 제거함으로써 압축률을 높이는 손실 압축 기법을 사용한다. • 압축 속도는 느리지만 동영상과 음성의 실시간 압축과 실시간 재생이 가능하다. • MPEG-Video, MPEG-Audio, MPEG-System으로 구성된다.
24.2, 24.1, 23.5, 23.3, 23.2, 22.4, … **AVI(Audio Visual Interleaved)**	• Windows의 표준 동영상 파일 형식이다. • Windows에서 기본적으로 지원하므로 별도의 하드웨어 장치 없이 재생할 수 있다.
23.2, 22.4, 22.3, 21.2, 20.1, 06.1, … **DVI(Digital Video Interface)**	Intel 사가 개발한 동영상 압축 기술로, 디지털 TV를 위한 압축 기술이었지만 Intel 사에 의해 멀티미디어 분야의 동영상 압축 기술로 발전되었다.

전문가의 조언

중요해요! 오디오와 비디오 데이터의 개별적인 특징을 알아야 풀 수 있는 문제가 자주 출제됩니다. 오디오 데이터와 비디오 데이터의 개별적인 개념을 암기하고 종류를 구분할 수 있도록 확실히 정리하세요.

PCM(Pulse Code Modulation)
아날로그 데이터를 디지털 데이터로 변경하는 것을 디지털화라고 하며, 가장 대표적인 디지털화 방법이 PCM입니다. 아날로그 파형을 작은 시간 폭으로 연속적으로 나누어 직사각형 형태의 크기로 표시한 후 이의 높이를 숫자화하는 방식입니다.

시퀀싱(Sequencing)
컴퓨터를 이용하여 음악을 제작, 녹음, 편집하는 것을 말합니다.
• 시퀀싱 작업에 필요한 소프트웨어를 시퀀서라고 하며, 이를 통해 해당 음에 대한 악기를 지정하고, 음표 등을 입력할 수 있습니다.
• 시퀀서의 종류에는 Cakewalk, Finale, Nuendo, Cubase, Sequel 등이 있습니다.

프레임(Frame)
동영상을 구성하는 하나하나의 장면을 말합니다.

24.2, 24.1, 23.5, 23.3, 21.4, 16.3, … 퀵 타임(Quick Time) MOV	· Apple 사가 개발한 동영상 압축 기술로, JPEG의 압축 방식을 사용한다. · 특별한 하드웨어의 추가 없이 동영상을 재생할 수 있고, MP3 음악을 지원한다.
14.2, 12.2, 08.1 DivX(Digital Video Express)	· 동영상 압축 고화질 파일 형식으로, 비표준 동영상 파일 형식이다. · Mpeg-4와 Mpeg-3을 재조합한 것으로, 이 형식의 동영상을 보려면 소프트웨어와 코덱*이 필요하다. · 비표준 동영상 파일이므로 AVI 확장자를 사용한다.
24.2, 24.1, 23.5, 23.3, 23.2, 22.4, … ASF(Advanced Streaming Format)/ WMV(Windows Media Video)	· 인터넷을 통해 오디오, 비디오 및 생방송 수신 등을 지원하는 마이크로소프트 사의 통합 멀티미디어 형식으로, 스트리밍을 위한 표준 기술 규격이다. · 용량이 작고, 음질이 뛰어나 주로 스트리밍 서비스를 하는 인터넷 방송국에서 사용된다. · WMV는 ASF보다 최신 버전으로, ASF와 다른 DMO 기반 코덱을 사용한다.

23.5, 18.상시, 13.2, 09.2, 07.1, 06.4, 04.4, 03.4, 98.1

잠깐만요 MPEG 규격

1108832

13.2, 03.4 MPEG-1	고용량 매체에서 동영상을 재생하기 위한 것으로, CD나 CD-I에서 사용합니다.
23.5, 13.2, 04.4, 98.1 MPEG-2	MPEG-1의 화질을 개선하기 위한 것으로 HDTV, 위성방송, DVD 등에서 사용합니다.
13.2, 09.2, 07.1, 06.4, … MPEG-4	복합 멀티미디어 서비스의 통합 표준을 위한 것으로, MPEG-2를 개선하였으며, 대역폭이 적은 통신매체에서도 전송이 가능하고 양방향 멀티미디어를 구현할 수 있습니다.
18.상시, 13.2 MPEG-7	멀티미디어 정보검색이 가능한 동영상. 데이터 검색 및 전자상거래 등에 사용하도록 개발되었습니다.
MPEG-21	위의 MPEG 기술들을 통합해 디지털 콘텐츠의 제작 · 유통 · 보안 등 전 과정을 관리할 수 있는 기술입니다.

 따라잡기 기출문제 따라잡기

문제2 1108851

24년 2회, 23년 1회
1. 디지털 콘텐츠의 불법 복제와 유포를 막고 저작권 보유자의 이익과 권리를 보호해주는 기술과 서비스를 무엇이라고 하는가?

① PICS(Platform for Internet Contents Selection)

② DCRP(Digital Contents Rights Protection)

③ DRM(Digital Rights Management)

④ CRM(Customer Relationship Management)

> 문제에 제시된 내용은 DRM(Digital Rights Management)의 개념입니다.

24년 2회, 23년 3회, 21년 4회, 16년 3회, 13년 3회
2. 다음 중 파일 표준 형식에 대한 설명으로 옳지 않은 것은?

① MOV : 정지 영상을 표현하는 국제 표준 파일 형식으로 JPEG를 기본으로 한다.

② MPEG : 프레임 간의 연관성을 고려하여 중복 데이터를 제거하여 압축률을 높이는 손실 압축 기법을 사용한다.

③ ASF : 인터넷을 통해 오디오, 비디오 및 생방송 수신 등을 지원하는 스트리밍을 위한 표준 기술 규격이다.

④ AVI : Windows의 표준 동영상 파일 형식으로 별도의 하드웨어 장치 없이 재생할 수 있다.

> · 정지 영상 국제 표준 파일 : JPEG
> · 동영상 국제 표준 파일 : MPEG

따라잡기 **기출문제 따라잡기**

24년 1회, 23년 5회

3. 다음 중 동영상 파일 표준 형식에 대한 설명으로 옳지 않은 것은?

① ASF는 스트리밍을 위한 표준 기술 규격이다.

② MPEG-3는 MPEG-2를 개선한 표준 규격이다.

③ Quick Time은 JPEG를 기본으로 한 압축 방식이다.

④ AVI는 Windows의 표준 동영상 파일 형식이다.

> MPEG-3는 MPEG-2 규격 개발 중에 HDTV 표준의 필요성으로 개발되었으나, MPEG-2 규격이 HDTV 표준을 수용함에 따라 MPEG-3는 MPEG-2로 흡수되었습니다.

11년 1회, 06년 1회, 05년 2회, 03년 2회

4. 다음 중 웨이브(WAVE) 방식에 대한 설명으로 옳지 않은 것은?

① 샘플링하여 이를 디지털화한 값으로 저장한다.

② 웨이브(WAVE) 파일을 생성하기 위하여 사운드 카드를 사용한다.

③ 음악에서 사용되는 음의 특색을 기호로 정의하여 이의 내용을 저장한다.

④ PCM 기법에 의해 생성된 디지털 데이터를 사용한다.

> WAVE는 실제 소리, MIDI는 연주 정보, ③번은 MIDI에 대한 설명입니다.

19년 2회, 14년 2회, 13년 1회, 11년 2회, 09년 3회, 04년 3회, 1회, 02년 3회

5. 다음 중 MIDI에 대한 설명으로 옳지 않은 것은?

① 전자악기 간의 디지털 신호에 의한 통신이나 컴퓨터와 전자악기 간의 통신규약이다.

② 음성, 음악, 각종 효과음 등 모든 형태의 소리를 저장 가능하다.

③ 파일 크기가 작고 여러 가지 악기로 동시에 연주가 가능한 파일 형식이다.

④ 음의 높이와 길이, 음표, 빠르기 등과 같은 연주 방법에 대한 명령어가 저장되어 있다.

> MIDI 파일은 연주 정보만을 저장할 수 있는 것으로 음성이나 효과음 등의 실제 소리 정보는 저장할 수 없습니다.

23년 2회, 22년 4회, 3회

6. 다음 중 동영상 파일 표준 형식에 대한 설명으로 옳지 않은 것은?

① ASF : 인터넷을 통해 오디오, 비디오 및 생방송 수신 등을 지원하는 스트리밍을 위한 표준 기술 규격이다.

② MPEG : 프레임 간의 연관성을 고려하여 중복 데이터를 제거하여 압축률을 높이는 손실 압축 기법을 사용한다.

③ DVI : MPEG-4 기술을 기반으로 한 영상 코덱으로 긴 영상도 원본 품질에 가까우면서도 작은 크기로 압축시켜주는 기능을 갖고 있다.

④ AVI : Windows의 표준 동영상 파일 형식으로 별도의 하드웨어 장치 없이 재생할 수 있다.

> DVI는 Intel 사가 개발한 동영상 압축 기술입니다. ③번은 DivX에 대한 설명입니다.

13년 2회

7. 다음 중 MPEG에 대한 설명으로 가장 옳지 않은 것은?

① MPEG-1 : 고용량 매체에서 동영상을 재생하기 위한 것으로, CD나 CD-I에서 사용함

② MPEG-2 : MPEG-1의 화질 개선을 위한 것으로 HDTV, 위성방송, DVD 등에서 사용함

③ MPEG-4 : MPEG-2를 개선하였으며, 대역폭이 적은 통신매체에서는 전송이 불가능함

④ MPEG-7 : 멀티미디어 정보검색이 가능한 동영상, 데이터 검색 및 전자상거래 등에 사용하도록 개발됨

> MPEG-4는 대역폭이 적은 통신매체에서도 전송이 가능합니다.

24년 3회, 18년 1회, 07년 2회

8. 다음 중 오디오 파일 포맷에 대한 설명으로 옳지 않은 것은?

① 비압축 포맷으로는 WAV, AIFF, AU 등이 있다.

② MP3는 MPEG-3의 오디오 규격으로 개발된 손실 압축 포맷으로, 컴퓨터 디스크 등의 PCM 음성을 일반적으로 들을 만한 음질로 압축하여 크기를 1/20까지 줄일 수 있다.

③ WMA는 마이크로소프트 사가 개발한 윈도 미디어 오디오 포맷으로, 디지털 권리 관리(DRM) 기능을 포함하고 있다.

④ 오디오 데이터를 저장하는 방식에는 압축 방식과 비압축 방식이 있으며, 압축하는 방식에 따라서 손실 압축 포맷과 비손실 압축 포맷으로 나뉜다.

> MP3는 MPEG-1의 압축 기술을 이용하여, 음반 CD 수준의 음질을 유지하면서 용량을 1/12 크기로까지 압축할 수 있는 포맷입니다.

▶ 정답 : 1. ③ 2. ① 3. ② 4. ③ 5. ② 6. ③ 7. ③ 8. ②

092 | 멀티미디어

❶ 멀티미디어의 개요 24.5, 23.4, 21.4

- 멀티미디어는 텍스트, 그래픽, 사운드, 동영상, 애니메이션 등의 매체(미디어)를 디지털 데이터로 통합하여 전달한다.
- 대량의 멀티미디어 데이터를 저장하기 위하여 하드디스크, CD-ROM, DVD 등의 저장장치를 사용한다.
- 멀티미디어 데이터는 용량이 크기 때문에 압축하여 저장한다.

❷ 멀티미디어의 특징 24.5, 21.1, 19.1, 17.1, 15.1, 12.3

- 디지털화(Digitalization) : 다양한 아날로그 데이터를 디지털 데이터로 변환하여 통합 처리함
- 쌍방향성(Interactiven) : 정보 제공자의 선택에 의해 일방적으로 데이터가 전달되는 것이 아니라 정보 제공자와 사용자 간의 의견을 통한 상호 작용에 의해 데이터가 전달됨
- 비선형성(Non-Linear) : 데이터가 일정한 방향으로 순차적으로 처리되는 것이 아니라 사용자의 선택에 따라 다양한 방향으로 처리됨
- 정보의 통합성(Integration) : 텍스트, 그래픽, 사운드, 동영상, 애니메이션 등의 여러 미디어를 통합하여 처리함

❸ 하이퍼텍스트와 하이퍼미디어 22.2, 20.2, 18.2, 10.2

- 하이퍼텍스트(Hypertext) : 문서와 문서가 연결되어 있는 것으로, 문서 내의 특정 문자를 선택하면 그와 연결된 문서로 이동하는 문서 형식임
- 하이퍼미디어(Hypermedia) : 하이퍼텍스트와 멀티미디어를 합한 개념으로, 문자뿐만 아니라 그래픽, 사운드, 동영상 등의 정보를 연결해 놓은 미디어 형식임

093 | 멀티미디어 소프트웨어

❶ 샘플링 24.4, 22.1, 21.2, 20.1, 17.1

- 음성·영상 등의 아날로그 신호를 일정 시간 간격으로 검출하는 단계로, 아날로그 신호를 디지털 신호로 변환하는 과정 중 한 단계이다.
- 샘플링할 때 디지털 오디오 데이터 파일의 크기에 영향을 미치는 요소에는 샘플링 비율(헤르츠), 양자화 크기(비트), 지속시간(초) 등이 있다.
  - 샘플링 비율 : 1초당 아날로그 신호를 디지털 신호로 변환하는 횟수
  - 샘플링 주파수 : 1초 동안 샘플링되는 횟수
  - 용량 계산식 : (샘플링 시간×샘플링 수파수×샘플링 비트수×채널수/8)Byte

❷ 스트리밍 21.1, 19.1, 17.1

웹에서 오디오, 비디오 등의 멀티미디어 데이터를 다운로드하면서 동시에 재생해 주는 기술을 말한다.

❸ 그래픽 기법 22.4, 22.3, 18.2, 16.2, 12.3, 12.2, 11.3, 10.3, 10.1

- 디더링 : 제한된 색상을 조합하여 복잡한 색이나 새로운 색을 만드는 작업
- 메조틴트 : 무수히 많은 점과 선으로 이미지를 만드는 것
- 모핑 : 2개의 이미지를 부드럽게 연결해 변환·통합하는 작업
- 필터링 : 작성된 그림을 필터 기능을 이용하여 여러 가지 형태의 새로운 이미지로 바꿔주는 작업
- 인터레이싱 : 그림 파일을 표시하는 데 있어서 이미지의 대략적인 모습(모자이크 형식)을 먼저 보여준 다음 점차 자세한 모습을 보여주는 기법
- 로토스코핑 : 실제 장면을 촬영한 후 화면에서 등장하는 캐릭터나 물체의 윤곽선을 추적하여 애니메이션의 기본형을 만들고, 여기에 수작업으로 컬러를 입히거나 형태를 변형시켜 사용하는 기법
- 클레이메이션 : 점토, 찰흙 등의 점성이 있는 소재를 이용하여 인형을 만들고, 소재의 점성을 이용하여 조금씩 변형된 형태를 만들어서 촬영하는 기법

094 | 멀티미디어 그래픽 데이터

❶ 벡터 표현 방식 24.1, 23.5, 23.2, 19.1, 16.3, 10.2

- 점과 점을 연결하는 직선이나 곡선을 이용하여 이미지를 표현하는 방식이다.
- 벡터 방식의 이미지는 확대해도 테두리가 매끄럽게 표현된다.
- 좌표 개념을 도입하여 이동, 회전 등의 변형이 쉽다.
- 단순한 도형과 같은 개체를 표현하기에 적합하다.
- 수학적 공식을 이용해 표현한다.
- 벡터 방식 : DXF, AI, WMF, CDR

❷ 그래픽 파일 형식 24.4, 23.3, 22.2, 21.1, 20.상시, 20.1, 18.상시, 18.2, 17.2, 17.1, 16.2, 16.1, 12.2, …

BMP	• Windows의 표준 비트맵 파일 형식 • 압축을 하지않고 그대로 저장하므로 파일 크기가 큼
WMF	Windows에서 기본적으로 사용하는 벡터 그래픽 파일 형식
JPEG(JPG)	• 정지 영상을 표현하기 위한 국제 표준 압축 방식 • 주로 인터넷에서 그림 전송에 사용됨
GIF	• 인터넷 표준 그래픽 형식 • 8비트 컬러를 사용하여 256(2^8)가지로 색의 표현이 제한되지만 애니메이션을 표현할 수 있음
PNG	• 24비트 트루 컬러를 사용함 • 투명색 지정이 가능하지만 애니메이션 표현은 불가능함
PCX	• ZSoft 사의 PC Paintbrush에서 사용하는 형식

095 | 멀티미디어 오디오/비디오 데이터

❶ 오디오 데이터 24.3, 23.1, 21.2, 20.2, 19.2, 18.상시, 18.1, 15.2, 15.1, 14.3, 14.2, 13.1, 11.3, 11.2, 11.1

WAVE	• 아날로그 형태의 소리를 디지털 형태로 변형하는 샘플링 과정을 통해 작성된 데이터 • 실제 소리가 저장되어 재생이 쉽지만, 용량이 큼
MIDI	• 전자악기 간의 디지털 신호에 의한 통신이나 컴퓨터와 전자악기 간의 통신규약(인터페이스) • 음성이나 효과음의 저장은 불가능하고, 연주 정보만 저장되므로 크기가 작음
MP3	MPEG에서 규정한 MPEG-1에서 오디오 압축 기술만 분리한 MPEG Audio Layer3 압축 기술을 이용하여 음반 CD 수준의 음질을 유지하면서 파일 크기를 1/12 정도까지 압축 가능
WMA	• 마이크로소프트사가 개발한 윈도우 오디오 포맷 • DRM(디지털 저작권 관리) 기능을 포함하고 있음

❷ 비디오 데이터 24.2, 24.1, 23.5, 23.3, 23.2, 22.4, 22.3, 21.4, 21.2, 20.1, 18.상시, 17.2, 16.3, 14.2, …

AVI	• Windows의 표준 동영상 파일 형식 • 별도의 하드웨어 장치 없이 재생 가능
퀵 타임 MOV	• 애플 사에서 개발한 동영상 압축 기술 • JPEG의 압축 방식을 사용함
MPEG	• 동영상 압축 기술에 대한 국제 표준 규격 • 프레임 간의 연관성을 고려하여 중복 데이터를 제거함으로써 압축률을 높이는 손실 압축 기법을 사용함
DVI	Intel 사가 개발한 멀티미디어 분야의 동영상 압축 기술
ASF/WMV	• 인터넷을 통해 오디오, 비디오 및 생방송 수신 등을 지원하는 마이크로소프트 사의 통합 멀티미디어 형식 • 스트리밍을 위한 표준 기술 규격임 • 용량이 작고, 음질이 뛰어나 주로 스트리밍 서비스를 하는 인터넷 방송국에서 사용됨 • WMV는 ASF보다 최신버전으로, ASF와 다른 DMO 기반 코덱을 사용함

❸ 디지털 저작권 관리(DRM) 24.2, 23.1

디지털 콘텐츠의 불법 복제와 유포를 막고 저작권자의 이익과 권리를 보호하기 위한 기술과 서비스를 말한다.

④ MPEG 규격 23.5, 18,상시, 13.2

- MPEG-1 : 고용량 매체에서 동영상을 재생하기 위한 것으로, CD나 CD-I에서 사용함

- MPEG-2 : MPEG-1의 화질을 개선하기 위한 것으로 HDTV, 위성방송, DVD 등에서 사용함

- MPEG-4 : 복합 멀티미디어 서비스의 통합 표준을 위한 것으로, MPEG-2를 개선하였으며, 대역폭이 적은 통신매체에서도 전송이 가능하고 양방향 멀티미디어를 구현할 수 있음

- MPEG-7 : 멀티미디어 정보검색이 가능한 동영상, 데이터 검색 및 전자상거래 등에 사용하도록 개발됨

5장

정보통신과 인터넷

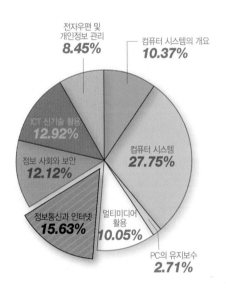

전자우편 및
개인정보 관리
8.45%

컴퓨터 시스템의 개요
10.37%

ICT 신기술 활용
12.92%

컴퓨터 시스템
27.75%

정보 사회와 보안
12.12%

정보통신과 인터넷
15.63%

멀티미디어
활용
10.05%

PC의 유지보수
2.71%

096 정보통신의 이해 ⓒ등급

097 통신망의 종류 ⓓ등급

098 망의 연결 회선 ⓒ등급

099 인터넷의 주소 체계 ⓑ등급

100 프로토콜 ⓐ등급

101 인터넷 서비스 ⓒ등급

102 웹 프로그래밍 언어 ⓐ등급

103 웹 브라우저 / 검색 엔진 ⓐ등급

꼭 알아야 할 키워드 Best 10
1. 정보 전송 방식 **2.** 광섬유 케이블 **3.** IPv6 **4.** 프로토콜 **5.** OSI 7계층 **6.** 인트라넷 **7.** 전자상거래 **8.** SGML **9.** HTML5 **10.** 크롬

정보통신의 이해

1 정보통신의 개요

07.2, 07.1

정보통신이란 컴퓨터를 이용해 정보 처리 기술과 통신 기술을 결합하여 디지털 형태의 문자, 영상 등의 정보를 송·수신하거나 처리하는 것으로, 정보화 사회의 기반이 된다.

- 정보통신은 전송 속도가 빨라 다량의 정보를 신속하게 전송할 수 있다.
- 정보통신은 전송 거리나 사용 시간에 구애받지 않고 데이터를 전송할 수 있으며, 에러 제어 방식을 채택하여 전송 데이터의 신뢰성이 높다.
- 다른 컴퓨터의 자원을 공유할 수 있어 비용이 절감된다.

2 정보통신 시스템의 구성 요소

13.2, 10.3, 08.2, 05.1, 04.3

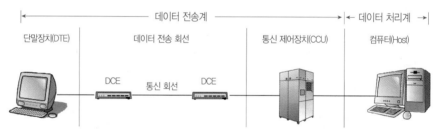

데이터 통신 시스템의 기본 구성

- **단말장치(DTE; Data Terminal Equipment)** : 데이터 통신 시스템과 외부 환경과의 접속점에 위치하여 최종적으로 입·출력하는 장치로, 입·출력 기능과 에러 제어 기능이 있다.
- **신호변환장치(DCE; Data Circuit Equipment)** : 컴퓨터나 단말장치의 데이터를 통신 회선에 적합한 신호로 변경하거나, 통신 회선의 신호를 컴퓨터나 단말장치에 적합한 데이터로 변경하는 신호 변환 기능을 수행한다. 전송 회선의 양쪽 끝에 위치하므로 데이터 회선종단장치(DCE; Data Circuit-terminal Equipment)라고도 한다.
- **통신 회선** : 단말장치에 입력된 데이터 또는 컴퓨터에서 처리된 결과가 실질적으로 전송되는 전송 선로로, 꼬임선, 동축 케이블, 광섬유 케이블 등이 있다.
- **통신제어장치(CCU; Communication Control Unit)** : 데이터 전송 회선과 주컴퓨터를 연결하는 장치로, 회선을 통하여 송·수신 되는 자료를 제어 및 감독한다.
- **컴퓨터** : 단말장치에서 보낸 데이터를 처리하는 곳으로, 처리된 데이터는 다시 통신 회선을 통해 단말장치로 전달된다.

3 정보 전송 방식

22.2, 20.1, 16.3, 14.1, 13.3, 12.2, 11.3, 09.2

1109003

구분	의미	예
20.1, 16.3, 11.3 단항 방식(Simplex)	한쪽은 송신만, 다른 한쪽은 수신만 가능한 방식이다.	TV, 라디오
20.1, 14.1, 13.3 반이중 방식(Half-Duplex)	양쪽 모두 송·수신이 가능하지만 동시에는 불가능한 방식이다.	무전기
20.1, 16.3, 13.3, 12.2, 09.2 전이중 방식(Full-Duplex)	양쪽 모두 동시에 송·수신이 가능한 방식이다.	전화

따라잡기 기출문제 따라잡기

문제5 1109052

07년 2회
1. 다음 중 컴퓨터 네트워크의 장점과 거리가 먼 것은?

① 네트워크를 사용하는 사용자들이 증가할수록 전송 속도가 빨라진다.

② 시간과 장소에 구애받지 않고 쉽게 정보를 수집하고 교환할 수 있다.

③ 여러 컴퓨터의 자원을 공유할 수 있다.

④ 컴퓨터 자원이 연결되어 있는 위치에 관계없이 프로그램, 데이터, 각종 주변기기 등을 공유할 수 있다.

네트워크를 사용하는 사용자들이 증가할수록 트래픽(정보량)이 증가하므로 전송 속도는 느려집니다.

05년 1회, 04년 3회
2. 정보통신 시스템의 기본 구성 요소에 해당되지 않는 것은?

① 가입자 단말장치   ② 데이터 처리계

③ 데이터 전송계   ④ 다중 시스템

정보통신 시스템은 데이터 전송계와 데이터 처리계로 구분되는데, 전송계에는 단말장치와 데이터 전송 회선이 있고 처리계에는 컴퓨터가 있습니다.

22년 2회, 20년 1회, 16년 3회
3. 다음 중 정보 전송 방식에 대한 설명으로 옳지 않은 것은?

① 통신 회선 이용 방식에 따라 단방향 통신, 양방향 통신, 전이중 통신으로 구분한다.

② 데이터 전송 방식에 따라 직렬 전송, 병렬 전송으로 구분한다.

③ 데이터 동기화 여부에 따라 비동기식 전송, 동기식 전송으로 구분한다.

④ 연결 방식에 따라 점 대 점 방식, 다지점 방식으로 구분한다.

통신 회선 이용 방식에 따라 단방향 통신, 반이중 통신, 전이중 통신으로 구분합니다. 반이중 통신과 전이중 통신은 모두 양방향 통신으로, 동시에 양방향 송수신이 가능한 것은 전이중 통신이고, 교대로 양방향 송수신이 가능한 것은 반이중 통신입니다.

08년 2회
4. 다음 중 데이터 통신 시스템에서 데이터 전송계를 구성하는 기본 요소들과 가장 거리가 먼 것은?

① 데이터 통신 시스템과 외부 환경과의 접속점에 위치하는 단말장치

② 데이터 전송회선과 단말장치 사이에 위치하여 이들을 결합하기 위한 통신제어장치

③ 데이터를 처리하는 중앙처리장치와 처리된 결과를 저장하는 출력장치

④ 단말장치 상호 간을 연결하여 주는 데이터 전송회선

데이터를 처리하는 중앙처리장치와 처리된 결과를 저장하는 출력장치는 데이터 전송계가 아니라 데이터 처리계에 해당합니다.

12년 2회, 09년 2회
5. 다음 보기의 내용은 전송 방향에 따른 전송 방식을 설명한 것이다. 이에 적합한 것은 어느 것인가?

전화 회선처럼 송신자와 수신자가 동시에 양방향 통신을 할 수 있는 것으로 서로 다른 회선이나 주파수를 이용하여 데이터 신호가 충돌되는 것을 방지한다. 반환시간이 필요 없으므로 두 컴퓨터 사이에 매우 빠른 속도로 통신이 가능하다.

① 단방향(Simplex) 통신 방식

② 반이중(Half Duplex) 통신 방식

③ 전이중(Full Duplex) 통신 방식

④ 이이중(Double Duplex) 통신 방식

지문에 제시된 내용은 전이중(Full Duplex) 통신 방식의 특징입니다.

▶ 정답 : 1. ①   2. ④   3. ①   4. ③   5. ③

전문가의 조언

LAN, WAN, VAN, ISDN에 대한 문제가 출제되었습니다. LAN, WAN, VAN, ISDN의 특징을 확실히 알아 두고, 나머지는 다른 통신망과 비교되는 특징을 위주로 정리해 두세요.

1 통신망의 종류

24.2, 23.4, 14.1, 12.3, 11.2, 11.1, 10.3, 09.4, 09.1, 06.3, 05.3, 05.2, 05.1, 04.3, 04.1, 02.4, 02.2, 02.1, 01.2, 00.2

1109101

통신망의 종류는 연결된 거리나 전송되는 데이터의 형식 등에 따라 다양하게 나누어진다. 다음은 각 통신망의 종류와 특징이다.

통신망	특징
23.4, 14.1, 11.1, 10.3, 10.1, 09.4, 05.3, 05.2, ⋯ LAN (Local Area Network, 근거리 통신망)	• 자원 공유를 목적으로 회사, 학교, 연구소 등의 구내에서 사용하는 통신망이다. • 전송 거리가 짧아 고속 전송이 가능하며, 에러 발생률이 낮다. • 연결 방식에는 스타형, 버스형, 링형, 계층형 등이 있다.
09.4, 04.3 MAN (Metropolitan Area Network, 도시권 통신망)	• LAN과 WAN의 중간 형태로, LAN의 기능을 충분히 수용하면서 도시 전역 또는 도시와 도시 등 넓은 지역을 연결하는 통신망이다. • LAN과 마찬가지로 높은 데이터 전송률을 가지고 있다.
24.2, 23.4, 09.4, 04.3 WAN (Wide Area Network, 광대역 통신망)	• MAN보다 넓은 범위인 국가와 국가 혹은 대륙과 대륙을 하나로 연결하는 통신망이다. • 넓은 지역을 연결하기 때문에 비교적 에러 발생률이 높다.
24.2, 23.4, 14.1, 12.3, 09.1, 08.1, 06.3, ⋯ VAN (Value Added Network, 부가가치 통신망)	• 기간 통신 사업자로부터 통신 회선을 빌려 기존의 정보에 새로운 가치를 더해 다수의 이용자에게 판매하는 통신망이다. • 전화 교환, 패킷 교환, 전용 회선의 각 서비스망을 구성한다.
24.2, 23.4, 09.4, 09.1, 08.1, 06.1, 04.3 ISDN (Integrated Services Digital Network, 종합정보 통신망)	• 문자, 음성, 동영상 등 다양한 데이터를 통합하여 디지털화된 하나의 통신 회선으로 전송하는 통신망이다. • 다양한 종류의 통신 서비스를 빠르고, 저렴하게 사용할 수 있다.
24.2, 11.2, 06.1, 05.1, 01.2 B-ISDN (Broadband ISDN, 광대역 종합정보 통신망)	• 광대역 네트워크에서 데이터, 음성, 고해상도의 동영상 등 다양한 서비스를 디지털 통신망을 이용해 제공하는 고속 통신망이다. • 비동기식 전달 방식(ATM; Asynchronous Transfer Mode)과 넓은 대역폭을 사용하여 150~600Mbps의 초고속 대용량 데이터를 디지털로 전송할 수 있다. • 데이터 전송 단위를 53바이트 셀로 한다.
WLL (Wireless Local Loop)	• 전화국과 가입자 단말 사이의 회선을 유선 대신 무선 시스템을 이용하여 구성하는 통신망이다. • 음성, 고속 인터넷, 데이터, 영상 등을 복합적으로 전송할 수 있다. • 유선 선로에 비해 설치 비용이 저렴하고, 설치가 용이하다.

08.4, 06.1, 05.4, 04.3, 04.1

잠깐만요 **ATM(Asynchronous Transfer Mode, 비동기식 전달 방식)**

1109131

• 음성, 동화상, 텍스트와 같은 여러 형식의 정보를 셀(Cell)이라는 고정된 크기로 작게 나누어 빠르게 전송하는 B-ISDN의 핵심 기술입니다.
• 패킷 라우팅(Packet Routing)을 기반으로 합니다.

문제21109151

따라잡기 기출문제 따라잡기

08년 4회, 06년 1회, 05년 4회, 04년 3회, 1회

1. 다음 보기에서 설명하는 특성들을 갖는 통신망의 구성 요소는 어느 것인가?

- 음성과 영상 같은 다매체 자료를 전송하기 위해 사용된다.
- 패킷 라우팅(Packet Routing)을 기반으로 한 통신 방식이다.
- 고속의 광섬유와 위성통신까지 가능한 셀 릴레이(Cell Relay) 방식을 사용한다.

① ADSL(Asymmetric Digital Subscriber Line)
② PSTN(Public Switched Telephone Network)
③ ATM(Asynchronous Transfer Mode)
④ CSDN(Circuit Switched Data Network)

ATM은 음성, 동화상, 텍스트와 같은 여러 형식의 정보를 셀(Cell) 단위로 나누어 전송하는 방식입니다.

24년 2회, 23년 4회, 09년 4회, 04년 3회

2. 다음 중 통신망의 종류와 특징에 대한 설명으로 옳지 않은 것은?

① LAN – 제한된 지역 내에 있는 독립된 컴퓨터 기기들로 하여금 서로 통신이 가능하도록 하는 데이터 통신 시스템이다.
② MAN – 도시 전체를 대상으로 구축하는 네트워크이다.
③ WAN – 데이터, 음성, 영상 정보의 단거리 전송 서비스를 제공하는 네트워크이다.
④ ISDN – 기존의 전화 교환망에 디지털 기능을 추가하여 새로운 통신 서비스를 제공하는 네트워크이다.

WAN은 광대역 통신망(Wide Area Network)이라는 의미 그대로 국가와 국가 혹은 대륙과 대륙을 연결하는 통신망입니다.

12년 3회, 06년 3회, 04년 1회

3. 다음 중 기존의 통신망에 특정한 부가가치를 첨가하여 고도의 통신 서비스를 제공하는 통신망을 의미하는 용어는?

① VAN ② LAN
③ ISDN ④ WAN

기존의 통신망에 새로운 서비스를 첨가하여 제공하는 통신망은 VAN입니다.

▶ 정답 : 1. ③ 2. ③ 3. ①

망의 연결 회선

전문가의 조언

광섬유 케이블의 특징을 묻는 문제가 출제되었습니다. 광섬유 케이블의 특징을 확실히 숙지하고 나머지는 서로 구분할 수 있을 정도로만 알아두세요.

1 꼬임선

꼬임선(Twisted Pair Wire)은 전기적 간섭 현상을 줄이기 위해서 균일하게 서로 감겨있는 형태의 케이블이다.

• 가격이 저렴하고, 설치가 간편하다.

• 거리, 대역폭, 데이터 전송률 면에서 제약이 많다.

• 다른 전기적 신호의 간섭이나 잡음에 영향을 받기가 쉽다.

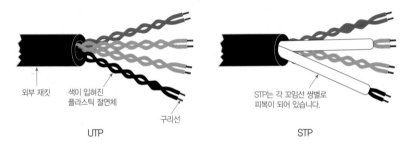

외부 재킷　색이 입혀진 플라스틱 절연체　구리선

UTP

STP는 각 꼬임선 쌍별로 피복이 되어 있습니다.

STP

2 동축 케이블

동축 케이블(Coaxial Cable)은 중심 도체를 플라스틱 절연체를 이용하여 감싸고, 이를 다시 외부 도체를 이용하여 감싸는 형태로 구성된다.

• 주파수 범위가 넓어서 데이터 전송률이 높다.

• 꼬임선에 비해 외부 간섭과 누화의 영향이 적다.

• 신호의 감쇠 현상을 막기 위해 일정 간격마다 중계기를 설치해야 한다.

• 아날로그와 디지털 신호 전송에 모두 사용한다.

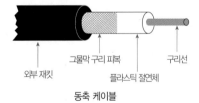

외부 재킷　그물막 구리 피복　플라스틱 절연체　구리선

동축 케이블

3 광섬유 케이블

24.1, 23.5, 20.2, 19.상시, 15.2, 13.2, 09.3, 09.1, 08.2, 08.1, 06.1

4109803

광섬유 케이블(Optical Fiber Cable)은 유리를 원료로하여 제작된 가느다란 광섬유를 여러 가닥 묶어서 케이블의 형태로 만든 것으로, 광 케이블이라고도 한다.

- 대역폭이 넓어 데이터의 전송률이 뛰어나고 데이터 손실이 적어 비교적 원거리 통신에 이용한다.
- 리피터의 설치 간격이 넓어 가입자 회선으로 이용한다.
- 다른 전송매체보다 크기가 작고 가벼우며 충격이나 잡음이 적다.
- 가늘고 가벼워 취급이 용이하며, 도청하기 어려워 보안성이 뛰어나다.
- 다른 유선전송 매체에 비해 정보전달의 안전성이 높다.
- 설치 비용이 비싸지만 리피터의 설치 간격이 커서 리피터 소요가 적고, 대용량 전송이 가능하여 단위 비용은 저렴하다.
- 광섬유 케이블 간의 연결이 어려워 설치 시 고도의 기술이 필요하다.

코어(Core)
클래딩(Cladding)
재킷(Jacket)

광섬유 케이블

따라잡기 기출문제 따라잡기

문제1 1109861

24년 1회, 20년 2회, 13년 2회, 09년 3회, 1회, 08년 2회, 1회
1. 다음 중 전송매체 광 케이블에 대한 설명으로 옳지 않은 것은?

① 대역폭이 좁아 데이터의 전송률이 뛰어나고 손실이 적다.
② 가늘고 가벼워 취급이 용이하며, 도청하기 어려워 보안성이 뛰어나다.
③ 리피터의 설치 간격이 넓어 가입자 회선으로 이용한다.
④ 다른 전송매체보다 크기가 작고 가벼우며 충격이나 잡음이 적다.

> 광섬유 케이블은 대역폭이 넓어 데이터의 전송률이 뛰어나고 손실이 적습니다.

23년 5회
2. 다음 중 정보통신을 위하여 사용되는 광섬유 케이블에 관한 설명으로 옳지 않은 것은?

① 대역폭이 넓어 데이터의 전송률이 우수하다.
② 리피터의 설치 간격을 좁게 설계하여야 한다.
③ 도청하기 어려워서 보안성이 우수하다.
④ 다른 유선 전송 매체와 비교하여 정보 전달의 안전성이 우수하다.

> 광섬유 케이블은 감쇄율이 적기 때문에 리피터의 설치 간격을 넓게 설계합니다.

15년 2회
3. 다음 중 전송 매체인 광섬유 케이블(Optical Fiber Cable)에 대한 설명으로 옳지 않은 것은?

① 코어와 클래딩, 재킷 부분으로 구성된다.
② 넓은 대역폭을 제공하므로 데이터의 전송률이 높다.
③ 가늘고 가벼우며 외부 잡음 등의 영향을 거의 받지 않는다.
④ 다른 전송 매체에 비해 설치 비용이 저가이며, 시공이 쉽기 때문에 가정용 전화기나 개인용 컴퓨터 연결에 주로 사용된다.

> 광섬유 케이블은 다른 전송 매체에 비해 설치 비용이 비싸고, 광섬유 케이블 간의 연결이 어려워 설치 시 고도의 기술이 필요하므로 주로 원거리 통신망에 사용됩니다.

▶ 정답 : 1. ① 2. ② 3. ④

인터넷의 주소 체계

- 인터넷(Internet)이란 TCP/IP 프로토콜을 기반으로 하여 전세계의 수많은 컴퓨터와 네트워크들이 연결된 광범위한 컴퓨터 통신망이다.
- 인터넷에 연결된 모든 컴퓨터는 각각의 컴퓨터를 구분하기 위해 고유한 주소를 가져야 한다. 다음은 인터넷의 주소 체계에 대한 설명이다.

클래스별 호스트의 수를 정확히는 몰라도 단위가 천만, 만, 백이라는 것을 기억하고, IP 주소의 특징을 정리하세요.

IP 주소
- **공인 IP(Public IP)** : 실제로 인터넷을 사용할 수 있는 IP로, ISP 등에서 부여를 받으며, 전세계에 단 하나만 존재합니다.
- **사설 IP(Private IP)** : 인터넷상에서 확인할 수 없고, LAN이나 회사 내부 네트워크에서만 사용 가능한 IP로, 192.168.0.2 ~ 255의 주소를 사용합니다.

멀티캐스트
한 명 이상의 송신자들이 특정한 한 명 이상의 수신자들에게 데이터를 전송하는 방식으로, 인터넷 화상회의 등에서 사용됩니다.

1 IP 주소

09.4, 05.1, 02.3, 01.2, 01.1

1109301

IP 주소*(Internet Protocol Address)는 인터넷에 연결된 모든 컴퓨터의 자원을 구분하기 위한 인터넷 주소이다.

- 숫자로 8비트씩 4부분, 총 32비트로 구성되어 있다.
- IP 주소는 네트워크 부분의 길이에 따라 다음과 같이 A 클래스에서 E 클래스까지 총 5단계로 구성되어 있다.

Class A	국가나 대형 통신망에 사용(16,777,214개의 호스트)	
Class B	중대형 통신망에 사용(65,534개의 호스트)	
Class C	소규모 통신망에 사용(254개의 호스트)	
Class D	멀티캐스트*용으로 사용	■ 네트워크 부분
Class E	실험용으로 사용	□ 호스트 부분

13.3, 02.4

잠깐만요 Class A의 네트워크와 호스트의 수

1   8 9   16 17   24 25   32Bit

네트워크 부분   호스트 부분

- Class A는 1바이트(8Bit)의 네트워크 부분과 3바이트(24Bit)의 호스트 부분으로 구성됩니다.
- Class A의 최상위 1비트는 각 클래스를 구별하기 위한 비트로, 사용되지 않습니다.
- 결국 Class A의 네트워크 부분은 128(2^7)개로 구성되나 0번과 127번은 예약된 IP 주소이므로 실질적으로는 126개로 구성됩니다. 그리고 126개의 각 네트워크는 16,777,214($2^{24}-2$)개의 호스트를 갖습니다.

중요해요! IPv6의 특징을 묻는 문제가 출제되고 있습니다. IPv6의 특징을 세부적인 내용까지 확실히 정리해 두세요.

2 IPv6

24.5, 24.3, 23.2, 22.4, 22.3, 22.2, 21.2, 20.1, 19.1, 00.2

3110202

IPv6(Internet Protocol version 6)은 현재 사용하고 있는 IP 주소 체계인 IPv4의 주소 부족 문제를 해결하기 위해 개발되었다.

- 16비트씩 8부분, 총 128비트로 구성되어 있다.
- 주소의 각 부분은 4자리의 16진수를 콜론(:)으로 구분하여 표현한다.
- 주소의 각 부분이 0으로 연속된 경우 0을 생략하여 '::'와 같이 표시*하고, 주소의 한 부분이 0으로 연속된 경우 0을 생략하고 ':'만 표시*할 수 있다.
- 인증성, 기밀성, 데이터 무결성의 지원으로 보안 문제를 해결할 수 있다.
- IPv4와의 호환성이 뛰어나다.
- 주소의 확장성, 융통성, 연동성이 뛰어나다.
- IPv4에 비하여 자료 전송 속도가 빠르다.
- 실시간 흐름 제어로 향상된 멀티미디어 기능을 지원한다.
- 유니캐스트(Unicast), 멀티캐스트(Multicast), 애니캐스트(Anycast) 등의 3가지로 주소 체계가 분류되기 때문에 주소의 낭비 요인을 줄이고 간단하게 주소를 결정할 수 있다.

0이 연속된 경우 '::'으로 표시
📖 2001:0DB8:0000:0000:0000:0000:1428:57ab →
2001:0DB8::1428:57ab

한 부분이 0으로 연속된 경우 ':'으로 표시
📖 2001:0DB7:0000:2941:3752:64cb:1428:57ab → 2001:0DB7::2941:3752:64cb:1428:57ab

😊 따라잡기 기출문제 따라잡기

문제3 1201053

02년 3회

1. 다음 중 인터넷 IPv4 주소 체계에 대한 설명으로 옳지 않은 것은?

① 8비트씩 4부분으로 구성되어 있다.

② A 클래스에서 C 클래스까지 3단계로 구성되어 있다.

③ 숫자로 되어 있다.

④ 국가나 대형 통신망에는 A 클래스가 사용된다.

> IPv4 주소 체계는 A 클래스에서 E 클래스까지 5단계로 구성되어 있습니다.

22년 4회

2. 다음 중 한글 Windows 10에서 인터넷 IP 주소 체계를 위해 사용하는 IPv6에 대한 설명으로 옳지 않은 것은?

① IPv4와의 호환성이 뛰어나며, IPv4와 비교하여 자료 전송 속도가 빠르다.

② 숫자로 8비트씩 4부분으로 구분하며, 총 32비트로 구성된다.

③ 인증성, 기밀성, 데이터 무결성의 지원으로 보안 문제를 해결할 수 있다.

④ 실시간 흐름제어로 향상된 멀티미디어 기능을 제공한다.

> IPv6는 16비트씩 8부분으로 구분하며, 총 128비트로 구성됩니다.

24년 5회, 3회, 23년 2회, 22년 4회, 3회, 2회, 21년 2회, 20년 1회, 19년 1회

3. 다음 중 인터넷의 IPv6 주소 체제에 관한 설명으로 옳지 않은 것은?

① IPv4와 호환성이 뛰어나다.

② Class A의 네트워크 부분은 IPv4의 2배인 16비트로 구성되어 있다.

③ 128비트의 주소를 사용하여, 주소 부족 문제를 해결할 수 있다.

④ 인증성, 기밀성, 데이터 무결성의 지원으로 보안 문제를 해결할 수 있다.

> IPv4는 Class A~E로 구분되지만 IPv6은 유니캐스트, 애니캐스트, 멀티캐스트로 구분됩니다.

13년 3회

4. 다음 중 인터넷 주소 체계에 대한 설명으로 옳지 않은 것은?

① IP 주소는 네트워크 부분의 길이에 따라 A클래스에서 E클래스까지 5단계로 구성되어 있다.

② IPv4는 숫자로 8비트씩 4부분으로 총 32비트로 구성된다.

③ IPv4는 8비트마다 0에서 255 사이의 10진수로 표시하며 각각을 점(.)으로 구분한다.

④ IPv6은 IPv4의 주소 부족을 해결하기 위한 대책으로 마련된 64비트 체계이다.

> IPv6는 128비트 체계입니다.

▶ 정답 : 1. ② 2. ② 3. ② 4. ④

프로토콜

A 등급

1 프로토콜의 개요

24.5, 22.4, 20.1, 18.상시, 16.3, 12.1, 07.4, 03.1, 98.2

1109401

프로토콜(Protocol)은 네트워크에서 서로 다른 컴퓨터들 간에 정보교환을 할 수 있게 해주는 통신 규약이다. 프로토콜의 기능과 인터넷에 필요한 프로토콜에 대해 알아보자.

• 프로토콜은 통신망에 흐르는 패킷*수를 조절하는 등의 흐름제어(Flow Control) 기능이 있어 시스템 전체의 안정성을 유지할 수 있다.

• 프로토콜은 정보를 전송하기 위하여 송·수신기가 같은 상태를 유지하도록 하는 동기화(Synchronization) 기능을 수행한다.

• 프로토콜은 데이터의 전송 도중에 발생하는 오류를 검출한다.

• 프로토콜은 구문(Syntax)과 의미(Semantic), 순서(Timing)의 세 가지 기본 요소로 구성되어 있다.

구문(Syntax)	데이터 형식, 부호화(Coding), 신호 레벨(Signal Level) 등을 포함한다.
의미(Semantic)	개체 간의 협조 사항과 에러 관리를 위한 제어 정보를 포함한다.
순서(Timing)	통신 속도의 조정, 메시지의 순서 제어 등을 포함한다.

2 프로토콜의 종류

24.2, 20.상시, 20.2, 19.상시, 19.1, 18.상시, 18.2, 17.1, 15.2, 15.1, 13.3, 10.1, 08.4, 07.2, 07.1, 06.3, 05.3, 05.2, 04.4, 04.3, 03.1, …

1109402

19.1, 18.상시, 18.2, 13.3, … **TCP/IP**	• 인터넷에 연결된 서로 다른 기종의 컴퓨터들 간에 데이터를 주고받을 수 있도록 하는 표준 프로토콜이다. • 망의 일부가 파손되어도 남아 있는 망으로 통신이 가능하며, TCP와 IP 프로토콜의 결합적 의미가 들어 있다. • TCP : 메시지를 송·수신지의 주소와 정보로 묶어 패킷 단위로 나누며, 전송 데이터의 흐름을 제어하고, 데이터의 에러 유무를 검사한다. • IP : 패킷 주소를 해석하고, 경로를 결정하여 다음 호스트로 전송한다.
07.1, 05.4, 04.4, 02.3, 01.3 **ARP**	주소 분석 프로토콜, 목적지 컴퓨터의 IP 주소만 알고 물리적인 주소를 나타내는 이더넷(MAC) 주소*를 모를 경우, IP 주소를 이용하여 이더넷 주소를 찾아주는 프로토콜이다.
15.2, 15.1, 10.1 **RARP**	물리적 하드웨어 주소(MAC)를 인터넷 주소(IP)로 변환하는 프로토콜로, APP와 반대 역할을 하는 프로토콜이다.
18.상시, 08.4, 02.3 **UDP**	사용자 데이터그램 프로토콜, IP를 사용하는 네트워크에서 한 컴퓨터에서 다른 컴퓨터로 실제 데이터 단위(데이터그램)를 전송하기 위해 사용하는 프로토콜이며, 오류 정정이나 재송신 기능이 없다.
18.상시, 08.4, 02.3 **ICMP**	인터넷 제어 메시지 프로토콜, IP와 조합하여 통신중에 발생하는 오류의 처리와 예상치 못한 상황에 대한 정보를 제공하는 제어 메시지를 관리하는 프로토콜이다.
24.2, 20.2, 17.1 **SNMP**	TCP/IP의 네트워크 관리 프로토콜로, 네트워크의 각 호스트에서 정보를 수집하고 수정하여 장치의 동작을 변경하는 프로토콜이다.

3 OSI 7계층

24.5, 23.4, 23.3, 22.3, 21.1, 20.상시, 19.상시, 19.2, 18.상시, 17.2, 17.1, 16.2, 16.1, 14.3, 13.1, 12.2, 11.3, 11.2, 09.3, 06.4, 05.4, 03.4

1109403

OSI(Open Systems Interconnection) 7계층은 기종이 서로 다른 컴퓨터 간의 정보교환을 원활히 하기 위해 국제표준화기구(ISO, International Standards Organization)에서 제정했다.

• 네트워크를 이루고 있는 구성 요소들을 계층적 방법으로 나누고 각 계층의 표준을 정한 것이다.

OSI 7계층*의 기능

계층	기능
21.1, 20.상시, 18.상시, 17.1, 16.2 **물리 계층** (Physical Layer)	전송에 필요한 두 장치 간의 실제 접속과 절단 등 기계적, 전기적, 기능적, 절차적 특성을 정의한다.
24.5, 22.3, 20.상시, 18.상시, 17.1, … **데이터 링크 계층** (Data Link Layer)	• 두 개의 인접한 개방 시스템들 간에 신뢰성 있고 효율적인 정보 전송을 할 수 있도록 한다. • 링크의 확립, 유지, 단절의 수단을 제공한다. • 흐름 제어, 프레임 동기화, 오류 제어, 순서 제어 기능이 있다.
24.5, 22.3, 21.1, 18.상시, 17.1, 16.2, … **네트워크 계층** (Network Layer, 망 계층)	• 개방 시스템들 간의 네트워크 연결 관리(네트워크 연결을 설정, 유지, 해제), 데이터의 교환 및 중계를 담당한다. • 경로 설정(Routing), 트래픽 제어, 패킷 정보 전송 기능이 있다.
20.상시, 18.상시, 17.1, 12.2, 11.1 **전송 계층** (Transport Layer)	• 종단 시스템(End-to-End) 간에 신뢰성 있고 투명한 데이터 전송을 가능하게 한다. • 전송 연결 설정, 데이터 전송, 연결 해제 기능이 있다.
24.5, 23.4, 22.3, 21.1, 17.2, 16.2, … **세션 계층** (Session Layer)	• 송 · 수신측간의 관련성을 유지하고 대화 제어를 담당한다. • 대화(회화) 구성 및 동기 제어, 데이터 교환 관리 기능이 있다.
표현 계층 (Presentation Layer)	• 응용 계층으로부터 받은 데이터를 세션 계층에 맞게, 세션 계층에서 받은 데이터는 응용 계층에 맞게 변환한다. • 코드 변환, 데이터 암호화, 데이터 압축, 구문 검색, 데이터 표현 형식(포맷) 변환 기능이 있다.
24.5, 22.3, 21.1, 20.상시, 18.상시, … **응용 계층** (Application Layer)	• 사용자(응용 프로그램)가 OSI 환경에 접근할 수 있도록 서비스를 제공한다. • 응용 프로그램과의 통신제어 및 실행 기능이 있다.

 전문가의 조언

중요해요! OSI 7계층의 순서를 나열하는 문제와 각 계층의 기능을 묻는 문제가 자주 출제됩니다. OSI 7계층의 순서는 각 계층의 첫 글자만 나열해서 '물 → 데 → 네 → 전→세→표→응'으로 기억하세요.

OSI 7계층 구조에 대한 프로토콜
• 물리, 데이터 링크 계층 : 랜 어댑터, HDLC, SDLC
• 네트워크 계층 : IP, ICMP
• 전송 계층 : TCP, UDP
• 세션, 표현, 응용 계층 : Telnet, FTP, SMTP, SNMP, HTTP

24년 5회, 22년 4회, 20년 1회, 16년 3회

1. 다음 중 인터넷에서 사용하는 프로토콜(Protocol)에 관한 설명으로 옳지 않은 것은?

① 통신망에 흐르는 패킷 수를 조절하는 흐름제어 기능이 있다.

② 송 · 수신기가 같은 상태를 유지하도록 동기화 기능을 수행한다.

③ 데이터 전송 도중에 발생할 수 있는 오류를 검출하고 수정할 수 있다.

④ 구문, 의미, 순서의 세 가지 기본 요소로 구성된다.

> 프로토콜은 전송 두중에 발생한 오류를 검출할 수는 있어도 수정할 수는 없습니다.

24년 2회

2. 인터넷 프로토콜 중 다음과 같은 특징을 가지는 프로토콜은 무엇인가?

> TCP/IP의 네트워크 관리 프로토콜로, 네트워크상의 각 호스트에서 정기적으로 정보를 수집해 네트워크를 관리하며, 정보를 수정하여 장치의 동작을 변경하는데 사용되는 프로토콜

① UDP   ② ARP

③ SNMP   ④ SMTP

> 지문에 제시된 내용은 SNMP(Simple Network Management Protocol)의 특징입니다.

23년 4회

3. 다음 중 TCP/IP 상에서 운용되는 응용 프로토콜이 아닌 것은?

① FTP   ② TELNET

③ HTTP   ④ CPP

> 응용 계층에서 운용되는 프로토콜에는 FTP, TELNET, HTTP 등이 있습니다.

21년 1회, 17년 1회, 16년 2회, 11년 3회

4. 다음 중 데이터 통신의 프로토콜을 정의하는 OSI 7계층에 대한 설명으로 옳지 않은 것은?

① 물리 계층 : 네트워크의 물리적 특징 정의

② 네트워크 계층 : 데이터 교환 기능 정의 및 제공

③ 세션 계층 : 데이터 표현 형식 표준화

④ 응용 계층 : 응용 프로그램과의 통신제어 및 실행

> 데이터 표현 형식의 표준화는 표현 계층에서 수행합니다. 세션 계층에서는 송 · 수신측 간의 관련성을 유지하고 대화 제어를 담당합니다.

13년 3회, 04년 3회, 03년 1회, 01년 1회

5. 다음은 인터넷에서 메시지를 전송하는 데 사용되는 프로토콜과 그 역할에 대한 설명이다. ( ) 안에 들어갈 용어를 순서대로 나열한 것은?

> • (   )는 패킷 주소를 해석하고 경로를 결정하여 다음 호스트로 전송한다.
>
> • (   )는 메시지를 송 · 수신자의 주소와 정보를 묶어 패킷 단위로 나눈다.

① TCP, IP   ② IP, HTTPP

③ IP, TCP   ④ TCP, HTPP

> 지문의 ( ) 안에 들어갈 알맞은 용어는 순서대로 IP와 TCP입니다.

23년 4회

6. 다음 중 OSI 7계층 구조 중에서 세션 계층(Session Layer)의 기능과 거리가 먼 것은?

① 송 · 수신 측 간의 대화 제어

② 메시지 전송과 수신(데이터 동기화 및 관리)

③ 대화(회화) 구성

④ 사용자가 다양한 응용 프로그램을 이용

> ④번은 응용 계층의 기능입니다.

24년 5회, 23년 3회, 22년 3회, 19년 2회

7. 다음 중 OSI 7 계층 구조에서 각 계층에 해당하는 프로토콜로 옳지 않은 것은?

① 데이터링크 계층 : HDLC, SDLC

② 네트워크 계층 : IP, ICMP

③ 세션 계층 : TCP, UDP

④ 응용 계층 : FTP, HTTP

> TCP와 UDP는 전송 계층의 프로토콜입니다.

15년 2회, 1회, 10년 1회

8. 다음 중 네트워크상에서 물리적인 네트워크 주소(MAC; Media Access Control)를 IP 주소로 대응시키기 위해 사용되는 프로토콜은 어느 것인가?

① RARP   ② ARP

③ SLIP   ④ SNMP

> IP 주소로부터 MAC 주소를 알아내는 프로토콜은 ARP, 반대로 MAC 주소로부터 IP 주소를 알아내는 것은 RARP입니다.

▶ **정답 :** 1. ③   2. ③   3. ④   4. ③   5. ③   6. ④   7. ③   8. ①

인터넷 서비스

C 등급

1 인터넷 서비스

24.3, 22.1, 21.1, 17.2, 16.3, 15.2, 13.1, 05.2, 04.2, 03.3, 01.1, 99.3, 99.2, 99.1

1109501

24.3, 17.2, 03.3 **WWW** **(World Wide Web)**	• 인터넷에 존재하는 다양한 정보를 연결해 놓은 종합 서비스이다. • HTTP 프로토콜을 사용하는 하이퍼텍스트를 기반으로 한다. • WWW를 효과적으로 검색할 수 있도록 도와주는 프로그램을 웹 브라우저(Web Browser)라고 한다.
전자우편	인터넷을 통해 편지, 그림, 동영상 등의 다양한 데이터를 주고받을 수 있는 서비스이다.
24.3, 17.2, 16.3, 05.2, 03.1, 02.1 **FTP(File Transfer Protocol, 파일 전송 프로토콜)**	• 컴퓨터와 컴퓨터 또는 컴퓨터와 인터넷 사이에서 파일을 주고받을 수 있도록 하는 원격 파일 전송 프로토콜이다. • Anonymous FTP(익명 FTP) : 'Anonymous'란 '이름이 없다'는 뜻으로서, 계정(Account)*이 없는 사용자도 접근하여 사용할 수 있는 FTP 서비스이다. • 최근 많이 사용하는 웹하드는 인터넷상의 FTP 서버에 사용자가 파일을 올리거나 다운받을 수 있도록 만든 것이다.
04.2, 01.1, 99.1 **아키(Archie)**	익명의 FTP 사이트에 있는 FTP 서버와 그 안의 파일 정보를 데이터베이스에 저장해 두었다가 FTP 서버의 리스트와 파일을 제공함으로써 정보를 쉽게 검색할 수 있도록 하는 서비스이다.
13.1, 99.3, 99.2 **유즈넷(USENET)**	• 분야별로 공통의 관심사를 가진 인터넷 사용자들이 서로의 의견을 주고받을 수 있게 하는 서비스이다. • 사용자는 주제별 게시판인 뉴스 그룹을 통하여 세계에서 일어나는 정보를 신속하게 주고받을 수 있다.
02.1 **고퍼(Gopher)**	메뉴 방식을 이용해 손쉽게 정보 검색을 할 수 있도록 하는 서비스로, 여러 곳에 분산되어 있는 서버의 자료를 검색할 수 있다.
24.3, 17.2, 02.1 **텔넷(Telnet) = 원격 접속**	• 멀리 떨어져 있는 컴퓨터에 접속하여 자신의 컴퓨터처럼 사용할 수 있도록 해주는 서비스로, 프로그램 실행도 가능하다. • 원격지의 컴퓨터에 접속하려면 계정이 있어야 한다.
IRC*(Internet Relay Chat)	인터넷상에서 채팅을 할 수 있는 서비스로, 인터넷에 연결된 다른 사용자와 실시간으로 대화할 수 있다.
WAIS(Wide Area Information Service)	여러 곳에 흩어져 있는 방대한 데이터베이스에서 정보를 검색할 수 있는 서비스이다.
24.3, 17.2, 03.2 **PING(Packet InterNet Groper)**	원격지에 있는 컴퓨터가 현재 인터넷에 연결되어 정상적으로 작동하고 있는지 알아볼 수 있는 서비스이다.
22.1, 21.1, 17.2, 15.2 **핑거(Finger)**	특정 시스템을 사용하고 있는 사용자에 대한 정보를 알아보기 위한 서비스이다.
메일링 리스트	특정 주제에 대한 정보 교환 및 토론을 위해 전자우편 형태로 운영되는 서비스이다.

전문가의 조언

인터넷에 연결된 거의 모든 자료는 WWW를 통해 쉽게 접근할 수 있으므로, 현재 아키, 유즈넷, 고퍼, 텔넷, WAIS 등은 거의 사용되지 않거나 서비스 자체가 중단되었습니다. 하지만 시험에서는 아직까지 각 서비스의 개념을 묻는 문제가 출제되니 서로 구분할 수 있도록 정리해 두세요.

계정(Account)

호스트 컴퓨터나 서버 컴퓨터에 접속해서 사용할 권리를 부여하기 위해 주어지는 식별 번호(ID), 사용자 ID와 패스워드(Password)를 입력하고, 컴퓨터의 자원을 사용합니다.

IRC

최근에는 실시간 대화뿐만 아니라 파일(문서, 동영상), 문자 전송 등이 가능한 네이트온, 카카오톡 등의 메신저가 주로 사용되고 있습니다.

23.1, 21.4, 21.3, 14.1, 11.1, 10.2

잠깐만요 인트라넷 / 엑스트라넷 / 그룹웨어 / 전자상거래

4110131

21.4, 11.1, 09.4, 08.2, ··· **인트라넷** (Intranet)	인터넷의 기술을 기업 내 정보 시스템에 적용한 것으로, 전자우편 시스템, 전자 결재 시스템 등을 인터넷 환경으로 통합하여 사용하는 것을 말합니다.
09.4, 08.2, 02.1 **엑스트라넷** (Extranet)	기업과 기업 간에 인트라넷을 서로 연결한 것으로, 납품업체나 고객업체 등 자기 회사와 관련 있는 기업체와의 원활한 통신을 위해 인트라넷의 이용 범위를 확대한 것입니다.
10.2 **그룹웨어** (Groupware)	여러 사람이 공통의 업무를 수행하는 데 있어 공동으로 사용할 수 있는 프로그램으로, 종류에는 마이크로소프트 사의 익스체인지(Exchange) 등이 있습니다.
23.1, 21.3, 14.1, 02.1 **전자상거래(EC, Electronic Commerce)**	• 인터넷이나 통신망을 이용하여 거래 업무를 수행할 수 있도록 전자 금융, 전자 문서 교환, 전자 우편 등의 서비스를 제공하는 것을 말합니다. • 인터넷이나 통신망을 이용하여 상품을 거래하는 것을 말합니다.

 따라잡기 기출문제 따라잡기

문제11 1109551

24년 3회, 17년 2회, 02년 1회
1. 다음 중 인터넷 서비스에 관한 설명으로 옳지 않은 것은?

① FTP는 인터넷을 이용하여 파일을 주고받을 수 있는 원격 파일 전송 프로토콜이다.

② Telnet은 원격지에 위치한 컴퓨터를 접속하여 자신의 컴퓨터처럼 사용할 수 있는 서비스이다.

③ Ping은 전자 우편을 위하여 메일 내용의 보안성을 보장하는 프로토콜이다.

④ WWW는 HTTP 프로토콜을 사용하는 하이퍼텍스트를 기반으로 한다.

Ping은 상대 컴퓨터의 접속 여부를 확인하기 위해 사용하는 명령입니다.

13년 1회
2. 다음 중 분야별로 공통의 관심사를 가진 인터넷 사용자들이 서로의 의견을 주고받을 수 있게 하는 인터넷 서비스는 무엇인가?

① 고퍼(Gopher) ② 텔넷(Telnet)
③ 유즈넷(USENET) ④ 아키(Archie)

분야별로 공통의 관심사를 가진 인터넷 사용자들이 서로의 의견을 주고받을 수 있게 하는 서비스는 유즈넷(USENET)입니다.

21년 4회
3. 다음 중 인트라넷(Intranet)에 대한 설명으로 옳은 것은?

① 여러 대의 컴퓨터를 연결하여 하나의 서버로 사용하는 기술이다.

② 인터넷 기술을 이용하여 조직 내의 각종 업무를 수행할 수 있도록 만든 네트워크 환경이다.

③ 이동 전화 단말기에서 개인용 컴퓨터의 운영체제와 같은 역할을 하는 소프트웨어이다.

④ 기업체가 협력업체와 고객 간의 정보 공유를 목적으로 구성한 네트워크이다.

인트라넷은 인터넷의 기술을 기업 내 정보 시스템에 적용하여 조직 내의 각종 업무를 수행할 수 있도록 해주는 네트워크 환경입니다.

05년 2회
4. FTP 프로그램으로 할 수 있는 일이 아닌 것은?

① 원격지로 파일 보내기
② 원격지로부터 파일 받기
③ 원격지에 있는 프로그램을 실행하기
④ 원격지의 폴더를 오픈하기

FTP를 이용하여 원격지 컴퓨터에 파일의 전송(업로드)과 수신(다운로드), 삭제, 이름 변경 등의 작업은 할 수 있으나 프로그램 실행은 불가능합니다.

23년 1회, 21년 3회
5. 다음 중 거래 업무를 컴퓨터를 통해 수행할 수 있도록 전자 금융, 전자 문서 교환, 전자 우편 등의 서비스를 제공하는 것은 무엇인가?

① VLAN(Virtual Local Area Network)
② 전자상거래(E-Commerce)
③ 인트라넷(Intranet)
④ 엑스트라넷(Extranet)

거래 업무를 컴퓨터를 통해 수행할 수 있도록 전자 금융, 전자 문서 교환 등의 서비스를 제공하는 것은 전자상거래(E-Commerce)입니다.

▶ 정답 : 1. ③ 2. ③ 3. ② 4. ③ 5. ②

웹 프로그래밍 언어

1 웹 프로그래밍 언어

웹 프로그래밍 언어는 웹 문서를 제작할 때 사용하는 언어이다.

24.3, 12.2, 08.4, 07.4, 03.3 **HTML(Hyper Text Markup Language)**※	• 인터넷의 표준 문서인 하이퍼텍스트 문서를 만들기 위해 사용하는 언어이다. • 특별한 데이터 타입이 없는 단순한 텍스트이므로 호환성이 좋고 사용이 편리하다.
21.1, 18.상시, 18.2, 16.2 **HTML5**	• 웹 표준 기관인 W3C에서 제안한 HTML의 최신 규격으로, HTML에 비디오, 오디오 등 다양한 부가 기능을 포함시킨 언어이다. • 웹브라우저에 액티브X나 플러그인 등의 추가 설치 없이 최신 멀티미디어 콘텐츠를 손쉽게 감상할 수 있다.
20.1 **DHTML(Dynamic HTML)**	HTML에 비해 애니메이션이 강화되고 사용자와의 상호 작용에 좀더 민감한 동적인 웹 페이지를 만들 수 있게하는 언어이다.
24.5, 23.2, 22.2, 21.4, 18.1, 08.4, … **SGML(Stand Gene- ralized Markup Language)**	텍스트, 이미지, 오디오 및 비디오 등을 포함하는 멀티미디어 전자 문서들을 다른 기종의 시스템들과 정보의 손실 없이 효율적으로 전송, 저장 및 자동 처리하기 위한 언어이다.
24.4, 24.3, 23.1, 21.2, 20.1, 17.1, 09.4, … **XML(eXtensible Markup Language)**	• 확장성 생성 언어라는 뜻으로, 기존 HTML의 단점을 보완하여 웹에서 구조화된 폭넓고 다양한 문서들을 상호 교환할 수 있도록 설계된 언어이다. • HTML에 사용자가 새로운 태그(Tag)※를 정의할 수 있는 기능이 추가되었다. • 유니코드를 사용하여 전 세계의 모든 문자를 처리할 수 있다.
13.1 **UML**	통합 모델링 언어(Unified Modeling Language)라는 뜻으로, 요구 분석, 시스템 설계, 시스템 구현 등의 시스템 개발 과정에서 시스템 개발자가 구축하고자 하는 소프트웨어를 코딩하기에 앞서 표준화되고 이해하기 쉬운 방법으로 소프트웨어를 설계하여 다른 사람들과 효율적으로 의사소통을 할 수 있게 도와준다.
24.4, 07.4, 06.4, 05.3, 03.4 **VRML(Virtual Reality Modeling Language)**	• 가상현실 모델링 언어라는 뜻으로, 웹에서 3차원 가상공간을 표현하고 조작할 수 있게 하는 언어이다. • 장면 기술 언어와 여러 가지 파일 포맷을 갖는다.
24.4, 19.1, 13.3, 12.2, 08.4, 07.4 **자바(JAVA)**	• C++ 언어를 기반으로 개발된 것으로, 웹(Web)상에서 멀티미디어 데이터를 효율적으로 처리할 수 있는 객체 지향 언어이다. • 네트워크 환경에서 분산 작업이 가능하도록 설계된 프로그래밍 언어로, 운영체제에 관계없이 독립적으로 실행할 수 있는 프로그램을 작성할 수 있다. • 보안에 강하고 이식성이 높다. • 멀티스레드 기능을 제공하므로 여러 작업을 동시에 처리할 수 있다. • 애니메이션 및 다양한 응용 프로그램 작성이 가능하고, 자체 통신기능이 있다. • 웹 어플리케이션 개발이나 모바일 기기용 소프트웨어 개발에 널리 사용된다.
22.2, 18.1 **Perl**	• C, sed, awk 등의 특징을 결합한 언어이다. • 문자 처리가 강력하고, 이식성이 좋아 운영체제에 상관없이 사용할 수 있다. • 개발 초기에 CGI※ 기능을 구현하기 위해 사용되었으나 ASP, JSP, PHP의 발전으로 응용 범위가 줄어들었다.

전문가의 조언

중요해요! 웹 프로그래밍 언어를 묻는 문제가 출제되니 각 웹 프로그래밍 언어의 개념에 대해 정확히 알아두세요.

HTML의 주요 태그

〈HTML〉	HTML 문서의 시작
〈HEAD〉	문서의 정보 수록 위치
〈TITLE〉	문서의 제목 수록 위치
〈BODY〉	문서의 내용 수록 위치
〈A〉	다른 문서로 연결(링크)
〈BR〉	줄 바꿈
〈IMG〉	이미지 삽입
〈FONT〉	글꼴 설정
〈TABLE〉	표 만들기
〈FRAMESET〉	브라우저의 화면 분할
〈SCRIPT〉	자바 스크립트 삽입
〈APPLET〉	자바 애플릿 삽입

태그(Tag)
홈페이지를 만들 때 특정한 기능이나 모양 등을 정의하기 위한 '꼬리표'를 의미합니다.

CGI(Common Gateway Interface)
웹 서버가 서비스를 제공하는 데 그치지 않고 외부 프로그램을 실행하여 그 결과를 웹 브라우저로 전송하는 방식으로, 웹 서버와 외부 프로그램 간의 데이터 교환을 가능하게 합니다. 주로 방명록, 카운터, 게시판 등을 HTML 문서와 연동하기 위해 사용합니다.

^{21,3, 18,2} ASP(Active Server Page)	• 서버 측에서 동적으로 수행되는 페이지를 만들기 위한 언어로, 마이크로소프트 사에서 제작하였다. • Windows 계열에서만 사용할 수 있다.
^{21,3} JSP(Java Server Page)	자바로 만들어진 서버 스크립트로, 다양한 운영체제에서 사용 가능하며 데이터 베이스와 연결하기 쉽고 시스템을 효율적으로 사용할 수 있다.
^{21,3} PHP(Professional Hypertext Prepro-cessor)	1994년 Rasmus Lerdorf에 의해 개발된 서버측 스크립트 언어로, 초기에는 아주 간단한 유틸리티로만 구성되어 개인용 홈페이지 제작 도구로 사용되었으나, PHP 4.0 버전 이후 각광받는 웹 스크립트 언어가 되었다.
자바 스크립트(JAVA Script)	• 일반 사용자가 프로그래밍하기 힘든 자바 애플릿(Applet)의 단점을 극복하고자 개발되었다. • HTML 문장에 삽입해 웹 브라우저를 보기 좋게 꾸미는 데 주로 사용한다.
^{22,2, 18,1, 08,2} ODA(Open Document Architecture)	문자나 도형, 화상 등이 섞여 있는 멀티미디어 문서를 서로 다른 시스템 간에 상호 교환하기 위한 문서 구조와 인터페이스이다.
VB 스크립트(Visual Basic Script)	• 마이크로소프트 사에서 자바 스크립트에 대응하기 위해 제작한 언어이다. • Active X※를 사용하여 마이크로소프트 사의 애플리케이션들을 컨트롤할 수 있다.

Active X
마이크로소프트 사에서 Windows 환경의 응용 프로그램을 웹과 연결하기 위해 개발한 프로그램 기술입니다.

---

^{22,3, 19,2, 15,3, 14,3, 13,2, 01,2, 00,2}

[잠깐만요] 자바 애플릿과 자바 스크립트의 비교 / 객체 지향 프로그래밍 언어 / 절차적 프로그래밍 언어　　1109631

자바 애플릿과 자바 스크립트의 비교

구분	^{00,2} 자바 애플릿	^{00,2} 자바 스크립트
사용 방법	컴파일된 *.class 파일을 연결하여 사용	웹 문서 안에 직접 소스 코드를 삽입
실행	자바 컴파일러를 통해 소스 코드가 이미 해석되어 있음	웹 브라우저가 웹 문서를 읽는 과정에서 소스 코드를 해석함
적용 범위	웹 문서가 웹 브라우저에 표시되는 방법 외에 웹 서버에 있는 내용도 제어	웹 문서 안의 내용을 움직이거나 변형하는 등 웹 문서 안에서만 사용 가능
변수 선언	필요	필요 없음
HTML과의 관계	HTML과 별도로 존재	HTML 코드 안에 존재

객체 지향 프로그래밍 언어

• 동작보다는 객체, 논리보다는 자료를 바탕으로 구성된 객체 지향 프로그래밍 언어를 말합니다.
• 특징 : 상속성, 캡슐화, 추상화, 다형성, 오버로딩
• 종류 : Smalltalk, C++, C#, JAVA 등

절차적 프로그래밍 언어

• 지정된 문법 규칙에 따라 일련의 처리 절차를 순서대로 기술해 나가는 프로그래밍 언어를 말합니다.
• 종류 : C, Cobol, FORTRAN, BASIC 등

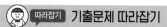 **기출문제 따라잡기**

21년 1회, 18년 2회, 16년 2회

1. 다음 중 W3C에서 제안한 표준안으로, 문서 작성 중심으로 구성된 기존 표준에 비디오, 오디오 등 다양한 부가 기능과 최신 멀티미디어 콘텐츠를 액티브X 없이 브라우저에서 쉽게 볼 수 있도록 한 웹의 표준 언어는?

① XML
② VRML
③ HTML5
④ JSP

최신 멀티미디어 콘텐츠를 액티브X 없이 브라우저에서 쉽게 볼 수 있도록 한 웹의 표준 언어는 HTML5입니다.

21년 3회

2. 서버 측에서 동적으로 수행되는 웹 프로그래밍 언어가 아닌 것은?

① ASP
② JSP
③ XML
④ PHP

ASP, JSP, PHP는 서버 측에서 동적으로 수행되는 언어입니다.

24년 5회, 23년 2회, 21년 4회

3. 다음 중 아래의 보기에서 설명하는 용어는?

> 텍스트, 이미지, 오디오 및 비디오 등을 포함하는 멀티미디어 전자 문서들을 다른 기종의 시스템들과 정보의 손실 없이 효율적으로 전송, 저장 및 자동 처리하기 위해 국제표준화기구(ISO)에서 만든 표준이다.

① PDF(Portable Document Format)
② DTP(Desktop Publishing)
③ XML(eXtensible Markup Language)
④ SGML(Standard Generalized Markup Language)

문제의 지문에 제시된 내용은 SGML의 개념입니다.

24년 4회, 13년 3회

4. 다음 중 인터넷 프로그래밍 언어인 자바(JAVA)에 대한 설명으로 옳지 않은 것은?

① 3차원 가상공간과 입체 이미지들을 묘사하기 위한 언어이다.
② 분산 네트워크 상에서의 프로그램 작성이 용이하다.
③ 실시간 정보를 통해 애니메이션을 구현한다.
④ 자체 통신기능을 가지며 다양한 응용 프로그램을 만들 수 있다.

①번은 VRML에 대한 설명입니다.

22년 2회, 18년 1회

5. 다음 중 웹 프로그래밍 언어에 대한 설명으로 알맞은 것은?

① 펄(Perl) : 문자 처리가 강력하고 이식성이 좋으며 주로 유닉스계의 운영체제(OS)에서 사용되고 있는 프로그램 언어이다.
② SGML : 하이퍼텍스트 생성 언어(HTML) 기능을 확장할 목적으로 월드 와이드 웹 컨소시엄(WWW Consorsium)에서 표준화 한 페이지 기술 언어이다.
③ ODA : 대화식 단말기에서 교육 및 연구 목적으로 이용하는 연산을 간략하게 표현할 수 있도록 개발한 프로그래밍 언어이다.
④ APL : 문자나 도형, 화상 등이 섞여 있는 멀티미디어 문서를 이종(異種) 시스템 간에 상호 교환하기 위한 문서 구조와 인터페이스 언어이다.

• ②번은 XML에 대한 설명입니다. SGML(Stand Generalized Markup Language)은 텍스트, 이미지, 오디오 및 비디오 등을 포함하는 멀티미디어 전자 문서들을 다른 기종의 시스템들과 정보의 손실 없이 효율적으로 전송, 저장 및 자동 처리하기 위한 언어입니다.
• ③은 APL에 대한 설명입니다. ODA(Open Document Architecture)는 문자나 도형, 화상 등이 섞여 있는 멀티미디어 문서를 서로 다른 시스템 간에 상호 교환하기 위한 문서 구조와 인터페이스입니다.
• APL(A Programming Language)은 산술·논리 연산의 간결한 기술을 목적으로 고안된 프로그래밍 언어입니다.

24년 4회, 23년 1회, 21년 2회, 17년 1회, 02년 4회

6. 다음 중 아래의 보기에서 설명하는 인터넷 프로그래밍 언어로 옳은 것은?

> • HTML의 단점을 보완한 인터넷 언어로, SGML의 복잡한 단점을 개선한 언어
> • 사용자가 새로운 태그와 속성을 정의할 수 있는 확장성을 가짐
> • 유니코드를 사용하므로 전 세계의 모든 문자를 처리

① XML
② ASP
③ JSP
④ VRML

지문에 제시된 내용은 XML의 특징입니다.

22년 3회, 19년 2회, 15년 3회, 14년 3회, 13년 2회

7. 다음 중 객체 지향 프로그래밍 언어로만 짝지어진 것은?

① C++, C#, JAVA
② C, COBOL, BASIC
③ FORTRAN, C++, XML
④ JAVA, C, XML

C, COBOL, BASIC, FORTRAN 등은 절차적 프로그래밍 언어에 해당합니다.

▶ 정답 : 1. ③ 2. ③ 3. ④ 4. ① 5. ① 6. ① 7. ①

웹 브라우저 / 검색 엔진

전문가의 조언

웹 브라우저의 특징을 정리하고
웹 브라우저의 종류에서는 크롬과
엣지의 특징을 확실히 숙지하세요.

플러그인(Plug-In)
웹 브라우저만으로는 실행할 수
없는 기능을 보완하기 위해 추가
로 설치하여 사용하는 작은 프로
그램으로, 주로 멀티미디어 데이
터를 처리해 줍니다.

크로미엄(Chromium)
구글의 오픈 소스 프로젝트를 통
해 개발된 웹 브라우저로, 크로미
엄에 여러 가지 기능을 추가하여
만든 것이 바로 크롬입니다. 그러
니까 애초에 크롬을 만들기 위한
목적으로 추진된 프로젝트에서 초
기에 만들어진 웹 브라우저가 바
로 크로미엄입니다.

기본 검색엔진 변경
주소 표시줄의 바로 가기 메뉴에
서 [검색엔진 관리]를 선택한 후
검색엔진 목록에서 기본 검색엔진
을 변경할 수 있습니다.

1 웹 브라우저

24.4, 24.3, 24.2, 24.1, 23.4, 23.3, 22.2, 21.4, 21.3, 21.2, 20.2, 19.2, 17.1, 00.1, 97.3

1109701

웹 브라우저(Web Browser)는 웹 서버와 HTTP 프로토콜로 통신하여 사용자가 요구한 홈페이지에 접근하여 웹 문서를 사용자에게 보여주는 프로그램이다.

• 플러그인* 프로그램을 설치하여 동영상이나 소리 등의 다양한 멀티미디어 데이터를 처리할 수 있다.
• 웹 브라우저를 이용하여 웹 페이지를 사용자 컴퓨터에 저장하거나 인쇄할 수 있다.
• 웹 브라우저를 이용하여 자주 방문하는 웹 사이트 주소를 관리할 수 있다.
• 웹 브라우저를 이용하여 전자우편을 보내거나 HTML 문서를 편집할 수 있다.

• **웹 브라우저의 종류**

24.1, 22.2, 21.3, 21.2 **크롬** (Chrome)	• 2008년 구글이 개발한 웹 브라우저로, 구글의 오픈 소스 웹 브라우저인 크로미엄* 코드를 사용하여 개발되었다. • 현재 전 세계에서 가장 많이 사용된다. • 주소 표시줄에서 기본 검색 엔진을 변경할 수 있다.* • 시크릿 창에서는 방문 기록, 쿠키 및 사이트 데이터 등, 양식에 입력한 정보가 저장되지 않아 개인 정보의 외부 유출을 막을 수 있다. • 확장 프로그램 아이콘(✹)을 클릭하여 다양한 기능을 추가할 수 있다.
24.4, 24.2, 23.3, 21.4 **마이크로소프트 엣지** (Microsoft Egde)	• 인터넷 익스플로러를 대체하기 위해 마이크로소프트 사에서 개발한 웹 브라우저로, 구글의 크로미엄 코드를 사용하여 개발되었다. • Windows 10 이상 버전에 내장되어 보급된다. • Active X 기능을 지원하지 않는다. • Microsoft 계정에 로그인하면 어디서나 동기화할 수 있다.
파이어 폭스 (Firefox)	• 비영리 단체인 모질라에서 만든 웹 브라우저로, 맞춤법 검사, 통합 검색 등 부가 기능이 많다. • 제3자가 만든 부가 기능을 추가하여 사용할 수 있다.

전문가의 조언

검색 엔진의 특징을 묻는 문제가
출제된 적이 있습니다. 각 검색 엔
진을 서로 구분할 수 있도록 특징
을 정리하세요.

2 검색 엔진

19.2

1109702

검색 엔진(Search Engine)은 WWW에 존재하는 정보를 쉽게 검색할 수 있는 도구(프로그램)로, 특정 웹 사이트에서 제공한다.

• 검색 엔진은 인터넷상에 널리 흩어져 있는 정보를 미리 수집하고 이를 체계적으로 저장하여 데이터베이스화한 후 사용자가 원하는 정보를 쉽게 찾을 수 있도록 해준다.
• 검색 엔진은 동작하는 방식에 따라 다음과 같이 구분된다.

주제별 검색 엔진	정치, 경제, 문화 등과 같이 주제별로 정보를 분류해 놓은 형태로 디렉터리형 검색 엔진이라고도 한다.
키워드 검색 엔진	단어를 입력함으로써 원하는 결과를 얻는 방법이다.

메타(Meta) 검색 엔진	자체 데이터베이스를 가지고 있지 않고 다른 검색 엔진에 검색을 의뢰해 그 결과만 보여주는 검색 엔진이다.
하이브리드 검색 엔진	키워드 검색 엔진과 주제별 검색 엔진의 기능을 모두 제공하는 검색 엔진이다.

19.2, 02.4

잠깐만요 **검색 엔진의 연산자**

1109731

검색 엔진의 연산자는 다음과 같고, 검색 엔진 연산자*의 연산 순위는 NEAR → NOT → AND → OR 순입니다.

NEAR	단어의 순서를 무시하고, 인접한 거리에 있는 정보를 검색합니다.
NOT(−)	지정된 단어를 포함하고 있는 정보는 제외하고 검색합니다.
AND(&, 그리고)	두 단어가 동시에 포함된 정보만 검색합니다.
OR(+, 또는)	두 개의 단어 중 하나라도 포함된 정보를 검색합니다.

검색 엔진 연산자
검색 엔진 연산자는 검색 엔진의 종류에 따라서 조금씩 다릅니다. 예를 들면 네이버의 경우 '+'는 OR 조건이 아니라 지정된 단어를 반드시 포함하고 있는 정보만을 검색합니다.

3 22.1, 21.1, 20.2, 17.2, 15.3, 15.2, 03.3, 03.2, 03.1

웹 관련 용어

1109703

전문가의 조언

웹 관련 용어들의 의미를 묻는 문제가 출제됩니다. 미러 사이트, 푸시, 데몬을 중심으로 각각의 의미를 확실히 숙지하세요.

쿠키(Cookie)	• 인터넷 사용자에 대한 특정 웹 사이트의 접속 정보를 저장하고 있는 작은 파일이다. • 쿠키를 이용하면 인터넷 접속 시 매번 아이디와 비밀번호를 입력하지 않고 자동으로 접속할 수 있다.
15.3 캐싱(Caching)	자주 사용하는 사이트의 자료를 따로 저장하고 있다가, 사용자가 다시 그 자료에 접근하면 인터넷에 접속하지 않고 저장된 자료를 활용해서 빠르게 보여주는 기능이다.
03.3, 03.1 포털 사이트 (Portal Site)	웹 사이트의 관문(關門)이라는 뜻으로, 사용자들이 웹에 접속할 때 제일 먼저 방문하거나 가장 많이 머무르는 사이트이다.
22.1, 21.1, 20.2, 17.2, 15.2 미러 사이트 (Mirror Site)	인터넷상에서 특정 사이트로 동시에 많은 이용자들이 접속하는 것을 방지하기 위하여 같은 내용을 복사해 놓은 사이트이다.
03.2 풀(Pull)	웹 브라우저(사용자)가 웹 서버로부터 요청하여 받은 웹 페이지를 컴퓨터 화면에 보여주는 방식이다.
22.1, 21.1, 20.2, 17.2, … 푸시(PUSH)	웹 브라우저(사용자)가 요청하지 않은 정보를 웹 서버가 보내주는 것으로, 이 기술을 사용하기 위해서는 별도의 플러그인 소프트웨어가 필요하다.
22.1, 21.1, 20.2, 17.2, … 데몬(Daemon)	인터넷 상에서 발생하는 서비스들을 처리하기 위해 웹 서버에 항상 실행 중인 프로그램으로, 백그라운드에서 작업을 처리한다.

따라잡기 기출문제 따라잡기

22년 1회, 21년 1회, 20년 2회, 17년 2회, 15년 2회

1. 다음 중 인터넷 관련 용어의 설명으로 옳지 않은 것은?

① 데몬(Daemon)은 사용자가 직접적으로 제어하지 않고, 백그라운드에서 돌면서 주기적인 서비스 요청 등 여러 작업을 하는 프로그램을 말한다.

② 푸시(Push)는 인터넷에서 사용자의 요청에 의하지 않고 서버의 작용에 의해서 서버 상에 있는 정보를 클라이언트로 자동 배포(전송)하는 것을 말한다.

③ 미러 사이트(Mirror site)는 인기 있는 웹 사이트의 경우 사이트의 부하를 분산하기 위해 2개 이상의 파일 서버로 똑같은 내용을 분산시켜 보유하고 있는 사이트를 말한다.

④ 핑거(Finger)란 지정한 IP 주소 통신 장비의 통신망 연결을 확인하기 위한 것으로 통신 규약으로는 인터넷 제어 메시지 프로토콜(ICMP)을 사용한다.

> 핑거(Finger)는 특정 시스템을 사용하고 있는 사용자에 대한 정보를 알아보기 위한 명령이고, 네트워크의 연결 상태를 확인하기 위한 명령은 ping입니다.

20년 2회, 19년 1회, 17년 1회

2. 다음 중 한글 Windows 10에서 사용할 수 있는 웹 브라우저의 기능에 관한 설명으로 옳지 않은 것은?

① 웹 서버에 있는 홈페이지를 HTTP 프로토콜을 사용하여 편집 또는 재구성할 수 있다.

② 플러그인 프로그램을 설치하여 동영상이나 소리 등의 다양한 멀티미디어 데이터를 처리할 수 있다.

③ 자주 방문하는 웹 사이트 주소를 관리할 수 있다.

④ 전자우편을 보내거나 HTML 문서를 편집할 수 있다.

> 웹 브라우저를 이용하여 웹 서버에 있는 홈페이지를 수정할 수는 없습니다.

24년 3회, 23년 4회

3. 다음 중 한글 Windows 10의 브라우저에서 사용하는 플러그인(Plug-in)에 대한 설명으로 옳은 것은?

① 브라우저에서 HTML을 실행 및 편집할 수 있도록 지원하는 프로그램이다.

② 브라우저의 기능을 확장해 주는 내장 프로그램이다.

③ 멀티미디어 요소를 브라우저에서 재생 및 편집할 수 있도록 지원하는 소프트웨어이다.

④ 대부분 유료로 제공되는 상용 소프트웨어이다.

> 브라우저에서 사용하는 플러그인(Plug-in)은 브라우저의 기능을 확장해 주는 내장 프로그램입니다. 플러그인은 대부분 무료로 제공되며, 브라우저에서 간단한 기능을 실행하거나 멀티미디어 요소를 재생할 수는 있지만 편집 기능은 제공되지 않습니다.

24년 4회, 23년 3회, 21년 4회

4. 다음 중 웹 브라우저 MS Edge에 대한 설명으로 옳지 않은 것은?

① ActiveX의 추가로 보안이 강화됐다.

② 안드로이드, iOS가 설치된 핸드폰이나 macOS가 설치된 컴퓨터에서도 사용할 수 있다.

③ Microsoft 계정을 사용하여 로그인하면 어디서든지 동기화할 수 있다.

④ 크로미엄(Chromium)을 기반으로 한다.

> 마이크로소프트 엣지(Edge)에서는 Active X 기능을 지원하지 않습니다.

24년 1회, 22년 2회, 21년 2회, 2회

5. 다음 중 웹 브라우저 크롬(Chrome)에 대한 설명으로 옳지 않은 것은?

① 주소 표시줄에서 기본 검색 엔진을 변경할 수 있다.

② 시크릿 모드를 이용하여 외부로 유출되는 개인 정보를 보호할 수 있다.

③ 시크릿 창에서의 방문 기록, 쿠키 및 사이트 데이터는 안전하게 저장된다.

④ 확장 프로그램을 활용하여 다양한 기능을 추가할 수 있다.

> 크롬은 방문한 기록, 접속 시 사용한 아이디나 비번 등의 쿠키가 유출되지 않도록 관련 정보를 저장하지 않습니다.

24년 2회, 23년 3회

6. 다음 중 웹 브라우저 MS Edge에 대한 설명으로 옳지 않은 것은?

① Internet Explorer보다 강화된 보안 기능을 제공한다.

② Internet Explorer와 같은 사용자 인터페이스(UI)를 사용한다.

③ Microsoft 계정을 사용하여 로그인하면서 어디서든지 동기화할 수 있다.

④ 구글의 오픈 소스인 크로미엄(Chromium)을 기반으로 개발되었다.

> MS Edge는 Internet Explorer보다 단순하고 편리한 사용자 인터페이스를 사용하고 있습니다.

▶ 정답 : 1. ④ 2. ① 3. ② 4. ① 5. ③ 6. ②

096 | 정보통신의 이해

❶ 정보 전송 방식 22.2, 20.1, 16.3, 14.1, 13.3, 12.2, 11.3

구분	의미	예
단방향 방식(Simplex)	한쪽은 수신만, 다른 한쪽은 송신만 가능한 방식	TV, 라디오
반이중 방식(Half Duplex)	양쪽 모두 송·수신이 가능하지만 동시에는 불가능한 방식	무전기
전이중 방식(Full Duplex)	양쪽 모두 동시에 송·수신이 가능한 방식	전화

097 | 통신망의 종류

❶ LAN(근거리 통신망) 23.4, 14.1, 11.1, 10.3, 10.1

• 자원 공유를 목적으로 회사, 학교, 연구소 등의 구내에서 사용하는 통신망이다.
• 전송 거리가 짧아 고속 전송이 가능하다.
• 에러 발생률이 낮다.

❷ WAN(광대역 통신망) 24.2, 23.4

MAN보다 넓은 범위인 국가와 국가 혹은 대륙과 대륙을 하나로 연결하는 통신망이다.

❸ VAN(부가가치 통신망) 24.2, 23.4, 14.1, 12.3

기간 통신 사업자로부터 통신 회선을 빌려 기존의 정보에 새로운 가치를 더해 다수의 이용자에게 판매하는 통신망이다.

❹ ISDN(종합정보 통신망) 24.2, 23.4

문자, 음성, 동영상 등 다양한 데이터를 통합하여 디지털화된 하나의 통신 회선으로 전송하는 통신망이다.

098 | 망의 연결 회선

❶ 광섬유 케이블 24.1, 23.5, 20.2, 19.상시, 15.2, 13.2

• 유리를 원료로하여 제작된 가느다란 광섬유를 여러 가닥 묶어서 케이블의 형태로 만든 것으로, 광 케이블이라고도 한다.
• 대역폭이 넓어 데이터의 전송률이 뛰어나다.
• 리피터의 설치 간격이 넓어 가입자 회선으로 이용한다.
• 가늘고 가벼워 취급이 용이하다.
• 도청하기 어려워 보안성이 뛰어나다.

099 | 인터넷의 주소 체계

❶ IP 주소(IPv4) 09.4, 05.1, 02.3, 01.2, 01.1

• 인터넷에 연결된 모든 컴퓨터의 자원을 구분하기 위한 인터넷 주소이다.
• 8비트씩 4부분, 총 32비트로 구성된다.
• 네트워크 부분의 길이에 따라 A클래스에서 E클래스까지 5단계로 구성된다.

❷ IPv6 24.5, 24.3, 23.2, 22.4, 22.3, 22.2, 21.2, 20.1, 19.1

• IPv4의 주소 부족 문제를 해결하기 위해 개발되었다.
• 16비트씩 8부분, 총 128비트로 구성된다.
• IPv4와의 호환성이 뛰어나다.
• IPv4에 비해 자료 전송 속도가 빠르다.
• 인증성, 기밀성, 데이터 무결성의 지원으로 보안 문제를 해결할 수 있다.
• 실시간 흐름 제어로 향상된 멀티미디어 기능을 제공한다.

100 | 프로토콜

❶ 프로토콜의 개요 24.5, 22.4, 20.1, 18.상시, 16.3, 12.1

- 네트워크에서 서로 다른 컴퓨터들 간에 정보교환을 할 수 있게 해주는 통신 규약이다.
- 통신망에 흐르는 패킷 수를 조절하는 흐름제어(Flow Control) 기능이 있다.
- 송·수신기가 같은 상태를 유지하도록 동기화 기능을 수행한다.
- 기본 요소 : 구문, 의미, 순서

❷ 주요 프로토콜 24.2, 20.상시, 20.2, 19.상시, 19.1, 18.상시, 18.2, 17.1, 15.2, 15.1, 13.3, 10.1

TCP	메시지를 송·수신자의 주소와 정보로 묶어 패킷 단위로 분류함
IP	패킷 주소를 해석하고 경로를 결정하여 다음 호스트로 전송함
ARP	IP 주소를 이용하여 물리적인 MAC 주소를 찾아 주는 프로토콜
RARP	ARP와 반대로 물리적 주소를 IP 주소로 변환함
SNMP	TCP/IP의 네트워크 관리 프로토콜로, 네트워크의 각 호스트에서 정보를 수집하고 수정하여 장치의 동작을 변경하는 프로토콜

❸ OSI 7계층 24.5, 23.4, 23.3, 22.3, 21.1, 20.상시, 19.상시, 19.2, 18.상시, 17.2, 17.1, 16.2, 16.1, 14.3, …

- 물리 계층 : 필요한 두 장치 간의 실제 접속과 절단 등 기계적, 전기적, 기능적, 절차적 특성을 정의
- 데이터 링크 계층 : 두 개의 인접한 개방 시스템들 간에 신뢰성 있고 효율적인 정보 전송을 할 수 있도록 함
- 네트워크 계층 : 개방 시스템들 간의 네트워크 연결 관리, 데이터의 교환 및 중계 기능을 함
- 전송 계층 : 종단 시스템(End-to-End) 간에 신뢰성 있고 투명한 데이터 전송을 가능하게 함
- 세션 계층 : 송·수신측 간의 관련성을 유지하고 대화 제어를 담당하며, 대화(회화) 구성 및 동기 제어, 데이터 교환을 관리함
- 표현 계층 : 응용 계층으로부터 받은 데이터를 세션 계층에 맞게, 세션 계층에서 받은 데이터는 응용 계층에 맞게 변환함
- 응용 계층 : 사용자(응용 프로그램)가 OSI 환경에 접근할 수 있도록 서비스를 제공함

101 | 인터넷 서비스

❶ FTP 24.3, 17.2, 16.3

- 인터넷을 이용하여 파일을 주고받을 수 있는 원격 파일 전송 프로토콜이다.
- TCP/IP 프로토콜을 기반으로 한다.
- FTP 유틸리티 프로그램에서 접속 서버의 IP 주소, 계정, 암호를 입력하고 접속하면 파일을 업로드 할 수 있다.
- Anonymous FTP(익명 FTP) : 계정(Account)이 없는 사용자도 접근하여 사용할 수 있는 FTP 서비스

❷ Finger 22.1, 21.1, 17.2, 15.2

특정 시스템을 사용하고 있는 사용자에 대한 정보를 알아보기 위한 서비스이다.

❸ 인트라넷 21.4, 11.1

- 인터넷의 기술을 기업 내 정보 시스템에 적용한 것이다.
- 전자우편 시스템, 전자결재 시스템 등을 인터넷 환경으로 통합하여 사용한다.

❹ 전자상거래 23.1, 21.3, 14.1

인터넷이나 통신망을 이용하여 거래 업무를 수행할 수 있도록 전자 금융, 전자 문서 교환, 전자 우편 등의 서비스를 제공하는 것이다.

102 | 웹 프로그래밍 언어

❶ HTML ²⁴·³, ¹²·²

인터넷의 표준 문서인 하이퍼텍스트 문서를 만들기 위해 사용하는 언어이다.

❷ HTML5 ²¹·¹, ¹⁸·상시, ¹⁸·², ¹⁶·²

- HTML에 비디오, 오디오 등 다양한 부가 기능을 포함시킨 언어이다.
- 웹브라우저에 액티브X나 플러그인 등의 추가 설치 없이 최신 멀티미디어 콘텐츠를 손쉽게 감상할 수 있다.

❸ DHTML ²⁰·¹

HTML에 비해 애니메이션이 강화되고 사용자와의 상호 작용에 좀더 민감한 동적인 웹 페이지를 만들 수 있게하는 언어이다.

❹ SGML ²⁴·⁵, ²³·², ²²·², ²¹·⁴, ¹⁸·¹

텍스트, 이미지, 오디오 및 비디오 등을 포함하는 멀티미디어 전자 문서들을 다른 기종의 시스템들과 정보의 손실 없이 효율적으로 전송, 저장 및 자동 처리하기 위한 언어이다.

❺ XML ²⁴·⁴, ²⁴·³, ²³·¹, ²¹·², ²⁰·¹, ¹⁷·¹

- 기존 HTML의 단점을 보완하여 웹에서 구조화된 폭넓고 다양한 문서를 상호 교환할 수 있도록 설계된 언어이다.
- HTML에 사용자가 새로운 태그(Tag)를 정의할 수 있는 기능이 추가되었다.

❻ JAVA ²⁴·⁴, ¹⁹·¹, ¹³·³, ¹²·²

- 웹 상에서 멀티미디어 데이터를 효율적으로 처리할 수 있는 객체지향 언어이다.
- 네트워크 환경에서 분산 작업이 가능하도록 설계되었다.
- 애니메이션 및 다양한 응용 프로그램 작성이 가능하다.
- 플랫폼에 독립적이다.

❼ Perl ²²·², ¹⁸·¹

주로 유닉스계의 운영체계(OS)에서 사용되고 있는 프로그램 언어로, 문자 처리가 강력하고 이식성이 좋다.

❽ ASP ²¹·³, ¹⁸·²

- 서버 측에서 동적으로 수행되는 페이지를 만들기 위한 언어이다.
- Windows 계열에서만 수행 가능하다.

❾ JSP ²¹·³

- 자바로 만들어진 서버 스크립트로, 다양한 운영체제에서 사용 가능하다.
- 데이터베이스와 연결하기 쉽고 시스템을 효율적으로 사용할 수 있다.

❿ PHP ²¹·³

- 1994년 Rasmus Lerdorf에 의해 개발된 서버측 스크립트 언어이다.
- 초기에는 아주 간단한 유틸리티로만 구성되어 개인용 홈페이지 제작 도구로 사용되었으나, PHP 4.0 버전 이후 각광받는 웹 스크립트 언어가 되었다.

⓫ 서버 측에서 동적으로 수행되는 웹 프로그래밍 언어 ²¹·³

ASP, JSP, PHP

⓬ 객체 지향 프로그래밍 언어 ²²·³, ¹⁹·², ¹⁵·³, ¹⁴·³, ¹³·²

- 동작보다는 객체, 논리보다는 자료를 바탕으로 구성된 객체 지향 프로그래밍 언어이다.
- 특징 : 상속성, 캡슐화, 추상화, 다형성, 오버로딩
- 종류 : Smalltalk, C++, C#, JAVA 등

103 | 웹 브라우저

❶ 웹 브라우저 24.3, 20.2, 19.2, 17.1

- 웹 서버와 HTTP 프로토콜로 통신하여 사용자가 요구한 홈페이지에 접근하여 웹 문서를 사용자에게 보여주는 프로그램이다.
- 플러그인 프로그램을 설치하여 동영상이나 소리 등의 다양한 멀티미디어 데이터를 처리할 수 있다.
- 자주 방문하는 웹 사이트 주소를 관리할 수 있다.
- 전자우편을 보내거나 HTML 문서를 편집할 수 있다.
- 접속된 웹 페이지를 사용자 컴퓨터에 저장하거나 인쇄할 수 있다.

❷ 웹 브라우저의 종류 24.4, 24.2, 24.1, 23.3, 22.2, 21.4, 21.3, 21.2

크롬(Chrome)	• 2008년 구글이 개발한 웹 브라우저로, 구글의 오픈 소스 웹 브라우저인 크로미엄 코드를 사용하여 개발됨 • 현재 전 세계에서 가장 많이 사용됨 • 주소 표시줄에서 기본 검색 엔진을 변경할 수 있음 • 시크릿 창에서는 방문 기록, 쿠키 및 사이트 데이터, 양식에 입력한 정보가 저장되지 않아 개인 정보의 외부 유출을 막을 수 있음 • 확장 프로그램 아이콘(♣)을 클릭하여 다양한 기능을 추가할 수 있음
마이크로소프트 엣지(Microsoft Egde)	• 인터넷 익스플로러를 대체하기 위해 마이크로소프트 사에서 개발한 웹 브라우저로, 구글의 크로미엄 코드를 사용하여 개발되었음 • Windows 10 이상 버전에 내장되어 보급됨 • Active X 기능을 지원하지 않음 • Microsoft 계정에 로그인하면 어디서나 동기화할 수 있음

❸ 웹 관련 용어 22.1, 21.1, 20.2, 17.2, 15.3, 15.2

- 캐싱 : 자주 사용하는 사이트의 자료를 따로 저장하고 있다가, 사용자가 다시 그 자료에 접근하면 미리 저장한 자료를 활용해서 빠르게 보여주는 기능
- 데몬 : 인터넷상에서 발생하는 서비스들을 처리하기 위해 웹 서버에서 항상 실행중인 프로그램으로, 백그라운드에서 작업을 처리함
- 푸쉬 : 웹브라우저 사용자가 요청하지 않은 정보를 웹 서버가 보내주는 것으로, 이 기술을 사용하기 위해서는 별도의 플러그인 소프트웨어가 필요함
- 미러 사이트 : 인터넷상에서 특정 사이트로 동시에 많은 이용자들이 접속하는 것을 방지하기 위하여 같은 내용을 복사해 놓은 사이트

6장

정보 사회와 보안

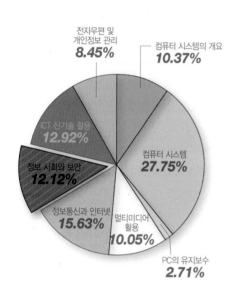

104 정보 사회 ⓒ등급

105 바이러스와 백신 Ⓐ등급

106 정보 보안 개요 Ⓐ등급

107 정보 보안 기법 Ⓐ등급

전자우편 및
개인정보 관리
8.45%

컴퓨터 시스템의 개요
10.37%

ICT 신기술 활용
12.92%

컴퓨터 시스템
27.75%

정보 사회와 보안
12.12%

정보통신과 인터넷
15.63%

멀티미디어 활용
10.05%

PC의 유지보수
2.71%

꼭 알아야 할 키워드 Best 10
1. 정보 사회 **2.** 바이러스 감염 증상 **3.** 바이러스 감염 경로 **4.** 가로막기 **5.** 가로채기 **6.** 스니핑 **7.** 스푸핑 **8.** 랜섬웨어 **9.** 방화벽
10. 암호화

정보 사회

사이버 공간(Cyber Space)
통신과 컴퓨터가 결합된 미디어의 발달로 만들어진 가상의 의사소통 공간을 말합니다.

해킹(Hacking)
사용 권한이 없는 사람이 시스템에 침입하여 정보를 수정하거나 빼내는 행위를 뜻하며, 이런 일을 하는 사람을 해커(Hacker)라고 부릅니다.

1 정보 사회의 개요
21.4, 13.2, 09.1, 00.2

정보 사회는 정보가 정치, 경제, 문화 등 모든 분야를 이끌어가는 원동력이 되는 사회로 정보가 사회의 중심이 된다.

- 정보의 생산, 처리, 유통 과정은 컴퓨터 및 통신 기술을 통해 이루어진다.
- 정보의 축적과 활용이 확대되고 처리하고자 하는 정보의 종류와 양이 증가하였다.
- 정보의 생산 및 처리 기술이 발달하여 사회 전반의 능률과 생산성이 증대되었다.
- 정보 사회는 서로간의 상호작용이 가능한 쌍방향성이 실현되면서 유연성이 있는 구조적인 시스템으로 변화하였고, 사회의 변화 속도가 빨라졌다.
- 사이버 공간*상의 새로운 인간관계와 문화가 형성되었다.
- 정보 사회에서는 대중화 현상이 약화되고, 개성과 자유를 중요시하게 되었다.
- 정보 사회에서는 통신기술의 발달로 시간과 공간의 제약에서 벗어나게 되었다.
- 인터넷 통신을 기반으로 한 멀티미디어 정보가 발달하였다.
- 산업 구조가 지식 정보 중심으로 바뀌면서 보다 복잡해졌다.
- 상품의 생명이 짧아지면서 소품종 대량 시스템에서 다품종 소량 시스템으로 바뀌었다.

2 컴퓨터 범죄의 개요
20.1, 00.3, 98.3, 97.3

컴퓨터 범죄란 컴퓨터 및 통신 기술을 이용하여 저지르는 불법적·비윤리적 범죄를 총칭한다.

유형

- 소프트웨어, 웹 콘텐츠, 전자문서의 도난 및 불법 복사
- 타인의 하드웨어나 기억 매체에 기록된 자료를 소거하거나 교란시키는 행위
- 컴퓨터를 이용한 금품 횡령 또는 사기 판매
- 컴퓨터 시스템 해킹*으로 인한 중요 정보의 위·변조, 삭제, 유출
- 전산망을 이용한 개인 신용정보 유출
- 음란물의 유통 및 사이트 운영
- 컴퓨터 바이러스 제작·유포

3 컴퓨터 범죄의 예방 및 대책

24.5, 23.4, 18.1, 15.1, 13.2, 03.4, 02.2, 01.3, 98.1

1109805

- 해킹 방지를 위한 보안 관련 프로그램을 보급하고, 보안 교육을 정기적으로 실시한다.
- 보호 패스워드를 시스템에 도입하고, 패스워드를 수시로 변경한다.
- 백신 프로그램을 설치하고, 자동 업데이트 기능을 설정한다.
- 인터넷을 통해 다운로드한 프로그램은 백신으로 진단해 본 후 사용한다.
- 의심이 가는 메일이나 호기심을 자극하는 표현이 담긴 메일은 열어보지 않는다.
- 중요한 자료는 암호화하여 저장하고 정보 손실에 대비 하여 백업을 철저히 한다.

따라잡기 기출문제 따라잡기

문제3 4110453

20년 1회

1. 다음 중 정보사회의 컴퓨터 범죄의 유형으로 옳지 않은 것은?

① 소프트웨어나 웹 콘텐츠의 무단 복사나 사용
② 음란물 유통 및 사이트 운영
③ 컴퓨터 바이러스 백신의 제작
④ 개인 신용 정보 유출

> 컴퓨터 바이러스 백신을 제작하는 행위는 범죄가 아닙니다.

24년 5회, 15년 1회

2. 다음 중 컴퓨터 범죄의 예방과 대책에 대한 설명으로 옳은 것은?

① 의심 가는 메일은 반드시 열어본 후 삭제한다.
② 모든 자료를 암호화하여 저장하고 정보 손실에 대비하여 백업을 철저히 한다.
③ 자신의 ID를 빌려주거나 타인의 ID를 사용할 경우에는 신중을 기하여야 하며, 처음 만든 패스워드는 변경하지 않아야 한다.
④ 백신 프로그램을 설치하고 자동 업데이트 되도록 설정한다.

> ① 의심 가는 메일은 열어보지 말고 바로 삭제하거나 바이러스 검사를 수행한 후 열어봅니다.
> ② 모든 자료를 암호화하면 사용에 불편이 따르므로, 암호화는 중요한 자료에 대해서만 수행하면 됩니다.
> ③ 패스워드는 정기적으로 변경하면서 사용해야 합니다.

23년 4회, 18년 1회

3. 다음 중 컴퓨터 범죄의 예방과 대책에 대한 설명으로 옳지 않은 것은?

① 자신의 ID를 빌려주거나 타인의 ID를 사용할 경우에는 신중을 기하여야 하고 처음 만든 패스워드는 변경하지 않아야 하고 다른 사용자에게 노출되지 않도록 한다.

② 중요한 자료를 암호화하여 저장하고 정보 손실에 대비하여 백업을 철저히 한다.
③ 전자 상거래를 이용하거나 개인의 정보를 제공할 경우 반드시 이용 약관이나 개인 정보 보호 방침을 숙지한다.
④ 백신 프로그램을 설치하고 수시로 업데이트를 실행하여 최신 버전을 유지한다.

> 자신의 ID를 다른 사람에게 빌려주거나 타인의 ID를 사용해서는 안 되고, 패스워드는 정기적으로 변경해 주는 것이 좋습니다.

21년 4회, 13년 2회

4. 다음 보기 중 정보 사회의 특징에 해당되는 것만을 바르게 고른 것은?

> ⓐ 인터넷 통신을 기반으로 한 멀티미디어 정보가 발달하였다.
> ⓑ 산업 구조가 자원 물질 중심에서 지식 정보 중심으로 바뀌고 보다 단순해진다.
> ⓒ 컴퓨터와 통신 기술의 발달로 인해 다소 시간과 공간의 제약을 받는다.
> ⓓ 사이버 공간상의 새로운 인간관계와 문화가 형성된다.
> ⓔ 상품의 생명이 짧아지면서 다품종 소량 시스템에서 소품종 대량 시스템으로 바뀌었다.

① ⓐ, ⓓ, ⓔ   ② ⓑ, ⓒ, ⓓ
③ ⓓ, ⓔ   ④ ⓐ, ⓓ

> ⓑ 산업 구조가 지식 정보 중심으로 바뀌면서 보다 복잡해졌습니다.
> ⓒ 컴퓨터와 통신 기술의 발달로 인해 시간과 공간의 제약을 받지 않습니다.
> ⓔ 상품의 생명이 짧아지면서 소품종 대량 시스템에서 다품종 소량 시스템으로 바뀌었습니다.

▶ 정답 : 1. ③ 2. ④ 3. ① 4. ④

바이러스와 백신

1 컴퓨터 바이러스의 개요
16.3

바이러스는 컴퓨터의 정상적인 작동을 방해하기 위해 운영체제나 저장된 데이터에 손상을 입히는 프로그램이다.

- 바이러스는 디스크의 부트 영역이나 프로그램 영역에 숨어 있다.
- 바이러스는 자신을 복제할 수 있고, 다른 프로그램을 감염시킬 수 있다.
- 바이러스는 소프트웨어뿐만 아니라 하드웨어의 성능에도 영향을 미칠 수 있다.

2 바이러스 감염 증상
22.4, 22.2, 22.1, 21.4, 20.2, 18.1, 16.1, 03.1

- 시스템 파일이 손상되어 부팅(Booting)이 정상적으로 수행되지 않는다.
- 파일의 크기가 커지며, 감염된 파일을 메모리로 옮긴 경우 메모리 공간이 줄어든다.
- 디스크를 인식하지 못하거나 파일 삭제 또는 작성 날짜 및 크기가 변경된다.
- 실행 파일이 감염되면, 프로그램이 실행되지 않거나 속도가 느려진다.
- 실행 파일뿐만 아니라 일반 문서도 감염될 수 있다.
- 특정 날짜가 되면 화면에 이상한 메시지가 표시된다.

3 바이러스 감염 경로와 예방법
24.2, 23.1, 21.2, 22.1, 21.2, 21.1, 20.1, 18상1, 17.2, 16.3, 15.3, 15.1, 14.2, 12.2, 12.1, 11.2 02.3, 02.2, 01.3, 01.2, 00.3, 00.1, 99.3, …

1110003

- 네트워크의 공유 폴더는 읽기 전용으로 공유하며, 쓰기가 가능하도록 공유한 경우에는 암호를 설정한다.
- 전자우편을 통해 감염될 수 있으므로 발신자가 불분명한 전자우편은 열어보지 않고 바로 삭제하거나 바이러스 검사를 수행한 후 열어본다.
- 바이러스 감염에 대비해 중요한 자료는 정기적으로 백업(Back-up)한다.
- 바이러스 예방 프로그램을 램(RAM)에 상주시켜 바이러스 감염을 예방한다.
- 가장 최신 버전의 백신 프로그램을 사용하여 주기적으로 바이러스 검사를 수행한다.

4 바이러스의 분류
24.1, 23.3, 17.1, 15.2, 13.3, 10.3, 10.2, 09.2, 08.1, 06.1, 05.1, 04.1, 02.1

1110004

17.1, 15.2, 10.2, 08.1, 05.1, 04.1, 02.1 **파일 바이러스**	실행(시스템) 파일을 감염시키는 바이러스이다. 에 예루살렘, CIH, Sunday 등
17.1, 15.2, 09.2, 08.1 **부트 바이러스**	부트 섹터(Boot Sector)를 손상시키는 바이러스이다. 에 브레인, 미켈란젤로, Monkey 등
부트/파일 바이러스	파일 바이러스와 부트 바이러스의 특징을 모두 갖는 바이러스이다. 에 Invader, 에볼라 등

17.1, 15.2, 08.1 매크로 바이러스	주로 MS-Office에서 사용하는 매크로 기능을 이용하여 다른 파일을 감염시키는 바이러스이다. ᷁ 멜리사, Laroux 등
23.3, 13.3, 09.2, 06.1 폭탄 바이러스	사용자 컴퓨터에 숨어 있다가 날짜와 시간, 파일의 변경, 사용자나 프로그램의 특정한 행동 등의 일정한 조건을 만족하면 실행되는 바이러스이다. ᷁ 미켈란젤로, 예루살렘, CIH 등
은닉 바이러스	메모리에 상주하는 바이러스로 다른 파일을 변형한 사실을 숨겨 운영체제가 피해 사실을 모른다.
클러스터 바이러스	바이러스에 감염된 디스크에서 프로그램이 실행되면 동시에 실행되는 바이러스이다.
24.1, 10.3 다형성 바이러스	• 실행될 때마다 바이러스 코드 자체를 변경시켜 사용자들이 감염 사실을 눈치채지 못하게 하는 바이러스이다. • 코드 조합을 다양하게 할 수 있는 조합 프로그램을 바이러스에 덧붙여 감염시킨다.
17.1, 15.2 스크립트 바이러스	스크립트로 작성된 바이러스로, 파일 안에 들어 있는 스크립트에 감염된다.

5 바이러스의 종류
05.2, 03.2, 97.3

바이러스는 감염 대상에 따라 부트, 파일, 매크로 바이러스로 구분한다.

미켈란젤로(Michelangelo)	매년 3월 6일이되면 디스크를 포맷한다.
97.3 예루살렘(Jerusalem)	13일의 금요일이 되면 실행 파일(COM, EXE)에 감염되며, 메모리에 상주한다.
멜리사(Melissa)	Outlook의 주소록을 참조하여 E-mail을 통해 50명에게 감염된 파일을 발송한다.
CIH	• 체르노빌 원자력 발전소 폭발 사건을 기념하기 위해 제작되었다. • 매년 4월 26일 플래시 메모리의 내용과 하드디스크의 모든 내용을 삭제한다.
러브(Love)	바이러스에 감염된 상태에서 Outlook을 사용할 경우 대량의 메일 전송으로 인해 메일 서버가 다운된다.
Nimda	E-mail을 통해 감염되며, 각 폴더마다 *.eml 혹은 *.nws 파일을 생성하고, 사용자 컴퓨터의 모든 드라이브를 공유시킨다.
05.2, 03.2 슬래머	• 2003년 1월 25일 발견되었으며, 한국·미국·영국 등 세계적으로 발생된다. • UDP 1434포트를 이용하여 다른 SQL 서버에 패킷을 보내어 감염시킨다.

6 백신 프로그램
11.3, 09.4

3110906

- 백신 프로그램은 바이러스에 감염된 컴퓨터를 치료하기 위한 프로그램이다.
- **백신의 기능** : 검사 기능, 치료 기능, 예방 기능
- **백신의 종류** : V3 Lite, 알약, Norton Anti-Virus, 비트디펜더, 바이로봇
- **바이러스 검역소** : 바이러스에 감염되었거나 감염이 의심되는 파일들을 시스템으로부터 격리시켜 보관하는 장소로, 바이러스 치료후 파일에 문제가 발생했다면 검역소에 있는 파일로 다시 복원할 수 있다.

20년 1회, 15년 3회, 1회, 12년 2회, 11년 2회

1. 다음 중 컴퓨터 바이러스 예방 지침으로 옳지 않은 것은?

① 바이러스는 외부로부터 감염되므로 새로운 프로그램을 사용할 때에는 최신 버전의 백신을 사용하여 점검한 후에 사용한다.

② 중요한 데이터나 프로그램은 정기적으로 백업을 해야 한다.

③ 최신 백신 프로그램을 사용하여 정기적으로 시스템 전체를 점검한다.

④ 사용자의 편의를 위해서 자신의 모든 파일은 가급적 공유 폴더를 이용한다.

> 공유 폴더를 통해 바이러스가 감염될 수 있으므로 필요한 경우에만 공유 폴더를 이용해야 하며, 공유 폴더의 속성은 읽기 전용으로 지정한 후 이용하는 것이 좋습니다.

22년 4회, 21년 4회, 18년 상시, 16년 3회, 14년 2회, 12년 1회

2. 다음 중 컴퓨터 바이러스에 관한 설명으로 옳지 않은 것은?

① 일반 문서는 바이러스가 감염되지 않고, 실행 파일에만 바이러스가 감염된다.

② 자신을 감염시키거나 다른 프로그램을 감염시킬 수 있다.

③ 소프트웨어뿐만 아니라 하드웨어 성능에도 영향을 미칠 수 있다.

④ 백신을 RAM에 상주시켜 바이러스 감염을 예방할 수 있다.

> 실행 파일 뿐만 아니라 일반 문서도 바이러스에 감염될 수 있습니다.

22년 1회, 20년 2회, 18년 1회, 16년 1회, 03년 1회, 02년 2회

3. 다음 중 컴퓨터 바이러스의 감염 증상으로 옳지 않은 것은?

① 프로그램의 실행 속도가 이유 없이 늦어진다.

② 사용 가능한 메모리 공간이 줄어드는 등 시스템 성능이 저하된다.

③ 일정 시간 후에 화면 보호기가 작동된다.

④ 예측이 불가능하게 컴퓨터가 재부팅된다.

> 화면 보호기는 모니터를 보호하기 위해 사용자가 설정하는 기능으로, 바이러스와는 전혀 상관이 없습니다.

22년 2회, 18년 1회

4. 다음 중 컴퓨터 바이러스 감염 증상으로 옳지 않은 것은?

① 시스템 파일이 손상되어 부팅이 정상적으로 수행되지 않을 수 있다.

② 감염된 실행 파일은 실행되지 않거나 속도가 빨라질 수 있다.

③ 특정한 날짜가 되면 컴퓨터 화면에 이상한 메시지가 표시될 수 있다.

④ 디스크를 인식 못하거나 감염 파일의 크기가 커질 수 있다.

> 컴퓨터 바이러스에 감염된 실행 파일은 실행되지 않거나 속도가 느려질 수 있습니다.

23년 3회, 13년 3회, 06년 1회

5. 다음 바이러스의 유형 중 사용자 디스크에 숨어 있다가 날짜와 시간, 파일의 변경, 사용자나 프로그램의 특정한 행동 등의 일정 조건을 만족하면 실행되는 것은?

① 폭탄(Bomb) 바이러스

② 은닉(Stealth) 바이러스

③ 부트(Boot) 바이러스

④ 클러스터(Cluster) 바이러스

> 적이 숨어 있다가 목적지에 폭탄을 던지듯 사용자 컴퓨터에 숨어 있다 조건을 만족하면 발생하는 바이러스는 폭탄 바이러스입니다.

24년 2회, 23년 1회, 22년 1회, 21년 1회, 20년 1회

6. 다음 중 바이러스 예방 방법으로 가장 옳지 않은 것은?

① 감염에 대비하여 중요 자료는 주기적으로 백업한다.

② 네트워크의 공유 폴더는 '읽기' 권한으로 공유하며, '쓰기' 권한으로 공유하는 경우 암호 설정은 하지 않아도 된다.

③ 최신 백신을 사용하여 주기적으로 검사한다.

④ 출처가 불분명한 전자우편은 열어 보지 않고 삭제한다.

> 바이러스를 예방하려면 네트워크의 공유 폴더는 '읽기' 권한으로 공유하며, '쓰기' 권한으로 공유하는 경우 암호를 설정해야 합니다.

24년 1회, 10년 3회

7. 다음 중 코드 조합을 다양하게 할 수 있는 조합 프로그램을 암호형 바이러스에 덧붙여 감염시켜서, 실행될 때마다 바이러스 코드 자체를 변경시켜 식별자로는 구분하기 어렵게 하는 바이러스는 무엇인가?

① 폭탄 바이러스

② 은닉 바이러스

③ 다형성 바이러스

④ 클러스터 바이러스

> 문제에 제시된 내용은 다형성 바이러스의 개념입니다.

▶ **정답:** 1. ④ 2. ① 3. ③ 4. ② 5. ① 6. ② 7. ③

정보 보안 개요

 1 **보안의 정의와 보안 요건**

24.1, 23.5, 17.2, 15.2, 12.3, 11.2, 09.4, 09.1, 08.4, 08.1, 07.2, 06.4, 05.3, 04.3, 00.2, 99.3, 99.2

1110101

보안이란 컴퓨터 시스템 및 컴퓨터에 저장된 정보들을 외부의 불법적인 침입으로부터 보호하는 것을 의미한다.

• 시스템 및 정보의 보안에는 다음과 같이 기본적으로 충족해야 할 요건들이 있다.

요건	의미
기밀성(Confidentiality, 비밀성) 23.5, 12.3, 08.4	• 시스템 내의 정보와 자원은 인가된 사용자에게만 접근이 허용된다. • 정보가 전송 중에 노출되더라도 데이터를 읽을 수 없다.
무결성(Integrity) 24.1, 12.3, 11.2, 09.4, 08.4, 05.3, 99.2	• 시스템 내의 정보는 인가된 사용자만 수정이 가능하다. • 정보의 내용이 전송 중에 수정되지 않고 전달되는 것을 의미한다.
가용성(Availability) 12.3	인가받은 사용자는 언제라도 사용할 수 있다.
인증(Authentication) 08.4, 08.1, 05.3	• 정보를 보내오는 사람의 신원을 확인한다. • 사용자를 식별하고, 사용자의 접근 권한을 검증한다.
부인 방지(Non Repudiation) 15.2, 09.1, 07.2, 06.4, 05.3, 04.3, 00.2, 99.3	데이터를 송·수신한 자가 송·수신 사실을 부인할 수 없도록 송·수신 증거를 제공한다.
접근 통제(Access Control)	시스템의 자원 이용에 대한 불법적인 접근을 방지하는 과정을 말하며 크래커의 침입으로부터 보호한다.

2 **보안 위협의 유형**

24.4, 23.1, 22.2, 21.4, 20.상시, 20.2, 19.상시, 18.상시, 17.1

1110102

보안 요건을 위협하는 유형에는 다음과 같은 것이 있다.

가로막기(Interruption, 흐름 차단) 24.4, 23.1, 22.2, 21.4, 20.2, 17.1	• 데이터의 정상적인 전달을 가로막아서 흐름을 방해하는 행위이다. • 가용성을 저해한다.
가로채기(Interception) 20.상시, 19.상시, 18.상시	• 송신된 데이터가 수신지까지 가는 도중에 몰래 보거나 도청하여 정보를 유출하는 행위이다. • 기밀성을 저해한다.
수정(Modification)	• 전송된 데이터를 원래의 데이터가 아닌 다른 내용으로 바꾸는 행위이다. • 무결성을 저해한다.
위조(Fabrication)	• 마치 다른 송신자로부터 데이터가 송신된 것처럼 꾸미는 행위이다. • 무결성을 저해한다.

전문가의 조언

중요해요! 보안 요건, 보안 위협의 구체적인 형태에 대한 문제가 자주 출제되고 있습니다. 보안 요건, 보안 위협의 구체적인 형태와 의미를 파악하고, 보안 등급의 구성을 알아두세요.

3 보안 위협의 구체적인 형태

24.5, 24.4, 24.1, 23.5, 23.4, 23.3, 23.2, 22.3, 21.3, 21.1, 20.상시, 20.1, 19.상시, 19.2, 18.2, 18.1, 16.2, 15.1, 14.3, 14.2, 14.1, …

1110103

보안 요건을 위협하는 구체적인 형태에는 다음과 같은 것이 있다.

요건	의미
14.1, 13.3, 13.2, 12.2, 11.1, … 웜(Worm)	• 네트워크를 통해 연속적으로 자신을 복제하여 시스템의 부하를 높여 결국 시스템을 다운시키는 바이러스의 일종이다. • 분산 서비스 거부 공격*, 버퍼 오버플로 공격*, 슬래머 등이 웜의 한 형태이다.
13.3, 12.2, 08.4, 08.2, 05.2, … 트로이 목마 (Trojan Horse)	• 정상적인 기능을 하는 프로그램으로 가장하여 프로그램 내에 숨어 있다가 해당 프로그램이 동작할 때 활성화되어 부작용을 일으키는 것으로, 자기 복제 능력은 없다. • 지속적으로 사용자 컴퓨터에서 정보를 유출하거나 컴퓨터를 원격 제어한다. • 바이러스나 웜처럼 직접 컴퓨터에 피해를 주는 것이 아니므로 사용자가 트로이 목마에 대한 감염사실을 인식하기 어렵다.
14.3, 13.3, 07.4, 04.2, 02.3, … 백도어(Back Door; Trap Door)	인가받은 서비스 기술자나 유지보수 프로그래머들의 액세스 편의를 위해 보안을 제거하여 만든 비밀통로를 이르는 말로, 시스템에 무단 접근하기 위한 일종의 비상구로 사용된다.
23.3, 21.1, 20.상시, 20.1, 18.1, … 스니핑(Sniffing)	네트워크 주변을 지나다니는 패킷을 엿보면서 계정과 패스워드를 알아내는 행위이다.
24.4, 22.3, 20.상시, 19.2, 14.1, … 스푸핑 (Spoofing)	눈속임(Spoof)에서 파생된 것으로, 검증된 사람이 네트워크를 통해 데이터를 보낸 것처럼 데이터를 변조(위조)하여 접속을 시도하는 침입 형태이다.
24.4, 13.1, 09.3, 04.4, 03.2 크래킹 (Cracking)	어떤 목적을 가지고 타인의 시스템에 불법으로 침입하여 정보를 파괴하거나 정보의 내용을 자신의 이익에 맞게 변경하는 행위를 뜻하며, 이런 일을 하는 사람을 크래커(Cracker)라고 부른다.
08.3, 07.1 혹스(Hoax)	실제로는 악성 코드로 행동하지 않으면서 겉으로는 악성 코드인 것처럼 가장하여 행동하는 소프트웨어이다.
20.상시, 16.2, 11.1, 10.1 스파이웨어 (Spyware)	적절한 사용자 동의 없이 사용자 정보를 수집하는 프로그램 또는 적절한 사용자 동의 없이 설치되어 사용을 불편하게 하거나 사생활을 침해하는 프로그램이다.
24.5, 23.2, 14.2 메모리 해킹 (Memory Hacking)	컴퓨터 메모리(주기억장치)에 있는 데이터를 위·변조하는 해킹방법으로, 정상적인 인터넷뱅킹 사이트를 이용했음에도 이체거래 과정에서 수취인의 계좌번호를 변조하거나 보안카드의 비밀번호를 빼내어 돈을 빼돌린다.
24.4, 23.5, 21.1, 20.1, 18.1, 14.1 파밍(Pharming)	해커가 악성코드에 감염된 PC를 조작하여 이용자가 정상적인 사이트에 접속해도 중간에서 도메인을 탈취하여 가짜 사이트로 접속하게 한 다음 개인 정보나 금융정보를 몰래 빼내는 행위이다.
12.2, 08.4, 05.2, 04.3, 00.3, … 해킹(Hacking)	컴퓨터 시스템에 불법적으로 접근, 침투하여 시스템과 데이터를 파괴하는 행위이다.
13.3 드롭퍼(Dropper)	정상적인 파일 등에 트로이 목마나 웜, 바이러스가 숨겨진 형태를 일컫는 말이다.
눈속임(Spoof)	어떤 프로그램이 정상적으로 실행되는 것처럼 속임수를 사용하는 행위이다.
24.1 피싱(Phishing)	개인정보(Private Data)와 낚시(Fishing)의 합성어로, 거짓 메일을 발송하여 특정 금융기관 등의 가짜 웹 사이트로 유인한 후 관련 금융기관과 관련된 ID, 암호, 계좌번호 등의 정보를 빼내는 기법이다.
24.4, 20.1 스미싱 (Smishing)	문자 메시지(SMS)와 피싱(Phishing)의 합성어로, 무료쿠폰이나 모바일 초대장 등의 문자 메시지를 보낸 후 메시지에 있는 인터넷 주소를 클릭하면 악성코드를 설치하여 개인 금융 정보를 빼내는 행위이다.

분산 서비스 거부 공격(DDoS)
여러 대의 컴퓨터가 동시에 특정 사이트를 공격하는 해킹 방식으로, 한 명 또는 그 이상의 사용자가 시스템의 리소스를 독점하거나 파괴함으로써 시스템이 더 이상 정상적인 서비스를 할 수 없도록 만드는 공격 방법입니다.

버퍼 오버플로 공격
버퍼의 크기보다 많은 데이터를 입력하여 프로그램이 비정상적으로 동작하도록 만드는 것입니다.

19.상시, 18.2 **악성 봇** (Malicious Bot)	• 컴퓨터 이용자 몰래 설치되어 컴퓨터 사용을 불편하게 하거나 정보를 가로채는 악성 프로그램이다. • 로봇처럼 스스로 움직이지는 못하고, 해커에 원격 제어된다.
23.4, 21.3, 20.1, 19.상시, 18.2 **랜섬웨어** (Ransomware)	인터넷 사용자의 컴퓨터에 잠입해 내부 문서나 파일 등을 암호화해 열지 못하도록 만든 다음 해독 프로그램을 빌미로 돈을 요구하는 악성 프로그램이다.

4 보안 등급*

13.1, 02.4

보안 등급은 외부의 침입으로부터 시스템 및 데이터를 보호하기 위해 사용되는 보안의 수준을 평가한다.

• 보안 등급은 NCSC(National Computer Security Center, 전미컴퓨터보안센터)에서 제안한 것으로, 최상위 등급 A1부터 B3, B2, B1, C2, C1, D1로 구성되어 있다.

국내의 보안 등급
한국인터넷진흥원에서 K1~K7 등급으로 규정한 것으로, K7 등급이 최상위 등급입니다.

 따라잡기 기출문제 따라잡기

문제2 1110151

24년 1회, 11년 2회
1. 다음 중 정보의 내용이 전송 중에 수정되지 않고 전달되는 것을 의미하는 보안기능을 무엇이라고 하는가?

① 무결성(Integrity)

② 인증(Authentication)

③ 기밀성(Confidentiality)

④ 접근 제어(Access Control)

> 문제에 제시된 내용은 무결성(Integrity)의 개념입니다.

12년 2회, 08년 4회, 05년 2회, 04년 3회, 03년 2회, 00년 3회, 1회
2. 다음 중 보안 관련 용어에 대한 설명으로 적절하지 않은 것은?

① 크래킹이란 컴퓨터 시스템에 불법적으로 접근, 침투하여 시스템과 데이터를 파괴하는 행위이다.

② 웜(Worm)이란 네트워크를 통해 연속적으로 자신을 복제하여 시스템의 부하를 높이는 바이러스의 일종이다.

③ 디지털 서명이란 송신자의 신분을 보증하는 암호화된 데이터로서, 메시지에 덧붙여 보내기도 한다.

④ 트로이 목마(Trojan Horse)란 외부(인터넷)로부터의 침입을 막기 위하여 격리시키는 시스템이다.

> ④번은 방화벽에 대한 설명입니다.

22년 2회
3. 다음 중 스마트 폰의 보안 위험에 대처하는 방법에 대한 설명으로 옳지 않은 것은?

① 와이파이(Wi-Fi) 망에서 양자간 통신 내용을 가로채는 중간자 공격을 방지하기 위해 VPN 서비스를 강화한다.

② 악성 코드나 바이러스 감염으로부터 예방하고자 운영체제와 백신 프로그램을 항상 최신 버전으로 업데이트한다.

③ 악성 코드 유포를 막기 위해 가급적 멀티미디어 메시지(MMS)를 사용하고 블루투스 기능은 항상 켜 놓는다.

④ 분실한 기기에 저장된 개인 정보를 원격으로 삭제하여 불법 사용을 방지하기 위해 킬 스위치(Kill Switch) 기능을 사용한다.

> 악성 코드 유포를 막기 위해서는 발신이 불명확한 멀티미디어 메시지(MMS)는 열어보지 말고 즉시 삭제하고, 블루투스 기능은 평상시에는 꺼 놓고 필요할 때만 켜서 사용하는 것이 좋습니다.

24년 1회
4. 다음에서 설명하는 컴퓨터 금융 범죄 기법을 무엇이라 하는가?

> 금융기관을 가장한 이메일을 발송한 후 메일에 있는 인터넷 주소를 클릭하면 허위 은행 사이트로 유인하여 개인 금융 정보를 빼내는 행위

① 파밍(Pharming)　　② 피싱(Phishing)

③ 스푸핑(Spoofing)　　④ 스니핑(Sniffing))

> 지문에 제시된 내용은 피싱(Phishing)의 개념입니다.

23년 4회, 21년 3회, 19년 상시, 18년 2회
5. 다음은 무엇에 대한 설명인가?

> 인터넷 사용자의 컴퓨터에 잠입해 내부 문서나 스프레드시트, 그림 파일 등을 암호화해 열지 못하도록 만들고 해독용 키 프로그램을 전송해 준다며 돈을 요구하는 악성 프로그램

① 내그웨어(nagware)　　② 스파이웨어(Spyware)

③ 애드웨어(adware)　　④ 랜섬웨어(Ransomware)

▶ **정답** : 1. ① 　2. ④ 　3. ③ 　4. ② 　5. ④

따라잡기 **기출문제 따라잡기**

> 'Ransom'은 '몸값, 몸값을 지불하다'는 의미로, 해독 프로그램을 받기 위해서는 돈을 지불해야 하는 악성 프로그램은 'Ransomware'입니다.

15년 2회, 07년 2회, 06년 4회, 04년 3회

6. 다음 중 송신자의 송신 여부와 수신자의 수신 여부를 확인하는 기능으로 송·수신자가 송·수신 사실을 부정하지 못하도록 하는 보안 기능을 무엇이라고 하는가?

① 인증   ② 접근 통제

③ 부인 방지   ④ 기밀성

> 문제에 제시된 내용은 부인 방지의 개념입니다.

24년 4회, 14년 1회, 11년 1회

7. 다음 중 인터넷상에서 보안을 위협하는 유형에 대한 설명으로 옳지 않은 것은?

① 스파이웨어(Spyware) : 사용자 동의 없이 사용자 정보를 수집하는 프로그램

② 분산 서비스 거부 공격(DDoS) : 데이터 패킷을 범람시켜 시스템의 성능을 저하시킴

③ 스푸핑(Spoofing) : 신뢰성 있는 사람이 데이터를 보낸 것처럼 데이터를 위변조하여 접속시도

④ 스니핑(Sriffing) : 악성코드인 것처럼 가장하여 행동하는 프로그램

> ④번은 혹스(Hoax)에 대한 설명입니다.

23년 5회, 3회, 22년 3회, 21년 1회, 18년 1회, 16년 2회, 15년 1회, 14년 3회, 09년 2회

8. 다음 가)와 나)에 해당하는 사이버 범죄의 용어로 가장 알맞게 짝지어진 것은?

> 가) 악성코드에 감염된 PC를 조작해 이용자가 인터넷에서 정상적인 홈페이지 주소로 접속하여도 해커가 도메인을 중간에서 탈취하여 가짜 사이트로 유도되고 해커가 개인 정보나 금융 정보 등을 몰래 빼가는 수법이다.
>
> 나) 네트워크상에서 자신이 아닌 다른 상대방들의 패킷 교환을 엿듣는 것을 의미한다. 즉, 네트워크 트래픽을 도청하는 과정을 말하는 것으로 네트워크 상에서 전달되는 모든 패킷을 분석하여 사용자의 계정과 암호 등을 알아내는 것을 말한다.

① 가) 스푸핑(Spoofing)   나) 스미싱(Smishing)

② 가) 피싱(Phishing)   나) 스푸핑(Spoofing)

③ 가) 스미싱(Smishing)   나) 서비스 거부 공격(DoS)

④ 가) 파밍(Pharming)   나) 스니핑(Sniffing)

> 지문에 제시된 내용 중 '가'는 파밍(Pharming), '나' 스니핑(Sniffing)에 대한 개념입니다.

13년 1회, 02년 4회

9. 다음 중 NCSC(미국 국립 컴퓨터보안센터)에서 규정한 보안 등급 순서를 높은 수준부터 낮은 수준 순으로 올바르게 나열한 것은?

① A1-B1-B2-B3-C1-C2-D1

② D1-C2-C1-B3-B2-B1-A1

③ A1-B3-B2-B1-C2-C1-D1

④ D1-C1-C2-B1-B2-B3-A1

> 보안 등급 순서를 높은 수준부터 낮은 순으로 올바르게 나열한 것은 ③번입니다.

24년 4회, 23년 1회, 22년 2회, 21년 4회, 20년 2회, 17년 1회

10. 다음 중 네트워크에서 데이터 전달의 흐름을 방해하여 가용성에 영향을 미치는 컴퓨터 시스템의 정보 보안 위협 유형으로 옳은 것은?

① 가로막기   ② 가로채기(Interception)

③ 수정(Modification)   ④ 위조((Fabrication)

> 네트워크(Interruption)에서 데이터 전달의 흐름을 방해하는 정보 보안 위협 유형은 가로막기(Interruption)입니다.

23년 5회

11. 다음 중 데이터가 전송 중에 타인에게 노출되더라도 데이터를 읽을 수 없어야 한다는 보안 요건은?

① 무결성   ② 접근 통제

③ 부인 방지   ④ 기밀성

> 데이터가 전송 중에 타인에게 노출되더라도 데이터를 읽을 수 없어야 한다는 보안 요건은 기밀성(비밀성)입니다.

24년 5회, 23년 2회, 14년 2회

12. 다음에서 설명하는 컴퓨터 금융 범죄 기법을 무엇이라 하는가?

> 피해자 PC 악성코드 감염 → 정상적인 인터넷 뱅킹 절차(보안 카드 앞·뒤 2자리) 이행 후 이체 클릭 → 오류 발생 반복(이체 정보 미전송) → 일정 시간 경과 후 범죄자가 동일한 보안카드 번호 입력, 범행 계좌로 이체

① 메모리 해킹(Memory Hacking)

② 스미싱(Smishing)

③ 파밍(Pharming)

④ 피싱(Phishing)

> 문제의 지문에 제시된 내용은 메모리 해킹(Memory Hacking)에 대한 설명입니다.

▶ 정답 : 6. ③   7. ④   8. ④   9. ③   10. ①   11. ④   12. ①

정보 보안 기법

보안 기법이란 침입자로부터 시스템을 안전하게 보호하기 위해 행해지는 방법을 말한다. 다음은 대표적인 보안 기법인 사용자 인증, 방화벽, 암호화에 대한 설명이다.

1 사용자 인증
22.4, 13.3, 04.1, 03.4, 02.4

1110201

사용자를 식별하고, 정당한 사용자인지를 검증하여 허가되지 않은 사용자들의 접근을 막는 것을 의미한다.

04.1 ID/Password	• 가장 많이 사용되는 방법으로, 고유의 ID와 Password를 사용한다. • 해커에 의해 Password를 도난당할 수 있는 단점이 있다.
03.4, 02.4 생체 인식	• 인간의 신체적인 특성, 즉 지문, 얼굴의 형태, 눈의 홍채 등을 측정하고 분석하여 사용자를 인증하므로 보안성이 뛰어나다. • 지문 인식 시스템이 가장 많이 사용되며, 홍채나 망막 인식, 음성 인식, 얼굴의 형태 인식 등을 이용한 다양한 접근을 시도하고 있다.
22.4, 13.3 아이핀(i-PIN)	• '인터넷 개인 식별 번호(Internet Personal Identification Number)'의 약자로 인터넷 상에서 주민등록번호의 유출과 오남용을 막고자 주민등록번호 대신 신분을 확인하기 위한 번호이다. • 아이핀 아이디와 패스워드를 사용하면 웹 사이트에 더이상 주민등록번호를 입력하지 않아도 회원가입 및 기타 서비스의 이용이 가능하다.

2 방화벽
24.3, 23.1, 21.2, 21.1, 19.2, 16.1, 12.2, 07.2, 05.1, 04.2, 03.3, 03.1, 02.1, 01.3, 01.1, 99.3

1110202

방화벽(Firewall)은 보안이 필요한 네트워크의 통로를 단일화하여 관리함으로써 외부의 불법 침입으로부터 내부의 정보 자산을 보호하기 위한 시스템이다.

• 내부 네트워크에서 외부로 나가는 패킷은 그대로 통과시키고, 외부에서 내부 네트워크로 들어오는 패킷은 내용을 엄밀히 체크하여 인증된 패킷만 통과시키는 구조로, 해킹 등에 의한 외부로의 정보 유출을 막기 위해 사용하는 보안 시스템이다.

• 방화벽은 역추적 기능이 있어서 외부의 침입자를 역추적하여 흔적을 찾을 수 있다.

• 방화벽 시스템이 보안에 완벽한 것은 아니다. 특히 내부로부터의 불법적인 해킹은 막지 못한다.

3 암호화
24.5, 23.2, 21.3, 21.1, 19.상시, 18.상시, 18.1, 16.3, 16.2, 15.3, 15.2, 13.1, 12.3, 12.1, 11.1, 10.1, 09.4, 09.3, 08.3, 07.4, 07.3, 07.1, 06.3, …

1110203

암호화(Encryption)는 데이터를 보낼 때 송신자가 지정한 수신자 이외에는 그 내용을 알 수 없도록 평문을 암호문으로 변환하는 것이다.

24.5, 23.2, 21.3, 19.상시, … **비밀키 암호화 기법**	비밀키 암호화 기법은 동일한 키로 데이터를 암호화하고 복호화*한다. • 복호화 키를 아는 사람은 누구든지 암호문을 복호화할 수 있으므로 복호화 키의 비밀성을 유지하는 것이 중요하다. • 비밀키 암호화 기법은 대칭 암호화 기법 또는 단일키 암호화 기법이라고도 한다. • 대표적인 암호화 방식은 DES(Data Encryption Standard)이다. • 장점 : 암호화/복호화 속도가 빠르며, 알고리즘이 단순하고 파일 크기가 작다. • 단점 : 사용자의 증가에 따라 관리해야 할 키의 수가 상대적으로 많아진다.
21.1, 18.상시, 16.3, 15.3, 13.1, … **공개키 암호화 기법**	공개키 암호화 기법은 서로 다른 키로 데이터를 암호화하고 복호화한다. • 데이터를 암호화할 때 사용하는 키(공개키, Public key)는 공개하고, 복호화할 때의 키(비밀키, Secret key)는 비밀로 한다. • 공개키 암호화 기법은 비대칭 암호화 기법으로, 이중키 암호화 기법이라고도 한다. • 대표적인 암호화 방식은 RSA(Rivest Shamir Adleman)이다. • 전자서명*에 사용한다. • 장점 : 키의 분배가 용이하고 관리해야 할 키의 개수가 적다. • 단점 : 암호화/복호화 속도가 느리며, 알고리즘이 복잡하고 파일 크기가 크다.

4 16.1, 15.2, 11.1, 09.4, 07.3
기타 정보 보안 기법

1110204

전자 인증 시스템(Electronic Authentication System)	정보를 보내오는 사람의 신원을 확인하는 시스템이다.
침입 탐지 시스템(Intrusion Detection System)	인가된 사용자 혹은 외부의 침입자에 의해 컴퓨터 시스템의 허가되지 않은 사용이나 오용 또는 악용과 같은 침입을 알아내기 위한 시스템이다.
16.1, 09.4, 07.3 **워터마킹(Watermarking)**	오디오, 비디오, 이미지 등의 디지털 콘텐츠에 사람의 육안으로는 구별할 수 없도록 저작원의 정보를 삽입하여 불법 복제를 막는 기술이다.

5 18.상시, 17.2, 12.3, 11.3, 10.1, 08.2
웹 보안 프로토콜

1110205

18.상시, 17.2, 10.1, 08.2 **SET(Secure Electronic Transaction)**	• 인터넷에서 전자상거래를 위한 신용카드 거래를 안전하게 하기 위한 표준 프로토콜이다. • 전자상거래에서 보안상의 허점을 보완하고자 신용카드회사와 IBM, MS 사가 기술적으로 협력하며 개발하였다.
12.3, 11.3 **SSL (Secure Socket Layer)**	• 보안 소켓 계층을 이르는 말로, 인터넷에서 데이터를 안전하게 주고받기 위해 넷스케이프 사에서 만든 웹 보안 프로토콜이다. • HTTP, NNTP, FTP 등의 응용 프로토콜과 TCP/IP 사이에서 데이터를 암호화 한다.
12.3 **SEA(Security Extension Architecture)**	W3C에서 개발한 웹 보안 프로토콜로, 전자 서명, 암호화 통신 등을 통해 보안을 구현한다.
12.3 **SHTTP(Secure HTTP)**	EIT 사가 개발한 프로토콜로, 기존의 HTTP에 보안 요소를 추가하여 취약점을 보완했다.

따라잡기 기출문제 따라잡기

12년 2회, 05년 1회, 03년 3회, 02년 1회, 01년 3회

1. 내부 네트워크에서 인터넷으로 나가는 패킷은 그대로 통과시키고, 인터넷에서 내부 네트워크로 들어오는 패킷은 내용을 엄밀히 체크하여 인증된 패킷만 통과시키는 구조로, 해킹 등에 의한 외부로의 정보 유출을 막기 위해 사용하는 보안 시스템을 무엇이라 하는가?

① 인증(Authentication) 시스템

② 접근 제어(Access Control) 시스템

③ 방화벽(Firewall) 시스템

④ 침입 탐지 시스템(Intrusion Detection System)

> 외부 네트워크와 내부 네트워크 사이에서 내부 정보를 보호하는 것은 방화벽입니다.

15년 2회, 11년 1회

2. 컴퓨터 이용의 확산과 함께 정보 보호를 위해서는 시스템을 안전하게 보호하는 것이 매우 중요하다. 다음 보안 방법에 대한 설명 중 옳지 않은 것은?

① 개인의 지문을 통해 사용자 인증을 할 수 있다.

② 방화벽을 설치하여 외부에서 들어오는 좋지 않은 정보들의 불법 침입을 막는다.

③ 비밀키 암호화 기법은 키의 크기가 크고 알고리즘이 복잡하여 효율성이 떨어지는 단점이 있다.

④ 워터마킹을 통해 디지털 콘텐츠에 저작권의 정보를 삽입하여 불법 복제를 막는다.

> 비밀키 암호화 기법은 키의 크기가 작고 알고리즘이 단순하여 효율성이 좋지만 사용자에 따라 관리해야 할 키의 개수가 많아지는 단점이 있습니다.

18년 1회

3. 다음 중 컴퓨터 시스템의 정보 보안 기법에서 공개키 암호화 기법에 관한 설명으로 옳지 않은 것은?

① 암호화나 복호화 속도가 느리며, 알고리즘이 복잡하고 파일의 크기가 크다.

② 전자 서명에 많이 사용된다.

③ 데이터를 암호화할 때 사용하는 키는 비밀로 하고, 복호화하는 키는 공개한다.

④ 비대칭 암화기법이라고도 하며, 대표적인 암호화 방식으로 RSA가 있다.

> 공개키 암호화 기법은 데이터를 암호화할 때 사용하는 키는 공개하고, 복호화할 때 사용하는 키는 비밀로 합니다.

12년 3회

4. 다음 중 웹 보안 프로토콜이 아닌 것은?

① SHTTP

② SSL

③ SEA

④ SZS

> 웹 보안 프로토콜에는 SET, SSL, SEA, SHTTP 등이 있습니다.

08년 3회, 06년 2회, 1회

5. 다음 중 암호화에 대한 설명으로 옳지 않은 것은?

① 사용자와 메시지 인증을 하는 전자서명에는 암호화가 필요 없다.

② 공개키 알고리즘 RSA는 128비트 이상의 키를 사용하므로 비인가된 사용자가 암호를 풀기 어렵다.

③ 암호화 알고리즘 DES는 암호문 작성과 해독 과정에서 당사자들만 알고 있는 개인키를 사용한다.

④ 공개키 알고리즘 RSA는 데이터의 암호화/복호화 과정에서 서로 다른 키가 사용된다.

> 전자서명(Digital Signature)은 전자문서 작성자의 신원과 전자문서의 변경 여부를 확인할 수 있도록 하는 고유 정보로, 공개키(Public Key) 암호화 기법을 사용합니다.

24년 3회, 23년 1회, 21년 2회, 1회, 19년 2회, 16년 1회, 07년 2회

6. 다음 중 컴퓨터에서 정보 보안을 위하여 사용하는 방화벽에 관한 설명으로 옳지 않은 것은?

① 내부 네트워크로 들어오거나 외부 네트워크로 나가는 패킷을 체크한다.

② 역추적 기능이 있어서 외부 침입자의 흔적을 찾을 수 있다.

③ 방화벽을 사용하더라도 내부의 불법적인 해킹은 막지 못한다.

④ 해킹에 의한 외부로의 정보 유출을 막기 위한 보안 시스템이다.

> 방화벽은 외부에서 내부 네트워크로 들어오는 패킷은 내용을 엄밀히 체크하지만 반대의 경우는 그대로 통과시킵니다.

▶ 정답 : 1. ③ 2. ③ 3. ③ 4. ④ 5. ① 6. ①

07년 1회, 04년 4회

7. 다음의 내용은 어떤 암호화 기법에 대한 설명인가?

- 공개키를 사용하는 암호화 기법
- 사용자 인증이 가능한 기법
- 암호화키를 상대에게 보낼 필요가 없는 기법

① DES　　　　　　② RSA

③ Back Door　　　④ Salami

> 지문에 제시된 내용은 공개키 암호화 기법의 특징으로, 대표적인 공개키 암호화 기법은 RSA입니다.

21년 1회, 18년 상시, 18년 1회, 16년 3회, 15년 3회, 13년 1회, 07년 4회, 06년 3회

8. 다음 중 공개키 암호화 기법에 대한 설명으로 옳지 않은 것은?

① 이중키 암호화 기법이라고도 한다.

② 암호화키와 복호화키가 서로 다르다.

③ 대표적인 알고리즘으로 RSA가 있다.

④ 비밀키 암호화 기법에 비해 암호화와 복호화의 속도가 빠르다.

> 공개키 암호화 기법은 비밀키 암호화 기법에 비해 암호화와 복호화의 속도가 느립니다.

16년 1회, 15년 2회, 11년 1회, 09년 4회, 07년 3회

9. 오디오, 비디오, 이미지 등의 디지털 콘텐츠에 사람의 육안으로는 구별할 수 없도록 저작원의 정보를 삽입하여 불법 복제를 막는 기술을 무엇이라고 하는가?

① 카피라잇(Copyright)

② 카피레프트(Copyleft)

③ 워터마킹(Watermarking)

④ 스패밍(Spamming)

> 워터마킹과 함께 보기에 나온 다른 용어의 의미도 알아두세요.
> • 카피라잇(Copyright) : 홈페이지의 저작권을 보장하기 위해 표시하는 것
> • 카피레프트(Copyleft) : 카피라잇과 달리 저작권을 인정하지 않고, 자료 등을 공개하는 것으로 정보 공유를 목적으로 함
> • 스패밍(Spamming) : 수신자가 원하지도 않는 메일을 송신하는 행위

22년 4회, 13년 3회

10. 다음 보기는 무엇에 대한 설명인가?

- '인터넷 개인 식별 번호(Internet Personal Identifi cation Number)'의 약자로 주민등록번호 대신 인터넷상에서 신분을 확인하는데 쓰인다.
- 기존 주민등록번호로 실명을 인증하는 것과 비슷한데 웹사이트마다 일일이 실명과 주민등록번호를 입력하는 불편함을 덜어준다.

① 전자서명　　　　② 아이핀(i-PIN)

③ 공인인증서　　　④ 회원가입

> 지문에 제시된 내용은 아이핀(i-PIN)의 특징입니다.

24년 3회, 23년 2회, 22년 4회, 3회, 21년 3회, 19년 상시, 16년 2회

11. 다음 중 정보 보안을 위한 비밀키 암호화 기법에 대한 설명으로 옳지 않은 것은?

① 대칭 암호화 기법 또는 단일키 암호화 기법이라고도 한다.

② 대표적인 암호화 방식은 DES(Data Encryption Standard)이다.

③ 알고리즘이 단순하고 파일 크기가 작다.

④ 공개키 암호화 기법에 비해 암호화/복호화 속도가 매우 느리다.

> 비밀키 암호화 기법은 공개키 암호화 기법에 비해 암호화와 복호화의 속도가 빠릅니다.

18년 상시, 17년 2회, 10년 1회, 08년 2회

12. 다음 중 인터넷에서 안전한 신용카드 기반의 전자상거래를 위하여 개발된 지불 프로토콜은 무엇인가?

① SSL　　　　　　② SEA

③ SET　　　　　　④ SHTTP

> 안전한 신용카드 기반의 전자상거래를 위해 개발된 지불 프로토콜은 SET입니다.

▶ 정답 : 7. ②　8. ④　9. ③　10. ②　11. ④　12. ③

104 | 정보 사회

❶ 정보 사회의 개요 21.4, 13.2

- 인터넷 통신을 기반으로 한 멀티미디어 정보가 발달하였다.
- 산업 구조가 지식 정보 중심으로 바뀌면서 보다 복잡해졌다.
- 정보 사회에서는 통신기술의 발달로 시간과 공간의 제약에서 벗어나게 되었다.
- 상품의 생명이 짧아지면서 소품종 대량 시스템에서 다품종 소량 시스템으로 바뀌었다.

❷ 컴퓨터 범죄의 주요 유형 20.1

- 소프트웨어, 웹 콘텐츠, 전자문서의 도난 및 불법 복사
- 전산망을 이용한 개인 신용정보 유출
- 음란물의 유통 및 사이트 운영
- 컴퓨터 바이러스 제작 · 유포

❸ 컴퓨터 범죄의 예방 및 대책 24.5, 23.4, 18.1, 13.2

- 해킹 방지를 위한 보안 관련 프로그램을 보급하고, 보안 교육을 정기적으로 실시한다.
- 보호 패스워드를 시스템에 도입하고, 패스워드를 수시로 변경한다.
- 백신 프로그램을 설치하고, 자동 업데이트 기능을 설정한다.
- 인터넷을 통해 다운로드한 프로그램은 백신으로 진단해 본 후 사용한다.
- 의심이 가는 메일이나 호기심을 자극하는 표현이 담긴 메일은 열어보지 않는다.
- 중요한 자료는 암호화하여 저장하고 정보 손실에 대비하여 백업을 철저히 한다.

105 | 바이러스와 백신

❶ 바이러스 감염 증상 22.4, 22.2, 22.1, 21.4, 20.2, 18.1, 16.1

- 시스템 파일이 손상되어 부팅이 정상적으로 수행되지 않을 수 있다.
- 실행 파일이 감염되면, 프로그램이 실행되지 않거나 속도가 느려진다.
- 특정 날짜가 되면 화면에 이상한 메시지가 표시되기도 한다.
- 디스크를 인식하지 못하거나 파일 삭제 또는 작성 날짜 및 크기가 변경된다.
- 사용 가능한 메모리 공간이 줄어드는 등 시스템 성능이 저하된다.
- 부팅이 정상적으로 수행되지 않거나 재부팅된다.

❷ 바이러스 감염 경로와 예방법 24.2, 23.1, 22.1, 21.2, 21.1, 20.1, 18.상시, 17.2, 16.3, …

- 인터넷을 통해 다운(Down)받은 파일이나 외부에서 복사해 온 파일은 반드시 바이러스 검사를 수행한 후 사용한다.
- 네트워크의 공유 폴더는 '읽기' 권한으로 공유하며, '쓰기' 권한으로 공유하는 경우 암호를 설정한다.
- 전자우편을 통해 감염될 수 있으므로 발신자가 불분명한 전자우편은 열어보지 않고 삭제하거나 바이러스 검사를 수행한 후 열어본다.
- 바이러스 감염에 대비해 중요한 자료는 정기적으로 백업한다.
- 바이러스 예방 프로그램을 램(RAM)에 상주시켜 바이러스 감염을 예방한다.
- 가장 최신 버전의 백신 프로그램을 사용하여 주기적으로 바이러스 검사를 수행한다.

❸ 바이러스의 분류 24.1, 23.3, 17.1, 15.2, 13.3, 10.3, 10.2

- 파일 바이러스 : 실행(시스템) 파일을 감염시키는 바이러스
- 부트 바이러스 : 부트 섹터(Boot Sector)를 손상시키는 바이러스
- 매크로 바이러스 : 주로 MS-Office에서 사용하는 매크로 기능을 이용하여 다른 파일을 감염시키는 바이러스

- **폭탄 바이러스** : 사용자 컴퓨터에 숨어 있다가 날짜와 시간, 파일의 변경, 사용자나 프로그램의 특정한 행동 등의 일정한 조건을 만족하면 실행되는 바이러스
- **스크립트 바이러스** : 스크립트로 작성된 바이러스로, 파일 안에 들어 있는 스크립트에 감염됨
- **나형성 바이러스** : 실행될 때마다 바이러스 코드 자체를 변경시켜 사용자들이 감염 사실을 눈치채지 못하게 하는 바이러스

106 | 정보 보안 개요

❶ 보안 요건 24.1, 23.5, 17.2, 15.2, 12.3, 11.2

- **기밀성(Confidentiality, 비밀성)** : 시스템 내의 정보와 자원은 인가된 사용자에게만 접근이 허용됨
- **무결성(Integrity)** : 시스템 내의 정보는 인가된 사용자만 수정이 가능함
- **가용성(Availability)** : 인가받은 사용자는 언제라도 사용할 수 있음
- **인증(Authentication)** : 정보를 보내오는 사람의 신원을 확인함
- **부인 방지(Non Repudiation)** : 데이터를 송·수신한 자가 송·수신 사실을 부인할 수 없도록 송·수신 증거를 제공함

❷ 보안 위협의 유형 24.4, 23.1, 22.2, 21.4, 20.상시, 20.2, 19.상시, 18.상시, 17.1

- **가로막기(Interruption, 흐름 차단)** : 데이터의 정상적인 전달을 가로막아서 흐름을 방해하는 행위로, 가용성을 저해함
- **가로채기(Interception)** : 송신된 데이터가 수신지까지 가는 도중에 몰래 보거나 도청하여 정보를 유출하는 행위로, 기밀성을 저해함
- **수정(Modification)** : 전송된 데이터를 원래의 데이터가 아닌 다른 내용으로 바꾸는 행위로, 무결성을 저해함
- **위조(Fabrication)** : 마치 다른 송신자로부터 데이터가 송신된 것처럼 꾸미는 행위로, 무결성을 저해함

❸ 보안 위협의 구체적인 형태 24.5, 24.4, 24.1, 23.5, 23.4, 23.3, 23.2, 22.3, 21.3, …

- **스니핑** : 네트워크 주변을 지나다니는 패킷을 엿보면서 계정과 패스워드를 알아내는 행위
- **파밍** : 해커가 악성코드에 감염된 PC를 조작하여 이용자가 정상적인 사이트에 접속해도 중간에서 도메인을 탈취하여 가짜 사이트로 접속하게 한 다음 개인 정보나 금융정보를 몰래 빼내는 행위
- **분산 서비스 거부 공격(DDoS)** : 여러 대의 컴퓨터가 동시에 특정 사이트를 공격하는 해킹 방식
- **스푸핑** : 신뢰성 있는 사람이 데이터를 보낸 것처럼 데이터를 위변조하여 접속을 시도하는 행위
- **스미싱** : 문자 메시지(SMS)와 피싱(Phishing)의 합성어로, 무료쿠폰이나 모바일 초대장 등의 문자 메시지를 보낸 후 메시지에 있는 인터넷 주소를 클릭하면 악성코드를 설치하여 개인 금융 정보를 빼내는 행위
- **악성 봇** : 컴퓨터 이용자 몰래 설치되어 컴퓨터 사용에 불편을 끼치거나 정보를 가로채는 악성 프로그램
- **랜섬웨어** : 인터넷 사용자의 컴퓨터에 잠입해 내부 문서나 파일 등을 암호화해 열지 못하도록 만든 다음 해독 프로그램을 빌미로 돈을 요구하는 악성 프로그램
- **메모리 해킹(Memory Hacking)** : 컴퓨터 메모리(주기억장치)에 있는 데이터를 위·변조하는 해킹방법으로, 정상적인 인터넷뱅킹 사이트를 이용했음에도 이체거래 과정에서 수취인의 계좌번호를 변조하거나 보안카드의 비밀번호를 빼내어 돈을 빼돌림
- **크래킹** : 어떤 목적을 가지고 타인의 시스템에 불법으로 침입하여 정보를 파괴하거나 정보의 내용을 자신의 이익에 맞게 변경하는 행위
- **피싱** : 개인정보(Private Data)와 낚시(Fishing)의 합성어로, 거짓 메일을 발송하여 특정 금융기관 등의 가짜 웹 사이트로 유인한 후 관련 금융기관과 관련된 ID, 암호, 계좌번호 등의 정보를 빼내는 기법

107 | 정보 보안 기법

❶ 아이핀(i-PIN) 22.4, 13.3

- '인터넷 개인 식별 번호(Internet Personal Identification Number)'의 약자로 인터넷 상에서 주민등록번호의 유출과 오남용을 막고자 주민등록번호 대신 신분을 확인하기 위한 번호이다.
- 아이핀 아이디와 패스워드를 사용하면 웹 사이트에 더 이상 주민등록번호를 입력하지 않아도 회원가입 및 기타 서비스의 이용이 가능하다.

❷ 방화벽 24.3, 23.1, 21.2, 21.1, 19.2, 16.1, 12.2

- 보안이 필요한 네트워크의 통로를 단일화하여 관리함으로써 외부의 불법 침입으로부터 내부의 정보 자산을 보호하기 위한 시스템이다.
- 내부 네트워크에서 외부로 나가는 패킷은 그대로 통과시키고, 외부에서 내부 네트워크로 들어오는 패킷은 내용을 엄밀히 체크하여 인증된 패킷만 통과시키는 구조로, 해킹 등에 의한 외부로의 정보 유출을 막기 위해 사용하는 보안 시스템이다.
- 방화벽은 역추적 기능이 있어서 외부의 침입자를 역추적하여 흔적을 찾을 수 있다.
- 방화벽 시스템을 이용하더라도 보안에 완벽한 것은 아니며 내부로부터의 불법적인 해킹은 막지 못한다.

❸ 비밀키 암호화 기법 24.5, 23.2, 22.4, 22.3, 16.2, 12.3

- 동일한 키로 데이터를 암호화하고 복호화하는 기법으로, 대표적으로 DES가 있다.
- 대칭 암호화 기법, 단일키 암호화 기법이라고도 한다.
- 복호화 키를 아는 사람은 누구든지 암호문을 복호화할 수 있어 복호화 키의 비밀성을 유지하는 것이 중요하다.
- 장점 : 암호화/복호화의 속도가 빠르며, 알고리즘이 단순하고 파일 크기가 작음
- 단점 : 사용자의 증가에 따라 관리해야 할 키의 수가 상대적으로 많아짐

❹ 공개키 암호화 기법 21.1, 18.1, 16.3, 15.3, 13.1, 12.3

- 서로 다른 키로 데이터를 암호화하고 복호화하는 기법으로, 대표적으로 RSA가 있다.
- 비대칭 암호화 기법, 이중키 암호화 기법이라고도 한다.
- 데이터를 암호화할 때 사용되는 키(공개키)는 공개하고, 복호화할 때의 키(비밀키)는 비밀로 한다.
- 전자 서명은 이 기법에 기반을 두고 있다.
- 장점 : 키의 분배가 용이하고 관리해야 할 키의 개수가 적음
- 단점 : 암호화/복호화의 속도가 느리며, 알고리즘이 복잡하고 파일 크기가 큼

❺ 기타 보안 기법 18.상시, 17.2, 16.1, 15.2, 12.3, 11.3, 11.1, 10.1

- 워터마킹(Watermarking) : 오디오, 비디오, 이미지 등의 디지털 콘텐츠에 사람의 육안으로는 구별할 수 없도록 저작원의 정보를 삽입하여 불법 복제를 막는 기술
- SET(Secure Electronic Transaction) : 인터넷에서 전자상거래를 위한 신용카드 거래를 안전하게 하기 위한 표준 프로토콜
- SSL(Secure Socket Layer) : 보안 소켓 계층을 이르는 말로, 인터넷에서 데이터를 안전하게 주고 받기 위해 넷스케이프 사에서 만든 웹 보안 프로토콜
- SEA(Security Extension Architecture) : W3C에서 개발한 웹 보안 프로토콜로, 전자 서명, 암호화 통신 등을 통해 보안을 구현함
- SHTTP(Secure HTTP) : EIT 사가 개발한 프로토콜로, 기존의 HTTP에 보안 요소를 추가하여 취약점을 보완했음

워드 필기 미리 합격 수기

가채점을 해보니 1과목 : 100점, 2과목 : 90점, 3과목 : 50점이네요. 3과목은 과락일 것 같아 채점할 때 조
마조마했는데 밀려 쓰지만 않았다면 합격입니다. 그래서 제가 공부한 방법을 잊기 전에 글을 써보았습니
다. 저는 기출문제 중심으로 공부를 했습니다. 기출문제를 쭉 다 풀고, 틀린 문제는 오답 노트를 워드로 만
들어 교재 페이지도 같이 적어 넣으면서 교재와 병행하여 공부했습니다. 시험공부 기간은 열흘이었죠. 저
는 처음 3일 동안은 3과목부터 공부했어요. 즉, 기출문제 41~60번까지 10회를 쭉 풀고 오답을 정리했죠.
교재에 없는 내용은 인터넷에서 찾아 정리했고요. 그런 다음 3일 동안은 2과목, 즉 기출문제 21~40번까지
10회를 쭉 풀고 오답을 정리했습니다. 2과목은 실제로 컴퓨터로 실습을 하며 어디에 어떤 것이 나오는지
확인을 꼭 했습니다. 그래야 기억하기가 쉽거든요. 그리고 그 후 3일 동안은 1과목, 즉 기출문제 01~20번
까지 10회를 쭉 풀고 오답을 정리했습니다. 물론, 1회 20문제 풀고 바로 답 맞춰보고 오답 노트 바로 작성
하고, 2회 풀고 답 맞춰보고 오답 노트 작성하고... 10회까지 이렇게 꾸준히 했습니다. 마지막 하루 동안은
제 오답 노트와 요약노트를 출력하여 같이 병행해서 보았습니다. 특별히 암기해야 하는 부분은 분홍색 형
광펜으로 표기해 놓았다가 시험 당일 아침에 학교에서 외웠죠. 1과목은 기출문제 10회 풀면서 오답 노트를
정리한 게 전부인데 100점이라니... 거의 기출문제가 반복되어 나온 것 같아요. 그래서 무지 빨리 풀었답니
다. 2과목도 어느 정도는 기출문제가 반복되어 나왔고요. 그래서 쉽게 풀 수 있었답니다. 하지만 3과목은
기출문제가 거의 나오지 않았던 것 같아요. 어느 정도의 상식을 갖추고 있어야 풀수 있겠더라고요. 그런데
이 상식을 다 공부하려면 컴퓨터 전공서적처럼 수험서가 아주 두꺼워 질것 같네요. 오답 노트는 작성한 날
바로 출력해서 한번 읽어보고 잠자리에 드는 게 중요한 거 같아요. 안 그러면 까먹기 십상일 테니까요. 모
두들 열공하세요. *^^*

김은진 • lagirl99j

7 장

ICT 신기술 활용

108 최신 기술 관련 용어 Ⓐ등급
109 모바일 정보 기술 활용 Ⓐ등급

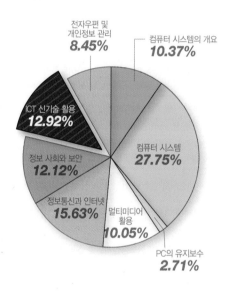

전자우편 및 개인정보 관리 **8.45%**
컴퓨터 시스템의 개요 **10.37%**
ICT 신기술 활용 **12.92%**
정보 사회와 보안 **12.12%**
정보통신과 인터넷 **15.63%**
멀티미디어 활용 **10.05%**
PC의 유지보수 **2.71%**
컴퓨터 시스템 **27.75%**

꼭 알아야 할 키워드 Best 10
1. 클라우드 컴퓨팅 **2.** 사물 인터넷 **3.** 빅데이터 **4.** 핀테크 **5.** 유비쿼터스 **6.** 킬 스위치 **7.** 플로팅 앱 **8.** 증강현실 **9.** NFC
10. 안드로이드

최신 기술 관련 용어

A 등급

1 24.5, 24.4, 24.2, 24.1, 23.5, 23.4, 23.3, 23.2, 23.1, 22.4, 22.3, 22.1, 21.4, 21.3, 21.2, 21.1, 20.상시, 20.2, 19.상시, 19.2, 19.1, …

ICT※ 신기술

1110301

24.2, 23.3, 23.2, 22.3, 21.2, 20.상시, 20.2, … **클라우드※ 컴퓨팅** (Cloud Computing)	• 하드웨어 · 소프트웨어 등의 컴퓨팅 자원을 자신이 필요한 만큼 빌려 쓰고 사용요금을 지불하는 방식의 컴퓨팅 서비스이다. • 서로 다른 물리적인 위치에 존재하는 컴퓨팅 자원을 가상화 기술로 통합하고 인터넷상의 서버를 통하여 네트워크, 데이터 저장, 콘텐츠 사용 등의 서비스를 한 번에 사용할 수 있다.
24.5, 09.4, 08.1 **그리드 컴퓨팅** (Grid Computing)	• 지리적으로 분산되어 있는 김퓨터를 초고속 인터넷 망으로 연결하여 공유함으로써 하나의 고성능 컴퓨터처럼 활용하는 기술이다. • 처리 능력을 한 곳으로 집중시키므로 월드와이드웹(WWW)보다 훨씬 처리 속도가 빠르다.
24.5, 21.4, 20.상시, 18.상시, 15.1, 13.2 **RSS(Rich Site Summary)**	뉴스나 블로그 등과 같이 콘텐츠가 자주 업데이트 되는 사이트들의 정보를 자동적으로 사용자들에게 알려주기 위해 사용하는 웹 서비스 기술이다.
23.1, 21.3, 14.2 **SSO(Single Sign On)**	한 번의 로그인으로 기업 내의 각종 업무 시스템이나 인터넷 서비스에 접속할 수 있도록 하는 보안 응용 솔루션이다.
24.1, 23.5, 23.2, 18.1 **유비쿼터스** (Ubiquitous)	• 라틴어로 '편재하다(보편적으로 존재하다)'라는 의미로, 사용자가 컴퓨터나 네트워크를 의식하지 않고 장소에 상관없이 자유롭게 네트워크에 접속할 수 있는 환경을 의미한다. • 초소형 칩을 모든 사물에 내장시켜 네트워크로 연결하므로 사물끼리 통신이 가능한 환경이다. • 유비쿼터스 컴퓨팅이란 언제 어디서나 어떤 기기를 통해서도 컴퓨팅이 가능한 환경이다.
23.5, 18.2, 18.1 **스마트 그리드(Smart Grid)**	전기의 생산부터 소비까지의 전 과정에 정보통신기술을 접목하여 에너지 효율성을 높이는 지능형 전력망 시스템이다.
24.5, 23.3, 23.2, 21.4, 21.2, 19.1, 18.상시, … **사물 인터넷** (IoT; Internet of Things)	• 세상에 존재하는 모든 사물을 네트워크로 연결해 인간과 사물, 사물과 사물 간 언제 어디서나 서로 소통할 수 있게 하는 새로운 정보 통신 환경이다. • 인터넷에 연결된 기기가 사람의 개입 없이 서로 정보를 주고받아 처리한다.
만물 인터넷(IoE; Internet of Everything)	• 사물 인터넷(IoT)이 진화한 형태로, 만물이 서로 소통하며 새로운 가치와 경험을 창출해 내는 미래의 인터넷을 말한다. • 만물, 즉 존재하는 모든 사람과 프로세스, 데이터, 모바일, 클라우드 등이 유무선 광대역 초고속 통신망, USN, 스마트 그리드 등을 통해 유기적으로 연결된다.
21.1, 16.1 **트랙백(Trackback)**	다른 사람의 글을 읽고 내 의견을 남길 때, 직접 댓글을 작성하는 것이 아니라 내 블로그에 해당 의견에 대한 댓글을 작성하고 그 글의 일부분이 다른 사람의 글에 댓글로 보이도록 하는 기능이다.
22.4, 16.2 **시맨틱 웹(Semantic Web)**	• 정보들 사이의 연관성을 컴퓨터가 이해하고 처리할 수 있는 에이전트 프로그램※을 통해 사용자가 원하는 정보를 찾아 제공하는 차세대 지능형 웹이다. • 컴퓨터들끼리 정보를 주고받으면서 자체적으로 필요한 일을 처리할 수 있다.

상황인식	컴퓨터가 사용자의 주변상황을 인식하고 판단하여 자동으로 유용한 서비스를 제공하는 컴퓨팅 기술이다.
그린 IT	지구 환경을 보호하는 친환경적인 IT 기기나 기술이다.
24.5, 23.2, 22.1, 19.2, 18.1 텔레매틱스*(Telematics)	자동차에 정보 통신 기술과 정보 처리 기술을 융합하여 운전자에게 다양한 멀티미디어 서비스를 제공하는 것이다.
위치 기반 서비스(LBS; Location Based Service)	• 통신 기술과 GPS, 그리고 컴퓨터에 저장된 데이터베이스를 이용하여 주변의 위치와 부가 서비스를 제공하는 기술이다. • 현재 위치 정보, 실시간 교통 정보 등 다양한 서비스를 제공한다.
22.1, 17.1 ALL-IP	인터넷 프로토콜(IP)을 기반으로 유선전화망, 무선망, 패킷 데이터망 등의 기존 통신망을 모두 하나의 통신망으로 통합하여 음성, 데이터, 멀티미디어 등을 전송하는 기술이다.
눈동작 인식 (Eye Recognition, 안구 인식)	• 카메라를 이용한 모션 인식 기술을 확장한 시선 인식 기능이다. • 대표적 사례로 스마트폰에서 동영상을 시청하다가 눈을 떼거나, 눈을 감으면 전면 카메라가 눈동자의 움직임을 인식해 재생을 일시 정지하고 스크린을 다시 쳐다보면 영상이 다시 재생되도록 하는 기능이 있다.
24.1, 23.4 빅데이터(BigData)	• 기존의 관리 방법이나 분석 체계로는 처리하기 어려운 막대한 양의 데이터 집합이다. • 스마트 단말의 빠른 확산, 소셜 네트워크 서비스의 활성화, 사물 네트워크의 확대로 데이터 폭발이 더욱 가속화되고 있다.
21.1, 17.1, 16.1 Wibro(와이브로)	무선 광대역을 의미하는 것으로, 휴대폰, 노트북, PDA 등의 모바일 기기를 이용하여 언제 어디서나 이동하면서 고속으로 무선 인터넷 접속이 가능한 서비스이다.
24.4 UWB(Ultra-Wide Band)	• 기존의 스펙트럼에 비해 매우 넓은 대역에 걸쳐 낮은 전력으로 대용량의 정보를 전송하는 무선 통신 기술이다. • PC의 대용량 데이터를 프린터에 고속전송 및 인쇄, HDTV 동영상을 PC에 전송 및 저장할 수 있다.
24.2, 23.3 지그비(Zigbee)	저전력, 저비용, 저속도와 2.4GHz를 기반으로 하는 홈 자동화 및 데이터 전송을 위한 무선 네트워크 규격으로, 전력소모를 최소화 하였다.
24.5, 22.1, 19.2, 17.1 매시업(Mashup)	웹상에서 제공되는 다양한 콘텐츠와 서비스를 혼합하여 새로운 서비스를 개발하는 기술이다.
웨어러블 컴퓨팅 (Wearable Computing)	의류, 시계, 안경 등 사람이 몸에 착용하고 다닐 수 있는 컴퓨터 기술이다.
23.2, 21.2, 19.상시, 18.상시, 18.2 핀테크(FinTech)	• 금융과 기술의 융합을 통한 금융 서비스 및 산업의 변화를 통칭한다. • 모바일, SNS, 빅 데이터 등 새로운 IT 기술 등을 활용하여 기존 금융 기법과 차별화된 금융 서비스를 제공한다. • 대표적으로 삼성페이, 애플페이, 알리페이 등이 있다.

텔레매틱스

24.3, 23.5, 23.4, 23.1, 22.1, 21.1, 19.상시, 19.2, 18.2, 18.1, 16.3, 16.1, 15.2, 15.1, 14.2, 14.1

잠깐만요 유비쿼터스 관련 기술

1110331

23.5, 22.1, 21.1, 19.상시, … RFID(Radio Frequency IDentification)	• 전자태그 기술로, IC칩과 무선을 통해 식품 · 동물 · 사물 등 다양한 개체의 정보를 관리할 수 있는 인식 기술입니다. • 무선 주파수를 이용해 빛을 전파하여 먼 거리의 태그도 읽고 정보를 수신할 수 있습니다.
24.3, 23.1, 15.2, 14.2, 14.1 USN (Ubiquitous Sensor Network)	모든 사물에 부착된 RFID 태그 또는 센서를 통해 탐지된 사물의 인식 정보는 물론 주변의 온도, 습도, 위치정보, 압력, 오염 및 균열 정도 등과 같은 환경 정보를 네트워크와 연결하여 실시간으로 수집하고 관리하는 네트워크 시스템입니다.

2 모바일 기기 관련 용어

22.4, 22.2, 21.4, 18.2, 16.3, 16.1

1110302

스마트 앱*(어플)	• 스마트폰, 태블릿 PC와 같은 스마트 기기에 설치하여 사용하는 응용 프로그램을 말한다. • 스마트 앱이 개발됨으로써 컴퓨터에서 사용하던 인터넷 브라우저, 동영상 재생 프로그램, 문서 작성 프로그램 등을 스마트 기기에서 사용할 수 있게 되었다.
앱스토어/플레이스토어	• 스마트폰에 설치할 수 있는 다양한 애플리케이션(응용 프로그램)을 판매하는 온라인상의 콘텐츠 장터이다. • iOs*에서는 앱스토어, 안드로이드*에서는 플레이스토어로 불린다.
SNS(Social Networking Service)	페이스북, 트위터 등과 같이 특정 분야나 활동을 공유하는 사람들 간의 관계망을 구축해 주는 온라인 서비스이다.
네이티브 광고 (Native Advertising)	• 모바일 앱이나 웹 콘텐츠의 일부처럼 보이도록 디자인된 온라인 광고를 말한다. • 주로 이용자의 시선이 집중되는 위치에 노출되는데, 본 콘텐츠와 유사한 형식으로 노출하기 때문에 광고의 거부감을 줄인다.
스마트 플러그(Smart Plug)	• 와이파이(Wi-Fi)나 스마트폰 등의 스마트 기능을 추가한 플러그이다. • 스마트 플러그를 설치하여 원격에서 전기를 켜거나 끄는 것은 물론 전기 사용량을 감시할 수 있어 가정이나 사무실의 전기 과열이나 불필요한 사용을 억제할 수 있다.
앱북(AppBook; Application Book)	• 스마트폰, 태블릿 PC, 개인용 컴퓨터 등 단말 기기에서 별도의 애플리케이션으로 실행되는 전자책이다. • 소프트웨어 특성이 강화된 전자책으로 애니메이션, 동영상, 3D 그래픽, 상호 작용성 등을 통해 듣고, 보고, 만지는 사용자 경험(UX; User eXperience)을 제공한다.
22.4 킬 스위치(Kill Switch)	• 분실한 정보기기에 저장된 개인 정보를 원격으로 삭제하여 불법 사용을 막을 수 있는 일종의 자폭 기능이다. • 분실된 스마트폰을 임의로 초기화하는 것을 방지하기 위해 웹사이트를 통한 원격 잠금 설정도 가능하다.
모프 폰(Morph Phone)	휘는 디스플레이와 휘는 전지 등을 사용해 손목에 찰 수 있는 모양으로 자유롭게 변형할 수 있는 휴대폰이다.
22.2, 21.4, 18.2, 16.3, 16.1 플로팅 앱(Floating App)	여러 개의 앱을 한 꺼번에 사용할 수 있도록 앱 실행 시 영상 화면을 팝업 창의 형태로 분리하여 실행하는 기능이다.
스마트 서명(Smart Sign)	• 모든 스마트폰의 웹브라우저에서 전자서명이 가능한 기술이다. • 브라우저의 종류에 상관없이 공통의 스마트 서명 앱(Smart Sign App)을 설치하면 모든 스마트폰 웹브라우저에서 공인인증서 전자서명을 이용할 수 있다.
모바일 오피스	스마트폰, 태블릿PC 등의 모바일 기기로 네트워크에 접속하여 실시간으로 회사의 업무를 처리할 수 있는 시스템이다.

따라잡기 기출문제 따라잡기

24년 5회, 23년 3회, 21년 2회, 17년 2회
1. 다음은 무엇에 대한 설명인가?

> • 인터넷을 기반으로 사람과 사물, 사물과 사물 간의 정보를 상호 소통하는 지능형 기술 및 서비스를 말한다.
> • 인터넷에 연결된 기기가 사람의 개입 없이 상호 간에 알아서 정보를 주고받아 처리한다.

① RFID(Radio Frequency Identification)
② IoT(Internet of Things)
③ VNC(Virtual Network Computing)
④ WMN(Wireless Mesh Network)

> 문제의 지문에 제시된 내용은 IoT(Internet of Things)에 대한 설명입니다.

23년 4회
2. 다음에서 설명하는 용어로 적합한 것은?

> 기존의 관리 방법이나 분석 체계로는 처리하기 어려운 막대한 양의 데이터 집합, 또는 이러한 데이터로부터 가치를 추출하고 결과를 분석하는 기술

① 빅데이터(Big Data)
② 사물 인터넷(IoT)
③ 유비쿼터스(Ubiquitous)
④ 클라우드 컴퓨팅(Cloud Computing)

> 문제의 지문에 제시된 내용은 빅데이터(Big Data)의 개념입니다.

24년 3회, 23년 1회, 15년 2회, 14년 2회
3. 다음에서 설명하는 용어로 적합한 것은?

> 모든 사물에 부착된 RFID 태그 또는 센서를 통해 탐지된 사물의 인식 정보는 물론 주변의 온도, 습도, 위치정보, 압력, 오염 및 균열 정도 등과 같은 환경 정보를 실시간으로 네트워크와 연결하여 수집하고 관리하는 네트워크 시스템이다.

① BT
② VAN
③ USN
④ URI

> 지문에 제시된 내용은 USN의 특징입니다.

23년 1회, 21년 3회, 14년 2회
4. 다음 중 각 시스템마다 매번 인증 절차를 밟지 않고 한 번의 로그인 과정으로 기업 내의 각종 업무 시스템이나 인터넷 서비스에 접속할 수 있게 해 주는 보안 응용 솔루션을 무엇이라고 하는가?

① Wibro(Wireless Broadband Internet)

② OSS(Open Source Software)
③ CGI(Common Gateway Interface)
④ SSO(Single Sign On)

> 한 번(Single)의 로그인 과정(Sign)으로 접속할 수 있는 것은 SSO(Single Sign On)입니다.

24년 1회, 23년 5회, 16년 3회
5. 다음 중 ICT 신기술에서 유비쿼터스(Ubiquitous)에 관한 설명으로 옳지 않은 것은?

① 언제 어디서나 어떤 기기를 통해서도 컴퓨팅이 가능한 환경이다.
② 기존의 관리나 분석체계로 처리가 어려운 대용량 데이터를 처리하는 기술이다.
③ 모든 사물에 초소형 칩을 내장시켜 네트워크로 연결하여 사물끼리 통신이 가능하다.
④ 대표적인 관련 기술로는 RFID와 USN 등이 있다.

> ②번은 빅데이터(Big Data)에 대한 설명입니다.

23년 4회, 14년 1회
6. 다음 중 유비쿼터스 환경과 가장 관련이 깊은 기술은?

① RFID/USN 기술
② 풀(Pull) 기술
③ 캐싱(Cashing) 기술
④ 미러 사이트(Mirror Site) 기술

> 유비쿼터스 관련 기술에는 RFID와 USN이 있습니다.

24년 2회, 23년 3회
7. 다음에서 설명하는 용어로 적합한 것은?

> 저전력, 저비용, 저속도와 2.4GHz를 기반으로 하는 홈 자동화 및 데이터 전송을 위한 무선 네트워크 규격이다.

① UWB(Ultra-Wide Band)
② NFC(Near Field Communication)
③ 지그비(Zigbee)
④ 플로팅 앱(Floating App)

> 문제의 지문에 제시된 내용은 지그비(Zigbee)에 대한 설명입니다.

▶ 정답 : 1. ② 2. ① 3. ③ 4. ④ 5. ② 6. ① 7. ③

문제10 4110860

23년 2회, 21년 2회, 19년 상시, 18년 상시, 18년 2회

8. 다음은 무엇에 대한 설명인가?

- 금융과 기술의 융합을 통한 금융 서비스 및 산업의 변화를 통칭한다.
- 모바일, SNS, 빅데이터 등 새로운 IT 기술 등을 활용하여 기존 금융 기법과 차별화된 금융 서비스를 제공한다.
- 예로써 삼성페이, 애플페이, 알리페이 등이 있다.

① 오픈뱅킹(Open Banking)

② 스마트뱅킹(Smart Banking)

③ 펌뱅킹(Firm Banking)

④ 핀테크(FinTech)

> 지문에 제시된 내용은 핀테크(FinTech)의 특징입니다.

24년 2회, 23년 3회, 22년 3회, 21년 2회, 15년 3회, 14년 3회, 13년 2회

9. 다음은 무엇에 대한 설명인가?

- 하드웨어·소프트웨어 등의 컴퓨팅 자원을 자신이 필요한 만큼 빌려 쓰고 사용요금을 지불하는 방식의 컴퓨팅 서비스이다.
- 영화, 사진, 음악 등 미디어 파일을 서버에 저장해 두고 스마트폰이나 스마트TV를 통해 다운로드 후 사용한다.

① 유비쿼터스 컴퓨팅(Ubiquitous Computing)

② 클라우드 컴퓨팅(Cloud Computing)

③ 웨어러블 컴퓨팅(Wearable Computing)

④ 그리드 컴퓨팅(Grid Computing)

> 지문에 제시된 내용은 클라우드 컴퓨팅(Cloud Computing)의 개념입니다.

23년 2회, 18년 1회

10. 다음 중 정보통신기술(ICT)의 기술적인 용어에 관한 설명으로 옳지 않은 것은?

① 유비쿼터스 컴퓨팅(Ubiquitous Computing)은 언제 어디서나 어떤 기기를 통해서도 컴퓨팅이 가능한 환경을 제공한다.

② 사물 인터넷(IoT)은 모든 사물을 네트워크로 연결하여 인간과 사물 간에 서로 소통하기 위한 정보통신 환경이다.

③ 클라우드 컴퓨팅(Cloud Computing)은 HW/SW 등의 자원을 자신이 필요한 만큼 빌려서 비용을 지불하는 방식의 서비스이다.

④ 텔레매틱스(Telematics)는 지리적으로 분산되어 있는 컴퓨터를 초고속 인터넷으로 연결하여 공유하기 위한 기술이다.

> 텔레매틱스(Telematics)는 자동차에 정보 통신 기술과 정보 처리 기술을 융합하여 운전자에게 다양한 멀티미디어 서비스를 제공하는 것입니다. ④번은 그리드 컴퓨팅(Grid Computing)에 대한 설명입니다.

23년 5회, 18년 1회

11. 다음 중 정보통신기술에 대한 설명으로 적당하지 않은 것은?

① 스마트 그리드는 기존의 전력망에 정보 기술을 접목하여 전력 공급자와 소비자가 쌍방향으로 실시간 정보를 교환함으로써 에너지 효율을 최적화하고 새로운 부가 가치를 창출하는 차세대 전력망을 말한다.

② NFC는 아주 가까운 거리에 있는 두 장치 간에 쌍방향 무선 데이터 통신을 제공하는 근거리 무선통신의 표준으로 보안성이 뛰어나고 안정적이고 처리 속도가 빨라 각종 카드, 핸드폰 결제, 문 열쇠 등에 이용되고 있다.

③ RFID는 모든 사물에 부착된 태그 또는 센서를 통해 탐지된 사물의 인식 정보는 물론 주변의 온도, 습도, 위치 정보, 압력, 오염 및 균열 정도 등과 같은 환경 정보를 실시간으로 네트워크와 연결하여 수집하고 관리하는 네트워크 시스템이다.

④ M2M은 사물에 센서와 통신 기능을 부과하여 지능적으로 정보를 수집하고 상호 전달하는 네트워크를 말한다.

> RFID(Radio Frequency IDentification)는 전자태그 기술로, IC칩과 무선을 통해 식품·동물·사물 등 다양한 개체의 정보를 관리할 수 있도록 하는 인식 기술입니다. ③번은 USN(Ubiquitous Sensor Network)에 대한 설명입니다.

24년 4회

12. 다음은 무엇에 대한 설명인가?

- 기존의 스펙트럼에 비해 매우 넓은 대역에 걸쳐 낮은 전력으로 대용량의 정보를 전송하는 무선 통신 기술이다.
- PC의 대용량 데이터를 프린터에 고속전송 및 인쇄, HDTV 동영상을 PC에 전송 및 저장할 수 있다.

① UWB(Ultra Wide Band)

② WMN(Wireless Mesh Network)

③ 지그비(Zigbee)

④ ALL-IP

> 문제의 지문에 제시된 내용은 UWB의 특징입니다.

▶ **정답** : 8. ④ 9. ② 10. ④ 11. ③ 12. ①

모바일 정보 기술 활용

1 모바일 기기의 기본 기능

24.5, 24.1, 23.5, 23.1, 22.3, 22.2, 22.1, 21.3, 21.1, 20.상시, 20.2, 20.1, 19.2, 19.1, 18.상시, 18.1, 17.2, 17.1, 16.3, 16.2, 16.1, 15.3, …

1110402

모바일 기기는 언제 어디서나 인터넷 접속이 가능한 휴대용 기기로, 다음과 같은 기능이 있다.

24.5, 24.1, 23.1, 21.3, 20.상시, 19.1, 15.2, … **테더링(Tethering)/ 핫스팟(Hot Spot)**	• 인터넷에 연결된 기기를 활용해 다른 기기에서 인터넷 접속이 가능하도록 해주는 기술이다. • 테더링은 인터넷에 연결된 기기와 그렇지 않은 기기를 USB나 블루투스로 연결하고, 핫스팟은 무선랜 기술인 WiFi로 연결하여 인터넷이 가능하도록 한다. • 핫스팟은 무선접속장치(AP)와 같이 기지국에서 받은 신호를 WiFi로 중계해 주는 역할을 한다.
24.5, 24.1, 23.5, 22.3, 22.1, 19.2, 18.1, … **증강현실 (AR; Augmented Reality)**	• 실제 사물이나 환경에 3D의 가상 이미지를 중첩하여 부가 정보를 보여 주는 기술이다. • 예를 들면, 스마트폰 카메라로 주변을 비추면 인근에 있는 상점의 위치, 전화번호 등의 정보가 입체영상으로 표시된다.
22.3, 17.2, 15.3 **근접 센서**	• 기기에 다른 물체가 접근했을 때 그 위치를 알려주는 장치이다. • 스마트폰을 귀에 갔다대면 화면이 저절로 꺼져 다른 버튼이 눌리지 않게 해 주는 기능에 사용된다.
16.3 **중력 센서**	• 중력이 작용하는 방향을 인식하는 장치이다. • 기기의 가로 및 세로 방향의 움직임을 감지해 화면을 전환하는 기능에 사용된다.
조도 센서	주변의 빛을 자동으로 감지하여 화면의 밝기 조절 신호를 보내주는 장치이다.
24.5, 17.1, 16.3 **GPS(Global Positioning System, 위성항법장치) 센서**	• 인공위성의 신호를 수신하는 장치이다. • 위치 정보 서비스 및 증강현실 서비스 등에 사용된다.
23.5, 20.2 **블루투스(Bluetooth)**	• 10m 안팎의 근거리에서 저전력 무선 연결을 가능하게 해주는 근거리 무선 기술 표준이다. • 휴대폰, 노트북, 이어폰, 태블릿 PC 등과 같은 휴대 가능한 장치들 간의 양방향 정보 전송이 가능하다.
22.3, 17.2 **DMB(Digital Multimedia Broadcasting, 디지털 멀티미디어 방송)**	• 방송과 통신이 결합된 이동 멀티미디어 방송 서비스이다. • 달리는 차 안에서도 음악, 문자, 데이터, 동영상 등 다양한 콘텐츠를 즐길 수 있는 고품질 방송 서비스이다.
24.5, 24.1, 23.5, 22.3, 22.2, 21.1, … **NFC(Near Field Communication)**	• 10cm 이내의 가까운 거리에서 무선으로 데이터를 전송하는 무선 태그 기술이다. • 13.56MHz의 주파수 대역을 사용하여 전자태그(RFID)에 기록된 정보를 단말기 등에 전송한다. • 통신 거리가 짧아 보안성이 우수하고 가격이 저렴하며, 블루투스처럼 매번 기기 간 설정을 하지 않아 편리하다.

전문가의 조언

중요해요! 최근 들어 자주 출제되고 있습니다. 증강현실과 NFC를 중심으로 제시된 내용이 무슨 용어를 말하는지 맞힐 수 있을 정도로 학습해 두세요.

증강 현실을 이용한 주변시설 검색

MHL(Mobile High-definition Link)	모바일 기기를 TV나 모니터와 같은 고화질 디스플레이 장치와 연결하는 기술이다.
20.1 Wi-Fi	일정 거리 내에서 초고속 인터넷을 가능하게 하는 무선랜 기술로, 전파나 빛 등을 이용하여 네트워크를 구축하는 방식이다.

24.4, 22.4, 22.3, 21.2, 20.1

2 모바일 운영체제의 종류

1110403

24.4, 22.4, 22.3, 21.2, 20.1 안드로이드(Android)*	• 구글(Google)에서 개발한 리눅스 기반의 개방형 모바일 운영체제이다. • 개방형 소프트웨어이므로 단말기 제조사나 이동통신사 등이 무료로 사용할 수 있어 좋으나 개방된 만큼 보안에 취약하다.
iOs(Internetwork Operating System)	• 애플사에서 개발한 유닉스 기반의 모바일 운영체제이다. • 아이폰, 아이팟 터치, 아이패드 등에 내장된다. • 애플사 고유의 모바일 운영체제로 타사 제품은 iOs를 탑재할 수 없다.
윈도우폰 (Windows Phone)	• 마이크로소프트사에서 개발한 모바일 운영체제이다. • PC 운영체제인 윈도우 시리즈의 모바일 버전이다. • PC 운영체제인 Windows와 호환성이 뛰어나다.

 전문가의 조언

안드로이드의 특징을 묻는 문제가 출제되었습니다. 안드로이드의 특징을 확실히 숙지하고 나머지 운영체제들의 특징은 가볍게 읽어보세요.

안드로이드

안드로이드는 전세계 모바일 운영체제 시장의 약 80%를 점유하고 있습니다. 우리가 많이 사용하는 삼성의 갤럭시 노트, LG의 V40 등도 모두 안드로이드 운영체제를 사용합니다.

 따라잡기 기출문제 따라잡기

문제2 1110451

20년 상시, 15년 2회, 14년 1회

1. 다음 중 아래의 설명에 해당하는 용어는?

> • 휴대폰을 모뎀으로 활용할 수 있는 기능이다.
> • 노트북과 같은 IT 기기를 휴대폰에 연결하여 무선 인터넷을 사용할 수 있다.

① 와이브로(WiBro)

② 블루투스(Bluetooth)

③ 테더링(Tethering)

④ 3G(3Generation)

> 와이브로는 무선 광대역 인터넷 서비스, 블루투스는 근거리 무선 통신, 3G는 3세대 이동통신기술입니다.

22년 3회, 17년 2회, 15년 1회

2. 다음 중 모바일 기기의 기능에 대한 설명으로 옳지 않은 것은?

① 근접 센서 : 물체가 접근했을 때 위치를 검출하는 센서

② 증강현실 : 위성에서 보내는 신호를 수신해 사용자의 현재 위치를 알아내는 시스템

③ DMB : 영상이나 음성을 디지털로 변환하는 기술을 이용하여 휴대용 IT기기에서 방송하는 서비스

④ NFC : 무선태그 기술로 10cm 이내의 가까운 거리에서 기기 간의 설정 없이 다양한 무선 데이터를 주고 받는 통신기술

> ②번은 GPS(Global Positioning System)에 대한 설명입니다.

24년 1회, 23년 5회, 22년 1회, 18년 1회, 16년 2회, 1회, 15년 3회

3. 다음 중 모바일 기기의 기본 기능에서 증강현실(AR)에 관한 설명으로 옳은 것은?

① 인터넷에 연결된 기기와 그렇지 않은 기기를 USB나 블루투스로 인터넷을 연결하는 기능이다.

② 무선랜 기술인 WiFi로 인터넷을 연결하는 기능이다.

③ 기기에 내장된 카메라를 이용하여 실제 사물이나 환경에 부가 정보를 표시하는 기능이다.

④ 10cm 이내의 가까운 거리에서 무선으로 데이터를 전송하는 태그 기능이다.

> 증강현실(AR)은 기기에 내장된 카메라를 이용하여 실제 사물이나 환경에 부가 정보를 표시하는 기능입니다. ①번은 테더링(Tethering), ②번은 핫스팟(Hot Spot), ④번은 NFC(Near Field Communication)에 대한 설명입니다.

따라잡기 기출문제 따라잡기

16년 3회
4. 다음 중 모바일 기기 관련 기술에 대한 설명으로 옳지 않은 것은?

① 플로팅 앱(Floating App) : 저속 전송 속도를 갖는 홈 오토메이션 및 데이터 전송을 위한 표준 기술이다.

② 증강현실 : 현실 세계에 3차원 가상 물체를 겹쳐 보여 주는 기술이다.

③ 중력 센서 : 스마트폰이 가로 방향인지 세로 방향인지를 인식해 화면 방향을 보정해 주는 데 사용되는 기술이다.

④ GPS : 어느 곳에서나 스마트폰의 위치를 알려주는 인공위성을 이용한 항법 시스템이다.

①번은 지그비(Zigbee)에 대한 설명입니다.

20년 1회
5. 다음에서 설명하는 용어로 옳은 것은?

고성능 무선 통신을 가능하게 하는 무선랜 기술로 유선을 사용하지 않고 전파나 빛 등을 이용하여 네트워크를 구축하는 방식

① WiFi ② Mirroring

③ RFID ④ I-PIN

지문에 제시된 내용은 WiFi의 개념입니다.

24년 4회, 22년 4회, 3회, 21년 2회, 20년 1회
6. 다음에서 설명하는 모바일 운영체제는 무엇인가?

• 구글에서 개발한 리눅스 기반의 개방형 모바일 운영체제
• 개방형 소프트웨어이므로 단말기 제조사나 이동통신사 등이 무료로 사용할 수 있으나 개방된 만큼 보안에 취약함

① 안드로이드 ② 윈도우폰

③ iOS ④ 클라우드 OS

지문에 제시된 내용은 안드로이드(Android)의 특징입니다.

24년 5회, 23년 1회, 21년 3회, 19년 3회
7. 다음 중 모바일 기기의 기능에서 테더링(Tethering)에 관한 설명으로 옳은 것은?

① 기기에 내장된 카메라를 이용해 실제 사물이나 환경에 부가 정보를 표시하는 기술이다.

② 인터넷에 연결된 기기를 활용해 다른 기기에서 인터넷 접속을 가능하도록 하는 기술이다.

③ 인공위성 위치 정보 신호를 수신하는 기술이다.

④ 근거리에서 데이터의 무선 통신을 가능하도록 해주는 기술이다.

①번은 증강현실(AR), ③번은 GPS(Global Positioning System), ④번은 블루투스(Bluetooth)에 대한 설명입니다.

22년 3회, 2회, 17년 1회
8. 다음 중 아래의 보기에서 설명하는 통신 기술로 옳은 것은?

• 13.56MHz의 주파수 대역을 사용하는 비접촉식 통신기술이다.
• 통신 거리가 10Cm 이내로 짧고 상대적으로 보안이 우수하다.
• 데이터 읽기와 쓰기 기능을 모두 사용할 수 있다.
• 연결 기기 간 설정을 하지 않아도 된다.

① Bluetooth

② WLL(Wireless Local Loop)

③ NFC(Near Field Communication)

④ WIFI(Wireless Fidelity)

지문에 제시된 내용은 NFC(Near Field Communication)에 대한 설명입니다.

▶ 정답 : 1. ③ 2. ② 3. ③ 4. ① 5. ① 6. ① 7. ② 8. ③

108 | 최신 기술 관련 용어

① 클라우드 컴퓨팅 24.2, 23.3, 23.2, 22.3, 21.2, 20.상시, 20.2, 18.상시

하드웨어·소프트웨어 등의 컴퓨팅 자원을 자신이 필요한 만큼 빌려 쓰고 이에 대한 사용 요금을 지불하는 방식의 컴퓨팅 서비스이다.

② RSS 24.5, 21.4, 20.상시, 18.상시, 15.1, 13.2

뉴스나 블로그 등과 같이 콘텐츠가 자주 업데이트 되는 사이트들의 정보를 자동적으로 사용자들에게 알려주기 위해 사용하는 웹 서비스 기술이다.

③ SSO 23.1, 21.3, 14.2

한 번의 로그인으로 기업 내의 각종 업무 시스템이나 인터넷 서비스에 접속할 수 있게 해 주는 보안 응용 솔루션이다.

④ 유비쿼터스 24.1, 23.5, 23.2, 18.1

- 사용자가 컴퓨터나 네트워크를 의식하지 않고 장소에 상관없이 자유롭게 네트워크에 접속할 수 있는 환경을 의미한다.
- 초소형 칩을 모든 사물에 내장시켜 네트워크로 연결하므로 사물끼리 통신이 가능한 환경이다.
- 유비쿼터스 컴퓨팅이란 언제 어디서나 어떤 기기를 통해서도 컴퓨팅이 가능한 환경이다.

⑤ 스마트 그리드 23.5, 18.2, 18.1

전기 에너지의 생산부터 소비까지의 전 과정을 정보통신 시스템과 연결하여 에너지 효율을 높이는 지능형 전력망 시스템이다.

⑥ 사물 인터넷(IoT) 24.5, 23.3, 23.2, 21.4, 21.1, 19.1, 18.상시, 18.1, 17.2

인터넷을 기반으로 사람과 사물, 사물과 사물 간의 정보를 상호 소통하는 지능형 기술 및 서비스이다.

⑦ 트랙백 21.1, 16.1

다른 사람의 글을 읽고 내 의견을 남길 때, 직접 댓글을 작성하는 것이 아니라 내 블로그에 해당 의견에 대한 댓글을 작성하고 그 글의 일부분이 다른 사람의 글에 댓글로 보이도록 하는 기능이다.

⑧ 시멘틱 웹 22.4, 16.2

정보 사이의 연관성을 컴퓨터가 이해하고 처리할 수 있는 에이전트 프로그램을 통해 사용자가 원하는 정보를 찾아 제공하는 차세대 지능형 웹이다.

⑨ 텔레매틱스 24.5, 23.2, 22.1, 19.2, 18.1

자동차에 정보 통신 기술과 정보 처리 기술을 융합하여 운전자에게 다양한 멀티미디어 서비스를 제공하는 것이다.

⑩ ALL-IP 22.1, 17.1

인터넷 프로토콜(IP)을 기반으로 유선전화망, 무선망, 패킷 데이터망 등의 기존 통신망을 모두 하나의 통신망으로 통합하여 음성, 데이터, 멀티미디어 등을 전송하는 기술이다.

⑪ 빅데이터(Big Data) 24.1, 23.4

기존의 관리 방법이나 분석 체계로는 처리하기 어려운 막대한 양의 데이터 집합이다.

⑫ Wibro(와이브로) 21.1, 17.1, 16.1

무선 광대역을 의미하는 것으로, 휴대폰, 노트북, PDA 등의 모바일 기기를 이용하여 언제 어디서나 이동하면서 고속으로 무선 인터넷 접속이 가능한 서비스이다.

⑬ 지그비(Zigbee) 24.2, 23.3

저전력, 저비용, 저속도와 2.4GHz를 기반으로 하는 홈 자동화 및 데이터 전송을 위한 무선 네트워크 규격으로, 전력소모를 최소화 한다.

⑭ 매시업 24.5, 22.1, 19.2, 17.1

웹상에서 제공되는 다양한 콘텐츠와 서비스를 혼합하여 새로운 서비스를 개발하는 기술이다.

⑮ 핀테크 23.2, 21.2, 19.상시, 18.상시, 18.2

모바일, SNS, 빅데이터 등 새로운 IT 기술 등을 활용하여 기존 금융 기법과 차별화된 금융 서비스를 제공하는 것이다.

⑯ RFID 23.5, 22.1, 21.1, 19.상시

무선 주파수 기술과 IC칩에 있는 전자 태그를 이용해 식품, 상품, 동물 등의 다양한 개체의 정보를 관리할 수 있는 정보 인식 기술이다.

⑰ USN 24.3, 23.1, 15.2, 14.2, 14.1

모든 사물에 부착된 태그 또는 센서를 통해 탐지된 사물의 인식 정보는 물론 주변의 온도, 습도, 위치정보, 압력, 오염 및 균열 정도 등과 같은 환경 정보를 실시간으로 네트워크와 연결하여 수집하고 관리하는 네트워크 시스템이다.

⑱ 킬 스위치(Kill Switch) 22.4

분실한 정보기기에 저장된 개인 정보를 원격으로 삭제하여 불법 사용을 막을 수 있는 일종의 자폭 기능이다.

⑲ 플로팅 앱(Floating App) 22.2, 21.4, 18.2, 16.3, 16.1

여러 개의 앱을 한꺼번에 사용할 수 있도록 앱 실행 시 영상 화면을 팝업 창의 형태로 분리하여 실행하는 기능이다.

⑳ 그리드 컴퓨팅(Grid Computing) 24.5, 09.4, 08.1

지리적으로 분산되어 있는 컴퓨터를 초고속 인터넷 망으로 연결하여 공유함으로써 하나의 고성능 컴퓨터처럼 활용하는 기술이다.

㉑ UWB(Ultra-Wide Band) 24.5

근거리에서 컴퓨터와 주변기기 및 가전제품 등을 연결하는 초고속 무선 인터페이스로, 개인 통신망에 사용된다.

109 | 모바일 정보 기술 활용

❶ 모바일 기기의 기본 기능 24.5, 24.1, 23.5, 23.1, 22.3, 22.2, 22.1, 21.3, 21.1, 20.상시, …

- **NFC** : 10cm 내외의 가까운 거리에서 무선으로 데이터를 전송하는 무선태그 기술로, 13.56MHz의 주파수 대역을 사용하여 전자태그(RFID)에 기록된 정보를 단말기 등에 전송함
- **테더링** : 인터넷에 연결된 기기를 활용해 다른 기기에서 인터넷 접속이 가능하도록 해주는 기술
- **증강현실(AR)** : 기기에 내장된 카메라를 이용해 실제 사물이나 환경에 부가 정보를 표시하는 기능
- **근접 센서** : 기기에 다른 물체가 접근했을 때 그 위치를 알려주는 장치
- **DMB** : 방송과 통신이 결합된 이동 멀티미디어 방송 서비스
- **Wi-Fi** : 무선접속장치(AP)가 설치된 곳을 중심으로 일정 거리 이내에서 초고속 인터넷이 가능하게 하는 무선 랜 기술
- **GPS(위성항법장치) 센서** : 인공위성의 신호를 수신하는 장치로, 위치 정보 서비스 및 증강현실 서비스 등에 사용됨
- **블루투스(Bluetooth)** : 10m 안팎의 근거리에서 저전력 무선 연결을 가능하게 해주는 근거리 무선 기술 표준

❷ 안드로이드 24.4, 22.4, 22.3, 21.2, 20.1

- 구글(Google)에서 개발한 리눅스 기반의 개방형 모바일 운영체제이다.
- 개방형 소프트웨어이므로 단말기 제조사나 이동통신사 등이 무료로 사용할 수 있어 좋으나 개방된 만큼 보안에 취약하다.

저처럼 후기 보면서 나도 할 수 있다는 자신감을 가지세요!!

어제 부천상공회의소에서 상설 시험을 보고 오늘 아침에 시험 결과 확인해보니 합격했네요^^

필기 시험은 이론 시험이다 보니 책을 손에 잡고 있어도 집중이 잘 안 되더군요. 시험기간 대부분을 그렇게 보내다가 시험 직전 4~5일이 되어서야 열심히 공부한 것 같습니다. 다행히 지금 산업기사 두 종목을 같이 준비하고 있기에 IT 자격시험의 생초보는 아니지만(컴활 책에 없는 문제가 꽤 나왔지만 다행히 산업기사에서 공부했던 내용이 있어 적잖은 도움을 받았습니다. 그래도 반 이상은 기출문제집에 있던 문제가 나왔어요.), 준비기간이 짧았기 때문에 책의 앞부분을 공부할 때와 달리 점점 결심이 느슨해질 때는 시나공 홈페이지에서 합격수기를 읽으면서 마음을 다잡곤 했습니다. 후기 올려주신 분들 감사합니다!^^

1과목은 열심히 했기 때문에 90점 목표, 2과목은 매크로, VBA 부분을 공부하지 않았으니 70점 목표, 3과목은 ITQ 액세스 자격을 취득했으나 공부시간이 부족하여 50점으로 나름 목표를 정했습니다. 그런데 시험장에서 막상 시험지를 받아보니 생각보다 어렵더라고요. 게다가 다른 분들은 어찌나 빨리 끝내고 나가시던지... 불안한 마음을 뒤로 하고 고민고민 하다가 8분 정도 남기고 뒤에서 2번째로 시험장을 나왔습니다. 오늘 아침 불안한 마음을 가지고 조회한 결과, 다행히도 예상보다 더 높은 점수로 넉넉히 합격했어요.^^

결론적으로 시나공 책으로 개념을 어느 정도 잡고, 기출문제를 한 번 쭉 훑어보시면 합격하실 수 있습니다. 아마 여러분도 1주일 정도면 충분하실 겁니다. 만약 조금 벅차다 싶으면 다른 부분에서 더 열심히 공부한다는 전제하에 과목별로 어려운 부분(제 경우 엑셀 매크로나 VBA)을 과감히 포기하는 것도 하나의 전략입니다. 평균 60점, 과락 40점만 넘으면 합격이니까요. 저처럼 후기 보면서 나도 할 수 있다는 자신감도 가지시고요!

이제 실기 시험이 남았지만 시나공 책으로 열심히 준비해서 최종 합격한 후 또 합격수기를 올리도록 하겠습니다. 모두 파이팅하세요!

이현호 • examplej

8장

전자우편 및 개인정보 관리

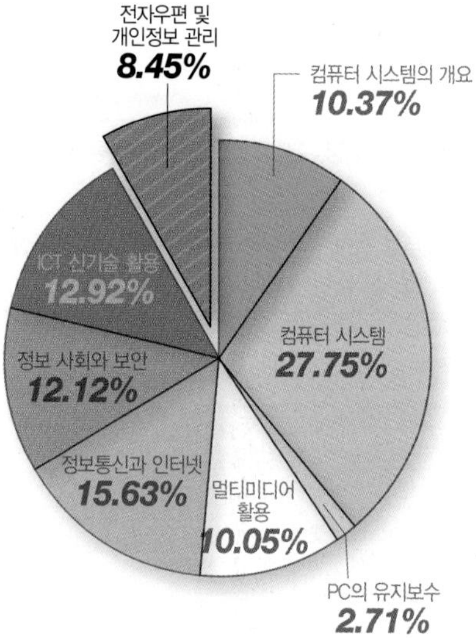

110 개인정보 관리 Ⓑ등급

111 전자우편 Ⓐ등급

112 아웃룩(Outlook)의 활용 Ⓑ등급

전자우편 및
개인정보 관리
8.45%

컴퓨터 시스템의 개요
10.37%

ICT 신기술 활용
12.92%

컴퓨터 시스템
27.75%

정보 사회와 보안
12.12%

정보통신과 인터넷
15.63%

멀티미디어
활용
10.05%

PC의 유지보수
2.71%

꼭 알아야 할 키워드 Best 10

1. 개인정보 자기결정권 **2.** 개인정보보호 **3.** 전자우편 **4.** SMTP **5.** POP3 **6.** MIME **7.** IMAP **8.** 회신 **9.** 전달 **10.** 참조

개인정보 관리

1 24.4, 24.2, 24.1, 23.3, 23.2, 21.3, 19.상시, 19.1, 18.2

개인정보의 개요

1110501

개인정보는 살아있는 개인을 식별할 수 있는 정보로, 성명, 주소, 연락처, 직업 등 개인과 관련된 일체의 정보는 모두 개인정보에 해당된다고 볼 수 있다.

- 개인정보에는 개인과 직접 관련된 정보뿐만 아니라 신용평가 정보와 같이 개인에 대한 다른 사람의 평가, 견해 등 제3자에 의해 만들어진 간접적인 정보도 포함된다.
- 개인정보의 일부 또는 전부를 대체하여 추가 정보 없이는 개인을 식별할 수 없도록 가명처리된 경우에도 개인정보로 볼 수 있다.
- 법률에 의한 개인정보의 정의

개인정보보호법	살아 있는 개인에 관한 정보로 성명, 주민등록번호 및 영상 등을 통한 개인을 알아볼 수 있는 정보이다.
정보통신망 이용촉진 및 정보보호 등에 관한 법률	생존하는 개인에 관한 정보로 성명, 주민등록번호 등에 의해 특정한 개인을 알아볼 수 있는 부호 · 문자 · 음성 · 음향 및 영상 등의 정보이다.

- 개인정보의 종류

신체적 정보	신체 정보, 의료 정보, 건강 정보 등
재산적 정보	개인 금융 정보, 개인 신용 정보 등
일반적 정보	주민등록번호, 이름, 주소 등
사회적 정보	교육 정보, 근로 정보, 자격 정보 등
정신적 정보	개인 사상 정보, 개인 기호 정보, 개인 성향 정보 등

24.3, 24.2, 24.1, 23.4, 23.2, 22.4, 22.3, 19.1

잠깐만요 개인정보 자기결정권 / 프라이버시권

개인정보 자기결정권

정보주체*가 자신에 관한 정보가 언제 누구에게 어느 범위까지 수집 · 이용 · 제공되는지에 대해 스스로 결정할 수 있는 권리를 말합니다.

프라이버시권

- 개인이 타인의 간섭없이 개인의 사적 영역을 유지하고자 하는 권리를 통칭하는 개념입니다.
- 개인정보가 불법적인 접근, 수집, 저장, 이용으로부터 보호되어야 할 보호 대상이라면, 프라이버시는 자신의 개인정보 보호를 위한 정보주체가 지켜야 할 권리입니다.

정보주체
처리되는 정보에 의해 알아볼 수 있는 사람으로, 그 정보의 주체가 되는 사람을 말합니다.

2 개인정보보호
22.4, 20.2

개인정보처리자*가 정보주체의 개인정보가 분실·도난·유출·위조·변조 또는 훼손되지 않도록 하며, 정보주체의 개인정보 자기결정권이 철저히 보장될 수 있도록 하는 일련의 행위를 의미한다.

- 기업은 개인정보보호를 시작하기 위해서 개인정보보호 전담자와 조직을 만들어야 한다.
- 개인정보보호 문제는 IT 부서 책임자나 최고보안책임자(CISO) 뿐만 아니라 최고 경영자(CEO)도 책임져야 한다.

> **개인정보처리자**
> 업무를 목적으로 개인정보 파일을 운용하기 위하여 스스로 또는 다른 사람을 통하여 개인정보를 처리하는 공공기관, 법인, 단체 및 개인 등을 말합니다.

잠깐만요 **개인정보 파기**
20.2

- 개인정보처리자는 보유기간이 경과된 경우에는 정당한 사유가 없는 한 보유기간의 종료일로부터 5일 이내에 개인정보를 파기해야 합니다.
- 처리 목적 달성, 해당 서비스의 폐지, 사업의 종료 등 그 개인 정보가 불필요하게 되었을 때에는 정당한 사유가 없는 한 개인정보의 처리가 불필요한 것으로 인정되는 날로부터 5일 이내에 그 개인정보를 파기해야 합니다. 다만 다른 법령에 따라 보존해야 하는 경우에는 법령에 따라 해당 개인정보 또는 개인정보파일을 보존한다는 점을 분명히 표시해야 합니다.
- **예** 쇼핑몰에서 탈퇴한 회원의 개인정보는 5일 이내에 파기해야 하지만 할부요금 미납이나 제품 A/S가 남아있는 경우 전자상거래 등에서의 소비자 보호에 관한 법률 및 동법 시행령에서 대금 결제 및 재화 공급에 관한 기록을 5년간 보관하도록 하고 있으므로 해당 회원의 개인정보는 5년간 보관할 수 있습니다.

따라잡기 **기출문제 따라잡기**

문제2 1110551

24년 3회, 1회, 23년 4회, 22년 4회, 3회
1. 다음 설명에 해당하는 용어는?

> 자신에 관한 정보가 언제 누구에게 어느 범위까지 알려지고 이용되도록 할지를 스스로 결정하는 권리

① 개인정보 자기결정권   ② 프라이버시권
③ 자기정보 통제권   ④ 개인정보 보호원

지문에 제시된 내용은 개인정보 자기결정권의 정의입니다.

24년 2회, 1회, 23년 2회, 22년 4회, 21년 2회, 19년 1회
2. 다음 중 개인정보에 대한 설명으로 옳은 것은?

① 개인정보는 성명, 주소 등과 같이 살아있는 개인을 식별할 수 있는 정보이다.
② 개인에 대한 다른 사람의 평가, 견해 등과 같은 간접적인 정보는 개인정보에 포함되지 않는다.
③ 개인정보 자기결정권은 자신의 개인정보 보호를 위하여 정보주체가 지켜야 할 권리이다.

④ 프라이버시권은 자신에 관한 정보가 언제 누구에게 어느 범위까지 알려지고 이용되도록 할지를 스스로 결정하는 권리이다.

개인에 대한 다른 사람의 평가, 견해 등과 같은 간접적인 정보도 개인정보에 포함됩니다. ③번은 프라이버시권, ④번은 개인정보 자기결정권에 대한 설명입니다.

24년 4회, 23년 3회, 18년 2회
3. 다음 중 개인정보의 종류와 그에 따른 내용으로 옳지 않은 것은?

① 신체적 정보 : 신체 정보, 의료 정보, 건강 정보
② 재산적 정보 : 개인 금융 정보, 개인 신용 정보
③ 일반적 정보 : 주민등록번호, 이름, 주소
④ 정신적 정보 : 교육 정보, 근로 정보, 자격 정보

정신적 정보에는 개인 기호 정보, 개인 성향 정보 등이 있습니다. 교육 정보, 근로 정보, 자격 정보는 사회적 정보의 종류입니다.

▶ 정답 : 1. ① 2. ① 3. ④

전자우편

전문가의 조언

전자우편의 특징이나 송·수신 프로토콜을 묻는 문제가 종종 출제되고 있습니다. 전자우편의 특징, 프로토콜의 종류와 각각의 개념을 중심으로하여 내용을 정리하세요.

1 22.1, 21.1, 19.2, 18.2, 01.1
전자우편의 개요

1110601

전자우편(E-mail)은 인터넷을 통해 다른 사람과 편지뿐만 아니라 그림, 동영상 등의 다양한 형식의 데이터를 주고받을 수 있도록 해주는 서비스이다.

- 전자우편은 보내는 즉시 수신자에게 도착하므로 빠른 의견 교환이 가능할 뿐만아니라 동시에 여러 사람에게 동일한 전자우편을 보낼 수 있다.
- 수신자가 인터넷에 접속되어 있지 않더라도 메일이 발송되어 메일 서버에 저장되기 때문에 언제라도 인터넷에 접속하여 메일을 확인할 수 있다.
- 전자우편을 보내거나 받기 위해서는 메일 서버에 사용자 계정이 있어야 한다.
- 전자우편은 기본적으로 7Bit의 ASCII 코드를 사용하여 메시지를 주고 받는다.
- 전자우편 주소는 "아이디@도메인 네임"으로 구성된다.

2 24.1, 23.5, 23.2, 23.1, 19.2, 18.상시, 18.1, 16.2, 15.3, 15.2, 15.1, 14.2, 06.4, 03.2, 03.1, 02.2, 01.3, 01.2
전자우편에 사용되는 프로토콜

1110602

24.1, 23.5, 19.2, 18.상시, 16.2, 15.3, 15.2, 15.1, … **SMTP(Simple Mail Transfer Protocol)**	사용자의 컴퓨터에서 작성된 메일을 다른 사람의 계정이 있는 곳으로 전송하는 프로토콜이다.
24.1, 23.5, 23.1, 19.2, 18.상시, 16.2, 15.3, 14.2, … **POP3(Post Office Protocol 3)**	메일 서버에 도착한 전자우편을 사용자 컴퓨터로 가져오는 프로토콜이다.
24.1, 23.5, 16.2, 15.3, 14.2 **MIME(Multipurpose Internet Mail Extension)**	웹 브라우저가 지원하지 않는 각종 멀티미디어 파일의 내용을 확인하고, 실행하는 프로토콜이다.
24.1, 23.5, 23.2, 18.상시, 15.3 **IMAP(Internet Messaging Access Protocol)**	• 로컬 서버에서 프로그램을 이용하여 메일을 액세스하기 위한 표준 프로토콜이다. • 다중 로그인을 지원하기 때문에 다양한 위치에서 메일을 검색하고 관리할 수 있다. • 메일 서버에서 메일 제목이나 보낸 사람을 확인한 후 선택적으로 메일을 다운로드할 수 있다.

3 20.1, 19.상시, 19.2, 19.1, 18.1, 15.3
전자우편의 주요 기능

1110603

- **회신** : 받은 메일에 대하여 답장을 작성하여, 발송자에게 다시 전송하는 기능이다.
- **전체 회신** : 받은 메일에 대하여 답장을 하되, 발송자는 물론 참조인들에게도 전송하는 기능이다.
- **전달** : 받은 메일을 스스로 처리할 수 없는 경우나 다른 사람에게 알려 주고 싶은 경우 받은 메일을 다른 사람에게 그대로 다시 보내는 기능이다.
- **첨부** : 문서, 이미지, 동영상 등의 파일을 전자우편에 첨부하여 보내는 기능이다.

- **서명** : 메시지를 보낸 사람의 신원을 증명하기 위해 메시지 끝에 붙이는 표식으로, 이름, 직위, 회사이름, 주소 등을 표시한다.
- **참조*** : [받는 사람] 이외에 추가로 메일을 받을 사람을 지정하는 기능이다.
- **숨은 참조** : 기능은 '참조'와 동일하지만 수신된 메일에 참조자가 표시되지 않는다.

참조의 사용
수신된 메일에는 모든 참조자의 메일 주소가 표시되므로 어떤 사람들이 메일을 받았는지 서로 알아야 하는 경우에 사용됩니다.

따라잡기 기출문제 따라잡기

문제6 1110652

24년 1회, 23년 5회, 15년 3회
1. 다음 중 전자우편 프로토콜에 대한 설명으로 옳지 않은 것은?

① SMTP : 전자우편의 송신을 담당, TCP/IP 호스트의 우편함에 ASCII 문자 메시지 전송

② POP3 : 전자우편의 수신을 담당, 제목과 내용을 한 번에 다운받음

③ IMAP : 전자우편의 수신을 담당, 제목과 송신자를 보고 메일을 다운로드 할 것인지를 결정

④ MIME : 텍스트 메일의 수신을 담당, 일반 문자열을 기호화하는 데 사용

MIME는 웹 브라우저가 지원하지 않는 각종 멀티미디어 파일의 내용을 확인하고 실행시켜 주는 프로토콜입니다.

23년 2회
2. 다음은 전자우편에 사용되는 프로토콜 중 무엇에 대한 설명인가?

다른 위치에 있는 컴퓨터에서도 메일 서버에 있는 메일을 관리하고 검색할 수 있는 프로토콜로, 메일을 직접 서버로부터 다운받지 않고 이용이 가능하다.

① IMAP
② MIME
③ POP3
④ SMTP

문제의 지문에 제시된 내용은 IMAP의 특징입니다.

23년 1회, 03년 1회
3. 다음 중 원격지의 메일 서버가 사용자를 위해 모아둔 전자 우편을 각 클라이언트(사용자)가 수신하는 데 사용하는 프로토콜로 전자우편을 받는 데만 사용되는 프로토콜은?

① SMTP
② POP3
③ SNMP
④ FTP

문제에 제시된 내용은 POP3 프로토콜의 개념입니다.

21년 1회, 18년 2회
4. 다음 중 인터넷 전자우편에 관한 설명으로 옳지 않은 것은?

① 한 사람이 동시에 여러 사람에게 전자우편을 보낼 수 있다.

② 기본적으로 8비트의 EBCDIC 코드를 사용하여 메시지를 보내고 받는다.

③ SMTP, POP3, MIME 등의 프로토콜이 사용된다.

④ 전자우편 주소는 '사용자 ID@호스트 주소'의 형식이 사용된다.

전자우편은 ASCII 문자를 사용합니다.

22년 1회, 18년 2회
5. 다음 중 전자우편에 대한 설명으로 옳지 않은 것은?

① 기본적으로 7Bit의 ASCII 코드를 사용하여 메시지를 전달한다.

② 수신자가 인터넷에 접속되어 있지 않으면 메일을 전송할 수 없다.

③ 전자우편에 사용하는 주소 형식은 '아이디@도메인 네임'이다.

④ 한 사람이 동시에 여러 사람에게 동일한 전자우편을 보낼 수 있다.

수신자가 인터넷에 접속되어 있지 않더라도 메일이 발송되어 메일 서버에 저장되기 때문에 언제라도 인터넷에 접속하여 메일을 확인할 수 있습니다.

20년 1회, 19년 상시, 18년 1회, 15년 3회
6. 다음 중 전자 우편의 기능에 대한 설명으로 옳지 않은 것은?

① 회신 : 받은 메일에 대하여 답장을 작성하여 발송자에게 다시 보내는 기능이다.

② 전달 : 받은 메일에 대한 답장을 발송자는 물론 참조인들에게도 보내는 기능이다.

③ 첨부 : 문서, 이미지, 동영상 등의 파일을 메일에 첨부하는 기능이다.

④ 참조 : 받는 사람 이외에 추가로 메일을 받을 사람을 지정하는 기능이다.

받은 메일을 그대로 다른 사람에게 보내는 것은 전달, 답장하는 것은 회신, 참조인들에게도 답장하는 것은 전체 회신입니다.

▶ **정답** : 1. ④ 2. ① 3. ② 4. ② 5. ② 6. ②

아웃룩(Outlook)의 활용

1 아웃룩(Outlook)

1110701

아웃룩(Outlook)은 전자우편을 송·수신하거나 관리하는 프로그램으로, 전자우편
외에도 일정 및 작업 관리, 연락처 관리 등을 할 수 있다.

실행 [⊞(시작)] → [Microsoft Office Outlook 2007]* 선택

2 메일 폴더

24.3, 23.4, 22.3, 21.3, 18.2, 16.3, 16.2, 16.1, 00.2

110603

메일 폴더에는 기본적으로 [받은 편지함], [보낸 편지함], [보낼 편지함], [임시 보관
함], [정크 메일], [지운 편지함], [검색 폴더] 등이 있다.

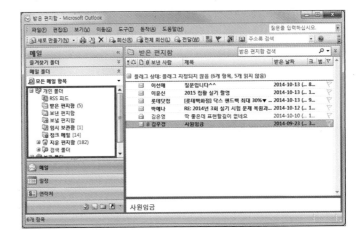

- 수신된 메일은 기본적으로 [받은 편지함] 폴더에 저장된다.
- [보낸 편지함] 폴더에는 내가 다른 사람에게 보낸 메시지의 사본이 저장된다.
- [받은 편지함]에서 삭제한 메일은 [지운 편지함]에 보관되고, [지운 편지함]에 있는
  메일은 원래 위치나 다른 위치로 복원할 수 있다.
- [지운 편지함]에서 삭제한 메일은 복원할 수 없다.
- [검색 폴더]는 읽지 않은 메일, 첨부 파일이 있는 메일, 특정 사람이 보낸 메일 등
  과 같이 특정 검색 조건에 만족하는 메일만을 보여주는 가상 폴더이다.

정크 메일 폴더

- 정크 메일 필터로 걸러진 전자우편이 저장되는 폴더이다.
- **정크 메일 필터** : 수신된 전자우편을 발송 시간 및 내용 등을 기준으로 검사하여 스팸 메일* 여부를 판단하는 기능이다.
- 특정 주소나 도메인에서 보낸 메일을 무조건 스팸 메일로 처리하는 등 정크 메일 필터 목록을 사용하여 스팸 메일로 분류할 대상과 제외시킬 대상을 지정할 수 있다.
- [정크 메일] 폴더에서 삭제한 메일은 [지운 편지함]에 보관된다.
- [정크 메일 폴더 비우기]를 실행하면 보관하고 있던 메일은 영구히 삭제된다.

스팸 메일(Spam Mail)
통신이나 인터넷을 통해 불특정 다수에게 원하지도, 요청하지도 않은 메일을 대량으로 보내는 광고성 메일로, 정크 메일(JunkMail) 또는 벌크 메일(Bulk Mail)이라고도 합니다.

3 일정 관리

일정은 크게 약속, 모임, 행사로 구분하여 관리할 수 있다.

약속	각종 회의, 학원 시간, 식사 약속 등과 같은 개인 일정이다.
모임	• 약속의 일종으로, 다른 사람을 초대하여 한 사람 이상이 만나는 활동이다. • 모임에 초대할 사람, 위치, 시간 등을 지정하여 모임 요청을 보내면 참석 여부 및 다른 시간 제안에 관한 응답을 받을 수 있다. • 모임 날짜와 시간이 결정되서 이것을 일정에 등록하면 모임은 약속이 된다. 실행 '탐색' 창에서 '일정' 클릭 → [동작] → [새 모임 요청] 선택
행사	• 휴가, 박람회 등과 같이 하루(24시간) 이상 행해지는 활동이다. • 행사는 하루 종일 행해지므로 시간 표시줄의 상단에 따로 표시된다.

4 작업 관리

23.2, 22.2, 22.1, 21.2, 19.1, 18.상시, 17.2, 16.3, 16.2, 16.1, 15.1

일정 관리와 달리 오랜 시간 동안 처리 및 관리해야 할 작업이나 일정 주기로 반복되는 작업을 관리할 때 유용하게 사용된다.

실행 '탐색' 창에서 '작업' 클릭

- 작업 창에는 예정된 약속이나 일정 정보가 통합된 보기 형태로 표시된다.
- 작업의 시작 날짜, 기한, 상태(시작 안 함, 진행 중, 완료, 지연 등), 우선 순위(낮음, 중간, 높음), 완료율, 미리 알림 등을 지정할 수 있다.
- 작업은 한 번 또는 반복적으로 실행하도록 설정할 수 있다.
- 다른 사람에게 작업을 요청할 수 있고, 상대방은 요청을 수락하거나 거절할 수 있다.
- 완료된 작업은 작업 제목, 기한 등의 가운데에 줄이 그어져 표시된다.

전문가의 조언
일정 관리, 작업 관리, 연락처 관리 또한 어려운 내용이 아닙니다. 가벼운 마음으로 읽고 넘어가세요.

21년 3회, 20년 1회, 16년 2회

1. 다음 중 아웃룩(Outlook)에서 정크 메일 폴더에 대한 설명으로 옳지 않은 것은?

① [받은 편지함] 폴더에 배달되는 메일 중 필터로 걸러진 불필요한 메일이 보관된다.

② 특정 주소나 도메인에서 보낸 메일을 무조건 [정크 메일] 폴더로 이동하게 설정할 수 있다.

③ [정크 메일] 폴더를 비우면 보관하고 있던 메일은 [지운 편지함]으로 이동한다.

④ [임시 보관함]에 있는 메일을 [정크 메일] 폴더로 이동시킬 수 있다.

[정크 메일] 폴더에서는 메일을 삭제하면 [지운 편지함]으로 이동하지만 [정크 메일 폴더 비우기]를 실행하면 보관된 메일은 영구히 삭제됩니다.

23년 4회, 22년 3회, 16년 1회

2. 다음 중 아웃룩(Outlook)에서 메일 관리에 대한 설명으로 옳지 않은 것은?

① 수신된 메일은 기본적으로 [받은 편지함] 폴더에 저장된다.

② [지운 편지함]에 있는 메일을 삭제하면 [임시 보관함]으로 이동한다.

③ [검색 폴더]는 특정 검색 조건에 일치하는 모든 전자 메일 항목을 보여 주는 가상 폴더이다.

④ [받은 편지함]에 있는 메일을 삭제하면 [지운 편지함]으로 이동한다.

[지운 편지함]에서 삭제한 메일은 영구히 삭제됩니다.

22년 2회, 21년 2회, 19년 1회, 18년 상시, 17년 2회, 16년 3회, 15년 1회

3. 다음 중 아웃룩(Outlook) 프로그램의 작업 관리에 대한 설명으로 옳지 않은 것은?

① 작업창에는 예정된 약속, 일정 정보가 통합된 보기 형태로 표시된다.

② 정기적으로 반복되거나 작업 완료를 표시한 날짜에 따라 반복될 수 있다.

③ 작업은 한 번만 실행되거나 반복적으로 실행되도록 할 수 있다.

④ 진행 중인 작업은 작업 제목, 기한 등의 가운데에 줄이 그어져 표시된다.

진행 중인 작업이 아니라 완료된 작업은 작업 제목, 기한 등의 가운데에 줄이 그어져 표시됩니다.

23년 2회, 22년 1회

4. 다음 중 아웃룩(Outlook)에서 작업 관리에 대한 설명으로 옳지 않은 것은?

① 미리 알림 시간을 설정할 수 있다.

② 작업 되풀이가 끝나는 날짜를 지정할 수 있다.

③ 완료된 작업은 하루가 지나면 자동으로 삭제되게 설정할 수 있다.

④ 다른 사람에게 작업을 요청할 수 있고 상대방은 요청을 수락할 수 있다.

아웃룩에서 ③번과 같은 기능은 제공하지 않습니다. 완료된 작업은 작업 제목, 기한 등의 가운데에 줄이 그어져 표시되도록 설정할 수 있습니다.

24년 3회, 18년 2회, 00년 2회

5. 다음은 무엇에 대한 설명인가?

통신이나 인터넷을 통해 불특정 다수에게 원하지도, 요청하지도 않은 메일을 대량으로 보내는 광고성 메일

① Opt-in Mail ② Spam Mail
③ Net Mail ④ Green Mail

통신이나 인터넷을 통해 불특정 다수에게 원하지도, 요청하지도 않은 메일을 대량으로 보내는 광고성 메일은 스팸 메일(Spam Mail)입니다.

▶ 정답: 1.③ 2.② 3.④ 4.③ 5.②

110 │ 개인정보 관리

❶ 개인정보 24.4, 24.2, 24.1, 23.3, 23.2, 21.3, 19.상시, 19.1, 18.2

- 개인정보는 살아있는 개인을 식별할 수 있는 정보로, 성명, 주소, 연락처, 직업 등 개인과 관련된 일체의 정보는 모두 개인정보에 해당된다고 볼 수 있다.
- 개인정보의 종류
  - 신체적 정보 : 신체 정보, 의료 정보, 건강 정보 등
  - 재산적 정보 : 개인 금융 정보, 개인 신용 정보 등
  - 일반적 정보 : 주민등록번호, 이름, 주소 등
  - 사회적 정보 : 교육 정보, 근로 정보, 자격 정보 등
  - 정신적 정보 : 개인 기호 정보, 개인 성향 정보 등

❷ 개인정보 자기결정권 24.3, 24.2, 24.1, 23.4, 23.2, 22.4, 22.3, 21.3, 19.1

정보주체가 자신에 관한 정보가 언제 누구에게 어느 범위까지 수집·이용·제공되는지에 대해 스스로 결정할 수 있는 권리를 말한다.

❸ 프라이버시권 24.2, 24.1, 23.2, 22.4, 21.3, 19.1

- 개인이 타인의 간섭없이 개인의 사적 영역을 유지하고자 하는 권리를 통칭하는 개념이다.
- 개인정보가 불법적인 접근, 수집, 저장, 이용으로부터 보호되어야 할 보호 대상이라면, 프라이버시는 자신의 개인정보 보호를 위한 정보주체가 지켜야 할 권리이다.

❹ 개인정보보호 22.4, 20.2

- 개인정보처리자가 정보주체의 개인정보가 분실·도난·유출·위조·변조 또는 훼손되지 않도록 하며, 정보주체의 개인정보 자기결정권이 철저히 보장될 수 있도록 하는 일련의 행위를 의미한다.
- 기업은 개인정보보호를 시작하기 위해서 개인정보보호 전담자와 조직을 만들어야 한다.
- 개인정보보호 문제는 IT 부서 책임자나 최고보안책임자(CISO) 뿐만 아니라 최고경영자(CEO)도 책임져야 한다.

111 │ 전자우편

❶ 전자우편의 개요 22.1, 21.1, 19.2, 18.2

- 동시에 여러 사람에게 동일한 전자우편을 보낼 수 있다.
- 수신자가 인터넷에 접속되어 있지 않더라도 메일이 발송되어 메일 서버에 저장되기 때문에 언제라도 인터넷에 접속하여 메일을 확인할 수 있다.
- 기본적으로 7Bit의 ASCII 코드를 사용하여 메시지를 주고 받는다.
- 전자우편 주소는 "아이디@도메인 네임"으로 구성된다.

❷ 전자우편의 주요 기능 20.1, 19.상시, 19.2, 19.1, 18.1, 15.

- 회신 : 받은 메일에 대하여 답장을 작성하여, 발송자에게 다시 전송하는 기능
- 전체 회신 : 받은 메일에 대하여 답장을 하되, 발송자는 물론 참조인들에게도 전송하는 기능
- 전달 : 받은 메일을 그대로 다른 사람에게 보내는 기능
- 첨부 : 문서, 이미지, 동영상 등의 파일을 전자우편에 첨부하여 보내는 기능

❸ 전자우편에 사용되는 프로토콜 24.1, 23.5, 23.2, 23.1, 19.2, 18.상시, 18.1, 16.2, 15.3, …

SMTP	사용자의 컴퓨터에서 작성된 메일을 다른 사람의 계정이 있는 곳으로 전송하는 프로토콜
POP3	메일 서버에 도착한 전자 우편을 사용자 컴퓨터로 가져오는 프로토콜
MIME	웹 브라우저가 지원하지 않는 각종 멀티미디어 파일의 내용을 확인하고, 실행시켜 주는 프로토콜
IMAP	• 로컬 서버에서 프로그램을 이용하여 전자우편을 액세스하기 위한 표준 프로토콜 • 다중 로그인을 지원하기 때문에 다양한 위치에서 메일을 검색하고 관리할 수 있음 • 메일 서버에서 메일 제목이나 보낸 사람을 확인한 후 선택적으로 메일을 다운로드할 수 있음

112 | 아웃룩(Outlook)의 활용

❶ 아웃룩의 기능 – 폴더 관리 23.4, 22.3, 20.1, 16.3, 16.1

- 수신된 메일은 기본적으로 [받은 편지함] 폴더에 저장된다.
- 메일 폴더에 있는 메일들은 보낸 사람, 제목, 받은 날짜, 크기, 범주별로 구별되어 표시된다.
- [받은 편지함]에 있는 메일을 삭제하면 [지운 편지함]으로 이동한다.
- [지운 편지함]에서 삭제한 메일은 복원할 수 없다.
- [검색 폴더]는 특정 검색 조건에 만족하는 메일만을 보여주는 가상 폴더이다.
- 정렬 기준 : 중요도, 미리알림, 아이콘, 첨부파일

❷ 아웃룩의 기능 – 정크 메일 폴더 24.3, 21.3, 16.2

- 정크 메일 필터로 걸러진 메일이 저장되는 폴더이다.
- 정크 메일 필터 : 수신된 메일을 발송 시간 및 내용 등을 기준으로 검사하여 스팸 메일 여부를 판단하는 기능
- 특정 주소나 도메인에서 보낸 메일을 무조건 스팸 메일로 처리하는 등 정크 메일 필터 목록을 사용하여 스팸 메일로 분류할 대상과 제외시킬 대상을 지정할 수 있다.
- 정크 메일 폴더를 비우면 보관하고 있던 메일은 영구히 삭제된다.
- 스팸 메일 : 불특정 다수에게 원하지도, 요청하지도 않은 메일을 대량으로 보내는 광고성 메일

❸ 아웃룩의 기능 – 작업 관리 23.2, 22.2, 22.1, 21.2, 19.1, 18.상시, 17.2, 16.3, 16.2, 16.1

- 일정 관리와 달리 오랜 시간동안 처리 및 관리해야 할 작업이나 일정한 주기로 반복되는 작업을 관리할 때 유용하게 사용된다.
- 작업의 시작 날짜, 기한, 상태(시작 안 함, 진행 중, 완료, 지연 등), 우선 순위(낮음, 중간, 높음), 완료율, 미리 알림 등을 지정할 수 있다.
- 작업 관리 창에는 예정된 약속, 일정 정보가 통합된 보기 형태로 표시된다.
- 작업은 한 번 또는 반복적으로 실행하도록 설정할 수 있다.
- 다른 사람에게 작업을 요청할 수 있고, 상대방은 요청을 수락하거나 거절할 수 있다
- 완료된 작업은 작업 제목, 기한 등의 가운데에 줄이 그어져 표시된다.

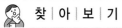
숫자로 찾기

3D(Dimention) · 331

영문으로 찾기

A

ABC · 260
Access Time · 287
Active X · 354
AGP · 294
AHCI · 298
ALL-IP · 383
ANI · 331
Anonymous FTP · 351
ARP · 348
ASCII 코드 · 269
ASF · 334
ASP · 354
ASV · 32
ATM · 342
Availability · 302
AVI · 333

B

BAK · 32
BCD · 269
BCD 코드 · 270
BIOS · 295
B-ISDN · 342
Blu-Ray · 286
BMP · 331

C

CD 규격 · 286
CDR · 331
CD-ROM · 286
CGI · 353
CIH · 367
CISC · 279
CMOS에서 설정 가능한 항

목 · 295
CPI · 38
CPS · 293

D

DCN · 241
DDoS · 370
DHCP · 244
DHTML · 353
DivX · 334
DMA · 300
DMA(직접 메모리 접근)
· 116, 300
DMB · 387
DNS · 249
DNS 서버 주소 · 250
DOC · 32
DOI · 66
DPI · 293
DRAM · 282
DRM · 333
DTP · 66
DVD · 286
DVI · 333
DXF · 331

E

EBCDIC · 270
EDI · 94
EDSAC · 260
EDVAC · 260
EEPROM · 281
EIDE · 297
ENIAC · 260
EPROM · 281
Excess-3 코드 · 270

F

Finger · 351
FLI · 331

FTP · 351

G

GIF · 331
GIGO · 258
GPS · 387
Gray 코드 · 270
GUI · 290

H

HDMI · 295
HTM · 32
HTML · 32, 353
HTML5 · 353
HTML의 주요 태그 · 353
HWP · 32

I

I/O 주소 · 116
ICMP · 348
ICT · 382
IDE · 297
IEEE 1394 · 295
IMAP · 396
iOS · 388
IP 주소 · 250, 346
ipconfig · 245
IPM · 293
IPv4 · 249
IPv6 · 249, 346
IRC · 351
IrDA · 295
IRQ · 116
ISDN · 342

J

JPEG(JPG) · 331
JSP · 354

K

KS X 1001 완성형 · 27
KS X 1001 조합형 · 27
KS X 1005-1(유니코드) · 27

L

LAN · 342
LINUX · 302
LLDP · 241
LPM · 293

M

MAN · 342
MARK-I · 260
Mask ROM · 281
Math Input Panel · 214
MBR · 118
MHL · 388
MHz · 322
MIDI · 333
MIME · 396
MMS · 293
MP3 · 333
MPEG · 333
MPEG 규격 · 334
MPEG-1 · 334
MPEG-2 · 334
MPEG-21 · 334
MPEG-4 · 334
MPEG-7 · 334
msconfig · 121

N

NCQ · 298
net view · 245
NFC · 387
Nimda · 367
ns(nano second) · 322
NTFS · 157

O

OCR 소프트웨어 · 307
ODA · 354
OLE(개체 연결 및 삽입)
· 34, 116, 210
OneDrive · 153
Opt-in 메일 · 396
OSI 7계층 · 349

P

PC 관리 · 318
PC 응급처치 · 320
PCI · 294
PCI-Express · 294
PCM · 333
PCX · 331
PDA · 264
PDF · 32
Perl · 353
PHP · 354
Ping · 233, 245, 351
PNG · 331
POP3 · 396
POS 시스템 · 290
POST · 118, 295
PPM · 293
PROM · 281
Proxy · 244
PS/2 포트 · 295

R

RAID · 297
RAM · 282
RARP · 348
Reliability · 302
RFID · 383
RISC · 279
RISC 프로세서 · 264
ROM · 281
RRS · 382

RTF · 32, 214

S

SCSI · 297
SEA · 374
Search Time · 287
Seek Time · 287
SET · 374
SGML · 353
Shadow RAM · 282
SHTTP · 374
SMTP · 396
SNMP · 348
SNS · 384
Sort · 44
SRAM · 282
SSD · 286
SSL · 374
SSO · 382
SVC · 300

T

TCP/IP · 249, 348
Throughput · 302
TIF · 331
TPI · 287
Tracert · 233
Transmission Time · 287
Turn Around Time · 302
TXT · 32

U

UDP · 348
UML · 353
UNIVAC-ㅣ · 260
USB 포트 · 295
USB 플래시 드라이
브 · 284
USN · 383
UWB · 383

UXIX · 302

V

VAN · 342
VB 스크립트 · 354
VPN · 244
VRML · 353

W

WAIS · 351
WAN · 342
WAVE(WAV) · 333
WCG(광색역) · 179, 186
Wi-Fi · 388
Windows Defender 방화벽
· 194
Windows HD Color
· 179, 186
Windows Hello · 191
Windows Media
Player · 214
Windows 보안 · 194
Windows 보조프로그램
· 210
Windows 스캔 · 214
Windows 업데이트 · 193
Windows 팩스 · 214
WLL · 342
WMA · 333
WMF · 331
WWW · 351

X

XML · 353
X-Y 플로터 · 292

한글로 찾기

ㄱ

가로막기 · 369
가로채기 · 369
가산기 · 277
가상 데스크톱 · 139
가상 메모리 · 284
가상 사설망 · 244
가용성 · 369
가중치 코드 · 270
각주 · 49
간소화 · 87
간인 · 106
감시 프로그램 · 303
강제 개행 · 34
강제 페이지 넘김 · 35
개인 설정 · 182
개인정보 관리 · 394
개인정보 자기결정권 · 394
개인정보 파기 · 395
개인정보보호 · 394
개인정보보호법 · 394
개인정보의 종류 · 394
개인정보처리자 · 394
개체 · 34
개체 처리 기능 · 69
객체 프로그래밍 언어 · 354
검색 · 44
검색 상자 · 164
검색 엔진 · 356
검색 엔진의 연산자 · 357
게이트웨이 · 240, 250
격자 · 39
결문 · 103
결재 · 106
경제성 · 87
겹쳐 나는 소리 · 81
계산기 · 216
계정 · 191, 351
계정 유형 변경 · 192

고급언어 · 309
고대비 · 189
고시 · 96
고정 소수점 표현 방식 · 269
고정키 · 189
고퍼(Gopher) · 351
공개 소프트웨어 · 307
공개키 암호화 기법 · 374
공고 · 96
공고문서 · 96
공람문서 · 74
공문서 · 74, 96
공문서의 '끝' 표시 · 104
공문서의 구성 · 102
공문서의 기안 · 99
공문서의 내용 표기 · 104
공문서의 성립 · 97
공문서의 처리 원칙 · 99
공문서의 항목 구분 · 104
공문서의 효력 발생 시기 · 97
공용 폴더 · 246
공유 · 246
관리자 계정 · 192
관인 · 106
광섬유 케이블 · 345
광학 마크 판독기
(OMR) · 290
광학 문자 판독기
(OCR) · 290
교정 부호 · 79
교차 연결 · 230
구개음화 · 81
구문 · 348
구분 · 87
귀납적 구성 · 77
그래픽 사용자 인터페이스
(GUI) · 116
그래픽 파일 형식 · 331
그래픽 형식 · 38
그룹웨어 · 352
그리기 기능 · 68

그리드 컴퓨팅 · 382
그린 IT · 383
그림판 · 212
그림판 3D · 219
근접 센서 · 387
글꼴 · 183
글꼴 구현 방식 · 55
금액 표기 · 104
금칙처리 · 46
기계어 · 309
기계화/자동화 · 87
기록문서 · 76
기밀성(비밀성) · 369
기본 아이콘 · 130
기본 앱 · 186
기본 프린터 · 200
기안문서 · 74
기억 용량 단위 · 287
기억장치 접근 속도 단위
· 288
기억장치 처리 속도 단위
· 288
기타 문제 해결 · 233
꼬리말(미문) · 49
꼬임선 · 344

ㄴ

날짜 표기 · 104
낱장 용지 · 55
내 PC · 153
내레이터 · 189
내부 버스 · 279
내부 인터럽트(트랩) · 299
내부적 표현 방식 · 269
내어쓰기 · 34
네이티브 광고 · 384
네트워크 · 153, 240
네트워크 계층 · 349
네트워크 관련 문제 해결
· 233
네트워크 기능 · 241

네트워크 및 인터넷 · 243
네트워크 인터페이스 카드 · 240
노드 · 327
노트북 · 264
누년 일련번호 · 96
누산기 · 277
눈금자 · 38
눈동자 인식 · 383
눈속임 · 370
니블 · 268

ㄷ

다단 · 49
다시 시작 · 123
다중 모니터 효과 · 139
다중 부팅 · 118
다중 처리 · 304
다중 프로그래밍 · 304
다형성 바이러스 · 367
단계 레코더 · 214
단말장치 · 340
단축키 · 25, 34
단편화 · 225
단향 방식 · 341
대결 · 106
더블워드 · 268
데모 버전 · 307
데몬 · 357
데스크톱 컴퓨터 · 264
데이터 관리 프로그램 · 303
데이터 레지스터 · 277
데이터 링크 계층 · 349
데이터 입력 · 29
데이터 취급에 따른 분류 · 266
데이터베이스 · 268
데이터베이스 관리 시스템 · 306
도구 모음 · 140
도구 상자 · 37

돋보기 · 188
동축 케이블 · 344
된소리 · 81
두문 · 103
두음법칙 · 81
듀얼 시스템 · 304
듀플렉스 시스템 · 304
드라이브 오류 검사 · 230
드라이브 조각 모음 및 최적화 · 224
드롭퍼 · 370
들여쓰기 · 34
디더링 · 70, 329
디렉터리 · 35
디스크 관리 · 155
디스크 속성 · 155
디스크 정리 · 226
디스크 포맷 · 156
디스플레이 · 179
디스플레이 포트 · 295
디지타이저/태블릿 · 291
디지털 저작권 관리 · 333
디지털 카메라 · 291
디지털 컴퓨터 · 266
디지털 컴퓨터와 아날로그 컴퓨터의 비교 · 266
디지털화 · 326
디폴트(기본값) · 49
띄어쓰기 · 82

ㄹ

라우터 · 240
라이브러리 · 153
라이트 펜 · 291
라인 피드 · 58
래그드 · 49
래치 · 276
랜섬웨어 · 371
랩톱 · 264
러브 · 367
레이아웃 · 39

레지스터 · 276
레지스트리 · 231
레코드 · 268
렌더링 · 39, 70, 329
로더 · 309
로드 · 34
로토스코핑 · 329
리딩(행간) · 70
리소스 · 224
리터칭 · 70, 329
리피터 · 240
링커 · 309

ㅁ

마우스 · 290
마이크로 컴퓨터 · 264
마이크로소프트 엣지 · 356
마이크로프로세서 · 279
마진 · 50
만물 인터넷 · 382
맞춤법 검사 · 46
매크로 · 46
매크로 바이러스 · 367
맬웨어 · 121
머리말(두문) · 49
머지 · 49
멀티미디어 · 326
멀티미디어 소프트웨어 · 328
멀티캐스트 · 346
멀티태스킹 · 116
메뉴 표시줄 · 37
메모리 버퍼 레지스터 (MBR) · 276
메모리 주소 레지스터 (MAR) · 276
메모리 해킹 · 370
메모장 · 210
메시업 · 383
메인 프레임 · 263
메인보드 · 294

메일 머지 · 49
메일링 리스트 · 351
메조틴트 · 329
메타 검색 엔진 · 357
멜리사 · 367
명령 레지스터(IR) · 276
명령 해독기(디코더) · 276
명칭별 파일링 · 91
모노 오디오 · 189
모니터 · 292
모니터의 크기 · 292
모델링 · 329
모듈 · 309
모바일 오피스 · 384
모바일 운영체제 · 388
모음 · 81
모프 폰 · 384
모핑 · 70, 329
목차 만들기 · 46
무결성 · 369
무손실 압축 · 332
문단 · 34
문단 부호 · 39
문단 여백 · 56
문서관리 · 86
문서관리 원칙 · 86
문서관리 절차 · 87
문서관리의 표준화 · 88
문서의 기능 · 86
문서의 발신 · 107
문서의 접수 · 107
문자 크기 · 52
문자 피치 · 58
문자의 속성 · 53
문자표 · 214
문제 해결 · 232
물리 계층 · 349
미니 컴퓨터 · 263
미들웨어 · 259
미디어 · 326
미러 사이트 · 357

미러링 · 297
미리 보기 · 39
미주 · 49
미켈란젤로 · 367
민원문서 · 96

ㅂ

바로 가기 아이콘 · 130
바로 가기 키(단축키) · 124
바이러스 · 366
바이오스 · 295
바이트 · 268
바코드 판독기(BCR) · 290
바탕 화면 · 130
'바탕 화면 보기' 단추 · 133
바탕 화면의 바로 가기 메뉴 · 130
반각문자 · 52
반이중 방식 · 341
반환(응답) 시간 · 302
받침소리 · 81
방화벽 · 373
배경색 · 212
배드 섹터 · 230
배포문서 · 74
백그라운드 · 201
백도어 · 370
백신 프로그램 · 367
백업 · 35, 195
버스 · 294
버퍼 메모리 · 284
버퍼 오버플로 공격 · 370
번들 · 307
번역 · 309
번호별 파일링 · 91
범용 컴퓨터 · 267
범용성 · 258
법규문서 · 96
베타 버전 · 307
베타 테스트 · 66
벡터 · 55, 331

벤치마크 테스트 · 307
병렬 포트 · 295
보고문서 · 76
보관 · 87
보관문서 · 74
보수 · 277
보수기 · 277
보안 · 369
보안 기법 · 373
보안 등급 · 371
보일러 플레이트 · 49
보조기억장치 · 286
보존 · 87
보존문서 · 74
복수 모니터 · 179
복원 · 168
복호화 · 374
본문 · 103
볼륨 · 156
부동 소수점 표현 방식
 · 269
부인 방지 · 369
부트 바이러스 · 366
부트/파일 바이러스 · 366
부팅 · 118
부팅 오류 · 320
부호기(엔코더) · 276
분류 · 87
분류/병합 · 303
분산 서비스 거부 공격 · 370
분산 시스템 · 304
브리지 · 240
블루투스 · 295, 387
비가중치 코드 · 270
비디오 데이터 · 333
비디오 재생 · 186
비디오 편집기 · 219
비밀키 암호화 기법 · 374
비선형성 · 326
비정상적인 부팅 문제 해결
 · 233

비치문서 · 96
비트 · 268
비트맵 · 55, 331
비휘발성 메모리 · 281
빅데이터 · 383
빠른 지원 · 217

ㅅ
사내문서 · 74, 76
사문서 · 74
사물 인터넷 · 382
사상 함수 · 284
사외문서 · 74, 76
사용 가능도 · 302
사용 용도에 따른 분류 · 267
사용자 인증 · 373
사이버 공간 · 364
사진 · 219
삭제 기능 · 41
삽입 기능 · 41
상용 소프트웨어 · 307
상용구 · 34
상태 레지스터 · 277
상태 표시줄 · 38
상호 작용 · 189
상황인식 · 383
색인 · 49
샘플링 · 328
샘플링 비율 · 328
샘플링 주파수 · 328
생체 인식 · 373
서명 · 97, 397
서브넷 마스크 · 250
서브넷 접두사 · 250
서비스 · 242
서비스 프로그램 · 303
선람(선결) · 106
선점형 멀티태스킹 · 116
선택적 기능 · 185
'설정' 창 · 176
세대별 주요 소자 · 261

세션 계층 · 349
섹터 · 287
센터링 · 49
셀 · 23
셰어웨어 · 307
소프트 카피 · 58
소프트웨어 · 259
소프트웨어 업그레이드 · 322
소프트웨어 인터럽트 · 300
손실 압축 · 332
솔러리제이션 · 329
수식 편집기 · 46
수정 · 369
수정 기능 · 41
순서 · 348
숨은 참조 · 397
숫자 키패드 · 25
숫자 표기 · 104
슈퍼 컴퓨터 · 263
스니핑 · 370
스마트 그리드 · 382
스마트 서명 · 384
스마트 앱 · 384
스마트 플러그 · 384
스미싱 · 370
스캐너 · 291
스크롤 · 39
스크립트 바이러스 · 367
스타일 · 46
스트라이핑 · 298
스트리밍 · 328
스티커 메모 · 217
스파이웨어 · 370
스팸 메일 · 396
스푸핑 · 370
스풀 기능 · 201
스풀(링) · 58, 201
스프레드 · 70
슬래머 · 367
시각 · 188
시간 표기 · 104

시맨틱 웹 · 382
시뮬레이션 · 263
시분할 시스템 · 304
시스템 관리 · 318
시스템 라이브러리 · 309
시스템 소프트웨어 · 302
시스템 정보 · 224
시스템 종료 · 123
시스템 파일 검사기 · 234
시작 메뉴 · 142
시작 메뉴 설정 · 144
시작 설정 · 120
시작 프로그램 · 186
시퀀싱 · 333
시행문서 · 74
신뢰도 · 302
신속성 · 86
신호변환장치 · 340
실루엣 애니메이션 · 329
실린더 · 287
실시간 처리 · 304
쌍방향성 · 326

ㅇ
아날로그 컴퓨터 · 266
아웃라인 · 55
아웃룩 · 398
아웃룩 메일 폴더 · 398
아웃룩 일정 관리 · 399
아웃룩 작업 관리 · 399
아이핀 · 373
아키(Archie) · 351
악성 봇 · 371
안드로이드 · 388
안전 모드 · 121
알람 및 시계 · 219
알림 및 작업 · 181
알파 버전 · 307
암호화 · 373
압축 폴더 · 158
압축 프로그램 · 307

앤티앨리어싱 · 329
앱 · 210
앱 및 기능 · 185
앱 설치/제거 · 198
앱 실행 별칭 · 185
앱북 · 384
앱스토어 · 384
앵커 · 327
양배문자 · 52
양자화 · 328
어셈블러 · 309
언더플로 · 277
언어 번역 과정 · 309
언어 번역 프로그램 · 303
업그레이드 · 322
업그레이드 시 고려할 사
항 · 322
업데이트 및 보안 · 193
업무 관리 · 100
업무 연결 · 조정 · 86
업무관리시스템 · 107
업무편람 · 100
에어로 셰이크 · 134
에어로 스냅 · 134
에어로 피크 · 133
에이전트 프로그램 · 382
엑스트라넷 · 352
연도별 일련번호 · 96
연도표시 일련번호 · 96
연락문서 · 76
연산장치(ALU) · 277
연상 메모리 · 284
연속 용지 · 55
연역적 구성 · 77
영문균등 · 49
영역 복사 · 42
영역 삭제 · 42
영역 이동 · 42
영역 지정 · 41
예루살렘 · 367
오디오 데이터 · 333

오버프린트 · 70
오버플로 · 277
오토 캐드 · 331
오픈타입 · 55
온라인 데이터베이스형 · 66
옵션 · 49
와이브로(Wibro) · 383
와일드 카드 · 44
완결문서 · 74
외래어 · 82
외부 인터럽트 · 299
외부적 표현 방식 · 269
외장형 하드디스크 · 286
용이성 · 87
용지 규격 · 56
용지 사이즈 계산 · 56
용지 설정 · 56
운영체제 · 302
운영체제의 목적 · 302
워드 · 268
워드랩 · 49
워드패드 · 214
워드프로세서 · 22
워크스테이션 · 264
워터마크 · 70
워터마킹 · 374
원격 데스크톱 연결 · 214
원형 차트 · 23
웜(Worm) · 370
웨어러블 컴퓨터 · 264
웨어러블 컴퓨팅 · 383
웹 브라우저 · 356
웹 프로그래밍 언어 · 353
위조 · 369
위지윅 · 38, 68
위치 기반 서비스 · 383
윈도우폰 · 388
유니버설 앱 · 216
유비쿼터스 · 382
유비쿼터스 컴퓨팅 · 382
유즈넷(USENET) · 351

유틸리티 · 303
은닉 바이러스 · 367
음성 녹음기 · 217
응용 계층 · 349
응용 소프트웨어 · 306
의미 · 348
의사 기록 · 구체화 · 86
의사 보존 · 86
의사 전달 · 86
이관 · 87
이더넷(MAC) 주소 · 348
이동 막대 · 38
이동키 · 25
이첩문서 · 74
인공지능 · 261
인덱스 레지스터 · 277
인쇄 작업 · 201
인영 · 106
인증 · 369
인터넷 · 346
인터럽트 · 299
인터럽트 과정 · 299
인터레이싱 · 329
인터프리터 · 309
인트라넷 · 352
일괄 처리 · 304
일반문서 · 96
임베디드 시스템 · 304
임베디드 운영체제 · 304

(ㅈ)
자간 · 53
자기 디스크 관련 용
어 · 287
자기 보수 코드 · 270
자기 잉크 문자 판독기
(MICR) · 290
자동 개행 · 34
자동 반복 · 34
자동 저장 파일 · 31
자동 페이지 넘김 · 35

자료 · 258
자료 구성의 단위 · 268
자료 제공 · 86
자료의 표현 방식 · 269
자바 · 353
자바 스크립트 · 354
자바 애플릿 · 354
작업 관리 프로그램 · 303
작업 관리자 · 228
작업 보기 · 139
작업 표시줄 · 133
작업 표시줄 설정 · 136
잠금 화면 · 182
장치 · 196
장치 관리자 · 198
장치 제어기 업그레이
드 · 322
장평 · 53
재생 소프트웨어 · 328
저급언어 · 309
저작 소프트웨어 · 328
저장 · 32, 34
저장 매체 관리 · 318
저장소 · 181
적법 처리의 원칙 · 99
전각문자 · 52
전결 · 106
전경색 · 212
전달 · 396
전문가 시스템 · 261
전문화 · 87
전송 계층 · 349
전송 시간 · 287
전용 컴퓨터 · 267
전원 및 절전 · 180
전이중 방식 · 341
전자 인증 시스템 · 374
전자 처리의 원칙 · 99
전자결재 시스템 · 93
전자문서 · 74, 93
전자문서 관리 시스템 · 94

전자문서시스템 · 107
전자문서서명 · 97
전자상거래 · 352
전자서명 · 374
전자우편 · 351, 396
전자이미지관인 · 93
전자이미지서명 · 97
전자출판 · 66
전자출판용 소프트웨어 · 66
전체 회신 · 396
전하결합소자(CCD) · 291
절전 · 123
절차적 프로그래밍 언
어 · 354
점 간격 · 292
접근 시간 · 287
접근 통제 · 369
접근성 · 188
접수문서 · 74
정렬 · 44
정보 · 180, 258
정보 사회 · 364
정보 전송 방식 · 341
정보의 통합성 · 326
정보주체 · 394
정보통신 · 340
정보통신망 이용촉진 및 정
보보호 등에 관한 법률
· 394
정책 실명제 · 97
정확성 · 86
제목 표시줄 · 37
제어 프로그램 · 303
제어장치 · 276
제어판 · 177
조도 센서 · 387
조판 부호 · 39
조합키 · 25
종배문자 · 52
주기억장치 · 281
주제별 검색 엔진 · 356

주제별 파일링 · 91
주파수 대역폭 · 292
중력 센서 · 387
중앙처리장치 · 276
즉일 처리의 원칙 · 99
즐겨찾기 · 153
증강현실(AR) · 387
지그비 · 383
지시문서 · 76, 96
지역별 파일링 · 91
지연 시간 · 287
직렬 포트 · 295
직무편람 · 100
직인 · 106
집중 지원 · 181

(ㅊ)
차트 · 23
참조 · 397
창 나누기 · 39
채널 · 300
책임 처리의 원칙 · 99
처리 능력 · 302
처리 능력에 따른 분류 · 263
처리 프로그램 · 303
천공 카드 시스템 · 260
첨부 · 396
첨자 · 52
청각 · 189
청인 · 106
초크 · 70
출력 기능 · 52
치환 · 44
침입 탐지 시스템 · 374

(ㅋ)
캐시 메모리 · 284
캐싱 · 357
캡션 · 50
캡처 · 34

캡처 도구 • 214
캡처 및 스케치 • 219
캡처 프로그램 • 34
커널 • 302
커닝 • 70
커서 • 25, 37
컴파일러 • 309
컴파일러와 인터프리터의 비교 • 310
컴퓨터 • 258
컴퓨터 범죄 • 364
컴퓨터 통신형 • 66
컴퓨터의 5대 장치 • 258
컴퓨터의 세대별 특징 • 261
코덱 • 334
콘덴서 • 282
쿠키 • 357
퀵 타임 MOV • 334
크래킹 • 370
크로미엄 • 356
크롬 • 356
클라우드 • 382
클라우드 컴퓨팅 • 382
클라이언트 • 241
클러스터 • 287
클러스터 바이러스 • 367
클럭 주파수 • 279
클레이메이션 • 329
클리어타입 • 39
클립보드 • 161
클립아트 • 34, 70
키보드 • 290
키오스크 • 291
키워드 검색 엔진 • 356
키패드 • 126
킬 스위치 • 384

ㅌ

탁상출판 • 66
탐색 시간 • 287
태그 • 353

태블릿 • 181
태블릿PC • 264
탭(Tab) • 46
터치 스크린 • 291
테더링 • 387
테마 • 183
텍스트 제안 • 196
텍스트 형식 • 38
텍스트 흘리기 • 70
텔넷(Telnet) • 351
텔레매틱스 • 383
토글키 • 25, 189
통신 회선 • 340
통신제어장치 • 340
튜링기계 • 260
트랙 • 287
트랙백 • 382
트로이 목마 • 370
트루 컬러 • 332
트루타입 • 55
트림 • 225
특수문자 입력 • 30
특수키 • 26

ㅍ

파밍 • 370
파스칼의 계산기 • 260
파이어 폭스 • 356
파일 • 34, 158, 268
파일 바이러스 • 366
파일 시스템 • 157
파일 탐색기 • 146
파일 탐색기의 구성 요소 • 153
파일 탐색기의 리본 메뉴 • 148
파일/폴더 복사 • 161
파일/폴더 삭제 • 162
파일/폴더 선택 • 161
파일/폴더 속성 • 159
파일/폴더 열기 • 159

파일/폴더 이동 • 161
파일/폴더 이름 바꾸기 • 162
파일과 폴더 • 158
파일링 시스템 • 90
팜톱 • 264
패리티 검사 코드 • 270
패리티 비트 • 270
패치 버전 • 307
패키지형 • 66
패킷 • 348
패턴 인식 • 261
퍼지 이론 • 261
펌웨어 • 259
펌웨어 업그레이드 • 322
편철 • 87
평가 • 87
폐기 • 87
폐기문서 • 74
포그라운드 • 201
포스트 스크립트 • 55
포인트 • 53
포털 사이트 • 357
포트 • 294
폭탄 바이러스 • 367
폰 노이만 • 260
폴더 • 158
폴더 공유 • 246
폴더 옵션 • 151
폼피드 • 58
표 • 23
표시 기능 • 37
표준 사용자 계정 • 192
표준화 • 87
표현 계층 • 349
푸시(PUSH) • 357
풀(Pull) • 357
풀워드 • 268
프라이버시권 • 394
프레임 • 333
프로그래밍 언어 • 309

프로그램 내장 방식 • 260
프로그램 카운터(PC) • 276
프로토콜 • 241, 348
프록시 • 244
프리웨어 • 307
프린터 • 200, 292
프린터 공유 • 247
프린터 관련 단위 • 293
프린터 드라이버 • 58
프린터 헤드 • 58
플래시 메모리 • 284
플러그 앤 플레이(PnP) • 116
플러그인 • 356
플레이스토어 • 384
플로터 • 292
플로팅 앱 • 384
플롭스(Flops) • 263
플립플롭 • 276
피드백 허브 • 125
피싱 • 370
픽셀 • 292
핀테크 • 383
필드 • 268
필터 키 • 189
필터링 • 70, 329

ㅎ

하드 카피 • 58
하드디스크 • 286
하드디스크 관련 문제 해결 • 232
하드디스크 연결 방식 • 297
하드웨어 • 258
하드웨어 업그레이드 • 322
하드웨어 추가/제거 • 198
하이브리드 검색 엔진 • 357
하이브리드 컴퓨터 • 266
하이퍼링크 • 327
하이퍼미디어 • 326
하이퍼텍스트 • 49, 326

하프워드 • 268
하프톤 • 70
한글 맞춤법 • 81
한글 코드 • 27
한글 표기 • 104
한영 전환키 • 29
한자 입력 • 29
할당 단위 • 156
합의문서 • 74
핫 플러그인 • 294
핫스팟 • 387
해밍 코드 • 270
해상도 • 292
해석기관 • 260
해킹 • 364, 370
행 호출 • 39
행두 금칙문자 • 46
행말 금칙문자 • 46
행정전자서명 • 97
행정편람 • 100
행정협업 • 100
허브 • 240
호환성 • 258
혹스 • 370
홈 베이스 • 49
화면 보호기 • 183
화면주사율 • 292
확장 버스(확장 슬롯) • 294
확장자 • 32
활성창 • 124
회신 • 396
횡배문자 • 52
휴대용 컴퓨터 • 264
휴지통 • 167
히스토리 • 148

워드프로세서

필기 기출문제집

시험에 나오는 것만 공부한다!

시나공

2025
시나공

베스트셀러
1위
산출근거 후면표기

부록
최신기출문제
10회

길벗알앤디 지음 (강윤석, 김용갑, 김우경, 김종일)

길벗

이 책의 구성 미리 보기

초단타 합격 전략을 아시나요? — 기출문제를 확실하게 이해하세요.

시·나·공 기출문제집은 실력 테스트용이 아닙니다. 짧은 시간 안에 시험에 나온 내용을 파악하고, 나올 내용을 공부하는 초단타 합격 전략집입니다. 전문가 조언을 통해 기출문제와 주변 지식만 확실히 습득해도 초단타 합격 전설은 내 이야기가 됩니다.

| 섹션과 필드 |

문제가 출제된 내용이 있는 교재의 섹션과 필드입니다. 이해가 안 되면 시·나·공 기본서에서 해당 섹션과 필드를 찾아서 공부하면 되겠죠.

| 전문가 조언 |

기출문제만 이해해도 합격할 수 있도록, 왜 답이 되는지 명쾌하게 결론을 내려 줍니다.

| 정답 |

문제들의 정답은 효율적인 학습을 위해 해당 페이지 하단에 모아, 초단타 전략으로 공부하는 수험생의 편의를 최대한 제공했습니다.

2024년 1회 워드프로세서 필기

1과목 워드프로세싱 용어 및 기능

20색선 1필드

1. 다음 중 교정 부호의 사용법에 대한 설명으로 옳지 않은 것은?
① 한 번 교정된 부분도 다시 교정할 수 있다.
② 표기하는 색은 원고의 색과 다르게 눈에 잘 띄도록 한다.
③ 정밀한 교정 부호를 이용해서 처음 보는 사람도 의미를 명확히 이해하도록 구체적으로 표기한다.
④ 교정할 글자를 명확하게 지적해야 한다.

전문가의 조언 | 교정 기호는 너무 복잡하거나 난해하지 않게 최소한 간략하게 표기해야 합니다.

4색선 3필드

2. 다음 중 한자 입력 방법에 대한 설명으로 옳지 않은 것은?
① 문서의 일부분 또는 전체를 블록 지정하여 한자를 모두 한글로 변환할 수 있다.
② 한자는 키보드로 표기할 수 없기 때문에 한자 목록이나 한자 사전에서 해당 한자를 선택하여 입력한다.
③ 한자의 음을 아는 경우에는 부수 또는 총 획수 입력, 외자 입력 등으로 변환할 수 있다.
④ 자주 쓰는 한자 단어를 사전에 등록하여 사용할 수 있다.

전문가의 조언 | 한자의 음을 아는 경우에는 음절 단위 변환, 단어 단위 변환, 문장 변환할 수 있습니다.
• 부수 또는 총 획수 입력, 외자 입력은 한자의 음을 모를 경우의 입력 방법입니다.

20색선 5필드

3. 다음 중 공문서의 내용 표기에 대한 설명으로 옳지 않은 것은?
① 날짜를 표기할 때에는 숫자로 표기하되 년월일의 글자는 생략하고, 그 자리에 온점(.)을 찍어 구분한다.
② 시간을 표기할 때에는 12시각제에 따라 숫자로 표기하고, '시'와 '분' 글자 대신 쌍점(:)을 이용하여 구분한다.
③ 금액을 표기할 때에는 아라비아 숫자로 표기하고, 괄호 안에 한글로 숫자를 기재한다.
④ 숫자를 표기할 때에는 특별한 사유가 없으면 아라비아 숫자로 표기한다.

전문가의 조언 | 시간을 표기할 때에는 24시각제에 따라 숫자로 표기하고 '시'와 '분' 글자 대신 쌍점(:)을 이용하여 구분합니다.

법령

4. 문서의 보관관리 유형 중 집중관리에 대한 설명으로 옳지 않은 것은?
① 부서별 문서 보관·보존에 따른 여러 설비가 필요치 않게 되어 경비 및 공간이 절약된다.
② 문서의 분실 우려가 크다.
③ 타 부서가 자료를 열람하고 이용하기 위한 방법과 절차가 매우 복잡하다.
④ 문서 관리 및 업무의 조정과 통제가 매우 복잡하다.

전문가의 조언 | 집중관리 방법은 문서 관리 및 업무의 조정과 통제가 용이합니다.

3색선 1필드

5. 다음 중 KS X 1005-1(유니코드)에 대한 설명으로 옳지 않은 것은?
① 완성형과 조합형을 동시에 사용할 수 있다.
② 외국 소프트웨어의 한글화가 쉽고, 모든 문자를 2바이트로 표현한다.
③ KS X 1001 완성형 코드에 비해 기억 공간을 적게 차지한다.
④ 국제 표준 코드로 사용된다.

전문가의 조언 | 유니코드는 KS X 1001 완성형 코드에 비해 기억 공간을 많이 차지합니다.

20색선 1필드

6. 다음 중 전자문서에 관한 설명으로 옳지 않은 것은?
① 전자문서는 종이보관의 이관시기와 동일하게 전자적으로 이관한다.
② 전자문서는 서버에 공유되어 누구나 접근하여 열람할 수 있다.
③ 전자문서는 검토자, 협조자 및 결재권자가 동시에 열람할 수 있다.
④ 결재권자는 전자문서를 열람한 후 전자문서의 서명란에 날짜와 함께 서명한다.

전문가의 조언 | 전자문서는 문서 등급에 따라 접근자의 범위가 지정되어 있으므로 누구나 열람할 수는 없습니다.

4　2024년 1회 워드프로세서 필기

정답 : 1.④ 2.④ 3.③ 4.②

워드프로세서

필기

길벗알앤디 지음

2025
시나공

길벗

2024년 1회 워드프로세서 필기	4
2024년 2회 워드프로세서 필기	15
2024년 3회 워드프로세서 필기	26
2024년 4회 워드프로세서 필기	37
2024년 5회 워드프로세서 필기	49
2023년 1회 워드프로세서 필기	60
2023년 2회 워드프로세서 필기	70
2023년 3회 워드프로세서 필기	80
2023년 4회 워드프로세서 필기	90
2023년 5회 워드프로세서 필기	100

워드프로세서 실기 – 시나공 시리즈 ⑪
The Written Examination for Word Processor

초판 발행 · 2024년 9월 9일

발행인 · 이종원
발행처 · (주)도서출판 길벗
출판사 등록일 · 1990년 12월 24일
주소 · 서울시 마포구 월드컵로 10길 56(서교동)
주문 전화 · 02)332-0931 팩스 · 02)323-0586
홈페이지 · www.gilbut.co.kr 이메일 · gilbut@gilbut.co.kr

기획 및 책임 편집 · 강윤석(kys@gilbut.co.kr), 김미정(kongkong@gilbut.co.kr), 임은정(eunjeong@gilbut.co.kr), 정혜린(sunriin@gilbut.co.kr)
디자인 · 강은경, 윤석남 제작 · 이준호, 손일순, 이진혁 마케팅 · 조승모, 유영은
영업관리 · 김명자 독자지원 · 윤정아

편집진행 및 교정 · 길벗알앤디(강윤석 · 김용갑 · 김우경 · 김종일) 일러스트 · 윤석남
전산편집 · 예다움 CTP 출력 및 인쇄 · 금강인쇄 제본 · 금강제본

ISBN 979-11-407-1077-5 13000
(길벗 도서번호 030938)

가격 20,000원

독자의 1초까지 아껴주는 길벗출판사
(주)도서출판 길벗 | IT교육서, IT단행본, 경제경영서, 어학&실용서, 인문교양서, 자녀교육서 www.gilbut.co.kr
길벗스쿨 | 국어학습, 수학학습, 어린이교양, 주니어 어학학습, 학습단행본 www.gilbutschool.co.kr

인스타그램 • @study_with_sinagong

최신기출문제

2024년 1회 워드프로세서 필기

2024년 2회 워드프로세서 필기

2024년 3회 워드프로세서 필기

2024년 4회 워드프로세서 필기

2024년 5회 워드프로세서 필기

2023년 1회 워드프로세서 필기

2023년 2회 워드프로세서 필기

2023년 3회 워드프로세서 필기

2023년 4회 워드프로세서 필기

2023년 5회 워드프로세서 필기

1과목 워드프로세싱 용어 및 기능

20섹션 1필드

1. 다음 중 교정 부호의 사용법에 대한 설명으로 옳지 않은 것은?

① 한 번 교정된 부분도 다시 교정할 수 있다.

② 표기하는 색은 원고의 색과 다르게 눈에 잘 띄도록 한다.

③ 정밀한 교정 부호를 이용하여 처음 보는 사람도 의미를 명확히 이해하도록 구체적으로 표기한다.

④ 교정할 글자를 명확하게 지적해야 한다.

전문가의 조언 | 교정 기호는 너무 복잡하거나 난해하지 않게 최소한 간략하게 표기해야 합니다.

4섹션 3필드

2. 다음 중 한자 입력 방법에 대한 설명으로 옳지 않은 것은?

① 문서의 일부분 또는 전체를 블록 지정하여 한자를 모두 한글로 변환할 수 있다.

② 한자는 키보드에 표기할 수 없기 때문에 한자 목록이나 한자 사전에서 해당 한자를 선택하여 입력한다.

③ 한자의 음을 아는 경우에는 부수 또는 총 획수 입력, 외자 입력 등으로 변환할 수 있다.

④ 자주 쓰는 한자 단어를 사전에 등록하여 사용할 수 있다.

전문가의 조언 | • 한자의 음을 아는 경우에는 음절 단위 변환, 단어 단위 변환, 문장 자동 변환 등으로 변환할 수 있습니다.
• 부수 또는 총 획수 입력, 외자 입력은 한자의 음을 모를 경우의 입력 방법입니다.

26섹션 5필드

3. 다음 중 공문서의 내용 표기에 대한 설명으로 옳지 않은 것은?

① 날짜를 표기할 때에는 숫자로 표기하되 년월일의 글자는 생략하고, 그 자리에 온점(.)을 찍어 구분한다.

② 시간을 표기할 때에는 12시각제에 따라 숫자로 표기하고, '시'와 '분' 글자 대신 콜론(:)을 이용하여 구분한다.

③ 금액을 표기할 때에는 아라비아 숫자로 표기하고, 괄호 안에 한글로 숫자를 기재한다.

④ 숫자를 표기할 때에는 특별한 사유가 없으면 아라비아 숫자로 표기한다.

전문가의 조언 | 시간을 표기할 때에는 24시각제에 따라 숫자로 표기하고, '시'와 '분' 글자 대신 콜론(:)을 이용하여 구분한다.

없음

4. 문서의 보관관리 유형 중 집중관리에 대한 설명으로 옳지 않은 것은?

① 부서별 문서 보관·보존에 따른 여러 설비가 필요치 않게 되어 경비 및 공간이 절약된다.

② 문서의 분실 우려가 적다.

③ 타 부서가 자료를 열람하고 이용하기 위한 방법과 절차가 매우 복잡하다.

④ 문서 관리 및 업무의 조정과 통제가 매우 복잡하다.

전문가의 조언 | 집중관리 방법은 문서 관리 및 업무의 조정과 통제가 용이합니다.

3섹션 1필드

5. 다음 중 KS X 1005-1(유니코드)에 대한 설명으로 옳지 않은 것은?

① 완성형과 조합형을 동시에 사용할 수 있다.

② 외국 소프트웨어의 한글화가 쉽고, 모든 문자를 2바이트로 표현한다.

③ KS X 1001 완성형 코드에 비해 기억 공간을 적게 차지한다.

④ 국제 표준 코드로 사용된다.

전문가의 조언 | 유니코드는 KS X 1001 완성형 코드에 비해 기억 공간을 많이 차지합니다.

23섹션 1필드

6. 다음 중 전자문서에 관한 설명으로 옳지 않은 것은?

① 전자문서는 종이보관의 이관시기와 동일하게 전자적으로 이관한다.

② 전자문서는 서버에서 공유되어 누구나 접근하여 열람할 수 있다.

③ 전자문서는 검토자, 협조자 및 결재권자가 동시에 열람할 수 있다.

④ 결재권자는 전자문서를 열람한 후 전자문서의 서명란에 날짜와 함께 서명한다.

전문가의 조언 | 전자문서는 문서 등급에 따라 접근자의 범위가 지정되어 있으므로 누구나 열람할 수는 없습니다.

1섹션 4필드

7. 다음 중 워드프로세서의 특징으로 옳지 않은 것은?

① 작성한 문서를 다른 응용 프로그램에서 불러와 편집할 수 있다.

② 작성한 문서를 메일, 팩시밀리, 모바일 등을 이용하여 쉽게 전송할 수 있다.

③ 작성한 문서에 암호를 부여하여 저장할 수 있어 보안 유지가 가능하다.

④ 작성 중인 문서를 포토샵 파일(*.PSD)이나 동영상 파일(*.WMV)로 저장할 수 있다.

> 전문가의 조언 | 작성 중인 문서를 포토샵 파일(*.PSD)이나 동영상 파일(*.WMV)로 저장할 수 없습니다.

22섹션 2필드

8. 다음 중 문서의 주제별 파일링 방법에 관한 특징으로 옳지 않은 것은?

① 색인이 필요하지 않다.

② 문서가 소분류로 구분되어 취급되는 경우에 많이 활용된다.

③ 명확하게 분류되지 않는 경우가 있다.

④ 무한하게 확장할 수 있다.

> 전문가의 조언 | • 주제별 파일링은 문서의 내용으로부터 주제를 정하여 이를 기준으로 정리하는 방법으로 색인이 필요합니다.
> • 색인이 필요하지 않은 파일링은 명칭별 파일링입니다.

25섹션 1필드

9. 다음 중 행정업무의 운영 및 혁신에 관한 규정으로 옳지 않은 것은?

① 문서의 결재 시 결재권자의 서명란에는 서명 날짜를 함께 표시한다.

② 둘 이상의 행정기관장의 결재가 필요한 문서는 각각의 행정기관 모두가 기안하여야 한다.

③ 위임전결하는 경우에는 전결하는 사람의 서명란에 "전결" 표시를 한 후 서명하여야 한다.

④ 결재할 수 있는 사람이 휴가, 출장, 그 밖의 사유로 결재할 수 없을 때에는 그 직무를 대리하는 사람이 대결할 수 있다.

> 전문가의 조언 | 둘 이상의 행정기관장의 결재가 필요한 문서는 그 문서 처리를 주관하는 행정기관에서 기안해야 합니다.

24섹션 4필드

10. 공문서의 성립 및 효력 발생에 관한 설명으로 옳지 않은 것은?

① 결재권자가 해당 문서에 서명의 방식으로 결재함으로써 성립한다.

② 다른 법령에 특별한 규정이 없는 한 결재권자가 결재한 순간부터 공문서의 효력이 발생한다.

③ 내용적으로 위법/부당하거나 시행 불가능한 사항이 없어야 한다.

④ 당해 기관의 권한내의 사항 중에서 작성되어야 한다.

> 전문가의 조언 | 공문서는 문서가 수신자에게 도달된 때부터 효력이 발생합니다.

14섹션 1필드

11. 다음 중 워드프로세서의 출력 기능과 관련 없는 용어는 무엇인가?

① 보일러 플레이트   ② 폼 피드

③ 스풀   ④ 하드 카피

> 전문가의 조언 | 보일러 플레이트(Boiler Plate)는 문서 내에 머리말, 꼬리말, 주석 같은 것을 표시하기 위한 일정 공간으로, 편집 기능에 해당 됩니다.
> • 스풀(Spool) : 출력할 자료를 보조기억장치에 저장해 두었다가 프린터가 출력 가능한 시기에 출력할 수 있도록 해주는 기능
> • 폼 피드(Form Feed) : 프린터에서 다음 페이지의 맨 처음 위치까지 종이를 밀어 올리는 기능
> • 하드 카피(Hard Copy) : 화면에 표시된 문서나 내용을 그 상태 그대로 프린터에 출력하는 기능

22섹션 1필드

12. 다음 중 파일링 시스템의 도입 효과와 관련된 것으로 맞게 짝지어진 것은?

> ㉠ 문서 검색의 용이성 및 신속한 출납
> ㉡ 공용화에 의한 사물(私物)화
> ㉢ 안전 관리 대책 확립
> ㉣ 기록 활용에 대한 제비용 절감

① ㉠

② ㉠, ㉡

③ ㉠, ㉡, ㉣

④ ㉠, ㉢, ㉣

> 전문가의 조언 | • 파일링 시스템의 도입 효과와 관련된 것으로 맞게 짝지어진 것은 ④번입니다.
> • 파일링 시스템의 도입 효과 중 하나는 공용화에 의한 사물(私物)화 방지입니다.

11섹션 1필드

13. 다음 중 워드프로세서 관련 용어에 대한 설명으로 옳은 것은?

① 캡션(Caption) : 명령이나 기능을 수행하는 데 필요한 추가적인 요소나 선택 항목이다.

② 포매터(Formatter) : 메뉴나 서식 설정을 할 때 이미 설정되어 있는 기본 값이다.

③ 미주(Endnote) : 문서의 내용을 설명하거나 인용한 원문의 제목을 알려주는 보충 구절로 문서의 맨 마지막에 표시하는 기능을 말한다.

④ 소프트 카피(Soft Copy) : 화면에 표시된 문서나 내용을 그대로

전문가의 조언 | 워드프로세서 관련 용어에 대한 설명으로 옳은 것은 ③번입니다.
① 캡션(Caption)은 문서에 포함된 표나 그림에 붙이는 제목 또는 설명을 의미합니다. ①번은 옵션(Option)에 대한 설명입니다.
② 포매터(Formatter)는 입력된 문장의 좌우 여백 조정, 오른쪽 끝 정렬, 행간이나 자간, 글꼴과 크기 등을 조절하여 출력하는 프로그램입니다. ②번은 기본값(Default)에 대한 설명입니다.
④ 소프트 카피(Soft Copy)는 비디오 영상이나 소리와 같이 인쇄물이 아닌 파일 형태로 자료를 표시하는 것을 의미합니다. ④번은 하드 카피(Hard Copy)에 대한 설명입니다.

23섹션 2필드

14. 다음 중 전자문서의 관리에 대한 설명으로 옳지 않은 것은?

① 전자결재 시스템을 사용하면 초안은 기안자가 지정된 서식 없이 자유롭게 작성할 수 있다.

② 전자이미지서명 등록, 결재 암호 등으로 보안을 유지하는 기능을 갖추고 있다.

③ 업무 흐름도에 따라 결재 파일을 결재 경로에 따라 자동으로 넘겨준다.

④ 문서를 재가공하여 사용할 수 있다.

전문가의 조언 | 전자결재 시스템은 표준 서식으로 정해진 문서만 사용할 수 있기 때문에 초안부터 지정된 서식에 맞게 작성해야 합니다

7섹션 2필드

15. 다음 중 워드프로세서의 화면 표시 기능과 관련된 설명으로 옳은 것은?

① 눈금자는 화면에 항상 표시되는 것으로 감출 수 없다.

② 조판 부호는 표시하거나 숨길 수 있다.

③ 상태 표시줄에는 쪽 번호, 커서 위치, 파일 크기 등의 정보를 표시한다.

④ 화면을 확대한 후 출력하면 종이에도 확대되어 출력된다.

전문가의 조언 | 조판 부호는 표시하거나 숨길 수 있습니다.
① 눈금자는 감출 수 있습니다.
③ 상태 표시줄에는 커서가 있는 곳의 쪽 번호(현재 페이지), 커서 위치, 삽입/수정 상태, 자판의 종류 등 문서를 편집할 때 필요한 여러 가지 정보가 표시되며, 파일 크기는 표시되지 않습니다.
④ 화면의 확대/축소는 인쇄물 결과에 영향을 미치지 않습니다.

6섹션 1필드

16. 다음 중 워드프로세서에서 OLE(Object Linking and Embedding)에 관한 설명으로 옳지 않은 것은?

① 다른 여러 응용 프로그램에서 작성된 문자나 그림 등의 개체를 작성중인 현재 문서에 연결하거나 삽입하는 기능을 말한다.

② 그림을 연결하여 넣은 경우 문서에 삽입된 그림의 내용을 변경하면 원본 파일의 그림도 변경된다.

③ 연결하여 문서에 삽입을 하면 그림을 복사하여 붙여넣기를 했을 때 원본 파일을 삭제하여도 문서에 삽입된 그림은 그대로 남는다.

④ 삽입된 개체를 더블클릭하면 개체에 연결된 기본 프로그램이 실행된다.

전문가의 조언 | 개체를 연결하여 문서에 삽입한 경우 원본 파일이 수정되거나 삭제되면 문서에 그대로 반영되므로 ③번의 경우 문서에 삽입된 그림은 삭제됩니다.

6섹션 1필드

17. 다음 보기의 내용은 워드프로세서 용어에 대하여 설명한 것이다. 다음 중 옳지 않은 항목만을 모두 나열한 것은?

> (가) 문단의 시작 위치를 다음 행보다 몇 자 나오게 작성하는 기능을 들여쓰기(Indent)라고 한다.
>
> (나) 단어가 행의 끝에 오게 될 때 단어 전체를 다음 행으로 이동시키는 기능을 강제 개행(Hardware Return)이라고 한다.
>
> (다) 문서의 한쪽 끝이 정렬되지 않은 상태를 래그드(Ragged)라고 한다.
>
> (라) 보조기억장치에 기억된 내용을 주기억장치로 이동하는 것을 로드(Load)라고 한다.

① (가), (나)   ② (나), (다)

③ (가), (다)   ④ (다), (라)

전문가의 조언 | 문제의 지문 중 옳지 않은 항목만을 모두 나열한 것은 ①번입니다.
(가) 문단의 시작 위치를 다음 행보다 몇 자 나오게 작성하는 기능은 내어쓰기(Outdent)입니다. 들여쓰기(Indent)는 문단의 첫째 줄 맨 앞부분이 다른 줄보다 몇 자 들어가게 하는 기능입니다.
(나) 단어가 행의 끝에 오게 될 때 단어 전체를 다음 행으로 이동시키는 기능은 워드랩(Word Wrap)입니다. 강제 개행(별행)은 한 행에 문자가 다 채워지지 않은 상태에서 Enter를 눌러 다음 행의 처음으로 커서를 이동시키는 기능입니다.

---

18. 다음 중 문서 작성에 대한 설명으로 옳지 않은 것은?

① 문서에서 날짜 표기 시 연, 월, 일 글자를 생략하고 온점(.)을 찍어 표시할 수 있다.

② 시작 인사말은 본문에 간단히 기재한다.

③ 문서의 두문에 제목을 기재하여 문서의 성격을 파악할 수 있게 한다.

④ 발신명이나 홈페이지 주소 등은 결문에 기재한다.

전문가의 조언 | 문서의 제목은 두문이 아닌 본문에 기재해야 합니다.

---

19. 〈보기 1〉의 문장이 〈보기 2〉의 문장으로 수정되기 위해 필요한 교정 부호들로만 올바르게 짝지어진 것은?

〈보기 1〉

> 삶은 언제나 스스로 부딪혀 경험하고 도전하는 모든 사람에게 더 영광을 안겨준다.

〈보기 2〉

> 인생은 언제나 스스로 부딪혀 경험하고 도전하는 사람에게 더 큰 영광을 안겨준다.

① ⌐, ⌒, ✓   ② ⌒, ⌒, ～

③ ✓, ⌒, ⌒   ④ ⌒, ⌒, ✧

전문가의 조언 |

> 인생
> 삶은 언제나 스스로 부딪혀 경험하고 도전하는
>   큰
> 모든 사람에게 더 영광을 안겨준다.

---

20. 다음과 가장 관련 있는 기능은 무엇인가?

> • 문단의 형태(글꼴, 크기, 문단 모양, 문단 번호)를 쉽게 변경할 수 있다.
> • 문서에 대하여 일관성 있는 서식을 유지하면서 편집하는 데 가장 유용한 기능이다.

① 수식 편집기   ② 목차 만들기

③ 스타일   ④ 맞춤법 검사

전문가의 조언 | 문제의 지문에 제시된 내용은 스타일(Style)에 대한 설명입니다.
• **수식 편집기** : 문서에 복잡한 수식이나 화학식을 입력할 때 유용한 기능
• **목차 만들기** : 문서 작성이 끝난 후 자동으로 별도의 파일로 된 목차를 만드는 기능
• **맞춤법 검사** : 문서의 내용을 워드프로세서에 내장된 사전과 비교해 틀린 단어를 찾아 고치는 기능

2과목 PC 운영체제

21. 다음 보기에서 설명하는 한글 Windows 10 운영체제의 특징으로 옳은 것은?

> 한 대의 컴퓨터 시스템에서 운영체제가 각 작업의 제어권을 행사하여 작업의 중요도와 자원 소모량 등에 따라 우선순위가 높은 작업에 기회가 가도록 우선 순위가 낮은 작업에 작동 제한을 걸어 특정 앱이 제어권을 독점하는 것을 방지하는 안정적인 체제

① 선점형 멀티태스킹

② 그래픽 사용자 인터페이스

③ 보안이 강화된 방화벽

④ 컴퓨터 시스템과 장치 드라이버의 보호

전문가의 조언 | 문제의 지문에서 설명하는 한글 Windows 10의 특징은 선점형 멀티태스킹입니다.

---

22. 다음 중 한글 Windows 10에서 파일이나 폴더의 복사 또는 이동에 사용되는 클립보드에 관한 설명으로 옳지 않은 것은?

① 클립보드를 사용하면 서로 다른 앱 간에 데이터를 쉽게 전달할 수 있다.

② 클립보드에 저장된 내용은 시스템을 다시 시작하더라도 재사용이 가능하다.

③ 클립보드의 내용은 여러 번 사용이 가능하다.

④ 클립보드에는 가장 최근에 저장한 것 하나만 저장된다.

전문가의 조언 | 시스템을 끄는 순간 클립보드에 저장된 내용은 모두 지워지기 때문에 시스템을 다시 시작하면 클립보드에는 아무 내용도 저장되어 있지 않습니다.

23. 다음 중 웹 브라우저 크롬(Chrome)에 대한 설명으로 옳지 않은 것은?

① 주소 표시줄에서 기본 검색 엔진을 변경할 수 있다.

② 세이프 브라우징으로 외부로 유출되는 개인 정보를 보호할 수 있다.

③ 시크릿 모드를 이용하면 방문 기록, 쿠키 및 사이트 데이터가 안전하게 저장된다.

④ 기본 웹 브라우저로 지정할 수 있다.

전문가의 조언 | 시크릿 모드에서는 방문 기록, 쿠키 및 사이트 데이터, 양식에 입력한 정보가 저장되지 않습니다.

24. 다음 중 한글 Windows 10의 작업 표시줄 설정에서 할 수 있는 작업으로 옳지 않은 것은?

① 작업 표시줄의 잠금과 해제가 가능하다.

② 작업 표시줄의 위치를 위쪽, 아래쪽, 왼쪽, 오른쪽으로 설정할 수 있다.

③ 작업 표시줄 기본 모양이나 색상 변경 등을 설정할 수 있다.

④ 작업 표시줄 자동 숨기기를 설정할 수 있다.

전문가의 조언 | 작업 표시줄의 기본 모양은 변경할 수 없고, 색상은 [◉(설정)] → [개인 설정] → [색]을 클릭하여 변경할 수 있습니다.

25. 다음 중 아래의 보기에서 설명하는 부팅 과정과 연관된 용어는?

> 시스템 버스, RTC, 시스템 비디오 구성 요소, RAM, 키보드, 드라이브 등을 검사한다.

① POST ② MBR
③ BIOS ④ Winlogon

전문가의 조언 | 부팅 과정에서 시스템 버스, RTC 및 각종 하드웨어를 검사하는 것을 POST라고 합니다.

26. 다음 중 한글 Windows 10에서 설치된 앱에 문제가 발생한 경우 이를 해결하기 위한 방법으로 옳지 않은 것은?

① [앱 및 기능]을 열어 앱을 선택한 후 [수정]을 클릭하여 복구 작업을 수행한다.

② [시작] 메뉴를 클릭한 후 앱의 바로 가기 메뉴에서 [초기화]를 클릭한다.

③ [앱 및 기능]을 열어 앱을 선택한 후 복구 작업을 수행한다.

④ [프로그램 및 기능]에서 앱을 선택한 후 복구 작업을 수행한다.

전문가의 조언 | • [시작] 메뉴에 등록된 앱의 바로 가기 메뉴에는 [초기화] 항목이 없습니다. [초기화]는 [앱 및 기능]에서 앱을 선택한 후 '고급 옵션'을 클릭하면 나오는 페이지에서 찾아볼 수 있습니다.
• 초기화는 웹 브라우저나 메일, 비디오 플레이어 등의 작업을 위해 사용자가 지정한 기본 앱을 MS 사의 권장 앱으로 초기화하는 것으로, 앱에 발생한 문제를 해결하기 위한 방법이 아닙니다.

27. 다음 중 한글 Windows 10의 '전원 및 절전'에 관한 설명으로 옳지 않은 것은?

① 컴퓨터를 사용하지 않을 때 컴퓨터 화면이 꺼지는 시간을 지정한다.

② 컴퓨터를 사용하지 않을 때 하드 디스크가 종료되는 시간을 지정할 수 있다.

③ 기본 전원 관리 옵션에서 '균형 조정(권장)'을 설정하면 컴퓨터를 최대 성능으로 이용할 수 있다.

④ '추가 전원 설정'을 통해 [시작]에서 '전원'을 클릭했을 때 나타나는 '절전' 옵션을 제거할 수 있다.

전문가의 조언 | ③번의 '균형 조정(권장)'은 기본 전원 관리 옵션에서 설정할 수 있는 옵션으로, '균형 조정(권장)'으로 설정하면 에너지 소비와 성능 사이의 균형을 자동으로 조정합니다.

50섹션 1필드

28. 다음 중 한글 Windows 10의 [설정] → [접근성]에서 할 수 있는 기능에 대한 설명으로 옳지 않은 것은?

① Windows 로그온 시 자동으로 돋보기 기능을 시작할 수 있게 설정할 수 있다.

② 내레이터 기능을 켜고 끌 때 기본적으로 필터키를 사용한다.

③ 화상 키보드 기능을 사용하면 키보드 없이도 글자를 입력할 수 있다.

④ 마우스 포인터의 색과 크기를 변경할 수 있다.

> 전문가의 조언 | • 내레이터 기능은 화면의 모든 텍스트를 내레이터가 소리 내어 읽어주는 기능으로, 키보드를 이용해 내레이터 기능을 켜고 끌 때 사용하는 바로 가기 키는 ⊞+Ctrl+Enter입니다.
> • 필터키는 사용자가 실수로 키를 누르고 있는 동안 반복되는 입력을 무시하거나 반복 입력 속도를 느리게 지정하는 기능입니다.

59섹션 2필드

29. 다음 중 한글 Windows 10에 있는 계산기 앱에 대한 설명으로 옳지 않은 것은?

① [표준] 계산기에서는 일반적인 사칙연산을 계산할 수 있다.

② [날짜 계산] 계산기에서는 일정을 관리하거나 알람을 설정할 수 있다.

③ [공학용] 계산기에서는 삼각법이나 함수 등을 최대 32자리까지 계산한다.

④ [프로그래머] 계산기에서는 진법 변환 등을 최대 64자리까지 계산한다.

> 전문가의 조언 | [날짜 계산] 계산기에서는 날짜와 관련된 계산은 수행할 수 있지만 일정을 관리하거나 알람을 설정할 수는 없습니다.

65섹션 3필드

30. 다음 중 한글 Windows 10의 [이더넷 속성]에서 설정할 수 있는 네트워크 구성 요소가 아닌 것은?

① QoS 패킷 스케줄러

② Microsoft Networks용 클라이언트

③ Microsoft Windows Defender

④ 인터넷 프로토콜 버전 6(TCP/IPv6)

> 전문가의 조언 | Microsoft Windows Defender는 [이더넷 속성]에서 설정할 수 있는 네트워크 구성 요소가 아닙니다.

40섹션 1필드

31. 다음 중 한글 Windows 10에서 라이브러리에 대한 설명으로 옳지 않은 것은?

① 자주 사용하는 폴더들을 하나씩 찾아다니지 않고 라이브러리에 등록하여 한 번에 관리할 수 있다.

② 라이브러리는 컴퓨터 여기 저기 흩어져 있는 자료를 한 곳에서 보고 정리할 수 있게 하는 가상의 폴더이다.

③ 기본적으로 문서, 음악, 사진, 비디오 라이브러리를 제공한다.

④ 하나의 라이브러리에는 최대 30개의 폴더를 포함시킬 수 있다.

> 전문가의 조언 | 하나의 라이브러리에는 최대 50개의 폴더를 포함시킬 수 있습니다.

45섹션 2필드

32. 다음 중 한글 Windows 10의 [휴지통 속성] 창에서 수행할 수 있는 작업으로 옳지 않은 것은?

① 삭제 확인 대화상자의 표시 설정

② 휴지통의 바탕 화면 표시 설정

③ 각 드라이브의 휴지통 최대 크기 설정

④ 파일을 휴지통에 버리지 않고 바로 제거하는 기능 설정

> 전문가의 조언 | 휴지통의 바탕 화면 표시 여부는 ⊞(시작) → ⚙(설정) → [개인 설정] → [테마]에서 '바탕 화면 아이콘 설정'을 클릭하여 설정할 수 있습니다.

42섹션 1필드

33. 다음 중 한글 Windows 10에서 압축(ZIP) 폴더에 대한 설명으로 옳지 않은 것은?

① 압축 폴더 기능을 사용하면 폴더를 압축하여 디스크 공간을 절약하고 다른 컴퓨터로 빠르게 전송할 수 있다.

② 압축 폴더와 파일 또는 그 안에 포함된 폴더나 앱 파일은 일반 폴더에서 사용하는 것과 똑같이 사용할 수 있다.

③ 압축하려는 파일과 폴더들을 선택한 후 바로 가기 메뉴나 [공유] → [보내기] → [압축(ZIP) 폴더]를 선택하여 압축할 수 있다.

④ 압축 해제를 하지 않고 파일을 선택하여 읽기 전용으로 열기 및 편집을 할 수 있다.

> 전문가의 조언 | 압축을 해제하지 않고 파일을 선택하여 읽기 전용으로 열 수는 있지만 편집은 할 수 없습니다. 편집하려면 압축을 해제해야 합니다.

32섹션 4필드

34. 다음 중 한글 Windows 10에서 마우스와 키보드 사용에 대한 설명으로 옳지 않은 것은?

① ⊞+Tab을 누르면 현재 열려있는 창들을 작업 보기 상태로 확인할 수 있다.

② 여러 개의 창이 열려있는 경우 모든 창을 최소화 시키려면 ⊞+M을 누른다.

③ 파일 탐색기의 폴더 창에서 Ctrl+A를 누르면 파일과 폴더 전체가 선택된다.

④ 메뉴를 활성화시키거나 본래 상태로 돌아오려면 Shift를 누른다.

전문가의 조언 | 한글 Windows 10에서 일반적으로 메뉴를 활성화시키는 키는 Alt 또는 F10입니다.

42섹션 1필드

35. 다음 중 한글 Windows 10의 바탕 화면에 새 폴더를 만드는 방법으로 옳지 않은 것은?

① 파일 탐색기의 탐색 창에서 바탕 화면을 선택한 후 파일 탐색기 리본 메뉴의 [홈] 탭에서 [새 폴더]를 선택한다.

② 바탕 화면에서 새 폴더를 만들기 위한 바로 가기 키인 Ctrl + N을 누른다.

③ 바탕 화면의 바로 가기 메뉴에서 [새로 만들기] → [폴더]를 선택한다.

④ 바탕 화면에서 Shift+F10을 누른 후 메뉴에서 [새로 만들기] → [폴더]를 선택한다.

전문가의 조언 | 바탕 화면에서 Ctrl + N을 누르면 바탕 화면의 아이콘들을 표시하는 파일 탐색기가 나타납니다.

52섹션 2필드

36. 다음 중 한글 Windows 10의 [설정] → [업데이트 및 보안] → [Windows 보안]에서 보호 영역과 보안 기술의 연결이 옳은 것은?

① 앱 및 브라우저 컨트롤 – Windows Defender SmartScreen

② 장치 보안 – Exploit Protection

③ 계정 보호 – 동적 잠금

④ 가족 옵션 – 코어 격리

전문가의 조언 | 'Windows 보안'에서 보호 영역과 보호 기술의 연결이 옳은 것은 ③번입니다.
① 앱 및 브라우저 컨트롤 – 평판 기반 보호, Exploit Protection 설정
② 장치 보안 – 메모리 무결성 및 코어 격리
④ 가족 옵션 – 자녀 보호

60섹션 1필드

37. 다음 중 한글 Windows 10의 그림판 3D에 대한 설명으로 옳지 않은 것은?

① 3D 도형을 그리거나 효과를 줄 수 있다.

② Shift를 누른 상태에서 수평선, 수직선, 45° 대각선, 정사각형, 정원을 그릴 수 있다.

③ 여러 개체를 하나의 묶음으로 그룹화하여 사용할 수 있다.

④ GIF, MP4, MOV 등의 파일 형식으로 저장된다.

전문가의 조언 | 그림판 3D에서 작업한 파일은 MOV 형식으로는 저장할 수 없습니다.

67섹션 4필드

38. 다음 중 한글 Windows 10의 파일 및 프린터 공유에 대한 설명으로 잘못된 것은?

① 사용자 계정과 암호가 있어야만 공유 항목에 접근할 수 있도록 설정할 수 있다.

② 네트워크에서 동일한 작업 그룹에 속한 사용자들끼리는 공용 폴더에 자유롭게 접근할 수 있다.

③ 동시 사용자의 수를 제한할 수 있으며 최대 50명까지 가능하다.

④ 다른 컴퓨터에 연결된 프린터를 공유하여 사용할 수 있다.

전문가의 조언 | 공유된 프린터에 동시 접속 가능한 최대 인원은 20명입니다.

55섹션 1필드

39. 다음 중 한글 Windows 10에서 프린터 설치와 사용에 관한 설명으로 옳지 않은 것은?

① 이미 설치된 프린터도 다른 이름으로 다시 설치할 수 있다.

② 한 대의 프린터를 네트워크로 공유하여 여러 대의 컴퓨터에서 사용할 수 있다.

③ 네트워크 프린터 설치 시 기본적으로 포트는 [COM1:]로 지정된다.

④ 기본 프린터는 한 대만 설정이 가능하며 변경도 가능하다.

전문가의 조언 | 네트워크 프린터의 경우 기본적으로 표준 TCP/IP 포트가 지정됩니다.

54섹션 2필드

40. 다음 중 한글 Windows 10에서 하드웨어 추가 또는 제거에 관한 설명으로 옳지 않은 것은?

① 설치된 하드웨어는 [설정] → [장치]에서 확인할 수 있다.

② 플러그 앤 플레이를 지원하는 장치를 설치하고 Windows 10을 재시작하면 자동으로 인식하여 설치된다.

③ 플러그 앤 플레이를 지원하지 않는 장치를 설치할 때는 [장치 관리자] 창에서 [동작] → [레거시 하드웨어 추가] 메뉴를 선택하여 나타나는 [하드웨어 추가] 마법사를 사용한다.

④ 설치된 하드웨어의 제거는 [설정] → [앱]에서 해당 하드웨어의 드라이버를 제거하면 된다.

전문가의 조언 | • [⚙️(설정)] → [앱]에서 제거할 수 있는 대상은 소프트웨어입니다.
• 설치된 하드웨어는 [⚙️(설정)] → [장치] → [Bluetooth 및 기타 디바이스]에서 제거할 하드웨어를 선택한 후 〈장치 제거〉를 클릭하여 제거할 수 있습니다.

3과목   PC 기본상식

110섹션 1필드

41. 다음 중 개인정보에 대한 설명으로 옳은 것은?

① 개인정보는 살아있는 개인에 관한 정보로, 개인을 식별할 수 없는 정보는 개인정보가 될 수 없다.

② 개인에 대한 다른 사람의 평가, 견해 등과 같은 간접적인 정보는 개인정보에 포함된다.

③ 개인정보 자기결정권은 자신의 개인정보 보호를 위하여 정보주체가 지켜야 할 권리이다.

④ 프라이버시권은 자신에 관한 정보가 언제 누구에게 어느 범위까지 알려지고 이용되도록 할지를 스스로 결정하는 권리이다.

전문가의 조언 | 개인정보에 대한 설명으로 옳은 것은 ②번입니다.
① 개인정보의 일부 또는 전부를 대체하여 추가 정보 없이는 개인을 식별할 수 없도록 가명처리된 경우에도 개인정보로 볼 수 있습니다. 그러므로 식별할 수 없더라도 개인정보가 될 수 있습니다.
③ 프라이버시권에 대한 설명입니다.
④ 개인정보 자기결정권에 대한 설명입니다.

98섹션 3필드

42. 다음 중 정보통신을 위하여 사용되는 광섬유 케이블에 관한 설명으로 옳지 않은 것은?

① 대역폭이 좁아 데이터의 전송률이 뛰어나고 손실이 적다.

② 가늘고 가벼워 취급이 용이하며, 도청하기 어려워 보안성이 뛰어나다.

③ 리피터의 설치 간격이 넓어 가입자 회선으로 이용한다.

④ 다른 전송매체보다 크기가 작고 가벼우며 충격이나 잡음에 의한 영향이 적나.

전문가의 조언 | 광섬유 케이블은 대역폭이 넓어 데이터의 전송률이 뛰어나고 손실이 적습니다.

87섹션 2필드

43. 다음 중 컴퓨터에서 사용하는 프로그램에 관한 설명으로 옳지 않은 것은?

① 베타 버전은 외부의 인원이나 일반 사용자에게 테스트를 목적으로 배포한 프로그램이다.

② 셰어웨어는 기능이나 사용 기간 등에 제한을 두어 배포한 것으로 무료이다.

③ 공개 소프트웨어는 개발자가 무료로 공개한 소프트웨어로 누구나 사용할 수 있다.

④ 상용 소프트웨어는 정식으로 대가를 지불하고 사용하는 소프트웨어로, 인터넷에서 공유할 수 있다.

전문가의 조언 | 상용 소프트웨어를 인터넷에 공유하는 것은 위법 행위입니다.

106섹션 3필드

44. 다음에서 설명하는 컴퓨터 금융 범죄 기법을 무엇이라 하는가?

> 금융기관을 가장한 이메일을 발송한 후 메일에 있는 인터넷 주소를 클릭하면 허위 은행 사이트로 유인하여 개인 금융 정보를 빼내는 행위

① 파밍(Pharming)   ② 피싱(Phishing)
③ 스푸핑(Spoofing)   ④ 스니핑(Sniffing)

전문가의 조언 | 지문에 제시된 내용은 피싱(Phishing)의 개념입니다.
• **파밍(Pharming)** : 해커가 악성코드에 감염된 PC를 조작하여 이용자가 정상적인 사이트에 접속해도 중간에서 도메인을 탈취하여 가짜 사이트로 접속하게 한 다음 개인 정보나 금융정보를 몰래 빼내는 행위
• **스푸핑(Spoofing)** : 검증된 사람이 네트워크를 통해 데이터를 보낸 것처럼 데이터를 변조(위조)하여 접속을 시도하는 침입 형태
• **스니핑(Sniffing)** : 네트워크 주변을 지나다니는 패킷을 엿보면서 계정과 패스워드를 알아내는 행위

70섹션 2필드

45. 다음 중 컴퓨터의 발전에 대한 세대별 특징을 연결한 것으로 옳지 않은 것은?

① 2세대 – 운영체제 도입, 고급언어 개발

② 4세대 – 개인용 컴퓨터 개발, 마이크로프로세서 개발

③ 3세대 – 인터넷, 인공지능, 퍼지 이론

④ 1세대 – 일괄 처리 시스템, 분산 처리

전문가의 조언 | • 3세대의 특징은 시분할처리, 다중처리입니다.
• 인터넷, 인공지능, 퍼지 이론은 5세대의 특징입니다.

16섹션 1필드

46. 다음 중 전자출판의 특징으로 옳지 않은 것은?

① 출판 과정의 개인화가 가능하며, 전산망을 통한 출판물 공유로 인하여 업무 능률이 향상된다.

② 컴퓨터 통신망을 이용하여 다수의 사용자가 동시에 자료의 사용이 가능하다.

③ 다양한 폰트 사용으로 인해 활자 인쇄보다 고품질의 인쇄를 할 수 있다.

④ 기업의 홍보용 책자나 대규모 출판 등에서 많이 사용된다.

전문가의 조언 | 전자출판은 기업의 홍보용 책자나 소규모 출판 등에서 많이 사용됩니다.

111섹션 2필드

47. 다음 중 전자우편 프로토콜에 대한 설명으로 옳지 않은 것은?

① MIME : 텍스트 메일의 수신을 담당, 일반 문자열을 기호화하는데 사용

② IMAP : 전자우편의 수신을 담당, 제목과 송신자를 보고 메일을 다운로드 할 것인지를 결정

③ POP3 : 전자우편의 수신을 담당, 제목과 내용을 한 번에 다운받음

④ SMTP : 전자우편의 송신을 담당, TCP/IP 호스트의 우편함에 ASCII 문자 메시지 전송

전문가의 조언 | MIME는 웹 브라우저가 지원하지 않는 각종 멀티미디어 파일의 내용을 확인하고 실행시켜 주는 프로토콜입니다.

80섹션 3필드

48. 다음에서 설명하고 있는 장치는 어느 것인가?

- 특정 글꼴로 인쇄된 문자에 빛을 비추어 반사된 빛의 차이를 이용하여 문자를 판독하는 장치이다.
- 세금고지서나 공공요금 청구서를 판독할 때 사용한다.

① OCR   ② MICR

③ OMR   ④ BCR

전문가의 조언 | 문제에 제시된 내용은 OCR에 대한 개념입니다.
• MICR : 자성을 띤 특수 잉크(Magnetic Ink)로 인쇄된 문자(Character)나 기호를 판독(Read)하는 장치
• OMR : 컴퓨터용 수성 사인펜으로 표시(Mark)한 OMR 카드에 빛(Optical)을 비추어 표시 여부를 판독(Read)하는 장치
• BCR : 굵기가 서로 다른 선(Bar Code)에 빛을 비추어 반사된 값을 코드화하여 판독(Read)하는 장치

78섹션 4필드

49. 다음 중 보기에서 설명하고 있는 기억장치는 어느 것인가?

- EEPROM의 일종으로 ROM과 RAM의 기능을 모두 가지고 있다.
- 읽기, 쓰기가 모두 가능하여 디지털 카메라, MP3 플레이어에 많이 사용된다.

① 캐시 메모리(Cache Memory)

② 연상 기억 메모리(Associative Memory)

③ 가상 메모리(Virtual Memory)

④ 플래시 메모리(Flash Memory)

전문가의 조언 | 지문에 제시된 내용은 플래시 메모리(Flash Memory)의 특징입니다.
• 캐시 메모리(Cache Memory) : 중앙처리장치(CPU)와 주기억장치 사이에서 컴퓨터의 처리 속도를 향상시키는 역할을 함
• 연상 기억 메모리(Associative Memory) : 주기억장치에 저장된 정보에 접근할 때 주소 대신 기억된 정보를 이용하여 접근하는 장치로, 주소를 이용할 때보다 속도가 빠름
• 가상 메모리(Virtual Memory) : 보조기억장치(하드디스크)의 일부를 주기억장치처럼 사용하는, 운영체제에 의해 구현되는 메모리 관리 기법

109섹션 1필드

50. 다음 중 모바일 기기의 기본 기능에서 증강현실(AR)에 관한 설명으로 옳은 것은?

① 인터넷에 연결된 기기와 그렇지 않은 기기를 USB나 블루투스로 인터넷을 연결하는 기능이다.

② 무선랜 기술인 WiFi로 인터넷을 연결하는 기능이다.

③ 기기에 내장된 카메라를 이용하여 실제 사물이나 환경에 부가 정보를 표시하는 기능이다.

④ 10cm 이내의 가까운 거리에서 무선으로 데이터를 전송하는 태그 기능이다.

> **전문가의 조언 |** 증강현실(AR)은 기기에 내장된 카메라를 이용하여 실제 사물이나 환경에 부가 정보를 표시하는 기능입니다.
> • ①번은 테더링(Tethering), ②번은 핫스팟(Hot Spot), ④번은 NFC(Near Field Communication)에 대한 설명입니다.

82섹션 4필드

51. 다음 중 컴퓨터의 CMOS 설정에 대한 설명으로 옳지 않은 것은?

① CMOS SETUP은 바이오스의 각 사항을 설정하며, 메인보드의 내장 기능 설정과 주변 장치에 대한 사항을 기록한다.

② CMOS SETUP의 항목을 잘못 변경하면 부팅이 되지 않거나 사용 중에 에러가 발생하므로 주의한다.

③ 시스템의 날짜/시간, 디스크 드라이브의 종류, 부팅 우선 순위 등을 설정한다.

④ CMOS는 바이오스에 내장된 롬의 일종으로 쓰기가 불가능하다.

> **전문가의 조언 |** CMOS 셋업 시 설정된 내용은 CMOS RAM에 기억되므로 쓰기가 가능합니다.

94섹션 1필드

52. 다음 중 그래픽 데이터를 표시하는 방식 중에서 벡터 방식에 대한 설명으로 옳지 않은 것은?

① 비트맵 방식과 비교하여 기억공간을 많이 차지한다.

② 점과 점을 연결하는 직선이나 곡선을 이용하여 이미지를 표현한다.

③ 이미지를 확대하여도 테두리가 매끄럽게 표현된다.

④ 좌표 개념을 사용하여 이동 회전 등의 변형이 쉽다.

> **전문가의 조언 |** 벡터 방식의 이미지는 비트맵 방식의 이미지에 비해 기억 공간을 적게 차지합니다.

95섹션 2필드

53. 다음 중 동영상 파일 표준 형식에 대한 설명으로 옳지 않은 것은?

① ASF는 스트리밍을 위한 표준 기술 규격이다.

② MPEG-3는 MPEG-2를 개선한 표준 규격이다.

③ Quick Time은 JPEG를 기본으로 한 압축 방식이다.

④ AVI는 Windows의 표준 동영상 파일 형식이다.

> **전문가의 조언 |** MPEG-3는 MPEG-2 규격 개발 중에 HDTV 표준의 필요성으로 개발되었으나, MPEG-2 규격이 HDTV 표준을 수용함에 따라 MPEG-3는 MPEG-2로 흡수되었습니다.

75섹션 3필드

54. 다음 중 컴퓨터의 연산장치에서 사용하는 레지스터에 대한 설명으로 옳지 않은 것은?

① 데이터 레지스터는 연산에 사용될 데이터를 기억하는 레지스터이다.

② 상태 레지스터는 연산 중에 발생하는 여러 가지 상태 값을 기억하는 레지스터이다.

③ 누산기는 다음에 실행할 명령어의 번지를 기억하는 레지스터이다.

④ 가산기는 2진수의 덧셈을 수행하는 회로이다.

> **전문가의 조언 |** • 누산기는 연산 결과를 일시적으로 저장하는 레지스터입니다.
> • ③번은 프로그램 카운터(PC)에 대한 설명입니다.

86섹션 1필드

55. 다음 보기는 무엇에 대한 설명인가?

> 시스템의 안정성을 고려하여 한쪽의 CPU가 가동 중일 때, 다른 한쪽의 CPU는 대기하게 되며, 가동 중인 CPU가 고장이 나면 즉시 대기 중인 CPU가 작동되도록 운영하는 방식

① 다중 처리 시스템

② 듀얼 시스템(Dual System)

③ 분산 처리 시스템

④ 듀플렉스 시스템(Duplex System)

> **전문가의 조언 |** 문제에 제시된 내용은 듀플렉스 시스템(Duplex System)의 개념입니다.
> • **다중 처리 시스템** : 처리 속도를 향상시킬 목적으로 하나의 컴퓨터에 여러 개의 CPU를 설치하여 프로그램을 처리하는 방식
> • **듀얼 시스템** : 두 개의 컴퓨터가 같은 업무를 동시에 처리하므로 한쪽 컴퓨터가 고장나면 다른 컴퓨터가 계속해서 업무를 처리하여 업무가 중단되는 것을 방지하는 시스템
> • **분산 처리 시스템** : 지역적으로 분산된 여러 대의 컴퓨터를 연결하여 작업을 분담하여 처리하는 방식

106섹션 1필드

56. 다음 중 정보의 내용이 전송 중에 수정되지 않고 전달되는 것을 의미하는 보안기능을 무엇이라고 하는가?

① 무결성(Integrity)
② 인증(Authentication)
③ 기밀성(Confidentiality)
④ 접근 제어(Access Control)

> 전문가의 조언 | 문제에 제시된 내용은 무결성(Integrity)의 개념입니다.
> • **인증(Authentication)** : 정보를 보내오는 사람의 신원을 확인하는 것
> • **기밀성(Confidentiality)** : 시스템 내의 정보와 자원은 인가된 사용자에게만 접근이 허용되도록 하는 것
> • **접근 제어(Access Control)** : 시스템의 자원 이용에 대한 불법적인 접근을 방지하는 과정

72섹션 1필드

57. 다음 중 보기에서 디지털 컴퓨터의 특징으로만 나열된 것은?

ⓐ 논리 회로 사용	ⓑ 수치, 문자 데이터 사용
ⓒ 프로그램의 불필요	ⓓ 특수 목적용
ⓔ 기억이 용이함	ⓕ 정밀도가 제한적임
ⓖ 연속적인 데이터 계산	ⓗ 사칙 연산

① ⓐ, ⓑ, ⓔ, ⓗ
② ⓑ, ⓓ, ⓕ, ⓗ
③ ⓐ, ⓒ, ⓓ, ⓕ
④ ⓑ, ⓒ, ⓔ, ⓕ

> 전문가의 조언 | • 디지털 컴퓨터의 특징은 ⓐ, ⓑ, ⓔ, ⓗ입니다.
> • ⓒ, ⓓ, ⓕ, ⓖ는 아날로그 컴퓨터의 특징입니다.

105섹션 4필드

58. 다음 중 코드 조합을 다양하게 할 수 있는 조합 프로그램을 암호형 바이러스에 덧붙여 감염시켜서, 실행될 때마다 바이러스 코드 자체를 변경시켜 식별자로는 구분하기 어렵게 하는 바이러스는 무엇인가?

① 폭탄 바이러스
② 은닉 바이러스
③ 다형성 바이러스
④ 클러스터 바이러스

> 전문가의 조언 | 문제에 제시된 내용은 다형성 바이러스의 개념입니다.
> • **폭탄 바이러스** : 사용자 컴퓨터에 숨어 있다가 날짜와 시간, 파일의 변경, 사용자나 프로그램의 특정한 행동 등의 일정한 조건을 만족하면 실행되는 바이러스
> • **은닉 바이러스** : 메모리에 상주하는 바이러스로 다른 파일을 변형한 사실을 숨겨 운영체제가 피해 사실을 모름
> • **클러스터 바이러스** : 바이러스에 감염된 디스크에서 프로그램이 실행되면 동시에 실행되는 바이러스

108섹션 1필드

59. 다음 중 ICT 신기술에서 유비쿼터스(Ubiquitous)에 관한 설명으로 옳지 않은 것은?

① 언제 어디서나 어떤 기기를 통해서도 컴퓨팅이 가능한 환경이다.
② 기존의 관리나 분석체계로 처리가 어려운 대용량 데이터를 처리하는 기술이다.
③ 모든 사물에 초소형 칩을 내장시켜 네트워크로 연결하여 사물끼리 통신이 가능하다.
④ 대표적인 관련 기술로는 RFID와 USN 등이 있다.

> 전문가의 조언 | ②번은 빅 데이터(Big Data)에 대한 설명입니다.

110섹션 1필드

60. 다음 설명에 해당하는 용어는?

> 자신에 관한 정보가 언제 누구에게 어느 범위까지 알려지고 이용되도록 할지를 스스로 결정하는 권리

① 개인정보 자기결정권
② 프라이버시권
③ 자기정보 통제권
④ 개인정보 보호원

> 전문가의 조언 | 문제의 지문에 제시된 내용은 개인정보 자기결정권의 개념입니다.
> • **프라이버시권** : 자신의 개인정보 보호를 위하여 정보주체가 지켜야 할 권리

정답 : 56.① 57.① 58.③ 59.② 60.①

1과목 워드프로세싱 용어 및 기능

10섹션 1필드

1. 다음 중 맞춤법 검사(Spelling Check)에 대한 설명으로 옳지 않은 것은?

① 수식과 화학식은 맞춤법 검사를 할 수 없다.

② 자주 틀리는 단어는 자동으로 수정되도록 지정할 수 있다.

③ 문서의 특정 부분만 검사할 수 있다.

④ 한글에 한해서만 맞춤법 검사가 가능하며, 영문은 불가능하다.

전문가의 조언 | 한글, 영문 모두 맞춤법 검사가 가능합니다.

11섹션 1필드

2. 다음 중 조판 기능에 대한 설명으로 옳은 것은?

① 각주 : 문서에 나오는 문구에 대한 보충 설명들을 문서의 맨 마지막에 모아서 표기한다.

② 미주 : 특정 문장이나 단어에 대한 보충 설명들을 해당 페이지의 하단에 표기한다.

③ 머리말 : 문서의 각 페이지 위쪽에 고정적으로 들어가는 글이다.

④ 꼬리말 : 문서의 특정 페이지 아래쪽에 고정적으로 들어가는 글이다.

전문가의 조언 | 머리말은 문서의 각 페이지 위쪽에 고정적으로 들어가는 글입니다.
① 각주는 특정 문장이나 단어에 대한 보충 설명들을 해당 페이지의 하단에 표기합니다.
② 미주는 문서에 나오는 문구에 대한 보충 설명들을 문서의 맨 마지막에 모아서 표기합니다.
④ 꼬리말은 문서의 각 페이지 아래쪽에 고정적으로 들어가는 글입니다.

20섹션 5필드

3. 다음 중 문서를 작성할 때 한글 맞춤법 중 띄어쓰기에 관한 설명으로 옳지 않은 것은?

① 조사는 그 앞말에 붙여 쓴다.

② 의존 명사는 띄어 쓴다.

③ 수를 한글로 적을 경우에는 천(千) 단위로 띄어 쓴다.

④ 단위를 나타내는 명사는 앞말과 띄어 쓴다.

전문가의 조언 | 수를 한글로 적을 경우에는 만(萬) 단위로 띄어 씁니다.

17섹션 1필드

4. 다음 중 전자출판과 관련된 용어에서 커닝(Kerning)에 관한 설명으로 옳은 것은?

① 글자와 글자 사이의 간격을 미세하게 조정하는 작업이다.

② 제한된 색상을 조합하여 복잡한 색이나 새로운 색을 만드는 작업이다.

③ 문자 위에 겹쳐서 문자를 중복 인쇄하거나 배경색을 인쇄한 후에 그 위에 대상체를 인쇄하는 기능이다.

④ 이미지 변형 작업, 입출력 파일 포맷, 채도, 조명도, 명암 등을 조절하는 작업이다.

전문가의 조언 | • 커닝(Kerning)은 글자와 글자 사이의 간격을 미세하게 조정하는 작업입니다.
• ②번은 디더링(Dithering), ③번은 오버프린트(Over Print), ④번은 초크(Choke)에 대한 설명입니다.

5섹션 1필드

5. 다음 중 한글 워드프로세서의 문서 파일 저장 기능에 관한 설명으로 옳지 않은 것은?

① 저장할 때 암호를 지정하여 다른 사람의 열람을 제한할 수 있다.

② 저장하기 대화상자에서 폴더를 새로 만들거나 삭제할 수 있다.

③ 기존 문서를 다른 이름으로 저장하면 기존 파일은 삭제된다.

④ 문서 파일의 저장위치나 파일 이름 및 형식을 변경하여 저장할 수 있다.

전문가의 조언 | 기존 문서를 다른 이름으로 저장하면, 기존 문서는 변함이 없고 새로운 이름으로 문서가 하나 더 작성됩니다.

4섹션 3필드

6. 다음 중 한자 입력 방법에 대한 설명으로 옳지 않은 것은?

① 문서의 일부분 또는 전체를 블록 지정하여 한자를 모두 한글로 변환할 수 있다.

② 한자의 음을 알 경우에는 음절 단위 변환, 단어 단위 변환 등으로 입력할 수 있다.

③ 한자의 음을 모를 경우에는 부수 또는 총 획수 입력, 외자 입력 등으로 변환할 수 있다.

④ 자주 쓰는 한자 단어가 사전에 등록되어 있지 않으면 한 자씩 변환만 가능하고 새로 등록할 수 없다.

전문가의 조언 | 자주 쓰는 한자 단어가 사전에 등록되어 있지 않으면 새로 등록할 수 있습니다.

`12섹션 1필드`

7. 다음 중 워드프로세서의 인쇄 기능에 대한 설명으로 옳지 않은 것은?

① 문서의 내용을 종이에 출력하지 않고 파일로 디스크에 저장할 수 있다.

② 프린터의 해상도를 높게 설정하면 출력시간은 길어지지만 대신 선명하게 인쇄할 수 있다.

③ 문서의 1-3 페이지를 여러 장 인쇄할 때 한 부씩 찍기를 선택하지 않으면 1-2-3 페이지 순서로 여러 장이 인쇄된다.

④ 미리 보기 기능을 사용하여 문서의 내용을 편집할 수는 없다.

> 전문가의 조언 │ 예를 들어, 문서의 1-3 페이지를 3부 인쇄할 때 '한 부씩 찍기'를 선택하지 않으면 1-1-1, 2-2-2, 3-3-3 순으로 9장이 인쇄되고, '한 부씩 찍기'를 선택하면 1-2-3, 1-2-3, 1-2-3 순서로 3부가 인쇄됩니다.

`11섹션 1필드`

8. 다음 중 워드프로세서 관련 용어에 대한 설명으로 옳지 않은 것은?

① 워드 랩(Word Wrap) : 단어 사이의 간격을 조절하여 공백을 없애고 문장의 양쪽 끝을 맞추는 것을 말한다.

② 홈 베이스(Home Base) : 문서 어디에서나 특별히 지정된 위치로 바로 이동하는 기능이다.

③ 래그드(Ragged) : 문단의 각 행 중에서 오른쪽 끝이 정렬되지 않은 상태이다.

④ 마진(Margin) : 문서의 균형을 위해 비워두는 페이지의 상·하·좌·우 공백이다.

> 전문가의 조언 │ • 워드랩(Word Wrap)은 문서를 작성할 때 한 행의 끝부분에 입력된 단어가 너무 길어 다음 줄로 이어 질 경우 그 단어 전체를 다음 줄로 이동시키는 기능입니다.
> • ①번은 영문균등(Justification)에 대한 설명입니다.

`1섹션 4필드`

9. 다음 중 워드프로세서의 특징으로 옳지 않은 것은?

① 손쉽게 다양한 문서 형태를 만들 수 있다.

② 작성된 문서의 보존 및 검색이 유리하다.

③ 정보통신망을 이용하여 공유할 수 없기 때문에 보안성이 우수하다.

④ 문서의 통일성과 체계를 갖출 수 있다.

> 전문가의 조언 │ 워드프로세서 문서는 모바일, 팩시밀리, 메일 등의 정보통신망을 이용하여 공유할 수 있기 때문에 문서 보안에 주의해야 합니다.

`9섹션 1필드`

10. 다음 중 검색과 치환에 대한 설명으로 옳지 않은 것은?

① 한글, 영문, 특수문자의 검색과 치환이 가능하다.

② 검색은 '찾기'라고도 하고 치환은 '찾아 바꾸기'라고도 한다.

③ 치환은 검색할 방향을 지정할 수 없다.

④ 검색은 문서의 내용에 변화를 주지 않지만 치환은 문서의 내용에 변화를 줄 수 있다.

> 전문가의 조언 │ 치환할 때도 커서의 위치를 기준으로 위쪽이나 아래쪽으로 검색할 방향을 지정할 수 있습니다.

`23섹션 1필드`

11. 다음 중 전자문서에 관한 설명으로 옳지 않은 것은?

① 전자문서는 종이보관의 이관시기와 동일하게 전자적으로 이관한다.

② 결재권자는 전자문서를 열람한 후 전자문서의 서명란에 날짜와 함께 전자이미지관인을 찍는다.

③ 전자문서는 검토자, 협조자 및 결재권자가 동시에 열람할 수 있다.

④ 전자문서는 문서 등급에 따라 접근자의 범위가 지정되어 있다.

> 전문가의 조언 │ 결재권자는 전자문서를 열람한 후 전자문서의 서명란에 날짜와 함께 서명을 해야 합니다.

`23섹션 1필드`

12. 다음 중 전자문서의 관리에 대한 설명으로 옳지 않은 것은?

① 전자문서의 결재권자는 전자문서를 열람한 후 전자문서의 서명란에 서명한다.

② 행정기관의 전자이미지관인은 문서과의 기안자가 찍어야 한다.

③ 전자결재 시스템을 사용하면 표준 서식으로 정해진 문서만 사용할 수 있다.

④ 전자문서의 효력은 수신자의 컴퓨터에 파일로 등록된 때부터 발생한다.

> 전문가의 조언 │ 행정기관의 전자이미지관인은 처리과의 기안자나 문서의 수·발신 담당자가 찍습니다.

24섹션 5필드

13. 다음 중 공문서 작성에 관한 설명으로 옳지 않은 것은?

① 공문서의 항목 순서를 필요한 경우에는 □, ○, ─, · 등과 같은 기호로 표시할 수 있다.

② 문서에 금액을 표시할 때에는 금153,530원(금일십오만삼천오백삼십원)과 같이 표시하여야 한다.

③ '업무 실명제'란 주요 정책의 결정 및 집행 과정에 참여하는 관련자의 실명과 의견을 기록 · 관리하는 제도를 말한다.

④ 본문의 내용이 표 형식으로 표의 중간까지만 작성된 경우에는 '끝' 표시를 하지 않고 마지막으로 작성된 칸의 다음 칸에 '이하 빈칸'으로 표시한다.

전문가의 조언 | 주요 정책의 결정 및 집행 과정에 참여하는 관련자의 실명과 의견을 기록 · 관리하는 제도를 '정책 실명제'라고 합니다.

10섹션 1필드

14. 다음 중 스타일(Style)에 관한 설명으로 옳지 않은 것은?

① 자주 사용하는 글자 모양이나 문단 모양을 미리 정해 놓고 쓰는 것을 말한다.

② 특정 문단을 사용자가 원하는 스타일로 변경할 수 있다.

③ 해당 문단의 글자 모양과 문단 모양을 한꺼번에 바꿀 수 있다.

④ 스타일을 적용하려면 언제나 범위를 설정하여야만 한다.

전문가의 조언 | 스타일을 적용한 문단이 한 개일 경우 범위를 지정하지 않아도 됩니다.

20섹션 2필드

15. 다음과 같이 문장이 수정되었을 때 사용된 교정 부호의 순서를 올바르게 나열한 것은?

> 워드프로세서(Word Processor)는 각종 전자 문서를 작성, 삭제할수 있는 하드웨어를 의미한다.
>
> ↓
>
> 워드프로세서(Word Processor)는 각종 전자 문서를 작성, 편집, 삭제할 수 있는 소프트웨어를 의미한다.

① ♂, ⌒, ⌐ 　② ⌒, ∨, ♂
③ ⌐, ⌐, ⌒ 　④ ⌫, ∨, ⌐

전문가의 조언 | 워드프로세서(Word Processor)는 각종 전자 문서를 작성, 삭제할수 있는 하드웨어를 의미한다.

22섹션 1필드

16. 다음 중 파일링 시스템의 기본 원칙으로 옳지 않은 것은?

① 시간과 공간의 극대화

② 문서 검색의 용이성 및 신속한 출납

③ 명확한 분류를 위한 파일링 방법의 표준화

④ 문서의 소재 명시 및 보존의 확실성

전문가의 조언 | 파일링 시스템의 기본 원칙은 시간과 공간의 극대화가 아니라 극소화입니다.

22섹션 2필드

17. 다음 설명에 해당하는 파일링 방법은?

- 품목, 물건, 사업활동이나 기능 등의 명칭이 표제가 됨
- 문서 내용의 분류가 여러 개인 경우 상호참조 표시가 필요함
- 문서가 소분류로 구분되는 경우에 주로 사용됨

① 명칭별 파일링　　② 주제별 파일링
③ 지역별 파일링　　④ 번호별 파일링

전문가의 조언 | 문제의 지문에 제시된 내용은 주제별 파일링에 대한 설명입니다.
- **명칭별(가나다) 파일링** : 거래처별로 개인이나 회사의 이름 등을 가나다 또는 ABC 순으로 정리하는 방법
- **지역별 파일링** : 국가, 지역, 거래처 명칭 순으로 분류한 다음 가나다 또는 ABC 순으로 정리하는 방법
- **번호별 파일링** : 문자 대신 번호를 사용하여 번호 순으로 정리하는 방법

10섹션 1필드

18. 다음 중 금칙처리에 대한 설명으로 가장 옳은 것은?

① 파일 처음이나 마지막에 올 수 없는 문자나 기호를 말한다.

② 문서에서 문단 처음이나 마지막에 올 수 없는 문자나 기호를 말한다.

③ 문서에서 행 처음이나 마지막에 올 수 없는 문자나 기호를 말한다.

④ 문서에서 페이지 처음이나 마지막에 올 수 없는 문자나 기호를 말한다.

전문가의 조언 | 금칙처리는 문서에서 행 처음이나 마지막에 올 수 없는 문자나 기호를 말합니다.

18섹션 1필드

19. 다음 중 문서의 처리 단계에 따른 분류에서 기안문서에 관한 설명으로 옳은 것은?

① 결재권자의 결재를 받기 위하여 지정된 서식에 따라 작성한 초안문서이다.

② 특별한 절차 없이 다른 부서나 사람에게 열람시키려 할 때 사용되는 문서이다.

③ 자료의 가치로 인해 일정기간 보관해야 할 필요성이 있는 문서이다.

④ 결재 문서의 시행을 위해 작성된 문서이다.

전문가의 조언 | 기안문서는 결재권자의 결재를 받기 위하여 지정된 서식에 따라 작성한 초안문서를 의미합니다.
• ②번은 공람문서, ③번은 보존문서, ④번은 시행문서에 대한 설명입니다.

21섹션 2필드

20. 다음 중 문서관리의 기본 원칙으로 옳지 않은 것은?

① 문서 사무 처리의 절차나 방법 등을 간결하게 하여 시간 절약과 문서 업무 능률을 증진시킨다.

② 문서 처리의 절차나 방법 중에서 중복되는 것이나 불필요한 것을 없애고, 동일 종류의 문서 사무처리를 하나로 묶어서 통합하여 처리한다.

③ 문서 사무 처리에 적용할 수 있는 여러 가지의 수단이나 방법 중에서 가장 합리적인 것을 선정하여 적용한다.

④ 문서가 이동되고 경유되는 곳을 늘리고 지체시간은 줄여야 한다.

전문가의 조언 | 문서가 이동되고 경유되는 곳은 최대한 줄여야 합니다.

2과목 PC 운영체제

43섹션 2필드

21. 다음 중 한글 Windows 10에서 파일이나 폴더의 복사와 이동에 대한 설명으로 옳지 않은 것은?

① 복사(Ctrl + C)나 잘라내기(Ctrl + X)를 사용하면 정보가 클립보드에 기억된다.

② 같은 드라이브에서 파일이나 폴더를 복사하려면, Ctrl을 누른채 드래그 앤 드롭하면 된다.

③ 클립보드에는 복사나 잘라내기 한 파일 중 가장 최근의 파일만 남아있다.

④ 비연속적인 파일이나 폴더를 선택할 때에는 Shift를, 연속적인 파일이나 폴더를 선택할 때에는 Ctrl과 함께 클릭한다.

전문가의 조언 | 비연속적인 파일이나 폴더를 선택할 때는 Ctrl을, 연속적인 파일이나 폴더를 선택할 때는 Shift를 누른 채 클릭합니다.

103섹션 1필드

22. 다음 중 웹 브라우저 MS Edge에 대한 설명으로 옳지 않은 것은?

① Internet Explorer보다 강화된 보안 기능을 제공한다.

② Internet Explorer와 같은 사용자 인터페이스(UI)를 사용한다.

③ Microsoft 계정을 사용하여 로그인하면서 어디서든지 동기화할 수 있다.

④ 구글의 오픈 소스인 크로미엄(Chromium)을 기반으로 개발되었다.

전문가의 조언 | MS Edge는 Internet Explorer보다 단순하고 편리한 사용자 인터페이스를 사용하고 있습니다.

54섹션 1필드

23. 다음 중 Windows 10에서 앱의 설치 및 제거에 대한 설명으로 옳지 않은 것은?

① 인터넷에서 앱을 설치할 때는 다운로드한 파일을 열기 또는 실행하면 된다.

② 앱을 제거할 때는 앱 및 기능에서 제거하는 것보다 폴더를 직접 삭제하는 것이 좋다.

③ USB에 있는 앱을 설치할 때에는 setup 또는 install 파일을 찾아 실행한다.

④ 앱을 제거할 때는 설치된 폴더에 있는 uninstall 파일을 이용한다.

전문가의 조언 | 앱을 제거할 때는 앱이 설치된 폴더를 삭제하는 것이 아니라 '앱 및 기능'을 이용해서 제거해야 합니다.

48섹션 2필드

24. 다음 중 한글 Windows 10의 [설정] → [개인 설정] → [작업 표시줄]에서 할 수 있는 작업으로 옳지 않은 것은?

① 작업 표시줄의 잠금과 해제가 가능하다.
② 작업 표시줄의 위치를 이동시킬 수 있다.
③ 작업 표시줄의 크기를 화면 전체로 확장시킬 수 있다.
④ 작업 표시줄 자동 숨기기를 설정할 수 있다.

전문가의 조언 | 작업 표시줄의 크기는 화면의 1/2까지만 늘릴 수 있습니다.

48섹션 2필드

25. 다음 중 한글 Windows 10에서 바탕 화면에 대한 설명으로 옳지 않은 것은?

① 바탕 화면 아이콘의 크기는 큰 아이콘, 보통 아이콘, 작은 아이콘 중에 선택할 수 있다.
② 잠금 화면의 배경 화면은 [설정] → [개인 설정] → [잠금 화면]에서 변경할 수 있다.
③ 바탕 화면에 표시되는 텍스트, 앱 및 기타 항목의 크기를 100%, 125%, 150%, 175% 등으로 변경할 수 있다.
④ 바탕 화면의 배경 화면은 [설정] → [시스템] → [디스플레이]에서 그래픽 설정을 클릭하여 변경할 수 있다.

전문가의 조언 | 바탕 화면의 배경 화면은 [⚙(설정)] → [개인 설정] → [배경]에서 '사진', '단색', '슬라이드 쇼' 등으로 변경할 수 있습니다.

없음

26. 다음 중 한글 Windows 10의 [네트워크 및 공유 센터] 창에서 수행할 수 있는 작업이 아닌 것은?

① 파일 및 프린터 공유에 대한 설정을 수행할 수 있다.
② 계정과 암호가 있는 사용자만 공유 파일 및 공용 폴더에 접근할 수 있도록 설정할 수 있다.
③ 네트워크 드라이브에 대한 연결을 설정 및 해제할 수 있다.
④ VPN 연결을 설정할 수 있다.

전문가의 조언 | 네트워크 드라이브에 대한 연결의 설정 및 해제는 'Windows 탐색기'에서 수행할 수 있습니다.

30섹션 1필드

27. 다음 중 한글 Windows 10에서 안전 모드를 실행하는 방법으로 옳은 것은?

① [설정] → [업데이트 및 보안] → [복구] → '고급 시작 옵션'에서 〈지금 다시 시작〉을 클릭한다.
② 컴퓨터가 부팅될 때 Shift + F8 을 입력한다.
③ Ctrl 을 누른 상태에서 [시작] 메뉴 → 전원 → 다시 시작을 클릭한다.
④ Ctrl 을 누른 상태에서 로그아웃한다.

전문가의 조언 | 안전 모드가 있는 시작 설정을 사용하기 위해서는 [⚙(설정)] → [업데이트 및 보안] → [복구] → '고급 시작 옵션'에서 〈지금 다시 시작〉을 클릭하거나, Shift 를 누른 상태에서 [⊞(시작)] → [⏻(전원)] → [다시 시작]을 클릭해야 합니다.

없음

28. 다음 중 한글 Windows 10에서 제공하는 방화벽에 대한 설명으로 옳지 않은 것은?

① 해커나 악성 소프트웨어가 네트워크나 인터넷을 통해 사용자 컴퓨터에 액세스하지 못하도록 방지하는 기능이다.
② 허용되는 앱을 포함하여 들어오는 모든 연결을 차단할 수 있다.
③ 지정된 앱 및 기능만 접근이 허용되도록 제한할 수 있다.
④ [인바운드 규칙] 사용을 설정하면 방화벽은 사용자의 네트워크에서 외부로 나가는 연결을 제어할 수 있다.

전문가의 조언 | '인바운드 규칙'은 외부에서 내부로 들어오려는 움직임에 대해 설정하는 규칙이고 '아웃바운드 규칙'은 내부에서 외부로 나가려는 움직임에 대해 설정하는 규칙입니다.

58섹션 1필드

29. 다음 중 한글 Windows 10의 보조프로그램에 있는 캡처 도구에 대한 설명으로 옳지 않은 것은?

① 캡처한 내용을 연결된 전자 메일 앱을 이용하여 전송할 수 있다.
② 캡처 유형으로는 자유형 캡처, 사각형 캡처, 창 캡처, 전체 화면 캡처가 있다.
③ 캡처한 내용을 jpeg, gif, png 파일로 저장할 수 있다.
④ 캡처된 그림에 글자를 추가하거나 색상을 변경할 수 있다.

전문가의 조언 | 캡처 도구는 화면의 특정 부분 또는 전체를 캡처하여 HTML, PNG, GIF, JPG 파일로 저장하는 앱으로, 캡처한 이미지에 글자를 추가하거나 색상을 변경할 수 있는 기능은 없습니다.

59섹션 3필드

30. 다음 중 한글 Windows 10에서 스티커 메모에 대한 설명으로 옳지 않은 것은?

① Ctrl + N을 누르거나 왼쪽 상단의 ⊞ 버튼을 클릭하여 스티커 메모를 추가할 수 있다.

② 스티커 메모에 그림을 삽입하여 표시할 수 있다.

③ 오른쪽 상단의 '메모 닫기'를 선택하면 목록에서 영구적으로 삭제된다.

④ 스티커 메모의 목록에서 메모를 더블클릭하면 해당 메모가 바탕 화면에 나타난다.

전문가의 조언 | • '메모 닫기'를 클릭하면 스티커 메모가 화면에서 사라지는 것이므로, 목록에서 다시 불러올 수 있습니다.
• 스티커 메모를 삭제하려면 메뉴(⋯) → '메모 삭제'를 선택해야 합니다.

56섹션 2필드

31. 다음 중 한글 Windows 10의 [메모장]에 대한 설명으로 옳은 것은?

① [파일] → [페이지 설정]의 '미리 보기'로 내용을 확인할 수 있다.

② txt, rtf 형식으로 파일을 저장할 수 있다.

③ 페이지 여백의 단위로 피치(pitch)를 사용한다.

④ 그림이나 차트 등의 OLE 개체를 삽입할 수 없다.

전문가의 조언 | ① 메모장의 [파일] → [페이지 설정]의 '미리 보기'에서 내용을 확인할 수는 없고 문서의 방향과 여백 적용 형태만 확인할 수 있습니다.
② 메모장은 텍스트(txt) 형식의 문서만을 저장할 수 있습니다.
③ 메모장은 페이지의 여백 단위로 밀리미터(mm)를 사용합니다.

51섹션 1필드

32. 다음 중 한글 Windows 10에서 '설정' 창의 [계정]에 대한 설명으로 가장 옳지 않은 것은?

① 로그인된 사용자의 이름, 계정 유형, 사진 등이 표시된다.

② 로그인 정보가 없으면 새로운 계정 추가가 불가능하다.

③ 사용자가 자리를 비울 때 자동으로 컴퓨터를 잠그도록 설정할 수 있다.

④ 가족 구성원의 계정을 추가하여 자녀가 사용하는 앱이나 게임 등을 확인하거나 사용을 제한할 수 있다.

전문가의 조언 | • 계정을 만들 때 로그인 정보가 없더라도 계정을 만들 수 있습니다.
• [⚙(설정)] → [계정] → [가족 및 다른 사용자]에서 〈이 PC에 다른 사용자 추가〉를 클릭하여 표시되는 'Microsoft 계정' 창에서 〈이 사람의 로그인 정보를 가지고 있지 않습니다.〉를 클릭하여 만들면 됩니다.

54섹션 2필드

33. 다음 중 한글 Windows 10의 [장치 관리자] 창에 대한 설명으로 옳은 것은?

① 정상적으로 설치된 장치에는 느낌표가 표시된다.

② 사용하지 않는 장치에는 엑스 표시가 나타난다.

③ 드라이버가 설치되지 않은 장치에는 아래쪽 화살표가 표시된다.

④ 장치의 드라이버를 업데이트하거나 장치를 제거할 수 있다.

전문가의 조언 | '장치 관리자' 창에 대한 설명으로 옳은 것은 ④번입니다.
① 정상적으로 설치된 장치에는 아무것도 표시되지 않습니다. 느낌표(⚠)가 표시된 장치는 정상적으로 동작하지 않는 장치를 나타냅니다.
② 사용되지 않는 장치에는 아래 화살표(⬇)가 표시됩니다.
③ 드라이버가 설치되지 않은 장치에는 물음표(?)가 표시됩니다.

28섹션 1필드

34. 다음 중 한글 Windows 10의 기능에 관한 설명으로 옳지 않은 것은?

① 완전한 128비트의 데이터 처리 방식을 제공하여 데이터 처리를 보다 빠르게 할 수 있다.

② 선점형 멀티태스킹을 이용하여 시스템이 다운되는 현상 없이 안정적으로 작업할 수 있다.

③ 스마트폰이나 태블릿에서 동일한 앱을 실행할 수 있다.

④ 바탕 화면을 여러 개 만들어 바탕 화면별로 필요한 앱을 실행해 놓고 바탕 화면을 전환하면서 작업할 수 있다.

전문가의 조언 | 한글 Windows 10은 완전한 64비트로 데이터를 처리합니다.

36섹션 2필드

35. 다음 중 한글 Windows 10의 가상 데스크톱에 대한 설명으로 옳지 않은 것은?

① 시스템을 재시작하면 기존에 생성한 가상 데스크톱은 제거된다.

② 작업 보기 화면에서 현재 작업 중인 앱을 드래그하여 다른 데스크톱으로 이동할 수 있다.

③ ⊞ + Tab을 누른 후 다른 데스크톱을 선택하여 전환할 수 있다.

④ 바탕 화면별로 필요한 앱을 실행해 놓고 바탕 화면을 전환하면서 작업할 수 있다.

전문가의 조언 | 시스템을 재시작하더라도 가상 데스크톱은 제거되지 않고 남아 있습니다.

③ FAT, NTFS 등 다양한 파일 시스템에서 수행할 수 있다.

④ 네트워크에 연결된 드라이브도 '드라이브 조각 모음 및 최적화'를 수행할 수 있다.

44섹션 3필드

36. 다음 중 한글 Windows 10의 파일 탐색기나 폴더 창의 우측 상단에 표시되는 검색 상자의 사용 방법에 관한 설명으로 옳지 않은 것은?

① 검색 필터를 추가하여 수정한 날짜나 크기 등의 속성을 이용하여 검색할 수 있다.

② 검색할 위치를 지정하여 파일이나 폴더를 검색할 수 있다.

③ 검색 결과에는 검색어로 사용된 문자가 노란색으로 표시되어 확인하기 용이하다.

④ 파일이나 폴더 그리고 앱, 설정, 전자 이메일 메시지도 검색이 가능하다.

40섹션 1필드

37. 다음 중 한글 Windows 10에서 파일 탐색기 창의 구성 요소에 관한 설명으로 옳지 않은 것은?

① '즐겨찾기'는 자주 사용하는 개체를 등록하여 해당 개체로 빠르게 이동하기 위하여 사용하는 기능이다.

② '라이브러리'는 컴퓨터의 여러 장소에 저장된 자료를 한 곳에 보고 정리할 수 있는 가상 폴더이다.

③ '네트워크'는 윈도우 사용자들을 그룹화하여 권한 등의 사용자 관리를 용이하도록 하는 기능이다.

④ '내 PC'는 컴퓨터에 설치된 모든 구성 요소를 표시하며, 각 구성 요소를 관리할 수 있는 여러 가지 기능을 제공한다.

61섹션 2필드

38. 다음 중 한글 Windows 10의 [드라이브 조각 모음 및 최적화]와 관련된 내용으로 옳지 않은 것은?

① '드라이브 조각 모음 및 최적화'는 드라이브에 대한 접근 속도를 향상시키기 위한 것으로, 드라이브의 용량 증가와는 관계가 없다.

② '드라이브 조각 모음 및 최적화'를 수행하면 드라이브 공간의 최적화가 이루어져 접근 속도와 안정성이 향상된다.

51섹션 1필드

39. 다음 중 한글 Windows 10의 [설정] → [계정]에 관한 설명으로 옳지 않은 것은?

① E-mail을 이용하여 계정을 생성할 수 있다.

② 사용자의 계정 이름이나 유형을 변경할 수 있다.

③ 자녀 보호 설정을 통해 방문 사이트, 앱 및 게임의 사용 시간 등을 통제할 수 있다.

④ 표준 사용자 계정 사용자는 자녀 보호 설정을 할 수 있다.

39섹션 1필드

40. 다음 중 한글 Windows 10의 [폴더 옵션] 대화상자에서 지정이 가능한 것으로 옳지 않은 것은?

① 폴더를 찾을 때 같은 창에서 폴더 열기를 지정할 수 있다.

② 폴더 창을 열 때 마우스를 한 번 클릭해서 열기를 지정할 수 있다.

③ 탐색 창에서 모든 폴더를 표시하도록 지정할 수 있다.

④ 파일 및 폴더의 이동하거나 제거할 수 있다.

3과목 PC 기본상식

110섹션 1필드

41. 다음 중 개인정보에 대한 설명으로 옳은 것은?

① 개인정보 자기결정권은 자신의 개인정보 보호를 위하여 정보주체가 지켜야 할 권리이다.

② 개인정보의 종류 중 주민등록번호, 이름, 주소 등은 사회적 정보이다.

③ 개인정보는 개인에 관한 정보 중 직·간접적으로 각 개인을 식별할 수 있는 정보이다.

④ 법인이나 단체에 대한 정보도 개인정보가 될 수 있으며, 해당 정보의 주체가 특정이 불가능해야 한다.

전문가의 조언 | 개인정보에 대한 설명으로 옳은 것은 ③번입니다.
① 개인정보 자기결정권은 자신에 관한 정보가 언제 누구에게 어느 범위까지 알려지고 이용되도록 할지를 스스로 결정하는 권리입니다. ①번은 개인프라이버시권에 대한 설명입니다.
② 주민등록번호, 이름, 주소 등은 일반적 정보입니다. 사회적 정보에는 교육, 근로, 자격 정보 등이 있습니다.
④ 법인이나 단체에 대한 정보는 개인정보가 아닙니다.

84섹션 2필드

42. 다음 중 중앙처리장치에 관한 설명으로 옳지 않은 것은?

① DMA는 CPU의 계속적인 개입 없이 메모리와 입출력장치 사이에 데이터를 전송하는 방식이다.

② 오버플로(Overflow)나 언더플로(Underflow)에 의해 발생하는 것은 내부 인터럽트이다.

③ 주변장치에 대한 제어 권한을 CPU로부터 넘겨받아 CPU 대신 입출력을 관리하는 것은 소프트웨어 인터럽트이다.

④ 컴퓨터의 전원이 꺼졌을 경우 발생하는 것은 외부 인터럽트이다.

전문가의 조언 | • ③번은 채널(Channel)에 대한 설명입니다.
• 소프트웨어 인터럽트는 프로그램 처리 중 명령의 요청에 의해 발생하는 것입니다.

없음

43. 다음 중 데이터베이스 언어에 대한 설명으로 옳지 않은 것은?

① 구조화 질의 언어(SQL)는 데이터베이스 관리 시스템(DBMS)을 이용하여 데이터베이스를 조작하기 위한 특수한 언어이다.

② 데이터 정의어(DDL)는 테이블, 뷰 등을 생성하고, 변경하는 CREATE, ALTER 등의 명령어로 구성되어 있다.

③ 데이터 조작어(DML)는 실질적으로 데이터를 추가, 수정, 삭제하는 데 사용하며, 응용 프로그램과 데이터베이스 관리 시스템 간에 인터페이스 역할을 한다.

④ 데이터 제어어(DCL)는 데이터베이스의 안정성과 정확성을 유지하기 위한 언어로, 데이터베이스 사용자와 데이터베이스 관리 시스템 간의 인터페이스를 제공한다.

전문가의 조언 | 데이터베이스 사용자와 데이터베이스 관리 시스템 간의 인터페이스를 제공하는 것은 데이터 조작어(DML)입니다.

75섹션 3필드

44. 다음 중 레지스터에 대한 설명으로 옳은 것은?

① 데이터 레지스터는 연산에 사용될 데이터를 기억하는 레지스터이다.

② 누산기는 2진수 덧셈을 수행한다.

③ 프로그램 계수기는 다음 순서에 실행할 명령의 내용을 기억하는 레지스터이다.

④ 가산기는 연산된 결과를 일시적으로 저장하는 레지스터이다.

전문가의 조언 | 레지스터에 대한 설명으로 옳은 것은 ①번입니다.
② 가산기(Adder)에 대한 설명입니다.
③ 프로그램 계수기(Program Counter)는 다음 순서에 실행할 명령어의 주소를 기억하는 레지스터입니다.
④ 누산기(Accumulator)에 대한 설명입니다.

97섹션 1필드

45. 다음 중 통신망의 종류와 특징에 대한 설명으로 옳지 않은 것은?

① WAN : 전화국과 가입자 단말 사이의 회선을 유선 대신 무선 시스템을 이용하여 구성하는 통신망

② ISDN : 하나의 통신회선으로 문자, 음성, 이미지, 동영상 등의 다양한 데이터를 통합된 통신 서비스로 제공하는 디지털 네트워크

③ B-ISDN : 광대역 네트워크에서 데이터, 음성, 고해상도의 동영상 등의 다양한 서비스를 디지털 통신망을 이용해 제공하는 고속 통신망

④ VAN : 기간 통신망 사업자로부터 회선을 빌려 기존의 정보에 새로운 가치를 부여하여 다수의 이용자에게 판매하는 통신망

전문가의 조언 | • WAN은 MAN보다 넓은 범위인 국가와 국가 혹은 대륙과 대륙을 하나로 연결하는 통신망입니다.
• ①번은 WLL(Wireless Local Loop)에 대한 설명입니다.

전문가의 조언 | 정지 영상을 표현하는 국제 표준 파일 형식은 JPEG입니다. MOV는 JPEG를 기본으로 한 동영상 압축 기술입니다.

100섹션 2필드

46. 인터넷 프로토콜 중 다음과 같은 특징을 가지는 프로토콜 은 무엇인가?

> TCP/IP의 네트워크 관리 프로토콜로, 네트워크상의 각 호스 트에서 정기적으로 정보를 수집해 네트워크를 관리하며, 정 보를 수정하여 장치의 동작을 변경하는데 사용되는 프로 토콜

① UDP ② ARP
③ SNMP ④ SMTP

전문가의 조언 | 지문에 제시된 내용은 SNMP(Simple Network Management Protocol) 의 특징입니다.
• UDP : 사용자 데이터그램 프로토콜, IP를 사용하는 네트워크에서 한 컴퓨터에서 다른 컴퓨터로 실제 데이터 단위(데이터그램)를 전송하기 위해 사용하는 프로 토콜
• ARP : 주소 분석 프로토콜, 목적지 컴퓨터의 IP 주소만 알고 물리적인 주소를 나 타내는 이더넷(MAC) 주소를 모를 경우, IP 주소를 이용하여 이더넷 주소를 찾아 주는 프로토콜
• SMTP : 사용자의 컴퓨터에서 작성된 메일을 다른 사람의 계정이 있는 곳으로 전 송하는 프로토콜

72섹션 1필드

49. 다음에서 설명하는 컴퓨터는 어느 것인가?

> 온도, 전류, 속도 등과 같이 연속적으로 변화하는 데이터를 처리하기 위한 특수 목적용 컴퓨터이다.

① 디지털 컴퓨터 ② 아날로그 컴퓨터
③ 하이브리드 컴퓨터 ④ 범용 컴퓨터

전문가의 조언 | 문제의 지문에 제시된 내용은 아날로그 컴퓨터에 대한 설명입니다.
• 디지털 컴퓨터(Digital Computer) : 문자나 숫자화된 비연속적인 데이터(디지털형) 를 처리하는 컴퓨터로 사회 각 분야에서 일반적으로 사용하는 컴퓨터
• 하이브리드 컴퓨터(Hybrid Computer) : 디지털 컴퓨터와 아날로그 컴퓨터의 장점 을 혼합하여 만든 컴퓨터를 말함

76섹션 2필드

47. 다음 중 CISC 마이크로프로세서에 대한 설명으로 옳지 않 은 것은?

① 명령어의 종류가 많아 전력 소비가 많다.
② 명령어 설계가 어려워 고가이나, 레지스터를 적게 사용하 므로 프로그램은 간단하다.
③ 고급 언어에 각기 하나씩의 기계어를 대응시킴으로써 명 령어의 집합이 커진다.
④ 서버, 워크스테이션에 주로 사용된다.

전문가의 조언 | 서버, 워크스테이션에 주로 사용되는 것은 RISC 마이크로프로세서입 니다.

108섹션 1필드

50. 다음에서 설명하는 기술은 무엇인가?

> 저전력, 저비용, 저속도와 2.4GHz를 기반으로 하는 홈 자동 화 및 데이터 전송을 위한 무선 네트워크 규격이다.

① UWB(Ultra-Wide Band)
② NFC(Near Field Communication)
③ 지그비(Zigbee)
④ 플로팅 앱(Floating App)

전문가의 조언 | 문제의 지문에 제시된 내용은 지그비(Zigbee)에 대한 설명입니다.
• UWB(Ultra-Wide Band) : 근거리에서 컴퓨터 및 주변기기 및 가전제품 등을 연결 하는 초고속 무선 인터페이스로, 개인 통신망에 사용됨
• NFC(Near Field Communication) : 10cm 이내의 가까운 거리에서 무선으로 데이 터를 전송하는 무선 태그 기술
• 플로팅 앱(Floating App) : 여러 개의 앱을 한꺼번에 사용할 수 있도록 앱 실행 시 영상 화면을 팝업 창의 형태로 분리하여 실행하는 기능

95섹션 2필드

48. 다음 중 파일 표준 형식에 대한 설명으로 옳지 않은 것은?

① ASF : 인터넷을 통해 오디오, 비디오 및 생방송 수신 등 을 지원하는 스트리밍을 위한 표준 기술 규격이다.
② AVI : 윈도의 표준 동영상 파일 형식으로 별도의 장치 없 이 재생할 수 있다.
③ MOV : 정지 영상을 표현하는 국제 표준 파일 형식으로 JPEG를 기본으로 한다.
④ MPEG : 프레임 간의 연관성을 고려하여 중복 데이터를 제거해 압축률을 높이는 손실 압축 기법을 사용한다.

16섹션 1필드

51. 다음 중 전자출판의 특징으로 옳지 않은 것은?

① 다양한 글꼴(Font)을 지원하며, 아날로그 방식으로 문자를 저장한다.

② 문자뿐만 아니라 소리, 그림, 영상, 애니메이션 등의 복합적인 표현이 가능하다.

③ 개인용 컴퓨터를 이용하여 출판의 전 과정이 가능하다.

④ 위지윅(WYSIWYG) 방식으로 편집 과정을 편집자가 의도한대로 구현할 수 있다.

전문가의 조언 | 전자출판은 다양한 글꼴(Font)을 지원하며, 디지털 방식으로 문자를 저장합니다.

105섹션 3필드

52. 다음 중 바이러스 예방 방법으로 가장 옳지 않은 것은?

① 감염에 대비하여 중요 자료는 주기적으로 백업한다.

② 최신 백신을 사용하여 주기적으로 검사한다.

③ 출처가 불분명한 전자우편은 열어 보지 않고 삭제한다.

④ 네트워크의 공유 폴더는 '읽기' 권한으로 공유하며, '쓰기' 권한으로 공유하는 경우 암호 설정은 하지 않아도 된다.

전문가의 조언 | 바이러스를 예방하려면 네트워크의 공유 폴더는 '읽기' 권한으로 공유하며, '쓰기' 권한으로 공유하는 경우 암호를 설정해야 합니다.

95섹션 1필드

53. 디지털 콘텐츠의 불법복제와 유포를 막고 저작권 보유자의 이익과 권리를 보호해주는 기술과 서비스를 무엇이라고 하는가?

① PICS(Platform for Internet Contents Selection)

② DCRP(Digital Contents Rights Protection)

③ DRM(Digital Rights Management)

④ CRM(Customer Relationship Management)

전문가의 조언 | 문제에 제시된 내용은 DRM(Digital Rights Management)의 개념입니다.

86섹션 1필드

54. 다음 중 시스템 운영방식에 대한 설명으로 옳지 않은 것은?

① 임베디드(Embedded) 시스템은 보드형태의 기억소자에 응용 프로그램을 탑재하여 컴퓨터 기능을 수행하는 시스템이다.

② 실시간 처리(Real Time Processing) 시스템은 자료입력 즉시 처리하는 시스템이다.

③ 다중 프로그래밍(Multi-Programming)은 하나의 프로세서에 두 개 이상의 프로그램을 실행하는 방식으로 시분할 기법을 주로 사용한다.

④ 듀얼(Dual) 시스템은 두 개의 CPU를 사용하여 고장에 대비하여 작동하는 컴퓨터 시스템으로 하나의 CPU가 작동하면 다른 CPU는 대기 상태에 있다.

전문가의 조언 | • 두 개의 CPU를 사용하여 고장에 대비하여 작동하는 컴퓨터 시스템으로 하나의 CPU가 작동하면 다른 CPU는 대기 상태에 있는 것은 듀플렉스 시스템(Duplex System)입니다.
• 듀얼 시스템(Dual System)은 두 개의 컴퓨터가 같은 업무를 동시에 처리하므로 한 쪽 컴퓨터가 고장이 나면 다른 컴퓨터가 계속해서 업무를 처리하여 업무가 중단되는 것을 방지하는 시스템입니다.

65섹션 2필드

55. 다음 중 네트워크 장치에 대한 설명으로 적당하지 않은 것은?

① 라우터는 다른 네트워크를 연결하는 장치이다.

② 허브는 네트워크를 구성할 때 한꺼번에 여러 대의 컴퓨터를 연결하는 장치이다.

③ 리피터는 2개 이상의 근거리 통신망을 서로 연결해 주는 장치로 목적지 주소에 따른 선별 및 간단한 경로 결정을 한다.

④ 네트워크 카드는 사용자들이 케이블을 연결하거나 무선으로 연결하여 네트워크에 접속할 수 있게 한다.

전문가의 조언 | • ③번은 브리지(Bridge)에 대한 설명입니다.
• 리피터(Repeater)는 감쇠된 신호를 증폭시켜 재전송함으로써 신호가 더 먼 거리에 다다를 수 있게 도와주는 장치입니다.

없음

56. 다음은 컴퓨터의 명령어 처리 상태 중 무엇에 대한 설명인가?

번지 부분의 주소가 간접 주소일 경우 기억장치의 주소가 지정하는 곳으로, 유효 번지를 읽기 위해 기억장치에 한 번 더 접근한다.

① 인출 상태

② 간접 상태

③ 실행 상태

④ 인터럽트 상태

`108섹션 1필드`

57. 다음은 무엇에 대한 설명인가?

> • 하드웨어 · 소프트웨어 등의 컴퓨팅 자원을 자신이 필요한 만큼 빌려 쓰고 사용요금을 지불하는 방식의 컴퓨팅 서비스이다.
> • 영화, 사진, 음악 등 미디어 파일을 서버에 저장해 두고 스마트폰이나 스마트TV를 통해 다운로드 후 사용한다.

① 유비쿼터스 컴퓨팅(Ubiquitous Computing)
② 클라우드 컴퓨팅(Cloud Computing)
③ 웨어러블 컴퓨팅(Wearable Computing)
④ 그리드 컴퓨팅(Grid Computing)

`82섹션 3필드`

59. 다음 중 포트(Port)에 대한 설명으로 옳은 것은?

① IrDA : 케이블과 적외선을 사용하여 주변장치와 통신하는 방식이다.
② 병렬 포트 : 한 번에 8비트씩 전송하는 방식으로, 마우스, 모뎀 연결에 사용한다.
③ USB 포트 : 주변장치를 최대 127개까지 연결할 수 있다.
④ PS/2 포트 : PS/2용 마우스와 프린터 연결에 사용된다.

`91섹션 3필드`

58. 다음 중 보기에서 설명하는 시스템 업그레이드로 옳은 것은?

> • 특정 하드웨어를 동작시키는 역할을 하는 시스템 소프트웨어로, 업그레이드하면 하드웨어를 교체하지 않아도 보다 향상된 기능으로 하드웨어를 사용할 수 있을 뿐만 아니라 하드웨어의 부분적 이상 현상 또는 버그 등도 해결할 수 있다.
> • 하드웨어 제조업체에서 통신망을 통해 배포하므로 다운로드 해 설치하면 된다.

① RAM 업그레이드
② ROM BIOS 업그레이드
③ 장치 제어기(드라이버) 업그레이드
④ 펌웨어(Firmware) 업그레이드

`없음`

60. 다음 컴퓨터 시스템과 관련된 용어에 대한 설명 중 옳지 않은 것은?

① 레지스터는 CPU 내부에서 처리할 명령어나 연산의 중간 결과값 등을 일시적으로 기억하는 임시 기억장소이다.
② 프로세스 및 태스크는 프로세서에 의해 처리되는 사용자 앱, 시스템 앱, 즉 실행중인 앱을 의미하며, 작업(JOB)이라고도 한다.
③ 스레드는 프로세스 내의 작업 단위로서, 한 프로그램에 하나의 스레드만 가질 수 있다.
④ 애플리케이션은 운영체제에서 실행되는 모든 응용 소프트웨어를 의미한다.

1과목 워드프로세싱 용어 및 기능

9섹션 1필드

1. 다음 중 워드프로세서에서 찾기와 바꾸기 기능에 관한 설명으로 옳지 않은 것은?

① 블록을 지정한 영역에서도 찾기가 가능하며 커서의 위치를 기준으로 찾을 방향을 지정할 수 있다.

② 사용자가 정의해 놓은 스타일을 적용하여 찾기 기능은 수행할 수 있으나, 바꾸기 기능은 수행할 수 없다.

③ 찾기 기능을 수행하면 문서 크기에 영향을 주지 않지만, 바꾸기 기능을 수행하면 문서 크기에 영향을 준다.

④ 문서 내에서 특정 문자를 찾아 크기, 서체, 속성 등을 바꿀 수 있다.

> 전문가의 조언 | 사용자가 정의해 놓은 스타일을 적용하여 찾기 기능과 바꾸기 기능을 모두 수행할 수 있습니다.

22섹션 1필드

2. 다음 중 문서 파일링 시스템의 도입 효과에 대한 설명으로 옳지 않은 것은?

① 안전 관리 대책 확립

② 정보 전달의 원활화

③ 공용화에 의한 사물(私物)화 방지

④ 기록 활용에 대한 제비용 증가

> 전문가의 조언 | 파일링 시스템의 도입 효과 중 하나는 기록 활용에 대한 제비용의 증가가 아니라 절감입니다.

4섹션 3필드

3. 다음 중 음(音)을 모르는 한자를 입력하기 위한 방법으로 옳은 것은?

① 한 글자씩 입력한 후에 [한자]를 눌러 변환한다.

② 한자 자전을 찾는 것처럼 부수와 획수를 이용하여 한자를 입력한다.

③ 한 단어를 입력한 후에 [한자]를 눌러 변환한다.

④ 범위를 지정한 후에 [한자]를 눌러 차례대로 변환한다.

> 전문가의 조언 | 한자의 음을 모르는 한자를 입력하는 방법에는 부수 입력 변환, 외자 입력 변환, 2스트로크 변환이 있는데, ②번은 부수 입력 변환에 대한 설명입니다.

1섹션 4필드

4. 다음 중 워드프로세서의 특징으로 옳지 않은 것은?

① 워드프로세서를 이용하면 문서 작성에 드는 시간과 노력을 줄일 수 있다.

② 정보통신망을 이용하여 문서를 전송할 수 있으므로 보안에 주의할 필요는 없다.

③ 문서의 통일성과 체계를 갖출 수 있다.

④ 문서 작성 및 관리를 전산화함으로써 유지 관리가 쉽다.

> 전문가의 조언 | 워드프로세서로 작성된 문서는 쉽게 변경할 수 있고, 정보통신망을 이용하여 문서를 전송할 수 있으므로 보안에 주의해야 합니다.

20섹션 2필드

5. 〈보기 1〉의 문장이 〈보기 2〉의 문장으로 수정되기 위해 필요한 교정 부호들로만 올바르게 짝지어진 것은?

〈보기1〉

> 천재는 노력하는 사람을 이길 수 없고,
> 노력하는 자는 즐기려는 자를 이길 수 없다.

〈보기2〉

> 천재는 노력하는 자를 이길 수 없고,
> 노력하는 자는 즐기는 자를 이길 수 없다.

① ⌐, ∽, ⌔

② ∽, ⌒, ⌐

③ ⌐, ⌒, ∽

④ ⌔, ⌐, ⌒

> 전문가의 조언 |
> 자를
> 천재는 노력하는 사람을 이길 수 없고,
> 노력하는 자는 즐기려는 자를 이길 수 없다.

12섹션 1필드

6. 다음 중 워드프로세서의 인쇄 기능에 대한 설명으로 옳지 않은 것은?

① 미리 보기 기능을 이용하여 문서의 전체 윤곽을 확인할 수 있다.

② 문서의 일부분만 인쇄할 수 있고, 문서의 내용을 파일로 인쇄할 수 있다.

③ 인쇄 매수를 지정하여 동일한 문서를 여러 번 인쇄할 수 있다.

④ 인쇄할 때 프린터의 해상도를 높게 설정하면 선명하게 인쇄되고 출력 속도도 빨라진다.

> 전문가의 조언 | 프린터의 해상도를 높게 설정하면 선명하게 인쇄할 수 있지만 출력 속도는 느려집니다.

24섹션 4필드

7. 다음 중 공문서의 효력 발생 시기에 관한 설명으로 옳지 않은 것은?

① 효력 발생 시기란 문서를 실질적으로 영향을 미치는 시기를 의미한다.

② 우리나라는 문서가 수신된 시기에 효력이 발생하는 도달주의를 채택하고 있다.

③ 공고문서의 경우에는 고시나 공고 즉시 효력이 발생한다.

④ 전자문서의 경우에는 수신자의 컴퓨터 파일로 기록된 시기에 효력이 발생한다.

> 전문가의 조언 | 공고문서의 경우에는 고시 또는 공고가 있은 후 5일이 경과한 다음 효력이 발생합니다.

11섹션 1필드

8. 워드프로세서의 용어 중 명령이나 기능을 수행하는 데 필요한 추가적인 요소나 선택 항목을 가리키는 것은?

① 다단   ② 옵션

③ 홈 베이스   ④ 각주

> 전문가의 조언 | 명령이나 기능을 수행하는 데 필요한 추가적인 요소나 선택 항목을 옵션(Option)이라고 합니다.
> • 다단 : 신문처럼 한 쪽을 여러 개의 단으로 나누어 편집하는 기능
> • 홈 베이스(Home Base) : 문서 어디에서나 특별히 지정된 위치로 바로 이동하는 기능
> • 각주(Footnote)/미주(Endnote) : 문서의 내용을 설명하거나 인용한 원문의 제목을 알려주는 보충 구절로, 각 페이지 하단/문서의 맨 뒤에 모아 표시하는 기능

17섹션 1필드

9. 다음 중 전자출판(Electronic Publishing) 용어에 대한 설명으로 옳은 것은?

① 디더링(Dithering) : 2차원의 이미지에 광원·위치·색상 등을 첨가하여 사실감을 불어넣어 3차원 화상을 만드는 과정이다.

② 모핑(Morphing) : 그래픽 파일의 효과 넣기로, 신문에 난 사진과 같이 미세한 점으로 나타내며 각 점의 명암을 달리하여 영상을 표시한다.

③ 스프레드(Spread) : 대상체의 컬러가 배경색의 컬러보다 짙을 때에 겹쳐서 인쇄하는 방법이다.

④ 초크(Choke) : 이미지 변형 작업으로 채도, 조명도, 명암 등을 조절해 주는 기능이다.

> 전문가의 조언 | 초크(Choke)는 이미지 변형 작업으로 채도, 조명도, 명암 등을 조절해 주는 기능입니다.
> ① 디더링(Dithering)은 제한된 색상을 조합하여 복잡한 색이나 새로운 색을 만드는 작업입니다. ①번은 렌더링(Rendering)에 대한 설명입니다.
> ② 모핑(Morphing)은 2개의 이미지를 부드럽게 연결해 변환·통합하는 것을 말합니다. ②번은 하프톤(Halftone)에 대한 설명입니다.
> ③ 스프레드(Spread)는 대상체의 컬러가 배경색의 컬러보다 옅어서 대상체가 보이지 않는 현상입니다. ③번은 오버프린트(Over Print)에 대한 설명입니다.

5섹션 2필드

10. 다음 중 컴퓨터에서 사용하는 파일의 유형과 확장자(Extension)가 바르게 연결된 것은?

① 실행 파일 – BAK, WBK, BKG

② 그래픽 파일 – ARJ, ZIP, LZH

③ 백업 파일 – COM, EXE, BAT

④ 음악 파일 – WAV, MID, MP3

> 전문가의 조언 | 파일의 유형과 확장자가 바르게 연결된 것은 ④번입니다.
> • BAK, WBK, BKG는 백업 파일, ARJ, ZIP, LZH는 압축 파일, COM, EXE, BAT는 실행 파일입니다.

정답: 1.② 2.④ 3.② 4.② 5.① 6.④ 7.③ 8.② 9.④ 10.④ **27**

21섹션 3필드

11. 다음 중 문서의 관리 과정에 대한 각 단계별 설명으로 옳지 않은 것은?

① 문서의 편철 : 문서처리가 완결되면, 차후 활용할 가치가 있는 문서를 묶어서 문서철을 만든다.

② 문서의 보존 : 각 서류 처리과에서 문서처리 즉시 문서분류법에 따라 분류하고 보존하며 보존 기간 계산의 기산일은 기록물 생산년도부터이다.

③ 문서의 보관 : 내용 처리가 끝난 날이 속한 연도 말일까지 각 부서의 문서보관함에 넣고 활용 및 관리한다.

④ 문서의 폐기 : 보존기간이 완료된 문서를 일괄 폐기한다.

전문가의 조언 | 문서의 보존은 정해진 문서의 보존기간 동안, 즉 폐기 전까지 문서 관리 주관 부서에서 관리하는 것을 의미하며, 보존 기간 계산의 기산일은 기록물 생산년도 다음해 1월 1일부터입니다.

26섹션 4필드

12. 다음 중 공문서의 구성으로 결문의 내용으로 옳지 않은 것은?

① 붙임(첨부) ② 협조자

③ 시행일자 ④ 발신기관 주소

전문가의 조언 | 붙임(첨부)은 본문의 내용에 해당합니다.

18섹션 1필드

13. 다음 중 문서관리를 위하여 처리 단계별로 문서를 분류하는 경우에 각 문서에 관한 설명으로 옳지 않은 것은?

① 공람문서 : 배포문서 중 여러 사람이 돌려보는 문서

② 보존문서 : 일처리가 끝난 완결문서로 해당연도 말일까지 보관하는 문서

③ 배포문서 : 접수문서를 문서과가 배포절차에 의해 처리과로 배포하는 문서

④ 접수문서 : 외부로부터 접수된 문서

전문가의 조언 | • 보존문서는 보관이 끝난 문서 중 자료의 가치로 인해 일정기간동안 보존하는 문서입니다.
• ②번은 보관문서에 대한 설명입니다.

3섹션 1필드

14. 다음 한글 코드의 설명 중 바르지 못한 것은?

① 완성형 한글 코드는 정보 교환용으로 사용되며 코드가 없는 문자는 사용할 수 없다.

② 유니코드는 각 국에서 사용중인 코드의 1문자당 값을 16비트로 통일하여 사용한다.

③ 2바이트 조합형 한글 코드는 초성, 중성, 종성을 표시하는 원리로 국제 규격과 완전한 호환이 될 수 있다.

④ KS X 1001 완성형 한글 코드는 16비트로 한글이나 한자를 표현하며, 완성된 글자마다 코드 값을 부여해서 기억 공간을 많이 차지한다.

전문가의 조언 | 조합형 한글 코드는 국제 규격과 완전하게 호환되지 않습니다.

20섹션 1필드

15. 다음 중 교정 부호의 올바른 사용법으로 옳지 않은 것은?

① 교정 부호가 부득이 겹칠 경우에는 겹치는 각도를 최대한 작게 한다.

② 교정 부호나 글자는 명확하고, 간략하게 표기한다.

③ 표기하는 색은 원고의 색과 다르게 눈에 잘 띄도록 한다.

④ 의미가 명확히 전달되도록 가지런히 표기한다.

전문가의 조언 | 여러 교정 부호가 동일한 행에 있을 경우 교정 부호끼리 겹치지 않도록 주의해서 표기해야 합니다.

23섹션 2필드

16. 다음 중 전자결재 시스템의 장점으로 옳지 않은 것은?

① 결재에 필요한 시간을 줄여준다.

② 문서정리 및 관리에 효율성을 증대시킨다.

③ 업무 흐름도에 따라 결재 파일을 결재 경로에 나라 자동으로 넘겨준다.

④ 문서를 재가공해서 사용하는 것이 불가능하다.

전문가의 조언 | 전자결재 시스템은 문서를 재가공해서 사용하는 것이 가능합니다.

11섹션 1필드

17. 다음 중 워드프로세서에서 사용하는 기본 용어에 관한 설명으로 옳지 않은 것은?

① 영문균등(Justification) : 단어와 단어 사이의 간격을 균등 배분하여 문장의 왼쪽 끝만 맞추어 균형을 유지하는 기능

② 색인(Index) : 문서의 중요한 내용들을 빠르게 찾기 위하여 문서의 맨 뒤에 용어와 기록된 쪽 번호를 오름차순으로 기록하여 정리한 목록

③ 옵션(Option) : 명령이나 기능을 수행할 때 선택할 수 있는 항목들을 모두 보여주는 것

④ 마진(Margin) : 문서 작성 시 문서의 균형을 위해 남겨두는 상, 하, 좌, 우의 여백

> 전문가의 조언 | 영문균등(Justification)은 단어 사이의 간격을 조절하여 워드랩(Word Wrap)으로 인한 공백을 없애고 문장의 양쪽 끝을 맞추는 기능입니다.

27섹션 3필드

18. 다음 중 공문서의 발신에 대하여 설명한 것으로 옳지 않은 것은?

① 문서는 정보통신망을 이용하여 발신함을 원칙으로 한다.

② 문서를 행정기관이 아닌 자에게 전자우편주소를 이용하여서 발송하는 것은 안 되며 항상 등기우편으로 발신하여야 한다.

③ 내용이 중요한 문서는 등기우편이나 그 밖에 발신 사실을 증명할 수 있는 특수한 방법으로 발신하여야 한다.

④ 행정기관의 장은 문서를 수신·발신하는 경우에 문서의 보안 유지와 위조, 변조, 분실, 훼손 및 도난 방지를 위한 적절한 조치를 마련하여야 한다.

> 전문가의 조언 | 문서를 행정기관이 아닌 자에게 전자우편주소를 이용하여서 발신할 수 있습니다.

16섹션 1필드

19. 다음 중 전자출판의 특징으로 옳지 않은 것은?

① 개인용 컴퓨터를 이용하여 출판의 전 과정이 가능하다.

② 다양한 글꼴(Font)을 지원하며, 디지털 방식으로 문자를 저장한다.

③ 소리, 그림, 영상, 애니메이션 등의 복합적인 표현이 가능하다.

④ 위지윅(WYSIWYG)은 파일 전송에 사용되는 기능이다.

> 전문가의 조언 | 위지윅(WYSIWYG)은 'What You See Is What You Get'의 약어로, 화면에 표현된 그대로를 출력 결과물로 얻을 수 있다는 것을 의미하는 표시 기능 관련 용어입니다.

27섹션 2필드

20. 다음 중 공문서에 대한 용어의 설명이 옳지 않은 것은?

① 관인이란 행정기관이 발신하는 인증이 필요한 문서에 찍는 도장을 의미한다.

② 결재란 기관의 의사를 결정할 권한을 가진 자가 직접 그 의사를 결정하는 행위를 말한다.

③ 간인은 발송된 문서를 수신기관의 처리과에서 받아 관련 부서로 보내기 위한 작업을 의미한다.

④ 발신이란 시행문을 시행 대상 기관에 보내는 작업을 의미한다.

> 전문가의 조언 | • 간인은 두 장 이상으로 이루어진 문서 앞장의 뒷면과 뒷장의 앞면에 걸쳐 찍는 도장을 말합니다.
> • ③번은 문서의 접수에 대한 설명입니다.

2과목 PC 운영체제

34섹션 2필드

21. 다음 중 한글 Windows 10의 기능에 관한 설명으로 옳지 않은 것은?

① 라이브러리 : 컴퓨터의 다양한 곳에 위치한 자료를 한 곳에서 보고 정리할 수 있도록 하는 가상 폴더이다.

② 가족 및 다른 사용자 : 시간, 앱, 게임 등급 등에서 특정 사용자를 대상으로 컴퓨터 사용에 제한을 설정할 수 있다.

③ 에어로 세이크 : 작업 표시줄에 표시된 현재 실행중인 앱 단추 위에 마우스 포인터를 놓으면 해당 앱을 통해 열린 창들의 축소판 미리 보기가 모두 나타난다.

④ 사용자 계정 컨트롤 : 유해한 앱이나 불법 사용자가 컴퓨터 설정을 임의로 변경하지 못하도록 제어하는 기능이다.

> 전문가의 조언 | • 에어로 세이크(Aero Shake)는 창을 흔들어 현재 창을 제외한 열려 있는 모든 창을 최소화하는 기능입니다.
> • ③번은 '에어로 피크'에 대한 설명입니다..

42섹션 1필드

22. 다음 중 한글 Windows 10에서 폴더명이나 파일명으로 사용할 수 있는 문자나 단어로 옳은 것은?

① CON 또는 AUX

② NUL 또는 :

③ 〈 또는 ?

④ start123 또는 상공 abc

전문가의 조언 | CON, PRN, AUX, NUL 등과 같이 시스템에 예약된 단어나 * / ? ₩ : 〈 〉 " | 등은 파일과 폴더의 이름으로 사용할 수 없습니다.

51섹션 1필드

23. 한글 Windows 10의 사용자 계정 유형 중 다음과 같은 권한을 갖는 것은?

> 앱, 하드웨어 등을 설치하거나 중요한 파일을 삭제할 수 없고, 자신의 계정 이름 및 계정 유형을 변경할 수 없지만, 이미 설치된 앱을 실행하거나 테마, 바탕 화면 설정, 자신의 계정에 대한 암호 등을 설정할 수 있다.

① 관리자 계정   ② 표준 사용자 계정

③ 게스트 계정   ④ 임시 사용자 계정

전문가의 조언 | 중요한 파일을 삭제할 수 없고, 설치된 앱만 실행할 수 있는 계정 유형은 표준 사용자 계정입니다.

44섹션 3필드

24. 다음 한글 Windows 10에서 작업 표시줄의 [검색 상자]에 대한 설명으로 옳지 않은 것은?

① 검색 항목은 모두, 앱, 문서, 웹, 동영상, 설정, 전자 메일, 폴더 등이다.

② 검색 필터는 수정한 날짜, 크기 등의 필터 중 하나를 선택하여 사용할 수 있다.

③ 검색 위치는 컴퓨터 전체와 웹이다.

④ 입력한 내용의 검색 결과는 범주별로 그룹화되어 표시된다.

전문가의 조언 | • 작업 표시줄의 '검색 상자'에서는 검색 필터를 사용할 수 없습니다.
• 검색 필터는 파일 탐색기의 '검색 상자'에서 사용할 수 있습니다.

53섹션 1필드

25. 다음 중 한글 Windows 10의 [설정] → [장치] → [마우스]에서 할 수 있는 기능에 대한 설명으로 옳은 것은?

① 마우스 휠을 한 번에 두 페이지씩 이동하도록 설정할 수 있다.

② 마우스 포인터의 색 및 크기를 변경할 수 있다.

③ 마우스의 이동 방향과 포인터가 서로 반대 방향으로 움직이도록 설정할 수 있다.

④ 마우스 단추의 기능을 왼손잡이/오른손잡이에 맞게 설정할 수 있다.

전문가의 조언 | [⚙(설정)] → [장치] → [마우스]에서 할 수 있는 기능에 대한 설명으로 옳은 것은 ④번입니다.
① 마우스 휠을 한 번에 1~100줄 또는 한 화면(페이지)씩 이동하도록 설정할 수 있습니다.
② 마우스 포인터의 색 및 크기는 [⚙(설정)] → [접근성] → [마우스 포인터]에서 변경할 수 있습니다.
③ 지원되지 않는 기능입니다.

28섹션 1필드

26. 다음 중 한글 Windows 10의 특징에서 플러그 앤 플레이(Plug & Play) 기능에 관한 설명으로 옳지 않은 것은?

① 컴퓨터에 새로운 하드웨어를 설치할 때 해당 하드웨어를 사용하는데 필요한 시스템 환경을 자동으로 구성해 주는 기능이다.

② 기존 컴퓨터 시스템과 충돌을 방지하는 기능을 수행한다.

③ 하드웨어와 소프트웨어가 PnP 기능을 지원하여야 수행된다.

④ 컴퓨터 시스템이 오류가 발생했을 때 자동으로 복구하는 기능을 수행할 수 있다.

전문가의 조언 | 플러그 앤 플레이의 기능에 컴퓨터 시스템에 오류가 발생했을 때 이를 자동으로 복구해 주는 기능은 없습니다.

50섹션 1필드

27. 다음 중 한글 Windows 10의 '설정' 창에서 시각 장애가 있는 사용자가 컴퓨터를 사용하기에 편리하도록 설정할 수 있는 기능은?

① 동기화   ② 사용자 정의 문자 편집기

③ 접근성   ④ 앱 호환성 마법사

전문가의 조언 | 문제에 제시된 내용은 접근성에 대한 설명입니다.

33섹션 3필드

28. 다음 중 한글 Windows 10에서 바로 가기 아이콘에 대한 설명으로 옳지 않은 것은?

① 하나의 파일이나 폴더에 대해 여러 개의 바로 가기 아이콘을 만들 수 있다.

② 바로 가기 아이콘에는 왼쪽 아래에 꺾인 화살표가 표시된다.

③ 바로 가기 아이콘은 앱을 빠르게 실행하기 위해 만들어진 복사본이다.

④ 폴더, 프린터, 디스크 드라이브 등에 대해 바로 가기 아이콘을 만들 수 있다.

전문가의 조언 | 바로 가기 아이콘은 원본 파일의 위치 정보만을 가지고 있으므로 복사본이라고 표현하는 것은 옳지 않습니다.

87섹션 1필드

29. 다음 중 이미지 뷰어를 위한 유틸리티 앱으로만 짝지은 것은?

① 알씨(ALSee), Imagine

② 알FTP, 파일질라, Winscp

③ 반디집, 알집, WinZip

④ 네이버 백신, V3 Lite, 알약

전문가의 조언 | • 이미지 뷰어를 위한 유틸리티 앱으로만 짝지은 것은 ①번입니다.
• ②번은 파일 전송 앱, ③번은 압축 앱, ④번은 백신 앱입니다.

32섹션 4필드

30. 다음 중 한글 Windows 10에서 사용하는 바로 가기 키의 설명으로 옳지 않은 것은?

① ⊞ + Ⓐ : 알림 센터를 표시한다.

② ⊞ + Ⓓ : 바탕 화면을 표시한다.

③ ⊞ + Ⓛ : 열려 있는 모든 창을 최소화 하거나 이전 크기로 복원한다.

④ ⊞ + Ⓡ : '실행' 창을 표시한다.

전문가의 조언 | • ⊞ + Ⓛ은 로그아웃하여 컴퓨터를 잠그거나 사용자를 전환할 때 사용하는 바로 가기 키입니다.
• 열려 있는 모든 창을 최소화 하거나 이전 크기로 복원하는 바로 가기 키는 ⊞ + Ⓜ / ⊞ + Shift + Ⓜ입니다.

49섹션 3필드

31. 다음 중 한글 Windows 10의 [설정] → [앱] → [비디오 재생]에서 할 수 있는 작업으로 옳지 않은 것은?

① 대역폭 절약을 위해 스트리밍 비디오가 낮은 해상도로 재생뇌노록 할 수 있다.

② HDR 비디오를 사용, 사용하지 않음을 설정할 수 있다.

③ Windows의 비디오 재생 플랫폼에 대한 설정을 변경할 수 있다.

④ 동영상 형식의 파일을 불러와 재생할 수 있다.

전문가의 조언 | [⚙(설정)] → [앱] → [비디오 재생]에는 동영상 형식의 파일을 불러와 재생하는 기능이 없습니다.

62섹션 2필드

32. 다음 중 한글 Windows 10에서 [작업 관리자] 대화상자의 각 탭에서 표시하고 있는 작업으로 옳지 않은 것은?

① [성능] 탭에서는 CPU, 메모리, 디스크, 이더넷의 사용량 등을 확인할 수 있다.

② [사용자] 탭은 현재 컴퓨터에 로그인되어 있는 사용자를 보여준다.

③ [시작프로그램] 탭은 Windows가 시작될 때 자동으로 실행되는 앱의 사용 여부를 지정한다.

④ [프로세스] 탭에서는 현재 실행 중인 앱을 강제 종료하거나, 삭제할 수 있다.

전문가의 조언 | [프로세스] 탭에서는 앱의 상태를 확인하거나 종료시킬 수 있지만, 삭제하는 것은 불가능합니다.

30섹션 1필드

33. 다음 중 한글 Windows 10의 '시작 설정'에서 지원하는 부팅 모드에 대한 설명으로 옳은 것은?

① 안전 모드 사용 : 기본 드라이버 및 DVD 드라이브, 네트워크 서비스만으로 부팅한다.

② 부팅 로깅 사용 : 화면 모드를 저해상도 디스플레이 모드로 설정하여 부팅한다.

③ 디버깅 사용 : 잘못된 서명이 포함된 드라이버를 설치할 수 있도록 설정한다.

④ 맬웨어 방지 보호 조기 실행 사용 안 함 : 맬웨어 차단 시스템을 사용하지 않도록 설정한다.

36. 다음 중 한글 Windows 10의 '화면 보호기 설정' 대화상자에서 바로 실행할 수 없는 것은?

① 화면 보호기 종류 선택

② 다시 시작할 때 로그온 화면 표시 여부 선택

③ 대기 모드 실행 시간 설정

④ 디스플레이 끄기 시간 설정

34. 다음 중 한글 Windows 10에서 공용 폴더에 관한 설명으로 옳지 않은 것은?

① 파일을 공유하려면 공용 폴더로 이동시키거나 해당 파일에 대한 공유를 설정해야 한다.

② 공용 폴더는 현재 사용 중인 컴퓨터의 모든 사용자가 접근할 수 있는 폴더이다.

③ 공용 폴더의 위치는 'C:\사용자\공용'이다.

④ 공용 폴더의 종류는 공용 문서, 공용 비디오, 공용 사진, 공용 음악 등이 있다.

37. 다음 중 한글 Windows 10의 [설정] → [네트워크 및 인터넷] → [상태]에서 할 수 있는 작업으로 옳지 않은 것은?

① 현재 네트워크의 연결 상태를 시각적으로 확인할 수 있다.

② 컴퓨터에서 사용 가능한 네트워크를 표시할 수 있다.

③ 네트워크를 초기화할 수 있다.

④ 연결에 사용할 네트워크 드라이브와 폴더를 지정하고, 네트워크 드라이브 연결 및 끊기를 할 수 있다.

38. 다음 중 한글 Windows 10의 브라우저에서 사용하는 플러그인(Plug-in)에 대한 설명으로 옳은 것은?

① 브라우저에서 HTML을 실행 및 편집할 수 있도록 지원하는 프로그램이다.

② 브라우저의 기능을 확장해 주는 내장 프로그램이다.

③ 멀티미디어 요소를 브라우저에서 재생 및 편집할 수 있도록 지원하는 소프트웨어이다.

④ 대부분 유료로 제공되는 상용 소프트웨어이다.

35. 다음 중 한글 Windows 10의 보조프로그램에 있는 캡처 도구에 대한 설명으로 옳지 않은 것은?

① 캡처 시 바로 클립보드에 저장되도록 설정할 수 있다.

② 캡처 유형으로는 자유형 캡처, 사각형 캡처, 창 캡처, 전체 화면 캡처가 있다.

③ 캡처 도구의 바로 가기 키는 ■ +Shift+S이다.

④ 캡처한 내용을 메모장에 붙여넣기 할 수 있다.

① BCD 코드   ② ASCII 코드
③ EBCDIC 코드   ④ GRAY 코드

> 전문가의 조언 | 문제의 지문에 제시된 내용은 ASCII 코드의 특징입니다.
> • BCD 코드 : 6비트 코드로, 64개의 문자를 표현할 수 있음
> • EBCDIC 코드 : 8비트 코드로, 256개의 문자를 표현할 수 있음
> • GRAY 코드 : BCD 코드의 인접하는 비트를 X–OR 연산하여 만든 코드임

`63섹션 2필드`

39. 다음 중 한글 Windows 10에서 레지스트리에 대한 설명으로 옳지 않은 것은?

① 레지스트리를 편집하려면 작업 표시줄의 검색 상자에서 'regedit'를 입력하여 실행한다.

② 레지스트리란 Windows 사용자의 정보, 앱의 정보, 설정사항 등 Windows 실행 설정에 대한 정보를 담은 데이터베이스이다.

③ 레지스트리가 손상되면 Windows에 치명적인 손상을 줄 수 있으므로 주의하여 사용해야 한다.

④ 레지스트리는 백업을 받을 수 없으므로 함부로 삭제하거나 실수하는 일이 없도록 신중하게 편집해야 한다.

> 전문가의 조언 | 레지스트리는 레지스트리 편집기에서 [파일] → [내보내기] 메뉴를 이용하여 사용자가 직접 백업할 수 있습니다.

`38섹션 1필드`

40. 다음 중 한글 Windows 10에서 [파일 탐색기]를 실행하는 방법으로 옳지 않은 것은?

① 바탕 화면의 빈 공간에서 바로 가기 메뉴의 [파일 탐색기 열기]를 클릭한다.

② [시작] 단추의 바로 가기 메뉴에서 [파일 탐색기]를 클릭한다.

③ ⊞ + E 를 눌러 실행한다.

④ [시작] 메뉴의 검색 창에서 '파일 탐색기'를 입력한 후 실행한다.

> 전문가의 조언 | 바탕 화면의 바로 가기 메뉴에 [파일 탐색기 열기]라는 항목은 없습니다.

`110섹션 1필드`

42. 다음 설명에 해당하는 용어는?

> 타인과 집단 간의 관계 속에서 자신으로부터 출발하는 정보에 대한 결정 및 통제권으로, 익명의 권리도 포함한 것이다.

① 개인정보 자기결정권
② 프라이버시권
③ 자기정보 통제권
④ 개인정보 보호원

> 전문가의 조언 | 문제의 지문에 제시된 내용은 개인정보 자기결정권의 개념입니다.
> • 프라이버시권 : 자신의 개인정보 보호를 위하여 정보주체가 지켜야 할 권리

3과목   PC 기본상식

`74섹션 2필드`

41. 다음은 무엇에 대한 설명인가?

> • 7비트의 크기 → 128개의 문자 표현 가능
> • 자료 처리나 통신 시스템에 사용

`17섹션 1필드`

43. 다음 중 아래에서 설명하는 그래픽 기법은?

> 그래픽 파일에 효과를 입히는 것으로, 신문에 실린 사진을 표현하는 기법이다. 각각의 미세한 점의 명암을 달리하여 이미지를 표현한다.

① 하프톤(Halftone)
② 리터칭(Retouching)
③ 렌더링(Rendering)
④ 디더링(Dithering)

> 전문가의 조언 | 문제의 지문에 제시된 내용은 하프톤(Halftone)의 개념입니다.
> • 리터칭(Retouching) : 기존의 이미지를 다른 형태로 새롭게 변형·수정하는 작업
> • 렌더링(Rendering) : 3차원 그래픽 작업의 한 과정으로, 2차원적인 이미지에 음영과 채색을 적절히 주어 3차원적인 입체감을 극대화하는 작업
> • 디더링(Dithering) : 제한된 색상을 조합하여 복잡한 색이나 새로운 색을 만드는 작업

78섹션 4필드

44. 다음 중 읽기와 쓰기가 가능하고 전원이 끊어져도 저장된 정보가 지워지지 않아 디지털 카메라와 같은 휴대용 장치에 많이 사용되는 기억장치는?

① 캐시 메모리(Cache Memory)

② 연상 기억 메모리(Associative Memory)

③ 가상 메모리(Virtual Memory)

④ 플래시 메모리(Flash Memory)

> 전문가의 조언 | 문제에 제시된 내용은 플래시 메모리(Flash Memory)의 특징입니다.
> • 캐시 메모리(Cache Memory) : 중앙처리장치(CPU)와 주기억장치 사이에서 컴퓨터의 처리 속도를 향상시키는 역할을 함
> • 연상 기억 메모리(Associative Memory) : 주기억장치에 저장된 정보에 접근할 때 주소 대신 기억된 정보를 이용하여 접근하는 장치로, 주소를 이용할 때보다 속도가 빠름
> • 가상 메모리(Virtual Memory) : 보조기억장치(하드디스크)의 일부를 주기억장치처럼 사용하는, 운영체제에 의해 구현되는 메모리 관리 기법

91섹션 3필드

45. 다음 중 컴퓨터에서 사용하는 하드디스크의 업그레이드 시에 고려할 사항으로, 1분당 회전수를 나타내는 단위로 옳은 것은?

① RPM(Revolutions Per Minute)

② TPM(Turning Per Minute)

③ CPM(Counts Per Minute)

④ BPM(Bits Per Minute)

> 전문가의 조언 | 1분 당 회전수를 나타내는 단위는 RPM(Revolutions Per Minute)입니다.

107섹션 2필드

46. 다음 중 컴퓨터에서 정보보안을 위하여 사용하는 방화벽에 관한 설명으로 옳지 않은 것은?

① 내부 네트워크로 들어오거나 외부 네트워크로 나가는 패킷을 체크한다.

② 역추적 기능이 있어서 외부 침입자의 흔적을 찾을 수 있다.

③ 방화벽을 사용하더라도 내부의 불법적인 해킹은 막지 못한다.

④ 해킹에 의한 외부로의 정보 유출을 막기 위한 보안 시스템이다.

> 전문가의 조언 | 방화벽은 내부 네트워크에서 외부로 나가는 패킷은 그대로 통과시키고, 외부에서 내부 네트워크로 들어오는 패킷은 내용을 엄밀히 체크하여 인증된 패킷만 통과시키는 구조입니다.

99섹션 2필드

47. 다음 중 인터넷의 IPv6 주소 체제에 관한 설명으로 옳지 않은 것은?

① 128비트의 주소를 사용하여, 주소 부족 문제를 해결할 수 있다.

② 인증성, 기밀성, 데이터 무결성의 지원으로 보안 문제를 해결할 수 있다.

③ IPv4와 호환성이 뛰어나다.

④ Class A의 네트워크 부분은 IPv4의 2배인 16비트로 구성되어 있다.

> 전문가의 조언 | • IPv6에는 Class A가 없습니다.
> • IPv4는 A 클래스에서 E 클래스로 구분되지만 IPv6은 유니캐스트, 애니캐스트, 멀티캐스트로 구분됩니다.

108섹션 1필드

48. 다음에서 설명하는 용어로 적합한 것은?

> 모든 사물에 부착된 RFID 태그 또는 센서를 통해 탐지된 사물의 인식 정보는 물론 주변의 온도, 습도, 위치정보, 압력, 오염 및 균열 정도 등과 같은 환경 정보를 실시간으로 네트워크와 연결하여 수집하고 관리하는 네트워크 시스템이다.

① BT

② VAN

③ USN

④ URI

> 전문가의 조언 | 문제의 지문에 제시된 내용은 USN(Ubiquitous Sensor Network)의 개념입니다.
> • VAN(Value Added Network) : 기간 통신 사업자로부터 통신 회선을 빌려 기존의 정보에 새로운 가치를 더해 다수의 이용자에게 판매하는 통신망

29섹션 1필드

49. 다음 중 아래의 보기에서 설명하는 부팅 과정과 연관된 용어는?

> 시스템 버스, RTC, 시스템 비디오 구성 요소, RAM, 키보드, 드라이브 등을 검사한다.

① POST

② MBR

③ BIOS

④ Winlogon

> 전문가의 조언 | 문제의 지문에 제시된 내용은 POST의 기능입니다.
> • MBR(Master Boot Record) : 컴퓨터를 처음 켰을 때 동작하는 앱으로, 디스크가 운영체제를 성공적으로 동작하기 위해 필요한 기본 구성 요소들을 가지고 있는지 확인하는데 사용하는 영역이며, 부트 디스크의 첫 번째 섹터에 저장되어 있음
> • 바이오스(BIOS; Basic Input Output System) : 컴퓨터의 기본 입·출력 장치나 메모리 등 하드웨어 작동에 필요한 명령들을 모아놓은 프로그램
> • Winlogon : 부팅 과정에서 로그온 화면을 표시하는 명령

74섹션 3필드

50. 다음에서 설명하는 자료 표현 방식은?

> • 오류를 스스로 검출하여 교정이 가능한 코드이다.
> • 2bit의 오류를 검출할 수 있고 1bit의 오류를 교정할 수 있다.
> • 데이터 비트 외에 오류 검출 및 교정을 위한 잉여 비트가 많이 필요하다.

① Gray 코드
② Excess-3 코드
③ Hamming 코드
④ 패리티 검사 코드

전문가의 조언 | 문제의 지문에 제시된 내용은 해밍 코드(Hamming Code)의 특징입니다.
• **Gray 코드** : BCD 코드의 인접하는 비트를 X-OR 연산하여 만든 코드로 비가중치 코드
• **Excess-3 코드** : BCD + 3, 즉 BCD 코드에 $3_{10}(0011_2)$을 더하여 만든 코드로, 대표적인 자기 보수 코드임
• **패리티 검사 코드** : 2진 정보 전송 시 패리티 비트를 사용하여 에러를 검출하는 코드

107섹션 3필드

51. 다음 중 정보보안을 위한 비밀키 암호화 기법에 대한 설명으로 옳지 않은 것은?

① 대칭 암호화 기법 또는 단일키 암호화 기법이라고도 한다.
② 대표적인 암호화 방식은 DES(Data Encryption Standard)이다.
③ 알고리즘이 단순하고 파일 크기가 작다.
④ 공개키 암호화 기법에 비해 암호화/복호화 속도가 매우 느리다.

전문가의 조언 | 비밀키 암호화 기법은 공개키 암호화 기법에 비해 암호화와 복호화의 속도가 빠릅니다.

86섹션 1필드

52. 다음 중 시스템의 안정성을 고려하여 한쪽의 CPU가 가동중일 때, 다른 한 CPU는 대기하게 되며, 가동중인 CPU가 고장이 나면 즉시 대기 중인 CPU가 작동되도록 운영하는 방식은?

① 다중 처리 시스템
② 듀얼 시스템(Dual System)
③ 분산 처리 시스템
④ 듀플렉스 시스템(Duplex System)

전문가의 조언 | 문제에 제시된 내용은 듀플렉스 시스템(Duplex System)에 대한 설명입니다.
• **다중 처리(Multi-Processing)** : 처리 속도를 향상시킬 목적으로 하나의 컴퓨터에 여러 개의 CPU를 설치하여 프로그램을 처리하는 방식
• **듀얼 시스템(Dual System)** : 두 개의 컴퓨터가 같은 업무를 동시에 처리하므로 한 쪽 컴퓨터가 고장나면 다른 컴퓨터가 계속해서 업무를 처리하여 업무가 중단되는 것을 방지하는 시스템
• **분산 처리 시스템** : 지역적으로 분산된 여러 대의 컴퓨터를 연결하여 작업을 분담하여 처리하는 방식

73섹션 1필드

53. 다음 중 데이터의 크기에 대한 설명으로 옳지 않은 것은?

① 니블(Nibble) : 4개의 비트가 모여 1Nibble을 구성한다.
② 바이트(Byte) : 파일 구성의 최소 단위로, 의미 있는 정보를 표현하는 최소 단위이다.
③ 레코드(Record) : 하나 이상의 관련된 필드가 모여서 구성되는 자료 처리 단위이다.
④ 파일(File) : 프로그램 구성의 기본 단위로, 여러 레코드가 모여서 구성된다.

전문가의 조언 | • 바이트는 문자를 표현하는 최소 단위로, 8개의 비트가 모여 1바이트를 구성합니다.
• 파일 구성의 최소 단위로, 의미 있는 정보를 표현하는 최소 단위는 필드(Field)입니다.

102섹션 1필드

54. 다음 중 프로그래밍 언어에 대한 설명으로 옳지 않은 것은?

① C++와 Java는 객체 지향 프로그래밍 언어로, Java는 특히 기업이나 인터넷의 분산 응용프로그램에 사용되도록 설계되었다.
② XML은 월드와이드웹, 인트라넷 등에서 데이터와 포맷 두 가지 모두를 공유하려고 할 때 유용한 프로그래밍 언어로, 웹 상에서 구조화된 문서를 전송 가능하도록 설계된 표준화된 텍스트 형식이다.
③ LISP는 문자열을 쉽게 다루기 위해 설계된 프로그래밍 언어로 인공지능 분야의 프로그래밍에 사용되는 언어이다.
④ HTML은 웹페이지와 구성 요소들의 객체 지향 기능을 지원하며 콘텐츠에 CSS와 레이어를 사용할 수 있으며 전부 또는 대부분의 페이지 요소를 제어할 수 있는 프로그래밍 언어이다.

전문가의 조언 | • HTML은 인터넷의 표준 문서인 하이퍼텍스트 문서를 만들기 위해 사용하는 언어로, 특별한 데이터 타입이 없는 단순한 텍스트이므로 호환성이 좋고, 사용이 편리하다는 특징이 있습니다.
• ④번은 DHTML에 대한 설명입니다.

74섹션 3필드

55. 다음 중 데이터의 표현 방식에 대한 설명으로 옳지 않은 것은?

① 숫자를 표현하는 부동 소수점 표현은 고정 소수점 표현에 비해 큰 수나 작은 수를 표현하기 때문에 컴퓨터 내부에서 처리하는 시간이 많이 걸린다.

② 문자 표현 방법 중 확장된 2진화 10진 코드(EBCDIC)는 8비트로 표현하며, ASCII 코드는 7비트로 표현한다.

③ 그레이(Gray) 코드는 각 자리 수에 고유한 값을 부여한 코드로, 가중치 코드에 속하며 보수를 간단히 얻을 수 있다.

④ 고정 소수점 표현은 정수 표현 형식으로 구조가 단순하고 표현 범위가 좁다.

전문가의 조언 | 그레이(Gray) 코드는 각 자리가 고유한 값을 갖지 않는 비가중치 코드입니다.

69섹션 2필드

56. 다음 중 컴퓨터의 기능에 대한 설명으로 옳지 않은 것은?

① 입력기능은 키보드, 마우스, 터치스크린, 이미지 스캐너 등과 같은 외부 입력장치로부터 데이터를 읽어 들이는 기능이다.

② 기억기능은 입력된 데이터나 프로그램, 처리된 결과로 얻어진 데이터를 기억장치에 저장하는 기능이다.

③ 연산기능은 중앙처리장치로부터 읽어들인 프로그램의 명령 코드를 해석하여 사칙연산, 논리연산, 비교연산 등을 처리하는 기능이다.

④ 출력기능은 처리된 결과나 기억장치에 기억된 내용을 사람이 알아볼 수 있는 형태로 내보내는 기능이다.

전문가의 조언 | 연산기능은 주기억장치로부터 읽어들인 프로그램의 명령 코드를 해석한 제어장치의 명령에 따라 실제로 사칙연산, 논리연산, 비교연산 등을 처리하는 기능입니다.

112섹션 2필드

57. 다음은 무엇에 대한 설명인가?

> 통신이나 인터넷을 통해 불특정 다수에게 원하지도, 요청하지도 않은 메일을 대량으로 보내는 광고성 메일

① Opt-in Mail　　② Spam Mail
③ Net Mail　　　④ Green Mail

전문가의 조언 | 통신이나 인터넷을 통해 불특정 다수에게 원하지도, 요청하지도 않은 메일을 대량으로 보내는 광고성 메일은 스팸 메일(Spam Mail)입니다.

• 옵트인 메일(Opt-in Mail) : 광고성 이메일(E-mail)이라는 점에서는 스팸 메일과 같으나, 스팸 메일은 불특정 다수에게 보내는 불법 메일인 반면, 옵트인 메일은 광고성 이메일을 받기로 사전에 약속한 사람에게만 보냄

95섹션 1필드

58. 다음 중 오디오 파일 포맷에 대한 설명으로 옳지 않은 않은 것은?

① 비압축 포맷으로는 WAV, AIFF, AU 등이 있다.

② MP3는 MPEG-3의 오디오 규격으로 개발된 손실 압축 포맷으로 컴퓨터 디스크 등의 PCM 음성을 일반적으로 들을 만한 음질로 압축하여 크기를 1/20까지 줄일 수 있다.

③ WMA는 마이크로소프트사가 개발한 윈도 미디어 오디오 포맷으로 디지털 권리 관리(DRM) 기능을 포함하고 있다.

④ 오디오 데이터를 저장하는 방식에는 압축 방식과 비압축 방식이 있으며, 압축하는 방식에 따라서 손실 압축 포맷과 비손실 압축 포맷으로 나뉜다.

전문가의 조언 | MP3는 MPEG-1의 압축 기술을 이용하여, 음반 CD 수준의 음질을 유지하면서 용량을 1/12 크기로까지 압축할 수 있는 포맷입니다.

88섹션 3필드

59. 다음 중 언어 번역 프로그램에 해당되지 않는 것은?

① 컴파일러　　　　② 디버거
③ 어셈블러　　　　④ 인터프리터

전문가의 조언 | 디버거(Debugger)는 원시 프로그램의 오류를 찾기 위해 사용하는 프로그램입니다.

101섹션 1필드

60. 다음 중 인터넷 서비스에 관한 설명으로 옳지 않은 것은?

① FTP는 인터넷을 이용하여 파일을 주고받을 수 있는 원격 파일 전송 프로토콜이다.

② Telnet은 원격지에 위치한 컴퓨터를 접속하여 자신의 컴퓨터처럼 사용할 수 있는 서비스이다.

③ Ping은 전자 우편을 위하여 메일 내용의 보안성을 보장하는 프로토콜이다.

④ WWW는 HTTP 프로토콜을 사용하는 하이퍼텍스트를 기반으로 한다.

전문가의 조언 | Ping은 원격지에 있는 컴퓨터가 현재 인터넷에 연결되어 정상적으로 작동하고 있는지 알아볼 수 있는 서비스입니다.

정답 : 55.③　56.③　57.②　58.②　59.②　60.③

1과목 워드프로세싱 용어 및 기능

19섹션 1필드

1. 다음 중 보고서 작성 시 유의해야 할 사항으로 옳지 않은 것은?

① 읽는 사람의 요청이나 기대에 맞춘 보고서를 작성한다.

② 사실과 의견을 명확하게 구분하여 작성한다.

③ 표와 그림 등으로 시각적인 효과를 나타내어 설득력을 높이게 작성한다.

④ 각 사안별로 문장을 나누어 소항목에서 대항목으로 점진적으로 작성한다.

> **전문가의 조언 |** 보고서는 각 사안별로 문장을 나누어 대항목에서 소항목으로 점진적으로 작성합니다.

27섹션 3필드

2. 다음은 문서의 발신에 대한 설명이다. 옳지 않은 것은?

① 문서는 정보통신망을 이용하여 발신함을 원칙으로 한다.

② 전자문서는 행정기관의 홈페이지 또는 공무원의 공식 전자우편 주소를 이용하여 발신할 수 있다.

③ 특별한 사정이 있는 경우 우편·팩스 등의 방법으로 문서를 발신할 수 있다.

④ 모든 문서는 비밀유지를 위해 반드시 암호화하여 발신하여야 한다.

> **전문가의 조언 |** 모든 문서가 아닌 문서의 내용이 비밀사항인 경우에만 암호화 등 보안 유지가 가능한 방법을 지정하여 발신해야 합니다.

21섹션 1필드

3. 다음 중 문서관리에 대한 내용으로 가장 거리가 먼 것은?

① 문서관리는 문서를 산출한 업무와는 독립적으로 이루어지는 것이 바람직하다.

② 문서관리 시 조직의 업무 활동 분석이 선행되는 것이 좋다.

③ 문서관리자는 조직의 업무를 분석함으로써 업무와 문서 사이의 연관성을 이해하고 있어야 한다.

④ 업무활동에 기반한 문서관리는 업무 수행을 돕는 강력한 도구가 된다.

> **전문가의 조언 |** 문서관리는 문서를 산출한 업무와 유기적으로 이루어지는 것이 바람직합니다.

23섹션 3필드

4. 다음 중 전자문서 관리 시스템을 사용하는 경우의 장점이 아닌 것은?

① 신속한 문서 조회 및 검색이 가능해서 생산성을 향상시킬 수 있다.

② 문서를 보관할 장소가 획기적으로 줄어들어서 사무환경을 쾌적하게 조성할 수 있다.

③ 조건 검색을 통해서 필요한 문서를 손쉽게 제공받을 수 있어서 노력을 줄일 수 있다.

④ 텍스트 문서를 이미지나 영상과는 별개로 관리하여 문서 고유의 특성에 맞춘 관리가 가능하다.

> **전문가의 조언 |** 전자문서 관리 시스템은 텍스트, 그래픽, 이미지, 영상 등 모든 문서 자원을 통합 관리합니다.

17섹션 1필드

5. 다음 중 전자출판(Electronic Publishing)에 관한 용어의 설명으로 옳지 않은 것은?

① 디더링(Dithering) : 제한된 색상을 조합 또는 비율을 변화하여 새로운 색을 만드는 작업

② 리딩(Leading) : 자간의 미세 조정으로 특정 문자들의 간격을 조정하는 작업

③ 스프레드(Spread) : 대상체의 컬러가 배경색의 컬러보다 옅어서 대상체가 보이지 않는 현상

④ 리터칭(Retouching) : 기존의 이미지를 다른 형태로 새롭게 변형하는 작업

> **전문가의 조언 |** • 리딩(Leading)은 현재 줄의 시작 부분과 바로 아래 줄의 첫부분까지의 간격, 즉 줄 간격을 의미합니다.
> • ②번은 커닝(Kerning)에 대한 설명입니다.

13섹션 1필드

6. 다음 중 글꼴의 표현 방식에 대하여 설명한 것으로 옳지 않은 것은?

① 벡터(Vector) 글꼴은 점으로 글꼴을 표현하는 방식으로 확대하면 테두리가 거칠어지는 현상이 일어난다.

② 아웃라인(Outline) 글꼴은 문자의 외곽선 정보를 이용하여 문자를 표시한다.

③ 트루타입(True Type) 방식의 글꼴은 Windows에서 기본적으로 사용되는 글꼴로 위지윅(WYSIWYG) 기능을 제공한다.

④ 오픈타입(Open Type) 방식의 글꼴은 고도의 압축 기법을 통해 파일의 용량을 줄인 아웃라인 형태의 글꼴로 주로 통신을 이용한 송 · 수신용 글꼴로 사용된다.

전문가의 조언 | • 벡터 글꼴은 선. 곡선으로 글꼴을 표현하는 방식으로 확대해도 테두리가 매끄럽게 유지됩니다.
• ①번은 비트맵 글꼴에 대한 설명입니다.

3섹션 1필드

7. 다음 중 한글 코드의 설명으로 옳은 것은?

① 완성형 한글 코드는 16비트로 한글이나 한자를 표현한다.

② 완성형 한글 코드는 주로 정보 처리용으로 사용한다.

③ 유니코드는 정보통신망을 이용한 정보 교환 시 데이터의 충돌이 발생한다.

④ 조합형 한글 코드는 초성, 중성, 종성을 표시하는 원리로 국제 규격과 완전한 호환이 될 수 있다.

전문가의 조언 | 완성형 한글 코드는 16비트(2바이트)로 한글이나 한자를 표현합니다.
② 완성형 한글 코드는 주로 정보 교환용으로 사용합니다.
③ 유니코드는 정보통신망을 이용한 정보 교환 시 데이터의 충돌이 발생하지 않습니다.
④ 조합형 한글 코드는 국제 규격과 완전하게 호환되지 않습니다.

9섹션 1필드

8. 다음 중 워드프로세서에서 찾기 기능에 대한 설명으로 옳은 것은?

① 찾기 기능은 대문자와 소문자를 구분하여 내용을 찾을 수 없다.

② 찾기 기능을 이용하여 찾을 때 언제나 현재 커서의 아래쪽으로만 내용을 찾을 수 있다.

③ 찾기 기능에서 띄어쓰기를 무시하고 내용을 찾을 수 없다.

④ 찾을 내용과 글꼴을 이용하여 찾기 기능을 수행할 수 있다.

전문가의 조언 | 찾을 내용과 글꼴을 이용하여 찾기 기능을 수행할 수 있습니다.
① 찾기 기능은 대문자와 소문자를 구분하여 내용을 찾을 수 있습니다.
② 찾기 기능은 커서의 위치를 기준으로 위쪽이나 아래쪽으로 찾기 방향을 지정할 수 있습니다.
③ 찾기 기능에서 띄어쓰기를 무시하고 내용을 찾을 수 있습니다.

20섹션 4필드

9. 다음 문서를 작성할 때 서로 상반되는 의미를 갖는 교정 부호의 쌍으로 옳지 않은 것은?

① ✓, ⌒   ② 〰, ⌀

③ ⌐, ⌐   ④ ⌐, ⌐

전문가의 조언 | ⌐(들여쓰기)와 상반되는 의미를 지닌 교정 부호는 ⌐(내어쓰기)입니다.

11섹션 1필드

10. 다음 중 편집 관련 용어에 대한 설명으로 옳지 않은 것은?

① 래그드(Ragged)란 문서의 한쪽 끝이 정렬되지 않은 상태를 말한다.

② 소트(Sort)란 작성되어 있는 문서의 내용을 일정한 기준으로 재배열하고자 할 때 사용하면 좋다.

③ 홈베이스(Home Base)란 문서를 편집할 때 임의의 위치에서 곧바로 문서의 처음으로 커서를 이동시킬 수 있는 기능을 말한다.

④ 캡션(Caption)이란 표나 그림에 제목이나 설명을 붙이는 기능을 말한다.

전문가의 조언 | 홈베이스(Home Base)는 문서 어디에서나 특별히 지정된 위치(Home)로 바로 이동하는 기능입니다.

26섹션 7필드

11. 다음 중 공문서의 '끝'을 표시하는 방법에 대한 설명으로 옳지 않은 것은?

① 첨부물 없이 본문이 끝났을 때 : 본문 내용의 마지막 글자에서 한 글자(2타) 띄우고 '끝' 표시를 한다.

② 첨부물이 있을 때 : 본문의 내용이 끝난 줄 다음에 '붙임' 표시 및 첨부물의 명칭과 수량을 기재 후 한 글자(2타) 띄우고 '끝' 표시를 한다.

③ 본문 또는 붙임에 적은 사항이 오른쪽 한계선에서 끝났을 때 : 다음 줄의 왼쪽 한계선에서 한 글자(2타) 띄우고 '끝' 표시를 한다.

④ 본문이 표 형식으로 끝났을 때 : 마지막으로 작성된 칸의 다음 칸에 '빈칸' 표시를 한다.

> 전문가의 조언 | 본문이 표 형식으로 끝났을 때 표의 마지막 칸까지 작성된 경우에는 표 아래 왼쪽 한계선에서 한 글자를 띄운 후 '끝' 표시를 하고, 표의 중간까지만 작성된 경우에는 '끝' 표시를 생략하고, 마지막으로 작성된 칸의 다음 칸에 "이하 빈칸"으로 표시합니다.

23섹션 4필드

12. 다음 중 EDI(Electronic Data Interchange)에 대한 설명으로 옳지 않은 것은?

① 각종 서류를 표준화된 양식을 통해 전자적 신호로 바꿔 컴퓨터통신망을 이용, 전송하는 시스템이다.

② 기업 간의 거래 데이터를 교환하기 위한 표준 포맷으로 미국의 데이터 교환 표준 협회에 의해 개발되었다.

③ EDI 메시지들은 암호화되거나 해독될 수 있으며 E-mail, 팩스와 함께 전자상거래의 한 형태다.

④ EDI의 3대 구성 요소는 EDI 표준(Standards), 문서(Document), 통신 네트워크(VAN)이다.

> 전문가의 조언 | EDI의 3대 구성 요소는 EDI 표준(Standards), 사용자 시스템(User System), 통신 네트워크(VAN)입니다.

11섹션 1필드

13. 다음 설명에 해당하는 편집 용어는?

> 문서 내에 머리말, 꼬리말, 주석 같은 것을 표시하기 위한 일정 공간으로, 주로 문서의 여백을 사용한다.

① 색인(Index)
② 스풀링(Spooling)
③ 하드 카피(Hard Copy)
④ 보일러 플레이트(Boiler Plate)

> 전문가의 조언 | 문제의 지문에 제시된 내용은 보일러 플레이트(Boiler Plate)에 대한 설명입니다.
> • 색인(Index) : 문서에 있는 자료를 빠르게 찾을 수 있도록 중요한 용어를 쪽 번호와 함께 수록한 목록으로, 오름차순으로만 정렬되어 표시됨
> • 스풀링(Spooling) : 출력할 자료를 보조기억장치에 저장해 두었다가 프린터가 출력 가능한 시기에 출력할 수 있도록 해주는 기능
> • 하드 카피(Hard Copy) : 화면에 표시된 문서나 내용을 그 상태 그대로 프린터에 출력하는 기능

21섹션 2필드

14. 다음 중 문서관리의 원칙에 대한 설명으로 가장 옳지 않은 것은?

① 정확성 : 문서를 옮겨 적거나 다시 기재하는 것을 줄이고, 복사해서 사용한다.

② 용이성 : 문서를 쉽게 작성하고, 판단 사무를 작업 사무화한다.

③ 신속성 : 반복되고 계속되는 업무는 유사 관련 자료를 참고하여 사무의 절차와 방법을 간소화한다.

④ 경제성 : 문서의 집중 관리 및 처리를 통하여 경비를 절약한다.

> 전문가의 조언 | • 신속성은 문서 처리를 보다 빨리 처리하는 것으로, 문서의 경유처를 최대한 줄이고, 문서의 정체를 방지하는 것 등이 있습니다.
> • ③번은 용이성에 대한 설명입니다.

2섹션 4필드

15. 다음 중 워드프로세서의 편집 기능에 대한 설명으로 적당하지 않은 것은?

① 문서 편집 시 [Delete]를 누르면 커서 뒤의 한 글자가 지워진다.

② 문서 편집 시 [Insert]를 누르면 삽입이나 수정으로 전환이 가능하다.

③ 문서 편집 시 [Backspace]를 누르면 커서 앞에 공백이 삽입된다.

④ 문서 편집 시 삽입 모드에서 [Spacebar]를 누르면 커서 위치에 빈 칸이 삽입된다.

> 전문가의 조언 | 문서 편집 시 [Backspace]를 누르면 커서 앞의 한 글자가 지워집니다.

12섹션 1필드

16. 다음 중 워드프로세서의 인쇄 기능에 대한 설명으로 옳지 않은 것은?

① 화면을 확대하면 인쇄물 결과에도 영향을 준다.

② 미리 보기 기능을 이용하면 편집한 내용의 전체 윤곽을 확인할 수 있다.

③ 프린터의 해상도를 높게 설정하면 선명하게 인쇄할 수 있다.

④ 프린터는 기본으로 설정된 프린터가 아니어도 인쇄할 수 있다.

전문가의 조언 | 화면의 확대/축소는 인쇄물 결과에 영향을 미치지 않습니다.

22섹션 2필드

17. 다음 중 업무 중에 받은 명함을 이름에 따라 파일링하여 분류 정리하고자 할 때 적합한 분류 방법은?

① 명칭별　　　　　② 주제별

③ 지역별　　　　　④ 혼합별

전문가의 조언 | 업무 중에 받은 명함을 이름에 따라 파일링하여 분류 정리하고자 할 때 적합한 분류 방법은 명칭별 파일링입니다.
- **주제별 파일링** : 문서의 내용으로부터 주제를 정하여 이를 기준으로 정리하는 방법
- **지역별 파일링** : 국가, 지역, 거래처 명칭 순으로 분류한 다음 가나다 또는 ABC 순으로 정리하는 방법
- **번호별 파일링** : 문자 대신 번호를 사용하여 번호 순으로 정리하는 방법

15섹션 1필드

18. 다음 보기의 기능을 가지고 있는 전자책의 보호 기술은 어느 것인가?

- 인터넷 위의 모든 지적 재산물을 관리함
- 지적재산 권리보유자와 이용자를 연결함
- 디지털 정보의 전자상거래 절차에서 필수 요소 및 자동 저작권 관리의 실현이 가능함

① DOI(Digital Object Identifier)
② DRM(Digital Rights Management)
③ DW(Digital Watermarking)
④ PKI(Public Key Infrastructure)

전문가의 조언 | 문제의 지문에서 설명하는 전자책의 보호 기술은 DOI(Digital Object Identifier)입니다.
- **DRM(Digital Rights Management, 디지털 저작권 관리)** : 디지털 콘텐츠의 불법 복제와 유포를 막고 저작권자의 이익과 권리를 보호하기 위한 기술과 서비스

8섹션 2필드

19. 다음 중 워드프로세서에서 영역(Block) 지정에 관한 설명으로 옳지 않은 것은?

① 블록을 지정하여 특정 영역에 대해서만 찾기 및 바꾸기 기능을 수행할 수 있다.

② 블록을 시정하여 득정 영역을 복사 및 잘라내기 할 수 있다.

③ 임의의 단어에서 마우스를 두 번 연속으로 클릭하면 단어가 있는 줄(Line)을 블록 지정할 수 있다.

④ 임의의 단어에서 마우스를 세 번 연속으로 클릭하면 단어가 있는 문단을 블록 지정할 수 있다.

전문가의 조언 | • 임의의 단어에서 마우스를 두 번 연속으로 클릭하면 해당 단어가 블록으로 지정됩니다.
- 단어가 있는 줄을 블록으로 지정하려면 문서의 왼쪽 여백에서 마우스를 한 번 클릭하면 됩니다.

20섹션 2필드

20. 〈보기 1〉의 문장이 〈보기 2〉의 문장으로 수정되기 위해 필요한 교정 부호들로만 올바르게 짝지어진 것은?

〈보기 1〉

> 어떤 이는 그릇에 물이 많이 남아있다고 하고, 어떤 이는 물이 반밖에 남지 않았다고한다.

〈보기 2〉

> 어떤 이는 그릇에 물이 반이나 남아있다고 하고, 어떤 이는 물이 반밖에 남지 않았다고 한다.

① ⊐, ♂, ✓　　　　② ♂, ∅, ⌇

③ ✓, ♂, ⌢　　　　④ ♂, ⌢, ⌂

전문가의 조언 |

> 　　　　　　　반이나
> 어떤 이는 그릇에 물이 많이 남아있다고 하고, 어떤
> 이는 물이 반밖에 남지 않았다고한다.

2과목 PC 운영체제

없음

21. 다음 중 한글 Windows 10의 [제어판]의 [기본 프로그램]을 이용하여 설정할 수 있는 내용으로 옳지 않은 것은?

① 같은 유형의 파일 형식 또는 프로토콜별로 연결된 프로그램을 설정할 수 있다.

② 파일 형식 또는 프로토콜이 항상 특정 앱에서 열리도록 설정할 수 있다.

③ CD나 DVD가 삽입되었을 때 자동 실행 여부를 지정한다.

④ Windows의 기본 프로그램을 설치하거나 제거할 수 있다.

전문가의 조언 | 새로운 앱은 설치 소프트웨어를 통해 설치하며, 수정 및 제거는 [⚙(설정)]→ [앱] → [앱 및 기능] 또는 [제어판] → [프로그램 및 기능]에서 수행할 수 있습니다.

42섹션 2필드

22. 다음 중 한글 Windows 10에서 사용하는 폴더의 속성 창에서 할 수 있는 작업으로 옳지 않은 것은?

① [일반] 탭에서는 해당 폴더의 위치나 크기, 디스크 할당 크기, 만든 날짜 등을 확인할 수 있다.

② [공유] 탭에서는 네트워크상에서 공유 또는 고급 공유 옵션을 설정할 수 있다.

③ [자세히] 탭에서는 해당 폴더에 대한 사용자별 사용 권한을 설정할 수 있다.

④ [사용자 지정] 탭에서는 해당 폴더에 대한 유형, 폴더 사진, 폴더 아이콘을 설정할 수 있다.

전문가의 조언 | • [자세히] 탭은 파일의 속성 창에만 있으며, 제목, 주제, 태그, 만든 이 등의 속성을 확인하거나 제거할 때 사용합니다.
• 사용자별 사용 권한은 [보안] 탭에서 설정할 수 있습니다.

49섹션 1필드

23. 다음 중 한글 Windows 10의 [프로그램 및 기능] 창에서 할 수 있는 작업으로 옳지 않은 것은?

① 설치된 업데이트 내용을 제거할 수 있다.

② 시스템에 설치된 프로그램의 목록을 확인하거나 제거 또는 변경할 수 있다

③ 설치된 Windows의 기능을 사용하거나 사용 안 함을 지정할 수 있다.

④ 새로운 응용 프로그램을 설치할 수 있다.

전문가의 조언 | [제어판] → [프로그램 및 기능]은 프로그램의 제거 또는 변경을 수행하는 곳으로 새로운 프로그램을 설치할 수는 없습니다.

54섹션 2필드

24. 다음 중 한글 Windows 10의 [장치 관리자] 창에서 수행할 수 있는 작업으로 옳지 않은 것은?

① 하드웨어 장치를 제거할 수 있다.

② 하드웨어를 '사용 안 함' 상태로 변경할 수 있다.

③ 하드웨어 드라이버를 업데이트 할 수 있다.

④ 하드웨어의 이름을 변경할 수 있다.

전문가의 조언 | '장치 관리자' 창에 표시된 하드웨어의 이름은 자동으로 인식되어 표시된 것으로 변경할 수 없습니다.

51섹션 1필드

25. 다음 중 한글 Windows 10에서 제공하는 로그인 옵션이 아닌 것은?

① 보안 키

② Windows Hello 얼굴

③ Windows Hello EYE

④ Windows Hello PIN

전문가의 조언 | • Windows 10에서 제공하는 로그인 옵션이 아닌 것은 Windows Hello EYE입니다.
• 한글 Windows 10에서 제공하는 로그인 옵션에는 Windows Hello 얼굴, Windows Hello 지문, Windows Hello PIN, 보안 키, 비밀번호, 사진 암호가 있습니다.

103섹션 1필드

26. 다음 중 웹 브라우저 MS Edge에 대한 설명으로 옳지 않은 것은?

① 새로운 ActiveX의 추가로 보안이 강화됐다.

② 안드로이드, iOS가 설치된 핸드폰이나 macOS가 설치된 컴퓨터에서도 사용할 수 있다.

③ 컬렉션 기능을 이용하여 웹 페이지를 오피스에 공유할 수 있다.

④ 오픈 소스인 크로미엄(Chromium)의 코드를 기반으로 개발되었다.

전문가의 조언 | MS Edge는 ActiveX를 지원하지 않습니다.

64섹션 3필드

27. 다음 중 한글 Windows 10에서 비정상적인 부팅 문제 해결 방법으로 가장 옳지 않은 것은?

① 전원을 켬과 동시에 [F5]를 눌러 복구 모드로 부팅한 후 문제 해결 작업을 수행한다.

② 안전 모드로 부팅하여 문제를 해결한 후 표준 모드로 재부팅한다.

③ 부팅 가능한 CD/DVD-ROM으로 부팅한 후 원인을 찾는다.

④ 시스템 복구 디스크를 만들어 둔 경우 시스템 복구 디스크를 이용해 시스템 복구를 수행한다.

전문가의 조언 | 복구 모드로 부팅하기 위해서는 [⚙(설정)] → [업데이트 및 보안] → [복구]에서 '고급 시작 옵션' 항목의 〈지금 다시 시작〉을 클릭해야 합니다.

32섹션 4필드

28. 다음 한글 Windows 10에서 사용하는 바로 가기 키에 대한 설명으로 옳은 것은?

① [⊞]+[L] : 컴퓨터 시스템을 잠그거나 사용자를 전환한다.

② [F8] : 선택된 항목의 속성 대화상자를 화면에 표시한다.

③ [Alt]+[Enter] : 활성창의 바로 가기 메뉴를 표시한다.

④ [Alt]+[Tab] : 작업 표시줄의 앱들을 차례대로 선택한다.

전문가의 조언 | [⊞]+[L]은 컴퓨터 시스템을 잠그거나 사용자를 전환하는 바로 가기 키입니다.
• 속성 대화상자 표시는 [Alt]+[Enter], 활성창의 바로 가기 메뉴는 [Alt]+[Spacebar], 작업 표시줄의 앱들을 차례대로 선택하는 것은 [Alt]+[Esc]입니다.

60섹션 1필드

29. 다음 중 유니버설 앱인 '비디오 편집기'에 대한 설명으로 틀린 것은?

① 스토리보드에 삽입된 클립을 두 개로 나누거나 잘라내기 할 수 있다.

② 편집한 동영상은 mp4, mov, wmv 등으로 저장할 수 있다.

③ 스토리보드에 제목 카드를 추가할 수 있다.

④ 프로젝트 라이브러리에 사진이나 동영상을 추가할 수 있다.

전문가의 조언 | '비디오 편집기'로 편집한 동영상은 mp4로만 저장할 수 있습니다.

62섹션 1필드

30. 다음 중 [작업 관리자] 창에서 할 수 있는 작업으로 옳지 않은 것은?

① 현재 실행중인 프로그램의 작업에 대하여 강제로 끝내기를 할 수 있다.

② [세부 정보] 탭에서 실행 중인 프로그램을 선택하여 프로그램 자체를 제거할 수 있다.

③ 컴퓨터의 논리적인 디스크의 사용량을 확인할 수 있다.

④ 시작 프로그램에 등록된 개별 앱들을 사용 또는 사용 안 함을 설정할 수 있다.

전문가의 조언 | • [세부 정보] 탭에서는 현재 실행 중인 프로세스를 선택하여 종료할 수 있습니다.
• 프로그램 제거는 [⚙(설정)] → [앱] → [앱 및 기능]을 이용해야 합니다.

없음

31. 다음 중 한글 Windows 10에서 제공하는 기능에 대한 설명으로 옳지 않은 것은?

① 가젯 기능을 활용하여 알람 및 타이머, 세계시간, 계산기 등을 편리하게 사용할 수 있다.

② 한 개의 모니터를 분할하여 2개 이상의 모니터를 사용한 것과 동일한 효과를 누릴 수 있다.

③ 알림 기능을 이용하여 Windows 업데이트, SNS, 메일 등에 대한 정보를 통합하여 한 눈에 확인할 수 있다.

④ 데스크톱과 노트북에서는 데스크톱 모드를 스마트폰과 태블릿에서는 태블릿 모드를 이용할 수 있다. 앱들을 차례대로 선택한다.

전문가의 조언 | Windows 10은 가젯 기능을 제공하지 않습니다.

63섹션 1필드

32. 다음 중 한글 Windows 10의 Windows 관리 도구에 대한 설명으로 옳지 않은 것은?

① [시스템 정보]를 실행하면 하드웨어 리소스, 구성 요소, 설치된 소프트웨어 환경 등의 정보를 알 수 있다.

② [리소스 모니터]를 사용하면 하드디스크(HDD)나 SSD에 논리적 혹은 물리적으로 손상이 있는지 검사할 수 있다.

③ [드라이브 조각 모음 및 최적화]는 드라이브의 접근 속도를 향상시키기 위해 드라이브를 최적화할 수 있다.

④ [디스크 정리]를 사용하면 임시 파일이나 휴지통에 있는 파일 등을 삭제하여 디스크의 공간을 확보할 수 있다.

> 전문가의 조언 | • [리소스 모니터]는 CPU, 네트워크, 디스크, 메모리 사용 현황을 실시간으로 모니터링 하는 관리 도구입니다.
> • 하드디스크(HDD)나 SSD에 논리적 혹은 물리적으로 손상이 있는지 검사하는 관리 도구는 '드라이브 오류 검사'입니다.

45섹션 4필드

33. 다음 중 한글 Windows 10에서 파일 및 폴더 관리에 대한 설명으로 옳지 않은 것은?

① 파일이나 폴더를 선택한 후 Alt + Enter 를 누르면 속성 창을 확인할 수 있다.

② Shift + Delete 를 눌러 파일이나 폴더를 삭제하면 파일이나 폴더가 휴지통으로 이동한다.

③ [보내기] → [압축(Zip) 폴더]를 선택하여 2개 이상의 폴더를 압축 폴더로 만들 수 있다.

④ 파일이나 폴더를 복사한 경우 클립보드(Clipboard)에 복사된다.

> 전문가의 조언 | Shift + Delete 를 눌러 파일이나 폴더를 삭제하면 해당 파일이나 폴더가 휴지통에 보관되지 않고 완전히 삭제됩니다.

37섹션 1필드

34. 다음 중 한글 Windows 10에서 시작 메뉴에 대한 설명으로 옳지 않은 것은?

① [시작] 단추가 표시되지 않도록 설정할 수 있다.

② 시작 메뉴를 표시하려면 [시작] 단추를 클릭하거나 Ctrl + Esc 를 누른다.

③ 시작 메뉴의 높이와 너비를 조절할 수 있다.

④ [시작] 메뉴의 프로그램 목록은 사용자가 원하는 대로 추가하거나 삭제할 수 있다.

> 전문가의 조언 | 사용자가 [시작] 단추의 표시 여부를 지정할 수는 없습니다.

38섹션 2필드

35. 다음 중 한글 Windows 10의 [파일 탐색기] 창에 관한 설명으로 옳지 않은 것은?

① 탐색 창에서 ✔ 표시가 있는 폴더는 하위 폴더까지 표시된 상태를 의미한다.

② 탐색 창에서 폴더를 선택한 후에 숫자 키패드의 - 를 누르면 선택된 폴더의 하위 폴더가 표시된다.

③ Backspace 를 누르면 상위 폴더로 이동한다.

④ 왼쪽 방향키(←)를 누르면 선택된 폴더가 열려있을 때는 닫고, 닫혀 있으면 상위 폴더가 선택된다.

> 전문가의 조언 | 탐색 창에서 폴더를 선택한 후 숫자 키패드의 - 를 누르면 선택된 폴더의 하위 폴더가 감춰지고 + 를 누르면 선택된 폴더의 하위 폴더가 표시됩니다.

41섹션 2필드

36. 다음 중 한글 Windows 10이 설치된 C: 디스크 드라이브의 [로컬 디스크(C:) 속성] 창에서 작업할 수 있는 내용으로 옳지 않은 것은?

① 드라이브를 압축하여 디스크 공간을 절약할 수 있다.

② 드라이브 최적화 및 조각 모음을 할 수 있다.

③ 네트워크 폴더를 공유할 수 있도록 설정할 수 있다.

④ 디스크 정리 및 디스크 포맷을 할 수 있다.

> 전문가의 조언 | '로컬 디스크(C:) 속성' 창에서 디스크 정리는 수행할 수 있지만 포맷은 '로컬 디스크(C:) 속성' 창이 아니라 해당 디스크 드라이브의 바로 가기 메뉴에서 [포맷]을 선택하여 수행할 수 있습니다.

61섹션 2필드

37. 다음 한글 Windows 10의 [드라이브 조각 모음 및 최적화]와 관련된 내용으로 옳지 않은 것은?

① 드라이브에 대한 접근 속도를 향상시키기 위한 것으로, 드라이브의 용량 증가와는 관계가 없다.

② 조각화 비율이 5%이면 드라이브 조각 모음 및 최적화를 수행할 필요가 있다.

③ 〈분석〉을 클릭하면 '드라이브 조각 모음 및 최적화' 실행의 필요 여부를 알려준다.

④ 네트워크 드라이브는 '드라이브 조각 모음 및 최적화'를 수행할 수 없다.

> 전문가의 조언 | 드라이브 분석 결과 드라이브의 조각화 비율이 10%를 넘는 경우에 '드라이브 조각 모음 및 최적화'를 수행하는 것이 좋습니다.

38. 다음 중 한글 Windows 10에서 인터넷을 사용하기 위한 네트워크 설정 및 점검에 대한 설명으로 옳지 않은 것은?

① DNS(Domain Name System) 이름과 ping을 이용하여 네트워크 연결 상태를 확인할 수 있다.

② '명령 프롬프트' 창에 'ipconfig/renew'를 입력하면 네트워크 카드의 물리적 주소(MAC Address)도 확인할 수 있다.

③ DNS(Domain Name System) 이름으로 IP 주소를 확인하는 방법은 'ping 도메인 이름'이다.

④ 속도가 느려진 경우 Tracert 명령을 사용하여 속도가 느려진 원인을 확인할 수 있다.

> 전문가의 조언 | • '명령 프롬프트' 창에서 네트워크 카드의 물리적 주소(MAC Address)를 확인하려면 **ipconfig/all**을 입력해야 합니다.
> • **ipconfig/renew**를 입력하면 인터넷을 재연결하며, 새로운 IP 주소를 할당받습니다.

39. 다음 중 한글 Windows 10의 [기본 앱]에 대한 설명으로 옳지 않은 것은?

① Windows에서 기본적으로 사용할 앱을 선택한다.

② 네트워크 연결 및 방화벽을 열 때 사용할 기본 앱을 설정한다.

③ 파일 형식별로 사용할 기본 앱을 선택한다.

④ 웹 브라우저나 전자 메일 작업 등에 사용할 기본 앱을 선택한다.

> 전문가의 조언 | • [⚙(설정)] → [앱] → [기본 앱]에서 네트워크 연결 및 방화벽을 열 때 사용할 앱은 설정할 수 없습니다.
> • 네트워크 연결은 [⚙(설정)] → [네트워크 및 인터넷]에서, 방화벽은 [⚙(설정)] → [업데이트 및 보안] → [Windows 보안] → '보호 영역'의 '방화벽 및 네트워크 보호'를 선택하면 나타나는 'Windows 보안' 창에서 설정할 수 있습니다.

40. 다음 중 한글 Windows 10에서 사용하는 [휴지통]에 대한 설명으로 옳은 것은?

① 휴지통의 크기는 사용자가 원하는 크기를 KB 단위로 지정할 수 있다.

② 지정된 휴지통의 용량을 초과하면 가장 최근에 삭제된 파일부터 자동으로 지워진다.

③ 삭제할 파일을 선택하고 Shift + Delete 를 누르면 해당 파일이 휴지통으로 이동한다.

④ USB 메모리에 있는 파일을 선택한 후 Delete 를 눌러 삭제하면 휴지통으로 가지 않고 완전히 지워진다.

> 전문가의 조언 | [휴지통]에 대한 설명으로 옳은 것은 ④번입니다.
> ① 휴지통의 크기는 사용자가 원하는 크기를 MB 단위로 지정할 수 있습니다.
> ② 지정된 휴지통의 용량을 초과하면 가장 오래전에 삭제된 파일부터 자동으로 지워집니다.
> ③ 삭제할 파일을 선택하고 Shift + Delete 를 누르면 휴지통으로 가지 않고 완전히 지워집니다.

3과목 | PC 기본상식

41. 다음 중 개인정보의 종류와 그에 따른 내용으로 옳은 것은?

① 신체적 정보 : 금융 정보, 의료 정보, 건강 정보

② 재산적 정보 : 개인 신용 정보, 근로 정보, 자격 정보

③ 일반적 정보 : 교육 정보, 이름, 주소

④ 정신적 정보 : 사상, 기호, 성향

> 전문가의 조언 | 개인정보의 종류와 그에 따른 내용으로 옳은 것은 ④번입니다.
> • **신체적 정보** : 신체 정보, 의료 정보, 건강 정보 등
> • **재산적 정보** : 개인 금융 정보, 개인 신용 정보 등
> • **일반적 정보** : 주민등록번호, 이름, 주소 등
> • **사회적 정보** : 교육 정보, 근로 정보, 자격 정보 등

42. 다음은 프로그램 개발 절차이다. 괄호 안에 순서대로 들어갈 내용으로 알맞은 것은?

> 분석 → ( ) → 순서도 작성 → ( ) → ( ) → 테스트 → 프로그램 실행 → 문서화

① 코딩, 오류 검사, 입출력 설계

② 입출력 설계, 코딩, 오류 검사

③ 입출력 설계, 오류 검사, 코딩

④ 오류 검사, 코딩, 입출력 설계

> 전문가의 조언 | 프로그램 개발 절차는 '분석 → 입출력 설계 → 순서도 작성 → 코딩 → 오류 검사 → 테스트 → 프로그램 실행 → 문서화' 순입니다.

없음

43. 다음 중 저작물 사용 허가 표시(CCL; Creative Commons License)에 대한 설명으로 틀린 것은?

① ⓘ : 저작물의 저작자를 표시해야 한다.

② ◉ : 저작물을 동일 조건 하에 다른 저작물로 제작할 수 있다.

③ ⊖ : 저작물을 동일한 조건으로 변경할 수 있다.

④ ⓘ : 저작물을 영리 목적으로 사용할 수 없다.

> **전문가의 조언 |** 저작물 사용 허가 표시 조건 중 ⊖은 저작물을 변경하거나 저작물을 이용하여 새롭게 제작하는 것을 금지한다는 의미로, 변경 금지에 대한 조건입니다.

108섹션 1필드

44. 다음은 무엇에 대한 설명인가?

> • 기존의 스펙트럼에 비해 매우 넓은 대역에 걸쳐 낮은 전력으로 대용량의 정보를 전송하는 무선 통신 기술이다.
> • PC의 대용량 데이터를 프린터에 고속전송 및 인쇄, HDTV 동영상을 PC에 전송 및 저장할 수 있다.

① UWB(Ultra Wide Band)
② WMN(Wireless Mesh Network)
③ 지그비(Zigbee)
④ ALL-IP

> **전문가의 조언 |** 문제의 지문에 제시된 내용은 UWB의 특징입니다.
> • **WMN(Wireless Mesh Network)** : 수십에서 수천 개의 디바이스를 그물망(Mesh)처럼 유기적으로 연결한 메시 네트워크 구조를 무선망으로 구현한 네트워크
> • **지그비(Zigbee)** : 저전력, 저비용, 저속도와 2.4GHz를 기반으로 하는 홈 자동화 및 데이터 전송을 위한 무선 네트워크 규격
> • **ALL-IP** : 인터넷 프로토콜(IP)을 기반으로 유선전화망, 무선망, 패킷 데이터망 등의 기존 통신망을 모두 하나의 통신망으로 통합하여 음성, 데이터, 멀티미디어 등을 전송하는 기술

106섹션 3필드

45. 다음 중 인터넷 상에서 보안을 위협하는 유형에 대한 설명으로 옳지 않은 것은?

① 스푸핑(Spoofing) : 신뢰성 있는 사람이 데이터를 보낸 것처럼 데이터를 위변조하여 접속을 시도한다.

② 파밍(Pharming) : 실제로는 악성 코드로 행동하지 않으면서 겉으로는 악성 코드인 것처럼 가장하여 행동한다.

③ 스미싱(Smishing) : 수신한 메시지에 있는 인터넷 주소를 클릭하면 악성 코드를 설치하여 개인 금융 정보를 빼내는 행위이다.

④ 크래킹(Cracking) : 어떤 목적을 가지고 타인의 시스템에 불법으로 침입하여 정보를 파괴하거나 정보의 내용을 자신의 이익에 맞게 변경하는 행위이다.

> **전문가의 조언 |** • ②번은 혹스(Hoax)에 대한 설명입니다.
> • 파밍(Pharming)은 해커가 악성코드에 감염된 PC를 조작하여 이용자가 정상적인 사이트에 접속해도 중간에서 도메인을 탈취하여 가짜 사이트로 접속하게 한 다음 개인 정보나 금융정보를 몰래 빼내는 행위입니다.

72섹션 2필드

46. 다음에서 설명하는 컴퓨터는 무엇인가?

> 특수한 목적에만 사용하기 위해 제작된 컴퓨터로 자동 제어 시스템, 항공 기술 등 산업용 제어 분야 등에 사용되며, 아날로그 컴퓨터가 여기에 해당된다.

① 디지털 컴퓨터
② 전용 컴퓨터
③ 하이브리드 컴퓨터
④ 범용 컴퓨터

> **전문가의 조언 |** 문제의 지문에 제시된 내용은 전용 컴퓨터에 대한 설명입니다.
> • **디지털 컴퓨터(Digital Computer)** : 문자나 숫자화 된 비연속적인 데이터(디지털형)를 처리하는 컴퓨터로 사회 각 분야에서 일반적으로 사용하는 컴퓨터
> • **하이브리드 컴퓨터(Hybrid Computer)** : 디지털 컴퓨터와 아날로그 컴퓨터의 장점을 혼합하여 만든 컴퓨터
> • **범용 컴퓨터** : 여러 분야에서 다양한 용도로 사용하기 위해 제작된 컴퓨터로, 디지털 컴퓨터가 여기에 해당됨

102섹션 1필드

47. 다음 중 인터넷 프로그래밍 언어인 자바(JAVA)에 대한 설명으로 옳지 않은 것은?

① 3차원 가상공간과 입체 이미지들을 묘사하기 위한 언어이다.

② 분산 네트워크상에서의 프로그램 작성이 용이하다.

③ 실시간 정보를 통해 애니메이션을 구현한다.

④ 자체 통신기능을 가지며 다양한 응용 프로그램을 만들 수 있다.

> **전문가의 조언 |** ①번은 VRML에 대한 설명입니다.

29섹션 1필드

48. 다음 중 컴퓨터를 처음 켰을 때 동작하는 프로그램으로, 디스크가 운영체제를 성공적으로 동작하기 위해 필요한 기본 구성 요소들을 가지고 있는지 확인하는데 사용하는 영역은 어느 것인가?

① 루트 폴더(Root Folder)

② 데이터 영역(Data Area)

③ FAT(File-Allocation Table)

④ MBR(Master Boot Record)

전문가의 조언 | 문제에서 제시된 내용은 MBR(Master Boot Record)의 특징입니다.

90섹션 2필드

49. 다음 중 메모리가 정상적으로 인식되지 않은 경우, 그 대책으로 옳지 않은 것은?

① CMOS 셋업에서 캐시 항목이 Enable로 설정되어 있는지 확인한다.

② CMOS 셋업에서 RAM의 속도를 임의로 변경하지 않았는지 확인한다.

③ 메인보드에서 지원하는 RAM을 사용했는지 확인한다.

④ RAM 소켓에 RAM이 올바르게 꽂혀있는지 확인한다.

전문가의 조언 | CMOS 셋업의 캐시 항목은 캐시의 동작 여부를 설정하는 것으로 메모리와는 관련이 없습니다.

93섹션 1필드

50. 다음 중 멀티미디어 데이터에 관한 설명으로 옳지 않은 것은?

① 아날로그 데이터를 디지털로 변환하기 위해서는 표본화(Sampling)와 양자화(Quantization) 과정을 거치게 된다.

② 표본화란 연속적인 아날로그 신호를 불연속적인 디지털 신호로 바꾸는 과정을 말한다.

③ 음성이나 영상 등의 아날로그 신호를 일정 시간 간격으로 검출하는 단계를 샘플링이라고 한다.

④ 샘플링할 때 디지털 오디오 데이터 파일의 크기에 영향을 미치는 요소에는 샘플링 비율(헤르츠), 양자화 크기(비트), 저장 매체의 크기(바이트) 등이 있다.

전문가의 조언 | 디지털 오디오 데이터 파일의 크기에 영향을 미치는 세 가지 요소는 '샘플링 비율, 양자화 크기, 지속 시간'입니다.

94섹션 2필드

51. 다음 중 인터넷 표준 그래픽 형식으로 8비트 컬러를 사용하여 256가지로 색의 표현이 제한되지만, 애니메이션도 표현할 수 있는 그래픽 파일 형식으로 옳은 것은?

① TIF

② PNG

③ GIF

④ JPG

전문가의 조언 | 문제에 제시된 그래픽 파일 형식은 GIF입니다.
- TIF : 호환성이 좋아 응용 프로그램 간 데이터 교환용으로 사용됨
- PNG : 웹에서 고화질 이미지를 표현하기 위해 제정한 그래픽 형식
- JPG : 사진과 같은 선명한 정지 영상을 표현하기 위한 국제 표준 압축 방식

75섹션 3필드

52. 다음 중 연산장치를 구성하는 레지스터가 아닌 것은?

① 데이터 레지스터

② 메모리 버퍼 레지스터

③ 상태 레지스터

④ 인덱스 레지스터

전문가의 조언 | 메모리 버퍼 레지스터(MBR)는 제어장치의 구성 요소입니다.

106섹션 2필드

53. 다음 중 네트워크에서 데이터 전달의 흐름을 방해하여 가용성에 영향을 미치는 컴퓨터 시스템의 정보 보안 위협 유형으로 옳은 것은?

① 가로막기(Interruption)

② 가로채기(Interception)

③ 수정(Modification)

④ 위조((Fabrication)

전문가의 조언 | 문제에 제시된 내용은 가로막기(Interruption)에 대한 설명입니다.
- 가로채기(Interception) : 송신된 데이터가 수신지까지 가는 도중에 몰래 보거나 도청하여 정보를 유출하는 행위
- 수정(Modification) : 전송된 데이터를 원래의 데이터가 아닌 다른 내용으로 바꾸는 행위
- 위조(Fabrication) : 마치 다른 송신자로부터 데이터가 송신된 것처럼 꾸미는 행위

70섹션 1필드

54. 다음 중 발전 순서 또는 크기 순(작은 순에서 큰 순, 느린 순에서 빠른 순)으로 나열하였을 때 옳지 않은 것은?

① 진공관 → 트랜지스터 → 집적(IC)회로 → LSI

② MARK1 → EDSAC → ENIAC → EDVAC

③ Bit → Byte → Word → Field → Record

④ $ms(10^{-3})$ → $\mu s(10^{-6})$ → $ns(10^{-9})$ → $ps(10^{-12})$

전문가의 조언 | 휴컴퓨터의 발전 순서를 올바로 나열하면 'MARK1 → ENIAC → EDSAC → EDVAC'입니다.

109섹션 2필드

55. 다음에서 설명하는 모바일 운영체제는 무엇인가?

> • 구글에서 개발한 리눅스 기반의 개방형 모바일 운영체제
> • 개방형 소프트웨어이므로 단말기 제조사나 이동통신사 등이 무료로 사용할 수 있으나 개방된 만큼 보안에 취약함

① Android
② 윈도우폰
③ iOS
④ 클라우드 OS

전문가의 조언 | 문제의 지문에서 설명하는 모바일 운영체제는 안드로이드(Android)입니다.
• **윈도우폰** : 마이크로소프트사에서 개발한 모바일 운영체제로 PC의 운영체제인 윈도우와 완벽하게 호환됨
• **iOS** : 애플사에서 개발한 유닉스 기반의 모바일 운영체제로 애플의 모바일 기기에서만 사용됨
• **클라우드 OS** : 클라우드 컴퓨팅 환경에서 연결된 각 PC에 가상의 운영체제 환경을 제공하는 플랫폼 또는 소프트웨어

87섹션 2필드

56. 사용 권한에 따라 소프트웨어를 분류하고자 할 때, 다음은 무엇에 대한 설명인가?

> 일정 기간 동안 무료로 사용하다가 마음에 들면 금액을 지불해야 정식으로 사용할 수 있는 제품으로, 일부 기능을 제한한 프로그램이다.

① 번들 프로그램
② 셰어웨어
③ 프리웨어
④ 데모 버전

전문가의 조언 | 문제의 지문에 제시된 내용은 셰어웨어(Shareware)에 대한 설명입니다.
• **번들(Bundle)** : 하드웨어나 소프트웨어를 구매했을 때 무료로 제공하는 일체의 소프트웨어
• **프리웨어(Freeware)** : 무료로 사용 또는 배포가 가능한 것으로, 배포는 주로 인터넷을 통해 이루어짐
• **데모(Demo) 버전** : 정식 프로그램의 기능을 홍보하기 위해 사용 기간이나 기능을 제한하여 배포하는 프로그램

102섹션 1필드

57. 다음 중 아래의 보기에서 설명하는 인터넷 프로그래밍 언어로 옳은 것은?

> • HTML의 단점을 보완한 인터넷 언어로, SGML의 복잡한 단점을 개선한 언어
> • 사용자가 새로운 태그와 속성을 정의할 수 있는 확장성을 가짐
> • 유니코드를 사용하므로 전 세계의 모든 문자를 처리

① XML
② ASP
③ JSP
④ VRML

전문가의 조언 | 문제의 지문에서 설명하는 인터넷 프로그래밍 언어는 XML입니다.
• **ASP(Active Server Page)** : 서버측에서 동적으로 수행되는 페이지를 만들기 위한 언어로, 마이크로소프트 사에서 제작하였으며, Windows 계열에서만 수행 가능한 프로그래밍 언어임
• **JSP(Java Server Page)** : 자바로 만들어진 서버 스크립트로, 다양한 운영체제에서 사용 가능하며, 데이터베이스와 연결하기 쉽고, 시스템을 효율적으로 사용할 수 있음
• **VRML(Virtual Reality Modeling Language)** : '가상현실 모델링 언어'라는 뜻으로, 웹에서 3차원 가상공간을 표현하고 조작할 수 있게 하는 언어

85섹션 2필드

58. 다음 중 운영체제의 핵심적인 부분으로서 하드웨어와의 상호 작용 역할을 담당하고 프로그램과 하드웨어 간의 인터페이스 역할을 하며, 컴퓨터가 부팅된 후 항상 주기억장치에 상주하는 프로그램을 무엇이라고 하는가?

① 데몬(Daemon)
② 커널(Kernel)
③ 로더(Loader)
④ 채널(Channel)

전문가의 조언 | 문제에 제시된 내용은 커널(Kernel)에 대한 설명입니다.
- **데몬(Daemon)** : 인터넷 상에서 발생하는 서비스들을 처리하기 위해 웹 서버에 항상 실행 중인 프로그램
- **로더(Loader)** : 실행 가능한 로드 모듈에 기억공간의 번지를 지정하여 메모리에 적재하는 프로그램
- **채널(Channel)** : 주변장치의 제어 권한을 중앙처리장치(CPU)로부터 넘겨받아 중앙처리장치(CPU) 대신 입·출력을 관리함

`71섹션 5필드`

59. 다음 중 컴퓨터의 분류에 대한 설명으로 옳지 않은 것은?

① 범용 컴퓨터는 다양한 종류의 디지털 데이터에 대한 처리가 용이하다.

② 워크스테이션은 고성능 컴퓨터로 CISC 프로세서만을 사용한다.

③ 미니 컴퓨터는 마이크로 컴퓨터보다 처리 용량과 속도가 뛰어나다.

④ 하이브리드 컴퓨터는 디지털 컴퓨터와 아날로그 컴퓨터의 장점을 혼합한 형태이다.

전문가의 조언 | 워크스테이션은 고성능 컴퓨터로 대부분 RISC 프로세서를 사용합니다.

`85섹션 4필드`

60. 다음 중 중 컴퓨터의 운영체제를 구성하는 제어 프로그램의 역할에 관한 설명으로 옳지 않은 것은?

① 자원 할당 및 시스템 전체의 작동 상태를 감시한다.

② 작업이 정상적으로 처리될 수 있도록 작업 순서와 방법을 관리한다.

③ 작업에 사용되는 데이터와 파일의 표준적인 처리 및 전송을 관리한다.

④ 사용자가 고급언어로 작성한 원시 프로그램을 복적 프로그램으로 번역한다.

전문가의 조언 | ④번은 처리 프로그램 중 언어 번역 프로그램에 대한 설명입니다.
- ①번은 제어 프로그램 중 감시 프로그램, ②번은 작업 관리 프로그램, ③번은 데이터 관리 프로그램에 대한 설명입니다.

1과목 워드프로세싱 용어 및 기능

3섹션 1필드

1. 다음 중 KS X 1005-1(유니코드)에 대한 설명으로 옳지 않은 것은?

① 영문을 1바이트, 한글을 2바이트로 표현한다.

② 정보통신망을 이용한 정보 교환 시 충돌이 발생하지 않는다.

③ 전세계 모든 문자의 표현이 가능하다.

④ 완성형과 조합형을 동시에 사용할 수 있다.

전문가의 조언 | 유니코드는 모든 문자를 2바이트로 표현합니다.

11섹션 1필드

2. 다음 메일 머지(Mail Merge) 기능에 대한 설명으로 옳지 않은 것은?

① 이름이나 직책, 주소 등만 다르고 나머지 내용은 같은 여러 통의 편지를 쉽게 만들 수 있는 기능이다.

② 초청장이나 안내장, 청첩장 등을 만들 경우에 효과적으로 이용할 수 있다.

③ 데이터 파일은 꼭 엑셀(xls)이나 액세스(mdb) 파일이어야 한다.

④ 반드시 본문 파일에서 메일 머지 기능을 실행시켜야 한다.

전문가의 조언 | 데이터 파일로 가능한 파일에는 엑셀(xls), 액세스(mdb), 한글(hwp), MS-워드(doc), 텍스트(txt) 등이 있습니다.

21섹션 1필드

3. 다음 중 문서의 기능으로 가장 거리가 먼 것은?

① 의사 결정의 기능　　② 의사 보존의 기능

③ 자료 제공의 기능　　④ 의사 전달의 기능

전문가의 조언 | 문서의 기능에는 의사 기록·구체화 기능, 의사 전달 기능, 의사 보존 기능, 자료 제공 기능, 업무의 연결·조절 기능 등이 있습니다.

21섹션 3필드

4. 다음 문서관리의 절차에서 괄호(㉠~㉢)에 들어갈 용어를 순서대로 나열한 것은?

> 구분 → (㉠) → 편철 → (㉡) → 이관 → (㉢) → 폐기

① 보관, 분류, 보존　　② 분류, 보관, 보존

③ 보존, 보관, 분류　　④ 분류, 보존, 보관

전문가의 조언 | 문서관리의 절차를 순서대로 나열하면 '구분 → 분류 → 편철 → 보관 → 이관 → 보존 → 폐기' 순입니다.

10섹션 1필드

5. 다음 워드프로세서의 기능에 대한 설명으로 옳지 않은 것은?

① 매크로 기능을 이용하면 본문 파일의 내용은 같게 하고 수신인, 주소 등을 달리한 데이터 파일을 연결하여 여러 사람에게 보낼 초대장 등을 출력할 수 있다.

② 스타일 기능은 몇 가지의 표준적인 서식을 설정해 놓고 공통으로 사용되는 문단에 적용시킬 수 있는 기능이다.

③ 수식 편집기를 이용하면 수학식이나 화학식을 쉽게 입력할 수 있다.

④ 하이퍼미디어는 문서의 특정 단어 혹은 그림을 다른 곳의 내용과 연결시켜 주는 기능이다.

전문가의 조언 | • 매크로 기능은 일련의 작업 순서를 키보드의 특정 키에 기록해 두었다가 필요할 때 한 번에 재생해 내는 기능입니다.
• ①번은 메일 머지에 대한 설명입니다.

10섹션 1필드

6. 다음 중 워드프로세서에서 맞춤법 검사 기능에 관한 설명으로 옳지 않은 것은?

① 내장된 사전과 비교하여 틀린 단어를 고치는 기능이다.

② 문장 부호 검사, 영문 약자 검사를 지정할 수 있다.

③ 자주 틀리는 단어는 자동으로 수정되도록 지정할 수 있다.

④ 한글과 영문 뿐만 아니라 수식도 고칠 수 있다.

전문가의 조언 | 맞춤법 검사 기능으로 수식이나 화학식의 오류를 검사할 수는 없습니다.

7. 다음 중 교정 부호를 사용한 후 원래 문장의 글자 수(공백 포함)가 변하지 않는 부호로 옳은 것은?

① ✂ ② ◡◠ ③ ⌀ ④ ✓

전문가의 조언 | 교정 부호를 사용한 후 원래 문자의 글자 수가 변하지 않는 부호는 ✂(교정 취소)입니다.

8. 다음 설명에 해당하는 용어는 무엇인가?

> 주문서, 납품서, 청구서 등 무역에 필요한 각종 서류를 표준화된 양식을 통해 전자적 신호로 바꿔 컴퓨터통신망을 이용, 거래처에 전송하는 시스템이다. 기존의 서류를 통한 업무 처리와는 달리 컴퓨터를 이용하여 사무실에서 빠르고 간편하게 업무를 처리할 수 있다. 기업 간의 거래 데이터를 교환하기 위한 표준 포맷이다.

① ERP ② EDI
③ EDMS ④ CALS

전문가의 조언 | 문제의 지문에 제시된 내용은 EDI(Electronic Data Interchange)에 대한 설명입니다.

9. 다음 중 워드프로세서의 출력 기능에 대한 설명으로 옳지 않은 것은?

① 문서 편집 시 설정한 용지 크기는 인쇄 시 크기를 변경하여 출력할 수 없다.
② 특정 페이지를 지정하여 인쇄할 수 있다.
③ 작성한 문서를 팩스로 보낼 수 있다.
④ 프린터의 해상도를 높게 설정하면 출력시간이 길어진다.

전문가의 조언 | 인쇄 시 '인쇄' 대화상자에서 용지 크기 및 종류, 방향 등을 변경할 수 있습니다.

10. 다음 중 전자문서에 관한 설명으로 옳지 않은 것은?

① 전자문서는 종이보관의 이관시기와 동일하게 전자적으로 이관한다.
② 전자문서란 컴퓨터 등 정보처리 능력을 가진 장치에 의하여 전자적인 형태로 작성되어 송·수신 또는 저장된 문서를 말한다.

③ 전자문서는 검토자, 협조자 및 결재권자가 동시에 열람할 수는 없다.
④ 전자문서의 수신 시점은 수신자가 전자문서를 수신할 컴퓨터를 지정한 경우에는 지정된 컴퓨터에 입력된 때이다.

전문가의 조언 | 전자문서는 검토자, 협조자 및 결재권자가 동시에 열람할 수 있습니다.

11. 다음과 가장 관련이 있는 글꼴 구성 방식은 무엇인가?

> • 그래픽과 텍스트를 종이, 필름, 모니터 등에 인쇄하기 위한 페이지 설명 언어이다.
> • 글자의 외곽선 정보를 각종 그래픽 소프트웨어에 제공하며 위지윅을 구현할 수 있다.

① 벡터(Vector)
② 포스트스크립트(Post Script)
③ 오픈타입(Open Type)
④ 트루타입(True Type)

전문가의 조언 | 문제의 지문과 관련 있는 글꼴 구성 방식은 포스트스크립트(Post Script)입니다.
• 벡터(Vector) : 문자의 좌표를 입력받아 점과 점을 연결하는 선분 또는 곡선으로 문자를 생성함
• 오픈타입(Open Type) : 높은 압축률을 통해 파일의 용량을 줄인 글꼴로, 파일의 용량이 작으므로 통신을 이용한 폰트의 송·수신이 용이함
• 트루타입(True Type) : 화면 표시와 프린터 출력에 동일한 글꼴을 사용하며, 위지윅(WYSIWYG) 구현이 용이함

12. 다음 중 워드프로세서의 표 기능에 관한 설명으로 옳지 않은 것은?

① 표를 만든 후 표의 서식을 다양하게 변경할 수 있다.
② 표에서 같은 행이나 열에 있는 두 개 이상의 셀을 하나의 셀로 결합할 수 있다.
③ 표 속성 창에서 확대나 축소 비율, 그림자를 설정할 수 있다.
④ 표 안에서 새로운 중첩된 표를 만들고 편집할 수 있다.

전문가의 조언 | 표 속성 대화상자에서는 확대나 축소 비율, 그림자를 설정할 수 없습니다.

22섹션 2필드

13. K사에서 전국의 지점으로부터 판매 실적을 문서로 받아 정리하고자 할 때 사용하기에 적합한 문서 정리 방법은?

① 번호식 분류법
② 지역별 분류법
③ 주제별 분류법
④ 수평적 분류법

전문가의 조언 | 전국 지점과 같이 지역별로 문서를 정리하고자 할 때 사용하기에 적합한 문서 정리 방법은 지역별 분류법입니다.
- **번호별 파일링** : 문자 대신 번호를 사용하여 번호 순으로 정리하는 방법
- **주제별 파일링** : 문서의 내용으로부터 주제를 정하여 이를 기준으로 정리하는 방법
- **명칭별(가나다) 파일링** : 거래처별로 개인이나 회사의 이름 등을 가나다 또는 ABC 순으로 정리하는 방법

16섹션 1필드

14. 다음 중 전자출판에 대한 설명으로 옳지 않은 것은?

① 개인용 컴퓨터를 이용하여 출판의 전 과정이 가능하다.
② 출판 내용에 대한 추가 및 수정이 용이하다.
③ 그림이나 표는 개체로 인식되어 자유롭게 위치를 변경할 수 있다.
④ 종이 인쇄물에 비해 전체적인 내용 비교가 쉽지만 다른 전자 매체와의 결합은 어렵다.

전문가의 조언 | • 전자출판물 내용은 모니터의 화면 크기 내에서만 확인할 수 있으므로, 종이 인쇄물에 비해 전체적인 내용의 비교가 어렵습니다.
- 전자출판물로 저장된 자료는 디지털 데이터이므로, 다른 전자 매체와의 결합이 용이합니다.

21섹션 2필드

15. 다음 중 문서관리 시 확보해야 할 원칙에 대한 설명으로 옳지 않은 것은?

① 문서관리를 담당하는 전문 인력을 배치하여 전문성을 높인다.
② 문서 처리 절차나 방법 중에서 반복되는 것이나 불필요한 것은 없애고 간결하게 처리한다.

③ 가능한 한 문서를 옮겨 적거나 세밀하게 기재하고 문서의 경유처는 최대한 모두 경유하게 한다.
④ 문서 관리 시 발생하는 여러 가지 수단이나 방법 중에서 가장 합리적인 것을 선정하여 적용한다.

전문가의 조언 | 문서관리 시 문서를 옮겨 적거나 다시 기재하는 것은 줄이고, 문서의 경유처 또한 최대한 줄여 문서가 정체되는 것을 방지해야 합니다.

6섹션 1필드

16. 다음 중 워드프로세서의 입력 및 저장 관련 용어에 대한 설명으로 옳은 것은?

① 내어쓰기(Outdent) : 문단의 첫째 줄 맨 앞부분을 문단의 다른 줄보다 몇 자 들어가게 하는 기능
② 개체(Object) : 문서를 작성하거나 편집할 때 편리하게 사용할 수 있도록 미리 제작된 이미지 데이터의 집합
③ 캡처(Capture) : 현재 화면에 나타난 정보 그대로를 그래픽 파일로 디스크에 저장하는 것
④ 강제 개행 : 한 행에 문자가 다 채워지면 커서가 자동으로 다음 행의 처음으로 이동하는 것

전문가의 조언 | 캡처(Capture)는 현재 화면에 나타난 정보 그대로를 그래픽 파일로 디스크에 저장하는 것입니다.
① 내어쓰기는 첫째 줄 맨 앞부분을 문단의 다른 줄보다 몇 자 나오게 하는 기능입니다. ①번은 들여쓰기에 대한 설명입니다.
② 개체는 Windows용 프로그램에서 개별적인 요소로 취급되어 문서에 연결하거나 삽입할 수 있는 그림이나 도표, 소리 등의 요소입니다. ②번은 클립아트에 대한 설명입니다.
④ 강제 개행은 한 행에 문자가 다 채워지지 않은 상태에서 Enter를 눌러 다음 행의 처음으로 커서를 이동하는 것으로, 새로운 문단을 시작할 때 사용하는 기능입니다. ④번은 자동 개행에 대한 설명입니다.

23섹션 1필드

17. 다음 중 전자문서 관리에 관한 설명으로 옳지 않은 것은?

① 전자문서의 공유를 위하여 모든 구성원의 문서 접근이 허용된다.
② 전자문서는 검토자, 협조자 및 결재권자가 동시에 열람할 수 있다.
③ 전자문서의 결재권자는 전자문서를 열람한 후에 서명란에 서명한다.
④ 전자문서는 종이 보관의 이관시기와 동일하게 전자적으로 이관한다.

전문가의 조언 | 전자문서는 문서 등급에 따라 접근자의 범위가 지정되어 있으므로 전자문서의 공유를 위하여 모든 구성원의 문서 접근이 허용되도록 하면 안됩니다.

14섹션 1필드

18. 다음 중 워드프로세서 작업 시 화면에 표시된 문서나 내용을 그 상태 그대로 프린터에 출력하는 기능은?

① 소프트 카피(Soft Copy) ② 하드 카피(Hard Copy)

③ 라인 피드(Line Feed) ④ 폼 피드(Form Feed)

> **전문가의 조언 |** 화면에 표시된 문서나 내용을 그 상태 그대로 프린터에 출력하는 기능은 하드 카피(Hard Copy)입니다.
> • **소프트 카피(Soft Copy)** : 비디오 영상이나 소리와 같이 인쇄물이 아닌 다른 형태로 자료를 표시하는 기능
> • **라인 피드(Line Feed)** : 프린터에서 다음 줄에 인쇄할 수 있도록 줄 단위로 프린터 용지를 위로 올리는 기능
> • **폼 피드(Form Feed)** : 프린터에서 다음 페이지의 맨 처음 위치까지 종이를 밀어 올리는 기능

6섹션 1필드

19. 한 페이지가 모두 입력되지 않은 상태에서 새로운 페이지로 나눌 때 사용하는 키는?

① Shift + Enter ② Ctrl + Enter

③ Ctrl + Alt + Enter ④ Shift + Alt + Enter

> **전문가의 조언 |** 한 페이지가 모두 입력되지 않은 상태에서 새로운 페이지로 나눌 때 사용하는 키는 Ctrl + Enter입니다.

21섹션 3필드

20. 다음 중 문서의 폐기에 관한 설명으로 가장 옳지 않은 것은?

① 보존기간이 경과한 문서는 즉시 폐기처분한다.

② 비밀문서는 반드시 문서 세단기를 이용하거나 폐기 전문 업체를 이용한다.

③ 문서를 폐기할 때는 보존문서 기록대장에 폐기 사실을 기입하고 폐기인을 날인한다.

④ 폐기할 문서가 다시 필요할 지에 대한 검토를 할 필요는 없다.

> **전문가의 조언 |** 폐기할 문서는 다시 필요할 지에 대한 여부를 검토한 후 보존, 폐기, 보류 등을 결정합니다.

2과목 **PC 운영체제**

55섹션 2필드

21. 다음 중 한글 Windows 10에 설치된 기본 프린터에 대한 설명으로 옳은 것은?

① 기본 프린터는 설치된 여러 프린터 중 2대까지 지정할 수 있다.

② 기본 프린터로 지정된 프린터는 삭제시킬 수 없다.

③ 기본 프린터는 컴퓨터에 설치된 여러 프린터 중 가장 먼저 설치한 프린터를 의미한다.

④ 네트워크 프린터나 추가 설치된 프린터도 기본 프린터로 지정할 수 있다.

> **전문가의 조언 |** 기본 프린터에 대한 설명으로 옳은 것은 ④번입니다.
> ① 기본 프린터는 하나만 지정할 수 있습니다.
> ② 기본 프린터로 지정된 프린터도 삭제할 수 있습니다.
> ③ 기본 프린터는 인쇄 명령 수행 시 프린터를 지정하지 않을 경우 자동으로 인쇄 작업이 전달되는 프린터를 말합니다.

47섹션 3필드

22. PC의 이름 바꾸기에 대한 설명으로 옳지 않은 것은?

① ⊞ + Pause/Break를 누른 후 〈이 PC의 이름 바꾸기〉를 클릭하여 변경할 수 있다.

② [설정] → [장치] → [정보]에서 변경할 수 있다.

③ 바탕 화면의 '내 PC'의 속성 창을 열어 변경할 수 있다.

④ 이름 바꾸기는 재부팅을 수행해야만 변경사항이 적용된다.

> **전문가의 조언 |** [⚙](설정)을 이용한 이름 바꾸기는 [⚙](설정) → [시스템] → [정보]를 선택하여 변경할 수 있습니다.

48섹션 2필드

23. 다음 중 한글 Windows 10에서 글꼴에 관한 설명으로 옳지 않은 것은?

① 새로운 글꼴을 추가하려면 해당 글꼴 파일을 열면 나타나는 글꼴 창에서 [설치] 버튼을 클릭하면 된다.

② 글꼴 파일의 확장자는 .TTF, .TTC 등이 있다.

③ [설정] → [개인 설정] → [글꼴]에서 설치되어 있는 글꼴을 삭제할 수 있다.

④ 'C:\Windows\Font' 폴더에서 모든 글꼴을 선택한 후 [숨기기]를 하면 다른 앱에서 글자를 입력할 수 없다.

43섹션 2필드

24. 다음 한글 Windows 10에서 마우스를 이용하여 파일이나
폴더를 복사 또는 이동하는 방법으로 옳지 않은 것은?

① 파일을 같은 드라이브에 있는 다른 폴더로 이동할 경우에
는 파일을 선택한 후 드래그 앤 드롭한다.

② 파일을 같은 드라이브에 있는 다른 폴더로 복사할 경우에
는 파일을 선택한 후 [Alt]를 누른 상태로 드래그 앤 드롭
한다.

③ 파일을 다른 드라이브에 있는 폴더로 이동할 경우에는
파일을 선택한 후 [Shift]를 누른 상태로 드래그 앤 드롭
한다.

④ 파일을 다른 드라이브에 있는 폴더로 복사할 경우에는 파
일을 선택한 후 드래그 앤 드롭한다.

전문가의 조언 | 파일을 같은 드라이브에 있는 다른 폴더로 복사할 경우에는 파일을
선택한 후 [Ctrl]을 누른 상태로 드래그 앤 드롭해야 합니다.

34섹션 2필드

25. 다음 중 한글 Windows 10에서 제공하는 에어로 세이크
(Aero Shake)에 대한 설명으로 옳은 것은?

① 마우스 포인터를 가져가면 열려 있는 창들이 모두 최소화
되어 바탕 화면을 볼 수 있다.

② 열려있는 창을 드래그하는 위치에 따라 창의 크기를 조절
할 수 있다.

③ 작업 표시줄 아이콘을 통해 축소판 미리 보기가 가능하
며, 열려있는 모든 창을 최소화 하지 않고 바탕 화면을 볼
수 있다.

④ 창을 흔들면 다른 열려있는 모든 창을 최소화 하거나 다
시 원상태로 나타나게 할 수 있다.

전문가의 조언 | 에어로 세이크(Aero Shake)는 창을 흔들면 다른 열려있는 모든 창을
최소화 하거나 다시 원상태로 나타나게 하는 기능입니다.
· ①번은 '바탕 화면 미리 보기', ②번은 에어로 스냅(Aero Snap), ③번은 에어로 피
크(Aero Peek)에 대한 설명입니다.

없음

26. 다음 중 한글 Windows 10에서 Bluetooth 장치를 연결할 수
없다는 메시지가 나타났을 때 수행해야 할 작업으로 옳지
않은 것은?

① 연결하려는 제품이 Bluetooth를 지원하는지 확인한다.

② Windows의 장치에서 Bluetooth가 켜져 있는지 확인
한다.

③ 제품이 Bluetooth를 지원하지만 연결되지 않는 경우 드
라이버를 업데이트한다.

④ [⚙(설정)] → [앱]에서 Bluetooth 제품의 드라이버를 설
치한다.

전문가의 조언 | · [⚙(설정)] → [앱]에서는 드라이버를 설치할 수 없습니다.
· 드라이버는 해당 장치가 플러그 앤 플레이(PnP)를 지원하면 Windows에서 자동
으로 인식하여 설치되고, 지원하지 않으면 드라이버를 별도로 설치해야 합니다.

85섹션 4필드

27. 다음 중 한글 Windows 10에서 유틸리티 프로그램에 관한
설명으로 옳지 않은 것은?

① 대개 파일의 크기가 작고 간단하며, 운영체제에 일부 포
함되어 제공되거나 별도로 제공되는 프로그램이다.

② 유틸리티 프로그램이 없으면 기본적인 컴퓨터 시스템 운
영에 심각한 영향을 미친다.

③ 시스템 성능을 향상시키거나 시스템 사용에 편리함을 주
기 위하여 사용된다.

④ 파일 압축 및 해제, 이미지 뷰어 등이 있다.

전문가의 조언 | 유틸리티는 컴퓨터 시스템에 있는 기존 프로그램을 지원하거나 기
능을 향상 또는 확장하기 위해 사용하는 프로그램으로 유틸리티 프로그램이 없더라
도 컴퓨터 시스템에 영향을 미치지는 않습니다.

66섹션 1필드

28. 다음 중 한글 Windows 10에서 제공하는 [Windows 방화벽]
에 대한 설명으로 옳지 않은 것은?

① 해커나 악성 소프트웨어가 네트워크나 인터넷을 통해 사
용자 컴퓨터에 액세스하지 못하도록 방지하는 기능이다.

② [인바운드 규칙] 사용을 설정하면 방화벽은 사용자의 네
트워크에서 외부로 나가는 연결을 제어할 수 있다.

③ Windows 방화벽이 새 프로그램을 차단할 때 알림을 표
시할 수 있도록 설정할 수 있다.

④ 연결 보안 규칙의 종류에는 격리, 인증 예외, 서버 간, 터
널, 사용자 지정 등이 있다.

전문가의 조언 | '인바운드 규칙'은 외부에서 내부로 들어오려는 움직임에 대해 설정
하는 규칙이고 '아웃바운드 규칙'은 내부에서 외부로 나가려는 움직임에 대해 설정
하는 규칙입니다.

30섹션 2필드

29. 다음 중 한글 Windows 10에서 '시스템 구성' 창을 화면에 표시하려고 한다. 작업 표시줄의 검색 상자에서 입력해야 할 명령어로 옳은 것은?

① ipconfig
② msconfig
③ appconfig
④ editconfig

전문가의 조언 | '시스템 구성' 창을 화면에 표시하는 명령어는 **msconfig**입니다.
• **ipconfig** : 현재 컴퓨터의 IP 주소, 서브넷 마스크, 게이트웨이 등을 표시함

55섹션 4필드

30. 다음 중 한글 Windows 10에서 문서 인쇄에 대한 설명으로 옳지 않은 것은?

① 인쇄 대기중인 문서를 삭제하거나 출력 대기 순서를 임의로 조정할 수 있다.
② 일단 프린터에서 인쇄 작업이 시작된 경우라도 잠시 중지시켰다가 다시 인쇄할 수 있다.
③ 인쇄 관리자 창에 인쇄 대기 중인 문서를 바탕 화면으로 드래그하면 바로 가기 아이콘이 생성된다.
④ 인쇄중 문제가 발생한 인쇄 목록을 확인할 수 있다.

전문가의 조언 | 인쇄 관리자 창에 인쇄 대기 중인 문서를 바탕 화면으로 드래그할 수 없습니다.

31섹션 1필드

31. 다음 중 한글 Windows 10에서 [⊞(시작)]의 '전원'을 클릭했을 때 표시되는 메뉴에 관한 설명으로 옳지 않은 것은?

① 다시 시작 : 사용하던 앱을 모두 종료하고 시스템을 다시 시작한다.
② 시스템 종료 : 전원을 차단하여 시스템을 종료한다.
③ 로그아웃 : 사용하던 앱을 종료하지 않은 상태에서 다른 사용자 계정으로 네트워크에 로그인 할 수 있게 한다.
④ 절전 : 장시간 사용하지 않을 때 주변장치들의 전원을 차단하여 전력 소비량을 최소화했다가 마우스 단추나 키보드에서 임의의 키를 누르면 곧바로 다시 시작할 수 있다.

전문가의 조언 | • [⊞(시작)] → [⏻(전원)]을 클릭했을 때 '로그아웃'이라는 메뉴는 표시되지 않습니다.
• [⊞(시작)] → [⏻(전원)]을 클릭했을 때 표시되는 메뉴에는 '절전', '시스템 종료', '다시 시작' 3가지뿐입니다.

38섹션 3필드

32. 다음 한글 Windows 10의 파일 탐색기의 [보기] → [레이아웃]에서 선택할 수 있는 보기 옵션이 아닌 것은?

① 아주 큰 아이콘
② 넓은 아이콘
③ 작은 아이콘
④ 목록

전문가의 조언 | • 파일 탐색기의 [보기] → [레이아웃]에 '넓은 아이콘'이라는 보기 옵션은 없습니다.
• 파일 탐색기의 [보기] → [레이아웃]에서 선택할 수 있는 보기 옵션에는 '아주 큰 아이콘', '큰 아이콘', '보통 아이콘', '작은 아이콘', '목록', '자세히', '타일', '내용'이 있습니다.

66섹션 1필드

33. 다음 중 한글 Windows 10의 [⚙(설정)] → [네트워크 및 인터넷] 창에서 할 수 있는 작업으로 옳지 않은 것은?

① 현재 연결된 네트워크의 상태를 확인할 수 있다.
② 컴퓨터에서 사용 가능한 네트워크를 표시할 수 있다.
③ Windows가 데이터 사용량을 제한할 수 있도록 제한 유형, 요금제 시작일, 데이터 제한 크기를 설정할 수 있다.
④ 사용자 계정을 변경하거나, 무선 또는 유선 네트워크에 연결할 수 있다.

전문가의 조언 | 사용자 계정의 변경은 [⚙(설정)] → [계정]에서 수행할 수 있습니다.

99섹션 2필드

34. 다음 중 한글 Windows 10의 [이더넷 속성]에서 TCP/IPv4와 TCP/IPv6 프로토콜에 대한 설명으로 옳지 않은 것은?

① TCP/IPv4는 32비트 주소 체계를 사용하며 8비트씩 4개의 10진수를 온점(.)으로 구분하여 사용한다.
② TCP/IPv6는 128비트 주소 체계를 사용하며 16비트씩 8부분의 16진수를 콜론(:)으로 구분하여 사용한다.
③ TCP/IPv4와 TCP/IPv6 모두 기본 게이트웨이 주소를 설정하여야 한다.
④ TCP/IPv4와 TCP/IPv6는 서로 충돌이 생기므로 한 대의 컴퓨터에는 한 가지 방식으로만 IP 주소를 지정해야 한다.

전문가의 조언 | TCP/IPv4와 TCP/IPv6는 서로 호환되므로 두 개 다 설치해서 사용해도 됩니다.

50섹션 1필드

35. 다음 중 한글 Windows 10의 [설정] → [접근성]에서 수행 가능한 작업에 대한 설명으로 옳지 않은 것은?

① 돋보기 기능을 사용하면 화면에서 원하는 영역을 확대할 수 있다.

② 내레이터 기능을 사용하면 화면의 텍스트를 소리 내어 읽어 줄 수 있다.

③ 청각 장애가 있는 사용자를 위해 경고음 등의 시스템 소리를 화면 깜박임과 같은 시각적 신호로 표시되도록 지정할 수 있다.

④ 외부 장치가 삽입되었을 때 자동 실행 여부를 설정할 수 있다.

전문가의 조언 | 외부 장치가 삽입되었을 때 자동 실행되도록 할지 여부는 [⚙(설정)] → [장치] → [자동 실행]에서 설정할 수 있습니다.

54섹션 2필드

36. 다음 중 한글 Windows 10의 '장치 관리자' 창에서 수행할 수 있는 작업으로 옳지 않은 것은?

① 하드웨어 드라이버를 업데이트를 할 수 있다.

② 사용하지 않는 하드웨어를 중지시킬 수 있다.

③ 하드웨어를 제거할 수 있다.

④ 하드웨어 관련 앱을 수정하거나 제거할 수 있다.

전문가의 조언 | 앱의 수정이나 삭제는 [⚙(설정)] → [앱] → [앱 및 기능]에서 수행합니다.

42섹션 1필드

37. 다음 중 한글 Windows 10에서 파일이나 폴더의 압축 앱을 사용할 때 장점으로 옳지 않은 것은?

① 디스크 공간을 효율적으로 활용할 수 있다.

② 파일을 전송할 때 시간 및 비용 절감 효과가 있다.

③ 파일이나 폴더를 압축하면 보안이 향상된다.

④ 분할 압축이 가능하다.

전문가의 조언 | • 파일이나 폴더를 단순히 압축한다고 보안이 향상되지는 않습니다. • 보안이 향상되도록 압축하려면 암호를 지정해서 압축해야 합니다.

45섹션 1필드

38. 다음 중 한글 Windows 10에서 휴지통에 관한 설명으로 옳지 않은 것은?

① 휴지통 비우기를 수행한 파일도 복원할 수 있지만, 휴지통에서 파일의 이름을 변경하거나 실행할 수는 없다.

② 휴지통에 삭제한 파일이 들어가면 휴지통의 모양이 변경된다.

③ 휴지통이 가득 차면 가장 최근에 삭제된 파일이나 폴더가 들어갈 수 있는 공간을 확보하기 위해 휴지통을 자동으로 정리한다.

④ 휴지통의 크기는 드라이브마다 다르게 설정할 수 있다.

전문가의 조언 | 휴지통 비우기를 수행하여 완전히 삭제된 파일은 복원할 수 없습니다.

30섹션 1필드

39. 다음 중 한글 Windows 10의 '시작 설정'에서 지원하는 부팅 모드가 아닌 것은?

① 안전 모드 사용

② 부팅 로깅 사용

③ 디버깅 사용

④ 바이러스 및 오류 검사 사용

전문가의 조언 | 한글 Windows 10의 '시작 설정'에 '바이러스 및 오류 검사 사용'이라는 부팅 모드는 없습니다.

59섹션 2필드

40. 다음 중 한글 Windows 10에 있는 계산기 앱에 대한 설명으로 옳은 것은?

① 날짜 계산 계산기에서는 표준 날짜로 음력을 계산할 수 있다.

② 프로그래머 계산기에서는 2진법, 8진법, 10진법, 16진법을 쉽게 구할 수 있다.

③ 공학용 계산기에서는 환율, 부피, 길이, 질량 등을 쉽게 변환할 수 있다.

④ 표준 계산기에서는 sin, tan, exp, log 등을 활용한 연산을 수행할 수 있다.

전문가의 조언 | 계산기 앱에 대한 설명으로 옳은 것은 ②번입니다.
① 날짜 계산 계산기에서는 두 날짜 간의 차이를 구하거나, 특정 날짜에 일수를 추가 또는 뺀 날짜를 구하는 계산기로, 음력 계산은 불가능합니다.
③ 환율, 부피, 길이 등을 변환하는 것은 변환기입니다. 공학용 계산기는 삼각법이나 함수 등을 구하는 계산기입니다.
④ sin, tan, exp 등을 연산하는 계산기는 공학용 계산기입니다. 표준 계산기에서는 일반적인 사칙연산을 수행합니다.

3과목 PC 기본상식

102섹션 1필드

41. 다음 중 아래의 보기에서 설명하는 용어는?

> 멀티미디어 전자 문서가 어떠한 시스템에서도 데이터의 손실 없이 저장, 전송, 자동 처리가 가능하도록 국제표준화기구(ISO)에서 만든 표준

① SGML(Standard Generalized Markup Language)
② XML(eXtensible Markup Language)
③ DTP(Desktop Publishing)
④ PDF(Portable Document Format)

전문가의 조언 | 문제의 지문에 제시된 내용은 SGML의 특징입니다.
• XML(eXtensible Markup Language) : 확장성 생성 언어라는 뜻으로, 기존 HTML의 단점을 보완하여 웹에서 구조화된 폭넓고 다양한 문서들을 상호 교환할 수 있도록 설계된 언어
• DTP(Desktop Publishing) : 컴퓨터를 이용해 출판물을 제작하는 것
• PDF(Portable Document Format) : 컴퓨터 기종이나 소프트웨어의 종류에 관계없이 호환이 가능한 문서 형식

81섹션 3필드

42. 다음의 각 단위에 대한 설명 중 옳은 것은?

① PPM : 1분에 출력되는 줄 수를 의미한다.
② DPI : 1인치 당 인쇄되는 점의 크기를 의미한다.
③ CPS : 1초에 출력되는 글자의 수를 의미한다.
④ LPM : 1분에 인쇄할 수 있는 페이지 수를 의미한다.

전문가의 조언 | 단위에 대한 설명으로 옳은 것은 ③번입니다
① PPM(Page Per Minute)은 1분에 출력되는 페이지(Page) 수로, 잉크젯 및 레이저 프린터의 속도 단위입니다.
② DPI(Dot Per Inch)는 1인치에 출력되는 점(Dot)의 수로, 출력물의 인쇄 품질(해상도)을 나타내는 단위입니다.
④ LPM(Line Per Minute)은 1분에 출력되는 줄(Line) 수로, 라인 프린터의 속도 단위입니다.

108섹션 1필드

43. 다음 중 정보통신기술에 대한 설명으로 적당하지 않은 것은?

① 매시업(Mashup) : 웹상에서 제공되는 다양한 콘텐츠와 서비스를 혼합하여 새로운 서비스를 개발하는 기술이다.
② RSS : 뉴스나 블로그 등과 같이 콘텐츠가 자주 업데이트 되는 사이트들의 정보를 자동적으로 사용자들에게 알려주기 위해 사용하는 웹 서비스 기술이다.
③ 텔레메틱스(Telematics) : 자동차에 정보 통신 기술과 정보 처리 기술을 융합하여 운전자에게 다양한 멀티미디어 서비스를 제공하는 기술이다.
④ 그리드 컴퓨팅 : 근거리에서 데이터 통신을 무선으로 가능하게 해주는 기술이다.

전문가의 조언 | • ④번은 WLAN(무선랜)에 대한 설명입니다.
• 그리드 컴퓨팅(Grid Computing)은 지리적으로 분산되어 있는 컴퓨터를 초고속 인터넷 망으로 연결하여 공유함으로써 하나의 고성능 컴퓨터처럼 활용하는 기술입니다.

85섹션 2필드

44. 다음 중 운영체제에 대한 설명으로 틀린 것은?

① 운영체제는 프로그램과 하드웨어 간의 인터페이스 역할을 한다.
② 운영체제는 제어 프로그램과 처리 프로그램으로 구성된다.
③ 운영체제의 성능은 처리 능력, 응답 시간, 사용 가능도, 신뢰도로 평가한다.
④ 운영체제는 대표적인 응용 소프트웨어이다.

전문가의 조언 | 운영체제는 대표적인 시스템 소프트웨어입니다.

92섹션 1필드

45. 다음 중 멀티미디어에 관한 설명으로 잘못된 것은?

① 멀티미디어 데이터는 1메가바이트부터 수십 기가바이트까지 많은 용량을 차지하므로 압축하여 사용한다.
② 멀티미디어 데이터는 일반 데이터에 비해 검색 방법이 복잡하다.
③ 텍스트나 동영상 등의 여러 미디어를 통합하여 처리한다.
④ 멀티미디어는 일정한 방향으로 순차적으로 처리되는 것이 아니라 사용자의 선택에 따라 다양한 방향으로 처리된다.

전문가의 조언 | 멀티미디어 데이터도 일반적인 저장 방식으로 저장되므로, 일반적인 검색 방법으로 검색이 가능하며, 방법이 더 복잡하지 않습니다.

③ R, G, B를 각각 1바이트로 표현할 경우 나타낼 수 있는 색상의 가짓수는 256×256×256의 계산 결과인 16,777,216가지가 된다.

④ 빛의 삼원색인 RED, GREEN, BLUE를 최대의 비율로 혼합하면 흰색을 얻을 수 있다.

> 전문가의 조언 | RGB 모드는 색을 혼합하면 할수록 명도가 밝아지기 때문에 가산혼합이라고 합니다.

104섹션 3필드

46. 다음 중 컴퓨터 범죄의 예방과 대책에 대한 설명으로 옳은 것은?

① 의심 가는 메일은 반드시 열어본 후 삭제한다.

② 모든 자료를 암호화하여 저장하고 정보 손실에 대비하여 백업을 철저히 한다.

③ 자신의 ID를 빌려주거나 타인의 ID를 사용할 경우에는 신중을 기하여야 하며, 처음 만든 패스워드는 변경하지 않아야 한다.

④ 백신 프로그램을 설치하고 자동 업데이트 되도록 설정한다.

> 전문가의 조언 | 컴퓨터 범죄의 예방과 대책에 대한 설명으로 옳은 것은 ④번입니다.
> ① 의심 가는 메일은 열어보지 않고 바로 삭제하거나 바이러스 검사를 수행한 후 열어봅니다.
> ② 모든 자료를 암호화하면 사용에 불편이 따르므로, 암호화는 중요한 자료에 대해서만 수행하면 됩니다.
> ③ 패스워드는 정기적으로 변경하면서 사용해야 합니다.

111섹션 2필드

47. 다음 중 원격지의 메일 서버가 사용자를 위해 모아둔 전자우편을 각 클라이언트(사용자)가 수신하는 데 사용하는 프로토콜로 전자우편을 받는 데만 사용되는 프로토콜은?

① SMTP ② POP3
③ SNMP ④ FTP

> 전문가의 조언 | 문제에 제시된 내용은 POP3 프로토콜의 개념입니다.
> • SMTP : 사용자의 컴퓨터에서 작성한 메일을 다른 사람의 계정이 있는 곳으로 전송해 주는 프로토콜
> • SNMP : TCP/IP의 네트워크 관리 프로토콜로, 네트워크의 각 호스트에서 정보를 수집하고 수정하여 장치의 동작을 변경하는 프로토콜
> • FTP : 컴퓨터와 컴퓨터 또는 컴퓨터와 인터넷 사이에서 파일을 주고받을 수 있도록 하는 원격 파일 전송 프로토콜

없음

48. 다음 중 색상을 표현하는 RGB 모드에 대한 설명으로 옳지 않은 것은?

① 빛의 삼원색인 RED, GREEN, BLUE를 이용하여 색을 혼합하면 섞을수록 명도가 0이 되며 밝아지기 때문에 감산혼합이라 한다.

② TV, 컴퓨터 모니터와 같이 빛을 이용하는 표시 장치에서 이용한다.

68섹션 3필드

49. 다음 중 아래의 보기에서 설명하는 네트워크 관련 용어로 옳은 것은?

> • 호스트 이름으로부터의 IP 주소지에 대한 네트워크의 이름을 규정하는 것이다.
> • 네트워크와 호스트를 나누는데 사용된다.
> • 32비트의 크기를 갖는다.
> • 일반적으로 클래스 C인 경우 '255.255.255.0'을 사용한다.

① DNS(Domain Name System)
② 서브넷 마스크(Subnet Mask)
③ NAT(Network Address Translation)
④ 게이트웨이(Gateway)

> 전문가의 조언 | 문제의 지문에 제시된 내용은 서브넷 마스크(Subnet Mask)에 대한 설명입니다.
> • DNS(Domain Name System) : 문자 형태로 된 도메인 네임을 숫자로 된 IP 주소로 변환해 주는 시스템
> • NAT(Network Address Translation) : 사설 IP 주소를 공인 IP 주소로 변환하는 기술
> • 게이트웨이(Gateway) : 다른 네트워크와의 데이터 교환을 위한 출입구 역할을 하는 장치

87섹션 1필드

50. 다음 중 컴퓨터에서 사용하는 응용 소프트웨어인 데이터베이스 관리 시스템(DBMS)의 특징으로 옳지 않은 것은?

① 데이터의 논리적 · 물리적 독립성을 방지할 수 있다.

② 데이터의 일관성과 무결성을 유지할 수 있다.

③ 데이터의 중복성을 최소화하여 저장 공간을 절약할 수 있다.

④ 다수 사용자의 동시 실행 제어가 가능하다.

> 전문가의 조언 | 데이터베이스 관리 시스템을 사용하면 데이터의 논리적 · 물리적 독립성을 유지할 수 있습니다.

51. 다음 중 모바일 기기의 기능에서 테더링(Tethering)에 관한 설명으로 옳은 것은?

① 기기에 내장된 카메라를 이용해 실제 사물이나 환경에 부가 정보를 표시하는 기술이다.

② 인터넷에 연결된 기기를 활용해 다른 기기에서 인터넷 접속을 가능하도록 하는 기술이다.

③ 인공위성 위치정보 신호를 수신하는 기술이다.

④ 근거리에서 데이터의 무선 통신을 가능하도록 해주는 기술이다.

전문가의 조언 | 테더링(Tethering)에 관한 설명으로 옳은 것은 ②번입니다.
• ①번은 증강 현실, ③번은 GPS, ④번 NFC에 대한 설명입니다.

52. 다음 중 상점에서 바코드를 읽어 들일 때 많이 사용하는 입력장치로 빛을 주사하여 반사되는 빛의 차이를 인식하여 디지털 그래픽 정보로 만들어주는 장치는?

① 스캐너(Scanner) ② 트랙볼(Track Ball)

③ 디지타이저(Digitizer) ④ 광전 펜(Light Pen)

전문가의 조언 | 문제에 제시된 내용은 스캐너의 개념입니다.
• **트랙볼(Track Ball)** : 볼마우스를 뒤집어놓은 형태로, 볼을 손으로 움직여 포인터의 위치를 이동시키는 장치
• **디지타이저(Digitizer)** : 정해진 좌표를 디지털 형식으로 변환시켜 컴퓨터에 입력하는 장치
• **광전 펜(Light Pen)** : 빛을 인식할 수 있는 모니터의 특정 부분을 눌러 해당 점의 위치를 컴퓨터에 입력하는 장치

53. 다음 중 컴퓨터 시스템에서 사용하는 펌웨어에 관한 설명으로 옳은 것은?

① 하드웨어를 제어하고 관리하는 역할을 수행한다.

② 치명적인 컴퓨터 바이러스 프로그램이다.

③ 주로 RAM에 반영구적으로 저장된다.

④ 서로 다른 응용 프로그램을 보완해서 연결해 수는 역할을 한다.

전문가의 조언 | 폼웨어(Firmware)는 하드웨어의 동작을 지시하는 소프트웨어이지만 하드웨어적으로 구성되어 하드웨어의 일부분으로도 볼 수 있는 제품으로, 하드웨어를 제어·관리하는 역할을 수행합니다.

54. 다음에서 설명하는 컴퓨터 금융 범죄 기법을 무엇이라 하는가?

> 피해자 PC 악성코드 감염 → 정상적인 인터넷 뱅킹 절차(보안카드 앞·뒤 2자리) 이행 후 이체 클릭 → 오류 발생 반복(이체정보 미전송) → 일정 시간 경과 후 범죄자가 동일한 보안카드 번호 입력, 범행 계좌로 이체

① 메모리 해킹(Memory Hacking)

② 스미싱(Smishing)

③ 파밍(Pharming)

④ 피싱(Phishing)

전문가의 조언 | 문제의 지문에 제시된 내용은 메모리 해킹(Memory Hacking)에 대한 설명입니다.
• **스미싱(Smishing)** : 무료쿠폰이나 모바일 초대장 등의 문자 메시지를 보낸 후 메시지에 있는 인터넷 주소를 클릭하면 악성코드를 설치하여 개인 금융 정보를 빼내는 행위
• **파밍(Pharming)** : 해커가 악성코드에 감염된 PC를 조작하여 이용자가 정상적인 사이트에 접속해도 중간에서 도메인을 탈취하여 가짜 사이트로 접속하게 한 다음 개인 정보나 금융정보를 몰래 빼내는 행위
• **피싱(Phishing)** : 거짓 메일을 발송하여 특정 금융기관 등의 가짜 웹 사이트로 유인한 후 관련 금융기관과 관련된 ID, 암호, 계좌번호 등의 정보를 빼내는 기법

55. 다음 입출력 채널(Channel)에 관한 설명에서 괄호(㉠, ㉡)에 들어갈 용어로 알맞은 것은?

> (㉠)와 (㉡) 사이의 속도 차이로 인한 문제점을 해결하기 위해 사용한다. (㉡)로부터 제어를 위임받아 입·출력을 관리한다.

① ㉠-CPU, ㉡-입·출력장치

② ㉠-CPU, ㉡-주기억장치

③ ㉠-주기억장치, ㉡-CPU

④ ㉠-입·출력장치, ㉡-CPU

전문가의 조언 | 채널(Channel)은 중앙처리장치(CPU)와 입·출력장치의 속도 차이를 해결하기 위해, 입·출력장치의 제어 권한을 중앙처리장치(CPU)로부터 넘겨받아 중앙처리장치(CPU) 대신 입·출력을 관리한다.

71섹션 5필드

56. 다음 중 컴퓨터 분류에서 워크스테이션(Workstation)에 관한 설명으로 옳지 않은 것은?

① 대부분 CISC 프로세서를 사용한다.

② 네트워크에서 서버(Server) 역할을 주로 담당한다.

③ 고성능 그래픽 처리나 공학용 시뮬레이션에 주로 사용한다.

④ 규모로는 미니 컴퓨터와 데스크톱 컴퓨터 사이에 존재한다.

전문가의 조언 | 워크스테이션은 대부분 RISC 프로세서를 사용합니다.

90섹션 1필드

57. 다음 중 컴퓨터 부팅 시 화면에 아무것도 표시되지 않고 '삐~'하는 경고음만 여러 번에 걸쳐 나는 경우의 해결 방법으로 옳지 않은 것은?

① 시동 디스크로 부팅한 후 시스템 파일을 전송하거나 드라이브 오류 검사로 부트 섹터를 검사한다.

② RAM이 제대로 꽂혀 있는지 또는 이물질이 있는지 확인한다.

③ 그래픽 카드를 제거한 후 부팅하여 그래픽 카드가 원인인지를 확인한다.

④ CPU가 제대로 꽂혀 있는지 점검한다.

전문가의 조언 | • 부팅 시 화면에 아무것도 표시되지 않고 '삐~'하는 경고음만 표시되는 경우는 메인보드에 메모리, CPU, 그래픽 카드 등이 잘못 장착된 경우로, ②, ③, ④번과 같은 확인 작업을 수행해야 합니다.
• ①번은 시스템 파일이나 부트 섹터가 손상되었을 때의 조치 방법입니다.

100섹션 1필드

58. 다음 중 인터넷에서 사용하는 프로토콜(Protocol)에 관한 설명으로 옳지 않은 것은?

① 통신망에 흐르는 패킷 수를 조절하는 흐름제어 기능이 있다.

② 송·수신기가 같은 상태를 유지하도록 동기화 기능을 수행한다.

③ 데이터 전송 도중에 발생할 수 있는 오류를 검출하고 수정할 수 있다.

④ 구문, 의미, 순서의 세 가지 기본 요소로 구성된다.

전문가의 조언 | 프로토콜은 전송 도중에 발생한 오류를 검출할 수는 있어도 수정할 수는 없습니다.

100섹션 3필드

59. 다음 중 OSI 7 계층 구조에서 각 계층에 해당하는 프로토콜로 옳지 않은 것은?

① 데이터링크 계층 : HDLC, SDLC

② 네트워크 계층 : IP, ICMP

③ 세션 계층 : TCP, UDP

④ 응용 계층 : FTP, HTTP

전문가의 조언 | • TCP와 UDP는 전송 계층의 프로토콜입니다.
• 세션 계층의 프로토콜에는 NetBIOS, SSH, TLS 등이 있습니다.

108섹션 1필드

60. 다음 중 정보화 사회의 최신 기술 중에서 사물 인터넷(IoT)에 대한 설명으로 옳지 않은 것은?

① 세상에 존재하는 모든 사물을 네트워크로 연결한다.

② 인간과 사물 간에 언제 어디서나 서로 소통할 수 있다.

③ 인터넷에 연결된 기기가 사람의 개입 없이 서로 정보를 주고받으며 처리할 수 있다.

④ 컴퓨팅 자원을 가상화 기술로 통합하여 서비스를 제공한다.

전문가의 조언 | 각종 컴퓨터 자원을 가상화 기술로 통합하여 서비스를 제공하는 것은 클라우드 컴퓨팅(Cloud Computing)입니다.

1과목 워드프로세싱 용어 및 기능

20섹션 1필드

1. 다음 중 교정 부호의 사용법에 대한 설명으로 옳지 않은 것은?

① 한 번 교정된 부분도 다시 교정할 수 있다.
② 교정 부호를 표시하는 색은 원고의 글자색과 같은 색으로 한다.
③ 교정할 내용은 의미가 명확히 전달되도록 간단 명료하게 표시한다.
④ 교정할 글자를 명확하게 지적해야 한다.

전문가의 조언 | 교정 부호를 표시하는 색은 눈에 잘 띄도록 원고의 글자색과 다른 색으로 합니다.

7섹션 4필드

2. 다음 중 워드프로세서의 화면 표시 기능에 대한 설명으로 옳지 않은 것은?

① 문서를 작성할 때 스크롤바를 이용하여 화면을 상, 하, 좌, 우로 이동할 수 있다.
② 편집 과정에서 생긴 공백이나 문단 등은 조판 부호를 표시하여 확인할 수 있다.
③ 편집한 문서는 인쇄하기 전에 미리 보기를 통해 화면에서 미리 출력해 볼 수 있다.
④ 화면을 확대하면 인쇄물 결과에도 영향을 준다.

전문가의 조언 | 화면 표시 기능은 말 그대로 화면에 내용을 표시만 해주는 기능으로 인쇄물에는 영향을 주지 않습니다.

4섹션 3필드

3. 다음 중 한자 입력 방법에 대한 설명으로 옳지 않은 것은?

① 문서의 일부분 또는 전체를 블록 지정하여 한자를 모두 한글로 변환할 수 있다.
② 한자의 음을 알 경우에는 음절 단위 변환, 단어 단위 변환 등으로 입력할 수 있다.
③ 한자의 음을 모를 경우에는 부수 또는 총 획수 입력, 외자 입력 등으로 변환할 수 있다.
④ 자주 쓰는 한자 단어가 사전에 등록되어 있지 않으면 한 자씩 변환만 가능하고 새로 등록할 수 없다.

전문가의 조언 | 자주 쓰는 한자 단어가 사전에 등록되어 있지 않으면 새로 등록할 수 있습니다.

22섹션 2필드

4. 다음 중 문서 파일링에서 명칭별 파일링을 사용하는 경우에 장점으로 옳지 않은 것은?

① 단순하고 처리가 빠르다.
② 가이드나 폴더 배열 방식이 용이하다.
③ 다양한 서류 처리가 용이하다.
④ 보안이나 기밀 유지에 유용하다.

전문가의 조언 | 보안이나 기밀 유지에 유용한 파일링은 번호별 파일링입니다.

7섹션 2필드

5. 다음은 워드프로세서의 화면 구성 요소 중 무엇에 대한 설명인가?

> 문단의 왼쪽/오른쪽 여백, 탭의 위치, 들여쓰기/내어쓰기, 눈금 단위 등을 표시하는 것으로, 편집화면에서 감추거나 보이게 할 수 있음

① 눈금자(Ruler)
② 상태 표시줄(Status Line)
③ 스크롤 바(Scroll Bar)
④ 격자(Grid)

전문가의 조언 | 문제의 지문에서 설명하는 화면 구성 요소는 눈금자(Ruler)입니다.
- **상태 표시줄(Status Line)** : 커서가 있는 곳의 쪽 번호(현재 페이지), 커서 위치, 삽입/수정 상태, 자판의 종류 등 문서를 편집할 때 필요한 여러 가지 정보를 표시하며, 상황 표시줄이라고도 함
- **스크롤(Scroll)** : 문서 작성 시 화면을 상·하·좌·우로 이동하는 기능(Scroll up, Scroll down, Scroll left, Scroll right)
- **격자(Grid)** : 정확한 간격에 맞추어 세밀한 편집을 할 수 있도록 가로선과 세로선이 일정한 간격으로 그어져 모눈종이와 같은 효과를 내는 것

3섹션 1필드

6. 다음 한글 코드의 설명 중 바르지 못한 것은?

① 완성형 한글 코드는 정보 교환용으로 사용되며 코드가 없는 문자는 사용할 수 없다.
② 유니코드는 각 국에서 사용중인 코드의 1문자당 값을 16비트로 통일하여 사용한다.
③ 2바이트 조합형 한글 코드는 초성, 중성, 종성을 표시하는 원리로 국제 규격과 완전한 호환이 될 수 있다.
④ KS X 1001 완성형 한글 코드는 16비트로 한글이나 한자를 표현하며, 완성된 글자마다 코드 값을 부여해서 기억 공간을 많이 차지한다.

전문가의 조언 | 조합형 한글 코드는 국제 규격과 완전하게 호환되지 않습니다.

7. 다음 중 전자문서의 관리에 대한 설명으로 옳지 않은 것은?

① 전자문서의 결재권자는 전자문서를 열람한 후 전자문서의 서명란에 서명한다.

② 행정 기관의 전자이미지관인은 문서과의 기안자가 찍어야 한다.

③ 전자결재 시스템을 사용하면 표준 서식으로 정해진 문서만 사용할 수 있다.

④ 전자문서의 효력은 수신자의 컴퓨터에 파일로 등록된 때부터 발생한다.

전문가의 조언 | 행정 기관의 전자이미지관인은 처리과의 기안자나 문서의 수·발신 담당자가 찍습니다.

8. 다음 중 워드프로세서 관련 용어에 대한 설명으로 옳은 것은?

① 캡션(Caption) : 명령이나 기능을 수행하는 데 필요한 추가적인 요소나 선택 항목이다.

② 포매터(Formatter) : 메뉴나 서식 설정을 할 때 이미 설정되어 있는 기본 값이다.

③ 미주(Endnote) : 문서의 내용을 설명하거나 인용한 원문의 제목을 알려주는 보충 구절로 문서의 맨 마지막에 표시하는 기능을 말한다.

④ 소프트 카피(Soft Copy) : 화면에 표시된 문서나 내용을 그대로 프린터에 인쇄하는 기능이다.

전문가의 조언 | 워드프로세서 관련 용어에 대한 설명으로 옳은 것은 ③번입니다.
① 캡션(Caption)은 문서에 포함된 표나 그림에 붙이는 제목 또는 설명을 의미합니다. ①번은 옵션(Option)에 대한 설명입니다.
② 포매터(Formatter)는 입력된 문장의 좌우 여백 조정, 오른쪽 끝 정렬, 행간이나 자간, 글꼴과 크기 등을 조절하여 출력하는 프로그램입니다. ②번은 기본값(Default)에 대한 설명입니다.
④ 소프트 카피(Soft Copy)는 비디오 영상이나 소리와 같이 인쇄물이 아닌 파일 형태로 자료를 표시하는 것입니다. ④번은 하드 카피(Hard Copy)에 대한 설명입니다.

9. 다음 중 문서의 분량이 감소하는 교정 부호로만 묶여진 것은?

① ⌒, ⌒, 𝒪   ② ⌐, ⌒, ✓

③ ⌒, ⌄⌄, 𝒪   ④ ⌐, ⌒, ✿

전문가의 조언 | 문서의 분량이 감소할 가능성이 있는 교정 부호에는 ♂(내용 바꾸기), 𝒪(삭제하기), ⌄(줄 잇기), ⌒(이어 붙이기), ⌐(내어쓰기) 등이 있습니다.

10. 다음에 설명하는 문서 정리 방법을 나타내는 용어로 가장 적절한 것은?

> · 같은 카테고리의 문서를 한 곳에 모을 수 있다.
> · 문서 내용의 분류가 여러 개인 경우 상호참조표시가 필요하다.
> · 문서가 소분류로 구분되어 취급되는 경우에 많이 활용된다.

① 번호식 분류법   ② 지역별 분류법
③ 주제별 분류법   ④ 수평적 분류법

전문가의 조언 | 문제의 지문에서 설명하는 문서 정리 방법은 주제별 분류법입니다.
· **명칭별(가나다) 파일링** : 거래처별로 개인이나 회사의 이름 등을 가나다 또는 ABC 순으로 정리하는 방법
· **지역별 파일링** : 국가, 지역, 거래처 명칭 순으로 분류한 다음 가나다 또는 ABC 순으로 정리하는 방법
· **번호별 파일링** : 문자 대신 번호를 사용하여 번호 순으로 정리하는 방법

11. 다음 중 공문서 작성에 관한 설명으로 옳지 않은 것은?

① 공문서의 항목 순서를 필요한 경우에는 □, ○, ─, · 등과 같은 기호로 표시할 수 있다.

② 문서에 금액을 표시할 때에는 금153,530원(금일십오만삼천오백삼십원)과 같이 표시하여야 한다.

③ '업무 실명제'란 주요 정책의 결정 및 집행 과정에 참여하는 관련자의 실명과 의견을 기록·관리하는 제도를 말한다.

④ 본문의 내용이 표 형식으로 표의 중간까지만 작성된 경우에는 '끝' 표시를 하지 않고 마지막으로 작성된 칸의 다음 칸에 '이하 빈칸'으로 표시한다.

전문가의 조언 | 주요 정책의 결정 및 집행 과정에 참여하는 관련자의 실명과 의견을 기록·관리하는 제도를 '정책 실명제'라고 합니다.

12. 다음 중 워드프로세서의 편집 기능에 대한 설명으로 적당하지 않은 것은?

① 문서 편집 시 Delete 를 누르면 커서 뒤의 한 글자가 지워진다.

② 문서 편집 시 Insert 를 누르면 삽입이나 수정으로 전환이 가능하다.

③ 문서 편집 시 Backspace 를 누르면 커서 앞에 공백이 삽입된다.

④ 문서 편집 시 삽입 모드에서 Spacebar 를 누르면 커서 위치에 빈 칸이 삽입된다.

전문가의 조언 | 문서 편집 시 Backspace 를 누르면 커서 앞의 한 글자가 지워집니다.

9섹션 1필드

13. 다음 중 워드프로세서에서 특정 내용을 검색하기 위한 찾기 기능의 설명으로 옳지 않은 것은?

① 교정 부호나 메모의 내용을 지정하여 검색할 수 있다.
② 와일드카드 문자(*, ?)를 사용하여 검색할 수 있다.
③ 블록을 지정하여 특정 영역에 대해서만 검색할 수 있다.
④ 글자 모양이나 문단 모양, 스타일 등을 지정하여 검색할 수 있다.

전문가의 조언 | 메모의 내용을 지정하여 검색할 수 있지만 교정 부호의 내용을 지정하여 검색할 수는 없습니다.

17섹션 1필드

14. 다음 중 전자출판에서 기관의 로고 등을 문서의 배경으로 희미하게 표시해 내는 기법으로 옳은 것은?

① 오버프린트(Over Print)
② 워터마크(Watermark)
③ 랜더링(Rendering)
④ 리터칭(Retouching)

전문가의 조언 | 전자출판에서 기관의 로고 등을 문서의 배경으로 희미하게 표시해 내는 기법은 워터마크(Watermark)입니다.
- **오버프린트(Over Print)** : 문자 위에 겹쳐서 문자를 중복 인쇄하거나 배경색을 인쇄한 후 그 위에 대상체를 다시 인쇄하는 방법
- **렌더링(Rendering)** : 3차원 그래픽 작업의 한 과정으로 2차원적인 이미지에 음영과 채색을 적절히 주어 3차원적인 입체감을 극대화하는 작업
- **리터칭(Retouching)** : 기존의 이미지를 다른 형태로 새롭게 변형·수정하는 작업

17섹션 1필드

15. 다음 중 전자출판과 관련된 용어에서 커닝(Kerning)에 관한 설명으로 옳은 것은?

① 글자와 글자 사이의 간격을 미세하게 조정하는 작업이다.
② 제한된 색상을 조합하여 복잡한 색이나 새로운 색을 만드는 작업이다.
③ 문자 위에 겹쳐서 문자를 중복 인쇄하거나 배경색을 인쇄한 후에 그 위에 대상체를 인쇄하는 기능이다.
④ 이미지 변형 작업, 입출력 파일 포맷, 채도, 조명도, 명암 등을 조절하는 작업이다.

전문가의 조언 | 커닝은 글자와 글자 사이의 간격을 미세하게 조정하는 작업입니다.
- ②번은 디더링(Dithering), ③번은 오버프린트(Over Print), ④번은 초크(Choke)에 대한 설명입니다.

11섹션 1필드

16. 다음 중 워드프로세서의 메일 머지(Mail Merge) 기능에 관한 설명으로 옳지 않은 것은?

① 메일 머지를 수행하기 위해서는 데이터 파일과 서식 파일이 필요하다.
② 데이터 파일은 서식 파일에 대입될 개인별 이름이나 주소 등을 담고 있는 파일이다.
③ 서식 파일은 메일 머지 되어 나올 내용에서 공통적으로 들어갈 본문 내용을 기재한 파일이다.
④ 메일 머지에 쓸 수 있는 서식 파일에는 윈도우의 주소록과 Outlook 주소록, 한글 파일, 엑셀 파일 등이 있다.

전문가의 조언 | • 윈도우의 주소록과 Outlook 주소록은 데이터 파일에 해당합니다.
- 서식 파일은 흔글(hwp), MS-워드(doc) 같은 워드프로세서 프로그램으로 작성된 파일입니다.

11섹션 1필드

17. 다음 중 조판 기능에 대한 설명으로 옳지 않은 것은?

① 조판 부호는 문서의 각 페이지 위쪽에 고정적으로 들어가는 글이다.
② 각주는 특정 문장이나 단어에 대한 보충 설명들을 해당 페이지의 하단에 표시한다.
③ 미주는 문서에 나오는 문구에 대한 보충 설명들을 문서의 맨 마지막에 모아서 표기한다.
④ 꼬리말은 문서의 모든 쪽에 항상 동일하게 지정할 수 있다.

전문가의 조언 | • 조판 부호는 편집 과정에서 생긴 표나 글상자, 그림, 머리말 등을 기호화하여 표시하는 숨은 문자입니다.
- ①번은 머리말에 대한 설명입니다.

24섹션 4필드

18. 다음 중 공문서의 성립 및 효력 발생에 관한 설명으로 옳지 않은 것은?

① 공문서의 효력 발생 시기는 다른 법령에 특별한 규정이 없는 한 수신자에게 도달되는 시점이다.
② 공고문서는 고시, 공고가 있은 후 7일이 경과한 날부터 효력이 발생한다.
③ 문서는 결재권자가 해당 문서에 서명이 방시으로 결재함으로써 성립한다.
④ 전자문서의 효력 발생 시점은 수신자의 컴퓨터에 도달하는 시점을 원칙으로 한다.

전문가의 조언 | 공고문서는 고시, 공고가 있은 후 7일이 아니라 5일이 경과한 날부터 효력이 발생합니다.

16섹션 1필드

19. 다음 중 전자출판의 특징으로 옳지 않은 것은?

① 제공자와 사용자 간의 상호 대화가 가능한 양방향 매체이다.

② 출판 내용에 대한 추가 및 수정이 용이하다.

③ 출판과 보관 비용이 많이 증가하지만 다른 매체와 결합이 쉽다.

④ 출판 과정의 개인화가 가능하다.

> **전문가의 조언 |** 전자출판은 대용량 저장 매체를 이용하고, 내용에 대한 추가·수정이 신속하며, 배포가 용이하므로 전체적인 출판 비용 및 보관 비용이 감소합니다. 또한 전자출판물로 저장된 자료는 디지털 데이터이므로 다른 전자 매체와의 결합이 용이합니다.

12섹션 1필드

20. 다음 중 워드프로세서의 인쇄 기능에 대한 설명으로 옳지 않은 것은?

① 미리 보기 기능을 이용한 상태에서는 문서의 내용을 편집할 수 없다.

② 문서의 일부분만 인쇄할 수 있고, 문서의 내용을 파일로 인쇄할 수 있다.

③ 문서의 1-3 페이지를 여러 장 인쇄할 때 '한 부씩 인쇄' 옵션을 선택하지 않으면 1-2-3 페이지 순서로 여러 장이 인쇄된다.

④ 인쇄할 때 프린터의 해상도를 높게 설정하면 선명하게 인쇄되지만 출력 속도가 느려진다.

> **전문가의 조언 |** 예를 들어, 문서의 1~3 페이지를 3부 인쇄할 때 '한 부씩 인쇄' 옵션을 선택하지 않으면 1-1-1, 2-2-2, 3-3-3 순으로 9장이 인쇄되고, '한 부씩 인쇄' 옵션을 선택하면 1-2-3, 1-2-3, 1-2-3 순서로 3부가 인쇄됩니다.

2과목 PC 운영체제

67섹션 2필드

21. 다음 중 한글 Windows 10에서 공용 폴더에 관한 설명으로 옳지 않은 것은?

① 파일을 공유하려면 공용 폴더로 이동시키거나 해당 파일에 대한 공유를 설정해야 한다.

② 공용 폴더는 현재 사용 중인 컴퓨터의 모든 사용자가 접근할 수 있는 폴더이다.

③ 계정과 암호를 설정하여 인증된 사용자만 접근할 수 있도록 설정할 수 있다.

④ 최대 20명의 사용자가 접근하여 이용할 수 있다.

> **전문가의 조언 |** 공용 폴더로 파일을 이동시켜 파일을 공유할 수 있지만 파일 자체에는 공유를 설정할 수 없습니다.

43섹션 2필드

22. 다음 중 한글 Windows 10에서 파일이나 폴더의 복사 또는 이동에 사용되는 클립보드에 관한 설명으로 옳지 않은 것은?

① 클립보드를 사용하면 서로 다른 앱 간에 데이터를 쉽게 전달할 수 있다.

② 클립보드에 저장된 내용은 시스템을 다시 시작하더라도 재사용이 가능하다.

③ 클립보드의 내용은 여러 번 사용이 가능하다.

④ 클립보드에는 가장 최근에 저장한 것 하나만 저장된다.

> **전문가의 조언 |** 시스템을 끄는 순간 클립보드에 저장된 내용은 모두 지워지기 때문에 시스템을 다시 시작하면 클립보드에는 아무 내용도 저장되어 있지 않습니다.

103섹션 1필드

23. 다음 중 웹 브라우저 크롬(Chrome)에 대한 설명으로 옳지 않은 것은?

① 주소 표시줄에서 기본 검색 엔진을 변경할 수 있다.

② 시크릿 모드를 이용하여 외부로 유출되는 개인 정보를 보호할 수 있다.

③ 시크릿 창에서의 방문 기록, 쿠키 및 사이트 데이터는 안전하게 저장된다.

④ 확장 프로그램을 활용하여 다양한 기능을 추가할 수 있다.

> **전문가의 조언 |** 시크릿 창에서는 방문 기록, 쿠키 및 사이트 데이터, 양식에 입력한 정보가 저장되지 않습니다.

64섹션 5필드

24. 다음 중 한글 Windows 10에서 Bluetooth 장치를 연결할 수 없다는 메시지가 나타났을 때 수행해야 할 작업으로 옳지 않은 것은?

① 연결하려는 제품이 Bluetooth를 지원하는지 확인한다.

② Windows의 장치에서 Bluetooth가 켜져 있는지 확인한다.

③ 제품이 Bluetooth를 지원하지만 연결되지 않는 경우 드라이버를 업데이트한다.

④ [설정] → [앱]에서 Bluetooth 제품의 드라이버를 설치한다.

> **전문가의 조언 |** • [설정] → [앱]에서는 드라이버를 설치할 수 없습니다.
> • 드라이버는 해당 장치가 플러그 앤 플레이(PnP)를 지원하면 Windows에서 자동으로 인식하여 설치되고, 지원하지 않으면 드라이버를 별도로 설치해야 합니다.

33섹션 3필드

25. 다음 중 한글 Windows 10에서 바로 가기 아이콘에 대한 설명으로 옳지 않은 것은?

① 바로 가기 아이콘은 하나의 앱 아이콘에 대해 한 개만 만들 수 있다.
② 바로 가기 아이콘에는 왼쪽 아래에 꺾인 화살표가 표시된다.
③ 바로 가기 아이콘은 앱을 빠르게 실행하기 위해 만들어 사용하는 것이다.
④ 폴더, 프린터, 디스크 드라이브 등에 대해 바로 가기 아이콘을 만들 수 있다.

전문가의 조언 | 바로 가기 아이콘은 하나의 앱 아이콘에 대해 여러 개를 만들 수 있습니다.

44섹션 3필드

26. 다음 중 한글 Windows 10에서 작업 표시줄의 [검색 상자]에 대한 설명으로 옳지 않은 것은?

① 검색 항목은 모두, 앱, 문서, 웹, 동영상, 설정, 전자 메일, 폴더 등이다.
② 검색 필터는 수정한 날짜, 크기 등의 필터 중 하나를 선택하여 사용할 수 있다.
③ 검색 위치는 컴퓨터 전체와 웹이다.
④ 입력한 내용의 검색 결과는 범주별로 그룹화되어 표시된다.

전문가의 조언 | • 작업 표시줄의 '검색 상자'에서는 검색 필터를 사용할 수 없습니다.
• 검색 필터는 파일 탐색기의 '검색 상자'에서 사용할 수 있습니다.

35섹션 1필드

27. 다음 중 한글 Windows 10의 [설정] → [개인 설정] → [작업 표시줄]에서 할 수 있는 작업으로 옳지 않은 것은?

① 작업 표시줄의 잠금과 해제가 가능하다.
② 작업 표시줄의 위치를 위쪽, 아래쪽, 왼쪽, 오른쪽으로 설정할 수 있다.
③ 작업 표시줄 기본 모양이나 색상 변경 등을 설정할 수 있다.
④ 작업 표시줄 자동 숨기기를 설정할 수 있다.

전문가의 조언 | 작업 표시줄의 기본 모양은 변경할 수 없고, 색상은 [⚙(설정)] → [개인 설정] → [색]을 클릭하여 변경할 수 있습니다.

29섹션 1필드

28. 다음 중 아래의 보기에서 설명하는 부팅 과정과 연관된 용어는?

> 시스템 버스, RTC, 시스템 비디오 구성 요소, RAM, 키보드, 드라이브 등을 검사한다.

① POST
② MBR
③ BIOS
④ Winlogon

전문가의 조언 | 부팅 과정에서 시스템 버스, RTC 및 각종 하드웨어를 검사하는 것을 POST라고 합니다.

30섹션 1필드

29. 다음 중 한글 Windows 10에서 안전 모드를 실행하는 방법으로 옳은 것은?

① [설정] → [업데이트 및 보안] → [복구] → '고급 시작 옵션'에서 〈지금 다시 시작〉을 클릭한다.
② 컴퓨터가 부팅될 때 Shift + F8 을 입력한다.
③ Ctrl 를 누른 상태에서 [시작] 메뉴 → 전원 → 다시 시작을 클릭한다.
④ Ctrl 을 누른 상태에서 로그아웃한다.

전문가의 조언 | 안전 모드가 있는 시작 설정을 사용하기 위해서는 [⚙(설정)] → [업데이트 및 보안] → [복구] → '고급 시작 옵션'에서 〈지금 다시 시작〉을 클릭하거나, Shift 를 누른 상태에서 [⊞(시작)] → [⏻(전원)] → [다시 시작]을 클릭해야 합니다.

61섹션 3필드

30. 다음 중 한글 Windows 10의 Windows 관리 도구에 대한 설명으로 옳지 않은 것은?

① [시스템 정보]를 실행하면 하드웨어 리소스, 구성 요소, 설치된 소프트웨어 환경 등의 정보를 알 수 있다.
② [리소스 모니터]는 CPU, 네트워크, 디스크, 메모리 사용 현황을 실시간으로 모니터링 할 수 있다.
③ [드라이브 오류 검사]를 실행하면 하드디스크(HDD)나 SSD에 논리적 혹은 물리적으로 손상이 있는지 검사할 수 있다.
④ [디스크 정리]를 사용하면 임시 파일이나 휴지통에 있는 파일 등을 삭제하거나 드라이브를 압축하여 디스크의 공간을 확보할 수 있다.

전문가의 조언 | • '디스크 정리'를 사용하여 드라이브를 압축할 수 없습니다.
• 드라이브 압축은 디스크 드라이브 속성 대화상자의 [일반] 탭에서 '이 드라이브를 압축하여 디스크 공간 절약'을 선택해서 수행할 수 있습니다.

58섹션 1필드

31. 다음 중 한글 Windows 10의 보조프로그램에 있는 캡처 도구에 대한 설명으로 옳지 않은 것은?

① 캡처한 내용을 연결된 전자 메일 앱을 이용하여 전송할 수 있다.
② 캡처 유형으로는 자유형 캡처, 사각형 캡처, 창 캡처, 전체 화면 캡처가 있다.
③ 캡처한 내용을 jpeg, gif, png 파일로 저장할 수 있다.
④ 캡처된 그림에 글자를 추가하거나 색상을 변경할 수 있다.

전문가의 조언 | 캡처 도구는 화면의 특정 부분 또는 전체를 캡처하여 HTML, PNG, GIF, JPG 파일로 저장하는 앱으로, 캡처한 이미지에 글자를 추가하거나 색상을 변경할 수 있는 기능은 없습니다.

62섹션 1필드

32. 다음 중 한글 Windows 10의 [작업 관리자] 대화상자에서 할 수 있는 작업으로 옳지 않은 것은?

① 현재 실행중인 앱의 작업에 대하여 강제로 끝내기를 할 수 있다.
② 모든 사용자의 프로세스를 표시하거나 해당 프로세스의 끝내기를 할 수 있다.
③ 시스템의 서비스 항목을 확인하고 해당 서비스를 중지하거나 실행할 수 있다.
④ 현재 시스템 사용자를 로그아웃하고 새로운 사용자를 추가할 수 있다.

전문가의 조언 | 현재 시스템 사용자를 로그아웃 할 수 있지만 새로운 사용자를 추가할 수는 없습니다.

32섹션 4필드

33. 다음 중 한글 Windows 10의 바로 가기 키에 대한 설명으로 옳지 않은 것은?

① ⊞ + D : 열려있는 모든 창을 최소화하여 바탕 화면이 표시되거나 이전 크기로 복원
② Alt + Tab : 실행중인 각 프로그램 간의 작업 전환
③ Ctrl + Shift + Esc : 작업 관리자 창 바로 열기
④ ⊞ + R : 윈도우 재부팅

전문가의 조언 | ⊞ + R을 누르면 '실행' 창이 나타납니다.

38섹션 2필드

34. 다음 중 한글 Windows 10의 파일 탐색기에 대한 설명으로 옳지 않은 것은?

① 탐색 창에서 특정 폴더를 선택하고 숫자 키패드의 '＊'를 누르면 선택된 폴더의 모든 하위 폴더를 표시해 준다.
② 주소 표시줄에는 현재의 위치를 알려주는 경로가 표시된다.
③ 파일 영역(폴더 창)에서 키보드의 영문자 키를 누르면 해당 영문자로 시작하는 폴더나 파일 중 첫 번째 개체가 선택된다.
④ Shift를 누르면 감추어진 리본 메뉴를 활성화할 수 있다.

전문가의 조언 | 파일 탐색기에서 감추어진 리본 메뉴를 활성화하는 키는 Ctrl + F1입니다.

45섹션 4필드

35. 다음 중 한글 Windows 10에서 사용하는 [휴지통]에 대한 설명으로 옳은 것은?

① 휴지통의 크기는 사용자가 원하는 크기를 KB 단위로 지정할 수 있다.
② 지정된 휴지통의 용량을 초과하면 가장 최근에 삭제된 파일부터 자동으로 지워진다.
③ 삭제할 파일을 선택하고 Shift + Delete를 누르면 해당 파일이 휴지통으로 이동한다.
④ USB 메모리에 있는 파일을 선택한 후 Delete를 눌러 삭제하면 휴지통으로 가지 않고 완전히 지워진다.

전문가의 조언 | [휴지통]에 대한 설명으로 옳은 것은 ④번입니다.
① 휴지통의 크기는 사용자가 원하는 크기를 MB 단위로 지정할 수 있습니다.
② 지정된 휴지통의 용량을 초과하면 가장 오래전에 삭제된 파일부터 자동으로 지워집니다.
③ 삭제할 파일을 선택하고 Shift + Delete를 누르면 휴지통으로 가지 않고 완전히 지워집니다.

43섹션 2필드

36. 다음 중 한글 Windows 10에서 마우스를 이용하여 파일이나 폴더를 복사 또는 이동하는 방법으로 옳지 않은 것은?

① 파일을 같은 드라이브에 있는 다른 폴더로 이동할 경우에는 파일을 선택한 후 드래그 앤 드롭한다.
② 파일을 같은 드라이브에 있는 다른 폴더로 복사할 경우에는 파일을 선택한 후 Alt를 누른 상태로 드래그 앤 드롭한다.
③ 파일을 다른 드라이브에 있는 폴더로 이동할 경우에는 파일을 선택한 후 Shift를 누른 상태로 드래그 앤 드롭한다.
④ 파일을 다른 드라이브에 있는 폴더로 복사할 경우에는 파일을 선택한 후 드래그 앤 드롭한다.

전문가의 조언 | 파일을 같은 드라이브에 있는 다른 폴더로 복사할 경우에는 파일을 선택한 후 Ctrl을 누른 상태로 드래그 앤 드롭해야 합니다.

55섹션 4필드

37. 다음 중 한글 Windows 10에서 문서 인쇄에 대한 설명으로 옳지 않은 것은?

① 인쇄 대기중인 문서를 삭제하거나 출력 대기 순서를 임의로 조정할 수 있다.
② 일단 프린터에서 인쇄 작업이 시작된 경우라도 잠시 중지 시켰다가 다시 인쇄할 수 있다.
③ 인쇄 관리자 창에 인쇄 대기 중인 문서를 바탕 화면으로 드래그하면 바로 가기 아이콘이 생성된다.
④ 인쇄중 문제가 발생한 인쇄 목록을 확인할 수 있다.

전문가의 조언 | 인쇄 관리자 창에 인쇄 대기 중인 문서를 바탕 화면으로 드래그할 수 없습니다.

64섹션 5필드

38. 다음 중 한글 Windows 10에서 실행 중인 앱이 응답하지 않는 경우의 문제 해결 방법으로 가장 적절한 것은?

① [드라이브 조각 모음 및 최적화]를 수행하여 하드디스크의 단편화를 제거한다.
② Ctrl + Shift + Esc 를 누른 후에 [작업 관리자] 대화상자의 [프로세스] 탭에서 응답하지 않는 앱을 강제 종료시킨다.
③ [시스템 파일 검사기]를 이용하여 해당 앱을 검색한 후에 복구한다.
④ 네트워크 카드나 케이블이 바르게 연결되었는지 점검한다.

전문가의 조언 | 앱이 응답하지 않는 경우의 문제 해결 방법으로 가장 적절한 것은 ②번입니다.
① [드라이브 조각 모음 및 최적화]는 시스템의 속도가 느려진 경우의 문제 해결 방법입니다.
③ [시스템 파일 검사기]는 'xxx.dll 파일 또는 구성 요소를 찾을 수 없다'라는 메시지가 표시될 경우에 사용하는 것으로, 손상된 파일을 찾아 복구합니다.
④ 네트워크 카드나 케이블의 연결 상태 점검은 인터넷이 정상적으로 동작되지 않을 경우의 문제 해결 방법입니다.

59섹션 3필드

39. 다음 중 한글 Windows 10에서 스티커 메모에 대한 설명으로 옳지 않은 것은?

① 왼쪽 상단의 [+] 버튼을 클릭하여 스티커 메모를 추가할 수 있다.
② 스티커 메모에 그림을 삽입하여 표시할 수 있다.
③ 오른쪽 상단의 '메모 닫기'를 선택하면 목록에서 영구적으로 삭제된다.
④ 메모지의 가장자리나 모서리를 끌어서 메모지의 크기를 직접 조정할 수 있다.

전문가의 조언 | • '메모 닫기(☒)'를 누르면 스티커 메모가 화면에서 사라지는 것이므로, 목록에서 다시 불러올 수 있습니다.
• 스티커 메모를 삭제하려면 메뉴(⋯) → '메모 삭제'를 선택해야 합니다.

99섹션 2필드

40. 다음 중 한글 Windows 10에서 인터넷 IP 주소 체계를 위해 사용하는 IPv6에 대한 설명으로 옳지 않은 것은?

① IPv4와의 호환성이 뛰어나며, IPv4와 비교하여 자료 전송 속도가 빠르다.
② 숫자로 8비트씩 4부분으로 구분하며, 총 32비트로 구성된다.
③ 인증성, 기밀성, 데이터 무결성의 지원으로 보안 문제를 해결할 수 있다.
④ 실시간 흐름제어로 향상된 멀티미디어 기능을 제공한다.

전문가의 조언 | IPv6는 16비트씩 8부분으로 구분하며, 총 128비트로 구성됩니다.

3과목 PC 기본상식

70섹션 1필드

41. 다음 중 발전 순서 또는 크기 순(작은 순에서 큰 순, 느린 순에서 빠른 순)으로 나열하였을 때 옳지 않은 것은?

① 진공관 → 트랜지스터 → 집적(IC)회로 → LSI
② MARK1 → EDSAC → ENIAC → EDVAC
③ Bit → Byte → Word → Field → Record
④ $ms(10^{-3})$ → $\mu s(10^{-6})$ → $ns(10^{-9})$ → $ps(10^{-12})$

전문가의 조언 | 컴퓨터의 발전 순서를 올바르게 나열하면 'MARK1 → ENIAC → EDSAC → EDVAC' 순입니다.

71섹션 5필드

42. 다음 중 컴퓨터 분류에서 워크스테이션(Workstation)에 관한 설명으로 옳지 않은 것은?

① 대부분 CISC 프로세서를 사용한다.
② 네트워크에서 서버(Server) 역할을 주로 담당한다.
③ 고성능 그래픽 처리나 공학용 시뮬레이션에 주로 사용한다.
④ 규모로는 미니 컴퓨터와 데스크톱 컴퓨터 사이에 존재한다.

전문가의 조언 | 워크스테이션은 대부분 RISC 프로세서를 사용합니다.

74섹션 2필드

43. 다음은 무엇에 대한 설명인가?

• 7비트의 크기 → 128개의 문자 표현 가능
• 자료 처리나 통신 시스템에 사용

① BCD 코드   ② ASCII 코드
③ EBCDIC 코드   ④ GRAY 코드

> 전문가의 조언ㅣ 문제의 지문에 제시된 내용은 ASCII 코드의 특징입니다.
> • BCD 코드 : 6비트 코드로, 64개의 문자를 표현할 수 있음
> • EBCDIC 코드 : 8비트 코드로, 256개의 문자를 표현할 수 있음
> • GRAY 코드 : BCD 코드의 인접하는 비트를 X-OR 연산하여 만든 코드임

76섹션 2필드

44. 다음 중 CISC 마이크로프로세서에 대한 설명으로 옳지 않은 것은?

① 명령어의 종류가 많아 전력 소비가 많다.
② 명령어 설계가 어려워 고가이나, 레지스터를 적게 사용하므로 프로그램은 간단하다.
③ 고급 언어에 각기 하나씩의 기계어를 대응시킴으로써 명령어의 집합이 커진다.
④ 서버, 워크스테이션에 주로 사용된다.

> 전문가의 조언ㅣ • 서버, 워크스테이션에 주로 사용되는 것은 RISC 프로세서입니다.
> • CISC 프로세서는 개인용 컴퓨터(PC)에 사용합니다.

78섹션 4필드

45. 다음 중 기억장치에 대한 설명으로 옳지 않은 것은?

① SRAM : 재충전이 필요 없으며 DRAM 보다 접근 속도가 빠르고 고가이다.
② 가상 메모리 : 하드디스크의 일부를 주기억장치처럼 사용한다.
③ 연상기억장치 : 기억된 데이터를 이용하여 원하는 정보에 접근하는 기억장치이다.
④ 스풀 메모리 : 전원이 공급되지 않아도 내용이 지워지지 않아 디지털 카메라의 메모리로 가장 많이 사용된다.

> 전문가의 조언ㅣ 전원이 공급되지 않아도 내용이 지워지지 않아 디지털 카메라의 메모리로 가장 많이 사용되는 것은 플래시 메모리입니다.

82섹션 4필드

46. 다음 중 컴퓨터의 CMOS 설정에 대한 설명으로 옳지 않은 것은?

① CMOS는 바이오스에 내장된 롬의 일종으로 쓰기가 불가능하다.
② CMOS SETUP은 바이오스의 각 사항을 설정하며, 메인보드의 내장 기능 설정과 주변 장치에 대한 사항을 기록한다.

③ CMOS SETUP의 항목을 잘못 변경하면 부팅이 되지 않거나 사용 중에 에러가 발생하므로 주의한다.
④ 시스템의 날짜/시간, 디스크 드라이브의 종류, 부팅 우선 순위 등을 설정한다.

> 전문가의 조언ㅣ CMOS 셋업 시 설정된 내용은 CMOS RAM에 기억되므로 쓰기가 가능합니다.

84섹션 3필드

47. 다음 중 중앙처리장치에 관한 설명으로 옳지 않은 것은?

① 레지스터 : CPU 내부에 있는 임시 고속 기억장치
② 인터럽트 : CPU가 명령을 실행하는 중에 컴퓨터 내 · 외부에서 발생하는 응급 사태의 처리를 위해 CPU에게 명령 처리 중단을 요구하는 신호
③ 버스 : 컴퓨터 내부에서 CPU와 주기억장치, 입 · 출력장치 등의 각종 인터페이스들 사이의 데이터 전송을 위한 통로
④ DMA : CPU의 개입 없이 하드디스크와 같은 저장장치에서 캐시 메모리로 데이터를 직접 주고받는 기능

> 전문가의 조언ㅣ DMA(Diret Memory Access)는 중앙처리장치(CPU)의 참여 없이 입 · 출력장치와 메모리가 직접 데이터를 주고받는 것입니다.

86섹션 1필드

48. 운영체제의 운영 방식에 대한 설명으로 옳지 않은 것은?

① 임베디드 시스템은 마이크로프로세서에 특정 기능을 수행하는 응용 프로그램을 탑재하여 컴퓨터의 기능을 수행하는 방식이다.
② 다중 처리는 처리 속도를 향상시킬 목적으로 하나의 컴퓨터에 여러 개의 CPU를 설치하여 프로그램을 처리하는 방식이다.
③ 듀얼 시스템은 한 대의 CPU로 여러 개의 프로그램을 동시에 처리하는 방식이다.
④ 시분할 시스템은 일정 시간 단위로 CPU 사용권을 신속하게 전환함으로써, 각 사용자가 자신만이 컴퓨터를 사용하고 있는 것처럼 느끼도록 운영하는 방식이다.

> 전문가의 조언ㅣ • 듀얼 시스템은 두 개의 컴퓨터가 같은 업무를 동시에 처리하므로 한쪽 컴퓨터가 고장나면 다른 컴퓨터가 계속해서 업무를 처리하여 업무가 중단되는 것을 방지하는 시스템입니다.
> • ③번은 다중 프로그래밍에 대한 설명입니다.

90섹션 1필드

49. 컴퓨터가 정상적으로 부팅되지 않을 경우 취해야 할 조치로 옳지 않은 것은?

① 일단 부팅 가능한 DVD-ROM이나 USB로 부팅해 본다.
② CMOS 설정에서 하드디스크가 정상적으로 설정되었는지 확인한다.
③ 부팅 초기에 F5 를 누르면 자동으로 복구가 진행된다.
④ 안전 모드로 부팅해 본다.

> **전문가의 조언** | • 컴퓨터가 정상적으로 부팅되지 않을 경우 ①, ②, ④번과 같은 방법으로 조치해야 합니다.
> • Windows 10에서는 바로 가기 키를 이용한 자동 복구 기능을 제공하지 않습니다.

93섹션 1필드

50. 다음 중 아래의 설명에 해당하는 용어는?

> • 인터넷 상에서 음성이나 동영상 등을 실시간으로 재생하는 기술이다.
> • 전송되는 데이터를 마치 끊임없고 지속적인 물 흐름처럼 처리할 수 있는 기술을 의미한다.

① 샘플링(Sampling)
② 스트리밍(Streaming)
③ 로딩(Loading)
④ 시퀀싱(Sequencing)

> **전문가의 조언** | 문제의 지문에 제시된 내용은 스트리밍(Streaming)의 특징입니다.
> • 샘플링(Sampling) : 음성·영상 등의 아날로그 신호를 일정 시간 간격으로 검출하는 것
> • 로딩(Loading) : 실행 가능한 로드 모듈에 기억공간의 번지를 지정하여 메모리에 적재하는 것
> • 시퀀싱(Sequencing) : 컴퓨터를 이용하여 음악을 제작, 녹음, 편집하는 것

95섹션 1필드

51. 디지털 콘텐츠의 불법 복제와 유포를 막고 저작권 보유자의 이익과 권리를 보호해주는 기술과 서비스를 무엇이라고 하는가?

① PICS(Platform for Internet Contents Selection)
② DCRP(Digital Contents Rights Protection)
③ DRM(Digital Rights Management)
④ CRM(Customer Relationship Management)

> **전문가의 조언** | 문제에 제시된 내용은 DRM(Digital Rights Management)의 개념입니다.

101섹션 1필드

52. 다음 중 거래 업무를 컴퓨터를 통해 수행할 수 있도록 전자 금융, 전자 문서 교환, 전자 우편 등의 서비스를 제공하는 것은 무엇인가?

① EDI(Electronic Data Interchange)
② 전자상거래(E-Commerce)
③ 인트라넷(Intranet)
④ 엑스트라넷(Extranet)

> **전문가의 조언** | 문제에 제시된 내용은 전자상거래(E-Commerce)의 개념입니다.
> • EDI(Electronic Data Interchange) : 조직간 통용되는 문서 정보를 종이로 된 서식 대신 컴퓨터 간에 표준화된 포맷과 코드 체계를 이용하여 문서를 교환하는 방식
> • 인트라넷(Intranet) : 인터넷의 기술을 기업 내 정보 시스템에 적용한 것으로, 전자우편 시스템, 전자결재 시스템 등을 인터넷 환경으로 통합하여 사용하는 것
> • 엑스트라넷(Extranet) : 기업과 기업 간에 인트라넷을 서로 연결하여 자기 회사와 관련 있는 기업체와의 원활한 통신을 위해 인트라넷의 이용 범위를 확대한 것

102섹션 1필드

53. 다음 중 아래의 보기에서 설명하는 인터넷 프로그래밍 언어로 옳은 것은?

> • HTML의 단점을 보완한 인터넷 언어로, SGML의 복잡한 단점을 개선한 언어
> • 사용자가 새로운 태그와 속성을 정의할 수 있는 확장성을 가짐
> • 유니코드를 사용하므로 전 세계의 모든 문자를 처리

① XML
② ASP
③ JSP
④ VRML

> **전문가의 조언** | 문제의 지문에 제시된 내용은 XML의 특징입니다.
> • ASP(Active Server Page) : 서버 측에서 동적으로 수행되는 페이지를 만들기 위한 언어로, 마이크로소프트 사에서 제작하였으며, Windows 계열에서만 수행 가능한 프로그래밍 언어임
> • JSP(Java Server Page) : 자바로 만들어진 서버 스크립트로, 다양한 운영체제에서 사용 가능하며, 데이터베이스와 연결하기 쉽고, 시스템을 효율적으로 사용할 수 있음
> • VRML(Virtual Reality Modeling Language) : '가상현실 모델링 언어'라는 뜻으로, 웹에서 3차원 가상공간을 표현하고 조작할 수 있게 하는 언어

105섹션 3필드

54. 다음 중 바이러스 예방 방법으로 가장 옳지 않은 것은?

① 감염에 대비하여 중요 자료는 주기적으로 백업한다.
② 네트워크의 공유 폴더는 '읽기' 권한으로 공유하며, '쓰기' 권한으로 공유하는 경우 암호 설정은 하지 않아도 된다.
③ 최신 백신을 사용하여 주기적으로 검사한다.
④ 출처가 불분명한 전자우편은 열어 보지 않고 삭제한다.

> **전문가의 조언 |** 바이러스를 예방하려면 네트워크의 공유 폴더는 '읽기' 권한으로 공유하며, '쓰기' 권한으로 공유하는 경우 암호를 설정해야 합니다.

106섹션 2필드

55. 다음 중 네트워크에서 데이터 전달의 흐름을 방해하여 가용성에 영향을 미치는 컴퓨터 시스템의 정보 보안 위협 유형으로 옳은 것은?

① 가로막기(Interruption)
② 가로채기(Interception)
③ 수정(Modification)
④ 위조(Fabrication)

> **전문가의 조언 |** 문제에 제시된 내용은 가로막기(Interruption)의 개념입니다.
> • **가로채기(Interception)** : 송신된 데이터가 수신지까지 가는 도중에 몰래 보거나 도청하여 정보를 유출하는 행위
> • **수정(Modification)** : 전송된 데이터를 원래의 데이터가 아닌 다른 내용으로 바꾸는 행위
> • **위조(Fabrication)** : 마치 다른 송신자로부터 데이터가 송신된 것처럼 꾸미는 행위

107섹션 2필드

56. 다음 중 컴퓨터에서 정보보안을 위하여 사용하는 방화벽에 관한 설명으로 옳지 않은 것은?

① 내부 네트워크로 들어오거나 외부 네트워크로 나가는 패킷을 체크한다.
② 역추적 기능이 있어서 외부 침입자의 흔적을 찾을 수 있다.
③ 방화벽을 사용하더라도 내부의 불법적인 해킹은 막지 못한다.
④ 해킹에 의한 외부로의 정보 유출을 막기 위한 보안 시스템이다.

> **전문가의 조언 |** 방화벽은 내부 네트워크에서 외부로 나가는 패킷은 그대로 통과시키고, 외부에서 내부 네트워크로 들어오는 패킷은 내용을 엄밀히 체크하여 인증된 패킷만 통과시키는 구조입니다.

108섹션 1필드

57. 다음에서 설명하는 용어로 적합한 것은?

> 모든 사물에 부착된 RFID 태그 또는 센서를 통해 탐지된 사물의 인식 정보는 물론 주변의 온도, 습도, 위치정보, 압력, 오염 및 균열 정도 등과 같은 환경 정보를 실시간으로 네트워크와 연결하여 수집하고 관리하는 네트워크 시스템이다.

① BT
② VAN
③ USN
④ URI

> **전문가의 조언 |** 문제의 지문에 제시된 내용은 USN(Ubiquitous Sensor Network)의 개념입니다.

108섹션 1필드

58. 다음 중 각 시스템마다 매번 인증 절차를 밟지 않고 한 번의 로그인 과정으로 기업 내의 각종 업무 시스템이나 인터넷 서비스에 접속할 수 있게 해주는 보안 응용 솔루션을 무엇이라고 하는가?

① Wibro(Wireless Broadband Internet)
② OSS(Open Source Software)
③ CGI(Common Gateway Interface)
④ SSO(Single Sign On)

> **전문가의 조언 |** 문제에 제시된 내용은 SSO(Single Sign On)의 개념입니다.
> • **Wibro(Wireless Broadband Internet)** : 무선 광대역을 의미하는 것으로, 휴대폰, 노트북, PDA 등의 모바일 기기를 이용하여 언제 어디서나 이동하면서 고속으로 무선 인터넷 접속이 가능한 서비스
> • **OSS(Open Source Software)** : 개발자가 소스를 공개한 프로그램으로 누구나 자유롭게 사용하고 수정 및 재배포 할 수 있는 프로그램
> • **CGI(Common Gateway Interface)** : 웹 서버가 서비스를 제공하는 데 그치지 않고 외부 프로그램을 실행하여 그 결과를 웹 브라우저로 전송하는 방식

109섹션 1필드

59. 다음 중 모바일 기기의 기능에서 테더링(Tethering)에 관한 설명으로 옳은 것은?

① 기기에 내장된 카메라를 이용해 실제 사물이나 환경에 부가 정보를 표시하는 기술이다.
② 인터넷에 연결된 기기를 활용해 다른 기기에서 인터넷 접속을 가능하도록 하는 기술이다.
③ 인공위성 위치정보 신호를 수신하는 기술이다.
④ 근거리에서 데이터의 무선 통신을 가능하도록 해주는 기술이다.

> **전문가의 조언 |** 테더링(Tethering)에 관한 설명으로 옳은 것은 ②번입니다.
> • ①번은 증강 현실, ③번은 GPS, ④번 NFC에 대한 설명입니다.

111섹션 2필드

60. 다음 중 원격지의 메일 서버가 사용자를 위해 모아둔 전자 우편을 각 클라이언트(사용자)가 수신하는 데 사용하는 프로토콜로 전자 우편을 받는 데만 사용되는 프로토콜은?

① SMTP
② POP3
③ SNMP
④ FTP

> **전문가의 조언 |** 문제에 제시된 내용은 POP3 프로토콜의 개념입니다.
> • **SMTP** : 사용자의 컴퓨터에서 작성한 메일을 다른 사람의 계정이 있는 곳으로 전송해 주는 프로토콜
> • **SNMP** : TCP/IP의 네트워크 관리 프로토콜로, 네트워크의 각 호스트에서 정보를 수집하고 수정하여 장치의 동작을 변경하는 프로토콜
> • **FTP** : 컴퓨터와 컴퓨터 또는 컴퓨터와 인터넷 사이에서 파일을 주고받을 수 있도록 하는 원격 파일 전송 프로토콜

1과목 워드프로세싱 용어 및 기능

20섹션 2필드

1. 다음과 같이 문장이 수정되었을 때 사용된 교정 부호의 순서를 올바르게 나열한 것은?

> 워드프로세서(Word Processor)는 각종 전자 문서를 작성, 삭제할수 있는 하드웨어를 의미한다.

↓

> 워드프로세서(Word Processor)는 각종 전자 문서를 작성, 편집, 삭제할 수 있는 소프트웨어를 의미한다.

① ⌐, ⌒, ⌐
② ⌒, ∨, ⌐
③ ⌐, ⌐, ⌒
④ ⌐, ∨, ⌐

전문가의 조언 |

> 워드프로세서(Word Processor)는 각종 전자 문서를 작
>   편집   소프트
> 성, 삭제할수 있는 하드웨어를 의미한다.

11섹션 1필드

2. 다음 중 조판 기능에 대한 설명으로 옳지 않은 것은?

① 머리말은 문서의 각 페이지 위쪽에 고정적으로 들어가는 글이다.
② 각주는 특정 문장이나 단어에 대한 보충 설명들을 해당 페이지의 하단에 표시한다.
③ 미주는 문서에 나오는 문구에 대한 보충 설명들을 문서의 맨 마지막에 모아서 표기한다.
④ 꼬리말은 문서의 특정 페이지 아래쪽에 고정적으로 들어가는 글이다.

전문가의 조언 | 꼬리말은 문서의 각 페이지 아래쪽에 고정적으로 들어가는 글입니다.

23섹션 1필드

3. 다음 중 전자문서의 관리에 대한 설명으로 옳지 않은 것은?

① 전자문서의 결재권자는 전자문서를 열람한 후 전자문서의 서명란에 서명한다.
② 행정기관의 전자이미지관인은 문서과의 기안자가 찍어야 한다.

③ 전자결재 시스템을 사용하면 표준 서식으로 정해진 문서만 사용할 수 있다.
④ 전자문서의 효력은 수신자의 컴퓨터에 파일로 등록된 때부터 발생한다.

전문가의 조언 | 행정기관의 전자이미지관인은 처리과의 기안자나 문서의 수·발신 담당자가 찍습니다.

16섹션 1필드

4. 다음 중 전자출판(DTP)의 특징에 대한 설명으로 옳지 않은 것은?

① 지원하는 글꼴의 수가 많고 사진, 도표 등의 편집 기능이 뛰어남
② 출판 내용에 대한 추가 및 수정이 신속하고 배포가 용이함
③ 문자, 소리, 그림, 영상, 애니메이션 등 다양한 표현이 가능
④ 종이 출판물에 비해 가독성이 우수하나, 대용량의 데이터 보관은 불가능

전문가의 조언 | 전자출판은 종이 출판물에 비해 가독성은 떨어지지만 대용량의 데이터를 보관할 수 있습니다.

3섹션 1필드

5. 다음 중 한글 코드에 관한 설명으로 옳지 않은 것은?

① 완성형 한글 코드는 정보 교환용으로 사용되며 코드가 없는 문자는 사용할 수 없다.
② 유니코드는 각 국에서 사용중인 코드의 1문자당 값을 16비트로 통일하여 사용한다.
③ 2바이트 조합형 한글 코드는 초성, 중성, 종성을 표시하는 원리로 국제 규격과 완전한 호환이 될 수 있다.
④ KS X 1001 완성형 한글 코드는 16비트로 한글이나 한자를 표현하며, 완성된 글자마다 코드 값을 부여해서 기억 공간을 많이 차지한다.

전문가의 조언 | 조합형 한글 코드는 국제 규격과 완전하게 호환되지 않습니다.

1섹션 4필드

6. 다음 중 워드프로세서의 특징에 대한 설명으로 옳지 않은 것은?

① 문서의 편집 기능을 가진 소프트웨어로 손쉽게 다양한 형태의 문서를 만들 수 있다.
② 워드프로세서로 작성된 문서는 쉽게 변경할 수 있으므로 문서 보안에 주의하여야 한다.
③ 인터넷을 이용하여 문서를 전송할 수 있어 쉽게 공유할 수 있다.
④ 작성된 문서를 다른 응용 프로그램에서 사용할 수 없다.

전문가의 조언 | 워드프로세서로 작성된 문서는 다른 응용 프로그램에서 사용할 수 있습니다.

10섹션 1필드

7. 다음과 가장 관련 있는 기능은 무엇인가?

> • 문단의 형태(글꼴, 크기, 문단 모양, 문단 번호)를 쉽게 변경할 수 있다.
> • 문서에 대하여 일관성 있는 서식을 유지하면서 편집하는 데 가장 유용한 기능이다.

① 수식 편집기   ② 목차 만들기
③ 스타일   ④ 맞춤법 검사

전문가의 조언 | 문제의 지문과 가장 관련 있는 기능은 스타일(Style)입니다.
• **수식 편집기** : 문서에 복잡한 수식이나 화학식을 입력할 때 유용한 기능
• **목차 만들기** : 문서 작성이 끝난 후 자동으로 별도의 파일로 된 목차를 만드는 기능
• **맞춤법 검사** : 문서의 내용을 워드프로세서에 내장된 사전과 비교해 틀린 단어를 찾아 고치는 기능

4섹션 3필드

8. 다음 중 한자 입력 방법에 대한 설명으로 옳은 것은?

① 한자는 키보드에 표기할 수 없기 때문에 한자 목록이나 한자 사전에서 해당 한자를 선택하여 입력한다.
② 한자의 음을 모를 경우 한글/한자 음절 변환, 단어 변환, 문장 자동 변환 등으로 입력할 수 있다.
③ 한자의 음을 알면 부수/총획수 입력, 외자 입력, 2Stroke 입력 등으로 변환해야 한다.
④ 한자가 많이 들어있는 문서의 일부분은 블록 지정하여 모두 한글로 바꿀 수 있지만, 문서 전체는 블록 지정하여 모두 한글로 바꿀 수 없다.

전문가의 조언 | 한자 입력 방법에 대한 설명으로 옳은 것은 ①번입니다.
② 한자의 음을 모를 경우 부수 입력 변환, 외자 입력 변환, 2 스트로크(Stroke) 변환 등으로 입력할 수 있습니다.
③ 한자의 음을 알면 음절 단위 변환, 단어 단위 변환, 문장 자동 변환 등으로 입력할 수 있습니다.
④ 문서 전체 또는 문서의 일부분을 블록으로 지정하여 모두 한글로 바꿀 수 있습니다.

20섹션 1필드

9. 다음 중 문서의 수정을 위한 교정 부호의 표기법으로 옳지 않은 것은?

① 문서의 내용과 혼돈되지 않도록 글자 색과 동일한 색으로 표기하도록 한다.
② 한번 교정된 부분도 다시 교정할 수 있다.
③ 교정하고자 하는 글자를 명확하게 지적해야 한다.
④ 여러 교정 부호를 동일한 행에 사용할 때 교정 부호가 겹치지 않도록 한다.

전문가의 조언 | 교정 부호를 표시하는 색은 문서의 내용과 혼동되지 않도록 글자 색과 다른 색으로 합니다.

20섹션 5필드

10. 다음 중 올바른 문장 작성법 및 맞춤법에 대한 설명으로 적절하지 않은 것은?

① 한글 자모의 수는 24자이다.
② 문장의 각 단어는 띄어 씀을 원칙으로 한다.
③ 외래어는 특별한 원칙 없이 발음나는 대로 쓴다.
④ 조사는 그 앞말에 붙여 쓴다.

전문가의 조언 | 외래어는 외래어 표기법에 따라 써야 합니다.

7섹션 4필드

11. 다음 설명에 해당하는 용어는?

> 글자의 가독성을 높이기 위한 글꼴 렌더링 기술로, 문자열의 모양을 선명하게 개선하여 작은 문자도 읽기 쉽도록 해주는 기술이다.

① 클리어타입(ClearType)
② 워드 랩(Word Wrap)
③ 마진(Margin)
④ 래그드(Ragged)

전문가의 조언 | 문제의 지문에 제시된 내용은 클리어타입(ClearType)에 대한 설명입니다.
• **워드 랩(Word Wrap)** : 문서를 작성할 때 한 행의 끝부분에 입력된 단어가 너무 길어 다음 줄로 이어질 경우 그 단어 전체를 다음 줄로 이동시키는 기능
• **마진(Margin)** : 문서의 균형을 위해 비워두는 페이지의 상·하·좌·우 공백을 의미함
• **래그드(Ragged)** : 문단의 각 행 중에서 오른쪽 또는 왼쪽 끝열이 정렬되지 않은 상태로, 각행의 끝에서 Enter 를 누를 때(강제 개행) 발생함

23섹션 2필드

12. 다음 중 전자결재 시스템의 장점으로 옳지 않은 것은?

① 결재에 필요한 시간을 줄여준다.
② 문서정리 및 관리에 효율성을 증대시킨다.
③ 업무 흐름도에 따라 결재 파일을 결재 경로에 따라 자동으로 넘겨준다.
④ 문서를 재가공해서 사용하는 것이 불가능하다.

전문가의 조언 | 전자결재 시스템은 문서를 재가공해서 사용하는 것이 가능합니다.

22섹션 1필드

13. 다음 중 파일링 시스템의 도입 효과와 관련된 것으로 맞게 짝지어진 것은?

> ㉠ 문서 검색의 용이성 및 신속한 출납
> ㉡ 공용화에 의한 사물(私物)화
> ㉢ 안전 관리 대책 확립
> ㉣ 기록 활용에 대한 제비용 절감

① ㉠
② ㉠, ㉡
③ ㉠, ㉡, ㉣
④ ㉠, ㉢, ㉣

> 전문가의 조언 | • 파일링 시스템의 도입 효과와 관련된 것으로 맞게 짝지어진 것은 ④번입니다.
> • 파일링 시스템의 도입 효과 중 하나는 공용화에 의한 사물(私物)화 방지입니다.

15섹션 1필드

14. 다음 중 전자출판용 소프트웨어가 아닌 것은?

① PageMaker
② InDesign
③ OneNote
④ QuarkXpress

> 전문가의 조언 | OneNote는 노트(Note)를 기록 및 정리, 재사용할 수 있도록 한 프로그램입니다.

11섹션 1필드

15. 다음 중 워드프로세서 관련 용어에 대한 설명으로 옳은 것은?

① 캡션(Caption) : 명령이나 기능을 수행하는 데 필요한 추가적인 요소나 선택 항목이다.
② 포매터(Formatter) : 메뉴나 서식 설정을 할 때 이미 설정되어 있는 기본 값이다.
③ 미주(Endnote) : 문서의 내용을 설명하거나 인용한 원문의 제목을 알려주는 보충 구절로 문서의 맨 마지막에 표시하는 기능을 말한다.
④ 소프트 카피(Soft Copy) : 화면에 표시된 문서나 내용을 그대로 프린터에 인쇄하는 기능이다.

> 전문가의 조언 | 워드프로세서 관련 용어에 대한 설명으로 옳은 것은 ③번입니다.
> ① 캡션(Caption)은 문서에 포함된 표나 그림에 붙이는 제목 또는 설명을 의미합니다. ①번은 옵션(Option)에 대한 설명입니다.
> ② 포매터(Formatter)는 입력된 문장의 좌우 여백 조정, 오른쪽 끝 정렬, 행간이나 자간, 글꼴과 크기 등을 조절하여 출력하는 프로그램입니다. ②번은 기본값(Default)에 대한 설명입니다.
> ④ 소프트 카피(Soft Copy)는 비디오 영상이나 소리와 같이 인쇄물이 아닌 파일 형태로 자료를 표시하는 것입니다. ④번은 하드 카피(Hard Copy)에 대한 설명입니다.

13섹션 1필드

16. 다음 중 글꼴의 표현 방식에 대하여 설명한 것으로 옳지 않은 것은?

① 벡터(Vector) 글꼴은 점으로 글꼴을 표현하는 방식으로 확대하면 테두리가 거칠어지는 현상이 일어난다.
② 아웃라인(Outline) 글꼴은 문자의 외곽선 정보를 이용하여 문자를 표시한다.
③ 트루타입(True Type) 방식의 글꼴은 Windows에서 기본적으로 사용되는 글꼴로 위지윅(WYSIWYG) 기능을 제공한다.
④ 오픈타입(Open Type) 방식의 글꼴은 고도의 압축 기법을 통해 파일의 용량을 줄인 아웃라인 형태의 글꼴로 주로 통신을 이용한 송·수신용 글꼴로 사용된다.

> 전문가의 조언 | • 벡터 글꼴은 선, 곡선으로 글꼴을 표현하는 방식으로 확대해도 테두리가 매끄럽게 유지됩니다.
> • ①번은 비트맵 글꼴에 대한 설명입니다.

10섹션 1필드

17. 다음 중 맞춤법 검사(Spell Check) 기능에 대한 설명으로 옳지 않은 것은?

① 잘못된 수식 오류는 고칠 수 없다.
② 영문 대·소문자나 띄어쓰기를 무시하고 맞춤법 검사를 할 수 있다.
③ 사전에 없는 단어는 사용자가 추가할 수 있다.
④ 문법적인 오류도 맞춤법 검사를 할 수 있다.

> 전문가의 조언 | 영문 대·소문자나 띄어쓰기를 무시하고 맞춤법 검사를 할 수는 없습니다.

22섹션 2필드

18. 다음 중 문서의 주제별 파일링 방법에 관한 특징으로 옳지 않은 것은?

① 색인이 필요하지 않다.
② 문서가 소분류로 구분되어 취급되는 경우에 많이 활용된다.
③ 명확하게 분류되지 않는 경우가 있다.
④ 무한하게 확장할 수 있다.

> 전문가의 조언 | • 주제별 파일링은 문서의 내용으로부터 주제를 정하여 이를 기준으로 정리하는 방법으로 색인이 필요합니다.
> • 색인이 필요하지 않은 파일링은 명칭별 파일링입니다.

21섹션 2필드

19. 다음 중 문서관리의 원칙에 대한 설명으로 가장 옳지 않은 것은?

① 정확성 : 문서를 옮겨 적거나 다시 기재하는 것을 줄이고, 복사해서 사용한다.

② 용이성 : 문서를 쉽게 작성하고, 판단 사무를 작업 사무화한다.

③ 신속성 : 반복되고 계속되는 업무는 유사 관련 자료를 참고하여 사무의 절차와 방법을 간소화한다.

④ 경제성 : 문서의 집중 관리 및 처리를 통하여 경비를 절약한다.

전문가의 조언 | • 신속성은 문서 처리를 보다 빨리 처리하는 것으로, 문서의 경유처를 최대한 줄이고, 문서의 정체를 방지하는 것 등이 있습니다.
• ③번은 용이성에 대한 설명입니다.

17섹션 1필드

20. 다음 중 전자출판에 사용되는 용어에 대한 설명으로 옳지 않은 것은?

① 오버 프린트(Over Print) : 대상체의 컬러가 배경색의 컬러보다 짙을 때에 겹쳐서 인쇄하는 방법이다.

② 필터링(Filtering) : 그림의 제한된 색상을 조합하여 복잡한 색이나 새로운 색을 만드는 작업이다.

③ 워터마크(Watermark) : 그림을 명암 대비가 작은 그림으로 바꾸는 것으로 기관의 로고 등을 작성하여 배경을 희미하게 나타낼 때 사용한다.

④ 초크(Choke) : 이미지 변형 작업으로 채도, 조명도, 명암 등을 조절해 주는 기능이다.

전문가의 조언 | • 필터링(Filtering)은 작성된 그림을 필터 기능을 이용하여 여러 가지 형태의 새로운 이미지로 바꿔주는 작업입니다.
• ②번은 디더링(Dithering)에 대한 설명입니다.

2과목 PC 운영체제

43섹션 1필드

21. 다음 중 한글 Windows 10의 폴더 창에서 파일이나 폴더를 선택하는 방법으로 옳지 않은 것은?

① 비연속적인 파일이나 폴더를 선택하고자 할 때에는 Ctrl 과 함께 클릭한다.

② 연속적인 파일이나 폴더를 선택하고자 할 때에는 Shift와 함께 클릭한다.

③ 여러 개의 파일을 한꺼번에 선택할 경우에는 마우스를 사용하여 사각형 모양으로 드래그한다.

④ 모든 파일과 하위 폴더를 한꺼번에 선택하려면 Alt + A 를 사용한다.

전문가의 조언 | 모든 파일과 하위 폴더를 한꺼번에 선택하려면 Ctrl+A를 눌러야 합니다.

43섹션 2필드

22. 다음 중 한글 Windows 10에서 파일이나 폴더의 복사와 이동에 대한 설명으로 옳지 않은 것은?

① 복사(Ctrl + C)나 잘라내기(Ctrl + X)를 사용하면 정보가 클립보드에 기억된다.

② 같은 드라이브에서 파일이나 폴더를 복사하려면 Shift를 누른채 드래그 앤 드롭하면 된다.

③ 클립보드에는 복사나 잘라내기한 파일 중 가장 최근의 파일만 남아있다.

④ 복사는 원본이 그대로 있고, 이동은 원본이 새로운 장소로 옮겨진다.

전문가의 조언 | 같은 드라이브에서 파일이나 폴더를 복사하려면 Ctrl을 누른채 드래그 앤 드롭해야 합니다.

36섹션 2필드

23. 다음 중 한글 Windows 10의 가상 데스크톱에 대한 설명으로 옳지 않은 것은?

① 시스템을 재시작하면 기존에 생성한 가상 데스크톱은 제거된다.

② 작업 보기 화면에서 현재 작업 중인 앱을 드래그하여 다른 데스크톱으로 이동할 수 있다.

③ ■ + Tab 을 누른 후 다른 데스크톱을 선택하여 전환할 수 있다.

④ 바탕 화면별로 필요한 앱을 실행해 놓고 바탕 화면을 전환하면서 작업할 수 있다.

전문가의 조언 | 시스템을 재시작하더라도 가상 데스크톱은 제거되지 않고 남아 있습니다.

41섹션 5필드

24. 다음 중 한글 Windows 10에서 파일 시스템으로 사용하는 NTFS에 관한 설명으로 옳지 않은 것은?

① 모든 디스크 드라이브에서 사용할 수 있는 범용 파일 시스템이다.
② 파일 크기는 볼륨 크기에 의해서 제한된다.
③ FAT32 파일 시스템보다 성능, 보안, 안전성이 높다.
④ NTFS에서 FAT32로 변화하려면 드라이브 또는 파티션을 다시 포맷하여야 한다.

전문가의 조언 | NTFS는 윈도우 전용 파일 시스템으로 모든 디스크 드라이브에서 사용할 수는 없습니다.

103섹션 1필드

25. 다음 중 웹 브라우저 MS Edge에 대한 설명으로 옳지 않은 것은?

① Internet Explorer보다 강화된 보안 기능을 제공한다.
② Internet Explorer와 같은 사용자 인터페이스(UI)를 사용한다.
③ Microsoft 계정을 사용하여 로그인하면서 어디서든지 동기화할 수 있다.
④ 오픈 소스인 크로미엄(Chromium)의 코드를 기반으로 개발되었다.

전문가의 조언 | MS Edge는 Internet Explorer보다 단순하고 편리한 사용자 인터페이스를 사용하고 있습니다.

34섹션 2필드

26. 다음 중 한글 Windows 10의 기능에 관한 설명으로 옳지 않은 것은?

① 라이브러리 : 컴퓨터의 다양한 곳에 위치한 자료를 한 곳에서 보고 정리할 수 있도록 하는 가상 폴더이다.
② 가족 및 다른 사용자 : 시간, 앱, 게임 등급 등에서 특정 사용자를 대상으로 컴퓨터 사용에 제한을 설정할 수 있다.
③ 에어로 세이크 : 작업 표시줄에 표시된 현재 실행중인 앱 단추 위에 마우스 포인터를 놓으면 해당 앱을 통해 열린 창들의 축소판 미리 보기가 모두 나타난다.
④ 사용자 계정 컨트롤 : 유해한 앱이나 불법 사용자가 컴퓨터 설정을 임의로 변경하지 못하도록 제어하는 기능이다.

전문가의 조언 | • 에어로 세이크(Aero Shake)는 창을 흔들어 다른 모든 열려 있는 창을 최소화하는 기능입니다.
• ③번은 '에어로 피크'에 대한 설명입니다.

38섹션 3필드

27. 다음 중 한글 Windows 10의 임의의 폴더 창에 대한 설명으로 옳지 않은 것은?

① 폴더와 파일 목록을 표시하는 방법으로는 큰 아이콘, 자세히, 나란히 보기로 3가지가 있다.
② 탐색 창에서 특정 드라이브를 선택하고 오른쪽 숫자 키패드의 ✽ 키를 누르면 드라이브 내의 모든 폴더가 트리 구조로 표시된다.
③ 연속적인 파일을 선택하고자 할 때에는 Shift 키와 함께 클릭한다.
④ 특정 폴더에 대해 압축(ZIP) 폴더를 만들 수 있다

전문가의 조언 | • 폴더와 파일 목록을 표시하는 방법 중 [나란히 보기]는 없습니다.
• 폴더와 파일 목록을 표시하는 방법에는 [아주 큰 아이콘], [큰 아이콘], [보통 아이콘], [작은 아이콘], [목록], [자세히], [타일], [내용]이 있습니다.

35섹션 1필드

28. 다음 중 한글 Windows 10의 [설정] → [개인 설정] → [작업 표시줄]에서 할 수 있는 작업으로 옳지 않은 것은?

① 작업 표시줄의 잠금과 해제가 가능하다.
② 작업 표시줄의 위치를 이동시킬 수 있다.
③ 작업 표시줄의 크기를 화면 전체로 확장시킬 수 있다.
④ 작업 표시줄 자동 숨기기를 설정할 수 있다.

전문가의 조언 | 작업 표시줄의 크기는 화면의 1/2까지만 늘릴 수 있습니다.

47섹션 3필드

29. PC의 이름 바꾸기에 대한 설명으로 옳지 않은 것은?

① ⊞ + Pause/Break 를 누른 후 '이 PC의 이름 바꾸기'를 선택하여 변경할 수 있다.
② [설정] → [장치] → [정보]에서 변경할 수 있다.
③ 바탕 화면의 '내 PC'의 속성 창을 열어 변경할 수 있다.
④ 이름 바꾸기는 재부팅을 수행해야만 변경사항이 적용된다.

전문가의 조언 | [설정]을 이용한 이름 바꾸기는 [⚙(설정)] → [시스템] → [정보]를 선택하여 변경할 수 있습니다.

51섹션 1필드

30. 한글 Windows 10의 계정 유형 중 [표준 사용자] 계정을 가진 사용자가 수행할 수 있는 작업이 아닌 것은?

① 현재 사용자의 암호를 변경하고 제거할 수 있다.
② 새로운 계정을 만들고 변경하며 삭제할 수 있다.
③ 현재 사용자가 만든 파일을 볼 수 있다.
④ 공유 문서 폴더의 파일을 볼 수 있다.

전문가의 조언 | • 표준 사용자 계정은 계정을 추가, 삭제, 변경할 수 없습니다.
• 계정의 추가, 삭제, 변경은 관리자 계정만 수행할 수 있습니다.

51섹션 1필드

31. 다음 중 한글 Windows 10의 [설정] → [계정]에 관한 설명으로 옳지 않은 것은?

① 계정의 유형에는 관리자 계정, 표준 사용자 계정이 있다.
② 사용자의 계정 이름이나 유형을 변경할 수 있다.
③ 자녀 보호 설정을 통해 방문 사이트, 앱 및 게임의 사용 시간 등을 통제할 수 있다.
④ 로그인 정보가 없으면 새로운 계정 추가가 불가능하다.

전문가의 조언 | • 계정을 만들 때 로그인 정보가 없더라도 계정을 만들 수 있습니다.
• [⚙(설정)] → [계정] → [가족 및 다른 사용자]에서 〈이 PC에 다른 사용자 추가〉를 클릭하여 표시되는 'Microsoft 계정' 창에서 〈이 사람의 로그인 정보를 가지고 있지 않습니다.〉를 클릭하여 만들면 됩니다.

54섹션 2필드

32. 다음 중 한글 Windows 10의 [장치 관리자] 창에 대한 설명으로 옳지 않은 것은?

① 정상적으로 설치된 장치에는 느낌표가 표시된다.
② [설정] → [시스템] → [정보]에서 '장치 관리자'를 선택하면 실행할 수 있다.
③ 드라이버가 설치되지 않은 장치에는 물음표가 표시된다.
④ 장치의 드라이버를 업데이트하거나 장치를 제거할 수 있다.

전문가의 조언 | • 정상적으로 설치된 장치에는 아무 아이콘도 표시되지 않습니다.
• 느낌표가 표시된 장치는 정상적으로 동작하지 않는 장치를 의미합니다.

56섹션 2필드

33. 다음 중 한글 Windows 10의 메모장에 관한 설명으로 옳은 것은?

① 그림이나 차트 등의 OLE 개체를 삽입할 수 없다.
② 편집하는 문서의 특정 영역(블록)에 대한 글꼴의 종류나 속성, 크기를 변경할 수 있다.
③ 페이지 여백의 단위로 피치(pitch)를 사용한다.
④ [파일] → [페이지 설정]의 '미리 보기'로 내용을 확인할 수 있다.

전문가의 조언 | 메모장에 관한 설명으로 옳은 것은 ①번입니다.
② 문서 전체에 대해서만 글꼴의 종류, 속성, 크기를 지정할 수 있습니다.
③ 페이지 여백의 단위로 밀리미터(mm)를 사용합니다.
④ [페이지 설정]의 '미리 보기'는 용지의 방향과 여백만 대략적으로 보여줄 뿐 내용은 확인할 수 없습니다.

49섹션 1필드

34. 다음 중 한글 Windows 10의 [설정] → [앱] → [앱 및 기능]에서 할 수 있는 작업으로 옳지 않은 것은?

① 동일한 이름으로 설치된 앱이 여러 개일 경우 '명령 프롬프트' 창에서 실행할 때 사용할 앱을 선택할 수 있다.
② 시스템에 설치된 앱의 목록을 확인하거나 수정 또는 제거할 수 있다.
③ 언어 팩, 필기 인식 등 Windows에서 제공하는 기능을 선택적으로 추가 설치하거나 제거할 수 있다.
④ 새로운 앱을 설치할 수 있다.

전문가의 조언 | [⚙(설정)] → [앱] → [앱 및 기능]은 앱의 수정 및 제거를 수행하는 곳으로 새로운 앱을 설치할 수는 없습니다.

61섹션 2필드

35. 다음 중 한글 Windows 10의 [드라이브 조각 모음 및 최적화]와 관련된 내용으로 옳지 않은 것은?

① '드라이브 조각 모음 및 최적화'는 드라이브에 대한 접근 속도를 향상시키기 위한 것으로, 드라이브의 용량 증가와는 관계가 없다.
② '드라이브 조각 모음 및 최적화'를 수행하면 드라이브 공간의 최적화가 이루어져 접근 속도와 안정성이 향상된다.
③ '드라이브 조각 모음 및 최적화'를 실행하기 전에 〈분석〉을 클릭하면 '드라이브 조각 모음 및 최적화' 실행의 필요 여부를 알려 준다.
④ 네트워크에 연결된 드라이브도 '드라이브 조각 모음 및 최적화'를 수행할 수 있다.

전문가의 조언 | 네트워크에 연결된 드라이브는 '드라이브 조각 모음 및 최적화'를 수행할 수 없습니다.

31섹션 1필드

36. 다음 중 한글 Windows 10에서 [⊞(시작)]의 '전원'을 클릭했을 때 표시되는 메뉴에 관한 설명으로 옳지 않은 것은?

① 다시 시작 : 사용하던 앱을 모두 종료하고 시스템을 다시 시작한다.
② 시스템 종료 : 전원을 차단하여 시스템을 종료한다.
③ 로그아웃 : 사용하던 앱을 종료하지 않은 상태에서 다른 사용자 계정으로 네트워크에 로그인 할 수 있게 한다.
④ 절전 : 장시간 사용하지 않을 때 주변장치들의 전원을 차단하여 전력 소비량을 최소화했다가 마우스 단추나 키보드에서 임의의 키를 누르면 곧바로 다시 시작할 수 있다.

전문가의 조언 | • [⊞(시작)] → [⏻(전원)]을 클릭했을 때 '로그아웃'이라는 메뉴는 표시되지 않습니다.
• [⊞(시작)] → [⏻(전원)]을 클릭했을 때 표시되는 메뉴에는 '절전', '시스템 종료', '다시 시작' 3가지뿐입니다.

50섹션 4필드

37. 다음 중 한글 Windows 10의 [설정] → [접근성]에서 수행 가능한 작업에 대한 설명으로 옳지 않은 것은?

① 돋보기 기능을 사용하면 화면에서 원하는 영역을 확대할 수 있다.
② 내레이터 기능을 사용하면 화면의 텍스트를 소리 내어 읽어 줄 수 있다.
③ 청각 장애가 있는 사용자를 위해 경고음 등의 시스템 소리를 화면 깜박임과 같은 시각적 신호로 표시되도록 지정할 수 있다.
④ 화상 키보드 기능을 사용하여 마우스 포인터의 모양을 변경하거나 포인터의 이동 속도를 변경할 수 있다.

전문가의 조언 | 마우스 포인터의 크기, 색은 [⚙(설정)] → [접근성] → [마우스 포인터]에서 변경할 수 있습니다.

59섹션 2필드

38. 다음 중 한글 Windows 10에 있는 계산기 앱에 대한 설명으로 옳지 않은 것은?

① [표준] 계산기에서는 일반적인 사칙연산을 계산할 수 있다.
② [날짜 계산] 계산기에서는 일정을 관리하거나 알람을 설정할 수 있다.
③ [공학용] 계산기에서는 삼각법이나 함수 등을 최대 32자리까지 계산한다.
④ [프로그래머] 계산기에서는 진법 변환 등을 최대 64자리까지 계산한다.

전문가의 조언 | [날짜 계산] 계산기에서는 날짜와 관련된 계산은 수행할 수 있지만 일정을 관리하거나 알람을 설정할 수는 없습니다.

65섹션 3필드

39. 다음 중 한글 Windows 10의 [이더넷 속성]에서 설정할 수 있는 네트워크 구성 요소가 아닌 것은?

① QoS 패킷 스케줄러
② Microsoft Networks용 클라이언트
③ Microsoft Windows Defender
④ 인터넷 프로토콜 버전 6(TCP/IPv6)

전문가의 조언 | Microsoft Windows Defender는 [이더넷 속성]에서 설정할 수 있는 네트워크 구성 요소가 아닙니다.

66섹션 1필드

40. 다음 중 한글 Windows 10에서 인터넷을 사용하기 위한 네트워크 설정 및 점검에 대한 설명으로 옳지 않은 것은?

① ipconfig를 이용하여 네트워크 설정에 관한 정보를 얻을 수 있다.
② '명령 프롬프트' 창에 'ipconfig/renew'를 입력하면 네트워크 카드의 물리적 주소(MAC Address)도 확인할 수 있다.

③ 서브넷 마스크는 IP 주소와 결합하여 사용자 컴퓨터가 속한 네트워크를 식별할 때 사용한다.
④ ping을 이용하여 자신의 네트워크 카드가 정상적으로 작동하는지 확인할 수 있다.

전문가의 조언 | ipconfig 명령을 이용하여 네트워크 카드의 물리적 주소를 확인하려면 **ipconfig/all**을 입력해야 합니다.

3과목 PC 기본상식

65섹션 2필드

41. 다음 중 네트워크 장치에 대한 설명으로 적당하지 않은 것은?

① 라우터는 다른 네트워크를 연결하는 장치이다.
② 허브는 네트워크를 구성할 때 한꺼번에 여러 대의 컴퓨터를 연결하는 장치이다.
③ 리피터는 2개 이상의 근거리 통신망을 서로 연결해 주는 장치로 목적지 주소에 따른 선별 및 간단한 경로 결정을 한다.
④ 네트워크 카드는 사용자들이 케이블을 연결하거나 무선으로 연결하여 네트워크에 접속할 수 있게 한다.

전문가의 조언 | • 리피터(Repeater)는 감쇠된 신호를 증폭시켜 재전송함으로써 신호가 더 먼 거리에 다다를 수 있게 도와주는 장치입니다.
• ③번은 브리지(Bridge)에 대한 설명입니다.

72섹션 1필드

42. 다음 보기에서 설명하는 컴퓨터는 어느 것인가?

> 온도, 전류, 속도 등과 같이 연속적으로 변화하는 데이터를 처리하기 위한 특수 목적용 컴퓨터이다.

① 디지털 컴퓨터　　　　② 아날로그 컴퓨터
③ 하이브리드 컴퓨터　　④ 범용 컴퓨터

전문가의 조언 | 연속적으로 변화하는 데이터를 처리하기 위한 특수 목적용 컴퓨터는 아날로그 컴퓨터입니다.

75섹션 2필드

43. 다음 중 컴퓨터 중앙처리장치의 제어장치에 있는 레지스터의 설명으로 옳은 것은?

① 프로그램 카운터(PC)는 다음 번에 실행할 명령어의 번지를 기억하는 레지스터이다.
② 명령 레지스터(IR)는 현재 실행중인 명령어를 해독하는 레지스터이다.

③ 부호기(Encoder)는 연산된 결과의 음수와 양수를 결정하는 회로이다.

④ 메모리 버퍼 레지스터(MBR)는 기억장치에 입출력되는 데이터의 주소 번지를 기억한다.

> 전문가의 조언 | 프로그램 카운터(PC)는 다음 번에 실행할 명령어의 번지를 기억하는 레지스터입니다.
> ② 명령 레지스터(IR)는 현재 실행중인 명령의 내용을 기억하는 레지스터입니다.
> ③ 부호기는 해독된 명령에 따라 각 장치로 보낼 제어 신호를 생성하는 회로입니다.
> ④ 메모리 버퍼 레지스터는 기억장치를 출입하는 데이터가 잠시 기억되는 레지스터입니다.

78섹션 1필드

44. 다음 중 컴퓨터에서 사용하는 캐시 메모리에 관한 설명으로 옳은 것은?

① CPU와 주기억장치의 처리 속도를 향상시키기 위하여 사용한다.

② 보조기억장치를 주기억장치처럼 사용할 수 있는 기능을 제공한다.

③ 주기억장치를 접근할 때 주소 대신 기억된 내용으로 접근하는 기능을 제공한다.

④ EEPROM의 일종으로 중요한 정보를 반영구적으로 저장할 수 있다.

> 전문가의 조언 | 캐시 메모리에 대한 설명으로 옳은 것은 ①번입니다.
> • ②번은 가상 메모리, ③번은 연상(연관) 메모리, ④번은 플래시 메모리에 대한 설명입니다.

80섹션 4필드

45. 다음 중 상점에서 바코드를 읽어 들일 때 많이 사용하는 입력장치로 빛을 주사하여 반사되는 빛의 차이를 인식하여 디지털 그래픽 정보로 만들어주는 장치는?

① 스캐너(Scanner) 　② 트랙볼(Track Ball)
③ 디지타이저(Digitizer) ④ 광전 펜(Light Pen)

> 전문가의 조언 | 문제에 제시된 내용은 스캐너의 개념입니다.
> • 트랙볼(Track Ball) : 볼마우스를 뒤집어놓은 형태로, 볼을 손으로 움직여 포인터의 위치를 이동시키는 장치
> • 디지타이저(Digitizer) : 정해진 좌표를 디지털 형식으로 변환시켜 컴퓨터에 입력하는 장치
> • 광전 펜(Light Pen) : 빛을 인식할 수 있는 모니터의 특정 부분을 눌러 해당 점의 위치를 컴퓨터에 입력하는 장치

82섹션 4필드

46. 다음 컴퓨터 시스템과 관련된 용어에 대한 설명 중 옳지 않은 것은?

① 레지스트리는 부팅에 필요한 설정이나 장비들의 정보를 저장한다.

② 프로세스는 실행 중인 또는 실행 가능한 프로그램을 의미한다.

③ 프로세서는 시스템의 연산을 수행하기 위해 명령어를 저장하고 있는 하드웨어이다.

④ 버스는 컴퓨터에서 데이터를 주고받는 통로이다.

> 전문가의 조언 | • 레지스트리는 컴퓨터에 설치된 모든 하드웨어와 소프트웨어의 실행 정보를 한군데 모아 관리하는 계층적인 데이터베이스입니다.
> • ①번은 CMOS에 대한 설명입니다.

84섹션 3필드

47. 다음 중 DMA(Direct Memory Access)에 관한 설명으로 거리가 먼 것은?

① CPU로부터 입·출력 장치의 제어를 넘겨받아 대신 처리하는 입·출력 전용 프로세서이다.

② 작업이 끝나면 CPU에게 인터럽트 신호를 보내 작업이 종료되었음을 알린다.

③ DMA 방식을 채택하면 CPU의 효율성이 증가되고 속도가 향상된다.

④ DMA를 사용하려면 메인보드와 하드디스크 같은 주변장치가 DMA를 지원해야 한다.

> 전문가의 조언 | ①번은 채널(Channel)에 대한 설명입니다.

87섹션 1필드

48. 다음 중 컴퓨터에서 사용하는 응용 소프트웨어인 데이터베이스 관리 시스템(DBMS)의 특징으로 옳지 않은 것은?

① 데이터의 중복성을 최소화하여 저장 공간을 절약할 수 있다.

② 데이터의 일관성과 무결성을 유지할 수 있다.

③ 데이터의 논리적·물리적 독립성을 방지할 수 있다.

④ 다수 사용자의 동시 실행 제어가 가능하다.

> 전문가의 조언 | 데이터베이스 관리 시스템을 사용하면 데이터의 논리적·물리적 독립성을 유지할 수 있습니다.

90섹션 1필드

49. 다음 중 컴퓨터 부팅 시 화면에 아무것도 표시되지 않고 '삐~'하는 경고음만 여러 번에 걸쳐 나는 경우의 해결 방법으로 옳지 않은 것은?

① 시동 디스크로 부팅한 후 시스템 파일을 전송하거나 드라이브 오류 검사로 부트 섹터를 검사한다.

② RAM이 제대로 꽂혀 있는지 또는 이물질이 있는지 확인한다.

③ 그래픽 카드를 제거한 후 부팅하여 그래픽 카드가 원인인지를 확인한다.

④ CPU가 제대로 꽂혀 있는지 점검한다.

94섹션 1필드

50. 다음 중 벡터 이미지(Vector Image)에 대한 설명으로 옳지 않은 것은?

① 이동과 회전 등의 변형이 쉽다.
② 확대, 축소 시에 화질의 손상이 거의 없다.
③ 좌표 개념을 도입하였다.
④ 점(Dot)늘을 픽셀(Pixel)의 형태로 나타낸다.

전문가의 조언 | 점(Dot)들을 픽셀(Pixel)의 형태로 나타내는 것은 비트맵 이미지입니다.

95섹션 2필드

51. 다음 중 동영상 파일 표준 형식에 대한 설명으로 옳지 않은 것은?

① ASF : 인터넷을 통해 오디오, 비디오 및 생방송 수신 등을 지원하는 스트리밍을 위한 표준 기술 규격이다.
② MPEG : 프레임 간의 연관성을 고려하여 중복 데이터를 제거하여 압축률을 높이는 손실 압축 기법을 사용한다.
③ DVI : MPEG-4 기술을 기반으로 한 영상 코덱으로 긴 영상도 원본 품질에 가까우면서도 작은 크기로 압축시켜 주는 기능을 갖고 있다.
④ AVI : Windows의 표준 동영상 파일 형식으로 별도의 하드웨어 장치 없이 재생할 수 있다.

전문가의 조언 | • DVI는 Intel 사가 개발한 동영상 압축 기술입니다.
• ③번은 DivX에 대한 설명입니다.

99섹션 2필드

52. 다음 중 인터넷의 IPv6 주소 체제에 관한 설명으로 옳지 않은 것은?

① IPv4와 호환성이 뛰어나다.
② Class A의 네트워크 부분은 IPv4의 2배인 16비트로 구성되어 있다.
③ 128비트의 주소를 사용하여, 주소 부족 문제를 해결할 수 있다.
④ 인증성, 기밀성, 데이터 무결성의 지원으로 보안 문제를 해결할 수 있다.

전문가의 조언 | IPv6에는 Class A가 없습니다. IPv4는 A 클래스에서 E 클래스로 구분되지만 IPv6은 유니캐스트, 애니캐스트, 멀티캐스트로 구분됩니다.

102섹션 1필드

53. 다음 중 아래의 보기에서 설명하는 용어는?

텍스트, 이미지, 오디오 및 비디오 등을 포함하는 멀티미디어 전자 문서들을 다른 기종의 시스템들과 정보의 손실 없이 효율적으로 전송, 저장 및 자동 처리하기 위해 국제표준화기구(ISO)에서 만든 표준

① PDF(Portable Document Format)
② DTP(Desktop Publishing)
③ XML(eXtensible Markup Language)
④ SGML(Standard Generalized Markup Language)

전문가의 조언 | 문제의 지문에 제시된 내용은 SGML의 개념입니다.
• PDF(Portable Document Format) : 컴퓨터 기종이나 소프트웨어의 종류에 관계없이 호환이 가능한 문서 형식
• DTP(Desktop Publishing) : 컴퓨터와 전자출판용 소프트웨어를 이용해 출판에 필요한 원고 작성, 편집, 인쇄 등을 일괄적으로 처리하는 출판 작업의 형태
• XML(eXtensible Markup Language) : 기존 HTML의 단점을 보완하여 웹에서 구조화된 폭넓고 다양한 문서들을 상호 교환할 수 있도록 설계된 언어

112섹션 4필드

54. 다음 중 아웃룩(Outlook)에서 작업 관리에 대한 설명으로 옳지 않은 것은?

① 미리 알림 시간을 설정할 수 있다.
② 작업 되풀이가 끝나는 날짜를 지정할 수 있다.
③ 완료된 작업은 하루가 지나면 자동으로 삭제되게 설정할 수 있다.
④ 다른 사람에게 작업을 요청할 수 있고 상대방은 요청을 수락할 수 있다.

전문가의 조언 | • 아웃룩에서 ③번과 같은 기능은 제공하지 않습니다.
• 완료된 작업은 작업 제목, 기한 등의 가운데에 줄이 그어져 표시되도록 설정할 수 있습니다.

106섹션 3필드

55. 다음에서 설명하는 컴퓨터 금융 범죄 기법을 무엇이라 하는가?

피해자 PC 악성코드 감염 → 정상적인 인터넷 뱅킹 절차(보안카드 앞 · 뒤 2자리) 이행 후 이체 클릭 → 오류 발생 반복(이체정보 미전송) → 일정 시간 경과 후 범죄자가 동일한 보안카드 번호 입력, 범행 계좌로 이체

① 메모리 해킹(Memory Hacking)
② 스미싱(Smishing)
③ 파밍(Pharming)
④ 피싱(Phishing)

전문가의 조언ㅣ 문제의 지문에 제시된 내용은 메모리 해킹(Memory Hacking)에 대한 설명입니다.
- **스미싱(Smishing)** : 무료쿠폰이나 모바일 초대장 등의 문자 메시지를 보낸 후 메시지에 있는 인터넷 주소를 클릭하면 악성코드를 설치하여 개인 금융 정보를 빼내는 행위
- **파밍(Pharming)** : 해커가 악성코드에 감염된 PC를 조작하여 이용자가 정상적인 사이트에 접속해도 중간에서 도메인을 탈취하여 가짜 사이트로 접속하게 한 다음 개인 정보나 금융정보를 몰래 빼내는 행위
- **피싱(Phishing)** : 거짓 메일을 발송하여 특정 금융기관 등의 가짜 웹 사이트로 유인한 후 관련 금융기관과 관련된 ID, 암호, 계좌번호 등의 정보를 빼내는 기법

107섹션 3필드

56. 다음 중 정보보안을 위한 비밀키 암호화 기법에 대한 설명으로 옳지 않은 것은?

① 대칭 암호화 기법 또는 단일키 암호화 기법이라고도 한다.
② 대표적인 암호화 방식은 DES(Data Encryption Standard)이다.
③ 알고리즘이 단순하고 파일 크기가 작다.
④ 공개키 암호화 기법에 비해 암호화/복호화 속도가 매우 느리다.

전문가의 조언ㅣ 비밀키 암호화 기법은 공개키 암호화 기법에 비해 암호화와 복호화의 속도가 빠릅니다.

108섹션 1필드

57. 다음은 무엇에 대한 설명인가?

> - 금융과 기술의 융합을 통한 금융 서비스 및 산업의 변화를 통칭한다.
> - 모바일, SNS, 빅데이터 등 새로운 IT 기술 등을 활용하여 기존 금융 기법과 차별화된 금융 서비스를 제공한다.
> - 예로써 삼성페이, 애플페이, 알리페이 등이 있다.

① 오픈뱅킹(Open Banking)
② 스마트뱅킹(Smart Banking)
③ 펌뱅킹(Firm Banking)
④ 핀테크(FinTech)

전문가의 조언ㅣ 문제의 지문에 제시된 내용은 핀테크(FinTech)의 특징입니다.

108섹션 1필드

58. 다음 중 정보통신기술(ICT)의 기술적인 용어에 관한 설명으로 옳지 않은 것은?

① 유비쿼터스 컴퓨팅(Ubiquitous Computing)은 언제 어디서나 어떤 기기를 통해서도 컴퓨팅이 가능한 환경을 제공한다.
② 사물 인터넷(IoT)은 모든 사물을 네트워크로 연결하여 인간과 사물 간에 서로 소통하기 위한 정보통신 환경이다.

③ 클라우드 컴퓨팅(Cloud Computing)은 HW/SW 등의 자원을 자신이 필요한 만큼 빌려서 비용을 지불하는 방식의 서비스이다.
④ 텔레매틱스(Telematics)는 지리적으로 분산되어 있는 컴퓨터를 초고속 인터넷으로 연결하여 공유하기 위한 기술이다.

전문가의 조언ㅣ ④번은 그리드 컴퓨팅(Grid Computing)에 대한 설명입니다.
- **텔레매틱스(Telematics)**는 자동차에 정보 통신 기술과 정보 처리 기술을 융합하여 운전자에게 다양한 멀티미디어 서비스를 제공하는 것입니다.

110섹션 1필드

59. 다음 중 개인정보에 대한 설명으로 옳은 것은?

① 개인정보는 성명, 주소 등과 같이 살아있는 개인을 식별할 수 있는 정보이다.
② 개인에 대한 다른 사람의 평가, 견해 등과 같은 간접적인 정보는 개인정보에 포함되지 않는다.
③ 개인정보 자기결정권은 자신의 개인정보 보호를 위하여 정보주체가 지켜야 할 권리이다.
④ 프라이버시권은 자신에 관한 정보가 언제 누구에게 어느 범위까지 알려지고 이용되도록 할지를 스스로 결정하는 권리이다.

전문가의 조언ㅣ ① 개인정보는 성명, 주소 등과 같이 살아있는 개인을 식별할 수 있는 정보를 의미합니다.
② 개인에 대한 다른 사람의 평가, 견해 등과 같은 간접적인 정보도 개인정보에 포함됩니다.
③ 개인정보 자기결정권은 자신에 관한 정보가 언제 누구에게 어느 범위까지 알려지고 이용되도록 할지를 스스로 결정하는 권리입니다.
④ 프라이버시권은 자신의 개인정보 보호를 위하여 정보주체가 지켜야 할 권리입니다.

111섹션 2필드

60. 다음은 전자우편에 사용되는 프로토콜 중 무엇에 대한 설명인가?

> 다른 위치에 있는 컴퓨터에서도 메일 서버에 있는 메일을 관리하고 검색할 수 있는 프로토콜로, 메일을 직접 서버로부터 다운받지 않고 이용이 가능하다.

① IMAP
② MIME
③ POP3
④ SMTP

전문가의 조언ㅣ 문제의 지문에 제시된 내용은 IMAP의 특징입니다.
- **MIME(Multipurpose Internet Mail Extensions)** : 웹 브라우저가 지원하지 않는 각종 멀티미디어 파일의 내용을 확인하고 실행시켜 주는 프로토콜
- **POP3(Post Office Protocol3)** : 메일 서버에 도착한 E-mail을 사용자 컴퓨터로 가져올 수 있도록 메일 서버에서 제공하는 프로토콜
- **SMTP(Simple Mail Transfer Protocol)** : 사용자의 컴퓨터에서 작성된 메일을 다른 사람의 계정이 있는 곳으로 전송하는 프로토콜

1과목 워드프로세싱 용어 및 기능

16섹션 1필드

1. 다음 중 전자출판의 특징으로 옳지 않은 것은?

① 개인용 컴퓨터를 이용하여 출판의 전 과정이 가능하다.

② 위지윅(WYSIWYG) 방식으로 편집 과정을 편집자가 의 도한대로 구현할 수 있다.

③ 다양한 글꼴(Font)을 지원하며, 아날로그 방식으로 문자 를 저장한다.

④ 문자뿐만 아니라 소리, 그림, 영상, 애니메이션 등의 복 합적인 표현이 가능하다.

전문가의 조언 | 전자출판은 다양한 글꼴(Font)을 지원하며, 디지털 방식으로 문 자를 저장합니다.

20섹션 1필드

2. 다음 중 교정 부호의 올바른 사용법으로 옳지 않은 것은?

① 교정 부호가 부득이 겹칠 경우에는 겹치는 각도를 최대 한 작게 한다.

② 교정 부호나 글자는 명확하고, 간략하게 표기한다.

③ 표기하는 색은 원고의 색과 다르게 눈에 잘 띄도록 한다.

④ 의미가 명확히 전달되도록 가지런히 표기한다.

전문가의 조언 | 여러 교정 부호가 동일한 행에 있을 경우 교정 부호끼리 겹치지 않도록 주의해서 표기해야 합니다.

11섹션 1필드

3. 워드프로세서의 용어 중 명령이나 기능을 수행하는 데 필요 한 추가적인 요소나 선택 항목을 가리키는 것은?

① 색인(Index)

② 하이퍼텍스트(Hypertext)

③ 디폴트(Default)

④ 옵션(Option)

전문가의 조언 | 명령이나 기능을 수행하는 데 필요한 추가적인 요소나 선택 항 목을 옵션(Option)이라고 합니다.
- **색인(Index)** : 본문 속의 중요한 용어들을 책의 제일 뒤에 모아 그 중요한 용 어들이 책의 몇 쪽에 있는지 알려 주는 기능
- **하이퍼텍스트(Hypertext)** : 문서에 있는 특정한 단어를 선택하면 그 단어와 연결된 문서로 이동해서 빠르고 쉽게 관련 정보를 참조할 수 있게 해주는 문 서 형식으로, 비순차적인 구조를 가지고 있음
- **디폴트(Default)** : 문서 편집과 관련된 여러 가지 설정 항목들에 주어진 기본 값 또는 표준값

13섹션 2필드

4. 다음 중 워드프로세서에서 인쇄 용지로 사용하는 낱장 용지 에 대한 설명으로 옳은 것은?

① 낱장 인쇄 용지 중 크기가 가장 큰 용지는 A1이다.

② 낱장 인쇄 용지의 가로:세로의 비율은 1:2이다.

③ B4는 A4보다 크기가 2배 크다.

④ 낱장 용지의 규격은 전지의 종류와 전지를 분할한 횟수 를 사용하여 표시된다.

전문가의 조언 | 낱장 용지의 규격은 전지의 종류와 전지를 분할한 횟수를 사용 하여 표시됩니다.
① 낱장 인쇄 용지 중 크기가 가장 큰 용지는 B0입니다.
② 낱장 인쇄 용지의 가로:세로의 비율은 $1:\sqrt{2}$입니다.
③ A4의 2배 크기 용지는 A3이고, B4는 B5의 두 배 크기 용지입니다.

11섹션 1필드

5. 다음 중 워드프로세서의 용어에 대한 설명으로 옳지 않은 것은?

① 옵션(Option) : 어떤 기능에 대한 지시를 부여하거나 지 시할 때 선택할 수 있는 항목을 말한다.

② 마진(Margin) : 문서의 균형을 위해 비워두는 페이지의 상 · 하 · 좌 · 우 공백을 말한다.

③ 센터링(Centering) : 문서의 중심을 비우고 문서의 내용 을 정렬하는 기능이다.

④ 캡션(Caption) : 문서에 포함된 표나 그림에 붙이는 제 목 또는 설명이다.

전문가의 조언 | 센터링(Centering)은 문서의 내용을 문서 가운데를 중심으로 정 렬하는 기능입니다.

22섹션 2필드

6. 다음 중 업무 중에 받은 명함을 이름에 따라 파일링하여 분 류 정리하고자 할 때 적합한 분류 방법은?

① 명칭별

② 주제별

③ 지역별

④ 혼합별

전문가의 조언 | 업무 중에 받은 명함을 이름에 따라 파일링하여 분류 정리하고 자 할 때 적합한 분류 방법은 명칭별 파일링입니다.
- **주제별 파일링** : 문서의 내용으로부터 주제를 정하여 이를 기준으로 정리하 는 방법
- **지역별 파일링** : 국가, 지역, 거래처 명칭 순으로 분류한 다음 가나다 또는 ABC 순으로 정리하는 방법
- **번호별 파일링** : 문자 대신 번호를 사용하여 번호 순으로 정리하는 방법

1섹션 4필드

7. 다음 중 워드프로세서의 특징에 대한 설명으로 옳지 않은 것은?

① 작성한 문서를 다른 응용 프로그램에서 불러와 편집할 수 있다.

② 작성 중인 문서를 포토샵 파일(*.PSD)이나 동영상 파일 (*.WMV)로 저장할 수 있다.

③ 작성한 문서에 암호를 부여하여 저장할 수 있어 보안 유지가 가능하다.

④ 작성한 문서를 메일, 팩시밀리, 모바일 등을 이용하여 쉽게 전송할 수 있다.

> 전문가의 조언 | 작성 중인 문서를 포토샵 파일(*.PSD)이나 동영상 파일(*.WMV)로 저장할 수 없습니다.

21섹션 3필드

8. 다음 중 문서의 관리 과정에 대한 각 단계별 설명으로 옳지 않은 것은?

① 문서의 편철 : 문서처리가 완결되면, 차후 활용할 가치가 있는 문서를 묶어서 문서철을 만든다.

② 문서의 보존 : 각 서류 처리과에서 문서처리 즉시 문서분류법에 따라 분류하고 보존하며 보존 기간 계산의 기산일은 기록물 생산년도부터이다.

③ 문서의 보관 : 내용 처리가 끝난 날이 속한 연도 말일까지 각 부서의 문서보관함에 넣고 활용 및 관리한다.

④ 문서의 폐기 : 보존기간이 완료된 문서를 일괄 폐기한다

> 전문가의 조언 | 문서의 보존은 정해진 문서의 보존기간 동안, 즉 폐기 전까지 문서 관리 주관 부서에서 관리하는 것을 의미하며, 보존 기간 계산의 기산일은 기록물 생산년도 다음해 1월 1일부터입니다.

15섹션 1필드

9. 다음 보기의 기능을 가지고 있는 전자책의 보호 기술은 어느 것인가?

> • 인터넷 위의 모든 지적 재산물을 관리함
> • 지적재산 권리보유자와 이용자를 연결함
> • 디지털 정보의 전자상거래 절차에서 필수 요소 및 자동 저작권 관리의 실현이 가능함

① DOI(Digital Object Identifier)

② DRM(Digital Rights Management)

③ DW(Digital Watermarking)

④ PKI(Public Key Infrastructure)

> 전문가의 조언 | 문제의 지문에서 설명하는 전자책의 보호 기술은 DOI(Digital Object Identifier)입니다.
> • DRM(Digital Rights Management, 디지털 저작권 관리) : 디지털 콘텐츠의 불법 복제와 유포를 막고 저작권자의 이익과 권리를 보호하기 위한 기술과 서비스

22섹션 2필드

10. 다음 중 색인이 필요 없는 파일링 방법은?

① 명칭별 파일링   ② 주제별 파일링

③ 지역별 파일링   ④ 번호별 파일링

> 전문가의 조언 | 명칭별(가나다) 파일링은 색인이 필요없이 직접적인 처리와 참조가 가능합니다.

10섹션 1필드

11. 다음 중 맞춤법 검사(Spelling Check)에 대한 설명으로 올바른 것은?

① 수식과 화학식도 맞춤법 검사를 할 수 있다.

② 자주 틀리는 단어는 자동으로 수정되도록 지정할 수 있다.

③ 문서의 특정 부분만 검사할 수는 없다.

④ 맞춤법 외에 문법적인 오류는 고칠 수 없다.

> 전문가의 조언 | 맞춤법 검사에서 자주 틀리는 단어는 자동으로 수정되도록 지정할 수 있습니다.
> ① 수식과 화학식은 맞춤법 검사를 할 수 없습니다.
> ③ 문서의 특정 부분을 블록으로 지정한 다음 맞춤법 검사를 수행하면 블록이 지정된 영역에 대해서만 맞춤법 검사가 이루어집니다.
> ④ 맞춤법 외에 문법적인 오류도 고칠 수 있습니다.

12섹션 1필드

12. 다음 중 워드프로세서의 인쇄 기능에 대한 설명으로 옳지 않은 것은?

① 인쇄 옵션에서 인쇄 범위, 인쇄 매수, 인쇄 방식 등을 설정할 수 있다.

② 미리 보기 기능을 이용하면 편집한 내용의 전체 윤곽을 확인할 수 있다.

③ 프린터의 해상도를 높게 설정하면 선명하게 인쇄할 수 있다.

④ 프린터는 기본으로 설정된 프린터로만 인쇄할 수 있다.

> 전문가의 조언 | 기본 프린터가 아닌 다른 프린터로도 인쇄할 수 있습니다.

9섹션 1필드

13. 다음 중 워드프로세서에서 찾기와 바꾸기 기능에 관한 설명으로 옳지 않은 것은?

① 블록을 지정한 영역에서도 찾기가 가능하며 커서의 위치를 기준으로 찾을 방향을 지정할 수 있다.

② 사용자가 정의해 놓은 스타일을 적용하여 찾기나 바꾸기를 할 수 있다

③ 찾기 기능을 수행하면 문서 크기에 영향을 준다.

④ 문서 내에서 특정 문자를 찾기를 하여 크기, 서체, 속성 등을 바꿀 수 있다.

전문가의 조언 | 찾기 기능은 말 그대로 문서에서 특정 문자나 문자열(단어)을 찾는 기능으로, 작업 후 문서의 내용 및 크기에는 아무런 변화가 없습니다.

24섹션 4필드

14. 다음 중 공문서의 성립 및 효력 발생에 관한 설명으로 옳지 않은 것은?

① 결재권자가 해당 문서에 서명의 방식으로 결재함으로써 성립한다.

② 다른 법령에 특별한 규정이 없는 한 결재권자의 결재한 순간부터 공문서의 효력이 발생한다.

③ 내용적으로 위법/부당하거나 시행 불가능한 사항이 없어야 한다.

④ 당해 기관의 권한내의 사항 중에서 작성되어야 한다.

전문가의 조언 | 공문서는 문서가 수신자에게 도달된 때부터 효력이 발생합니다.

23섹션 1필드

15. 다음 중 전자문서에 관한 설명으로 옳지 않은 것은?

① 전자문서는 종이보관의 이관시기와 동일하게 전자적으로 이관한다.

② 결재권자는 전자문서를 열람한 후 전자문서의 서명란에 날짜와 함께 전자이미지관인을 찍는다.

③ 전자문서는 검토자, 협조자 및 결재권자가 동시에 열람할 수 있다.

④ 전자문서는 문서 등급에 따라 접근자의 범위가 지정되어 있다.

전문가의 조언 | 결재권자는 전자문서를 열람한 후 전자문서의 서명란에 날짜와 함께 서명을 해야 합니다.

3섹션 1필드

16. 다음 중 KS X 1005-1(유니코드)에 대한 설명으로 옳지 않은 것은?

① 외국 소프트웨어의 한글화가 쉽고, 모든 문자를 2바이트로 표현한다.

② 정보통신망을 이용한 정보 교환 시 데이터의 충돌이 발생한다.

③ 전세계 모든 문자의 표현이 가능하다.

④ 완성형과 조합형을 동시에 사용할 수 있다.

전문가의 조언 | • KS X 1005-1(유니 코드)는 정보통신망을 이용한 정보 교환 시 데이터의 충돌이 발생하지 않습니다.
• 정보 교환 시 충돌이 발생하는 코드는 KS X 1001 조합형 코드입니다.

7섹션 2필드

17. 다음 중 워드프로세서의 화면 표시 기능과 관련된 설명으로 옳은 것은?

① 눈금자는 화면에 항상 표시되는 것으로 감출 수 없다.

② 조판 부호는 표시하거나 숨길 수 있다.

③ 상태 표시줄에는 쪽 번호, 커서 위치, 파일 크기 등의 정보를 표시한다.

④ 화면을 확대한 후 출력하면 종이에도 확대되어 출력된다.

전문가의 조언 | 조판 부호는 표시하거나 숨길 수 있습니다.
① 눈금자는 감출 수 있습니다.
③ 상태 표시줄에는 커서가 있는 곳의 쪽 번호(현재 페이지), 커서 위치, 삽입/수정 상태, 자판이 종류 등 문서를 편집할 때 필요한 여러 가지 정보가 표시되지만 파일 크기는 표시되지 않습니다.
④ 화면의 확대/축소는 인쇄물 결과에 영향을 미치지 않습니다.

25섹션 1필드

18. 다음 중 행정 효율과 협업 촉진에 관한 규정으로 옳지 않은 것은?

① 문서의 결재 시 결재권자의 서명란에는 서명 날짜를 함께 표시한다.

② 둘 이상의 행정기관장의 결재가 필요한 문서는 각각의 행정기관 모두가 기안하여야 한다.

③ 위임전결하는 경우에는 전결하는 사람의 서명란에 "전결" 표시를 한 후 서명하여야 한다.

④ 결재할 수 있는 사람이 휴가, 출장, 그 밖의 사유로 결재할 수 없을 때에는 그 직무를 대리하는 사람이 대결할 수 있다.

전문가의 조언 | 둘 이상의 행정기관의 장의 결재가 필요한 문서는 그 문서 처리를 주관하는 행정기관에서 기안하여야 합니다.

17섹션 1필드

19. 다음에서 설명하는 전자출판 기능은?

> 2차원의 이미지에 광원, 위치, 색상 등을 첨가하고 사실감을 불어넣어 3차원적인 입체감을 갖는 화상을 만드는 작업이다.

① 디더링(Dithering)　　② 렌더링(Rendering)

③ 리터칭(Retouching)　　④ 필터링(Filtering)

전문가의 조언 | 렌더링(Rendering)은 2차원적인 물체의 모형에 명암과 색상을 입혀 3차원적인 사실감을 나타내는 작업입니다.

20섹션 2필드

20. 〈보기 1〉의 문장이 〈보기 2〉의 문장으로 수정되기 위해 필요한 교정 부호들로만 올바르게 짝지어진 것은?

〈보기1〉

> 어떤 이는 그릇에 물이 많이 남아있다고 하고, 어떤 이는 물이 반밖에 남지 않았다고한다.

〈보기2〉

> 어떤 이는 그릇에 물이 반이나 남아있다고 하고, 어떤 이는 물이 반밖에 남지 않았다고 한다.

① ⌐, ∂̌, ✓   ② ∂̌, ⌒, ∿

③ ✓, ∂̌, ⌒   ④ ∂̌, ⌒, ✿

전문가의 조언 |

어떤 이는 그릇에 물이 (많이) 남아있다고 하고, 어떤

이는 물이 반밖에 남지 않았다고한다.

(반이나 위에 표시)

32섹션 4필드

22. 다음 중 한글 Windows 10에서 사용하는 바로 가기 키에 대한 설명으로 옳은 것은?

① ⊞ + L : 컴퓨터 시스템을 잠그거나 사용자를 전환한다.
② F8 : 선택된 항목의 속성 대화상자를 화면에 표시한다.
③ Alt + Enter : 활성창의 바로 가기 메뉴를 표시한다.
④ Alt + Tab : 작업 표시줄의 앱들을 차례대로 선택한다.

전문가의 조언 | • ⊞ + L은 컴퓨터 시스템을 잠그거나 사용자를 전환하는 바로 가기 키입니다.
• 속성 대화상자 표시는 Alt + Enter, 활성창의 바로 가기 메뉴는 Alt + Spacebar, 작업 표시줄의 앱들을 차례대로 선택하는 것은 Alt + Esc 니다.

47섹션 2필드

23. 다음 중 한글 Windows 10의 '전원 및 절전'에 관한 설명으로 옳지 않은 것은?

① 컴퓨터를 사용하지 않을 때 컴퓨터 화면이 꺼지는 시간을 지정한다.
② 컴퓨터를 사용하지 않을 때 하드 디스크가 종료되는 시간을 지정할 수 있다.
③ 기본 전원 관리 옵션에서 '균형 조정(권장)'을 설정하면 컴퓨터를 최대 성능으로 이용할 수 있다.
④ '추가 전원 설정'을 통해 [시작]에서 '전원'을 클릭 했을 때 나타나는 '절전' 옵션을 제거할 수 있다.

전문가의 조언 | 기본 전원 관리 옵션에서 '균형 조정(권장)'을 설정하면 에너지 소비와 성능 사이의 균형을 자동으로 조정합니다.

2과목   PC 운영체제

49섹션 1필드

21. 다음 중 한글 Windows 10의 [프로그램 및 기능] 창에서 할 수 있는 작업으로 옳지 않은 것은?

① 설치된 업데이트 내용을 제거할 수 있다.
② 시스템에 설치된 프로그램의 목록을 확인하거나 제거 또는 변경할 수 있다.
③ 설치된 Windows의 기능을 사용하거나 사용 안 함을 지정할 수 있다.
④ 새로운 응용 프로그램을 설치할 수 있다.

전문가의 조언 | [제어판] → [프로그램 및 기능]은 프로그램의 제거 또는 변경을 수행하는 곳으로 새로운 프로그램을 설치할 수는 없습니다.

28섹션 1필드

24. 다음 중 한글 Windows 10의 플러그 앤 플레이(Plug & Play) 기능에 관한 설명으로 옳지 않은 것은?

① 플러그 앤 플레이 기능을 활용하기 위해서는 하드웨어의 지원없이 소프트웨어만 지원하면 가능하다.
② 해당 장치에 대하여 사용자가 직접 환경을 설정하지 않아도 자동으로 구성된다.
③ 설치할 하드웨어를 자동으로 감지하고 장치 간의 충돌을 방지하는 기능이다.
④ 플러그 앤 플레이 기능이 없는 하드웨어는 [장치 관리자]를 이용하여 설치할 수 있다.

전문가의 조언 | 플러그 앤 플레이 기능을 활용하기 위해서는 소프트웨어뿐만 아니라 하드웨어의 지원도 필요합니다.

30섹션 1필드

25. 다음 중 한글 Windows 10에서 비정상적인 부팅 문제 해결 방법으로 가장 옳지 않은 것은?

① 전원을 켬과 동시에 F5를 눌러 복구 모드로 부팅한 후 문제 해결 작업을 수행한다.
② 안전 모드로 부팅하여 문제를 해결한 후 표준 모드로 재부팅한다.
③ 부팅 가능한 CD/DVD-ROM으로 부팅한 후 원인을 찾는다.
④ 시스템 복구 디스크를 만들어 둔 경우 시스템 복구 디스크를 이용해 시스템 복구를 수행한다.

> 전문가의 조언 | 복구 모드로 부팅하기 위해서는 [🔘(설정)] → [업데이드 및 보안] → [복구]에서 '고급 시작 옵션' 항목의 〈지금 다시 시작〉을 클릭히야 합니다.

103섹션 1필드

26. 다음 중 웹 브라우저 MS Edge에 대한 설명으로 옳지 않은 것은?

① 향상된 ActiveX로 이전보다 강력한 보안 기능을 제공한다.
② 컬렉션 기능을 활용하여 웹 페이지를 엑셀, 워드 등 오피스 프로그램으로 내보낼 수 있다.
③ 안드로이드, iOS, MacOS 등 다양한 환경에 설치하여 구동할 수 있다.
④ 오픈 소스인 크로미엄(Chromium)의 코드를 기반으로 개발되었다.

> 전문가의 조언 | MS Edge에서는 ActiveX를 지원하지 않습니다.

37섹션 1필드

27. 다음 중 한글 Windows 10에서 시작 메뉴에 대한 설명으로 옳지 않은 것은?

① [시작] 단추를 누르면 현재 사용중인 사용자의 계정이 표시된다.
② [시작] 메뉴에는 내 컴퓨터에 설치된 모든 앱 목록이 나타난다.
③ [시작] 메뉴의 타일 목록은 사용자가 원하는 대로 추가하거나 해제할 수 있다.
④ [시작] 메뉴의 크기는 사용자가 임의로 변경할 수 없다.

> 전문가의 조언 | [시작] 메뉴의 크기는 마우스로 드래그하여 조절할 수 있습니다.

62섹션 1필드

28. 다음 중 [작업 관리자] 창에서 할 수 있는 작업으로 옳지 않은 것은?

① 현재 실행중인 프로그램의 작업에 대하여 강제로 끝내기를 할 수 있다.

② [세부 정보] 탭에서 실행 중인 프로그램을 선택하여 프로그램 자체를 제거할 수 있다.
③ 컴퓨터의 논리적인 디스크의 사용량을 확인할 수 있다.
④ 시작 프로그램에 등록된 개별 앱들을 사용 또는 사용 안함을 설정할 수 있다.

> 전문가의 조언 | • [세부 정보] 탭에서는 현재 실행 중인 프로세스를 선택하여 종료할 수 있습니다.
> • 프로그램 제거는 [🔘(설정)] → [앱] → [앱 및 기능]을 이용해야 합니다.

66섹션 1필드

29. 다음 중 한글 Windows 10의 [네트워크 및 공유 센터] 창에서 네트워크의 연결 및 설정과 관련하여 수행할 수 있는 작업으로 옳지 않은 것은?

① VPN 연결을 설정할 수 있다.
② 어댑터 설정을 변경할 수 있다.
③ Windows 방화벽을 설정할 수 있다.
④ 네트워크를 초기화할 수 있다.

> 전문가의 조언 | 네트워크를 초기화는 [🔘(설정)] → [네트워크 및 인터넷] → '상태'에서 수행할 수 있습니다.

61섹션 2필드

30. 다음 중 한글 Windows 10의 [드라이브 조각 모음 및 최적화]에 관한 설명으로 옳지 않은 것은?

① 드라이브를 효율적으로 구성하여 접근 속도 향상뿐만 아니라 여유 공간도 증가시킬 수 있다.
② 네트워크 드라이브에서는 수행할 수 없다.
③ 드라이브 조각 모음 및 최적화 일정 구성을 통하여 예약 실행을 할 수 있다.
④ 하드디스크 드라이브의 경우 드라이브 조각 모음 및 최적화가 필요한 지 확인하려면 먼저 드라이브를 분석해야 한다.

> 전문가의 조언 | '디스크 조각 모음 및 최적화'는 여기저기 분산되어 저장된 파일들을 연속된 공간으로 모아 접근 속도를 향상시키기 위한 것으로, 드라이브의 여유 공간을 증가시키지는 않습니다.

33섹션 3필드

31. 다음 중 한글 Windows 10에서 바로 가기 아이콘에 대한 설명으로 옳지 않은 것은?

① 하나의 파일이나 폴더에 대해 여러 개의 바로 가기 아이콘을 만들 수 있다.
② 바로 가기 아이콘에는 왼쪽 아래에 꺾인 화살표가 표시된다.

③ 바로 가기 아이콘은 앱을 빠르게 실행하기 위해 만들어진 복사본이다.

④ 폴더, 프린터, 디스크 드라이브 등에 대해 바로 가기 아이콘을 만들 수 있다.

> 전문가의 조언 | 바로 가기 아이콘은 원본 파일의 위치 정보만을 가지고 있으므로 복사본이라고 표현하는 것은 옳지 않습니다.

40섹션 1필드

32. 다음 중 한글 Windows 10의 파일 탐색기에서 탐색 창에 나타나는 항목이 아닌 것은?

① 즐겨찾기　　　　② 라이브러리
③ OneDrive　　　　④ 시스템

> 전문가의 조언 | • 파일 탐색기의 탐색 창에 나타나는 항목이 아닌 것은 '시스템' 입니다.
> • 파일 탐색기의 탐색 창에 나타나는 항목에는 즐겨찾기, OneDrive, 내 PC, 라이브러리, 네트워크가 있습니다.

41섹션 3필드

33. 다음 중 한글 Windows 10의 디스크 포맷에 대한 설명으로 옳지 않은 것은?

① 디스크 포맷은 디스크를 초기화하여 사용 가능한 상태로 만들어주는 작업을 말한다.

② '빠른 포맷'을 선택하면 디스크의 불량 섹터는 검출하지 않고, 디스크의 모든 파일을 삭제한다.

③ 볼륨 레이블에서 FAT32 볼륨은 최대 11문자, NTFS 볼륨은 최대 32문자까지 사용할 수 있다.

④ 포맷하려는 디스크의 데이터를 사용하는 중이라도 포맷할 수 있다.

> 전문가의 조언 | 포맷하려는 디스크의 데이터가 사용 중이라면 포맷할 수 없습니다.

49섹션 2필드

34. 다음 중 한글 Windows 10의 [설정] → [앱] → [기본 앱]을 이용하여 설정할 수 있는 내용으로 옳지 않은 것은?

① 같은 유형의 파일 형식 또는 프로토콜별로 연결된 앱을 설정할 수 있다.

② 파일 형식 또는 프로토콜이 항상 특정 앱에서 열리도록 설정할 수 있다.

③ 미디어 유형에 따라 각각에 맞게 자동으로 수행할 앱을 지정할 수 있다.

④ 새로운 기본 앱을 설치하거나 수정 및 제거할 수 있다.

> 전문가의 조언 | 새로운 앱은 설치 소프트웨어를 통해 설치하며, 수정 및 제거는 [⚙](설정) → [앱] → [앱 및 기능]에서 수행할 수 있습니다.

59섹션 2필드

35. 다음 중 한글 Windows 10에 있는 계산기 앱에 대한 설명으로 옳은 것은?

① 날짜 계산 계산기에서는 표준 날짜로 음력을 계산할 수 있다.

② 프로그래머 계산기에서는 계산기를 이용하면 2진법, 8진법, 10진법, 16진법을 쉽게 구할 수 있다.

③ 공학용 계산기에서는 환율, 부피, 길이, 질량 등을 쉽게 변환할 수 있다.

④ 표준 계산기에서는 sin, tan, exp, log 등을 활용한 연산을 수행할 수 있다.

> 전문가의 조언 | 계산기 앱에 대한 설명으로 옳은 것은 ②번입니다.
> ① 날짜 계산 계산기에서는 두 날짜 간의 차이를 구하거나, 특정 날짜에 일수를 추가 또는 뺀 날짜를 구하는 계산기로, 음력 계산은 불가능합니다.
> ③ 환율, 부피, 길이 등을 변환하는 것은 변환기로, 공학용 계산기는 삼각법이나 함수 등을 구하는 계산기입니다.
> ④ sin, tan, exp 등을 연산하는 계산기는 공학용 계산기로, 표준 계산기는 일반적인 사칙연산을 수행합니다.

38섹션 2필드

36. 다음 중 한글 Windows 10의 [파일 탐색기] 창에 관한 설명으로 옳지 않은 것은?

① 탐색 창에서 ☑ 표시가 있는 폴더는 하위 폴더까지 표시된 상태를 의미한다.

② 탐색 창에서 폴더를 선택한 후에 숫자 키패드의 ⁻를 누르면 선택된 폴더의 하위 폴더가 표시된다.

③ Backspace 를 누르면 상위 폴더로 이동한다.

④ 왼쪽 방향키(←)를 누르면 선택된 폴더가 열려있을 때는 닫고, 닫혀 있으면 상위 폴더가 선택된다.

> 전문가의 조언 | 탐색 창에서 폴더를 선택한 후 숫자 키패드의 ⁻를 누르면 선택된 폴더의 하위 폴더가 감춰지고 ⁺를 누르면 선택된 폴더의 하위 폴더가 표시됩니다.

45섹션 2필드

37. 다음 중 한글 Windows 10의 [휴지통 속성] 창에서 수행할 수 있는 작업으로 옳지 않은 것은?

① 삭제 확인 대화상자의 표시 설정

② 휴지통의 바탕 화면 표시 설정

③ 각 드라이브의 휴지통 최대 크기 설정

④ 파일을 휴지통에 버리지 않고 바로 제거하는 기능 설정

> 전문가의 조언 | 바탕 화면에 휴지통의 표시 여부는 [⊞](시작) → [⚙](설정) → [개인 설정] → [테마]에서 '바탕 화면 아이콘 설정'을 클릭하여 설정할 수 있습니다.

정답 : 25.① 26.① 27.④ 28.② 29.④ 30.① 31.③ 32.④ 33.④ 34.④ 35.② 36.② 37.②

42섹션 1필드

38. 다음 중 한글 Windows 10에서 압축(ZIP) 폴더에 대한 설명으로 옳지 않은 것은?

① 압축 폴더 기능을 사용하면 폴더를 압축하여 디스크 공간을 절약하고 다른 컴퓨터로 빠르게 전송할 수 있다.

② 압축 폴더와 파일 또는 그 안에 포함된 폴더나 앱 파일은 일반 폴더에서 사용하는 것과 똑같이 사용할 수 있다.

③ 압축하려는 파일과 폴더들을 선택한 후 바로 가기 메뉴나 [공유] → [보내기] → [압축(ZIP) 폴더]를 선택하여 압축할 수 있다.

④ 압축 해제를 하지 않고 파일을 선택하여 읽기 전용으로 열기 및 편집을 할 수 있다.

> **전문가의 조언 |** • 압축을 해제하지 않고 파일을 선택하여 읽기 전용으로 열 수는 있지만 편집은 할 수 없습니다.
> • 편집하려면 압축을 해제해야 합니다.

50섹션 1필드

39. 다음 중 한글 Windows 10의 [설정] → [접근성]에서 할 수 있는 기능에 대한 설명으로 옳지 않은 것은?

① Windows 로그온 시 자동으로 돋보기 기능을 시작할 수 있게 설정할 수 있다.

② 필터키를 이용하여 내레이터 기능을 설정할 수 있다.

③ 화상 키보드 기능을 사용하면 키보드 없이도 글자를 입력할 수 있다.

④ 마우스 포인터의 색과 크기를 변경할 수 있다.

> **전문가의 조언 |** • 내레이터 기능은 화면의 모든 텍스트를 내레이터가 소리 내어 읽어주는 기능으로, 키보드를 이용해 내레이터 기능을 켜려면 ⊞ + Ctrl + Enter를 눌러야 합니다.
> • 필터키는 사용자가 실수로 키를 누르고 있는 동안 반복되는 입력을 무시하거나 반복 입력 속도를 느리게 지정하는 기능입니다.

55섹션 2필드

40. 다음 중 한글 Windows 10에 설치된 기본 프린터에 대한 설명으로 옳은 것은?

① 기본 프린터는 설치된 여러 프린터 중 2대까지 지정할 수 있다.

② 기본 프린터로 지정된 프린터는 삭제시킬 수 없다.

③ 기본 프린터는 컴퓨터에 설치된 여러 프린터 중 가장 먼저 설치한 프린터를 의미한다.

④ 네트워크 프린터나 추가 설치된 프린터도 기본 프린터로 지정할 수 있다.

> **전문가의 조언 |** 기본 프린터에 대한 설명으로 옳은 것은 ④번입니다.
> ① 기본 프린터는 하나만 지정할 수 있습니다.
> ② 기본 프린터로 지정된 프린터도 삭제할 수 있습니다.
> ③ 기본 프린터는 인쇄 명령 수행 시 프린터를 지정하지 않을 경우 자동으로 인쇄 작업이 전달되는 프린터를 말합니다.

3과목 PC 기본상식

68섹션 3필드

41. 다음 중 아래의 보기에서 설명하는 네트워크 관련 용어로 옳은 것은?

> • 호스트 이름으로부터의 IP 주소지에 대한 네트워크의 이름을 규정하는 것이다.
> • 네트워크와 호스트를 나누는데 사용된다.
> • 32비트의 크기를 갖는다.
> • 일반적으로 클래스 C인 경우 '255.255.255.0'을 사용한다.

① DNS(Domain Name System)

② 서브넷 마스크(Subnet Mask)

③ NAT(Network Address Translation)

④ 게이트웨이(Gateway)

> **전문가의 조언 |** 문제의 지문에 제시된 내용은 서브넷 마스크(Subnet Mask)에 대한 설명입니다.
> • DNS(Domain Name System) : 문자 형태로 된 도메인 네임을 숫자로 된 IP 주소로 변환해 주는 시스템
> • NAT(Network Address Translation) : 사설 IP 주소를 공인 IP 주소로 변환하는 기술
> • 게이트웨이(Gateway) : 다른 네트워크와의 데이터 교환을 위한 출입구 역할을 하는 장치

72섹션 1필드

42. 다음 중 보기에서 디지털 컴퓨터의 특징으로만 나열된 것은?

ⓐ 논리 회로 사용	ⓑ 수치, 문자 데이터 사용
ⓒ 프로그램의 불필요	ⓓ 특수 목적용
ⓔ 기억이 용이함	ⓕ 정밀도가 제한적임
ⓖ 연속적인 데이터 계산	ⓗ 사칙 연산

① ⓐ, ⓑ, ⓔ, ⓗ

② ⓑ, ⓓ, ⓕ, ⓗ

③ ⓐ, ⓒ, ⓓ, ⓕ

④ ⓑ, ⓒ, ⓔ, ⓕ

> **전문가의 조언 |** • ⓐ, ⓑ, ⓔ, ⓗ는 디지털 컴퓨터의 특징입니다.
> • ⓒ, ⓓ, ⓕ, ⓖ는 아날로그 컴퓨터의 특징입니다.

75섹션 2필드

43. 다음 중 컴퓨터 중앙처리장치의 제어장치에 있는 레지스터의 설명으로 옳은 것은?

① 프로그램 카운터(PC)는 현재 실행중인 명령의 내용을 기억하는 레지스터이다.
② 명령 해독기는 해독한 명령에 따라 각 장치로 제어 신호를 보내는 회로이다.
③ 명령 레지스터(IR)은 다음에 실행할 명령어의 번지를 기억하는 레지스터이다.
④ 메모리 주소 레지스터(MAR)는 기억장치에 입·출력되는 데이터의 주소 번지를 기억한다.

전문가의 조언 | 메모리 주소 레지스터(MAR)는 기억장치에 입·출력되는 데이터의 주소 번지를 기억합니다.
① 프로그램 카운터(PC)는 다음 번에 실행할 명령어의 번지를 기억하는 레지스터(Register)입니다.
② 명령 해독기는 명령 레지스터에 있는 명령어를 해독하는 회로입니다.
③ 명령 레지스터(IR)는 현재 실행중인 명령의 내용을 기억하는 레지스터입니다.

78섹션 2필드

44. 다음 중 기억장치에 대한 설명으로 옳지 않은 것은?

① 주기억장치는 컴퓨터 내부에 위치한 기억장치로 현재 사용 중인 데이터나 프로그램이 저장된다.
② ROM은 내장 메모리를 체크하거나 주변 장치의 초기화를 수행하기 위한 자료 등을 저장한다.
③ 캐시 메모리는 주기억장치와 CPU의 속도 차이를 보완하며, 주기억장치의 정보를 일시적으로 저장한다.
④ 가상 메모리는 주기억장치의 일부를 보조기억장치인 것처럼 사용한다.

전문가의 조언 | 가상 메모리는 보조기억장치의 일부를 주기억장치처럼 사용하는 메모리 관리 기법입니다.

81섹션 3필드

45. 다음 중 각 단위에 대한 설명으로 옳은 것은?

① DPI : 1초에 출력되는 글자의 수를 의미한다.
② LPM : 1분에 인쇄할 수 있는 줄 수를 의미한다.
③ CPS : 1인치에 출력되는 점(Dot)의 수를 의미한다.
④ PPM : 1초에 출력되는 페이지의 수를 의미한다.

전문가의 조언 | LPM은 1분에 출력되는 줄의 수를 의미합니다.
① DPI는 1인치에 출력되는 점(Dot)의 수를 의미합니다.
③ CPS는 1초에 출력되는 글자 수를 의미합니다.
④ PPM은 1분에 출력되는 페이지 수를 의미합니다.

83섹션 1필드

46. 다음 중 아래의 보기에서 설명하는 컴퓨터의 하드디스크 연결 방식으로 옳은 것은?

> • 직렬(Serial) 인터페이스 방식이다.
> • 데이터 전송 속도가 빠르다.
> • 데이터 선이 얇아 내부의 통풍이 잘된다.
> • 핫 플러그인(Hot Plug In)을 지원한다.

① IDE
② EIDE
③ SCSI
④ SATA

전문가의 조언 | 문제의 지문에 제시된 내용은 SATA의 특징입니다.
• IDE : 2개의 장치 연결이 가능하며, 최대 504MB의 용량을 인식함
• EIDE : 4개의 장치 연결이 가능하며, 최대 8.4GB의 용량을 인식함
• SCSI : 7개의 장치 연결이 가능하며, 각 장치에게 고유의 ID를 부여함

86섹션 1필드

47. 운영체제의 운영 방식에 대한 설명으로 옳지 않은 것은?

① 시분할 시스템은 자료가 발생하는 즉시 처리하는 방식이다.
② 다중 처리 시스템은 처리 속도를 향상시킬 목적으로 하나의 컴퓨터에 여러 개의 CPU를 설치하여 프로그램을 처리하는 방식이다.
③ 다중 프로그래밍은 한 대의 CPU로 여러 개의 프로그램을 동시에 처리하는 방식이다.
④ 임베디드 시스템에 해당하는 대표적인 소프트웨어에는 Windows CE, iOS, Android 등이 있다.

전문가의 조언 | • 시분할 시스템(Time Sharing System)은 한 대의 시스템을 여러 사용자가 동시에 사용하는 방식입니다.
• ①번은 실시간 처리(Real Time Processing)에 대한 설명입니다.

87섹션 2필드

48. 다음 중 컴퓨터에서 사용하는 프로그램에 관한 설명으로 옳지 않은 것은?

① 상용 소프트웨어는 정식으로 대가를 지불하고 사용하는 소프트웨어로, 수정 및 배포가 자유롭다.
② 셰어웨어는 기능이나 사용 기간 등에 제한을 두어 배포한 것으로 무료이다.
③ 공개 소프트웨어는 개발자가 무료로 공개한 소프트웨어로 누구나 사용할 수 있다.
④ 베타 버전은 외부의 인원이나 일반 사용자에게 테스트를 목적으로 배포한 프로그램이다.

전문가의 조언 | 수정 및 배포가 자유로운 프로그램은 공개 소프트웨어(Open Software)입니다.

49. 다음 중 한글 Windows 10에서 인터넷이 정상적으로 작동하지 않을 때 취해야 할 조치로 옳지 않은 것은?

① 네트워크 카드나 케이블이 바르게 연결되었는지 점검한다.
② 속도가 느려진 경우 config 명령을 사용하여 속도가 느려진 원인을 확인한다.
③ Windows 또는 웹 브라우저가 정상적으로 설치되어 있는지 확인한다.
④ Ping 명령을 사용해 접속하려는 사이트의 서버 상태를 확인한다.

> 전문가의 조언 | 속도가 느려진 경우 Tracert 명령을 사용하여 속도가 느려진 원인을 확인합니다.

50. 다음 중 그래픽 데이터 형식에 관한 설명으로 옳지 않은 것은?

① BMP : Windows 운영체제의 표준 비트맵 파일 형식으로 압축하여 저장하므로 파일의 크기가 작은 편이다.
② GIF : 인터넷 표준 그래픽 형식으로 8비트 컬러를 사용하여 최대 256 색상까지만 표현할 수 있으며, 애니메이션 표현이 가능하다.
③ JPEG : 사진과 같은 선명한 정지 영상 압축 기술에 대한 국제 표준으로 주로 인터넷에서 그림 전송에 사용된다.
④ PNG : 트루 컬러의 지원과 투명색 지정이 가능하다.

> 전문가의 조언 | BMP 파일 형식은 압축을 하지 않으므로 파일의 크기가 큽니다.

51. 다음 중 파일 표준 형식에 대한 설명으로 옳지 않은 것은?

① MOV : 정지 영상을 표현하는 국제 표준 파일 형식으로 JPEG를 기본으로 한다.
② MPEG : 프레임 간의 연관성을 고려하여 중복 데이터를 제거하여 압축률을 높이는 손실 압축 기법을 사용한다.
③ ASF : 인터넷을 통해 오디오, 비디오 및 생방송 수신 등을 지원하는 스트리밍을 위한 표준 기술 규격이다.
④ AVI : Windows의 표준 동영상 파일 형식으로 별도의 하드웨어 장치 없이 재생할 수 있다.

> 전문가의 조언 | • 정지 영상을 표현하는 국제 표준 파일 형식은 JPG(JPEG)입니다.
> • MOV는 Apple 사가 개발한 동영상 압축 기술로, JPEG의 압축 방식을 사용합니다.

52. 다음 중 OSI 7 계층 구조에서 각 계층에 해당하는 프로토콜로 옳지 않은 것은?

① 데이터링크 계층 : HDLC, SDLC
② 네트워크 계층 : IP, ICMP
③ 세션 계층 : TCP, UDP
④ 응용 계층 : FTP, HTTP

> 전문가의 조언 | TCP와 UDP는 전송 계층의 프로토콜입니다.

53. 다음 중 웹 브라우저 MS Edge에 대한 설명으로 옳지 않은 것은?

① Active X의 추가로 보안이 강화됐다.
② 안드로이드, iOS가 설치된 핸드폰이나 macOS가 설치된 컴퓨터에서도 사용할 수 있다.
③ Microsoft 계정을 사용하여 로그인하면 어디서든지 동기화할 수 있다.
④ 크로미엄(Chromium)을 기반으로 한다.

> 전문가의 조언 | 마이크로소프트 엣지(Edge)에서는 Active X 기능을 지원하지 않습니다.

54. 다음 바이러스의 유형 중 사용자 디스크에 숨어 있다가 날짜와 시간, 파일의 변경, 사용자나 프로그램의 특정한 행동 등의 일정 조건을 만족하면 실행되는 것은?

① 폭탄(Bomb) 바이러스
② 은닉(Stealth) 바이러스
③ 부트(Boot) 바이러스
④ 클러스터(Cluster) 바이러스

> 전문가의 조언 | 문제에 제시된 내용은 폭탄(Bomb) 바이러스의 특징입니다.
> • 은닉 바이러스 : 메모리에 상주하는 바이러스로 다른 파일을 변형한 사실을 숨겨 운영체제가 피해 사실을 모름
> • 부트 바이러스 : 부트 섹터(Boot Sector)를 손상시키는 바이러스임
> • 클러스터 바이러스 : 바이러스에 감염된 디스크에서 프로그램이 실행되면 동시에 실행되는 바이러스임

55. 다음 중 정보 보안을 위협하는 스니핑(Sniffing)에 관한 설명으로 옳은 것은?

① 문자 메시지에 있는 인터넷 주소를 클릭하면 악성코드를 설치하여 개인 정보를 절취하는 행위이다.

② 네트워크에서 정상적인 데이터를 보낸 것처럼 데이터를 변조하여 접속을 시도하는 행위이다.

③ 네트워크 주변을 지나가는 패킷을 절취하여 계정과 암호를 알아내는 행위이다.

④ 악성코드에 감염된 PC를 조작하여 정상적인 사이트에 접속하면 허위 사이트로 유도하여 개인정보를 절취하는 행위이다.

전문가의 조언 | ·스니핑(Sniffing)에 관한 설명으로 옳은 것은 ③번입니다.
·①번은 스미싱(Smishing), ②번은 스푸핑(Spoofing), ④번은 파밍(Pharming)에 대한 설명입니다.

108섹션 1필드

56. 다음은 무엇에 대한 설명인가?

> · 인터넷을 기반으로 사람과 사물, 사물과 사물 간의 정보를 상호 소통하는 지능형 기술 및 서비스를 말한다.
> · 인터넷에 연결된 기기가 사람의 개입 없이 상호 간에 알아서 정보를 주고받아 처리한다.

① RFID(Radio Frequency Identification)
② IoT(Internet of Things)
③ VNC(Virtual Network Computing)
④ WMN(Wireless Mesh Network)

전문가의 조언 | 문제의 지문에 제시된 내용은 IoT(Internet of Things)에 대한 설명입니다.

108섹션 1필드

57. 다음에서 설명하는 용어로 적합한 것은?

> 저전력, 저비용, 저속도와 2.4GHz를 기반으로 하는 홈 자동화 및 데이터 전송을 위한 무선 네트워크 규격이다.

① UWB(Ultra-Wide Band)
② NFC(Near Field Communication)
③ 지그비(Zigbee)
④ 플로팅 앱(Floating App)

전문가의 조언 | 문제의 지문에 제시된 내용은 지그비(Zigbee)에 대한 설명입니다.
· UWB(Ultra-Wide Band) : 근거리에서 컴퓨터와 주변기기 및 가전제품 등을 연결하는 초고속 무선 인터페이스로, 개인 통신망에 사용됨
· NFC(Near Field Communication) : 10cm 이내의 가까운 거리에서 무선으로 데이터를 전송하는 무선 태그 기술
· 플로팅 앱(Floating App) : 여러 개의 앱을 한꺼번에 사용할 수 있도록 앱 실행 시 영상 화면을 팝업 창의 형태로 분리하여 실행하는 기능

108섹션 1필드

58. 인터넷 상의 중앙 서버에 데이터를 저장해 두고, 인터넷 기능이 있는 모든 IT 기기를 사용하여 언제 어디서든지 정보를 이용할 수 있다는 개념으로, 컴퓨팅 자원을 필요한 만큼 빌려 쓰고 사용 요금을 지불하는 방식으로 사용되는 컴퓨팅 개념을 무엇이라고 하는가?

① 모바일 컴퓨팅(Mobile Computing)
② 분산 컴퓨팅(Distributed Computing)
③ 클라우드 컴퓨팅(Cloud Computing)
④ 그리드 컴퓨팅(Grid Computing)

전문가의 조언 | 문제의 지문에 제시된 내용은 클라우딩 컴퓨팅(Cloud Computing)에 대한 설명입니다.

110섹션 1필드

59. 다음 중 개인정보의 종류와 그에 따른 내용으로 옳지 않은 것은?

① 신체적 정보 : 신체 정보, 의료 정보, 건강 정보
② 재산적 정보 : 개인 금융 정보, 개인 신용 정보
③ 일반적 정보 : 주민등록번호, 이름, 주소
④ 정신적 정보 : 교육 정보, 근로 정보, 자격 정보

전문가의 조언 | ·정신적 정보에는 개인 기호 정보, 개인 성향 정보 등이 있습니다.
·교육 정보, 근로 정보, 자격 정보는 사회적 정보의 종류입니다.

없음

60. 다음 중 색상을 표현하는 RGB 모드에 대한 설명으로 옳지 않은 것은?

① TV, 컴퓨터 모니터와 같이 빛을 이용하는 표시 장치에서 이용한다.
② R, G, B를 각각 1바이트로 표현할 경우 나타낼 수 있는 색상의 가짓수는 256×256×256의 계산 결과인 16,777,216가지가 된다.
③ 빛의 삼원색인 RED, GREEN, BLUE를 이용하여 색을 혼합하면 섞을수록 명도가 0이 되며 밝아지기 때문에 감산혼합이라 한다.
④ 빛의 삼원색인 RED, GREEN, BLUE를 최대의 비율로 혼합하면 흰색을 얻을 수 있다.

전문가의 조언 | RGB 모드는 색을 혼합하면 할수록 명도가 밝아지기 때문에 가산혼합이라고 합니다.

정답 : 49.② 50.① 51.① 52.③ 53.① 54.① 55.③ 56.② 57.③ 58.③ 59.④ 60.③

89

1과목 워드프로세싱 용어 및 기능

13섹션 1필드

1. 다음 중 글꼴(Font)의 구성 방식에 대한 설명으로 옳지 않은 것은?

① 벡터(Vector) : 글자를 선, 곡선으로 처리한 글꼴로 확대하면 테두리 부분이 계단 모양으로 변형되어 흐려진다.

② 포스트스크립트(Post Script) : 글자의 외곽선 정보를 각종 그래픽 소프트웨어에 제공하며, 위지윅을 지원할 수 있다.

③ 오픈타입(Opentype) : 외곽선 글꼴 형태로 고도의 압축을 통해 용량을 줄여 통신을 이용한 폰트의 전송을 간편하게 할 수 있다.

④ 트루타입(True Type) : Windows에서 기본적으로 사용되는 글꼴로, 화면 표시용 글꼴과 출력용 글꼴이 동일하다.

> 전문가의 조언 | • 벡터 글꼴은 글자를 선, 곡선으로 처리한 글꼴로 확대해도 테두리 부분이 매끄럽게 유지됩니다.
> • 확대했을 때 테두리 부분이 계단 모양으로 변형되어 흐려지는 글꼴은 비트맵 글꼴입니다.

5섹션 2필드

2. 다음 중 컴퓨터에서 사용하는 파일의 유형과 확장자(Extension)가 바르게 연결된 것은?

① 실행 파일 – BAK, WBK, BKG
② 그래픽 파일 – ARJ, ZIP, LZH
③ 백업 파일 – COM, EXE, BAT
④ 음악 파일 – WAV, MID, MP3

> 전문가의 조언 | • 파일의 유형과 확장자가 바르게 연결된 것은 ④번입니다.
> • BAK, WBK, BKG는 백업 파일, ARJ, ZIP, LZH는 압축 파일, COM, EXE, BAT는 실행하는 파일입니다.

12섹션 1필드

3. 다음 중 워드프로세서의 인쇄 기능에 대한 설명으로 옳지 않은 것은?

① 미리 보기 기능을 이용하여 문서의 전체 윤곽을 확인할 수 있다.

② 문서의 일부분만 인쇄할 수 있고, 문서의 내용을 파일로 인쇄할 수 있다.

③ 인쇄 매수를 지정하여 동일한 문서를 여러 번 인쇄할 수 있다.

④ 인쇄할 때 프린터의 해상도를 높게 설정하면 선명하게 인쇄되고 출력 속도도 빨라진다.

> 전문가의 조언 | 프린터의 해상도를 높게 설정하면 선명하게 인쇄할 수 있지만 출력 속도는 느려집니다.

6섹션 1필드

4. 다음 중 워드프로세서에서 OLE(Object Linking and Embedding)에 관한 설명으로 옳지 않은 것은?

① 다른 여러 응용 프로그램에서 작성된 문자나 그림 등의 개체를 작성중인 현재 문서에 연결하거나 삽입하는 기능을 말한다.

② 그림을 연결하여 넣은 경우 문서에 삽입된 그림의 내용을 변경하면 원본 파일의 그림도 변경된다.

③ 연결하여 문서에 삽입을 하면 그림을 복사하여 붙여넣기를 했을 때 원본 파일을 삭제하여도 문서에 삽입된 그림은 그대로 남는다.

④ 삽입된 개체를 더블클릭하면 개체에 연결된 기본 프로그램이 실행된다.

> 전문가의 조언 | 개체를 연결하여 문서에 삽입한 경우 원본 파일이 수정되거나 삭제되면 문서에 그대로 반영되므로 ③번의 경우 문서에 삽입된 그림은 삭제됩니다.

10섹션 1필드

5. 다음 중 워드프로세서에서 매크로(Macro)에 대한 설명으로 옳지 않은 것은?

① 일련의 작업 순서를 키보드의 특정 키에 기록해 두었다가 필요할 때 한 번에 재실행해 내는 기능이다.

② 동일한 내용의 반복 입력이나 도형, 문단 형식, 서식 등을 여러 곳에 반복 적용할 때 효과적이다.

③ 작성한 매크로는 별도의 파일로 저장할 수 있으며 편집이 가능하다.

④ 마우스 동작을 포함한 사용자의 모든 동작을 기억하는 것을 '키 매크로'라고 한다.

> 전문가의 조언 | 매크로에는 키보드 입력을 기억하는 '키 매크로'와 마우스 동작을 포함한 사용자의 모든 동작을 기억하는 '스크립트 매크로'가 있습니다.

14섹션 1필드

6. 다음 중 워드프로세서의 출력 기능과 관련 없는 용어는 무엇인가?

① 보일러 플레이트   ② 폼 피드
③ 스풀   ④ 하드 카피

> 전문가의 조언 | 보일러 플레이트(Boiler Plate)는 문서 내에 머리말, 꼬리말, 주석 같은 것을 표시하기 위한 일정 공간으로, 편집 기능에 해당 됩니다.

- **스풀(Spool)** : 출력할 자료를 보조기억장치에 저장해 두었다가 프린터가 출력 가능한 시기에 출력할 수 있도록 해주는 기능
- **폼 피드(Form Feed)** : 프린터에서 다음 페이지의 맨 처음 위치까지 종이를 밀어올리는 기능
- **하드 카피(Hard Copy)** : 화면에 표시된 문서나 내용을 그 상태 그대로 프린터에 출력하는 기능

3섹션 1필드

7. 다음 중 KS X 1001 완성형 한글 코드의 문자 입력 방법에 대한 설명으로 옳지 않은 것은?

① 특수 문자는 모두 2바이트로 구성된다.
② 한글은 2벌식이나 3벌식 자판을 이용하여 입력한다.
③ 영문자의 대/소문자의 입력은 CapsLock 나 Shift 를 눌러 입력한다.
④ 한자의 음(音)을 알고 있을 때에는 음절 단위 변환, 단어 단위 변환 등으로 입력한다.

전문가의 조언 | 특수 문자는 종류에 따라 1바이트나 2바이트로 구성되어 있습니다.

20섹션 5필드

8. 다음 중 문서를 작성할 때 한글 맞춤법 중 띄어쓰기에 관한 설명으로 옳지 않은 것은?

① 조사는 그 앞말에 붙여 쓴다.
② 의존 명사는 띄어 쓴다.
③ 수를 한글로 적을 경우에는 천(千) 단위로 띄어 쓴다.
④ 단음절로 된 단어가 연이어 나타날 경우에는 붙여 쓸 수 있다.

전문가의 조언 | 수를 한글로 적을 경우에는 만(萬) 단위로 띄어 씁니다.

11섹션 1필드

9. 다음 중 워드프로세서에서 사용하는 기본 용어에 관한 설명으로 옳지 않은 것은?

① 영문균등(Justification) : 단어와 단어 사이의 간격을 균등 배분하여 문장의 왼쪽 끝만 맞추어 균형을 유지하는 기능
② 색인(Index) : 문서의 중요한 내용들을 빠르게 찾기 위하여 문서의 맨 뒤에 용어와 기록된 쪽 번호를 오름차순으로 기록하여 정리한 목록
③ 옵션(Option) : 명령이나 기능을 수행할 때 선택할 수 있는 항목들을 모두 보여주는 것
④ 마진(Margin) : 문서 작성 시 문서의 균형을 위해 남겨두는 상, 하, 좌, 우의 여백

전문가의 조언 | 영문균등(Justification)은 단어 사이의 간격을 조절하여 워드랩(Word Wrap)으로 인한 공백을 없애고 문장의 양쪽 끝을 맞추는 기능입니다.

1섹션 4필드

10. 다음 중 워드프로세서의 특징으로 옳지 않은 것은?

① 워드프로세서를 이용하면 문서 작성에 드는 시간과 노력을 줄일 수 있다.
② 정보통신망을 이용하여 문서를 전송할 수 있으므로 보안에 주의할 필요는 없다.
③ 문서의 통일성과 체계를 갖출 수 있다.
④ 문서 작성 및 관리를 전산화함으로써 유지 관리가 쉽다.

전문가의 조언 | 워드프로세서로 작성된 문서는 쉽게 변경할 수 있고, 정보통신망을 이용하여 문서를 전송할 수 있으므로 보안에 주의해야 합니다.

22섹션 2필드

11. 다음 설명에 해당하는 파일링 방법은?

- 문서의 내용으로부터 주제를 정하여 이를 기준으로 정리하는 방법
- 품목, 물건, 사업활동이나 기능 등의 명칭이 표제가 됨
- 문서 내용의 분류가 여러 개인 경우 상호참조 표시가 필요함
- 문서가 소분류로 구분되는 경우에 주로 사용됨

① 명칭별 파일링
② 주제별 파일링
③ 지역별 파일링
④ 번호별 파일링

전문가의 조언 | 문제의 지문에 제시된 내용은 주제별 파일링에 대한 설명입니다.
- **명칭별(가나다) 파일링** : 거래처별로 개인이나 회사의 이름 등을 가나다 또는 ABC 순으로 정리하는 방법
- **지역별 파일링** : 국가, 지역, 거래처 명칭 순으로 분류한 다음 가나다 또는 ABC 순으로 정리하는 방법
- **번호별 파일링** : 문자 대신 번호를 사용하여 번호 순으로 정리하는 방법

21섹션 3필드

12. 다음 문서관리의 절차에서 괄호(㉠~㉢)에 들어갈 용어를 순서대로 나열한 것은?

구분 → (㉠) → 편철 → (㉡) → 이관 → (㉢) → 폐기

① 보관, 분류, 보존
② 분류, 보관, 보존
③ 보존, 보관, 분류
④ 분류, 보존, 보관

전문가의 조언 | 문서관리의 절차를 순서대로 나열하면 '구분 → 분류 → 편철 → 보관 → 이관 → 보존 → 폐기' 순입니다.

---

13. 다음 중 파일링 시스템의 기본 원칙으로 옳지 않은 것은?

① 시간과 공간의 극대화
② 문서 검색의 용이성 및 신속한 출납
③ 명확한 분류를 위한 파일링 방법의 표준화
④ 문서의 소재 명시 및 보존의 확실성

전문가의 조언 | 파일링 시스템의 기본 원칙은 시간과 공간의 극대화가 아니라 극소화입니다.

14. 다음 중 EDI(Electronic Data Interchange)에 대한 설명으로 옳지 않은 것은?

① 각종 서류를 표준화된 양식을 통해 전자적 신호로 바꿔 컴퓨터통신망을 이용, 전송하는 시스템이다.
② 기업 간의 거래 데이터를 교환하기 위한 표준 포맷으로 미국의 데이터 교환 표준 협회에 의해 개발되었다.
③ EDI 메시지들은 암호화되거나 해독될 수 있으며 E-mail, 팩스와 함께 전자상거래의 한 형태다.
④ EDI의 3대 구성 요소는 EDI 표준(Standards), 문서(Document), 통신 네트워크(VAN)이다.

전문가의 조언 | EDI의 3대 구성 요소는 EDI 표준(Standards), 사용자 시스템(User System), 통신네트워크(VAN)입니다.

15. 다음 중 전자문서의 관리에 대한 설명으로 옳지 않은 것은?

① 전자결재 시스템을 사용하면 초안은 기안자가 지정된 서식 없이 자유롭게 작성할 수 있다.
② 전자이미지서명 등록, 결재 암호 등으로 보안을 유지하는 기능을 갖추고 있다.
③ 업무 흐름도에 따라 결재 파일을 결재 경로에 따라 자동으로 넘겨준다.
④ 문서를 재가공하여 사용할 수 있다.

전문가의 조언 | 전자결재 시스템은 표준 서식으로 정해진 문서만 사용할 수 있기 때문에 초안부터 지정된 서식에 맞게 작성해야 합니다.

16. 다음 중 맞춤법 검사(Spelling Check)에 대한 설명으로 옳지 않은 것은?

① 수식과 화학식은 맞춤법 검사를 할 수 없다.
② 맞춤법 외에 문법적인 오류는 고칠 수 없다.
③ 문서의 특정 부분만 검사할 수 있다.
④ 자주 틀리는 단어는 자동으로 수정되도록 지정할 수 있다.

전문가의 조언 | 맞춤법 검사를 이용하여 맞춤법 외에 문법적인 오류도 고칠 수 있습니다.

17. 다음 중 워드프로세서의 화면 표시 기능과 관련된 설명으로 옳지 않은 것은?

① 눈금자를 사용하면 왼쪽과 오른쪽 여백, 들여쓰기, 내어쓰기, 탭 설정 여부 등을 표시할 수 있다.
② 상태 표시줄에는 커서가 있는 쪽 번호, 커서 위치, 삽입 또는 수정 상태, 자판의 종류 등의 정보를 표시한다.
③ 문서를 작성할 때 화면을 상·하·좌·우로 이동하는 기능을 스크롤(Scroll)이라고 한다.
④ 작업 화면의 표준 도구 모음에는 제어 상자, 제목, 창 조절 단추 등이 표시된다.

전문가의 조언 | • 작업 화면의 표준 도구 모음(도구 상자)은 문서 작업을 할 때 자주 사용하는 기능을 아이콘화하여 모아 놓은 것입니다.
• 제어 상자, 제목, 창 조절 단추 등은 제목 표시줄에 표시됩니다.

18. 다음 중 공문서 구성에서 두문에 해당하는 내용으로 옳은 것은?

① 행정기관명
② 제목
③ 시행일자
④ 발신명의

전문가의 조언 | 공문서의 두문에는 행정기관명과 수신자가 들어갑니다.

19. 다음 중 워드프로세서에서 영역(Block) 지정에 관한 설명으로 옳지 않은 것은?

① 블록을 지정하여 특정 영역에 대해서만 찾기 및 바꾸기 기능을 수행할 수 있다.
② 블록을 지정하여 특정 영역을 복사 및 잘라내기 할 수 있다.
③ 임의의 단어에서 마우스를 두 번 연속으로 클릭하면 단어가 있는 줄(Line)을 블록 지정할 수 있다.
④ 임의의 단어에서 마우스를 세 번 연속으로 클릭하면 단어가 있는 문단을 블록 지정할 수 있다.

전문가의 조언 | • 임의의 단어에서 마우스를 두 번 연속으로 클릭하면 해당 단어가 블록으로 지정됩니다.
• 단어가 있는 줄을 블록으로 지정하려면 문서의 왼쪽 여백에서 마우스를 한 번 클릭하면 됩니다.

20섹션 2필드

20. 다음과 같이 교정 부호가 사용되었을 때 올바르게 수정된
문장은?

> 지난 주말 ∨산에 올라 풍경을 보고 크게 감탄했다.
> * 높이가 740m나 되는 도봉

① 지난 주말 높이가 740m나 되는 도봉산에 올라 풍경을
　보고 크게 감탄했다.
② 지난 주말 * 높이가 740m나 되는 도봉산에 올라 풍경을
　보고 크게 감탄했다.
③ 높이가 740m나 되는 도봉산에 올라 풍경을 보고 크게
　감탄했다.
④ * 높이가 740m나 되는 도봉산에 올라 풍경을 보고 크게
　감탄했다.

전문가의 조언 | 교정 부호 *은 문장 삽입하기 부호이므로, '주말'과 '산에' 사이에
*의 문장이 삽입되어 ①번과 같이 표시됩니다.

2과목　PC 운영체제

67섹션 3필드

21. 다음 중 한글 Windows 10의 파일 및 폴더 공유에 대한 설
명으로 잘못된 것은?

① 암호 보호 공유가 설정된 경우 공유하려는 사용자가 해
　당 컴퓨터에 사용자 계정과 암호가 있어야 공유 항목에
　접근할 수 있다.
② 폴더의 바로 가기 메뉴 중 '액세스 권한 부여'를 이용하여
　공유를 지정할 수 있다.
③ Windows의 시스템 폴더(Users 및 Windows 폴더)도 공
　유가 가능하다.
④ C 드라이브 전체를 공유하고자 할 경우, C 드라이브의
　속성 창에서 [공유] 탭의 [네트워크 파일 및 폴더 공유]
　항목에서 공유 설정이 가능하다.

전문가의 조언 | 드라이브를 통째로 공유할 때는 '네트워크 파일 및 폴더 공유' 항
목의 〈공유〉 버튼이 비활성화 되므로 '고급 공유' 항목에서 〈고급 공유〉를 클릭
한 후 설정해야 합니다.

66섹션 1필드

22. 다음 중 한글 Windows 10의 [설정] → [네트워크 및 인터
넷] → [상태]에서 할 수 있는 작업으로 옳지 않은 것은?

① 현재 네트워크의 연결 상태를 시각적으로 확인할 수 있다.
② 컴퓨터에서 사용 가능한 네트워크를 표시할 수 있다.
③ 네트워크를 초기화할 수 있다.

④ 연결에 사용할 네트워크 드라이브와 폴더를 지정하고,
　네트워크 드라이브 연결 및 끊기를 할 수 있다.

전문가의 조언 | 네트워크 드라이브 연결 및 끊기는 '내 PC'나 '네트워크'의 바로
가기 메뉴에서 [네트워크 드라이브 연결]과 [네트워크 드라이브 연결 끊기]를
선택하여 수행할 수 있습니다.

62섹션 1필드

23. 다음 중 한글 Windows 10에서 [작업 관리자] 대화상자의
각 탭에서 표시하고 있는 작업으로 옳지 않은 것은?

① [성능] 탭에서는 CPU, 메모리, 디스크, 이더넷의 사용량
　등을 확인할 수 있다.
② [사용자] 탭은 현재 컴퓨터에 로그인되어 있는 사용자를
　보여준다.
③ [시작프로그램] 탭은 Windows가 시작될 때 자동으로 실
　행되는 앱의 사용 여부를 지정한다.
④ [프로세스] 탭에서는 현재 실행 중인 앱을 강제 종료하거
　나, 삭제할 수 있다.

전문가의 조언 | [프로세스] 탭에서는 앱의 상태를 확인하거나 종료시킬 수 있지
만, 삭제하는 것은 불가능합니다.

37섹션 1필드

24. 다음 중 한글 Windows 10의 [시작] 메뉴에 대한 설명으로
옳지 않은 것은?

① 자주 사용하는 앱을 [시작] 메뉴의 앱 목록에 추가하여
　빠르게 실행할 수 있다.
② [시작] 메뉴에 등록된 앱은 그 크기를 작게, 보통, 넓게,
　크게 중에서 고를 수 있다.
③ [설정] → [개인 설정] → [시작]에서 시작 메뉴에 표시할
　앱을 지정할 수 있다.
④ 앱의 바로 가기 메뉴에서 [제거]를 선택하면 앱을 시스템
　에서 삭제할 수 있다.

전문가의 조언 | [🔧(설정)]→ [개인 설정] → [시작]은 [시작] 메뉴에 표시할 앱을 직
접 선택하여 지정하는 곳이 아니라, 앱 목록, 최근에 추가된 앱, 가장 많이 사용하
는 앱 등의 표시 여부를 지정하는 곳입니다.

32섹션 4필드

25. 다음 중 한글 Windows 10에서 사용하는 바로 가기 키의
설명으로 옳지 않은 것은?

① ⊞ + A : 알림 센터를 표시한다.
② ⊞ + D : 바탕 화면을 표시한다.
③ ⊞ + L : 열려 있는 모든 창을 최소화 하거나 이전 크기
　로 복원한다.
④ ⊞ + R : '실행' 창을 표시한다.

전문가의 조언 | • █ +L 은 로그아웃하여 컴퓨터를 잠그거나 사용자를 전환할 때 사용하는 바로 가기 키입니다.
• 열려 있는 모든 창을 최소화 하거나 이전 크기로 복원하는 바로 가기 키는 █ +M / █ +Shift +M 입니다.

42섹션 2필드

26. 다음 중 한글 Windows 10에서 사용하는 폴더의 속성 창에서 할 수 있는 작업으로 옳지 않은 것은?

① [일반] 탭에서는 해당 폴더의 위치나 크기, 디스크 할당 크기, 만든 날짜 등을 확인할 수 있다.
② [공유] 탭에서는 네트워크상에서 공유 또는 고급 공유 옵션을 설정할 수 있다.
③ [자세히] 탭에서는 해당 폴더에 대한 사용자별 사용 권한을 설정할 수 있다.
④ [사용자 지정] 탭에서는 해당 폴더에 대한 유형, 폴더 사진, 폴더 아이콘을 설정할 수 있다.

전문가의 조언 | • [자세히] 탭은 파일의 속성 창에만 있으며, 제목, 주제, 태그, 만든 이 등의 속성을 확인하거나 제거할 때 사용합니다.
• 사용자별 사용 권한은 [보안] 탭에서 설정할 수 있습니다.

103섹션 1필드

27. 다음 중 한글 Windows 10의 브라우저에서 사용하는 플러그인(Plug-in)에 대한 설명으로 옳지 않은 것은?

① 웹 브라우저의 실행과 함께 같이 실행된다.
② 대부분 유료로 제공되는 상용 소프트웨어이다.
③ 멀티미디어 요소를 제대로 활용할 수 있도록 지원한다.
④ 웹 브라우저의 기능을 확장해 주는 내장 프로그램이다.

전문가의 조언 | 플러그인(Plug-in)은 대부분 무료로 제공되는 프리웨어(Freeware)입니다.

103섹션 1필드

28. 다음 중 브라우저에 관한 설명으로 옳지 않은 것은?

① 전자우편을 사용할 수 있다.
② 원하는 웹 사이트에 쉽게 접속할 수 있다.
③ 자주 이용하는 웹 사이트의 목록을 관리할 수 있다.
④ 웹 서버에 있는 홈페이지를 HTTP 프로토콜을 사용하여 편집 또는 재구성할 수 있다.

전문가의 조언 | HTTP(Hyper Text Transfer Protocol)는 웹 페이지와 웹 브라우저 사이에서 하이퍼텍스트 문서를 전송하기 위해 사용하는 프로토콜로, 홈페이지를 편집하는 웹 프로그래밍 기능을 제공하지는 않습니다.

40섹션 1필드

29. 다음 중 한글 Windows 10에서 라이브러리에 대한 설명으로 옳지 않은 것은?

① 자주 사용하는 폴더들을 하나씩 찾아다니지 않고 라이브러리에 등록하여 한 번에 관리할 수 있다.
② 라이브러리는 컴퓨터 여기 저기 흩어져 있는 자료를 한 곳에서 보고 정리할 수 있게 하는 가상의 폴더이다.
③ 기본적으로 문서, 음악, 사진, 비디오 라이브러리를 제공한다.
④ 하나의 라이브러리에는 최대 30개의 폴더를 포함시킬 수 있다.

전문가의 조언 | 히니의 라이브러리에는 최대 50개의 폴더를 포함시킬 수 있습니다.

42섹션 1필드

30. 다음 중 한글 Windows 10의 바탕 화면에 새 폴더를 만드는 방법으로 옳지 않은 것은?

① 파일 탐색기의 탐색 창에서 바탕 화면을 선택한 후 파일 탐색기 리본 메뉴의 [홈] 탭에서 [새 폴더]를 선택한다.
② 바탕 화면에서 새 폴더를 만들기 위한 바로 가기 키인 Ctrl + N 을 누른다.
③ 바탕 화면의 바로 가기 메뉴에서 [새로 만들기] → [폴더]를 선택한다.
④ 바탕 화면에서 Shift + F10 을 누른 후 메뉴에서 [새로 만들기] → [폴더]를 선택한다.

전문가의 조언 | 바탕 화면에서 Ctrl + N 을 누르면 바탕 화면을 표시하는 '파일 탐색기'가 실행됩니다.

63섹션 2필드

31. 다음 중 한글 Windows 10에서 레지스트리에 대한 설명으로 옳지 않은 것은?

① 레지스트리를 편집하려면 작업 표시줄의 검색 상자에서 'regedit'를 입력하여 실행한다.
② 레지스트리란 Windows 사용자의 정보, 앱의 정보, 설정 사항 등 Windows 실행 설정에 대한 정보를 담은 데이터베이스이다.
③ 레지스트리가 손상되면 Windows에 치명적인 손상을 줄 수 있으므로 주의하여 사용해야 한다.
④ 레지스트리는 백업을 받을 수 없으므로 함부로 삭제하거나 실수하는 일이 없도록 신중하게 편집해야 한다.

전문가의 조언 | 레지스트리는 레지스트리 편집기에서 [파일] → [내보내기] 메뉴를 이용하여 사용자가 직접 백업할 수 있습니다.

49섹션 3필드

32. 다음 중 한글 Windows 10의 [설정] → [앱] → [비디오 재생]에서 할 수 있는 작업으로 옳지 않은 것은?

① 대역폭 절약을 위해 스트리밍 비디오가 낮은 해상도로 재생되도록 할 수 있다.
② HDR 비디오를 사용, 사용하지 않음을 설정할 수 있다.
③ Windows의 비디오 재생 플랫폼에 대한 설정을 변경할 수 있다.
④ 동영상 형식의 파일을 불러와 재생할 수 있다.

전문가의 조언 | [⚙(설정)] → [앱] → [비디오 재생]에는 동영상 형식의 파일을 불러와 재생하는 기능이 없습니다.

50섹션 1필드

33. 다음 중 한글 Windows 10의 '설정' 창에서 시각 장애가 있는 사용자가 컴퓨터를 사용하기에 편리하도록 설정할 수 있는 기능은?

① 동기화
② 사용자 정의 문자 편집기
③ 접근성
④ 앱 호환성 마법사

전문가의 조언 | 문제에 제시된 내용은 접근성에 대한 설명입니다.

38섹션 1필드

34. 다음 중 한글 Windows 10에서 [파일 탐색기]를 실행하는 방법으로 옳지 않은 것은?

① 바탕 화면의 빈 공간에서 바로 가기 메뉴의 [파일 탐색기 열기]를 클릭한다.
② [시작] 단추의 바로 가기 메뉴에서 [파일 탐색기]를 클릭한다.
③ ⊞ + E 를 눌러 실행한다.
④ [시작] 메뉴의 검색 창에서 '파일 탐색기'를 입력한 후 실행한다.

전문가의 조언 | 바탕 화면의 바로 가기 메뉴에 [파일 탐색기 열기]라는 항목은 없습니다.

55섹션 1필드

35. 다음 중 한글 Windows 10에서 프린터 설치와 사용에 관한 설명으로 옳지 않은 것은?

① 이미 설치된 프린터도 다른 이름으로 다시 설치할 수 있다.
② 한 대의 프린터를 네트워크로 공유하여 여러 대의 컴퓨터에서 사용할 수 있다.
③ 네트워크 프린터 설치 시 기본적으로 포트는 [COM1:]로 지정된다.
④ 기본 프린터는 한 대만 설정이 가능하며 변경도 가능하다.

전문가의 조언 | 네트워크 프린터의 경우 기본적으로 표준 TCP/IP 포트가 지정됩니다.

49섹션 2필드

36. 다음 중 한글 Windows 10의 [기본 앱]에 대한 설명으로 옳지 않은 것은?

① Windows에서 기본적으로 사용할 앱을 선택한다.
② 네트워크 연결 및 방화벽을 열 때 사용할 기본 앱을 설정한다.
③ 파일 형식별로 사용할 기본 앱을 선택한다.
④ 웹 브라우저나 전자 메일 작업 등에 사용할 기본 앱을 선택한다.

전문가의 조언 | • [⚙(설정)] → [앱] → [기본 앱]에서 네트워크 연결 및 방화벽을 열 때 사용할 앱은 설정할 수 없습니다.
• 네트워크 연결은 [⚙(설정)] → [네트워크 및 인터넷]에서, 방화벽은 [⚙(설정)] → [업데이트 및 보안] → [Windows 보안] → '보호 영역'의 '방화벽 및 네트워크 보호'를 선택하면 나타나는 'Windows 보안' 창에서 설정할 수 있습니다.

28섹션 1필드

37. 다음 보기에서 설명하는 한글 Windows 10 운영체제의 특징으로 옳은 것은?

> 한 대의 컴퓨터 시스템에서 운영체제가 각 작업의 제어권을 행사하여 작업의 중요도와 자원 소모량 등에 따라 우선순위가 높은 작업에 기회가 가도록 우선 순위가 낮은 작업에 작동 제한을 걸어 특정 자원 앱이 제어권을 독점하는 것을 방지하는 안정적인 체제

① 선점형 멀티태스킹
② 그래픽 사용자 인터페이스
③ 보안이 강화된 방화벽
④ 컴퓨터 시스템과 장치 드라이버의 보호

전문가의 조언 | 문제의 지문에서 설명하는 한글 Windows 10의 특징은 선점형 멀티태스킹입니다.

65섹션 3필드

38. 다음 중 한글 Windows 10의 [이더넷 속성]에서 네트워크 구성 요소에 대한 설명으로 옳지 않은 것은?

① QoS 패킷 스케줄러 : 네트워크 대역폭을 확인하고자 할 때 사용한다.

② Microsoft Networks용 클라이언트 : 사용자 컴퓨터에서 네트워크에 있는 리소스를 액세스 할 수 있게 한다.

③ Microsoft 네트워크용 파일 및 프린터 공유 : 다른 컴퓨터에서 네트워크를 사용하여 사용자 컴퓨터의 리소스를 액세스할 수 있게 한다.

④ 인터넷 프로토콜 버전 6(TCP/IPv6) : 다양하게 연결된 네트워크에서 통신을 제공하는 인터넷 프로토콜의 최신 버전이다.

전문가의 조언 | • QoS 패킷 스케줄러는 흐름 속도 및 우선 순위 서비스를 포함하여 네트워크 트래픽 제어를 제공하는 요소입니다.
• 네트워크 대역폭을 확인할 때 사용되는 것은 Link-Layer Topology Discovery 매퍼 I/O 드라이버입니다.

60섹션 1필드

39. 다음 중 한글 Windows 10의 그림판 3D에 대한 설명으로 옳지 않은 것은?

① 3D 도형을 그리거나 효과를 줄 수 있다.

② Shift를 누른 상태에서 수평선, 수직선, 45° 대각선을 그릴 수 있다.

③ 여러 개체를 하나의 묶음으로 그룹화하여 사용할 수 있다.

④ GIF, MP4, MOV 등의 파일 형식으로 저장된다.

전문가의 조언 | 그림판 3D에서 작업한 파일은 MOV 형식으로는 저장할 수 없습니다.

54섹션 2필드

40. 다음 중 한글 Windows 10에서 하드웨어 추가 또는 제거에 관한 설명으로 옳지 않은 것은?

① 설치된 하드웨어는 [설정] → [장치]에서 확인할 수 있다.

② 플러그 앤 플레이를 지원하는 장치를 설치하고 Windows 10을 재시작하면 자동으로 인식하여 설치된다.

③ 플러그 앤 플레이를 지원하지 않는 장치를 설치할 때는 [장치 관리자] 창에서 [동작] → [레거시 하드웨어 추가] 메뉴를 선택하여 나타나는 [하드웨어 추가] 마법사를 사용한다.

④ 설치된 하드웨어의 제거는 [설정] → [앱]에서 해당 하드웨어의 드라이버를 제거하면 된다.

전문가의 조언 | • [◎](설정) → [앱]에서는 하드웨어 드라이버를 제거할 수 없습니다.
• 하드웨어의 제거는 [◎](설정) → [장치] 또는 '장치 관리자'에서 수행할 수 있습니다.

3과목 PC 기본상식

69섹션 2필드

41. 다음 중 컴퓨터 시스템에서 사용하는 펌웨어에 관한 설명으로 옳은 것은?

① 치명적인 컴퓨터 바이러스 프로그램이다.

② 주로 RAM에 반영구적으로 저장된다.

③ 하드웨어를 제어하고 관리하는 역할을 수행한다.

④ 서로 다른 응용 프로그램을 보완해서 연결해 주는 역할을 한다.

전문가의 조언 | 펌웨어(Firmware)는 하드웨어의 동작을 지시하는 소프트웨어이지만 하드웨어적으로 구성되어 하드웨어의 일부분으로도 볼 수 있는 제품으로, 하드웨어를 제어 · 관리하는 역할을 수행합니다.

72섹션 1필드

42. 다음 중 디지털 컴퓨터에 대한 설명으로 올바르지 않은 것은?

① 구성 회로는 논리 회로이다.

② 일반적으로 사용하는 PC에 해당한다.

③ 모든 명령어를 메모리에서 실행한다.

④ 미 · 적분 방정식 계산이 용이하다.

전문가의 조언 | 미 · 적분 방정식 계산이 용이한 것은 아날로그 컴퓨터입니다.

112섹션 2필드

43. 다음 중 아웃룩(Outlook)에서 메일 관리에 대한 설명으로 옳지 않은 것은?

① 수신된 메일은 기본적으로 [받은 편지함] 폴더에 저장된다.

② [지운 편지함]에 있는 메일을 삭제하면 [임시 보관함]으로 이동한다.

③ [검색 폴더]는 특정 검색 조건에 일치하는 모든 전자 메일 항목을 보여 주는 가상 폴더이다.

④ [받은 편지함]에 있는 메일을 삭제하면 [지운 편지함]으로 이동한다.

전문가의 조언 | [지운 편지함]에서 삭제한 메일은 영구히 삭제됩니다.

78섹션 4필드

44. 다음 중 보기에서 설명하고 있는 기억장치는 어느 것인가?

> • EEPROM의 일종으로 ROM과 RAM의 기능을 모두 가지고 있다.
> • 읽기, 쓰기가 모두 가능하여 디지털 카메라, MP3 플레이어에 많이 사용된다.

① 캐시 메모리(Cache Memory)
② 연상 기억 메모리(Associative Memory)
③ 가상 메모리(Virtual Memory)
④ 플래시 메모리(Flash Memory)

전문가의 조언 | 지문에 제시된 내용은 플래시 메모리(Flash Memory)의 특징입니다.
• 캐시 메모리(Cache Memory) : 중앙처리장치(CPU)와 주기억장치 사이에서 컴퓨터의 처리 속도를 향상시키는 역할을 함
• 연상 기억 메모리(Associative Memory) : 주기억장치에 저장된 정보에 접근할 때 주소 대신 기억된 정보를 이용하여 접근하는 장치로, 주소를 이용할 때보다 속도가 빠름
• 가상 메모리(Virtual Memory) : 보조기억장치(하드디스크)의 일부를 주기억장치처럼 사용하는, 운영체제에 의해 구현되는 메모리 관리 기법

82섹션 3필드

45. 다음과 가장 관련 있는 것은 무엇인가?

> • 영상과 음성을 하나의 케이블로 전송하는 디지털 포트이다.
> • 셋톱박스, DVD 플레이어 등의 기기와 리시버, 모니터, HDTV 등의 출력장치를 연결하는 데 사용된다.

① 디스플레이 포트
② IEEE 1394
③ HDMI
④ PS/2 포트

전문가의 조언 | 문제의 지문에 제시된 내용은 HDMI에 대한 설명입니다.
• IEEE 1394 : 애플사에서 매킨토시용으로 개발한 직렬 인터페이스로, 핫 플러그인(Hot Plug In)을 지원하며, 주변장치를 최대 63개까지 연결할 수 있음

84섹션 1필드

46. 다음 중 컴퓨터의 내부 인터럽트에 해당하는 것은?

① 명령 처리 중 오버플로(Overflow)가 발생한 경우
② 컴퓨터의 전원 공급이 끊어졌을 경우
③ 특정 장치에 할당된 작업 시간이 끝났을 경우
④ 입·출력 장치가 데이터 전송을 요구하거나 전송이 끝났음을 알릴 경우

전문가의 조언 | 내부 인터럽트에 해당하는 것은 ①번입니다.
• ②, ③, ④번은 외부 인터럽트에 해당합니다.

86섹션 1필드

47. 다음 중 두 개 이상의 프로세서를 사용하여 하나의 작업을 동시에 처리함으로써 처리의 부하를 분담하여 처리 속도를 향상시키는 방법은?

① 병렬 처리
② 분산 처리
③ 시분할 처리
④ 듀얼 시스템

전문가의 조언 | 문제에 제시된 내용은 듀얼 시스템(Dual System)의 개념입니다.
• 분산 처리 시스템(Distribute Processing System) : 지역적으로 분산된 여러 대의 컴퓨터 시스템을 연결하여 업무를 지역적 또는 기능적으로 분산시켜 처리하는 방식
• 시분할 처리 시스템(Time Sharing System) : 한 대의 시스템을 여러 사용자가 동시에 사용하는 방식으로, 일정 시간 단위로 CPU 사용권을 신속하게 전환함으로써, 각 사용자들은 자신만이 컴퓨터를 사용하고 있는 것처럼 느낌

87섹션 2필드

48. 사용 권한에 따라 소프트웨어를 분류하고자 할 때, 다음은 무엇에 대한 설명인가?

> 일정 기간 동안 무료로 사용하다가 마음에 들면 금액을 지불해야 정식으로 사용할 수 있는 제품으로, 일부 기능을 제한한 프로그램이다.

① 번들 프로그램
② 셰어웨어
③ 프리웨어
④ 데모 버전

전문가의 조언 | 문제의 지문에 제시된 내용은 셰어웨어(Shareware)에 대한 개념입니다.
• 번들(Bundle) : 하드웨어나 소프트웨어를 구매했을 때 무료로 제공하는 일체의 소프트웨어
• 프리웨어(Freeware) : 무료로 사용 또는 배포가 가능한 것으로, 배포는 주로 인터넷을 통해 이루어짐
• 데모(Demo) 버전 : 정식 프로그램의 기능을 홍보하기 위해 사용 기간이나 기능을 제한하여 배포하는 프로그램

92섹션 1필드

49. 다음 중 멀티미디어에 관한 설명으로 잘못된 것은?

① 멀티미디어 데이터는 1킬로바이트부터 수십 메가바이트까지 많은 용량을 차지하므로 압축하여 사용한다.
② 멀티미디어 데이터는 특유의 저장 방식으로 인해 일반적인 검색 방법은 사용하기 어렵다.
③ 텍스트나 동영상 등의 여러 미디어를 통합하여 처리한다.
④ 멀티미디어는 일정한 방향으로 순차적으로 처리되는 것이 아니라 사용자의 선택에 따라 다양한 방향으로 처리된다.

전문가의 조언 | 멀티미디어 데이터도 일반적인 저장 방식으로 저장되므로 일반적인 검색 방법으로 검색이 가능합니다.

50. 다음 중 멀티미디어 데이터에 관한 설명으로 옳지 않은 것은?

① 아날로그 데이터를 디지털로 변환하기 위해서는 표본화(Sampling)와 양자화(Quantization) 과정을 거치게 된다.

② 표본화란 연속적인 아날로그 신호를 불연속적인 디지털 신호로 바꾸는 과정을 말한다.

③ 음성이나 영상 등의 아날로그 신호를 일정 시간 간격으로 검출하는 단계를 샘플링이라고 한다.

④ 샘플링할 때 디지털 오디오 데이터 파일의 크기에 영향을 미치는 요소에는 샘플링 비율(헤르츠), 양자화 크기(비트), 저장 매체의 크기(바이트) 등이 있다.

전문가의 조언 | 디지털 오디오 데이터 파일의 크기에 영향을 미치는 세 가지 요소는 '샘플링 비율, 양자화 크기, 지속 시간'입니다.

51. 다음 중 통신망의 종류와 특징에 대한 설명으로 옳지 않은 것은?

① LAN – 제한된 지역 내에 있는 독립된 컴퓨터 기기들로 하여금 서로 통신이 가능하도록 하는 데이터 통신 시스템이다.

② VAN – 통신 사업자로부터 통신 회선을 빌려 기존의 정보에 새로운 가치를 더해 판매하는 통신망이다.

③ WAN – 데이터, 음성, 영상 정보의 단거리 전송 서비스를 제공하는 네트워크이다.

④ ISDN – 하나의 통신회선으로 문자, 음성, 이미지, 동영상 등의 다양한 데이터를 통합된 통신 서비스로 제공하는 디지털 네트워크이다.

전문가의 조언 | WAN은 MAN보다 넓은 범위인 국가와 국가 혹은 대륙과 대륙을 하나로 연결하는 통신망입니다.

52. 다음 중 TCP/IP 상에서 운용되는 응용 프로토콜이 아닌 것은?

① FTP   ② TELNET

③ HTTP   ④ CPP

전문가의 조언 | 인터넷 관련 프로토콜에는 TCP, IP, FTP, ARP, UDP, TELNET, HTTP 등이 있습니다.

53. 다음 중 컴퓨터 범죄의 예방과 대책에 대한 설명으로 옳지 않은 것은?

① 자신의 ID를 빌려주거나 타인의 ID를 사용할 경우에는 신중을 기하여야 하며, 처음 만든 패스워드는 변경하지 않아야 하고 다른 사용자에게 노출되지 않도록 한다.

② 중요한 자료를 암호화하여 저장하고 정보 손실에 대비하여 백업을 철저히 한다.

③ 전자 상거래를 이용하거나 개인의 정보를 제공할 경우 반드시 이용 약관이나 개인 정보 보호 방침을 숙지한다.

④ 백신 프로그램을 설치하고 수시로 업데이트를 실행하여 최신 버전을 유지한다.

전문가의 조언 | 자신의 ID를 다른 사람에게 빌려주거나 타인의 ID를 사용해서는 안되고, 패스워드는 정기적으로 변경해 주는 것이 좋습니다.

54. 다음은 무엇에 대한 설명인가?

> 인터넷 사용자의 컴퓨터에 잠입해 내부 문서나 스프레드시트, 그림 파일 등을 암호화해 열지 못하도록 만들고 해독용 키 프로그램을 전송해 준다며 돈을 요구하는 악성 프로그램

① 내그웨어(Nagware)

② 스파이웨어(Spyware)

③ 애드웨어(Adware)

④ 랜섬웨어(Ransomware)

전문가의 조언 | 문제의 지문에 제시된 내용은 랜섬웨어(Ransomware)에 대한 설명입니다.

55. 다음 중 OSI 7계층 구조 중에서 세션 계층(Session Layer)의 기능과 거리가 먼 것은?

① 연결 설정, 유지 및 종료

② 메시지 전송과 수신(데이터 동기화 및 관리)

③ 대화(회화) 구성

④ 사용자가 다양한 응용 프로그램을 이용

전문가의 조언 | ④번은 응용 계층에 대한 설명입니다.

56. 다음에서 설명하는 용어로 적합한 것은?

> 기존의 관리 방법이나 분석 체계로는 처리하기 어려운 막대한 양의 데이터 집합, 또는 이러한 데이터로부터 가치를 추출하고 결과를 분석하는 기술

① 빅데이터(Big Data)
② 사물 인터넷(IoT)
③ 유비쿼터스(Ubiquitous)
④ 클라우드 컴퓨팅(Cloud Computing)

전문가의 조언 | 문제의 지문에 제시된 내용은 빅데이터(Big Data)의 개념입니다.
• **사물 인터넷(IoT)** : 세상에 존재하는 모든 사물을 네트워크로 연결해 인간과 사물, 사물과 사물 간 언제 어디서나 서로 소통할 수 있게 하는 새로운 정보 통신 환경
• **유비쿼터스(Ubiquitous)** : 사용자가 컴퓨터나 네트워크를 의식하지 않고 장소에 상관없이 자유롭게 네트워크에 접속할 수 있는 환경
• **클라우드 컴퓨팅(Cloud Computing)** : 하드웨어·소프트웨어 등의 컴퓨팅 자원을 자신이 필요한 만큼 빌려 쓰고 사용요금을 지불하는 방식의 컴퓨팅 서비스

57. 다음 중 유비쿼터스 환경과 가장 관련이 깊은 기술은?

① RFID/USN 기술
② 풀(Pull) 기술
③ 캐싱(Cashing) 기술
④ 미러 사이트(Mirror Site) 기술

전문가의 조언 | 유비쿼터스 관련 기술에는 RFID와 USN이 있습니다.
• **RFID(Radio Frequency IDentification)** : 전자태그 기술로, IC칩과 무선을 통해 식품·동물·사물 등 다양한 개체의 정보를 관리할 수 있는 인식 기술임
• **USN(Ubiquitous Sensor Network)** : 모든 사물에 부착된 RFID 태그 또는 센서를 통해 탐지된 사물의 인식 정보는 물론 주변의 온도, 습도, 위치정보, 압력, 오염 및 균열 정도 등과 같은 환경 정보를 네트워크와 연결하여 실시간으로 수집하고 관리하는 네트워크 시스템

58. 다음 중 컴퓨터의 연산장치에서 사용하는 레지스터에 대한 설명으로 옳지 않은 것은?

① 누산기는 다음에 실행할 명령어의 번지를 기억하는 레지스터이다.
② 데이터 레지스터는 연산에 사용될 데이터를 기억하는 레지스터이다.
③ 상태 레지스터는 연산중에 발생하는 여러 가지 상태값을 기억하는 레지스터이다.
④ 가산기는 2진수의 덧셈을 수행하는 회로이다.

전문가의 조언 | 누산기는 연산 결과를 일시적으로 저장하는 레지스터입니다.
• ①번은 프로그램 카운터(PC)에 대한 설명입니다.

59. 다음 설명에 해당하는 용어는?

> 자신에 관한 정보가 언제 누구에게 어느 범위까지 알려지고 이용되도록 할지를 스스로 결정하는 권리

① 개인정보 자기결정권
② 프라이버시권
③ 자기정보 통제권
④ 개인정보 보호원

전문가의 조언 | 문제의 지문에 제시된 내용은 개인정보 자기결정권의 개념입니다.
• **프라이버시권** : 자신의 개인정보 보호를 위하여 정보주체가 지켜야 할 권리

60. 다음 중 SQL(Structured Query Language)에 대한 설명으로 옳지 않은 것은?

① 구조화 질의 언어(SQL)는 데이터베이스 관리 시스템(DBMS)을 이용하여 데이터베이스를 조작하기 위한 특수한 언어이다.
② 데이터 정의어(DDL)는 테이블, 뷰 등을 생성하고, 변경하는 CREATE, ALTER 등의 명령어로 구성되어 있다.
③ 데이터 조작어(DML)는 실질적으로 데이터를 추가, 수정, 삭제하는 데 사용하며, 응용 프로그래머는 이것을 통해 데이터베이스에 접근한다.
④ 데이터 제어어(DCL)는 데이터의 보안과 관리에 사용되며, 데이터베이스와 응용 프로그래머 간의 인터페이스를 제공한다.

전문가의 조언 | 데이터베이스와 응용 프로그래머 간의 인터페이스를 제공하는 언어는 데이터 조작어(DML)입니다.

1과목 워드프로세싱 용어 및 기능

4섹션 3필드

1. 다음 중 한자 입력 방법에 대한 설명으로 옳지 않은 것은?

① 한자가 많이 들어 있는 문서의 일부분 또는 전체를 블록 지정하여 모두 한글로 변환할 수 있다.

② 한자의 음을 모를 경우에는 부수 또는 총 획수 입력, 외자 입력 등으로 변환할 수 있다.

③ 한자 사전이나 한자 목록에 들어 있는 한자 단어는 특정 영역에서 자동으로 변환할 수 있다.

④ 한자의 음을 모르는 경우 검색 및 치환 기능으로 변환하여야 한다.

전문가의 조언 | 한자의 음을 모를 경우에는 부수 또는 총 획수 입력, 외자 입력 등으로 변환할 수는 있지만 검색 및 치환 기능으로는 변환할 수 없습니다.

5섹션 1필드

2. 다음 중 한글 워드프로세서의 문서 파일 저장 기능에 관한 설명으로 옳지 않은 것은?

① 저장할 때 암호를 지정하여 다른 사람의 열람을 제한할 수 있다.

② 저장하기 대화상자에서 폴더를 새로 만들거나 삭제할 수 있다.

③ 기존 문서를 다른 이름으로 저장하면 기존 파일은 삭제된다.

④ 문서 파일의 저장 위치나 파일 이름 및 형식을 변경하여 저장할 수 있다.

전문가의 조언 | 기존 문서를 다른 이름으로 저장하면, 기존 문서는 변함이 없고 새로운 이름으로 문서가 하나 더 작성됩니다.

8섹션 2필드

3. 다음 중 워드프로세서에서 영역(Block) 지정에 관한 설명으로 옳지 않은 것은?

① 문서의 왼쪽 여백에서 마우스를 한 번 클릭하면 문서 전체를 블록으로 지정할 수 있다.

② 키보드의 Shift를 누른 상태로 방향키를 사용하여 문서의 일부 내용을 블록 지정할 수 있다.

③ 문서의 일부 내용을 마우스로 드래그하여 블록 지정할 수 있다.

④ 임의의 단어에서 마우스를 두 번 연속으로 클릭하면 해당 단어를 블록 지정할 수 있다.

전문가의 조언 | • 문서의 왼쪽 여백에서 마우스를 한 번 클릭하면 한 줄이 블록으로 지정됩니다.

• 문서 전체를 블록으로 지정하려면 문서의 왼쪽 여백에서 마우스를 세 번 클릭하면 됩니다.

15섹션 2필드

4. 다음 보기에서 설명하는 전자통신 출판의 종류는 무엇인가?

> 온라인을 통하여 과학 기술, 비즈니스, 사회 과학, 인문 과학 등의 정보를 검색하는 형태로 온라인 정보 검색 서비스, 비디오텍스, 쌍방향 CATV, 텔레텍스트(문자 다중 방송) 등이 포함된다.

① DTP ② 패키지형
③ 컴퓨터 통신형 ④ 온라인 데이터베이스형

전문가의 조언 | 문제의 지문에서 설명하는 전자통신 출판의 종류는 온라인 데이터베이스형입니다.

• **DTP(Desk Top Publishing, 탁상출판) :** 일반 책 형태의 출판물을 의미함

• **패키지형 :** CD-ROM 타이틀, DVD 등 종이가 아닌 매체에 기록을 하는 형태로, 문자, 사진, 영상, 음성 등의 멀티미디어를 표현할 수 있음

• **컴퓨터 통신형 :** 토탈 전자 출판 시스템으로, 온라인 데이터베이스형과 비슷하지만 저자의 집필 · 전송 · 편집 · 축적 · 이용자의 액세스까지 포함함

19섹션 1필드

5. 다음 중 보고서 작성 시 유의해야 할 사항으로 옳지 않은 것은?

① 읽는 사람의 요청이나 기대에 맞춘 보고서를 작성한다.

② 사실과 의견을 명확하게 구분하여 작성한다.

③ 표와 그림 등으로 시각적인 효과를 나타내어 설득력을 높이게 작성한다.

④ 각 사안별로 문장을 나누어 소항목에서 대항목으로 점진적으로 작성한다.

전문가의 조언 | 보고서는 각 사안별로 문장을 나누어 대항목에서 소항목으로 점진적으로 작성합니다.

6섹션 1필드

6. 다음 워드프로세서 용어 설명 중 올바른 것은?

① 스타일(Style)이란 문서의 전체적인 내용은 동일하지만 특정 부분만 다른 여러 개의 문서를 만들 때 사용하는 기능이다.

② 개체(Object)란 문서에 삽입하는 그림, 동영상, 차트, 소리 등을 말한다.

③ 로드(Load)란 주기억장치의 데이터를 보조기억장치로 옮기는 과정을 말한다.

④ 상용구(Glossary)란 자주 사용되는 반복적인 키보드 동작을 단축키로 저장하였다가 필요할 때 단축키를 눌러 쉽고, 빠르게 작업할 수 있는 기능이다.

> **전문가의 조언 |** 개체(Object)란 문서에 삽입하는 그림, 동영상, 차트, 소리 등을 말합니다.
> ① 스타일(Style)은 글자 모양, 문단 모양, 문단 테두리 등 문단에 대한 서식을 스타일로 설정해 놓고, 필요할 때 원하는 스타일을 간단한 키 조작으로 한 번에 적용하는 기능입니다. ①번은 메일 머지(Mail Merge)에 대한 설명입니다.
> ③ 로드(Road)는 보조기억장치에 저장되어 있는 데이터를 주기억장치로 불러오는 것입니다. ③번은 저장(Save)에 대한 설명입니다.
> ④ 상용구(Glossary)는 자주 사용하는 동일한 어휘나 도형 등을 약어로 등록한 후 필요할 때 약어를 호출하여 손쉽게 문장 전체를 입력하는 기능입니다. ④번은 매크로(Macro)에 대한 설명입니다.

16섹션 2필드

7. 다음 중 워드프로세서의 그리기 기능에 대한 설명으로 옳지 않은 것은?

① Ctrl 을 누른 채 도형을 그리면 도형의 중심부터 그려진다.

② Shift 를 누른 채 개체들을 마우스로 클릭하면 개체 묶기(그룹화)를 위한 연속적인 선택이 가능하다.

③ Ctrl 을 누른 채 마우스로 드래그하여 그리기 개체를 복사할 수 있다.

④ Alt 를 누른 채 원이나 사각형을 그리면 정원이나 정사각형이 그려진다.

> **전문가의 조언 |** Alt 가 아닌 Shift 를 누른 채 원이나 사각형을 그려야 정원이나 정사각형이 그려집니다.

23섹션 3필드

8. 다음 중 전자문서 관리 시스템의 장점으로 가장 거리가 먼 것은?

① 표준화된 문서 양식의 사용

② 보안 유지

③ 사무의 생산성 향상

④ 불필요한 서류의 중복을 피함

> **전문가의 조언 |** 전자문서 관리 시스템은 정보통신망을 이용하여 문서를 공유할 수 있기 때문에 보안 유지에 주의해야 합니다.

21섹션 1필드

9. 다음 중 문서의 기능으로 가장 거리가 먼 것은?

① 의사 결정의 기능

② 의사 보존의 기능

③ 자료 제공의 기능

④ 의사 전달의 기능

> **전문가의 조언 |** 문서의 기능에는 의사 기록 · 구체화 기능, 의사 전달 기능, 의사 보존 기능, 자료 제공 기능, 업무의 연결 · 조절 기능 등이 있습니다.

6섹션 1필드

10. 다음 보기와 가장 관련이 있는 것은?

> • 한 행에 문자가 다 채워지지 않은 상태에서 Enter 를 눌러 다음 행의 처음으로 커서를 이동하는 기능
> • 새로운 문단을 시작할 때 사용하는 기능

① 자동 페이지 넘김 ② 자동 개행

③ 강제 개행 ④ 강제 페이지 넘김

> **전문가의 조언 |** 문제의 지문에 제시된 내용은 강제 개행에 대한 설명입니다.
> • **자동 페이지 넘김** : 문서의 내용이 한 페이지를 다 채우면 커서가 자동으로 다음 페이지로 이동하는 기능
> • **자동 개행** : 한 행에 문자가 다 채워지면 커서가 자동으로 다음 행의 처음으로 이동하는 기능
> • **강제 페이지 넘김** : 문서의 내용이 한 페이지를 다 채우지 않은 상태에서 커서를 다음 페이지의 처음으로 옮기는 기능

25섹션 3필드

11. 다음 중 공문서의 기안 및 업무 관리에 대한 설명으로 옳지 않은 것은?

① 문서의 기안은 전자문서로 하는 것을 원칙으로 한다.

② 수신한 종이문서를 수정하여 기안하는 경우에는 수신한 문서의 글자 색과 다른 색으로 수정한다.

③ 각종 증명 발급, 회의록 및 단순 사실을 기록한 문서인 경우에는 발의자와 보고자 표시를 생략할 수 있다.

④ 행정편람은 부서별로 작성하며 업무의 처리 절차 및 흐름도, 소관 보존 문서 현황 등을 포함하여야 한다.

전문가의 조언 | • 행정편람은 업무처리절차와 기준, 장비운용 방법, 기타 일상적 근무규칙 등에 관하여 각 업무 담당자에게 필요한 지침, 기준 또는 지식을 제공하는 업무지도서 또는 업무참고서입니다.
• ④번은 직무편람에 대한 설명입니다.

27섹션 3필드

12. 다음 중 공문서의 발송에 대한 설명으로 옳지 않은 것은?

① 문서는 정보통신망을 이용하여 발신하는 것을 원칙으로 한다.

② 행정기관이 아닌 자에게는 행정기관의 홈페이지나 행정기관이 공무원에게 부여한 전자우편주소를 이용하여 문서를 발신할 수 있다.

③ 업무의 성격, 기타 특별한 사정이 있는 경우에는 인편이나 우편으로는 발송할 수 있으나, 팩스로는 발송할 수 없다.

④ 행정기관의 장은 문서를 수신, 발신하는 경우에 문서의 보안 유지와 위조, 변조, 분실, 훼손 및 도난 방지를 위한 적절한 조치를 마련하여야 한다.

전문가의 조언 | 업무의 성격, 기타 특별한 사정이 있는 경우에는 우편이나 팩스 등의 방법으로 문서를 발신할 수 있습니다.

25섹션 2필드

13. 다음 중 공문서의 처리 원칙에 관한 설명으로 가장 옳지 않은 것은?

① 문서는 신중한 업무처리를 위해 당일보다는 기한에 여유를 두고 천천히 처리하도록 한다.

② 문서는 권한이 있는 사람에 의해 작성되고 처리되어야 한다.

③ 사무 분장에 따라 각자의 직무 범위 내에서 책임을 가지고 처리해야 한다.

④ 문서는 일정한 요건과 형식을 갖추어야 한다.

전문가의 조언 | 문서는 내용 또는 성질에 따라 그 처리기간이나 방법이 다를 수 있으나, 효율적인 업무수행을 위하여 그 날로 처리하여야 합니다.

13섹션 3필드

14. 다음 중 워드프로세서에서 편집 용지 설정에 관한 설명으로 옳지 않은 것은?

① 편집 용지의 여백에는 위쪽, 아래쪽, 왼쪽, 오른쪽, 머리말, 꼬리말, 제본 등이 있다.

② 편집 용지의 여백에도 글자를 입력할 수 있다.

③ 편집 용지의 방향을 세로나 가로 방향으로 설정할 수 있다.

④ 편집 용지의 제본을 위하여 한쪽, 맞쪽, 위로 등을 설정할 수 있다.

전문가의 조언 | 편집 용지의 여백에는 글자를 입력할 수 없습니다.

18섹션 1필드

15. 다음 중 문서관리를 위하여 처리 단계별로 문서를 분류하는 경우에 각 문서에 관한 설명으로 옳지 않은 것은?

① 공람문서 : 배포문서 중 여러 사람이 돌려보는 문서

② 보존문서 : 일처리가 끝난 완결문서로 해당연도 말까지 보관하는 문서

③ 배포문서 : 접수문서를 문서과가 배포절차에 의해 처리과로 배포하는 문서

④ 접수문서 : 외부로부터 접수된 문서

전문가의 조언 | 보존문서는 보관이 끝난 문서 중 자료의 가치로 인해 일정 기간동안 보존하는 문서입니다.
• ②번은 보관문서에 대한 설명입니다.

19섹션 2필드

16. 다음 사외문서의 구성에 대한 설명 중 두문에 해당하지 않은 것은?

① 제목은 문서 내용을 파악할 수 있도록 본문 내용을 간추려 표시한다.

② 수신자명은 직위와 성명을 표시한다.

③ 발신연월일은 숫자 뒤에 년, 월, 일을 붙여 표시할 수 있다.

④ 발신자명은 문서 발신자의 성명을 표시한다.

전문가의 조언 | 제목은 본문의 구성 요소입니다.

14섹션 1필드

17. 다음 중 워드프로세서 작업 시 화면에 표시된 문서나 내용을 그 상태 그대로 프린터에 출력하는 기능은?

① 소프트 카피(Soft Copy)
② 하드 카피(Hard Copy)
③ 라인 피드(Line Feed)
④ 폼 피드(Form Feed)

전문가의 조언 | 화면에 표시된 문서나 내용을 그 상태 그대로 프린터에 출력하는 기능은 하드 카피(Hard Copy)입니다.
• **소프트 카피(Soft Copy)** : 비디오 영상이나 소리와 같이 인쇄물이 아닌 다른 형태로 자료를 표시하는 것
• **라인 피드(Line Feed)** : 프린터에서 다음 줄에 인쇄할 수 있도록 줄 단위로 프린터 용지를 위로 올리는 기능
• **폼 피드(Form Feed)** : 프린터에서 다음 페이지의 맨 처음 위치까지 종이를 밀어올리는 기능

26섹션 2필드

18. 다음 중 공문서의 내용 표기에 대한 설명으로 옳지 않은 것은?

① 날짜를 표기할 때에는 숫자로 표기하되 년월일의 글자는 생략하고, 그 자리에 온점(.)을 찍어 구분한다.
② 시간을 표기할 때에는 24시각제에 따라 숫자로 표기한다.
③ 금액을 표기할 때에는 한글로 숫자를 표기하고, 괄호 안에 아라비아 숫자로 기재한다.
④ 숫자를 표기할 때에는 특별한 사유가 없으면 아라비아 숫자로 표기한다.

전문가의 조언 | 금액을 표기할 때는 아라비아 숫자를 표기하고, 괄호 안에 한글로 기재해야 합니다.

20섹션 4필드

19. 다음 중 서로 뜻이 상반되는 교정 부호로 짝지어지지 않은 것은?

① ⌢, ◦◦   ② ⌐, ⌐
③ 𝓎, ⌒   ④ ⌐, ⌐

전문가의 조언 | ⌒(이어 붙이기)와 상반되는 의미를 지닌 교정 부호는 ∨(사이 띄우기)입니다.

20섹션 3필드

20. 다음 중 문서의 분량이 증가되는 교정 부호로만 묶여진 것은?

① ⌢, ⌢, ❀   ② ◦◦, ⌐, ✓
③ ⌐, ✓, ⌐   ④ ⌐, ✓, ⟩

전문가의 조언 | 문서의 분량이 증가될 가능성이 있는 교정 부호에는 내용 바꾸기(⌢), 삽입하기(⌢), 문단 나누기(⌐), 사이 띄우기(✓), 줄 간격 띄우기(⟩), 들여쓰기(⌐) 등이 있습니다.

2과목 PC 운영체제

47섹션 4필드

21. 다음 중 한글 Windows 10에서 제공하는 기능에 대한 설명으로 옳지 않은 것은?

① 가젯 기능을 활용하여 알람 및 타이머, 세계시간, 계산기 등을 편리하게 사용할 수 있다.
② 여러 개의 바탕 화면을 사용하여 2개 이상의 모니터를 사용한 것과 동일한 효과를 누릴 수 있다.
③ Windows 업데이트, SNS, 메일 등의 알림을 통합하여 한 눈에 확인할 수 있다.
④ 노트북에서는 태블릿 모드와 데스크톱 모드를 함께 혼용할 수 있다.

전문가의 조언 | Windows 10은 가젯 기능을 제공하지 않습니다.

51섹션 1필드

22. 다음 중 한글 Windows 10에서 사용하는 [사용자 계정]에 대한 설명으로 가장 옳은 것은?

① 표준 사용자 계정 사용자는 자녀 보호 설정을 할 수 있다.
② 표준 사용자 계정 사용자는 컴퓨터 설정을 변경할 수 있다.
③ 관리자 계정 사용자는 사용자 계정을 작성, 변경, 삭제 등의 작업을 할 수 있다.
④ 표준 사용자 계정 사용자는 자신이 사용할 소프트웨어를 설치하거나 설치된 파일을 삭제할 수 있다.

전문가의 조언 | [사용자 계정]에 대한 설명으로 가장 옳은 것은 ③번입니다.
① 자녀 보호 설정은 보호할 자녀의 계정에 대한 설정을 변경하는 것으로 관리자 계정에서만 수행할 수 있습니다.
② 표준 사용자 계정 사용자는 컴퓨터 설정을 변경할 수 없습니다.
④ 표준 사용자 계정 사용자는 이미 설치된 앱은 사용할 수 있지만 새로운 앱을 설치하거나 설치된 파일을 삭제할 수 없습니다.

38섹션 3필드

23. 다음 중 한글 Windows 10의 파일 탐색기의 [보기] → [레이아웃]에서 선택할 수 있는 보기 옵션이 아닌 것은?

① 아주 큰 아이콘　　② 넓은 아이콘
③ 작은 아이콘　　　 ④ 목록

전문가의 조언 | • 파일 탐색기의 [보기] → [레이아웃]에 넓은 아이콘이라는 보기 옵션은 없습니다.
• 파일 탐색기의 [보기] → [레이아웃]에서 선택할 수 있는 보기 옵션에는 아주 큰 아이콘, 큰 아이콘, 보통 아이콘, 작은 아이콘, 목록, 자세히, 타일, 내용이 있습니다.

61섹션 2필드

24. 다음 중 한글 Windows 10의 Windows 관리 도구에 대한 설명으로 옳지 않은 것은?

① [시스템 정보]를 실행하면 하드웨어 리소스, 구성 요소, 설치된 소프트웨어 환경 등의 정보를 알 수 있다.
② [리소스 모니터]는 프로세스를 강제로 종료하여 리소스를 확보할 수 있다.
③ [드라이브 오류 검사]를 실행하면 하드 디스크(HDD)나 SSD에 논리적 혹은 물리적으로 손상이 있는지 검사할 수 있다.
④ [디스크 정리]를 사용하면 임시 파일이나 휴지통에 있는 파일 등을 삭제하여 디스크의 공간을 확보할 수 있다.

전문가의 조언 | • [리소스 모니터]는 CPU, 네트워크, 디스크, 메모리 사용 현황을 실시간으로 모니터링 하는 관리 도구입니다.
• 프로세스를 강제로 종료하여 리소스를 확보할 수 있도록 하는 관리 도구는 '작업 관리자'입니다.

41섹션 2필드

25. 다음 중 한글 Windows 10이 설치된 C: 디스크 드라이브의 [로컬 디스크(C:) 속성] 창에서 작업할 수 있는 내용으로 옳지 않은 것은?

① 드라이브를 압축하여 디스크 공간을 절약할 수 있다.
② 드라이브 최적화 및 조각 모음을 할 수 있다.
③ 네트워크 파일이나 폴더를 공유할 수 있도록 설정할 수 있다.
④ 디스크 정리 및 디스크 포맷을 할 수 있다.

전문가의 조언 | '로컬 디스크(C:) 속성' 창에서 디스크 정리는 수행할 수 있지만 포맷은 '로컬 디스크(C:) 속성' 창이 아니라 해당 디스크 드라이브의 바로 가기 메뉴에서 [포맷]을 선택하여 수행할 수 있습니다.

99섹션 2필드

26. 다음 중 인터넷의 IPv6 주소 체제에 관한 설명으로 옳지 않은 것은?

① IPv4와 호환성이 뛰어나다.
② Class A의 네트워크 부분은 IPv4의 2배인 16비트로 구성되어 있다.
③ 128비트의 주소를 사용하여, 주소 부족 문제를 해결할 수 있다.
④ 인증성, 기밀성, 데이터 무결성의 지원으로 보안문제를 해결할 수 있다.

전문가의 조언 | • IPv6에는 Class A가 없습니다.
• IPv4는 A 클래스에서 E 클래스로 구분되지만 IPv6은 유니캐스트, 애니캐스트, 멀티캐스트로 구분됩니다.

39섹션 1필드

27. 다음 중 한글 Windows 10의 [폴더 옵션] 대화상자에서 지정이 가능한 것으로 옳지 않은 것은?

① 폴더를 찾을 때 같은 창에서 폴더 열기를 지정할 수 있다.
② 폴더 창을 열 때 마우스를 한 번 클릭해서 열기를 지정할 수 있다.
③ 탐색 창에서 모든 폴더를 표시하도록 지정할 수 있다.
④ 파일 및 폴더의 이동하거나 제거할 수 있다.

전문가의 조언 | [폴더 옵션] 대화상자에서는 파일 및 폴더를 이동시키거나 제거할 수 없습니다.

49섹션 2필드

28. 다음 중 한글 Windows 10의 [제어판]의 [기본 프로그램]을 이용하여 설정할 수 있는 내용으로 옳지 않은 것은?

① 같은 유형의 파일 형식 또는 프로토콜별로 연결된 프로그램을 설정할 수 있다.
② 파일 형식 또는 프로토콜이 항상 특정 앱에서 열리도록 설정할 수 있다.
③ CD나 DVD가 삽입되었을 때 자동 실행 여부를 지정한다.
④ Windows의 기본 프로그램을 설치하거나 제거할 수 있다.

전문가의 조언 | 새로운 앱은 설치 소프트웨어를 통해 설치하며, 수정 및 제거는 [◎(설정)] → [앱] → [앱 및 기능] 또는 [제어판] → [프로그램 및 기능]에서 수행할 수 있습니다.

37섹션 1필드

29. 다음 중 한글 Windows 10에서 시작 메뉴에 대한 설명으로 옳지 않은 것은?

① [시작] 단추가 표시되지 않도록 설정할 수 있다.
② 시작 메뉴를 표시하려면 [시작] 단추를 클릭하거나 Ctrl + Esc 를 누른다.
③ 시작 메뉴의 높이와 너비를 조절할 수 있다.
④ [시작] 메뉴의 프로그램 목록은 사용자가 원하는 대로 추가하거나 삭제할 수 있다.

전문가의 조언 | 사용자가 [시작] 단추의 표시 여부를 지정할 수 없습니다.

60섹션 1필드

30. 다음 중 유니버설 앱인 '비디오 편집기'에 대한 설명으로 틀린 것은?

① 스토리보드에 삽입된 클립을 두 개로 나누거나 잘라내기 할 수 있다.
② 편집한 동영상은 mp4, mov, wmv 등으로 저장할 수 있다.
③ 스토리보드에 제목 카드를 추가할 수 있다.
④ 프로젝트 라이브러리에 사진이나 동영상을 추가할 수 있다.

전문가의 조언 | '비디오 편집기'로 편집한 동영상은 mp4로만 저장할 수 있습니다.

103섹션 1필드

31. 다음 중 웹 브라우저 MS Edge에 대한 설명으로 옳지 않은 것은?

① 새로운 ActiveX의 추가로 보안이 강화됐다.
② 안드로이드, iOS가 설치된 핸드폰이나 macOS가 설치된 컴퓨터에서도 사용할 수 있다.
③ Microsoft 계정을 사용하여 로그인하면서 어디서든지 동기화할 수 있다.
④ 오픈 소스인 크로미엄(Chromium)의 코드를 기반으로 개발되었다.

전문가의 조언 | MS Edge는 ActiveX를 지원하지 않습니다.

56섹션 2필드

32. 다음 중 한글 Windows 10 중에서 메모장에 관한 설명으로 옳은 것은?

① 그림이나 차트 등의 OLE 개체를 삽입할 수 있다.
② 편집하는 문서의 특정 영역(블록)에 대한 글꼴의 종류나 속성, 크기를 변경할 수 있다.
③ 자동 맞춤법과 같은 고급 기능을 제공한다.
④ 서식이 없는 텍스트 형식의 문서만 열거나 저장할 수 있다.

전문가의 조언 | 메모장에서는 서식이 없는 텍스트 형식의 문서만 열거나 저장할 수 있습니다.
① 메모장에서는 그림이나 차트 등의 OLE 개체를 삽입할 수 없습니다.
② 메모장에서는 편집하는 문서의 전체 영역에 대해서만 글꼴의 종류나 속성, 크기를 변경할 수 있습니다.
③ 메모장에서는 자동 맞춤법과 같은 고급 기능은 제공하지 않습니다.

51섹션 1필드

33. 다음 중 한글 Windows 10에서 제공하는 로그인 옵션이 아닌 것은?

① 보안 키
② Windows Hello 얼굴
③ Windows Hello EYE
④ Windows Hello PIN

전문가의 조언 | • Windows 10에서 제공하는 로그인 옵션이 아닌 것은 Windows Hello EYE입니다.
• 한글 Windows 10에서 제공하는 로그인 옵션에는 Windows Hello 얼굴, Windows Hello 지문, Windows Hello PIN, 보안 키, 비밀번호, 사진 암호가 있습니다.

54섹션 2필드

34. 다음 중 한글 Windows 10의 [장치 관리자] 창에서 수행할 수 있는 작업으로 옳지 않은 것은?

① 하드웨어 드라이버를 업데이트를 할 수 있다.
② 사용하지 않는 하드웨어를 중지시킬 수 있다.
③ 하드웨어를 제거할 수 있다.
④ 하드웨어 관련 앱을 수정하거나 제거할 수 있다.

전문가의 조언 | 앱의 수정이나 삭제는 [⚙ (설정)] → [앱] → [앱 및 기능]에서 수행합니다.

48섹션 1필드

35. 다음 중 한글 Windows 10의 '화면 보호기 설정' 대화상자에서 바로 실행할 수 없는 것은?

① 화면 보호기 종류 선택
② 다시 시작할 때 로그온 화면 표시 여부 선택
③ 대기 모드 실행 시간 설정
④ 디스플레이 끄기 시간 설정

전문가의 조언 | 디스플레이 끄기 시간 설정은 '화면 보호기 설정' 대화상자에서 바로 수행할 수 없고, '화면 보호기 설정' 대화상자에서 '전원 설정 변경'을 클릭하면 표시되는 '전원 옵션' 창에서 설정할 수 있습니다.

61섹션 1필드

36. 다음 중 한글 Windows 10에서 [시스템 정보] 창의 시스템 요약 범주가 아닌 것은?

① 하드웨어 리소스
② 구성 요소
③ 하드웨어 환경
④ 소프트웨어 환경

전문가의 조언 | • 하드웨어 환경은 [시스템 정보] 창의 시스템 요약 범주에 속하지 않습니다.
• [시스템 정보] 창의 시스템 요약 범주에는 하드웨어 리소스, 구성 요소, 소프트웨어 환경이 있습니다.

50섹션 1필드

37. 신체에 장애가 있거나 컴퓨터에 익숙하지 않은 사람들이 컴퓨터를 편리하고 쉽게 사용할 수 있도록 키보드, 소리, 마우스 등을 조정할 수 있는 '설정' 창의 항목은?

① 접근성
② 시스템
③ 개인 설정
④ 앱

전문가의 조언 | 문제에 제시된 내용은 접근성에 대한 설명입니다.

64섹션 5필드

38. 다음 중 한글 Windows 10에서 설치된 앱에 문제가 발생한 경우 이를 해결하기 위한 방법으로 옳지 않은 것은?

① [앱] → [앱 및 기능]에서 앱을 선택한 후 [수정]을 클릭하여 복구 작업을 수행한다.
② 앱을 완전히 제거한 후 다시 설치한다.
③ '프로그램 및 기능' 창에서 앱을 선택한 후 [복구]를 클릭한다.
④ [작업 관리자] → [시작프로그램] 탭에서 앱을 선택한 후 [초기화]를 클릭한다.

전문가의 조언 | [작업 관리자] → [시작프로그램] 탭에서는 Windows 시작 시 자동으로 실행되는 앱의 사용 여부는 지정할 수 있지만, 앱의 초기화는 불가능합니다.

65섹션 3필드

39. 한글 Windows 10의 네트워크 기능의 유형 중 다음이 설명하는 것은?

> 네트워크의 다른 컴퓨터나 서버에 연결하여 파일/프린터 등의 공유 자원을 사용할 수 있게 하는 소프트웨어이다.

① 클라이언트
② 서비스
③ 프로토콜
④ 어댑터

전문가의 조언 | 문제의 지문에서 설명하는 네트워크 기능 유형은 클라이언트입니다.

34섹션 2필드

40. 다음 중 한글 Windows 10에서 제공하는 기능에 대한 설명으로 옳지 않은 것은?

① 바탕 화면 미리 보기 : [바탕 화면 미리 보기] 단추로 마우스 포인터를 가져가면 열려 있는 창들이 모두 최소화되어 바탕 화면을 볼 수 있다.
② 에어로 스냅(Aero Snap) : 열려있는 창을 드래그하는 위치에 따라 창의 크기를 조절할 수 있다.
③ 에어로 피크(Aero Peek) : 작업 표시줄 아이콘을 통해 축소판 미리 보기가 가능하며, 열려있는 모든 창을 최소화 하지 않고 바탕 화면을 볼 수 있다.
④ 에어로 셰이크(Aero Shake) : 창을 흔들면 다른 열려있는 모든 창을 최소화 하거나 다시 원상태로 나타나게 할 수 있다.

전문가의 조언 | • '바탕 화면 미리 보기' 단추 위로 마우스 포인터를 단순히 가져가기만 하면, 열려 있는 모든 창들은 투명해집니다.
• '바탕 화면 미리 보기' 단추를 클릭해야 열려 있는 모든 창들이 최소화 됩니다.

3과목 PC 기본상식

106섹션 1필드

41. 다음 중 데이터가 전송 중에 타인에게 노출되더라도 데이터를 읽을 수 없어야 한다는 보안 요건은?

① 무결성 ② 접근 통제
③ 부인 방지 ④ 기밀성

전문가의 조언 | 데이터가 전송 중에 타인에게 노출되더라도 데이터를 읽을 수 없어야 한다는 보안 요건은 기밀성(비밀성)입니다.
• **무결성** : 시스템 내의 정보는 인가된 사용자만 수정이 가능해야 한다는 보안 요건
• **접근 통제** : 시스템의 자원 이용에 대한 불법적인 접근을 방지할 수 있어야 한다는 보안 요건
• **부인 방지** : 데이터를 송 · 수신한 자가 송 · 수신 사실을 부인할 수 없도록 송 · 수신 증거를 제공해야 한다는 보안 요건

75섹션 3필드

42. 다음 중 컴퓨터 CPU에 있는 연산장치의 레지스터에 대한 설명으로 옳은 것은?

① 누산기 : 2개 이상의 수를 입력하여 이들의 합을 출력하는 논리 회로 또는 장치
② 가산기 : 산술 연산 및 논리 연산의 결과를 일시적으로 기억하는 레지스터
③ 데이터 레지스터 : 주기억장치에서 보낸 데이터를 일시적으로 기억하는 레지스터
④ 상태 레지스터 : 색인 주소 지정에 사용되는 레지스터

전문가의 조언 | 데이터 레지스터는 주기억장치에서 보낸 데이터를 일시적으로 기억하는 레지스터입니다.
• ①번은 가산기, ②번은 누산기, ④번은 색인 레지스터에 대한 설명입니다.

111섹션 2필드

43. 다음 중 전자우편 프로토콜에 대한 설명으로 옳지 않은 것은?

① SMTP : 전자우편의 송신을 담당, TCP/IP 호스트의 우편함에 ASCII 문자 메시지 전송
② POP3 : 전자우편의 수신을 담당, 제목과 내용을 한 번에 다운받음
③ IMAP : 전자우편의 수신을 담당, 제목과 송신자를 보고 메일을 다운로드 할 것인지를 결정
④ MIME : 텍스트 메일의 수신을 담당, 일반 문자열을 기호화하는데 사용

전문가의 조언 | MIME는 웹 브라우저가 지원하지 않는 각종 멀티미디어 파일의 내용을 확인하고 실행시켜 주는 프로토콜입니다.

78섹션 4필드

44. 다음 중 플래시 메모리에 대한 설명으로 옳지 않은 것은?

① 중앙처리장치(CPU)와 주기억장치 사이에서 컴퓨터의 처리 속도를 향상시키는 역할을 한다
② EEPROM의 일종으로 중요한 정보를 반영구적으로 저장할 수 있다.
③ 휴대전화, 디지털 카메라 등에 널리 사용된다.
④ 비휘발성 메모리이다.

전문가의 조언 | ①번은 캐시 메모리에 대한 설명입니다.

82섹션 3필드

45. 다음 중 포트(Port)에 대한 설명으로 옳은 것은?

① IrDA : 케이블과 적외선을 사용하여 주변장치와 통신하는 방식이다.
② 병렬 포트 : 한 번에 8비트씩 전송하는 방식으로, 마우스, 모뎀 연결에 사용한다.
③ USB 포트 : 주변장치를 최대 127개까지 연결할 수 있다.
④ PS/2 포트 : PS/2용 마우스와 프린터 연결에 사용된다.

전문가의 조언 | USB 포트는 주변장치를 최대 127개까지 연결할 수 있습니다.
① IrDA는 케이블 없이 적외선을 사용하여 주변장치와 통신하는 방식입니다.
② 마우스, 모뎀 연결에 사용되는 것은 직렬 포트입니다.
④ PS/2 포트는 PS/2용 마우스와 키보드 연결에 사용됩니다.

84섹션 2필드

46. 다음 채널(Channel)에 관한 설명에서 괄호(㉠, ㉡)에 들어갈 용어로 알맞은 것은?

(㉠)와 (㉡) 사이의 속도 차이로 인한 문제점을 해결하기 위해 사용한다. (㉡)로부터 제어를 위임받아 입 · 출력을 관리한다.

① ㉠-CPU, ㉡-입 · 출력장치
② ㉠-CPU, ㉡-주기억장치
③ ㉠-주기억장치, ㉡-CPU
④ ㉠-입 · 출력장치, ㉡-CPU

전문가의 조언 | 채널(Channel)은 중앙처리장치(CPU)와 입 · 출력장치의 속도 차이를 해결하기 위해, 입 · 출력장치의 제어 권한을 중앙처리장치(CPU)로부터 넘겨받아 중앙처리장치(CPU) 대신 입 · 출력을 관리합니다.

86섹션 1필드

47. 운영체제의 운영 방식에 대한 설명으로 옳지 않은 것은?

① 실시간 시스템은 자료가 발생하는 즉시 처리하는 방식이다.
② 듀얼 시스템은 처리 속도를 향상시킬 목적으로 하나의 컴퓨터에 여러 개의 CPU를 설치하여 프로그램을 처리하는 방식이다.
③ 다중 프로그래밍은 한 대의 CPU로 여러 개의 프로그램을 동시에 처리하는 방식이다.
④ 대표적인 임베디드 시스템에는 iOS, Android, Windows CS 등이 있다.

> **전문가의 조언 |** • 듀얼 시스템(Dual System)은 두 개의 컴퓨터가 같은 업무를 동시에 처리하므로 한쪽 컴퓨터가 고장나면 다른 컴퓨터가 계속해서 업무를 처리하여 업무가 중단되는 것을 방지하는 시스템입니다.
> • ②번은 다중 처리(Multi-Processing)에 대한 설명입니다.

89섹션 1필드

48. 다음 중 컴퓨터의 시스템 관리에 관한 설명으로 옳지 않은 것은?

① 전원을 끌 경우에는 반드시 사용 중인 응용 프로그램을 먼저 종료한다.
② 컴퓨터를 이동하거나 부품을 교체할 경우에는 반드시 전원을 끄고 작업한다.
③ 시스템에 이상이 발생하면 먼저 HDD를 포맷하고 시스템을 재설치한다.
④ 최신 바이러스 백신 프로그램을 사용하여 주기적으로 점검한다.

> **전문가의 조언 |** 시스템에 이상이 발생했다고 무조건 HDD를 포맷하고 시스템을 재설치하지는 않습니다. 먼저 바이러스 검사나 컴퓨터 시스템 복구 등의 작업을 시도해 보고 그래도 해결되지 않을 때 가장 마지막 방법으로 선택하는 것이 시스템 재설치입니다.

98섹션 1필드

49. 다음 중 정보통신을 위하여 사용되는 광섬유 케이블에 관한 설명으로 옳지 않은 것은?

① 대역폭이 넓어 데이터의 전송률이 우수하다.
② 리피터의 설치 간격을 좁게 설계하여야 한다.
③ 도청하기 어려워서 보안성이 우수하다.
④ 다른 유선 전송 매체와 비교하여 정보 전달의 안전성이 우수하다.

> **전문가의 조언 |** 광섬유 케이블은 감쇄율이 적기 때문에 리피터의 설치 간격을 넓게 설계합니다.

109섹션 1필드

50. 다음 중 모바일 기기의 기본 기능에서 증강현실(AR)에 관한 설명으로 옳은 것은?

① 인터넷에 연결된 기기와 그렇지 않은 기기를 USB나 블루투스로 인터넷을 연결하는 기능이다.
② 무선랜 기술인 WiFi로 인터넷을 연결하는 기능이다.
③ 기기에 내장된 카메라를 이용하여 실제 사물이나 환경에 부가 정보를 표시하는 기능이다.
④ 10cm 이내의 가까운 거리에서 무선으로 데이터를 전송하는 태그 기능이다.

> **전문가의 조언 |** 증강현실(AR)은 기기에 내장된 카메라를 이용하여 실제 사물이나 환경에 부가 정보를 표시하는 기능입니다.
> • ①번은 테더링(Tethering), ②번은 핫스팟(Hot Spot), ④번은 NFC(Near Field Communication)에 대한 설명입니다.

80섹션 3필드

51. 특정 글꼴로 인쇄된 문자에 빛을 비추어 반사된 빛의 차이를 이용하여 문자를 판독하는 장치로, 세금고지서나 공공요금 청구서를 판독할 때 사용하는 것은?

① OCR
② MICR
③ OMR
④ BCR

> **전문가의 조언 |** 문제에 제시된 내용은 OCR에 대한 개념입니다.
> • MICR : 자성을 띤 특수 잉크(Magnetic Ink)로 인쇄된 문자(Character)나 기호를 판독(Read)하는 장치
> • OMR : 컴퓨터용 수성 사인펜으로 표시(Mark)한 OMR 카드에 빛(Optical)을 비추어 표시 여부를 판독(Read)하는 장치

94섹션 1필드

52. 다음 중 멀티미디어 그래픽 데이터의 벡터 방식에 대한 설명으로 옳지 않은 것은?

① 점과 점을 연결하는 직선이나 곡선을 이용하여 이미지를 표현한다.
② 이미지를 확대하여도 테두리가 매끄럽게 표현된다.
③ 좌표 개념을 사용하여 이동 회전 등의 변형이 쉽다.
④ 비트맵 방식과 비교하여 기억 공간을 많이 차지한다.

> **전문가의 조언 |** 벡터 방식의 이미지는 비트맵 방식의 이미지에 비해 기억 공간을 적게 차지합니다.

95섹션 2필드

53. 다음 중 동영상 파일 표준 형식에 대한 설명으로 옳지 않은 것은?

① ASF는 스트리밍을 위한 표준 기술 규격이다.
② MPEG-3는 MPEG-2를 개선한 표준 규격이다.
③ Quick Time은 JPEG를 기본으로 한 압축 방식이다.
④ AVI는 Windows의 표준 동영상 파일 형식이다.

> 전문가의 조언 | MPEG-3는 MPEG-2 규격 개발 중에 HDTV 표준의 필요성으로 개발되었으나, MPEG-2 규격이 HDTV 표준을 수용함에 따라 MPEG-3는 MPEG-2로 흡수되었습니다.

106섹션 3필드

54. 악성코드에 감염된 PC를 조작해 이용자가 인터넷에서 정상적인 홈페이지 주소로 접속하여도 해커가 도메인을 중간에서 탈취하여 가짜 사이트로 유도되고 해커가 개인 정보나 금융 정보 등을 몰래 빼가는 수법은?

① 파밍(Pharming)
② 스니핑(Sniffing)
③ 트로이 목마(Trojan Horse)
④ 백도어(Back Door)

> 전문가의 조언 | 문제에 제시된 내용은 파밍(Pharming)의 개념입니다.
> • 스니핑(Sniffing) : 네트워크 주변을 지나다니는 패킷을 엿보면서 계정과 패스워드를 알아내는 행위
> • 트로이 목마(Trojan Horse) : 정상적인 기능을 하는 프로그램으로 가장하여 프로그램 내에 숨어 있다가 해당 프로그램이 동작할 때 활성화되어 부작용을 일으키는 것
> • 백도어(Back Door) : 인가받은 서비스 기술자나 유지보수 프로그래머들의 액세스 편의를 위해 보안을 제거하여 만든 비밀통로를 이르는 말

70섹션 2필드

55. 다음 중 컴퓨터의 발전에 대한 세대별 특징을 연결한 것으로 옳지 않은 것은?

① 1세대 – 일괄 처리 시스템, 기계어 사용
② 2세대 – 운영체제 도입, 고급언어 개발, 다중 프로그래밍
③ 3세대 – 시분할 처리, 다중 처리, 인공지능
④ 4세대 – 개인용 컴퓨터 개발, 분산 처리

> 전문가의 조언 | 인공지능은 5세대의 특징입니다.

86섹션 1필드

56. 다음 중 시스템의 안정성을 고려하여 한쪽의 CPU가 가동 중일 때, 다른 한 CPU는 대기하게 되며, 가동중인 CPU가 고장이 나면 즉시 대기 중인 CPU가 작동되도록 운영하는 방식은?

① 다중 처리 시스템
② 듀얼 시스템(Dual System)
③ 분산 처리 시스템
④ 듀플렉스 시스템(Duplex System)

> 전문가의 조언 | 문제에 제시된 내용은 듀플렉스 시스템(Duplex System)의 개념입니다.
> • 다중 처리 시스템 : 처리 속도를 향상시킬 목적으로 하나의 컴퓨터에 여러 개의 CPU를 설치하여 프로그램을 처리하는 방식
> • 듀얼 시스템 : 두 개의 컴퓨터가 같은 업무를 동시에 처리하므로 한쪽 컴퓨터가 고장나면 다른 컴퓨터가 계속해서 업무를 처리하여 업무가 중단되는 것을 방지하는 시스템
> • 분산 처리 시스템 : 지역적으로 분산된 여러 대의 컴퓨터를 연결하여 작업을 분담하여 처리하는 방식

108섹션 1필드

57. 다음 중 ICT 신기술에서 유비쿼터스(Ubiquitous)에 관한 설명으로 옳지 않은 것은?

① 언제 어디서나 어떤 기기를 통해서도 컴퓨팅이 가능한 환경이다.
② 기존의 관리나 분석체계로 처리가 어려운 대용량 데이터를 처리하는 기술이다.
③ 모든 사물에 초소형 칩을 내장시켜 네트워크로 연결하여 사물끼리 통신이 가능하다.
④ 대표적인 관련 기술로는 RFID와 USN 등이 있다.

> 전문가의 조언 | ②번은 빅 데이터(Big Data)에 대한 설명입니다.

109섹션 1필드

58. 다음 중 근거리에 놓여 있는 컴퓨터와 이동 단말기를 무선으로 연결하여 쌍방향으로 실시간 통신을 가능하게 해주는 규격 또는 장치를 의미하는 것은?

① 블루투스(Bluetooth)
② 단방향(Simplex) 통신
③ 쌍방향(Duplex) 통신
④ HTTP(HyperText Transfer Protocol)

> 전문가의 조언 | 문제에 제시된 내용은 블루투스(Bluetooth)에 대한 설명입니다.

59. 다음 중 네트워크 장치에 대한 설명으로 적당하지 않은 것은?

① 라우터는 동일한 전송 프로토콜을 사용하는 다른 네트워크를 연결하는 장치로 여러 경로 중 가장 효율적인 경로를 선택하여 패킷을 보낸다.

② 브리지는 2개 이상의 근거리 통신망을 서로 연결해 주는 장치로 목적지 주소에 따른 선별 및 간단한 경로 결정을 한다.

③ 리피터는 감쇠된 신호를 증폭시켜 재전송함으로써 신호가 더 먼 거리에 다다를 수 있게 도와주는 장치로 전송 계층의 장치이다.

④ 네트워크 카드는 컴퓨터끼리 통신하는 데 쓰이는 하드웨어로 맥 주소를 사용하여 낮은 수준의 주소 할당 시스템을 제공하고 사용자들이 케이블을 연결하거나 무선으로 연결하여 네트워크에 접속할 수 있게 한다.

전문가의 조언 | 리피터는 물리 계층의 장치입니다.

60. 다음 중 정보통신기술에 대한 설명으로 적당하지 않은 것은?

① 스마트 그리드는 기존의 전력망에 정보 기술을 접목하여 전력 공급자와 소비자가 쌍방향으로 실시간 정보를 교환함으로써 에너지 효율을 최적화하고 새로운 부가가치를 창출하는 차세대 전력망을 말한다.

② NFC는 아주 가까운 거리에 있는 두 장치 간에 쌍방향 무선 데이터 통신을 제공하는 근거리 무선통신의 표준으로 보안성이 뛰어나고 안정적이고 처리 속도가 빨라 각종 카드, 핸드폰 결제, 문 열쇠 등에 이용되고 있다.

③ RFID는 모든 사물에 부착된 태그 또는 센서를 통해 탐지된 사물의 인식 정보는 물론 주변의 온도, 습도, 위치 정보, 압력, 오염 및 균열 정도 등과 같은 환경 정보를 실시간으로 네트워크와 연결하여 수집하고 관리하는 네트워크 시스템이다.

④ M2M은 사물에 센서와 통신 기능을 부과하여 지능적으로 정보를 수집하고 상호 전달하는 네트워크를 말한다.

전문가의 조언 | • RFID(Radio Frequency IDentification)는 전자태그 기술로, IC칩과 무선을 통해 식품·동물·사물 등 다양한 개체의 정보를 관리할 수 있도록 하는 인식 기술입니다.
• ③번은 USN(Ubiquitous Sensor Network)에 대한 설명입니다.

나는 시험에 나오는 것만 공부한다!
이제 시나공으로 한 번에 정복하세요!

기초 이론부터 완벽하게 공부해서 안전하게 합격하고 싶어요!

기본서 (필기/실기)

▬ 특 징 ▬
자세하고 친절한 이론으로 기초를 쌓은 후 바로 문제풀이를 통해 정리한다.

▬ 구 성 ▬
본권
기출문제
토막강의

실기 ─────────
온라인 채점 서비스
• 워드프로세서
• 컴퓨터활용능력
• ITQ

▬ 출 간 종 목 ▬
컴퓨터활용능력1급 필기/실기
컴퓨터활용능력2급 필기/실기
워드프로세서 필기/실기
정보처리기사 필기/실기
정보처리산업기사 필기/실기
정보처리기능사 필기/실기
사무자동화산업기사 실기
ITQ 엑셀/한글/파워포인트
GTQ 1급/2급

필요한 내용만 간추려 빠르고 쉽게 공부하고 싶어요!

Quick & Easy (필기/실기)

▬ 특 징 ▬
큰 판형, 쉬운 설명으로 시험에 꼭 나오는 알짜만 골라 학습한다.

▬ 구 성 ▬
본권
기출문제
토막강의

필+실기 ─────────
온라인 채점 서비스
• 컴퓨터활용능력

▬ 출 간 종 목 ▬
컴퓨터활용능력1급 필기/실기
컴퓨터활용능력2급 필기/실기
정보처리기사 필기/실기

이론은 공부했지만 어떻게 적용되는지 문제풀이를 통해 감각을 익히고 싶어요!

총정리 (필기/실기)

▬ 특 징 ▬
간단하게 이론을 정리한 후 충분한 문제풀이를 통해 실전 감각을 향상시킨다.

▬ 구 성 ▬
핵심요약
기출문제
모의고사
토막강의

실기 ─────────
온라인 채점 서비스
• 컴퓨터활용능력

▬ 출 간 종 목 ▬
컴퓨터활용능력1급 필기/실기
컴퓨터활용능력2급 필기/실기
사무자동화산업기사 필기

이론은 완벽해요! 기출문제로 마무리하고 싶어요!

기출문제집 (필기/실기)

▬ 특 징 ▬
최신 기출문제를 반복 학습하며 최종 마무리한다.

▬ 구 성 ▬
핵심요약(PDF)
기출문제
토막강의

실기 ─────────
온라인 채점 서비스
• 컴퓨터활용능력

▬ 출 간 종 목 ▬
컴퓨터활용능력1급 필기/실기
컴퓨터활용능력2급 필기/실기
정보처리기사 필기/실기

나는 스마트 시나공이다!
차원이 다른 동영상 강의

시나공만의 토막강의를 만나보세요

아직도 혼자 공부하세요? 혼자 공부하다가 어려운 부분이 나와도 고민하지 마세요!

토막강의 번호를 입력하거나 QR코드를 스마트폰으로 찍기만 하면
언제든지 시나공 저자의 속 시원한 해설을 바로 동영상으로 확인할 수 있습니다.

1.
스마트폰으로 QR코드를 찍어보세요!

STEP 1
스마트폰의 QR코드 리더 앱을 실행하세요.

STEP 2
시나공 토막강의 QR코드를 스캔하세요.

STEP 3
스마트폰을 통해 토막강의가 시작됩니다.

2.
시나공 홈페이지에서 토막강의 번호를 입력하세요!

STEP 1
시나공 홈페이지에 접속한 후 [워드프로세서] → [필기] → [동영상 강좌] → [토막강의]를 클릭하세요.

STEP 2
'강의번호'에 토막강의 번호를 입력하면 강의목록이 표시됩니다.

STEP 3
강의명을 클릭하면 토막강의를 볼 수 있습니다.

3.
유튜브에서는 이렇게 이용하세요!

STEP 1
유튜브 검색 창에 "시나공"+토막강의 번호를 입력하세요.

STEP 2
검색된 항목 중 원하는 토막강의를 클릭하여 시청하세요.

★ 토막강의가 지원되는 도서는 시나공 홈페이지를 통해 확인할 수 있습니다.

★ 스마트폰을 이용하실 경우 무선랜(Wi-Fi)에 연결되지 않은 상태에서 토막강의를 이용하시면 가입하신 요금제에 따라 과금이 됩니다.

이 책은 IT 자격증 전문가와 수험생이 함께 만든 책입니다.

'시나공' 시리즈는
독자의 지지와 격려 속에 성장합니다!

최근에 나오는 교재들을 보면 다들 짧은 시간에 자격증을 취득할 수 있다고 말하는데, 막상 책을 펴보면 그렇지 않은 경우가 많습니다. 하지만 시나공은 시험에 나오는 것만 주려서인지 짧은 시간에 시험을 준비할 수 있더군요. 최소 시간 투자로 최대 효과(자격증)라는 좋은 결실을 얻으려는 사람들에게는 시나공이 딱입니다.
| YES24 blu *** |

내용에 군더더기 없이 정말 요점만 딱 정리가 되어 있어요. 그리고 '전문가의 조언'은 꼭 누가 옆에서 가르쳐 주는 것 같이 아주 쉽게 잘되어 있고요. A, B, C, D 등급으로 나뉘어져 있는 단원들은 정말 시간이 없는 사람에게 요긴합니다. 집에서 혼자 공부하시는 분들 이 책이 '딱'입니다. 정말 적극 추천해 드려요.
| 인터파크 김** |

출제 비율에 따른 철저한 분석, 각 패턴에 대한 연습, 그리고 처음으로 워드프로세서 시험을 준비하는 사람들을 위한 상세하고 친절한 안내까지. 한마디로 이 책은 워드프로세서 시험에 관한 한 바이블이라고 할 만하다.
| 반디북 이** |

시험에 나오는 것만 공부한다! 처음엔 정말? 근데 공부하면서, 도움이 필요해 출판사 게시판이나 전화를 하면서 정말 괜찮은 교재라는 생각이 많이 들었습니다. 누군가가 옆에서 도와주는 느낌이 들어요. 정말 학습하기 편하더군요. 다들 합격하세요 *^^*
| 영풍문고 김** |

정말 최고라고 밖에 말을 못 하겠네요! 꼼꼼한 정리는 독학으로 워드 필기를 공부하고 있는 저에겐 정말 딱 맞는 책이 아닐 수 없습니다. 시험에 대한 정보도 자세하고, 전문가의 조언은 좀더 편하고 쉽게 공부할 수 있게 도와줍니다. 그리고 용어 풀이는 너무 쉽게 이해가 잘됩니다.
| 알라딘 루루루*** |

처음에는 무엇부터 준비해야 될지 몰라 전문가의 조언대로 공부를 시작했습니다. 그렇게 공부하다 보니 나름대로 뭘 어떻게 해야 할지 감이 잡히더군요. 나이가 나이니 만큼 가끔 이해하라고 설명을 더 달아놓은 부분이 이해가 안될 때도 있었는데, 시나공 홈페이지에 질문을 하니 조목조목 조리있게 설명을 잘 해주더군요. 정말 부담없이 공부했습니다.
| YES24 kh *** |

워드프로세서 분야 베스트 1위 기준 : 2024년 6월(Yes24)

sinagong.co.kr

가격 20,000원
ISBN 979-11-407-1077-5
9 791140 710775
13000

TO.시나공
온라인 독자엽서

스마트한 시나공
수험생 지원센터